Codice ragionato breve per lo studio del diritto tributario

IUSTITIAM COLIMUS

Andrea Carinci - Thomas Tassani

Codice ragionato breve per lo studio del diritto tributario

Con la collaborazione di

Giorgia Quinzi

OTTAVA EDIZIONE - 2023

Giappichelli

VIA PO, 21 - TEL. 011-81.53.111

http://www.giappichelli.it

ISBN/EAN 979-12-211-0483-7
ISBN/EAN 979-12-211-5487-0 (ebook - pdf)

G. Giappichelli Editore

Questo libro è stato stampato su carta certificata, riciclabile al 100%

Stampa: Rotolito S.p.A. - Pioltello (MI)

INDICE

pag.

PRESENTAZIONE

Il Codice ragionato si offre come strumento di ausilio per lo studio del Diritto Tributario. Si intende offrire allo studente, che affronta per la prima volta lo studio della materia, la possibilità di approcciarsi agevolmente alla consultazione delle fonti.

Le fonti sono state riportate e classificate seguendo la struttura del Manuale di Diritto Tributario e, nella prospettiva di accompagnare lo studente che si avvicina alla materia fiscale, tradizionalmente ostica, il testo delle norme è stato arricchito evidenziando in grassetto i passaggi qualificanti, sì da concentrare l'attenzione sugli elementi utili a cogliere immediatamente il senso e la portata della singola disposizione.

A completamento dell'opera, è stato compilato un articolato indice analitico per consentire allo studente di reperire agevolmente le fonti di volta in volta richiamate nella trattazione dei singoli istituti.

Gli Autori

Bologna, ottobre 2023

FONTI E NORME FONDAMENTALI

Costituzione della Repubblica Italiana

PRINCIPI FONDAMENTALI

Art. 1. – L'Italia è una Repubblica democratica, fondata sul lavoro.

La sovranità appartiene al popolo, che la esercita nelle forme e nei limiti della Costituzione.

Art. 2. – **La Repubblica riconosce e garantisce i diritti inviolabili dell'uomo**, sia come singolo sia nelle formazioni sociali ove si svolge la sua personalità, **e richiede l'adempimento dei doveri inderogabili di solidarietà politica, economica e sociale**.

Art. 3. – **Tutti i cittadini** hanno pari dignità sociale e **sono eguali davanti alla legge**, senza distinzione di sesso, di razza, di lingua, di religione, di opinioni politiche, di condizioni personali e sociali.

È compito della Repubblica rimuovere gli ostacoli di ordine economico e sociale, che, limitando di fatto la libertà e l'eguaglianza dei cittadini, impediscono il pieno sviluppo della persona umana e l'effettiva partecipazione di tutti i lavoratori all'organizzazione politica, economica e sociale del Paese.

Art. 4. – La Repubblica riconosce a tutti i cittadini il diritto al lavoro e promuove le condizioni che rendano effettivo questo diritto.

Ogni cittadino ha il dovere di svolgere, secondo le proprie possibilità e la propria scelta, un'attività o una funzione che concorra al progresso materiale o spirituale della società.

Art. 5. – **La Repubblica**, una e indivisibile, **riconosce e promuove le autonomie locali**; attua nei servizi che dipendono dallo Stato il più ampio **decentramento amministrativo**; adegua i principi ed i metodi della sua legislazione alle esigenze dell'**autonomia** e del **decentramento**.

Art. 6. – La Repubblica tutela con apposite norme le minoranze linguistiche.

Art. 7. – Lo Stato e la Chiesa cattolica sono, ciascuno nel proprio ordine, indipendenti e sovrani.

I loro rapporti sono regolati dai Patti Lateranensi. Le modificazioni dei Patti, accettate dalle due parti, non richiedono procedimento di revisione costituzionale.

Art. 8. – Tutte le confessioni religiose sono egualmente libere davanti alla legge.

Le confessioni religiose diverse dalla cattolica hanno diritto di organizzarsi secondo i propri statuti, in quanto non contrastino con l'ordinamento giuridico italiano.

I loro rapporti con lo Stato sono regolati per legge sulla base di intese con le relative rappresentanze.

Art. 9. – La Repubblica promuove lo sviluppo della cultura e la ricerca scientifica e tecnica.

Tutela il paesaggio e il patrimonio storico e artistico della Nazione.

Tutela l'ambiente, la biodiversità e gli ecosistemi, anche nell'interesse delle future generazioni. La legge dello Stato disciplina i modi e le forme di tutela degli animali.

Art. 10. – **L'ordinamento giuridico** italiano **si conforma alle norme del diritto internazionale generalmente riconosciute.**

La condizione giuridica dello **straniero** è regolata dalla legge in **conformità** delle norme e dei **trattati internazionali.**

Lo straniero, al quale sia impedito nel suo paese l'effettivo esercizio delle libertà democratiche garantite dalla Costituzione italiana, ha diritto d'asilo nel territorio della Repubblica, secondo le condizioni stabilite dalla legge.

Non è ammessa l'estradizione dello straniero per reati politici.

Art. 11. – **L'Italia ripudia la guerra** come strumento di offesa alla libertà degli altri popoli e come mezzo di risoluzione delle controversie internazionali; **consente**, in condizioni di parità con gli altri Stati, **alle limitazioni di sovranità necessarie ad un ordinamento che assicuri la pace e la giustizia** fra le Nazioni; promuove e favorisce le organizzazioni internazionali rivolte a tale scopo.

Art. 12. – La bandiera della Repubblica è il tricolore italiano: verde, bianco e rosso, a tre bande verticali di eguali dimensioni.

PARTE PRIMA
DIRITTI E DOVERI DEI CITTADINI

TITOLO I
RAPPORTI CIVILI

Art. 13. – La libertà personale è inviolabile.

Non è ammessa forma alcuna di detenzione, di ispezione o perquisizione personale, né qualsiasi altra restrizione della libertà personale, **se non per atto motivato dell'Autorità giudiziaria e nei soli casi e modi previsti dalla legge**.

In casi eccezionali di necessità ed urgenza, indicati tassativamente dalla legge, **l'autorità di Pubblica sicurezza può adottare provvedimenti provvisori**, che devono essere comunicati entro quarantotto ore all'Autorità giudiziaria e, se questa non li convalida nelle successive quarantotto ore, si intendono revocati e restano privi di ogni effetto.

È punita ogni violenza fisica e morale sulle persone comunque sottoposte a restrizioni di libertà.

La legge stabilisce i limiti massimi della carcerazione preventiva.

Art. 14. – Il domicilio è inviolabile.

Non vi **si possono eseguire ispezioni o perquisizioni o sequestri, se non nei casi e modi stabiliti dalla legge** secondo le garanzie prescritte per la tutela della libertà personale.

Gli accertamenti e le ispezioni per motivi di sanità e di incolumità pubblica o a **fini economici e fiscali sono regolati da leggi speciali**.

Art. 15. – La **libertà e** la **segretezza della corrispondenza** e di ogni altra forma di comunicazione sono **inviolabili.**

La loro limitazione può avvenire soltanto per atto motivato dell'Autorità giudiziaria con le garanzie stabilite dalla legge.

Art. 16. – Ogni **cittadino** può **circolare e soggiornare liberamente** in qualsiasi parte del **territorio nazionale**, salvo le limitazioni che la legge stabilisce in via generale per motivi di sanità o di sicurezza. Nessuna restrizione può essere determinata per ragioni politiche.

Ogni cittadino è libero di uscire dal

territorio della Repubblica e di rientrarvi, salvo gli obblighi di legge.

Art. 17. – I cittadini hanno diritto di riunirsi pacificamente e senz'armi.

Per le riunioni, anche in luogo aperto al pubblico, non è richiesto preavviso.

Delle riunioni in luogo pubblico deve essere dato preavviso alle autorità, che possono vietarle soltanto per comprovati motivi di sicurezza o di incolumità pubblica.

Art. 18. – **I cittadini hanno diritto di associarsi liberamente**, senza autorizzazione, per fini che non sono vietati ai singoli dalla legge penale.

Sono proibite le associazioni segrete e quelle che perseguono, anche indirettamente, scopi politici mediante organizzazioni di carattere militare.

Art. 19. – Tutti hanno diritto di professare liberamente la propria fede religiosa in qualsiasi forma, individuale o associata, di farne propaganda e di esercitarne in privato o in pubblico il culto, purché non si tratti di riti contrari al buon costume.

Art. 20. – Il carattere ecclesiastico e il fine di religione o di culto d'una associazione od istituzione non possono essere causa di speciali limitazioni legislative, né di speciali gravami fiscali per la sua costituzione, capacità giuridica e ogni forma di attività.

Art. 21. – Tutti hanno diritto di manifestare liberamente il proprio pensiero con la parola, lo scritto e ogni altro mezzo di diffusione.

La stampa non può essere soggetta ad autorizzazioni o censure.

Si può procedere a sequestro soltanto per atto motivato dell'autorità giudiziaria nel caso di delitti, per i quali la legge sulla stampa espressamente lo autorizzi, o nel caso di violazione delle norme che la legge stessa prescriva per l'indicazione dei responsabili.

In tali casi, quando vi sia assoluta urgenza e non sia possibile il tempestivo intervento dell'Autorità giudiziaria, il sequestro della stampa periodica può essere eseguito da ufficiali di polizia giudiziaria, che devono immediatamente, e non mai oltre ventiquattro ore, fare denunzia all'Autorità giudiziaria. Se questa non lo convalida nelle ventiquattro ore successive, il sequestro s'intende revocato e privo di ogni effetto.

La legge può stabilire, con norme di carattere generale, che siano resi noti i mezzi di finanziamento della stampa periodica.

Sono vietate le pubblicazioni a stampa, gli spettacoli e tutte le altre manifestazioni contrarie al buon costume. La legge stabilisce provvedimenti adeguati a prevenire e a reprimere le violazioni.

Art. 22. – **Nessuno può essere privato, per motivi politici, della capacità giuridica**, della cittadinanza, del nome.

Art. 23. – **Nessuna prestazione personale o patrimoniale può essere imposta se non in base alla legge**.

Art. 24. – **Tutti possono agire in giudizio per la tutela dei propri diritti e interessi legittimi**.

La difesa è diritto inviolabile in ogni stato e grado del procedimento.

Sono assicurati ai non abbienti, con appositi istituti, i mezzi per agire e difendersi davanti ad ogni giurisdizione.

La legge determina le condizioni e i modi per la riparazione degli errori giudiziari.

Art. 25. – Nessuno può essere distolto dal giudice naturale precostituito per legge.

Nessuno può essere punito se non in forza di una legge che sia entrata in vi-

gore prima del **fatto commesso**.

Nessuno può essere sottoposto a misure di sicurezza se non nei casi previsti dalla legge.

Art. 26. – L'estradizione del cittadino può essere consentita soltanto ove sia espressamente prevista dalle convenzioni internazionali.

Non può in alcun caso essere ammessa per reati politici.

Art. 27. – **La responsabilità penale è personale**.

L'imputato non è considerato colpevole sino alla condanna definitiva.

Le pene non possono consistere in trattamenti contrari al senso di umanità e devono tendere alla rieducazione del condannato.

Non è ammessa la pena di morte.

Art. 28. – **I funzionari e i dipendenti dello Stato e degli enti pubblici sono direttamente responsabili, secondo le leggi penali, civili e amministrative, degli atti compiuti in violazione di diritti**.

In tali casi la responsabilità civile si estende allo Stato e agli enti pubblici.

TITOLO II
RAPPORTI ETICO-SOCIALI

Art. 29. – La Repubblica riconosce i diritti della famiglia come società naturale fondata sul matrimonio.

Il matrimonio è ordinato sull'eguaglianza morale e giuridica dei coniugi, con i limiti stabiliti dalla legge a garanzia dell'unità familiare.

Art. 30. – È dovere e diritto dei genitori mantenere, istruire ed educare i figli, anche se nati fuori del matrimonio.

Nei casi di incapacità dei genitori, la legge provvede a che siano assolti i loro compiti.

La legge assicura ai figli nati fuori del matrimonio ogni tutela giuridica e sociale, compatibile con i diritti dei membri della famiglia legittima.

La legge detta le norme e i limiti per la ricerca della paternità.

Art. 31. – La Repubblica agevola con misure economiche e altre provvidenze la formazione della famiglia e l'adempimento dei compiti relativi, con particolare riguardo alle famiglie numerose.

Protegge la maternità, l'infanzia e la gioventù, favorendo gli istituti necessari a tale scopo.

Art. 32. – La Repubblica tutela la salute come fondamentale diritto dell'individuo e interesse della collettività, e garantisce cure gratuite agli indigenti.

Nessuno può essere obbligato a un determinato trattamento sanitario se non per disposizione di legge. La legge non può in nessun caso violare i limiti imposti dal rispetto della persona umana.

Art. 33. – L'arte e la scienza sono libere e libero ne è l'insegnamento.

La Repubblica detta le norme generali sull'istruzione ed istituisce scuole statali per tutti gli ordini e gradi.

Enti e privati hanno il diritto di istituire scuole ed istituti di educazione, senza oneri per lo Stato.

La legge, nel fissare i diritti e gli obblighi delle scuole non statali che chiedono la parità, deve assicurare ad esse piena libertà e ai loro alunni un trattamento scolastico equipollente a quello degli alunni di scuole statali.

È prescritto un esame di Stato per l'ammissione ai vari ordini e gradi di scuole o per la conclusione di essi e per l'abilitazione all'esercizio professionale.

Le istituzioni di alta cultura, università ed accademie, hanno il diritto di darsi ordinamenti autonomi nei limiti stabiliti dalle leggi dello Stato.

Art. 34. – La scuola è aperta a tutti.

L'istruzione inferiore, impartita per almeno otto anni, è obbligatoria e gratuita.

I capaci e meritevoli, anche se privi di mezzi, hanno diritto di raggiungere i gradi più alti degli studi.

La Repubblica rende effettivo questo diritto con borse di studio, assegni alle famiglie ed altre provvidenze, che devono essere attribuite per concorso.

TITOLO III
RAPPORTI ECONOMICI

Art. 35. – La Repubblica tutela il lavoro in tutte le sue forme ed applicazioni.

Cura la formazione e l'elevazione professionale dei lavoratori.

Promuove e favorisce gli accordi e le organizzazioni internazionali intesi ad affermare e regolare i diritti del lavoro.

Riconosce la libertà di emigrazione, salvo gli obblighi stabiliti dalla legge nell'interesse generale, e tutela il lavoro italiano all'estero.

Art. 36. – Il lavoratore ha diritto ad una retribuzione proporzionata alla quantità e qualità del suo lavoro e in ogni caso sufficiente ad assicurare a sé e alla famiglia un'esistenza libera e dignitosa.

La durata massima della giornata lavorativa è stabilita dalla legge.

Il lavoratore ha diritto al riposo settimanale e a ferie annuali retribuite, e non può rinunziarvi.

Art. 37. – La donna lavoratrice ha gli stessi diritti e, a parità di lavoro, le stesse retribuzioni che spettano al lavoratore. Le condizioni di lavoro devono consentire l'adempimento della sua essenziale funzione familiare e assicurare alla madre e al bambino una speciale adeguata protezione.

La legge stabilisce il limite minimo di età per il lavoro salariato.

La Repubblica tutela il lavoro dei minori con speciali norme e garantisce ad essi, a parità di lavoro, il diritto alla parità di retribuzione.

Art. 38. Ogni cittadino inabile al lavoro e sprovvisto dei mezzi necessari per vivere ha diritto al mantenimento e all'assistenza sociale.

I lavoratori hanno diritto che siano preveduti ed assicurati mezzi adeguati alle loro esigenze di vita in caso di infortunio, malattia, invalidità e vecchiaia, disoccupazione involontaria.

Gli inabili ed i minorati hanno diritto all'educazione e all'avviamento professionale.

Ai compiti previsti in questo articolo provvedono organi ed istituti predisposti o integrati dallo Stato.

L'assistenza privata è libera.

Art. 39. – L'organizzazione sindacale è libera.

Ai sindacati non può essere imposto altro obbligo se non la loro registrazione presso uffici locali o centrali, secondo le norme di legge.

È condizione per la registrazione che gli statuti dei sindacati sanciscano un ordinamento interno a base democratica.

I sindacati registrati hanno personalità giuridica. Possono, rappresentati unitariamente in proporzione dei loro iscritti, stipulare contratti collettivi di lavoro con efficacia obbligatoria per tutti gli appartenenti alle categorie alle quali il contratto si riferisce.

Art. 40. – Il diritto di sciopero si esercita nell'ambito delle leggi che lo regolano.

Art. 41. – L'iniziativa economica privata è libera.

Non può svolgersi in contrasto con l'utilità sociale o in modo da recare danno alla salute, all'ambiente, alla sicurezza, alla libertà, alla dignità umana.

La legge determina i programmi e i controlli opportuni perché l'attività economica pubblica e privata possa essere indirizzata e coordinata a fini sociali e ambientali.

Art. 42. – La proprietà è pubblica o privata. I beni economici appartengono allo Stato, ad enti o a privati.

La proprietà privata è riconosciuta e garantita dalla legge, che ne determina i modi di acquisto, di godimento e i limiti allo scopo di assicurarne la funzione sociale e di renderla accessibile a tutti.

La proprietà privata può essere, nei casi preveduti dalla legge, e salvo indennizzo, espropriata per motivi d'interesse generale.

La legge stabilisce le norme ed i limiti della successione legittima e testamentaria e i diritti dello Stato sulle eredità.

Art. 43. – A fini di utilità generale la legge può riservare originariamente o trasferire, mediante espropriazione e salvo indennizzo, allo Stato, ad enti pubblici o a comunità di lavoratori o di utenti determinate imprese o categorie di imprese, che si riferiscano a servizi pubblici essenziali o a fonti di energia o a situazioni di monopolio ed abbiano carattere di preminente interesse generale.

Art. 44. – Al fine di conseguire il razionale sfruttamento del suolo e di stabilire equi rapporti sociali, la legge impone obblighi e vincoli alla proprietà terriera privata, fissa limiti alla sua estensione secondo le regioni e le zone agrarie, promuove ed impone la bonifica delle terre, la trasformazione del latifondo e la ricostituzione delle unità produttive; aiuta la piccola e la media proprietà.

La legge dispone provvedimenti a favore delle zone montane.

Art. 45. – La Repubblica riconosce la funzione sociale della cooperazione a carattere di mutualità e senza fini di speculazione privata. La legge ne promuove e favorisce l'incremento con i mezzi più idonei e ne assicura, con gli opportuni controlli, il carattere e le finalità.

La legge provvede alla tutela e allo sviluppo dell'artigianato.

Art. 46. – Ai fini della elevazione economica e sociale del lavoro e in armonia con le esigenze della produzione, la Repubblica riconosce il diritto dei lavoratori a collaborare, nei modi e nei limiti stabiliti dalle leggi, alla gestione delle aziende.

Art. 47. – La Repubblica incoraggia e tutela il risparmio in tutte le sue forme; disciplina, coordina e controlla l'esercizio del credito.

Favorisce l'accesso del risparmio popolare alla proprietà dell'abitazione, alla proprietà diretta coltivatrice e al diretto e indiretto investimento azionario nei grandi complessi produttivi del Paese.

TITOLO IV
RAPPORTI POLITICI

Art. 48. – Sono elettori tutti i cittadini, uomini e donne, che hanno raggiunto la maggiore età.

Il voto è personale ed eguale, libero e segreto. Il suo esercizio è dovere civico.

La legge stabilisce requisiti e modalità per l'esercizio del diritto di voto dei cittadini residenti all'estero e ne assicura l'effettività. A tale fine è istituita una circoscrizione Estero per l'elezione delle Camere, alla quale sono assegnati seggi nel numero stabilito da norma costituzionale e secondo criteri determinati dalla legge.

Il diritto di voto non può essere limitato se non per incapacità civile o per effetto di sentenza penale irrevocabile o nei casi di indegnità morale indicati dalla legge.

Art. 49. – Tutti i cittadini hanno diritto di associarsi liberamente in partiti per concorrere con metodo democratico a determinare la politica nazionale.

Art. 50. – Tutti i cittadini possono rivolgere petizioni alle Camere per chiedere provvedimenti legislativi o esporre comuni necessità.

Art. 51. – Tutti i cittadini dell'uno o dell'altro sesso possono accedere agli uffici pubblici e alle cariche elettive in condizioni di eguaglianza, secondo i requisiti stabiliti dalla legge. A tale fine la Repubblica promuove con appositi provvedimenti le pari opportunità tra donne e uomini.

La legge può, per l'ammissione ai pubblici uffici e alle cariche elettive, parificare ai cittadini gli italiani non appartenenti alla Repubblica.

Chi è chiamato a funzioni pubbliche elettive ha diritto di disporre del tempo necessario al loro adempimento e di conservare il suo posto di lavoro.

Art. 52. – La difesa della Patria è sacro dovere del cittadino.

Il servizio militare è obbligatorio nei limiti e modi stabiliti dalla legge. Il suo adempimento non pregiudica la posizione di lavoro del cittadino, né l'esercizio dei diritti politici.

L'ordinamento delle Forze armate si informa allo spirito democratico della Repubblica.

Art. 53. – **Tutti sono tenuti a concorrere alle spese pubbliche in ragione della loro capacità contributiva.**

Il sistema tributario è informato a criteri di progressività.

Art. 54. – Tutti i cittadini hanno il dovere di essere fedeli alla Repubblica e di osservarne la Costituzione e le leggi.

I cittadini cui sono affidate funzioni pubbliche hanno il dovere di adempierle con disciplina ed onore, prestando giuramento nei casi stabiliti dalla legge.

PARTE SECONDA
ORDINAMENTO DELLA REPUBBLICA

TITOLO I
IL PARLAMENTO

SEZIONE I
LE CAMERE

Art. 55. – Il Parlamento si compone della Camera dei deputati e del Senato della Repubblica.

Il Parlamento si riunisce in seduta comune dei membri delle due Camere nei soli casi stabiliti dalla Costituzione.

Art. 56. – La Camera dei deputati è eletta a suffragio universale e diretto.

Il numero dei Deputati è di quattrocento, otto dei quali eletti nella circoscrizione Estero.

Sono eleggibili a Deputati tutti gli elettori che nel giorno delle elezioni hanno compiuto i venticinque anni di età.

La ripartizione dei seggi tra le circoscrizioni, fatto salvo il numero dei seggi assegnati alla circoscrizione Estero, si effettua dividendo il numero degli abitanti della Repubblica, quale risulta dall'ultimo censimento generale della popolazione, per trecentonovantadue e distribuendo i seggi in proporzione alla popolazione di ogni circoscrizione, sulla base dei quozienti interi e dei più alti resti.

Art. 57. – Il Senato della Repubblica è eletto a base regionale, salvi i seggi assegnati alla circoscrizione Estero.

Il numero dei senatori elettivi è di duecento, quattro dei quali eletti nella circoscrizione Estero.

Nessuna Regione o Provincia autonoma può avere un numero di senatori inferiore a tre; il Molise ne ha due, la Valle d'Aosta uno.

La ripartizione dei seggi tra le Regioni o le Province autonome, previa applicazione delle disposizioni del precedente comma, si effettua in proporzione alla loro popolazione, quale risulta dall'ultimo censimento generale, sulla base dei quozienti interi e dei resti più alti.

Art. 58. – I senatori sono eletti a suffragio universale e diretto.

Sono eleggibili a senatori gli elettori che hanno compiuto il quarantesimo anno.

Art. 59. – È senatore di diritto e a vita, salvo rinunzia, chi è stato Presidente della Repubblica.

Il Presidente della Repubblica può nominare senatori a vita cittadini che hanno illustrato la Patria per altissimi meriti nel campo sociale, scientifico, artistico e letterario. Il numero complessivo dei senatori in carica nominati dal Presidente della Repubblica non può in alcun caso essere superiore a cinque.

Art. 60. – La Camera dei deputati e il Senato della Repubblica sono eletti per cinque anni.

La durata di ciascuna Camera non può essere prorogata se non per legge e soltanto in caso di guerra.

Art. 61. – Le elezioni delle nuove Camere hanno luogo entro settanta giorni dalla fine delle precedenti. La prima riunione ha luogo non oltre il ventesimo giorno dalle elezioni.

Finché non siano riunite le nuove Camere sono prorogati i poteri delle precedenti.

Art. 62. – Le Camere si riuniscono di diritto il primo giorno non festivo di febbraio e di ottobre.

Ciascuna Camera può essere convocata in via straordinaria per iniziativa del suo Presidente o del Presidente della Repubblica o di un terzo dei suoi componenti.

Quando si riunisce in via straordinaria una Camera, è convocata di diritto anche l'altra.

Art. 63. – Ciascuna Camera elegge fra i suoi componenti il Presidente e l'Ufficio di presidenza.

Quando il Parlamento si riunisce in seduta comune, il Presidente e l'Ufficio di presidenza sono quelli della Camera dei deputati.

Art. 64. – Ciascuna Camera adotta il proprio regolamento a maggioranza assoluta dei suoi componenti.

Le sedute sono pubbliche; tuttavia ciascuna delle due Camere e il Parlamento a Camere riunite possono deliberare di adunarsi in seduta segreta.

Le deliberazioni di ciascuna Camera e del Parlamento non sono valide se non è presente la maggioranza dei loro componenti, e se non sono adottate a maggioranza dei presenti, salvo che la Costituzione prescriva una maggioranza speciale.

I membri del governo, anche se non fanno parte delle Camere, hanno diritto, e se richiesti obbligo, di assistere alle sedute. Devono essere sentiti ogni volta che lo richiedono.

Art. 65. – La legge determina i casi di ineleggibilità e di incompatibilità con l'ufficio di deputato o di senatore.

Nessuno può appartenere contemporaneamente alle due Camere.

Art. 66. – Ciascuna Camera giudica dei titoli di ammissione dei suoi componenti e delle cause sopraggiunte di ineleggibilità e di incompatibilità.

Art. 67. – Ogni membro del Parlamento rappresenta la Nazione ed esercita le sue funzioni senza vincolo di mandato.

Art. 68. – I membri del Parlamento non possono essere chiamati a rispondere delle opinioni espresse e dei voti dati nell'esercizio delle loro funzioni.

Senza autorizzazione della Camera alla quale appartiene, nessun membro del Parlamento può essere sottoposto a perquisizione personale o domiciliare, né può essere arrestato o altrimenti privato della libertà personale, o mantenuto in detenzione, salvo che in esecuzione di una sentenza irrevocabile di condanna, ovvero se sia colto nell'atto di commettere un delitto per il quale è previsto l'arresto obbligatorio in flagranza.

Analoga autorizzazione è richiesta per sottoporre i membri del Parlamento ad intercettazioni, in qualsiasi forma, di conversazioni o comunicazioni e a sequestro di corrispondenza.

Art. 69. – I membri del Parlamento ricevono una indennità stabilita dalla legge.

SEZIONE II
LA FORMAZIONE DELLE LEGGI

Art. 70. – **La funzione legislativa è esercitata collettivamente dalle due Camere**.

Art. 71. – L'iniziativa delle leggi appartiene al Governo, a ciascun membro delle Camere ed agli organi ed enti ai quali sia conferita da legge costituzionale.

Il popolo esercita l'iniziativa delle leggi, mediante la proposta, da parte di almeno cinquantamila elettori, di un progetto redatto in articoli.

Art. 72. – Ogni disegno di legge, presentato ad una Camera è, secondo le norme del suo regolamento, esaminato da una commissione e poi dalla Camera stessa, che l'approva articolo per articolo e con votazione finale.

Il regolamento stabilisce procedimenti abbreviati per i disegni di legge dei quali è dichiarata l'urgenza.

Può altresì stabilire in quali casi e forme l'esame e l'approvazione dei disegni di legge sono deferiti a commissioni, anche permanenti, composte in modo da rispecchiare la proporzione dei gruppi parlamentari. Anche in tali casi, fino al momento della sua approvazione definitiva, il disegno di legge è rimesso alla Camera, se il Governo o un decimo dei componenti della Camera o un quinto della commissione richiedono che sia discusso o votato dalla Camera stessa oppure che sia sottoposto alla sua approvazione finale con sole dichiarazioni di voto. Il regolamento determina le forme di pubblicità dei lavori delle commissioni.

La procedura normale di esame e di approvazione diretta da parte della Camera è sempre adottata per i disegni di legge in materia costituzionale ed elettorale e per quelli di delegazione legislativa, di autorizzazione a ratificare trattati internazionali, di approvazione di bilanci e consuntivi.

Art. 73. – Le leggi sono promulgate dal Presidente della Repubblica entro un mese dall'approvazione.

Se le Camere, ciascuna a maggioranza assoluta dei propri componenti, ne dichiarano l'urgenza, la legge è promulgata nel termine da essa stabilito.

Le leggi sono pubblicate subito dopo la promulgazione ed entrano in vigore il quindicesimo giorno successivo alla loro pubblicazione, salvo che le leggi stesse stabiliscano un termine diverso.

Art. 74. – Il Presidente della Repubblica, prima di promulgare la legge, può con messaggio motivato alle Camere chiedere una nuova deliberazione.

Se le Camere approvano nuovamente la legge, questa deve essere promulgata.

Art. 75. – È indetto referendum popolare per deliberare l'abrogazione, totale o parziale, di una legge o di un atto avente valore di legge, quando lo richiedono cinquecentomila elettori o cinque Consigli regionali.

Non è ammesso il referendum per le leggi tributarie e di bilancio, di amnistia e di indulto, di autorizzazione a ratificare trattati internazionali.

Hanno diritto di partecipare al referendum tutti i cittadini chiamati ad eleggere la Camera dei deputati.

La proposta soggetta a referendum è approvata se ha partecipato alla votazione la maggioranza degli aventi diritto, e se è raggiunta la maggioranza dei voti validamente espressi.

La legge determina le modalità di attuazione del referendum.

Art. 76. – L'esercizio della funzione legislativa non può essere delegato al Governo se non con determinazione di principi e criteri direttivi e soltanto per tempo limitato e per oggetti definiti.

Art. 77. – **Il Governo non può, senza delegazione delle Camere, emanare decreti che abbiano valore di legge ordinaria.**

Quando, **in casi straordinari di necessità e d'urgenza, il Governo adotta,** sotto la sua responsabilità, **provvedimenti provvisori con forza di legge**, deve il giorno stesso presentarli per la conversione alle Camere che, anche se sciolte, sono appositamente convocate e si riuniscono entro cinque giorni.

I **decreti perdono efficacia** sin dall'inizio, **se non sono convertiti in legge entro sessanta giorni** dalla loro pubblicazione. Le Camere possono tuttavia regolare con legge i rapporti giuridici sorti sulla base dei decreti non convertiti.

Art. 78. – Le Camere deliberano lo stato di guerra e conferiscono al Governo i poteri necessari.

Art. 79. – L'amnistia e l'indulto sono concessi con legge deliberata a maggioranza dei due terzi dei componenti di ciascuna Camera, in ogni suo articolo e nella votazione finale.

La legge che concede l'amnistia o l'indulto stabilisce il termine per la loro applicazione.

In ogni caso l'amnistia e l'indulto non possono applicarsi ai reati commessi successivamente alla presentazione del disegno di legge.

Art. 80. – Le Camere autorizzano con legge la ratifica dei trattati internazionali che sono di natura politica, o prevedono arbitrati o regolamenti giudiziari, o importano variazioni del territorio od oneri alle finanze o modificazioni di leggi.

Art. 81. – **Lo Stato assicura l'equilibrio tra le entrate e le spese del proprio bilancio**, tenendo conto delle fasi avverse e delle fasi favorevoli del ciclo economico.

Il ricorso all'indebitamento è consentito solo al fine di considerare gli effetti del ciclo economico e, previa autorizzazione delle Camere adottata a maggioranza assoluta dei rispettivi componenti, al verificarsi di eventi eccezionali.

Ogni legge che importi nuovi o maggiori oneri provvede ai mezzi per farvi fronte.

Le Camere ogni anno approvano i bilanci e il rendiconto consuntivo presentati dal Governo.

L'esercizio provvisorio del bilancio non può essere concesso se non per legge e per periodi non superiori complessivamente a quattro mesi.

Il contenuto della legge di bilancio, le norme fondamentali e i criteri volti ad assicurare l'equilibrio tra le entrate e le spese dei bilanci e la sostenibilità del debito del complesso delle pubbliche amministrazioni sono stabiliti con legge approvate a maggioranza assoluta dei componenti di ciascuna Camera, nel rispetto dei principi definiti con legge costituzionale.

Art. 82. – Ciascuna Camera può disporre inchieste su materie di pubblico interesse.

A tale scopo nomina fra i propri componenti una commissione formata in modo da rispecchiare la proporzione dei vari gruppi. La commissione d'inchiesta procede alle indagini e agli esami con gli stessi poteri e le stesse limitazioni dell'autorità giudiziaria.

TITOLO II
IL PRESIDENTE DELLA REPUBBLICA

Art. 83. – Il Presidente della Repubblica è eletto dal Parlamento in seduta comune dei suoi membri.

All'elezione partecipano tre delegati per ogni Regione eletti dal Consiglio regionale in modo che sia assicurata la rappresentanza delle minoranze. La Valle d'Aosta ha un solo delegato.

L'elezione del Presidente della Repubblica ha luogo per scrutinio segreto a maggioranza di due terzi dell'assemblea. Dopo il terzo scrutinio è sufficiente la maggioranza assoluta.

Art. 84. – Può essere eletto Presidente della Repubblica ogni cittadino che abbia compiuto cinquanta anni di età e goda dei diritti civili e politici.

L'ufficio di Presidente della Repubblica è incompatibile con qualsiasi altra carica.

L'assegno e la dotazione del Presidente sono determinati per legge.

Art. 85. – Il Presidente della Repubblica è eletto per sette anni.

Trenta giorni prima che scada il termine, il Presidente della Camera dei deputati convoca in seduta comune il Parlamento e i delegati regionali, per eleggere il nuovo Presidente della Repubblica.

Se le Camere sono sciolte, o manca meno di tre mesi alla loro cessazione, la elezione ha luogo entro quindici giorni dalla riunione delle Camere nuove. Nel frattempo sono prorogati i poteri del Presidente in carica.

Art. 86. – Le funzioni del Presidente della Repubblica, in ogni caso che egli non possa adempierle, sono esercitate dal Presidente del Senato.

In caso di impedimento permanente o di morte o di dimissioni del Presidente della Repubblica, il Presidente della Camera dei deputati indice la elezione del nuovo Presidente della Repubblica entro quindici giorni, salvo il maggior termine previsto se le Camere sono sciolte o manca meno di tre mesi alla loro cessazione.

Art. 87. – Il Presidente della Repubblica è il capo dello Stato e rappresenta l'unità nazionale.

Può inviare messaggi alle Camere.

Indice le elezioni delle nuove Camere e ne fissa la prima riunione.

Autorizza la presentazione alle Camere dei disegni di legge di iniziativa del Governo.

Promulga le leggi ed emana i decreti aventi valore di legge e i regolamenti.

Indice il referendum popolare nei casi previsti dalla Costituzione.

Nomina, nei casi indicati dalla legge, i funzionari dello Stato.

Accredita e riceve i rappresentanti diplomatici, ratifica i trattati internazionali, previa, quando occorra, l'autorizzazione delle Camere.

Ha il comando delle Forze armate, presiede il Consiglio supremo di difesa costituito secondo la legge, dichiara lo stato di guerra deliberato dalle Camere.

Presiede il Consiglio superiore della magistratura.

Può concedere grazia e commutare le pene.

Conferisce le onorificenze della Repubblica.

Art. 88. – Il Presidente della Repubblica può, sentiti i loro Presidenti, sciogliere le Camere o anche una sola di esse.

Non può esercitare tale facoltà negli ultimi sei mesi del suo mandato, salvo che essi coincidano in tutto o in parte con gli ultimi sei mesi della legislatura.

Art. 89. – Nessun atto del Presidente della Repubblica è valido se non è controfirmato dai Ministri proponenti, che ne assumono la responsabilità.

Gli atti che hanno valore legislativo e gli altri indicati dalla legge sono controfirmati anche dal Presidente del Consiglio dei ministri.

Art. 90. – Il Presidente della Repubblica non è responsabile degli atti compiuti nell'esercizio delle sue funzioni, tranne che per alto tradimento o per attentato alla Costituzione.

In tali casi è messo in stato di accusa dal Parlamento in seduta comune, a maggioranza assoluta dei suoi membri.

Art. 91. – Il Presidente della Repubblica, prima di assumere le sue funzioni, presta giuramento di fedeltà alla Repubblica e di osservanza della Costituzione dinanzi al Parlamento in seduta comune.

TITOLO III
IL GOVERNO

SEZIONE I
IL CONSIGLIO DEI MINISTRI

Art. 92. – Il Governo della Repubblica è composto del Presidente del Consiglio e dei Ministri, che costituiscono insieme il Consiglio dei ministri.

Il Presidente della Repubblica nomina il Presidente del Consiglio dei ministri e, su proposta di questo, i Ministri.

Art. 93. – Il Presidente del Consiglio dei ministri e i Ministri, prima di assumere le funzioni, prestano giuramento nelle mani del Presidente della Repubblica.

Art. 94. – Il Governo deve avere la fiducia delle due Camere.

Ciascuna Camera accorda o revoca la fiducia mediante mozione motivata e votata per appello nominale.

Entro dieci giorni dalla sua formazione il Governo si presenta alle Camere per ottenerne la fiducia.

Il voto contrario di una o d'entrambe le Camere su una proposta del Governo non importa obbligo di dimissioni.

La mozione di sfiducia deve essere firmata da almeno un decimo dei componenti della Camera e non può essere messa in discussione prima di tre giorni dalla sua presentazione.

Art. 95. – Il Presidente del Consiglio dei ministri dirige la politica generale del Governo e ne è responsabile. Mantiene l'unità di indirizzo politico ed amministrativo, promovendo e coordinando l'attività dei Ministri.

I Ministri sono responsabili collegialmente degli atti del Consiglio dei ministri, e individualmente degli atti dei loro dicasteri.

La legge provvede all'ordinamento della Presidenza del Consiglio e determina il numero, le attribuzioni e l'organizzazione dei ministeri.

Art. 96. – Il Presidente del Consiglio dei ministri e i Ministri, anche se cessati dalla carica, sono sottoposti, per i reati commessi nell'esercizio delle loro funzioni, alla giurisdizione ordinaria, previa autorizzazione del Senato della Repubblica o della Camera dei deputati, secondo le norme stabilite con legge costituzionale.

SEZIONE II
LA PUBBLICA AMMINISTRAZIONE

Art. 97. – **Le pubbliche amministrazioni, in coerenza con l'ordinamento dell'Unione europea, assicurano l'equilibrio dei bilanci e la sostenibilità del debito pubblico.**

I pubblici uffici sono organizzati secondo disposizioni di legge, in modo che siano assicurati il buon andamento e l'imparzialità dell'amministrazione.

Nell'ordinamento degli uffici sono determinate le sfere di competenza, le attribuzioni e le responsabilità proprie dei funzionari.

Agli impieghi nelle pubbliche amministrazioni si accede mediante concorso, salvo i casi stabiliti dalla legge.

Art. 98. – I pubblici impiegati sono a servizio esclusivo della Nazione.

Se sono membri del Parlamento, non possono conseguire promozioni se non per anzianità.

Si possono con legge stabilire limitazioni al diritto d'iscriversi ai partiti politici per i magistrati, i militari di carriera in servizio attivo, i funzionari ed agenti di polizia, i rappresentanti diplomatici e consolari all'estero.

Sezione III
Gli organi ausiliari

Art. 99. – Il Consiglio nazionale dell'economia e del lavoro è composto, nei modi stabiliti dalla legge, di esperti e di rappresentanti delle categorie produttive, in misura che tenga conto della loro importanza numerica e qualitativa.

È organo di consulenza delle Camere e del Governo per le materie e secondo le funzioni che gli sono attribuite dalla legge.

Ha l'iniziativa legislativa e può contribuire alla elaborazione della legislazione economica e sociale secondo i principi ed entro i limiti stabiliti dalla legge.

Art. 100. – Il Consiglio di Stato è organo di consulenza giuridico-amministrativa e di tutela della giustizia nell'amministrazione.

La Corte dei conti esercita il controllo preventivo di legittimità sugli atti del Governo, e anche quello successivo sulla gestione del bilancio dello Stato. Partecipa, nei casi e nelle forme stabilite dalla legge, al controllo sulla gestione finanziaria degli enti a cui lo Stato contribuisce in via ordinaria. Riferisce direttamente alle Camere sul risultato del riscontro eseguito.

La legge assicura l'indipendenza dei due Istituti e dei loro componenti di fronte al Governo.

Titolo IV
La magistratura

Sezione I
Ordinamento giurisdizionale

Art. 101. – La giustizia è amministrata in nome del popolo.

I giudici sono soggetti soltanto alla legge.

Art. 102. – La funzione giurisdizionale è esercitata da magistrati ordinari istituiti e regolati dalle norme sull'ordinamento giudiziario.

Non possono essere istituiti giudici straordinari o giudici speciali. Possono soltanto istituirsi presso gli organi giudiziari ordinari sezioni specializzate per determinate materie, anche con la partecipazione di cittadini idonei estranei alla magistratura.

La legge regola i casi e le forme della partecipazione diretta del popolo all'amministrazione della giustizia.

Art. 103. – Il Consiglio di Stato e gli altri organi di giustizia amministrativa hanno giurisdizione per la tutela nei confronti della pubblica amministrazione degli interessi legittimi e, in particolari materie indicate dalla legge, anche dei diritti soggettivi.

La Corte dei conti ha giurisdizione nelle materie di contabilità pubblica e nelle altre specificate dalla legge.

I tribunali militari in tempo di guerra hanno la giurisdizione stabilita dalla legge. In tempo di pace hanno giurisdizione soltanto per i reati militari commessi da appartenenti alle Forze armate.

Art. 104. – La magistratura costituisce

un ordine autonomo e indipendente da ogni altro potere.

Il Consiglio superiore della magistratura è presieduto dal Presidente della Repubblica.

Ne fanno parte di diritto il primo presidente e il procuratore generale della Corte di cassazione.

Gli altri componenti sono eletti per due terzi da tutti i magistrati ordinari tra gli appartenenti alle varie categorie, e per un terzo dal Parlamento in seduta comune tra professori ordinari di università in materie giuridiche ed avvocati dopo quindici anni di esercizio.

Il Consiglio elegge un vicepresidente fra i componenti designati dal Parlamento.

I membri elettivi del Consiglio durano in carica quattro anni e non sono immediatamente rieleggibili.

Non possono, finché sono in carica, essere iscritti negli albi professionali, né far parte del Parlamento o di un Consiglio regionale.

Art. 105. – Spettano al Consiglio superiore della magistratura, secondo le norme dell'ordinamento giudiziario, le assunzioni, le assegnazioni ed i trasferimenti, le promozioni e i provvedimenti disciplinari nei riguardi dei magistrati.

Art. 106. – Le nomine dei magistrati hanno luogo per concorso.

La legge sull'ordinamento giudiziario può ammettere la nomina, anche elettiva, di magistrati onorari per tutte le funzioni attribuite a giudici singoli.

Su designazione del Consiglio superiore della magistratura possono essere chiamati all'ufficio di consiglieri di cassazione, per meriti insigni, professori ordinari di università in materie giuridiche e avvocati che abbiano quindici anni d'esercizio e siano iscritti negli albi speciali per le giurisdizioni superiori.

Art. 107. – I magistrati sono inamovibili. Non possono essere dispensati o sospesi dal servizio né destinati ad altre sedi o funzioni se non in seguito a decisione del Consiglio superiore della magistratura, adottata o per i motivi e con le garanzie di difesa stabilite dall'ordinamento giudiziario o con il loro consenso.

Il Ministro della giustizia ha facoltà di promuovere l'azione disciplinare.

I magistrati si distinguono fra loro soltanto per diversità di funzioni.

Il pubblico ministero gode delle garanzie stabilite nei suoi riguardi dalle norme sull'ordinamento giudiziario.

Art. 108. – Le norme sull'ordinamento giudiziario e su ogni magistratura sono stabilite con legge.

La legge assicura l'indipendenza dei giudici delle giurisdizioni speciali, del pubblico ministero presso di esse, e degli estranei che partecipano alla amministrazione della giustizia.

Art. 109. – L'autorità giudiziaria dispone direttamente della polizia giudiziaria.

Art. 110. – Ferme le competenze del Consiglio superiore della magistratura, spettano al Ministro della giustizia l'organizzazione e il funzionamento dei servizi relativi alla giustizia.

SEZIONE II
NORME SULLA GIURISDIZIONE

Art. 111. – **La giurisdizione si attua mediante il giusto processo regolato dalla legge.**

Ogni **processo** si svolge nel **contraddittorio tra le parti**, in condizioni di **parità**, davanti a giudice terzo e imparziale. La legge ne assicura la **ragionevole durata**.

Nel processo penale, la legge assicura che la persona accusata di un reato sia, nel più breve tempo possibile, informata riservatamente della natura e dei motivi dell'accusa elevata a suo carico;

disponga del tempo e delle condizioni necessari per preparare la sua difesa; abbia la facoltà, davanti al giudice, di interrogare o di far interrogare le persone che rendono dichiarazioni a suo carico, di ottenere la convocazione e l'interrogatorio di persone a sua difesa nelle stesse condizioni dell'accusa e l'acquisizione di ogni altro mezzo di prova a suo favore; sia assistita da un interprete se non comprende o non parla la lingua impiegata nel processo.

Il processo penale è regolato dal principio del contraddittorio nella formazione della prova. La colpevolezza dell'imputato non può essere provata sulla base di dichiarazioni rese da chi, per libera scelta, si è sempre volontariamente sottratto all'interrogatorio da parte dell'imputato o del suo difensore.

La legge regola i casi in cui la formazione della prova non ha luogo in contraddittorio per consenso dell'imputato o per accertata impossibilità di natura oggettiva o per effetto di provata condotta illecita.

Tutti i provvedimenti giurisdizionali devono essere motivati.

Contro le sentenze e contro i provvedimenti sulla libertà personale, pronunciati dagli organi giurisdizionali ordinari o speciali, è sempre ammesso ricorso in Cassazione per violazione di legge. Si può derogare a tale norma soltanto per le sentenze dei tribunali militari in tempo di guerra.

Contro le decisioni del Consiglio di Stato e della Corte dei conti il ricorso in Cassazione è ammesso per i soli motivi inerenti alla giurisdizione.

Art. 112. – Il pubblico ministero ha l'obbligo di esercitare l'azione penale.

Art. 113. – Contro gli atti della pubblica amministrazione è sempre ammessa la tutela giurisdizionale dei diritti e degli interessi legittimi dinanzi agli organi di giurisdizione ordinaria o amministrativa.

Tale tutela giurisdizionale non può essere esclusa o limitata a particolari mezzi di impugnazione o per determinate categorie di atti.

La legge determina quali organi di giurisdizione possono annullare gli atti della pubblica amministrazione nei casi e con gli effetti previsti dalla legge stessa.

Titolo V

Le Regioni, le Province, i Comuni

Art. 114. – La Repubblica è costituita dai Comuni, dalle Province, dalle Città metropolitane, dalle Regioni e dallo Stato.

I Comuni, le Province, le Città metropolitane e le Regioni sono enti autonomi con propri statuti, poteri e funzioni secondo i principi fissati dalla Costituzione.

Roma è la capitale della Repubblica. La legge dello Stato disciplina il suo ordinamento.

Art. 115. – Articolo abrogato.

Art. 116. – Il Friuli-Venezia Giulia, la Sardegna, la Sicilia, il Trentino-Alto Adige/Südtirol e la Valle d'Aosta/Vallée d'Aoste dispongono di forme e condizioni particolari di autonomia, secondo i rispettivi statuti speciali adottati con legge costituzionale.

La Regione Trentino-Alto Adige/Südtirol è costituita dalle Province autonome di Trento e di Bolzano.

Ulteriori forme e condizioni particolari di autonomia, concernenti le materie di cui al terzo comma dell'art. 117 e le materie indicate dal secondo comma del medesimo articolo alle lettere l), limitatamente all'organizzazione della giustizia di pace, n) e s), possono essere attribuite ad altre Regioni, con legge dello Stato, su iniziativa della Regione interessata, sentiti gli enti locali, nel rispetto dei principi di cui all'art. 119. La legge è approvata dalle Camere a maggioranza assoluta dei componenti, sulla base di intesa fra lo Stato e la Regione interessata.

Art. 117. – **La potestà legislativa** è esercitata dallo **Stato** e dalle **Regioni nel rispetto** della **Costituzione**, nonché dei **vincoli** derivanti **dall'ordinamento comunitario** e dagli **obblighi internazionali**.

Lo **Stato** ha **legislazione esclusiva** nelle seguenti materie:

a) **politica estera e rapporti internazionali dello Stato; rapporti dello Stato con l'Unione europea**; diritto di asilo e condizione giuridica dei cittadini di Stati non appartenenti all'Unione europea;

b) immigrazione;

c) rapporti tra la Repubblica e le confessioni religiose;

d) difesa e Forze armate; sicurezza dello Stato; armi, munizioni ed esplosivi;

e) **moneta**, tutela del risparmio e **mercati finanziari**; **tutela della concorrenza; sistema valutario; sistema tributario e contabile** dello **Stato; armonizzazione** dei **bilanci pubblici; perequazione** delle **risorse finanziarie;**

f) organi dello Stato e relative leggi elettorali; referendum statali; **elezione del Parlamento europeo**;

g) **ordinamento e organizzazione amministrativa dello Stato e degli enti pubblici nazionali**;

h) ordine pubblico e sicurezza, ad esclusione della polizia amministrativa locale;

i) cittadinanza, stato civile e anagrafi;

l) **giurisdizione e norme processuali**; **ordinamento civile e penale; giustizia amministrativa**;

m) determinazione dei livelli essenziali delle prestazioni concernenti i diritti civili e sociali che devono essere garantiti su tutto il territorio nazionale;

n) norme generali sull'istruzione;

o) previdenza sociale;

p) legislazione elettorale, organi di governo e funzioni fondamentali di Comuni, Province e Città metropolitane;

q) **dogane, protezione dei confini nazionali** e profilassi internazionale;

r) pesi, misure e determinazione del tempo; coordinamento informativo statistico e informatico dei dati dell'amministrazione statale, regionale e locale; opere dell'ingegno;

s) tutela dell'ambiente, dell'ecosistema e dei beni culturali.

Sono materie di **legislazione concorrente** quelle relative a: **rapporti internazionali e con l'Unione europea delle Regioni**; **commercio con l'estero**; tutela e sicurezza del lavoro; istruzione, salva l'autonomia delle istituzioni scolastiche e con esclusione della istruzione e della formazione professionale; professioni; ricerca scientifica e tecnologica e sostegno all'innovazione per i settori produttivi; tutela della salute; alimentazione; ordinamento sportivo; protezione civile; governo del territorio; porti e aeroporti civili; grandi reti di trasporto e di navigazione; ordinamento della comunicazione; produzione, trasporto e distribuzione nazionale dell'energia; previdenza complementare e integrativa; **coordinamento della finanza pubblica e del sistema tributario**; valorizzazione dei beni culturali e ambientali e promozione e organizzazione di attività culturali; casse di risparmio, casse rurali, aziende di credito a carattere regionale; enti di credito fondiario e agrario a carattere regionale. **Nelle materie di legislazione concorrente spetta alle Regioni la potestà legislativa, salvo che per la determinazione dei principi fondamentali, riservata alla legislazione dello Stato.**

Spetta **alle Regioni** la **potestà legislativa in riferimento ad ogni materia non espressamente riservata alla legislazione dello Stato.**

Le Regioni e le Province autonome di Trento e di Bolzano, nelle materie di loro competenza, partecipano alle decisioni dirette alla formazione degli atti normativi comunitari e provvedono all'attuazione e all'esecuzione degli accordi interazionali e degli atti dell'Unione europea, nel rispetto delle norme di procedura stabilite da legge dello Stato, che disciplina le modalità di esercizio del potere sostitutivo in caso di inadempienza.

La **potestà regolamentare spetta allo Stato nelle materie di legislazione esclusiva, salva delega alle Regioni**. La potestà regolamentare spetta alle Regioni in ogni altra materia. I Comuni, le Province e le Città metropolitane hanno potestà regolamentare in ordine alla disciplina dell'organizzazione e dello svolgimento delle funzioni loro attribuite.

Le leggi regionali rimuovono ogni ostacolo che impedisce la piena parità degli uomini e delle donne nella vita sociale, culturale ed economica e promuovono la parità di accesso tra donne e uomini alle cariche elettive.

La legge regionale ratifica le intese della Regione con altre Regioni per il migliore esercizio delle proprie funzioni, anche con individuazione di organi comuni.

Nelle materie di sua competenza la Regione può concludere accordi con Stati e intese con enti territoriali interni ad altro Stato, nei casi e con le forme disciplinati da leggi dello Stato.

Art. 118. – Le **funzioni amministrative** sono **attribuite ai Comuni salvo** che, per assicurarne l'esercizio unitario, siano conferite **a Province, Città metropolitane, Regioni e Stato**, sulla base dei **principi di sussidiarietà**, differenziazione ed adeguatezza.

I Comuni, le Province e le Città metropolitane sono **titolari di funzioni amministrative proprie e** di quelle **conferite con legge statale o regionale**, secondo le rispettive competenze.

La **legge statale** disciplina forme di **coordinamento fra Stato e Regioni** nelle materie di cui alle lettere b) e h) del secondo comma dell'art. 117, e disciplina inoltre forme di intesa e coordinamento nella materia della tutela dei beni culturali.

Stato, Regioni, Città metropolitane, Province e Comuni favoriscono l'autonoma iniziativa dei cittadini, singoli e associati, per lo svolgimento di attività di interesse generale, sulla base del principio di sussidiarietà.

Art. 119. – I **Comuni**, le **Province**, le **Città metropolitane** e le **Regioni** hanno **autonomia finanziaria** di entrata e di spesa, nel **rispetto dell'equilibrio dei relativi bilanci**, e concorrono ad assicurare l'osservanza dei **vincoli economici** e **finanziari** derivanti dall'**ordinamento** dell'**Unione europea**.

I Comuni, le Province, le Città metropolitane e le Regioni hanno **risorse autonome**. Stabiliscono e applicano **tributi ed entrate propri**, in **armonia** con la **Costituzione** e secondo i principi di coordinamento della **finanza pubblica** e del **sistema tributario**. Dispongono di **compartecipazioni al gettito di tributi erariali** riferibile al loro **territorio**.

La legge dello Stato istituisce un fondo perequativo, senza vincoli di destinazione, per i territori con minore capacità fiscale per abitante.

Le risorse derivanti dalle fonti di cui ai commi precedenti consentono ai Comuni, alle Province, alle Città metropolitane e alle Regioni di **finanziare integralmente** le **funzioni pubbliche** loro attribuite.

Per promuovere lo sviluppo economico, la coesione e la solidarietà sociale, per rimuovere gli squilibri economici e sociali, per favorire l'effettivo esercizio dei diritti della persona, o per provvedere a scopi diversi dal normale esercizio delle loro funzioni, lo Stato destina risorse aggiuntive ed effettua interventi speciali in favore di determinati Comuni, Province, Città metropolitane e Regioni.

La Repubblica riconosce le peculiarità delle Isole e promuove le misure necessarie a rimuovere gli svantaggi derivanti dall'insularità.

I Comuni, le Province, le Città metropolitane e le Regioni hanno un proprio patrimonio, attribuito secondo i principi generali determinati dalla legge dello Stato. Possono ricorrere all'indebitamento solo per finanziare spese di investimento, con la contestuale definizione di piani di ammortamento e a condizione che per il complesso degli enti di ciascuna Regione sia rispettato l'equilibrio di bilancio. È esclusa ogni garanzia dello Stato sui prestiti dagli stessi contratti.

Art. 120. – **La Regione non** può istituire **dazi di importazione o esportazione** o transito tra le Regioni, **né** adottare **provvedimenti che ostacolino** in qualsiasi modo la **libera circolazione delle persone e delle cose tra le Regioni, né limitare l'esercizio del diritto al lavoro in qualunque parte del territorio nazionale.**

Il Governo può sostituirsi a organi delle Regioni, delle Città metropolitane, delle Province e dei Comuni nel caso di **mancato rispetto di norme e trattati internazionali o della normativa comunitaria oppure di pericolo grave per l'incolumità e la sicurezza pubblica, ovvero quando lo richiedono la tutela dell'unità giuridica o dell'unità economica** e in particolare la tutela dei livelli essenziali delle prestazioni concernenti i diritti civili e sociali, prescindendo dai confini territoriali dei governi locali. **La legge definisce le** procedure atte a garantire che i poteri sostitutivi siano esercitati nel **rispetto del principio di sussidiarietà e del principio di leale collaborazione**.

Art. 121. – Sono organi della Regione: il Consiglio regionale, la Giunta e il suo presidente.

Il Consiglio regionale esercita le potestà legislative attribuite alla Regione e le altre funzioni conferitegli dalla Costituzione e dalle leggi. Può fare proposte di legge alle Camere.

La Giunta regionale è l'**organo esecutivo** delle Regioni.

Il Presidente della Giunta rappresenta la Regione; dirige la politica della Giunta e ne è responsabile; promulga le leggi ed emana i regolamenti regionali; dirige le funzioni amministrative delegate dallo Stato alla Regione, conformandosi alle istruzioni del Governo della Repubblica.

Art. 122. – **Il sistema di elezione e i casi di ineleggibilità e di incompatibilità** del Presidente e degli altri componenti della Giunta regionale nonché dei consiglieri regionali sono **disciplinati con legge della Regione nei limiti dei principi fondamentali stabiliti con legge della Repubblica**, che stabilisce anche la durata degli organi elettivi.

Nessuno può appartenere contemporaneamente a un Consiglio o a una Giunta regionale e ad una delle Camere del Parlamento, ad un altro Consiglio o ad altra Giunta regionale, ovvero al Parlamento europeo.

Il Consiglio elegge tra i suoi componenti un Presidente e un ufficio di presidenza.

I consiglieri regionali non possono essere chiamati a rispondere delle opinioni espresse e dei voti dati nell'esercizio delle loro funzioni.

Il Presidente della Giunta regionale, salvo che lo statuto regionale disponga diversamente, è eletto a suffragio universale e diretto. Il Presidente eletto nomina e revoca i componenti della Giunta.

Art. 123. – **Ciascuna Regione ha uno statuto che, in armonia con la Costituzione, ne determina la forma di governo e i principi fondamentali di organizzazione e funzionamento.** Lo statuto regola l'esercizio del diritto di iniziativa e del referendum su leggi e provvedimenti amministrativi della Regione e la pubblicazione delle leggi e dei regolamenti regionali.

Lo statuto è approvato e modificato dal Consiglio regionale con legge approvata a maggioranza assoluta dei suoi componenti, con due deliberazioni successive adottate ad intervallo non minore di due mesi. Per tale legge non è richiesta l'apposizione del visto da parte del Commissario del Governo. Il Governo della Repubblica può promuovere la questione di legittimità costituzionale sugli statuti regionali dinanzi alla Corte costituzionale entro trenta giorni dalla loro pubblicazione.

Lo statuto è sottoposto a referendum popolare qualora entro tre mesi dalla sua pubblicazione ne faccia richiesta un cinquantesimo degli elettori della Regione o un quinto dei componenti il Consiglio regionale. Lo statuto sottoposto a referendum non è promulgato se non è approvato dalla maggioranza dei voti validi.

In ogni Regione, lo statuto disciplina il Consiglio delle autonomie locali, quale organo di consultazione fra la Regione e gli enti locali.

Art. 124. – Articolo abrogato.

Art. 125. – Nella Regione sono istituiti organi di giustizia amministrativa di primo grado, secondo l'ordinamento stabilito da legge della Repubblica. Possono istituirsi sezioni con sede diversa dal capoluogo della Regione.

Art. 126. – **Con decreto motivato del Presidente della Repubblica sono disposti lo scioglimento del Consiglio regionale e la rimozione del Presidente della Giunta che abbiano compiuto atti contrari alla Costituzione o gravi violazioni di legge**. Lo scioglimento e la rimozione possono altresì essere disposti per ragioni di sicurezza nazionale. Il decreto è adottato sentita una Commissione di Deputati e senatori costituita, per le questioni regionali, nei modi stabiliti con legge della Repubblica.

Il Consiglio regionale può esprimere la sfiducia nei confronti del Presidente della Giunta mediante mozione motivata, sottoscritta da almeno un quinto dei suoi componenti e approvata per appello nominale a maggioranza assoluta dei componenti. La mozione non può essere messa in discussione prima di tre giorni dalla presentazione.

L'approvazione della mozione di sfiducia nei confronti del Presidente della Giunta eletto a suffragio universale e diretto, nonché la rimozione, l'impedimento permanente, la morte o le dimissioni volontarie dello stesso comportano le dimissioni della Giunta e lo scioglimento del Consiglio. In ogni caso i medesimi effetti conseguono alle dimissioni contestuali della maggioranza dei componenti il Consiglio.

Art. 127. – Il Governo, quando ritenga che una legge regionale ecceda la competenza della Regione, può promuovere la questione di legittimità costituzionale dinanzi alla Corte costituzionale entro sessanta giorni dalla sua pubblicazione.

La Regione, quando ritenga che una legge o un atto avente valore di legge dello Stato o di un'altra Regione leda la sua sfera di competenza, può promuovere la questione di legittimità costituzionale dinanzi alla Corte costituzionale entro sessanta giorni dalla pubblicazione della legge o dell'atto avente valore di legge.

Artt. 128-130. – Articoli abrogati.

Art. 131. – Sono costituite le seguenti Regioni: Piemonte; Valle d'Aosta; Lombardia; Trentino-Alto Adige; Veneto; Friuli-Venezia Giulia; Liguria; Emilia-Romagna; Toscana; Umbria; Marche; Lazio; Abruzzi; Molise; Campania; Puglia; Basilicata; Calabria; Sicilia; Sardegna.

Art. 132. – Si può con legge costituzionale, sentiti i Consigli regionali, disporre la fusione di Regioni esistiti o la creazione di nuove Regioni con un minimo di un milione d'abitanti, quando ne facciano richiesta tanti Consigli comunali che rappresentino almeno un terzo delle popolazioni interessate, e la proposta sia approvata con referendum dalla maggioranza delle popolazioni stesse.

Si può, con l'approvazione della maggioranza delle popolazioni della Provincia o delle Province interessate e del Comune o dei Comuni interessati espressa mediante referendum e con legge della Repubblica, sentiti i Consigli regionali, consentire che Provincie e Comuni, che ne facciano richiesta, siano staccati da una Regione ed aggregati ad un'altra.

Art. 133. – Il mutamento delle circoscrizioni provinciali e la istituzione di nuove Provincie nell'ambito d'una Regione sono stabiliti con leggi della Repubblica, su iniziativa dei Comuni, sentita la stessa Regione.

La Regione, sentite le popolazioni interessate, può con sue leggi istituire nel proprio territorio nuovi Comuni e modificare le loro circoscrizioni e denominazioni.

TITOLO VI
GARANZIE COSTITUZIONALI

SEZIONE I
LA CORTE COSTITUZIONALE

Art. 134. – La Corte costituzionale giudica:

sulle controversie relative alla legittimità costituzionale delle leggi e degli atti, aventi forza di legge, dello Stato e delle Regioni;

sui conflitti di attribuzione tra i poteri dello Stato e su quelli tra lo Stato e le Regioni, e tra le Regioni;

sulle accuse promosse contro il Presidente della Repubblica a norma della Costituzione.

Art. 135. – La Corte costituzionale è composta di quindici giudici nominati per un terzo dal Presidente della Repubblica, per un terzo dal Parlamento in seduta comune e per un terzo dalle supreme magistrature ordinaria ed amministrativa.

I giudici della Corte costituzionale sono scelti tra i magistrati anche a riposo delle giurisdizioni superiori ordinaria ed amministrative, i professori ordinari di università in materie giuridiche e gli avvocati dopo venti anni d'esercizio.

I giudici della Corte costituzionale sono nominati per nove anni, decorrenti per ciascuno di essi dal giorno del giuramento, e non possono essere nuovamente nominati.

Alla scadenza del termine il giudice costituzionale cessa dalla carica e dall'esercizio delle funzioni.

La Corte elegge fra i suoi componenti, secondo le norme stabilite dalla legge, il Presidente che rimane in carica per un triennio, ed è rieleggibile, fermi in ogni caso i termini di scadenza dall'ufficio di giudice.

L'ufficio di giudice della Corte è incompatibile con quello di membro del Parlamento, di un Consiglio regionale, con l'esercizio della professione di avvocato e con ogni carica ed ufficio indicati dalla legge.

Nei giudizi di accusa contro il Presidente della Repubblica intervengono, oltre i giudici ordinari della Corte, sedici membri tratti a sorte da un elenco di cittadini aventi i requisiti per la eleggibilità a senatore, che il Parlamento compila ogni nove anni mediante elezione con le stesse modalità stabilite per la nomina dei giudici ordinari.

Art. 136. – Quando la Corte dichiara l'illegittimità costituzionale di una norma di legge o di atto avente forza di legge, la norma cessa di avere efficacia dal giorno successivo alla pubblicazione della decisione.

La decisione della Corte è pubblicata

e comunicata alle Camere ed ai Consigli regionali interessati, affinché, ove lo ritengano necessario, provvedano nelle forme costituzionali.

Art. 137. – Una legge costituzionale stabilisce le condizioni, le forme, i termini di proponibilità dei giudizi di legittimità costituzionale, e le garanzie d'indipendenza dei giudici della Corte.

Con legge ordinaria sono stabilite le altre norme necessarie per la costituzione e il funzionamento della Corte.

Contro le decisioni della Corte costituzionale non è ammessa alcuna impugnazione.

SEZIONE II
REVISIONE DELLA COSTITUZIONE. LEGGI COSTITUZIONALI

Art. 138. – Le leggi di revisione della Costituzione e le altre leggi costituzionali sono adottate da ciascuna Camera con due successive deliberazioni ad intervallo non minore di tre mesi, e sono approvate a maggioranza assoluta dei componenti di ciascuna Camera nella seconda votazione.

Le leggi stesse sono sottoposte a referendum popolare quando, entro tre mesi dalla loro pubblicazione, ne facciano domanda un quinto dei membri di una Camera o cinquecentomila elettori o cinque Consigli regionali. La legge sottoposta a referendum non è promulgata, se non è approvata dalla maggioranza dei voti validi.

Non si fa luogo a referendum se la legge è stata approvata nella seconda votazione da ciascuna delle Camere a maggioranza di due terzi dei suoi componenti.

Art. 139. – La forma repubblicana non può essere oggetto di revisione costituzionale.

Trattato sul funzionamento dell'Unione europea

(*Omissis*).

PARTE PRIMA
PRINCIPI

Art. 1. – 1. Il presente trattato organizza il **funzionamento** dell'**Unione** e determina i settori, la delimitazione e le modalità d'esercizio delle sue **competenze**.

2. Il presente trattato e il trattato sull'Unione europea costituiscono i trattati su cui è fondata l'Unione. I due trattati, che hanno lo stesso valore giuridico, sono denominati «i trattati».

TITOLO I
CATEGORIE E SETTORI DI COMPETENZA DELL'UNIONE

Art. 2. – 1. Quando i trattati attribuiscono all'Unione una **competenza esclusiva in un determinato settore, solo l'Unione può legiferare** e adottare atti giuridicamente vincolanti. Gli Stati membri possono farlo autonomamente solo se autorizzati dall'Unione oppure per dare attuazione agli atti dell'Unione.

2. Quando i trattati attribuiscono all'Unione una **competenza concorrente** con quella degli Stati membri in un determinato settore, **l'Unione e gli Stati membri possono legiferare** e adottare **atti giuridicamente vincolanti in tale settore**. Gli **Stati membri** esercitano la loro **competenza** nella misura in cui **l'Unione non ha esercitato** la **propria**. Gli Stati membri esercitano nuovamente la loro competenza nella misura in cui l'Unione ha deciso di cessare di esercitare la propria.

3. Gli Stati membri coordinano le loro politiche economiche e occupazionali secondo le modalità previste dal presente trattato, la definizione delle quali è di competenza dell'Unione.

4. L'Unione ha competenza, conformemente alle disposizioni del trattato sull'Unione europea, per definire e attuare una politica estera e di sicurezza comune, compresa la definizione progressiva di una politica di difesa comune.

5. In taluni settori e alle condizioni previste dai trattati, **l'Unione ha competenza** per svolgere **azioni** intese a **sostenere, coordinare o completare l'azione degli Stati membri**, senza tuttavia sostituirsi alla loro competenza in tali settori. Gli atti giuridicamente vincolanti dell'Unione adottati in base a disposizioni dei trattati relative a tali settori non possono comportare un'armonizzazione delle disposizioni legislative e regolamentari degli Stati membri.

6. La portata e le modalità d'esercizio delle competenze dell'Unione sono determinate dalle disposizioni dei trattati relative a ciascun settore.

Art. 3. – 1. L'Unione ha **competenza esclusiva** nei seguenti settori:

a) **unione doganale**;

b) definizione delle regole di **concorrenza** necessarie al **funzionamento del mercato interno**;

c) **politica monetaria** per gli Stati membri la cui moneta è l'**euro**;

d) conservazione delle risorse biologiche del mare nel quadro della politica comune della pesca;

e) **politica commerciale comune**.

2. L'Unione ha inoltre competenza esclusiva per la conclusione di **accordi internazionali** allorché tale conclusione è prevista in un atto legislativo dell'Unione o è necessaria per consentirle di esercitare le sue competenze a livello interno o nella misura in cui può incidere su norme comuni o modificarne la portata.

Art. 4. – 1. L'Unione ha **competenza concorrente** con quella degli Stati membri quando i trattati le attribuiscono una competenza che **non** rientra nei **settori di cui agli artt. 3 e 6**.

2. L'Unione ha una competenza concorrente con quella degli Stati membri nei principali seguenti settori:

a) **mercato interno**,

b) politica sociale, per quanto riguarda gli aspetti definiti nel presente trattato,

c) coesione economica, sociale e territoriale,

d) agricoltura e pesca, tranne la conservazione delle risorse biologiche del mare,

e) ambiente,

f) protezione dei consumatori,

g) trasporti,

h) reti transeuropee,

i) energia,

j) spazio di libertà, sicurezza e giustizia,

k) problemi comuni di sicurezza in materia di sanità pubblica, per quanto riguarda gli aspetti definiti nel presente trattato.

3. Nei settori della ricerca, dello sviluppo tecnologico e dello spazio, l'Unione ha competenza per condurre azioni, in particolare la definizione e l'attuazione di programmi, senza che l'esercizio di tale competenza possa avere per effetto di impedire agli Stati membri di esercitare la loro.

4. Nei settori della cooperazione allo sviluppo e dell'aiuto umanitario, l'Unione ha competenza per condurre azioni e una politica comune, senza che l'esercizio di tale competenza possa avere per effetto di impedire agli Stati membri di esercitare la loro.

Art. 5. – 1. Gli **Stati membri coordinano le loro politiche economiche nell'ambito dell'Unione**. A tal fine il **Consiglio** adotta delle misure, in particolare **gli indirizzi di massima** per dette politiche.

Agli Stati membri la cui moneta è l'euro si applicano disposizioni specifiche.

2. L'Unione prende misure per assicurare il coordinamento delle politiche occupazionali degli Stati membri, in particolare definendo gli orientamenti per dette politiche.

3. L'Unione può prendere iniziative per assicurare il coordinamento delle politiche sociali degli Stati membri.

(*Omissis*).

PARTE SECONDA
NON DISCRIMINAZIONE E CITTADINANZA DELL'UNIONE

Art. 18 (*ex* art. 12 del TCE). – Nel campo di applicazione dei trattati, e senza pregiudizio delle disposizioni particolari dagli stessi previste, è **vietata ogni discriminazione effettuata in base alla nazionalità**.

Il **Parlamento europeo** e il **Consiglio**, deliberando secondo la procedura legislativa ordinaria, possono stabilire **regole** volte a **vietare tali discriminazioni**.

(*Omissis*).

Art. 21 (*ex* art. 18 del TCE). – 1. **Ogni cittadino dell'Unione ha il diritto di circolare e di soggiornare liberamente** nel territorio degli Stati membri, fatte salve le limitazioni e le condizioni previste dai trattati e dalle disposizioni adottate in applicazione degli stessi.

2. Quando un'azione dell'Unione risulti necessaria per raggiungere questo obiettivo e salvo che i trattati non abbiano previsto poteri di azione a tal fine, il **Parlamento europeo** e il **Consiglio**, deliberando secondo la procedura legislativa ordinaria, possono adottare **disposizioni intese a facilitare l'esercizio dei diritti** di cui al paragrafo 1.

3. Agli stessi fini enunciati al paragrafo 1 e salvo che i trattati non abbiano previsto poteri di azione a tale scopo, il Consiglio, deliberando secondo una procedura legislativa speciale, può adottare misure relative alla sicurezza sociale o alla protezione sociale. **Il Consiglio delibera all'unanimità previa consultazione del Parlamento europeo**.

(*Omissis*).

PARTE TERZA
POLITICHE DELL'UNIONE E AZIONI INTERNE

TITOLO I
MERCATO INTERNO

Art. 26 (*ex* art. 14 del TCE). – 1. L'Unione adotta le misure destinate all'instaurazione o al funzionamento del mercato interno, conformemente alle disposizioni pertinenti dei trattati.

2. **Il mercato interno** comporta uno **spazio senza frontiere interne**, nel quale è assicurata la **libera circolazione delle merci, delle persone, dei servizi e dei capitali** secondo le disposizioni dei trattati.

3. Il Consiglio, su proposta della Commissione, definisce gli orientamenti e le condizioni necessari per garantire un progresso equilibrato nell'insieme dei settori considerati.

(*Omissis*).

TITOLO II
LIBERA CIRCOLAZIONE DELLE MERCI

Art. 28 (*ex* art. 23 del TCE). – 1. L'Unione comprende un'**unione doganale** che si estende al complesso degli scambi di merci e comporta il **divieto**, fra gli Stati membri, **dei dazi doganali all'importazione e all'esportazione e di qualsiasi tassa di effetto equivalente**, come pure l'adozione di una tariffa doganale comune nei loro rapporti con i paesi terzi.

2. Le disposizioni dell'art. 30 e del capo 32 del presente titolo si applicano ai prodotti originari degli Stati membri e ai prodotti provenienti da Paesi terzi che si trovano in libera pratica negli Stati membri.

Art. 29 (*ex* art. 24 del TCE). – Sono considerati **in libera pratica** in uno Stato membro **i prodotti provenienti da Paesi terzi** per i quali siano state **adempiute in tale Stato le formalità** di importazione **e riscossi i dazi doganali** e le **tasse di effetto equivalente** esigibili e che non abbiano beneficiato di un ristorno totale o parziale di tali dazi e tasse.

CAPO I

UNIONE DOGANALE

Art. 30 (*ex* art. 25 del TCE). – **I dazi doganali** all'**importazione** o all'**esportazione** o le **tasse di effetto equivalente** sono **vietati** tra gli Stati membri. Tale divieto si applica anche ai dazi doganali di carattere fiscale.

Art. 31 (*ex* art. 26 del TCE). – **I dazi** della tariffa doganale comune sono **stabiliti dal Consiglio** su proposta della Commissione.

Art. 32 (*ex* art. 27 del TCE). – Nell'adempimento dei compiti che le sono affidati ai sensi del presente capo, la Commissione s'ispira:

a) alla necessità di **promuovere gli scambi commerciali** fra gli Stati membri e i Paesi terzi;

b) all'evoluzione delle condizioni di concorrenza all'interno dell'Unione, nella misura in cui tale evoluzione avrà per effetto di **accrescere la capacità di concorrenza delle imprese**;

c) alla necessità di approvvigionamento dell'Unione in materie prime e prodotti semilavorati, pur vigilando a che non vengano falsate fra gli Stati membri le condizioni di concorrenza sui prodotti finiti;

d) alla necessità di **evitare gravi turbamenti nella vita economica degli Stati membri** e di assicurare uno sviluppo razionale della produzione e una espansione del consumo nell'Unione.

CAPO II

COOPERAZIONE DOGANALE

Art. 33 (*ex* art. 135 del TCE). – Nel quadro del campo di applicazione dei trattati, il Parlamento europeo e il Consiglio, deliberando secondo la procedura legislativa ordinaria, adottano misure per rafforzare la cooperazione doganale tra gli Stati membri e tra questi ultimi e la Commissione.

CAPO III

DIVIETO DELLE RESTRIZIONI QUANTITATIVE TRA GLI STATI MEMBRI

Art. 34 (*ex* art. 28 del TCE). – Sono **vietate** fra gli Stati membri le **restrizioni quantitative all'importazione** nonché qualsiasi **misura di effetto equivalente**.

Art. 35 (*ex* art. 29 del TCE). – Sono **vietate** fra gli Stati membri **le restrizioni quantitative all'esportazione** e qualsiasi **misura di effetto equivalente**.

Art. 36 (*ex* art. 30 del TCE). – Le disposizioni degli **artt. 34 e 35** lasciano **impregiudicati i divieti o restrizioni all'importazione, all'esportazione e al transito giustificati** da motivi di moralità pubblica, di ordine pubblico, di pubblica sicurezza, di tutela della salute e della vita delle persone e degli animali o di preservazione dei vegetali, di protezione del patrimonio artistico, storico o archeologico nazionale, o di tutela della proprietà industriale e commerciale. Tuttavia, **tali divieti o restrizioni non** devono costituire un **mezzo di discrimina-**

zione arbitraria, né una restrizione **dissimulata** al commercio tra gli Stati membri.

Art. 37 (*ex* art. 31 del TCE). – 1. Gli Stati membri procedono a un **riordinamento dei monopoli nazionali che presentano un carattere commerciale**, in modo che venga esclusa qualsiasi discriminazione fra i cittadini degli Stati membri per quanto riguarda le condizioni relative all'approvvigionamento e agli sbocchi.

Le disposizioni del presente articolo si applicano a qualsiasi organismo per mezzo del quale uno Stato membro, *de jure* o *de facto*, controlla, dirige o influenza sensibilmente, direttamente o indirettamente, le importazioni o le esportazioni fra gli Stati membri. Tali disposizioni si applicano altresì ai monopoli di Stato delegati.

2. **Gli Stati membri si astengono da qualsiasi nuova misura contraria ai principi** enunciati nel paragrafo 1 o tale da limitare la portata degli articoli relativi al divieto dei dazi doganali e delle restrizioni quantitative fra gli Stati membri.

3. Nel caso di un monopolio a carattere commerciale che comporti una regolamentazione destinata ad agevolare lo smercio o la valorizzazione di prodotti agricoli, è opportuno assicurare, nell'applicazione delle norme del presente articolo, garanzie equivalenti per l'occupazione e il tenore di vita dei produttori interessati.

(*Omissis*).

TITOLO IV
LIBERA CIRCOLAZIONE DELLE PERSONE, DEI SERVIZI E DEI CAPITALI

CAPO I
I LAVORATORI

Art. 45 (*ex* art. 39 del TCE). – 1. **La libera circolazione dei lavoratori** all'interno dell'Unione è **assicurata**.

2. Essa implica l'**abolizione** di qualsiasi **discriminazione,** fondata **sulla nazionalità**, tra i lavoratori degli Stati membri, per quanto riguarda l'**impiego**, la **retribuzione** e le **altre condizioni di lavoro**.

3. Fatte salve le limitazioni giustificate da motivi di ordine pubblico, pubblica sicurezza e sanità pubblica, essa importa il **diritto**:

a) di **rispondere a offerte** di **lavoro** effettive;

b) di **spostarsi liberamente** a tal fine nel territorio degli Stati membri;

c) di **prendere dimora** in uno degli Stati membri al fine di svolgervi un'attività di lavoro, conformemente alle disposizioni legislative, regolamentari e amministrative che disciplinano l'occupazione dei lavoratori nazionali;

d) di **rimanere**, a condizioni che costituiranno l'oggetto di regolamenti stabiliti dalla Commissione, **sul territorio** di uno Stato membro, **dopo aver occupato un impiego**.

4. Le disposizioni del presente articolo non sono applicabili agli impieghi nella pubblica amministrazione.

Art. 46 (*ex* art. 40 del TCE). – Il **Parlamento europeo e il Consiglio**, deliberando secondo la procedura legislativa ordinaria e previa consultazione del Comitato economico e sociale **stabiliscono, mediante direttive o regolamenti**, le **misure necessarie** per attuare la **libera circolazione dei lavoratori**, quale è definita dall'art. 45, in particolare:

a) **assicurando** una stretta **collaborazione tra le amministrazioni** nazionali del lavoro;

b) **eliminando** quelle **procedure e pratiche amministrative**, come anche i termini per l'accesso agli impieghi disponibili, contemplati dalla legislazione interna ovvero da accordi conclusi in precedenza tra gli Stati membri, il cui mantenimento sarebbe di **ostacolo** alla **liberalizzazione** dei movimenti dei lavoratori;

c) **abolendo tutti i termini** e le **altre restrizioni** previste dalle legislazioni interne ovvero da accordi conclusi in precedenza tra gli Stati membri, che impongano ai lavoratori degli altri Stati membri, in ordine alla **libera scelta di un lavoro**, condizioni diverse da quelle stabilite per i lavoratori nazionali;

d) **istituendo meccanismi** idonei a **mettere in contatto le offerte e le domande di lavoro** e a facilitarne l'equilibrio a condizioni che evitino di compromettere gravemente il tenore di vita e il livello dell'occupazione nelle diverse regioni e industrie.

Art. 47 (*ex* art. 41 del TCE). – Gli Stati membri favoriscono, nel quadro di un programma comune, gli scambi di giovani lavoratori.

Art. 48 (*ex* art. 42 del TCE). – Il **Parlamento europeo** e il **Consiglio**, deliberando secondo la procedura legislativa ordinaria, adottano in materia di sicurezza sociale le **misure necessarie** per l'instaurazione della **libera circolazione dei lavoratori**, attuando in particolare un sistema che consenta di assicurare ai lavoratori migranti dipendenti e autonomi e ai loro aventi diritto:

a) il cumulo di tutti i periodi presi in considerazione dalle varie legislazioni nazionali, sia per il sorgere e la conservazione del diritto alle prestazioni sia per il calcolo di queste;

b) il pagamento delle prestazioni alle persone residenti nei territori degli Stati membri.

Qualora un membro del Consiglio dichiari che un progetto di atto legislativo di cui al primo comma lede aspetti importanti del suo sistema di sicurezza sociale, in particolare per quanto riguarda il campo di applicazione, i costi o la struttura finanziaria, oppure ne altera l'equilibrio finanziario, può chiedere che il Consiglio europeo sia investito della questione. In tal caso la procedura legislativa ordinaria è sospesa. Previa discussione ed entro quattro mesi da tale sospensione, il Consiglio europeo:

a) rinvia il progetto al Consiglio, il che pone fine alla sospensione della procedura legislativa ordinaria, oppure

b) non agisce o chiede alla Commissione di presentare una nuova proposta; in tal caso l'atto inizialmente proposto si considera non adottato.

CAPO II

IL DIRITTO DI STABILIMENTO

Art. 49 (*ex* art. 43 del TCE). – Nel quadro delle disposizioni che seguono, le **restrizioni** alla libertà di stabilimento dei cittadini di uno Stato membro nel territorio di un altro Stato membro vengono **vietate**. Tale divieto si estende altresì alle **restrizioni relative all'apertura di agenzie, succursali o filiali**, da parte dei cittadini di uno Stato membro stabiliti sul territorio di un altro Stato membro.

La libertà di stabilimento importa **l'accesso alle attività autonome e al loro esercizio**, nonché la costituzione e la gestione di imprese e in particolare di società ai sensi dell'art. 54, secondo comma, alle condizioni definite dalla legislazione del paese di stabilimento nei confronti dei propri cittadini, fatte salve le disposizioni del capo relativo ai capitali.

Art. 50 (*ex* art. 44 del TCE). – 1. Per **realizzare la libertà di stabilimento** in una determinata attività, il **Parlamento europeo e il Consiglio deliberano mediante direttive** secondo la **procedura legislativa ordinaria**, previa consultazione del Comitato economico e sociale.

2. Il Parlamento europeo, il Consiglio e la Commissione esercitano le funzioni loro attribuite in virtù delle disposizioni che precedono, in particolare:

a) trattando, in generale, con precedenza le attività per le quali la libertà di stabilimento costituisce un contributo particolarmente utile all'incremento della produzione e degli scambi;

b) assicurando una **stretta collaborazione tra le amministrazioni nazionali** competenti al fine di conoscere le situazioni particolari all'interno dell'Unione delle diverse attività interessate;

c) **sopprimendo quelle procedure e pratiche amministrative** contemplate dalla legislazione interna ovvero da accordi precedentemente conclusi tra gli Stati membri, il cui mantenimento sarebbe di ostacolo alla libertà di stabilimento;

d) **vigilando** a che i **lavoratori dipendenti** di uno degli Stati membri, occupati nel territorio di un altro Stato membro, **possano quivi rimanere per intraprendere un'attività autonoma**, quando soddisfino alle condizioni che sarebbero loro richieste se entrassero in quello Stato nel momento in cui desiderano accedere all'attività di cui trattasi;

e) **rendendo possibile** l'**acquisto** e lo **sfruttamento di proprietà fondiarie** situate nel territorio di uno Stato membro da parte di un cittadino di un altro Stato membro, sempre che non siano lesi i principi stabiliti dall'art. 39, paragrafo 2;

f) applicando la graduale soppressione delle restrizioni relative alla libertà di stabilimento in ogni ramo di attività considerato, da una parte alle condizioni per l'apertura di agenzie, succursali o filiali sul territorio di uno Stato membro e dall'altra alle condizioni di ammissione del personale della sede principale negli organi di gestione o di controllo di queste ultime;

g) **coordinando**, nella necessaria misura e al fine di renderle equivalenti, **le garanzie** che sono **richieste**, negli Stati membri, **alle società** a mente dell'art. 54, secondo comma per proteggere gli interessi tanto dei soci come dei terzi;

h) **accertandosi** che le **condizioni di stabilimento non** vengano **alterate mediante aiuti concessi dagli Stati** membri.

Art. 51 (*ex* art. 45 del TCE). – Sono escluse dall'applicazione delle disposizioni del presente capo, per quanto riguarda lo Stato membro interessato, le attività che in tale Stato partecipino, sia pure occasionalmente, all'esercizio dei pubblici poteri.

Il Parlamento europeo e il Consiglio, deliberando secondo la procedura legislativa ordinaria, possono escludere talune attività dall'applicazione delle disposizioni del presente capo.

Art. 52 (*ex* art. 46 del TCE). – 1. Le prescrizioni del presente capo e le misure adottate in virtù di queste ultime lasciano impregiudicata l'applicabilità delle disposizioni legislative, regolamentari e amministrative che prevedano un regime particolare per i cittadini stranieri e che siano giustificate da motivi di ordine pubblico, di pubblica sicurezza e di sanità pubblica.

2. Il Parlamento europeo e il Consiglio, deliberando secondo la procedura legislativa ordinaria, stabiliscono direttive per il coordinamento delle suddette disposizioni.

Art. 53 (*ex* art. 47 del TCE). – 1. Al fine di agevolare l'accesso alle attività autonome e l'esercizio di queste, il Parlamento europeo e il Consiglio, deliberando secondo la procedura legislativa ordinaria, stabiliscono direttive intese al reciproco riconoscimento dei diplomi, certificati ed altri titoli e al coordinamento delle disposizioni legislative, regolamentari e amministrative degli Stati membri relative all'accesso alle attività autonome e all'esercizio di queste.

2. Per quanto riguarda le professioni mediche, paramediche e farmaceutiche, la graduale soppressione delle restrizioni è subordinata al coordinamento delle

condizioni richieste per il loro esercizio nei singoli Stati membri.

Art. 54 (*ex* art. 48 del TCE). – Le **società** costituite conformemente alla legislazione di uno Stato membro e **aventi la sede sociale, l'amministrazione centrale o il centro di attività principale all'interno dell'Unione**, sono **equiparate**, ai fini dell'applicazione delle disposizioni del presente capo, **alle persone fisiche** aventi la **cittadinanza** degli Stati membri.

Per società si intendono le società di diritto civile o di diritto commerciale, ivi comprese le società cooperative, e le altre persone giuridiche contemplate dal diritto pubblico o privato, ad eccezione delle società che non si prefiggono scopi di lucro.

Art. 55 (*ex* art. 294 del TCE). – Fatta salva l'applicazione delle altre disposizioni dei trattati, gli Stati membri applicano la disciplina nazionale nei confronti della partecipazione finanziaria dei cittadini degli altri Stati membri al capitale delle società a mente dell'art. 54.

CAPO III
I SERVIZI

Art. 56 (*ex* art. 49 del TCE). – Nel quadro delle disposizioni seguenti, **le restrizioni** alla libera prestazione dei servizi all'interno dell'Unione **sono vietate** nei confronti dei cittadini degli Stati membri stabiliti in uno Stato membro che non sia quello del destinatario della prestazione.

Il Parlamento europeo e il Consiglio, deliberando secondo la procedura legislativa ordinaria, **possono estendere il beneficio** delle disposizioni del presente capo **ai prestatori di servizi, cittadini di un paese terzo e stabiliti all'interno dell'Unione**.

Art. 57 (*ex* art. 50 del TCE). – Ai sensi dei trattati, **sono considerate** come **servizi le prestazioni fornite normalmente dietro retribuzione,** in quanto non siano regolate dalle disposizioni relative alla libera circolazione delle merci, dei capitali e delle persone.

I servizi comprendono in particolare:

a) attività di carattere industriale;
b) attività di carattere commerciale;
c) attività artigiane;
d) attività delle libere professioni.

Senza pregiudizio delle disposizioni del capo relativo al diritto di stabilimento, **il prestatore può,** per l'esecuzione della sua prestazione, **esercitare, a titolo temporaneo, la sua attività** nello Stato membro ove la prestazione è fornita, **alle stesse condizioni** imposte da tale Stato ai propri cittadini.

Art. 58 (*ex* art. 51 del TCE). – 1. La libera circolazione dei servizi, in materia di trasporti, è regolata dalle disposizioni del titolo relativo ai trasporti.

2. La liberalizzazione dei servizi delle banche e delle assicurazioni che sono vincolati a movimenti di capitale deve essere attuata in armonia con la liberalizzazione della circolazione dei capitali.

Art. 59 (*ex* art. 52 del TCE). – 1. Per realizzare la liberalizzazione di un determinato servizio, il Parlamento europeo e il Consiglio, deliberando secondo la procedura legislativa ordinaria e previa consultazione del Comitato economico e sociale, stabiliscono direttive.

2. Nelle direttive di cui al paragrafo 1 sono in generale considerati con priorità i servizi che intervengono in modo diretto nei costi di produzione, ovvero la cui liberalizzazione contribuisce a facilitare gli scambi di merci.

Art. 60 (*ex* art. 53 del TCE). – Gli Stati membri si sforzano di procedere alla liberalizzazione dei servizi in misura superiore a quella obbligatoria in virtù delle direttive stabilite in applicazione dell'art. 59, paragrafo 1, quando ciò sia loro consentito dalla situazione economica generale e dalla situazione del settore interessato.

La Commissione rivolge a tal fine raccomandazioni agli Stati membri interessati.

Art. 61 (*ex* art. 54 del TCE). – Fino a quando non saranno soppresse le restrizioni alla libera prestazione dei servizi, ciascuno degli Stati membri le applica senza distinzione di nazionalità o di residenza a tutti i prestatori di servizi contemplati dall'art. 56, primo comma.

Art. 62 (*ex* art. 55 del TCE). – Le disposizioni degli artt. da 51 a 54 inclusi sono applicabili alla materia regolata dal presente capo.

CAPO IV
CAPITALI E PAGAMENTI

Art. 63 (*ex* art. 56 del TCE). – 1. Nell'ambito delle disposizioni previste dal presente capo sono **vietate** tutte le **restrizioni ai movimenti di capitali tra Stati membri**, nonché **tra Stati membri e paesi terzi**.

2. Nell'ambito delle disposizioni previste dal presente capo sono **vietate** tutte le **restrizioni sui pagamenti** tra Stati membri, nonché tra Stati membri e paesi terzi.

Art. 64 (*ex* art. 57 del TCE). – 1. Le disposizioni di cui all'art. 63 **lasciano impregiudicata l'applicazione ai Paesi terzi di qualunque restrizione** in vigore alla data del 31 dicembre 1993 in virtù delle legislazioni nazionali o della legislazione dell'Unione per quanto concerne i movimenti di capitali provenienti da paesi terzi o ad essi diretti, che implichino investimenti diretti, inclusi gli investimenti in proprietà immobiliari, lo stabilimento, la prestazione di servizi finanziari o l'ammissione di valori mobiliari nei mercati finanziari. In conformità con le restrizioni esistenti in base alla normativa nazionale in Bulgaria, Estonia ed Ungheria, la pertinente data è il 31 dicembre 1999. In conformità con le restrizioni esistenti in base al diritto nazionale in Croazia, la pertinente data è il 31 dicembre 2002.

2. Nell'ambito degli sforzi volti a conseguire, nella maggior misura possibile e senza pregiudicare gli altri capi dei trattati, l'obiettivo della libera circolazione di capitali tra Stati membri e paesi terzi, **il Parlamento europeo e il Consiglio, deliberando secondo la procedura legislativa ordinaria, adottano le misure concernenti i movimenti di capitali** provenienti da Paesi terzi o ad essi diretti, in relazione a **investimenti diretti**, inclusi gli investimenti in proprietà immobiliari, lo stabilimento, la prestazione di **servizi finanziari** o l'ammissione di **valori mobiliari** nei mercati finanziari.

3. In deroga al paragrafo 2, solo il Consiglio, deliberando secondo una procedura legislativa speciale, all'unanimità e previa consultazione del Parlamento europeo, può adottare misure che comportino un regresso del diritto dell'Unione per quanto riguarda la liberalizzazione dei movimenti di capitali diretti in paesi terzi o provenienti da essi.

Art. 65 (*ex* art. 58 del TCE). – 1. **Le disposizioni** dell'art. 63 **non pregiudicano** il diritto degli Stati membri:

a) di **applicare** le pertinenti **disposizioni** della loro legislazione tributaria in cui si opera una **distinzione tra i contribuenti** che **non** si trovano nella **medesima situazione** per quanto riguarda il loro **luogo di residenza** o il luogo di **collocamento del** loro **capitale**;

b) di prendere tutte le misure necessarie **per impedire le violazioni** della legislazione e delle regolamentazioni nazionali, in particolare nel settore fiscale e in quello della vigilanza prudenziale sulle istituzioni finanziarie, o di stabilire procedure per la dichiarazione dei movimenti di capitali a scopo di informazione amministrativa o statistica, o di adottare misure giustificate da motivi di ordine pubblico o di pubblica sicurezza.

2. Le disposizioni del presente capo **non pregiudicano l'applicabilità di restrizioni in materia di diritto di stabilimento compatibili** con i trattati.

3. **Le misure** e **le procedure** di cui ai paragrafi 1 e 2 **non** devono costituire un **mezzo di discriminazione arbitraria, né** una **restrizione dissimulata** al libero movimento dei capitali e dei pagamenti di cui all'art. 63.

4. In assenza di misure in applicazione dell'art. 64, paragrafo 3, la Commissione o, in mancanza di una decisione della Commissione entro un periodo di tre mesi dalla richiesta dello Stato membro interessato, **il Consiglio può adottare una decisione che conferma che le misure fiscali restrittive** adottate da uno Stato membro riguardo ad uno o più Paesi terzi devono essere considerate **compatibili con i trattati** nella misura in cui sono **giustificate da uno degli obiettivi dell'Unione** e compatibili con il buon funzionamento del mercato interno. Il Consiglio delibera all'unanimità su richiesta di uno Stato membro.

Art. 66 (*ex* art. 59 del TCE). – Qualora, in circostanze eccezionali, **i movimenti di capitali** provenienti da **paesi terzi** o ad essi diretti **causino o minaccino di causare difficoltà gravi** per il funzionamento dell'Unione economica e monetaria, **il Consiglio**, su proposta della Commissione e previa consultazione della Banca centrale europea, può prendere nei confronti di paesi terzi, e se strettamente necessarie, **misure di salvaguardia di durata limitata**, per un periodo non superiore a sei mesi.

(*Omissis*).

TITOLO VII
NORME COMUNI SULLA CONCORRENZA, SULLA FISCALITÀ E SUL RAVVICINAMENTO DELLE LEGISLAZIONI

CAPO I
REGOLE DI CONCORRENZA

SEZIONE I
REGOLE APPLICABILI ALLE IMPRESE

Art. 101 (*ex* art. 81 del TCE). – 1. **Sono incompatibili** con il mercato interno e **vietati** tutti gli **accordi tra imprese**, tutte le decisioni di associazioni di imprese e tutte le pratiche concordate che possano **pregiudicare il commercio** tra Stati membri e che abbiano per oggetto o per **effetto di impedire, restringere o falsare** il gioco della **concorrenza** all'interno del mercato interno ed in particolare quelli consistenti nel:

a) **fissare** direttamente o indirettamente **i prezzi** d'acquisto o di vendita ovvero altre condizioni di transazione;

b) **limitare** o **controllare** la **produzione**, gli sbocchi, lo sviluppo tecnico o gli investimenti;

c) **ripartire i mercati** o le fonti di approvvigionamento;

d) **applicare**, nei rapporti commerciali con gli altri contraenti, **condizioni dissimili per prestazioni equivalenti**, così da determinare per questi ultimi uno svantaggio nella concorrenza;

e) **subordinare la conclusione di contratti** all'accettazione da parte degli altri contraenti di prestazioni supplementari, che, per loro natura o secondo gli usi commerciali, non abbiano alcun nesso con l'oggetto dei contratti stessi.

2. **Gli accordi o decisioni, vietati** in virtù del presente articolo, **sono nulli** di pieno diritto.

3. Tuttavia, le disposizioni del paragrafo 1 possono essere dichiarate inapplicabili:

– a qualsiasi accordo o categoria di accordi fra imprese,

– a qualsiasi decisione o categoria di decisioni di associazioni di imprese, e

– a qualsiasi pratica concordata o categoria di pratiche concordate,

che contribuiscano a migliorare la produzione o la distribuzione dei prodotti o a promuovere il progresso tecnico o economico, pur riservando agli utilizzatori una congrua parte dell'utile che ne deriva, ed evitando di:

a) imporre alle imprese interessate restrizioni che non siano indispensabili per raggiungere tali obiettivi;

b) dare a tali imprese la possibilità di eliminare la concorrenza per una parte sostanziale dei prodotti di cui trattasi.

Art. 102 (*ex* art. 82 del TCE). – È **incompatibile** con il **mercato** interno e vietato, nella misura in cui possa essere pregiudizievole al commercio tra Stati membri, lo **sfruttamento abusivo** da parte di una o più imprese **di una posizione dominante sul mercato interno** o su una parte sostanziale di questo.

Tali pratiche abusive possono consistere in particolare:

a) nell'**imporre** direttamente od indirettamente **prezzi** d'acquisto, di vendita od altre condizioni di transazione non eque;

b) nel **limitare la produzione**, gli sbocchi o lo sviluppo tecnico, a danno dei consumatori;

c) nell'applicare nei rapporti commerciali con gli altri contraenti **condizioni dissimili** per prestazioni equivalenti, determinando così per questi ultimi uno svantaggio per la concorrenza;

d) nel subordinare la conclusione di contratti all'**accettazione** da parte degli altri contraenti di **prestazioni supplementari**, che, per loro natura o secondo gli usi commerciali, non abbiano alcun nesso con l'oggetto dei contratti stessi.

Art. 103 (*ex* art. 83 del TCE). – 1. I regolamenti e le direttive utili ai fini dell'applicazione dei principi contemplati dagli artt. 101 e 102 sono stabiliti dal Consiglio, su proposta della Commissione e previa consultazione del Parlamento europeo.

2. Le disposizioni di cui al paragrafo 1 hanno, in particolare, lo scopo di:

a) garantire l'osservanza dei divieti di cui all'art. 101, paragrafo 1, e all'art. 102, comminando ammende e penalità di mora;

b) determinare le modalità di applicazione dell'art. 101, paragrafo 3, avendo riguardo alla necessità di esercitare una sorveglianza efficace e, nel contempo, semplificare, per quanto possibile, il controllo amministrativo;

c) precisare, eventualmente, per i vari settori economici, il campo di applicazione delle disposizioni degli artt. 101 e 102;

d) definire i rispettivi compiti della Commissione e della Corte di giustizia dell'Unione europea nell'applicazione delle disposizioni contemplate dal presente paragrafo;

e) definire i rapporti fra le legislazioni nazionali da una parte e le disposizioni della presente sezione nonché quelle adottate in applicazione del presente articolo, dall'altra.

Art. 104 (*ex* art. 84 del TCE). – Fino al momento dell'entrata in vigore delle disposizioni adottate in applicazione dell'art. 103, le autorità degli Stati membri decidono in merito all'ammissibilità di intese e allo sfruttamento abusivo di una posizione dominante nel mercato interno, in conformità del diritto nazionale interno e delle disposizioni dell'art. 101, in particolare del paragrafo 3, e dell'art. 102.

Art. 105 (*ex* art. 85 del TCE). – 1. Senza pregiudizio dell'art. 104, la **Commissione vigila** perché siano **applicati i principi** fissati dagli artt. 101 e 102. Essa istruisce, a richiesta di uno Stato membro o d'ufficio e in collegamento con le autorità competenti degli Stati membri che le prestano la loro assistenza, i casi di presunta infrazione ai principi suddetti. Qualora **essa constati l'esistenza di un'infrazione, propone i mezzi atti a porvi termine**.

2. Qualora non sia posto termine alle infrazioni, la **Commissione constata l'infrazione** ai principi con una **decisione motivata**. Essa può pubblicare tale decisione e autorizzare gli Stati membri ad adottare le necessarie misure, di cui definisce le condizioni e modalità, per rimediare alla situazione.

3. La Commissione può adottare regolamenti concernenti le categorie di accordi per le quali il Consiglio ha adottato un regolamento o una direttiva conformemente all'art. 103, paragrafo 2, lettera b).

Art. 106 (*ex* art. 86 del TCE). – 1. Gli Stati membri non emanano né mantengono, nei confronti delle imprese pubbliche e delle imprese cui riconoscono diritti speciali o esclusivi, alcuna misura contraria alle norme dei trattati, specialmente a quelle contemplate dagli artt. 18 e da 101 a 109 inclusi.

2. Le **imprese** incaricate della gestione di servizi di interesse economico generale o aventi carattere di **monopolio fiscale** sono **sottoposte alle norme dei trattati**, e in particolare alle regole di concorrenza, nei limiti in cui l'applicazione di tali norme non osti all'adempimento, in linea di diritto e di fatto, della specifica missione loro affidata. Lo sviluppo degli scambi non deve essere compromesso in misura contraria agli interessi dell'Unione.

3. **La Commissione vigila** sull'applicazione delle disposizioni del presente articolo rivolgendo, ove occorra, agli Stati membri, opportune direttive o decisioni.

SEZIONE II
AIUTI CONCESSI DAGLI STATI

Art. 107 (*ex* art. 87 del TCE). – 1. Salvo deroghe contemplate dai trattati, **sono incompatibili** con il mercato interno, nella misura in cui incidano sugli scambi tra Stati membri, **gli aiuti concessi dagli Stati**, ovvero mediante risorse statali, sotto qualsiasi forma che, **favorendo talune imprese** o talune produzioni, **falsino** o minaccino di falsare la **concorrenza**.

2. Sono **compatibili** con il mercato interno:

a) gli aiuti a **carattere sociale** concessi ai singoli consumatori, a condizione che siano accordati senza discriminazioni determinate dall'origine dei prodotti;

b) gli aiuti destinati a **ovviare ai danni** arrecati dalle calamità naturali oppure da altri eventi eccezionali;

c) gli aiuti concessi all'economia di determinate regioni della Repubblica federale di Germania che risentono della divisione della Germania, nella misura in cui sono necessari a **compensare gli svantaggi economici** provocati da tale divisione. Cinque anni dopo l'entrata in vigore del trattato di Lisbona, il Consiglio, su proposta della Commissione, può adottare una decisione che abroga la presente lettera.

3. Possono considerarsi **compatibili** con il mercato interno:

a) gli aiuti destinati a **favorire lo sviluppo economico delle regioni** ove il tenore di vita sia anormalmente basso, oppure si abbia una grave forma di sottoccupazione, nonché quello delle regioni di cui all'art. 349, tenuto conto della loro situazione strutturale, economica e sociale;

b) gli aiuti destinati a promuovere la **realizzazione di un importante progetto** di comune interesse europeo oppure a porre rimedio a un grave turbamento dell'economia di uno Stato membro;

c) gli aiuti destinati ad agevolare lo **sviluppo di talune attività o di talune**

regioni economiche, sempre che non alterino le condizioni degli scambi in misura contraria al comune interesse;

d) gli aiuti destinati a **promuovere la cultura e la conservazione del patrimonio**, quando non alterino le condizioni degli scambi e della concorrenza nell'Unione in misura contraria all'interesse comune;

e) le **altre categorie** di aiuti, determinate con **decisione del Consiglio**, su proposta della Commissione.

Art. 108 (*ex* art. 88 del TCE). – 1. La **Commissione** procede con gli Stati membri all'**esame permanente** dei regimi di **aiuti esistenti** in questi Stati. Essa propone a questi ultimi le opportune misure richieste dal graduale sviluppo o dal funzionamento del mercato interno.

2. Qualora la Commissione, dopo aver intimato agli interessati di presentare le loro osservazioni, constati che un **aiuto** concesso da uno Stato, o mediante fondi statali, **non è compatibile** con il mercato interno a norma dell'art. 107, oppure che tale aiuto è **attuato in modo abusivo**, decide che lo Stato interessato deve **sopprimerlo o modificarlo** nel termine da essa fissato.

Qualora **lo Stato** in causa **non si conformi** a tale decisione entro il termine stabilito, la **Commissione** o qualsiasi **altro Stato** interessato può **adire direttamente la Corte di giustizia** dell'Unione europea, in deroga agli artt. 258 e 259.

A richiesta di uno Stato membro, il **Consiglio**, deliberando all'**unanimità**, **può decidere** che un **aiuto**, istituito o da istituirsi da parte di questo Stato, deve considerarsi **compatibile** con il mercato interno, in deroga alle disposizioni dell'art. 107 o ai regolamenti di cui all'art. 109, quando **circostanze eccezionali giustifichino** tale decisione. Qualora la Commissione abbia iniziato, nei riguardi di tale aiuto, la procedura prevista dal presente paragrafo, primo comma, la richiesta dello Stato interessato rivolta al Consiglio avrà per effetto di sospendere tale procedura fino a quando il Consiglio non si sia pronunciato al riguardo.

Tuttavia, se il Consiglio non si è pronunciato entro tre mesi dalla data della richiesta, la Commissione delibera.

3. Alla Commissione sono comunicati, in tempo utile perché presenti le sue osservazioni, i progetti diretti a istituire o modificare aiuti. Se ritiene che un progetto non sia compatibile con il mercato interno a norma dell'art. 107, la Commissione inizia senza indugio la procedura prevista dal paragrafo precedente. Lo Stato membro interessato non può dare esecuzione alle misure progettate prima che tale procedura abbia condotto a una decisione finale.

4. La Commissione può adottare regolamenti concernenti le categorie di aiuti di Stato per le quali il Consiglio ha stabilito, conformemente all'art. 109, che possono essere dispensate dalla procedura di cui al paragrafo 3 del presente articolo.

Art. 109 (*ex* art. 89 del TCE). – Il Consiglio, su proposta della Commissione e previa consultazione del Parlamento europeo, può stabilire tutti i regolamenti utili ai fini dell'applicazione degli artt. 107 e 108 e fissare in particolare le condizioni per l'applicazione dell'art. 108, paragrafo 3, nonché le categorie di aiuti che sono dispensate da tale procedura.

CAPO II

DISPOSIZIONI FISCALI

Art. 110 (*ex* art. 90 del TCE). – **Nessuno Stato** membro **applica** direttamente o indirettamente **ai prodotti degli altri Stati** membri **imposizioni interne**, di qualsivoglia natura, superiori a quelle applicate direttamente o indirettamente ai prodotti nazionali similari.

Inoltre, **nessuno Stato** membro applica ai prodotti degli altri Stati membri **imposizioni interne intese a proteggere indirettamente altre produzioni**.

Art. 111 (*ex* art. 91 del TCE). – I **prodotti esportati** nel territorio di uno degli Stati membri **non possono beneficiare di alcun ristorno** di imposizioni interne che sia superiore alle imposizioni ad essi applicate direttamente o indirettamente.

Art. 112 (*ex* art. 92 del TCE). – Per quanto riguarda le imposizioni diverse dalle imposte sulla cifra d'affari, dalle imposte di consumo e dalle altre imposte indirette, si possono operare esoneri e rimborsi all'esportazione negli altri Stati membri e introdurre tasse di compensazione applicabili alle importazioni provenienti dagli Stati membri, soltanto qualora le misure progettate siano state preventivamente approvate per un periodo limitato dal Consiglio, su proposta della Commissione.

Art. 113 (*ex* art. 93 del TCE). – Il **Consiglio**, deliberando all'**unanimità** secondo una procedura legislativa speciale e previa consultazione del Parlamento europeo e del Comitato economico e sociale, adotta le disposizioni che riguardano **l'armonizzazione delle legislazioni relative alle imposte sulla cifra d'affari, alle imposte di consumo ed altre imposte indirette**, nella misura in cui detta armonizzazione sia necessaria per assicurare l'instaurazione ed il funzionamento del **mercato interno** ed evitare le distorsioni di concorrenza.

CAPO III

RAVVICINAMENTO DELLE LEGISLAZIONI

Art. 114 (*ex* art. 95 del TCE). – 1. Salvo che i trattati non dispongano diversamente, si applicano le disposizioni seguenti per la realizzazione degli obiettivi dell'art. 26. **Il Parlamento europeo e il Consiglio,** deliberando secondo la procedura legislativa ordinaria e previa consultazione del Comitato economico e sociale, **adottano le misure relative al ravvicinamento delle disposizioni legislative, regolamentari ed amministrative** degli Stati membri che hanno per oggetto l'instaurazione ed il funzionamento del mercato interno.

2. **Il paragrafo 1 non si applica alle disposizioni fiscali**, a quelle relative alla libera circolazione delle persone e a quelle relative ai diritti ed interessi dei lavoratori dipendenti.

3. La Commissione, nelle sue proposte di cui al paragrafo 1 in materia di sanità, sicurezza, protezione dell'ambiente e protezione dei consumatori, si basa su un livello di protezione elevato, tenuto conto, in particolare, degli eventuali nuovi sviluppi fondati su riscontri scientifici. Anche il Parlamento europeo ed il Consiglio, nell'ambito delle rispettive competenze, cercheranno di conseguire tale obiettivo.

4. Allorché, **dopo l'adozione di una misura di armonizzazione** da parte del Parlamento europeo e del Consiglio, da parte del Consiglio o da parte della Commissione, uno **Stato** membro ritenga necessario **mantenere disposizioni nazionali giustificate da esigenze importanti** di cui all'art. 36 o relative alla protezione dell'ambiente o dell'ambiente di lavoro, esso **notifica** tali disposizioni alla Commissione precisando i motivi del mantenimento delle stesse.

5. Inoltre, fatto salvo il paragrafo 4, allorché, dopo l'adozione di una misura di armonizzazione da parte del Parlamento europeo e del Consiglio, da parte del Consiglio o da parte della Commissione, uno **Stato** membro **ritenga necessario introdurre disposizioni nazionali** fondate su nuove prove scientifiche inerenti alla protezione dell'ambiente o dell'ambiente di lavoro, giustificate da un problema specifico a detto Stato membro insorto dopo l'adozione della misura di armonizzazione, esso **notifica**

le disposizioni previste alla Commissione precisando i motivi dell'introduzione delle stesse.

6. **La Commissione**, **entro sei mesi** dalle notifiche di cui ai paragrafi 4 e 5, **approva o respinge** le disposizioni nazionali in questione dopo aver verificato se esse costituiscano o no uno strumento di discriminazione arbitraria o una restrizione dissimulata nel commercio tra gli Stati membri e se rappresentino o no un **ostacolo al funzionamento del mercato interno**.

In **mancanza di decisione** della Commissione entro detto periodo, le disposizioni nazionali di cui ai paragrafi 4 e 5 sono considerate **approvate**.

Se giustificato dalla complessità della questione e in assenza di pericolo per la salute umana, la Commissione può notificare allo Stato membro interessato che il periodo di cui al presente paragrafo può essere prolungato per un ulteriore periodo di massimo sei mesi.

7. Quando uno **Stato** membro è **autorizzato**, a norma del paragrafo 6, a **mantenere** o a **introdurre disposizioni nazionali** che derogano a una misura di armonizzazione, la Commissione esamina immediatamente l'opportunità di proporre un adeguamento di detta misura.

8. Quando uno Stato membro solleva un problema specifico di pubblica sanità in un settore che è stato precedentemente oggetto di misure di armonizzazione, esso lo sottopone alla Commissione che esamina immediatamente l'opportunità di proporre misure appropriate al Consiglio.

9. In deroga alla procedura di cui agli artt. 258 e 259, **la Commissione** o **qualsiasi Stato** membro **può adire direttamente la Corte di giustizia** dell'Unione europea ove ritenga che un altro Stato membro faccia un **uso abusivo dei poteri** contemplati dal presente articolo.

10. Le misure di armonizzazione di cui sopra comportano, nei casi opportuni, una clausola di salvaguardia che autorizza gli Stati membri ad adottare, per uno o più dei motivi di carattere non economico di cui all'art. 36, misure provvisorie soggette ad una procedura di controllo dell'Unione.

Art. 115 (*ex* art. 94 del TCE). – Fatto salvo l'art. 114, il **Consiglio**, deliberando all'**unanimità** secondo una procedura legislativa speciale e previa consultazione del Parlamento europeo e del Comitato economico e sociale, stabilisce **direttive volte al ravvicinamento delle disposizioni legislative**, **regolamentari ed amministrative** degli Stati membri che abbiano un'incidenza diretta sull'instaurazione o sul funzionamento del mercato interno.

Art. 116 (*ex* art. 96 del TCE). – Qualora la Commissione constati che una **disparità** esistente nelle **disposizioni** legislative, regolamentari o amministrative degli Stati membri **falsa le condizioni di concorrenza** sul mercato interno e provoca, per tal motivo, una **distorsione** che **deve essere eliminata**, essa provvede a consultarsi con gli Stati membri interessati.

Se attraverso tale **consultazione** non si raggiunge un **accordo che elimini la distorsione** in questione, il **Parlamento** europeo e il **Consiglio**, deliberando secondo la procedura legislativa ordinaria, stabiliscono le direttive all'uopo necessarie. Può essere adottata ogni altra opportuna misura prevista dai trattati.

Art. 117 (*ex* art. 97 del TCE). – 1. Quando vi sia motivo di **temere** che l'emanazione o la modifica di disposizioni legislative, regolamentari o amministrative provochi **una distorsione** ai sensi dell'articolo precedente, **lo Stato** membro che vuole procedervi **consulta la Commissione**. La Commissione, dopo aver consultato gli Stati membri, raccomanda agli Stati interessati le misure idonee ad evitare la distorsione in questione.

2. Se lo Stato che vuole emanare o

modificare disposizioni nazionali non si conforma alla raccomandazione rivoltagli dalla Commissione, non si potrà richiedere agli altri Stati membri, nell'applicazione dell'art. 116, di modificare le loro disposizioni nazionali per eliminare tale distorsione. Se lo Stato membro che ha trascurato la raccomandazione della Commissione provoca una distorsione unicamente a suo detrimento, non sono applicabili le disposizioni dell'art. 116.

Art. 118. – Nell'ambito dell'instaurazione o del funzionamento del mercato interno, il **Parlamento europeo e il Consiglio**, deliberando secondo la **procedura legislativa ordinaria**, stabiliscono le **misure per** la creazione di titoli europei al fine di garantire una **protezione uniforme dei diritti di proprietà intellettuale** nell'Unione e per l'istituzione di regimi di autorizzazione, di coordinamento e di controllo centralizzati a livello di Unione.

Il Consiglio, deliberando mediante regolamenti secondo una procedura legislativa speciale, stabilisce i regimi linguistici dei titoli europei. Il Consiglio delibera all'unanimità previa consultazione del Parlamento europeo.

(*Omissis*).

PARTE SESTA
DISPOSIZIONI ISTITUZIONALI E FINANZIARIE

TITOLO I
DISPOSIZIONI ISTITUZIONALI

CAPO I
LE ISTITUZIONI

SEZIONE I
IL PARLAMENTO EUROPEO

Art. 223 (*ex* art. 190, paragrafi 4 e 5 del TCE). – 1. Il **Parlamento** europeo elabora un progetto volto a stabilire le disposizioni necessarie per permettere l'**elezione** dei suoi **membri a suffragio universale diretto**, secondo una procedura uniforme in tutti gli Stati membri o secondo principi comuni a tutti gli Stati membri.

Il Consiglio, **deliberando all'unanimità** secondo una **procedura legislativa speciale** e **previa approvazione del Parlamento europeo** che si pronuncia alla maggioranza dei membri che lo compongono, stabilisce le disposizioni necessarie. Tali disposizioni entrano in vigore previa approvazione degli Stati membri conformemente alle rispettive norme costituzionali.

2. Previo parere della Commissione e con l'approvazione del Consiglio, il Parlamento europeo, di sua iniziativa, **deliberando mediante regolamenti** secondo una **procedura legislativa speciale**, stabilisce lo statuto e le condizioni generali per l'esercizio delle funzioni dei suoi membri. Per le norme o le condizioni relative al regime fiscale dei membri o ex membri è richiesta l'unanimità in sede di Consiglio.

Art. 224 (*ex* art. 191, secondo comma del TCE). – Il Parlamento europeo e il Consiglio, deliberando mediante regolamenti secondo la procedura legislativa ordinaria, determinano lo statuto dei partiti politici a livello europeo di cui all'art. 10, paragrafo 4 del trattato sull'Unione europea, in particolare le norme relative al loro finanziamento.

Art. 225 (*ex* art. 192, secondo comma del TCE). – A maggioranza dei membri che lo compongono, il **Parlamento** europeo **può chiedere alla Commissione** di presentare adeguate proposte sulle questioni per le quali reputa necessaria **l'elaborazione di un atto** dell'Unione ai fini dell'attuazione dei trattati. Se la Commissione non presenta una proposta, essa ne comunica le motivazioni al Parlamento europeo.

Art. 226 (*ex* art. 193 del TCE). – Nell'ambito delle sue funzioni, il **Parlamento** europeo, su **richiesta di un quarto dei membri** che lo compongono, può costituire una **commissione temporanea** d'inchiesta incaricata di **esaminare**, fatti salvi i poteri conferiti dai trattati ad altre istituzioni o ad altri organi, le **denunce di infrazione** o di **cattiva amministrazione** nell'applicazione del diritto dell'Unione, salvo quando i fatti di cui trattasi siano pendenti dinanzi ad una giurisdizione e fino all'espletamento della procedura giudiziaria.

La commissione temporanea d'inchiesta cessa di esistere con il deposito della sua relazione.

Previa approvazione del Consiglio e della Commissione, il Parlamento europeo, di sua iniziativa, deliberando mediante regolamenti secondo una procedura legislativa speciale, fissa le modalità per l'esercizio del diritto d'inchiesta.

Art. 227 (*ex* art. 194 del TCE). – **Qualsiasi cittadino** dell'Unione, nonché **ogni persona fisica o giuridica** che risieda o abbia la sede sociale in uno Stato membro, ha il **diritto** di presentare, individualmente o in associazione con altri cittadini o persone, una **petizione al Parlamento** europeo su una materia che rientra nel campo di attività dell'Unione e che lo (la) concerne direttamente.

Art. 228 (*ex* art. 195 del TCE). – 1. Un **mediatore europeo**, eletto dal Parlamento europeo, è **abilitato** a **ricevere le denunce** di **qualsiasi cittadino** dell'Unione o di qualsiasi persona fisica o giuridica che risieda o abbia la sede sociale in uno Stato membro, e riguardanti casi di **cattiva amministrazione** nell'azione delle istituzioni, degli organi o degli organismi dell'Unione, salvo la Corte di giustizia dell'Unione europea nell'esercizio delle sue funzioni giurisdizionali. Egli istruisce tali denunce e riferisce al riguardo.

Conformemente alla sua missione, **il Mediatore**, di propria iniziativa o in base alle denunce che gli sono state presentate direttamente o tramite un membro del Parlamento europeo, **procede alle indagini** che ritiene giustificate, tranne quando i fatti in questione formino o abbiano formato oggetto di una procedura giudiziaria. Qualora il Mediatore constati un caso di cattiva amministrazione, egli ne investe l'istituzione interessata, che dispone di tre mesi per comunicargli il suo parere. Il Mediatore **trasmette** poi una **relazione al Parlamento europeo** e all'istituzione, all'organo o all'organismo interessati. La persona che ha sporto denuncia viene informata del risultato dell'indagine.

Ogni anno il Mediatore presenta una relazione al Parlamento europeo sui risultati delle sue indagini.

2. Il Mediatore è eletto dopo ogni elezione del Parlamento europeo per la durata della legislatura. Il suo mandato è rinnovabile.

Il Mediatore può essere dichiarato dimissionario dalla Corte di giustizia, su richiesta del Parlamento europeo, qualora non risponda più alle condizioni necessarie all'esercizio delle sue funzioni o abbia commesso una colpa grave.

3. Il Mediatore esercita le sue funzioni in piena indipendenza. Nell'adempimento dei suoi doveri, egli non sollecita né accetta istruzioni da alcun governo, istituzione, organo o organismo. Per tutta la durata del suo mandato, il Mediatore non può esercitare alcuna altra attività professionale, remunerata o meno.

4. Previo parere della Commissione e con l'approvazione del Consiglio, il Parlamento europeo, di sua iniziativa, deliberando mediante regolamenti secondo una procedura legislativa speciale, fissa lo statuto e le condizioni generali per l'esercizio delle funzioni del Mediatore.

Art. 229 (*ex* art. 196 del TCE). – Il **Parlamento** europeo tiene una **sessione annuale**. Esso si riunisce di diritto il secondo martedì del mese di marzo.

Il Parlamento europeo può riunirsi in tornata a **richiesta della maggioranza dei membri** che lo compongono, del Consiglio o della Commissione.

Art. 230 (*ex* art. 197, secondo, terzo e quarto comma del TCE). – La Commissione può assistere a tutte le sedute ed essere ascoltata a sua richiesta.

La Commissione risponde oralmente o per iscritto alle interrogazioni che le sono presentate dal Parlamento europeo o dai membri di questo.

Il Consiglio europeo e il Consiglio sono ascoltati dal Parlamento europeo, secondo le modalità previste dal regolamento interno del Consiglio europeo e da quello del Consiglio.

Art. 231 (*ex* art. 198 del TCE). – Salvo contrarie disposizioni dei trattati, il Parlamento europeo delibera a maggioranza dei suffragi espressi.

Il regolamento interno fissa il numero legale.

Art. 232 (*ex* art. 199 del TCE). – Il **Parlamento** europeo **stabilisce** il proprio **regolamento interno** a **maggioranza** dei **membri** che lo compongono.

Gli atti del Parlamento europeo sono pubblicati conformemente alle condizioni previste dai trattati e da detto regolamento.

Art. 233 (*ex* art. 200 del TCE). – Il Parlamento europeo, in seduta pubblica, procede all'esame della **relazione generale annuale**, che gli è sottoposta dalla Commissione.

Art. 234 (*ex* art. 201 del TCE). – Il Parlamento europeo, cui sia presentata una mozione di censura sull'operato della Commissione, non può pronunciarsi su tale mozione prima che siano trascorsi almeno tre giorni dal suo deposito e con scrutinio pubblico.

Se la mozione di censura è approvata a maggioranza di due terzi dei voti espressi e a maggioranza dei membri che compongono il Parlamento europeo, i membri della Commissione si dimettono collettivamente dalle loro funzioni e l'alto rappresentante dell'Unione per gli affari esteri e la politica di sicurezza si dimette dalle funzioni che esercita in seno alla Commissione. Essi rimangono in carica e continuano a curare gli affari di ordinaria amministrazione fino alla loro sostituzione conformemente all'art. 17 del trattato sull'Unione europea. In questo caso, il mandato dei membri della Commissione nominati per sostituirli scade alla data in cui sarebbe scaduto il mandato dei membri della Commissione costretti a dimettersi collettivamente dalle loro funzioni.

SEZIONE II
IL CONSIGLIO EUROPEO

Art. 235. – 1. In caso di votazione, ciascun membro del Consiglio europeo può ricevere delega da uno solo degli altri membri.

L'art. 16, paragrafo 4 del trattato sull'Unione europea e l'art. 238, paragrafo 2 del presente trattato si applicano al Consiglio europeo allorché delibera a maggioranza qualificata. Allorché il **Consiglio europeo delibera mediante votazione,** il presidente e il presidente della Commissione non partecipano al voto.

L'astensione di membri presenti o rappresentati non osta all'adozione delle deliberazioni del Consiglio europeo per le quali è richiesta l'unanimità.

2. Il presidente del **Parlamento** europeo può essere **invitato per essere ascoltato** dal Consiglio europeo.

3. Il Consiglio europeo **delibera a maggioranza semplice** in merito alle que-

stioni procedurali e per l'adozione del suo regolamento interno.

4. Il Consiglio europeo è assistito dal **segretariato generale del Consiglio.**

Art. 236. – Il **Consiglio** europeo adotta a **maggioranza qualificata:**

a) una **decisione** che stabilisce l'elenco delle formazioni del Consiglio, eccettuate quella «Affari generali» e quella «Affari esteri», conformemente all'art. 16, paragrafo 6 del trattato sull'Unione europea;

b) una decisione sulla presidenza delle formazioni del Consiglio, eccettuata quella «Affari esteri», conformemente all'art. 16, paragrafo 9 del trattato sull'Unione europea.

Sezione III
Il Consiglio

Art. 237 (*ex* art. 204 del TCE). – Il **Consiglio si riunisce** su **convocazione del suo presidente**, per iniziativa di questi, di uno dei suoi **membri** o della **Commissione.**

Art. 238 (*ex* art. 205, paragrafi 1 e 2 del TCE). – 1. Per le **deliberazioni** che richiedono la maggioranza semplice, il Consiglio delibera alla **maggioranza dei membri** che lo compongono.

2. In deroga all'art. 16, paragrafo 4 del trattato sull'Unione europea, a decorrere dal 1° novembre 2014 e fatte salve le disposizioni stabilite dal protocollo sulle disposizioni transitorie, quando il Consiglio non delibera su proposta della Commissione o dell'alto rappresentante dell'Unione per gli affari esteri e la politica di sicurezza, per maggioranza qualificata si intende almeno il 72 per cento dei membri del Consiglio rappresentanti Stati membri che totalizzino almeno il 65 per cento della popolazione dell'Unione.

3. A decorrere dal 1° novembre 2014 e fatte salve le disposizioni stabilite dal protocollo sulle disposizioni transitorie, nei casi in cui, a norma dei trattati, non tutti i membri del Consiglio partecipano alla votazione, per maggioranza qualificata si intende quanto segue:

a) per **maggioranza qualificata** si intende almeno il 55 per cento dei membri del Consiglio rappresentanti gli Stati membri partecipanti che totalizzino almeno il 65 per cento della popolazione di tali Stati.

La minoranza di blocco deve comprendere almeno il numero minimo di membri del Consiglio che rappresentano oltre il 35 per cento della popolazione degli Stati membri partecipanti, più un altro membro; in caso contrario la maggioranza qualificata si considera raggiunta.

b) In deroga alla lettera a), quando il Consiglio non delibera su proposta della Commissione o dell'alto rappresentante dell'Unione per gli affari esteri e la politica di sicurezza, per maggioranza qualificata si intende almeno il 72 per cento dei membri del Consiglio rappresentanti gli Stati membri partecipanti, che totalizzino almeno il 65 per cento della popolazione di tali Stati.

4. Le astensioni dei membri presenti o rappresentati non ostano all'adozione delle deliberazioni del Consiglio per le quali è richiesta l'unanimità.

Art. 239 (*ex* art. 206 del TCE). – In caso di votazione, ciascun membro del Consiglio può ricevere delega da uno solo degli altri membri.

Art. 240 (*ex* art. 207 del TCE). – 1. Un comitato costituito dai rappresentanti permanenti dei governi degli Stati membri è responsabile della preparazione dei lavori del Consiglio e dell'esecuzione dei compiti che quest'ultimo gli assegna. Il comitato può adottare decisioni di procedura nei casi previsti dal regolamento interno del Consiglio.

2. Il Consiglio è assistito dal segretariato generale, sotto la responsabilità di un segretario generale nominato dal Consiglio.

Il Consiglio decide a maggioranza semplice in merito all'organizzazione del segretariato generale.

3. Il Consiglio delibera a maggioranza semplice in merito alle questioni procedurali e per l'adozione del suo regolamento interno.

Art. 241 (*ex* art. 208 del TCE). – Il Consiglio, deliberando a maggioranza semplice, può chiedere alla Commissione di procedere a tutti gli studi che esso ritiene opportuni ai fini del raggiungimento degli obiettivi comuni e di sottoporgli tutte le proposte del caso. Se la Commissione non presenta una proposta, ne comunica le motivazioni al Consiglio.

Art. 242 (*ex* art. 209 del TCE). – Il Consiglio deliberando a maggioranza semplice, stabilisce, previa consultazione della Commissione, lo statuto dei comitati previsti dai trattati.

Art. 243 (*ex* art. 210 del TCE). – Il Consiglio fissa gli stipendi, indennità e pensioni del presidente del Consiglio europeo, del presidente della Commissione, dell'alto rappresentante dell'Unione per gli affari esteri e la politica di sicurezza, dei membri della Commissione, dei presidenti, dei membri e dei cancellieri della Corte di giustizia dell'Unione europea, nonché del segretario generale del Consiglio. Esso fissa altresì tutte le indennità sostitutive di retribuzione.

Sezione IV
La Commissione

Art. 244. – A norma dell'art. 17, paragrafo 5 del trattato sull'Unione europea **i membri della Commissione sono scelti in base ad un sistema di rotazione** stabilito all'unanimità dal Consiglio europeo secondo i principi seguenti:

a) gli **Stati membri** sono trattati su un piano di **assoluta parità** per quanto concerne la determinazione dell'avvicendamento e del periodo di permanenza dei loro cittadini in seno alla Commissione; pertanto lo scarto tra il numero totale dei mandati detenuti da cittadini di due Stati membri non può mai essere superiore a uno;

b) fatta salva la lettera a), ciascuna delle Commissioni successive è costituita in modo da **riflettere in maniera soddisfacente la molteplicità demografica e geografica** degli Stati membri.

Art. 245 (*ex* art. 213 del TCE). – I membri della Commissione si astengono da ogni atto incompatibile con il carattere delle loro funzioni. Gli Stati membri rispettano la loro indipendenza e non cercano di influenzarli nell'adempimento dei loro compiti.

I **membri della Commissione non possono**, per la durata delle loro funzioni, **esercitare alcun'altra attività professionale**, rimunerata o meno. Fin dal loro insediamento, essi assumono l'impegno solenne di rispettare, per la durata delle loro funzioni e dopo la cessazione di queste, gli obblighi derivanti dalla loro carica, ed in particolare i **doveri di onestà e delicatezza** per quanto riguarda l'accettare, dopo tale cessazione, determinate funzioni o vantaggi. In caso di violazione degli obblighi stessi, la Corte di giustizia, su istanza del Consiglio, che delibera a maggioranza semplice, o della Commissione, può, a seconda dei casi, pronunciare le dimissioni d'ufficio alle condizioni previste dall'art. 247 ovvero la decadenza dal diritto a pensione dell'interessato o da altri vantaggi sostitutivi.

Art. 246 (*ex* art. 215 del TCE). – A parte i rinnovi regolari e i decessi, le funzioni dei membri della Commissione cessano individualmente per dimissioni volontarie o d'ufficio.

Il posto divenuto vacante a seguito di dimissioni volontarie o d'ufficio o di decesso è coperto, per la restante durata del mandato del membro, da un nuovo membro della stessa nazionalità, nominato dal Consiglio di comune accordo col presidente della Commissione, previa consultazione del Parlamento europeo e in conformità dei criteri di cui all'art. 17, paragrafo 3, secondo comma del trattato sull'Unione europea.

Il Consiglio, deliberando all'unanimità su proposta del presidente della Commissione, può decidere che tale posto divenuto vacante non deve essere coperto, in particolare se la restante durata del mandato è breve.

In caso di dimissioni volontarie, di dimissioni d'ufficio o di decesso, il presidente è sostituito per la restante durata del suo mandato. Per la sua sostituzione si applica la procedura prevista dall'art. 17, paragrafo 7, primo comma del trattato sull'Unione europea.

In caso di dimissioni volontarie o d'ufficio o di decesso, l'alto rappresentante dell'Unione per gli affari esteri e la politica di sicurezza è sostituito per la restante durata del suo mandato, in conformità dell'art. 18, paragrafo 1 del trattato sull'Unione europea.

In caso di dimissioni volontarie di tutti i membri della Commissione, questi rimangono in carica e continuano a curare gli affari di ordinaria amministrazione fino alla loro sostituzione, per la restante durata del mandato, in conformità dell'art. 17 del trattato sull'Unione europea.

Art. 247 (*ex* art. 216 del TCE). – Qualsiasi **membro** della Commissione che **non risponda più alle condizioni** necessarie all'esercizio delle sue funzioni o che abbia commesso una colpa grave può essere **dichiarato dimissionario dalla Corte di giustizia**, su istanza del Consiglio, che delibera a maggioranza semplice, o della Commissione.

Art. 248 (*ex* art. 217, paragrafo 2 del TCE). – Fatto salvo l'art. 18, paragrafo 4 del trattato sull'Unione europea, le competenze che spettano alla Commissione sono strutturate e ripartite fra i membri dal presidente, in conformità dell'art. 17, paragrafo 6 di detto trattato. Il presidente può modificare la ripartizione delle competenze nel corso del mandato. I membri della Commissione esercitano le funzioni loro attribuite dal presidente, sotto la sua autorità.

Art. 249 (*ex* artt. 218, paragrafo 2, e 212 del TCE). – 1. La **Commissione** stabilisce il proprio **regolamento interno** allo scopo di assicurare il proprio funzionamento e quello dei propri servizi. Essa provvede alla pubblicazione del regolamento.

2. La Commissione **pubblica ogni anno**, almeno un mese prima dell'apertura della sessione del Parlamento europeo, una **relazione generale sull'attività dell'Unione**.

Art. 250 (*ex* art. 219 del TCE). – Le **deliberazioni** della **Commissione** sono prese a **maggioranza dei suoi membri**.

Il regolamento interno fissa il numero legale.

SEZIONE V
LA CORTE DI GIUSTIZIA DELL'UNIONE EUROPEA

Art. 251 (*ex* art. 221 del TCE). – La Corte di giustizia **si riunisce** in **sezioni o in grande sezione**, conformemente alle regole previste a tal fine dallo statuto della Corte di giustizia dell'Unione europea.

Ove ciò sia previsto dallo statuto, la Corte di giustizia può riunirsi anche in **seduta plenaria**.

Art. 252 (*ex* art. 222 del TCE). – La Corte di giustizia è **assistita** da **otto avvocati**

generali. Ove ciò sia richiesto dalla Corte di giustizia, il Consiglio, deliberando all'unanimità, può aumentare il numero degli avvocati generali.

L'avvocato generale ha l'ufficio di **presentare pubblicamente**, con assoluta imparzialità e in piena indipendenza, **conclusioni motivate sulle cause** che, conformemente allo statuto della Corte di giustizia dell'Unione europea, richiedono il suo intervento.

Art. 253 (*ex* art. 223 del TCE). – **I giudici e gli avvocati generali** della Corte di giustizia, scelti tra personalità che offrano tutte le garanzie di indipendenza e che riuniscano le condizioni richieste per l'esercizio, nei rispettivi paesi, delle più alte funzioni giurisdizionali, ovvero che siano giureconsulti di notoria competenza, sono **nominati di comune accordo per sei anni dai governi** degli Stati membri, previa consultazione del comitato di cui all'art. 255.

Ogni tre anni si procede a un **rinnovo parziale** dei giudici e degli avvocati generali, alle condizioni previste dallo statuto della Corte di giustizia dell'Unione europea.

I giudici designano tra loro, per tre anni, il **presidente della Corte di giustizia**. Il suo mandato è rinnovabile.

I giudici e gli avvocati generali uscenti possono essere nuovamente nominati.

La Corte di giustizia **nomina il proprio cancelliere**, di cui fissa lo statuto.

La Corte di giustizia stabilisce il proprio regolamento di procedura. Tale regolamento è sottoposto all'approvazione del Consiglio.

Art. 254 (*ex* art. 224 del TCE). – Il numero dei **giudici del Tribunale** è stabilito dallo **statuto della Corte di giustizia** dell'Unione europea. Lo statuto può prevedere che il Tribunale sia assistito da avvocati generali.

I **membri del Tribunale** sono scelti tra persone che offrano tutte le **garanzie di indipendenza e possiedano la capacità** per l'esercizio di alte funzioni giurisdizionali. Essi sono nominati di comune accordo per sei anni dai governi degli Stati membri, previa consultazione del comitato di cui all'art. 255. Ogni tre anni si procede a un rinnovo parziale. I membri uscenti possono essere nuovamente nominati.

I giudici designano tra loro, per tre anni, il presidente del Tribunale. Il suo mandato è rinnovabile.

Il Tribunale nomina il proprio cancelliere, di cui fissa lo statuto.

Il Tribunale stabilisce il proprio regolamento di procedura di concerto con la Corte di giustizia. Tale regolamento è sottoposto all'approvazione del Consiglio.

Salvo quanto diversamente disposto dallo statuto della Corte di giustizia dell'Unione europea, le disposizioni dei trattati relative alla Corte di giustizia sono applicabili al Tribunale.

Art. 255. – È istituito un **comitato** con l'incarico di fornire un **parere sull'adeguatezza dei candidati all'esercizio delle funzioni di giudice** e **di avvocato generale** della Corte di giustizia e del Tribunale, prima che i governi degli Stati membri procedano alle nomine in conformità degli artt. 253 e 254.

Il comitato è composto da sette personalità scelte tra ex membri della Corte di giustizia e del Tribunale, membri dei massimi organi giurisdizionali nazionali e giuristi di notoria competenza, uno dei quali è proposto dal Parlamento europeo. Il Consiglio adotta una decisione che stabilisce le regole di funzionamento di detto comitato e una decisione che ne designa i membri. Esso delibera su iniziativa del presidente della Corte di giustizia.

Art. 256 (*ex* art. 225 del TCE). – 1. **Il Tribunale** è **competente** a conoscere in primo grado dei **ricorsi di cui agli artt. 263, 265, 268, 270 e 272**, ad eccezione di quelli attribuiti a un tribunale specializzato istituito in applicazione dell'art. 257 e di quelli che lo statuto riserva alla Corte di giustizia. Lo statuto può prevedere che il Tribunale sia competente per altre categorie di ricorsi.

Le **decisioni** emesse dal Tribunale ai sensi del presente paragrafo possono essere **oggetto di impugnazione dinanzi alla Corte di giustizia** per i soli motivi di diritto e alle condizioni ed entro i limiti previsti dallo statuto.

2. Il Tribunale è competente a conoscere dei ricorsi proposti contro le decisioni dei tribunali specializzati.

Le decisioni emesse dal Tribunale ai sensi del presente paragrafo possono eccezionalmente essere **oggetto di riesame da parte della Corte di giustizia**, alle condizioni ed entro i limiti previsti dallo statuto, ove sussistano gravi rischi che l'unità o la coerenza del diritto dell'Unione siano compromesse.

3. Il Tribunale è competente a conoscere delle **questioni pregiudiziali**, sottoposte ai sensi dell'art. 267, in **materie specifiche** determinate dallo statuto.

Il Tribunale, ove ritenga che la causa richieda una decisione di principio che potrebbe compromettere l'unità o la coerenza del diritto dell'Unione, può rinviare la causa dinanzi alla Corte di giustizia affinché si pronunci.

Le decisioni emesse dal Tribunale su questioni pregiudiziali possono eccezionalmente essere **oggetto di riesame da parte della Corte di giustizia**, alle condizioni ed entro i limiti previsti dallo statuto, ove sussistano gravi rischi che l'unità o la coerenza del diritto dell'Unione siano compromesse.

Art. 257 (*ex* art. 225 A del TCE). – Il **Parlamento europeo e il Consiglio**, deliberando secondo la procedura legislativa ordinaria, possono **istituire tribunali specializzati affiancati al Tribunale**, e incaricati di conoscere in primo grado di talune categorie di ricorsi proposti in materie specifiche. Il Parlamento europeo e il Consiglio deliberano mediante regolamenti su proposta della Commissione e previa consultazione della Corte di giustizia o su richiesta della Corte di giustizia e previa consultazione della Commissione.

Il regolamento sull'istituzione di un tribunale specializzato stabilisce le regole relative alla composizione di tale tribunale e precisa la portata delle competenze ad esso conferite.

Le decisioni dei tribunali specializzati possono essere oggetto di **impugnazione** per i soli **motivi di diritto** o, qualora il regolamento sull'istituzione del tribunale specializzato lo preveda, anche per motivi di fatto, dinanzi al Tribunale.

I membri dei tribunali specializzati sono scelti tra persone che offrano tutte le garanzie di indipendenza e possiedano la capacità per l'esercizio di funzioni giurisdizionali. Essi sono nominati dal Consiglio, che delibera all'unanimità.

I tribunali specializzati stabiliscono il proprio regolamento di procedura di concerto con la Corte di giustizia. Tale regolamento è sottoposto all'approvazione del Consiglio.

Salvo ove diversamente disposto dal regolamento sull'istituzione del tribunale specializzato, le disposizioni dei trattati relative alla Corte di giustizia dell'Unione europea e le disposizioni dello statuto della Corte di giustizia dell'Unione europea si applicano ai tribunali specializzati. Il titolo I dello statuto e l'art. 64 del medesimo si applicano in ogni caso ai tribunali specializzati.

Art. 258 (*ex* art. 226 del TCE). – **La Commissione**, quando reputi che uno **Stato** membro abbia **mancato a uno degli obblighi a lui incombenti in virtù dei trattati**, emette un **parere motivato** al riguardo, dopo aver posto lo Stato in condizioni di **presentare le sue osservazioni**.

Qualora lo Stato in causa non si conformi a tale parere nel termine fissato dalla Commissione, questa può **adire la Corte di giustizia** dell'Unione europea.

Art. 259 (*ex* art. 227 del TCE). – Ciascuno degli Stati membri può **adire la Corte di giustizia** dell'Unione europea quando reputi che un altro **Stato membro ha mancato a uno degli obblighi** a lui incombenti **in virtù dei trattati**.

Uno Stato membro, prima di proporre contro un altro Stato membro un ricorso fondato su una pretesa violazione degli obblighi che a quest'ultimo incombono in virtù dei trattati, deve rivolgersi alla Commissione.

La Commissione emette un parere motivato dopo che gli Stati interessati siano posti in condizione di presentare in **contraddittorio le loro osservazioni scritte e orali**.

Qualora la Commissione non abbia formulato il parere nel termine di tre mesi dalla domanda, la mancanza del parere non osta alla facoltà di ricorso alla Corte.

Art. 260 (*ex* art. 228 del TCE). – 1. Quando la Corte di giustizia dell'Unione europea riconosca che uno Stato membro ha mancato ad uno degli obblighi ad esso incombenti in virtù dei trattati, tale **Stato è tenuto a prendere i provvedimenti** che l'**esecuzione della sentenza della Corte comporta**.

2. Se ritiene che lo Stato membro in questione non abbia preso le misure che l'esecuzione della sentenza della Corte comporta, la Commissione, dopo aver posto tale Stato in condizione di presentare osservazioni, può adire la Corte. Essa precisa l'importo della somma forfettaria o della penalità, da versare da parte dello Stato membro in questione, che essa consideri adeguato alle circostanze.

La **Corte**, qualora **riconosca** che lo **Stato membro** in questione **non** si è **conformato** alla sentenza da essa pronunciata, può **comminargli il pagamento di una somma forfettaria o di una penalità**.

Questa procedura lascia impregiudicate le disposizioni dell'art. 259.

3. La Commissione, quando propone ricorso dinanzi alla Corte in virtù dell'art. 258 reputando che lo Stato membro interessato non abbia adempiuto all'obbligo di comunicare le misure di attuazione di una direttiva adottata secondo una procedura legislativa, può, se lo ritiene opportuno, indicare l'importo della somma forfettaria o della penalità da versare da parte di tale Stato che essa consideri adeguato alle circostanze.

Se la Corte constata l'inadempimento, può comminare allo Stato membro in questione il pagamento di una somma forfettaria o di una penalità entro i limiti dell'importo indicato dalla Commissione. Il pagamento è esigibile alla data fissata dalla Corte nella sentenza.

Art. 261 (*ex* art. 229 del TCE). – I regolamenti adottati congiuntamente dal Parlamento europeo e dal Consiglio e dal Consiglio in virtù delle disposizioni dei trattati possono attribuire alla **Corte di giustizia** dell'Unione europea una **competenza giurisdizionale** anche di merito per quanto riguarda le **sanzioni previste nei regolamenti** stessi.

Art. 262 (*ex* art. 229 A del TCE). – Fatte salve le altre disposizioni dei trattati, il Consiglio, deliberando all'unanimità secondo una procedura legislativa speciale e previa consultazione del Parlamento europeo, può adottare disposizioni intese ad attribuire alla Corte di giustizia dell'Unione europea, nella misura da esso stabilita, la competenza a pronunciarsi su controversie connesse con l'applicazione degli atti adottati in base ai trattati che creano titoli europei di proprietà intellettuale. Tali disposizioni entrano in vigore previa approvazione degli Stati membri, conformemente alle rispettive norme costituzionali.

Art. 263 (*ex* art. 230 del TCE). – La **Corte di giustizia** dell'Unione europea esercita **controllo di legittimità sugli atti legislativi**, sugli atti del Consiglio, della Commissione e della Banca centrale europea che non siano raccomandazioni o pareri, nonché sugli atti del Parlamento europeo e del Consiglio europeo destinati a produrre effetti giuridici nei confronti di terzi. Esercita inoltre un **controllo di legittimità sugli atti degli organi o organismi** dell'Unione destinati a produrre **effetti giuridici nei confronti di terzi**.

A tal fine, la Corte è competente a pronunciarsi sui **ricorsi per incompetenza, violazione delle forme sostanziali, violazione dei trattati o di qualsiasi regola** di diritto relativa alla loro applicazione, ovvero per sviamento di potere, proposti da uno Stato membro, dal Parlamento europeo, dal Consiglio o dalla Commissione.

La Corte è competente, alle stesse condizioni, a pronunciarsi sui ricorsi che la Corte dei conti, la Banca centrale europea ed il Comitato delle regioni propongono per salvaguardare le proprie prerogative.

Qualsiasi persona fisica o giuridica può proporre, alle condizioni previste al primo e secondo comma, un **ricorso contro gli atti adottati** nei suoi confronti o che la **riguardano direttamente e individualmente**, e contro gli atti **regolamentari** che la riguardano direttamente e che **non** comportano alcuna **misura d'esecuzione**.

Gli atti che istituiscono gli organi e organismi dell'Unione possono prevedere condizioni e modalità specifiche relative ai ricorsi proposti da persone fisiche o giuridiche contro atti di detti organi o organismi destinati a produrre effetti giuridici nei loro confronti.

I ricorsi previsti dal presente articolo devono essere **proposti** nel termine di **due mesi** a decorrere, secondo i casi, dalla **pubblicazione dell'atto**, dalla sua **notificazione** al ricorrente ovvero, in mancanza, dal giorno in cui il **ricorrente ne ha avuto conoscenza**.

Art. 264 (*ex* art. 231 del TCE). – Se il **ricorso** è **fondato**, la **Corte di giustizia** dell'Unione europea **dichiara nullo e non avvenuto l'atto impugnato**.

Tuttavia la Corte, ove lo reputi necessario, precisa gli effetti dell'atto annullato che devono essere considerati definitivi.

Art. 265 (*ex* art. 232 del TCE). – Qualora, in violazione dei trattati, il **Parlamento** europeo, il **Consiglio europeo**, il **Consiglio**, la **Commissione** o la **Banca centrale** europea si **astengano dal pronunciarsi**, **gli Stati** membri e le **altre istituzioni** dell'Unione **possono adire la Corte di giustizia** dell'Unione europea per far constatare tale violazione. Il presente articolo si applica, alle stesse condizioni, agli organi e organismi dell'Unione che si astengano dal pronunciarsi.

Il ricorso è ricevibile soltanto quando l'istituzione, l'organo o l'organismo in causa siano stati preventivamente richiesti di agire. Se, allo scadere di un termine di **due mesi** da tale richiesta, l'istituzione, l'organo o l'organismo non hanno preso posizione, il ricorso può essere proposto entro un nuovo termine di due mesi.

Ogni persona fisica o giuridica può adire la Corte alle condizioni stabilite dai commi precedenti per contestare ad una istituzione, organo o organismo dell'Unione di avere omesso di emanare nei suoi confronti un atto che non sia una raccomandazione o un parere.

Art. 266 (*ex* art. 233 del TCE). – L'istituzione, l'organo o l'organismo da cui emana l'atto annullato o la cui astensione sia stata dichiarata contraria ai trattati sono tenuti a prendere i provvedimenti che l'esecuzione della sentenza della Corte di giustizia dell'Unione europea comporta.

Tale obbligo non pregiudica quello eventualmente risultante dall'applicazione dell'art. 340, secondo comma.

Art. 267 (*ex* art. 234 del TCE). – La Corte di giustizia dell'Unione europea è **competente** a **pronunciarsi**, in via **pregiudiziale**:

a) sull'**interpretazione dei trattati**;

b) sulla **validità** e l'**interpretazione degli atti** compiuti dalle istituzioni, dagli organi o dagli organismi dell'Unione.

Quando una **questione** del genere è **sollevata dinanzi ad un organo giurisdizionale di uno degli Stati membri**, tale organo giurisdizionale può, qualora reputi **necessaria** per emanare la sua **sentenza** una decisione su questo punto, **domandare alla Corte di pronunciarsi** sulla questione.

Quando una questione del genere **è sollevata in un giudizio pendente davanti a un organo giurisdizionale nazionale**, avverso le cui decisioni non possa proporsi un ricorso giurisdizionale di diritto interno, tale organo giurisdizionale è tenuto a **rivolgersi alla Corte**.

Quando una questione del genere è sollevata in un giudizio pendente davanti a un organo giurisdizionale nazionale e riguardante una persona in stato di detenzione, la Corte statuisce il più rapidamente possibile.

Art. 268 (*ex* art. 235 del TCE). – La Corte di giustizia dell'Unione europea è competente a conoscere delle controversie relative al risarcimento dei danni di cui all'art. 340, secondo e terzo comma.

Art. 269. – La Corte di giustizia è competente a pronunciarsi sulla **legittimità di un atto adottato dal Consiglio europeo o dal Consiglio** a norma dell'art. 7 del trattato sull'Unione europea unicamente **su domanda dello Stato membro** oggetto di una constatazione del Consiglio europeo o del Consiglio e per quanto concerne il rispetto delle sole prescrizioni di carattere procedurale previste dal suddetto articolo.

La domanda deve essere formulata entro il termine di un mese a decorrere da detta constatazione. La Corte statuisce entro il termine di un mese a decorrere dalla data della domanda.

Art. 270 (*ex* art. 236 del TCE). – La Corte di giustizia dell'Unione europea è competente a pronunciarsi su qualsiasi controversia tra l'Unione e gli agenti di questa, nei limiti e alle condizioni determinati dallo statuto dei funzionari dell'Unione e dal regime applicabile agli altri agenti dell'Unione.

Art. 271 (ex art. 237 del TCE). – La Corte di giustizia dell'Unione europea è **competente**, nei limiti sotto specificati, a conoscere delle controversie **in materia di**:

a) **esecuzione degli obblighi degli Stati** membri derivanti dallo statuto della Banca europea per gli investimenti. Il Consiglio di amministrazione della Banca dispone a tale riguardo dei poteri riconosciuti alla Commissione dall'art. 258;

b) **deliberazioni** del **Consiglio dei governatori** della **Banca europea per gli investimenti**. Ciascuno Stato membro, la Commissione e il Consiglio di amministrazione della Banca possono proporre un ricorso in materia, alle condizioni previste dall'art. 263;

c) **deliberazioni** del **Consiglio di amministrazione** della **Banca europea per gli investimenti**. I ricorsi avverso tali deliberazioni possono essere proposti, alle condizioni fissate dall'art. 263, soltanto dagli Stati membri o dalla Commissione e unicamente per violazione delle norme di cui all'art. 19, paragrafo 2 e paragrafi da 5 a 7 inclusi, dello statuto della Banca;

d) **esecuzione**, da parte delle banche centrali nazionali, degli **obblighi deri-**

vanti dai trattati e dallo **statuto del SEBC e della BCE**. Il Consiglio direttivo della Banca centrale europea dispone al riguardo, nei confronti delle banche centrali nazionali, dei poteri riconosciuti alla Commissione dall'art. 258 nei confronti degli Stati membri. Quando la Corte riconosca che una banca centrale nazionale ha mancato ad uno degli obblighi ad essa incombenti in virtù dei trattati, essa è tenuta a prendere i provvedimenti che l'esecuzione della sentenza della Corte comporta.

Art. 272 (*ex* art. 238 del TCE). – La Corte di giustizia dell'Unione europea è competente a giudicare in virtù di una **clausola compromissoria** contenuta in un contratto di diritto pubblico o di diritto privato stipulato dall'Unione o per conto di questa.

Art. 273 (*ex* art. 239 del TCE). – La Corte di giustizia è **competente** a conoscere di **qualsiasi controversia tra Stati membri** in connessione con l'**oggetto dei trattati**, quando tale controversia le venga sottoposta in virtù di un compromesso.

Art. 274 (*ex* art. 240 del TCE). – Fatte salve le competenze attribuite alla Corte di giustizia dell'Unione europea dai trattati, le controversie nelle quali l'Unione sia parte non sono, per tale motivo, sottratte alla competenza delle giurisdizioni nazionali.

Art. 275. – **La Corte di giustizia** dell'Unione europea **non è competente** per quanto riguarda le **disposizioni relative alla politica estera e di sicurezza comune**, né per quanto riguarda gli atti adottati in base a dette disposizioni.

Tuttavia, la Corte è competente a controllare il rispetto dell'art. 40 del trattato sull'Unione europea e a pronunciarsi sui ricorsi, proposti secondo le condizioni di cui all'art. 263, quarto comma del presente trattato, riguardanti il controllo della legittimità delle decisioni che prevedono misure restrittive nei confronti di persone fisiche o giuridiche adottate dal Consiglio in base al titolo V, capo 2 del trattato sull'Unione europea.

Art. 276. – Nell'esercizio delle attribuzioni relative alle disposizioni dei capi 4 e 5 della parte terza, titolo V concernenti lo spazio di libertà, sicurezza e giustizia, **la Corte di giustizia** dell'Unione europea **non è competente a esaminare la validità o la proporzionalità di operazioni** condotte dalla **polizia** o da altri servizi incaricati dell'applicazione della legge di uno Stato membro o l'esercizio delle responsabilità incombenti agli Stati membri per il mantenimento dell'ordine pubblico e la salvaguardia della sicurezza interna.

Art. 277 (*ex* art. 241 del TCE). – Nell'eventualità di una controversia che metta in causa un **atto di portata generale adottato da un'istituzione**, organo o organismo dell'Unione, ciascuna parte può, anche dopo lo spirare del termine previsto all'art. 263, sesto comma, valersi dei motivi previsti all'art. 263, secondo comma, per invocare dinanzi alla Corte di giustizia dell'Unione europea **l'inapplicabilità dell'atto stesso**.

Art. 278 (*ex* art. 242 del TCE). – **I ricorsi** proposti **alla Corte di giustizia** dell'Unione europea **non hanno effetto sospensivo**. Tuttavia, la Corte può, quando reputi che le circostanze lo richiedano, ordinare la sospensione dell'esecuzione dell'atto impugnato.

Art. 279 (*ex* art. 243 del TCE). – La Corte di giustizia dell'Unione europea, negli affari che le sono proposti, può ordinare i provvedimenti provvisori necessari.

Art. 280 (*ex* art. 244 del TCE). – **Le sentenze della Corte di giustizia** dell'Unione europea hanno **forza esecutiva** alle condizioni fissate dall'art. 299.

Art. 281 (*ex* art. 245 del TCE). – Lo statuto della Corte di giustizia dell'Unione europea è stabilito con un **protocollo separato**.

Il Parlamento europeo e il Consiglio, deliberando secondo la procedura legislativa ordinaria, possono modificare le disposizioni dello statuto, ad eccezione del titolo I e dell'art. 64. Il Parlamento europeo e il Consiglio deliberano su richiesta della Corte di giustizia e previa consultazione della Commissione o su proposta della Commissione e previa consultazione della Corte di giustizia.

(*Omissis*).

CAPO II
ATTI GIURIDICI DELL'UNIONE, PROCEDURE DI ADOZIONE E ALTRE DISPOSIZIONI

SEZIONE I
ATTI GIURIDICI DELL'UNIONE

Art. 288 (*ex* art. 249 del TCE). – Per esercitare le competenze dell'Unione, le istituzioni adottano regolamenti, direttive, decisioni, raccomandazioni e pareri.

Il regolamento ha **portata generale**. Esso è **obbligatorio** in tutti i suoi elementi e **direttamente applicabile** in ciascuno degli Stati membri.

La direttiva vincola lo Stato membro cui è rivolta per quanto riguarda il **risultato da raggiungere**, salva restando la competenza degli organi nazionali in merito alla forma e ai mezzi.

La decisione è obbligatoria in tutti i suoi elementi. Se designa i **destinatari** è obbligatoria soltanto nei confronti di questi.

Le **raccomandazioni e i pareri non sono vincolanti**.

Art. 289. – 1. La **procedura legislativa ordinaria** consiste nell'**adozione congiunta** di un regolamento, di una direttiva o di una decisione da parte del **Parlamento europeo e del Consiglio su proposta della Commissione**. Tale procedura è definita all'art. 294.

2. Nei casi specifici previsti dai trattati, l'adozione di un regolamento, di una direttiva o di una decisione da parte del Parlamento europeo con la partecipazione del Consiglio o da parte di quest'ultimo con la partecipazione del Parlamento europeo costituisce una procedura legislativa speciale.

3. Gli **atti giuridici adottati mediante procedura legislativa sono atti legislativi**.

4. Nei casi specifici previsti dai trattati, gli atti legislativi possono essere adottati su iniziativa di un gruppo di Stati membri o del Parlamento europeo, su raccomandazione della Banca centrale europea o su richiesta della Corte di giustizia o della Banca europea per gli investimenti.

Art. 290. – 1. Un **atto legislativo può delegare alla Commissione il potere di adottare atti non legislativi** di portata generale che integrano o modificano determinati elementi non essenziali dell'atto legislativo.

Gli **atti legislativi delimitano** esplicitamente gli **obiettivi**, il **contenuto**, la **portata** e la **durata della delega** di potere. Gli elementi essenziali di un settore sono riservati all'atto legislativo e non possono pertanto essere oggetto di delega di potere.

2. Gli atti legislativi fissano esplicitamente le condizioni cui è soggetta la delega, che possono essere le seguenti:

a) il Parlamento europeo o il Consiglio possono decidere di revocare la delega;

b) l'atto delegato può entrare in vigore soltanto se, entro il termine fissato dall'atto legislativo, il Parlamento europeo o il Consiglio non sollevano obiezioni.

Ai fini delle lettere a) e b), **il Parlamento** europeo **delibera a maggioranza dei membri** che lo compongono e il **Consiglio delibera a maggioranza qualificata.**

3. L'aggettivo «delegato» o «delegata» è inserito nel titolo degli atti delegati.

Art. 291. – 1. **Gli Stati membri adottano tutte le misure di diritto interno necessarie per l'attuazione degli atti giuridicamente vincolanti** dell'Unione.

2. Allorché sono necessarie condizioni uniformi di esecuzione degli atti giuridicamente vincolanti dell'Unione, questi conferiscono competenze di esecuzione alla Commissione o, in casi specifici debitamente motivati e nelle circostanze previste agli artt. 24 e 26 del trattato sull'Unione europea, al Consiglio.

3. Ai fini del paragrafo 2, il Parlamento europeo e il Consiglio, deliberando mediante regolamenti secondo la procedura legislativa ordinaria, stabiliscono preventivamente le regole e i principi generali relativi alle modalità di controllo da parte degli Stati membri dell'esercizio delle competenze di esecuzione attribuite alla Commissione.

4. I termini «di esecuzione» sono inseriti nel titolo degli atti di esecuzione.

Art. 292. – **Il Consiglio adotta raccomandazioni.** Delibera su **proposta della Commissione** in tutti i casi in cui i trattati prevedono che adotti atti su proposta della Commissione. Delibera all'unanimità nei settori nei quali è richiesta l'unanimità per l'adozione di un atto dell'Unione. La Commissione, e la Banca centrale europea nei casi specifici previsti dai trattati, adottano raccomandazioni.

SEZIONE II
PROCEDURE DI ADOZIONE DEGLI ATTI E ALTRE DISPOSIZIONI

Art. 293 (*ex* art. 250 del TCE). – 1. Quando, in virtù dei trattati, delibera su proposta della Commissione, il **Consiglio può emendare** la proposta solo **deliberando all'unanimità**, salvo nei casi di cui all'art. 294, paragrafi 10 e 13, agli artt. 310, 312, 314 e all'art. 315, secondo comma.

2. Fintantoché il Consiglio non ha deliberato, la Commissione può modificare la propria proposta in ogni fase delle procedure che portano all'adozione di un atto dell'Unione.

Art. 294 (*ex* art. 251 del TCE). – 1. Quando nei trattati si fa riferimento alla **procedura legislativa ordinaria** per l'adozione di un atto, si applica la procedura che segue.

2. **La Commissione** presenta una **proposta al Parlamento europeo e al Consiglio.**

Prima lettura. – 3. **Il Parlamento** europeo adotta la sua **posizione in prima lettura** e la **trasmette al Consiglio.**

4. Se il **Consiglio approva** la posizione del Parlamento europeo, l'**atto in questione è adottato** nella formulazione che corrisponde alla posizione del Parlamento europeo.

5. Se **il Consiglio non approva** la posizione del Parlamento europeo, esso adotta la sua posizione in prima lettura e la **trasmette al Parlamento europeo.**

6. Il **Consiglio informa** esaurientemente il Parlamento europeo **dei motivi** che l'hanno indotto ad adottare la sua posizione in prima lettura. La Commissione informa esaurientemente il Parlamento europeo della sua posizione.

Seconda lettura. – 7. Se, **entro** un termine di **tre mesi** da tale comunicazione, il **Parlamento europeo**:

a) **approva** la posizione del Consiglio in prima lettura o non si è pronunciato, l'**atto in questione si considera adottato** nella formulazione che corrisponde alla posizione del Consiglio;

b) **respinge la posizione** del Consiglio in prima lettura a maggioranza dei membri che lo compongono, l'atto proposto si considera non adottato;

c) **propone emendamenti** alla posizione del Consiglio in prima lettura a maggioranza dei membri che lo compongono, il testo così emendato è comunicato al Consiglio e alla Commissione che formula un parere su tali emendamenti.

8. Se, entro un termine di tre mesi dal ricevimento degli emendamenti del Parlamento europeo, il Consiglio, deliberando a maggioranza qualificata:

a) approva tutti gli emendamenti, l'atto in questione si considera adottato;

b) non approva tutti gli emendamenti, il presidente del Consiglio, d'intesa con il presidente del Parlamento europeo, convoca entro sei settimane il comitato di conciliazione.

9. Il Consiglio delibera all'unanimità sugli emendamenti rispetto ai quali la Commissione ha dato parere negativo.

Conciliazione. – 10. Il **comitato di conciliazione**, che riunisce i membri del Consiglio o i loro rappresentanti ed altrettanti membri rappresentanti il Parlamento europeo, ha il compito di **giungere ad un accordo su un progetto** comune a maggioranza qualificata dei membri del Consiglio o dei loro rappresentanti e a maggioranza dei membri rappresentanti il Parlamento europeo entro un termine di sei settimane dalla convocazione, basandosi sulle posizioni del Parlamento europeo e del Consiglio in seconda lettura.

11. La Commissione partecipa ai lavori del comitato di conciliazione e prende ogni iniziativa necessaria per favorire un ravvicinamento fra la posizione del Parlamento europeo e quella del Consiglio.

12. Se, entro un termine di sei settimane dalla convocazione, il comitato di conciliazione non approva un progetto comune, l'atto in questione si considera non adottato.

Terza lettura. – 13. Se, entro tale termine, il **comitato di conciliazione approva un progetto comune**, il Parlamento europeo e il Consiglio dispongono ciascuno di un termine di sei settimane a decorrere dall'approvazione per adottare l'atto in questione in base al progetto comune; il Parlamento europeo delibera a maggioranza dei voti espressi e il Consiglio a maggioranza qualificata. In mancanza di una decisione, **l'atto in questione si considera non adottato**.

14. I termini di tre mesi e di sei settimane di cui al presente articolo sono prorogati rispettivamente di un mese e di due settimane, al massimo, su iniziativa del Parlamento europeo o del Consiglio.

Disposizioni particolari. – 15. Quando, nei casi previsti dai trattati, un atto legislativo è soggetto alla procedura legislativa ordinaria su iniziativa di un gruppo di Stati membri, su raccomandazione della Banca centrale europea o su richiesta della Corte di giustizia, il paragrafo 2, il paragrafo 6, seconda frase e il paragrafo 9 non si applicano.

In tali casi, il Parlamento europeo e il Consiglio trasmettono alla Commissione il progetto di atto insieme alle loro posizioni in prima e seconda lettura. Il Parlamento europeo o il Consiglio possono chiedere il parere della Commissione durante tutta la procedura, parere che la Commissione può altresì formulare di sua iniziativa. Se lo reputa necessario, essa può anche partecipare al comitato di conciliazione conformemente al paragrafo 11.

Art. 295. – **Il Parlamento europeo**, il **Consiglio e la Commissione** procedono a **reciproche consultazioni** e definiscono di comune accordo le modalità della **cooperazione**. A tale scopo, nel rispetto dei trattati, possono concludere accordi interistituzionali che possono assumere carattere vincolante.

Art. 296 (*ex* art. 253 del TCE). – Qualora i trattati non prevedano il tipo di atto da adottare, le istituzioni lo decidono di volta in volta, nel rispetto delle procedure applicabili e del principio di proporzionalità.

Gli atti giuridici sono motivati e fanno riferimento alle proposte, iniziative, raccomandazioni, richieste o pareri previsti dai trattati.

In presenza di un progetto di atto legislativo, il Parlamento europeo e il Consiglio si astengono dall'adottare atti non previsti dalla procedura legislativa applicabile al settore interessato.

Art. 297 (*ex* art. 254 del TCE). – 1. Gli **atti** legislativi adottati secondo la **procedura legislativa ordinaria** sono **firmati dal presidente del Parlamento europeo e dal presidente del Consiglio**.

Gli atti legislativi adottati secondo una procedura legislativa speciale sono firmati dal presidente dell'istituzione che li ha adottati.

Gli atti legislativi **sono pubblicati** nella *Gazzetta ufficiale dell'Unione europea*. Essi **entrano in vigore** alla **data da essi stabilita** oppure, in mancanza di data, il **ventesimo giorno successivo alla pubblicazione**.

2. Gli atti non legislativi adottati sotto forma di regolamenti, di direttive e di decisioni, quando queste ultime non designano i destinatari, sono firmati dal presidente dell'istituzione che li ha adottati.

I **regolamenti**, le **direttive** che sono **rivolte a tutti** gli Stati membri e le **decisioni** che non designano i destinatari **sono pubblicati** nella *Gazzetta ufficiale dell'Unione europea*. Essi entrano in vigore alla data da essi stabilita oppure, in mancanza di data, il ventesimo giorno successivo alla pubblicazione.

Le altre direttive e le decisioni che designano i destinatari sono notificate ai destinatari e hanno efficacia in virtù di tale notificazione.

Art. 298. – 1. Nell'assolvere i loro compiti le istituzioni, organi e organismi dell'Unione si basano su un'**amministrazione europea aperta, efficace ed indipendente**.

2. Il Parlamento europeo e il Consiglio, deliberando mediante regolamenti secondo la procedura legislativa ordinaria, fissano disposizioni a tal fine, nel rispetto dello statuto e del regime adottati sulla base dell'art. 336.

Art. 299 (*ex* art. 256 del TCE). – **Gli atti** del Consiglio, della Commissione o della Banca centrale europea che **comportano, a carico di persone che non siano gli Stati, un obbligo pecuniario costituiscono titolo esecutivo**. L'**esecuzione forzata** è regolata dalle norme di procedura civile vigenti nello Stato sul cui territorio essa viene effettuata. La formula esecutiva è apposta, con la sola verificazione dell'autenticità del titolo, dall'autorità nazionale che il governo di ciascuno degli Stati membri designerà a tal fine, informandone la Commissione e la Corte di giustizia dell'Unione europea.

Assolte tali formalità a richiesta dell'interessato, quest'ultimo può ottenere l'esecuzione forzata richiedendola direttamente all'organo competente, secondo la legislazione nazionale.

L'esecuzione forzata può essere **sospesa** soltanto in virtù di una **decisione della Corte**. Tuttavia, il controllo della regolarità dei provvedimenti esecutivi è di competenza delle giurisdizioni nazionali.

(*Omissis*).

TITOLO II
DISPOSIZIONI FINANZIARIE

(*Omissis*).

CAPO VI

LOTTA CONTRO LA FRODE

Art. 325 (*ex* art. 280 del TCE). – 1. **L'Unione e gli Stati membri combattono contro la frode e le altre attività illegali che ledono gli interessi finanziari dell'Unione stessa mediante misure adottate a norma del presente articolo, che siano dissuasive e tali da permettere una protezione efficace negli Stati membri e nelle istituzioni, organi e organismi dell'Unione.**

2. Gli Stati membri adottano, per combattere contro la frode che lede gli interessi finanziari dell'Unione, le stesse misure che adottano per combattere contro la frode che lede i loro interessi finanziari.

3. Fatte salve altre disposizioni dei trattati, **gli Stati membri coordinano l'azione diretta a tutelare gli interessi finanziari dell'Unione contro la frode. A tale fine essi organizzano, assieme alla Commissione, una stretta e regolare cooperazione tra le autorità competenti.**

4. Il Parlamento europeo e il Consiglio, deliberando secondo la procedura legislativa ordinaria, previa consultazione della Corte dei conti, adottano le misure necessarie nei settori della prevenzione e lotta contro la frode che lede gli interessi finanziari dell'Unione, al fine di pervenire a una protezione efficace ed equivalente in tutti gli Stati membri e nelle istituzioni, organi e organismi dell'Unione.

5. La Commissione, in cooperazione con gli Stati membri, presenta ogni anno al Parlamento europeo e al Consiglio una relazione sulle misure adottate ai fini dell'attuazione del presente articolo.

Model Tax Convention on Income and on Capital 2017

TITLE OF THE CONVENTION

Convention between (State A) and (State B) for the elimination of double taxation with respect to taxes on income and on capital and the prevention of tax evasion and avoidance

PREAMBLE TO THE CONVENTION

(State A) and (State B),

Desiring to further develop their economic relationship and to enhance their cooperation in tax matters,

Intending to conclude a Convention for the elimination of double taxation with respect to taxes on income and on capital without creating opportunities for non-taxation or reduced taxation through tax evasion or avoidance (including through treaty-shopping arrangements aimed at obtaining reliefs provided in this Convention for the indirect benefit of residents of third States),

Have agreed as follows:

CHAPTER I

SCOPE OF THE CONVENTION

Art. 1. Persons covered. – 1. This Convention shall apply to persons who are residents of one or both of the contracting States.

2. For the purposes of this Convention, income derived by or through an entity or arrangment that is treated as wholly or partly fiscally transparent under the tax law of either Contracting State shall be considered to be income of a resident of a Contracting State but only to the extent that the income is treated, for purposes of taxation by that State, as the income of a resident of that State.

3. This Convention shall not affect the taxation, by a Contracting State, of its residents except with respect to the benefits granted under paragraph 3 of Article 7, paragraph 2 of Article 9 and Articles 19, 20, 23 [A] [B], 24, 25 and 28.

Art. 2. Taxes covered. – 1. This Convention shall apply to taxes on income and on capital imposed on behalf of a Contracting State or of its political subdivisions or local authorities, irrespective of the manner in which they are levied.

2. There shall be regarded as taxes on income and on capital all taxes imposed on total income, on total capital, or on elements of income or of capital, including taxes on gains from the alienation of movable or immovable property, taxes on the total amounts of wages or salaries paid by enterprises, as well as taxes on capital appreciation.

3. The existing taxes to which the Convention shall apply are in particular:

a) (in State A):

b) (in State B):

4. The Convention shall apply also to any identical or substantially similar taxes that are imposed after the date of signature of the Convention in addition to, or in place of, the existing taxes. The competent authorities of the Contracting States shall notify each other of any significant changes that have been made in their taxation laws.

Chapter II
Definitions

Art. 3. General definitions. – 1. For the purposes of this Convention, unless the context otherwise requires:

a) the term "person" includes an individual, a company and any other body of persons;

b) the term "company" means any body corporate or any entity that is treated as a body corporate for tax purposes;

c) the term "enterprise" applies to the carrying on of any business;

d) the terms "enterprise of a Contracting State" and "enterprise of the other Contracting State" mean respectively an enterprise carried on by a resident of a Contracting State and an enterprise carried on by a resident of the other Contracting State;

e) the term "international traffic" means any transport by a ship or aircraft except when the ship or aircraft is operated solely between places in a Contracting State and the enterprise that operates the ship or aircraft is not an enterprise of that State;

f) the term "competent authority" means:

(*i*) (in State A):

(*ii*) (in State B):

g) the term "national", in relation to a Contracting State, means:

(*i*) any individual possessing the nationality or citizenship of that Contracting State; and

(*ii*) any legal person, partnership or association deriving its status as such from the laws in force in that Contracting State;

h) the term "business" includes the performance of professional services and of other activities of an independent character;

i) the term "recognised pension fund" of a State means an entity or arrangement established in that State that is treated as a separate person under the taxation laws of that State and:

(*i*) that is established and operated exclusively or almost exclusively to administer or provide retirement benefits and ancillary or incidental benefits to individuals and that is regulated as such by that State or one of its political subdivisions or local authorities; or

(*ii*) that is established and operated exclusively or almost exclusively to invest funds for the benefit of entities or arrangements referred to in subdivision (i).

2. As regards the application of the Convention at any time by a Contracting State, any term not defined therein shall, unless the context otherwise requires or the competent authorities agree to a different meaning pursuant to the provisions of Article 25, have the meaning that it has at that time under the law of that State for the purposes of the taxes to which the Convention applies, any meaning under the applicable tax laws of that State prevailing over a meaning given to the term under other laws of that State.

Art. 4. Resident. – 1. For the purposes of this Convention, the term "resident of a Contracting State" means any person who, under the laws of that State, is liable to tax therein by reason of his domicile, residence, place of management or any other criterion of a similar nature, and also includes that State and any political subdivision or local authority thereof as well as a recognised pension fund of that State. This term, however, does not include any person who is liable to tax in that State in respect only of income from sources in that State or capital situated therein.

2. Whereby reason of the provisions of paragraph 1 an individual is a resident of both Contracting States, then his status shall be determined as follows:

a) he shall be deemed to be a resident only of the State in which he has a permanent home available to him; if he has a permanent home available to him in both States, he shall be deemed to be a resident only of the State with which his personal and economic relations are closer (centre of vital interests);

b) if the State in which he has his centre of vital interests cannot be determined, or if he has not a permanent home available to him in either State, he shall be deemed to be a resident only of the State in which he has an habitual abode;

c) if he has an habitual abode in both States or in neither of them, he shall be deemed to be a resident only of the State of which he is a national;

d) if he is a national of both States or of neither of them, the competent authorities of the Contracting States shall settle the question by mutual agreement.

3. Where by reason of the provisions of paragraph 1 a person other than an individual is a resident of both Contracting States, the competent authorities of the Contracting States shall endeavour to determine by mutual agreement the Contracting State of which such person shall be deemed to be a resident for the purposes of the Convention, having regard to its place of effective management, the place where it is incorporated or otherwise constituted and any other relevant factors. In the absence of such agreement, such person shall not be entitled to any relief or exemption from tax provided by this Convention except to the extent and in such manner as may be agreed upon by the competent authorities of the Contracting States.

Art. 5. Permanent establishment. – 1. For the purposes of this Convention, the term "permanent establishment" means a fixed place of business through which the business of an enterprise is wholly or partly carried on.

2. The term "permanent establishment" includes especially:

a) a place of management;

b) a branch;

c) an office;

d) a factory;

e) a workshop, and

f) a mine, an oil or gas well, a quarry or any other place of extraction of natural resources.

3. A building site or construction or installation project constitutes a permanent establishment only if it lasts more than twelve months.

4. Notwithstanding the preceding provisions of this Article, the term "permanent establishment" shall be deemed not to include:

a) the use of facilities solely for the purpose of storage, display or delivery of goods or merchandise belonging to the enterprise;

b) the maintenance of a stock of goods or merchandise belonging to the enterprise solely for the purpose of storage, display or delivery;

c) the maintenance of a stock of goods or merchandise belonging to the enterprise solely for the purpose of processing by another enterprise;

d) the maintenance of a fixed place of business solely for the purpose of purchasing goods or merchandise or of collecting information, for the enterprise;

e) the maintenance of a fixed place of business solely for the purpose of carrying on, for the enterprise, any other activity;

f) the maintenance of a fixed place of business solely for any combination of activities mentioned in subparagraphs *a)* to *e),*

provided that such activity or, in the case of subparagraph/), the overall activity of the fixed place of business, is of a preparatory or auxiliary character.

4.1 Paragraph 4 shall not apply to a fixed place of business that is used or maintained by an enterprise if the same enterprise or a closely related enterprise carries on business activities at the same place or at another place in the same Contracting State

and

a) that place or other place constitutes a permanent establishment for the enterprise or the closely related enterprise under the provisions of this Article, or

b) the overall activity resulting from the combination of the activities carried on by the two enterprises at the same place, or by the same enterprise or closely related enterprises at the two places, is not of a preparatory or auxiliary character,

provided that the business activities carried on by the two enterprises at the same place, or by the same enterprise or closely related enterprises at the two places, constitute complementary functions that are part of a cohesive business operation.

5. Notwithstanding the provisions of paragraphs 1 and 2 but subject to the provisions of paragraph 6, where a person is acting in a Contracting State on behalf of an enterprise and, in doing so, habitually concludes contracts, or habitually plays the principal role leading to the conclusion of contracts that are routinely concluded without material modification by the enterprise, and these contracts are

a) in the name of the enterprise, or

b) for the transfer of the ownership of, or for the granting of the right to use, property owned by that enterprise or that the enterprise has the right to use, or

c) for the provision of services by that enterprise,

that enterprise shall be deemed to

have a permanent establishment in that State in respect of any activities which that person undertakes for the enterprise, unless the activities of such person are limited to those mentioned in paragraph 4 which, if exercised through a fixed place of business (other than a fixed place of business to which paragraph 4.1 would apply), would not make this fixed place of business a permanent establishment under the provisions of that paragraph.

6. Paragraph 5 shall not apply where the person acting in a Contracting State on behalf of an enterprise of the other Contracting State carries on business in the first- mentioned State as an independent agent and acts for the enterprise in the ordinary course of that business. Where, however, a person acts exclusively or almost exclusively on behalf of one or more enterprises to which it is closely related, that person shall not be considered to be an independent agent within the meaning of this paragraph with respect to any such enterprise.

7. The fact that a company which is a resident of a Contracting State controls or is controlled by a company which is a resident of the other Contracting State, or which carries on business in that other State (whether through a permanent establishment or otherwise), shall not of itself constitute either company a permanent establishment of the other.

8. For the purposes of this Article, a person or enterprise is closely related to an enterprise if, based on all the relevant facts and circumstances, one has control of the other or both are under the control of the same persons or enterprises. In any case, a person or enterprise shall be considered to be closely related to an enterprise if one possesses directly or indirectly more than 50 per cent of the beneficial interest in the other (or, in the case of a company, more than 50 per cent of the aggregate vote and value of the company's shares or of the beneficial equity interest in the company) or if another person or enterprise possesses directly or indirectly more than 50 per cent of the beneficial interest (or, in the case of a company, more than 50 per cent of the aggregate vote and value of the company's shares or of the beneficial equity interest in the company) in the person and the enterprise or in the two enterprises.

CHAPTER III
TAXATION OF INCOME

Art. 6. Income from immovable property. – 1. Income derived by a resident of a Contracting State from immovable property (including income from agriculture or forestry) situated in the other Contracting State may be taxed in that other State.

2. The term "immovable property" shall have the meaning which it has under the law of the Contracting State in which the property in question is situated. The term shall in any case include property accessory to immovable property, livestock and equipment used in agriculture and forestry, rights to which the provisions of general law respecting landed property apply, usufruct of immovable property and rights to variable or fixed payments as consideration for the working of, or the right to work, mineral deposits, sources and other natural resources; ships and aircraft shall not be regarded as immovable property.

3. The provisions of paragraph 1 shall apply to income derived from the direct use, letting, or use in any other form of immovable property.

4. The provisions of paragraphs 1 and 3 shall also apply to the income from immovable property of an enterprise.

Art. 7. Business profits. – 1. Profits of an enterprise of a Contracting State shall be taxable only in that State unless the enterprise carries on business in the other Contracting State through a permanent establishment situated therein. If the enterprise carries on business as aforesaid, the profits that are attributable to the permanent establishment in accordance with the provisions of paragraph 2 may be taxed in that other State.

2. For the purposes of this Article and Article [23 A] [23 B], the profits that are attributable in each Contracting State to the permanent establishment referred to in paragraph 1 are the profits it might be expected to make, in particular in its dealings with other parts of the enterprise, if it were a separate and independent enterprise engaged in the same or similar activities under the same or similar conditions, taking into account the functions performed, assets used and risks assumed by the enterprise through the permanent establishment and through the other parts of the enterprise.

3. Where, in accordance with paragraph 2, a Contracting State adjusts the profits that are attributable to a permanent establishment of an enterprise of one of the Contracting States and taxes accordingly profits of the enterprise that have been charged to tax in the other State, the other State shall, to the extent necessary to eliminate double taxation on these profits, make an appropriate adjustment to the amount of the tax charged on those profits. In determining such adjustment, the competent authorities of the Contracting States shall if necessary consult each other.

4. Where profits include items of income which are dealt with separately in other Articles of this Convention, then the provisions of those Articles shall not be affected by the provisions of this Article.

Art. 8. International shipping and air transport. – 1. Profits of an enterprise of a Contracting State from the operation of ships or aircraft in international traffic shall be taxable only in that State.

2. The provisions of paragraph 1 shall also apply to profits from the participation in a pool, a joint business or an international operating agency.

Art. 9. Associated enterprises. – 1. Where

a) an enterprise of a Contracting State participates directly or indirectly in the management, control or capital of an enterprise of the other Contracting State, or

b) the same persons participate directly or indirectly in the management, control or capital of an enterprise of a Contracting State and an enterprise of the other Contracting State,

and in either case conditions are made or imposed between the two enterprises in their commercial or financial relations which differ from those which would be made between independent enterprises, then any profits which would, but for those conditions, have accrued to one of the enterprises, but, by reason of those conditions, have not so accrued, may be included in the profits of that enterprise and taxed accordingly.

2. Where a Contracting State includes in the profits of an enterprise of that State — and taxes accordingly — profits on which an enterprise of the other Contracting State has been charged to tax in that other State and the profits so included are profits which would have accrued to the enterprise of the first-mentioned State if the conditions made between the two enterprises had been those which would have been made between independent enterprises, then that other State shall make an appropriate adjustment to the amount of the tax charged therein on those profits. In determining such adjustment, due regard shall be had to the other provisions of this Convention and the competent authorities of the Con-

tracting States shall if necessary consult each other.

Art. 10. Dividends. – 1. Dividends paid by a company which is a resident of a Contracting State to a resident of the other Contracting State may be taxed in that other State.

2. However, dividends paid by a company which is a resident of a Contracting State may also be taxed in that State according to the laws of that State, but if the beneficial owner of the dividends is a resident of the other Contracting State, the tax so charged shall not exceed:

a) 5 per cent of the gross amount of the dividends if the beneficial owner is a company which holds directly at least 25 per cent of the capital of the company paying the dividends throughout a 365 day period that includes the day of the payment of the dividend (for the purpose of computing that period, no account shall be taken of changes of ownership that would directly result from a corporate reorganisation, such as a merger or divisive reorganisation, of the company that holds the shares or that pays the dividend);

b) 15 per cent of the gross amount of the dividends in all other cases.

The competent authorities of the Contracting States shall by mutual agreement settle the mode of application of these limitations. This paragraph shall not affect the taxation of the company in respect of the profits out of which the dividends are paid.

3. The term "dividends" as used in this Article means income from shares, "jouissance" shares or "jouissance" rights, mining shares, founders' shares or other rights, not being debt-claims, participating in profits, as well as income from other corporate rights which is subjected to the same taxation treatment as income from shares by the laws of the State of which the company making the distribution is a resident.

4. The provisions of paragraphs 1 and 2 shall not apply if the beneficial owner of the dividends, being a resident of a Contracting State, carries on business in the other Contracting State of which the company paying the dividends is a resident through a permanent establishment situated therein and the holding in respect of which the dividends are paid is effectively connected with such permanent establishment. In such case the provisions of Article 7 shall apply.

5. Where a company which is a resident of a Contracting State derives profits or income from the other Contracting State, that other State may not impose any tax on the dividends paid by the company, except insofar as such dividends are paid to a resident of that other State or insofar as the holding in respect of which the dividends are paid is effectively connected with a permanent establishment situated in that other State, nor subject the company's undistributed profits to a tax on the company's undistributed profits, even if the dividends paid or the undistributed profits consist wholly or partly of profits or income arising in such other State.

Art. 11. Interest. – 1. Interest arising in a Contracting State and paid to a resident of the other Contracting State may be taxed in that other State.

2. However, interest arising in a Contracting State may also be taxed in that State according to the laws of that State, but if the beneficial owner of the interest is a resident of the other Contracting State, the tax so charged shall not exceed 10 per cent of the gross amount of the interest. The competent authorities of the Contracting States shall by mutual agreement settle the mode of application of this limitation.

3. The term "interest" as used in this

Article means income from debt-claims of every kind, whether or not secured by mortgage and whether or not carrying a right to participate in the debtor's profits, and in particular, income from government securities and income from bonds or debentures, including premiums and prizes attaching to such securities, bonds or debentures. Penalty charges for late payment shall not be regarded as interest for the purpose of this Article.

4. The provisions of paragraphs 1 and 2 shall not apply if the beneficial owner of the interest, being a resident of a Contracting State, carries on business in the other Contracting State in which the interest arises through a permanent establishment situated therein and the debt-claim in respect of which the interest is paid is effectively connected with such permanent establishment. In such case the provisions of Article 7 shall apply.

5. Interest shall be deemed to arise in a Contracting State when the payer is a resident of that State. Where, however, the person paying the interest, whether he is a resident of a Contracting State or not, has in a Contracting State a permanent establishment in connection with which the indebtedness on which the interest is paid was incurred, and such interest is borne by such permanent establishment, then such interest shall be deemed to arise in the State in which the permanent establishment is situated.

6. Where, by reason of a special relationship between the payer and the beneficial owner or between both of them and some other person, the amount of the interest, having regard to the debt-claim for which it is paid, exceeds the amount which would have been agreed upon by the payer and the beneficial owner in the absence of such relationship, the provisions of this Article shall apply only to the last-mentioned amount. In such case, the excess part of the payments shall remain taxable according to the laws of each Contracting State, due regard being had to the other provisions of this Convention.

Art. 12. Royalties. – 1. Royalties arising in a Contracting State and beneficially owned by a resident of the other Contracting State shall be taxable only in that other State.

2. The term "royalties" as used in this Article means payments of any kind received as a consideration for the use of, or the right to use, any copyright of literary, artistic or scientific work including cinematograph films, any patent, trade mark, design or model, plan, secret formula or process, or for information concerning industrial, commercial or scientific experience.

3. The provisions of paragraph 1 shall not apply if the beneficial owner of the royalties, being a resident of a Contracting State, carries on business in the other Contracting State in which the royalties arise through a permanent establishment situated therein and the right or property in respect of which the royalties are paid is effectively connected with such permanent establishment. In such case the provisions of Article 7 shall apply.

4. Where, by reason of a special relationship between the payer and the beneficial owner or between both of them and some other person, the amount of the royalties, having regard to the use, right or information for which they are paid, exceeds the amount which would have been agreed upon by the payer and the beneficial owner in the absence of such relationship, the provisions of this Article shall apply only to the last-mentioned amount. In such case, the excess part of the payments shall remain taxable according to the laws of each Contracting State,

due regard being had to the other provisions of this Convention.

Art. 13. Capital gains. – 1. Gains derived by a resident of a Contracting State from the alienation of immovable property referred to in Article 6 and situated in the other Contracting State may be taxed in that other State.

2. Gains from the alienation of movable property forming part of the business property of a permanent establishment which an enterprise of a Contracting State has in the other Contracting State, including such gains from the alienation of such a permanent establishment (alone or with the whole enterprise), may be taxed in that other State.

3. Gains that an enterprise of a Contracting State that operates ships or aircraft in international traffic derives from the alienation of such ships or aircraft, or of movable property pertaining to the operation of such ships or aircraft, shall be taxable only in that State.

4. Gains derived by a resident of a Contracting State from the alienation of shares or comparable interests, such as interests in a partnership or trust, may be taxed in the other Contracting State if, at any time during the 365 days preceding the alienation, these shares or comparable interests derived more than 50 per cent of their value directly or indirectly from immovable property, as defined in Article 6, situated in that other State.

5. Gains from the alienation of any property, other than that referred to in paragraphs 1, 2, 3 and 4, shall be taxable only in the Contracting State of which the alienator is a resident.

[Art. 14. Independent personal services]
[DELETED]

Art. 15. Income from employment. – 1. Subject to the provisions of Articles 16, 18 and 19, salaries, wages and other similar remuneration derived by a resident of a Contracting State in respect of an employment shall be taxable only in that State unless the employment is exercised in the other Contracting State. If the employment is so exercised, such remuneration as is derived therefrom may be taxed in that other State.

2. Notwithstanding the provisions of paragraph 1, remuneration derived by a resident of a Contracting State in respect of an employment exercised in the other Contracting State shall be taxable only in the first-mentioned State if:

a) the recipient is present in the other State for a period or periods not exceeding in the aggregate 183 days in any twelve month period commencing or ending in the fiscal year concerned, and

b) the remuneration is paid by, or on behalf of, an employer who is not a resident of the other State, and

c) the remuneration is not borne by a permanent establishment which the employer has in the other State.

3. Notwithstanding the preceding provisions of this Article, remuneration derived by a resident of a Contracting State in respect of an employment, as a member of the regular complement of a ship or aircraft, that is exercised aboard a ship or aircraft operated in international traffic, other than aboard a ship or aircraft operated solely within the other Contracting State, shall be taxable only in the first-mentioned State.

Art. 16. Directors' fees. – Directors' fees and other similar payments derived by a resident of a Contracting State in his capacity as a member of the board of directors of a company which is a resident of the other Contracting State may be taxed in that other State.

Art. 17. Entertainers and sportspersons. – 1. Notwithstanding the provisions of Article 15, income derived by a resident of a Contracting State as an entertainer, such as a theatre, motion picture, radio or television artiste, or a musician, or as a sportsperson, from that resident's personal activities as such exercised in the other Contracting State, may be taxed in that other State.

2. Where income in respect of personal activities exercised by an entertainer or a sportsperson acting as such accrues not to the entertainer or sportsperson but to another person, that income may, notwithstanding the provisions of Article 15, be taxed in the Contracting State in which the activities of the entertainer or sportsperson are exercised.

Art. 18. Pensions. – Subject to the provisions of paragraph 2 of Article 19, pensions and other similar remuneration paid to a resident of a Contracting State in consideration of past employment shall be taxable only in that State.

Art. 19. Government service. – 1. *a)* Salaries, wages and other similar remuneration paid by a Contracting State or a political subdivision or a local authority thereof to an individual in respect of services rendered to that State or subdivision or authority shall be taxable only in that State.

b) However, such salaries, wages and other similar remuneration shall be taxable only in the other Contracting State if the services are rendered in that State and the individual is a resident of that State who:

(*i*) is a national of that State; or

(*ii*) did not become a resident of that State solely for the purpose of rendering the services.

2. *a)* Notwithstanding the provisions of paragraph 1, pensions and other similar remuneration paid by, or out of funds created by, a Contracting State or a political subdivision or a local authority thereof to an individual in respect of services rendered to that State or subdivision or authority shall be taxable only in that State.

b) However, such pensions and other similar remuneration shall be taxable only in the other Contracting State if the individual is a resident of, and a national of, that State.

3. The provisions of Articles 15, 16, 17, and 18 shall apply to salaries, wages, pensions, and other similar remuneration in respect of services rendered in connection with a business carried on by a Contracting State or a political subdivision or a local authority thereof.

Art. 20. Students. – Payments which a student or business apprentice who is or was immediately before visiting a Contracting State a resident of the other Contracting State and who is present in the first-mentioned State solely for the purpose of his education or training receives for the purpose of his maintenance, education or training shall not be taxed in that State, provided that such payments arise from sources outside that State.

Art. 21. Other income. – 1. Items of income of a resident of a Contracting State, wherever arising, not dealt with in the foregoing Articles of this Convention shall be taxable only in that State.

2. The provisions of PARAGRAPH 1 shall not apply to income, other than income from immovable property as defined in paragraph 2 of Article 6, if the recipient of such income, being a resident of a Contracting State, carries on business in the other Contracting State through a permanent establishment situated therein and the right or property in respect of which the income is paid is effectively connected with such permanent establishment. In such case the provisions of Article 7 shall apply.

CHAPTER IV
TAXATION OF CAPITAL

Art. 22. Capital. – 1. Capital represented

by immovable property referred to in Article 6, owned by a resident of a Contracting State and situated in the other Contracting State, may be taxed in that other State.

2. Capital represented by movable property forming part of the business property of a permanent establishment which an enterprise of a Contracting State has in the other Contracting State may be taxed in that other State.

3. Capital of an enterprise of a Contracting State that operates ships or aircraft in international traffic represented by such ships or aircraft, and by movable property pertaining to the operation of such ships or aircraft, shall be taxable only in that State.

4. All other elements of capital of a resident of a Contracting State shall be taxable only in that State.

CHAPTER V
METHODS FOR ELIMINATION OF DOUBLE TAXATION

Art. 23 A. Exemption method. – 1. Where a resident of a Contracting State derives income or owns capital which may be taxed in the other Contracting State in accordance with the provisions of this Convention (except to the extent that these provisions allow taxation by that other State solely because the income is also income derived by a resident of that State or because the capital is also capital owned by a resident of that State), the first- mentioned State shall, subject to the provisions of paragraphs 2 and 3, exempt such income or capital from tax.

2. Where a resident of a Contracting State derives items of income which may be taxed in the other Contracting State in accordance with the provisions of Articles 10 and 11 (except to the extent that these provisions allow taxation by that other State solely because the income is also income derived by a resident of that State), the first- mentioned State shall allow as a deduction from the tax on the income of that resident an amount equal to the tax paid in that other State. Such deduction shall not, however, exceed that part of the tax, as computed before the deduction is given, which is attributable to such items of income derived from that other State.

3. Where in accordance with any provision of the Convention income derived or capital owned by a resident of a Contracting State is exempt from tax in that State, such State may nevertheless, in calculating the amount of tax on the remaining income or capital of such resident, take into account the exempted income or capital.

4. The provisions of paragraph 1 shall not apply to income derived or capital owned by a resident of a Contracting State where the other Contracting State applies the provisions of this Convention to exempt such income or capital from tax or applies the provisions of paragraph 2 of Article 10 or 11 to such income.

Art. 23 B. Credit method. – 1. Where a resident of a Contracting State derives income or owns capital which may be taxed in the other Contracting State in accordance with the provisions of this Convention (except to the extent that these provisions allow taxation by that other State solely because the income is also income derived by a resident of that State or because the capital is also capital owned by a resident of that State), the first- mentioned State shall allow:

a) as a deduction from the tax on the income of that resident, an amount equal to the income tax paid in that other State;

b) as a deduction from the tax on the capital of that resident, an amount equal to the capital tax paid in that other State.

Such deduction in either case shall not, however, exceed that part of the income tax or capital tax, as computed before the deduction is given, which is attributable, as the case may be, to the income or the capital which may be taxed in that other State.

2. Where in accordance with any provision of the Convention income derived or capital owned by a resident of a Contracting State is exempt from tax in that State, such State may nevertheless, in calculating the amount of tax on the remaining income or capital of such resident, take into account the exempted income or capital.

CHAPTER VI
SPECIAL PROVISIONS

Art. 24. Non-discrimination. – 1. Nationals of a Contracting State shall not be subjected in the other Contracting State to any taxation or any requirement connected therewith, which is other or more burdensome than the taxation and connected requirements to which nationals of that other State in the same circumstances, in particular with respect to residence, are or may be subjected. This provision shall, notwithstanding the provisions of Article 1, also apply to persons who are not residents of one or both of the Contracting States.

2. Stateless persons who are residents of a Contracting State shall not be subjected in either Contracting State to any taxation or any requirement connected therewith, which is other or more burdensome than the taxation and connected requirements to which nationals of the State concerned in the same circumstances, in particular with respect to residence, are or may be subjected.

3. The taxation on a permanent establishment which an enterprise of a Contracting State has in the other Contracting State shall not be less favourably levied in that other State than the taxation levied on enterprises of that other State carrying on the same activities. This provision shall not be construed as obliging a Contracting State to grant to residents of the other Contracting State any personal allowances, reliefs and reductions for taxation purposes on account of civil status or family responsibilities which it grants to its own residents.

4. Except where the provisions of paragraph 1 of Article 9, paragraph 6 of Article 11, or paragraph 4 of Article 12, apply, interest, royalties and other disbursements paid by an enterprise of a Contracting State to a resident of the other Contracting State shall, for the purpose of determining the taxable profits of such enterprise, be deductible under the same conditions as if they had been paid to a resident of the first-mentioned State. Similarly, any debts of an enterprise of a Contracting State to a resident of the other Contracting State shall, for the purpose of determining the taxable capital of such enterprise, be deductible under the same conditions as if they had been contracted to a resident of the first-mentioned State.

5. Enterprises of a Contracting State, the capital of which is wholly or partly owned or controlled, directly or indirectly, by one or more residents of the other Contracting State, shall not be subjected in the first-mentioned State to any taxation or any requirement connected therewith which is other or more burdensome than the taxation and connected requirements to which other similar enterprises of the first- mentioned State are or maybe subjected.

6. The provisions of this Article shall, notwithstanding the provisions of Article 2, apply to taxes of every kind and description.

Art. 25. Mutual agreement procedure. – 1. Where a person considers that the actions of one or both of the Contracting States result or will result for him in taxation not in accordance with the provisions of this Convention, he may, irrespective of the remedies provided by the domestic law of those States, present his case to the competent authority of either Contracting State. The case must be presented within three years from the first notification of the action resulting in taxation not in accordance with the provisions of the Convention.

2. The competent authority shall endeavour, if the objection appears to it to be justified and if it is not itself able to arrive at a satisfactory solution, to resolve the case by mutual agreement with the competent authority of the other Contracting State, with a view to the avoidance of taxation which is not in accordance with the Convention. Any agreement reached shall be implemented notwithstanding any time limits in the domestic law of the Contracting States.

3. The competent authorities of the Contracting States shall endeavour to resolve by mutual agreement any difficulties or doubts arising as to the interpretation or application of the Convention. They may also consult together for the elimination of double taxation in cases not provided for in the Convention.

4. The competent authorities of the Contracting States may communicate with each other directly, including through a joint commission consisting of themselves or their representatives, for the purpose of reaching an agreement in the sense of the preceding paragraphs.

5. Where,

a) under paragraph 1, a person has presented a case to the competent authority of a Contracting State on the basis that the actions of one or both of the Contracting States have resulted for that person in taxation not in accordance with the provisions of this Convention, and

b) the competent authorities are unable to reach an agreement to resolve that case pursuant to paragraph 2 within two years from the date when all the information required by the competent authorities in order to address the case has been provided to both competent authorities,

any unresolved issues arising from the case shall be submitted to arbitration if the person so requests in writing. These unresolved issues shall not, however, be submitted to arbitration if a decision on these issues has already been rendered by a court or administrative tribunal of either State. Unless a person directly affected by the case does not accept the mutual agreement that implements the arbitration decision, that decision shall be binding on both Contracting States and shall be implemented notwithstanding any time limits in the domestic laws of these States. The competent authorities of the Contracting States shall by mutual agreement settle the mode of application of this paragraph.

Art. 26. Exchange of information. – 1. The competent authorities of the Contracting States shall exchange such information as is foreseeably relevant for carrying out the provisions of this Convention or to the administration or enforcement of the domestic laws concerning taxes of every kind and description imposed on behalf of the Contracting States, or of their political subdivisions or local authorities, insofar as the taxation thereunder is not contrary to the Convention. The exchange of information is not restricted by Articles 1 and 2.

2. Any information received under paragraph 1 by a Contracting State shall be treated as secret in the same manner as information obtained under the domestic laws of that State and shall be disclosed only to persons or authorities (including courts and administrative bodies) concerned with the assessment or collection of, the enforcement or prosecution in respect of, the determination of appeals in relation to the taxes referred to in paragraph 1, or the oversight of the above. Such persons or authorities shall use the information only for such purposes. They may disclose the information in public court proceedings or in judicial decisions. Notwithstanding the foregoing, information received by a Contracting State may be used for other purposes when such information may be used for such other purposes under the laws of both States and the competent authority of the supplying State authorises such use.

3. In no case shall the provisions of paragraphs 1 and 2 be construed so as to impose on a Contracting State the obligation:

a) to carry out administrative measures at variance with the laws and administrative practice of that or of the other Contracting State;

b) to supply information which is not obtainable under the laws or in the normal course of the administration of that or of the other Contracting State;

c) to supply information which would disclose any trade, business, industrial, commercial or professional secret or trade process, or information the disclosure of which would be contrary to public policy (ordre public).

4. If information is requested by a Contracting State in accordance with this Article, the other Contracting State shall use its information gathering measures to obtain the requested information, even though that other State may not need such information for its own tax purposes. The obligation contained in the preceding sentence is subject to the limitations of paragraph 3 but in no case shall such limitations be construed to permit a Contracting State to decline to supply information solely because it has no domestic interest in such information.

5. In no case shall the provisions of paragraph 3 be construed to permit a Contracting State to decline to supply information solely because the information is held by a bank, other financial institution, nominee or person acting in an agency or a fiduciary capacity or because it relates to ownership interests in a person.

Art. 27. Assistance in the collection of taxes [1]. – 1. The Contracting States shall lend assistance to each other in the collection of revenue claims. This assistance is not restricted by Articles 1 and 2. The competent authorities of the Contracting States may by mutual agreement settle the mode of application of this Article.

2. The term "revenue claim" as used in this Article means an amount owed in respect of taxes of every kind and description imposed on behalf of the Contracting States, or of their political subdivisions or local authorities, insofar as the taxation thereunder is not contrary to this Convention or any other instrument to which the Contracting States are parties, as well as interest, administrative penalties and costs of collection or conservancy related to such amount.

3. When a revenue claim of a Contracting State is enforceable under the laws of that State and is owed by a person who, at that time, cannot, under the laws of that State, prevent its collection, that revenue claim shall, at the request of the competent authority of

that State, be accepted for purposes of collection by the competent authority of the other Contracting State. That revenue claim shall be collected by that other State in accordance with the provisions of its laws applicable to the enforcement and collection of its own taxes as if the revenue claim were a revenue claim of that other State.

4. When a revenue claim of a Contracting State is a claim in respect of which that State may, under its law, take measures of conservancy with a view to ensure its collection, that revenue claim shall, at the request of the competent authority of that State, be accepted for purposes of taking measures of conservancy by the competent authority of the other Contracting State. That other State shall take measures of conservancy in respect of that revenue claim in accordance with the provisions of its laws as if the revenue claim were a revenue claim of that other State even if, at the time when such measures are applied, the revenue claim is not enforceable in the first- mentioned State or is owed by a person who has a right to prevent its collection.

5. Notwithstanding the provisions of paragraphs 3 and 4, a revenue claim accepted by a Contracting State for purposes of paragraph 3 or 4 shall not, in that State, be subject to the time limits or accorded any priority applicable to a revenue claim under the laws of that State by reason of its nature as such. In addition, a revenue claim accepted by a Contracting State for the purposes of paragraph 3 or 4 shall not, in that State, have any priority applicable to that revenue claim under the laws of the other Contracting State.

6. Proceedings with respect to the existence, validity or the amount of a revenue claim of a Contracting State shall not be brought before the courts or administrative bodies of the other Contracting State.

7. Where, at any time after a request has been made by a Contracting State under paragraph 3 or 4 and before the other Contracting State has collected and remitted the relevant revenue claim to the first-mentioned State, the relevant revenue claim ceases to be

a) in the case of a request under paragraph 3, a revenue claim of the first-mentioned State that is enforceable under the laws of that State and is owed by a person who, at that time, cannot, under the laws of that State, prevent its collection, or

b) in the case of a request under paragraph 4, a revenue claim of the first-mentioned State in respect of which that State may, under its laws, take measures of conservancy with a view to ensure its collection

the competent authority of the first-mentioned State shall promptly notify the competent authority of the other State of that fact and, at the option of the other State, the first-mentioned State shall either suspend or withdraw its request.

8. In no case shall the provisions of this Article be construed so as to impose on a Contracting State the obligation:

a) to carry out administrative measures at variance with the laws and administrative practice of that or of the other Contracting State;

b) to carry out measures which would be contrary to public policy (ordre public);

c) to provide assistance if the other Contracting State has not pursued all reasonable measures of collection or conservancy, as the case may be, available under its laws or administrative practice;

d) to provide assistance in those cases where the administrative burden for that State is clearly disproportionate to the benefit to be derived by the other Contracting State.

Art. 28. Members of diplomatic missions and consular posts. – Nothing in this Convention shall affect the fiscal privileges of members of diplomatic missions or consular posts under the general rules of international law or under the provisions of special agreements.

Art. 29. Entitlement to benefits[2]. – 1. [Provision that, subject to paragraphs 3 to 5, restricts treaty benefits to a resident of a Contracting State who is a "qualified person" as defined in paragraph 2].

2. [Definition of situations where a resident is a qualified person, which covers

– an individual;

– a Contracting State, its political subdivisions and their agencies and instrumentalities;

– certain publicly-traded companies and entities;

– certain affiliates of publicly-listed companies and entities;

– certain non-profit organisations and recognised pension funds;

– other entities that meet certain ownership and base erosion requirements;

– certain collective investment vehicles.]

3. [Provision that provides treaty benefits to certain income derived by a person that is not a qualified person if the person is engaged in the active conduct of a business in its State of residence and the income emanates from, or is incidental to, that business].

4. [Provision that provides treaty benefits to a person that is not a qualified person if at least more than an agreed proportion of that entity is owned by certain persons entitled to equivalent benefits],

5. [Provision that provides treaty benefits to a person that qualifies as a "headquarters company"].

6. [Provision that allows the competent authority of a Contracting State to grant certain treaty benefits to a person where benefits would otherwise be denied under paragraph 1].

7. [Definitions applicable for the purposes of paragraphs 1 to 7].

8. *a*) Where

(*i*) an enterprise of a Contracting State derives income from the other Contracting State and the first-mentioned State treats such income as attributable to a permanent establishment of the enterprise situated in a third jurisdiction, and

(*ii*) the profits attributable to that permanent establishment are exempt from tax in the first-mentioned State,

the benefits of this Convention shall not apply to any item of income on which the tax in the third jurisdiction is less than the lower of [rate to be determined bilaterally] of the amount of that item of income and 60 per cent of the tax that would be imposed in the first-mentioned State on that item of income if that permanent establishment were situated in the first-mentioned State. In such a case any income to which the provisions of this paragraph apply shall remain taxable according to the domestic law of the other State, notwithstanding any other provisions of the Convention.

b) The preceding provisions of this paragraph shall not apply if the income derived from the other State emanates from, or is incidental to, the active conduct of a business carried on through the permanent establishment (other than the business of making, managing or simply holding investments for the enterprise's own account, unless these activities are banking, insurance or securities activities carried on by a bank, insurance enterprise or registered securities dealer, respectively).

c) If benefits under this Convention

are denied pursuant to the preceding provisions of this paragraph with respect to an item of income derived by a resident of a Contracting State, the competent authority of the other Contracting State may, nevertheless, grant these benefits with respect to that item of income if, in response to a request by such resident, such competent authority determines that granting such benefits is justified in light of the reasons such resident did not satisfy the requirements of this paragraph (such as the existence of losses). The competent authority of the Contracting State to which a request has been made under the preceding sentence shall consult with the competent authority of the other Contracting State before either granting or denying the request.

9. Notwithstanding the other provisions of this Convention, a benefit under this Convention shall not be granted in respect of an item of income or capital if it is reasonable to conclude, having regard to all relevant facts and circumstances, that obtaining that benefit was one of the principal purposes of any arrangement or transaction that resulted directly or indirectly in that benefit, unless it is established that granting that benefit in these circumstances would be in accordance with the object and purpose of the relevant provisions of this Convention.

Art. 30. Territorial extension [3]. – 1. This Convention may be extended, either in its entirety or with any necessary modifications [to any part of the territory of (State A) or of (State B) which is specifically excluded from the application of the Convention or], to any State or territory for whose international relations (State A) or (State B) is responsible, which imposes taxes substantially similar in character to those to which the Convention applies. Any such extension shall take effect from such date and subject to such modifications and conditions, including conditions as to termination, as may be specified and agreed between the Contracting States in notes to be exchanged through diplomatic channels or in any other manner in accordance with their constitutional procedures.

2. Unless otherwise agreed by both Contracting States, the termination of the Convention by one of them under Article 32 shall also terminate, in the manner provided for in that Article, the application of the Convention [to any part of the territory of (State A) or of (State B) or] to any State or territory to which it has been extended under this Article.

Chapter VII
Final provisions

Art. 31. Entry into force. – 1. This Convention shall be ratified and the instruments of ratification shall be exchanged at as soon as possible.

2. The Convention shall enter into force upon the exchange of instruments of ratification and its provisions shall have effect:

a) (in State A):

b) (in State B):

Art. 32. Termination. – This Convention shall remain in force until terminated by a Contracting State. Either Contracting State may terminate the Convention, through diplomatic channels, by giving notice of termination at least six months before the end of any calendar year after the year In such event, the Convention shall cease to have effect:

a) (in State A):

b) (in State B):

TERMINAL CLAUSE [4]

---

[1] In some countries, national law, policy or administrative considerations may not allow or justify the type of assistance envisaged under this Article or may require that this type of assistance be restricted, e.g. to countries that have similar tax systems or tax administrations or as to the taxes covered. For that reason, the Article should only be included in the Convention where each State concludes that, based on the factors described in paragraph 1 of the Commentary on the Article, they can agree to provide assistance in the collection of taxes levied by the other State.

[2] The drafting of this Article will depend on how the Contracting States decide to implement their common intention, reflected in the preamble of the Convention and incorporated in the minimum standard agreed to as part of the OECD/G20 Base Erosion and Profit Shifting Project, to eliminate double taxation without creating opportunities for non-taxation or reduced taxation through tax evasion or avoidance, including through treaty-shopping arrangements. This may be done either through the adoption of paragraph 9 only, through the adoption of the detailed version of paragraphs 1 to 7 that is described in the Commentary on Article 29 together with the implementation of an anticonduit mechanism as described in paragraph 187 of that Commentary, or through the adoption of paragraph 9 together with any variation of paragraphs 1 to 7 described in the Commentary on Article 29.

[3] The words between brackets are of relevance when, by special provision, a part of the territory of a Contracting State is excluded from the application of the Convention.

[4] The terminal clause concerning the signing shall be drafted in accordance with the constitutional procedure of both Contracting States.

L. 27 luglio 2000, n. 212

Disposizioni in materia di Statuto dei diritti del contribuente

Art. 1. Principi generali. – 1. Le **disposizioni della presente legge**, in attuazione degli articoli 3, 23, 53 e 97 della Costituzione, costituiscono **principi generali** dell'ordinamento tributario e possono essere **derogate o modificate solo espressamente** e **mai da leggi speciali**.

2. L'adozione di **norme interpretative** in materia tributaria può essere disposta soltanto in **casi eccezionali** e **con legge ordinaria**, qualificando come tali le disposizioni di interpretazione autentica.

3. Le regioni a statuto ordinario regolano le materie disciplinate dalla presente legge in attuazione delle disposizioni in essa contenute; le regioni a statuto speciale e le province autonome di Trento e di Bolzano provvedono, entro un anno dalla data di entrata in vigore della presente legge, ad adeguare i rispettivi ordinamenti alle norme fondamentali contenute nella medesima legge.

4. Gli enti locali provvedono, entro sei mesi dalla data di entrata in vigore della presente legge, ad adeguare i rispettivi statuti e gli atti normativi da essi emanati ai principi dettati dalla presente legge.

Art. 2. Chiarezza e trasparenza delle disposizioni tributarie. – 1. Le leggi e gli altri atti aventi forza di legge che contengono **disposizioni tributarie** devono menzionarne l'**oggetto** nel titolo; la **rubrica** delle partizioni interne e dei singoli articoli deve menzionare l'**oggetto** delle disposizioni ivi contenute.

2. Le leggi e gli atti aventi forza di legge che non hanno un oggetto tributario non possono contenere disposizioni di carattere tributario, fatte salve quelle strettamente inerenti all'oggetto della legge medesima.

3. I richiami di altre disposizioni contenuti nei provvedimenti normativi in materia tributaria si fanno indicando anche il contenuto sintetico della disposizione alla quale si intende fare rinvio.

4. Le disposizioni modificative di leggi tributarie debbono essere introdotte riportando il testo conseguentemente modificato.

Art. 3. Efficacia temporale delle norme tributarie. – 1. Salvo quanto previsto dall'articolo 1, comma 2, **le disposizioni tributarie non** hanno **effetto retroattivo**. Relativamente ai tributi periodici le **modifiche** introdotte **si applicano** solo a partire **dal periodo d'imposta successivo** a quello in corso alla data di entrata in vigore delle disposizioni che le prevedono.

2. In ogni caso, le **disposizioni** tributarie **non** possono prevedere **adempimenti** a carico dei contribuenti la cui scadenza sia fissata **anteriormente** al **sessantesimo giorno dalla data della loro entrata** in vigore o dell'adozione dei provvedimenti di attuazione in esse espressamente previsti.

3. I termini di **prescrizione e di decadenza** per gli **accertamenti** di imposta **non** possono essere **prorogati**.

Art. 4. Utilizzo del decreto-legge in materia tributaria. – 1. **Non** si può disporre **con decreto-legge l'istituzione di nuovi tributi** né prevedere **l'applicazione** di **tributi** esistenti ad **altre categorie** di soggetti.

Art. 5. Informazione del contribuente. – 1. **L'amministrazione finanziaria deve** assumere idonee iniziative volte a **consentire** la **completa e agevole conoscenza** delle **disposizioni legislative e amministrative** vigenti in materia tributaria, anche curando la predisposizione di testi coordinati e mettendo gli stessi a disposizione dei contribuenti presso ogni ufficio impositore. L'amministrazione finanziaria deve altresì assumere idonee iniziative di informazione elettronica, tale da consentire aggiornamenti in tempo reale, ponendola a disposizione gratuita dei contribuenti.

2. L'amministrazione finanziaria deve **portare a conoscenza** dei contribuenti **tempestivamente** e con i mezzi idonei tutte le **circolari e le risoluzioni** da essa emanate, nonché ogni altro atto o decreto che dispone sulla organizzazione, sulle funzioni e sui procedimenti.

Art. 6. Conoscenza degli atti e semplificazione. – 1. **L'amministrazione finanziaria** deve assicurare l'**effettiva conoscenza** da parte del **contribuente** degli **atti a lui destinati**. A tale fine essa provvede comunque a comunicarli nel luogo di effettivo domicilio del contribuente, quale desumibile dalle informazioni in possesso della stessa amministrazione o di altre amministrazioni pubbliche indicate dal contribuente, ovvero nel luogo ove il contribuente ha eletto domicilio speciale ai fini dello specifico procedimento cui si riferiscono gli atti da comunicare. Gli atti sono in ogni caso comunicati con modalità idonee a garantire che il loro contenuto non sia conosciuto da soggetti diversi dal loro destinatario. Restano ferme le disposizioni in materia di notifica degli atti tributari.

2. L'**amministrazione** deve **informare il contribuente** di ogni fatto o circostanza a sua conoscenza dai quali possa derivare il **mancato riconoscimento** di un **credito ovvero l'irrogazione** di una **sanzione**, richiedendogli di **integrare o cor-**

reggere gli atti prodotti che impediscono il riconoscimento, seppure parziale, di un credito.

3. L'**amministrazione finanziaria assume iniziative** volte a garantire che i modelli di dichiarazione, le relative istruzioni, i servizi telematici, la modulistica e i documenti di prassi amministrativa siano messi **a disposizione del contribuente, con idonee modalità di comunicazione e di pubblicità, almeno sessanta giorni prima** del termine assegnato al contribuente per **l'adempimento** al quale si riferiscono.

3-*bis*. I modelli e le relative istruzioni devono essere comprensibili anche ai contribuenti sforniti di conoscenze in materia tributaria. L'amministrazione finanziaria assicura che il contribuente possa **ottemperare agli obblighi tributari** con il **minor numero di adempimenti** e nelle **forme meno costose e più agevoli**.

3-*ter*. Le amministrazioni interessate provvedono alle attività relative all'attuazione dei commi 3 e 3-*bis* nell'ambito delle risorse umane, finanziarie e strumentali disponibili a legislazione vigente e, comunque, senza nuovi o maggiori oneri per la finanza pubblica.

4. **Al contribuente non possono**, in ogni caso, **essere richiesti documenti ed informazioni già in possesso** dell'amministrazione finanziaria o di altre amministrazioni pubbliche indicate dal contribuente. Tali documenti ed informazioni sono acquisiti ai sensi dell'art. 18, commi 2 e 3, della legge 7 agosto 1990, n. 241, relativi ai casi di accertamento d'ufficio di fatti, stati e qualità del soggetto interessato dalla azione amministrativa.

5. Prima di procedere alle iscrizioni a ruolo derivanti dalla liquidazione di tributi risultanti da dichiarazioni, qualora sussistano **incertezze** su aspetti rilevanti della **dichiarazione, l'amministrazione finanziaria deve invitare il contribuente**, a mezzo del servizio postale o con mezzi telematici, **a fornire i chiarimenti necessari o a produrre i documenti mancanti** entro un termine congruo e comunque non inferiore a trenta giorni dalla ricezione della richiesta. La disposizione si applica anche qualora, a seguito della liquidazione, emerga la spettanza di un minore rimborso di imposta rispetto a quello richiesto. La disposizione non si applica nell'ipotesi di iscrizione a ruolo di tributi per i quali il contribuente non è tenuto ad effettuare il versamento diretto. Sono **nulli** i **provvedimenti emessi in violazione** delle **disposizioni** di cui al **presente comma**.

5-*bis*. In caso di esercizio di attività istruttorie di controllo nei confronti del contribuente del cui avvio lo stesso sia stato informato, l'amministrazione finanziaria comunica al contribuente, in forma semplificata, entro il termine di sessanta giorni dalla conclusione della procedura di controllo, l'esito negativo di quest'ultima. L'amministrazione finanziaria, con proprio provvedimento, individua le modalità semplificate di comunicazione, anche mediante l'utilizzo di messaggistica di testo indirizzata all'utenza telefonica mobile del destinatario, della posta elettronica, anche non certificata, o dell'applicazione 'IO'. Con il medesimo provvedimento sono definite le modalità con le quali il contribuente fornisce all'amministrazione finanziaria i propri dati al fine di consentire la suddetta comunicazione in forma semplificata. La comunicazione dell'esito negativo della procedura di controllo non pregiudica l'esercizio successivo dei poteri di controllo dell'amministrazione finanziaria, ai sensi delle vigenti disposizioni. Le disposizioni del presente comma non si applicano alle liquidazioni di cui agli articoli 36-*bis* del decreto del Presidente della Repubblica 29 settembre 1973, n. 600, e 54-*bis* del decreto del Presidente della Repubblica 26 ottobre 1972, n. 633.

Art. 7. Chiarezza e motivazione degli atti. – 1. Gli **atti** dell'**amministrazione finanziaria** sono **motivati** secondo quanto prescritto dall'art. 3 della L. 7 agosto 1990, n. 241, concernente la motivazione dei provvedimenti amministrativi, **indicando i presupposti di fatto e le ragioni giuridiche** che hanno determinato la decisione dell'amministrazione. Se nella motivazione si fa **riferimento ad un altro atto**, questo **deve essere allegato** all'atto che lo richiama.

2. **Gli atti** dell'amministrazione finanziaria e dei concessionari della riscossione **devono tassativamente indicare**:

a) **l'ufficio** presso il quale è possibile **ottenere informazioni** complete in merito all'atto notificato o comunicato e il **responsabile** del **procedimento**;

b) l'**organo** o l'**autorità amministrativa** presso i quali è possibile promuovere un **riesame** anche nel merito dell'atto in sede di autotutela;

c) le **modalità**, il **termine**, l'**organo giurisdizionale** o **l'autorità amministrativa** cui è possibile **ricorrere** in caso di atti impugnabili.

3. Sul titolo esecutivo va riportato il riferimento all'eventuale precedente atto di accertamento ovvero, in mancanza, la motivazione della pretesa tributaria.

4. La natura tributaria dell'atto non preclude il ricorso agli organi di giustizia amministrativa, quando ne ricorrano i presupposti.

Art. 8. Tutela dell'integrità patrimoniale. – 1. **L'obbligazione** tributaria può essere **estinta anche per compensazione**.

2. È ammesso l'**accollo** del **debito d'imposta altrui** senza liberazione del contribuente originario.

3. Le disposizioni tributarie non possono stabilire né prorogare termini di prescrizione oltre il limite ordinario stabilito dal codice civile.

4. L'**amministrazione** finanziaria è tenuta a **rimborsare** il **costo** delle **fideiussioni** che il contribuente ha dovuto richiedere per ottenere la **sospensione del pagamento o la rateizzazione o il rimborso dei tributi**. Il rimborso va effettuato quando sia stato definitivamente accertato che l'imposta non era dovuta o era dovuta in misura minore rispetto a quella accertata.

5. **L'obbligo di conservazione di atti e documenti**, stabilito a soli effetti tributari, **non può eccedere** il termine di **dieci anni** dalla loro emanazione o dalla loro formazione.

6. Con decreto del Ministro delle finanze, adottato ai sensi dell'art. 17, comma 3, della legge 23 agosto 1988, n. 400, relativo ai poteri regolamentari dei Ministri nelle materie di loro competenza, sono emanate le disposizioni di attuazione del presente articolo.

7. La pubblicazione e ogni informazione relative ai redditi tassati, anche previste dall'art. 15 della legge 5 luglio 1982, n. 441, sia nelle forme previste dalla stessa legge sia da parte di altri soggetti, deve sempre comprendere l'indicazione dei redditi anche al netto delle relative imposte.

8. Ferme restando, in via transitoria, le disposizioni vigenti in materia di compensazione, con regolamenti emanati ai sensi dell'art. 17, comma 2, della legge 23 agosto 1988, n. 400, è disciplinata l'estinzione dell'obbligazione tributaria mediante compensazione, estendendo, a decorrere dall'anno d'imposta 2002, l'applicazione di tale istituto anche a tributi per i quali attualmente non è previsto.

Art. 9. Rimessione in termini. – 1. Il **Ministro delle finanze**, con decreto da pubblicare nella Gazzetta Ufficiale, **rimette in termini i contribuenti** interessati, nel caso in cui **il tempestivo adempimento** di **obblighi tributari** è **impedito** da **cause di forza maggiore**. Qualora la rimessione in termini concerna il versamento di tributi, il decreto è adottato dal Ministro delle finanze di concerto con il Ministro del tesoro, del bilancio e della programmazione economica.

2. Con proprio decreto il Ministro delle finanze, sentito il Ministro del tesoro, del bilancio e della programmazione economica, può sospendere o differire il termine per l'adempimento degli obblighi tributari a favore dei contribuenti interessati da eventi eccezionali ed imprevedibili.

2-*bis*. La ripresa dei versamenti dei tributi sospesi o differiti, ai sensi del comma 2, avviene, senza applicazione di sanzioni, interessi e oneri accessori, relativi al periodo di sospensione, anche mediante rateizzazione fino a un massimo di diciotto rate mensili di pari importo, a decorrere dal mese successivo alla data di scadenza della sospensione. Con decreto del Ministro dell'economia e delle finanze sono definiti le modalità e i termini della ripresa dei versamenti, tenendo anche conto della durata del periodo di sospensione, nei limiti delle risorse preordinate allo scopo dal fondo previsto dall'articolo 1, comma 430, della legge 28 dicembre 2015, n. 208. I versamenti dei tributi oggetto di sospensione sono versati all'entrata del bilancio dello Stato per essere destinati al predetto fondo.

2-*ter*. Comma abrogato.

Art. 10. Tutela dell'affidamento e della buona fede. Errori del contribuente. – 1. **I rapporti** tra contribuente e amministrazione finanziaria sono improntati al **principio** della **collaborazione e della buona fede**.

2. **Non** sono irrogate **sanzioni** né richiesti **interessi moratori al contribuente**, qualora egli si sia **conformato a indicazioni** contenute in **atti dell'amministrazione finanziaria**, ancorché successivamente modificate dall'amministrazione medesima, o qualora il suo comportamento risulti posto in essere a seguito di fatti direttamente conseguenti a ritardi, omissioni od errori dell'amministrazione stessa.

3. Le **sanzioni non** sono comunque **irrogate** quando la violazione dipende da **obiettive condizioni di incertezza** sulla **portata e sull'ambito di applicazione** della **norma tributaria** o quando si traduce in una **mera violazione formale senza alcun debito** di imposta; in ogni caso non determina obiettiva condizione di incertezza la pendenza di un giudizio in ordine alla legittimità della norma tributaria. Le violazioni di disposizioni di rilievo esclusivamente tributario non possono essere causa di nullità del contratto.

Art. 10-*bis*. Disciplina dell'abuso del diritto o elusione fiscale. – 1. Configurano **abuso del diritto una o più operazioni prive di sostanza economica che, pur nel rispetto formale delle norme fiscali, realizzano essenzialmente vantaggi fiscali indebiti.** Tali operazioni non sono opponibili **all'amministrazione finanziaria, che ne disconosce i vantaggi** determinando i tributi sulla base delle norme e dei principi elusi e tenuto conto di quanto versato dal contribuente per effetto di dette operazioni.

2. Ai fini del comma 1 si considerano:

a) **operazioni prive di sostanza economica i fatti, gli atti e i contratti, anche tra loro collegati, inidonei a produrre effetti significativi diversi dai vantaggi fiscali.** Sono indici di mancanza di sostanza economica, in particolare, la non coerenza della qualificazione delle singole operazioni con il fondamento giuridico del loro insieme e la non conformità dell'utilizzo degli strumenti giuridici a normali logiche di mercato;

b) **vantaggi fiscali indebiti i benefici, anche non immediati, realizzati in contrasto con le finalità delle norme fiscali o con i principi dell'ordinamento tributario.**

3. **Non** si considerano **abusive**, in ogni caso, le **operazioni giustificate da valide ragioni extrafiscali, non marginali,** anche di ordine organizzativo o ge-

stionale, che rispondono a finalità di miglioramento strutturale o funzionale dell'impresa ovvero dell'attività professionale del contribuente.

4. **Resta ferma la libertà di scelta del contribuente tra regimi opzionali diversi offerti dalla legge** e tra operazioni comportanti un diverso carico fiscale.

5. Il contribuente può proporre **interpello ai sensi dell'art. 11**, comma 1, lett. c) per conoscere se le operazioni costituiscano fattispecie di abuso del diritto.

6. Senza pregiudizio dell'ulteriore azione accertatrice nei termini stabiliti per i singoli tributi, **l'abuso del diritto è accertato con apposito atto, preceduto, a pena di nullità, dalla notifica al contribuente di una richiesta di chiarimenti** da fornire entro il termine di sessanta giorni, in cui sono indicati i motivi per i quali si ritiene configurabile un abuso del diritto.

7. La richiesta di chiarimenti è notificata dall'amministrazione finanziaria ai sensi dell'art. 60 del decreto del Presidente della Repubblica 29 settembre 1973, n. 600, e successive modificazioni, entro il termine di decadenza previsto per la notificazione dell'atto impositivo. Tra la data di ricevimento dei chiarimenti ovvero di inutile decorso del termine assegnato al contribuente per rispondere alla richiesta e quella di decadenza dell'amministrazione dal potere di notificazione dell'atto impositivo intercorrono non meno di sessanta giorni. In difetto, il termine di decadenza per la notificazione dell'atto impositivo è automaticamente prorogato, in deroga a quello ordinario, fino a concorrenza dei sessanta giorni.

8. Fermo quanto disposto per i singoli tributi, **l'atto impositivo è specificamente motivato, a pena di nullità, in relazione alla condotta abusiva, alle norme o ai principi elusi, agli indebiti vantaggi fiscali realizzati, nonché ai chiarimenti forniti dal contribuente** nel termine di cui al comma 6.

9. **L'Amministrazione finanziaria ha l'onere di dimostrare la sussistenza della condotta abusiva**, non rilevabile d'ufficio, in relazione agli elementi di cui ai commi 1 e 2. **Il contribuente ha l'onere di dimostrare l'esistenza delle ragioni extrafiscali** di cui al comma 3.

10. In caso di ricorso, i tributi o i maggiori tributi accertati, unitamente ai relativi interessi, sono posti in riscossione, ai sensi dell'art. 68 del decreto legislativo 31 dicembre 1992, n. 546, e, successive modificazioni, e dell'art. 19, comma 1, del decreto legislativo 18 dicembre 1997, n. 472.

11. I soggetti diversi da quelli cui sono applicate le disposizioni del presente articolo possono chiedere il rimborso delle imposte pagate a seguito delle operazioni abusive i cui vantaggi fiscali sono stati disconosciuti dall'amministrazione finanziaria, inoltrando a tal fine, entro un anno dal giorno in cui l'accertamento è divenuto definitivo ovvero è stato definito mediante adesione o conciliazione giudiziale, istanza all'Agenzia delle entrate, che provvede nei limiti dell'imposta e degli interessi effettivamente riscossi a seguito di tali procedure.

12. In sede di accertamento l'abuso del diritto può essere configurato **solo se i vantaggi fiscali non possono essere disconosciuti contestando la violazione di specifiche disposizioni tributarie.**

13. **Le operazioni abusive non danno luogo a fatti punibili ai sensi delle leggi penali tributarie. Resta ferma l'applicazione delle sanzioni amministrative tributarie.**

Art. 11. Diritto di interpello. – 1. Il contribuente può **interpellare l'amministrazione per ottenere una risposta riguardante fattispecie concrete e personali** relativamente a:

a) **l'applicazione delle disposizioni tributarie**, quando vi sono **condizioni di obiettiva incertezza** sulla corretta interpretazione di tali disposizioni e **la corretta qualificazione di fattispecie alla luce delle disposizioni tributarie applicabili alle medesime**, ove ricorrano condizioni di obiettiva incertezza e **non siano comunque attivabili le procedure** di cui **all'art. 31-*ter* del decreto del Presidente della Repubblica 29 settembre 1973, n. 600**, introdotto dall'art. 1 del decreto legislativo 14 settembre 2015, n. 147 e di cui all'art. 2 del medesimo decreto legislativo 14 settembre 2015, n. 147;

b) la **sussistenza delle condizioni e la valutazione della idoneità degli elementi probatori richiesti dalla legge per l'adozione di specifici regimi fiscali** nei casi espressamente previsti;

c) l'applicazione della **disciplina sull'abuso del diritto ad una specifica fattispecie.**

2. Il contribuente interpella l'amministrazione finanziaria per la **disapplicazione di norme tributarie** che, allo scopo di **contrastare comportamenti elusivi, limitano deduzioni, detrazioni, crediti d'imposta, o altre posizioni soggettive del soggetto passivo altrimenti ammesse dall'ordinamento tributario,** fornendo la **dimostrazione che nella particolare fattispecie** tali effetti elusivi non possono verificarsi. Nei casi in cui non sia stata resa risposta favorevole, resta comunque ferma la possibilità per il contribuente di fornire la dimostrazione di cui al periodo precedente anche ai fini dell'accertamento in sede amministrativa e contenziosa.

3. **L'amministrazione risponde alle istanze di cui alla lettera a) del comma 1 nel termine di novanta giorni** e a quelle di cui alle **lettere b) e c)** del medesimo comma 1 ed a quelle di cui al **comma 2** nel termine di **centoventi giorni. La risposta, scritta e motivata, vincola ogni organo della amministrazione** con esclusivo riferimento alla questione oggetto dell'istanza e limitatamente al richiedente. **Quando la risposta non è comunicata al contribuente entro il termine previsto, il silenzio equivale a condivisione**, da parte dell'amministrazione, della soluzione prospettata dal contribuente. Gli atti, anche a contenuto impositivo o sanzionatorio difformi dalla risposta, espressa o tacita, sono nulli. Tale efficacia si estende ai comportamenti successivi del contribuente riconducibili alla fattispecie oggetto di interpello, salvo rettifica della soluzione interpretativa da parte dell'amministrazione con valenza esclusivamente per gli eventuali comportamenti futuri dell'istante.

4. Non ricorrono condizioni di obiettiva incertezza quando l'amministrazione ha compiutamente fornito la soluzione per fattispecie corrispondenti a quella rappresentata dal contribuente mediante atti pubblicati ai sensi dell'art. 5, comma 2.

5. **La presentazione delle** istanze di cui ai commi 1 e 2 **non ha effetto sulle scadenze** previste dalle norme tributarie, né **sulla decorrenza dei termini di decadenza** e non comporta **interruzione o sospensione dei termini di prescrizione.**

6. **L'amministrazione provvede alla pubblicazione** mediante la forma di circolare o di risoluzione **delle risposte rese nei casi in cui un numero elevato di contribuenti abbia presentato istanze aventi ad oggetto la stessa questione o questioni analoghe** fra loro, nei casi in cui il parere sia reso in relazione a norme di recente approvazione o per le quali non siano stati resi chiarimenti ufficiali, nei casi in cui siano segnalati comportamenti non uniformi da parte degli uffici, nonché in ogni altro caso in cui ritenga di interesse generale il chiarimento fornito. Resta ferma, in ogni caso, la comunicazione della risposta ai singoli istanti.

Art. 12. Diritti e garanzie del contribuente sottoposto a verifiche fiscali. – 1. Tutti gli **accessi, ispezioni e verifiche**

fiscali **nei locali** destinati all'**esercizio di attività** commerciali, industriali, agricole, artistiche o professionali sono effettuati **sulla base di esigenze effettive** di indagine e controllo sul luogo. Essi si svolgono, salvo casi eccezionali e urgenti adeguatamente documentati, **durante l'orario ordinario** di esercizio delle attività e con modalità tali da arrecare la **minore turbativa possibile** allo svolgimento delle attività stesse nonché alle relazioni commerciali o professionali del contribuente.

2. Quando viene iniziata la verifica, **il contribuente ha diritto** di essere **informato** delle **ragioni** che l'abbiano giustificata e dell'**oggetto** che la riguarda, della **facoltà di farsi assistere da un professionista abilitato** alla difesa dinanzi agli organi di giustizia tributaria, nonché dei diritti e degli obblighi che vanno riconosciuti al contribuente in occasione delle verifiche.

3. Su **richiesta** del **contribuente**, l'esame dei **documenti amministrativi e contabili** può essere effettuato **nell'ufficio** dei **verificatori o presso il professionista** che lo assiste o rappresenta.

4. Delle **osservazioni e** dei **rilievi** del **contribuente** e del professionista, che eventualmente lo assista, **deve darsi atto nel processo verbale** delle operazioni di verifica.

5. La **permanenza** degli operatori civili o militari dell'amministrazione finanziaria, dovuta a verifiche presso la sede del contribuente, **non può superare i trenta giorni lavorativi**, **prorogabili** per ulteriori **trenta giorni** nei **casi** di **particolare complessità** dell'indagine individuati e motivati dal dirigente dell'ufficio. Gli operatori **possono ritornare nella sede del contribuente**, decorso tale periodo, **per esaminare le osservazioni e le richieste** eventualmente **presentate dal contribuente** dopo la conclusione delle operazioni di verifica ovvero, previo assenso motivato del dirigente dell'ufficio, per specifiche ragioni. **Il periodo di permanenza presso la sede** del contribuente di cui al primo periodo, così come l'eventuale proroga ivi prevista, **non può essere superiore a quindici giorni lavorativi** contenuti nell'arco di **non più di un trimestre**, in tutti i casi in cui la verifica sia svolta presso la sede di **imprese in contabilità semplificata e lavoratori autonomi**. In entrambi i casi, ai fini del computo dei giorni lavorativi, devono essere considerati i giorni di effettiva presenza degli operatori civili o militari dell'Amministrazione finanziaria presso la sede del contribuente.

6. **Il contribuente**, nel caso **ritenga** che i verificatori procedano con **modalità non conformi** alla legge, può rivolgersi anche al **Garante del contribuente**, secondo quanto previsto dall'art. 13.

7. Nel rispetto del **principio di cooperazione tra amministrazione e contribuente, dopo** il rilascio della copia del **processo verbale di chiusura** delle operazioni da parte degli organi di controllo, **il contribuente** può comunicare **entro sessanta giorni osservazioni** e **richieste** che sono valutate dagli uffici impositori. **L'avviso di accertamento non** può essere **emanato prima della scadenza** del predetto **termine, salvo** casi di **particolare e motivata urgenza**. Per gli accertamenti e le verifiche aventi ad oggetto i **diritti doganali** di cui all'art. 34 del testo unico delle disposizioni legislative in materia doganale approvato con del decreto del Presidente della Repubblica 23 gennaio 1973, n. 43, si applicano le disposizioni dell'art. 11 del decreto legislativo 8 novembre 1990, n. 374.

Art. 13. Garante del contribuente. – 1. **Presso ogni direzione regionale delle entrate** e direzione delle entrate delle province autonome è istituito il **Garante del contribuente.**

2. Il Garante del contribuente, **operante** in piena **autonomia**, è organo **monocratico scelto e nominato dal presidente della commissione tributaria regionale** o

sua sezione distaccata nella cui circoscrizione è compresa la direzione regionale dell'Agenzia delle entrate, tra gli appartenenti alle seguenti categorie:

a) magistrati, professori universitari di materie giuridiche ed economiche, notai, sia a riposo sia in attività di servizio;

b) lettera abrogata;

c) avvocati, dottori commercialisti e ragionieri collegiati, pensionati, scelti in una terna formata, per ciascuna direzione regionale delle entrate, dai rispettivi ordini di appartenenza.

3. **L'incarico** ha **durata quadriennale** ed è **rinnovabile** tenendo presenti professionalità, produttività ed attività già svolta.

4. Per ogni Garante il compenso mensile lordo è fissato in euro 2.788,87. Al Garante del contribuente che risiede in un comune diverso da quello in cui ha sede l'organo compete il rimborso delle spese di trasferta previsto dalle norme vigenti per la partecipazione alle relative sedute. Analogo trattamento compete per gli accessi in uffici finanziari situati in comuni diversi da quelli in cui ha la residenza il Garante.

5. Le funzioni di segreteria e tecniche sono assicurate al Garante del contribuente dagli uffici delle direzioni regionali delle entrate presso le quali lo stesso è istituito.

6. **Il Garante** del contribuente, anche **sulla base di segnalazioni** inoltrate per iscritto dal contribuente o da qualsiasi altro soggetto interessato che lamenti **disfunzioni, irregolarità, scorrettezze, prassi amministrative anomale o irragionevoli** o qualunque altro comportamento suscettibile **di** incrinare il **rapporto di fiducia tra cittadini e amministrazione finanziaria**, rivolge richieste di documenti o chiarimenti agli uffici competenti, i quali rispondono entro trenta giorni, e attiva le **procedure di autotutela** nei confronti di atti amministrativi di accertamento o di riscossione notificati al contribuente. Il Garante del contribuente **comunica l'esito dell'attività svolta** alla direzione regionale o compartimentale o al comando di zona della Guardia di finanza competente nonché agli organi di controllo, informandone l'autore della segnalazione.

7. Il Garante del contribuente **rivolge raccomandazioni ai dirigenti** degli uffici **ai fini della tutela del contribuente** e della migliore organizzazione dei servizi.

8. Il Garante del contribuente ha il **potere di accedere agli uffici finanziari** e di controllare la funzionalità dei servizi di assistenza e di informazione al contribuente nonché l'agibilità degli spazi aperti al pubblico.

9. Il Garante del contribuente **richiama gli uffici al rispetto di quanto previsto** dagli artt. 5 e 12 della presente legge.

10. Il Garante del contribuente richiama gli uffici al rispetto dei termini previsti per il rimborso d'imposta.

11. Il Garante del contribuente **individua i casi di particolare rilevanza** in cui le disposizioni in vigore ovvero i comportamenti dell'amministrazione determinano un **pregiudizio dei contribuenti o conseguenze negative nei loro rapporti con l'amministrazione**, segnalandoli al direttore-regionale o compartimentale o al comandante di zona della Guardia di finanza competente e all'ufficio centrale per l'informazione del contribuente, al fine di un eventuale **avvio del procedimento disciplinare**. Prospetta al Ministro delle finanze i casi in cui possono essere esercitati i poteri di rimessione in termini previsti dall'art. 9.

12. **Ogni sei mesi** il Garante del contribuente **presenta una relazione sull'attività svolta** al Ministro delle finanze, al direttore regionale delle entrate, ai direttori compartimentali delle dogane e del territorio nonché al comandante di zona della Guardia di finanza, individuando gli aspetti critici più rilevanti e prospettando le relative soluzioni.

13. Il Ministro delle finanze riferisce

annualmente alle competenti Commissioni parlamentari in ordine al funzionamento del Garante del contribuente, all'efficacia dell'azione da esso svolta ed alla natura delle questioni segnalate nonché ai provvedimenti adottati a seguito delle segnalazioni del Garante stesso.

13-*bis*. Con relazione annuale, il Garante fornisce al Governo ed al Parlamento dati e notizie sullo stato dei rapporti tra fisco e contribuenti nel campo della politica fiscale.

Art. 14. Contribuenti non residenti. – 1. Al **contribuente residente all'estero** sono **assicurate** le **informazioni** sulle **modalità di applicazione delle imposte**, la utilizzazione di moduli semplificati nonché agevolazioni relativamente all'attribuzione del codice fiscale e alle modalità di presentazione delle dichiarazioni e di pagamento delle imposte.

2. Con decreto del Ministro delle finanze, adottato ai sensi dell'art. 17, comma 3, della legge 23 agosto 1988, n. 400, relativo ai poteri regolamentari dei Ministri nelle materie di loro competenza, sono emanate le disposizioni di attuazione del presente articolo.

Art. 15. Codice di comportamento per il personale addetto alle verifiche tributarie. – 1. Il Ministro delle finanze, sentiti i direttori generali del Ministero delle finanze ed il Comandante generale della Guardia di finanza, emana un **codice di comportamento** che **regoli le attività del personale addetto alle verifiche tributarie**, aggiornandolo eventualmente anche in base alle segnalazioni delle disfunzioni operate annualmente dal Garante del contribuente.

Art. 16. Coordinamento normativo. – 1. Il Governo è delegato ad emanare, entro centottanta giorni dalla data di entrata in vigore della presente legge, previo parere delle competenti Commissioni parlamentari, uno o più decreti legislativi recanti le disposizioni correttive delle leggi tributarie vigenti strettamente necessarie a garantirne la coerenza con i principi desumibili dalle disposizioni della presente legge.

2. Entro il termine di cui al comma 1 il Governo provvede ad abrogare le norme regolamentari incompatibili con la presente legge.

Art. 17. Concessionari della riscossione. – 1. **Le disposizioni della presente legge si applicano** anche nei confronti dei soggetti che rivestono la qualifica di **concessionari e di organi indiretti dell'amministrazione finanziaria**, ivi compresi i soggetti che esercitano l'attività di accertamento, liquidazione e riscossione di tributi di qualunque natura.

Art. 18. Disposizioni di attuazione. – 1. I decreti ministeriali previsti dagli artt. 8 e 11 devono essere emanati entro centottanta giorni dalla data di entrata in vigore della presente legge.

2. Entro il termine di cui al comma 1 sono nominati i componenti del Garante del contribuente di cui all'art. 13.

Art. 19. Attuazione del diritto di interpello del contribuente. – 1. L'amministrazione finanziaria, nel quadro dell'attuazione del decreto legislativo 30 luglio 1999, n. 300, adotta ogni opportuno adeguamento della struttura organizzativa ed individua l'occorrente riallocazione delle risorse umane, allo scopo di assicurare la piena operatività delle disposizioni dell'art. 11 della presente legge.

2. Per le finalità di cui al comma 1 il Ministro delle finanze è altresì autorizzato ad adottare gli opportuni provvedimenti per la riqualificazione del personale in servizio.

Art. 20. Copertura finanziaria. – 1. Agli oneri derivanti dall'attuazione dell'art. 13, valutati in euro 3.098.741,39 annui a decorrere dall'anno 2000, si provvede mediante utilizzo dello stanziamento iscritto, ai fini del bilancio triennale 2000-2002, nell'ambito dell'unità previsionale di base di parte corrente "Fondo speciale" dello stato di previsione del Ministero del tesoro, del bilancio e della programmazione economica per l'anno 2000, allo scopo parzialmente utilizzando l'accantonamento relativo al Ministero della pubblica istruzione.

2. Agli oneri derivanti dall'attuazione dell'art. 19, determinati nel limite massimo di euro 7.230.396,59 annui per il triennio 2000-2002, si provvede mediante utilizzo dello stanziamento iscritto, ai fini del bilancio triennale 2000-2002, nell'ambito dell'unità previsionale di base di parte corrente "Fondo speciale" dello stato di previsione del Ministero del tesoro, del bilancio e della programmazione economica per l'anno 2000, allo scopo parzialmente utilizzando l'accantonamento relativo al Ministero della pubblica istruzione.

3. Il Ministro del tesoro, del bilancio e della programmazione economica è autorizzato ad apportare, con proprio decreto, le occorrenti variazioni di bilancio.

Art. 21. Entrata in vigore. – 1. La presente legge entra in vigore il giorno successivo a quello della sua pubblicazione nella Gazzetta Ufficiale. La presente legge, munita del sigillo dello Stato, sarà inserita nella raccolta ufficiale degli atti normativi della Repubblica italiana. È fatto obbligo a chiunque spetti di osservarla e di farla osservare come legge dello Stato.

IMPOSTE SUI REDDITI

D.P.R. 22 dicembre 1986, n. 917

Testo unico delle imposte sui redditi

TITOLO I
IMPOSTA SUL REDDITO
DELLE PERSONE FISICHE

CAPO I
DISPOSIZIONI GENERALI

Art. 1. Presupposto dell'imposta. – 1. Presupposto dell'imposta sul reddito delle persone fisiche è il **possesso** di **redditi in denaro o in natura** rientranti nelle categorie indicate nell'**art. 6**.

Art. 2. Soggetti passivi. – 1. Soggetti passivi dell'imposta sono le **persone fisiche, residenti** e **non residenti** nel territorio dello Stato.

2. Ai fini delle Imposte sui redditi si considerano residenti le persone che per la **maggior parte** del **periodo** di **imposta** sono **iscritte** nelle **anagrafi** della popolazione residente **o** hanno nel territorio dello Stato il **domicilio o** la **residenza** ai sensi del codice civile.

2-*bis*. Si considerano **altresì** residenti, salvo prova contraria, i cittadini italiani **cancellati** dalle **anagrafi** della popolazione residente e **trasferiti** in Stati o **territori diversi** da quelli individuati con decreto del Ministro dell'economia e delle finanze, da pubblicare nella Gazzetta Ufficiale.

Art. 3. Base imponibile. – 1. L'imposta si applica sul **reddito complessivo** del soggetto, formato per i residenti da **tutti** i **redditi posseduti** al netto degli **oneri deducibili** indicati nell'art. 10 e per i **non residenti soltanto** da quelli **prodotti** nel territorio dello **Stato**.

2. In **deroga** al comma 1 l'imposta si applica **separatamente** sui redditi elencati nell'articolo 16 [*ora art. 17*], salvo quanto stabilito nei commi 2 e 3 dello stesso articolo.

3. Sono in ogni caso **esclusi** dalla base imponibile:

a) i **redditi esenti** dall'imposta e quelli soggetti a ritenuta alla fonte a titolo di imposta o ad imposta sostitutiva;

b) gli **assegni periodici** destinati al mantenimento dei figli spettanti al coniuge in conseguenza di **separazione** legale ed effettiva o di annullamento, scioglimento o cessazione degli effetti civili del matrimonio, nella misura in cui risultano da provvedimenti dell'autorità giudiziaria;

c) lettera abrogata;

d) gli **assegni familiari** e l'assegno per il nucleo familiare, nonché, con gli stessi limiti e alle medesime condizioni, gli emolumenti per carichi di famiglia comunque denominati, erogati nei casi consentiti dalla legge;

d-*bis*) la maggiorazione sociale dei trattamenti pensionistici prevista dall'art. 1 della legge 29 dicembre 1988, n. 544;

d-*ter*) le somme corrisposte a titolo di borsa di studio dal Governo italiano a cittadini stranieri in forza di accordi e intese internazionali.

Art. 4. Coniugi e figli minori. – 1. Ai fini della determinazione del reddito complessivo o della tassazione separata:

a) i **redditi** dei beni che formano oggetto della **comunione legale** di cui agli artt. 177 e seguenti del codice civile sono **imputati a ciascuno** dei coniugi **per metà** del loro ammontare netto o per la diversa quota stabilita ai sensi dell'art. 210 dello stesso codice. I proventi dell'**attività separata** di ciascun coniuge sono a lui imputati in ogni caso per l'**intero** ammontare;

b) i redditi dei beni che formano oggetto del **fondo patrimoniale** di cui agli artt. 167 e seguenti del codice civile sono **imputati per metà** del loro ammontare netto a ciascuno dei coniugi. Nelle ipotesi previste nell'art. 171 del detto codice i redditi dei beni che rimangano destinati al fondo sono imputati per l'intero ammontare al coniuge superstite o al coniuge cui sia stata esclusivamente attribuita l'amministrazione del fondo;

c) i redditi dei beni dei figli minori soggetti all'usufrutto legale dei genitori sono imputati per metà del loro ammontare netto a ciascun genitore. Se vi è un solo genitore o se l'usufrutto legale spetta ad un solo genitore i redditi gli sono imputati per l'intero ammontare.

Art. 5. Redditi prodotti in forma associata. – 1. I **redditi** delle **società semplici, in nome collettivo e in accomandita semplice residenti** nel territorio dello Stato sono **imputati** a **ciascun socio, indipendentemente** dalla **percezione**, **proporzionalmente** alla sua **quota** di **partecipazione** agli utili.

2. Le quote di partecipazione agli utili si presumono proporzionate al valore dei conferimenti dei soci se non risultano determinate diversamente dall'atto pubblico o dalla scrittura privata autenticata di costituzione o da altro atto pubblico o scrittura autenticata di data anteriore all'inizio del periodo di imposta; se il valore dei conferimenti non risulta determinato, le quote si presumono uguali.

3. Ai fini delle imposte sui redditi:

a) le società di armamento sono equiparate alle società in nome collettivo o alle società in accomandita semplice secondo che siano state costituite all'unanimità o a maggioranza;

b) le società di fatto sono equiparate alle società in nome collettivo o alle società semplici secondo che abbiano o non abbiano per oggetto l'esercizio di attività commerciali;

c) le associazioni senza personalità giuridica costituite fra persone fisiche per **l'esercizio** in **forma associata** di **arti** e **professioni** sono **equiparate** alle **società semplici**, ma l'atto o la scrittura di cui al comma 2 può essere redatto fino alla presentazione della dichiarazione dei redditi dell'associazione;

d) si considerano **residenti** le società e le associazioni che per la **maggior parte** del **periodo** di **imposta** hanno la **sede legale** o la **sede** dell'**amministrazione** o l'**oggetto principale** nel territorio dello **Stato**. L'oggetto principale è determinato in base all'**atto costitutivo**, se esistente in forma di atto pubblico o di scrittura privata autenticata, e, in mancanza, in base all'**attività effettivamente esercitata**.

4. I **redditi** delle **imprese familiari** di cui all'art. 230-*bis* del codice civile, **limitatamente** al **49 per cento** dell'ammontare risultante dalla dichiarazione dei redditi dell'imprenditore, sono **imputati**

a ciascun **familiare**, che abbia prestato **in modo continuativo** e **prevalente** la sua **attività** di **lavoro** nell'**impresa**, proporzionalmente alla sua quota di partecipazione agli utili. La presente disposizione si applica a condizione:

a) che i familiari partecipanti all'impresa risultino nominativamente, con l'indicazione del rapporto di parentela o di affinità con l'imprenditore, da atto pubblico o da scrittura privata autenticata anteriore all'inizio del periodo di imposta, recante la sottoscrizione dell'imprenditore e dei familiari partecipanti;

b) che la dichiarazione dei redditi dell'imprenditore rechi l'indicazione delle quote di partecipazione agli utili spettanti ai familiari e l'attestazione che le quote stesse sono proporzionate alla qualità e quantità del lavoro effettivamente prestato nell'impresa, in modo continuativo e prevalente, nel periodo di imposta;

c) che ciascun familiare attesti, nella propria dichiarazione dei redditi, di aver prestato la sua attività di lavoro nell'impresa in modo continuativo e prevalente.

5. Si intendono per **familiari**, ai fini delle imposte sui redditi, il **coniuge**, i **parenti** entro il **terzo grado** e gli **affini** entro il **secondo grado**.

Art. 6. Classificazione dei redditi. – 1. I singoli **redditi** sono classificati nelle seguenti categorie:

a) redditi **fondiari**;
b) redditi **di capitale**;
c) redditi **di lavoro dipendente**;
d) redditi **di lavoro autonomo**;
e) redditi **di impresa**;
f) redditi **diversi**.

2. I **proventi** conseguiti in **sostituzione di redditi**, anche per effetto di cessione dei relativi crediti, e le **indennità conseguite**, anche in forma assicurativa, a titolo di risarcimento di danni consistenti nella perdita di redditi, esclusi quelli dipendenti da invalidità permanente o da morte, costituiscono **redditi** della stessa **categoria** di quelli **sostituiti** o **perduti**. Gli **interessi** moratori e gli interessi per dilazione di pagamento costituiscono redditi della **stessa categoria** di quelli da cui derivano i **crediti** su cui tali interessi sono maturati.

3. I **redditi** delle **società in nome collettivo e in accomandita semplice**, da **qualsiasi fonte** provengano e quale che sia l'oggetto sociale, sono considerati **redditi di impresa** e sono determinati unitariamente secondo le norme relative a tali redditi.

Art. 7. Periodo di imposta. – 1. L'imposta è dovuta per **anni solari**, a ciascuno dei quali corrisponde un'**obbligazione tributaria autonoma**, salvo quanto stabilito nel comma 3 dell'art. 8 e nel secondo periodo del comma 3 dell'art. 11 [*ora art. 11, comma 4*].

2. L'imputazione dei redditi al periodo di imposta è **regolata** dalle norme relative alla **categoria** nella quale rientrano.

3. In caso di morte dell'avente diritto i redditi che secondo le disposizioni relative alla categoria di appartenenza sono imputabili al periodo di imposta in cui sono percepiti, determinati a norma delle disposizioni stesse, sono tassati separatamente a norma degli artt. 17 e 18 [*ora artt. 19 e 21*], salvo il disposto del comma 3 dell'art. 16 [*ora art. 17*], anche se non rientrano tra i redditi indicati nello stesso art. 16 [*ora art. 17*], nei confronti degli eredi e dei legatari che li hanno percepiti.

Art. 8. Determinazione del reddito complessivo. – 1. Il reddito complessivo si determina **sommando** i **redditi** di ogni categoria che concorrono a formarlo e **sottraendo** le **perdite** derivanti dall'esercizio di **arti e professioni**. Non concorrono a formare il reddito complessivo dei percipienti i compensi non ammessi in deduzione ai sensi dell'art. 60.

2. Le **perdite** delle **società** in nome collettivo ed in accomandita semplice di cui all'**art. 5**, nonché quelle delle società semplici e delle **associazioni** di cui allo stesso articolo derivanti dall'esercizio di arti e professioni, si **sottraggono** per ciascun socio o associato nella **proporzione** stabilita dall'**art. 5**. Per le perdite della società in accomandita semplice che eccedono l'ammontare del capitale sociale la presente disposizione si applica nei soli confronti dei soci accomandatari.

3. Le **perdite** derivanti dall'esercizio di imprese commerciali e quelle derivanti dalla partecipazione in società in nome collettivo e in accomandita semplice sono computate **in diminuzione** dai **relativi redditi conseguiti** nei **periodi di imposta** e, per la **differenza**, nei **successivi**, in misura **non superiore all'ottanta per cento** dei relativi redditi conseguiti in detti periodi di imposta e per l'intero importo che trova capienza in essi. Si applicano le disposizioni dell'art. 84, comma 2, e, limitatamente alle società in nome collettivo ed in accomandita semplice, quelle di cui al comma 3 del medesimo art. 84.

Art. 9. Determinazione dei redditi e delle perdite. – 1. I redditi e le perdite che concorrono a formare il reddito complessivo sono **determinati distintamente** per **ciascuna categoria**, secondo le disposizioni dei successivi capi, in base al risultato complessivo netto di tutti i cespiti che rientrano nella stessa categoria.

2. Per la determinazione dei redditi e delle perdite i corrispettivi, i proventi, le spese e gli oneri in **valuta estera** sono valutati secondo il **cambio del giorno** in cui sono stati percepiti o sostenuti o del giorno antecedente più prossimo e, in mancanza, secondo il **cambio del mese** in cui sono stati percepiti o sostenuti; quelli **in natura** sono valutati in base al **valore normale** dei beni e dei servizi da cui sono costituiti. In caso di **conferimenti** o **apporti in società** o in altri enti si considera **corrispettivo conseguito** il **valore normale** dei beni e dei crediti conferiti. Se le azioni o i titoli ricevuti sono negoziati in mercati regolamentati italiani o esteri e il conferimento o l'apporto è proporzionale, il corrispettivo non può essere inferiore al valore normale determinato a norma del successivo comma 4, lettera a).

3. Per **valore normale**, salvo quanto stabilito nel comma 4 per i beni ivi considerati, si intende il **prezzo** o corrispettivo **mediamente praticato** per i **beni** e i **servizi** della **stessa specie** o **similari**, **in** condizioni di **libera concorrenza** e al medesimo stadio di commercializzazione, nel tempo e nel luogo in cui i beni o servizi sono stati acquisiti o prestati, e, in mancanza, nel tempo e nel luogo più prossimi. Per la determinazione del valore normale si fa riferimento, in quanto possibile, ai listini o alle tariffe del soggetto che ha fornito i beni o i servizi e, in mancanza, alle mercuriali e ai listini delle camere di commercio e alle tariffe professionali, tenendo conto degli sconti d'uso. Per i beni e i servizi soggetti a disciplina dei prezzi si fa riferimento ai provvedimenti in vigore.

4. Il **valore normale** è determinato:

a) per le **azioni**, obbligazioni e altri titoli negoziati in mercati regolamentati italiani o esteri, in base alla **media aritmetica** dei **prezzi** rilevati nell'**ultimo mese**;

b) **per** le **altre azioni**, per le quote di società non azionarie e per i titoli o quote di partecipazione al capitale di enti diversi dalle società, in **proporzione** al **valore** del **patrimonio netto** della società o ente, ovvero, per le società o enti di nuova costituzione, all'**ammontare** complessivo dei **conferimenti**;

c) per le **obbligazioni** e gli **altri titoli** diversi da quelli indicati alle lettere a) e b), **comparativamente al valore normale** dei **titoli** aventi **analoghe caratteristi-**

che negoziati in mercati regolamentati italiani o esteri e, in mancanza, in base ad altri elementi determinabili in modo obiettivo.

5. Ai fini delle Imposte sui redditi le disposizioni relative alle cessioni a titolo oneroso valgono anche per gli atti a titolo oneroso che importano costituzione o trasferimento di diritti reali di godimento e per i conferimenti in società.

Art. 10. Oneri deducibili. – 1. **Dal reddito complessivo si deducono**, se non sono deducibili nella determinazione dei singoli redditi che concorrono a formarlo, i seguenti **oneri sostenuti** dal **contribuente**:

a) i canoni, livelli, censi ed altri oneri gravanti sui redditi degli immobili che concorrono a formare il reddito complessivo, compresi i contributi ai consorzi obbligatori per legge o in dipendenza di provvedimenti della pubblica amministrazione; sono in ogni caso esclusi i contributi agricoli unificati;

b) le **spese mediche** e quelle di assistenza specifica necessarie nei casi di grave e permanente invalidità o menomazione, sostenute dai soggetti indicati nell'art. 3 della legge 5 febbraio 1992, n. 104. Ai fini della deduzione la spesa sanitaria relativa all'acquisto di medicinali deve essere **certificata** da **fattura** o da **scontrino fiscale** contenente la specificazione della natura, qualità e quantità dei beni e l'indicazione del **codice fiscale** del destinatario. Si considerano rimaste a carico del contribuente anche le spese rimborsate per effetto di contributi o di premi di assicurazione da lui versati e per i quali non spetta la detrazione d'imposta o che non sono deducibili dal suo reddito complessivo né dai redditi che concorrono a formarlo; si considerano, altresì, rimaste a carico del contribuente le spese rimborsate per effetto di contributi o premi che, pur essendo versati da altri, concorrono a formare il suo reddito;

c) gli **assegni periodici** corrisposti **al coniuge**, ad esclusione di quelli destinati al mantenimento dei figli, in conseguenza di separazione legale ed effettiva, di scioglimento o annullamento del matrimonio o di cessazione dei suoi effetti civili, nella misura in cui risultano da provvedimenti dell'autorità giudiziaria;

d) gli assegni periodici corrisposti in forza di testamento o di donazione modale e, nella misura in cui risultano da provvedimenti dell'autorità giudiziaria, gli assegni alimentari corrisposti a persone indicate nell'art. 433 del codice civile;

d-*bis*) le somme restituite al soggetto erogatore, se assoggettate a tassazione in anni precedenti. L'ammontare, in tutto o in parte, non dedotto nel periodo d'imposta di restituzione può essere portato in deduzione dal reddito complessivo dei periodi d'imposta successivi; in alternativa, il contribuente può chiedere il rimborso dell'imposta corrispondente all'importo non dedotto secondo modalità definite con decreto del Ministro dell'economia e delle finanze;

e) i **contributi previdenziali** ed **assistenziali** versati in ottemperanza a disposizioni di legge, nonché quelli versati facoltativamente alla gestione della forma pensionistica obbligatoria di appartenenza, ivi compresi quelli per la ricongiunzione di periodi assicurativi. Sono altresì deducibili i contributi versati al fondo di cui all'art. 1 del decreto legislativo 16 settembre 1996, n. 565. I contributi di cui all'art. 30, comma 2, della legge 8 marzo 1989, n. 101, sono deducibili alle condizioni e nei limiti ivi stabiliti;

e-*bis*) i contributi versati alle forme pensionistiche complementari di cui al decreto legislativo 5 dicembre 2005, n. 252, alle condizioni e nei limiti previsti dall'articolo 8 del medesimo decreto, nonché ai sottoconti italiani di prodotti pensionistici individuali paneuropei (PEPP) di cui al regolamento (UE) 2019/1238, alle condizioni e nei limiti previsti dalle disposizioni nazionali di attuazione del medesimo regolamento. Alle medesime condizioni ed entro gli stessi limiti di cui al primo periodo sono deducibili i contributi versati alle forme pensionistiche complementari istituite negli Stati membri dell'Unione europea e negli Stati aderenti all'Accordo sullo spazio economico europeo che consentono un adeguato scambio di informazioni e ai sottoconti esteri di prodotti pensionistici individuali paneuropei (PEPP) di cui al regolamento (UE) 2019/1238;

e-*ter*) i **contributi** versati, fino ad un massimo di euro 3.615,20, ai fondi integrativi del **Servizio sanitario nazionale** istituiti o adeguati ai sensi dell'art. 9 del decreto legislativo 30 dicembre 1992, n. 502, e successive modificazioni, che erogano prestazioni negli ambiti di intervento stabiliti con decreto del Ministro della salute da emanare entro sessanta giorni dalla data di entrata in vigore della presente disposizione. Ai fini del calcolo del predetto limite si tiene conto anche dei contributi di assistenza sanitaria versati ai sensi dell'art. 51, comma 2, lettera a). Per i contributi versati nell'interesse delle persone indicate nell'art. 12, che si trovino nelle condizioni ivi previste, la deduzione spetta per l'ammontare non dedotto dalle persone stesse, fermo restando l'importo complessivamente stabilito;

f) le somme corrisposte ai dipendenti, chiamati ad adempiere funzioni presso gli uffici elettorali, in ottemperanza alle disposizioni dell'art. 119 del decreto del Presidente della Repubblica 30 marzo 1957, n. 361, e dell'art. 1 della legge 30 aprile 1981, n. 178;

g) i contributi, le donazioni e le oblazioni erogati in favore delle organizzazioni non governative idonee ai sensi dell'art. 28 della legge 26 febbraio 1987, n. 49, per un importo non superiore al 2 per cento del reddito complessivo dichiarato;

h) le **indennità** per **perdita** dell'**avviamento** corrisposte per disposizioni di legge al conduttore in caso di **cessazione** della **locazione** di immobili urbani adibiti ad **usi diversi** da quello di **abitazione**;

i) le **erogazioni liberali** in denaro, fino all'importo di euro 1.032,91, a favore dell'Istituto centrale per il sostentamento del clero della **Chiesa** cattolica italiana;

l) le erogazioni liberali in denaro di cui all'art. 29, comma 2, della legge 22 novembre 1988, n. 516, all'art. 21, comma 1, della legge 22 novembre 1988, n. 517, e all'art. 3, comma 2, della legge 5 ottobre 1993, n. 409, nei limiti e alle condizioni ivi previsti;

l-*bis*) il cinquanta per cento delle spese sostenute dai genitori adottivi per l'espletamento della procedura di adozione disciplinata dalle disposizioni contenute nel Capo I del Titolo III della legge 4 maggio 1983, n. 184;

l-*ter*) le erogazioni liberali in denaro per il pagamento degli oneri difensivi dei soggetti ammessi al patrocinio a spese dello Stato, anche quando siano eseguite da persone fisiche;

l-*quater*) le **erogazioni liberali** in denaro effettuate a favore di **università**, fondazioni universitarie di cui all'art. 59, comma 3, della legge 23 dicembre 2000, n. 388, del Fondo per il merito degli studenti universitari e di istituzioni universitarie pubbliche, degli enti di ricerca pubblici, ovvero degli enti di ricerca vigilati dal Ministero dell'istruzione, dell'università e della ricerca, ivi compresi l'Istituto superiore di sanità e l'Istituto superiore per la prevenzione e la sicurezza del lavoro, nonché degli enti parco regionali e nazionali.

2. Le spese di cui alla lettera b) del comma 1 sono deducibili anche se sono state sostenute per le persone indicate nell'art. 433 del codice civile. Tale disposizione si applica altresì per gli oneri di cui alla lettera e) del comma 1 relati-

vamente alle persone indicate nel medesimo art. 433 del codice civile se fiscalmente a carico. Sono altresì deducibili, fino all'importo di euro 1.549,37, i medesimi oneri versati per gli addetti ai servizi domestici e all'assistenza personale o familiare.

2-*bis*. Le somme di cui alla lettera d-*bis*) del comma 1, se assoggettate a ritenuta, sono restituite al netto della ritenuta subita e non costituiscono oneri deducibili.

3. Gli oneri di cui alle lettere f), g) e h) del comma 1 sostenuti dalle società semplici di cui all'art. 5 si deducono dal reddito complessivo dei singoli soci nella stessa proporzione prevista nel medesimo art. 5 ai fini della imputazione del reddito. Nella stessa proporzione è deducibile, per quote costanti nel periodo d'imposta in cui avviene il pagamento e nei quattro successivi, l'imposta di cui all'art. 3 del decreto del Presidente della Repubblica 26 ottobre 1972, n. 643, corrisposta dalle società stesse.

3-*bis*. Se alla formazione del reddito complessivo concorrono il reddito dell'unità immobiliare adibita ad **abitazione principale** e quello delle relative **pertinenze, si deduce** un importo fino all'ammontare della **rendita catastale** dell'unità immobiliare stessa e delle relative pertinenze, rapportato al periodo dell'anno durante il quale sussiste tale destinazione ed in proporzione alla quota di possesso di detta unità immobiliare. Sono pertinenze le cose immobili di cui all'art. 817 del codice civile, classificate o classificabili in categorie diverse da quelle ad uso abitativo, destinate ed effettivamente utilizzate in modo durevole a servizio delle unità immobiliari adibite ad abitazione principale delle persone fisiche. Per **abitazione principale** si intende quella nella quale la persona fisica, che la possiede a titolo di proprietà o altro diritto reale, o i suoi familiari **dimorano abitualmente**. Non si tiene conto della variazione della dimora abituale se dipendente da ricovero permanente in istituti di ricovero o sanitari, a condizione che l'unità immobiliare non risulti locata.

Art. 10-*bis*. – Articolo abrogato.

Art. 11. Determinazione dell'imposta. – 1. L'imposta lorda è determinata applicando al reddito complessivo, al netto degli oneri deducibili indicati nell'articolo 10, le seguenti aliquote per scaglioni di reddito:

a) fino a 15.000 euro, 23 per cento;

b) oltre 15.000 euro e fino a 28.000 euro, 25 per cento;

c) oltre 28.000 euro e fino a 50.000 euro, 35 per cento;

d) oltre 50.000 euro, 43 per cento.

2. Se alla formazione del reddito complessivo concorrono soltanto redditi di pensione non superiori a 7.500 euro, goduti per l'intero anno, redditi di terreni per un importo non superiore a 185,92 euro e il reddito dell'unità immobiliare adibita ad abitazione principale e delle relative pertinenze, l'imposta non è dovuta.

2-*bis*. Se alla formazione del reddito complessivo concorrono soltanto redditi fondiari di cui all'art. 25 di importo complessivo non superiore a 500 euro, l'imposta non è dovuta.

3. L'**imposta netta** è determinata operando sull'imposta lorda, fino alla concorrenza del suo ammontare, le **detrazioni** previste negli artt. 12, 13, 15, 16 e 16-*bis* nonché in altre disposizioni di legge.

4. Dall'imposta netta si detrae l'ammontare dei **crediti d'imposta** spettanti al contribuente a norma dell'**art. 165**. Se l'ammontare dei crediti d'imposta è superiore a quello dell'imposta netta il contribuente ha diritto, a sua scelta, di computare l'**eccedenza** in **diminuzione dell'imposta** relativa al periodo d'imposta successivo o di chiederne il **rimborso** in sede di dichiarazione dei redditi.

Art. 12. Detrazioni per carichi di famiglia. – 1. Dall'imposta lorda **si detraggono per carichi di famiglia** i seguenti importi:

a) **per** il **coniuge** non legalmente ed effettivamente separato:

1) 800 euro, diminuiti del prodotto tra 110 euro e l'importo corrispondente al rapporto fra reddito complessivo e 15.000 euro, se il reddito complessivo non supera 15.000 euro;

2) 690 euro, se il reddito complessivo è superiore a 15.000 euro ma non a 40.000 euro;

3) 690 euro, se il reddito complessivo è superiore a 40.000 euro ma non a 80.000 euro. La detrazione spetta per la parte corrispondente al rapporto tra l'importo di 80.000 euro, diminuito del reddito complessivo, e 40.000 euro;

b) la detrazione spettante ai sensi della lettera a) è aumentata di un importo pari a:

1) 10 euro, se il reddito complessivo è superiore a 29.000 euro ma non a 29.200 euro;

2) 20 euro, se il reddito complessivo è superiore a 29.200 euro ma non a 34.700 euro;

3) 30 euro, se il reddito complessivo è superiore a 34.700 euro ma non a 35.000 euro;

4) 20 euro, se il reddito complessivo è superiore a 35.000 euro ma non a 35.100 euro;

5) 10 euro, se il reddito complessivo è superiore a 35.100 euro ma non a 35.200 euro;

c) 950 euro **per ciascun figlio**, compresi i figli naturali riconosciuti, i figli adottivi o affidati, di età pari o superiore a 21 anni. La detrazione spetta per la parte corrispondente al rapporto tra l'importo di 95.000 euro, diminuito del reddito complessivo, e 95.000 euro. In presenza di più figli che danno diritto alla detrazione, l'importo di 95.000 euro è aumentato per tutti di 15.000 euro per ogni figlio successivo al primo. La detrazione è ripartita nella misura del 50 per cento tra i genitori non legalmente ed effettivamente separati ovvero, previo accordo tra gli stessi, spetta al genitore che possiede un reddito complessivo di ammontare più elevato. In caso di separazione legale ed effettiva o di annullamento, scioglimento o cessazione degli effetti civili del matrimonio, la detrazione spetta, in mancanza di accordo, al genitore affidatario. Nel caso di affidamento congiunto o condiviso la detrazione è ripartita, in mancanza di accordo, nella misura del 50 per cento tra i genitori. Ove il genitore affidatario ovvero, in caso di affidamento congiunto, uno dei genitori affidatari non possa usufruire in tutto o in parte della detrazione, per limiti di reddito, la detrazione è assegnata per intero al secondo genitore. Quest'ultimo, salvo diverso accordo tra le parti, è tenuto a riversare all'altro genitore affidatario un importo pari all'intera detrazione ovvero, in caso di affidamento congiunto, pari al 50 per cento della detrazione stessa. In caso di coniuge fiscalmente a carico dell'altro, la detrazione compete a quest'ultimo per l'intero importo. Se l'altro genitore manca o non ha riconosciuto i figli naturali e il contribuente non è coniugato o, se coniugato, si è successivamente legalmente ed effettivamente separato, ovvero se vi sono figli adottivi, affidati o affiliati del solo contribuente e questi non è coniugato o, se coniugato, si è successivamente legalmente ed effettivamente separato, per il primo figlio si applicano, se più convenienti, le detrazioni previste alla lettera a);

d) 750 euro, da ripartire pro quota tra coloro che hanno diritto alla detrazione, per ogni altra persona indicata nell'art. 433 del codice civile che conviva con il contribuente o percepisca assegni alimentari non risultanti da provvedimenti dell'autorità giudiziaria, esclusi in ogni caso i figli, ancorché per i medesimi non spessi la detrazione ai sensi della lettera c). La detrazione spetta per la parte corrispondente al rapporto tra l'importo di 80.000 euro, diminuito del reddito complessivo, e 80.000 euro.

1-*bis*. Comma abrogato.

2. Le detrazioni di cui al comma spettano a condizione che le persone alle quali si riferiscono possiedano un reddito complessivo, computando anche le retribuzioni corrisposte da enti e organismi internazionali, rappresentanze diplomatiche e consolari e missioni, nonché quelle corrisposte dalla Santa Sede, dagli enti gestiti direttamente da essa e dagli enti centrali della Chiesa cattolica, non superiore a 2.840,51 euro, al lordo degli oneri deducibili. Per i figli di età non superiore a ventiquattro anni il limite di reddito complessivo di cui al primo periodo è elevato a 4.000 euro.

3. Le detrazioni per carichi di famiglia sono rapportate a mese e competono dal mese in cui si sono verificate a quello in cui sono cessate le condizioni richieste.

4. Se il rapporto di cui al comma 1, lettera a), numero 1), è uguale a uno, la detrazione compete nella misura di 690 euro. Se i rapporti di cui al comma 1, lettera a), numeri 1) e 3), sono uguali a zero, la detrazione non compete. Se i rapporti di cui al comma 1, lettere c) e d), sono pari a zero, minori di zero o uguali a uno, le detrazioni non competono. Negli altri casi, il risultato dei predetti rapporti si assume nelle prime quattro cifre decimali.

4-*bis*. Ai fini del comma 1 il reddito complessivo è assunto al netto del reddito dell'unità immobiliare adibita ad abitazione principale e di quello delle relative pertinenze di cui all'art. 10, comma 3-*bis*.

4-*ter*. Ai fini delle disposizioni fiscali che fanno riferimento alle persone indicate nel presente articolo, anche richiamando le condizioni ivi previste, i figli per i quali non spetta la detrazione ai sensi della lettera c) del comma 1 sono considerati al pari dei figli per i quali spetta tale detrazione.

Art. 13. Altre detrazioni. – 1. Se alla formazione del reddito complessivo concorrono uno o più redditi di cui agli artt. 49, con esclusione di quelli indicati nel comma 2, lettera a), e 50, comma 1, lettere a), b), c), c-*bis*), d), h-*bis*) e l), spetta una detrazione dall'imposta lorda, rapportata al periodo di lavoro nell'anno, pari a:

a) 1.880 euro, se il reddito complessivo non supera 15.000 euro. L'ammontare della detrazione effettivamente spettante non può essere inferiore a 690 euro. Per i rapporti di lavoro a tempo determinato, l'ammontare della detrazione effettivamente spettante non può essere inferiore a 1.380 euro;

b) 1.910 euro, aumentata del prodotto tra 1.190 euro e l'importo corrispondente al rapporto tra 28.000 euro, diminuito del reddito complessivo, e 13.000 euro, se l'ammontare del reddito complessivo è superiore a 15.000 euro ma non a 28.000 euro;

c) 1.910 euro, se il reddito complessivo è superiore a 28.000 euro ma non a 50.000 euro; la detrazione spetta per la parte corrispondente al rapporto tra l'importo di 50.000 euro, diminuito del reddito complessivo, e l'importo di 22.000 euro.

1.1. La detrazione spettante ai sensi del comma 1 è aumentata di un importo pari a 65 euro, se il reddito complessivo è superiore a 25.000 euro ma non a 35.000 euro.

1-*bis*. Comma abrogato.

2. Comma abrogato.

3. Se alla formazione del reddito complessivo concorrono uno o più redditi di pensione di cui all'art. 49, comma 2, lettera a), spetta una detrazione dall'imposta lorda, non cumulabile con quella prevista al comma 1 del presente articolo, rapportata al periodo di pensione nell'anno, pari a:

a) 1.955 euro, se il reddito complessivo non supera 8.500 euro. L'ammontare della detrazione effettivamente spettante non può essere inferiore a 713 euro;

b) 700 euro, aumentata del prodotto fra 1.255 euro e l'importo corrispondente al rapporto fra 28.000 euro, diminuito del reddito complessivo, e 19.500 euro, se l'ammontare del reddito complessivo è superiore a 8.500 euro ma non a 28.000 euro;

c) 700 euro, se il reddito complessivo è superiore a 28.000 euro ma non a 50.000 euro. La detrazione spetta per la parte corrispondente al rapporto tra l'importo di 50.000 euro, diminuito del reddito complessivo, e l'importo di 22.000 euro.

3-*bis*. La detrazione spettante ai sensi del comma 3 è aumentata di un importo pari a 50 euro, se il reddito complessivo è superiore a 25.000 euro ma non a 29.000 euro.

4. Comma abrogato.

5. Se alla formazione del reddito complessivo concorrono uno o più redditi di cui agli artt. 50, comma 1, lettere e), f), g), h) e i), ad esclusione di quelli derivanti dagli assegni periodici indicati nell'art. 10, comma 1, lettera c), fra gli oneri deducibili, 53, 66 e 67, comma 1, lettere i) e l), spetta una detrazione dall'imposta lorda, non cumulabile con quelle previste ai commi 1, 2, 3 e 4 del presente articolo, pari a:

a) 1.265 euro, se il reddito complessivo non supera 5.500 euro;

b) 500 euro, aumentata del prodotto fra 765 euro e l'importo corrispondente al rapporto fra 28.000 euro, diminuito del reddito complessivo, e 22.500 euro, se l'ammontare del reddito complessivo è superiore a 5.500 euro ma non a 28.000 euro;

b-*bis*) 500 euro, se il reddito complessivo è superiore a 28.000 euro ma non a 50.000 euro. La detrazione spetta per la parte corrispondente al rapporto tra l'importo di 50.000 euro, diminuito del reddito complessivo, e l'importo di 22.000 euro.

5-*bis*. Se alla formazione del reddito complessivo concorrono redditi derivanti dagli assegni periodici indicati fra gli oneri deducibili nell'art. 10, comma 1, lettera c), spetta una detrazione dall'imposta lorda, non cumulabile con quelle previste dai commi 1, 2, 3, 4 e 5, in misura pari a quelle di cui al comma 3, non rapportate ad alcun periodo nell'anno.

5-*ter*. La detrazione spettante ai sensi del comma 5 è aumentata di un importo pari a 50 euro, se il reddito complessivo è superiore a 11.000 euro ma non a 17.000 euro.

6. Se il risultato dei rapporti indicati nei commi 1, 3, 4 e 5 è maggiore di zero, lo stesso si assume nelle prime quattro cifre decimali.

6-*bis*. Ai fini del presente articolo il reddito complessivo è assunto al netto del reddito dell'unità immobiliare adibita ad abitazione principale e di quello delle relative pertinenze di cui all'articolo 10, comma 3-*bis*.

Art. 13-*bis*. – Articolo abrogato.

Art. 13-*ter*. – Articolo abrogato.

Art. 14. – Articolo abrogato.

Art. 15. Detrazioni per oneri. – 1. **Dall'imposta lorda si detrae** un importo pari al **22 per cento** dei seguenti oneri sostenuti dal contribuente, se non deducibili nella determinazione dei singoli redditi che concorrono a formare il reddito complessivo:

a) gli **interessi passivi** e relativi oneri accessori, nonché le quote di rivalutazione dipendenti da clausole di indicizzazione, pagati a soggetti residenti nel territorio dello Stato o di uno Stato membro della Comunità europea ovvero a stabili organizzazioni nel territorio dello Stato di soggetti non residenti in dipendenza di **prestiti** o **mutui agrari** di ogni specie, nei limiti dei redditi dei terreni dichiarati;

b) gli **interessi passivi**, e relativi **oneri accessori**, nonché le quote di rivalutazione dipendenti da clausole di indicizzazione pagati a soggetti residenti nel territorio dello Stato o di uno Stato membro della Comunità europea ovvero a stabili organizzazioni nel territorio dello Stato di soggetti non residenti in dipendenza di **mutui** garantiti da ipoteca su **immobili** contratti per l'acquisto dell'unità immobiliare da adibire ad **abitazione principale** entro un anno dall'acquisto stesso, **per un importo non superiore a 4.000 euro**. L'acquisto della unità immobiliare deve essere effettuato nell'anno precedente o successivo alla data della stipulazione del contratto di mutuo. Non si tiene conto del suddetto periodo nel caso in cui l'originario contratto è estinto e ne viene stipulato uno nuovo di importo non superiore alla residua quota di capitale da rimborsare, maggiorata delle spese e degli oneri correlati. In caso di acquisto di unità immobiliare locata, la detrazione spetta a condizione che entro tre mesi dall'acquisto sia stato notificato al locatario l'atto di intimazione di licenza o di sfratto per finita locazione e che entro un anno dal rilascio l'unità immobiliare sia adibita ad abitazione principale. **Per abitazione principale si intende quella nella quale il contribuente o i suoi familiari dimorano abitualmente**. La detrazione spetta non oltre il periodo d'imposta nel corso del quale è variata la dimora abituale; non si tiene conto delle variazioni dipendenti da trasferimenti per motivi di lavoro. Non si tiene conto, altresì, delle variazioni dipendenti da ricoveri permanenti in istituti di ricovero o sanitari, a condizione che l'unità immobiliare non risulti locata. Nel caso l'immobile acquistato sia oggetto di lavori di **ristrutturazione edilizia**, comprovata dalla relativa concessione edilizia o atto equivalente, **la detrazione spetta a decorrere dalla data in cui l'unità immobiliare è adibita a dimora abituale**, e comunque entro due anni dall'acquisto. In caso di contitolarità del contratto di mutuo o di più contratti di mutuo il limite di euro 4.000 euro è riferito all'ammontare complessivo degli interessi, oneri accessori e quote di rivalutazione sostenuti. La detrazione spetta, nello stesso limite complessivo e alle stesse condizioni, anche con riferimento alle somme corrisposte dagli assegnatari di alloggi di cooperative e dagli acquirenti di unità immobiliari di nuova costruzione, alla cooperativa o all'impresa costruttrice a titolo di rimborso degli interessi passivi, oneri accessori e quote di rivalutazione relativi ai mutui ipotecari contratti dalla stessa e ancora indivisi. Se il **mutuo** è **intestato** ad **entrambi** i **coniugi, ciascuno** di essi può fruire della detrazione unicamente per la **propria quota** di interessi; in caso di coniuge fiscalmente a carico dell'altro la detrazione spetta a quest'ultimo per entrambe le quote;

b-*bis*) dal 1° gennaio 2007 i compensi comunque denominati pagati a soggetti di intermediazione immobiliare in dipendenza dell'acquisto dell'unità immobiliare da adibire ad abitazione principale per un importo non superiore ad euro 1.000 per ciascuna annualità;

c) le **spese sanitarie**, per la **parte** che **eccede** euro **129,11**. Dette spese sono costituite esclusivamente dalle spese mediche e di assistenza specifica, diverse da quelle indicate nell'art. 10, comma 1, lettera b), e dalle **spese chirurgiche**, per **prestazioni specialistiche** e per **protesi** dentarie e sanitarie in genere nonché dalle spese sostenute per l'acquisto di alimenti a fini medici speciali, inseriti nella sezione A1 del Registro nazionale di cui all'articolo 7 del decreto del Ministro della sanità 8 giugno 2001, pubblicato nella Gazzetta Ufficiale n. 154 del 5 luglio 2001, con l'esclusione di quelli destinati ai lattanti. Ai fini della detrazione la spesa sanitaria relativa all'acquisto di medicinali deve essere certificata da fattura o da scontrino fiscale contenente la specificazione della natura, qualità e quantità dei beni e l'indicazione del codice fiscale del destinatario. Le spese riguardanti i mezzi necessari all'accompagnamento, alla deambulazione, alla locomozione e al sollevamento e per sussidi tecnici e informatici rivolti a facilitare l'autosufficienza e le possibilità di integrazione dei soggetti di cui all'art. 3 della legge 5 febbraio 1992, n. 104, si assumono integralmente. Tra i mezzi necessari per la locomozione dei soggetti indicati nel precedente periodo, con ridotte o impedite capacità motorie permanenti, si comprendono i motoveicoli e gli autoveicoli di cui, rispettivamente, agli artt. 53, comma 1, lettere b), c) ed f), e 54, comma 1, lettere a), c), f) ed m), del decreto legislativo 30 aprile 1992, n. 285, anche se prodotti in serie e adattati in funzione delle suddette limitazioni permanenti delle capacità motorie. Tra i veicoli adattati alla guida sono compresi anche quelli dotati di solo cambio automatico, purché prescritto dalla Commissione medica locale di cui all'art. 119 del decreto legislativo 30 aprile 1992, n. 285. Tra i mezzi necessari per la locomozione dei non vedenti sono compresi i cani guida e gli autoveicoli rispondenti alle caratteristiche da stabilire con decreto del Ministro delle finanze. Tra i mezzi necessari per la locomozione dei sordomuti sono compresi gli autoveicoli rispondenti alle caratteristiche da stabilire con decreto del Ministro delle finanze. La detrazione spetta una sola volta in un periodo di quattro anni, salvo i casi in cui dal Pubblico registro automobilistico risulti che il suddetto veicolo sia stato cancellato da detto registro, e con riferimento a un solo veicolo, nei limiti della spesa di euro 18.075,99 o, nei casi in cui risultasse che il suddetto veicolo sia stato rubato e non ritrovato, nei limiti della spesa massima di euro 18.075,99 da cui va detratto l'eventuale rimborso assicurativo. È consentito, alternativamente, di **ripartire la predetta detrazione in quattro quote annuali costanti e di pari importo.** La medesima ripartizione della detrazione in quattro quote annuali di pari importo è consentita, con riferimento alle altre spese di cui alla presente lettera, nel caso in cui queste ultime eccedano, complessivamente, il limite di euro 15.493,71 annui. Si considerano rimaste a carico del contribuente anche le spese rimborsate per effetto di contributi o premi di assicurazione da lui versati e per i quali non spetta la detrazione d'imposta o che non sono deducibili dal suo reddito complessivo né dai redditi che concorrono a formarlo. Si considerano, altresì, rimaste a carico del contribuente le spese rimborsate per effetto di contributi o premi che, pur essendo versati da altri, concorrono a formare il suo reddito, salvo che il datore di lavoro ne abbia riconosciuto la detrazione in sede di ritenuta;

c-*bis*) le **spese veterinarie**, fino all'importo di euro 550, limitatamente alla parte che eccede euro 129,11. Con decreto del Ministero delle finanze sono individuate le tipologie di animali per le quali spetta la detraibilità delle predette spese;

c-*ter*) le spese sostenute per i servizi di interpretariato dai soggetti riconosciuti sordomuti, ai sensi della legge 26 maggio 1970, n. 381;

d) le **spese funebri** sostenute in dipendenza della morte di persone, per importo non superiore a euro 1.550 per ciascuna di esse;

e) **le spese per frequenza di corsi di istruzione universitaria presso università statali e non statali**, in misura non superiore, per le università non statali, a quella stabilita annualmente per ciascuna facoltà universitaria con decreto del

Ministero dell'Istruzione, dell'Università e della Ricerca da emanarsi entro il 31 dicembre, tenendo conto degli importi medi delle tasse e contributi dovuti alle università statali;

e-bis) **le spese per la frequenza di scuole dell'infanzia del primo ciclo di istruzione e della scuola secondaria di secondo grado** del sistema nazionale di istruzione di cui all'art. 1 della legge 10 marzo 2000, n. 62, e successive modificazioni, per **un importo annuo non superiore a 564 euro per l'anno 2016, a 717 euro per l'anno 2017, a 786 euro per l'anno 2018 e a 800 euro a decorrere dall'anno 2019 per alunno o studente**. Per le erogazioni liberali alle istituzioni scolastiche per l'ampliamento dell'offerta formativa rimane fermo il beneficio di cui alla lettera *i-octies*), che non è cumulabile con quello di cui alla presente lettera;

e-ter) le spese sostenute in favore dei minori o di maggiorenni, con diagnosi di disturbo specifico dell'apprendimento (DSA) fino al completamento della scuola secondaria di secondo grado, per l'acquisto di strumenti compensativi e di sussidi tecnici e informatici, di cui alla legge 8 ottobre 2010, n. 170, necessari all'apprendimento, nonché per l'uso di strumenti compensativi che favoriscano la comunicazione verbale e che assicurino ritmi graduali di apprendimento delle lingue straniere, in presenza di un certificato medico che attesti il collegamento funzionale tra i sussidi e gli strumenti acquistati e il tipo di disturbo dell'apprendimento diagnosticato;

e-quater) le spese, per un importo non superiore a 1.000 euro, sostenute da contribuenti con reddito complessivo non superiore a 36.000 euro per l'iscrizione annuale e l'abbonamento di ragazzi di età compresa tra 5 e 18 anni a conservatori di musica, a istituzioni di alta formazione artistica, musicale e coreutica (AFAM) legalmente riconosciute ai sensi della legge 21 dicembre 1999, n. 508, a scuole di musica iscritte nei registri regionali nonché a cori, bande e scuole di musica riconosciute da una pubblica amministrazione, per lo studio e la pratica della musica;

f) i **premi per assicurazioni** aventi per oggetto il **rischio** di **morte** o di **invalidità** permanente **non inferiore** al **5 per cento** da qualsiasi causa derivante, ovvero di non autosufficienza nel compimento degli atti della vita quotidiana, se l'impresa di assicurazione non ha facoltà di recesso dal contratto, per un importo complessivamente non superiore a 630 per il periodo d'imposta in corso alla data del 31 dicembre 2013, nonché a euro 530 a decorrere dal periodo d'imposta in corso al 31 dicembre 2014 e, a decorrere dallo stesso periodo d'imposta, a euro 1.291,14, limitatamente ai premi per assicurazioni aventi per oggetto il rischio di non autosufficienza nel compimento degli atti della vita quotidiana, al netto dei predetti premi aventi per oggetto il rischio di morte o di invalidità permanente. A decorrere dal periodo d'imposta in corso al 31 dicembre 2016, l'importo di euro 530 è elevato a euro 750 relativamente ai premi per assicurazioni aventi per oggetto il rischio di morte finalizzate alla tutela delle persone con disabilità grave come definita dall'art. 3, comma 3, della legge 5 febbraio 1992, n. 104, accertata con le modalità di cui all'art. 4 della medesima legge. Con decreto del Ministero delle finanze, sentito l'Istituto per la vigilanza sulle assicurazioni private (ISVAP), sono stabilite le caratteristiche alle quali devono rispondere i contratti che assicurano il rischio di non autosufficienza. Per i percettori di redditi di lavoro dipendente e assimilato, si tiene conto, ai fini del predetto limite, anche dei premi di assicurazione in relazione ai quali il datore di lavoro ha effettuato la detrazione in sede di ritenuta;

f-bis) i premi per assicurazioni aventi per oggetto il rischio di eventi calamitosi stipulate relativamente a unità immobiliari ad uso abitativo;

g) le spese sostenute dai soggetti obbligati alla manutenzione, protezione o restauro delle cose vincolate ai sensi della legge 1° giugno 1939, n. 1089, e del decreto del Presidente della Repubblica 30 settembre 1963, n. 1409, nella misura effettivamente rimasta a carico. La necessità delle spese, quando non siano obbligatorie per legge, deve risultare da apposita certificazione rilasciata dalla competente soprintendenza del Ministero per i beni culturali e ambientali, previo accertamento della loro congruità effettuato d'intesa con il competente ufficio del territorio del Ministero delle finanze. La detrazione non spetta in caso di mutamento di destinazione dei beni senza la preventiva autorizzazione dell'Amministrazione per i beni culturali e ambientali, di mancato assolvimento degli obblighi di legge per consentire l'esercizio del diritto di prelazione dello Stato sui beni immobili e mobili vincolati e di tentata esportazione non autorizzata di questi ultimi. L'Amministrazione per i beni culturali ed ambientali dà immediata comunicazione al competente ufficio delle entrate del Ministero delle finanze delle violazioni che comportano la perdita del diritto alla detrazione; dalla data di ricevimento della comunicazione inizia a decorrere il termine per la rettifica della dichiarazione dei redditi;

h) le **erogazioni liberali** in denaro a favore dello **Stato**, delle **regioni**, degli **enti locali territoriali**, di **enti** o **istituzioni pubbliche**, di comitati organizzatori appositamente istituiti con decreto del Ministro per i beni culturali e ambientali, di **fondazioni** e associazioni legalmente riconosciute senza scopo di lucro, che svolgono o promuovono attività di studio, di ricerca e di documentazione di rilevante valore culturale e artistico, o che organizzano e realizzano attività culturali, effettuate in base ad apposita convenzione, per l'acquisto, la manutenzione, la protezione o il restauro delle cose indicate nell'art. 1 della legge 1° giugno 1939, n. 1089, e nel decreto del Presidente della Repubblica 30 settembre 1963, n. 1409, ivi comprese le erogazioni effettuate per l'organizzazione di mostre e di esposizioni, che siano di rilevante interesse scientifico-culturale, delle cose anzidette, e per gli studi e le ricerche eventualmente a tal fine necessari, nonché per ogni altra manifestazione di rilevante interesse scientifico-culturale, anche ai fini didattico-promozionali, ivi compresi gli studi, le ricerche, la documentazione e la catalogazione, e le pubblicazioni relative ai beni culturali. Le iniziative culturali devono essere autorizzate, previo parere del competente comitato di settore del Consiglio nazionale per i beni culturali e ambientali, dal Ministero per i beni culturali e ambientali, che deve approvare la previsione di spesa ed il conto consuntivo. Il Ministero per i beni culturali e ambientali stabilisce i tempi necessari affinché le erogazioni liberali fatte a favore delle associazioni legalmente riconosciute, delle istituzioni e delle fondazioni siano utilizzate per gli scopi indicati nella presente lettera e controlla l'impiego delle erogazioni stesse. Detti termini possono, per causa non imputabile al donatario, essere prorogati una sola volta. Le erogazioni liberali non integralmente utilizzate nei termini assegnati affluiscono all'entrata del bilancio dello Stato, o delle regioni e degli enti locali territoriali, nel caso di attività o manifestazioni in cui essi siano direttamente coinvolti, e sono destinate ad un fondo da utilizzare per le attività culturali previste per l'anno successivo. Il Ministero per i beni culturali e ambientali comunica, entro il 31 marzo di ciascun anno, al centro informativo del Dipartimento delle entrate del Ministero delle finanze l'elenco nominativo dei soggetti erogatori, nonché l'ammontare delle erogazioni effettuate entro il 31 dicembre dell'anno precedente;

h-*bis*) il costo specifico o, in mancanza, il valore normale dei beni ceduti gratuitamente, in base ad apposita convenzione, ai soggetti e per le attività di cui alla lettera h);

i) le **erogazioni liberali** in denaro, per importo non superiore al 2 per cento del reddito complessivo dichiarato, a favore di enti o istituzioni pubbliche, fondazioni e associazioni legalmente riconosciute che senza scopo di lucro svolgono esclusivamente attività nello **spettacolo**, effettuate per la realizzazione di nuove strutture, per il restauro ed il potenziamento delle strutture esistenti, nonché per la produzione nei vari settori dello spettacolo. Le erogazioni non utilizzate per tali finalità dal percipiente entro il termine di due anni dalla data del ricevimento affluiscono, nella loro totalità, all'entrata dello Stato;

i-*bis*) lettera abrogata;

i-*ter*) le erogazioni liberali in denaro per un importo complessivo in ciascun periodo d'imposta non superiore a 1.500 euro, in favore delle società e associazioni sportive dilettantistiche, a condizione che il versamento di tali erogazioni sia eseguito tramite banca o ufficio postale ovvero secondo altre modalità stabilite con decreto del Ministro dell'economia e delle finanze, da adottare ai sensi dell'art. 17, comma 3, della legge 23 agosto 1988, n. 400;

i-*quater*) lettera abrogata;

i-*quinquies*) le **spese**, per un importo non superiore a 210 euro, sostenute per l'iscrizione annuale e l'abbonamento, per i **ragazzi** di età compresa **tra 5 e 18 anni**, ad **associazioni sportive, palestre, piscine ed altre strutture ed impianti sportivi** destinati alla pratica sportiva dilettantistica rispondenti alle caratteristiche individuate con decreto del Presidente del Consiglio dei ministri, o Ministro delegato, di concerto con il Ministro dell'economia e delle finanze, e le attività sportive;

i-*sexies*) i **canoni** di **locazione** derivanti dai contratti di locazione stipulati o rinnovati ai sensi della legge 9 dicembre 1998, n. 431, e successive modificazioni, i canoni relativi ai contratti di ospitalità, nonché agli atti di assegnazione in godimento o locazione, stipulati con enti per il diritto allo studio, università, collegi universitari legalmente riconosciuti, enti senza fine di lucro e cooperative, dagli **studenti** iscritti ad un corso di laurea presso una **università** ubicata in un **comune diverso** da quello di residenza, **distante da quest'ultimo almeno 100 chilometri e comunque in una provincia diversa, per unità immobiliari situate nello stesso comune** in cui ha sede l'università o in comuni limitrofi, per un importo non superiore a 2.633 euro. Alle medesime condizioni ed entro lo stesso limite, la detrazione spetta per i canoni derivanti da contratti di locazione e di ospitalità ovvero da atti di assegnazione in godimento stipulati, ai sensi della normativa vigente nello Stato in cui l'immobile è situato, dagli studenti iscritti a un corso di laurea presso un'università ubicata nel territorio di uno Stato membro dell'Unione europea o in uno degli Stati aderenti all'Accordo sullo spazio economico europeo che sono inclusi nella lista di cui al decreto del Ministro dell'economia e delle finanze emanato ai sensi dell'articolo 168-*bis*;

i-*sexies*.01) limitatamente ai periodi di imposta in corso al 31 dicembre 2017 e al 31 dicembre 2018, il requisito della distanza di cui alla lettera i-*sexies*) si intende rispettato anche all'interno della stessa provincia ed è ridotto a 50 chilometri per gli studenti residenti in zone montane o disagiate;

i-*sexies*.1) **i canoni, e i relativi oneri accessori, per un importo non superiore a 8.000 euro,** e il costo di acquisto a fronte dell'esercizio dell'opzione finale, per un importo non superiore a 20.000 euro, derivanti da contratti di locazione finanziaria su unità immobiliari, anche da costruire, **da adibire ad abitazione principale entro un anno dalla consegna, sostenuti da giovani di età inferiore a 35 anni con un reddito complessivo non superiore a 55.000 euro** all'atto della stipula del contratto di locazione finanziaria che non sono titolari di diritti di proprietà su immobili a destinazione abitativa; la detrazione spetta alle condizioni di cui alla lettera b);

i-*sexies*.2) le spese di cui alla lettera i-*sexies*.1), alle condizioni ivi indicate e per importi non superiori alla metà di quelli ivi indicati, sostenute da soggetti di età non inferiore a 35 anni con un reddito complessivo non superiore a 55.000 euro all'atto della stipula del contratto di locazione finanziaria che non sono titolari di diritti di proprietà su immobili a destinazione abitativa;

i-*septies*) le spese, per un importo non superiore a 2.100 euro, sostenute per gli **addetti** all'**assistenza personale** nei casi di **non autosufficienza** nel compimento degli atti della vita quotidiana, se il reddito complessivo non supera 40.000 euro;

i-*octies*) le erogazioni liberali a favore degli istituti scolastici di ogni ordine e grado, statali e paritari senza scopo di lucro appartenenti al sistema nazionale di istruzione di cui alla legge 10 marzo 2000, n. 62, e successive modificazioni, nonché a favore degli istituti tecnici superiori di cui al decreto del Presidente del Consiglio dei ministri 25 gennaio 2008, pubblicato nella Gazzetta Ufficiale n. 86 dell'11 aprile 2008, delle istituzioni dell'alta formazione artistica, musicale e coreutica e delle università, finalizzate all'innovazione tecnologica, all'edilizia scolastica e universitaria e all'ampliamento dell'offerta formativa; la detrazione spetta a condizione che il versamento di tali erogazioni sia eseguito tramite banca o ufficio postale ovvero mediante gli altri sistemi di pagamento previsti dall'articolo 23 del decreto legislativo 9 luglio 1997, n. 241;

i-*novies*) le erogazioni liberali in denaro al Fondo per l'ammortamento dei titoli di Stato, di cui all'art. 45, comma 1, lettera e), del Testo Unico di cui al decreto del Presidente della Repubblica 30 dicembre 2003, n. 398, effettuate mediante versamento bancario o postale ovvero secondo altre modalità stabilite con apposito decreto del Ministro dell'economia e delle finanze;

i-*decies*) le spese sostenute per l'acquisto degli abbonamenti ai servizi di trasporto pubblico locale, regionale e interregionale per un importo non superiore a 250 euro.

1.1. Dall'imposta lorda si detrae un importo pari al 24 per cento, per l'anno 2013, e al 26 per cento, a decorrere dall'anno 2014, per le **erogazioni liberali** in denaro, per importo non superiore a 30.000 euro annui, a favore delle organizzazioni non lucrative di utilità sociale (**ONLUS**), delle **iniziative umanitarie, religiose o laiche, gestite da fondazioni, associazioni, comitati** ed enti individuati con decreto del Presidente del Consiglio dei ministri, nei Paesi non appartenenti all'Organizzazione per la cooperazione e lo sviluppo economico (OCSE). La detrazione è consentita a condizione che il versamento di tali erogazioni sia eseguito tramite banca o ufficio postale ovvero mediante gli altri sistemi di pagamento previsti dall'art. 23 del decreto legislativo 9 luglio 1997, n. 241, e secondo ulteriori modalità idonee a consentire all'Amministrazione finanziaria lo svolgimento di efficaci controlli, che possono essere stabilite con decreto del Ministro dell'economia e delle finanze da emanare ai sensi dell'art. 17, comma 3, della legge 23 agosto 1988, n. 400.

1-*bis*. Comma abrogato.

1-*ter*. Ai fini dell'imposta sul reddito delle persone fisiche, si detrae dall'imposta lorda, e fino alla concorrenza del suo ammontare, un importo pari al 19 per cento dell'ammontare complessivo non superiore a euro 2.582,28 degli **interessi passivi** e relativi oneri accessori, nonché delle quote di rivalutazione dipendenti da clausole di indicizzazione pagati a soggetti residenti nel territorio dello Stato o di uno Stato membro delle Comunità europee, ovvero a stabili organizzazioni nel territorio dello Stato di soggetti non residenti, in dipendenza di mutui contratti, a partire dal 1° gennaio 1998 e garantiti da ipoteca, per la **costruzione** dell'**unità immobiliare** da adibire ad **abitazione principale**. La detrazione è ammessa a condizione che la stipula del contratto di mutuo da parte del soggetto possessore a titolo di proprietà o altro diritto reale dell'unità immobiliare avvenga nei sei mesi antecedenti, ovvero nei diciotto mesi successivi all'inizio dei lavori di costruzione. Con decreto del ministro delle finanze sono stabilite le modalità e le condizioni alle quali è subordinata la detrazione di cui al presente comma.

1-*quater*. Dall'imposta lorda si detrae, nella misura forfetaria di euro 1.000 e nel limite di spesa di 510.000 euro per l'anno 2020 e di 290.000 euro annui a decorrere dall'anno 2021, la spesa sostenuta dai **non vedenti** per il mantenimento dei **cani guida**.

2. Per gli oneri indicati alle lettere c), e), *e-bis),* e-*ter*), e-*quater*), f), i-*quinquies*), i-*sexies*) e *i-decies*) del comma 1 la detrazione spetta anche se sono stati sostenuti nell'interesse delle persone indicate nell'art. 12 [*ora art. 13*] che si trovino nelle condizioni ivi previste, fermo restando, per gli oneri di cui alle lettere f) e i-*decies*), i limiti complessivi ivi stabiliti. Per gli oneri di cui alla lettera c) del medesimo comma 1 sostenuti nell'interesse delle persone indicate nell'art. 12 [*ora art. 13*] che non si trovino nelle condizioni previste dal comma 2 del medesimo articolo, affette da patologie che danno diritto all'esenzione dalla partecipazione alla spesa sanitaria, la detrazione spetta per la parte che non trova capienza nell'imposta da esse dovuta, relativamente alle sole spese sanitarie riguardanti tali patologie, ed entro il limite annuo di euro 6.197,48. Per le spese di cui alla lettera i-*septies*) del citato comma 1, la detrazione spetta, alle condizioni ivi stabilite, anche se sono state sostenute per le persone indicate nell'art. 12 ancorché non si trovino nelle condizioni previste dal comma 2 del medesimo articolo.

3. Per gli oneri di cui alle lettere a), g), h), h-*bis*), i), i-*bis*) e i-*quater*) del comma 1 sostenuti dalle società semplici di cui all'art. 5 la detrazione spetta ai singoli soci nella stessa proporzione prevista nel menzionato art. 5 ai fini della imputazione del reddito.

3-*bis*. La detrazione di cui al presente articolo spetta:

a) per l'intero importo qualora il reddito complessivo non ecceda 120.000 euro;

b) per la parte corrispondente al rapporto tra l'importo di 240.000 euro, diminuito del reddito complessivo, e 120.000 euro, qualora il reddito complessivo sia superiore a 120.000 euro.

3-*ter*. Ai fini del comma 3-*bis*, il reddito complessivo è assunto al netto del reddito dell'unità immobiliare adibita ad abitazione principale e di quello delle relative pertinenze di cui all'articolo 10, comma 3-*bis*.

3-*quater*. La detrazione compete per l'intero importo, a prescindere dall'ammontare del reddito complessivo, per gli oneri di cui al comma 1, lettere a) e b), e al comma 1-*ter*, nonché per le spese sanitarie di cui al comma 1, lettera c).

Art. 16. Detrazioni per canoni di locazione. – 1. Ai soggetti titolari di contratti di locazione di unità immobiliari adibite ad abitazione principale, stipulati o rinnovati ai sensi della legge 9 dicembre 1998, n. 431, spetta una detrazione complessivamente pari a:

a) euro 300, se il reddito complessivo

non supera euro 15.493,71;

b) euro 150, se il reddito complessivo supera euro 15.493,71 ma non euro 30.987,41.

1. Ai soggetti titolari di contratti di locazione di unità immobiliari adibite ad abitazione principale degli stessi, stipulati o rinnovati a norma degli artt. 2, comma 3, e 4, commi 2 e 3, della legge 9 dicembre 1998, n. 431, spetta una detrazione complessivamente pari a:

a) euro 495,80, se il reddito complessivo non supera euro 15.493,71;

b) euro 247,90, se il reddito complessivo supera euro 15.493,71 ma non euro 30.987,41.

1-*bis*. Ai **lavoratori dipendenti** che hanno trasferito o **trasferiscono** la propria **residenza** nel comune di lavoro o in uno di quelli limitrofi nei tre anni antecedenti quello di richiesta della detrazione, e siano titolari di contratti di locazione di unità immobiliari adibite ad abitazione principale degli stessi e situate nel nuovo comune di residenza, a non meno di 100 chilometri di distanza dal precedente e comunque al di fuori della propria regione, spetta una detrazione, per i primi tre anni complessivamente pari a:

a) euro 991,60, se il reddito complessivo non supera euro 15.493,71;

b) euro 495,80, se il reddito complessivo supera euro 15.493,71 ma non euro 30.987,41.

1-*ter*. Ai giovani di età compresa fra i 20 e i 31 anni non compiuti, con un reddito complessivo non superiore a 15.493,71 euro, che stipulano un contratto di locazione ai sensi della legge 9 dicembre 1998, n. 431, per l'intera unità immobiliare o porzione di essa, da destinare a propria residenza, sempre che la stessa sia diversa dall'abitazione principale dei genitori o di coloro cui sono affidati dagli organi competenti ai sensi di legge, spetta, per i primi quattro anni di durata contrattuale, una detrazione dall'imposta lorda pari a euro 991,60, ovvero, se superiore, pari al 20 per cento dell'ammontare del canone di locazione e comunque entro il limite massimo di euro 2.000.

1-*quater*. Le detrazioni di cui ai commi da 01 a 1-*ter*, da ripartire tra gli aventi diritto, **non** sono tra loro **cumulabili** e il contribuente ha diritto, a sua **scelta**, di fruire della detrazione **più favorevole**.

1-*quinquies*. Le detrazioni di cui ai commi da 01 a 1-*ter* sono rapportate al periodo dell'anno durante il quale l'unità immobiliare locata è adibita ad abitazione principale. Per **abitazione principale** si intende quella nella quale il soggetto titolare del contratto di locazione o i suoi familiari **dimorano abitualmente**.

1-*quinquies*.1. Ai coltivatori diretti e agli imprenditori agricoli professionali iscritti nella previdenza agricola di età inferiore ai trentacinque anni, spetta, nel rispetto della regola *de minimis* di cui al regolamento (UE) n. 1408/2013 della Commissione, del 18 dicembre 2013, relativo all'applicazione degli artt. 107 e 108 del trattato sul funzionamento dell'Unione europea agli aiuti «de minimis» nel settore agricolo, una detrazione del 19 per cento delle spese sostenute per i canoni di affitto dei terreni agricoli diversi da quelli di proprietà dei genitori, entro il limite di euro 80 per ciascun ettaro preso in affitto e fino a un massimo di euro 1.200 annui. A tal fine, il contratto di affitto deve essere redatto in forma scritta.

1-*sexies*. Qualora la detrazione spettante ai sensi del presente articolo sia di ammontare superiore all'imposta lorda diminuita, nell'ordine, delle detrazioni di cui agli artt. 12 e 13, è riconosciuto un ammontare pari alla quota di detrazione che non ha trovato capienza nella predetta imposta. Con decreto del Ministro dell'economia e delle finanze sono stabilite le modalità per l'attribuzione del predetto ammontare.

Art. 16-*bis*. Detrazione delle spese per interventi di recupero del patrimonio edilizio e di riqualificazione energetica degli edifici. – 1. Dall'imposta lorda si detrae un importo pari al **36 per cento** delle **spese** documentate, fino ad un ammontare complessivo delle stesse **non superiore** a **48.000** euro per unità immobiliare, sostenute ed effettivamente rimaste a carico dei contribuenti che possiedono o detengono, sulla base di un titolo idoneo, l'immobile sul quale sono effettuati gli **interventi**:

a) di cui alle lett. a), b), c) e d) dell'art. 3 del decreto del Presidente della Repubblica 6 giugno 2001, n. 380, effettuati sulle parti comuni di edificio residenziale di cui all'art. 1117 del codice civile;

b) di cui alle lettere b), c) e d) dell'art. 3 del decreto del Presidente della Repubblica 6 giugno 2001, n. 380, effettuati sulle singole unità immobiliari residenziali di qualsiasi categoria catastale, anche rurali, e sulle loro pertinenze;

c) necessari alla **ricostruzione** o al ripristino dell'**immobile danneggiato** a seguito di **eventi calamitosi**, ancorché non rientranti nelle categorie di cui alle lettere a) e b) del presente comma, sempreché sia stato dichiarato lo stato di emergenza, anche anteriormente alla data di entrata in vigore della presente disposizione;

d) relativi alla realizzazione di **autorimesse** o **posti auto** pertinenziali anche a proprietà comune;

e) finalizzati alla eliminazione delle **barriere architettoniche**, aventi ad oggetto **ascensori** e **montacarichi**, alla realizzazione di ogni strumento che, attraverso la comunicazione, la robotica e ogni altro mezzo di tecnologia più avanzata, sia adatto a **favorire** la **mobilità interna** ed **esterna** all'abitazione per le persone portatrici di handicap in situazione di gravità, ai sensi dell'art. 3, comma 3, della legge 5 febbraio 1992, n. 104;

f) relativi all'adozione di misure finalizzate a **prevenire** il rischio del compimento di atti **illeciti** da parte di terzi;

g) relativi alla realizzazione di opere finalizzate alla **cablatura** degli edifici, al **contenimento dell'inquinamento acustico**;

h) relativi alla realizzazione di opere finalizzate al conseguimento di **risparmi energetici** con particolare riguardo all'installazione di impianti basati sull'impiego delle **fonti rinnovabili** di energia. Le predette opere possono essere realizzate anche in assenza di opere edilizie propriamente dette, acquisendo idonea documentazione attestante il conseguimento di risparmi energetici in applicazione della normativa vigente in materia;

i) relativi all'adozione di **misure antisismiche** con particolare riguardo all'esecuzione di opere per la messa in sicurezza statica, in particolare sulle parti strutturali, per la redazione della documentazione obbligatoria atta a comprovare la sicurezza statica del patrimonio edilizio, nonché per la realizzazione degli interventi necessari al rilascio della suddetta documentazione. Gli interventi relativi all'adozione di misure antisismiche e all'esecuzione di opere per la messa in sicurezza statica devono essere realizzati sulle **parti strutturali** degli edifici o complessi di edifici collegati strutturalmente e comprendere interi edifici e, ove riguardino i centri storici, devono essere eseguiti sulla base di **progetti unitari** e non su singole unità immobiliari;

l) di bonifica dall'amianto e di esecuzione di opere volte ad evitare gli infortuni domestici.

2. Tra le spese sostenute di cui al comma 1 sono comprese quelle di progettazione e per prestazioni professionali connesse all'esecuzione delle opere edilizie e alla messa a norma degli edifici ai sensi della legislazione vigente in materia.

3. La detrazione di cui al comma 1 spetta anche nel caso di interventi di **restauro** e **risanamento** conservativo e di **ristrutturazione** edilizia di cui alle lettere c) e d) del comma 1 dell'art. 3 del decreto del Presidente della Repubblica 6 giugno 2001, n. 380, riguardanti **interi fabbricati**, eseguiti da **imprese** di **costruzione** o ristrutturazione immobiliare e da cooperative edilizie, che provvedano entro sei mesi dalla data di termine dei lavori alla successiva alienazione o assegnazione dell'immobile. La detrazione spetta **al successivo acquirente** o assegnatario delle singole unità immobiliari, in ragione di un'aliquota del **36 per cento del** valore degli interventi eseguiti, che si assume in misura pari al **25 per cento del prezzo dell'unità** immobiliare risultante nell'atto pubblico di compravendita o di assegnazione e, comunque, **entro** l'importo massimo di **48.000 euro**.

3-*bis*. La detrazione di cui al comma 1 spetta, nella misura del 50 per cento, anche per gli interventi di sostituzione del gruppo elettrogeno di emergenza esistente con generatori di emergenza a gas di ultima generazione.

4. Nel caso in cui gli interventi di cui al comma 1 realizzati in ciascun anno consistano nella mera prosecuzione di interventi iniziati in anni precedenti, ai fini del computo del limite massimo delle spese ammesse a fruire della detrazione si tiene conto anche delle spese sostenute negli stessi anni.

5. Se gli interventi di cui al comma 1 sono realizzati su **unità immobiliari residenziali adibite promiscuamente** all'**esercizio** dell'**arte o** della **professione**, ovvero all'esercizio dell'attività commerciale, la detrazione spettante è ridotta al **50 per cento**.

6. La detrazione è cumulabile con le agevolazioni già previste sugli immobili oggetto di vincolo ai sensi del decreto legislativo 22 gennaio 2004, n. 42, ridotte nella misura del 50 per cento.

7. La detrazione è ripartita in **dieci quote annuali costanti** e di pari importo nell'anno di sostenimento delle spese e in quelli successivi.

8. In caso di **vendita** dell'unità immobiliare sulla quale sono stati realizzati gli interventi di cui al comma 1 la **detrazione non utilizzata** in tutto o in parte è **trasferita** per i rimanenti periodi di imposta, salvo diverso accordo delle parti, all'**acquirente persona fisica** dell'unità immobiliare. In **caso** di **decesso** dell'avente diritto, la fruizione del beneficio fiscale si trasmette, per intero, esclusivamente all'**erede** che conservi la detenzione materiale e diretta del bene.

9. Si applicano le disposizioni di cui al decreto del Ministro delle finanze di concerto con il Ministro dei lavori pubblici 18 febbraio 1998, n. 41, pubblicato nella Gazzetta Ufficiale 13 marzo 1998, n. 60, con il quale è stato adottato il "Regolamento recante norme di attuazione e procedure di controllo di cui all'art. 1 della L. 27 dicembre 1997, n. 449, in materia di detrazioni per le spese di ristrutturazione edilizia".

10. Con successivo decreto del Ministro dell'economia e delle finanze possono essere stabilite ulteriori modalità di attuazione delle disposizioni di cui al presente articolo.

Art. 17. Tassazione separata. – 1. L'imposta si applica separatamente sui seguenti redditi:

a) **trattamento** di **fine rapporto** di cui all'art. 2120 del codice civile e **indennità equipollenti**, comunque denominate, commisurate alla durata dei rapporti di lavoro dipendente, compresi quelli contemplati alle lettere a), d) e g) del comma 1 dell'art. 47 [*ora 50*], anche nelle ipotesi di cui all'art. 2122 del codice civile; altre indennità e somme percepite una volta tanto in dipendenza della cessazione dei predetti rapporti, comprese l'indennità di preavviso, le somme risultanti dalla capitalizzazione di pensioni e quelle attribuite a fronte dell'obbligo di non concorrenza, ai sensi del l'art. 2125 del codice civile nonché le somme e i valori comunque percepiti, al netto delle spese legali sostenute, anche se a titolo risarcitorio o nel contesto di procedure esecutive, a seguito di provvedimenti dell'autorità giudiziaria o di transazioni relativi alla risoluzione del rapporto di lavoro;

a-*bis*) lettera abrogata;

b) **emolumenti arretrati** per prestazioni di lavoro dipendente riferibili ad anni precedenti, percepiti per effetto di leggi, di contratti collettivi, di sentenze o di atti amministrativi sopravvenuti o per altre cause non dipendenti dalla volontà delle parti, compresi i compensi e le indennità di cui al comma 1 dell'art. 47 [*ora art. 50*] e al comma 2 dell'art. 46 [*ora art. 49*];

c) **indennità percepite** per la **cessazione** dei rapporti di **collaborazione coordinata** e **continuativa**, di cui al comma 2 dell'art. 49 [*ora art. 53*], se il diritto all'indennità risulta da atto di data certa anteriore all'inizio del rapporto nonché, in ogni caso, le somme e i valori comunque percepiti, al netto delle spese legali sostenute, anche se a titolo risarcitorio o nel contesto di procedure esecutive, a seguito di provvedimenti dell'autorità giudiziaria o di transazioni relativi alla risoluzione dei rapporti di collaborazione coordinata e continuativa;

c-*bis*) l'indennità di mobilità di cui all'art. 7, comma 5, della L. 23 luglio 1991, n. 223, e trattamento di integrazione salariale di cui all'art. 1-*bis* del D.L. 10 giugno 1994, n. 357, convertito, con modificazioni, dalla L. 8 agosto 1994, n. 489, corrisposti anticipatamente;

d) **indennità** per la **cessazione** di **rapporti** di **agenzia** delle persone fisiche e delle società di persone;

e) **indennità** percepite per la **cessazione** da **funzioni notarili;**

f) **indennità** percepite **dai lavoratori subordinati sportivi** al **termine** dell'**attività sportiva** ai sensi dell'art. 26, comma 4, del decreto legislativo attuativo della delega di cui all'art. 5 della legge 8 agosto 2019, n. 86, se non rientranti tra le indennità indicate alla lettera a);

g) **plusvalenze**, compreso il valore di avviamento, realizzate mediante **cessione a titolo oneroso** di **aziende possedute** da **più** di **cinque anni** e **redditi** conseguiti in dipendenza di **liquidazione**, anche concorsuale, di **imprese commerciali** esercitate da **più** di **cinque anni**;

g-*bis*) **plusvalenze** di cui alla lett. b) del comma 1 dell'81 [*ora **art. 67***] realizzate a seguito di **cessioni** a **titolo oneroso** di **terreni suscettibili** di **utilizzazione edificatoria** secondo gli strumenti urbanistici vigenti al momento della cessione;

g-*ter*) corrispettivi di cui all'art. 54, comma 1-*quater*, se percepiti in unica soluzione;

h) **indennità** per **perdita** dell'**avviamento** spettanti al **conduttore** in caso di cessazione della locazione di **immobili urbani** adibiti ad usi **diversi** da quello di **abitazione** e indennità di avviamento delle **farmacie** spettanti al precedente titolare;

i) **indennità** spettanti a titolo di **risarcimento**, anche in forma assicurativa, dei danni consistenti nella perdita di redditi relativi a più anni;

l) **redditi** compresi nelle **somme attribuite** o nel **valore normale** dei **beni assegnati** ai **soci** delle società indicate nell'**art. 5** nei casi di **recesso, esclusione** e **riduzione** del **capitale** o agli **eredi** in caso di **morte** del **socio**, e redditi imputati ai **soci** in dipendenza di **liquidazione**, anche concorsuale, delle società stesse, se il periodo di tempo intercorso tra la costituzione della società e la comunicazione del recesso o dell'esclusione, la deliberazione di riduzione del capitale, la morte del socio o l'inizio della liquidazione è superiore a cinque anni;

m) lettera abrogata;

n) redditi compresi nelle somme o nel valore normale dei beni attribuiti alla scadenza dei contratti e dei titoli di cui alle lettere a), b), f) e g) del comma 1 dell'art. 41 [*ora art. 44*], quando non sono soggetti a ritenuta alla fonte a titolo di imposta o ad imposta sostitutiva, se il periodo di durata del contratto o del titolo è superiore a cinque anni;

n-*bis*) somme conseguite a titolo di rimborso di imposte o di oneri dedotti dal reddito complessivo o per i quali si è fruito della detrazione in periodi di imposta precedenti. La presente disposizione non si applica alle spese rimborsate di cui all'art. 13-*bis* [*ora art. 15*], comma 1, lettera c), quinto e sesto periodo.

2. I **redditi** indicati alle lettere **da g) a n) del comma 1** sono **esclusi** dalla **tassazione separata se conseguiti da società in nome collettivo o in accomandita semplice; se conseguiti da persone fisiche** nell'**esercizio** di **imprese commerciali**, sono tassati separatamente a condizione che ne sia fatta richiesta nella dichiarazione dei redditi relativa al periodo di imposta al quale sarebbero imputabili come componenti del reddito di impresa.

3. Per i redditi indicati alle lettere da d) a f) del comma 1 e per quelli indicati alle lettere da g) a n-*bis*) non conseguiti nell'esercizio di imprese commerciali il contribuente ha facoltà di **non avvalersi** della tassazione separata facendolo constare **espressamente** nella **dichiarazione** dei redditi relativa al periodo di imposta in cui è avvenuta o ha avuto inizio la percezione. Per i redditi indicati alle lettere a), b), c) e c-*bis*) del comma 1 gli uffici provvedono a iscrivere a ruolo le maggiori imposte dovute con le modalità stabilite negli artt. 17 e 18 [*ora 19 e 21*] ovvero facendo concorrere i redditi stessi alla formazione del reddito complessivo dell'anno in cui sono percepiti, se ciò risulta più favorevole per il contribuente.

Art. 17-*bis*. – Articolo abrogato.

Art. 18. Imposizione sostitutiva dei redditi di capitale di fonte estera. – 1. I **redditi** di **capitale** corrisposti **da soggetti non residenti a soggetti residenti** nei cui confronti in Italia si applica la ritenuta a titolo di imposta o l'imposta sostitutiva di cui all'art. 2, comma 1-*bis*, del decreto legislativo 1° aprile 1996, n. 239, sono soggetti ad **imposizione sostitutiva** delle Imposte sui redditi con la stessa aliquota della ritenuta a titolo d'imposta. Il contribuente ha la **facoltà** di **non avvalersi** del regime di imposizione sostitutiva ed in tal caso compete il **credito** d'**imposta** per i redditi prodotti all'estero. La disposizione di cui al periodo precedente non si applica alle distribuzioni di utili di cui all'art. 27, quarto comma, del decreto del Presidente della Repubblica 29 settembre 1973, n. 600.

2. Si considerano corrisposti da soggetti non residenti anche gli **interessi** ed altri **proventi** delle **obbligazioni** e degli altri titoli di cui all'art. 31 del decreto del Presidente della Repubblica 29 settembre 1973, n. 601, nonché di quelli con regime fiscale equiparato, emessi all'estero a decorrere dal 10 settembre 1992.

Art. 19. Indennità di fine rapporto. – 1. Il trattamento di fine rapporto costituisce reddito per un importo che si determina riducendo il suo ammontare delle rivalutazioni già assoggettate ad imposta sostitutiva. L'imposta è applicata con l'**aliquota** determinata con riferimento all'**anno** in cui è **maturato** il diritto alla percezione, corrispondente all'importo che risulta dividendo il suo ammontare, aumentato delle somme destinate alle forme pensionistiche di cui al decreto legislativo 21 aprile 1993, n. 124 e al netto delle rivalutazioni già assoggettate ad imposta sostitutiva, per il numero degli anni e frazione di anno preso a base di commisurazione, e moltiplicando il risultato per dodici. Gli **uffici finanziari** provvedono a **riliquidare** l'imposta in base all'**aliquota media** di tassazione dei **cinque anni precedenti** a quello in cui è maturato il diritto alla percezione, iscrivendo a **ruolo** le **maggiori imposte** dovute ovvero rimborsando quelle **spettanti**.

1-*bis*. Se in uno o più degli anni indicati al comma 1 non vi è stato reddito imponibile, l'aliquota media si calcola con riferimento agli anni in cui vi è stato reddito imponibile; se non vi è stato reddito imponibile in alcuno di tali anni, si applica l'aliquota stabilita dall'art. 11 [*ora art. 12*] per il primo scaglione di reddito.

1-*ter*. Qualora il trattamento di fine rapporto sia relativo a rapporti di lavoro a tempo determinato, di durata effettiva non superiore a due anni, l'imposta determinata ai sensi del comma 1 è diminuita di un importo pari a euro 61,97 per ciascun anno; per i periodi inferiori ad un anno, tale importo è rapportato a mese. Se il rapporto si svolge per un numero di ore inferiore a quello ordinario previsto dai contratti collettivi nazionali di lavoro, la somma è proporzionalmente ridotta.

2. Le altre indennità e somme indicate alla lettera a) del comma 1 dell'art. 16 [*ora art. 17*], anche se commisurate alla durata del rapporto di lavoro e anche se corrisposte da soggetti diversi dal datore di lavoro, sono imponibili per il loro ammontare complessivo, al netto dei contributi obbligatori dovuti per legge, con l'aliquota determinata agli effetti del comma 1. Tali indennità e somme, se corrisposte a titolo definitivo e in relazione ad un presupposto non connesso alla cessazione del rapporto di lavoro che ha generato il trattamento di fine rapporto, sono imponibili per il loro ammontare netto con l'aliquota determinata con i criteri di cui al comma 1.

2-*bis*. Le **indennità equipollenti**, comunque denominate, commisurate alla durata dei rapporti di lavoro dipendente di cui alla lettera a), del comma 1, dell'art. 16 [*ora art. 17*], sono imponibili per un importo che si determina riducendo il loro ammontare netto di una somma pari a euro 309,87 per ciascun anno preso a base di commisurazione, con esclusione dei periodi di anzianità convenzionale; per i periodi inferiori all'anno la riduzione è rapportata a mese. Se il rapporto si svolge per un numero di ore inferiore a quello ordinario previsto dai contratti collettivi nazionali di lavoro, la somma è proporzionalmente ridotta. L'imposta è applicata con l'aliquota determinata con riferimento all'anno in cui è maturato il diritto alla percezione, corrispondente all'importo che risulta dividendo il suo ammontare netto, aumentato delle somme destinate alle forme pensionistiche di cui al decreto legislativo 21 aprile 1993, n. 124, per il numero degli anni e frazione di anno preso a base di commisurazione, e moltiplicando il risultato per dodici. L'ammontare netto delle indennità, alla cui formazione concorrono contributi previdenziali posti a carico dei lavoratori dipendenti e assimilati, è computato previa detrazione di una somma pari alla percentuale di tali indennità corrispondente al rapporto, alla data del collocamento a riposo o alla data in cui è maturato il diritto alla percezione, fra l'aliquota del contributo previdenziale posto a carico dei lavoratori dipendenti e assimilati e l'aliquota complessiva del contributo stesso versato all'ente, cassa o fondo di previdenza.

3. Se per il lavoro prestato anteriormente alla data di entrata in vigore della legge 29 maggio 1982, n. 297 il trattamento di fine rapporto risulta calcolato in misura superiore ad una mensilità della retribuzione annua per ogni anno preso a base di commisurazione, ai fini della determinazione dell'aliquota ai sensi del comma 1 non si tiene conto dell'eccedenza.

4. Salvo conguaglio all'atto della liqui-

dazione definitiva, sulle anticipazioni e sugli acconti relativi al trattamento di fine rapporto e alle indennità equipollenti, nonché sulle anticipazioni relative alle altre indennità e somme, si applica l'aliquota determinata, rispettivamente, a norma dei commi 1, 2 e 2-*bis*, considerando l'importo accantonato, aumentato dalle anticipazioni e degli acconti complessivamente erogati e al netto delle rivalutazioni già assoggettate ad imposta sostitutiva. Non si considerano anticipazioni le somme e i valori destinati alle forme pensionistiche di cui al decreto legislativo 21 aprile 1993, n. 124.

4-*bis*. Comma abrogato.

5. Nell'ipotesi di cui all'art. 2122 del codice civile e nell'ipotesi di cui al comma 3 dell'art. 7 l'imposta, determinata a norma del presente articolo, è dovuta dagli aventi diritto proporzionalmente all'ammontare percepito da ciascuno; nella seconda ipotesi la quota dell'imposta sulle successioni proporzionali al credito indicato nella relativa dichiarazione è ammessa in deduzione dall'ammontare imponibile di cui ai precedenti commi.

6. Con decreti del Ministro delle finanze sono stabiliti i criteri e le modalità per lo scambio delle informazioni occorrenti ai fini dell'applicazione del comma 2 tra i soggetti tenuti alla corresponsione delle indennità e delle altre somme in dipendenza della cessazione del medesimo rapporto di lavoro.

Art. 20. – Articolo abrogato.

Art. 20-*bis*. Redditi dei soci delle società personali in caso di recesso, esclusione, riduzione del capitale e liquidazione. – 1. Ai fini della **determinazione** dei **redditi** di partecipazione compresi nelle **somme attribuite** o nei **beni assegnati ai soci** o **agli eredi,** di cui all'**art. 17**, comma 1, lettera l), si applicano, in quanto compatibili, le disposizioni **dell'art. 47, comma 7**, indipendentemente dall'applicabilità della tassazione separata.

Art. 21. Determinazione dell'imposta per gli altri redditi tassati separatamente. – 1. Per gli altri redditi tassati separatamente, ad esclusione di quelli in cui alla lettera g) del comma 1 dell'art. 17 [*ora art. 19*] e di quelli imputati ai soci in dipendenza di liquidazione, anche concorsuale, di cui alla lettera l) del medesimo comma 1 dell'**art. 17** [*ora art. 19*], l'imposta è determinata applicando all'ammontare percepito, l'**aliquota corrispondente** alla **metà** del **reddito complessivo netto** del contribuente nel **biennio anteriore** all'anno in cui è sorto il **diritto** alla loro percezione ovvero, per i redditi e le somme indicati, rispettivamente, nelle lettere b), c-*bis*) e n-*bis*) del comma 1 dell'art. 17 [*ora art. 19*], all'anno in cui sono **percepiti**. Per i redditi di cui alla lettera g) del comma 1 dell'art. 17 [*ora art. 19*] e per quelli imputati ai soci in dipendenza di **liquidazione**, anche **concorsuale**, di cui alla lettera l) del medesimo comma 1 dell'art. 17 [*ora art. 19*], l'imposta è determinata applicando all'ammontare conseguito o imputato, l'**aliquota** corrispondente alla **metà** del **reddito complessivo netto** del contribuente nel **biennio anteriore** all'anno in cui i redditi sono stati rispettivamente conseguiti o imputati. Se per le somme conseguite a titolo di rimborso di cui alla lettera n-*bis*) del comma 1 dell'art. 17 [*ora art. 19*] è stata riconosciuta la detrazione, l'imposta è determinata applicando un'aliquota non superiore al 27 per cento.

2. Nell'ipotesi di cui al **comma 3** dell'**art. 7** si procede alla tassazione separata nei confronti degli **eredi** e dei **legatari**; l'imposta dovuta da ciascuno di essi è determinata applicando all'**ammontare percepito**, **diminuito** della quota dell'**imposta** sulle **successioni** proporzionale al credito indicato nella relativa dichiarazione, l'**aliquota** corrispondente alla **metà** del suo **reddito complessivo netto** nel **biennio anteriore** all'anno in cui si è aperta la successione.

3. **Se** in **uno** dei **due anni** anteriori **non** vi è stato **reddito** imponibile si applica l'aliquota corrispondente alla metà del reddito complessivo netto dell'**altro anno**; se non vi è stato reddito imponibile in alcuno dei due anni si applica l'aliquota stabilita all'art. 11 [*ora art. 12*] per il primo scaglione di reddito.

4. Per gli emolumenti arretrati di cui alla lettera b) del comma 1 dell'art. 16 [*ora 17*] l'imposta determinata ai sensi dei precedenti commi è ridotta di un importo pari a quello delle detrazioni previste nell'art. 12 [*ora art. 13*] e nei commi 1 e 2 dell'art. 13 [*ora 14*] se e nella misura in cui non siano state fruite per ciascuno degli anni cui gli arretrati si riferiscono. Gli aventi diritto agli arretrati devono dichiarare al soggetto che li corrisponde l'ammontare delle detrazioni fruite per ciascuno degli anni cui si riferiscono.

5. Per i redditi indicati alle lettere c), d), e) ed f) del comma 1 dell'art. 16 [*ora art. 17*] l'imposta si applica anche sulle eventuali anticipazioni salvo conguaglio.

Art. 22. Scomputo degli acconti. – 1. Dall'imposta determinata a norma dei precedenti articoli **si scomputano** nell'ordine:

a) l'ammontare dei crediti per le **imposte pagate** all'**estero** secondo le modalità di cui all'art. 165;

b) i **versamenti** eseguiti dal contribuente in **acconto** dell'imposta;

c) le **ritenute** alla **fonte** a titolo di **acconto** operate sui redditi che concorrono a formare il reddito complessivo e su quelli tassati separatamente. Le ritenute operate nell'anno successivo a quello di competenza dei redditi e anteriormente alla presentazione della dichiarazione dei redditi possono essere scomputate dall'imposta relativa al periodo d'imposta di competenza dei redditi o, alternativamente, dall'imposta relativa al periodo d'imposta nel quale sono state operate. Le ritenute operate dopo la presentazione della dichiarazione dei redditi si scomputano dall'imposta relativa al periodo d'imposta nel quale sono state operate. Le **ritenute** operate sui **redditi** delle società, associazioni e imprese indicate nell'**art. 5** si scomputano, nella **proporzione** ivi stabilita, dalle imposte dovute dai singoli **soci, associati** o **partecipanti**.

2. Se l'**ammontare** complessivo dei **crediti** di **imposta**, dei versamenti e delle ritenute, è **superiore** a quello dell'**imposta netta** sul reddito complessivo, il contribuente ha diritto, a sua scelta, di computare l'**eccedenza** in **diminuzione** dell'**imposta** del **periodo** d'imposta successiva **o** di **chiederne** il **rimborso** in sede di **dichiarazione** dei redditi. Per i **redditi tassati separatamente**, se l'ammontare delle ritenute, dei versamenti e dei crediti è superiore a quello dell'imposta netta di cui agli artt. 19 e 21, il contribuente ha **diritto** al **rimborso** dell'eccedenza.

Art. 23. Applicazione dell'imposta ai non residenti. – 1. Ai fini dell'applicazione dell'imposta nei confronti dei **non residenti** si considerano prodotti nel territorio dello Stato:

a) i **redditi fondiari**;

b) i **redditi** di **capitale** corrisposti dallo Stato, da soggetti residenti nel territorio dello Stato o da stabili organizzazioni nel territorio stesso di soggetti non residenti, con esclusione degli interessi e altri proventi derivanti da depositi e conti correnti bancari e postali;

c) i **redditi** di **lavoro dipendente prestato** nel territorio dello **Stato**, compresi i redditi assimilati a quelli di lavoro dipendente di cui alle lettere a) e b) del comma 1 dell'art. 50;

d) i **redditi** di **lavoro autonomo** derivanti da **attività esercitate** nel territorio dello **Stato**;

e) i **redditi** d'**impresa** derivanti da attività esercitate nel territorio dello **Stato mediante stabili organizzazioni**;

f) i **redditi diversi** derivanti da **attività svolte** nel territorio dello **Stato** e da beni che si trovano nel territorio stesso, nonché le plusvalenze derivanti dalla cessione a titolo oneroso di partecipazioni in società residenti, con esclusione:

1) delle **plusvalenze** di cui alla lettera **c-*bis*) del comma 1, dell'art. 67**, derivanti da cessione a titolo oneroso di partecipazioni in società residenti negoziate in mercati regolamentati, ovunque detenute;

2) delle plusvalenze di cui alla lettera c-*ter*) del medesimo articolo derivanti da cessione a titolo oneroso ovvero da rimborso di titoli non rappresentativi di merci e di certificati di massa negoziati in mercati regolamentati, nonché da cessione o da prelievo di valute estere rivenienti da depositi e conti correnti;

3) dei redditi di cui alle lettere c-*quater*) e c-*quinquies*) del medesimo articolo derivanti da contratti conclusi, anche attraverso l'intervento d'intermediari, in mercati regolamentati;

g) i **redditi** di cui agli **artt. 5, 115** e **116** imputabili a soci, associati o partecipanti non residenti.

1-*bis*. I redditi diversi realizzati mediante la cessione a titolo oneroso di partecipazioni in società ed enti non residenti, il cui valore, per più della metà, deriva, in qualsiasi momento nel corso dei trecentosessantacinque giorni che precedono la loro cessione, direttamente o indirettamente, da beni immobili situati in Italia si considerano prodotti nel territorio dello Stato. La disposizione del primo periodo non si applica con riferimento alla cessione di titoli negoziati in mercati regolamentati.

2. Indipendentemente dalle condizioni di cui alle lettere c), d), e) e f) del comma 1 si considerano **prodotti** nel **territorio** dello **Stato**, se **corrisposti dallo Stato, da soggetti residenti** nel territorio dello Stato o da stabili **organizzazioni nel territorio** stesso di soggetti non residenti:

a) le **pensioni**, gli **assegni** ad esse assimilati e le **indennità di fine rapporto** di cui alle lettere a), c), d), e) e f) del comma 1 dell'art. 17;

b) i **redditi assimilati** a quelli di **lavoro dipendente** di cui alle lettere c), c-*bis*), f), h), h-*bis*), i) e l) del comma 1 dell'art. 50;

c) i **compensi** per l'utilizzazione di **opere** dell'**ingegno**, di **brevetti industriali** e di **marchi** di impresa nonché di processi, formule e informazioni relativi ad esperienze acquisite nel campo industriale, commerciale o scientifico;

d) i **compensi** conseguiti da **imprese, società** o **enti non residenti** per **prestazioni artistiche** o **professionali** effettuate per loro conto nel territorio dello Stato.

Art. 24. Determinazione dell'imposta dovuta dai non residenti. – 1. Nei confronti dei non residenti l'imposta si applica sul **reddito complessivo** e sui redditi tassati separatamente **a norma** dei **precedenti articoli**, salvo il disposto dei commi 2 e 3.

2. Dal reddito complessivo sono **deducibili soltanto** gli **oneri** di cui alle **lettere a), g), h), i)** e **l)** del **comma 1** dell'**art. 10**.

3. Dall'imposta lorda si scomputano le **detrazioni** di cui all'**art. 13** nonché quelle di cui all'**art. 15**, comma 1, lettere a), b), g), h), h-*bis*) e i), e dell'**art. 16-*bis***. Le detrazioni per carichi di famiglia non competono.

3-*bis*. In deroga alle disposizioni contenute nel comma 1, nei confronti dei soggetti non residenti nel territorio italiano che assicuri un adeguato scambio di informazioni, l'imposta dovuta è determinata sulla base delle disposizioni contenute negli articoli da 1 a 23, a condizione che il reddito prodotto dal soggetto nel territorio dello Stato italiano sia pari almeno al 75 percento del reddito dallo stesso complessivamente prodotto e che il soggetto non goda di agevolazioni fiscali analoghe nello Stato di residenza. Con decreto di natura non regolamentare del Ministro dell'economia e delle finanze sono adottate le disposizioni di attuazione del presente comma.

Art. 24-*bis*. Opzione per l'imposta sostitutiva sui redditi prodotti all'estero realizzati da persone fisiche che trasferiscono la propria residenza fiscale in Italia. – 1. Le persone fisiche che trasferiscono la propria residenza in Italia ai sensi dell'art. 2, comma 2, **possono optare per l'assoggettamento all'imposta sostitutiva**, di cui al comma 2 del presente articolo, dei redditi prodotti all'estero individuati secondo i criteri di cui all'art. 165, comma 2, **a condizione che non siano state fiscalmente residenti in Italia, ai sensi dell'art. 2, comma 2, per un tempo almeno pari a nove periodi d'imposta nel corso dei dieci precedenti l'inizio del periodo di validità dell'opzione. L'imposta sostitutiva non si applica ai redditi di cui all'art. 67, comma 1, lettera c), realizzati nei primi cinque periodi d'imposta di validità dell'opzione, che rimangono soggetti al regime ordinario di imposizione di cui all'art. 68, comma 3.**

2. Per effetto dell'esercizio dell'opzione di cui al comma 1, relativamente ai redditi prodotti all'estero di cui al comma 1 è dovuta un'imposta sostitutiva dell'imposta sui redditi delle persone fisiche calcolata in via forfettaria, a prescindere dall'importo dei redditi percepiti, nella misura di euro 100.000 per ciascun periodo d'imposta in cui è valida la predetta opzione. Tale importo è ridotto a euro 25.000 per ciascun periodo d'imposta per ciascuno dei familiari di cui al comma 6. L'imposta è versata in un'unica soluzione entro la data prevista per il versamento del saldo delle imposte sui redditi. Per l'accertamento, la riscossione, il contenzioso e le sanzioni si applicano, in quanto compatibili, le disposizioni previste per l'imposta sul reddito delle persone fisiche. L'imposta non è deducibile da nessun'altra imposta o contributo.

3. **L'opzione di cui al comma 1 deve essere esercitata dopo aver ottenuto risposta favorevole a specifica istanza di interpello presentata all'Agenzia delle entrate**, ai sensi dell'art. 11, comma 1, lettera b), della legge 27 luglio 2000, n. 212, entro il termine per la presentazione della dichiarazione relativa al periodo d'imposta in cui viene trasferita la residenza in Italia ai sensi del comma 1 del presente articolo ed è efficace a decorrere da tale periodo d'imposta. Le persone fisiche di cui al comma 1 indicano nell'opzione la giurisdizione o le giurisdizioni in cui hanno avuto l'ultima residenza fiscale prima dell'esercizio di validità dell'opzione. L'Agenzia delle entrate trasmette tali informazioni, attraverso gli idonei strumenti di cooperazione amministrativa, alle autorità fiscali delle giurisdizioni indicate come luogo di ultima residenza fiscale prima dell'esercizio di validità dell'opzione.

4. **L'opzione di cui al comma 1 è revocabile e comunque cessa di produrre effetti decorsi quindici anni dal primo periodo d'imposta di validità dell'opzione. Gli effetti dell'opzione cessano in ogni caso in ipotesi di omesso o parziale versamento, in tutto o in parte, dell'imposta sostitutiva di cui al comma 2 nella misura e nei termini previsti dalle vigenti disposizioni di legge.** Sono fatti salvi gli effetti prodotti nei periodi d'imposta precedenti. La revoca o la decadenza dal regime precludono l'esercizio di una nuova opzione.

5. Le persone fisiche di cui al comma 1, per sé o per uno o più dei familiari di cui al comma 6, possono manifestare la facoltà di non avvalersi dell'applicazione dell'imposta sostitutiva con riferimento ai redditi prodotti in uno o più Stati o territori esteri, dandone specifica indicazione in sede di esercizio dell'opzione

ovvero con successiva modifica della stessa. Soltanto in tal caso, per i redditi prodotti nei suddetti Stati o territori esteri si applica il regime ordinario e compete il credito d'imposta per i redditi prodotti all'estero. Ai fini dell'individuazione dello Stato o territorio estero in cui sono prodotti i redditi si applicano i medesimi criteri di cui all'art. 23.

6. Su richiesta del soggetto che esercita l'opzione di cui al comma 1, l'opzione ivi prevista può essere estesa nel corso di tutto il periodo dell'opzione a uno o più dei familiari di cui all'art. 433 del codice civile, purché soddisfino le condizioni di cui al comma 1. In tal caso, il soggetto che esercita l'opzione indica la giurisdizione o le giurisdizioni in cui i familiari a cui si estende il regime avevano l'ultima residenza prima dell'esercizio di validità dell'opzione. L'estensione dell'opzione può essere revocata in relazione a uno o più familiari di cui al periodo precedente. La revoca dall'opzione o la decadenza dal regime del soggetto che esercita l'opzione si estendono anche ai familiari. La decadenza dal regime di uno o più dei familiari per omesso o parziale versamento dell'imposta sostitutiva loro riferita non comporta decadenza dal regime per le persone fisiche di cui al comma 1.

Art. 24-*ter*. Opzione per l'imposta sostitutiva sui redditi delle persone fisiche titolari di redditi da pensioni di fonte estera che trasferiscono la propria residenza fiscale nel Mezzogiorno. – 1. Fatte salve le disposizioni dell'articolo 24-*bis*, le persone fisiche, titolari dei redditi da pensione di cui all'articolo 49, comma 2, lettera a), erogati da soggetti esteri, che trasferiscono in Italia la propria residenza ai sensi dell'articolo 2, comma 2, in uno dei comuni appartenenti al territorio delle regioni Sicilia, Calabria, Sardegna, Campania, Basilicata, Abruzzo, Molise e Puglia, o in uno dei comuni di cui agli allegati 1, 2 e 2-*bis* al decreto-legge 17 ottobre 2016, n. 189, convertito, con modificazioni, dalla legge 15 dicembre 2016, n. 229, o in uno dei comuni interessati dagli eventi sismici del 6 aprile 2009, avente comunque una popolazione non superiore a 20.000 abitanti possono optare per l'assoggettamento dei redditi di qualunque categoria, prodotti all'estero, individuati secondo i criteri di cui all'articolo 165, comma 2, a **un'imposta sostitutiva, calcolata in via forfettaria, con aliquota del 7 per cento** per ciascuno dei periodi di imposta di validità dell'opzione.

2. L'opzione di cui al comma 1 è esercitata dalle **persone fisiche** che non siano state fiscalmente residenti in Italia ai sensi dell'articolo 2, comma 2, nei cinque periodi d'imposta precedenti a quello in cui l'opzione diviene efficace ai sensi del comma 5. Possono esercitare l'opzione di cui al comma 1 le persone fisiche che trasferiscono la residenza da Paesi con i quali sono in vigore accordi di cooperazione amministrativa.

3. Le persone fisiche di cui al comma 1 indicano la giurisdizione o le giurisdizioni in cui hanno avuto l'ultima residenza fiscale prima dell'esercizio di validità dell'opzione. L'Agenzia delle entrate trasmette tali informazioni, attraverso gli idonei **strumenti di cooperazione amministrativa**, alle autorità fiscali delle giurisdizioni indicate come luogo di ultima residenza fiscale prima dell'esercizio di validità dell'opzione.

4. L'opzione di cui al comma 1 è valida per i **primi nove periodi d'imposta** successivi a quello in cui diviene efficace ai sensi del comma 5.

5. **L'opzione** di cui al comma 1 è **esercitata nella dichiarazione dei redditi relativa al periodo d'imposta in cui viene trasferita la residenza** in Italia ai sensi del comma 1 ed è efficace a decorrere da tale periodo d'imposta.

6. **L'imposta è versata in unica soluzione** entro il termine previsto per il versamento del saldo delle imposte sui

redditi. Per l'accertamento, la riscossione, il contenzioso e le sanzioni si applicano, in quanto compatibili, le disposizioni previste per l'imposta sui redditi. L'imposta non è deducibile da nessun'altra imposta o contributo.

7. **L'opzione** è **revocabile** dal contribuente. Nel caso di **revoca** da parte del contribuente sono **fatti salvi gli effetti prodotti nei periodi d'imposta precedenti**. Gli effetti dell'opzione non si producono laddove sia accertata l'insussistenza dei requisiti previsti dal presente articolo, ovvero cessano al venir meno dei medesimi requisiti. Gli effetti dell'opzione cessano, altresì, in caso di omesso o parziale versamento dell'imposta sostitutiva di cui al comma 1 nella misura e nel termine previsti, salvo che il versamento dell'imposta sostitutiva venga effettuato entro la data di scadenza del pagamento del saldo relativo al periodo d'imposta successivo a quello a cui l'omissione si riferisce. Resta fermo il pagamento delle sanzioni di cui all'articolo 13, comma 1, del decreto legislativo 18 dicembre 1997, n. 471, e degli interessi. **La revoca o la decadenza dal regime precludono l'esercizio di una nuova opzione.**

8. Le persone fisiche di cui al comma 1 possono manifestare la facoltà di non avvalersi dell'applicazione dell'imposta sostitutiva con riferimento ai redditi prodotti in uno o più Stati o territori esteri, dandone specifica indicazione in sede di esercizio dell'opzione ovvero con successiva modifica della stessa. Soltanto in tal caso, per i redditi prodotti nei suddetti Stati o territori esteri si applica il regime ordinario e compete il **credito d'imposta per i redditi prodotti all'estero**. Ai fini dell'individuazione dello Stato o territorio estero in cui sono prodotti i redditi si applicano i medesimi criteri di cui all'articolo 23.

8-*bis*. Con provvedimento del direttore dell'Agenzia delle entrate sono stabilite le modalità del regime di cui al presente articolo.

CAPO II
REDDITI FONDIARI

Art. 25. Redditi fondiari. – 1. Sono redditi fondiari quelli **inerenti** ai **terreni** e ai **fabbricati** situati nel **territorio** dello **Stato** che sono o devono essere **iscritti**, con attribuzione di rendita, nel **catasto** dei **terreni** o nel **catasto edilizio urbano**.

2. I redditi fondiari si distinguono in **redditi dominicali** dei **terreni, redditi agrari** e **redditi dei fabbricati.**

Art. 26. Imputazione dei redditi fondiari. – 1. I redditi fondiari **concorrono**, **indipendentemente** dalla **percezione**, a formare il **reddito complessivo** dei soggetti che possiedono gli immobili a titolo di **proprietà, enfiteusi, usufrutto** o **altro diritto reale,** salvo quanto stabilito dall'art. 30 [*ora art. 33*], per il **periodo** di **imposta** in cui si è verificato il **possesso**. I redditi derivanti da contratti di locazione di immobili ad uso abitativo, se non percepiti, non concorrono a formare il reddito purché la mancata percezione sia comprovata dall'intimazione di sfratto per morosità o dall'ingiunzione di pagamento. Ai canoni non riscossi dal locatore nei periodi d'imposta di riferimento e percepiti in periodi di imposta successivi si applica l'art. 21 in relazione ai redditi di cui all'art. 17, comma 1, lett. n-*bis*). Per le imposte versate sui canoni venuti a scadenza e non percepiti come da accertamento avvenuto nell'ambito del procedimento giurisdizionale di convalida di sfratto per morosità è riconosciuto un credito di imposta di pari ammontare.

2. Nei casi di **contitolarità** della **proprietà o altro diritto reale** sull'immobile o di coesistenza di più diritti reali su di esso il reddito fondiario concorre a formare il reddito complessivo di ciascun soggetto per la **parte corrispondente** al suo **diritto**.

3. Se il **possesso** dell'**immobile** è stato **trasferito**, in tutto o in parte, nel

corso del periodo di imposta, il reddito fondiario concorre a formare il reddito complessivo di **ciascun soggetto proporzionalmente** alla **durata** del suo **possesso.**

Art. 27. Reddito dominicale dei terreni. – 1. Il reddito dominicale è costituito dalla parte dominicale del **reddito medio ordinario** ritraibile dal terreno attraverso l'esercizio delle **attività agricole** di cui all'**art. 29** [***ora art. 32***].

2. **Non** si considerano **produttivi** di reddito dominicale i terreni che costituiscono **pertinenze** di **fabbricati urbani**, quelli **dati in affitto** per **usi non agricoli**, nonché quelli **produttivi** di **reddito** di **impresa** di cui alla lettera c) del comma 2 dell'art. 51 [*ora art. 55*].

Art. 28. Determinazione del reddito dominicale. – 1. Il reddito dominicale è determinato mediante l'applicazione di **tariffe d'estimo stabilite**, secondo le norme della **legge catastale**, per ciascuna qualità e classe di terreno.

2. Le tariffe d'estimo sono sottoposte a revisione quando se ne manifesti l'esigenza per sopravvenute variazioni nelle quantità e nei prezzi dei prodotti e dei mezzi di produzione o nell'organizzazione e strutturazione aziendale, e comunque ogni dieci anni.

3. La revisione è disposta con decreto del Ministro delle finanze, previo parere della Commissione censuaria centrale e può essere effettuata, d'ufficio o su richiesta dei comuni interessati, anche per singole zone censuarie e per singole qualità e classi di terreni. Prima di procedervi gli uffici tecnici erariali devono sentire i comuni interessati.

4. Le modificazioni derivanti dalla revisione hanno effetto dall'anno successivo a quello di pubblicazione nella Gazzetta Ufficiale del nuovo prospetto delle tariffe d'estimo.

4-*bis*. Il reddito dominicale delle superfici adibite alle colture prodotte in serra o alla funghicoltura, in mancanza della corrispondente qualità nel quadro di qualificazione catastale, è determinato mediante l'applicazione della tariffa d'estimo più alta in vigore nella provincia.

Art. 29. Variazioni del reddito dominicale. – 1. Dà luogo a variazioni del reddito dominicale in aumento la sostituzione della qualità di coltura allibrata in catasto con altra di maggiore reddito.

2. Danno luogo a variazioni del reddito dominicale in diminuzione: a) la sostituzione della qualità di coltura allibrata in catasto con altra di minore reddito; b) la diminuzione della capacità produttiva del terreno per naturale esaurimento o per altra causa di forza maggiore, anche se non vi è stato cambiamento di coltura, ovvero, per eventi fitopatologici o entomologici interessanti le piantagioni.

3. Non si tiene conto delle variazioni dipendenti da deterioramenti intenzionali o da circostanze transitorie.

4. Le variazioni indicate nei commi 1 e 2 danno luogo a revisione del classamento dei terreni cui si riferiscono. Se a tali terreni non si possono attribuire qualità o classi già esistenti nel comune o nella sezione censuaria, si applicano le tariffe più prossime per ammontare fra quelle attribuite a terreni della stessa qualità di coltura ubicati in altri comuni o sezioni censuarie, purché in condizioni agrologicamente equiparabili. Tuttavia se detti terreni risultano di rilevante estensione o se la loro redditività diverge sensibilmente dalle tariffe applicate nel comune o nella sezione censuaria, si istituiscono per essi apposite qualità e classi, secondo le norme della legge catastale.

5. Quando si verificano variazioni a carattere permanente nello stato delle colture e in determinati comuni o sezioni censuarie, può essere in ogni tempo disposta con decreto del Ministro delle finanze, su richiesta della Commissione

censuaria distrettuale o d'ufficio e in ogni caso previo parere della Commissione censuaria centrale, l'istituzione di nuove qualità e classi in sostituzione di quelle esistenti.

Art. 30. Denuncia e decorrenza delle variazioni. – 1. Le variazioni del reddito dominicale contemplate dai commi 1 e 2 dell'art. 26 [*ora art. 29*] devono essere denunciate dal contribuente all'ufficio tecnico erariale. Nella denuncia devono essere indicate la partita catastale e le particelle cui le variazioni si riferiscono; se queste riguardano porzioni di particelle deve essere unita la dimostrazione grafica del frazionamento.

2. Le variazioni in aumento devono essere denunciate entro il 31 gennaio dell'anno successivo a quello in cui si sono verificati i fatti indicati nel comma 1 dell'art. 26 [*ora art. 29*] e hanno effetto da tale anno.

3. Le variazioni in diminuzione hanno effetto dall'anno in cui si sono verificati i fatti indicati nel comma 2 dell'art. 26 [*ora art. 29*] se la denuncia è stata presentata entro il 31 gennaio dell'anno successivo; se la denuncia è stata presentata dopo, dall'anno in cui è stata presentata.

4. Le variazioni del reddito dominicale contemplate dal comma 5 dell'art. 26 [*ora art. 29*] hanno effetto dall'anno successivo a quello di pubblicazione del decreto nella Gazzetta Ufficiale.

Art. 31. Perdite per mancata coltivazione e per eventi naturali. – 1. Comma abrogato.

2. In caso di **perdita, per eventi naturali**, di almeno il **30 per cento** del **prodotto ordinario** del **fondo rustico** preso a base per la formazione delle tariffe d'estimo, il **reddito dominicale**, per l'anno in cui si è verificata la perdita, si considera **inesistente**. L'evento dannoso deve essere denunciato dal possessore danneggiato entro tre mesi dalla data in cui si è verificato ovvero, se la data non sia esattamente determinabile, almeno quindici giorni prima dell'inizio del raccolto. La denuncia deve essere presentata all'ufficio tecnico erariale, che provvede all'accertamento della diminuzione del prodotto, sentito l'ispettorato provinciale dell'agricoltura, e la trasmette all'ufficio delle imposte.

3. Se l'evento dannoso interessa una pluralità di fondi rustici gli uffici tecnici erariali, su richiesta dei sindaci dei comuni interessati o di altri soggetti nell'interesse dei possessori danneggiati, sentiti gli ispettorati provinciali della agricoltura, provvedono alla delimitazione delle zone danneggiate e all'accertamento della diminuzione dei prodotti e trasmettono agli uffici delle imposte nel cui distretto sono situati i fondi le corografie relative alle zone delimitate, indicando le ditte catastali comprese in detta zona e il reddito dominicale relativo a ciascuna di esse.

4. Ai fini del presente il fondo rustico deve essere costituito da particelle catastali riportate in una stessa partita e contigue l'una all'altra in modo da formare un unico appezzamento. La contiguità non si considera interrotta da strade, ferrovie e corsi di acqua naturali o artificiali eventualmente interposti.

Art. 32. Reddito agrario. – 1. Il reddito agrario è costituito dalla parte del **reddito medio ordinario** dei **terreni imputabile** al **capitale** d'**esercizio** e al **lavoro** di **organizzazione** impiegati, nei limiti della potenzialità del terreno, nell'esercizio di attività agricole su di esso.

2. Sono considerate **attività agricole**:

a) le attività dirette alla **coltivazione** del **terreno** e alla **silvicoltura**;

b) l'**allevamento** di **animali** con **mangimi** ottenibili **per almeno un quarto** dal **terreno** e le attività dirette alla **produzione** di **vegetali** tramite l'utilizzo di strutture fisse o mobili, anche provvisorie, **se** la **superficie** adibita alla **produzione non eccede** il **doppio** di quella del **terreno** su cui la produzione stessa insiste;

c) le **attività** di cui al terzo comma **dell'art. 2135** del **codice civile**, dirette alla **manipolazione, conservazione, trasformazione, commercializzazione e valorizzazione**, ancorché non svolte sul terreno, **di prodotti ottenuti prevalentemente dalla coltivazione del fondo o del bosco o dall'allevamento di animali**, con riferimento ai beni individuati, ogni due anni e tenuto conto dei criteri di cui al comma 1, con decreto del Ministro dell'economia e delle finanze su proposta del Ministro delle politiche agricole e forestali.

3. Con decreto del Ministro delle finanze, di concerto con il Ministro dell'agricoltura e delle foreste, è stabilito per ciascuna specie animale il numero dei capi che rientra nei limiti di cui alla lettera b) del comma 2, tenuto conto della potenzialità produttiva dei terreni e delle unità foraggere occorrenti a seconda della specie allevata.

4. Non si considerano produttivi di reddito agrario i terreni indicati nel comma 2 dell'art. 24 [*ora art. 27*].

Art. 33. Imputazione del reddito agrario. – 1. Se il **terreno** è **dato in affitto** per uso agricolo, il **reddito agrario concorre** a formare il **reddito** complessivo dell'**affittuario**, anziché quello del possessore, a partire dalla data in cui ha effetto il contratto.

2. Nei casi di conduzione associata, salvo il disposto dell'art. 5, il reddito agrario concorre a formare il reddito complessivo di ciascun associato per la quota di sua spettanza. Il possessore del terreno o l'affittuario deve allegare alla dichiarazione dei redditi un atto sottoscritto da tutti gli associati dal quale risultino la quota del reddito agrario spettante a ciascuno e la decorrenza del contratto. Mancando la sottoscrizione anche di un solo associato o l'indicazione della ripartizione del reddito si presume che questo sia ripartito in parti uguali.

2-*bis*. Sono considerate produttive di reddito agrario anche le attività di coltivazione di prodotti vegetali per conto terzi svolte nei limiti di cui all'art. 32, comma 2, lettera b).

Art. 34. Determinazione del reddito agrario. – 1. Il reddito agrario è determinato mediante l'applicazione di **tariffe d'estimo** stabilite per ciascuna **qualità** e **classe** secondo le norme della **legge catastale**.

2. Le tariffe d'estimo sono sottoposte a revisione secondo le disposizioni dell'art. 28. Alle revisioni si procede contemporaneamente a quelle previste nel detto articolo agli effetti del reddito dominicale.

3. Le revisioni del classamento disposte ai sensi degli artt. 29 e 30 valgono anche per i redditi agrari. Per i terreni condotti in affitto o in forma associata le denunce di cui all'art. 30 possono essere presentate anche dall'affittuario o da uno degli associati.

4. Per la determinazione del reddito agrario delle superfici adibite alle colture prodotte in serra o alla funghicoltura si applica la disposizione del comma 4-*bis* dell'art. 25 [*ora art. 28*].

Art. 35. Perdite per mancata coltivazione e per eventi naturali. – 1. Nelle **ipotesi** previste dall'**art. 28** [*ora art. 31*] il **reddito agrario** si considera **inesistente**.

Art. 36. Reddito dei fabbricati. – 1. Il reddito dei fabbricati è costituito dal **reddito medio ordinario** ritraibile da **ciascuna unità immobiliare urbana**.

2. Per unità immobiliari urbane si intendono i fabbricati e le altre costruzioni stabili o le loro porzioni suscettibili di reddito autonomo. Le aree occupate dalle costruzioni e quelle che ne costituiscono pertinenze si considerano parti integranti delle unità immobiliari.

3. Non si considerano produttive di reddito, se non sono oggetto di locazio-

ne, le unità immobiliari destinate esclusivamente all'esercizio del culto, compresi i monasteri di clausura, purché compatibile con le disposizioni degli artt. 8 e 19 della Costituzione e le loro pertinenze. Non si considerano, altresì, produttive di reddito le unità immobiliari per le quali sono state rilasciate licenze, concessioni o autorizzazioni per restauro, risanamento conservativo o ristrutturazione edilizia, limitatamente al periodo di validità del provvedimento durante il quale l'unità immobiliare non è comunque utilizzata.

3-*bis*. Il reddito imputabile a ciascun condomino derivante dagli immobili di cui all'art. 1117, n. 2, c.c. del codice civile oggetto di proprietà comune, cui è attribuito o attribuibile un'autonoma rendita catastale, non concorre a formare il reddito del contribuente se d'importo non superiore a euro 25,82.

Art. 37. Determinazione del reddito dei fabbricati. – 1. Il **reddito medio ordinario** delle **unità immobiliari** è determinato mediante l'applicazione delle **tariffe d'estimo**, stabilite secondo le norme della legge catastale per ciascuna categoria e classe, ovvero, per i fabbricati a destinazione speciale o particolare, mediante stima diretta.

2. Le tariffe d'estimo e i redditi dei fabbricati a destinazione speciale o particolare sono sottoposti a revisione quando se ne manifesti l'esigenza per sopravvenute variazioni di carattere permanente nella capacità di reddito delle unità immobiliari e comunque ogni dieci anni. La revisione è disposta con decreto del Ministro delle finanze previo parere della Commissione censuaria centrale e può essere effettuata per singole zone censuarie. Prima di procedervi gli uffici tecnici erariali devono sentire i comuni interessati.

3. Le modificazioni derivanti dalla revisione hanno effetto dall'anno di pubblicazione nella Gazzetta Ufficiale del nuovo prospetto delle tariffe, ovvero, nel caso di stima diretta, dall'anno in cui è stato notificato il nuovo reddito al possessore iscritto in catasto. Se la pubblicazione o notificazione avviene oltre il mese precedente quello stabilito per il versamento dell'acconto di imposta, le modificazioni hanno effetto dall'anno successivo.

4. Il reddito delle unità immobiliari non ancora iscritte in catasto è determinato comparativamente a quello delle unità similari già iscritte.

4-*bis*. Qualora il **canone** risultante dal **contratto** di **locazione**, **ridotto** forfetariamente del **5 per cento**, sia **superiore** al **reddito medio ordinario** di cui al comma 1, il **reddito** è determinato in misura **pari** a quella del **canone** di **locazione** al **netto** di tale **riduzione**. Per i fabbricati siti nella città di Venezia centro e nelle isole della Giudecca, di Murano e di Burano, la riduzione è elevata al 25 per cento. Per gli immobili riconosciuti di interesse storico o artistico, ai sensi dell'art. 10 del codice di cui al decreto legislativo 22 gennaio 2004, n. 42, la riduzione è elevata al 35 per cento.

4-*ter*. Comma abrogato.

4-*quater*. Comma abrogato.

Art. 38. Variazioni del reddito dei fabbricati. – 1. Se per un **triennio** il reddito lordo effettivo di una unità immobiliare **differisce** dalla rendita catastale per **almeno** il **50 per cento** di questa, l'ufficio tecnico erariale, su segnalazione dell'ufficio delle imposte o del comune o su domanda del contribuente, procede a **verifica** ai fini del diverso classamento dell'unità immobiliare, ovvero, per i fabbricati a destinazione speciale o particolare, della nuova determinazione della rendita. Il reddito lordo effettivo è costituito dai canoni di locazione risultanti dai relativi contratti; in mancanza di questi, è determinato comparativamente ai canoni di locazione di unità immobiliari aventi caratteristiche similari e ubicate nello stesso fabbricato o in fabbricati vicini.

2. Se la verifica interessa un numero elevato di unità immobiliari di una zona censuaria, il Ministro delle finanze, previo parere della Commissione censuaria centrale, dispone per l'intera zona la revisione del classamento e la stima diretta dei redditi dei fabbricati a destinazione speciale o particolare.

Art. 39. Decorrenza delle variazioni. – 1. Le variazioni del reddito risultanti dalle revisioni effettuate a norma dell'art. 38 hanno effetto dal 1° gennaio dell'anno successivo al triennio in cui si sono verificati i presupposti per la revisione.

Art. 40. Fabbricati di nuova costruzione. – 1. Il reddito dei fabbricati di nuova costruzione **concorre** a formare il **reddito** complessivo dalla **data** in cui il fabbricato è divenuto **atto all'uso** cui è destinato **o** è stato comunque **utilizzato** dal possessore.

Art. 41. Unità immobiliari non locate. – 1. Se le **unità immobiliari ad uso di abitazione**, possedute **in aggiunta a quelle** adibite ad **abitazione principale** del possessore o di suoi familiari o all'esercizio di arti e professioni o di imprese commerciali da parte degli stessi, sono utilizzate direttamente, anche **come residenze secondarie**, dal possessore o da suoi familiari o sono comunque tenute a propria disposizione, il **reddito** è **aumentato** di **un terzo**.

Art. 42. Costruzioni rurali. – 1. **Non** si considerano **produttive** di **reddito** di fabbricati le **costruzioni** o porzioni di costruzioni rurali, e relative pertinenze, appartenenti al possessore o all'affittuario dei terreni cui servono e **destinate**:

a) alla **abitazione** delle **persone addette** alla **coltivazione** della terra, alla **custodia** dei fondi, del bestiame e degli edifici rurali e alla vigilanza dei lavoratori agricoli, nonché dei familiari conviventi a loro carico, sempre che le caratteristiche dell'immobile siano rispondenti alle esigenze delle attività esercitate;

b) al **ricovero** degli **animali** di cui alla lettera b) del comma 2 dell'art. 32 e di quelli occorrenti per la coltivazione;

c) alla **custodia** delle **macchine**, degli **attrezzi** e delle **scorte** occorrenti per la coltivazione;

d) alla **protezione** delle **piante**, alla **conservazione** dei **prodotti agricoli** e alle **attività** di manipolazione e trasformazione di cui alla lettera c) del comma 2 dell'art. 29 [*ora art. 32*].

Art. 43. Immobili non produttivi di reddito fondiario. – 1. **Non** si considerano produttivi di reddito fondiario gli **immobili** relativi ad **imprese commerciali** e quelli che costituiscono **beni strumentali** per l'esercizio di **arti e professioni**.

2. Ai fini delle imposte sui redditi si considerano **strumentali** gli **immobili utilizzati esclusivamente** per l'**esercizio** dell'**arte** o **professione** o dell'**impresa commerciale** da parte del **possessore**. Gli immobili relativi ad imprese commerciali che per le loro caratteristiche **non** sono **suscettibili** di **diversa utilizzazione** senza radicali trasformazioni si considerano **strumentali** anche se non utilizzati o anche se dati in locazione o comodato, salvo quanto disposto nell'art. 65, comma 1. Si considerano, altresì, strumentali gli immobili di cui all'ultimo periodo del comma 1-*bis* dell'art. 95 per il medesimo periodo temporale ivi indicato.

Capo III
Redditi di capitale

Art. 44. Redditi di capitale. – 1. Sono redditi di capitale:

a) gli **interessi** e altri **proventi** derivanti da **mutui**, **depositi** e **conti correnti**;

b) gli **interessi** e gli **altri proventi** delle **obbligazioni** e **titoli similari**, degli altri titoli diversi dalle azioni e titoli similari, nonché dei certificati di massa;

c) le **rendite perpetue** e le prestazioni annue perpetue di cui agli artt. 1861 e 1869 del codice civile;

d) i **compensi** per prestazioni di **fideiussione** o di altra **garanzia**;

d-*bis*) i proventi derivanti da prestiti erogati per il tramite di piattaforme di prestiti per soggetti finanziatori non professionali (*piattaforme di Peer to Peer Lending*) gestite da società iscritte all'albo degli intermediari finanziari di cui all'articolo 106 del testo unico delle leggi in materia bancaria e creditizia, di cui al decreto legislativo 1 settembre 1993, n. 385, o da istituti di pagamento rientranti nell'ambito di applicazione dell'articolo 114 del medesimo testo unico di cui al decreto legislativo n. 385 del 1993, autorizzati dalla Banca d'Italia;

e) gli **utili derivanti** dalla **partecipazione** al capitale o al patrimonio di **società** ed **enti soggetti** all'**imposta** sul **reddito** delle **società**, salvo il disposto della lettera d) del comma 2 dell'art. 53; è ricompresa tra gli utili la remunerazione dei finanziamenti eccedenti di cui all'art. 98 direttamente erogati dal socio o dalle sue parti correlate, anche in sede di accertamento;

f) gli **utili derivanti** da **associazioni in partecipazione** e dai contratti indicati nel primo comma dell'art. 2554 del codice civile, salvo il disposto della lettera c) del comma 2 dell'art. 53;

g) i **proventi derivanti** dalla **gestione**, nell'interesse collettivo di pluralità di soggetti, di masse patrimoniali costituite con **somme** di **denaro** e **beni** affidati da terzi o provenienti dai relativi investimenti;

g-*bis*) i **proventi** derivanti da riporti e **pronti contro termine** su titoli e valute;

g-*ter*) i proventi derivanti dal mutuo di titoli garantito;

g-*quater*) i **redditi** compresi nei **capitali corrisposti** in dipendenza di contratti di **assicurazione** sulla **vita** e di **capitalizzazione**;

g-*quinquies*) i **redditi** derivanti dai **rendimenti** delle **prestazioni pensionistiche** di cui alla lettera h-*bis*) del comma 1 dell'art. 50 erogate in forma periodica e delle **rendite vitalizie** aventi funzione previdenziale;

g-*sexies*) i **redditi** imputati al **beneficiario** di **trust** ai sensi dell'art. 73, comma 2, anche se non residenti, nonché i redditi corrisposti a residenti italiani da trust e istituti aventi analogo contenuto, stabiliti in Stati e territori che con riferimento al trattamento dei redditi prodotti dal trust si considerano a fiscalità privilegiata ai sensi dell'art. 47-*bis*, anche qualora i percipienti residenti non possano essere considerati beneficiari individuati ai sensi dell'art. 73;

h) gli **interessi** e gli **altri proventi** derivanti da altri **rapporti** aventi per oggetto l'**impiego** del **capitale**, **esclusi** i rapporti attraverso cui possono essere realizzati **differenziali positivi** e **negativi** in dipendenza di un **evento incerto.**

2. Ai fini delle imposte sui redditi:

a) si considerano similari alle azioni, i titoli e gli strumenti finanziari emessi da società ed enti di cui all'art. 73, comma 1, lettere a), b) e d), la cui remunerazione è costituita totalmente dalla partecipazione ai risultati economici della società emittente o di altre società appartenenti allo stesso gruppo o dell'affare in relazione al quale i titoli e gli strumenti finanziari sono stati emessi. Le partecipazioni al capitale o al patrimonio, nonché i titoli e gli strumenti finanziari di cui al periodo precedente emessi da società ed enti di cui all'art. 73, comma 1, lettera d), si considerano similari alle azioni a condizione che la relativa remunerazione sia totalmente indeducibile nella determinazione del reddito nello Stato estero di residenza del soggetto emittente; a tale fine l'indeducibilità deve risultare da una dichiarazione dell'emittente stesso o da altri elementi certi e precisi;

b) lettera abrogata;

c) si considerano similari alle obbligazioni:

1) i buoni fruttiferi emessi da società esercenti la vendita a rate di autoveicoli, autorizzate ai sensi dell'art. 29 del regio decreto-legge 15 marzo 1927, n. 436, convertito nella legge 19 febbraio 1928, n. 510;

2) i titoli di massa che contengono l'obbligazione incondizionata di pagare alla scadenza una somma non inferiore a quella in essi indicata, con o senza la corresponsione di proventi periodici, e che non attribuiscono ai possessori alcun diritto di partecipazione diretta o indiretta alla gestione dell'impresa emittente o dell'affare in relazione al quale siano stati emessi, né di controllo sulla gestione stessa.

Art. 45. Determinazione del reddito di capitale. – 1. Il reddito di capitale è costituito dall'ammontare degli **interessi**, **utili** o **altri proventi percepiti** nel **periodo** di **imposta**, **senza** alcuna **deduzione**. Nei redditi di cui alle lettere a), b), f), e g) del comma 1 dell'art. 44 è compresa anche la **differenza tra** la **somma percepita** o il **valore normale** dei **beni ricevuti** alla scadenza **e** il **prezzo** di **emissione** o la **somma impiegata**, apportata o affidata in gestione, **ovvero** il **valore normale** dei **beni impiegati**, apportati od affidati in gestione. I proventi di cui alla lettera g) del comma 1 dell'art. 41 [*ora art. 44*] sono determinati valutando le somme impiegate, apportate o affidate in gestione nonché le somme percepite o il valore normale dei beni ricevuti, rispettivamente, secondo il cambio del giorno in cui le somme o i valori sono impiegati o incassati. Qualora la differenza tra la somma percepita od il valore normale dei beni ricevuti alla scadenza e il prezzo di emissione dei titoli o certificati indicati nella lettera b) del comma 1 dell'art. 41 [*ora art. 44*] sia determinabile in tutto od in parte in funzione di eventi o di parametri non ancora certi o determinati alla data di emissione dei titoli o certificati, la parte di detto importo, proporzionalmente riferibile al periodo di tempo intercorrente fra la data di emissione e quella in cui l'evento od il parametro assumono rilevanza ai fini della determinazione della differenza, si considera interamente maturata in capo al possessore a tale ultima data. I proventi di cui alla lettera g-*bis*) del comma 1 dell'art. 41 [*ora art. 44*] sono costituiti dalla differenza positiva tra i corrispettivi globali di trasferimento dei titoli e delle valute. Da tale differenza si scomputano gli interessi e gli altri proventi dei titoli, non rappresentativi di partecipazioni, maturati nel periodo di durata del rapporto, con esclusione dei redditi esenti dalle Imposte sui redditi. I corrispettivi a pronti e a termine espressi in valuta estera sono valutati, rispettivamente, secondo il cambio del giorno in cui sono pagati o incassati. Nei proventi di cui alla lettera g-*ter*) si comprende, oltre al compenso per il mutuo, anche il controvalore degli interessi e degli altri proventi dei titoli, non rappresentativi di partecipazioni, maturati nel periodo di durata del rapporto.

2. Per i **capitali dati a mutuo gli interessi**, salvo prova contraria, **si presumono percepiti** alle **scadenze** e nella **misura pattuite per iscritto**. **Se** le scadenze **non** sono **stabilite per iscritto** gli **interessi si presumono percepiti nell'ammontare maturato nel periodo di imposta**. Se la misura non è determinata per iscritto gli interessi si computano al saggio legale.

3. Per i contratti di conto corrente e per le operazioni bancarie regolate in conto corrente si considerano percepiti anche gli interessi compensati a norma di legge o di contratto.

4. I capitali corrisposti in dipendenza

di contratti di assicurazione sulla vita e di capitalizzazione costituiscono reddito per la parte corrispondente alla differenza tra l'ammontare percepito e quello dei premi pagati. Si considera corrisposto anche il capitale convertito in rendita a seguito di opzione. La predetta disposizione non si applica in ogni caso alle prestazioni erogate in forma di capitale ai sensi del D.Lgs. 21 aprile 1993, n. 124, e successive modificazioni ed integrazioni.

4-*bis*. Comma abrogato.

4-*ter*. I redditi di cui alla lettera g-*quinquies*) del comma 1 dell'art. 41 [*ora art. 44*] sono costituiti dalla differenza tra l'importo di ciascuna rata di rendita o di prestazione pensionistica erogata e quello della corrispondente rata calcolata senza tener conto dei rendimenti finanziari.

4-*quater*. Qualora in relazione alle attribuzioni di trust esteri, nonché di istituti aventi analogo contenuto, a beneficiari residenti in Italia, non sia possibile distinguere tra redditi e patrimonio, l'intero ammontare percepito costituisce reddito.

Art. 46. Versamenti dei soci. – 1. Le **somme versate alle società commerciali** e agli **enti** di cui all'art. 73, comma 1, lettera b), dai loro **soci o partecipanti** si considerano **date a mutuo se** dai bilanci o dai rendiconti di tali soggetti **non risulta** che il versamento è stato fatto ad **altro titolo**.

2. La disposizione del comma 1 vale anche per le somme versate alle associazioni e ai consorzi dai loro associati o partecipanti.

Art. 47. Utili da partecipazione. – 1. Indipendentemente dalla delibera assembleare, **si presumono prioritariamente distribuiti l'utile dell'esercizio e le riserve** diverse da quelle del comma 5 per la quota di esse non accantonata in sospensione di imposta.

2. **Nel caso di contratti di cui all'articolo 109, comma 9, lettera *b)*, se l'associante determina il reddito in base alle disposizioni di cui all'articolo 66, gli utili concorrono alla formazione del reddito imponibile complessivo dell'associato nella misura del 58,14 per cento, qualora l'apporto sia superiore al 25 per cento della somma delle rimanenze finali di cui agli articoli 92 e 93 e del costo complessivo dei beni ammortizzabili determinato con i criteri di cui all'articolo 110 al netto dei relativi ammortamenti.** Per i contratti stipulati con associanti non residenti, la disposizione del periodo precedente si applica nel rispetto delle condizioni indicate nell'articolo 44, comma 2, lettera *a)*, ultimo periodo; ove tali condizioni non siano rispettate le remunerazioni concorrono alla formazione del reddito per il loro intero ammontare.

3. Nel caso di distribuzione di **utili in natura**, il **valore imponibile** è determinato in relazione al **valore normale** degli stessi alla data individuata dalla lettera a) del comma 2 dell'art. 109.

4. Nonostante quanto previsto dai commi precedenti, **concorrono integralmente alla formazione del reddito imponibile gli utili provenienti da imprese o enti residenti o localizzati in Stati o territori a regime fiscale privilegiato individuati in base ai criteri di cui all'art. 47-*bis*, comma 1;** a tali fini, si considerano provenienti da imprese o enti residenti o localizzati in Stati o territori a regime fiscale privilegiato gli **utili relativi al possesso di partecipazioni dirette in tali soggetti o di partecipazioni di controllo, ai sensi del comma 2 dell'articolo 167, in società residenti all'estero che conseguono utili dalla partecipazione in imprese o enti residenti o localizzati in Stati o territori a regime privilegiato e nei limiti di tali utili.** Le disposizioni di cui al periodo precedente **non si applicano** nel caso in cui **gli stessi utili siano già stati imputati al socio** ai sensi del comma 6 dell'art. 167 **o** sia dimostrato, anche a seguito

dell'esercizio dell'**interpello di cui al comma 3, dell'art. 47-*bis*, il rispetto, sin dal primo periodo di possesso della partecipazione, della condizione di cui al comma 2, letta b), del medesimo articolo. Ove la dimostrazione operi in applicazione della lettera a) del comma 2 del medesimo art. 47-*bis*,** per gli utili di cui ai periodi precedenti, è riconosciuto al soggetto controllante ai sensi del comma 2 dell'articolo 167, residente nel territorio dello Stato, ovvero alle sue controllate residenti percipienti gli utili, **un credito d'imposta ai sensi dell'art. 165** in ragione delle imposte assolte dalla impresa o ente partecipato sugli utili maturati durante il periodo di possesso della partecipazione, in proporzione degli utili conseguiti e nei limiti dell'imposta italiana relativa a tali utili. Ai soli fini dell'applicazione dell'imposta, l'ammontare del credito d'imposta di cui al periodo precedente è computato in aumento del reddito complessivo. Se nella dichiarazione è stato omesso soltanto il computo del credito d'imposta in aumento del reddito complessivo, si può procedere di ufficio alla correzione anche in sede di liquidazione dell'imposta dovuta in base alla dichiarazione dei redditi. **Qualora il contribuente intenda far valere la sussistenza, sin dal primo periodo di possesso della partecipazione, della condizione indicata nella lettera b) del comma 2 dell'art. 47-*bis* ma non abbia presentato l'istanza di interpello prevista dal comma 3 del medesimo articolo ovvero, avendola presentata, non abbia ricevuto risposta favorevole, la percezione di utili provenienti da partecipazioni in imprese o enti esteri localizzati in Stati o territori a regime fiscale privilegiato individuati in base ai criteri di cui all'art. 47-*bis*, comma 1, deve essere segnalata nella dichiarazione dei redditi da parte del socio residente**; nei casi di mancata o incompleta indicazione nella dichiarazione dei redditi si applica la sanzione amministrativa prevista dall'art. 8, comma 3-*ter*, del decreto legislativo 18 dicembre 1997, n. 471. Le disposizioni di cui al periodo precedente si applicano anche alle remunerazioni di cui all'art. 109, comma 9, lettera b), relative a contratti stipulati con associanti residenti nei predetti Paesi o territori.

5. **Non** costituiscono **utili** le **somme** e i beni ricevuti dai soci delle società soggette all'imposta sul reddito delle società a titolo di ripartizione di riserve o altri fondi costituiti con sopraprezzi di emissione delle azioni o quote, con interessi di conguaglio versati dai sottoscrittori di nuove azioni o quote, con **versamenti** fatti dai **soci a fondo perduto o in conto capitale** e con **saldi di rivalutazione monetaria esenti da imposta**; tuttavia le somme o il valore normale dei beni ricevuti riducono il costo fiscalmente riconosciuto delle azioni o quote possedute.

6. In caso di **aumento** del **capitale** sociale mediante **passaggio** di **riserve** o altri fondi a capitale le azioni gratuite di nuova emissione e l'**aumento gratuito** del valore nominale delle azioni o quote già emesse **non** costituiscono **utili** per i soci. Tuttavia se e nella misura in cui l'aumento è avvenuto mediante passaggio a capitale di **riserve o fondi diversi** da quelli indicati nel comma 5, la **riduzione** del **capitale** esuberante successivamente deliberata è considerata **distribuzione** di **utili**; la riduzione si imputa con precedenza alla parte dell'aumento complessivo di capitale derivante dai passaggi a capitale di riserve o fondi diversi da quelli indicati nel comma 5, a partire dal meno recente, ferme restando le norme delle leggi in materia di rivalutazione monetaria che dispongono diversamente.

7. Le **somme** o il **valore normale** dei **beni** ricevuti dai **soci** in caso di **recesso**, di **esclusione**, di **riscatto** e di **riduzione** del **capitale** esuberante o di liquidazione anche concorsuale delle società ed enti costituiscono **utile** per la **parte che**

eccede il **prezzo pagato** per l'acquisto o la sottoscrizione delle azioni o quote annullate.

8. Le disposizioni del presente articolo valgono, in quanto applicabili, anche per gli utili derivanti dalla partecipazione in enti, diversi dalle società, soggetti all'imposta di cui al titolo II.

Art. 47-*bis*. Disposizioni in materia di regimi fiscali privilegiati. – 1. I regimi fiscali di Stati o territori, diversi da quelli appartenenti all'Unione europea ovvero da quelli aderenti allo Spazio economico europeo con i quali l'Italia abbia stipulato un accordo che assicuri un effettivo scambio di informazioni, si considerano privilegiati:

a) nel caso in cui l'impresa o l'ente non residente o non localizzato in Italia sia sottoposto a controllo ai sensi dell'articolo 167, comma 2, da parte di un partecipante residente o localizzato in Italia, laddove si verifichi la condizione di cui al comma 4, lettera a), del medesimo articolo 167;

b) in mancanza del requisito del controllo di cui alla lettera a), laddove il livello nominale di tassazione risulti inferiore al 50 per cento di quello applicabile in Italia. A tali fini, tuttavia, si tiene conto anche di regimi speciali che non siano applicabili strutturalmente alla generalità dei soggetti svolgenti analoga attività dell'impresa o dell'ente partecipato, che risultino fruibili soltanto in funzione delle specifiche caratteristiche soggettive o temporali del beneficiario e che, pur non incidendo direttamente sull'aliquota, prevedano esenzioni o altre riduzioni della base imponibile idonee a ridurre il prelievo nominale al di sotto del predetto limite e sempreché, nel caso in cui il regime speciale riguardi solo particolari aspetti dell'attività economica complessivamente svolta dal soggetto estero, l'attività ricompresa nell'ambito di applicazione del regime speciale risulti prevalente, in termini di ricavi ordinari, rispetto alle altre attività svolte dal citato soggetto.

2. Ai fini dell'applicazione delle disposizioni del presente testo unico che fanno riferimento ai regimi fiscali privilegiati di cui al comma 1, il soggetto residente o localizzato nel territorio dello Stato che detenga, direttamente o indirettamente, partecipazioni di un'impresa o altro ente, residente o localizzato in Stati o territori a regime fiscale privilegiato individuati in base ai criteri di cui al comma 1, può dimostrare che:

a) il soggetto non residente svolga un'attività economica effettiva, mediante l'impiego di personale, attrezzature, attivi e locali;

b) dalle partecipazioni non consegua l'effetto di localizzare i redditi in Stati o territori a regime fiscale privilegiato di cui al comma 1.

3. Ai fini del comma 2, il contribuente può interpellare l'amministrazione ai sensi dell'articolo 11, comma 1, lettera b), della legge 27 luglio 2000, n. 212.

Art. 48. Redditi imponibili ad altro titolo. – 1. **Non** costituiscono **redditi** di **capitale** gli **interessi**, gli **utili** e gli altri **proventi** di cui ai precedenti articoli **conseguiti** dalle **società** e dagli **enti** di cui all'**art. 73**, comma 1, lettere a) e b), e dalle **stabili organizzazioni** dei soggetti di cui alla lettera d) del medesimo comma, nonché quelli conseguiti nell'esercizio di imprese commerciali.

2. I proventi di cui al comma 1, **quando non** sono soggetti a **ritenuta alla fonte a titolo di imposta o ad imposta sostitutiva**, concorrono a formare il reddito complessivo come componenti del **reddito d'impresa**.

CAPO IV

REDDITI DI LAVORO DIPENDENTE

Art. 49. Redditi di lavoro dipendente. – 1. Sono redditi di lavoro dipendente quelli che derivano da **rapporti** aventi per **oggetto** la **prestazione** di **lavoro**, con qualsiasi qualifica, alle **dipendenze** e **sotto** la **direzione** di **altri**, compreso il lavoro a domicilio quando è considerato lavoro dipendente secondo le norme della legislazione sul lavoro.

2. Costituiscono, **altresì**, redditi di lavoro dipendente:

a) le **pensioni** di ogni genere e gli assegni ad esse equiparati;

b) le somme di cui all'art. 429, ultimo comma, del codice di procedura civile.

Art. 50. Redditi assimilati a quelli di lavoro dipendente. – 1. Sono assimilati ai redditi di lavoro dipendente:

a) i **compensi percepiti**, entro i limiti dei salari correnti maggiorati del 20 per cento, dai **lavoratori soci** delle **cooperative** di produzione e lavoro, delle cooperative di servizi, delle cooperative agricole e di prima trasformazione dei prodotti agricoli e delle cooperative della piccola pesca;

b) le **indennità** e i **compensi** percepiti a carico di terzi dai prestatori di lavoro dipendente per incarichi svolti in relazione a tale qualità, ad esclusione di quelli che per clausola contrattuale devono essere riversati al datore di lavoro e di quelli che per legge devono essere riversati allo Stato;

c) le somme da chiunque corrisposte a titolo di **borsa di studio** o di assegno, premio o sussidio per fini di studio o di addestramento professionale, se il beneficiario non è legato da rapporti di lavoro dipendente nei confronti del soggetto erogante;

c-*bis*) le somme e i valori in genere, a qualunque titolo percepiti nel periodo d'imposta, anche sotto forma di erogazioni liberali, in relazione agli uffici di **amministratore**, **sindaco** o **revisore di società, associazioni e altri enti con o senza personalità giuridica**, alla **collaborazione a giornali**, **riviste**, enciclopedie e simili, alla partecipazione a collegi e commissioni, nonché quelli percepiti in relazione ad altri rapporti di collaborazione aventi per oggetto la prestazione di attività svolte senza vincolo di subordinazione a favore di un determinato soggetto nel quadro di un rapporto unitario e continuativo senza impiego di mezzi organizzati e con retribuzione periodica prestabilita, sempreché gli uffici o le collaborazioni **non** rientrino nei **compiti istituzionali** compresi nell'attività di lavoro dipendente di cui all'art. 46 [*ora art. 49*], comma 1, concernente **redditi di lavoro dipendente**, o nell'**oggetto** dell'**arte** o **professione** di cui all'art. 49 [*ora art. 53*], comma 1, concernente **redditi** di **lavoro autonomo**, esercitate dal contribuente;

d) le remunerazioni dei sacerdoti, di cui agli artt. 24, 33, lettera a), e 34 della legge 20 maggio 1985, n. 222, nonché le congrue e i supplementi di congrua di cui all'art. 33, primo comma, della legge 26 luglio 1974, n. 343;

e) i compensi per l'attività libero professionale intramuraria del personale dipendente del Servizio sanitario nazionale, del personale di cui all'art. 102 del decreto del Presidente della Repubblica 11 luglio 1980, n. 382 e del personale di cui all'art. 6, comma 5, del decreto legislativo 30 dicembre 1992, n. 502 e successive modificazioni, nei limiti e alle condizioni di cui all'art. 1, comma 7, della legge 23 dicembre 1996, n. 662;

f) le indennità, i gettoni di presenza e gli altri compensi corrisposti dallo Stato, dalle regioni, dalle province e dai comuni per l'esercizio di pubbliche funzioni, sempreché le prestazioni non siano rese da soggetti che esercitano un'arte o professione di cui all'art. 49 [*ora art. 53*], comma 1, e non siano state effettuate nell'esercizio di impresa commerciale, nonché i compensi corrisposti ai membri delle commissioni tributarie, agli esperti del tribunale di sorveglianza, ad esclusione di quelli che per legge devono essere riversati allo Stato, e ai magistrati onorari del contingente ad esaurimento confermati ai sensi dell'articolo 29 del decreto legislativo 13 luglio 2017, n. 116;

g) le indennità di cui all'art. 1 della legge 31 ottobre 1965, n. 1261, e all'art. 1 della legge 13 agosto 1979, n. 384, percepite dai membri del Parlamento nazionale e del Parlamento europeo e le indennità, comunque denominate, percepite per le cariche elettive e per le funzioni di cui agli artt. 114 e 135 della Costituzione e alla legge 27 dicembre 1985, n. 816 nonché i conseguenti assegni vitalizi percepiti in dipendenza dalla cessazione delle suddette cariche elettive e funzioni e l'assegno del Presidente della Repubblica;

h) le rendite vitalizie e le rendite a tempo determinato, costituite a titolo oneroso, diverse da quelle aventi funzione previdenziale. Le rendite aventi funzione previdenziale sono quelle derivanti da contratti di assicurazione sulla vita stipulati con imprese autorizzate dall'Istituto per la vigilanza sulle assicurazioni private (ISVAP) ad operare nel territorio dello Stato, o quivi operanti in regime di stabilimento o di prestazioni di servizi, che non consentano il riscatto della rendita successivamente all'inizio dell'erogazione;

h-*bis*) le prestazioni pensionistiche di cui al decreto legislativo 21 aprile 1993, n. 124, comunque erogate;

i) gli altri assegni periodici, comunque denominati, alla cui produzione non concorrono attualmente né capitale né lavoro, compresi quelli indicati alle lettere c) e d) del comma 1 dell'art. 10 tra gli oneri deducibili ed esclusi quelli indicati alla lettera c) del comma 1 dell'art. 41 [*ora art. 44*];

l) i compensi percepiti dai soggetti impegnati in lavori socialmente utili in conformità a specifiche disposizioni normative.

2. I redditi di cui alla lettera a) del comma 1 sono assimilati ai redditi di lavoro dipendente a condizione che la cooperativa sia iscritta nel registro prefettizio o nello schedario generale della cooperazione, che nel suo statuto siano inderogabilmente indicati i principi della mutualità stabiliti dalla legge e che tali principi siano effettivamente osservati.

3. Per i redditi indicati alle lettere e), f), g), h) e i) del comma 1 l'assimilazione ai redditi di lavoro dipendente non comporta le detrazioni previste dall'art. 13 [*ora art. 14*].

Art. 51. Determinazione del reddito di lavoro dipendente. – 1. Il reddito di lavoro dipendente è costituito da tutte le **somme** e i **valori in genere**, a **qualunque titolo percepiti** nel **periodo** d'**imposta**, **anche** sotto forma di **erogazioni liberali**, in relazione al rapporto di lavoro. Si considerano percepiti nel periodo d'imposta anche le somme e i valori in genere, corrisposti dai datori di lavoro entro il giorno 12 del mese di gennaio del periodo d'imposta successivo a quello cui si riferiscono.

2. **Non concorrono** a formare il reddito:

a) i **contributi previdenziali** e **assistenziali** versati dal datore di lavoro o dal lavoratore in ottemperanza a disposizioni di legge; i **contributi di assistenza sanitaria** versati dal datore di lavoro o dal lavoratore ad enti o casse aventi esclusivamente fine assistenziale in conformità a disposizioni di contratto o di accordo o di regolamento aziendale, che operino negli ambiti di intervento stabiliti con il decreto del Ministro della salute di cui all'art. 10, comma 1, lettera e-*ter*), per un importo non superiore complessivamente ad euro 3.615,20. Ai fini del calcolo del predetto limite si tiene conto anche dei contributi di assistenza sanitaria versati ai sensi dell'art. 10, comma 1, lettera e-*ter*);

b) lettera abrogata;

c) le **somministrazioni** di **vitto** da parte del datore di lavoro, nonché quelle in **mense** organizzate direttamente dal datore di lavoro o gestite da terzi; le prestazioni sostitutive delle somministrazioni di vitto fino all'importo complessivo giornaliero di euro 4, aumentato a euro 8 nel caso in cui le stesse siano rese in forma elettronica; le indennità sostitutive delle somministrazioni di vitto corrisposte agli addetti ai cantieri edili, ad altre strutture lavorative a carattere temporaneo o ad unità produttive ubicate in zone dove manchino strutture o servizi di ristorazione fino all'importo complessivo giornaliero di euro 5,29;

d) le prestazioni di servizi di **trasporto collettivo** alla generalità o a categorie di dipendenti; anche se affidate a terzi ivi compresi gli esercenti servizi pubblici;

d-*bis*) le somme erogate o rimborsate alla generalità o a categorie di dipendenti dal datore di lavoro o le spese da quest'ultimo direttamente sostenute, volontariamente o in conformità a disposizioni di contratto, di accordo o di regolamento aziendale, per l'acquisto degli abbonamenti per il trasporto pubblico locale, regionale e interregionale del dipendente e dei familiari indicati nell'articolo 12 che si trovano nelle condizioni previste nel comma 2 del medesimo articolo 12;

e) i compensi reversibili di cui alle lettere b) ed f) del comma 1 dell'art. 47 [*ora art. 50*];

f) l'utilizzazione delle opere e dei servizi riconosciuti dal datore di lavoro volontariamente o in conformità a disposizioni di contratto o di accordo o di regolamento aziendale, offerti alla generalità dei dipendenti o a categorie di dipendenti e ai familiari indicati nell'articolo 12 per le finalità di cui al comma 1 dell'art. 100;

f-*bis*) le somme, i servizi e le prestazioni erogati dal datore di lavoro alla generalità dei dipendenti o a categorie di dipendenti per la fruizione, da parte dei familiari indicati nell'art. 12, dei servizi di educazione e istruzione anche in età prescolare, compresi i servizi integrativi e di mensa ad essi connessi, nonché per la frequenza di ludoteche e di centri estivi e invernali e per borse di studio a favore dei medesimi familiari;

f-*ter*) le somme e le prestazioni erogate dal datore di lavoro alla generalità dei dipendenti o a categorie di dipendenti per la fruizione dei servizi di assistenza ai familiari anziani o non autosufficienti indicati nell'art. 12;

f-*quater*) i contributi e i premi versati dal datore di lavoro a favore della generalità dei dipendenti o di categorie di dipendenti per prestazioni, anche in forma assicurativa, aventi per oggetto il rischio di non autosufficienza nel compimento degli atti della vita quotidiana, le cui caratteristiche sono definite dall'art. 2, comma 2, lettera d), numeri 1) e 2), del decreto del Ministro del lavoro, della salute e delle politiche sociali 27 ottobre 2009, pubblicato nella Gazzetta Ufficiale n. 12 del 16 gennaio 2010, o aventi per oggetto il rischio di gravi patologie;

g) il valore delle azioni offerte alla generalità dei dipendenti per un importo non superiore complessivamente nel periodo d'imposta a euro 2.065,83, a condizione che non siano riacquistate dalla società emittente o dal datore di lavoro o comunque cedute prima che siano trascorsi almeno tre anni dalla percezione; qualora le azioni siano cedute prima del predetto termine, l'importo che non ha concorso a formare il reddito al momento dell'acquisto è assoggettato a tassazione nel periodo d'imposta in cui avviene la cessione;

g-*bis*) lettera abrogata;

h) le somme trattenute al dipendente per oneri di cui all'art. 10 e alle condizioni ivi previste, nonché le erogazioni effettuate dal datore di lavoro in conformità a contratti collettivi o ad accordi e regolamenti aziendali a fronte delle spese sanitarie di cui allo stesso art. 10, comma 1, lettera b). Gli importi delle predette somme ed erogazioni devono essere attestati dal datore di lavoro;

i) le **mance** percepite dagli impiegati tecnici delle case da gioco (***croupiers***) direttamente o per effetto del riparto a cura di appositi organismi costituiti all'interno dell'impresa nella misura del 25 per cento dell'ammontare percepito nel periodo d'imposta;

i-*bis*) le quote di retribuzione derivanti dall'esercizio, da parte del lavoratore, della facoltà di rinuncia all'accredito contributivo presso l'assicurazione generale obbligatoria per l'invalidità, la vecchiaia ed i superstiti dei lavoratori dipendenti e le forme sostitutive della medesima, per il periodo successivo alla prima scadenza utile per il pensionamento di anzianità, dopo aver maturato i requisiti minimi secondo la vigente normativa.

2-*bis*. Le disposizioni di cui alle lettere g) e g-*bis*) del comma 2 si applicano esclusivamente alle azioni emesse dall'impresa con la quale il contribuente intrattiene il rapporto di lavoro, nonché a quelle emesse da società che direttamente o indirettamente, controllano la medesima impresa, ne sono controllate sono controllate dalla stessa società che controlla l'impresa. La disposizione di cui alla lettera g-*bis*) del comma 2 si rende applicabile esclusivamente quando ricorrano congiuntamente le seguenti condizioni:

a) che l'opzione sia esercitabile non prima che siano scaduti tre anni dalla sua attribuzione;

b) che, al momento in cui l'opzione è esercitabile, la società risulti quotata in mercati regolamentati;

c) che il beneficiario mantenga per almeno i cinque anni successivi all'esercizio dell'opzione un investimento nei titoli oggetto di opzione non inferiore alla differenza tra il valore delle azioni al momento dell'assegnazione e l'ammontare corrisposto dal dipendente. Qualora detti titoli oggetto di investimento siano ceduti o dati in garanzia prima che siano trascorsi cinque anni dalla loro assegnazione, l'importo che non ha concorso a formare il reddito di lavoro dipendente al momento dell'assegnazione è assoggettato a tassazione nel periodo d'imposta in cui avviene la cessione ovvero la costituzione in garanzia.

3. Ai fini della determinazione in denaro dei valori di cui al comma 1, compresi quelli dei beni ceduti e dei servizi prestati al coniuge del dipendente o a familiari indicati nell'art. 12 [*ora art. 13*], o il diritto di ottenerli da terzi, si applicano le disposizioni relative alla determinazione del valore normale dei beni e dei servizi contenute nell'art. 9. Il valore normale dei generi in natura prodotti dall'azienda e ceduti ai dipendenti è determinato in misura pari al prezzo mediamente praticato dalla stessa azienda nelle cessioni al grossista. Non concorre a formare il reddito il valore dei beni ceduti e dei servizi prestati se complessivamente di importo non superiore nel periodo d'imposta a euro 258,23; se il predetto valore è superiore al citato limite, lo stesso concorre interamente a formare il reddito.

3-*bis*. Ai fini dell'applicazione dei commi 2 e 3, l'erogazione di beni, prestazioni, opere e servizi da parte del datore di lavoro può avvenire mediante documenti di legittimazione, in formato cartaceo o elettronico, riportanti un valore nominale.

4. Ai fini dell'applicazione del comma 3:

a) per gli **autoveicoli** indicati nell'art. 54, comma 1, lettere a), c) e m), del codice della strada, di cui al decreto legislativo 30 aprile 1992, n. 285, i motocicli e i ciclomotori di nuova immatricolazione **con valori di emissione di anidride carbonica non superiori a grammi 60 per chilometro** (g/km di CO2), **concessi in uso promiscuo**, con contratti stipulati **a decorrere dal 1°**

luglio 2020, si assume il **25 per cento** dell'importo corrispondente ad una percorrenza convenzionale di 15 mila chilometri calcolato sulla base del **costo chilometrico** di esercizio desumibile dalle tabelle nazionali che l'Automobile club d'Italia deve elaborare entro il 30 novembre di ciascun anno e comunicare al Ministero della economia e delle finanze che provvede alla pubblicazione entro il 31 dicembre, con effetto dal periodo d'imposta successivo, al netto degli ammontari eventualmente trattenuti al dipendente. La predetta percentuale è elevata al 30 per cento per i veicoli con valori di emissione di anidride carbonica superiori a 60 g/km ma non a 160 g/km. Qualora i valori di emissione dei suindicati veicoli siano superiori a 160 g/km ma non a 190 g/km, la predetta percentuale è elevata al 40 per cento per l'anno 2020 e al 50 per cento a decorrere dall'anno 2021. Per i veicoli con valore di emissione di anidride carbonica superiori a 190 g/km, la predetta percentuale è pari al 50 per cento per l'anno 2020 e al 60 per cento a decorrere dall'anno 2021;

b) in caso di concessione di prestiti si assume il 50 per cento della differenza tra l'importo degli interessi calcolato al tasso ufficiale di sconto vigente al termine di ciascun anno e l'importo degli interessi calcolato al tasso applicato sugli stessi. Tale disposizione non si applica per i prestiti stipulati anteriormente al 1° gennaio 1997, per quelli di durata inferiore ai dodici mesi concessi, a seguito di accordi aziendali, dal datore di lavoro ai dipendenti in contratto di solidarietà o in cassa integrazione guadagni o a dipendenti vittime dell'usura ai sensi della legge 7 marzo 1996, n. 108, o ammessi a fruire delle erogazioni pecuniarie a ristori dei danni conseguenti a rifiuto opposto a richieste estorsive ai sensi del decreto-legge 31 dicembre 1991, n. 419, convertito con modificazioni, dalla legge 18 febbraio 1992, n. 172;

c) per i **fabbricati concessi in locazione**, in uso o in comodato, si assume la **differenza** tra la **rendita catastale** del fabbricato **aumentata** di tutte le **spese** inerenti il fabbricato stesso, comprese le utenze non a carico dell'utilizzatore **e quanto corrisposto** per il godimento del fabbricato stesso. Per i fabbricati concessi in concessione all'obbligo di dimorare nell'alloggio stesso, si assume il 30 per cento della predetta differenza. Per i fabbricati che non devono essere iscritti nel catasto si assume la differenza tra il valore del canone di locazione determinato in regime vincolistico o, in mancanza, quello determinato in regime di libero mercato, e quanto corrisposto per il godimento del fabbricato;

c-*bis*) per i servizi di trasporto ferroviario di persone prestati gratuitamente, si assume, al netto degli ammontari eventualmente trattenuti, l'importo corrispondente all'introito medio per passeggero/chilometro, desunto dal Conto nazionale dei trasporti e stabilito con decreto del Ministro delle infrastrutture e dei trasporti, per una percorrenza media convenzionale, riferita complessivamente ai soggetti di cui al comma 3, di 2.600 chilometri. Il decreto del Ministro delle infrastrutture e dei trasporti è emanato entro il 31 dicembre di ogni anno ed ha effetto dal periodo di imposta successivo a quello in corso alla data della sua emanazione.

4-*bis*. Comma abrogato.

5. Le **indennità** percepite per le **trasferte** o le **missioni fuori del territorio comunale concorrono a formare il reddito** per la **parte eccedente euro 46,48 al giorno**, elevate a euro **77,47** per le trasferte all'**estero**, al netto delle spese di viaggio e di trasporto; in caso di rimborso delle spese di alloggio, ovvero di quelle di vitto, o di alloggio o vitto fornito gratuitamente il limite è ridotto di un terzo. Il limite è ridotto di due terzi in caso di rimborso sia delle spese di alloggio che di quelle di vitto. In caso di rim-

borso analitico delle spese per trasferte o missioni fuori del territorio comunale non concorrono a formare il reddito i rimborsi di spese documentate relative al vitto, all'alloggio, al viaggio e al trasporto, nonché i rimborsi di altre spese, anche non documentabili, eventualmente sostenute dal dipendente, sempre in occasione di dette trasferte o missioni, fino all'importo massimo giornaliero di euro 15,49, elevate a euro 25,82 per le trasferte all'estero. Le indennità o i rimborsi di spese per le trasferte nell'ambito del territorio comunale, tranne i rimborsi di spese di trasporto comprovate da documenti provenienti dal vettore, concorrono a formare il reddito.

6. Le indennità e le maggiorazioni di retribuzione spettanti ai lavoratori tenuti per contratto all'espletamento delle attività lavorative in luoghi sempre variabili e diversi, anche se corrisposte con carattere di continuità, le indennità di navigazione e di volo previste dalla legge o dal contratto collettivo, i premi agli ufficiali piloti dell'Esercito italiano, della Marina militare e dell'Aeronautica militare di cui all'art. 1803 del codice dell'ordinamento militare, i premi agli ufficiali piloti del Corpo della Guardia di finanza di cui all'art. 3 della legge 28 febbraio 2000, n. 42 nonché le indennità di cui all'art. 133 del decreto del Presidente della Repubblica 15 dicembre 1959, n. 1229 concorrono a formare il reddito nella misura del 50 per cento del loro ammontare. Con decreto del Ministro delle finanze, di concerto con il Ministro del lavoro e della previdenza sociale, possono essere individuate categorie di lavoratori e condizioni di applicabilità della presente disposizione.

7. Le indennità di trasferimento, quelle di prima sistemazione e quelle equipollenti, non concorrono a formare il reddito nella misura del 50 per cento del loro ammontare per un importo complessivo annuo non superiore a euro 1.549,37 per i trasferimenti all'interno del territorio nazionale e euro 4.648,11 per quelli fuori dal territorio nazionale o a destinazione in quest'ultimo. Se le indennità in questione, con riferimento allo stesso trasferimento, sono corrisposte per più anni, la presente disposizione si applica solo per le indennità corrisposte per il primo anno. Le spese di viaggio, ivi comprese quelle dei familiari fiscalmente a carico ai sensi dell'art. 12 [*ora art. 13*], e di trasporto delle cose, nonché le spese e gli oneri sostenuti dal dipendente in qualità di conduttore, per recesso dal contratto di locazione in dipendenza dell'avvenuto trasferimento della sede di lavoro, se rimborsate dal datore di lavoro e analiticamente documentate, non concorrano a formare il reddito anche se in caso di contemporanea erogazione delle suddette indennità.

8. Gli assegni di sede e le altre indennità percepite per i servizi prestati all'estero costituiscono reddito nella misura del 50 per cento. Se per i servizi prestati all'estero dai dipendenti delle amministrazioni statali la legge prevede la corresponsione di una indennità base e di maggiorazioni ad esse collegate concorre a formare il reddito la sola indennità base nella misura del 50 per cento nonché il 50 per cento delle maggiorazioni percepite fino alla concorrenza ottantasette quarantesimi dell'indennità base o, limitatamente alle indennità di cui all'articolo 1808, comma 1, lettera b), del codice dell'ordinamento militare, di cui al decreto legislativo 15 marzo 2010, n. 66, due volte l'indennità base. Qualora l'indennità per servizi prestati all'estero comprenda emolumenti spettanti anche con riferimento all'attività prestata nel territorio nazionale, la riduzione compete solo sulla parte eccedente gli emolumenti predetti. L'applicazione di questa disposizione esclude l'applicabilità di quella di cui al comma 5.

8-*bis*. In deroga alle disposizioni dei commi da 1 a 8, il reddito di lavoro dipendente, prestato all'estero in via continuativa e come oggetto esclusivo del rapporto da dipendenti che nell'arco di dodici mesi soggiornano nello Stato estero per un periodo superiore a 183 giorni, è determinato sulla base delle retribuzioni convenzionali definite annualmente con il decreto del Ministro del lavoro e della previdenza sociale di cui all'art. 4, comma 1, del decreto-legge 31 luglio 1987, n. 317, convertito, con modificazioni, dalla legge 3 ottobre 1987, n. 398.

9. Gli ammontari degli importi che ai sensi del presente articolo non concorrono a formare il reddito di lavoro dipendente possono essere rivalutati con decreto del Presidente del Consiglio dei Ministri, previa deliberazione del Consiglio dei Ministri, quando la variazione percentuale del valore medio dell'indice dei prezzi al consumo per le famiglie di operai e impiegati relativo al periodo di dodici mesi terminante al 31 agosto supera il 2 per cento rispetto al valore medio del medesimo indice rilevato con riferimento allo stesso periodo dell'anno 1998. A tal fine, entro il 30 settembre, si provvede alla ricognizione della predetta percentuale di variazione. Nella legge finanziaria relativa all'anno per il quale ha effetto il suddetto decreto si farà fronte all'onere derivante dall'applicazione del medesimo decreto.

Art. 52. Determinazione dei redditi assimilati a quelli di lavoro dipendente. – 1. Ai fini della determinazione dei redditi assimilati a quelli di lavoro dipendente **si applicano** le **disposizioni** dell'art. 48 [*ora **art. 51***] salvo quanto di seguito specificato:

a) lettera abrogata;

a-*bis*) ai fini della determinazione del reddito di cui alla lettera e) del comma 1 dell'art. 47 [*ora art. 50*], i compensi percepiti dal personale dipendente del **Servizio sanitario nazionale per l'attività libero-professionale** intramuraria, esercitata presso studi professionali privati a seguito di autorizzazione del direttore generale dell'azienda sanitaria, costituiscono **reddito nella misura del 75 per cento**;

b) ai fini della determinazione delle indennità di cui alla lettera g) del comma 1 dell'art. 47 [*ora art. 50*], non concorrono, altresì, a formare il reddito le somme erogate ai titolari di cariche elettive pubbliche, nonché a coloro che esercitano le funzioni di cui agli artt. 114 e 135 della Costituzione, a titolo di rimborso di spese, purché l'erogazione di tali somme e i relativi criteri siano disposti dagli organi competenti a determinare i trattamenti dei soggetti stessi. Gli assegni vitalizi di cui alla predetta lettera g) del comma 1 dell'art. 47 [*ora art. 50*], sono assoggettati a tassazione per la quota parte che non deriva da fonti riferibili a trattenute effettuate al percettore già assoggettate a ritenute fiscali. Detta quota parte è determinata, per ciascun periodo d'imposta, in misura corrispondente al rapporto complessivo delle trattenute effettuate, assoggettate a ritenute fiscali, e la spesa complessiva per assegni vitalizi. Il rapporto va effettuato separatamente dai distinti soggetti erogatori degli assegni stessi, prendendo a base ciascuno i propri elementi;

c) per le rendite e gli assegni indicati alle lettere h) e i) del comma 1 dell'art. 47 [*ora art. 50*] non si applicano le disposizioni del predetto art. 48 [*ora art. 51*]. Le predette rendite e assegni si presumono percepiti, salvo prova contraria, nella misura e alle scadenze risultanti dai relativi titoli;

d) per le prestazioni pensionistiche di cui alla lettera h-*bis*) del comma 1 dell'articolo 50, comunque erogate, si applicano le disposizioni di cui all'articolo 11 e quelle di cui all'articolo 23, comma 6, del decreto legislativo 5 dicembre 2005, n. 252, e, per le prestazioni derivanti dai prodotti pensionistici individuali paneuropei (PEPP), quelle previste dalle disposizioni nazionali di attuazione del regolamento (UE) 2019/1238;

d-*bis*) i compensi di cui alla lettera l) del comma 1 dell'art. 47 [*ora art. 50*], percepiti dai soggetti che hanno raggiunto l'età prevista dalla vigente legislazione per la pensione di vecchiaia e che possiedono un reddito complessivo di importo non superiore a euro 9.296,22 al netto della deduzione prevista dall'art. 10, comma 3-*bis* per unità immobiliare adibita ad abitazione principale e per le relative pertinenze, costituiscono reddito per la parte che eccede complessivamente nel periodo d'imposta euro 3.098,74;

d-*ter*) lettera abrogata.

CAPO V
REDDITI DI LAVORO AUTONOMO

Art. 53. Redditi di lavoro autonomo. – 1. Sono redditi di lavoro autonomo quelli che derivano dall'**esercizio** di **arti** e **professioni**. Per esercizio di arti e professioni si intende l'esercizio per **professione abituale**, **ancorché non esclusiva**, di **attività** di **lavoro autonomo diverse** da quelle considerate nel **capo VI**, compreso l'**esercizio** in **forma associata** di cui alla **lettera c)** del **comma 3** dell'**art. 5**.

2. Sono **inoltre** redditi di lavoro autonomo:

a) i redditi derivanti dalle prestazioni sportive professionistiche non occasionali, oggetto di contratto di lavoro non subordinato, ai sensi del decreto legislativo attuativo della delega di cui all'articolo 5 della legge 8 agosto 2019, n. 86;

b) i redditi derivanti dalla **utilizzazione economica, da parte** dell'**autore** o **inventore**, di **opere** dell'**ingegno**, di **brevetti industriali** e di processi, formule o informazioni relativi ad esperienze acquisite in campo industriale, commerciale o scientifico, se non sono conseguiti nell'esercizio di imprese commerciali;

c) le partecipazioni agli utili di cui alla lettera f) del comma 1 dell'art. 41 quando l'apporto è costituito esclusivamente dalla prestazione di lavoro;

d) le **partecipazioni** agli **utili** spettanti ai **promotori** e ai **soci** fondatori di società per azioni, in accomandita per azioni e a responsabilità limitata;

e) le indennità per la cessazione di rapporti di agenzia;

f) i redditi derivanti dall'attività di levata dei protesti esercitata dai segretari comunali ai sensi della legge 12 giugno 1973, n. 349.

f-*bis*) le indennità corrisposte ai giudici onorari di pace e ai vice procuratori onorari.

3. Comma abrogato.

Art. 54. Determinazione del reddito di lavoro autonomo. – 1. Il reddito derivante dall'esercizio di arti e professioni è costituito dalla **differenza** tra l'ammontare dei **compensi in denaro** o **in natura percepiti nel periodo** di **imposta**, anche sotto forma di partecipazione agli utili, e quello delle **spese sostenute** nel **periodo stesso** nell'esercizio dell'arte o della professione, salvo quanto stabilito nei successivi commi. I compensi sono computati al netto dei contributi previdenziali e assistenziali stabiliti dalla legge a carico del soggetto che li corrisponde.

1-*bis*. **Concorrono** a formare il **reddito** le **plusvalenze** dei beni **strumentali**, esclusi gli oggetti d'arte, di antiquariato o da collezione di cui al comma 5, se:

a) sono **realizzate mediante cessione a titolo oneroso**;

b) sono **realizzate mediante** il **risarcimento**, anche in forma assicurativa, per la perdita o il danneggiamento dei beni;

c) i beni vengono **destinati** al **consumo personale** o **familiare** dell'esercente l'arte o la professione o a finalità estranee all'arte o professione.

1-*bis*.1. Le minusvalenze dei beni strumentali di cui al comma 1-*bis* sono deducibili se sono realizzate ai sensi delle lettere a) e b) del medesimo comma 1-*bis*;

1-*ter*. Si considerano **plusvalenza o minusvalenza** la **differenza, positiva o negativa, tra** il **corrispettivo o** l'**indennità percepiti e** il **costo non ammortizzato** ovvero, **in assenza** di **corrispettivo**, la **differenza** tra il **valore normale** del **bene e** il **costo non ammortizzato.**

1-*quater*. Concorrono a formare il reddito i corrispettivi percepiti a seguito di cessione della clientela o di elementi immateriali comunque riferibili all'attività artistica o professionale.

2. Per i **beni strumentali** per l'esercizio dell'arte o della professione, **esclusi** gli **oggetti** d'**arte,** di **antiquariato** o da **collezione** di cui al comma 5, **sono ammesse in deduzione quote annuali di ammortamento** non superiori a quelle risultanti dall'applicazione al costo dei beni dei **coefficienti stabiliti**, per categorie di beni omogenei, con decreto del Ministro dell'economia e delle finanze. È tuttavia consentita la **deduzione integrale**, nel periodo d'imposta in cui sono state sostenute, delle spese di acquisizione di beni strumentali il cui **costo unitario non** sia **superiore a euro 516,4**. La deduzione dei canoni di locazione finanziaria di beni strumentali è ammessa per un periodo non inferiore alla metà del periodo di ammortamento corrispondente al coefficiente stabilito nel predetto decreto; in caso di beni immobili, la deduzione è ammessa per un periodo non inferiore a dodici anni. Ai fini del calcolo delle quote di ammortamento deducibili dei beni immobili strumentali, si applica l'art. 36, commi 7 e 7-*bis*, del decreto-legge 4 luglio 2006, n. 223, convertito, con modificazioni, dalla legge 4 agosto 2006, n. 248. Per i beni di cui all'art. 164, comma 1, lettera b), la deducibilità dei canoni di locazione finanziaria è ammessa per un periodo non inferiore al periodo di ammortamento corrispondente al coefficiente stabilito a norma del primo periodo. I canoni di locazione finanziaria dei beni strumentali sono deducibili nel periodo d'imposta in cui maturano. Le spese relative all'ammodernamento, alla ristrutturazione e alla manutenzione di immobili utilizzati nell'esercizio di arti e professioni, che per le loro caratteristiche non sono imputabili ad incremento del costo dei beni ai quali si riferiscono, sono deducibili, nel periodo d'imposta di sostenimento, nel limite del 5 per cento del costo complessivo di tutti i beni materiali ammortizzabili, quale risulta all'inizio del periodo d'imposta dal registro di cui all'art. 19 del decreto del Presidente della Repubblica 29 settembre 1973, n. 600, e successive modificazioni; l'eccedenza è deducibile in quote costanti nei cinque periodi d'imposta successivi.

3. Le spese relative all'acquisto di beni mobili diversi da quelli indicati nel comma 4, adibiti promiscuamente all'esercizio dell'arte o professione e all'uso personale o familiare del contribuente sono ammortizzabili, o deducibili se il costo unitario non è superiore a euro 516,46, nella misura del 50 per cento; nella stessa misura sono deducibili i canoni di locazione anche finanziaria e di noleggio e le spese relativi all'impiego di tali beni. Per gli **immobili utilizzati promiscuamente**, a condizione che il contribuente non disponga nel medesimo comune di altro immobile adibito esclusivamente all'esercizio dell'arte o professione, è deducibile una somma pari al 50 per cento della rendita ovvero, in caso di immobili acquisiti mediante **locazione, anche finanziaria**, un importo pari al **50 per cento del relativo canone**. Nella stessa misura sono deducibili le spese per i servizi relativi a tali immobili nonché quelle relative all'ammodernamento, ristrutturazione e manutenzione degli immobili utilizzati,

che per le loro caratteristiche non sono imputabili ad incremento del costo dei beni ai quali si riferiscono.

3-*bis*. Le quote d'ammortamento, i canoni di locazione anche finanziaria o di noleggio e le spese di impiego e manutenzione relativi ad apparecchiature terminali per servizi di comunicazione elettronica ad uso pubblico di cui alla lettera gg) del comma 1 dell'art. 1 del codice delle comunicazioni elettroniche, di cui al decreto legislativo 1° agosto 2003, n. 259, sono deducibili nella misura dell'80 per cento.

4. Comma abrogato.

5. Le **spese** relative a **prestazioni alberghiere** e a **somministrazioni** di **alimenti** e **bevande** sono **deducibili** nella misura del **75 per cento** e, in ogni caso, per un importo complessivamente **non superiore** al **2 per cento** dell'ammontare dei **compensi** percepiti nel periodo di imposta. I limiti di cui al periodo precedente non si applicano alle spese relative a prestazioni alberghiere e di somministrazione di alimenti e bevande sostenute dall'esercente arte o professione per l'esecuzione di un incarico e addebitate analiticamente in capo al committente. Tutte le spese relative all'esecuzione di un incarico conferito e sostenute direttamente dal committente non costituiscono compensi in natura per il professionista. Le **spese** di **rappresentanza** sono deducibili nei limiti dell'**1 per cento** dei **compensi** percepiti nel periodo di imposta. Sono comprese nelle spese di rappresentanza anche quelle sostenute per l'acquisto o l'importazione di oggetti di arte, di antiquariato o da collezione, anche se utilizzati come beni strumentali per l'esercizio dell'arte o professione, nonché quelle sostenute per l'acquisto o l'importazione di beni destinati ad essere ceduti a titolo gratuito. Sono integralmente deducibili, entro il limite annuo di 10.000 euro, le spese per l'iscrizione a master e a corsi di formazione o di aggiornamento professionale nonché le spese di iscrizione a convegni e congressi comprese quelle di viaggio e soggiorno. Sono integralmente deducibili, entro il limite annuo di 5.000, le spese sostenute per i servizi personalizzati di certificazione delle competenze, orientamento, ricerca e sostegno dell'auto-imprenditorialità, mirate a sbocchi occupazionali effettivamente esistenti e appropriati in relazione alle condizioni del mercato del lavoro, erogati dagli organismi accreditati ai sensi della disciplina vigente. Sono altresì integralmente deducibili gli oneri sostenuti per la garanzia contro il mancato pagamento delle prestazioni di lavoro autonomo fornita da forme assicurative o di solidarietà.

6. Tra le spese per prestazioni di lavoro deducibili si comprendono, salvo il disposto di cui al comma 6-*bis*, anche le quote delle indennità di cui alle lettere a) e c) del comma 1 dell'art. 17 maturate nel periodo di imposta. Le spese di vitto e alloggio sostenute per le trasferte effettuate fuori dal territorio comunale dai lavoratori dipendenti degli esercenti arti e professioni sono deducibili nelle misure previste dal comma 1-*ter* dell'art. 62 [*ora art. 95*].

6-*bis*. Non sono ammesse deduzioni per i compensi al coniuge, ai figli, affidati o affiliati, minori di età o permanentemente inabili al lavoro, nonché agli ascendenti dell'artista o professionista ovvero dei soci o associati per il lavoro prestato o l'opera svolta nei confronti dell'artista o professionista ovvero della società o associazione. I compensi non ammessi in deduzione non concorrono a formare il reddito complessivo dei percipienti.

7. Comma abrogato.

8. I redditi indicati alla lettera b) del comma 2 dell'art. 49 [*ora art. 53*] sono costituiti dall'ammontare dei proventi in denaro o in natura percepiti nel periodo di imposta, anche sotto forma di partecipazione agli utili, ridotto del 25 per cento

a titolo di deduzione forfetaria delle spese, ovvero del 40 per cento se i relativi compensi sono percepiti da soggetti di età inferiore a 35 anni; le partecipazioni agli utili e le indennità di cui alle lettere c), d), ed e) costituiscono reddito per l'intero ammontare percepito nel periodo di imposta. I redditi indicati alla lettera f dello stesso comma sono costituiti dall'ammontare dei compensi in denaro o in natura percepiti nel periodo di imposta, ridotto del 15% a titolo di deduzione forfetaria delle spese. I redditi indicati alla lettera f-*bis*) del comma 2 dell'articolo 53 sono costituiti dall'ammontare delle indennità in denaro o in natura percepiti nel periodo di imposta.

8-*bis*. In deroga al principio della determinazione analitica del reddito, la base imponibile per i rapporti di cooperazione dei volontari e dei cooperanti è determinata sulla base dei compensi convenzionali fissati annualmente con decreto del Ministero degli affari esteri di concerto con il Ministero del lavoro e delle politiche sociali, indipendentemente dalla durata temporale e dalla natura del contratto purché stipulato da organizzazione non governativa riconosciuta idonea ai sensi dell'art. 28 della legge 26 febbraio 1987, n. 49.

CAPO VI
REDDITI DI IMPRESA

Art. 55. Redditi di impresa. – 1. Sono redditi d'impresa quelli che derivano dall'**esercizio** di **imprese commerciali**. Per esercizio di imprese commerciali si intende l'**esercizio per professione abituale, ancorché non esclusiva,** delle **attività** indicate nell'**art. 2195 c.c.**, e delle attività indicate alle **lettere b) e c)** del **comma 2** dell'**art. 32** che **eccedono** i **limiti** ivi stabiliti, anche se non organizzate in forma d'impresa.

2. Sono **inoltre** considerati redditi d'impresa:

a) i redditi derivanti dall'esercizio di **attività organizzate** in **forma** d'**impresa** dirette alla **prestazione** di **servizi** che **non** rientrano nell'**art. 2195 c.c.**;

b) i redditi derivanti dall'attività di **sfruttamento** di **miniere**, **cave**, **torbiere**, **saline**, **laghi**, **stagni** e altre **acque interne**;

c) i **redditi** dei **terreni**, per la parte derivante dall'**esercizio** delle **attività agricole** di cui all'**art. 32**, pur se nei limiti ivi stabiliti, **ove spettino alle società in nome collettivo** e **in accomandita semplice** nonché alle stabili organizzazioni di persone fisiche non residenti esercenti attività di impresa.

3. Le disposizioni in materia di Imposte sui redditi che fanno riferimento alle attività commerciali si applicano, se non risulta diversamente, a tutte le attività indicate nel presente articolo.

Art. 55-*bis*. – Articolo abrogato.

Art. 56. Determinazione del reddito di impresa. – 1. Il reddito d'impresa è determinato secondo le disposizioni della sezione I del capo II del titolo II, salvo quanto stabilito nel presente capo. Le disposizioni della predetta sezione I, e del capo VI del titolo II relative alle **società** e agli **enti** di cui all'**art. 73, comma 1, lettere a)** e **b)**, valgono anche per le **società in nome collettivo** e **in accomandita semplice**.

2. **Se** dall'applicazione del comma 1 risulta una **perdita**, questa, al netto dei proventi esenti dall'imposta per la parte del loro ammontare che eccede i componenti negativi non dedotti ai sensi degli artt. 61 e 109, comma 5, è computata **in diminuzione** del **reddito** a norma dell'**art. 8**. Per le perdite derivanti dalla partecipazione in società in nome collettivo e in accomandita semplice si applicano le disposizioni del comma 2 dell'art. 8.

3. **Oltre** ai **proventi** di cui alle lettere a) e b) dell'**art. 91, non concorrono alla formazione** del reddito:

a) le **indennità** per la cessazione di

rapporti di agenzia delle persone fisiche e delle società di persone;

b) le **plusvalenze**, le indennità e gli altri redditi indicati alle lettere da g) a n) del comma 1 dell'art. 17, quando ne è richiesta la **tassazione separata** a norma del comma 2 dello stesso articolo.

4. Ai fini dell'applicazione del comma 2 non rileva la quota esente dei proventi di cui all'art. 87, determinata secondo quanto previsto nel presente capo.

5. Nei confronti dei soggetti che esercitano attività di **allevamento di animali** oltre il limite di cui alla lettera b) del comma 2 dell'art. 32 il reddito relativo alla parte eccedente concorre a formare il reddito d'impresa nell'ammontare determinato attribuendo a ciascun capo un **reddito** pari al **valore medio** del reddito agrario riferibile a ciascun capo allevato entro il limite medesimo, **moltiplicato per un coefficiente** idoneo a tener conto delle diverse incidenze dei costi. Le relative spese e gli altri componenti negativi non sono ammessi in deduzione. Il valore medio e il coefficiente di cui al primo periodo sono stabiliti ogni due anni con decreto del Ministro dell'economia e delle finanze, di concerto con il Ministro delle politiche agricole e forestali. Le disposizioni del presente comma non si applicano nei confronti dei redditi di cui all'art. 55, comma 2, lettera c). Il coefficiente moltiplicatore non si applica agli allevatori che si avvalgono esclusivamente dell'opera di propri familiari quando, per la natura del rapporto, non si configuri l'impresa familiare. Il contribuente ha facoltà, in sede di dichiarazione dei redditi, di non avvalersi delle disposizioni del presente comma. Ai fini del rapporto di cui all'art. 96, i proventi dell'allevamento di animali di cui al presente comma, si computano nell'ammontare ivi stabilito. Se il periodo d'imposta è superiore o inferiore a dodici mesi, i redditi di cui al presente comma sono ragguagliati alla durata di esso.

Art. 56-*bis*. Altre attività agricole. – 1. Per le attività dirette alla produzione di vegetali esercitate oltre il limite di cui all'art. 32, comma 2, lettera b), il reddito relativo alla parte eccedente concorre a formare il reddito di impresa nell'ammontare corrispondente al reddito agrario relativo alla superficie sulla quale la produzione insiste in proporzione alla superficie eccedente.

2. Per le attività dirette alla manipolazione, conservazione, trasformazione, valorizzazione e commercializzazione di prodotti diversi da quelli indicati nell'art. 32, comma 2, lettera c), ottenuti prevalentemente dalla coltivazione del fondo o del bosco o dall'allevamento di animali, il reddito è determinato applicando all'ammontare dei corrispettivi delle operazioni registrate o soggette a registrazione agli effetti dell'imposta sul valore aggiunto, conseguiti con tali attività, il coefficiente di redditività del 15 per cento.

3. Per le attività dirette alla fornitura di servizi di cui al terzo comma dell'art. 2135 del codice civile, il reddito è determinato applicando all'ammontare dei corrispettivi delle operazioni registrate o soggette a registrazione agli effetti dell'imposta sul valore aggiunto, conseguiti con tali attività, il coefficiente di redditività del 25 per cento.

3-*bis*. Per le attività dirette alla commercializzazione di piante vive e prodotti della floricoltura acquistate da imprenditori agricoli florovivaistici di cui all'articolo 2135 del codice civile, nei limiti del 10 per cento del volume di affari, da altri imprenditori agricoli florovivaistici, il reddito è determinato applicando all'ammontare dei corrispettivi delle operazioni registrate o soggette a registrazione agli effetti dell'imposta sul valore aggiunto il coefficiente di redditività del 5 per cento.

4. Le disposizioni di cui ai commi 1, 2 e 3 non si applicano ai soggetti di cui all'art. 73, comma 1, lettere a), b) e d),

nonché alle società in nome collettivo ed in accomandita semplice.

5. Il contribuente ha facoltà di non avvalersi delle disposizioni di cui al presente articolo. In tal caso l'opzione o la revoca per la determinazione del reddito nel modo normale si esercitano con le modalità stabilite dal regolamento recante norme per il riordino della disciplina delle opzioni in materia di imposta sul valore aggiunto e di imposte dirette, di cui al decreto del Presidente della Repubblica 10 novembre 1997, n. 442, e successive modificazioni.

Art. 57. Ricavi. – 1. Si comprende tra i ricavi di cui all'art. 85 **anche** il **valore normale** dei **beni** ivi indicati **destinati** al **consumo personale** o **familiare** dell'imprenditore.

Art. 58. Plusvalenze. – 1. Per le plusvalenze derivanti da cessione delle aziende, le disposizioni del comma 4 dell'art. 86 **non** si applicano quando è richiesta la **tassazione separata** a norma del comma 2 dell'art. 17. Il **trasferimento** di **azienda** per **causa** di **morte** o per **atto gratuito non** costituisce realizzo di **plusvalenze** dell'azienda stessa; l'**azienda** è assunta ai **medesimi valori fiscalmente riconosciuti** nei confronti del dante causa. I criteri di cui al periodo precedente si applicano **anche qualora**, a seguito dello scioglimento, **entro cinque anni** dall'apertura della **successione**, della **società** esistente tra gli eredi, la predetta azienda **resti** acquisita da **uno solo** di essi.

2. Le **plusvalenze** di cui all'**art. 87 non** concorrono alla formazione del reddito imponibile in quanto esenti limitatamente al **60 per cento** del loro ammontare.

3. Le **plusvalenze dei beni relativi** all'**impresa** concorrono a formare il **reddito anche** se i beni vengono destinati al **consumo personale** o **familiare** dell'imprenditore o a finalità estranee all'esercizio dell'impresa.

Art. 59. Dividendi. – 1. Gli **utili relativi** alla **partecipazione** al **capitale** o al **patrimonio** delle **società** e degli **enti** di cui all'art. 73, nonché quelli relativi ai titoli e agli strumenti finanziari di cui all'art. 44, comma 2, lettera a), e le remunerazioni relative ai contratti di cui all'art. 109, comma 9, lettera b), **concorrono** alla formazione del reddito complessivo, nella misura del **40 per cento** del loro ammontare, nell'esercizio in cui sono percepiti. Si applica l'art. 47, per quanto non diversamente previsto dal periodo precedente.

2. Comma abrogato.

Art. 60. Spese per prestazioni di lavoro. – 1. Non sono ammesse in deduzione a titolo di compenso del lavoro prestato o dell'opera svolta dall'imprenditore, dal coniuge, dai figli, affidati o affiliati minori di età o permanentemente inabili al lavoro e dagli ascendenti, nonché dai familiari partecipanti all'impresa di cui al comma 4 dell'art. 5.

Art. 61. Interessi passivi. – 1. Gli interessi passivi inerenti all'**esercizio d'impresa** sono **deducibili** per la parte corrispondente al **rapporto** tra l'**ammontare** dei **ricavi** e altri proventi **che concorrono** a formare il reddito d'impresa o che non vi concorrono in quanto esclusi **e** l'**ammontare complessivo** di **tutti** i **ricavi** e **proventi**.

2. La parte di interessi passivi non deducibile ai sensi del comma 1 del presente articolo non dà diritto alla detrazione dall'imposta prevista alle lettere a) e b) del comma 1 dell'art. 15.

Art. 62. – Articolo abrogato.

Art. 63. – Articolo abrogato.

Art. 64. Norme generali sulle componenti del reddito d'impresa. – 1. Le **minusvalenze** realizzate relative a partecipazioni con i requisiti di cui all'art.

87, comma 1, lettere b), c) e d), possedute ininterrottamente dal primo giorno del dodicesimo mese precedente quello dell'avvenuta cessione, considerando cedute per prime le azioni o quote acquisite in data più recente, ed i costi specificamente inerenti al realizzo di tali partecipazioni, sono **indeducibili in misura corrispondente** alla **percentuale** di cui all'**art. 58, comma 2.**

2. Le spese relative all'**acquisto** di **beni mobili adibiti promiscuamente** all'esercizio dell'impresa e all'uso personale o familiare dell'imprenditore sono **ammortizzabili**, o deducibili nell'ipotesi di cui al comma 5 dell'art. 102, nella misura del **50 per cento**; nella stessa misura sono deducibili i canoni di locazione, anche finanziaria e di noleggio e le spese relativi all'impiego di tali beni. Per gli **immobili utilizzati promiscuamente** è **deducibile** una **somma pari** al **50 per cento** della **rendita catastale o** del **canone** di **locazione**, anche finanziaria, a condizione che il contribuente non disponga di altro immobile adibito esclusivamente all'esercizio dell'impresa.

Art. 65. Beni relativi all'impresa. – 1. Per le **imprese individuali**, ai fini delle Imposte sui redditi, si considerano **relativi all'impresa**, oltre ai **beni** indicati alle lettere **a) e b) del comma 1 dell'art. 85**, a quelli **strumentali per l'esercizio dell'impresa stessa** ed ai crediti acquisiti nell'esercizio dell'impresa stessa, i **beni appartenenti all'imprenditore** che siano **indicati** tra le **attività** relative all'impresa nell'**inventario** tenuto a norma dell'art. 2217 del codice civile. Gli immobili di cui al comma 2 dell'art. 43 si considerano relativi all'impresa solo se indicati nell'inventario; per i soggetti indicati nell'art. 66, tale indicazione può essere effettuata nel registro dei beni ammortizzabili ovvero secondo le modalità di cui all'art. 13 del decreto del Presidente della Repubblica 7 dicembre 2001, n. 435, e dell'art. 2, comma 1, del decreto del Presidente della Repubblica 21 dicembre 1996, n. 695.

2. Per le **società in nome collettivo** e **in accomandita semplice** si considerano **relativi** all'**impresa tutti** i **beni ad esse appartenenti**, salvo quanto stabilito nel comma 3 per le società di fatto.

3. Per le società di fatto si considerano relativi all'impresa i beni indicati alle lettere a) e b) del comma 1 dell'art. 53 [*ora art. 85*], i crediti acquisiti nell'esercizio dell'impresa e i beni strumentali per l'esercizio dell'impresa, compresi quelli iscritti in pubblici registri a nome dei soci utilizzati esclusivamente come strumentali per l'esercizio dell'impresa.

3-*bis*. Per i beni strumentali dell'impresa individuale provenienti dal patrimonio personale dell'imprenditore è riconosciuto, ai fini fiscali, il costo determinato in base alle disposizioni di cui al D.P.R. 23 dicembre 1974, n. 689, da iscrivere tra le attività relative all'impresa nell'inventario di cui all'art. 2217 del codice civile ovvero, per le imprese di cui all'art. 79 [*ora art. 66*], nel registro dei cespiti ammortizzabili. Le relative quote di ammortamento sono calcolate a decorrere dall'esercizio in corso alla data dell'iscrizione.

Art. 66. Imprese minori. – 1. Il **reddito d'impresa** dei **soggetti** che, secondo le disposizioni del decreto del Presidente della Repubblica 29 settembre 1973, n. 600, applicano il **regime** di **contabilità semplificata,** è costituito dalla **differenza** tra l'ammontare dei **ricavi** di cui all'art. 85 **e** degli altri **proventi** di cui all'articolo 89 percepiti nel **periodo d'imposta e** quello delle **spese** sostenute nel periodo stesso nell'esercizio dell'attività d'impresa. La **differenza** è **aumentata dei ricavi** di cui all'art. 57, dei **proventi** di cui all'art. 90, comma 1, delle **plusvalenze** realizzate ai sensi dell'art. 86 e delle **sopravvenienze attive** di cui all'art. 88 e diminuita delle minusvalenze e sopravvenienze passive di cui all'art. 101.

2. Le **quote** di **ammortamento** sono ammesse in deduzione, secondo le disposizioni degli artt. 64, comma 2, 102 e 103, a condizione che sia tenuto il **registro** dei **beni ammortizzabili**. L'indicazione di tali quote può essere effettuata anche secondo le modalità dell'art. 13 del decreto del Presidente della Repubblica 7 dicembre 2001, n. 435, e dell'art. 2, comma 1, del decreto del Presidente della Repubblica 21 dicembre 1996, n. 695. Le perdite di beni strumentali e le perdite su crediti sono deducibili a norma dell'art. 101. Non è ammessa alcuna deduzione a titolo di accantonamento; tuttavia gli accantonamenti di cui all'art. 105 sono deducibili a condizione che risultino iscritti nei registri di cui all'art. 18 del decreto indicato al comma 1.

3. Si applicano, oltre a quelle richiamate nei precedenti commi, le disposizioni di cui agli artt. 56, comma 5, 65, 91, 95, 100, 108, 90, comma 2, 99, commi 1 e 3, 109, commi 5, 7 e 9, lettera b), e 110, commi 1, 2, 5, 6 e 8. Si applica inoltre, con riferimento ai ricavi ed alle plusvalenze che concorrono a formare il reddito di impresa pur non risultando dalle registrazioni ed annotazioni nei registri di cui all'art. 18 del decreto indicato nel comma 1, la disposizione dell'ultimo periodo del comma 4 dell'art. 109.

4. Per gli intermediari e i rappresentanti di commercio e per gli esercenti le attività indicate al primo comma dell'art. 1 del decreto del Ministro delle finanze 13 ottobre 1979, pubblicato nella Gazzetta Ufficiale n. 288 del 22 ottobre 1979, il reddito d'impresa determinato a norma dei precedenti commi è ridotto, a titolo di deduzione forfetaria delle spese non documentate, di un importo pari alle seguenti percentuali dell'ammontare dei ricavi: 3 per cento dei ricavi fino a euro 6.197,48; 1 per cento dei ricavi oltre euro 6.197,48 e fino a euro 77.468,53; 0,50 per cento dei ricavi oltre euro 77.468,53 e fino a euro 92.962,24.

5. Per le imprese autorizzate all'autotrasporto di merci per conto di terzi il reddito determinato a norma dei precedenti commi è ridotto, a titolo di deduzione forfetaria di spese non documentate, di euro 7,75 per i trasporti personalmente effettuati dall'imprenditore oltre il comune in cui ha sede l'impresa ma nell'ambito della regione o delle regioni confinanti e di euro 15,49 per quelli effettuati oltre tale ambito. Per le medesime imprese compete, altresì, una deduzione forfetaria annua di euro 154,94 per ciascun motoveicolo e autoveicolo avente massa complessiva a pieno carico non superiore a 3.500 chilogrammi. La deduzione spetta una sola volta per ogni giorno di effettuazione del trasporto, indipendentemente dal numero dei viaggi. Il contribuente deve predisporre e conservare un prospetto recante l'indicazione dei viaggi effettuati e della loro durata e località di destinazione nonché degli estremi dei relativi documenti di trasporto delle merci o, delle fatture o delle lettere di vettura di cui all'art. 56 della legge 6 giugno 1974, n. 298; i documenti di trasporto, le fatture e le lettere di vettura devono essere conservate fino alla scadenza del termine per l'accertamento.

CAPO VII
REDDITI DIVERSI

Art. 67. Redditi diversi. – 1. Sono redditi diversi **se non** costituiscono **redditi** di **capitale** ovvero **se non** sono conseguiti nell'esercizio di **arti** e **professioni** o di **imprese commerciali** o da società in nome collettivo e in accomandita semplice, **né** in relazione alla qualità di **lavoratore dipendente**:

a) le **plusvalenze** realizzate mediante la **lottizzazione** di **terreni**, o l'esecuzione di opere intese a **renderli edificabili**, e la **successiva vendita**, anche parziale, dei terreni e degli edifici;

b) le **plusvalenze** realizzate mediante **cessione** a **titolo oneroso** di **beni immobili acquistati o costruiti** da **non più** di **cinque anni**, esclusi quelli acquisiti per successione e le unità immobiliari urbane che per la maggior parte del periodo intercorso tra l'acquisto o la costruzione e la cessione sono state adibite ad **abitazione principale** del cedente o dei suoi familiari, nonché, in ogni caso, le plusvalenze realizzate a seguito di cessioni a titolo oneroso di terreni suscettibili di utilizzazione edificatoria secondo gli strumenti urbanistici vigenti al momento della cessione. In caso di cessione a titolo oneroso di immobili ricevuti per donazione, il predetto periodo di cinque anni decorre dalla data di acquisto da parte del donante;

c) le **plusvalenze** realizzate mediante **cessione** a **titolo oneroso** di **partecipazioni qualificate**. Costituisce cessione di partecipazioni qualificate la cessione di azioni, diverse dalle azioni di risparmio, e di ogni altra partecipazione al capitale od al patrimonio delle società di cui all'art. 5, escluse le associazioni di cui al comma 3, lettera c), e dei soggetti di cui all'art. 73, comma 1, lettere a), b) e d), nonché la cessione di diritti o titoli attraverso cui possono essere acquisite le predette partecipazioni, qualora le partecipazioni, i diritti o titoli ceduti rappresentino, complessivamente, una **percentuale** di **diritti** di **voto** esercitabili nell'assemblea ordinaria **superiore** al **2** o al **20 per cento** ovvero una **partecipazione** al **capitale** od al **patrimonio superiore** al **5** o al **25 per cento**, secondo che si tratti di titoli negoziati in mercati regolamentati o di altre partecipazioni. Per i diritti o titoli attraverso cui possono essere acquisite partecipazioni si tiene conto delle percentuali potenzialmente ricollegabili alle predette partecipazioni. La percentuale di diritti di voto e di partecipazione è determinata tenendo conto di tutte le cessioni effettuate nel corso di dodici mesi, ancorché nei confronti di soggetti diversi. Tale disposizione si applica dalla data in cui le partecipazioni, i titoli ed i diritti posseduti rappresentano una percentuale di diritti di voto o di partecipazione superiore alle percentuali suindicate. Sono assimilate alle plusvalenze di cui alla presente lettera quelle realizzate mediante:

1) cessione di strumenti finanziari di cui alla lettera a) del comma 2 dell'art. 44 quando non rappresentano una partecipazione al patrimonio;

2) cessione dei contratti di cui all'art. 109, comma 9, lettera b), qualora il valore dell'apporto sia superiore al 5 per cento o al 25 per cento del valore del patrimonio netto contabile risultante dall'ultimo bilancio approvato prima della data di stipula del contratto secondo che si tratti di società i cui titoli sono negoziati in mercati regolamentati o di altre partecipazioni. Per le plusvalenze realizzate mediante la cessione dei contratti stipulati con associanti non residenti che non soddisfano le condizioni di cui all'art. 44, comma 2, lettera a), ultimo periodo, l'assimilazione opera a prescindere dal valore dell'apporto;

3) cessione dei contratti di cui al numero precedente qualora il valore dell'apporto sia superiore al 25 per cento dell'ammontare dei beni dell'associante determinati in base alle disposizioni previste del comma 2 dell'art. 47 del citato Testo Unico;

c-*bis*) le **plusvalenze**, diverse da quelle imponibili ai sensi della lettera c), realizzate **mediante cessione a titolo oneroso di azioni e di ogni altra partecipazione al capitale o al patrimonio di società di cui all'art. 5**, escluse le associazioni di cui al comma 3, lettera c), e dei soggetti di cui all'art. 73, nonché di diritti o titoli attraverso cui possono essere acquisite le predette partecipazioni. Sono assimilate alle plusvalenze di cui alla presente lettera quelle realizzate mediante:

1) cessione dei contratti di cui all'art. 109, comma 9, lettera b), qualora il valore dell'apporto sia non superiore al 5 per cento o al 25 per cento del valore del patrimonio netto contabile risultante dall'ultimo bilancio approvato prima della data di stipula del contratto secondo che si tratti di società i cui titoli sono negoziati in mercati regolamentati o di altre partecipazioni;

2) cessione dei contratti di cui alla lettera precedente qualora il valore dell'apporto sia non superiore al 25 per cento dell'ammontare dei beni dell'associante determinati in base alle disposizioni previste dal comma 2 dell'art. 47;

c-*ter*) le plusvalenze, diverse da quelle di cui alle lettere c) e c-*bis*), realizzate mediante cessione a titolo oneroso ovvero rimborso di titoli non rappresentativi di merci, di certificati di massa, di valute estere, oggetto di cessione a termine o rivenienti da depositi o conti correnti, di metalli preziosi, sempreché siano allo stato grezzo o monetato, e di quote di partecipazione ad organismi d'investimento collettivo. Agli effetti dell'applicazione della presente lettera si considera cessione a titolo oneroso anche il prelievo delle valute estere dal deposito o conto corrente;

c-*quater*) i **redditi**, diversi da quelli precedentemente indicati, comunque **realizzati mediante rapporti da cui deriva il diritto o l'obbligo di cedere od acquistare a termine strumenti finanziari**, valute, metalli preziosi o merci ovvero di ricevere o effettuare a termine uno o più pagamenti collegati a tassi di interesse, a quotazioni o valori di strumenti finanziari, di valute estere, di metalli preziosi o di merci e ad ogni altro parametro di natura finanziaria. Agli effetti dell'applicazione della presente lettera sono considerati strumenti finanziari anche i predetti rapporti;

c-*quinquies*) le **plusvalenze** ed altri **proventi**, **diversi** da quelli precedentemente indicati, realizzati **mediante cessione a titolo oneroso** ovvero **chiusura di rapporti produttivi di redditi di capitale** e mediante **cessione a titolo oneroso ovvero rimborso di crediti pecuniari o di strumenti finanziari**, nonché quelli realizzati mediante rapporti attraverso cui possono essere conseguiti **differenziali positivi** e **negativi** in dipendenza di un **evento incerto**;

d) le **vincite** delle **lotterie**, dei concorsi a premio, dei giochi e delle scommesse organizzati per il pubblico e i premi derivanti da prove di abilità o dalla sorte nonché quelli attribuiti in riconoscimento di particolari meriti artistici, scientifici o sociali;

e) i redditi di natura fondiaria non determinabili catastalmente, compresi quelli dei terreni dati in affitto per usi non agricoli;

f) i **redditi** di **beni immobili** situati all'**estero**;

g) i redditi derivanti dall'**utilizzazione economica** di **opere dell'ingegno**, di **brevetti industriali** e di processi, formule e informazioni relativi ad esperienze acquisite in campo industriale, commerciale o scientifico, **salvo il** disposto della **lettera b) del comma 2** dell'**art. 53**;

h) i redditi derivanti dalla concessione in usufrutto e dalla sublocazione di beni immobili, dall'affitto, locazione, noleggio o concessione in uso di veicoli, macchine e altri beni mobili, dall'affitto e dalla concessione in usufrutto di aziende; l'affitto e la **concessione in usufrutto dell'unica azienda da parte dell'imprenditore** non si considerano fatti nell'esercizio dell'impresa, ma in caso di successiva vendita totale o parziale le plusvalenze realizzate concorrono a formare il reddito complessivo come redditi diversi;

h-*bis*) le **plusvalenze realizzate** in caso di **successiva cessione**, anche parziale, delle **aziende** acquisite ai sensi dell'art. 58;

h-*ter*) la **differenza** tra **il valore di mercato** e il **corrispettivo annuo** per la **concessione** in **godimento** di **beni** dell'**impresa** a **soci** o **familiari** dell'imprenditore.

i) i **redditi derivanti** da **attività commerciali non esercitate abitualmente**;

l) i **redditi derivanti** da **attività** di **lavoro autonomo non esercitate abitualmente** o dalla assunzione di obblighi di fare, non fare o permettere;

m) le indennità di trasferta, i rimborsi forfetari di spesa, i premi e i compensi erogati ai direttori artistici ed ai collaboratori tecnici per prestazioni di natura non professionale da parte di cori, bande musicali e filodrammatiche che perseguono finalità dilettantistiche, e quelli erogati nell'esercizio diretto di attività sportive dilettantistiche dal CONI, dalla società Sport e salute Spa, dalle Federazioni sportive nazionali, dall'Unione Nazionale per l'Incremento delle Razze Equine (UNIRE), dagli enti di promozione sportiva, dagli enti VSS (Verband der Südtiroler Sportvereine – Federazione delle associazioni sportive della Provincia autonoma di Bolzano) e USSA (Unione delle società sportive altoatesine) operanti prevalentemente nella provincia autonoma di Bolzano e da qualunque organismo, comunque denominato, che persegua finalità sportive dilettantistiche e che da essi sia riconosciuto. Tale disposizione si applica anche ai rapporti di collaborazione coordinata e continuativa di carattere amministrativo-gestionale di natura non professionale resi in favore di società e associazioni sportive dilettantistiche;

n) le plusvalenze realizzate a seguito di trasformazione eterogenea di cui all'art. 171, comma 2, ove ricorrono i presupposti di tassazione di cui alle lettere precedenti.

1-*bis*. Agli effetti dell'applicazione delle lettere c), c-*bis*) e c-*ter*) del comma 1, si considerano cedute per prime le partecipazioni, i titoli, gli strumenti finanziari, i contratti, i certificati e diritti, nonché le valute ed i metalli preziosi acquisiti in data più recente, in caso di chiusura o di cessione dei rapporti di cui alla lettera c-*quater*) si considerano chiusi o ceduti per primi i rapporti sottoscritti od acquisiti in data più recente.

1-*ter*. Le plusvalenze derivanti dalla cessione a titolo oneroso di valute estere rivenienti da depositi e conti correnti concorrono a formare il reddito a condizione che nel periodo d'imposta la giacenza dei depositi e conti correnti complessivamente intrattenuti dal contribuente, calcolata secondo il cambio vigente all'inizio del periodo di riferimento sia superiore a euro 51.645,69 per almeno sette giorni lavorativi continui.

1-*quater*. Fra le plusvalenze e i redditi di cui alle lettere c-*ter*), c-*quater*) e c-*quinquies*) si comprendono anche quelli realizzati mediante rimborso o chiusura delle attività finanziarie o dei rapporti ivi indicati, sottoscritti all'emissione o comunque non acquistati da terzi per effetto di cessione a titolo oneroso. Fra le plusvalenze di cui alla lettera c-*ter*) si comprendono anche quelle di rimborso delle quote o azioni di organismi di investimento collettivo del risparmio realizzate mediante conversione di quote o azioni da un comparto ad altro comparto del medesimo organismo di investimento collettivo.

Art. 68. Plusvalenze. – 1. Le plusvalenze di cui alle **lettere a) e b) del comma 1** dell'**art. 67** sono costituite dalla **differenza** tra i **corrispettivi percepiti** nel periodo di imposta e il **prezzo** di **acquisto** o il costo di costruzione del bene ceduto, **aumentato** di **ogni altro costo** inerente al bene medesimo. Per gli immobili di cui alla lettera b) del comma 1 dell'art. 67 acquisiti per donazione si assume come prezzo di acquisto o costo di costruzione quello sostenuto dal donante.

2. Per i **terreni** di cui alla **lettera a)**

comma 1 dell'art. 67 acquistati oltre cinque anni prima dell'inizio della lottizzazione o delle opere si assume come prezzo di acquisto il **valore normale** nel quinto anno anteriore. Il costo dei terreni stessi acquisiti gratuitamente e quello dei fabbricati costruiti su terreni acquisiti gratuitamente sono determinati tenendo conto del valore normale del terreno alla data di inizio della lottizzazione o delle opere ovvero a quella di inizio della costruzione. Il costo dei terreni suscettibili d'utilizzazione edificatoria di cui alla lettera b) del comma 1 dell'art. 67 è costituito dal prezzo di acquisto aumentato di ogni altro costo inerente, rivalutato in base alla variazione dell'indice dei prezzi al consumo per le famiglie di operai e impiegati nonché dell'imposta comunale sull'incremento di valore degli immobili. Per i terreni acquistati per effetto di successione o donazione si assume come prezzo di acquisto il valore dichiarato nelle relative denunce ed atti registrati, od in seguito definito e liquidato, aumentato di ogni altro costo successivo inerente, nonché dell'imposta comunale sull'incremento di valore degli immobili e di successione.

3. Comma abrogato.

4. Le plusvalenze realizzate mediante la cessione dei contratti stipulati con associanti non residenti che non soddisfano le condizioni di cui all'art. 44, comma 2, lettera a), ultimo periodo, nonché le plusvalenze di cui alle lettere c) e c-*bis*) del comma 1 dell'art. 67 realizzate mediante la cessione di partecipazioni al capitale o al patrimonio, titoli e strumenti finanziari di cui all'art. 44, comma 2, lettera a), e contratti di cui all'art. 109, comma 9, lettera b), emessi o stipulati da imprese o enti residenti o localizzati in uno Stato o territorio a regime fiscale privilegiato individuati in base ai criteri di cui all'art. 47-*bis*, comma 1, salvo la dimostrazione, anche a seguito dell'esercizio dell'interpello secondo le modalità del comma 3 dello stesso articolo 47-*bis*, del rispetto della condizione indicata nella lettera b) del comma 2 del medesimo articolo, concorrono a formare il reddito per il loro intero ammontare. La disposizione del periodo precedente non si applica alle partecipazioni, ai titoli e agli strumenti finanziari emessi da società i cui titoli sono negoziati nei mercati regolamentati. Le plusvalenze di cui ai periodi precedenti sono sommate algebricamente alle relative minusvalenze; se le minusvalenze sono superiori alle plusvalenze l'eccedenza è riportata in deduzione integralmente dall'ammontare delle plusvalenze dei periodi successivi, ma non oltre il quarto, a condizione che sia indicata nella dichiarazione dei redditi relativa al periodo d'imposta nel quale le minusvalenze sono state realizzate. Qualora il contribuente intenda far valere la sussistenza della condizione indicata nella lettera b) del comma 2 dell'art. 47-*bis*, ma non abbia presentato l'istanza di interpello prevista dal comma 3 del medesimo articolo ovvero, avendola presentata, non abbia ricevuto risposta favorevole, la percezione di plusvalenze derivanti dalla cessione di partecipazioni in imprese o enti residenti o localizzati in Stati o territori individuati in base ai criteri di cui all'art. 47-*bis*, comma 1, deve essere segnalata nella dichiarazione dei redditi da parte del socio residente; nei casi di mancata o incompleta indicazione nella dichiarazione dei redditi si applica la sanzione amministrativa prevista dall'art. 8, comma 3-*ter*, del decreto legislativo 18 dicembre 1997, n. 471. Ai fini del presente comma, la condizione indicata nell'articolo 47-bis, comma 2, lettera b), deve sussistere, ininterrottamente, sin dal primo periodo di possesso; tuttavia, per i rapporti detenuti da più di cinque periodi di imposta e oggetto di realizzo con controparti non appartenenti allo stesso gruppo del dante causa, è sufficiente che tale con-

dizione sussista, ininterrottamente, per i cinque periodi di imposta anteriori al realizzo stesso. Ai fini del precedente periodo si considerano appartenenti allo stesso gruppo i soggetti residenti o non residenti nel territorio dello Stato tra i quali sussiste un rapporto di controllo ai sensi del comma 2 dell'art. 167, ovvero che, ai sensi del medesimo comma 2, sono sottoposti al comune controllo da parte di altro soggetto residente o non residente nel territorio dello Stato.

4-*bis*. **Per le plusvalenze realizzate su partecipazioni in imprese ed enti residenti o localizzati in Stati o territori a regime fiscale privilegiato** individuati in base ai criteri di cui all'art. 47-*bis*, comma 1, per i quali sussiste la **condizione di cui al comma 2, lettera a), del medesimo articolo, al cedente controllante, ai sensi del comma 2 dell'art. 167, residente nel territorio dello Stato, ovvero alle cedenti residenti sue controllate, spetta un credito d'imposta ai sensi dell'art. 165 in ragione delle imposte assolte dalla società partecipata sugli utili maturati durante il periodo di possesso della partecipazione,** in proporzione delle partecipazioni cedute e nei limiti dell'imposta italiana relativa a tali plusvalenze. La detrazione del credito d'imposta di cui al periodo precedente spetta per l'ammontare dello stesso non utilizzato dal cedente ai sensi dell'art. 47, comma 4; tale ammontare, ai soli fini dell'applicazione dell'imposta, è computato in aumento del reddito complessivo. Se nella dichiarazione è stato omesso soltanto il computo del credito d'imposta in aumento del reddito complessivo, si può procedere di ufficio alla correzione anche in sede di liquidazione dell'imposta dovuta in base alla dichiarazione dei redditi.

5. Le plusvalenze di cui alle lettere *c)* e c-*bis*), diverse da quelle di cui al comma 4, e c-*ter*) del comma 1 dell'art. 67 sono sommate algebricamente alle relative minusvalenze, nonché ai redditi ed alle perdite di cui alla lettera c-*quater*) e alle plusvalenze ed altri proventi di cui alla lettera c-*quinquies*) del comma 1 dello stesso art. 67; se l'ammontare complessivo delle minusvalenze e delle perdite è superiore all'ammontare complessivo delle plusvalenze e degli altri redditi, l'eccedenza può essere portata in deduzione, fino a concorrenza, dalle plusvalenze e dagli altri redditi dei periodi d'imposta successivi ma non oltre il quarto, a condizione che sia indicata nella dichiarazione dei redditi relativa al periodo d'imposta nel quale le minusvalenze e le perdite sono state realizzate.

6. Le **plusvalenze** indicate nelle **lettere c), c-*bis*) e c-*ter*)** del **comma 1** dell'art. **67** sono costituite dalla **differenza tra** il **corrispettivo percepito ovvero** la **somma od** il **valore normale** dei **beni rimborsati ed** il **costo od** il **valore** di **acquisto assoggettato a tassazione, aumentato** di **ogni onere inerente** alla loro **produzione**, compresa l'imposta di successione e donazione, con esclusione degli interessi passivi. Nel caso di acquisto per successione, si assume come costo il valore definito o, in mancanza, quello dichiarato agli effetti dell'imposta di successione, nonché, per i titoli esenti da tale imposta, il valore normale alla data di apertura della successione. Nel caso di acquisto per donazione si assume come costo il costo del donante. Per le azioni, quote o altre partecipazioni acquisite sulla base di **aumento gratuito** del capitale il costo unitario è determinato **ripartendo** il **costo** originario sul numero complessivo delle **azioni,** quote o partecipazioni di compendio. Per le partecipazioni nelle società indicate dall'art. 5, il costo è aumentato o diminuito dei redditi e delle perdite imputate al socio e dal costo si scomputano, fino a concorrenza dei redditi già imputati, gli utili distribuiti al socio. Per le valute estere cedute a termine si assume come costo il valore della valuta al

cambio a pronti vigente alla data di stipula del contratto di cessione. Il costo o valore di acquisto è documentato a cura del contribuente. Per le valute estere prelevate da depositi e conti correnti, in mancanza della documentazione del costo, si assume come costo il valore della valuta al minore dei cambi mensili accertati ai sensi dell'art. 110, comma 9, nel periodo d'imposta in cui la plusvalenza è realizzata. Le minusvalenze sono determinate con gli stessi criteri stabiliti per le plusvalenze.

6-*bis*. Le plusvalenze di cui alle lettere c) e c-*bis*) del comma 1, dell'art. 67 derivanti dalla cessione di partecipazioni al capitale in società di cui all'art. 5, escluse le società semplici e gli enti ad esse equiparati, e all'art. 73, comma 1, lettera a), costituite da non più di sette anni, possedute da almeno tre anni, ovvero dalla cessione degli strumenti finanziari e dei contratti indicati nelle disposizioni di cui alle lettere c) e c-*bis*) relativi alle medesime società, rispettivamente posseduti e stipulati da almeno tre anni, non concorrono alla formazione del reddito imponibile in quanto esenti qualora e nella misura in cui, entro due anni dal loro conseguimento, siano reinvestite in società di cui all'art. 5 e all'art. 73, comma 1, lettera a), che svolgono la medesima attività, mediante la sottoscrizione del capitale sociale o l'acquisto di partecipazioni al capitale delle medesime, sempreché si tratti di società costituite da non più di tre anni.

6-*ter*. L'importo dell'esenzione prevista dal comma 6-*bis* non può in ogni caso eccedere il quintuplo del costo sostenuto dalla società le cui partecipazioni sono oggetto di cessione, nei cinque anni anteriori alla cessione, per l'acquisizione o la realizzazione di beni materiali ammortizzabili, diversi dagli immobili, e di beni immateriali ammortizzabili, nonché per spese di ricerca e sviluppo.

7. Agli effetti della determinazione delle plusvalenze e minusvalenze:

a) dal corrispettivo percepito o dalla somma rimborsata, nonché dal costo o valore di acquisto si scomputano i redditi di capitale maturati ma non riscossi, diversi da quelli derivanti dalla partecipazione in società ed enti soggetti all'imposta sul reddito delle società e dagli utili relativi ai titoli ed agli strumenti finanziari di cui all'art. 44, comma 2, lettera a), e ai contratti di cui all'art. 109, comma 9, lettera b);

b) lettera abrogata;

c) per le valute estere prelevate da depositi e conti correnti si assume come corrispettivo il valore normale della valuta alla data di effettuazione del prelievo;

d) per le cessioni di metalli preziosi, in mancanza della documentazione del costo di acquisto, le plusvalenze sono determinate in misura pari al 25 per cento del corrispettivo della cessione;

e) per le cessioni a titolo oneroso poste in essere in dipendenza dei rapporti indicati nella lettera c-*quater*), del comma 1 dell'art. 67, il corrispettivo è costituito dal prezzo di cessione, eventualmente aumentato o diminuito dei premi pagati o riscossi su opzioni;

f) nei casi di dilazione o rateazione del pagamento del corrispettivo la plusvalenza è determinata con riferimento alla parte del costo o valore di acquisto proporzionalmente corrispondente alle somme percepite nel periodo d'imposta.

8. I **redditi** di cui alla **lettera c-*quater*) del comma 1** dell'**art. 67**, sono costituiti dalla **somma algebrica** dei **differenziali positivi o negativi**, nonché degli altri proventi od oneri, percepiti o sostenuti, in relazione a ciascuno dei rapporti ivi indicati. Per la determinazione delle plusvalenze, minusvalenze e degli altri redditi derivanti da tali rapporti si applicano i commi 6 e 7. I premi pagati e riscossi su opzioni, salvo che l'opzione non sia stata chiusa anticipatamente o ceduta, concorrono a forma-

re il reddito nel periodo d'imposta in cui l'opzione è esercitata ovvero scade il termine stabilito per il suo esercizio. Qualora a seguito dell'esercizio dell'opzione siano cedute le attività di cui alle lettere c), c-*bis*) o c-*ter*), dell'art. 67, i premi pagati o riscossi concorrono alla determinazione delle plusvalenze o minusvalenze, ai sensi della lettera e) del comma 7. Le plusvalenze e minusvalenze derivanti dalla cessione a titolo oneroso di merci non concorrono a formare il reddito, anche se la cessione è posta in essere in dipendenza dei rapporti indicati nella lettera c-*quater*) del comma 1 dell'art. 67.

9. Le **plusvalenze** e gli altri proventi di cui alla **lettera c-*quinquies*)** del **comma 1** dell'**art. 67**, sono costituiti dalla **differenza positiva tra i corrispettivi percepiti** ovvero le somme **od il valore normale dei beni rimborsati ed i corrispettivi pagati** ovvero le somme corrisposte, **aumentate di ogni onere inerente alla loro produzione**, con esclusione degli interessi passivi. Dal corrispettivo percepito e dalla somma rimborsata si scomputano i redditi di capitale derivanti dal rapporto ceduto maturati ma non riscossi nonché i redditi di capitale maturati a favore del creditore originario ma non riscossi. Si applicano le disposizioni della lettera f) del comma 7.

9-*bis*. Le plusvalenze di cui alla lettera c-*sexies*) del comma 1 dell'articolo 67 sono costituite dalla differenza tra il corrispettivo percepito ovvero il valore normale delle cripto-attività permutate e il costo o il valore di acquisto. Le plusvalenze di cui al primo periodo sono sommate algebricamente alle relative minusvalenze; se le minusvalenze sono superiori alle plusvalenze, per un importo superiore a 2.000 euro, l'eccedenza è riportata in deduzione integralmente dall'ammontare delle plusvalenze dei periodi successivi, ma non oltre il quarto, a condizione che sia indicata nella dichiarazione dei redditi relativa al periodo di imposta nel quale le minusvalenze sono state realizzate. Nel caso di acquisto per successione, si assume come costo il valore definito o, in mancanza, quello dichiarato agli effetti dell'imposta di successione. Nel caso di acquisto per donazione si assume come costo il costo del donante. Il costo o valore di acquisto è documentato con elementi certi e precisi a cura del contribuente; in mancanza il costo è pari a zero. I proventi derivanti dalla detenzione di cripto-attività percepiti nel periodo di imposta sono assoggettati a tassazione senza alcuna deduzione.

Art. 69. Premi, vincite e indennità. – 1. Fatte salve le disposizioni di cui al comma 1-*bis*, i premi e le vincite di cui alla lettera d) del comma 1 dell'art. 67 costituiscono reddito per l'**intero ammontare percepito** nel periodo di imposta, **senza** alcuna **deduzione.**

1-*bis*. Le vincite corrisposte da case da gioco autorizzate nello Stato o negli altri Stati membri dell'Unione europea o in uno Stato aderente all'Accordo sullo Spazio economico europeo non concorrono a formare il reddito per l'intero ammontare percepito nel periodo di imposta.

2. Le indennità, i rimborsi forfetari, i premi e i compensi di cui alla lettera m) del comma 1 dell'art. 67 non concorrono a formare il reddito per un importo non superiore complessivamente nel periodo d'imposta a 10.000 euro. Non concorrono, altresì, a formare il reddito i rimborsi di spese documentate relative al vitto, all'alloggio, al viaggio e al trasporto sostenute in occasione di prestazioni effettuate fuori dal territorio comunale.

Art. 70. Redditi di natura fondiaria. – 1. I censi, le decime, i quartesi e gli altri redditi di natura fondiaria non determinabili catastalmente, ancorché consistenti in prodotti del fondo o commisurati ad essi, e i redditi dei beni immobiliari situati nel territorio dello Stato che non sono e non devono essere iscritti in catasto con attribuzione di rendita, concorrono a formare il reddito complessivo nell'ammontare e per il periodo di imposta in cui sono percepiti.

2. I redditi dei **terreni** e dei **fabbricati** situati all'**estero** concorrono alla formazione del reddito complessivo nell'ammontare netto risultante dalla **valutazione** effettuata nello **Stato estero** per il corrispondente periodo di imposta o, in caso di difformità dei periodi di imposizione, per il periodo di imposizione estero che scade nel corso di quello italiano. I redditi dei fabbricati non soggetti ad Imposte sui redditi nello Stato estero concorrono a formare il reddito complessivo per l'ammontare percepito nel periodo di imposta, ridotto del 15 per cento a titolo di deduzione forfettaria delle spese.

Art. 71. Altri redditi. – 1. I redditi di cui alla lettera g) del comma 1 dell'art. 67 costituiscono reddito per l'ammontare percepito nel periodo di imposta, ridotto del 25 per cento se i diritti dalla cui utilizzazione derivano sono stati acquistati a titolo oneroso.

2. I redditi di cui alle lettere h), i) e l) del comma 1 dell'art. 67 sono costituiti dalla differenza tra l'ammontare percepito nel periodo di imposta e le spese specificamente inerenti alla loro produzione. Le plusvalenze indicate alle lettere h) e h-*bis*) del predetto art. 67 sono determinate a norma dell'art. 54 [*ora art. 86*].

2-*bis*. In deroga alla disposizione di cui al comma 2, per le operazioni di cui all'art. 67, comma 1, lettera i), poste in essere dai soggetti che svolgono le attività di cui all'art. 32, eccedenti i limiti di cui al comma 2, lettera c), del predetto articolo, si applicano le percentuali di redditività di cui ai commi 2 e 3 dell'art. 56-*bis*. Le disposizioni del presente comma non incidono sull'esercizio della delega legislativa di cui alla legge 7 aprile 2003, n. 80.

TITOLO II
IMPOSTA SUL REDDITO DELLE SOCIETÀ

CAPO I
SOGGETTI PASSIVI E DISPOSIZIONI GENERALI

Art. 72. Presupposto dell'imposta. – 1. Presupposto dell'imposta sul reddito delle società è il **possesso** dei **redditi** in **denaro** o in **natura** rientranti nelle categorie indicate nell'**art. 6.**

Art. 73. Soggetti passivi. – 1. Sono soggetti all'imposta sul reddito delle società:

a) le **società per azioni** e **in accomandita per azioni**, le **società a responsabilità limitata**, le **società cooperative** e le **società** di **mutua assicurazione**, nonché le **società europee** di cui al regolamento (CE) n. 2157/2001 e le società cooperative europee di cui al regolamento (CE) n. 1435/2003 **residenti** nel territorio dello Stato;

b) gli **enti pubblici** e **privati** diversi dalle società, nonché i **trust**, **residenti** nel territorio dello Stato, che hanno per oggetto esclusivo o principale l'esercizio di **attività commerciali**;

c) gli **enti pubblici** e **privati** diversi dalle società, i **trust** che **non** hanno per oggetto esclusivo o principale l'esercizio di **attività commerciale** nonché gli organismi di investimento collettivo del risparmio, **residenti** nel territorio dello Stato;

d) le **società** e gli **enti** di ogni tipo, compresi i **trust**, con o senza personalità giuridica, **non residenti** nel territorio dello Stato.

2. Tra gli enti diversi dalle società, di cui alle lettere b) e c) del comma 1, si comprendono, oltre alle persone giuridiche, le associazioni non riconosciute, i consorzi e le altre organizzazioni non appartenenti ad altri soggetti passivi, nei confronti delle quali il presupposto dell'imposta si verifica in modo unitario e autonomo. **Tra** le **società** e gli **enti** di cui alla lettera d) del comma 1 sono comprese anche le **società** e le **associa-**

zioni indicate nell'**art. 5**. Nei casi in cui i **beneficiari** del **trust** siano **individuati**, i **redditi** conseguiti dal trust sono imputati in ogni caso **ai beneficiari in proporzione** alla quota di partecipazione individuata nell'atto di costituzione del trust o in altri documenti successivi ovvero, in mancanza, in parti uguali.

3. Ai fini delle imposte sui redditi si considerano **residenti** le **società** e gli **enti** che per la **maggior parte** del **periodo** di **imposta** hanno la **sede legale** o la **sede** dell'**amministrazione** o l'**oggetto principale** nel territorio dello **Stato**. Si considerano altresì residenti nel territorio dello Stato gli organismi di investimento collettivo del risparmio istituiti in Italia e, **salvo prova contraria**, i **trust** e gli istituti aventi analogo contenuto **istituiti** in **Stati o territori diversi** da quelli di cui al decreto del Ministro dell'economia e delle finanze emanato ai sensi dell'**art. 168-*bis***, in cui **almeno uno** dei **disponenti** ed almeno uno dei **beneficiari** del trust siano **fiscalmente residenti** nel territorio dello **Stato**. Si considerano, inoltre, residenti nel territorio dello Stato i trust istituiti in uno Stato diverso da quelli di cui al **decreto** del Ministro dell'economia e delle finanze emanato ai sensi dell'art. 168-*bis*, quando, successivamente alla loro costituzione, un soggetto residente nel territorio dello Stato effettui in favore del trust un'**attribuzione** che importi il trasferimento di proprietà di **beni immobili** o la costituzione o il trasferimento di diritti reali immobiliari, anche per quote, nonché vincoli di destinazione sugli stessi.

4. L'**oggetto esclusivo** o **principale** dell'**ente** residente è determinato **in base** alla **legge**, **all'atto costitutivo** o allo **statuto**, se esistenti in forma di atto pubblico o di scrittura privata autenticata o registrata. Per **oggetto principale** si intende l'**attività essenziale** per realizzare direttamente gli scopi primari indicati dalla legge, dall'atto costitutivo o dallo statuto.

5. **In mancanza** dell'atto **costitutivo** o dello **statuto** nelle predette forme, l'**oggetto principale** dell'ente residente è determinato in base all'**attività effettivamente esercitata** nel territorio dello Stato; tale disposizione si applica in ogni caso agli enti non residenti.

5-*bis*. Salvo prova contraria, si considera esistente nel territorio dello Stato la **sede** dell'**amministrazione** di società ed enti, che detengono **partecipazioni** di **controllo**, ai sensi dell'**art. 2359**, primo comma, del **codice civile**, nei soggetti di cui alle **lettere a)** e **b)** del **comma 1**, se, in alternativa:

a) sono **controllati**, anche indirettamente, ai sensi dell'art. 2359, primo comma, del codice civile, da **soggetti residenti** nel territorio dello Stato;

b) sono **amministrati** da un consiglio di amministrazione, o altro organo equivalente di gestione, composto in prevalenza di **consiglieri residenti** nel territorio dello Stato.

5-*ter*. Ai fini della verifica della sussistenza del controllo di cui al comma 5-*bis*, rileva la situazione esistente alla data di chiusura dell'esercizio o periodo di gestione del soggetto estero controllato. Ai medesimi fini, per le persone fisiche si tiene conto anche dei voti spettanti ai familiari di cui all'art. 5, comma 5.

5-*quater*. Salvo prova contraria, si considerano residenti nel territorio dello Stato le società o enti il cui patrimonio sia investito in misura prevalente in quote in quote o azioni di organismi di investimento collettivo del risparmio immobiliari, e siano controllati direttamente o indirettamente, per il tramite di società fiduciarie o per interposta persona, da soggetti residenti in Italia. Il controllo è individuato ai sensi dell'art. 2359, commi primo e secondo, del codice civile, anche per partecipazioni possedute da soggetti diversi dalle società.

5-*quinquies*. I redditi degli organismi di investimento collettivo del risparmio istituiti in Italia, diversi dagli organismi di investimento collettivo del risparmio immobiliari, e di quelli con sede in Lussemburgo, già autorizzati al collocamento nel territorio dello Stato, di cui all'art. 11-*bis* del decreto-legge 30 settembre 1983, n. 512, convertito, con modificazioni, dalla legge 25 novembre 1983, n. 649, e successive modificazioni, sono esenti dalle Imposte sui redditi purché il fondo o il soggetto incaricato della gestione sia sottoposto a forme di vigilanza prudenziale. Le ritenute operate sui redditi di capitale sono a titolo definitivo. Non si applicano le ritenute previste dai commi 2 e 3 dell'art. 26 del D.P.R. 29 settembre 1973, n. 600 e successive modificazioni, sugli interessi ed altri proventi dei conti correnti e depositi bancari, e le ritenute previste dai commi 3-*bis* e 5 del medesimo art. 26 e dall'art. 26-*quinquies* del predetto decreto nonché dall'art. 10-*ter* della legge 23 marzo 1983, n. 77, e successive modificazioni.

Art. 74. Stato ed enti pubblici. – 1. Gli organi e le amministrazioni dello Stato, compresi quelli ad ordinamento autonomo, anche se dotati di personalità giuridica, i comuni, i consorzi tra enti locali, le associazioni e gli enti gestori di demanio collettivo, le comunità montane, le province e le regioni **non** sono **soggetti** all'**imposta**.

2. Non costituiscono esercizio dell'attività commerciale:

a) l'esercizio di funzioni statali da parte di enti pubblici;

b) l'esercizio di attività previdenziali, assistenziali e sanitarie da parte di enti pubblici istituiti esclusivamente a tal fine, comprese le aziende sanitarie locali nonché l'esercizio di attività previdenziali e assistenziali da parte di enti privati di previdenza obbligatoria.

Art. 75. Base imponibile. – 1. L'**imposta** si applica sul **reddito complessivo netto**, determinato secondo le disposizioni della sezione I del capo II, per le società e gli enti di cui alle lettere a) e b) del comma 1 dell'art. 73, del capo III, per gli enti non commerciali di cui alla lettera c) e dei capi IV e V, per le società e gli enti non residenti di cui alla lettera d).

2. Le società residenti di cui alla lettera a) del comma 1 dell'art. 73 e quelle non residenti di cui alla lettera d) possono determinare il reddito secondo le disposizioni del capo VI.

Art. 76. Periodo di imposta. – 1. L'imposta è dovuta **per periodi** di **imposta**, a ciascuno dei quali corrisponde una **obbligazione tributaria autonoma** salvo quanto stabilito negli artt. 80 e 84.

2. Il periodo di imposta è costituito dall'**esercizio** o **periodo** di gestione della società o dell'ente, **determinato** dalla **legge** o dall'**atto costitutivo**. Se la durata dell'esercizio o periodo di gestione non è determinata dalla legge o dall'atto costitutivo, o è determinata in due o più anni, il periodo di imposta è costituito dall'**anno solare**.

3. Comma abrogato.

Art. 77. Aliquota dell'imposta. – 1. L'imposta è commisurata al **reddito complessivo netto** con l'aliquota del **24 per cento**.

Art. 78. Detrazione di imposta per oneri. – 1. Dall'imposta lorda si detrae fino a concorrenza del suo ammontare un importo pari al 19 per cento dell'onere di cui all'art. 15, comma 1, lettera i-*ter*).

1-*bis*. Dall'imposta lorda si detrae, fino a concorrenza del suo ammontare, un importo pari al 19 per cento dell'onere di cui all'articolo 15, comma 1, lettera i-*novies*).

[**Art. 78-*bis*.** Articolo inserito, dall'art. 2, comma 6, della legge 24 dicembre 2003, n. 350, in vigore dal 1° gennaio 2004, nel testo vigente anteriormente alle modifiche introdotte dal D.Lgs. 344/2003. Successivamente, quindi, il presente articolo è stato rinumerato come articolo 56-*bis*.]

Art. 79. Scomputo degli acconti. – 1. I versamenti eseguiti dal contribuente in acconto dell'imposta e le ritenute alla fonte a titolo di acconto si scomputano dall'imposta a norma dell'art. 22, salvo il disposto del comma 2 del presente articolo.

2. Le ritenute di cui al primo e al secondo comma dell'art. 26 del decreto del Presidente della Repubblica 29 settembre 1973, n. 600, e all'art. 1 del decreto-legge 2 ottobre 1981, n. 546, convertito, con modificazioni, dalla legge 1° dicembre 1981, n. 692, applicabili a titolo di acconto, si scomputano nel periodo di imposta nel quale i redditi cui afferiscono concorrono a formare il reddito complessivo ancorché non siano stati percepiti e assoggettati alla ritenuta. L'importo da scomputare è calcolato in proporzione all'ammontare degli interessi e altri proventi che concorrono a formare il reddito.

Art. 80. Riporto o rimborso delle eccedenze. – 1. Se l'**ammontare** complessivo dei **crediti** per le **imposte pagate** all'**estero**, delle **ritenute** d'**acconto** e dei **versamenti** in **acconto** di cui ai precedenti articoli è **superiore** a quello dell'**imposta dovuta** il contribuente ha diritto, a sua scelta, di computare l'**eccedenza** in **diminuzione** dell'**imposta** relativa al periodo di imposta successivo, di chiederne il **rimborso** in sede di dichiarazione dei redditi ovvero di utilizzare la stessa in compensazione ai sensi dell'art. 17 del decreto legislativo 9 luglio 1997, n. 241.

CAPO II
DETERMINAZIONE DELLA BASE IMPONIBILE DELLE SOCIETÀ E DEGLI ENTI COMMERCIALI RESIDENTI

SEZIONE I
DETERMINAZIONE DELLA BASE IMPONIBILE

Art. 81. Reddito complessivo. – 1. Il reddito complessivo delle società e degli enti commerciali di cui alle lettere **a)** e **b)** del comma 1 dell'**art. 73**, da **qualsiasi fonte provenga**, è considerato **reddito d'impresa** ed è determinato secondo le disposizioni di questa sezione.

Art. 82. Cessioni obbligatorie di partecipazioni sociali. – 1. Alle plusvalenze imponibili relative alle azioni o quote alienate a norma degli artt. 2357, quarto comma, 2357-*bis*, secondo comma, e 2359-*ter*, del codice civile e a norma dell'art. 121 del decreto legislativo 24 febbraio 1998, n. 58, si applicano le disposizioni del comma 4 dell'art. 86.

Art. 83. Determinazione del reddito complessivo. – 1. Il reddito complessivo è determinato **apportando all'utile o alla perdita risultante dal conto economico**, relativo all'esercizio chiuso nel periodo d'imposta, **le variazioni in aumento o in diminuzione** conseguenti all'applicazione dei criteri stabiliti nelle successive disposizioni della presente sezione. **In caso di attività che fruiscono di regimi di parziale o totale detassazione** del reddito, le relative **perdite fiscali assumono rilevanza nella stessa misura in cui assumerebbero rilevanza i risultati positivi**. Per i soggetti che redigono il bilancio in base ai principi contabili internazionali di cui al regolamento (CE) n. 1606/2002 del Parlamento europeo e del Consiglio, del 19 luglio 2002, anche nella formulazione derivante dalla procedura prevista dall'art. 4, comma 7-*ter*, del decreto legislativo 28 febbraio 2005, n. 38, e per i soggetti, diversi dalle micro-imprese di cui all'art. 2435-*ter* del codice civile, che redigono il bilancio in conformità alle disposizioni del codice civile, valgono, anche in deroga alle disposizioni dei successivi articoli della presente sezione, i criteri di qualificazione, imputazione temporale e classificazione in bilancio previsti dai rispettivi principi contabili. I criteri di imputazione temporale di cui al terzo periodo valgono ai fini fiscali anche in relazione alle poste contabilizzate a seguito del processo di correzione degli errori contabili. La disposizione di cui al quarto periodo non si applica ai componenti negativi di reddito per i quali è scaduto il termine per la presentazione della dichiarazione integrativa di cui all'articolo 2, comma 8, del decreto del Presidente della Repubblica 22 luglio 1998, n. 322, e, sussistendo gli altri presupposti, opera soltanto per i soggetti che sottopongono il proprio bilancio d'esercizio a revisione legale dei conti.

1-*bis*. Ai fini del comma 1, ai soggetti, diversi dalle micro-imprese di cui all'art. 2435-*ter* del codice civile, che non hanno optato per la redazione del bilancio in forma ordinaria, i quali redigono il bilancio in conformità alle disposizioni del codice civile, si applicano, in quanto compatibili, le disposizioni emanate in attuazione del comma 60 dell'art. 1 della legge 24 dicembre 2007, n. 244, e del comma 7-*quater* dell'art. 4 del decreto legislativo 28 febbraio 2005, n. 38. I criteri di imputazione temporale di cui al terzo periodo valgono ai fini fiscali anche in relazione alle poste contabilizzate a seguito del processo di correzione degli errori contabili. La disposizione di cui al quarto periodo non si applica ai componenti negativi di reddito per i quali è scaduto il termine per la presentazione della dichiarazione integrativa di cui all'art. 2, comma 8, del decreto del Presidente della Repubblica 22 luglio 1998, n. 322.

Art. 84. Riporto delle perdite. – 1. La perdita di un periodo d'imposta, determinata con le stesse norme valevoli per la determinazione del reddito, può essere computata **in diminuzione** del reddito dei periodi d'imposta successivi in misura **non superiore** all'**80 per cento** del **reddito imponibile** di ciascuno di essi e per l'intero importo che trova capienza in tale ammontare. Per i soggetti che fruiscono di un regime di esenzione dell'utile la perdita è riportabile per l'ammontare che eccede l'utile che non ha concorso alla formazione del reddito negli esercizi precedenti. La perdita è diminuita dei proventi esenti dall'imposta diversi da quelli di cui all'art. 87, per la parte del loro ammontare che eccede i componenti negativi non dedotti ai sensi dell'art. 109, comma 5. Detta differenza potrà tuttavia essere computata in diminuzione del reddito complessivo in misura tale che l'imposta corrispondente al reddito imponibile risulti compensata da eventuali crediti di imposta, ritenute alla fonte a titolo di acconto, versamenti in acconto, e dalle eccedenze di cui all'art. 80.

2. Le **perdite** realizzate nei **primi tre periodi** d'imposta dalla data di costituzione possono, con le modalità previste al comma 1, essere computate **in diminuzione** del **reddito complessivo** dei **periodi** d'**imposta successivi** entro il **limite** del **reddito imponibile** di ciascuno di essi e per l'intero importo che trova capienza nel reddito imponibile di ciascuno di essi a condizione che si riferiscano ad una nuova attività produttiva.

3. Le **disposizioni** del **comma 1 non si applicano** nel caso in cui la **maggioranza delle partecipazioni aventi diritto di voto nelle assemblee ordinarie del soggetto che riporta le perdite venga trasferita o comunque acquisita da terzi**, anche a titolo temporaneo e, inoltre, venga **modificata** l'**attività principale** in fatto esercitata nei periodi d'imposta in cui le perdite sono state realizzate. La modifica dell'attività assume rilevanza se interviene nel periodo d'imposta in corso al momento del trasferimento od acquisizione ovvero nei due successivi od anteriori. La limitazione si applica anche alle eccedenze oggetto di riporto in avanti di cui al comma 5 dell'art. 96, relativamente agli interessi indeducibili, nonché a quelle di cui all'art. 1, comma 4, del decreto legge 6

dicembre 2011, n. 201, convertito, con modificazioni, dalla legge 22 dicembre 2011, n. 214, relativamente all'aiuto alla crescita economica. La limitazione non si applica qualora:

a) lettera abrogata;

b) le partecipazioni siano relative a società che nel biennio precedente a quello di trasferimento hanno avuto un numero di dipendenti mai inferiore alle dieci unità e per le quali dal conto economico relativo all'esercizio precedente a quello di trasferimento risultino un ammontare di ricavi e proventi dell'attività caratteristica, e un ammontare delle spese per prestazioni di lavoro subordinato e relativi contributi, di cui all'art. 2425 del codice civile, superiore al 40 per cento di quello risultante dalla media degli ultimi due esercizi anteriori.

Al fine di disapplicare le disposizioni del presente comma il contribuente interpella l'amministrazione ai sensi dell'art. 11, comma 2, della legge 27 luglio 2000, n. 212, recante lo Statuto dei diritti del contribuente.

Art. 85. Ricavi. – 1. Sono considerati ricavi:

a) i **corrispettivi** delle **cessioni** di **beni** e delle **prestazioni** di **servizi** alla cui produzione o al cui scambio è diretta l'**attività** dell'**impresa**;

b) i **corrispettivi** delle **cessioni** di **materie prime** e **sussidiarie**, di semilavorati e di altri beni mobili, esclusi quelli strumentali, acquistati o prodotti per essere impiegati nella produzione;

c) i **corrispettivi** delle **cessioni** di **azioni** o **quote** di **partecipazioni**, anche non rappresentate da titoli, **al capitale di società** ed enti di cui all'**art. 73**, che **non** costituiscono **immobilizzazioni finanziarie**, diverse da quelle cui si applica l'esenzione di cui all'art. 87, anche se non rientrano fra i beni al cui scambio è diretta l'attività dell'impresa. Se le partecipazioni sono nelle società o enti di cui all'art. 73, comma 1, lettera d), si applica il comma 2 dell'art. 44;

d) i corrispettivi delle cessioni di strumenti finanziari similari alle azioni ai sensi dell'art. 44 emessi da società ed enti di cui all'art. 73, che non costituiscono immobilizzazioni finanziarie, diversi da quelli cui si applica l'esenzione di cui all'art. 87, anche se non rientrano fra i beni al cui scambio è diretta l'attività dell'impresa;

e) **i corrispettivi** delle **cessioni di obbligazioni** e di **altri titoli** in serie o di massa diversi da quelli di cui alle lettere c) e d) precedenti che **non** costituiscono **immobilizzazioni finanziarie**, anche se non rientrano fra i beni al cui scambio è diretta l'attività dell'impresa;

f) le **indennità** conseguite a titolo di **risarcimento**, anche **in forma assicurativa**, per la **perdita** o il **danneggiamento** di **beni** di cui alle precedenti lettere;

g) i **contributi** in denaro, o il valore normale di quelli, in natura, spettanti sotto qualsiasi denominazione in base a contratto;

h) i contributi spettanti esclusivamente in conto esercizio a norma di legge.

2. Si comprende inoltre tra i ricavi il **valore normale** dei **beni** di cui al **comma 1 assegnati** ai **soci** o **destinati** a **finalità estranee** all'**esercizio dell'impresa**.

3. I beni di cui alle lettere c), d) ed e) del comma 1 costituiscono immobilizzazioni finanziarie se sono iscritti come tali nel bilancio.

3-*bis*. In deroga al comma 3, per i soggetti che redigono il bilancio in base ai principi contabili internazionali di cui al regolamento (CE) n. 1606/2002 del Parlamento europeo e del Consiglio, del 19 luglio 2002, si considerano immobilizzazioni finanziarie gli strumenti finanziari diversi da quelli detenuti per la negoziazione.

Art. 86. Plusvalenze patrimoniali. – 1. Le plusvalenze dei beni relativi all'impresa, diversi da quelli indicati nel comma 1 dell'art. 85, concorrono a formare il reddito:

a) se sono realizzate mediante **cessione a titolo oneroso**;

b) se sono realizzate mediante il **risarcimento**, anche in forma assicurativa, per la **perdita** o il **danneggiamento** dei **beni**;

c) se i **beni** vengono assegnati ai **soci** o destinati a **finalità estranee** all'**esercizio** dell'**impresa**.

2. Nelle ipotesi di cui alle lettere a) e b) del comma 1 la plusvalenza è costituita dalla **differenza** fra il **corrispettivo** o l'**indennizzo** conseguito, al **netto** degli **oneri accessori** di diretta imputazione, e il **costo non ammortizzato**. Concorrono alla formazione del reddito anche le **plusvalenze** delle **aziende**, compreso il **valore** di **avviamento**, realizzate unitariamente mediante **cessione** a **titolo oneroso**. Se il corrispettivo della cessione è costituito esclusivamente da beni ammortizzabili, anche se costituenti un complesso o ramo aziendale, e questi vengono complessivamente iscritti in bilancio allo stesso valore al quale vi erano iscritti i beni ceduti, si considera plusvalenza soltanto il conguaglio in denaro eventualmente pattuito.

3. Nell'ipotesi di cui alla **lettera c)** del comma 1, la **plusvalenza** è costituita dalla **differenza** tra il **valore normale** e il **costo non ammortizzato** dei beni.

4. Le **plusvalenze** realizzate, **diverse** da quelle di cui al successivo **art. 87**, determinate a norma del comma 2, concorrono a formare il reddito, per l'**intero ammontare** nell'esercizio in cui sono state realizzate **ovvero**, se i beni sono stati posseduti per un periodo non inferiore a tre anni, o a due anni per le società sportive professionistiche, a scelta del contribuente, in **quote costanti** nell'esercizio stesso e nei successivi, ma **non oltre** il **quarto**. La predetta scelta deve risultare dalla dichiarazione dei redditi; se questa non è presentata la plusvalenza concorre a formare il reddito per l'intero ammontare nell'esercizio in cui è stata realizzata. Per i beni che costituiscono immobilizzazioni finanziarie, diverse da quelle di cui al successivo art. 87, le disposizioni dei periodi precedenti si applicano per quelli iscritti come tali negli ultimi tre bilanci; si considerano ceduti per primi i beni acquisiti in data più recente. Le plusvalenze realizzate mediante cessione dei diritti all'utilizzo esclusivo della prestazione dell'atleta per le società sportive professionistiche concorrono a formare il reddito in quote costanti ai sensi del primo periodo e alle condizioni indicate nel secondo periodo nei limiti della parte proporzionalmente corrispondente al corrispettivo eventualmente conseguito in denaro; la residua parte della plusvalenza concorre a formare il reddito nell'esercizio in cui è stata realizzata.

4-*bis*. **Per le plusvalenze realizzate su partecipazioni in imprese ed enti residenti o localizzati in Stati o territori a regime fiscale privilegiato** individuati in base ai criteri di cui all'art. 47-*bis*, comma 1, per i quali sussiste la condizione di cui al comma 2, lettera a), del medesimo articolo, al cedente controllante, ai sensi del comma 2 dell'art. 167, residente nel territorio dello Stato, ovvero alle cedenti residenti sue controllate, spetta **un credito d'imposta ai sensi dell'art. 165 in ragione delle imposte assolte dall'impresa o ente partecipato sugli utili maturati durante il periodo di possesso della partecipazione**, in proporzione delle partecipazioni cedute e nei limiti dell'imposta italiana relativa a tali plusvalenze. La detrazione del credito d'imposta di cui al periodo precedente spetta per l'ammontare dello stesso non utilizzato dal cedente ai sensi dell'art. 89, comma 3; tale ammontare, ai soli fini dell'applicazione dell'imposta, è computato in aumento del reddito complessivo. Se nella dichiarazione è stato omesso soltanto il computo del credito d'imposta in aumento del reddito complessivo, si può procedere di ufficio alla correzione anche in sede di liquidazione dell'imposta dovuta in base alla dichiarazione dei redditi.

5. La cessione dei beni ai creditori in sede di concordato preventivo non costituisce realizzo delle plusvalenze e minusvalenze dei beni, comprese quelle relative alle rimanenze e il valore di avviamento.

5-*bis*. Nelle ipotesi dell'art. 47, commi 5 e 7, costituiscono plusvalenze le somme o il valore normale dei beni ricevuti a titolo di ripartizione del capitale e delle riserve di capitale per la parte che eccede il valore fiscalmente riconosciuto delle partecipazioni.

Art. 87. Plusvalenze esenti. – 1. Non concorrono alla formazione del reddito imponibile in quanto **esenti** nella misura del **95 per cento** le plusvalenze realizzate e determinate ai sensi dell'art. 86, commi 1, 2 e 3, relativamente ad azioni o quote di **partecipazioni** in società ed enti indicati nell'**art. 5, escluse** le **società semplici** e gli enti alle stesse equiparate, e nell'**art. 73**, comprese quelle non rappresentate da titoli, con i seguenti requisiti:

a) **ininterrotto possesso** dal primo giorno del **dodicesimo mese precedente** quello dell'avvenuta cessione considerando cedute per prime le azioni o quote acquisite in data più recente;

b) classificazione nella categoria delle **immobilizzazioni finanziarie** nel primo bilancio chiuso durante il periodo di possesso;

c) **residenza fiscale o localizzazione dell'impresa o ente partecipato in Stati o territori diversi da quelli a regime fiscale privilegiato** individuati in base ai criteri di cui all'art. 47-*bis*, comma 1, **o, alternativamente, la dimostrazione** anche a seguito dell'esercizio dell'interpello di cui allo stesso art. 47-*bis*, comma 3, **della sussistenza della condizione di cui al comma 2, lettera b), del medesimo articolo.** Qualora il contribuente intenda far valere la sussistenza di tale ultima condizione ma **non abbia presentato la predetta istanza di interpello ovvero, avendola presentata, non abbia ricevuto risposta favorevole, la percezione di plusvalenze derivanti dalla cessione di partecipazioni in imprese o enti residenti o localizzati in Stati o territori a regime fiscale privilegiato** individuati in base ai criteri di cui all'art. 47-*bis*, comma 1, **deve essere segnalata nella dichiarazione dei redditi da parte del socio residente**; nei casi di mancata o incompleta indicazione nella dichiarazione dei redditi si applica la sanzione amministrativa prevista dall'art. 8, comma 3-*ter*, del decreto legislativo 18 dicembre 1997, n. 471. Ai fini della presente lettera, la condizione indicata dell'articolo 47-*bis*, comma 2, lettera b), deve sussistere, ininterrottamente, sin dal primo periodo di possesso; tuttavia, per i rapporti detenuti da più di 5 periodi di imposta è oggetto di realizzo con controparti non appartenenti allo stesso gruppo del dante causa, è sufficiente che tale condizione sussista, ininterrottamente, per i 5 periodi di imposta anteriori al realizzo stesso. Ai fini del precedente periodo si considerano appartenenti allo stesso gruppo i soggetti residenti o meno nel territorio dello Stato tra i quali sussiste un rapporto di controllo ai sensi del comma 2 dell'art. 167 ovvero che, ai sensi del medesimo comma 2 sono sottoposti al comune controllo da parte di altro soggetto residente o meno nel territorio dello Stato;

d) **esercizio** da parte della **società partecipata** di un'**impresa commerciale** secondo la definizione di cui all'art. 55. **Senza** possibilità di **prova contraria** si presume che questo requisito non sussista relativamente alle partecipazioni in **società** il cui valore del **patrimonio** è prevalentemente costituito da **beni immobili** diversi dagli immobili alla cui produzione o al cui scambio è effettivamente diretta l'attività dell'impresa, dagli impianti e dai fabbricati utilizzati direttamente nell'esercizio d'impresa. Si considerano direttamente utilizzati nell'esercizio d'impresa gli immobili concessi in locazione finanziaria e i terreni su cui la società partecipata svolge l'attività agricola.

1-*bis*. Le cessioni delle azioni o quote appartenenti alla categoria delle immobilizzazioni finanziarie e di quelle appartenenti alla categoria dell'attivo circolante vanno considerate separatamente con riferimento a ciascuna categoria.

2. **Il requisito di cui al comma 1, lettera c), deve sussistere, ininterrottamente, sin dal primo periodo di possesso**; tuttavia, per i rapporti detenuti da più di 5 periodi di imposta è oggetto di realizzo con controparti non appartenenti allo stesso gruppo del dante causa, è sufficiente che tale condizione sussista, ininterrottamente, per i 5 periodi di imposta anteriori al realizzo stesso. Ai fini del precedente periodo si considerano appartenenti allo stesso gruppo i soggetti residenti o meno nel territorio dello Stato tra i quali sussiste un rapporto di controllo ai sensi del comma 2 dell'art. 167 ovvero che, ai sensi del medesimo comma 2 sono sottoposti al comune controllo da parte di altro soggetto residente o non residente nel territorio dello Stato. Il requisito di cui al comma 1, lettera d), deve sussistere ininterrottamente, al momento del realizzo, almeno dall'inizio del terzo periodo d'imposta anteriore al realizzo stesso.

3. L'esenzione di cui al comma 1 si applica, alle stesse condizioni ivi previste, alle plusvalenze realizzate e determinate ai sensi dell'art. 86, commi 1, 2 e 3, relativamente alle partecipazioni al capitale o al patrimonio, ai titoli e agli strumenti finanziari similari alle azioni ai sensi dell'art. 44, comma 2, lettera a) ed ai contratti di cui all'art. 109, comma 9, lettera b). Concorrono in ogni caso alla formazione del reddito per il loro intero ammontare gli utili relativi ai contratti di cui all'art. 109, comma 9, lettera b), che non soddisfano le condizioni di cui all'art. 44, comma 2, lettera a), ultimo periodo.

4. Fermi rimanendo quelli di cui alle lettere a), b) e c), il requisito di cui alla lettera d) del comma 1 non rileva per le partecipazioni in società i cui titoli sono negoziati nei mercati regolamentati. Alle plusvalenze realizzate mediante offerte pubbliche di vendita si applica l'esenzione di cui ai commi 1 e 3 indipendentemente dal verificarsi del requisito di cui alla predetta lettera d).

5. Per le partecipazioni in società la cui attività consiste in via esclusiva o prevalente nell'assunzione di partecipazioni, i requisiti di cui alle lettere c) e d) del comma 1 si riferiscono alle società indirettamente partecipate e si verificano quando tali requisiti sussistono nei confronti delle partecipate che rappresentano la maggior parte del valore del patrimonio sociale della partecipante.

6. Le disposizioni del presente articolo si applicano anche alle plusvalenze di cui all'art. 86, comma 5-*bis*.

7. Comma abrogato.

Art. 88. Sopravvenienze attive. – 1. Si considerano sopravvenienze attive i **ricavi** o altri **proventi** conseguiti **a fronte** di **spese**, **perdite** od oneri dedotti o di passività iscritte in bilancio in precedenti esercizi e i ricavi o altri proventi conseguiti **per ammontare superiore** a quello che ha concorso a formare il **reddito** in **precedenti esercizi**, **nonché** la **sopravvenuta insussistenza** di **spese**, **perdite od oneri dedotti** o di passività iscritte in bilancio in **precedenti esercizi**.

2. Se le indennità di cui alla lettera b) del comma 1 dell'art. 86 vengono conseguite per ammontare superiore a quello che ha concorso a formare il reddito in precedenti esercizi, l'eccedenza concorre a formare il reddito a norma del comma 4 del detto articolo.

3. Sono inoltre considerati **sopravvenienze attive**:

a) le **indennità** conseguite a titolo di **risarcimento**, anche in forma assicurativa, di danni diversi da quelli considerati alla lettera f) del comma 1 dell'art. 85 e alla lettera b) del comma 1 dell'art. 86;

b) i **proventi in denaro o in natura** conseguiti a titolo di contributo o di **liberalità**, esclusi i contributi di cui alle lettere g) e h) del comma 1 dell'art. 85 e quelli per l'acquisto di beni ammortizzabili indipendentemente dal tipo di finanziamento adottato. Tali proventi concorrono a formare il **reddito** nell'**esercizio** in cui sono stati **incassati** o in **quote costanti** nell'esercizio in cui sono stati incassati e nei successivi ma **non oltre** il **quarto**. Sono fatte salve le agevolazioni connesse alla realizzazione di investimenti produttivi concesse nei territori montani di cui alla legge 31 gennaio 1994, n. 97, nonché quelle concesse ai sensi del Testo Unico delle leggi sugli interventi nel Mezzogiorno, approvato con decreto del Presidente della Repubblica 6 marzo 1978, n. 218, per la decorrenza prevista al momento della concessione delle stesse. Non si considerano contributi o liberalità i finanziamenti erogati dallo Stato, dalle Regioni e dalle Province autonome per la costruzione, ristrutturazione e manutenzione straordinaria ed ordinaria di immobili di edilizia residenziale pubblica concessi agli Istituti autonomi per le case popolari, comunque denominati, e agli enti aventi le stesse finalità sociali dei predetti Istituti, istituiti nella forma di società che rispondono ai requisiti della legislazione dell'Unione europea in materia di "in house providing" e che siano costituiti e operanti alla data del 31 dicembre 2013, nonché quelli erogati alle cooperative edilizie a proprietà indivisa e di abitazione per la costruzione, ristrutturazione e manutenzione ordinaria e straordinaria di immobili destinati all'assegnazione in godimento o locazione.

3-*bis*. **Non costituiscono sopravvenienze attive, in quanto escluse, i contributi percepiti a titolo di liberalità dai soggetti sottoposti alle procedure concorsuali** previste dal Regio decreto 16 marzo 1942, n. 267, dal decreto legislativo 8 luglio 1999, n. 270, dal decreto-legge 23 dicembre 2003, n. 347, convertito, con modificazioni, dalla legge 18 febbraio 2004, n. 39, ovvero alle procedure di crisi di cui all'art. 20 del decreto legislativo 16 novembre 2015, n. 180 nonché alla procedura di amministrazione straordinaria di cui all'art. 70 e seguenti del decreto legislativo 1° settembre 1993, n. 385, ad esclusione di quelli provenienti da società controllate dall'impresa o controllate dalla stessa società che controlla l'impresa. Le disposizioni del precedente periodo si applicano anche ai contributi percepiti nei ventiquattro mesi successivi alla chiusura delle predette procedure.

4. **Non si considerano sopravvenienze attive i versamenti in denaro o in natura fatti a fondo perduto o in conto capitale alle società e agli enti di cui all'art. 73, comma 1, lettere a) e b), dai propri soci, né gli apporti effettuati dai possessori di strumenti similari alle azioni.**

4-*bis*. **La rinuncia dei soci ai crediti si considera sopravvenienza attiva per la parte che eccede il relativo valore fiscale. A tal fine, il socio, con dichiarazione sostitutiva di atto notorio, comunica alla partecipata tale valore**; in assenza di tale comunicazione, il valore fiscale del credito è assunto pari a zero. Nei casi di operazioni di conversione del credito in partecipazioni si applicano le disposizioni dei periodi precedenti e il valore fiscale delle medesime partecipazioni viene assunto in un importo pari al valore fiscale del credito oggetto di conversione, al netto delle perdite sui crediti eventualmente deducibili per il creditore per effetto della conversione stessa.

4-*ter*. **Non si considerano, altresì, so-**

pravvenienze attive le riduzioni dei debiti dell'impresa in sede di concordato fallimentare o preventivo liquidatorio o di procedure estere equivalenti, previste in Stati o territori con i quali esiste un adeguato scambio di informazioni, o per effetto della partecipazione delle perdite da parte dell'associato in partecipazione. In caso di concordato di risanamento, di accordo di ristrutturazione dei debiti omologato ai sensi dell'art. 182-*bis* del regio decreto 16 marzo 1942, n. 267, ovvero di un piano attestato ai sensi dell'art. 67, terzo comma, lettera d), del citato regio decreto n. 267 del 1942, pubblicato nel registro delle imprese, o di procedure estere a queste equivalenti, la riduzione dei debiti dell'impresa non costituisce sopravvenienza attiva per la parte che eccede le perdite, pregresse e di periodo, di cui all'articolo 84, senza considerare il limite dell'ottanta per cento, la deduzione di periodo e l'eccedenza relativa all'aiuto alla crescita economica di cui all'art. 1, comma 4, del decreto-legge 6 dicembre 2011, n. 201, convertito, con modificazioni, dalla legge 22 dicembre 2011, n. 214, e gli interessi passivi e gli oneri finanziari assimilati di cui al comma 4 dell'art. 96 del presente testo unico. Ai fini del presente comma rilevano anche le perdite trasferite al consolidato nazionale di cui all'art. 117 e non ancora utilizzate. Le disposizioni del presente comma si applicano anche per le operazioni di cui al comma 4-*bis*.

5. In caso di cessione del contratto di locazione finanziaria il valore normale del bene costituisce sopravvenienza attiva.

Art. 89. Dividendi ed interessi. – 1. Per gli **utili** derivanti dalla **partecipazione** in **società semplici**, **in nome collettivo** e **in accomandita semplice residenti** nel territorio dello Stato si applicano le disposizioni dell'**art. 5**.

2. Gli **utili distribuiti**, in qualsiasi forma e sotto qualsiasi denominazione, anche nei casi di cui all'art. 47, comma 7, **dalle società** ed **enti di cui all'art. 73, comma 1, lettere a), b) e c)**, **non** concorrono a formare il **reddito** dell'esercizio in cui sono percepiti in quanto esclusi dalla formazione del reddito della società o dell'ente ricevente per il **95 per cento** del loro ammontare. La stessa esclusione si applica alla remunerazione corrisposta relativamente ai contratti di cui all'art. 109, comma 9, lettera b), e alla remunerazione dei finanziamenti eccedenti di cui all'art. 98 direttamente erogati dal socio o dalle sue parti correlate, anche in sede di accertamento.

2-*bis*. In deroga al comma 2, per i soggetti che redigono il bilancio in base ai principi contabili internazionali di cui al regolamento (CE) n. 1606/ 2002 del Parlamento europeo e del Consiglio, del 19 luglio 2002, gli utili distribuiti relativi ad azioni, quote e strumenti finanziari similari alle azioni detenuti per la negoziazione concorrono per il loro intero ammontare alla formazione del reddito nell'esercizio in cui sono percepiti.

3. Verificandosi la condizione dell'art. 44, comma 2, lettera a), ultimo periodo, **l'esclusione del comma 2 si applica agli utili provenienti da soggetti di cui all'art. 73, comma 1, lettera d), e alle remunerazioni derivanti da contratti di cui all'art. 109, comma 9, lettera b), stipulati con tali soggetti,** se diversi da quelli residenti o localizzati in Stati o territori a regime fiscale privilegiato individuati in base ai criteri dell'art. 47-*bis*, comma 1, o, se ivi residenti o localizzati, sia dimostrato, anche a seguito dell'esercizio dell'interpello di cui all'art. 47-*bis*, comma 3, il rispetto, sin dal primo periodo di possesso della partecipazione, della condiziona indicata nel medesimo articolo, comma 2, lettera b). **Gli utili provenienti dai soggetti di cui all'articolo 73, comma 1, lettera *d)*, residenti o localizzati in Stati o territori a regime fiscale privilegiato individuati in base ai criteri dell'art. 47-*bis*, comma**

1, e le remunerazioni derivanti dai contratti di cui all'articolo 109, comma 9, lettera *b),* stipulati con tali soggetti, non concorrono a formare il reddito dell'esercizio in cui sono percepiti in quanto esclusi dalla formazione del reddito della società o dell'ente ricevente per il 50 per cento del loro ammontare, a condizione che sia dimostrato, anche a seguito dell'esercizio dell'interpello di cui all'articolo 47-*bis*, comma 3, la sussistenza della condizione di cui al comma 2, lettera a), del medesimo articolo; in tal caso, **è riconosciuto al soggetto controllante ai sensi del comma 2 dell'art. 167, residente nel territorio dello Stato, ovvero alle sue controllate residenti percipienti gli utili, un credito d'imposta ai sensi dell'articolo 165** in ragione delle imposte assolte dalla società partecipata agli utili maturati durante il periodo di possesso della partecipazione, in proporzione alla quota imponibile degli utili conseguiti e nei limiti dell'imposta italiana relativa a tali utili. Ai soli fini dell'applicazione dell'imposta, l'ammontare del credito d'imposta di cui al periodo precedente è computato in aumento del reddito complessivo. Se nella dichiarazione è stato omesso soltanto il computo del credito d'imposta in aumento del reddito complessivo, si può procedere di ufficio alla correzione anche in sede di liquidazione dell'imposta dovuta in base alla dichiarazione dei redditi. **Ai fini del presente comma, si considerano provenienti da residenti o localizzati in Stati o territori a regime fiscale privilegiato gli utili relativi al possesso di partecipazioni dirette in tali società o di partecipazioni di controllo**, ai sensi del comma 2 dell'art. 167, **in società residenti all'estero che conseguono utili dalla partecipazione in imprese o enti residenti o localizzati in Stati o territori a regime fiscale privilegiato e nei limiti di tali utili.** Qualora il contribuente intenda far valere la sussistenza, sin dal primo periodo di possesso della partecipazione, della condizione indicata nella lettera b) del comma 2 dell'art. 47-*bis* ma non abbia presentato l'istanza di interpello prevista dal comma 3 del medesimo articolo ovvero, avendola presentata, non abbia ricevuto risposta favorevole, la percezione di utili provenienti da partecipazioni in imprese o enti residenti o localizzati in Stati o territori a regime fiscale privilegiato individuati in base ai criteri dell'art. 47-*bis*, comma 1, deve essere segnalata nella dichiarazione dei redditi da parte del socio residente; nei casi di mancata o incompleta indicazione nella dichiarazione dei redditi si applica la sanzione amministrativa prevista dall'art. 8, comma 3-*ter,* del decreto legislativo 18 dicembre 1997, n. 471. Concorrono in ogni caso alla formazione del reddito per il loro intero ammontare gli utili relativi ai contratti di cui all'art. 109, comma 9, lettera b), che non soddisfano le condizioni di cui all'art. 44, comma 2, lettera a), ultimo periodo.

3-*bis*. L'esclusione di cui al comma 2 si applica anche:

a) alle remunerazioni sui titoli, strumenti finanziari e contratti indicati dall'articolo 109, comma 9, lettere a) e b), limitatamente al 95 per cento della quota di esse non deducibile ai sensi dello stesso articolo 109;

b) alle remunerazioni delle partecipazioni al capitale o al patrimonio e a quelle dei titoli e degli strumenti finanziari di cui all'articolo 44, provenienti dai soggetti che hanno i requisiti individuati nel comma 3-*ter* del presente articolo, limitatamente al 95 per cento della quota di esse non deducibile nella determinazione del reddito del soggetto erogante.

3-*ter*. La disposizione di cui alla lettera b) del comma 3-*bis* si applica limitatamente alle remunerazioni provenienti da una società che riveste una delle forme previste dall'allegato I, parte A, della direttiva 2011/96/UE del Consiglio, del 30 novembre 2011, nella quale è detenuta una partecipazione diretta nel capitale non inferiore al 10 per cento, ininterrottamente per almeno un anno, e che:

a) risiede ai fini fiscali in uno Stato membro dell'Unione Europea, senza essere considerata, ai sensi di una convenzione in materia di doppia imposizione sui redditi con uno Stato terzo, residenti al di fuori dell'Unione Europea;

b) è soggetta, nello Stato di residenza, senza possibilità di fruire di opzione o di esonero che non siano territorialmente o temporalmente limitati, a una delle imposte elencate nell'allegato I, parte B, della citata direttiva o a qualsiasi altra imposta che sostituisca una delle imposte indicate.

4. Si applicano le disposizioni di cui agli artt. 46 e 47, ove compatibili.

5. Se la misura non è determinata per iscritto gli interessi si computano al saggio legale.

6. Gli interessi derivanti da titoli acquisiti in base a contratti «pronti contro termine» che prevedono l'obbligo di rivendita a termine dei titoli, concorrono a formare il reddito del cessionario per l'ammontare maturato nel periodo di durata del contratto. La differenza positiva o negativa tra il corrispettivo a pronti e quello a termine, al netto degli interessi maturati sulle attività oggetto dell'operazione nel periodo di durata del contratto, concorre a formare il reddito per la quota maturata nell'esercizio.

7. Per i contratti di conto corrente e per le operazioni bancarie regolate in conto corrente, compresi i conti correnti reciproci per servizi resi intrattenuti tra aziende e istituti di credito, si considerano maturati anche gli interessi compensati a norma di legge o di contratto.

Art. 90. Proventi immobiliari. – 1. I redditi degli immobili che **non** costituiscono **beni strumentali** per l'esercizio dell'impresa, **né beni** alla **cui produzione** o al **cui scambio** è **diretta** l'**attività** dell'**impresa**, **concorrono** a formare il reddito nell'ammontare determinato secondo le **disposizioni** del **capo II** del **titolo I** per gli immobili situati nel territorio dello Stato e a norma dell'**art. 70** per quelli situati all'estero. Tale disposizione non si applica per i redditi, dominicali e agrari, dei terreni derivanti dall'esercizio delle attività agricole di cui all'art. 32, pur se nei limiti ivi stabiliti. Per gli **immobili** riconosciuti di **interesse storico** o artistico, ai sensi dell'art. 10 del codice di cui al decreto legislativo 22 gennaio 2004, n. 42, il **reddito medio ordinario** di cui all'art. 37, comma 1, è **ridotto** del **50 per cento** e non si applica comunque l'art. 41. In caso di **immobili locati**, qualora il **canone** risultante dal contratto di locazione **ridotto**, fino ad un massimo del **15 per cento** del canone medesimo, dell'importo delle spese documentate sostenute ed effettivamente rimaste a carico per la realizzazione degli interventi di cui alla lettera a) del comma 1 dell'art. 3 del decreto del Presidente della Repubblica 6 giugno 2001, n. 380, risulti **superiore** al **reddito medio ordinario** dell'unità immobiliare, il **reddito** è determinato in misura **pari** a quella del **canone** di **locazione** al **netto** di tale **riduzione**. Per gli immobili locati riconosciuti di interesse storico o artistico, ai sensi dell'art. 10 del codice di cui al decreto legislativo 22 gennaio 2004, n. 42, qualora il canone risultante dal contratto di locazione ridotto del 35 per cento risulti superiore al reddito medio ordinario dell'unità immobiliare, il reddito è determinato in misura pari a quella del canone di locazione al netto di tale riduzione. Per gli immobili locati riconosciuti di interesse storico o artistico, ai sensi dell'art. 10 del codice di cui al decreto legislativo 22 gennaio 2004, n. 42, qualora il canone risultante dal contratto di locazione ridotto del 35 per cento risulti superiore al reddito medio ordinario dell'unità immobiliare, il reddito è determinato in misura pari a quella del canone di locazione al netto di tale riduzione.

2. Le **spese** e gli altri **componenti negativi** relativi ai beni immobili indicati nel comma 1 **non** sono **ammessi** in **deduzione**.

Art. 91. Proventi e oneri non computabili nella determinazione del reddito. – 1. **Non** concorrono alla formazione del **reddito**:

a) i **proventi** dei **cespiti** che fruiscono di **esenzione** dall'imposta;

b) i **proventi soggetti a ritenuta alla fonte a titolo** di **imposta** o ad **imposta sostitutiva**;

c) in caso di riduzione del capitale sociale mediante annullamento di azioni proprie, acquistate in attuazione della relativa deliberazione o precedentemente, la differenza positiva o negativa tra il costo delle azioni annullate e la corrispondente quota del patrimonio netto;

d) i sopraprezzi di emissione delle azioni o quote e gli interessi di conguaglio versati dai sottoscrittori di nuove azioni o quote.

Art. 92. Variazioni delle rimanenze. – 1. Le **variazioni** delle **rimanenze finali** dei beni indicati all'art. 85, comma 1, lettere a) e b), **rispetto** alle esistenze **iniziali**, concorrono a formare il **reddito** dell'esercizio. A tal fine le **rimanenze finali**, la cui valutazione non sia effettuata a costi specifici o a norma dell'art. 93, sono assunte per un **valore** non inferiore a quello che risulta raggruppando i **beni** in **categorie omogenee** per natura e per valore e attribuendo a ciascun gruppo un valore non inferiore a quello determinato a norma delle disposizioni che seguono.

2. Nel primo esercizio in cui si verificano, le rimanenze sono valutate attribuendo ad ogni unità il valore risultante dalla divisione del costo complessivo dei beni prodotti e acquistati nell'esercizio stesso per la loro quantità.

3. Negli esercizi successivi, se la **quantità** delle rimanenze è **aumentata** rispetto all'esercizio precedente, le **maggiori quantità**, valutate a norma del comma 2, costituiscono **voci distinte** per esercizi di formazione. Se la quantità è diminuita, la diminuzione si imputa agli incrementi formati nei precedenti esercizi, a partire dal più recente.

4. Per le imprese che valutano in bilancio le rimanenze finali con il **metodo** della **media ponderata** o del «**primo entrato, primo uscito**» o con varianti di quello di cui al comma 3, le rimanenze finali sono assunte per il valore che risulta dall'applicazione del metodo adottato.

5. Se in un esercizio il **valore unitario medio** dei beni, determinato a norma dei commi 2, 3 e 4, è **superiore** al **valore normale medio** di essi nell'ultimo mese dell'esercizio, il **valore minimo** di cui al comma 1, è determinato moltiplicando l'intera quantità dei beni, indipendentemente dall'esercizio di formazione, per il **valore normale**. Per le valute estere si assume come valore normale il valore secondo il cambio alla data di chiusura dell'esercizio. Il minor valore attribuito alle rimanenze in conformità alle disposizioni del presente comma vale anche per gli esercizi successivi sempre che le rimanenze non risultino iscritte nello stato patrimoniale per un valore superiore.

6. I **prodotti in corso di lavorazione e i servizi in corso di esecuzione** al termine dell'esercizio sono valutati in base alle **spese sostenute** nell'esercizio stesso, salvo quanto stabilito nell'art. 93 per le opere, le forniture e i servizi di durata ultrannuale.

7. Le **rimanenze finali** di un esercizio nell'ammontare indicato dal contribuente costituiscono le **esistenze iniziali** dell'**esercizio successivo**.

8. Per gli esercenti attività di commercio al minuto che valutano le rimanenze delle merci con il metodo del prezzo al dettaglio si tiene conto del valore così determinato anche in deroga alla disposizione del comma 1, a condizione che nella dichiarazione dei redditi o in apposito allegato siano illustrati i criteri e le modalità di applicazione del detto metodo, con riferimento all'oggetto e alla struttura organizzativa dell'impresa.

Art. 92-*bis*. Valutazione delle rimanenze di alcune categorie di imprese. – 1. La valutazione delle rimanenze finali dei beni indicati all'art. 85, comma 1, lettere a) e b) è effettuata secondo il metodo della **media ponderata** o del "**primo entrato primo uscito**", anche se non adottati in bilancio, dalle imprese il cui volume di ricavi supera le soglie previste per l'applicazione degli studi di settore, esercenti le attività di:

a) ricerca e coltivazione di idrocarburi liquidi e gassosi;

b) raffinazione petrolio, produzione o commercializzazione di benzine, petroli, gasoli per usi vari, oli lubrificanti e residuati, di gas di petrolio liquefatto e di gas naturale.

2. La disposizione di cui al comma 1 si applica anche ai soggetti che redigono il bilancio in base ai principi contabili internazionali di cui al regolamento (CE) n. 1606/2002 del Parlamento europeo e del Consiglio, del 19 luglio 2002, ed anche a quelli che abbiano esercitato, relativamente alla valutazione dei beni fungibili, l'opzione di cui all'art. 13, comma 4, del decreto legislativo 28 febbraio 2005, n. 38.

3. Per quanto non diversamente disposto dal presente articolo si applicano le disposizioni dei commi 1, 5 e 7, dell'art. 92.

Art. 93. Opere, forniture e servizi di durata ultrannuale. – 1. Le variazioni delle rimanenze finali delle opere, forniture e servizi pattuiti come oggetto unitario e con tempo di esecuzione ultrannuale, rispetto alle esistenze iniziali, concorrono a formare il reddito dell'esercizio. A tal fine le **rimanenze finali**, che costituiscono **esistenze iniziali** dell'**esercizio successivo**, sono assunte per il **valore complessivo** determinato a norma delle disposizioni che seguono per la parte eseguita fin dall'**inizio** dell'**esecuzione** del **contratto**, salvo il disposto del comma 4.

2. La **valutazione** è fatta sulla base dei **corrispettivi pattuiti**. Delle maggiorazioni di prezzo richieste in applicazione di disposizioni di legge o di clausole contrattuali si tiene conto, finché non siano state definitivamente stabilite, in misura non inferiore al 50 per cento. Per la parte di opere, forniture e servizi coperta da stati di avanzamento la valutazione è fatta in base ai corrispettivi liquidati.

3. Comma abrogato.

4. I corrispettivi liquidati a titolo definitivo dal committente si comprendono tra i ricavi e la valutazione tra le rimanenze, in caso di liquidazione parziale, è limitata alla parte non ancora liquidata. Ogni successiva variazione dei corrispettivi è imputata al reddito dell'esercizio in cui è stata definitivamente stabilita.

5. Comma abrogato.

6. Alla dichiarazione dei redditi deve essere allegato, distintamente per ciascuna opera, fornitura o servizio, un prospetto recante l'indicazione degli estremi del contratto, delle generalità e della residenza del committente, della scadenza prevista, degli elementi tenuti a base per la valutazione e della collocazione di tali elementi nei conti dell'impresa.

7. Comma abrogato.

Art. 94. Valutazione dei titoli. – 1. I titoli indicati nell'art. 85, comma 1, lettere c), d), ed e), esistenti al termine di un esercizio, sono valutati applicando le disposizioni dell'art. 92, commi 1, 2, 3,

4, 5 e 7 salvo quanto stabilito nei seguenti commi.

2. Le cessioni di titoli, derivanti da contratti di riporto o di «pronti contro termine» che prevedono per il cessionario l'obbligo di rivendita a termine dei titoli, non determinano variazioni delle rimanenze dei titoli.

3. Ai fini del **raggruppamento in categorie omogenee** non si tiene conto del valore e si considerano della **stessa natura i titoli emessi** dallo stesso soggetto ed aventi **uguali caratteristiche**.

4. Le disposizioni dell'art. 92, comma 5, si applicano solo per la valutazione dei titoli di cui all'art. 85, comma 1, lettera e); a tal fine il **valore minimo** è determinato:

a) per i **titoli negoziati in mercati regolamentati**, in base ai prezzi rilevati nell'ultimo giorno dell'esercizio ovvero in base alla **media aritmetica** dei prezzi rilevati nell'**ultimo mese**. Non si applica, comunque, l'art. 109, comma 4, lettera b), secondo periodo;

b) per gli **altri titoli**, secondo le disposizioni dell'**art. 9, comma 4, lettera c)**.

4-*bis*. In deroga al comma 4, per i soggetti che redigono il bilancio in base ai principi contabili internazionali di cui al regolamento (CE) n. 1606/2002 del Parlamento europeo e del Consiglio, del 19 luglio 2002, la valutazione dei beni indicati nell'art. 85, comma 1, lettere c), d) ed e), operata in base alla corretta applicazione di tali principi assume rilievo anche ai fini fiscali.

5. In caso di **aumento** del **capitale** della società emittente mediante **passaggio di riserve a capitale** il numero delle **azioni ricevute gratuitamente** si aggiunge al **numero** di quelle già possedute in **proporzione** alle quantità delle singole voci della corrispondente categoria e il valore unitario si determina, per ciascuna voce, dividendo il costo complessivo delle azioni già possedute per il numero complessivo delle azioni.

6. **L'ammontare dei versamenti fatti a fondo perduto o in conto capitale alla società dai propri soci o della rinuncia ai crediti nei confronti della società dagli stessi soci nei limiti del valore fiscale del credito oggetto di rinuncia, si aggiunge al costo dei titoli e delle quote di cui all'art. 85, comma 1, lettera c), in proporzione alla quantità delle singole voci della corrispondente categoria**; la stessa disposizione vale relativamente agli **apporti effettuati dei detentori di strumenti finanziari assimilati alle azioni**.

7. Le disposizioni dei commi precedenti si applicano anche per la valutazione delle quote di partecipazione in società ed enti non rappresentate da titoli, indicati nell'art. 85, comma 1, lettera c).

Art. 95. Spese per prestazioni di lavoro. – 1. Le spese per prestazioni di **lavoro dipendente deducibili** nella determinazione del reddito comprendono **anche** quelle sostenute **in denaro o in natura a titolo di liberalità** a favore dei lavoratori, salvo il disposto dell'art. 100, comma 1.

2. **Non** sono **deducibili** i **canoni** di **locazione** anche finanziaria e le **spese relative** al **funzionamento** di **strutture recettive**, **salvo** quelle relative a servizi di **mensa** destinati alla **generalità** dei dipendenti o a **servizi** di **alloggio** destinati a dipendenti in **trasferta** temporanea. I canoni di locazione anche finanziaria e le spese di manutenzione dei fabbricati concessi in uso ai dipendenti sono deducibili per un importo non superiore a quello che costituisce reddito per i dipendenti stessi a norma dell'art. 51, comma 4, lettera c). Qualora i fabbricati di cui al secondo periodo siano concessi in uso a dipendenti che abbiano trasferito la loro residenza anagrafica per esigenze di lavoro nel comune in cui prestano l'attività, per il periodo d'imposta in cui si verifica il trasferimento e nei due periodi successivi, i predetti canoni e spese sono integralmente deducibili.

3. Le **spese** di **vitto** e **alloggio** sostenute per le **trasferte** effettuate fuori dal territorio comunale dai lavoratori dipendenti e dai titolari di rapporti di collaborazione coordinata e continuativa sono **ammesse in deduzione** per un **ammontare giornaliero non superiore** ad **euro 180,76**; il predetto limite è elevato ad euro **258,23** per le trasferte all'**estero**. Se il dipendente o il titolare dei predetti rapporti sia stato autorizzato ad utilizzare un autoveicolo di sua proprietà ovvero noleggiato al fine di essere utilizzato per una specifica trasferta, la spesa deducibile è limitata, rispettivamente, al costo di percorrenza o alle tariffe di noleggio relative ad autoveicoli di potenza non superiore a 17 cavalli fiscali, ovvero 20 se con motore diesel.

4. Le imprese autorizzate all'autotrasporto di merci, in luogo della deduzione, anche analitica, delle spese sostenute in relazione alle trasferte effettuate dal proprio dipendente fuori del territorio comunale, possono dedurre un importo pari a euro 59,65 al giorno, elevate a euro 95,80 per le trasferte all'estero, al netto delle spese di viaggio e di trasporto.

5. I **compensi** spettanti agli **amministratori** delle società ed enti di cui all'art. 73, comma 1, sono **deducibili** nell'**esercizio** in cui sono **corrisposti**; quelli erogati sotto forma di partecipazione agli utili, anche spettanti ai **promotori** e **soci fondatori,** sono **deducibili** anche se **non imputati** al **conto economico**.

6. Fermo restando quanto disposto dall'art. 109, comma 9, lettera b) le partecipazioni agli utili spettanti ai lavoratori dipendenti, e agli associati in partecipazione sono computate in diminuzione del reddito dell'esercizio di competenza, indipendentemente dalla imputazione al conto economico.

Art. 96. Interessi passivi. – 1. Gli interessi passivi e gli oneri finanziari assimilati, compresi quelli inclusi nel costo dei beni ai sensi dell'articolo 110, comma 1, lettera b), sono deducibili in ciascun periodo d'imposta fino a concorrenza dell'ammontare complessivo:

a) degli interessi attivi e proventi finanziari assimilati di competenza del periodo d'imposta;

b) degli interessi attivi e proventi finanziari assimilati riportati da periodi d'imposta precedenti ai sensi del comma 6.

2. L'eccedenza degli interessi passivi e degli oneri finanziari assimilati rispetto all'ammontare complessivo degli interessi attivi e proventi finanziari assimilati di cui alle lettere a) e b) del comma 1 è deducibile nel limite dell'ammontare risultante dalla somma tra il 30 per cento del risultato operativo lordo della gestione caratteristica del periodo d'imposta e il 30 per cento del risultato operativo lordo della gestione caratteristica riportato da periodi d'imposta precedenti ai sensi del comma 7. A tal fine si utilizza prioritariamente il 30 per cento del risultato operativo lordo della gestione caratteristica del periodo d'imposta e, successivamente, il 30 per cento del risultato operativo lordo della gestione caratteristica riportato da periodi d'imposta precedenti, a partire da quello relativo al periodo d'imposta meno recente.

3. La disciplina del presente articolo si applica agli interessi passivi e agli interessi attivi, nonché agli oneri finanziari e ai proventi finanziari ad essi assimilati, che sono qualificati come tali dai principi contabili adottati dall'impresa, e per i quali tale qualificazione è confermata dalle disposizioni emanate in attuazione dell'articolo 1, comma 60, della legge 24 dicembre 2007, n. 244, dell'articolo 4, commi 7-*quater* e 7-*quinquies*, del decreto legislativo 28 febbraio 2005, n. 38, e dell'articolo 13-*bis*, comma 11, del decreto-legge 30 dicembre 2016, n. 244, convertito, con

modificazioni, dalla legge 27 febbraio 2017, n. 19, e che derivano da un'operazione o da un rapporto contrattuale aventi causa finanziaria o da un rapporto contrattuale contenente una componente di finanziamento significativa. Ai fini del presente articolo gli interessi attivi, come individuati ai sensi del primo periodo, assumono rilevanza nella misura in cui sono imponibili; assumono rilevanza come interessi attivi o interessi passivi anche i proventi e gli oneri che, pur derivando da strumenti finanziari che, in base alla corretta applicazione dei principi contabili adottati, sono qualificati come strumenti rappresentativi di capitale, sono imponibili o deducibili in capo, rispettivamente, al percettore o all'erogante. Nei confronti dei soggetti operanti con la pubblica amministrazione, ai fini del presente articolo, si considerano interessi attivi rilevanti anche gli interessi legali di mora calcolati ai sensi dell'articolo 5 del decreto legislativo 9 ottobre 2002, n. 231.

4. **Per risultato operativo lordo della gestione caratteristica si intende la differenza tra il valore e i costi della produzione** di cui all'articolo 2425 del codice civile, lettere A) e B), con esclusione delle voci di cui al numero 10), lettere a) e b), e dei canoni di locazione finanziaria di beni strumentali, assunti nella misura risultante dall'applicazione delle disposizioni volte alla determinazione del reddito di impresa. Per i soggetti che redigono il bilancio in base ai principi contabili internazionali si assumono le voci di conto economico corrispondenti.

5. **Gli interessi passivi e gli oneri finanziari assimilati,** che per effetto delle disposizioni dei commi 1 e 2 **risultano indeducibili** in un determinato periodo d'imposta, sono dedotti dal reddito dei successivi periodi d'imposta, per un ammontare pari all'eventuale differenza positiva tra:

a) la somma degli interessi attivi e dei proventi finanziari assimilati di competenza del periodo d'imposta e del 30 per cento del risultato operativo lordo della gestione caratteristica;

b) gli interessi passivi e gli oneri finanziari assimilati di competenza del periodo d'imposta.

6. Qualora in un periodo d'imposta l'importo degli interessi attivi e dei proventi finanziari assimilati di competenza sia superiore alla somma tra gli interessi passivi e gli oneri finanziari assimilati di competenza e gli interessi passivi e gli oneri finanziari assimilati riportati da periodi d'imposta precedenti ai sensi del comma 5, **l'eccedenza può essere riportata nei periodi d'imposta successivi**.

7. Qualora in un periodo d'imposta il 30 per cento del risultato operativo lordo della gestione caratteristica sia superiore alla somma tra l'eccedenza di cui al comma 2 e l'importo degli interessi passivi e degli oneri finanziari assimilati riportati da periodi d'imposta precedenti ai sensi del comma 5, **la quota eccedente può essere portata ad incremento del risultato operativo lordo dei successivi cinque periodi d'imposta**.

8. Le disposizioni dei commi da 1 a 7 non si applicano in relazione agli interessi passivi e agli oneri finanziari assimilati che presentano tutte le seguenti caratteristiche:

a) sono relativi a prestiti, utilizzati per finanziare un progetto infrastrutturale pubblico a lungo termine, che non sono garantiti né da beni appartenenti al gestore del progetto infrastrutturale pubblico diversi da quelli afferenti al progetto infrastrutturale stesso né da soggetti diversi dal gestore del progetto infrastrutturale pubblico;

b) il soggetto gestore del progetto infrastrutturale pubblico a lungo termine è residente, ai fini fiscali, in uno Stato dell'Unione europea;

c) i beni utilizzati per la realizzazione del progetto infrastrutturale pubblico a lungo termine e quelli la cui realizzazione, miglioramento, mantenimento costituiscono oggetto del progetto si trovano in uno Stato dell'Unione europea.

9. Se il progetto infrastrutturale pubblico a lungo termine è caratterizzato da un regime di segregazione patrimoniale rispetto alle altre attività e passività del gestore o il prestito utilizzato per finanziare tale progetto è rimborsato esclusivamente con i flussi finanziari attivi generati dal progetto stesso, gli interessi passivi e oneri finanziari assimilati di cui al comma 8 sono quelli che maturano sui prestiti oggetto di segregazione patrimoniale o su quelli destinati esclusivamente al finanziamento del progetto e rimborsati solo con i flussi generati da esso. Negli altri casi, gli interessi passivi e oneri finanziari assimilati di cui al comma 8 sono determinati moltiplicando l'ammontare complessivo degli interessi passivi e oneri finanziari assimilati per il rapporto tra l'ammontare di ricavi o l'ammontare di incremento delle rimanenze di lavori in corso su ordinazione derivante dalla realizzazione del progetto infrastrutturale pubblico a lungo termine e l'ammontare complessivo di ricavi o di incremento delle rimanenze.

10. Qualora si applichi il comma 8, il risultato operativo lordo della gestione caratteristica è determinato senza tenere conto del valore e dei costi della produzione afferenti al progetto infrastrutturale pubblico a lungo termine.

11. Ai fini dei commi da 8 a 10:

a) per progetto infrastrutturale pubblico a lungo termine si intende il progetto rientrante tra quelli cui si applicano le disposizioni della Parte V del decreto legislativo 18 aprile 2016, n. 50;

b) nel caso di costituzione di una società di progetto strumentale alla segregazione patrimoniale rispetto ad attività e passività non afferenti al progetto infrastrutturale medesimo **sono integralmente deducibili gli interessi passivi e oneri finanziari relativi ai prestiti stipulati dalla società di progetto** anche qualora assistiti da garanzie diverse da quelle di cui al comma 8, lettera a) utilizzati per finanziare progetti infrastrutturali pubblici di cui alle Parti III, IV e V, del decreto legislativo 18 aprile 2016, n. 50.

12. Le disposizioni dei commi da 1 a 7 non si applicano agli intermediari finanziari, alle imprese di assicurazione nonché alle società capogruppo di gruppi assicurativi.

13. Gli interessi passivi sostenuti dalle imprese di assicurazione e dalle società capogruppo di gruppi assicurativi, nonché dalle società di gestione dei fondi comuni d'investimento e dalle società di intermediazione mobiliare di cui al decreto legislativo 24 febbraio 1998, n. 58, sono deducibili nei limiti del 96 per cento del loro ammontare. Nell'ambito del consolidato nazionale di cui agli articoli da 117 a 129, l'ammontare complessivo degli interessi passivi maturati in capo a soggetti partecipanti al consolidato a favore di altri soggetti partecipanti è integralmente deducibile sino a concorrenza dell'ammontare complessivo degli interessi passivi maturati in capo ai soggetti di cui al primo periodo partecipanti a favore di soggetti estranei al consolidato. La società o ente controllante opera la deduzione integrale degli interessi passivi di cui al secondo periodo nella dichiarazione dei redditi del consolidato di cui all'articolo 122, apportando la relativa variazione in diminuzione della somma algebrica dei redditi complessivi netti dei soggetti partecipanti.

14. **In caso di partecipazione al consolidato nazionale** di cui agli articoli da 117 a 129, **l'eventuale eccedenza di interessi passivi ed oneri assimilati indeducibili generatasi in capo a un soggetto,** ad esclusione di quella generatasi in periodi d'imposta anteriori all'ingresso nel consolidato nazionale, **può essere portata in abbattimento del reddito complessivo di gruppo se e nei limiti in cui altri soggetti partecipanti al**

consolidato presentino, per lo stesso periodo d'imposta:

a) una quota eccedente di cui al comma 7, anche riportata da periodi d'imposta precedenti, purché non anteriori all'ingresso nel consolidato nazionale;

b) una eccedenza di interessi attivi e proventi finanziari assimilati di cui al comma 1, lettere a) e b), purché nel secondo caso si tratti di eccedenza di interessi attivi e proventi finanziari assimilati riportata da periodi d'imposta non anteriori all'ingresso nel consolidato nazionale.

15. Resta ferma l'applicazione prioritaria delle regole di indeducibilità assoluta previste dall'articolo 90, comma 2, e dall'articolo 110, comma 7, del presente testo unico e dall'articolo 1, comma 465, della legge 30 dicembre 2004, n. 311, in materia di interessi sui prestiti dei soci delle società cooperative.

Art. 97. – Articolo abrogato.

Art. 98. – Articolo abrogato.

Art. 99. Oneri fiscali e contributivi. – 1. Le **imposte sui redditi** e quelle per le quali è prevista la **rivalsa**, anche facoltativa, **non** sono **ammesse** in **deduzione**. Le **altre** imposte sono **deducibili** nell'**esercizio** in cui avviene il pagamento.

2. Gli **accantonamenti** per **imposte non** ancora definitivamente **accertate** sono **deducibili** nei limiti dell'ammontare corrispondente alle dichiarazioni presentate, agli accertamenti o provvedimenti degli uffici e alle decisioni delle commissioni tributarie.

3. I contributi ad associazioni sindacali e di categoria sono deducibili nell'esercizio in cui sono corrisposti, se e nella misura in cui sono dovuti, in base a formale deliberazione dell'associazione.

Art. 100. Oneri di utilità sociale. – 1. **Le spese relative ad opere o servizi utilizzabili dalla generalità dei dipendenti o categorie di dipendenti** volontariamente sostenute per specifiche finalità di educazione, istruzione, ricreazione, assistenza sociale e sanitaria o culto, **sono deducibili per un ammontare complessivo non superiore al 5 per mille** dell'ammontare delle spese per prestazioni di lavoro dipendente risultante dalla dichiarazione dei redditi.

2. Sono inoltre deducibili:

a) le **erogazioni liberali** fatte a favore di persone giuridiche che perseguono esclusivamente finalità comprese fra quelle indicate nel comma 1 o **finalità di ricerca scientifica, nonché i contributi, le donazioni e le oblazioni di cui all'articolo 10, comma 1, lettera g), per un ammontare complessivamente non superiore al 2 per cento** del reddito d'impresa dichiarato;

b) **le erogazioni liberali fatte a favore di persone giuridiche aventi sede nel Mezzogiorno che perseguono esclusivamente finalità di ricerca scientifica,** per un ammontare complessivamente non superiore al 2 per cento del reddito d'impresa dichiarato;

c) lettera abrogata;

d) le erogazioni liberali a favore dei concessionari privati per la radiodiffusione sonora a carattere comunitario per un ammontare complessivo non superiore all'1 per cento del reddito imponibile del soggetto che effettua l'erogazione stessa;

e) le spese sostenute dai soggetti obbligati alla manutenzione, protezione o restauro delle cose vincolate ai sensi del decreto legislativo 29 ottobre 1999, n. 490 e del decreto del Presidente della Repubblica 30 settembre 1963, n. 1409, nella misura effettivamente rimasta a carico. La necessità delle spese, quando non siano obbligatorie per legge, deve risultare da apposita certificazione rilasciata dalla competente soprintendenza del Ministero per i beni e le attività culturali, previo accertamento della loro congruità effettuato d'intesa con il competente ufficio dell'Agenzia del territorio. La deduzione non spetta in caso di mutamento di destinazione dei beni senza la preventiva autorizzazione dell'Amministrazione per i beni e le attività culturali, di mancato assolvimento degli obblighi di legge per consentire l'esercizio del diritto di prelazione dello Stato sui beni immobili e mobili vincolati e di tentata esportazione non autorizzata di questi ultimi. L'Amministrazione per i beni e le attività culturali dà immediata comunicazione al competente ufficio dell'Agenzia delle entrate delle violazioni che comportano la indeducibilità e dalla data di ricevimento della comunicazione inizia a decorrere il termine per la rettifica della dichiarazione dei redditi;

f) le erogazioni liberali in denaro a favore dello Stato, di enti o istituzioni pubbliche, di fondazioni e di associazioni legalmente riconosciute che senza scopo di lucro svolgono o promuovono attività di studio, di ricerca e di documentazione di **rilevante valore culturale e artistico, effettuate per l'acquisto, la manutenzione, la protezione o il restauro** delle cose indicate nell'articolo 2 del decreto legislativo 29 ottobre 1999, n. 490, e nel decreto del Presidente della Repubblica 30 settembre 1963, n. 1409, ivi comprese le erogazioni effettuate per l'organizzazione di mostre e di esposizioni, che siano di rilevante interesse scientifico o culturale, delle cose anzidette, e per gli studi e le ricerche eventualmente a tal fine necessari. Le mostre, le esposizioni, gli studi e le ricerche devono essere autorizzati, previo parere del competente comitato di settore del Consiglio nazionale per i beni culturali e ambientali, dal Ministero per i beni e le attività culturali, che dovrà approvare la previsione di spesa ed il conto consuntivo. Il Ministero per i beni culturali e ambientali stabilisce i tempi necessari affinché le erogazioni fatte a favore delle associazioni legalmente riconosciute, delle istituzioni e delle fondazioni siano utilizzate per gli scopi preindicati, e controlla l'impiego delle erogazioni stesse. Detti termini possono, per causa non imputabile al donatario, essere prorogati una sola volta. Le erogazioni liberali non integralmente utilizzate nei termini assegnati, ovvero utilizzate non in conformità alla destinazione, affluiscono, nella loro totalità, all'entrata dello Stato;

g) le erogazioni liberali in denaro, per importo non superiore al 2 per cento del reddito d'impresa dichiarato, a favore di enti o istituzioni pubbliche, fondazioni e associazioni legalmente riconosciute che senza scopo di lucro svolgono esclusivamente attività nello spettacolo, effettuate per la realizzazione di nuove strutture, per il restauro ed il potenziamento delle strutture esistenti, nonché per la produzione nei vari settori dello spettacolo. Le erogazioni non utilizzate per tali finalità dal percipiente entro il termine di due anni dalla data del ricevimento affluiscono, nella loro totalità, all'entrata dello Stato;

h) **le erogazioni liberali in denaro, per importo non superiore a 30.000 euro o al 2 per cento del reddito d'impresa dichiarato, a favore delle ONLUS, nonché le iniziative umanitarie, religiose o laiche,** gestite da fondazioni, associazioni, comitati ed enti individuati con decreto del Presidente del Consiglio dei Ministri ai sensi dell'articolo 15, comma 1, lettera i-*bis*), nei Paesi non appartenenti all'OCSE;

i) le **spese relative all'impiego di lavoratori dipendenti**, assunti a tempo indeterminato, utilizzati per prestazioni di servizi erogate a favore di **ONLUS, nel limite del cinque per mille dell'ammontare complessivo** delle spese per prestazioni di lavoro dipendente, così come risultano dalla dichiarazione dei redditi;

l) lettera abrogata;

m) le erogazioni liberali in denaro a favore dello Stato, delle regioni, degli enti locali territoriali, di enti o istituzioni pubbliche, di fondazioni e di associazioni legalmente riconosciute, per lo **svolgimento dei loro compiti istituzionali e per la realizzazione di programmi culturali nei settori dei beni culturali e dello spettacolo**. Il Ministro per i beni e le attività culturali individua con proprio decreto periodicamente, sulla base di criteri che saranno definiti sentita la Conferenza unificata di cui all'articolo 8 del decreto legislativo 28 agosto 1997, n. 281, i soggetti e le categorie di soggetti che possono beneficiare delle predette erogazioni liberali; determina, a valere sulla somma allo scopo indicata, le quote assegnate a ciascun ente o soggetto beneficiario; definisce gli obblighi di informazione da parte dei soggetti erogatori e dei soggetti beneficiari; vigila sull'impiego delle erogazioni e comunica, entro il 31 marzo dell'anno successivo a quello di riferimento all'Agenzia delle entrate, l'elenco dei soggetti erogatori e l'ammontare delle erogazioni liberali da essi effettuate. Nel caso che, in un dato anno, le somme complessivamente erogate abbiano superato la somma allo scopo indicata o determinata, i singoli soggetti beneficiari che abbiano ricevuto somme di importo maggiore della quota assegnata dal Ministero per i beni e le attività culturali versano all'entrata dello Stato un importo pari al 37 per cento della differenza;

m-*bis*) le erogazioni liberali in denaro a favore dello Stato e dei comuni, per contributi volontari versati in seguito ad eventi sismici o calamitosi che hanno colpito l'ente in favore del quale si effettua il versamento. Il Ministro dell'economia e delle finanze, con proprio decreto, in seguito ad eventi sismici o calamitosi, sulla base di criteri da definire sentita la Conferenza unificata di cui all'articolo 8 del decreto legislativo 28 agosto 1997, n. 281, individua gli enti che possono beneficiare delle predette erogazioni liberali; determina, a valere sulla somma allo scopo indicata, le quote assegnate a ciascun ente o soggetto beneficiario; definisce gli obblighi di informazione da parte dei soggetti erogatori e dei soggetti beneficiari; vigila sull'impiego delle erogazioni e comunica, entro il 31 marzo dell'anno successivo a quello di riferimento, all'Agenzia delle entrate l'elenco dei soggetti erogatori e l'ammontare delle erogazioni liberali da essi effettuate;

n) le erogazioni liberali in denaro a favore di organismi di gestione di parchi e riserve naturali, terrestri e marittimi, statali e regionali, e di ogni altra zona di tutela speciale paesistico-ambientale come individuata dalla vigente disciplina, statale e regionale, nonché gestita dalle associazioni e fondazioni private indicate nell'articolo 154, comma 4, lettera a), effettuate per sostenere attività di conservazione, valorizzazione, studio, ricerca e sviluppo dirette al conseguimento delle finalità di interesse generale cui corrispondono tali ambiti protetti. Il Ministro dell'ambiente e della tutela del territorio individua con proprio decreto, periodicamente, i soggetti e le categorie di soggetti che possono beneficiare delle predette erogazioni liberali; determina, a valere sulla somma allo scopo indicata, le quote assegnate a ciascun ente o soggetto beneficiario. Nel caso che in un dato anno le somme complessivamente erogate abbiano superato la somma allo scopo indicata o determinata i singoli soggetti beneficiari che abbiano ricevuto somme di importo maggiore della quota assegnata dal Ministero dell'ambiente e della tutela del territorio, versano all'entrata dello Stato un importo pari al 37 per cento della differenza;

o) le erogazioni liberali in denaro a favore dello Stato, delle regioni, degli enti territoriali, di enti o istituzioni pubbliche, di fondazioni e di associazioni legalmente riconosciute, **per la realizzazione di programmi di ricerca scientifi-**

ca nel settore della sanità autorizzate dal Ministro della salute con apposito decreto che individua annualmente, sulla base di criteri che saranno definiti sentita la Conferenza unificata di cui all'articolo 8 del decreto legislativo 28 agosto 1997, n. 281, i soggetti che possono beneficiare delle predette erogazioni liberali. Il predetto decreto determina altresì, fino a concorrenza delle somme allo scopo indicate, l'ammontare delle erogazioni deducibili per ciascun soggetto erogatore, nonché definisce gli obblighi di informazione da parte dei soggetti erogatori e dei soggetti beneficiari. Il Ministero della salute vigila sull'impiego delle erogazioni e comunica, entro il 31 marzo dell'anno successivo a quello di riferimento, all'Agenzia delle entrate, l'elenco dei soggetti erogatori e l'ammontare delle erogazioni liberali deducibili da essi effettuate;

o-*bis*) **le erogazioni liberali a favore degli istituti scolastici di ogni ordine e grado, statali e paritari senza scopo di lucro** appartenenti al sistema nazionale di istruzione di cui alla legge 10 marzo 2000, n. 62, e successive modificazioni, nonché a favore degli istituti tecnici superiori di cui al decreto del Presidente del Consiglio dei ministri 25 gennaio 2008, pubblicato nella Gazzetta Ufficiale n. 86 dell'11 aprile 2008, finalizzate all'innovazione tecnologica, all'edilizia scolastica e all'ampliamento dell'offerta formativa, nel limite del 2 per cento del reddito d'impresa dichiarato e comunque nella misura massima di 70.000 euro annui; la deduzione spetta a condizione che il versamento di tali erogazioni sia eseguito tramite banca o ufficio postale ovvero mediante gli altri sistemi di pagamento previsti dall'articolo 23 del decreto legislativo 9 luglio 1997, n. 241;

o-*ter*) le somme corrisposte, anche su base volontaria al fondo istituito, con mandato senza rappresentanza, presso uno dei consorzi cui le imprese aderiscono in ottemperanza a obblighi di legge, in conformità alle disposizioni di legge o contrattuali, indipendentemente dal trattamento contabile ad esse applicato, a condizione che siano utilizzate in conformità agli scopi di tali consorzi.

3. **Alle erogazioni liberali in denaro di enti o di istituzioni pubbliche, di fondazioni o di associazioni legalmente riconosciute**, effettuate per il pagamento delle spese di difesa dei soggetti ammessi al patrocinio a spese dello Stato, **non si applica il limite di cui al comma 1, anche quando il soggetto erogatore non abbia le finalità statutarie istituzionali di cui al medesimo comma 1.**

4. Le erogazioni liberali diverse da quelle considerate nei precedenti commi e nel comma 1 dell'articolo 95 non sono ammesse in deduzione.

Art. 101. Minusvalenze patrimoniali, sopravvenienze passive e perdite. – 1. Le minusvalenze dei beni relativi all'impresa, diversi da quelli indicati negli articoli 85, comma 1, e 87, determinate con gli stessi criteri stabiliti per la determinazione delle plusvalenze, sono deducibili se sono realizzate ai sensi dell'articolo 86, commi 1, lettere a) e b), e 2.

1-*bis*. Comma abrogato.

2. Per la valutazione dei beni indicati nell'articolo 85, comma 1, lettere c), d) ed e), che costituiscono immobilizzazioni finanziarie si applicano le disposizioni dell'articolo 94; tuttavia, per i titoli di cui alla citata lettera e) negoziati nei mercati regolamentati italiani o esteri, le minusvalenze sono deducibili in misura non eccedente la differenza tra il valore fiscalmente riconosciuto e quello determinato in base alla media aritmetica dei prezzi rilevati nell'ultimo semestre.

2-*bis*. In deroga al comma 2, per i soggetti che redigono il bilancio in base ai principi contabili internazionali di cui al regolamento (CE) n. 1606/2002 del Parlamento europeo e del Consiglio, del 19 luglio 2002, la valutazione dei beni indicati nell'articolo 85, comma 1, lettere c), d) ed e), che si considerano immobilizzazioni finanziarie ai sensi dell'articolo 85, comma 3-*bis*, rileva secondo le disposizioni dell'articolo 110, comma 1-*bis*.

3. Per le immobilizzazioni finanziarie costituite da partecipazioni in imprese controllate o collegate, iscritte in bilancio a norma dell'articolo 2426, n. 4), del codice civile o di leggi speciali, non è deducibile, anche a titolo di ammortamento, la parte del costo di acquisto eccedente il valore corrispondente alla frazione di patrimonio netto risultante dall'ultimo bilancio dell'impresa partecipata.

4. Si considerano sopravvenienze passive il mancato conseguimento di ricavi o altri proventi che hanno concorso a formare il reddito in precedenti esercizi, il sostenimento di spese, perdite od oneri a fronte di ricavi o altri proventi che hanno concorso a formare il reddito in precedenti esercizi e la sopravvenuta insussistenza di attività iscritte in bilancio in precedenti esercizi diverse da quelle di cui all'articolo 87.

5. Le perdite di beni di cui al comma 1, commisurate al costo non ammortizzato di essi, e le perdite su crediti, diverse da quelle deducibili ai sensi del comma 3 dell'articolo 106, sono deducibili se risultano da elementi certi e precisi e in ogni caso, per le perdite su crediti, se il debitore è assoggettato a procedure concorsuali o ha concluso un accordo di ristrutturazione dei debiti omologato ai sensi dell'articolo 182-*bis* del regio decreto 16 marzo 1942, n. 267 o un piano attestato ai sensi dell'articolo 67, terzo comma, lettera d), del Regio decreto 16 marzo 1942, n. 267 o è assoggettato a procedure estere equivalenti, previste in Stati o territori con i quali esiste un adeguato scambio di informazioni. Ai fini del presente comma, il debitore si considera assoggettato a procedura concorsuale dalla data della sentenza dichiarativa del fallimento o del provvedimento che ordina la liquidazione coatta amministrativa o del decreto di ammissione alla procedura di concordato preventivo o del decreto di omologazione dell'accordo di ristrutturazione o del decreto che dispone la procedura di amministrazione straordinaria delle grandi imprese in crisi o, per le procedure estere equivalenti, dalla data di ammissione ovvero, per i predetti piani attestati, dalla data di iscrizione nel registro delle imprese. Gli elementi certi e precisi sussistono in ogni caso quando il credito sia di modesta entità e sia decorso un periodo di sei mesi dalla scadenza di pagamento del credito stesso. Il credito si considera di modesta entità quando ammonta ad un importo non superiore a 5.000 euro per le imprese di più rilevante dimensione di cui all'articolo 27, comma 10, del decreto-legge 29 novembre 2008, n. 185, convertito, con modificazioni, dalla legge 28 gennaio 2009, n. 2, e non superiore a 2.500 euro per le altre imprese. Gli elementi certi e precisi sussistono inoltre quando il diritto alla riscossione del credito è prescritto. Gli elementi certi e precisi sussistono inoltre in caso di cancellazione dei crediti dal bilancio operata in applicazione dei principi contabili.

5-*bis*. Per i crediti di modesta entità e per quelli vantati nei confronti di debitori che siano assoggettati a procedure concorsuali o a procedure estere equivalenti ovvero abbiano concluso un accordo di ristrutturazione dei debiti o un piano attestato di risanamento, la deduzione della perdita su crediti è ammessa, ai sensi del comma 5, nel periodo di imputazione in bilancio, anche quando detta imputazione avvenga in un periodo di imposta successivo a quello in cui, ai sensi del predetto comma, sussistono gli elementi certi e precisi ovvero il debitore si considera assoggettato a procedura concorsuale, sempreché l'imputazione non avvenga in un periodo di imposta successivo a quello in cui, secondo la corretta applicazione dei principi contabili, si sarebbe dovuto procedere alla cancellazione del credito dal bilancio.

6. Le perdite attribuite per trasparenza dalle società in nome collettivo e in accomandita semplice sono utilizzabili solo in abbattimento degli utili attribuiti per trasparenza dalla stessa società che ha generato le perdite.

7. I versamenti in denaro o in natura fatti a fondo perduto o in conto capitale alle società indicate al comma 6 dai propri soci e la rinuncia degli stessi soci ai crediti non sono ammessi in deduzione ed il relativo ammontare, nei limiti del valore fiscale del credito oggetto di rinuncia, si aggiunge al costo della partecipazione.

Art. 102. Ammortamento dei beni materiali. – 1. Le **quote** di ammortamento del costo dei **beni materiali strumentali** per l'esercizio dell'impresa sono **deducibili** a partire dall'**esercizio** di **entrata in funzione** del **bene**.

2. La deduzione è ammessa in misura non superiore a quella risultante dall'**applicazione** al costo dei beni dei **coefficienti stabiliti con decreto** del Ministro dell'economia e delle finanze pubblicato nella Gazzetta Ufficiale, ridotti alla metà per il primo esercizio. I coefficienti sono stabiliti per categorie di beni omogenei in base al normale periodo di deperimento e consumo nei vari settori produttivi.

3. Comma abrogato.

4. In caso di eliminazione di beni **non** ancora **completamente ammortizzati** dal complesso produttivo, il **costo residuo** è ammesso in **deduzione**.

5. Per i **beni** il cui **costo** unitario **non** è **superiore** a **516,46 euro** è consentita la **deduzione integrale** delle spese di acquisizione nell'esercizio in cui sono state sostenute.

6. Le **spese** di **manutenzione**, riparazione, ammodernamento e trasformazione, che dal bilancio non risultino imputate ad incremento del costo dei beni ai quali si riferiscono, sono deducibili nel limite del **5 per cento** del **costo complessivo** di tutti i **beni materiali ammortizzabili** quale risulta all'inizio dell'esercizio dal **registro** dei beni ammortizzabili; per le imprese di nuova costituzione il limite percentuale si calcola, per il primo esercizio, sul costo complessivo quale risulta alla fine dell'esercizio. **L'eccedenza è deducibile per quote costanti nei cinque esercizi successivi**. Per specifici settori produttivi possono essere stabiliti, con decreto del Ministro dell'economia e delle finanze, diversi criteri e modalità di deduzione. Resta ferma la deducibilità nell'esercizio di competenza dei compensi periodici dovuti contrattualmente a terzi per la manutenzione di determinati beni, del cui costo non si tiene conto nella determinazione del limite percentuale sopra indicato.

7. Per i beni concessi in **locazione finanziaria** l'impresa **concedente** che imputa a conto economico i relativi canoni **deduce quote** di ammortamento determinate in ciascun esercizio nella misura risultante dal relativo **piano di ammortamento finanziario**. Per l'**impresa utilizzatrice** che **imputa a conto economico** i canoni di locazione finanziaria, a prescindere dalla durata contrattuale prevista, la **deduzione** è ammessa per un periodo non inferiore alla **metà** del **periodo** di ammortamento corrispondente al **coefficiente** stabilito a norma del comma 2, in relazione all'attività esercitata dall'impresa stessa; in caso di beni immobili, la deduzione è ammessa per un periodo non inferiore a dodici anni. Per i beni di cui all'art. 164, comma 1, lettera b), la deducibilità dei canoni di locazione finanziaria è ammessa per un periodo non inferiore al periodo di ammortamento corrispondente al coefficiente stabilito a norma del comma 2. La quota di interessi impliciti desunta dal contratto è soggetta alle regole dell'art. 96.

8. Per le **aziende date in affitto** o in **usufrutto** le **quote** di ammortamento sono **deducibili** nella determinazione del reddito dell'**affittuario** o dell'**usufruttuario**. Le quote di ammortamento sono commisurate al costo originario dei beni quale risulta dalla contabilità del concedente e sono deducibili fino a concorrenza del costo non ancora ammortizzato ovvero, se il concedente non ha tenuto regolarmente il registro dei beni ammortizzabili o altro libro o registro secondo le modalità di cui all'art. 13 del decreto del Presidente della Repubblica 7 dicembre 2001, n. 435, e dell'art. 2, comma 1, del decreto del Presidente della Repubblica 21 dicembre 1996, n. 695, considerando già dedotte, per il 50 per cento del loro ammontare, le quote relative al periodo di ammortamento già decorso. Le disposizioni di cui al presente comma non si applicano nei casi di deroga convenzionale alle norme dell'art. 2561 del codice civile, concernenti l'obbligo di conservazione dell'efficienza dei beni ammortizzabili.

9. Le quote d'ammortamento, i canoni di locazione anche finanziaria o di noleggio e le spese di impiego e manutenzione relativi ad apparecchiature terminali per servizi di comunicazione elettronica ad uso pubblico di cui alla lettera gg) del comma 1 dell'art. 1 del codice delle comunicazioni elettroniche, di cui al decreto legislativo 1° agosto 2003, n. 259, sono deducibili nella misura dell'80 per cento. La percentuale di cui al precedente periodo è elevata al 100 per cento per gli oneri relativi ad impianti di telefonia dei veicoli utilizzati per il trasporto di merci da parte di imprese di autotrasporto limitatamente ad un solo impianto per ciascun veicolo.

Art. 102-*bis*. Ammortamento dei beni materiali strumentali per l'esercizio di alcune attività regolate. – 1. Le quote di ammortamento dei beni materiali strumentali per l'esercizio delle seguenti attività regolate sono deducibili nella misura determinata dalle disposizioni del presente articolo, ferma restando, per quanto non diversamente stabilito, la disciplina dell'art. 102:

a) distribuzione e trasporto di gas naturale di cui all'art. 2, comma 1, lettere n) e ii), del decreto legislativo 23 maggio 2000, n. 164, di attuazione della direttiva 98/30/CE relativa a norme comuni per il mercato interno del gas;

b) distribuzione di energia elettrica e gestione della rete di trasmissione nazionale dell'energia elettrica di cui all'art. 2, commi 14 e 20, del decreto legislativo 16 marzo 1999, n. 79, di attuazione della direttiva 96/92/CE recante norme comuni per il mercato interno dell'energia elettrica.

2. Le quote di ammortamento del costo dei beni materiali strumentali per l'esercizio delle attività regolate di cui al comma 1 sono deducibili in misura non superiore a quella che si ottiene dividendo il costo dei beni per la durata delle rispettive vite utili così come determinate ai fini tariffari dall'Autorità per l'energia elettrica e il gas, e riducendo il risultato del 20 per cento:

a) nelle tabelle 1 e 2, rubricate "durata convenzionale tariffaria delle infrastrutture" ed allegate alle delibere 29 luglio 2005, n. 166, e 29 settembre 2004, n. 170, prorogata con delibera 30 settembre 2005, n. 206, rispettivamente per l'attività di trasporto e distribuzione di gas naturale. Per i fabbricati iscritti in bilancio entro l'esercizio in corso al 31 dicembre 2004 si assume una vita utile pari a 50 anni;

b) nell'appendice 1 della relazione tecnica alla delibera 30 gennaio 2004, n. 5, per l'attività di trasmissione e distribuzione di energia elettrica, rubricata "capitale investito riconosciuto e vita utile dei cespiti".

3. Per i beni di cui al comma 1, la vita utile cui fare riferimento ai fini di cui al

comma 2 decorre dall'esercizio di entrata in funzione, anche se avvenuta presso precedenti soggetti utilizzatori, e non si modifica per effetto di eventuali successivi trasferimenti. Le quote di ammortamento del costo dei beni di cui al comma 1 sono deducibili a partire dall'esercizio di entrata in funzione del bene e, per i beni ceduti o devoluti all'ente concessionario, fino al periodo d'imposta in cui avviene il trasferimento e in proporzione alla durata del possesso.

4. Comma abrogato.

5. Le eventuali modifiche delle vite utili di cui al comma 2, deliberate ai fini tariffari dall'Autorità per l'energia elettrica e il gas successivamente all'entrata in vigore della presente disposizione, rilevano anche ai fini della determinazione delle quote di ammortamento deducibili.

6. In caso di beni utilizzati in locazione finanziaria, indipendentemente dai criteri di contabilizzazione, la deduzione delle quote di ammortamento compete all'impresa utilizzatrice; alla formazione del reddito imponibile di quella concedente concorrono esclusivamente i proventi finanziari impliciti nei canoni di locazione finanziaria determinati in ciascun esercizio nella misura risultante dal piano di ammortamento finanziario.

7. Le disposizioni del presente articolo si applicano esclusivamente ai beni classificabili nelle categorie omogenee individuate dall'Autorità per l'energia elettrica e il gas. Per i beni non classificabili in tali categorie continua ad applicarsi l'art. 102.

8. Per i costi incrementativi capitalizzati successivamente all'entrata in funzione dei beni di cui al comma 1 le quote di ammortamento sono determinate in base alla vita utile residua dei beni.

Art. 103. Ammortamento dei beni immateriali. – 1. Le **quote** di ammortamento del **costo** dei **diritti** di **utilizzazione** di **opere** dell'**ingegno**, dei **brevetti** industriali, dei processi, formule e informazioni relativi ad esperienze acquisite in campo industriale, commerciale o scientifico sono **deducibili** in **misura non superiore** al **50 per cento** del **costo**; quelle relative al costo dei **marchi** d'impresa sono **deducibili** in misura non superiore **un diciottesimo** del costo.

2. Le quote di ammortamento del costo dei diritti di concessione e degli altri **diritti iscritti nell'attivo** del bilancio sono **deducibili in misura** corrispondente alla durata di **utilizzazione prevista** dal contratto o dalla legge.

3. Le quote di ammortamento del **valore** di **avviamento** iscritto nell'attivo del bilancio sono deducibili in **misura non superiore** a **un diciottesimo** del valore stesso.

3-*bis*. Per i soggetti che redigono il bilancio in base ai principi contabili internazionali di cui al regolamento (CE) n. 1606/2002 del Parlamento europeo e del Consiglio, del 19 luglio 2002, la deduzione del costo dei marchi d'impresa e dell'avviamento è ammessa alle stesse condizioni e con gli stessi limiti annuali previsti dai commi 1 e 3, a prescindere dall'imputazione al conto economico.

4. Si applica la disposizione del comma 8 dell'art. 102.

Art. 104. Ammortamento finanziario dei beni gratuitamente devolvibili. – 1. Per i beni gratuitamente devolvibili alla scadenza di una concessione è consentita, in luogo dell'ammortamento di cui agli artt. 102 e 103, la deduzione di quote costanti di ammortamento finanziario.

2. La quota di ammortamento finanziario deducibile è determinata dividendo il costo dei beni, diminuito degli eventuali contributi del concedente, per il numero degli anni di durata della concessione, considerando tali anche le frazioni. In caso di modifica della durata della concessione, la quota deducibile è proporzionalmente ridotta o aumentata a partire dall'esercizio in cui la modifica è stata convenuta.

3. In caso di incremento o di decremento del costo dei beni, per effetto di sostituzione a costi superiori o inferiori, di ampliamenti, ammodernamenti o trasformazioni, di perdite e di ogni altra causa, la quota di ammortamento finanziario deducibile è rispettivamente aumentata o diminuita, a partire dall'esercizio in cui si è verificato l'incremento o il decremento, in misura pari al relativo ammontare diviso per il numero dei residui anni di durata della concessione.

4. Per le concessioni relative alla costruzione e all'esercizio di opere pubbliche sono ammesse in deduzione quote di ammortamento finanziario differenziate da calcolare sull'investimento complessivo realizzato. Le quote di ammortamento sono determinate nei singoli casi in rapporto proporzionale alle quote previste nel piano economico-finanziario della concessione, includendo nel costo ammortizzabile gli interessi passivi anche in deroga alle disposizioni del comma 1 dell'art. 110.

Art. 105. Accantonamenti di quiescenza e previdenza. – 1. Gli **accantonamenti** ai **fondi** per le **indennità** di **fine rapporto** e ai **fondi** di **previdenza** del **personale** dipendente istituiti ai sensi dell'art. 2117 del codice civile, se costituiti in conti individuali dei singoli dipendenti, sono **deducibili** nei limiti delle **quote maturate** nell'esercizio **in conformità** alle **disposizioni legislative** e contrattuali che regolano il rapporto di lavoro dei dipendenti stessi.

2. I maggiori accantonamenti necessari per adeguare i fondi a sopravvenute modificazioni normative e retributive sono deducibili nell'esercizio dal quale hanno effetto le modificazioni o per quote costanti nell'esercizio stesso e nei due successivi.

3. L'ammontare del TFR annualmente destinato a forme pensionistiche complementari è deducibile nella misura prevista dall'art. 10, comma 1, del decreto legislativo 5 dicembre 2005, n. 252.

4. Le disposizioni dei commi 1 e 2 valgono anche per gli accantonamenti relativi alle indennità di fine rapporto di cui all'art. 17, comma 1, lettere c), d) e f).

Art. 106. Svalutazione dei crediti e accantonamenti per rischi su crediti. – 1. Le svalutazioni dei crediti risultanti in bilancio, per l'importo non coperto da garanzia assicurativa, che derivano dalle cessioni di beni e dalle prestazioni di servizi indicate nel comma 1 dell'articolo 85, sono deducibili in ciascun esercizio nel limite dello 0,50 per cento del valore nominale o di acquisizione dei crediti stessi. Nel computo del limite si tiene conto anche di accantonamenti per rischi su crediti. La deduzione non è più ammessa quando l'ammontare complessivo delle svalutazioni e degli accantonamenti ha raggiunto il 5 per cento del valore nominale o di acquisizione dei crediti risultanti in bilancio alla fine dell'esercizio.

2. Le perdite sui crediti di cui al comma 1, determinate con riferimento al valore nominale o di acquisizione dei crediti stessi, sono deducibili a norma dell'articolo 101, limitatamente alla parte che eccede l'ammontare complessivo delle svalutazioni e degli accantonamenti dedotti nei precedenti esercizi. Se in un esercizio l'ammontare complessivo delle svalutazioni e degli accantonamenti dedotti eccede il 5 per cento del valore nominale o di acquisizione dei crediti, l'eccedenza concorre a formare il reddito dell'esercizio stesso.

3. Per gli intermediari finanziari, le svalutazioni e le perdite su crediti verso la clientela iscritti in bilancio a tale titolo e le perdite realizzate mediante cessione a titolo oneroso sono deducibili integralmente nell'esercizio in cui sono rilevate in bilancio. Ai fini del presente comma le svalutazioni e le perdite diverse da quelle realizzate mediante ces-

sione a titolo oneroso si assumono al netto delle rivalutazioni dei crediti risultanti in bilancio.

3-*bis*. Comma abrogato.

4. Per gli intermediari finanziari nell'ammontare dei crediti rilevanti ai fini del presente articolo si comprendono anche quelli impliciti nei contratti di locazione finanziaria.

5. Comma abrogato.

Art. 107. Altri accantonamenti. – 1. Gli accantonamenti a fronte delle spese per lavori ciclici di manutenzione e revisione delle navi e degli aeromobili sono **deducibili** nei limiti del **5 per cento** del costo di ciascuna nave o aeromobile quale risulta all'inizio dell'esercizio dal registro dei beni ammortizzabili. La differenza tra l'ammontare complessivamente dedotto e la spesa complessivamente sostenuta concorre a formare il reddito, o è deducibile se negativa, nell'esercizio in cui ha termine il ciclo.

2. Per le imprese concessionarie della costruzione e dell'esercizio di opere pubbliche e le imprese subconcessionarie di queste sono deducibili gli accantonamenti a fronte delle spese di ripristino o di sostituzione dei beni gratuitamente devolvibili allo scadere della concessione e delle altre spese di cui al comma 6 dell'articolo 102. La deduzione è ammessa, per ciascun bene, nel limite massimo del cinque per cento del costo e non è più ammessa quando il fondo ha raggiunto l'ammontare complessivo delle spese relative al bene medesimo sostenute negli ultimi due esercizi. Per le imprese concessionarie di costruzione e gestione di autostrade e trafori la percentuale di cui al periodo precedente è pari all' 1 per cento. Se le spese sostenute in un esercizio sono superiori all'ammontare del fondo l'eccedenza è deducibile in quote costanti nell'esercizio stesso e nei cinque successivi. L'ammontare degli accantonamenti non utilizzati concorre a formare il reddito dell'esercizio in cui avviene la devoluzione.

3. Gli **accantonamenti a fronte degli oneri derivanti da operazioni a premio e da concorsi** a premio sono **deducibili** in misura non superiore, rispettivamente, **al 30 per cento e al 70 per cento dell'ammontare degli impegni assunti nell'esercizio, a condizione che siano distinti per esercizio di formazione**. L'utilizzo a copertura degli oneri relativi ai singoli esercizi deve essere effettuato a carico dei corrispondenti accantonamenti sulla base del valore unitario di formazione degli stessi e le eventuali differenze rispetto a tale valore costituiscono sopravvenienze attive o passive. L'ammontare dei fondi non utilizzato al termine del terzo esercizio successivo a quello di formazione concorre a formare il reddito dell'esercizio stesso.

4. **Non sono ammesse deduzioni per accantonamenti diversi da quelli espressamente considerati dalle disposizioni del presente capo.**

Art. 108. Spese relative a più esercizi. – 1. Le spese relative a più esercizi sono deducibili nel limite della quota imputabile a ciascun esercizio.

2. Le spese di rappresentanza sono deducibili nel periodo di imposta di sostenimento se rispondenti ai requisiti di inerenza stabiliti con decreto del Ministro dell'economia e delle finanze, anche in funzione della natura e della destinazione delle stesse. Le spese del periodo precedente sono commisurate all'ammontare dei ricavi e proventi della gestione caratteristica dell'impresa risultanti dalla dichiarazione dei redditi relativa allo stesso periodo in misura pari:

a) all'1,5 per cento dei ricavi e altri proventi fino a euro 10 milioni;

b) allo 0,6 per cento dei ricavi e altri proventi per la parte eccedente euro 10 milioni e fino a 50 milioni;

c) allo 0,4 per cento dei ricavi e altri proventi per la parte eccedente euro 50 milioni. Sono comunque deducibili le spese relative a beni distribuiti gratuitamente di valore unitario non superiore a euro 50.

3. Le quote di ammortamento dei beni acquisiti in esito agli studi e alle ricerche sono calcolate sul costo degli stessi diminuito dell'importo già dedotto. Per i contributi corrisposti a norma di legge dallo Stato o da altri enti pubblici a fronte dei costi relativi a studi e ricerche si applica l'articolo 88, comma 3).

4. Le spese di cui al presente articolo sostenute dalle imprese di nuova costituzione, comprese le spese di impianto, sono deducibili secondo le disposizioni dei commi 1 e 2 a partire dall'esercizio in cui sono conseguiti i primi ricavi.

4-*bis*. Ai fini dell'applicazione delle disposizioni di cui al comma 2, il contribuente può interpellare l'amministrazione, ai sensi dell'articolo 11, comma 1, lettera a), in ordine alla qualificazione di determinate spese, sostenute dal contribuente, tra quelle di pubblicità e di propaganda ovvero tra quelle di rappresentanza.

Art. 109. Norme generali sui componenti del reddito d'impresa. – 1. I ricavi, le spese e gli altri componenti positivi e negativi, per i quali le precedenti norme della presente Sezione non dispongono diversamente, concorrono a formare il reddito nell'esercizio di competenza; tuttavia i ricavi, le spese e gli altri componenti di cui nell'esercizio di competenza non sia ancora certa l'esistenza o determinabile in modo obiettivo l'ammontare concorrono a formarlo nell'esercizio in cui si verificano tali condizioni.

2. Ai fini della determinazione dell'esercizio di competenza:

a) i corrispettivi delle cessioni si considerano conseguiti, e le spese di acquisizione dei beni si considerano sostenute, alla data della consegna o spedizione per i beni mobili e della stipulazione dell'atto per gli immobili e per le aziende, ovvero, se diversa e successiva, alla data in cui si verifica l'effetto traslativo o costitutivo della proprietà o di altro diritto reale. Non si tiene conto delle clausole di riserva della proprietà. La locazione con clausola di trasferimento della proprietà vincolante per ambedue le parti è assimilata alla vendita con riserva di proprietà;

b) i corrispettivi delle prestazioni di servizi si considerano conseguiti, e le spese di acquisizione dei servizi si considerano sostenute, alla data in cui le prestazioni sono ultimate, ovvero, per quelle dipendenti da contratti di locazione, mutuo, assicurazione e altri contratti da cui derivano corrispettivi periodici, alla data di maturazione dei corrispettivi;

c) per le società e gli enti che hanno emesso obbligazioni o titoli similari la differenza tra le somme dovute alla scadenza e quelle ricevute in dipendenza dell'emissione è deducibile in ciascun periodo di imposta per una quota determinata in conformità al piano di ammortamento del prestito.

3. I ricavi, gli altri proventi di ogni genere e le rimanenze concorrono a formare il reddito anche se non risultano imputati al conto economico.

3-*bis*. Le minusvalenze realizzate ai sensi dell'articolo 101 sulle azioni, quote e strumenti finanziari similari alle azioni che non possiedono i requisiti di cui all'articolo 87 non rilevano fino a concorrenza dell'importo non imponibile dei dividendi, ovvero dei loro acconti, percepiti nei trentasei mesi precedenti il realizzo. Tale disposizione si applica anche alle differenze negative tra i ricavi dei beni di cui all'articolo 85, comma 1, lettere c) e d), e i relativi costi.

3-*ter*. Le disposizioni del comma 3-*bis* si applicano con riferimento alle azioni, quote e strumenti finanziari similari alle azioni acquisite nei trentasei mesi precedenti il realizzo, sempre che soddisfino i requisiti per l'esenzione di cui alle lettere c) e d) del comma 1 dell'articolo 87.

3-*quater*. Resta ferma l'applicazione dell'articolo 37-*bis* del decreto del Presidente della Repubblica 29 settembre 1973, n. 600, anche con riferimento ai differenziali negativi di natura finanziaria derivanti da operazioni iniziate nel periodo d'imposta o in quello precedente sulle azioni, quote e strumenti finanziari similari alle azioni di cui al comma 3-*bis*.

3-*quinquies*. I commi 3-*bis*, 3-*ter* e 3-*quater* non si applicano ai soggetti che redigono il bilancio in base ai principi contabili internazionali di cui al regolamento (CE) n. 1606/2002 del Parlamento europeo e del Consiglio, del 19 luglio 2002.

3-*sexies*. Al fine di disapplicare le disposizioni di cui ai commi 3-*bis* e 3-*ter* il contribuente interpella l'amministrazione ai sensi dell'articolo 11, comma 2, della legge 27 luglio 2000, n. 212, recante lo Statuto dei diritti del contribuente.

4. Le spese e gli altri componenti negativi non sono ammessi in deduzione se e nella misura in cui non risultano imputati al conto economico relativo all'esercizio di competenza. Si considerano imputati a conto economico i componenti imputati direttamente a patrimonio per effetto dei principi contabili adottati dall'impresa. Sono tuttavia deducibili:

a) quelli imputati al conto economico di un esercizio precedente, se la deduzione è stata rinviata in conformità alle precedenti norme della presente sezione che dispongono o consentono il rinvio;

b) quelli che pur non essendo imputabili al conto economico, sono deducibili per disposizione di legge. Le spese e gli oneri specificamente afferenti i ricavi e gli altri proventi, che pur non risultando imputati al conto economico concorrono a formare il reddito, sono ammessi in deduzione se e nella misura in cui risultano da elementi certi e precisi.

5. Le spese e gli altri componenti negativi diversi dagli interessi passivi, tranne gli oneri fiscali, contributivi e di utilità sociale, sono deducibili se e nella misura in cui si riferiscono ad attività o beni da cui derivano ricavi o altri proventi che concorrono a formare il reddito o che non vi concorrono in quanto esclusi. Se si riferiscono indistintamente ad attività o beni produttivi di proventi computabili e ad attività o beni produttivi di proventi non computabili in quanto esenti nella determinazione del reddito sono deducibili per la parte corrispondente al rapporto tra l'ammontare dei ricavi e altri proventi che concorrono a formare il reddito d'impresa o che non vi concorrono in quanto esclusi e l'ammontare complessivo di tutti i ricavi e proventi. Le plusvalenze di cui all'articolo 87, non rilevano ai fini dell'applicazione del periodo precedente. Fermo restando quanto previsto dai periodi precedenti, le spese relative a prestazioni alberghiere e a somministrazioni di alimenti e bevande, diverse da quelle di cui al comma 3 dell'articolo 95, sono deducibili nella misura del 75 per cento.

6. Comma abrogato.

7. In deroga al comma 1 gli interessi di mora concorrono alla formazione del reddito nell'esercizio in cui sono percepiti o corrisposti.

8. In deroga al comma 5 non è deducibile il costo sostenuto per l'acquisto del diritto d'usufrutto o altro diritto analogo relativamente ad una partecipazione societaria da cui derivino utili esclusi ai sensi dell'articolo 89.

9. Non è deducibile ogni tipo di remunerazione dovuta:

a) su titoli, strumenti finanziari comunque denominati, di cui all'articolo 44, per la quota di essa che direttamente o indirettamente comporti la partecipazione ai risultati economici della società emittente o di altre società appartenenti allo stesso gruppo o dell'affare in relazione al quale gli strumenti finanziari sono stati emessi;

b) relativamente ai contratti di associazione in partecipazione ed a quelli di cui all'articolo 2554 del codice civile allorché sia previsto un apporto diverso da quello di opere e servizi.

Art. 109-*bis*. – Articolo abrogato.

Art. 110. Norme generali sulle valutazioni. – 1. Agli effetti delle norme del presente capo che fanno riferimento al costo dei beni senza disporre diversamente:

a) il costo è assunto al lordo delle quote di ammortamento già dedotte;

b) si comprendono nel costo anche gli oneri accessori di diretta imputazione, esclusi gli interessi passivi e le spese generali. Tuttavia per i beni materiali e immateriali strumentali per l'esercizio dell'impresa si comprendono nel costo gli interessi passivi iscritti in bilancio ad aumento del costo stesso per effetto di disposizioni di legge. Nel costo di fabbricazione si possono aggiungere con gli stessi criteri anche i costi diversi da quelli direttamente imputabili al prodotto; per gli immobili alla cui produzione è diretta l'attività dell'impresa si comprendono nel costo gli interessi passivi sui prestiti contratti per la loro costruzione o ristrutturazione;

c) Il costo dei beni rivalutati, diversi da quelli di cui all'articolo 85, comma 1, lettere a), b) ed e), non si intende comprensivo delle plusvalenze iscritte, ad esclusione di quelle che per disposizione di legge non concorrono a formare il reddito. Per i beni indicati nella citata lettera e) che costituiscono immobilizzazioni finanziarie le plusvalenze iscritte non concorrono a formare il reddito per la parte eccedente le minusvalenze dedotte;

d) il costo delle azioni, delle quote e degli strumenti finanziari similari alle azioni si intende non comprensivo dei maggiori o minori valori iscritti i quali conseguentemente non concorrono alla formazione del reddito, né alla determinazione del valore fiscalmente riconosciuto delle rimanenze di tali azioni, quote o strumenti;

e) per i titoli a reddito fisso, che costituiscono immobilizzazioni finanziarie e sono iscritti come tali in bilancio, la differenza positiva o negativa tra il costo d'acquisto e il valore di rimborso concorre a formare il reddito per la quota maturata nell'esercizio.

1-*bis*. In deroga alle disposizioni delle lettere c), d) ed e) del comma 1, per i soggetti che redigono il bilancio in base ai principi contabili internazionali di cui al regolamento (CE) n. 1606/2002 del Parlamento europeo e del Consiglio, del 19 luglio 2002:

a) i maggiori o i minori valori dei beni indicati nell'articolo 85, comma 1, lettera e), che si considerano immobilizzazioni finanziarie ai sensi del comma 3-*bis* dello stesso articolo, imputati a conto economico in base alla corretta applicazione di tali principi, assumono rilievo anche ai fini fiscali;

b) la lettera d) del comma 1 si applica solo per le azioni, le quote e gli strumenti finanziari similari alle azioni che si considerano immobilizzazioni finanziarie ai sensi dell'articolo 85, comma 3-*bis*;

c) per le azioni, le quote e gli strumenti finanziari similari alle azioni, posseduti per un periodo inferiore a quello indicato nell'articolo 87, comma 1, lettera a), aventi gli altri requisiti previsti al comma 1 del medesimo articolo 87, il costo è ridotto dei relativi utili percepiti durante il periodo di possesso per la quota esclusa dalla formazione del reddito.

1-*ter*. Per i soggetti che redigono il bilancio in base ai principi contabili internazionali di cui al citato regolamento (CE) n. 1606/2002, i componenti positivi e negativi che derivano dalla valutazione, operata in base alla corretta applicazione di tali principi, delle passività assumono rilievo anche ai fini fiscali.

2. Per la determinazione del valore

normale dei beni e dei servizi e, con riferimento alla data in cui si considerano conseguiti o sostenuti, per la valutazione dei corrispettivi, proventi, spese e oneri in natura o in valuta estera, si applicano, quando non è diversamente disposto, le disposizioni dell'articolo 9; tuttavia i corrispettivi, i proventi, le spese e gli oneri in valuta estera, percepiti o effettivamente sostenuti in data precedente, si valutano con riferimento a tale data. La conversione in euro dei saldi di conto delle stabili organizzazioni all'estero si effettua secondo il cambio utilizzato nel bilancio in base ai corretti principi contabili e le differenze rispetto ai saldi di conto dell'esercizio precedente non concorrono alla formazione del reddito. Per le imprese che intrattengono in modo sistematico rapporti in valuta estera è consentita la tenuta della contabilità plurimonetaria con l'applicazione del cambio utilizzato nel bilancio in base ai corretti principi contabili ai saldi dei relativi conti.

3. La valutazione secondo il cambio alla data di chiusura dell'esercizio dei crediti e debiti in valuta, anche sotto forma di obbligazioni, di titoli cui si applica la disciplina delle obbligazioni ai sensi del codice civile o di altre leggi o di titoli assimilati, non assume rilevanza. Si tiene conto della valutazione al cambio della data di chiusura dell'esercizio delle attività e delle passività per le quali il rischio di cambio è coperto, qualora i contratti di copertura siano anche essi valutati in modo coerente secondo il cambio di chiusura dell'esercizio.

3-*bis*. In deroga alle norme degli articoli precedenti del presente capo e ai commi da 1 a 1-*ter* del presente articolo, non concorrono alla formazione del reddito i componenti positivi e negativi che risultano dalla valutazione delle cripto-attività alla data di chiusura del periodo di imposta a prescindere dall'imputazione al conto economico.

4. Comma abrogato.

5. I proventi determinati a norma dell'articolo 90 e i componenti negativi di cui ai commi 1 e 6 dell'articolo 102, agli articoli 104 e 106 e ai commi 1 e 2 dell'articolo 107 sono ragguagliati alla durata dell'esercizio se questa è inferiore o superiore a dodici mesi.

6. In caso di mutamento totale o parziale dei criteri di valutazione adottati nei precedenti esercizi il contribuente deve darne comunicazione all'agenzia delle entrate nella dichiarazione dei redditi o in apposito allegato.

7. I componenti del reddito derivanti da operazioni con società non residenti nel territorio dello Stato, che direttamente o indirettamente controllano l'impresa, ne sono controllate o sono controllate dalla stessa società che controlla l'impresa, sono determinati con riferimento alle condizioni e ai prezzi che sarebbero stati pattuiti tra soggetti indipendenti operanti in condizioni di libera concorrenza e in circostanze comparabili, se ne deriva un aumento del reddito. La medesima disposizione si applica anche se ne deriva una diminuzione del reddito, secondo le modalità e alle condizioni di cui all'articolo 31-*quater* del decreto del Presidente della Repubblica 29 settembre 1973, n. 600. Con decreto del Ministro dell'economia e delle finanze, possono essere determinate, sulla base delle migliori pratiche internazionali, le linee guida per l'applicazione del presente comma.

8. La rettifica da parte dell'ufficio delle valutazioni fatte dal contribuente in un esercizio ha effetto anche per gli esercizi successivi. L'ufficio tiene conto direttamente delle rettifiche operate e deve procedere a rettificare le valutazioni relative anche agli esercizi successivi.

9. Agli effetti delle norme del presente titolo che vi fanno riferimento il cambio delle valute estere in ciascun mese è accertato, su conforme parere dell'Ufficio italiano dei cambi, con provvedimento dell'Agenzia delle entrate, pub-

blicato nella Gazzetta Ufficiale entro il mese successivo. Sono tuttavia applicabili i tassi di cambio alternativi forniti da operatori internazionali indipendenti utilizzati dall'impresa nella contabilizzazione delle operazioni in valuta, purché la relativa quotazione sia resa disponibile attraverso fonti di informazione pubbliche e verificabili.

9-*bis*. Le spese e gli altri componenti negativi derivanti da operazioni, che hanno avuto concreta esecuzione, intercorse con imprese residenti ovvero localizzate in Paesi o territori non cooperativi a fini fiscali sono ammessi in deduzione nei limiti del loro valore normale, determinato ai sensi dell'articolo 9. Si considerano Paesi o territori non cooperativi a fini fiscali le giurisdizioni individuate nell'allegato I alla lista UE delle giurisdizioni non cooperative a fini fiscali, adottata con conclusioni del Consiglio dell'Unione europea.

9-*ter*. Le disposizioni del comma 9-*bis* non si applicano quando le imprese residenti in Italia forniscono la prova che le operazioni poste in essere rispondono a un effettivo interesse economico e che le stesse hanno avuto concreta esecuzione. Le spese e gli altri componenti negativi deducibili ai sensi del primo periodo del presente comma e ai sensi del comma 9-*bis* sono separatamente indicati nella dichiarazione dei redditi. L'Amministrazione, prima di procedere all'emissione dell'avviso di accertamento d'imposta o di maggiore imposta, deve notificare all'interessato un apposito avviso con il quale è concessa al medesimo la possibilità di fornire, nel termine di novanta giorni, le prove di cui al primo periodo. Ove l'Amministrazione non ritenga idonee le prove addotte, deve darne specifica motivazione nell'avviso di accertamento. A tale fine, il contribuente può interpellare l'Agenzia delle entrate ai sensi dell'articolo 11, comma 1, lettera b), della legge 27 luglio 2000, n. 212.

9-*quater*. Le disposizioni dei commi 9-*bis* e 9-*ter* non si applicano per le operazioni intercorse con soggetti non residenti cui risulti applicabile l'articolo 167, concernente disposizioni in materia di imprese estere controllate.

9-*quinquies*. Le disposizioni dei commi 9-*bis* e 9-*ter* si applicano anche alle prestazioni di servizi rese dai professionisti domiciliati in Paesi o territori individuati ai sensi dello stesso comma 9-*bis*.

10. Comma abrogato.

11. Comma abrogato.

12. Comma abrogato.

12-*bis*. Comma abrogato.

Art. 110-*bis*. – Articolo abrogato.

Art. 111. Imprese di assicurazioni. – 1. Nella determinazione del reddito delle società e degli enti che esercitano attività assicurative concorre a formare il reddito dell'esercizio la variazione delle riserve tecniche obbligatorie fino alla misura massima stabilita a norma di legge, salvo quanto stabilito nei commi successivi.

1-*bis*. La variazione delle riserve tecniche obbligatorie relative al ramo vita concorre a formare il reddito dell'esercizio per la parte corrispondente al rapporto tra l'ammontare dei ricavi e degli altri proventi che concorrono a formare il reddito d'impresa e l'ammontare complessivo di tutti i ricavi e i proventi, anche se esenti o esclusi, ivi compresa la quota non imponibile dei dividendi di cui all'art. 89, comma 2, e delle plusvalenze di cui all'art. 87. In ogni caso, tale rapporto rileva in misura non inferiore al **95 per cento e non superiore al 98,5 per cento**.

2. Gli utili di cui all'art. 89, commi 2 e 3, i maggiori e i minori valori iscritti relativi alle azioni, alle quote di partecipazione e agli strumenti finanziari di cui all'art. 85, comma 1, lettere c) e d), nonché le plusvalenze e le minusvalenze che fruiscono del regime previsto dall'art. 87

concorrono a formare il reddito qualora siano relativi ad investimenti a beneficio di assicurati dei rami vita i quali ne sopportano il rischio. Ai fini dell'applicazione dell'art. 165 i predetti utili si assumono nell'importo che in base all'art. 89 concorre a formare il reddito.

3. La **variazione della riserva sinistri relativa ai contratti di assicurazione dei rami danni**, per la parte riferibile alla componente di lungo periodo, è **deducibile in quote costanti** nell'esercizio in cui è iscritta in bilancio e nei quattro successivi. È considerato componente di lungo periodo il 75 per cento della medesima riserva sinistri.

3-*bis*. Per le imprese di assicurazione che gestiscono **sia il ramo danni che il ramo vita**, la valutazione dei titoli e degli strumenti finanziari è attuata **separatamente per ciascuno di essi**.

4. Le provvigioni relative all'acquisizione dei contratti di assicurazione di durata poliennale stipulati nel periodo di imposta sono deducibili in quote costanti nel periodo stesso e nei due successivi; tuttavia per i contratti di assicurazione sulla vita possono essere dedotte per l'intero ammontare nel predetto periodo. Le provvigioni stesse, se iscritte tra gli elementi dell'attivo a copertura delle riserve tecniche, sono deducibili nei limiti dei corrispondenti caricamenti dei premi e per un periodo massimo pari alla durata di ciascun contratto e comunque non superiore a dieci anni.

Art. 112. Strumenti finanziari derivati. – 1. Comma abrogato.

2. Alla formazione del reddito concorrono i componenti positivi e negativi che risultano dalla valutazione degli strumenti finanziari derivati alla data di chiusura dell'esercizio.

3. I componenti negativi di cui al comma 2 non possono essere superiori alla differenza tra il valore del contratto o della prestazione alla data della stipula o a quella di chiusura dell'esercizio precedente e il corrispondente valore alla data di chiusura dell'esercizio. Per la determinazione di quest'ultimo valore, si assume:

a) per i contratti uniformi a termine negoziati in mercati regolamentari italiani o esteri, l'ultima quotazione rilevata entro la chiusura dell'esercizio;

b) per i contratti di compravendita di titoli il valore determinato ai sensi delle lettere a) e b) del comma 4 dell'articolo 94;

c) per i contratti di compravendita di valute, il tasso di cambio a pronti, corrente alla data di chiusura dell'esercizio, se si tratta di operazioni a pronti non ancora regolate, il tasso di cambio a termine corrente alla suddetta data per scadenze corrispondenti a quelle delle operazioni oggetto di valutazione, se si tratta di operazioni a termine;

d) in tutti gli altri casi, il valore determinato secondo i criteri di cui alla lettera c) del comma 4 dell'articolo 9.

3-*bis*. In deroga al comma 3, per i soggetti che redigono il bilancio in base ai principi contabili internazionali di cui al regolamento (CE) n. 1606/2002 del Parlamento europeo e del Consiglio, del 19 luglio 2002, e per i soggetti, diversi dalle micro-imprese di cui all'articolo 2435-*ter* del codice civile, che redigono il bilancio in conformità alle disposizioni del codice civile, i componenti negativi imputati al conto economico in base alla corretta applicazione di tali principi assumono rilievo anche ai fini fiscali.

4. Se gli strumenti finanziari derivati di cui al comma 2 sono iscritti in bilancio con finalità di copertura di attività o passività, ovvero sono coperte da attività o passività, i relativi componenti positivi e negativi derivanti da valutazione o da realizzo concorrono a formare il reddito secondo le medesime disposizioni che disciplinano i componenti positivi e negativi, derivanti da valutazione o da realizzo, delle attività o passività rispettivamente coperte o di copertura.

5. Se gli strumenti finanziari derivati

di cui al comma 2 sono iscritti in bilancio con finalità di copertura del rischi relativi ad attività e passività produttive di interessi, i relativi componenti positivi e negativi concorrono a formare il reddito, secondo lo stesso criterio di imputazione degli interessi, se le operazioni hanno finalità di copertura di rischi connessi a specifiche attività e passività, ovvero secondo la durata del contratto, se le operazioni hanno finalità di copertura di rischi connessi ad insiemi di attività e passività.

6. Ai fini del presente articolo lo strumento finanziario derivato si considera con finalità di copertura in base alla corretta applicazione dei principi contabili adottati dall'impresa.

Art. 113. Partecipazioni acquisite per il recupero di crediti bancari. – 1. Gli intermediari finanziari possono optare per la non applicazione del regime di cui all'articolo 87 alle partecipazioni acquisite nell'ambito degli interventi finalizzati al recupero di crediti o derivanti dalla conversione in azioni di nuova emissione dei crediti verso imprese in temporanea difficoltà finanziaria, nel rispetto delle diposizioni di vigilanza per le banche emanate da parte di Banca d'Italia ai sensi dell'articolo 23 della legge 28 dicembre 2005 n. 262.

2. L'opzione di cui al comma 1 può essere esercitata quando sussistono:

a) nel caso di acquisizione di partecipazioni per il recupero dei crediti, i motivi di convenienza rispetto ad altre forme alternative di recupero dei crediti, le modalità ed i tempi previsti per il recupero e, ove si tratti di partecipazioni dirette nella società debitrice, che l'operatività di quest'ultima sarà limitata agli atti connessi con il realizzo e la valorizzazione del patrimonio;

b) nel caso di conversione di crediti, gli elementi che inducono a ritenere temporanea la situazione di difficoltà finanziaria del debitore, ragionevoli le prospettive di riequilibrio economico e finanziario nel medio periodo ed economicamente conveniente la conversione rispetto ad altre forme alternative di recupero dei crediti; inoltre il piano di risanamento deve essere predisposto da più intermediari finanziari rappresentanti una quota elevata dell'esposizione debitoria dell'impresa in difficoltà.

3. L'opzione di cui al comma 1 comporta, nei confronti della società di cui si acquisisce la partecipazione, la rinuncia ad avvalersi delle opzioni di cui alle sezioni II e III del presente capo e della facoltà prevista dall'articolo 115 fino all'esercizio in cui mantenga il possesso delle partecipazioni di cui sopra.

4. Ove sussistano le condizioni di cui ai commi 1, 2 e 3, l'opzione di cui al comma 1 comporta, ai fini dell'applicazione degli articoli 101, comma 5, e 106, da parte degli originari creditori, l'equiparazione ai crediti estinti o convertiti delle partecipazioni acquisite e delle quote di partecipazioni successivamente sottoscritte per effetto dell'esercizio del relativo diritto d'opzione, a condizione che il valore dei crediti convertiti sia trasferito alle azioni ricevute.

5. Gli intermediari finanziari possono interpellare l'amministrazione ai sensi dell'articolo 11, comma 1, lettera b), della legge 27 luglio 2000, n. 212, recante lo Statuto dei diritti del contribuente. La relativa istanza deve indicare le condizioni di cui ai commi 2 e 3.

6. L'intermediario finanziario che non intende applicare il regime di cui all'articolo 87 ma non ha presentato l'istanza di interpello prevista dal comma 5, ovvero, avendola presentata, non ha ricevuto risposta positiva deve segnalare nella dichiarazione dei redditi gli elementi conoscitivi essenziali indicati con provvedimento del Direttore dell'Agenzia delle entrate.

Art. 114. Banca d'Italia e Ufficio italiano dei cambi. – 1. Nella determinazione del reddito della Banca d'Italia e dell'Ufficio italiano dei cambi assumono rilevanza i bilanci compilati in conformità ai criteri di rilevazione e di redazione adottati dalla Banca Centrale Europea ai sensi dello Statuto del SEBC e alle raccomandazioni dalla stessa formulate in materia, e non si tiene conto degli utili e dei proventi da versare allo Stato in ottemperanza a disposizioni legislative, regolamentari, statutarie, a deliberazioni del Comitato interministeriale per il credito e il risparmio o a convenzioni con il Ministero dell'economia e delle finanze.

2. Salvo quanto previsto al comma 1, si applicano le disposizioni di cui agli artt. 110, comma 2, terzo periodo, 106 commi 3, 4 e 5, e 112.

Art. 115. Opzione per la trasparenza fiscale. – 1. Esercitando l'opzione di cui al comma 4, il **reddito** imponibile dei **soggetti** di cui **all'art. 73, comma 1, lettera a), al cui capitale sociale partecipano esclusivamente soggetti di cui** allo stesso art. **73, comma 1, lettera a), ciascuno con** una percentuale del **diritto** di **voto** esercitabile nell'assemblea generale, richiamata dall'art. 2346 del codice civile, e di partecipazione agli utili **non inferiore** al **10 per cento** e **non superiore** al **50 per cento**, è **imputato** a ciascun **socio**, **indipendentemente** dall'**effettiva percezione**, **proporzionalmente** alla sua **quota** di partecipazione agli utili. Ai soli fini dell'ammissione al regime di cui al presente articolo, nella percentuale di partecipazione agli utili di cui al periodo precedente non si considerano le azioni prive del predetto diritto di voto e la quota di utili delle azioni di cui all'art. 2350, secondo comma, primo periodo, del codice civile, si assume pari alla quota di partecipazione al capitale delle azioni medesime. I requisiti di cui al primo periodo devono sussistere a partire dal primo giorno del periodo d'imposta della partecipata in cui si esercita l'opzione e permanere ininterrottamente sino al termine del periodo di opzione. L'esercizio dell'opzione non è consentito nel caso in cui:

a) i soci partecipanti fruiscano della riduzione dell'aliquota dell'imposta sul reddito delle società;

b) la società partecipata eserciti l'opzione di cui agli artt. 117 e 130.

2. Nel caso in cui i **soci** con i requisiti di cui al comma 1 **non** siano **residenti** nel territorio dello Stato l'esercizio dell'opzione è consentito **a condizione** che **non** vi sia obbligo di **ritenuta alla fonte** sugli utili distribuiti.

3. L'**imputazione** del **reddito** avviene nei periodi d'imposta delle società partecipanti in corso alla data di chiusura dell'esercizio della società partecipata. Le **ritenute** operate **a titolo d'acconto** sui redditi di tale società, i relativi **crediti d'imposta** e gli **acconti** versati si **scomputano** dalle imposte dovute dai singoli soci **secondo** la **percentuale** di partecipazione agli utili di ciascuno. Le **perdite** fiscali della società partecipata relative a periodi in cui è efficace l'opzione sono imputate ai soci **in proporzione** alle rispettive quote di partecipazione ed entro il limite della propria quota del patrimonio netto contabile della società partecipata. Le **perdite** fiscali dei **soci** relative agli esercizi **anteriori** all'inizio della tassazione per trasparenza **non** possono essere **utilizzate** per compensare i redditi imputati dalle società partecipate.

4. L'**opzione** è **irrevocabile** per **tre esercizi sociali** della società partecipata e deve essere esercitata da **tutte** le **società** e **comunicata all'Amministrazione finanziaria**, entro il primo dei tre esercizi sociali predetti, con la dichiarazione presentata nel periodo d'imposta a decorrere dal quale si intende esercitare l'opzione. **Al termine del triennio l'opzione si intende tacitamente rinnovata per un altro triennio a meno che non sia revocata, secondo le modalità e i**

termini previsti per la comunicazione dell'opzione. La disposizione di cui al periodo precedente si applica al termine di ciascun triennio.

5. L'esercizio dell'opzione di cui al comma 4 non modifica il regime fiscale in capo ai soci di quanto distribuito dalla società partecipata utilizzando riserve costituite con utili di precedenti esercizi o riserve di cui all'art. 47, comma 5. Ai fini dell'applicazione del presente comma, durante i periodi di validità dell'opzione, salva una diversa esplicita volontà assembleare, si considerano prioritariamente distribuiti gli utili imputati ai soci ai sensi del comma 1. In caso di coperture di perdite, si considerano prioritariamente utilizzati gli utili imputati ai soci ai sensi del comma 1.

6. Nel caso vengano meno le condizioni per l'esercizio dell'opzione, l'efficacia della stessa cessa dall'inizio dell'esercizio sociale in corso della società partecipata. Gli effetti dell'opzione non vengono meno nel caso di mutamento della compagine sociale della società partecipata mediante l'ingresso di nuovi soci con i requisiti di cui al comma 1 o 2.

7. Nel primo esercizio di efficacia dell'opzione gli obblighi di acconto permangono anche in capo alla partecipata. Per la determinazione degli obblighi di acconto della partecipata stessa e dei suoi soci nel caso venga meno l'efficacia dell'opzione, si applica quanto previsto dall'art. 124, comma 2. Nel caso di revoca dell'opzione, gli obblighi di acconto si determinano senza considerare gli effetti dell'opzione sia per la società partecipata, sia per i soci.

8. La **società partecipata** è **solidalmente responsabile** con ciascun socio per l'imposta, le sanzioni e gli interessi conseguenti all'obbligo di imputazione del reddito.

9. Le disposizioni applicative della presente norma sono stabilite dallo stesso decreto ministeriale di cui all'art. 129.

10. Ai soggetti di cui al comma 1 si applicano le disposizioni di cui all'art. 40, secondo comma, del decreto del Presidente della Repubblica 29 settembre 1973, n. 600.

11. Il socio ridetermina il reddito imponibile oggetto di imputazione rettificando i valori patrimoniali della società partecipata secondo le modalità previste dall'art. 128, fino a concorrenza delle svalutazioni determinatesi per effetto di rettifiche di valore ed accantonamenti fiscalmente non riconosciuti, al netto delle rivalutazioni assoggettate a tassazione, dedotte dal socio medesimo nel periodo d'imposta antecedente a quello dal quale ha effetto l'opzione di cui al comma 4 e nei nove precedenti.

12. Per le partecipazioni in società indicate nel comma 1 il relativo costo è aumentato o diminuito, rispettivamente, dei redditi e delle perdite imputati ai soci ed è altresì diminuito, fino a concorrenza dei redditi imputati, degli utili distribuiti ai soci.

Art. 116. Opzione per la trasparenza fiscale delle società a ristretta base proprietaria. – 1. **L'opzione di cui all'articolo 115** può essere esercitata con le stesse modalità ed alle stesse condizioni, ad esclusione di quelle indicate nel comma 1 del medesimo articolo 115, dalle **società a responsabilità limitata** il cui **volume di ricavi non supera le soglie** previste per l'applicazione degli studi di settore e con una compagine sociale composta esclusivamente da persone fisiche in numero non superiore a 10 o a 20 nel caso di società cooperativa.

2. Si applicano le disposizioni del terzo e del quarto periodo del comma 3 dell'articolo 115 e quelle del comma 3 dell'articolo 8. Le plusvalenze di cui all'articolo 87 e gli utili di cui all'articolo 89, commi 2 e 3, concorrono a formare il reddito imponibile nella misura indicata, rispettivamente, nell'articolo 58, comma 2, e nell'articolo 59.

2-*bis*. Comma abrogato.

SEZIONE II
CONSOLIDATO NAZIONALE

Art. 117. Soggetti ammessi alla tassazione di gruppo di imprese controllate residenti. – 1. La **società** o l'ente **controllante** e **ciascuna società controllata** rientranti **fra i soggetti di cui** all'art. **73, comma 1, lettere a) e b), fra i quali** sussiste il **rapporto** di **controllo** di cui all'art. 2359, comma 1, numero 1), del codice civile, con i requisiti di cui all'art. 120, possono congiuntamente esercitare l'opzione per la tassazione di gruppo.

2. I soggetti di cui all'art. 73, comma 1, lettera d), possono esercitare l'opzione di cui al comma 1 in qualità di controllanti ed a condizione:

a) di essere **residenti** in **Paesi** con i quali è in vigore un **accordo** per evitare la doppia imposizione;

b) di **esercitare nel territorio dello Stato un'attività d'impresa**, come definita dall'art. 55, **mediante una stabile organizzazione**, come definita dall'art. 162, che assume la qualifica di consolidante.

2-*bis*. **I soggetti di cui all'art. 73, comma 1, lettera d), privi del requisito di cui alla lettera b) del comma 2, residenti in Stati appartenenti all'Unione europea ovvero in Stati aderenti all'Accordo sullo Spazio economico europeo con il quale l'Italia abbia stipulato un accordo che assicuri un effettivo scambio di informazioni**, che rivestono una forma giuridica analoga a quelle previste dall'art. 73, comma 1, lettere a) e b), **possono designare una società residente nel territorio dello Stato o non residente di cui al comma 2-*ter*, controllata** ai sensi dell'art. 2359, comma 1, numero 1), del codice civile con i requisiti di cui all'art. 120, ad esercitare l'opzione per la tassazione di gruppo congiuntamente con ciascuna società residente o non residente di cui al comma 2-*ter*, su cui parimenti essi esercitano il controllo ai sensi dell'art. 2359, comma 1, numero 1), del codice civile con i requisiti di cui all'art. 120. La controllata designata non può esercitare l'opzione con le società da cui è partecipata. Agli effetti del presente comma:

a) **la controllata designata, in qualità di consolidante, acquisisce tutti i diritti, obblighi ed oneri** previsti dagli articoli da 117 a 127 per le società o enti controllanti;

b) i requisiti del controllo di cui al comma 1 devono essere verificati in capo al soggetto controllante non residente;

c) l'efficacia dell'opzione è subordinata alla condizione che il soggetto controllante non residente designi la controllata residente assumendo, in via sussidiaria, le responsabilità previste dall'art. 127 per le società o enti controllanti;

d) in ipotesi di **interruzione** della tassazione di gruppo prima del compimento del triennio o di revoca dell'opzione, le **perdite fiscali risultanti dalla dichiarazione di cui all'art. 122 sono attribuite esclusivamente alle controllate che le hanno prodotte, al netto di quelle utilizzate**, e nei cui confronti viene meno il requisito del controllo secondo i criteri stabiliti dai soggetti interessati;

e) se il **requisito del controllo nei confronti della controllata designata cessa** per qualsiasi motivo prima del compimento del triennio, **il soggetto controllante non residente può designare**, tra le controllate appartenenti al medesimo consolidato, **un'altra controllata residente** avente le caratteristiche di cui al presente comma senza che si interrompa la tassazione di gruppo. La nuova controllata designata assume le responsabilità previste dall'art. 127 per le società o enti controllanti relativamente ai precedenti periodi d'imposta di validità della tassazione di gruppo, in solido con la società designata nei cui confronti cessa il requisito del controllo.

2-*ter*. I **soggetti di cui all'art. 73, comma 1, lettera d), controllati** ai sensi dell'art. 2359, comma 1, numero 1), del codice civile, **possono esercitare l'opzione di cui al comma 1 in qualità di controllata mediante una stabile organizzazione** come definita dal comma 1-*bis* dell'art. 120.

3. Permanendo il requisito del controllo di cui al comma 1, l'opzione ha **durata** per **tre esercizi sociali** ed è **irrevocabile. Al termine del triennio l'opzione si intende tacitamente rinnovata per un altro triennio a meno che non sia revocata, secondo le modalità e i termini previsti per la comunicazione dell'opzione.** La disposizione di cui al periodo precedente si applica al termine di ciascun triennio. In caso di rinnovo tacito dell'opzione la società o ente controllante può modificare il criterio utilizzato, ai sensi dell'art. 124, comma 4, per l'eventuale attribuzione delle perdite residue, in caso di interruzione anticipata della tassazione di gruppo o di revoca dell'opzione, alle società che le hanno prodotte, nella dichiarazione dei redditi presentata nel periodo d'imposta a decorrere dal quale si intende rinnovare l'opzione. Nel caso venga meno il requisito del controllo di cui al comma 1 si determinano le conseguenze di cui all'art. 124.

Art. 118. Effetti dell'esercizio dell'opzione. – 1. L'esercizio dell'opzione per la tassazione di gruppo di cui all'art. 117 comporta la determinazione di un **reddito complessivo globale** corrispondente alla **somma algebrica** dei **redditi complessivi netti** da considerare, quanto alle società **controllate**, per l'**intero importo** indipendentemente dalla quota di partecipazione riferibile al soggetto controllante. Al soggetto controllante compete il riporto a nuovo della eventuale perdita risultante dalla somma algebrica degli imponibili, la liquidazione dell'unica imposta dovuta o dell'unica eccedenza rimborsabile o riportabile a nuovo.

1-*bis*. Ai fini della determinazione del credito d'imposta per i redditi prodotti all'estero di cui all'art. 165:

a) per reddito complessivo deve intendersi il reddito complessivo globale;

b) la quota di imposta italiana fino a concorrenza della quale è accreditabile l'imposta estera è calcolata separatamente per ciascuno dei soggetti partecipanti al consolidato, e per ciascuno Stato;

c) nelle ipotesi di interruzione della tassazione di gruppo prima del compimento del triennio o di revoca dell'opzione il diritto al riporto in avanti e all'indietro dell'eccedenza di cui all'art. 165, comma 6, compete ai soggetti che hanno prodotto i redditi all'estero.

2. Le **perdite fiscali** relative agli **esercizi anteriori** all'inizio della tassazione di gruppo di cui alla presente sezione possono essere utilizzate **solo** dalle **società** cui si **riferiscono**. Le eccedenze d'imposta riportate a nuovo relative agli stessi esercizi possono essere utilizzate dalla società o ente controllante o alternativamente dalle società cui competono. Resta ferma l'applicabilità delle disposizioni di cui all'art. 43-*ter* del decreto del Presidente della Repubblica 29 settembre 1973, n. 602.

3. Gli **obblighi** di **versamento** a saldo ed in acconto competono esclusivamente alla **controllante**. L'acconto dovuto è determinato sulla base dell'imposta relativa al periodo precedente, al netto delle detrazioni e dei crediti d'imposta e delle ritenute d'acconto, come indicata nella dichiarazione dei redditi, presentata ai sensi dell'art. 122. Per il primo esercizio la determinazione dell'acconto dovuto dalla controllante è effettuata sulla base dell'imposta, al netto delle detrazioni, dei crediti d'imposta e delle ritenute d'acconto, corrispondente alla somma algebrica dei redditi relativi al periodo precedente come indicati nelle dichiarazioni dei redditi presentate per il periodo stesso dalle società singolar-

mente considerate. Si applicano, in ogni caso, le disposizioni di cui all'art. 4 del decreto-legge 2 marzo 1989, n. 69, convertito, con modificazioni, dalla legge 27 aprile 1989, n. 154.

4. Non concorrono alla formazione del reddito imponibile in quanto escluse le somme percepite o versate tra le società di cui al comma 1 in contropartita dei vantaggi fiscali ricevuti o attribuiti.

Art. 119. Condizioni per l'efficacia dell'opzione. – 1. L'opzione può essere esercitata da ciascuna entità legale **solo** in qualità di **controllante** o solo in qualità di **controllata** e la sua **efficacia** è **subordinata** al verificarsi delle seguenti condizioni:

a) **identità** dell'**esercizio sociale** di ciascuna società controllata con quello della società o ente controllante;

b) **esercizio congiunto** dell'opzione da parte di ciascuna controllata e dell'ente o società controllante;

c) **elezione** di **domicilio** da parte di ciascuna controllata presso la **società** o ente **controllante** ai fini della notifica degli atti e provvedimenti relativi ai periodi d'imposta per i quali è esercitata l'opzione prevista dall'art. 117. L'elezione di domicilio è irrevocabile fino al termine del periodo di decadenza dell'azione di accertamento o di irrogazione delle sanzioni relative all'ultimo esercizio il cui reddito è stato incluso nella dichiarazione di cui all'art. 122;

d) l'avvenuto esercizio congiunto dell'opzione deve essere comunicato all'Agenzia delle entrate con la dichiarazione presentata nel periodo d'imposta a decorrere dal quale si intende esercitare l'opzione.

2. Non viene meno l'efficacia dell'opzione nel caso in cui per effetto di operazioni di fusione, di scissione e di liquidazione volontaria si determinano all'interno dello stesso esercizio più periodi d'imposta. Il decreto di cui all'art. 129 stabilisce le modalità e gli adempimenti formali da porre in essere per pervenire alla determinazione del reddito complessivo globale.

Art. 120. Definizione del requisito di controllo. – 1. Agli effetti della presente sezione si considerano **controllate** le **società per azioni**, in **accomandita per azioni**, a **responsabilità limitata**:

a) **al cui capitale** sociale la **società** o l'**ente controllante partecipa direttamente** o **indirettamente** per una **percentuale superiore** al **50 per cento**, da determinarsi relativamente all'ente o società controllante tenendo conto della **eventuale demoltiplicazione** prodotta dalla catena societaria di controllo, senza considerare le azioni prive del diritto di voto esercitabile nell'assemblea generale richiamata dall'art. 2346 del codice civile;

b) **al cui utile** di bilancio la società o l'ente **controllante partecipa** direttamente o indirettamente per una **percentuale superiore** al **50 per cento** da determinarsi relativamente all'ente o società controllante, tenendo conto della eventuale demoltiplicazione prodotta dalla catena societaria di controllo e senza considerare la quota di utile di competenza delle azioni prive del diritto di voto esercitabile nell'assemblea generale richiamata dall'art. 2346 del codice civile.

1-*bis*. **Si considerano altresì controllate le stabili organizzazioni nel territorio dello Stato**, come definite dall'art. 162, dei soggetti di cui all'art. 73, comma 1, lettera d), **residenti in Stati appartenenti all'Unione europea ovvero in Stati aderenti all'Accordo sullo Spazio economico europeo con il quale l'Italia abbia stipulato un accordo che assicuri un effettivo scambio di informazioni**, che rivestono una forma giuridica analoga a quelle di cui al comma 1, con i requisiti di cui al medesimo comma.

2. Il requisito del **controllo** di cui

all'art. 117, comma 1 deve sussistere sin dall'**inizio** di **ogni esercizio** relativamente al quale la società o ente controllante e la società controllata si avvalgono dell'esercizio dell'opzione.

Art. 121. Obblighi delle società controllate. – 1. Per effetto dell'esercizio congiunto dell'opzione di cui all'art. 117, **ciascuna** società controllata, secondo quanto previsto dal decreto di cui all'art. 129, **deve**:

a) **compilare** il modello della **dichiarazione** dei **redditi al fine** di **comunicare** alla società o ente **controllante** la determinazione del proprio reddito complessivo, delle ritenute subite, delle detrazioni e dei crediti d'imposta spettanti, compresi quelli compensabili ai sensi dell'art. 17 del decreto legislativo 9 luglio 1997, n. 241, e degli acconti autonomamente versati. Al modello deve essere allegato il prospetto di cui all'art. 109, comma 4, lettera b), con le indicazioni richieste relative ai componenti negativi di reddito dedotti;

b) **fornire** alla società controllante i **dati relativi** ai **beni ceduti** ed **acquistati** secondo il regime di **neutralità fiscale** di cui all'art. 123, specificando la differenza residua tra valore di libro e valore fiscale riconosciuto;

c) fornire ogni **necessaria collaborazione** alla società controllante per consentire a quest'ultima l'adempimento degli obblighi che le competono nei confronti dell'Amministrazione finanziaria anche successivamente al periodo di validità dell'opzione.

Art. 122. Obblighi della società o ente controllante. – 1. La società o ente controllante **presenta** la **dichiarazione** dei **redditi** del **consolidato**, calcolando il **reddito complessivo globale** risultante dalla **somma algebrica** dei **redditi complessivi netti** dichiarati da ciascuna delle società partecipanti al regime del consolidato e procedendo alla **liquidazione** dell'**imposta** di **gruppo** secondo le disposizioni attuative contenute nel decreto ministeriale di cui all'art. 129 e in quello di approvazione del modello annuale di dichiarazione dei redditi.

Art. 123. – Articolo abrogato.

Art. 124. Interruzione della tassazione di gruppo prima del compimento del triennio. – 1. Se il requisito del **controllo**, così come definito dall'art. 117, **cessa** per qualsiasi motivo **prima** del compimento del triennio, il **reddito** della società o dell'ente **controllante**, per il periodo d'imposta in cui **viene meno** tale requisito, viene **aumentato** o **diminuito** per un importo corrispondente:

a) agli **interessi passivi** dedotti o non dedotti nei precedenti esercizi del triennio per effetto di quanto previsto dall'art. 97, comma 2;

b) alla **residua differenza** tra il **valore** di **libro** e quello **fiscale** riconosciuto dei **beni acquisiti** dalla stessa società o ente controllante o da altra società controllata secondo il regime di neutralità fiscale di cui all'art. 123. Il periodo precedente si applica nel caso in cui il requisito del controllo venga meno anche nei confronti della sola società cedente o della sola società cessionaria.

2. Nel caso di cui al comma 1 entro trenta giorni dal venir meno del requisito del controllo:

a) la società o l'ente **controllante deve integrare** quanto versato a titolo d'**acconto** se il versamento complessivamente effettuato è inferiore a quello dovuto relativamente alle società per le quali continua la validità dell'opzione;

b) **ciascuna** società **controllata deve effettuare** l'**integrazione** di cui alla lettera precedente riferita ai redditi propri, così come risultanti dalla comunicazione di cui all'art. 121.

3. Ai fini del comma 2, entro lo stesso termine ivi previsto, con le modalità stabilite dal decreto di cui all'art. 129, la

società o l'ente controllante può attribuire, in tutto o in parte, i versamenti già effettuati, per quanto eccedente il proprio obbligo, alle controllate nei cui confronti è venuto meno il requisito del controllo.

4. Le **perdite fiscali** risultanti dalla dichiarazione di cui all'art. 122, i **crediti** chiesti a **rimborso** e, salvo quanto previsto dal comma 3, le **eccedenze** riportate a nuovo permangono nell'esclusiva disponibilità della società o ente **controllante**. In alternativa a quanto previsto dal primo periodo, **le perdite fiscali risultanti dalla dichiarazione** di cui all'art. 122 **sono attribuite alle società che le hanno prodotte al netto di quelle utilizzate e nei cui confronti viene meno il requisito del controllo secondo i criteri stabiliti dai soggetti interessati.** Il criterio utilizzato per l'eventuale attribuzione delle perdite residue, in caso di interruzione anticipata della tassazione di gruppo, alle società che le hanno prodotte è comunicato all'Agenzia delle entrate all'atto della comunicazione dell'esercizio dell'opzione o in caso di rinnovo tacito della stessa ai sensi dell'art. 117, comma 3.

4-*bis*. Entro lo stesso termine previsto dal comma 2, la società o l'ente controllante è tenuto a comunicare all'Agenzia delle entrate l'importo delle perdite residue attribuito a ciascun soggetto.

5. Le disposizioni dei commi precedenti si applicano anche nel caso di fusione di una società controllata in altra non inclusa nel consolidato. Nel caso di fusione della società o ente controllante con società o enti non appartenenti al consolidato, il consolidato può continuare ove la società o ente controllante sia in grado di dimostrare, anche dopo l'effettuazione di tali operazioni, la permanenza di tutti i requisiti previsti dalle disposizioni di cui agli artt. 117 e seguenti ai fini dell'accesso al regime. Ai fini della continuazione del consolidato, la società o ente controllante può interpellare l'amministrazione ai sensi dell'art. 11, comma 1, lettera b), della legge 27 luglio 2000, n. 212 recante lo Statuto dei diritti del contribuente. Con il decreto di cui all'articolo 129 sono disciplinati gli eventuali ulteriori casi di interruzione anticipata del consolidato.

5-*bis*. La società o ente controllante che intende continuare ad avvalersi della tassazione di gruppo ma non ha presentato l'istanza di interpello prevista dal comma 5 ovvero, avendola presentata, non ha ricevuto risposta positiva deve segnalare detta circostanza nella dichiarazione dei redditi.

6. L'art. 118, comma 4, si applica anche relativamente alle somme percepite o versate tra le società del comma 1 per compensare gli oneri connessi con l'interruzione della tassazione di gruppo relativi all'imposta sulle società.

Art. 125. Revoca dell'opzione. – 1. Le **disposizioni** dell'**art. 124**, comma 1, lettera b), si applicano **sia** nel caso di **revoca** dell'**opzione** di cui all'art. 117, **sia** nel caso in cui la revoca riguardi almeno una delle società di cui alla predetta lettera *b)*.

2. Nel caso di **revoca** dell'opzione, gli **obblighi** di **acconto si calcolano relativamente a ciascuna società** singolarmente considerata con riferimento ai redditi propri così come risultanti dalle comunicazioni di cui all'art. 121. Si applica la disposizione dell'art. 124, comma 4. La società o l'ente controllante è tenuto a comunicare all'Agenzia delle entrate l'importo delle perdite residue attribuite a ciascun soggetto, secondo le modalità e i termini previsti per la comunicazione della revoca.

3. L'art. 118, comma 4, si applica anche relativamente alle somme percepite o versate tra le società di cui al comma 1 per compensare gli oneri connessi con la revoca della tassazione di gruppo relativi all'imposta sulle società.

Art. 126. Limiti all'efficacia ed all'esercizio dell'opzione. – 1. Non possono esercitare l'opzione di cui all'art. 117 le società che fruiscono di riduzione dell'aliquota dell'imposta sui redditi delle società.

2. Nel caso di **fallimento** e di **liquidazione coatta amministrativa**, l'esercizio dell'opzione **non** è **consentito** e, se già avvenuto, cessa dall'inizio dell'esercizio in cui interviene la dichiarazione del fallimento o il provvedimento che ordina la liquidazione.

Art. 127. Responsabilità. – 1. La società o l'ente **controllante** è **responsabile**:

a) per la **maggiore imposta accertata** e per gli **interessi relativi**, riferita al reddito complessivo globale risultante dalla dichiarazione di cui all'art. 122;

b) per le **somme** che risultano **dovute**, con riferimento alla medesima dichiarazione, a seguito dell'attività di controllo prevista dall'art. 36-*ter* del Decreto del Presidente della Repubblica 29 settembre 1973, n. 600, riferita alle dichiarazioni dei redditi propria di ciascun soggetto che partecipa al consolidato e dell'attività di liquidazione di cui all'art. 36-*bis* del medesimo decreto;

c) per l'adempimento degli **obblighi** connessi alla **determinazione** del **reddito** complessivo globale di cui all'art. 122;

d) solidalmente per il pagamento di una somma pari alla **sanzione** di cui alla lettera b) del comma 2 irrogata al soggetto che ha commesso la violazione.

2. Ciascuna società **controllata** che partecipa al consolidato è **responsabile**:

a) **solidalmente** con l'ente o società controllante per la **maggiore imposta accertata** e per gli **interessi relativi**, riferita al reddito complessivo globale risultante dalla dichiarazione di cui all'art. 122, in conseguenza della rettifica operata sul proprio reddito imponibile, e per le somme che risultano dovute, con riferimento alla medesima dichiarazione, a seguito dell'attività di controllo prevista dall'art. 36-*ter* del decreto del Presidente della Repubblica 29 settembre 1973, n. 600, e dell'attività di liquidazione di cui all'art. 36-*bis* del medesimo decreto, in conseguenza della rettifica operata sulla propria dichiarazione dei redditi;

b) per la **sanzione correlata** alla **maggiore imposta accertata** riferita al reddito complessivo globale risultante dalla dichiarazione di cui all'art. 122, in conseguenza della rettifica operata sul proprio reddito imponibile, e alle somme che risultano dovute con riferimento alla medesima dichiarazione, a seguito dell'attività di controllo prevista dall'art. 36-*ter* del decreto del Presidente della Repubblica 29 settembre 1973, n. 600, e dell'attività di liquidazione di cui all'art. 36-*bis* del medesimo decreto, in conseguenza della rettifica operata sulla propria dichiarazione dei redditi;

c) per le sanzioni diverse da quelle di cui alla lettera b).

3. Comma abrogato.

4. L'eventuale rivalsa della società o ente controllante nei confronti delle società controllate perde efficacia qualora il soggetto controllante ometta di trasmettere alla società controllata copia degli atti e dei provvedimenti entro il ventesimo giorno successivo alla notifica ricevuta anche in qualità di domiciliatario secondo quanto previsto dall'art. 119.

Art. 128. Norma transitoria. – 1. Fino a concorrenza delle svalutazioni determinatesi per effetto di rettifiche di valore ed accantonamenti fiscalmente non riconosciuti, al netto delle rivalutazioni assoggettate a tassazione, dedotte nel periodo d'imposta antecedente a quello dal quale ha effetto l'opzione di cui all'art. 117 e nei nove precedenti dalla società o ente controllante o da altra società controllata, anche se non esercente l'opzione di cui all'art. 117, i valori fiscali degli elementi dell'attivo e del passivo della società partecipata se, rispettivamente, superiori o inferiori a quelli contabili sono ridotti o aumentati dell'importo delle predette svalutazioni in proporzione ai rapporti tra la differenza dei valori contabili e fiscali dell'attivo e del passivo e l'ammontare complessivo di tali differenze.

Art. 129. Disposizioni applicative. – 1. Con decreto di natura non regolamentare del Ministro dell'economia e delle finanze sono adottate le disposizioni applicative della presente sezione.

SEZIONE III
CONSOLIDATO MONDIALE

Art. 130. Soggetti ammessi alla determinazione della unica base imponibile per il gruppo di imprese non residenti. – 1. Le **società** e gli **enti di cui** all'**art. 73, comma 1**, lettere **a)** e **b)**, **possono** esercitare l'opzione per **includere proporzionalmente** nella propria **base imponibile**, indipendentemente dalla distribuzione, i **redditi** conseguiti da **tutte** le proprie **società controllate** ai sensi dell'art. 2359, primo comma, numero 1), del codice civile **non residenti** e rientranti nella definizione di cui all'art. 133.

2. L'esercizio dell'opzione di cui al comma 1 **è consentito** alle **società** ed agli **enti**:

a) **i cui titoli** sono **negoziati** nei **mercati regolamentati**;

b) **controllati** ai sensi dell'art. 2359, comma 1, n. 1) del codice civile esclusivamente **dallo Stato o da altri enti pubblici, da persone fisiche residenti** che non si qualifichino a loro volta, tenendo conto delle partecipazioni possedute da loro parti correlate, quali soggetti controllanti ai sensi dell'art. 2359, comma 1, numeri 1) e 2), del codice civile di altra società o ente commerciale residente o non residente.

3. Per la verifica della condizione di cui alla lettera b) del comma 2, le partecipazioni possedute dai familiari di cui all'art. 5, comma 5, si cumulano fra loro.

4. La società **controllante** che si qualifica per l'esercizio dell'opzione di cui al comma 1 **non può** quale **controllata** esercitare anche **l'opzione** di cui alla **sezione precedente**.

Art. 131. Effetti dell'esercizio dell'opzione. – 1. L'esercizio dell'opzione consente di **imputare** al soggetto **controllante indipendentemente** dalla **distribuzione** i **redditi** e le **perdite** prodotti dalle controllate non residenti di cui all'art. 133 per la **quota parte** corrispondente alla **quota** di **partecipazione** agli **utili dello stesso soggetto controllante e delle società controllate residenti** di cui al comma 2, tenendo conto della demoltiplicazione determinata dalla catena societaria di controllo.

2. Nel caso in cui la partecipazione in una controllata non residente sia detenuta in tutto o in parte per il tramite di una o più controllate residenti, per la validità dell'opzione di cui all'art. 130 è necessario che la società controllante e ciascuna di tali controllate residenti esercitino l'opzione di cui alla sezione II. In tal caso la quota di reddito della controllata non residente da includere nella base imponibile del gruppo corrisponde alla somma delle quote di partecipazione di ciascuna società residente di cui al presente comma.

3. L'imputazione di cui al comma 1 avviene nel periodo d'imposta del soggetto controllante e delle società controllate di cui al comma 2 in corso alla data di chiusura dell'esercizio della società non residente. Nel caso in cui quest'ultima non abbia l'obbligo della redazione annuale del bilancio d'esercizio, l'imputazione avviene l'ultimo giorno del periodo cui si riferisce il bilancio volontario di cui all'art. 132, comma 2.

4. Ai fini del comma 3 si considera la quota di partecipazione agli utili alla

data di chiusura dell'esercizio della società non residente o se maggiore quella alla data di approvazione o revisione del relativo bilancio.

5. Gli **obblighi** di **versamento** a saldo ed in acconto competono alla **controllante**. L'acconto dovuto è determinato sulla base dell'imposta relativa al periodo precedente, al netto delle detrazioni e dei crediti d'imposta e delle ritenute d'acconto, come indicata nella dichiarazione dei redditi presentata ai sensi dell'art. 130. Per il primo esercizio la determinazione dell'acconto dovuto dalla controllante è effettuata sulla base dell'imposta, al netto delle detrazioni, dei crediti d'imposta e delle ritenute d'acconto, corrispondente alla somma algebrica degli imponibili relativi al periodo precedente, come indicati nelle dichiarazioni dei redditi presentate per il periodo stesso dalle società residenti singolarmente considerate. Si applicano, in ogni caso, le disposizioni di cui all'art. 4 del decreto-legge 2 marzo 1989, n. 69, convertito, con modificazioni, dalla legge 27 aprile 1989, n. 154.

Art. 132. Condizioni per l'efficacia dell'opzione. – 1. **Permanendo il requisito del controllo,** come definito nell'art. 133, **l'opzione di cui all'art. 131 ha durata per cinque esercizi del soggetto controllante ed è irrevocabile**. Al termine del quinquennio l'opzione si intende tacitamente rinnovata per il successivo triennio a meno che non sia revocata, secondo le modalità e i termini previsti per la comunicazione dell'opzione. La disposizione di cui al periodo precedente si applica al termine di ciascun triennio.

2. L'efficacia dell'opzione è altresì subordinata al verificarsi delle seguenti **condizioni**:

a) il suo esercizio deve avvenire relativamente a **tutte** le **controllate non residenti**, così, come definite dall'art. 133;

b) **identità** dell'**esercizio sociale** di ciascuna società controllata con quello della società o ente controllante, salvo nel caso in cui questa coincidenza non sia consentita dalle legislazioni locali;

c) **revisione** dei **bilanci** del soggetto **controllante residente** e delle **controllate residenti** di cui all'art. 131, comma 2, e di quelle non residenti di cui all'art. 133, da parte dei soggetti iscritti all'albo Consob previsto dal decreto legislativo 24 febbraio 1998, n. 58, o, per quanto riguarda le controllate non residenti, anche da altri soggetti a condizione che il revisore del soggetto controllante utilizzi gli esiti della revisione contabile dagli stessi soggetti effettuata ai fini del giudizio sul bilancio annuale o consolidato. Nel caso in cui la controllata non abbia l'obbligo della redazione annuale del bilancio, redazione a cura dell'organo sociale cui compete l'amministrazione della società di un bilancio volontario riferito ad un periodo di tempo corrispondente al periodo d'imposta della controllante, comunque soggetto alla revisione di cui al primo periodo;

d) **attestazione** rilasciata da **ciascuna società controllata** non residente secondo le modalità previste dal decreto di cui all'art. 142 dalla quale risulti:

1) il consenso alla revisione del proprio bilancio di cui alla lettera c);

2) l'impegno a fornire al soggetto controllante la collaborazione necessaria per la determinazione dell'imponibile e per adempiere entro un periodo non superiore a 60 giorni dalla loro notifica alle richieste dell'Amministrazione finanziaria.

d-*bis*) lettera abrogata.

3. Al ricorrere delle condizioni previste dagli artt. 130 e seguenti, **la società controllante accede al regime previsto dalla presente sezione; la medesima società controllante può interpellare l'amministrazione ai sensi dell'art. 11, comma 1, lettera b), della legge 27 luglio 2000, n. 212**, recante lo Statuto dei diritti del contribuente, al fine di **verificare la sussistenza dei requisiti** per il

valido esercizio dell'opzione. In particolare dall'istanza di interpello dovrà risultare:

a) la **qualificazione soggettiva** del **soggetto controllante** all'esercizio dell'opzione ai sensi dell'art. 130, comma 2;

b) la puntuale **descrizione** della **struttura societaria estera del gruppo** con l'indicazione di tutte le società controllate;

c) la **denominazione**, la **sede sociale**, l'**attività svolta**, l'ultimo bilancio disponibile di tutte le controllate non residenti nonché la quota di partecipazione agli utili riferita alla controllante ed alle controllate di cui all'art. 131, comma 2, l'eventuale diversa durata dell'esercizio sociale e le ragioni che richiedono tale diversità;

d) la **denominazione** dei **soggetti** cui è stato attribuito l'**incarico** per la **revisione** dei bilanci e le conferme dell'avvenuta accettazione di tali incarichi;

e) l'**elenco** delle **imposte** relativamente alle quali verrà presumibilmente **richiesto** il **credito** di cui all'art. 165.

4. La risposta positiva dell'Agenzia delle entrate può essere subordinata all'assunzione da parte del soggetto controllante dell'obbligo ad altri adempimenti finalizzati ad una maggiore tutela degli interessi erariali. Con lo stesso interpello di cui al comma 3 il soggetto controllante può a sua volta richiedere, oltre a quelle già previste, ulteriori semplificazioni per la determinazione del reddito imponibile fra le quali anche l'esclusione delle società controllate di dimensioni non rilevanti residenti negli Stati o territori di cui al decreto del Ministro dell'economia e delle finanze emanato ai sensi dell'art. 168-*bis*.

5. Le variazioni dei dati di cui al comma 3 possono essere comunicate all'Agenzia delle entrate con le modalità previste dallo stesso comma 3 entro il mese successivo alla fine del periodo d'imposta durante il quale si sono verificate. La società o ente controllante che intende accedere al regime previsto dalla presente sezione ma non ha presentato l'istanza di interpello prevista dal comma 3 ovvero, avendola presentata, non ha ricevuto risposta positiva deve segnalare detta circostanza nella dichiarazione dei redditi.

Art. 133. Definizione del requisito di controllo. – 1. Agli effetti della presente sezione, si considerano **controllate** le **società** e gli **enti** di ogni tipo con o senza personalità giuridica **non residenti** nel territorio dello Stato le **cui azioni, quote, diritti** di **voto** e di **partecipazione** agli **utili** sono **posseduti direttamente** o **indirettamente** dalla società o ente controllante per una **percentuale superiore** al **50 per cento** da determinarsi relativamente alla società controllante ed alle società controllate residenti di cui all'art. 131, comma 2, tenendo conto della eventuale demoltiplicazione prodotta dalla catena societaria di controllo.

2. Le partecipazioni di cui al comma 1 devono sussistere alla fine dell'esercizio del soggetto controllante. Tuttavia i redditi e le perdite prodotti dalle società cui tali partecipazioni si riferiscono sono esclusi dalla formazione della base imponibile di gruppo nel caso in cui il requisito del controllo di cui al comma precedente si sia verificato entro i sei mesi precedenti la fine dell'esercizio della società controllante.

Art. 134. Obblighi della società od ente controllante e rettifiche di consolidamento. – 1. L'ente o la società **controllante** provvede a **calcolare** il **reddito imponibile** di **ciascuna controllata estera**. A tale scopo il reddito risultante dai bilanci revisionati viene rideterminato secondo le norme di cui alla sezione I del presente capo e del titolo III in quanto compatibili con quelle di cui alla presente sezione e con le rettifiche di seguito previste:

a) lettera abrogata;

b) indipendentemente dai criteri adottati per la redazione dei singoli bilanci revisionati, adozione di un **trattamento uniforme** dei **componenti positivi** e **negativi di reddito** dagli stessi risultanti secondo i criteri di cui alla predetta sezione I, consentendo nell'esercizio di competenza la deducibilità dei componenti negativi non solo se imputati al conto economico di un esercizio precedente, ma anche successivo;

c) i **valori** risultanti dal **bilancio** relativo all'esercizio o periodo di gestione anteriore al primo cui si applicano le disposizioni della presente sezione sono riconosciuti ai fini dell'imposta sulle società a condizione che siano **conformi** a quelli derivanti dall'applicazione dei criteri contabili adottati nei precedenti esercizi e che siano adempiuti gli obblighi formali eventualmente previsti dal decreto di cui all'art. 142 salvo quanto di seguito previsto:

1) i fondi per rischi ed oneri risultanti dal predetto bilancio istituiti con finalità analoghe a quelli previsti nella sezione I di questo capo si considerano riconosciuti ai fini dell'imposta sul reddito fino a concorrenza dell'importo massimo per gli stessi previsto;

2) qualora le norme della sezione I di questo capo non prevedano un importo massimo, gli stessi si considerano fiscalmente riconosciuti per intero o nel minor ammontare corrispondente agli accantonamenti che sarebbero stati deducibili secondo le norme della predetta sezione I a condizione che tale minore ammontare sia rideterminato dal soggetto controllante;

3) i fondi per rischi ed oneri risultanti dal predetto bilancio istituiti con finalità diverse da quelli previsti dalla stessa sezione I non si considerano fiscalmente riconosciuti;

4) il valore delle rimanenze finali dei beni indicati alle lettere a) e b) del comma 1 dell'art. 85 si considera fiscalmente riconosciuto in misura non superiore al valore normale di cui all'art. 92, comma 5;

d) esclusione dal reddito imponibile degli utili e delle perdite di cambio relativi a finanziamenti attivi e passivi di durata superiore a diciotto mesi stipulati fra le società non residenti o fra queste e quelle residenti incluse nella determinazione dell'unica base imponibile di cui alla presente sezione se denominati nella valuta utilizzata dal debitore o in quella utilizzata dal creditore per la redazione del proprio bilancio di cui all'art. 132, comma 2;

e) i redditi rideterminati secondo i criteri di cui ai punti precedenti concorrono alla formazione dell'imponibile convertiti secondo il cambio del giorno di chiusura dell'esercizio o periodo di gestione della società non residente;

f) inapplicabilità delle norme di cui agli artt. 95, commi 2, 3 e 5, 98, 99, comma 1, secondo periodo, 100, 102, commi 6 e 9, 108, comma 2, secondo periodo e 164;

g) relativamente al reddito imponibile delle **controllate estere** l'art. 109, comma 4, lettera b) si applica nei limiti in cui analoghe **deduzioni** dal reddito imponibile sono riconosciute dalle legislazioni **locali**. In tal caso, è ammessa la deducibilità dei componenti negativi ivi previsti fino a concorrenza del minor importo tra la misura prevista dalla legislazione nazionale e quanto effettivamente dedotto dalla controllata estera secondo le modalità ed alle condizioni di cui al decreto previsto dall'art. 142; in mancanza della predetta previsione nella legislazione locale e fermo restando quanto previsto dalla precedente lettera b), non sono deducibili dal reddito complessivo del gruppo i componenti negativi di reddito di cui al predetto articolo non imputati al conto economico della controllata estera cui si riferiscono.

2. **Non rilevano** le **perdite** delle controllate non residenti relative agli **esercizi precedenti** l'esercizio dell'opzione di cui all'art. 130.

Art. 135. – Articolo abrogato.

Art. 136. Determinazione dell'imposta dovuta. – 1. La società **controllante**, effettuando la **somma algebrica** del **proprio imponibile** e di quelli delle **controllate estere** determinati secondo i criteri di cui di cui agli articoli precedenti, determina il **reddito imponibile complessivo** relativamente al quale calcola l'**imposta corrispondente**.

2. Dall'imposta determinata secondo il comma 1, oltre alle **detrazioni**, alle **ritenute** ed ai **crediti** d'**imposta** relativi al soggetto **controllante**, sono ammesse **in detrazione** le **imposte** sul reddito pagate all'**estero** a titolo definitivo secondo i criteri di cui all'art. 165 e ai commi da 3 a 6.

3. Al fine di determinare la **quota** di imposta **italiana** relativa al **reddito estero** oggetto di imputazione alla formazione del reddito imponibile complessivo di cui al comma 1, concorrono **prioritariamente** i **redditi** prodotti dalle **controllate estere**, e la quota di imposta italiana fino a concorrenza della quale è accreditabile l'imposta estera è calcolata con riferimento a ciascuna controllata estera. L'eventuale eccedenza dell'imposta estera è utilizzabile nei periodi d'imposta precedenti o successivi secondo le disposizioni di cui all'art. 165.

4. Fino a concorrenza della quota d'imposta italiana relativa al reddito prodotto da ciascuna controllata estera successivamente all'esercizio dell'opzione, il credito per imposte pagate all'estero viene riliquidato negli esercizi in cui avviene il pagamento a titolo definitivo di ulteriori imposte estere sullo stesso reddito anche se distribuito.

5. Ai fini dell'applicazione del comma 4, si considerano prioritariamente distribuiti i redditi prodotti negli esercizi più recenti.

6. Nel caso in cui nello stesso Paese estero siano presenti più società controllate e la legislazione locale preveda una forma di tassazione di gruppo analoga a quella di cui alla precedente sezione se, ricorrendone in concreto le condizioni, le società controllate non si avvalgono di tale forma di tassazione di gruppo nel Paese estero, ai fini dell'applicazione dell'art. 165 si assume come imposta estera quella che sarebbe stata dovuta se tali società si fossero avvalse del consolidato. Le società ammesse alla tassazione di gruppo in tale Paese costituiscono, ai fini del presente articolo, una o più società a seconda che la compensazione dei singoli imponibili nel Paese estero sia consentita in modo totale o parziale.

Art. 137. Interruzione della tassazione di gruppo prima del compimento del periodo di validità dell'opzione. – 1. Nel caso in cui, prima del compimento del periodo di cui all'art. 132, comma 1, **venga meno** la **qualificazione soggettiva** della **società** o ente **controllante** di cui all'art. 130, comma 2, gli **effetti** dell'**opzione** esercitata **cessano** con **effetto** dal **periodo** d'imposta del soggetto controllante **successivo** a quello in corso al momento del venir meno della qualificazione soggettiva predetta. Il periodo precedente non si applica nel caso in cui il nuovo soggetto controllante abbia a sua volta esercitato l'opzione di cui alla presente sezione.

2. Nel caso di cui al comma 1, primo periodo, le **perdite** del soggetto controllante di cui all'art. 84 **non utilizzate** alla fine del periodo d'imposta in cui viene meno la qualificazione soggettiva **si riducono** della **misura** corrispondente al **rapporto tra le perdite prodotte** nel periodo di validità dell'opzione da tutte le società **non residenti** il cui reddito ha concorso alla formazione dell'unico imponibile e **quelle prodotte** nello stesso periodo da **tutte le società**.

Art. 138. Interruzione della tassazione di gruppo limitatamente ad una o più controllate non residenti. – 1. Salvo quanto previsto nel comma 2, nel caso in cui il requisito del controllo venga meno relativamente ad una o più società controllate non residenti prima del compimento del periodo di cui all'art. 132, comma 1, il **reddito complessivo** viene **aumentato** in misura corrispondente agli **interessi passivi dedotti** per effetto della disposizione di cui all'art. 97, comma 2, nei due esercizi precedenti rientranti nel periodo di cui allo stesso art. 132, comma 1.

2. Nel caso in cui il **requisito** del **controllo venga meno** relativamente ad **oltre due terzi** delle **società controllate non residenti** oltre a quello di cui al comma 1 si verifica l'**effetto** di cui **all'art. 137, comma 2,** da calcolare **proporzionalmente** alle **perdite fiscali** delle società non residenti di cui al presente comma.

Art. 139. Revoca dell'opzione. – 1. Nel caso di revoca dell'opzione si verifica l'effetto di cui al comma 2 dell'art. 137.

Art. 139-*bis*. Recupero delle perdite compensate. – 1. Nell'ipotesi di interruzione o di revoca del consolidato mondiale, i **dividendi** o le **plusvalenze** derivanti dal **possesso** o dal **realizzo** delle **partecipazioni** nelle **società consolidate**, **percepiti o realizzate** dall'ente o società consolidante dal periodo d'imposta successivo all'ultimo periodo di consolidamento, per la parte esclusa o esente in base alle ordinarie regole, concorrono a formare il **reddito, fino** a **concorrenza** della **differenza tra** le **perdite** della **società estera** che si considerano **dedotte e i redditi** della **stessa società inclusi nel consolidato**. La stessa regola si applica durante il periodo di consolidamento in caso di riduzione della percentuale di possesso senza il venir meno del rapporto di controllo.

2. Con il decreto di cui all'art. 142 sono stabilite le disposizioni attuative del comma 1 del presente articolo, anche per il coordinamento con gli artt. 137 e 138.

Art. 140. Coordinamento con l'articolo 167. – 1. Le disposizioni di cui all'art. 167 non si applicano relativamente alle controllate estere il cui imponibile viene incluso in quello della società controllante per effetto dell'opzione di cui all'art. 130.

Art. 141. Norma transitoria. – 1. Fino a concorrenza delle svalutazioni determinatesi per effetto di rettifiche di valore ed accantonamenti fiscalmente non riconosciuti, al netto delle rivalutazioni assoggettate a tassazione, dedotte nel periodo d'imposta antecedente a quello dal quale ha effetto l'opzione di cui all'art. 130 e nei nove precedenti dalla società o ente controllante o da altra società controllata, anche se non esercente l'opzione di cui all'art. 130, i valori fiscali degli elementi dell'attivo e del passivo della società partecipata se, rispettivamente, superiori o inferiori a quelli contabili sono ridotti o aumentati dell'importo delle predette svalutazioni in proporzione ai rapporti tra la differenza dei valori contabili e fiscali dell'attivo e del passivo e l'ammontare complessivo di tali differenze.

Art. 142. Disposizioni applicative. – 1. Con decreto di natura non regolamentare del Ministro dell'economia e delle finanze sono adottate le disposizioni applicative della presente sezione.

2. Con il medesimo decreto di cui al comma 1, possono essere stabiliti i criteri per consentire la rivalutazione degli ammortamenti deducibili ai fini del calcolo del reddito delle società controllate residenti in Paesi ad alta inflazione. A questo scopo, saranno considerati tali quelli in cui la variazione dell'indice dei prezzi al consumo è superiore di almeno 10 punti percentuali allo stesso indice rilevato dall'ISTAT.

3. Fino all'emanazione dei criteri di cui al comma 2 non si applica quanto previsto dall'art. 134, comma 1, lettera d).

CAPO III
ENTI NON COMMERCIALI RESIDENTI

Art. 143. Reddito complessivo. – 1. Il reddito complessivo degli enti non commerciali di cui alla lettera c) del comma 1 dell'art. 73 è **formato dai redditi fondiari**, di **capitale**, di **impresa** e **diversi**, **ovunque prodotti** e quale ne sia la destinazione, ad **esclusione** di quelli **esenti** dall'imposta e di quelli soggetti a ritenuta alla fonte a titolo di imposta o ad imposta sostitutiva. Per i medesimi enti **non** si considerano **attività commerciali** le **prestazioni di servizi non rientranti nell'art. 2195 del codice civile** rese **in conformità** alle **finalità istituzionali** dell'ente **senza specifica organizzazione** e **verso pagamento** di **corrispettivi** che **non eccedono** i **costi** di **diretta imputazione**.

2. Il **reddito complessivo** è determinato secondo le **disposizioni** dell'**art. 8**.

3. **Non** concorrono in ogni caso alla formazione del **reddito** degli enti non commerciali di cui alla lettera c) del comma 1 dell'art. 73:

a) i fondi pervenuti ai predetti enti a seguito di **raccolte pubbliche** effettuate occasionalmente, anche mediante offerte di beni di modico valore o di servizi ai sovventori, in concomitanza di celebrazioni, ricorrenze o campagne di sensibilizzazione;

b) i **contributi** corrisposti da **Amministrazioni pubbliche** ai predetti enti per lo svolgimento convenzionato o in regime di accreditamento di cui all'art. 8, comma 7, del decreto legislativo 30 dicembre 1992, n. 502, come sostituito dall'art. 9, comma 1, lettera g), del decreto legislativo 7 dicembre 1993, n. 517, di attività aventi finalità sociali esercitate in conformità ai fini istituzionali degli enti stessi.

Art. 144. Determinazione dei redditi. – 1. I **redditi** e le **perdite** che concorrono a formare il reddito complessivo degli enti non commerciali sono **determinati distintamente per ciascuna categoria** in base al risultato complessivo di tutti i cespiti che vi rientrano. Si applicano, se nel presente capo non è diversamente stabilito, le disposizioni del titolo I relative ai redditi delle varie categorie. Per gli immobili riconosciuti di interesse storico o artistico, ai sensi dell'art. 10 del codice di cui al decreto legislativo 22 gennaio 2004, n. 42, il reddito medio ordinario di cui all'art. 37, comma 1, è ridotto del 50 per cento e non si applica comunque l'art. 41. Per i redditi derivanti da immobili locati non relativi all'impresa si applicano comunque le disposizioni dell'art. 90, comma 1, quarto e quinto periodo.

2. Per l'**attività commerciale** esercitata gli enti non commerciali hanno l'obbligo di tenere la **contabilità separata**.

3. Per l'individuazione dei beni relativi all'impresa si applicano le disposizioni di cui all'art. 65, commi 1 e 3-*bis*.

4. Le spese e gli altri **componenti negativi** relativi a beni e servizi **adibiti promiscuamente** all'esercizio di attività commerciali e di altre attività, sono **deducibili** per la **parte** del loro importo che corrisponde al **rapporto** tra l'ammontare dei **ricavi** e altri proventi **che concorrono** a formare il reddito d'impresa **e** l'ammontare complessivo di **tutti i ricavi** e proventi; per gli immobili utilizzati promiscuamente è deducibile la rendita catastale o il canone di locazione anche finanziaria per la parte del loro ammontare che corrisponde al predetto rapporto.

5. Per gli enti religiosi di cui all'art. 26 della legge 20 maggio 1985, n. 222, che esercitano attività commerciali, le spese relative all'opera prestata in via continuativa dai loro membri sono determinate con i criteri ivi previsti.

6. Gli enti soggetti alle disposizioni in materia di contabilità pubblica sono esonerati dall'obbligo di tenere la contabilità separata qualora siano osserva-

te le modalità previste per la contabilità pubblica obbligatoria tenuta a norma di legge dagli stessi enti.

Art. 145. Regime forfetario degli enti non commerciali. – 1. Fatto salvo quanto previsto, per le associazioni sportive dilettantistiche, dalla legge 16 dicembre 1991, n. 398, e, per le associazioni senza scopo di lucro e per le pro-loco, dall'art. 9-*bis* del decreto-legge 30 dicembre 1991, n. 417, convertito, con modificazioni, dalla legge 6 febbraio 1962, n. 66, gli enti non commerciali ammessi alla contabilità semplificata ai sensi dell'art. 18 del decreto del Presidente della Repubblica 29 settembre 1973, n. 600, **possono optare** per la **determinazione forfetaria** del **reddito** d'impresa, **applicando** all'ammontare dei **ricavi** conseguiti nell'esercizio di attività commerciali il **coefficiente** di **redditività** corrispondente alla classe di appartenenza secondo la tabella seguente ed aggiungendo l'ammontare dei componenti positivi del reddito di cui agli artt. 54, 55, 56 e 57 [*ora artt. 86, 88, 89 e 90*]:

a) attività di prestazioni di servizi:

1) fino a euro 15.493,71, coefficiente 15 per cento;

2) da euro 15.493,72 a euro 185.924,48, coefficiente 25 per cento;

b) altre attività:

1) fino a euro 25.822,84, coefficiente 10 per cento;

2) da euro 25.822,85 a euro 516.456,90, coefficiente 15 per cento.

2. Per i contribuenti che esercitano contemporaneamente prestazioni di servizi ed altre attività il coefficiente si determina con riferimento all'ammontare dei ricavi relativi all'**attività prevalente**. In mancanza della distinta annotazione dei ricavi si considerano prevalenti le attività di prestazioni di servizi.

3. Il regime forfetario previsto nel presente articolo si estende di anno in anno qualora i limiti indicati al comma 1 non vengano superati.

4. L'**opzione** è esercitata nella **dichiarazione** annuale dei redditi ed ha effetto dall'inizio del periodo d'imposta nel corso del quale è esercitata fino a quando non è revocata e comunque per un **triennio**. La **revoca** dell'opzione è effettuata nella dichiarazione annuale dei redditi ed ha effetto dall'inizio del periodo d'imposta nel corso del quale la dichiarazione stessa è presentata.

5. Gli enti che intraprendono l'esercizio d'impresa commerciale esercitano l'opzione nella dichiarazione da presentare ai sensi dell'art. 35 del decreto del Presidente della Repubblica 26 ottobre 1972, n. 633, e successive modificazioni.

Art. 146. Oneri deducibili. – 1. Dal reddito complessivo si deducono, **se non** sono **deducibili** nella determinazione del **reddito d'impresa** che concorre a formarlo, gli oneri indicati alle **lettere a), f) e g) del comma 1 dell'art. 10**. In caso di rimborso degli oneri dedotti ai sensi del presente articolo, le somme corrispondenti concorrono a formare il reddito complessivo del periodo di imposta nel quale l'ente ha conseguito il rimborso.

Art. 147. Detrazioni d'imposta per oneri. – 1. Dall'imposta lorda si **detrae**, fino alla concorrenza del suo ammontare, un importo pari al **19 per cento** degli **oneri** indicati alle lettere **a), g), h), i), i-*bis*), i-*quater*) e i-*octies*)** del **comma 1** dell'art. 13-*bis* [*ora **art. 15***]. La detrazione spetta a condizione che i predetti oneri **non** siano **deducibili** nella determinazione dei **singoli redditi** che concorrono a formare il reddito complessivo. In caso di rimborso degli oneri per i quali si è fruito della detrazione l'imposta dovuta per il periodo nel quale l'ente ha conseguito il rimborso è aumentata di un importo pari al 22 per cento dell'onere rimborsato.

Art. 148. Enti di tipo associativo. 1. **Non è considerata commerciale** l'**attività**

svolta nei confronti degli associati o partecipanti, in conformità alle finalità istituzionali, dalle associazioni, dai consorzi e dagli altri enti non commerciali di tipo associativo. Le somme versate dagli associati o partecipanti a titolo di quote o contributi associativi non concorrono a formare il reddito complessivo.

2. **Si considerano tuttavia effettuate nell'esercizio di attività commerciali**, salvo il disposto del secondo periodo del comma 1 dell'articolo 143, **le cessioni di beni e le prestazioni di servizi agli associati o partecipanti verso pagamento di corrispettivi specifici**, compresi i contributi e le quote supplementari determinati in funzione delle maggiori o diverse prestazioni alle quali danno diritto. Detti corrispettivi concorrono alla formazione del reddito complessivo come componenti del reddito di impresa o come redditi diversi secondo che le relative operazioni abbiano carattere di abitualità o di occasionalità.

3. Per le associazioni politiche, sindacali e di categoria, religiose, assistenziali, sportive dilettantistiche, nonché per le strutture periferiche di natura privatistica necessarie agli enti pubblici non economici per attuare la funzione di preposto a servizi di pubblico interesse, **non si considerano commerciali le attività svolte in diretta attuazione degli scopi istituzionali**, effettuate verso pagamento di corrispettivi specifici nei confronti degli iscritti, associati o partecipanti, di altre associazioni che svolgono la medesima attività e che per legge, regolamento, atto costitutivo o statuto fanno parte di un'unica organizzazione locale o nazionale, dei rispettivi associati o partecipanti e dei tesserati dalle rispettive organizzazioni nazionali, nonché le cessioni anche a terzi di proprie pubblicazioni cedute prevalentemente agli associati.

4. La disposizione del comma 3 non si applica per le cessioni di beni nuovi prodotti per la vendita, per le somministrazioni di pasti, per le erogazioni di acqua, gas, energia elettrica e vapore, per le prestazioni alberghiere, di alloggio, di trasporto e di deposito e per le prestazioni di servizi portuali e aeroportuali né per le prestazioni effettuate nell'esercizio delle seguenti attività:

a) gestione di spacci aziendali e di mense;

b) organizzazione di viaggi e soggiorni turistici;

c) gestione di fiere ed esposizioni a carattere commerciale;

d) pubblicità commerciale;

e) telecomunicazioni e radiodiffusioni circolari.

5. Per le associazioni di promozione sociale ricomprese tra gli enti di cui all'articolo 3, comma 6, lettera e), della legge 25 agosto 1991, n. 287, le cui finalità assistenziali siano riconosciute dal Ministero dell'interno, non si considerano commerciali, anche se effettuate verso pagamento di corrispettivi specifici, la somministrazione di alimenti e bevande effettuata, presso le sedi in cui viene svolta l'attività istituzionale, da bar ed esercizi similari e l'organizzazione di viaggi e soggiorni turistici, sempreché le predette attività siano strettamente complementari a quelle svolte in diretta attuazione degli scopi istituzionali e siano effettuate nei confronti degli stessi soggetti indicati nel comma 3.

6. L'organizzazione di viaggi e soggiorni turistici di cui al comma 5 non è considerata commerciale anche se effettuata da associazioni politiche, sindacali e di categoria, nonché da associazioni riconosciute dalle confessioni religiose con le quali lo Stato ha stipulato patti, accordi o intese, sempreché sia effettuata nei confronti degli stessi soggetti indicati nel comma 3.

7. Per le organizzazioni sindacali e di categoria non si considerano effettuate nell'esercizio di attività commerciali le cessioni delle pubblicazioni, anche in

deroga al limite di cui al comma 3, riguardanti i contratti collettivi di lavoro, nonché l'assistenza prestata prevalentemente agli iscritti, associati o partecipanti in materia di applicazione degli stessi contratti e di legislazione sul lavoro, effettuate verso pagamento di corrispettivi che in entrambi i casi non eccedano i costi di diretta imputazione.

8. Le disposizioni di cui ai commi 3, 5, 6 e 7 si applicano a condizione che le associazioni interessate si conformino alle seguenti clausole, da inserire nei relativi atti costitutivi o statuti redatti nella forma dell'atto pubblico o della scrittura privata autenticata o registrata:

a) divieto di distribuire anche in modo indiretto, utili o avanzi di gestione nonché fondi, riserve o capitale durante la vita dell'associazione, salvo che la destinazione o la distribuzione non siano imposte dalla legge;

b) obbligo di devolvere il patrimonio dell'ente, in caso di suo scioglimento per qualunque causa, ad altra associazione con finalità analoghe o ai fini di pubblica utilità, sentito l'organismo di controllo di cui all'articolo 3, comma 190, della legge 23 dicembre 1996, n. 662, e salvo diversa destinazione imposta dalla legge;

c) disciplina uniforme del rapporto associativo e delle modalità associative volte a garantire l'effettività del rapporto medesimo, escludendo espressamente la temporaneità della partecipazione alla vita associativa e prevedendo per gli associati o partecipanti maggiori d'età il diritto di voto per l'approvazione e le modificazioni dello statuto e dei regolamenti e per la nomina degli organi direttivi dell'associazione;

d) obbligo di redigere e di approvare annualmente un rendiconto economico e finanziario secondo le disposizioni statutarie;

e) eleggibilità libera degli organi amministrativi, principio del voto singolo di cui all'articolo 2532, comma 2, del codice civile, sovranità dell'assemblea dei soci, associati o partecipanti e i criteri di loro ammissione ed esclusione, criteri e idonee forme di pubblicità delle convocazioni assembleari, delle relative deliberazioni, dei bilanci o rendiconti; è ammesso il voto per corrispondenza per le associazioni il cui atto costitutivo, anteriore al 1° gennaio 1997, preveda tale modalità di voto ai sensi dell'articolo 2532, ultimo comma, del codice civile e sempreché le stesse abbiano rilevanza a livello nazionale e siano prive di organizzazione a livello locale;

f) intrasmissibilità della quota o contributo associativo ad eccezione dei trasferimenti a causa di morte e non rivalutabilità della stessa.

9. Le disposizioni di cui alle lettere c) ed e) del comma 8 non si applicano alle associazioni religiose riconosciute dalle confessioni con le quali lo Stato ha stipulato patti, accordi o intese, nonché alle associazioni politiche, sindacali e di categoria.

Art. 149. Perdita della qualifica di ente non commerciale. – 1. Indipendentemente dalle previsioni statutarie, l'ente perde la qualifica di ente non commerciale **qualora eserciti prevalentemente attività commerciale per un intero periodo d'imposta**.

2. Ai fini della **qualificazione commerciale** dell'ente si tiene conto anche dei seguenti parametri:

a) **prevalenza** delle **immobilizzazioni** relative all'**attività commerciale**, al **netto degli ammortamenti**, rispetto alle restanti attività;

b) **prevalenza** dei **ricavi** derivanti da **attività commerciali** rispetto al valore normale delle cessioni o prestazioni afferenti le attività istituzionali;

c) **prevalenza** dei **redditi** derivanti da **attività commerciali rispetto** alle entrate **istituzionali**, intendendo per queste ultime i contributi, le sovvenzioni, le liberalità e le quote associative;

d) **prevalenza** delle **componenti negative** inerenti all'**attività commerciale** rispetto alle restanti spese.

3. Il mutamento di qualifica opera a partire dal periodo d'imposta in cui vengono meno le condizioni che legittimano le agevolazioni e comporta l'obbligo di comprendere tutti i beni facenti parte del patrimonio dell'ente nell'inventario di cui all'art. 15 del decreto del Presidente della Repubblica 29 settembre 1973, n. 600. L'iscrizione nell'inventario deve essere effettuata entro sessanta giorni dall'inizio del periodo di imposta in cui ha effetto il mutamento di qualifica secondo i criteri di cui al decreto del Presidente della Repubblica 23 dicembre 1974, n. 689.

4. Le disposizioni di cui ai commi 1 e 2 non si applicano agli enti ecclesiastici riconosciuti come persone giuridiche agli effetti civili ed alle associazioni sportive dilettantistiche.

Art. 150. – Articolo abrogato.

CAPO IV
SOCIETÀ ED ENTI COMMERCIALI NON RESIDENTI

Art. 151. Reddito complessivo delle società e degli enti commerciali non residenti. – 1. **Il reddito complessivo delle società e degli enti commerciali non residenti di cui alla lettera d) del comma 1 dell'art. 73 è formato soltanto dai redditi prodotti nel territorio dello Stato**, ad esclusione di quelli esenti da imposta e di quelli soggetti a ritenuta alla fonte a titolo di imposta o ad imposta sostitutiva.

2. Si considerano prodotti nel territorio dello Stato i redditi indicati nell'art. 23.

3. Tali redditi, ad eccezione dei redditi d'impresa di cui all'art. 23, comma 1, lettera e), ai quali si applicano le disposizioni di cui al successivo art. 152, concorrono a formare il reddito complessivo e sono determinati secondo le disposizioni del Titolo I, relative alle categorie nelle quali rientrano. **Dal reddito complessivo si deducono gli oneri indicati all'art. 10,** comma 1, lettere a) e g). In caso di rimborso degli oneri dedotti ai sensi del presente articolo, le somme corrispondenti concorrono a formare il reddito complessivo del periodo di imposta nel quale l'ente ha conseguito il rimborso. Si applicano le disposizioni dell'art. 101, comma 6.

4. **Dall'imposta lorda si detrae fino alla concorrenza del suo ammontare un importo pari al diciannove per cento degli oneri indicati alle lettere a), g), h), h-*bis*), i), i-*bis*), e i-*quater*) del comma 1, dell'art. 15.** In caso di rimborso di oneri per i quali si è fruito della detrazione l'imposta dovuta, per il periodo nel quale la società o l'ente ha conseguito il rimborso è aumentata di un importo pari al diciannove per cento dell'onere rimborsato.

5. Per le società commerciali di tipo diverso da quelli regolati nel codice civile si applicano le disposizioni di cui ai commi 1, 2 e 3.

Art. 152. Reddito di società ed enti commerciali non residenti derivante da attività svolte nel territorio dello Stato mediante stabile organizzazione. – 1. Per le società e gli enti commerciali con stabile organizzazione nel territorio dello Stato, il **reddito** della stabile organizzazione è **determinato in base agli utili e alle perdite ad essa riferibili, e secondo le disposizioni della Sezione I, del Capo II, del Titolo II, sulla base di un apposito rendiconto economico e patrimoniale, da redigersi secondo i principi contabili previsti per i soggetti residenti aventi le medesime caratteristiche**, salva quella della emissione di strumenti finanziari ammessi alla negoziazione in mercati regolamentati di qualsiasi Stato membro dell'Unione europea ovvero diffusi tra il pubblico di cui all'art. 116 testo unico delle disposizioni in materia di intermediazione finanziaria, di cui al decreto legislativo 24 febbraio 1998, n. 58.

2. Ai fini del comma 1, la **stabile organizzazione si considera entità separata e indipendente**, svolgente le medesime o analoghe attività, in condizioni identiche o similari, tenendo conto delle funzioni svolte, dei rischi assunti e dei beni utilizzati. Il **fondo di dotazione** alla stessa riferibile è determinato in piena conformità ai criteri definiti in sede OCSE, tenendo conto delle funzioni svolte, dei rischi assunti e dei beni utilizzati.

3. I **componenti di reddito attribuibili alle stabili organizzazioni relativamente alle transazioni e alle operazioni tra la stabile organizzazione** e l'entità cui la medesima appartiene sono **determinati ai sensi dell'art. 110, comma 7**.

4. Le disposizioni del presente articolo si applicano anche alle società commerciali di tipo diverso da quelli regolati nel codice civile.

CAPO V
ENTI NON COMMERCIALI NON RESIDENTI

Art. 153. Reddito complessivo degli enti non commerciali non residenti. – 1. **Il reddito complessivo delle società e degli enti non commerciali non residenti di cui all'art. 73, comma 1, lettera d), è formato soltanto dai redditi prodotti nel territorio dello Stato**, ad esclusione di quelli esenti da imposta e di quelli soggetti a ritenuta alla fonte a titolo di imposta o ad imposta sostitutiva.

2. **Si considerano prodotti nel territorio dello Stato i redditi indicati nell'art. 23.**

3. **Il reddito complessivo degli enti non commerciali è determinato secondo le disposizioni del Titolo I, ad eccezione dei redditi d'impresa di cui all'art. 23, comma 1, lettera e), ai quali si applicano le disposizioni dell'art. 152.** Dal reddito complessivo si deducono, se non sono deducibili nella determinazione del reddito d'impresa che concorre a formarlo, gli **oneri indicati all'art. 10**, comma 1, lettere a) e g). Si applica la disposizione dell'art. 146, comma 1, secondo periodo.

4. **Dall'imposta lorda si detrae, fino alla concorrenza del suo ammontare, un importo pari al diciannove per cento degli oneri indicati all'art. 15**, comma 1, lettere a), g), h), h-*bis*), i), i-*bis*) e i-*quater*). La detrazione spetta a condizione che i predetti oneri non siano deducibili nella determinazione del reddito d'impresa che concorre a formare il reddito complessivo. Si applica la disposizione dell'art. 147, comma 1, terzo periodo.

5. **Agli enti non commerciali che esercitano attività commerciali mediante stabili organizzazioni nel territorio dello Stato, si applicano l'art. 144, comma 5, e l'art. 152.**

6. Sono altresì **deducibili**:

a) le **erogazioni liberali** in denaro a favore dello Stato, di altri enti pubblici e di associazioni e di fondazioni private legalmente riconosciute, le quali, senza scopo di lucro, svolgono o promuovono attività dirette alla tutela del patrimonio ambientale, effettuate per l'acquisto, la tutela e la valorizzazione delle cose indicate all'art. 139, comma 1, lettere a) e b), del decreto legislativo 29 ottobre 1999, n. 490, facenti parte degli elenchi di cui all'art. 140, comma 1, del medesimo decreto legislativo o assoggettati al vincolo della inedificabilità in base ai piani di cui all'art. 149 dello stesso decreto legislativo e al decreto-legge 27 giugno 1985, n. 312, convertito, con modificazioni, dalla legge 8 agosto 1985, n. 431, ivi comprese le erogazioni destinate all'organizzazione di mostre e di esposizioni, nonché allo svolgimento di studi e ricerche aventi ad oggetto le cose anzidette; il mutamento di destinazione degli immobili indicati alla lettera c) del presente comma, senza la preventiva autorizzazione del Ministro dell'ambiente, e della tutela del territorio, come pure il mancato assolvimento degli obblighi di legge per consentire l'esercizio del diritto di prelazione dello Stato sui beni immobili vincolati, determina la indeducibilità delle spese dal reddito. Il Ministro dell'ambiente e della tutela del territorio dà immediata comunicazione ai competenti uffici tributari delle violazioni che comportano la decadenza dalle agevolazioni; dalla data di ricevimento della comunicazione iniziano a decorrere i termini per il pagamento dell'imposta e dei relativi accessori;

b) le erogazioni liberali in denaro a favore di organismi di gestione di parchi e riserve naturali, terrestri e marittimi, statali e regionali, e di ogni altra zona di tutela speciale paesistico-ambientale come individuata dalla vigente disciplina, statale e regionale, nonché gestita dalle associazioni e fondazioni private indicate alla lettera a), effettuate per sostenere attività di conservazione, valorizzazione, studio, ricerca e sviluppo dirette al conseguimento delle finalità di interesse generale cui corrispondono tali ambiti protetti;

c) **le spese sostenute dai soggetti obbligati alla manutenzione e alla protezione degli immobili vincolati** ai sensi del decreto legislativo 29 ottobre 1999, n. 490, facenti parte degli elenchi di cui all'art. 140, comma 1 del medesimo decreto legislativo o assoggettati al vincolo della inedificabilità in base ai piani di cui all'art. 149 dello stesso decreto legislativo, e al decreto-legge 27 giugno 1985, n. 312, convertito, con modificazioni, dalla legge 8 agosto 1985, n. 431.

7. Il Ministro dell'ambiente e la tutela del territorio e la regione, secondo le rispettive attribuzioni e competenze, vigilano sull'impiego delle erogazioni di cui alle lettere a), b) e c) del comma 6 del presente articolo effettuate a favore di soggetti privati, affinché siano perseguiti gli scopi per i quali le erogazioni stesse sono state accettate dai beneficiari e siano rispettati i termini per l'utilizzazione concordati con gli autori delle erogazioni. Detti termini possono essere prorogati una sola volta dall'autorità di vigilanza, per motivi non imputabili ai beneficiari.

Art. 154. – Articolo abrogato.

CAPO VI

DETERMINAZIONE DELLA BASE IMPONIBILE PER ALCUNE IMPRESE MARITTIME

Art. 155. Ambito soggettivo ed oggettivo. – 1. Il reddito imponibile dei soggetti di cui all'art. 73, comma 1, lettera a), derivante dall'utilizzo delle **navi** indicate nell'art. 8-*bis*, comma 1, lettera a), del decreto del Presidente della Repubblica 26 ottobre 1972, n. 633, e successive modificazioni, iscritte nel registro internazionale di cui al decreto-legge 30 dicembre 1997, n. 457, convertito, con modificazioni, dalla legge 27 febbraio 1998, n. 30, e **dagli stessi armate,** nonché delle **navi noleggiate** il cui **tonnellaggio** non sia **superiore** al **50 per cento** di quello **complessivamente utilizzato**, è determinato ai sensi della presente sezione qualora il contribuente comunichi un'**opzione** in tal senso all'Agenzia delle entrate con la dichiarazione presentata nel periodo d'imposta a decorrere dal quale si intende esercitare l'opzione. L'opzione è **irrevocabile** per **dieci esercizi** sociali. **Al termine del decennio, l'opzione si intende tacitamente rinnovata per un altro decennio, a meno che non sia revocata secondo le modalità e i termini previsti per la comunicazione dell'opzione.** La disposizione di cui al terzo periodo si applica al termine di ciascun decennio. L'opzione di cui al comma 1 deve essere esercitata relativamente a tutte le navi aventi i requisiti indicati nel medesimo comma 1, gestite dallo stesso gruppo di imprese alla cui composizione concorrono la società controllante e le controllate ai sensi dell'art. 2359 del codice civile.

2. L'opzione consente la determinazione dell'imponibile secondo i criteri di cui all'art. 156 delle navi di cui al comma 1 con un tonnellaggio superiore alle 100 tonnellate di stazza netta destinate all'attività di:

a) trasporto merci;

b) trasporto passeggeri;

c) soccorso, rimorchio, realizzazione e posa in opera di impianti ed altre attività di assistenza marittima da svolgersi in alto mare.

3. Sono altresì incluse nell'imponibile le attività direttamente connesse, strumentali e complementari a quelle indicate nelle lettere precedenti svolte dal medesimo soggetto e identificate dal decreto di cui all'art. 161.

Art. 156. Determinazione del reddito imponibile. – 1. Il reddito imponibile, determinato in via forfetaria ed unitaria sulla base del reddito giornaliero di ciascuna nave con i requisiti predetti, è calcolato sulla base degli importi in cifra fissa previsti per i seguenti scaglioni di tonnellaggio netto:

a) da 0 a 1.000 tonnellate di stazza netta: 0,0090 euro per tonnellata;

b) da 1.001 a 10.000 tonnellate di stazza netta: 0,0070 euro per tonnellata;

c) da 10.001 a 25.000 tonnellate di stazza netta: 0,0040 euro per tonnellata;

d) da 25.001 tonnellate di stazza netta: 0,0020 euro per tonnellata.

2. Agli effetti del comma precedente, non sono computati i giorni di mancata utilizzazione a causa di operazioni di manutenzione, riparazione ordinaria o straordinaria, ammodernamento e trasformazione della nave; sono altresì esclusi dal computo dei giorni di operatività quelli nei quali la nave è in disarmo temporaneo.

3. Dall'imponibile determinato secondo quanto previsto dai commi precedenti **non** è ammessa alcuna **deduzione**. Resta ferma l'applicazione dell'art. 84.

Art. 157. Limiti all'esercizio dell'opzione ed alla sua efficacia. – 1. L'opzione di cui all'art. 155 non può essere esercitata e se esercitata **viene meno** con effetto dal periodo d'imposta in corso nel caso in cui **oltre** la **metà** delle **navi complessivamente utilizzate** viene **locato dal contribuente a scafo nudo** per un periodo di **tempo superiore**, per ciascuna unità, al **50 per cento** dei giorni di **effettiva navigazione** per ciascun esercizio sociale.

2. In ogni caso l'opzione di cui all'art. 155 non rileva per la determinazione del reddito delle navi relativamente ai giorni in cui le stesse sono locate a scafo nudo, da determinarsi in modo analitico per quanto attiene ai costi specifici, e secondo la proporzione di cui all'art. 159 per quanto attiene quelli non suscettibili di diretta imputazione.

3. L'opzione di cui all'art. 155 viene meno, altresì, nel caso di mancato rispetto dell'obbligo di formazione dei cadetti secondo le modalità stabilite nel decreto di cui all'art. 161.

4. L'ammontare determinato ai sensi dell'art. 156 non comprende i ricavi e qualsiasi altro componente positivo non derivante in via esclusiva dall'esercizio delle navi di cui all'art. 155 e delle attività di cui al comma 2 dello stesso articolo.

5. Qualora per qualsiasi motivo venga meno l'efficacia dell'opzione esercitata, il nuovo esercizio della stessa non può avvenire prima del decorso del decennio originariamente previsto e, comunque, non prima del quinto periodo d'imposta successivo a quello in cui è venuta meno l'opzione di cui all'art. 155.

Art. 158. Plusvalenze e minusvalenze. – 1. Nel caso di cessione a titolo oneroso di una o più navi relativamente alle quali è efficace l'opzione di cui all'art. 155, l'imponibile determinato ai sensi dell'art. 156 comprende anche la plusvalenza o minusvalenza realizzata. Tuttavia, qualora la cessione abbia ad oggetto un'unità già in proprietà dell'utilizzatore in un periodo d'imposta precedente a quello nel quale è esercitata l'opzione per l'applicazione del presente regime, all'imponibile determinato ai sensi dell'articolo 156 deve essere aggiunto un ammontare pari al minore importo tra la plusvalenza latente, data dalla differenza tra il valore normale della nave e il costo non ammortizzato della stessa rilevati nell'ultimo giorno dell'esercizio precedente a quello in cui l'opzione è esercitata, e la plusvalenza realizzata ai sensi dell'art. 86, e, comunque, non inferiore alla plusvalenza latente diminuita dei redditi relativi alla nave oggetto di cessione determinati ai sensi del presente capo in ciascun periodo d'imposta di efficacia dell'opzione fino a concorrenza della stessa plusvalenza latente. Ai fini della determinazione della plusvalenza realizzata ai sensi dell'art. 86, il costo non ammortizzato è determinato secondo i valori fiscali individuati sulla base delle disposizioni vigenti in assenza dell'esercizio dell'opzione di cui all'art. 155.

2. Nel caso in cui nel periodo d'imposta precedente quello di prima applicazione del regime di determinazione dell'imponibile previsto dalla presente sezione, al reddito prodotto dalla nave ceduta si rendeva applicabile l'agevolazione di cui all'art. 145, comma 66, della legge 23 dicembre 2000, n. 388, l'importo determinato ai sensi del comma 1, secondo periodo, è aggiunto all'imponibile **limitatamente al 20 per cento del suo ammontare**.

3. Nel caso in cui le navi cedute costituiscano un complesso aziendale, per l'applicazione del comma 1 è necessario che tali navi rappresentino **l'80 per cento del valore dell'azienda al lordo dei debiti finanziari**.

Art. 159. Obblighi contabili. – 1. Il reddito derivante dal **contemporaneo svolgimento** di **attività imprenditoriali** diverse da quelle indicate nell'art. 155 **non** è ricompreso nell'imponibile determinato ai sensi dell'**art. 156** e deve essere determinato secondo le **disposizioni** contenute nella **sezione I del capo II**.

2. Agli effetti del comma 1 le **spese** e gli altri componenti negativi assumono **rilievo se** e **nella misura in cui** si riferiscano ad attività o beni da cui **derivano ricavi** ed altri proventi diversi da quelli ricompresi nella determinazione dell'imponibile, secondo i criteri di cui all'art. 156; a tal fine è tenuta una contabilità separata secondo le modalità stabilite con il decreto di cui all'art. 161.

3. Le **spese** e gli altri componenti negativi che si riferiscono **indistintamente** a componenti positivi di reddito ricompresi e non ricompresi nell'imponibile determinato ai sensi dell'art. 156 sono deducibili per la parte corrispondente al **rapporto** tra l'**ammontare complessivo dei ricavi ed altri proventi non ricompresi nell'imponibile** determinato ai sensi dell'art. 156 e l'ammontare complessivo di tutti i ricavi e proventi.

Art. 160. Ulteriori effetti dell'esercizio dell'opzione. – 1. I soggetti che esercitano l'opzione di cui all'art. 155 non possono esercitare quella di cui alle sezioni II e III del titolo II né in qualità di controllanti, né in qualità di controllati.

2. Alle cessioni di beni ed alle prestazioni di servizi fra le società il cui reddito è determinato anche parzialmente ai sensi dell'art. 156 e le altre imprese anche se residenti nel territorio dello Stato, si applica, ricorrendone le altre condizioni, la disciplina del valore normale prevista dall'art. 110, comma 7. Resta ferma l'applicazione dell'art. 156.

Art. 161. Disposizioni applicative. – 1. Con decreto di natura non regolamentare del Ministro dell'economia e delle finanze sono adottate le disposizioni applicative della presente sezione.

2. Per tutto quanto non disciplinato nella presente sezione si applicano le disposizioni di cui alla sezione I.

TITOLO III
DISPOSIZIONI COMUNI

CAPO I
DISPOSIZIONI GENERALI

Art. 162. Stabile organizzazione. – 1. Fermo restando quanto previsto dall'articolo 169, ai fini delle imposte sui redditi e dell'imposta regionale sulle attività produttive di cui al decreto legislativo 15 dicembre 1997, n. 446, l'espressione "stabile organizzazione" designa una sede fissa di affari per mezzo della quale l'impresa non residente esercita in tutto o in parte la sua attività sul territorio dello Stato.

2. L'espressione "stabile organizzazione" comprende in particolare:

a) una sede di direzione;

b) una succursale;

c) un ufficio;

d) un'officina;

e) un laboratorio;

f) una miniera, un giacimento petrolifero o di gas naturale, una cava o altro luogo di estrazione di risorse naturali, anche in zone situate al di fuori delle acque territoriali in cui, in conformità al diritto internazionale consuetudinario ed alla legislazione nazionale relativa all'esplorazione ed allo sfruttamento di risorse naturali, lo Stato può esercitare diritti relativi al fondo del mare, al suo sottosuolo ed alle risorse naturali;

f-*bis*) una significativa e continuativa presenza economica nel territorio dello Stato costruita in modo tale da non fare risultare una sua consistenza fisica nel territorio stesso.

3. Un cantiere di costruzione o di montaggio o di installazione, ovvero l'esercizio di attività di supervisione ad esso connesse, è considerato "stabile organizzazione" soltanto se tale cantiere, progetto o attività abbia una durata superiore a tre mesi.

4. Fermi restando i commi da 1 a 3, la dizione "stabile organizzazione" non comprende:

a) l'uso di una installazione ai soli fini di deposito, di esposizione o di consegna di beni o merci appartenenti all'impresa;

b) la disponibilità di beni o merci appartenenti all'impresa immagazzinati ai soli fini di deposito, di esposizione o di consegna;

c) la disponibilità di beni o merci appartenenti all'impresa immagazzinati ai soli fini della trasformazione da parte di un'altra impresa;

d) la disponibilità di una sede fissa di affari utilizzata ai soli fini di acquistare beni o merci o di raccogliere informazioni per l'impresa;

e) la disponibilità di una sede fissa di affari utilizzata ai soli fini dello svolgimento, per l'impresa, di ogni altra attività;

f) la disponibilità di una sede fissa di affari utilizzata ai soli fini dell'esercizio combinato delle attività menzionate nelle lettere da a) ad e).

4-*bis*. Le disposizioni del comma 4 si applicano a condizione che le attività di cui alle lettere da a) a e) o, nei casi di cui alla lettera f), l'attività complessiva della sede fissa d'affari siano di carattere preparatorio o ausiliario.

5. Il comma 4 non si applica ad una sede fissa d'affari che sia utilizzata o gestita da un'impresa se la stessa impresa o un'impresa strettamente correlata svolge la sua attività nello stesso luogo o in un altro luogo nel territorio dello Stato e lo stesso luogo o l'altro luogo costituisce una stabile organizzazione per l'impresa o per l'impresa strettamente correlata in base alle previsioni del presente articolo, ovvero l'attività complessiva risultante dalla com-

binazione delle attività svolte dalle due imprese nello stesso luogo, o dalla stessa impresa o da imprese strettamente correlate nei due luoghi, non sia di carattere preparatorio o ausiliario, purché le attività svolte dalle due imprese nello stesso luogo, o dalla stessa impresa, o dalle imprese strettamente correlate nei due luoghi, costituiscano funzioni complementari che siano parte di un complesso unitario di operazioni d'impresa.

6. Ferme le disposizioni dei commi 1 e 2 e salvo quanto previsto dai commi 7, 7-*ter* e 7-*quater*, se un soggetto agisce nel territorio dello Stato per conto di un'impresa non residente e abitualmente conclude contratti o opera ai fini della conclusione di contratti senza modifiche sostanziali da parte dell'impresa e detti contratti sono in nome dell'impresa, oppure relativi al trasferimento della proprietà, o per la concessione del diritto di utilizzo, di beni di tale impresa o che l'impresa ha il diritto di utilizzare, oppure relativi alla fornitura di servizi da parte di tale impresa, si considera che tale impresa abbia una stabile organizzazione nel territorio dello Stato in relazione a ogni attività svolta dal suddetto soggetto per conto dell'impresa, a meno che le attività di tale soggetto siano limitate allo svolgimento delle attività di cui al comma 4 le quali, se esercitate per mezzo di una sede fissa di affari, non permetterebbero di considerare questa sede fissa una stabile organizzazione ai sensi delle disposizioni del medesimo comma 4.

7. Il comma 6 non si applica quando il soggetto, che opera nel territorio dello Stato per conto di un'impresa non residente, svolge la propria attività in qualità di agente indipendente e agisce per l'impresa nell'ambito della propria ordinaria attività. Tuttavia, quando un soggetto opera esclusivamente o quasi esclusivamente per conto di una o più imprese alle quali è strettamente correlato, tale soggetto non è considerato un agente indipendente, ai sensi del presente comma, in relazione a ciascuna di tali imprese.

7-*bis*. Ai soli fini del presente articolo, un soggetto è strettamente correlato ad un'impresa se, tenuto conto di tutti i fatti e di tutte le circostanze rilevanti, l'uno ha il controllo dell'altra ovvero entrambi sono controllati da uno stesso soggetto. In ogni caso, un soggetto è considerato strettamente correlato ad un'impresa se l'uno possiede direttamente o indirettamente più del 50 per cento della partecipazione dell'altra o, nel caso di una società, più del 50 per cento del totale dei diritti di voto e del capitale sociale, o se entrambi sono partecipati da un altro soggetto, direttamente o indirettamente, per più del 50 per cento della partecipazione, o, nel caso di una società, per più del 50 per cento del totale dei diritti di voto e del capitale sociale.

7-*ter*. Ai fini del comma 7, al ricorrere delle condizioni di cui al comma 7-*quater*, si considera indipendente dal veicolo di investimento non residente il soggetto, residente o non residente anche operante tramite propria stabile organizzazione nel territorio dello Stato, che, in nome o per conto del veicolo di investimento non residente o di sue controllate, dirette o indirette, e anche se con poteri discrezionali, abitualmente concluda contratti di acquisto, di vendita o di negoziazione, o comunque contribuisca, anche tramite operazioni preliminari o accessorie, all'acquisto, alla vendita o alla negoziazione di strumenti finanziari, anche derivati e comprese le partecipazioni al capitale o al patrimonio, e di crediti.

7-*quater*. Le disposizioni del comma 7-*ter* si applicano a condizione che:

a) il veicolo di investimento non residente e le relative controllate siano residenti o localizzati in uno Stato o territorio compreso nell'elenco di cui all'articolo 11, comma 4, lettera c), del decreto legislativo 1° aprile 1996, n. 239;

b) il veicolo di investimento non residente rispetti i requisiti di indipendenza stabiliti dal decreto previsto dal comma 7-*quinquies*;

c) il soggetto residente o non residente, che svolge l'attività nel territorio dello Stato in nome o per conto del veicolo di investimento non residente di cui alla lettera a), non ricopra cariche negli organi di amministrazione e di controllo del veicolo di investimento e di sue controllate, dirette o indirette, e non detenga una partecipazione ai risultati economici del veicolo d'investimento non residente superiore al 25 per cento. A tal fine si considerano anche le partecipazioni agli utili spettanti a soggetti appartenenti al medesimo gruppo di tale soggetto. Il decreto previsto dal comma 7-*quinquies* stabilisce le modalità di computo della partecipazione agli utili;

d) il soggetto residente, o la stabile organizzazione nel territorio dello Stato del soggetto non residente, che presta servizi nell'ambito di accordi con entità appartenenti al medesimo gruppo riceva, per l'attività svolta nel territorio dello Stato, una remunerazione supportata dalla documentazione idonea di cui all'articolo 1, comma 6, del decreto legislativo 18 dicembre 1997, n. 471. Con provvedimento dell'Agenzia delle entrate sono definite le linee guida per l'applicazione a tale remunerazione dell'articolo 110, comma 7.

7-*quinquies*. Con decreto del Ministro dell'economia e delle finanze sono stabilite le disposizioni di attuazione della disciplina dei commi 7-*ter* e 7-*quater*.

8. Nonostante quanto previsto dal comma 7, non costituisce stabile organizzazione dell'impresa il solo fatto che la stessa eserciti nel territorio dello Stato la propria attività per mezzo di un raccomandatario marittimo di cui alla legge 4 aprile 1977, n. 135, o di un mediatore marittimo di cui alla legge 12 marzo 1968, n. 478, che abbia i poteri per la gestione commerciale o operativa delle navi dell'impresa, anche in via continuativa.

9. Il fatto che un'impresa non residente con o senza stabile organizzazione nel territorio dello Stato controlli un'impresa residente, ne sia controllata, o che entrambe le imprese siano controllate da un terzo soggetto esercente o no attività d'impresa non costituisce di per sé motivo sufficiente per considerare una qualsiasi di dette imprese una stabile organizzazione dell'altra.

Art. 162-*bis*. Intermediari finanziari e società di partecipazione. – 1. Ai fini delle imposte sui redditi e dell'imposta regionale sulle attività produttive di cui al decreto legislativo 15 dicembre 1997, n. 446, si definiscono:

a) intermediari finanziari:

1) i soggetti indicati nell'articolo 2, comma 1, lettera c), del decreto legislativo 28 febbraio 2005, n. 38, e i soggetti con stabile organizzazione nel territorio dello Stato aventi le medesime caratteristiche;

2) i confidi iscritti nell'elenco di cui all'articolo 112-*bis* del decreto legislativo 1° settembre 1993, n. 385;

3) gli operatori del microcredito iscritti nell'elenco di cui all'articolo 111 del decreto legislativo 1° settembre 1993, n. 385;

4) i soggetti che esercitano in via esclusiva o prevalente l'attività di assunzione di partecipazioni in intermediari finanziari, diversi da quelli di cui al numero 1);

b) società di partecipazione finanziaria: i soggetti che esercitano in via esclusiva o prevalente l'attività di assunzione di partecipazioni in intermediari finanziari;

c) società di partecipazione non finanziaria e assimilati:

1) i soggetti che esercitano in via esclusiva o prevalente l'attività di as-

sunzione di partecipazioni in soggetti diversi dagli intermediari finanziari;

2) i soggetti che svolgono attività non nei confronti del pubblico di cui al comma 2 dell'articolo 3 del regolamento emanato in materia di intermediari finanziari in attuazione degli articoli 106, comma 3, 112, comma 3 e 114 del decreto legislativo 1° settembre 1993, n. 385, nonché dell'articolo 7-*ter*, comma 1-*bis*, della legge 30 aprile 1999, n. 130.

2. Ai fini del comma 1, l'esercizio in via prevalente di attività di assunzione di partecipazioni in intermediari finanziari sussiste, quando, in base ai dati del bilancio approvato relativo all'ultimo esercizio chiuso, l'ammontare complessivo delle partecipazioni in detti intermediari finanziari e altri elementi patrimoniali intercorrenti con gli stessi, unitariamente considerati, inclusi gli impegni ad erogare fondi e le garanzie rilasciate, sia superiore al 50 per cento del totale dell'attivo patrimoniale, inclusi gli impegni ad erogare fondi e le garanzie rilasciate.

3. Ai fini del comma 1, l'esercizio in via prevalente di attività di assunzione di partecipazioni in soggetti diversi dagli intermediari finanziari sussiste, quando, in base ai dati del bilancio approvato relativo all'ultimo esercizio chiuso, l'ammontare complessivo delle partecipazioni in detti soggetti e altri elementi patrimoniali intercorrenti con i medesimi, unitariamente considerati, sia superiore al 50 per cento del totale dell'attivo patrimoniale.

Art. 163. Divieto della doppia imposizione. – 1. La **stessa imposta non può** essere applicata **più volte** in dipendenza dello **stesso presupposto**, neppure nei confronti di soggetti diversi.

Art. 164. Limiti di deduzione delle spese e degli altri componenti negativi relativi a taluni mezzi di trasporto a motore, utilizzati nell'esercizio di imprese, arti e professioni. – 1. Le spese e gli altri componenti negativi relativi ai mezzi di trasporto a motore indicati nel presente articolo, utilizzati nell'esercizio di imprese, arti e professioni, ai fini della determinazione dei relativi redditi sono deducibili solo se rientranti in una delle fattispecie previste nelle successive lettere a), b) e b-*bis*):

a) per l'intero ammontare relativamente:

1) agli aeromobili da turismo, alle navi e imbarcazioni da diporto, alle autovetture ed autocaravan, di cui alle lettere a) e m) del comma 1 dell'articolo 54 del decreto legislativo 30 aprile 1992, n. 285, ai ciclomotori e motocicli destinati ad essere utilizzati esclusivamente come beni strumentali nell'attività propria dell'impresa;

2) ai veicoli adibiti ad uso pubblico;

b) nella misura del 20 per cento relativamente alle autovetture e autocaravan, di cui alle citate lettere dell'articolo 54 del citato decreto legislativo n. 285 del 1992, ai ciclomotori e motocicli il cui utilizzo è diverso da quello indicato alla lettera a), numero 1). Tale percentuale è elevata all'80 per cento per i veicoli utilizzati dai soggetti esercenti attività di agenzia o di rappresentanza di commercio. Nel caso di esercizio di arti e professioni in forma individuale, la deducibilità è ammessa, nella misura del 20 per cento, limitatamente ad un solo veicolo; se l'attività è svolta da società semplici e da associazioni di cui all'articolo 5, la deducibilità è consentita soltanto per un veicolo per ogni socio o associato. Non si tiene conto: della parte del costo di acquisizione che eccede lire 35 milioni per le autovetture e gli autocaravan, lire 8 milioni per i motocicli, lire 4 milioni per i ciclomotori; dell'ammontare dei canoni proporzionalmente corrispondente al costo di detti veicoli che eccede i limiti indicati, se i beni medesimi sono utilizzati in locazione finanziaria; dell'ammontare dei costi di locazione e di noleggio che eccede lire 7 milioni per le autovetture e gli autocaravan, lire 1,5 milioni per i motocicli, lire ottocentomila per i ciclomotori. Nel caso di esercizio delle predette attività svolte da società semplici e associazioni di cui al citato articolo 5, i suddetti limiti sono riferiti a ciascun socio o associato. I limiti predetti, che con riferimento al valore dei contratti di locazione anche finanziaria o di noleggio vanno ragguagliati ad anno, possono essere variati, tenendo anche conto delle variazioni dell'indice dei prezzi al consumo per le famiglie di operai e di impiegati verificatesi nell'anno precedente, con decreto del Ministro delle finanze, di concerto con il Ministro dell'industria, del commercio e dell'artigianato. I predetti limiti di 35 milioni di lire e di 7 milioni di lire sono elevati rispettivamente a euro 25.822,84 e a euro 5.164,57 per gli autoveicoli utilizzati da agenti o rappresentanti di commercio;

b-*bis*) nella misura del 70 per cento per i veicoli dati in uso promiscuo ai dipendenti per la maggior parte del periodo d'imposta.

1-*bis*. Le spese per carburante per autotrazione sono deducibili nella misura di cui al comma 1 se effettuate esclusivamente mediante carte di credito, carte di debito o carte prepagate emesse da operatori finanziari soggetti all'obbligo di comunicazione previsto dall'articolo 7, sesto comma, del decreto del Presidente della Repubblica 29 settembre 1973, n. 605.

2. Ai fini della determinazione del reddito d'impresa, le plusvalenze e le minusvalenze patrimoniali rilevano nella stessa proporzione esistente tra l'ammontare dell'ammortamento fiscalmente dedotto e quello complessivamente effettuato.

3. Ai fini della applicazione del comma 7 dell'articolo 67, il costo dei beni di cui al comma 1, lettera b), si assume nei limiti rilevanti ai fini della deduzione delle relative quote di ammortamento.

CAPO II
DISPOSIZIONI RELATIVE AI REDDITI PRODOTTI ALL'ESTERO ED AI RAPPORTI INTERNAZIONALI

Art. 165. Credito d'imposta per i redditi prodotti all'estero. – 1. Se alla formazione del reddito complessivo concorrono redditi prodotti all'estero, le **imposte ivi pagate a titolo definitivo** su tali redditi sono ammesse **in detrazione** dall'**imposta netta** dovuta **fino** alla **concorrenza** della **quota** d'**imposta corrispondente** al **rapporto** tra i **redditi prodotti** all'**estero** ed il **reddito complessivo** al **netto** delle **perdite** di precedenti periodi d'imposta ammesse in diminuzione.

2. I redditi si considerano prodotti all'estero sulla base di criteri reciproci a quelli previsti dall'art. 23 per individuare quelli prodotti nel territorio dello Stato.

3. **Se concorrono redditi prodotti in più Stati esteri**, la **detrazione** si applica **separatamente** per ciascuno Stato.

4. La detrazione di cui al comma 1 deve essere calcolata nella **dichiarazione** relativa al periodo d'imposta cui appartiene il **reddito prodotto** all'estero al quale si riferisce l'imposta di cui allo stesso comma 1, a condizione che il **pagamento a titolo definitivo** avvenga prima della sua presentazione. Nel caso in cui il pagamento a titolo definitivo avvenga successivamente si applica quanto previsto dal comma 7.

5. La detrazione di cui al comma 1 può essere calcolata dall'imposta del periodo di competenza anche se il pagamento a titolo definitivo avviene entro il termine di presentazione della dichiarazione relativa al primo periodo d'imposta successivo. L'esercizio della facoltà di cui al periodo precedente è condizionato all'indicazione, nelle dichiarazioni dei redditi, delle imposte estere detratte per le quali ancora non è avvenuto il pagamento a titolo definitivo.

6. **L'imposta estera pagata a titolo**

definitivo su redditi prodotti nello stesso Stato estero eccedente la quota di imposta italiana relativa ai medesimi redditi esteri, costituisce un credito d'imposta fino a concorrenza della eccedenza della quota d'imposta italiana rispetto a quella estera pagata a titolo definitivo in relazione allo stesso reddito estero, verificatasi negli esercizi precedenti fino all'ottavo. Nel caso in cui negli esercizi precedenti non si sia verificata tale eccedenza, l'eccedenza dell'imposta estera può essere riportata a nuovo fino all'ottavo esercizio successivo ed essere utilizzata quale credito d'imposta nel caso in cui si produca l'eccedenza della quota di imposta italiana rispetto a quella estera relativa allo stesso reddito di cui al primo periodo del presente comma. Le disposizioni di cui al presente comma relative al riporto in avanti e all'indietro dell'eccedenza si applicano anche ai redditi d'impresa prodotti all'estero dalle singole società partecipanti al consolidato nazionale e mondiale, anche se residenti nello stesso Paese, salvo quanto previsto dall'art. 136, comma 6.

7. Se l'imposta dovuta in Italia per il periodo d'imposta nel quale il reddito estero ha concorso a formare l'imponibile è stata già liquidata, si procede a nuova liquidazione tenendo conto anche dell'eventuale maggior reddito estero, e la detrazione si opera dall'imposta dovuta per il periodo d'imposta cui si riferisce la dichiarazione nella quale è stata richiesta. Se è già decorso il termine per l'accertamento, la detrazione è limitata alla quota dell'imposta estera proporzionale all'ammontare del reddito prodotto all'estero acquisito a tassazione in Italia.

8. La detrazione non spetta in caso di omessa presentazione della dichiarazione o di omessa indicazione dei redditi prodotti all'estero nella dichiarazione presentata.

9. Per le imposte pagate all'estero dalle società, associazioni e imprese di cui all'art. 5 e dalle società che hanno esercitato l'opzione di cui agli artt. 115 e 116 la detrazione spetta ai singoli soci nella proporzione ivi stabilita.

10. Nel caso in cui il reddito prodotto all'estero concorra parzialmente alla formazione del reddito complessivo, anche l'imposta estera va ridotta in misura corrispondente.

Art. 166. Imposizione in uscita. – 1. Le disposizioni del presente articolo si applicano ai soggetti che esercitano imprese commerciali qualora si verifichi una delle seguenti ipotesi:

a) sono fiscalmente residenti nel territorio dello Stato e trasferiscono all'estero la propria residenza fiscale;

b) sono fiscalmente residenti nel territorio dello Stato e trasferiscono attivi ad una loro stabile organizzazione situata all'estero con riferimento alla quale si applica l'esenzione degli utili e delle perdite di cui all'articolo 168-*ter*;

c) sono fiscalmente residenti all'estero, possiedono una stabile organizzazione situata nel territorio dello Stato e trasferiscono l'intera stabile organizzazione alla sede centrale o ad altra stabile organizzazione situata all'estero;

d) sono fiscalmente residenti all'estero, possiedono una stabile organizzazione situata nel territorio dello Stato e trasferiscono attivi facenti parte del patrimonio di tale stabile organizzazione alla sede centrale o ad altra stabile organizzazione situata all'estero;

e) sono fiscalmente residenti nel territorio dello Stato e sono stati oggetto di incorporazione da parte di una società fiscalmente non residente oppure hanno effettuato una scissione a favore di una o più beneficiarie non residenti oppure hanno effettuato il conferimento di una stabile organizzazione o di un ramo di essa situati all'estero a favore di un soggetto fiscalmente residente all'estero.

2. Ai fini delle lettere b) e d) del

comma 1, il trasferimento di attivi a una stabile organizzazione o da una stabile organizzazione si intende effettuato quando, in applicazione dei criteri definiti dall'OCSE, **considerando la stabile organizzazione un'entità separata e indipendente**, che svolge le medesime o analoghe attività, in condizioni identiche o similari, e tenendo conto delle funzioni svolte, dei rischi assunti e dei beni utilizzati, tali attività si considerano rispettivamente entrate nel patrimonio o uscite dal patrimonio di tale stabile organizzazione.

3. Nelle ipotesi di cui al comma 1 sono imponibili i seguenti redditi:

a) nel caso di cui alla lettera a) del comma 1 la plusvalenza, unitariamente determinata, pari alla differenza tra il valore di mercato complessivo e il corrispondente costo fiscalmente riconosciuto delle attività e passività del soggetto che trasferisce la residenza fiscale che non sono confluite nel patrimonio di una stabile organizzazione di tale soggetto situata nel territorio dello Stato;

b) nel caso di cui alla lettera b) del comma 1 la differenza tra il valore di mercato e il corrispondente costo fiscalmente riconosciuto degli attivi trasferiti alla stabile organizzazione situata all'estero;

c) nel caso di cui alla lettera c) del comma 1 la plusvalenza, unitariamente determinata, pari alla differenza tra il valore di mercato e il corrispondente costo fiscalmente riconosciuto delle attività e passività facenti parte del patrimonio della stabile organizzazione trasferita alla sede centrale o alla stabile organizzazione situata all'estero;

d) nel caso di cui alla lettera d) del comma 1 la differenza tra il valore di mercato e il corrispondente costo fiscalmente riconosciuto degli attivi trasferiti alla sede centrale o alla stabile organizzazione situata all'estero;

e) nel caso di cui alla lettera e) del comma 1 la plusvalenza, unitariamente determinata, pari alla differenza tra il valore di mercato complessivo e il corrispondente costo fiscalmente riconosciuto delle attività e passività che prima del perfezionamento dell'operazione facevano parte del patrimonio di un soggetto fiscalmente residente nel territorio dello Stato e che, successivamente a tale perfezionamento, non confluiscono nel patrimonio di una stabile organizzazione di un soggetto non residente situata nel territorio dello Stato.

4. Il valore di mercato di cui al comma 3 è determinato con riferimento alle condizioni e ai prezzi che sarebbero stati pattuiti tra soggetti indipendenti operanti in condizioni di libera concorrenza e in circostanze comparabili tenendo conto, qualora si tratti di valore riferibile a un complesso aziendale o a un ramo di azienda, del valore dell'avviamento, calcolato tenendo conto delle funzioni e dei rischi trasferiti. Ai fini della determinazione del valore di mercato si tiene conto delle indicazioni contenute nel decreto del Ministro dell'economia e delle finanze emanato ai sensi del comma 7 dell'articolo 110.

5. Nei casi di cui al comma 1, lettere **a) ed e), sono altresì assoggettate alle imposte sui redditi le riserve in sospensione d'imposta**, incluse quelle tassabili solo in caso di distribuzione, che risultano iscritte in bilancio al termine dell'ultimo periodo d'imposta di residenza o prima del perfezionamento dell'operazione se, e nella misura in cui, non sono ricostituite nel patrimonio contabile di una stabile organizzazione situata nel territorio dello Stato. Nel caso di cui alla lettera c) sono altresì assoggettate alle imposte sui redditi le riserve in sospensione d'imposta, incluse quelle tassabili solo in caso di distribuzione, che risultano iscritte nel rendiconto economico e patrimoniale di cui all'articolo 152, comma 1, nel momento in cui si considera effettuato il trasferimento dell'intera stabile organizzazione.

6. Nel caso di cui al comma 1, lettera a), qualora, successivamente al trasferimento di residenza, non rimanga nel territorio dello Stato una stabile organizzazione, le perdite realizzate fino al termine dell'ultimo periodo d'imposta di residenza sono in primo luogo compensate, senza applicazione del limite di cui all'articolo 84, comma 1, con il reddito di tale periodo d'imposta e, per la parte eventualmente eccedente, sono computate in diminuzione della plusvalenza di cui al comma 3, lettera a), senza applicazione del limite di cui al comma 1 dell'articolo 84. Nel caso di cui al comma 1, lettera a), qualora, successivamente al trasferimento di residenza, rimanga nel territorio dello Stato una stabile organizzazione, le perdite realizzate fino al termine dell'ultimo periodo d'imposta di residenza sono in primo luogo compensate, con applicazione del limite di cui all'articolo 84, comma 1, con il reddito di tale periodo d'imposta e, per la parte eventualmente eccedente, al netto della quota, determinata ai sensi dell'articolo 181 senza applicazione delle condizioni e del limite di cui all'articolo 172, riferibile alla stabile organizzazione, sono computate in diminuzione della plusvalenza di cui al comma 3, lettera a), senza applicazione del limite di cui all'articolo 84, comma 1. Nel caso di cui al comma 1, lettera c), le perdite realizzate fino al termine dell'ultimo periodo d'imposta di esistenza in Italia della stabile organizzazione sono in primo luogo compensate, senza applicazione del limite di cui all'articolo 84, comma 1, con il reddito di tale periodo d'imposta e, per la parte eventualmente eccedente, sono computate in diminuzione della plusvalenza di cui al comma 3, lettera c), senza applicazione del limite di cui all'articolo 84, comma 1. Qualora sia trasferito un ramo della stabile organizzazione le perdite realizzate fino al termine del periodo d'imposta precedente quello in cui si verifica il trasferimento sono in primo luogo compensate, con applicazione del limite di cui all'articolo 84, comma 1, con il reddito realizzato dalla stabile organizzazione nel periodo d'imposta in cui si verifica il trasferimento e, per la parte eventualmente eccedente, al netto della quota, determinata ai sensi dell'articolo 181 senza applicazione delle condizioni e del limite di cui all'articolo 172, riferibile alla stabile organizzazione, sono computate in diminuzione della plusvalenza di cui alla lettera c) del comma 3, senza applicazione del limite di cui all'articolo 84, comma 1. Nel caso di cui al comma 1, lettera e), qualora sia realizzata una delle operazioni di cui al comma 1, lettere a), b) e b-*bis*), dell'articolo 178 e, successivamente al perfezionamento dell'operazione, non rimanga nel territorio dello Stato una stabile organizzazione, le perdite realizzate fino al termine dell'ultimo periodo d'imposta prima del perfezionamento dell'operazione sono in primo luogo compensate, senza applicazione del limite di cui all'articolo 84, comma 1, con il reddito di tale periodo d'imposta e, per la parte eventualmente eccedente, sono computate in diminuzione della plusvalenza di cui, al comma 3, lettera e), senza applicazione del limite di cui all'articolo 84, comma 1. Nel caso di cui al comma 1, lettera e), qualora sia realizzata una delle operazioni di cui al comma 1, lettere a), b) e b-*bis*) dell'articolo 178 e, successivamente al perfezionamento dell'operazione, rimanga nel territorio dello Stato una stabile organizzazione, le perdite realizzate fino al termine dell'ultimo periodo d'imposta prima del perfezionamento dell'operazione sono in primo luogo compensate, con applicazione del limite di cui all'articolo 84, comma 1, con il reddito di tale periodo d'imposta e, per la parte eventualmente eccedente, al netto della quota, determinata ai sensi dell'articolo 181, riferibile alla stabile organizzazione, so-

no computate in diminuzione della plusvalenza di cui al comma 3, lettera e), senza applicazione del limite di cui all'articolo 84, comma 1.

7. I redditi di cui al comma 3 sono determinati in via definitiva:

a) nel caso di cui alla lettera a), alla fine dell'ultimo periodo d'imposta di residenza fiscale in Italia;

b) nel caso di cui alla lettera b), nel momento in cui si considera effettuato il trasferimento alla stabile organizzazione situata all'estero;

c) nel caso di cui alla lettera c), nel momento in cui si considera effettuato il trasferimento dell'intera stabile organizzazione;

d) nel caso di cui alla lettera d), nel momento in cui si considera effettuato il trasferimento alla sede centrale o alla stabile organizzazione situata all'estero;

e) nel caso di cui alla lettera e), nel momento in cui ha effetto l'operazione.

8. Ai fini del comma 7, non si tiene conto delle minusvalenze o delle plusvalenze realizzate successivamente al momento in cui sono determinati in via definitiva i redditi ivi indicati.

9. L'imposta determinata sui redditi di cui al comma 3, diminuiti delle perdite di cui al comma 6, previa opzione e subordinatamente alla prestazione di eventuali garanzie, può essere versata in cinque rate annuali di pari importo se:

a) nel caso di cui al comma 1, lettera a), la residenza fiscale è trasferita in uno Stato appartenente all'Unione europea oppure in uno Stato aderente all'Accordo sullo Spazio Economico Europeo incluso nella lista, prevista dall'articolo 11, comma 4, lettera c), del decreto legislativo 1° aprile 1996, n. 239, degli Stati che consentono un adeguato scambio di informazioni e con il quale l'Italia ha stipulato un accordo sulla reciproca assistenza in materia di riscossione dei crediti tributari comparabile a quella assicurata dalla direttiva 2010/24/UE;

b) nel caso di cui al comma 1, lettera b), gli attivi sono trasferiti a una stabile organizzazione situata in uno Stato di cui alla lettera a);

c) nel caso di cui al comma 1, lettera c), la stabile organizzazione è trasferita in uno Stato di cui alla lettera a);

d) nel caso di cui al comma 1, lettera d), gli attivi sono trasferiti alla sede centrale o a una stabile organizzazione situate in uno Stato di cui alla lettera a);

e) nel caso di cui al comma 1, lettera e), se la società incorporante, la società beneficiaria o la società conferitaria della stabile organizzazione sia fiscalmente residente in uno Stato di cui alla lettera a).

10. L'opzione di cui al comma 9 riguarda necessariamente l'intera imposta sui redditi di cui al comma 3, unitariamente determinata.

11. Nel caso si opti per la rateizzazione ai sensi del comma 9, sulle rate successive alla prima sono dovuti gli interessi nella misura prevista dall'articolo 20 del decreto legislativo 9 luglio 1997, n. 241.

12. Costituiscono ipotesi di decadenza dalla rateizzazione, e pertanto, comportano il versamento dell'imposta residua entro il termine previsto per il successivo versamento:

a) nel caso di cui al comma 9, lettera a), il successivo trasferimento della residenza fiscale in uno Stato diverso da quelli previsti da tale lettera;

b) nel caso di cui al comma 9, lettera b), il successivo trasferimento degli attivi a una stabile organizzazione situata in uno Stato diverso da quelli previsti dalla lettera a) del citato comma 9;

c) nel caso di cui al comma 9, lettera c), il successivo trasferimento della stabile organizzazione in uno Stato diverso da quelli previsti dalla lettera a) del citato comma 9;

d) nel caso di cui al comma 9, lettera d), il successivo trasferimento della sede centrale in uno Stato diverso da quelli previsti dalla lettera a) del citato comma

9 o il successivo trasferimento degli attivi a una stabile organizzazione situata in uno Stato diverso da quelli previsti dalla medesima lettera a);

e) nel caso di cui al comma 9, lettera e), il successivo trasferimento della residenza fiscale della società incorporante, della società beneficiaria o della società conferitaria della stabile organizzazione in uno Stato diverso da quelli previsti dalla lettera a) di tale comma;

f) la fusione, la scissione o il conferimento di azienda che comportano il trasferimento ad un soggetto residente in uno Stato diverso da quelli previsti dal comma 9, lettera a), delle attività e passività il cui valore di mercato ha concorso a formare la plusvalenza di cui al comma 3;

g) la cessione a terzi degli attivi il cui valore di mercato ha concorso a formare la plusvalenza di cui al comma 3, incluse le operazioni assimilate alla cessione ai sensi dell'articolo 9, il realizzo di tali attivi ai sensi dell'articolo 86, comma 1, lettera b), o il loro assoggettamento a una delle operazioni di cui al comma 1, lettera c);

h) la dichiarazione di fallimento o l'estinzione del soggetto che ha optato per la rateizzazione;

i) il mancato versamento di una rata che non sia regolarizzato entro 5 mesi dalla data di scadenza;

l) la cessione delle quote da parte dei soci delle società di cui all'articolo 5.

13. Per le imprese individuali e le società di persone si applica l'articolo 17, comma 1, lettere g) e l).

14. Il trasferimento all'estero della residenza fiscale di una società di capitali non comporta di per sé alcuna imposizione dei soci di tale società.

15. Con uno o più provvedimenti del Direttore dell'Agenzia delle Entrate possono essere emanate disposizioni di attuazione del presente articolo, finalizzate a individuare le modalità di esercizio dell'opzione di cui al comma 9, le circostanze in cui l'efficacia di tale opzione può essere subordinata alla prestazione di garanzie e l'entità e la forma tecnica di tali garanzie, nonché le modalità di monitoraggio dell'eventuale verificarsi delle ipotesi di decadenza dalla rateazione di cui al comma 12.

Art. 166-*bis*. Valori fiscali in ingresso. – 1. Le disposizioni del presente articolo si applicano alle seguenti ipotesi:

a) un soggetto che esercita un'impresa commerciale trasferisce nel territorio dello Stato la propria residenza fiscale;

b) un soggetto fiscalmente residente all'estero trasferisce attivi a una propria stabile organizzazione situata nel territorio dello Stato;

c) un soggetto fiscalmente residente all'estero trasferisce nel territorio dello Stato un complesso aziendale;

d) un soggetto fiscalmente residente nel territorio dello Stato che possiede una stabile organizzazione situata all'estero con riferimento alla quale si applica l'esenzione degli utili e delle perdite di cui all'articolo 168-*ter* trasferisce alla sede centrale attivi facenti parte del patrimonio di tale stabile organizzazione;

e) un soggetto fiscalmente residente all'estero che esercita un'impresa commerciale è oggetto di incorporazione da parte di un soggetto fiscalmente residente nel territorio dello Stato, effettua una scissione a favore di uno o più beneficiari residenti nel territorio dello Stato oppure effettua il conferimento di una stabile organizzazione situata al di fuori del territorio dello Stato a favore di un soggetto fiscalmente residente nel territorio dello Stato.

2. Ai fini del comma 1, lettere b) e d), il trasferimento di attivi a una stabile organizzazione o da una stabile organizzazione si intende effettuato quando, **in applicazione dei criteri definiti dall'OCSE, considerando la stabile organizzazione un'entità separata e indipendente,** che svolge le medesime o analoghe attività,

in condizioni identiche o similari, e tenendo conto delle funzioni svolte, dei rischi assunti e dei beni utilizzati, tali attivi si considerano rispettivamente entrati nel patrimonio o usciti dal patrimonio di tale stabile organizzazione.

3. Nelle ipotesi di cui al comma 1, le attività e le passività facenti parte del patrimonio del soggetto che ha trasferito la propria residenza fiscale nel territorio dello Stato, quelle facenti parte del patrimonio del soggetto incorporato, di quello del soggetto scisso o della stabile organizzazione oggetto di conferimento, gli attivi trasferiti alla stabile organizzazione situata nel territorio dello Stato del soggetto non residente e quelli trasferiti dalla stabile organizzazione situata all'estero alla sede centrale situata in Italia, assumono quale valore fiscale il loro valore di mercato se:

a) il soggetto di cui al comma 1, lettera a), prima del trasferimento di residenza aveva la propria residenza fiscale in uno Stato appartenente all'Unione europea oppure in uno Stato incluso nella lista, prevista dall'articolo 11, comma 4, lettera c), del decreto legislativo 1° aprile 1996, n. 239, degli Stati che consentono un adeguato scambio di informazioni;

b) il soggetto di cui al comma 1, lettera b), ha la propria residenza fiscale in uno Stato di cui alla lettera a);

c) il soggetto di cui al comma 1, lettera c), ha la propria residenza fiscale in uno Stato di cui alla lettera a);

d) lo Stato sul cui territorio si trova la stabile organizzazione di cui alla lettera d) del comma 1 è uno di quelli previsti dalla lettera a);

e) il soggetto di cui al comma 1, lettera e), ha la propria residenza fiscale in uno Stato di cui alla lettera a).

4. Il valore di mercato di cui al comma 3 è determinato con riferimento alle condizioni e ai prezzi che sarebbero stati pattuiti tra soggetti indipendenti operanti in condizioni di libera concorrenza e in circostanze comparabili tenendo conto, qualora si tratti di valore riferibile a un complesso aziendale o a un ramo di azienda, del valore dell'avviamento, calcolato tenendo conto delle funzioni e dei rischi trasferiti. Ai fini della determinazione del valore di mercato si tiene conto delle indicazioni contenute nel decreto del Ministro dell'economia e delle finanze emanato ai sensi dell'articolo 110, comma 7.

5. Nelle ipotesi di cui al comma 1, se non sono rispettate le condizioni di cui al comma 3, le attività e le passività facenti parte del patrimonio del soggetto che ha trasferito la propria residenza fiscale nel territorio dello Stato, quelle facenti parte del patrimonio del soggetto incorporato, di quello del soggetto scisso o della stabile organizzazione oggetto di conferimento, gli attivi trasferiti alla stabile organizzazione situata nel territorio dello Stato del soggetto non residente e quelli trasferiti dalla stabile organizzazione situata all'estero alla sede centrale situata in Italia, **assumono quale valore fiscale il loro valore di mercato, quale determinato in esito all'accordo preventivo** di cui all'articolo 31-*ter* del decreto del Presidente della Repubblica 29 settembre 1973, n. 600. In assenza di tale accordo, il valore fiscale delle attività e delle passività è assunto, per le prime, in misura pari al minore tra il costo di acquisto, il valore di bilancio e il valore di mercato determinato ai sensi del comma 4, mentre per le seconde, in misura pari al maggiore tra questi.

6. Con provvedimento del Direttore dell'Agenzia delle Entrate sono stabilite le modalità di segnalazione dei valori delle attività e delle passività di cui ai commi 3 e 5. In caso di omessa o incompleta segnalazione, si applica la sanzione amministrativa prevista dall'articolo 8, comma 3-*bis*, del decreto legislativo 18 dicembre 1997, n. 471.

Art. 167. Disposizioni in materia di imprese estere controllate. – 1. Le disposizioni del presente articolo si applicano alle persone fisiche e ai soggetti di cui agli articoli 5 e 73, comma 1, lettere a), b) e c), nonché, relativamente alle loro stabili organizzazioni italiane, ai soggetti di cui all'articolo 73, comma 1, lettera d), che controllano soggetti non residenti, come definiti ai commi 2 e 3.

2. Ai fini del presente articolo **si considerano soggetti controllati non residenti** le imprese, le società e gli enti non residenti nel territorio dello Stato, per i quali si verifica **almeno una delle seguenti condizioni**:

a) sono controllati direttamente o indirettamente, anche tramite società fiduciaria o interposta persona, ai sensi dell'articolo 2359 del codice civile, da parte di un soggetto di cui al comma 1;

b) oltre il 50 per cento della partecipazione ai loro utili è detenuto, direttamente o indirettamente, mediante una o più società controllate ai sensi dell'articolo 2359 del codice civile o tramite società fiduciaria o interposta persona, da un soggetto di cui al comma 1.

3. Ai fini del presente articolo, si considerano altresì soggetti controllati non residenti:

a) le stabili organizzazioni all'estero dei soggetti di cui al comma 2;

b) le stabili organizzazioni all'estero di soggetti residenti che abbiano optato per il regime di cui all'articolo 168-*ter*.

4. La disciplina del presente articolo si applica se i soggetti controllati non residenti integrano congiuntamente le seguenti condizioni:

a) sono assoggettati a tassazione effettiva inferiore alla metà di quella a cui sarebbero stati soggetti qualora residenti in Italia. Con provvedimento del Direttore dell'Agenzia delle entrate sono indicati i criteri per effettuare, con modalità semplificate, la verifica della presente condizione, tra i quali quello dell'irrilevanza delle variazioni non permanenti della base imponibile;

b) oltre un terzo dei proventi da essi realizzati rientra in una o più delle seguenti categorie:

1) interessi o qualsiasi altro reddito generato da attivi finanziari;

2) canoni o qualsiasi altro reddito generato da proprietà intellettuale;

3) dividendi e redditi derivanti dalla cessione di partecipazioni;

4) redditi da leasing finanziario;

5) redditi da attività assicurativa, bancaria e altre attività finanziarie;

6) proventi derivanti da operazioni di compravendita di beni con valore economico aggiunto scarso o nullo, effettuate con soggetti che, direttamente o indirettamente, controllano il soggetto controllato non residente, ne sono controllati o sono controllati dallo stesso soggetto che controlla il soggetto non residente;

7) proventi derivanti da prestazioni di servizi, con valore economico aggiunto scarso o nullo, effettuate a favore di soggetti che, direttamente o indirettamente, controllano il soggetto controllato non residente, ne sono controllati o sono controllati dallo stesso soggetto che controlla il soggetto non residente; ai fini dell'individuazione dei servizi con valore economico aggiunto scarso o nullo si tiene conto delle indicazioni contenute nel decreto del Ministro dell'economia e delle finanze emanato ai sensi del comma 7 dell'articolo 110.

5. Le disposizioni del presente articolo non si applicano se il soggetto di cui al comma 1 dimostra che il soggetto controllato non residente svolge un'attività economica effettiva, mediante l'impiego di personale, attrezzature, attivi e locali. Ai fini del presente comma, il contribuente può interpellare l'Agenzia delle Entrate ai sensi dell'articolo 11, comma 1, lettera b), della legge 27 luglio 2000, n. 212. Per i contribuenti che aderiscono al regime dell'adempimento collaborativo di cui all'articolo 3 del decreto legislativo 5 maggio 2015, n. 128,

l'istanza di interpello di cui al secondo periodo può essere presentata indipendentemente dalla verifica delle condizioni di cui al comma 4, lettere a) e b).

6. Ricorrendo le condizioni di applicabilità della disciplina del presente articolo, il reddito realizzato dal soggetto controllato non residente è imputato ai soggetti di cui al comma 1, nel periodo d'imposta di questi ultimi in corso alla data di chiusura dell'esercizio o periodo di gestione del soggetto controllato non residente, in proporzione alla quota di partecipazione agli utili del soggetto controllato non residente da essi detenuta, direttamente o indirettamente. In caso di partecipazione indiretta per il tramite di soggetti residenti o di stabili organizzazioni nel territorio dello Stato di soggetti non residenti, i redditi sono imputati a questi ultimi soggetti in proporzione alle rispettive quote di partecipazione.

7. Ai fini del comma 6, i redditi del soggetto controllato non residente sono determinati a seconda delle sue caratteristiche, in base alle disposizioni valevoli ai fini dell'imposta sul reddito delle società per i soggetti di cui all'articolo 73, fatta eccezione per le disposizioni di cui agli articoli 30 della legge 23 dicembre 1994, n. 724, 2, comma 36-*decies*, del decreto-legge 13 agosto 2011, n. 138, convertito, con modificazioni, dalla legge 14 settembre 2011, n. 148, 62-*sexies* del decreto-legge 30 agosto 1993, n. 331, convertito, con modificazioni, dalla legge 29 ottobre 1993, n. 427, 1 del decreto-legge 6 dicembre 2011, n. 201, convertito, con modificazioni, dalla legge 22 dicembre 2011, n. 214, e 86, comma 4, del presente testo unico.

8. I redditi imputati e determinati ai sensi dei commi 6 e 7 sono assoggettati a tassazione separata con l'aliquota media applicata sul reddito del soggetto cui sono imputati e, comunque, non inferiore all'aliquota ordinaria dell'imposta sul reddito delle società.

9. Dall'imposta determinata ai sensi del comma 8 sono ammesse in detrazione, con le modalità e nei limiti di cui all'articolo 165, le imposte sui redditi pagate all'estero a titolo definitivo dal soggetto non residente.

10. Gli utili distribuiti, in qualsiasi forma, dai soggetti controllati non residenti non concorrono alla formazione del reddito dei soggetti di cui al comma 1 fino a concorrenza dei redditi assoggettati a tassazione ai sensi del comma 8, anche nei periodi d'imposta precedenti. La previsione del precedente periodo non si applica con riguardo a un organismo di investimento collettivo del risparmio non residente. In questo caso, tuttavia, le imposte pagate in Italia dai soggetti di cui al comma 1 si aggiungono al costo fiscalmente riconosciuto delle quote del predetto organismo. Le imposte pagate all'estero sugli utili che non concorrono alla formazione del reddito ai sensi del primo periodo sono ammesse in detrazione, con le modalità e nei limiti di cui all'articolo 165, fino a concorrenza dell'imposta determinata ai sensi del comma 8, diminuita degli importi ammessi in detrazione ai sensi del comma 9.

11. L'Agenzia delle Entrate, prima di procedere all'emissione dell'avviso di accertamento d'imposta o di maggiore imposta, deve notificare all'interessato un apposito avviso con il quale viene concessa al medesimo la possibilità di fornire, nel termine di novanta giorni, le prove per la disapplicazione delle disposizioni del presente articolo in base al comma 5. Qualora l'Agenzia delle Entrate non ritenga idonee le prove addotte dovrà darne specifica motivazione nell'avviso di accertamento. Fatti salvi i casi in cui la disciplina del presente articolo sia stata applicata oppure non lo sia stata per effetto dell'ottenimento di una risposta favorevole all'interpello di cui al comma 5, il soggetto di cui al comma 1 deve segnalare nella dichiara-

zione dei redditi la detenzione di partecipazioni in soggetti controllati non residenti di cui ai commi 2 e 3, al ricorrere delle condizioni di cui al comma 4, lettere a) e b).

12. L'esimente prevista nel comma 5 non deve essere dimostrata in sede di controllo qualora il contribuente abbia ottenuto risposta positiva al relativo interpello, fermo restando il potere dell'Agenzia delle entrate di controllare la veridicità e completezza delle informazioni e degli elementi di prova forniti in tale sede.

13. Con decreto del Ministro dell'economia e delle finanze, possono essere adottate ai sensi dell'articolo 17, comma 3, della legge 23 agosto 1988, n. 400, disposizioni attuative del presente articolo.

Art. 168. – Articolo abrogato.

Art. 168-*bis*. – Articolo abrogato.

Art. 168-*ter*. Esenzione degli utili e delle perdite delle stabili organizzazioni di imprese residenti. – 1. Un'impresa residente nel territorio dello Stato può optare per l'esenzione degli utili e delle perdite attribuibili a tutte le proprie stabili organizzazioni all'estero.

2. L'opzione è irrevocabile ed è esercitata al momento di costituzione della stabile organizzazione, con effetto dal medesimo periodo d'imposta.

3. Quando la stabile organizzazione soddisfa le condizioni di cui al comma 4 dell'articolo 167, l'opzione di cui al comma 1 si esercita, relativamente a tali stabili organizzazioni, a condizione che ricorra l'esimente di cui al comma 5 del citato articolo 167.

4. Le imprese che esercitano l'opzione di cui al comma 1 applicano alle proprie stabili organizzazioni, in assenza dell'esimente richiamata nel comma 3, le disposizioni dell'articolo 167.

5. Nel caso di esercizio dell'opzione di cui al comma 1 con riferimento alle stabili organizzazioni per le quali risulti integrato il requisito del comma 1 dell'articolo 47-*bis* e non si siano rese applicabili le disposizioni di cui all'articolo 167, si applicano, sussistendone le condizioni, le disposizioni degli articoli 47, comma 4, e 89, comma 3.

6. Per le stabili organizzazioni già esistenti, l'opzione di cui al comma 1 può essere esercitata entro il secondo periodo d'imposta successivo a quello in corso alla data di entrata in vigore delle presenti disposizioni, con effetto dal periodo d'imposta in corso a quello di esercizio della stessa. L'esercizio dell'opzione non determina in sé alcun realizzo di plusvalenze e minusvalenze.

7. Ai fini del comma 6, l'impresa indica separatamente nella dichiarazione dei redditi relativa al periodo d'imposta di esercizio dell'opzione, gli utili e le perdite attribuibili a ciascuna stabile organizzazione nei cinque periodi d'imposta antecedenti a quello di effetto dell'opzione. Se ne deriva una perdita fiscale netta, gli utili successivamente realizzati dalla stabile organizzazione sono imponibili fino a concorrenza della stessa. Dall'imposta dovuta si scomputano le eventuali eccedenze positive di imposta estera riportabili ai sensi dell'articolo 165, comma 6.

8. Le disposizioni del comma 7 relative al recupero delle perdite fiscali pregresse della stabile organizzazione si applicano anche quando venga trasferita a qualsiasi titolo la stabile organizzazione o parte della stessa ad altra impresa del gruppo che fruisca dell'opzione di cui al comma 1.

9. L'impresa cedente indica nell'atto di trasferimento della stabile organizzazione o di parte della stessa l'ammontare dell'eventuale perdita netta realizzata dalla medesima stabile organizzazione nei cinque periodi d'imposta precedenti al trasferimento.

10. In caso di esercizio dell'opzione, il reddito della stabile organizzazione va

separatamente indicato nella dichiarazione dei redditi dell'impresa e ai fini della sua determinazione valgono i criteri di cui all'articolo 152, anche con riferimento alle transazioni intercorse tra l'impresa e la medesima stabile organizzazione, nonché tra quest'ultima e le altre imprese del medesimo gruppo. Si applicano le disposizioni dell'articolo 26 del decreto-legge 31 maggio 2010, n. 78, convertito, con modificazioni, dalla legge 30 luglio 2000, n. 122.

11. Nel rispetto dei principi di trasparenza, correttezza e collaborazione cui deve essere improntato il rapporto con il contribuente, l'Agenzia delle entrate provvede a pubblicare a titolo esemplificativo sul proprio sito le fattispecie ritenute elusive delle precedenti disposizioni, da aggiornarsi periodicamente.

Art. 169. Accordi internazionali. – 1. Le **disposizioni** del presente Testo Unico **si applicano, se più favorevoli** al contribuente, **anche** in **deroga** agli **accordi internazionali** contro la doppia imposizione.

CAPO III
OPERAZIONI STRAORDINARIE

Art. 170. Trasformazione della società. – 1. La trasformazione della società **non** costituisce **realizzo né distribuzione** delle **plusvalenze** e **minusvalenze** dei **beni**, comprese quelle relative alle rimanenze e il valore di avviamento.

2. In caso di trasformazione di una società soggetta all'imposta di cui al Titolo II in società non soggetta a tale imposta, o viceversa, il reddito del periodo compreso tra l'inizio del periodo di imposta e la data in cui ha effetto la trasformazione è determinato secondo le disposizioni applicabili prima della trasformazione in base alle risultanze di apposito conto economico.

3. Nel caso di trasformazione di una società non soggetta all'imposta di cui al Titolo II in società soggetta a tale imposta le riserve costituite prima della trasformazione con utili imputati ai soci a norma dell'art. 5, se dopo la trasformazione siano state iscritte in bilancio con indicazione della loro origine, non concorrono a formare il reddito dei soci in caso di distribuzione e l'imputazione di esse a capitale non comporta l'applicazione del comma 6 dell'art. 47.

4. Nel caso di trasformazione di una società soggetta all'imposta di cui al titolo II in società non soggetta a tale imposta le riserve costituite prima della trasformazione, escluse quelle di cui al comma 5 dell'art. 47, sono imputate ai soci, a norma dell'art. 5:

a) nel periodo di imposta in cui vengono distribuite o utilizzate per scopi diversi dalla copertura di perdite d'esercizio, se dopo la trasformazione siano iscritte in bilancio con indicazione della loro origine;

b) nel periodo di imposta successivo alla trasformazione, se non siano iscritte in bilancio o vi siano iscritte senza la detta indicazione.

5. Le riserve di cui al comma 4 sono assoggettate ad imposta secondo il regime applicabile alla distribuzione delle riserve delle società di cui all'art. 73.

Art. 171. Trasformazione eterogenea. – 1. In caso di trasformazione, effettuata ai sensi dell'art. 2500-*septies* del codice civile, di una **società soggetta** all'**imposta di cui al Titolo II in ente non commerciale**, i **beni** della società si considerano **realizzati** in base **al valore normale, salvo** che **non** siano **confluiti** nell'**azienda** o complesso aziendale **dell'ente stesso**. Le riserve costituite prima della trasformazione, escluse quelle di cui al comma 5 dell'art. 47, sono assoggettate a tassazione nei confronti dei soci o associati:

a) nel periodo di imposta in cui vengono distribuite o utilizzate per scopi diversi dalla copertura di perdite d'esercizio, se dopo la trasformazione sono iscritte in bilancio con indicazione della loro origine;

b) nel periodo d'imposta successivo alla trasformazione, se non iscritte in bilancio ovvero iscritte senza la detta indicazione. In caso di trasformazione in comunione di azienda si applicano le disposizioni dell'art. 67, comma 1, lettera h). Si applicano le disposizioni del comma 5 dell'art. 170.

2. La trasformazione, effettuata ai sensi dell'art. 2500-*octies* del codice civile, di un ente non commerciale in società soggetta all'imposta di cui al Titolo II si considera conferimento limitatamente ai beni diversi da quelli già compresi nell'azienda o complesso aziendale dell'ente stesso.

Art. 172. Fusione di società. – 1. La fusione tra più società **non** costituisce **realizzo né distribuzione** delle **plusvalenze** e **minusvalenze** dei **beni** delle **società fuse** o **incorporate**, comprese quelle relative alle rimanenze e il valore di avviamento.

2. Nella determinazione del reddito della società risultante dalla fusione o incorporante **non si tiene conto** dell'**avanzo o disavanzo** iscritto in bilancio per effetto del rapporto di cambio delle azioni o quote o dell'annullamento delle azioni o quote di alcuna delle società fuse possedute da altre. I **maggiori valori** iscritti in bilancio per effetto dell'eventuale imputazione del disavanzo derivante dall'annullamento o dal concambio di una partecipazione, con riferimento ad elementi patrimoniali della società incorporata o fusa, **non** sono **imponibili** nei confronti dell'incorporante o della società risultante dalla fusione. Tuttavia i **beni ricevuti** sono **valutati fiscalmente** in base all'**ultimo valore riconosciuto** ai fini delle Imposte sui redditi, facendo risultare da apposito prospetto di riconciliazione della dichiarazione dei redditi i dati esposti in bilancio ed i valori fiscalmente riconosciuti.

3. Il cambio delle partecipazioni originarie non costituisce né realizzo né distribuzione di plusvalenze o di minusvalenze né conseguimento di ricavi per i soci della società incorporata o fusa, fatta salva l'applicazione, in caso di conguaglio, dell'art. 47, comma 7 e, ricorrendone le condizioni, degli artt. 58 e 87.

4. Dalla data in cui ha effetto la fusione la **società risultante** dalla fusione o incorporante **subentra** negli **obblighi** e nei **diritti** delle società fuse o incorporate relativi alle Imposte sui redditi, salvo quanto stabilito nei commi 5 e 7.

5. Le riserve in sospensione di imposta, iscritte nell'ultimo bilancio delle società fuse o incorporate concorrono a formare il reddito della società risultante dalla fusione o incorporante se e nella misura in cui non siano state ricostituite nel suo bilancio prioritariamente utilizzando l'eventuale avanzo da fusione. **Questa disposizione non si applica per le riserve tassabili solo in caso di distribuzione** le quali, se e nel limite in cui vi sia avanzo di fusione o aumento di capitale per un ammontare superiore al capitale complessivo delle società partecipanti alla fusione al netto delle quote del capitale di ciascuna di esse già possedute dalla stessa o da altre, concorrono a formare il reddito della società risultante dalla fusione o incorporante in caso di distribuzione dell'avanzo o di distribuzione del capitale ai soci; quelle che anteriormente alla fusione sono state imputate al capitale delle società fuse o incorporate si intendono trasferite nel capitale della società risultante dalla fusione o incorporante e concorrono a formarne il reddito in caso di riduzione del capitale per esuberanza.

6. All'aumento di capitale, all'avanzo da annullamento o da concambio che eccedono la ricostituzione e l'attribuzione delle riserve di cui al comma 5 si

applica il regime fiscale del capitale e delle riserve della società incorporata o fusa, diverse da quelle già attribuite o ricostituite ai sensi del comma 5 che hanno proporzionalmente concorso alla sua formazione. Si considerano non concorrenti alla formazione dell'avanzo da annullamento il capitale e le riserve di capitale fino a concorrenza del valore della partecipazione annullata.

7. Le **perdite** delle società che partecipano alla fusione, compresa la società incorporante, possono essere portate **in diminuzione** del **reddito** della **società risultante** dalla fusione o incorporante per la **parte** del loro ammontare che non eccede l'ammontare del rispettivo **patrimonio netto** quale risulta dall'**ultimo bilancio** o, se inferiore, dalla situazione patrimoniale di cui all'art. 2501-*quater* del codice civile, **senza tener conto** dei **conferimenti** e **versamenti** fatti negli **ultimi ventiquattro mesi** anteriori alla data cui si riferisce la situazione stessa, e **sempre che** dal **conto economico** della società le cui perdite sono riportabili, relativo all'esercizio precedente a quello in cui la fusione è stata deliberata, risulti un **ammontare** di **ricavi** e **proventi dell'attività caratteristica**, e un ammontare delle **spese** per **prestazioni** di **lavoro subordinato** e relativi contributi, di cui all'art. 2425 del codice civile, **superiore** al **40 per cento** di quello risultante dalla **media** degli **ultimi due esercizi anteriori.** Tra i predetti versamenti non si comprendono i contributi erogati a norma di legge dallo Stato a da altri enti pubblici. Se le azioni o quote della società la cui perdita è riportabile erano possedute dalla società incorporante o da altra società partecipante alla fusione, la perdita non è comunque ammessa in diminuzione fino a concorrenza dell'ammontare complessivo della svalutazione di tali azioni o quote effettuata ai fini della determinazione del reddito dalla società partecipante o dall'impresa che le ha ad essa cedute dopo l'esercizio al quale si riferisce la perdita e prima dell'atto di fusione. **In caso di retrodatazione degli effetti fiscali della fusione ai sensi del comma 9, le limitazioni del presente comma si applicano anche al risultato negativo,** determinabile applicando le regole ordinarie, che si sarebbe generato in modo autonomo in capo ai soggetti che partecipano alla fusione in relazione al periodo che intercorre tra l'inizio del periodo d'imposta e la data antecedente a quella di efficacia giuridica della fusione. Le disposizioni del presente comma si applicano anche agli **interessi indeducibili** oggetto di riporto in avanti di cui al comma 5 dell'art. 96 del presente testo unico, nonché all'eccedenza relativa all'aiuto alla crescita economica di cui all'art. 1, comma 4, del decreto-legge 6 dicembre 2011, n. 201, convertito, con modificazioni, dalla legge 22 dicembre 2011, n. 214. Al fine di disapplicare le disposizioni del presente comma il contribuente interpella l'amministrazione ai sensi dell'art. 11, comma 2, della legge 27 luglio 2000, n. 212, recante lo Statuto dei diritti del contribuente.

8. Il reddito delle società fuse o incorporate relativo al **periodo compreso** tra l'inizio del periodo di imposta e la data in cui ha effetto la fusione è determinato, secondo le disposizioni applicabili in relazione al tipo di società, in base alle risultanze di **apposito conto economico.**

9. L'atto di fusione può stabilire che ai fini delle Imposte sui redditi gli effetti della fusione decorrano da una data non anteriore a quella in cui si è chiuso l'ultimo esercizio di ciascuna delle società fuse o incorporate o a quella, se più prossima, in cui si è chiuso l'ultimo esercizio della società incorporante.

10. Nelle operazioni di fusione, gli obblighi di versamento, inclusi quelli relativi agli acconti d'imposta ed alle ritenute operate su redditi altrui, dei sog-

getti che si estinguono per effetto delle operazioni medesime, sono adempiuti dagli stessi soggetti fino alla data di efficacia della fusione ai sensi dell'art. 2504-*bis*, comma 2, del codice civile; successivamente a tale data, i predetti obblighi si intendono a tutti gli effetti trasferiti alla società incorporante o comunque risultante dalla fusione.

10-*bis*. Il **regime** dell'**imposta sostitutiva** di cui al **comma 2-*ter* dell'art. 176 può essere applicato**, con le modalità, le condizioni e i termini ivi stabiliti, anche dalla società incorporante o risultante dalla fusione per ottenere il riconoscimento fiscale dei maggiori valori iscritti in bilancio a seguito di tali operazioni.

Art. 173. Scissione di società. – 1. La scissione **totale** o **parziale** di una società in altre preesistenti o di nuova costituzione **non** dà luogo a **realizzo né** a **distribuzione** di **plusvalenze** e **minusvalenze** dei beni della società scissa, comprese quelle relative alle rimanenze e al valore di avviamento.

2. Nella determinazione del reddito delle società partecipanti alla scissione **non** si **tiene conto** dell'**avanzo** o del **disavanzo** conseguenti al rapporto di cambio delle azioni o quote ovvero all'annullamento di azioni o quote a norma dell'art. 2506-*ter* del codice civile. In quest'ultima ipotesi i maggiori valori iscritti per effetto dell'eventuale imputazione del disavanzo riferibile all'annullamento o al concambio di una partecipazione, con riferimento ad elementi patrimoniali della società scissa, non sono imponibili nei confronti della beneficiaria. Tuttavia i **beni ricevuti** sono **valutati fiscalmente** in base all'**ultimo valore riconosciuto** ai fini delle Imposte sui redditi, facendo risultare da apposito prospetto di riconciliazione della dichiarazione dei redditi, i dati esposti in bilancio ed i valori fiscalmente riconosciuti.

3. Il **cambio delle partecipazioni originarie non costituisce né realizzo né distribuzione di plusvalenze o di minusvalenze né conseguimento di ricavi per i soci della società scissa**, fatta salva l'applicazione, in caso di conguaglio, dell'art. 47, comma 7, e, ricorrendone le condizioni, degli artt. 58 e 87.

4. Dalla data in cui la scissione ha effetto, a norma del comma 11, le posizioni soggettive della società scissa, ivi compresa quella indicata nell'art. 86, comma 4, e i relativi obblighi strumentali sono attribuiti alle beneficiarie e, in caso di scissione parziale, alla stessa società scissa, in proporzione delle rispettive quote del patrimonio netto contabile trasferite o rimaste, salvo che trattisi di posizioni soggettive connesse specificamente o per insiemi agli elementi del patrimonio scisso, nel qual caso seguono tali elementi presso i rispettivi titolari.

5. Gli obblighi di versamento degli acconti relativi sia alle imposte proprie sia alle ritenute sui redditi altrui, restano in capo alla società scissa, in caso di scissione parziale, ovvero si trasferiscono alle società beneficiarie in caso di scissione totale, in relazione alle quote di patrimonio netto imputabile proporzionalmente a ciascuna di esse.

6. Il valore fiscalmente riconosciuto dei fondi di accantonamento della società scissa si considera già dedotto dalle beneficiarie, oltre che, in caso di scissione parziale, dalla suddetta società, per importi proporzionali alle quote in cui risultano attribuiti gli elementi del patrimonio ai quali, specificamente o per insiemi, hanno riguardo le norme tributarie che disciplinano il valore stesso.

7. Se gli **effetti** della scissione sono fatti **retroagire** a norma del comma 11, per i beni di cui agli artt. 92 e 94 le disposizioni del precedente comma 4 trovano applicazione sommando **proporzionalmente** le **voci** individuate per periodo di formazione in capo alla società

scissa all'inizio del periodo d'imposta alle corrispondenti voci, ove esistano, all'inizio del periodo medesimo presso le società beneficiarie.

8. In caso di scissione parziale e in caso di scissione non retroattiva in società preesistente i costi fiscalmente riconosciuti si assumono nella misura risultante alla data in cui ha effetto la scissione. In particolare:

a) i **beni** di cui al comma 7 ricevuti da ciascuna beneficiaria si presumono, **in proporzione** alle quantità rispettivamente ricevute, provenienti proporzionalmente dalle **voci** delle **esistenze iniziali**, distinte per esercizio di formazione, della società scissa e dalla eventuale eccedenza formatasi nel periodo d'imposta fino alla data in cui ha effetto la scissione;

b) le **quote di ammortamento** dei beni materiali e immateriali nonché le spese di cui all'art. 102, comma 6, relative ai beni trasferiti vanno **ragguagliate** alla **durata** del possesso dei beni medesimi da parte della società scissa e delle società beneficiarie; detto criterio è altresì applicabile alle spese relative a più esercizi e agli accantonamenti.

9. Le riserve in sospensione d'imposta iscritte nell'ultimo bilancio della società scissa debbono essere ricostituite dalle beneficiarie secondo le quote proporzionali indicate al comma 4. In caso di scissione parziale, le riserve della società scissa si riducono in corrispondenza. Se la sospensione d'imposta dipende da eventi che riguardano specifici elementi patrimoniali della società scissa, le riserve debbono essere ricostituite dalle beneficiarie che acquisiscono tali elementi. Nei riguardi della beneficiaria ai fini della ricostituzione delle riserve in sospensione d'imposta e delle altre riserve si applicano, per le rispettive quote, le disposizioni dettate per le fusioni dai commi 5 e 6 dell'art. 172 per la società incorporante o risultante dalla fusione.

10. Alle **perdite fiscali, agli interessi indeducibili oggetto di riporto in avanti** di cui al comma 5 dell'art. 96 del presente testo unico, nonché **all'eccedenza relativa all'aiuto alla crescita economica** di cui all'art. 1, comma 4, del decreto-legge 6 dicembre 2011, n. 201, convertito con modificazioni, dalla legge 22 dicembre 2011, n. 214, delle società che partecipano alla scissione **si applicano** le disposizioni del **comma 7 dell'art. 172**, riferendosi alla società scissa le disposizioni riguardanti le società fuse o incorporate e alle beneficiarie quelle riguardanti la società risultante dalla fusione o incorporante ed avendo riguardo all'ammontare del patrimonio netto quale risulta dall'ultimo bilancio o, se inferiore, dal progetto di scissione di cui all'art. 2506-*bis* del codice civile, ovvero dalla situazione patrimoniale di cui all'art. 2506-*ter* del codice civile.

11. Ai fini delle Imposte sui redditi, la decorrenza degli effetti della scissione è regolata secondo le disposizioni del comma 1 dell'art. 2506-*quater* del codice civile, ma la retrodatazione degli effetti, ai sensi dell'art. 2501-*ter*, numeri 5) e 6), dello stesso codice, opera limitatamente ai casi di scissione totale ed a condizione che vi sia coincidenza tra la chiusura dell'ultimo periodo di imposta della società scissa e delle beneficiarie e per la fase posteriore a tale periodo.

12. Gli **obblighi tributari** della società scissa riferibili a periodi di imposta anteriori alla data dalla quale l'operazione ha effetto sono adempiuti in caso di scissione parziale dalla stessa **società scissa** o trasferiti, in caso di scissione totale, alla società **beneficiaria** appositamente designata nell'atto di scissione.

13. I **controlli**, gli accertamenti e ogni altro procedimento relativo ai suddetti obblighi sono svolti nei confronti della società **scissa o, nel caso di scissione totale, di quella appositamente designata**, ferma restando la competenza dell'ufficio dell'Agenzia delle entrate del-

la società scissa. Se la designazione è omessa, si considera designata la beneficiaria nominata per prima nell'atto di scissione. **Le altre società beneficiarie sono responsabili in solido per le imposte, le sanzioni pecuniarie, gli interessi e ogni altro debito** e anche nei loro confronti possono essere adottati i provvedimenti cautelari previsti dalla legge. Le società coobbligate hanno facoltà di partecipare ai suddetti procedimenti e di prendere cognizione dei relativi atti, senza oneri di avvisi o di altri adempimenti per l'Amministrazione.

14. Ai fini dei suddetti procedimenti la società scissa o quella designata debbono indicare, a richiesta degli organi dell'Amministrazione finanziaria, i soggetti e i luoghi presso i quali sono conservate, qualora non le conservi presso la propria sede legale, le scritture contabili e la documentazione amministrativa e contabile relative alla gestione della società scissa, con riferimento a ciascuna delle parti del suo patrimonio trasferite o rimaste. In caso di conservazione presso terzi estranei alla operazione deve essere inoltre esibita l'attestazione di cui all'art. 52, comma 10, del decreto del Presidente della Repubblica 26 ottobre 1972, n. 633. Se la società scissa o quella designata non adempiono a tali obblighi o i soggetti da essa indicati si oppongono all'accesso o non esibiscono in tutto o in parte quanto ad essi richiesto, si applicano le disposizioni del comma 5 del suddetto articolo.

15. Nei confronti della società soggetta all'imposta sulle società beneficiaria della scissione di una società non soggetta a tale imposta e nei confronti della società del secondo tipo beneficiaria della scissione di una società del primo tipo si applicano anche, in quanto compatibili, i commi 3, 4 e 5 dell'art. 170, considerando a tal fine la società scissa come trasformata per la quota di patrimonio netto trasferita alla beneficiaria.

15-*bis*. Il regime dell'imposta sostitutiva di cui al comma 2-*ter* dell'art. 176 può essere applicato, con le modalità, le condizioni e i termini ivi stabiliti, anche dalla società beneficiaria dell'operazione di scissione per ottenere il riconoscimento fiscale dei maggiori valori iscritti in bilancio a seguito di tali operazioni.

Art. 174. Applicazione analogica. – 1. Le disposizioni degli **artt. 172 e 173** valgono, in quanto applicabili, anche nei casi di **fusione e scissione di enti diversi dalle società**.

Art. 175. Conferimenti di partecipazioni di controllo o di collegamento. – 1. Ai fini dell'applicazione delle disposizioni di cui all'art. 86, fatti salvi i casi di esenzione di cui all'art. 87, **per i conferimenti di partecipazioni di controllo o di collegamento** ai sensi dell'art. 2359 del codice civile, contenente disposizioni in materia di società controllate e collegate, effettuati tra soggetti residenti in Italia nell'esercizio di imprese commerciali, si considera **valore** di **realizzo quello attribuito alle partecipazioni, ricevute in cambio** dell'**oggetto conferito**, nelle **scritture contabili** del soggetto **conferente** ovvero, **se superiore, quello** attribuito alle partecipazioni conferite **nelle scritture** contabili del soggetto **conferitario**.

2. Le disposizioni del comma 1 non si applicano ed il **valore di realizzo** è determinato **ai sensi** dell'**art. 9** nel caso di conferimento di **partecipazioni di controllo o di collegamento prive** dei **requisiti** per l'esenzione di cui all'**art. 87** se le **partecipazioni ricevute non** sono anch'esse **prive** dei **requisiti predetti**, senza considerare quello di cui alla lettera a) del comma 1 del medesimo art. 87.

3. Comma abrogato.

4. Comma abrogato.

Art. 176. Regimi fiscali del soggetto conferente e del soggetto conferitario. – 1. I conferimenti di aziende effettuati tra soggetti residenti nel territorio dello Stato nell'esercizio di imprese commerciali, **non** costituiscono **realizzo** di **plusvalenze o minusvalenze**. Tuttavia il soggetto **conferente** deve assumere, quale **valore** delle **partecipazioni ricevute,** l'**ultimo valore fiscalmente riconosciuto** dell'**azienda conferita** e il **soggetto conferitario subentra** nella posizione di quello conferente in ordine agli elementi dell'attivo e del passivo dell'azienda stessa, facendo risultare da **apposito prospetto** di **riconciliazione** della dichiarazione dei redditi i dati esposti in bilancio e i valori fiscalmente riconosciuti.

2. Le disposizioni di cui al comma 1 si applicano anche se il conferente o il conferitario è un soggetto non residente, qualora il conferimento abbia ad oggetto aziende situate nel territorio dello Stato.

2-*bis*. In caso di **conferimento** dell'**unica azienda** dell'**imprenditore individuale**, la **successiva cessione** delle **partecipazioni** ricevute a seguito del conferimento è disciplinata dagli **artt. 67, comma 1, lettera c), e 68**, assumendo come **costo** delle stesse l'**ultimo valore fiscale** dell'azienda conferita.

2-*ter*. In luogo dell'applicazione delle disposizioni dei commi 1, 2 e 2-*bis*, la **società conferitaria può optare**, nella dichiarazione dei redditi relativa all'esercizio nel corso del quale è stata posta in essere l'operazione o, al più tardi, in quella del periodo d'imposta successivo, per l'**applicazione**, in tutto o in parte, sui **maggiori valori attribuiti in bilancio** agli **elementi** dell'**attivo** costituenti immobilizzazioni materiali e immateriali relativi all'azienda ricevuta, di un'**imposta sostitutiva** dell'imposta sul reddito delle persone fisiche, dell'imposta sul reddito delle società e dell'imposta regionale sulle attività produttive, **con aliquota** del **12 per cento** sulla parte dei maggiori valori ricompresi nel limite di 5 milioni di euro, del **14 per cento** sulla parte dei maggiori valori che eccede 5 milioni di euro e fino a 10 milioni di euro e del **16 per cento** sulla parte dei maggiori valori che eccede i 10 milioni di euro. **I maggiori valori** assoggettati a imposta sostitutiva si considerano **riconosciuti ai fini** dell'**ammortamento a partire** dal **periodo** d'imposta nel corso del quale è **esercitata** l'**opzione**; in caso di realizzo dei beni anteriormente al quarto periodo d'imposta successivo a quello dell'opzione, il costo fiscale è ridotto dei maggiori valori assoggettati a imposta sostitutiva e dell'eventuale maggior ammortamento dedotto e l'imposta sostitutiva versata è scomputata dall'imposta sui redditi ai sensi degli artt. 22 e 79.

3. **Non rileva ai fini** dell'**art. 37-*bis*** del decreto del Presidente della Repubblica 29 settembre 1973, **n. 600**, il **conferimento** dell'**azienda** secondo i **regimi** di **continuità** dei **valori fiscali riconosciuti** o di **imposizione sostitutiva** di cui al presente articolo e la **successiva cessione** della **partecipazione** ricevuta **per usufruire** dell'esenzione di cui all'**art. 87**, o di quella di cui agli artt. 58 e 68, comma 3.

4. Le aziende acquisite in dipendenza di conferimenti effettuati con il regime di cui al presente articolo si considerano possedute dal soggetto conferitario anche per il periodo di possesso del soggetto conferente. Le partecipazioni ricevute dai soggetti che hanno effettuato i conferimenti di cui al periodo precedente o le operazioni di cui all'art. 178, in regime di neutralità fiscale, si considerano iscritte come immobilizzazioni finanziarie nei bilanci in cui risultavano iscritti i beni dell'azienda conferita o in cui risultavano iscritte, come immobilizzazioni, le partecipazioni date in cambio.

5. Nelle ipotesi di cui ai commi 1, 2 e 2-*bis*, l'eccedenza in sospensione di imposta, ai sensi dell'art. 109, comma 4, lettera b), relativa all'azienda conferita

non concorre alla formazione del reddito del soggetto conferente e si trasferisce al soggetto conferitario a condizione che questi istituisca il vincolo di sospensione d'imposta previsto dalla norma predetta.

6. Comma abrogato.

Art. 177. Scambi di partecipazioni. – 1. La **permuta**, mediante la quale uno dei soggetti indicati nell'**art. 73, comma 1, lettere a) e b),** acquista o integra una **partecipazione di controllo** ai sensi dell'art. 2359, comma 1, n. 1), del codice civile, contenente disposizioni in materia di società controllate e collegate ovvero incrementa, in virtù di un obbligo legale o di un vincolo statutario, la percentuale di controllo, in altro soggetto indicato nelle medesime lettere a) e b), attribuendo ai soci di quest'ultimo proprie azioni, **non** dà luogo a **componenti positivi o negativi** del **reddito imponibile** a **condizione** che il **costo** delle **azioni o quote** date **in permuta** sia **attribuito** alle **azioni o quote ricevute in cambio**. L'eventuale **conguaglio in denaro** concorre a formare il **reddito** del percipiente ferma rimanendo, ricorrendone le condizioni, l'esenzione totale di cui all'art. 87 e quella parziale di cui agli artt. 58 e 68, comma 3.

2. Le **azioni** o **quote ricevute** a seguito di conferimenti in società, **mediante** i quali la **società conferitaria acquisisce** il **controllo** di una società ai sensi dell'art. 2359, primo comma, n. 1), del codice civile ovvero incrementa, in virtù di un obbligo legale o di un vincolo statutario, la percentuale di controllo, **sono valutate**, ai fini della determinazione del reddito del conferente, in base alla **corrispondente quota** delle **voci** di **patrimonio netto** formato dalla società conferitaria per effetto del conferimento.

2-*bis*. Quando la società conferitaria **non** acquisisce il **controllo** di una società, ai sensi dell'articolo 2359, primo comma, numero 1), del codice civile, né incrementa, in virtù di un obbligo legale o di un vincolo statutario, la percentuale di controllo, la disposizione di cui al comma 2 del presente articolo trova comunque applicazione ove ricorrano, **congiuntamente, le seguenti condizioni**:

a) le partecipazioni conferite rappresentano, complessivamente, una percentuale di diritti di voto esercitabili nell'assemblea ordinaria superiore al 2 o al 20 per cento ovvero una partecipazione al capitale o al patrimonio superiore al 5 o al 25 per cento, secondo che si tratti di titoli negoziati in mercati regolamentati o di altre partecipazioni;

b) le partecipazioni sono conferite in società, esistenti o di nuova costituzione, interamente partecipate dal conferente. Per i conferimenti di partecipazioni detenute in società la cui attività consiste in via esclusiva o prevalente nell'assunzione di partecipazioni, le percentuali di cui alla lettera a) del precedente periodo si riferiscono a tutte le società indirettamente partecipate che esercitano un'impresa commerciale, secondo la definizione di cui all'articolo 55, e si determinano, relativamente al conferente, tenendo conto della eventuale demoltiplicazione prodotta dalla catena partecipativa. Il termine di cui all'articolo 87, comma 1, lettera a), è esteso fino al sessantesimo mese precedente quello dell'avvenuta cessione delle partecipazioni conferite con le modalità di cui al presente comma.

3. Si applicano le disposizioni dell'art. 175, comma 2.

CAPO IV
OPERAZIONI STRAORDINARIE FRA SOGGETTI RESIDENTI IN STATI MEMBRI DIVERSI DELL'UNIONE EUROPEA

Art. 178. Fusioni, scissioni, conferimenti di attivo, scambi di azioni concernenti società di Stati membri diversi. – 1.

Le disposizioni del presente capo si applicano:

a) alle **fusioni** tra **società per azioni, in accomandita per azioni, a responsabilità limitata, cooperative** e **di mutua assicurazione, enti pubblici e privati** aventi per **oggetto esclusivo o principale** l'**esercizio** di **attività commerciali, residenti** nel territorio dello Stato, **e** soggetti **residenti in altri Stati membri** della **Comunità economica europea**, purché non si considerino, per convenzione in materia di doppia imposizione con Stati terzi, residenti fuori della Comunità, che appartengano alle categorie indicate nella tabella A allegata al presente Testo Unico, da considerare automaticamente aggiornata in conformità con eventuali modifiche dell'allegato alla direttiva del Consiglio delle Comunità europee n. 90/434 del 23 luglio 1990, e siano sottoposti a una delle imposte indicate nella tabella B allegata al presente Testo Unico o ad altra che in futuro la sostituisca, senza possibilità di opzione, sempre che nel **concambio** l'eventuale **conguaglio in danaro** ai partecipanti dei soggetti fusi o incorporati **non superi** il **10 per cento** del **valore** nominale della **partecipazione** ricevuta;

b) alle **scissioni** attuate mediante **trasferimento** dell'**intero patrimonio** di uno dei soggetti indicati nella lettera a) **a due o più soggetti** indicati nella stessa lettera, preesistenti o di nuova costituzione, **alcuno dei quali** sia **residente** in uno **Stato** della **Comunità diverso da quello del primo**, e limitatamente alla parte corrispondente dell'operazione, con assegnazione ai partecipanti delle azioni o quote di ciascuno dei soggetti beneficiari in misura proporzionale alle rispettive partecipazioni nel soggetto scisso, **sempre che** quest'ultimo o almeno **uno dei beneficiari** siano **residenti** nel territorio dello Stato, che la **quota** di **patrimonio** trasferita a ciascun beneficiario **sia costituita** da **aziende** o **complessi aziendali** relativi a singoli rami dell'impresa del conferente e che **nel concambio l'eventuale conguaglio** in danaro ai partecipanti della società scissa **non superi** il **10 per cento** del **valore nominale** della **partecipazione** ricevuta;

b-*bis*) alle **scissioni parziali** mediante le quali uno dei soggetti indicati nella lettera a) **trasferisce**, senza essere sciolto, **mantenendo almeno un'azienda o un complesso aziendale, una o più aziende o uno più complessi aziendali** a uno o più soggetti indicati nella stessa lettera, preesistenti o di nuova costituzione, **alcuno** dei quali sia **residente** in uno **Stato** della **Comunità diverso** da **quello del primo**, e limitatamente alla parte corrispondente dell'operazione, con assegnazione ai propri partecipanti, secondo un criterio proporzionale, delle azioni o quote del soggetto o dei soggetti beneficiari, **sempre che** il **soggetto scisso o** uno dei **beneficiari** sia **residente** nel territorio dello Stato e che l'**eventuale conguaglio** in danaro ai partecipanti del soggetto scisso **non superi** il **10 per cento** del **valore nominale** della **partecipazione** ricevuta in **concambio**;

c) ai **conferimenti** di **aziende** o di **complessi** aziendali relativi a **singoli rami** dell'impresa da uno ad altro dei soggetti indicati nella lettera a), residenti in Stati diversi della Comunità, **sempre che uno** dei due sia **residente** nel territorio dello Stato;

d) alle **operazioni** indicate nelle **lettere precedenti tra** soggetti di cui alla lettera a) **non residenti** nel territorio dello Stato, **con riguardo** alle **stabili organizzazioni** nel territorio dello **Stato** oggetto delle operazioni stesse;

e) alle **permute** e ai **conferimenti** di azioni o quote, mediante i quali **uno** dei **soggetti** indicati nella lettera a) acquisti o integri una **partecipazione** di **controllo**, ai sensi dell'art. 2359, comma 1, n. 1), del codice civile, ovvero incrementi, in virtù di un obbligo legale o di un vincolo statutario, la percentuale di controllo in uno dei soggetti indicati nella stessa lettera, residente in uno Stato della Comunità diverso da quello del primo, **attribuendo** ai **partecipanti proprie azioni o quote** in cambio di quelle ricevute in permuta o conferimento **ed** un **eventuale conguaglio** in danaro **non superiore** al **10 per cento** del valore nominale delle suddette azioni o quote, **sempre che alcuno** dei **partecipanti** che effettuano lo scambio sia **residente** nel territorio dello Stato **ovvero** la **partecipazione** scambiata sia **relativa** ad una **stabile organizzazione** nel territorio dello **Stato** di un soggetto indicato nella lettera a).

Art. 179. Regime di neutralità fiscale. – 1. Alle operazioni indicate nelle lettere a), b) e b-*bis*) dell'art. 178 **si applicano** le disposizioni di cui agli artt. **172** e **173**.

2. Ai **conferimenti** di cui alla lettera c) del comma 1 dell'art. 178 **si applica** l'**art. 176**. Le disposizioni del comma 1 si applicano anche nei confronti del **beneficiario non residente** con riferimento alla **stabile organizzazione** nello Stato italiano, limitatamente agli elementi patrimoniali del conferente residente o, nell'ipotesi di cui alla lettera d) del comma 1 dell'art. 178, non residente, in essa effettivamente confluiti.

3. Nelle operazioni indicate al comma 1, le **plusvalenze** della **stabile organizzazione** del conferente residente sono **imponibili** a titolo di **realizzo** al **valore normale**, con **deduzione** dalla relativa **imposta**, fino al suo totale assorbimento, dell'ammontare della imposta che lo Stato, dove è situata la stabile organizzazione, avrebbe effettivamente prelevato in assenza delle norme della direttiva comunitaria 23 luglio 1990, n. 90/434. Il **beneficiario non residente** subentra al conferente residente per **tutti i diritti** e gli **obblighi tributari**. Regole analoghe a quelle previste dai periodi precedenti si applicano nel caso in cui una società residente in Italia trasferisca la propria residenza fiscale in un altro Stato membro, assumendo, quale valore su cui calcolare la tassazione virtuale della stabile organizzazione all'estero, il valore normale che l'altro Stato membro avrebbe determinato in caso di realizzo al valore normale di detta stabile organizzazione.

4. Le operazioni di **fusione, scissione** e **scambio di partecipazioni mediante permuta o conferimento,** indicate nell'art. **178,** non comportano **realizzo di plusvalenze** né di minusvalenze sulle azioni o quote date in cambio, il cui valore fiscale viene assunto dalle azioni o quote ricevute, ripartendosi tra tutte in proporzione dei valori alle stesse attribuiti ai fini della determinazione del rapporto di cambio. Gli **eventuali conguagli concorrono** a formare il **reddito** dei **soci** della società incorporata o fusa o dei soci della società scissa, fatta salva l'applicazione dell'art. 47, comma 7, e, ricorrendone le condizioni, degli artt. 58 e 87, e dei percipienti nelle operazioni di scambio di partecipazioni mediante permuta o conferimento, ferma rimanendo, ricorrendone le condizioni, l'esenzione totale di cui all'art. 87 e quella parziale di cui agli artt. 58 e 68, comma 3.

5. Se è stata **conferita** da un soggetto una **stabile organizzazione** situata in un altro Stato membro, le relative **plusvalenze** sono **imponibili** nei confronti del conferente residente a titolo di **realizzo** al **valore normale**, con **deduzione** dalla **relativa imposta**, fino al suo totale assorbimento, dell'ammontare dell'imposta che lo Stato dove è situata la stabile organizzazione avrebbe prelevato in assenza delle norme della direttiva comunitaria 23 luglio 1990 n. 90/434. In tal caso la partecipazione ricevuta è valutata fiscalmente in base all'ultimo valore riconosciuto ai fini delle Imposte sui redditi degli elementi patrimoniali conferiti, aumentato, agli effetti della disposizione di cui al precedente comma, di un importo pari all'imponibile corrispondente all'imposta dovuta a saldo.

6. Comma abrogato.

Art. 180. Riserve in sospensione d'imposta. – 1. Nelle fusioni, nelle scissioni e nei conferimenti di cui all'art. 178 i **fondi in sospensione di imposta iscritti nell'ultimo bilancio del conferente residente concorrono a formare il reddito della stabile organizzazione** nel territorio dello Stato del soggetto non residente beneficiario nella misura in cui non siano stati ricostituiti nelle scritture contabili della stabile organizzazione.

Art. 181. Perdite fiscali. – 1. Nelle operazioni di cui alle lettere a) e b), del comma 1, dell'art. 178, **le perdite fiscali, l'eccedenza di interessi indeducibili oggetto di riporto in avanti** di cui al comma 5 dell'art. 96 del presente testo unico, nonché **l'eccedenza relativa all'aiuto alla crescita economica** di cui all'art. 1, comma 4, del decreto-legge 6 dicembre 2011, n. 201, convertito, con modificazioni, dalla legge 22 dicembre 2011, n. 214, sono **ammesse in deduzione** da parte del soggetto non residente alle **condizioni** e nei **limiti** di cui all'**art. 172, comma 7, proporzionalmente** alla differenza tra gli elementi dell'**attivo** e del **passivo** effettivamente connessi alla stabile organizzazione sita nel territorio dello Stato risultante dall'operazione e nei limiti di detta differenza.

CAPO V
LIQUIDAZIONE VOLONTARIA E PROCEDURE CONCORSUALI

Art. 182. Liquidazione ordinaria. – 1. In caso di liquidazione dell'impresa o della società il **reddito** di **impresa relativo** al **periodo** compreso tra l'**inizio** dell'**esercizio e** l'**inizio** della **liquidazione** è determinato in base ad **apposito conto economico, ovvero** a norma dell'**art. 66** o dell'art. 3, comma 177, della legge 23 dicembre 1996, n. 662, se ne ricorrono i presupposti; il conto economico deve essere redatto, per le società, in conformità alle risultanze del conto della gestione prescritto dall'art. 2277 del codice civile. Per le imprese individuali la data di inizio della liquidazione, ai fini delle imposte sui redditi, è quella indicata nella dichiarazione di cui all'art. 35 del decreto del Presidente della Repubblica 26 ottobre 1972, n. 633.

2. Per le **imprese individuali** e per le **società in nome collettivo** e **in accomandita semplice** il **reddito** di **impresa** relativo al **periodo** compreso **tra** l'**inizio e** la **chiusura** della **liquidazione** è determinato **in base** al **bilancio finale**, che deve essere redatto anche nei casi di cui all'art. 66. **Se** la **liquidazione** si protrae **oltre** l'**esercizio** in cui ha avuto inizio, il **reddito relativo** alla residua frazione di tale esercizio e a ciascun successivo esercizio intermedio è determinato in via provvisoria in base al **rispettivo bilancio**, ovvero a norma dell'art. 66 se ne ricorrono i presupposti, salvo conguaglio in base al bilancio finale. **Se** la **liquidazione si protrae per più** di **tre esercizi**, compreso quello in cui ha avuto inizio, nonché in caso di omessa presentazione del bilancio finale, i **redditi** così determinati, ancorché già tassati separatamente a norma degli artt. 17 e 21, **si considerano definitivi** e **ai fini** dell'**imposta** sul reddito delle persone fisiche **concorrono** a **formare** il **reddito complessivo** dell'imprenditore, dei familiari partecipanti all'impresa o dei soci per i periodi di imposta di competenza. Se la liquidazione si chiude in perdita si applicano le disposizioni dell'art. 8.

3. Per le **società soggette** all'**imposta** di cui al **titolo II**, il **reddito** relativo al **periodo** compreso **tra** l'**inizio e** la **chiusura** della **liquidazione** è determinato in base al **bilancio finale. Se** la **liquidazione** si protrae **oltre** l'**esercizio** in cui ha avuto inizio il reddito relativo alla residua frazione di tale esercizio e **ciascun successivo esercizio intermedio** è determinato **in via provvisoria** in base al **rispettivo bilancio, liquidando** la **relati-**

va imposta salvo conguaglio in base al bilancio finale; le **perdite** di esercizio anteriori all'inizio della liquidazione non compensate nel corso di questa ai sensi dell'art. 84 sono ammesse **in diminuzione** in sede di conguaglio. **Se** la **liquidazione si protrae per più** di **cinque esercizi**, compreso quello in cui ha avuto inizio, nonché in caso di omessa presentazione del bilancio finale, i **redditi** determinati **in via provvisoria** si considerano **definitivi** e ai fini dell'imposta sul reddito delle persone fisiche i redditi compresi nelle somme percepite o nei beni ricevuti dai soci, **ancorché già tassati** separatamente a norma degli artt. 17 e 21, concorrono a formarne il reddito complessivo per i periodi di imposta di competenza.

Art. 183. Fallimento e liquidazione coatta. – 1. Nei casi di fallimento e di liquidazione coatta amministrativa **il reddito di impresa** relativo al **periodo** compreso **tra** l'**inizio** dell'**esercizio e** la **dichiarazione** di **fallimento** o il provvedimento che ordina la liquidazione è determinato in base al **bilancio redatto** dal **curatore o** dal **commissario liquidatore**. Per le **imprese individuali** e per le **società in nome collettivo** e **in accomandita semplice** il detto **reddito** concorre a formare il **reddito complessivo** dell'**imprenditore**, dei **familiari** partecipanti all'impresa o dei **soci** relativo al periodo di imposta in corso alla data della dichiarazione di fallimento o del provvedimento che ordina la liquidazione.

2. Il **reddito** di impresa relativo al **periodo** compreso tra l'**inizio** e la **chiusura** del **procedimento concorsuale**, quale che sia la durata di questo ed anche se vi è stato esercizio provvisorio, è costituito dalla **differenza tra** il **residuo attivo e** il **patrimonio netto** dell'impresa o della società all'inizio del procedimento, determinato **in base ai valori fiscalmente riconosciuti**. Il patrimonio netto dell'impresa o della società all'inizio del procedimento concorsuale è determinato mediante il confronto secondo i valori riconosciuti ai fini delle Imposte sui redditi, tra le attività e le passività risultanti dal bilancio di cui al comma 1, redatto e allegato alla dichiarazione iniziale del curatore o dal commissario liquidatore. Il patrimonio netto è considerato nullo se l'ammontare delle passività è pari o superiore a quello delle attività.

3. Per le **imprese individuali** e per le **società in nome collettivo** e **in accomandita semplice** la **differenza** di cui al comma 2 è diminuita dei corrispettivi delle cessioni di **beni personali** dell'imprenditore o dei soci compresi nel fallimento o nella liquidazione ed è aumentata dei **debiti personali** dell'**imprenditore** o dei **soci** pagati dal curatore o dal commissario liquidatore. Ai fini dell'imposta sul reddito delle persone fisiche il reddito che ne risulta, al netto dell'imposta locale sui redditi, è imputato all'imprenditore, ai familiari partecipanti all'impresa o ai soci nel periodo di imposta in cui si è chiuso il procedimento; se questo si chiude in perdita si applicano le disposizioni dell'art. 8. Per i redditi relativi ai beni e diritti non compresi nel fallimento o nella liquidazione a norma dell'art. 46 del R.D. del 16 marzo 1942, n. 267, restano fermi, in ciascun periodo di imposta, gli obblighi tributari dell'imprenditore o dei soci.

4. L'imposta locale sui redditi afferente il reddito di impresa relativo al periodo di durata del procedimento è commisurata alla differenza di cui ai commi 2 e 3 ed è prelevata sulla stessa. Per i redditi di ciascuno degli immobili di cui all'art. 90, comma 1, e di quelli personali dell'imprenditore o dei soci compresi nel fallimento o nella liquidazione l'imposta è dovuta per ciascun anno di possesso rientrante nel periodo di durata del procedimento ed è prelevata, nel complessivo ammontare, sul prezzo ricavato dalla vendita.

Art. 184. Applicazione analogica. – 1. Le disposizioni degli artt. **182 e 183** valgono, in quanto applicabili, **anche nei casi di liquidazione e fallimento di enti diversi dalle società.**

TITOLO IV
DISPOSIZIONI VARIE, TRANSITORIE E FINALI

Art. 185. Terreni e fabbricati soggetti a regimi vincolistici. – 1. Per i **terreni** dati **in affitto per uso agricolo**, se per effetto di regimi legali di determinazione del **canone** questo risulta **inferiore per oltre un quinto** alla **rendita catastale**, il **reddito dominicale** è determinato in misura **pari** a quella del **canone** di **affitto**.

2. In deroga all'art. 37, per i fabbricati dati in locazione **in regime legale** di **determinazione** del **canone**, il **reddito** imponibile è determinato in misura **pari** al **canone** di locazione **ridotto del 15 per cento**. Per i fabbricati siti nella città di Venezia centro e nelle isole della Giudecca, di Murano e di Burano, la riduzione è elevata al 25 per cento.

Art. 186. Società civili. – 1. Ai fini delle Imposte sui redditi le società civili esistenti alla data di entrata in vigore del codice civile, di cui all'art. 204, commi primo e secondo, del regio decreto 30 marzo 1942, n. 318, sono equiparate alle società in nome collettivo o alle società semplici secondo che abbiano o non abbiano per oggetto l'esercizio di attività commerciali. Alle società civili costituite in forma di società per azioni, di cui al terzo comma del predetto art. 204, si applicano le disposizioni del presente Testo Unico relative a questo tipo di società.

Art. 187. Eredità giacente. – 1. Se la giacenza dell'**eredità** si **protrae** oltre il periodo di imposta nel corso del quale si è aperta la successione, il **reddito** dei **cespiti** ereditari è determinato in **via provvisoria** secondo le disposizioni del titolo I, sezione I, se il chiamato all'eredità è persona fisica, o non è noto, e secondo quelle del titolo II, capo III, se il chiamato è un soggetto diverso. **Dopo** l'**accettazione** dell'**eredità** il **reddito** di tali cespiti concorre a formare il reddito complessivo dell'erede per ciascun periodo di imposta, compreso quello in cui si è aperta la successione, e si procede alla **liquidazione definitiva** delle relative **imposte**. I **redditi** di cui all'art. 7, comma 3, se il chiamato all'eredità è persona fisica o non è noto, sono in via provvisoria **tassati separatamente** con l'aliquota stabilita dall'art. 13 per il primo scaglione di reddito, **salvo conguaglio** dopo l'accettazione dell'eredità.

2. Le disposizioni del comma 1 si applicano anche nei casi di delazione dell'eredità sotto condizione sospensiva o in favore di un nascituro non ancora concepito.

Art. 188. – Articolo abrogato.

Art. 188-*bis*. Campione d'Italia. – 1. Ai fini dell'imposta sul reddito delle persone fisiche, i redditi, diversi da quelli d'impresa, delle persone fisiche iscritte nei registri anagrafici del Comune di Campione d'Italia, nonché i redditi di lavoro autonomo di professionisti e con studi nel Comune di Campione d'Italia, prodotti in franchi svizzeri nel territorio dello stesso comune, e/o in Svizzera, sono computati in euro sulla base del cambio di cui all'articolo 9, comma 2, ridotto forfetariamente del 30 per cento.

2. I redditi d'impresa realizzati dalle imprese individuali, dalle società di persone e da società ed enti di cui all'articolo 73, iscritti alla Camera di commercio, industria, artigianato e agricoltura di Como e aventi la sede sociale operativa, o un'unità locale, nel Comune di Campione d'Italia, prodotti in franchi svizzeri nel Comune di Campione

d'Italia, sono computati in euro sulla base del cambio di cui all'articolo **9, comma 2, ridotto forfetariamente del 30 per cento**. Nel caso in cui l'attività sia svolta anche al di fuori del territorio del Comune di Campione d'Italia, ai fini della determinazione del reddito per cui è possibile beneficiare delle agevolazioni di cui al primo periodo sussiste l'obbligo in capo all'impresa di tenere un'apposita contabilità separata. Le spese e gli altri componenti negativi relativi a beni e servizi adibiti promiscuamente all'esercizio dell'attività svolta nel Comune di Campione d'Italia e al di fuori di esso concorrono alla formazione del reddito prodotto nel citato comune per la parte del loro importo che corrisponde al rapporto tra l'ammontare dei ricavi o compensi e altri proventi che concorrono a formare il reddito prodotto dall'impresa nel territorio del Comune di Campione d'Italia e l'ammontare complessivo dei ricavi o compensi e degli altri proventi.

3. **I soggetti di cui al presente articolo assolvono il loro debito d'imposta in euro.**

4. Ai fini del presente articolo si considerano iscritte nei registri anagrafici del Comune di Campione d'Italia anche le persone fisiche aventi domicilio fiscale nel medesimo comune le quali, già residenti nel Comune di Campione d'Italia, sono iscritte nell'anagrafe degli italiani residenti all'estero (AIRE) dello stesso comune e residenti nel Canton Ticino della Confederazione elvetica.

5. **Tutti i redditi prodotti in euro dai soggetti di cui al presente articolo concorrono a formare il reddito complessivo al netto di una riduzione pari alla percentuale di abbattimento calcolata per i redditi in franchi svizzeri**, in base a quanto previsto ai commi 1 e 2, con un abbattimento minimo di euro 26.000. Ai fini della determinazione dei redditi d'impresa in euro prodotti nel Comune di Campione d'Italia si applicano le disposizioni di cui al comma 2, secondo e terzo periodo.

6. Le agevolazioni di cui al presente articolo si applicano ai sensi e nei limiti del regolamento (UE) n. 1407/2013 della Commissione, del 18 dicembre 2013, relativo all'applicazione degli articoli 107 e 108 del Trattato sul funzionamento dell'Unione europea agli aiuti *de minimis*, e del regolamento (UE) n. 1408/2013 della Commissione, del 18 dicembre 2013, relativo all'applicazione degli articoli 107 e 108 del Trattato sul funzionamento dell'Unione europea agli aiuti "de minimis" nel settore agricolo, e del regolamento (UE) n. 717/2014 della Commissione, del 27 giugno 2014, relativo all'applicazione degli articoli 107 e 108 del Trattato sul funzionamento dell'Unione europea agli aiuti "de minimis" nel settore della pesca e dell'acquacoltura.

Art. 189. Riferimenti legislativi ad imposte abolite.
(*Omissis*).

Art. 190. Redditi dei fabbricati. – 1. Per i periodi di imposta anteriori a quello in cui avranno effetto le modificazioni derivanti dalla prima revisione effettuata ai sensi del comma 2 dell'art. 37 le rendite catastali dei fabbricati saranno aggiornate mediante l'applicazione di coefficienti stabiliti annualmente, per singole categorie di unità immobiliari urbane, con decreto del Ministro delle finanze su conforme parere della Commissione censuaria centrale.

2. Fino al termine di cui al comma 1, qualora il canone risultante dal contratto di locazione ridotto di un quarto sia superiore alla rendita catastale aggiornata per oltre un quinto di questa, il reddito è determinato in misura pari a quella del canone di locazione ridotto di un quarto. Per i fabbricati siti nella città di Venezia centro e nelle isole della Giudecca, di Murano e di Burano la presen-

te disposizione si applica con riferimento al canone di locazione ridotto di due quinti anziché di un quarto; per i fabbricati strumentali non suscettibili di diversa destinazione senza radicali trasformazioni, la presente disposizione si applica con riferimento al canone di locazione ridotto di un terzo, salvo il disposto del comma 2 dell'art. 43. Fino al termine medesimo le disposizioni del comma 2 dell'art. 185 si applicano con riferimento alla rendita catastale aggiornata.

3. L'aggiornamento delle rendite catastali degli immobili riconosciuti di interesse storico o artistico, ai sensi della legge 1° giugno 1939, n. 1089, e successive modificazioni e integrazioni, è effettuato mediante l'applicazione del minore tra i coefficienti previsti per i fabbricati. Qualora i predetti immobili risultino allibrati al catasto terreni, la relativa rendita catastale è ridotta a metà ai fini dell'applicazione delle Imposte sui redditi. Il mutamento di destinazione degli immobili medesimi senza la preventiva autorizzazione dell'Amministrazione per i beni culturali e ambientali e il mancato assolvimento degli obblighi di legge per consentire l'esercizio del diritto di prelazione dello Stato sugli immobili vincolati determinano la decadenza dall'agevolazione tributaria, ferma restando ogni altra sanzione. L'Amministrazione per i beni culturali e ambientali ne dà al competente ufficio delle imposte immediata comunicazione, dal ricevimento della quale inizia a decorrere il termine per la rettifica della dichiarazione dei redditi.

Art. 191. Disposizioni in materia di agevolazioni tributarie. – 1. Restano ferme le agevolazioni tributarie previste dal decreto del Presidente della Repubblica 29 settembre 1973, n. 601, e successive modificazioni, e da leggi speciali.

L. 24 dicembre 1993, n. 537

Interventi correttivi di finanza pubblica (*Estratto*)

(*Omissis*).

CAPO II

DISPOSIZIONI IN MATERIA DI ENTRATE

Art. 14. Razionalizzazione e soppressione di agevolazioni tributarie e recupero di imposte e di base imponibile. – (*Omissis*)

4. Nelle **categorie di reddito** di cui all'articolo 6, comma 1, del testo unico delle imposte sui redditi, approvato con decreto del Presidente della Repubblica 22 dicembre 1986, n. 917, devono intendersi **ricompresi**, se in esse classificabili, **i proventi derivanti da fatti, atti o attività qualificabili come illecito civile, penale o amministrativo se non già sottoposti a sequestro o confisca penale**. I relativi redditi sono determinati **secondo le disposizioni riguardanti ciascuna categoria.** In caso di violazione che comporta obbligo di denuncia ai sensi dell'articolo 331 del codice di procedura penale per qualsiasi reato da cui possa derivare un provento o vantaggio illecito, anche indiretto, le competenti autorità inquirenti ne danno immediatamente notizia all'Agenzia delle entrate, affinché proceda al conseguente accertamento.

4-*bis*. Nella determinazione dei redditi di cui all'articolo 6, comma 1, del testo unico delle imposte sui redditi, di cui al decreto del Presidente della Repubblica 22 dicembre 1986, n. 917, **non** sono ammessi **in deduzione i costi e le spese** dei beni o delle prestazioni di servizio direttamente utilizzati per il compimento di atti o attività qualificabili come **delitto non colposo** per il quale il pubblico ministero abbia esercitato l'azione penale o, comunque, qualora il giudice abbia emesso il decreto che dispone il giudizio ai sensi dell'articolo 424 del codice di procedura penale ovvero sentenza di non luogo a procedere ai sensi dell'articolo 425 dello stesso codice fondata sulla sussistenza della causa di estinzione del reato prevista dall'articolo 157 del codice penale. Qualora intervenga una sentenza definitiva di assoluzione ai sensi dell'articolo 530 del codice di procedura penale ovvero una sentenza definitiva di non luogo a procedere ai sensi dell'articolo 425 dello stesso codice fondata sulla sussistenza di motivi diversi dalla causa di estinzione indicata nel periodo precedente, ovvero una sentenza definitiva di non doversi procedere ai sensi dell'articolo 529 del codice di procedura penale, compete il **rimborso delle maggiori imposte versate** in relazione alla **non ammissibilità in deduzione** prevista dal periodo precedente **e dei relativi interessi**.

IMPOSTA REGIONALE SULLE ATTIVITÀ PRODUTTIVE

D.Lgs. 15 dicembre 1997, n. 446

Istituzione dell'imposta regionale sulle attività produttive, revisione degli scaglioni, delle aliquote e delle detrazioni dell'Irpef e istituzione di una addizionale regionale a tale imposta, nonché riordino della disciplina dei tributi locali (IRAP)

TITOLO I
ISTITUZIONE E DISCIPLINA DELL'IMPOSTA REGIONALE SULLE ATTIVITÀ PRODUTTIVE

Art. 1. Istituzione dell'imposta. – 1. È istituita l'imposta regionale sulle **attività produttive** esercitate **nel territorio delle regioni**.

2. L'imposta ha carattere reale e **non è deducibile** ai fini delle **imposte sui redditi**.

Art. 2. Presupposto dell'imposta. – 1. Presupposto dell'imposta è l'**esercizio abituale** di una **attività autonomamente organizzata diretta alla produzione o allo scambio di beni ovvero alla prestazione di servizi**. L'attività esercitata dalle società e dagli enti, compresi gli organi e le amministrazioni dello Stato, costituisce in ogni caso presupposto di imposta.

1-*bis*. Non sussiste autonoma organizzazione ai fini dell'imposta nel caso di medici che abbiano sottoscritto specifiche convenzioni con le strutture ospedaliere per lo svolgimento della professione all'interno di tali strutture, laddove gli stessi percepiscano per l'attività svolta presso le medesime strutture più del 75 per cento del proprio reddito complessivo. Sono in ogni caso irrilevanti, ai fini della sussistenza dell'autonoma organizzazione, l'ammontare del reddito realizzato e le spese direttamente connesse all'attività svolta. L'esistenza dell'autonoma organizzazione è comunque configurabile in presenza di elementi che superano lo standard e i parametri previsti dalla convenzione con il Servizio sanitario nazionale.

Art. 3. Soggetti passivi. – 1. Soggetti passivi dell'imposta sono coloro che esercitano una o più delle attività di cui all'art. 2. Pertanto sono soggetti all'imposta:

a) **le società e gli enti di cui all'art. 87, comma 1, lettere a) e b)**, del testo unico delle Imposte sui redditi, approvato con decreto del Presidente della Repubblica 22 dicembre 1986, n. 917;

b) **le società in nome collettivo e in accomandita semplice** e quelle ad esse equiparate a norma dell'art. 5, comma 3, del predetto Testo unico, nonché le **persone fisiche esercenti attività commerciali** di cui all'art. 51 del medesimo Testo unico;

c) **le persone fisiche, le società semplici e quelle ad esse equiparate** a norma dell'art. 5, comma 3, del predetto Testo unico **esercenti arti e professioni** di cui all'art. 49, comma 1, del medesimo testo unico;

d) lettera abrogata;

e) **gli enti privati** di cui all'art. 87, comma 1, lettera c), del citato Testo unico n. 917 del 1986, nonché le società e gli enti di cui alla lettera d) dello stesso comma;

e-*bis*) **le Amministrazioni pubbliche** di cui all'art. 1, comma 2, del decreto legislativo 3 febbraio 1993, n. 29, nonché le amministrazioni della Camera dei Deputati, del Senato, della Corte costituzionale, della Presidenza della Repubblica e gli organi legislativi delle regioni a statuto speciale.

2. Non sono soggetti passivi dell'imposta:

a) gli organismi di investimento collettivo del risparmio ad esclusione delle società di investimento a capitale variabile;

b) i fondi pensione di cui al decreto legislativo 21 aprile 1993, n. 124;

c) i gruppi economici di interesse europeo (GEIE) di cui al decreto legislativo 23 luglio 1991, n. 240, salvo quanto disposto nell'art. 13;

c-*bis*) i soggetti che esercitano una attività agricola ai sensi dell'art. 32 del testo unico delle imposte sui redditi, di cui al decreto del Presidente della Repubblica 22 dicembre 1986, n. 917, i soggetti di cui all'art. 8 del decreto legislativo 18 maggio 2001, n. 227, nonché le cooperative e loro consorzi di cui all'art. 10 del decreto del Presidente della Repubblica 29 settembre 1973, n. 601.

Art. 4. Base imponibile. – 1. L'**imposta** si applica **sul valore della produzione netta** derivante dall'**attività esercitata nel territorio della regione**.

2. Se **l'attività** è esercitata **nel territorio di più regioni** si considera prodotto nel territorio di ciascuna regione il valore della **produzione netta proporzionalmente corrispondente all'ammontare delle retribuzioni spettanti al personale a qualunque titolo utilizzato**, compresi i redditi assimilati a quelli di lavoro dipendente, i compensi ai collaboratori coordinati e continuativi e gli utili agli associati in partecipazione di cui all'art. 11, comma 1, lettera c), n. 5, addetto, con continuità, a stabilimenti, cantieri, uffici o basi fisse, operanti per un periodo di tempo non inferiore a tre mesi nel territorio di ciascuna regione, ovvero per le banche, gli altri enti e società finanziarie, ad eccezione della Banca d'Italia e dell'Ufficio italiano cambi, le imprese di assicurazione proporzionalmente corrispondente, rispettivamente, ai depositi in denaro e in titoli verso la clientela, agli impieghi o agli ordini eseguiti, ai premi raccolti presso gli uffici, ubicati nel territorio di ciascuna regione. Si considera prodotto nella regione nel cui territorio il soggetto passivo è domiciliato il valore della produzione netta derivante dalle attività esercitate nel territorio di altre regioni senza l'impiego, per almeno tre mesi, di personale.

3. Gli atti generali concernenti l'applicazione delle disposizioni di cui al comma 2 sono adottati dal Ministero delle finanze, sentita la Conferenza permanente per i rapporti tra lo Stato, le regioni e le province autonome, di seguito denominata: "Conferenza Stato-regioni".

Art. 5. Determinazione del valore della produzione netta delle società di capitali e degli enti commerciali. – 1. Per i soggetti di cui all'art. 3, comma 1, lettera *a)*, non esercenti le attività di cui agli artt. 6 e 7, la **base imponibile** è determinata dalla **differenza tra il valore e i costi della produzione** di cui alle **lettere A) e B) dell'art. 2425 del codice civile, con esclusione delle voci di cui ai numeri 9), 10), lettere c) e d), 12) e 13), nonché dei componenti positivi e negativi di natura straordinaria derivanti da trasferimenti di azienda o di rami di azienda** così come **risultanti dal conto economico** dell'esercizio.

2. Per i soggetti che redigono il **bilancio in base ai principi contabili internazionali**, la base imponibile è determinata assumendo le **voci del valore e dei costi della produzione corrispondenti a quelle indicate nel comma 1.**

3. Tra i componenti negativi **non** si considerano comunque in **deduzione**: le **spese per il personale** dipendente e assimilato classificate in **voci diverse** dalla citata voce di cui alla **lettera B), numero 9), dell'art. 2425 del codice civile**, nonché **i costi, i compensi e gli utili indicati nel comma 1, lettera b), numeri da 2) a 5), dell'art. 11** del presente decreto; la **quota interessi dei canoni di locazione finanziaria**, desunta dal contratto; le **perdite su crediti**; l'**imposta comunale sugli immobili** di cui al decreto legislativo 30 dicembre 1992, n. 504. I contributi erogati in base a norma di legge, fatta eccezione per quelli correlati a costi indeducibili, nonché le **plusvalenze** e le **minusvalenze** derivanti dalla **cessione di immobili** che **non** costituiscono **beni strumentali** per l'esercizio dell'impresa, **né beni alla cui produzione o al cui scambio è diretta l'attività dell'impresa**, concorrono in ogni caso alla formazione del valore della produzione. Sono comunque **ammesse in deduzione quote di ammortamento del costo sostenuto per l'acquisizione di marchi d'impresa e a titolo di avviamento in misura non superiore a un diciottesimo del costo indipendentemente dall'imputazione al conto economico**.

4. I componenti positivi e negativi classificabili in voci del conto economico diverse da quelle indicate al comma 1 concorrono alla formazione della base imponibile se correlati a componenti rilevanti della base imponibile di periodi d'imposta precedenti o successivi.

5. Indipendentemente dalla effettiva collocazione nel conto economico, i componenti positivi e negativi del valore della produzione sono accertati secondo i **criteri di corretta qualificazione, imputazione temporale e classificazione previsti dai principi contabili adottati dall'impresa.**

Art. 5-*bis*. Determinazione del valore della produzione netta delle società di persone e delle imprese individuali. – 1. Per i soggetti di cui all'art. 3, comma 1, lettera *b)*, la **base imponibile è determinata dalla differenza tra l'ammontare dei ricavi di cui all'art. 85, comma 1, lettere a), b), f) e g), del Testo unico delle Imposte sui redditi,** di cui al decreto del Presidente della Repubblica 22 dicembre 1986, n. 917, e **delle variazioni delle rimanenze finali** di cui agli **artt. 92 e 93** del medesimo Testo unico, e l'ammontare dei costi delle materie prime, sussidiarie e di consumo, delle merci, dei servizi, dell'ammortamento e dei canoni di locazione anche finanziaria dei beni strumentali materiali e immateriali. **Non** sono **deducibili: le spese per il personale dipendente e assimilato; i costi, i compensi e gli utili indicati nel comma 1, lettera b), numeri da 2) a 5), dell'art. 11 del presente decreto; la quota interessi dei canoni di locazione finanziaria, desunta dal contratto; le perdite su crediti; l'imposta comunale sugli immobili** di cui al decreto legislativo 30 dicembre 1992, n. 504. I contributi erogati in base a norma di legge concorrono comunque alla formazione del valore della produzione, fatta eccezione per quelli correlati a costi indeducibili. I componenti rilevanti si assumono secondo le **regole di qualificazione, imputazione temporale e classificazione valevoli per la determinazione del reddito d'impresa ai fini dell'imposta personale.**

1-*bis*. Per i soggetti di cui al comma 1, che determinano il reddito **ai sensi dell'art. 66** del testo unico delle imposte sui redditi, di cui al Decreto del Presidente della Repubblica 22 dicembre 1986, n. 917, la base imponibile di cui al comma 1 del presente articolo **è determinata con i criteri previsti dal citato articolo 66.**

2. I soggetti di cui al comma 1, in regime di contabilità ordinaria, possono optare per la determinazione del valore della produzione netta secondo le regole di cui all'art. 5. L'opzione è irrevocabile per tre periodi d'imposta e deve essere comunicata con la dichiarazione IRAP presentata nel periodo d'imposta a decorrere dal quale si intende esercitare l'opzione. Al termine del triennio l'opzione si intende tacitamente rinnovata per un altro triennio a meno che l'impresa non opti, secondo le modalità e i termini fissati dallo stesso provvedimento direttoriale, per la determinazione del valore della produzione netta secondo le regole del comma 1; anche in questo caso, l'opzione è irrevocabile per un triennio e tacitamente rinnovabile.

Art. 6. Determinazione del valore della produzione netta delle banche e altri enti e società finanziari. – 1. Per gli **intermediari finanziari**, salvo quanto previsto nei successivi commi, **la base imponibile è determinata dalla somma algebrica** delle seguenti voci del conto economico redatto in conformità agli schemi risultanti dai provvedimenti emessi ai sensi dell'articolo 9, comma 1, del decreto legislativo 28 febbraio 2005, n. 38:

a) margine d'intermediazione ridotto del 50 per cento dei dividendi;

b) ammortamenti dei beni materiali e immateriali ad uso funzionale per un importo pari al 90 per cento;

c) altre spese amministrative per un importo pari al 90 per cento;

c-*bis*) rettifiche e riprese di valore nette per deterioramento dei crediti, limitatamente a quelle riconducibili ai crediti verso la clientela iscritti in bilancio a tale titolo.

2. Per le società di intermediazione mobiliare e gli intermediari, diversi dai soggetti di cui al comma 1, abilitati allo svolgimento dei servizi di investimento indicati nell'articolo 1 del testo unico delle disposizioni in materia di intermediazione finanziaria, di cui al decreto legislativo 24 febbraio 1998, n. 58, iscritti nell'albo previsto dall'articolo 20 dello stesso decreto, assume rilievo la differenza tra la somma degli interessi attivi e proventi assimilati relativi alle operazioni di riporto e di pronti contro termine e le commissioni attive riferite ai servizi prestati dall'intermediario e la somma degli interessi passivi e oneri assimilati relativi alle operazioni di riporto e di pronti contro termine e le commissioni passive riferite ai servizi prestati dall'intermediario.

3. Per le società di gestione dei fondi comuni di investimento, di cui al citato testo unico di cui al decreto legislativo 24 febbraio 1998, n. 58, e successive modificazioni, si assume la differenza tra le commissioni attive e passive.

4. Per le società di investimento a capitale variabile, si assume la differenza tra le commissioni di sottoscrizione e le commissioni passive dovute a soggetti collocatori.

5. Per i soggetti indicati nei commi 2, 3 e 4, si deducono i componenti negativi di cui alle lettere b) e c) del comma 1 nella misura ivi indicata.

6. I componenti positivi e negativi si assumono così come risultanti dal conto economico dell'esercizio redatto secondo i criteri contenuti nei provvedimenti della Banca d'Italia 22 dicembre 2005 e

14 febbraio 2006, adottati ai sensi dell'articolo 9 del decreto legislativo 28 febbraio 2005, n. 38, e pubblicati rispettivamente nei supplementi ordinari alla Gazzetta Ufficiale n. 11 del 14 gennaio 2006 e n. 58 del 10 marzo 2006. Si applica il comma 4 dell'articolo 5.

7. Per la Banca d'Italia e l'Ufficio italiano dei cambi, per i quali assumono rilevanza i bilanci compilati in conformità ai criteri di rilevazione e di redazione adottati dalla Banca centrale europea ai sensi dello Statuto del Sistema europeo di banche centrali (SEBC) e alle raccomandazioni dalla stessa formulate in materia, la base imponibile è determinata dalla somma algebrica delle seguenti componenti:

a) interessi netti;

b) risultato netto da commissioni, provvigioni e tariffe;

c) costi per servizi di produzione di banconote;

d) risultato netto della redistribuzione del reddito monetario;

e) ammortamenti delle immobilizzazioni materiali e immateriali, nella misura del 90 per cento;

f) spese di amministrazione, nella misura del 90 per cento.

8. Per i soggetti indicati nei commi precedenti non è comunque ammessa la deduzione: dei costi, dei compensi e degli utili indicati nel comma 1, lettera b), numeri da 2) a 5), dell'articolo 11; della quota interessi dei canoni di locazione finanziaria, desunta dal contratto; dell'imposta comunale sugli immobili di cui al decreto legislativo 30 dicembre 1992, n. 504. Per le società di intermediazione mobiliare di cui al testo unico delle disposizioni in materia di intermediazione finanziaria, di cui al decreto legislativo 24 febbraio 1998, n. 58, gli interessi passivi concorrono alla formazione del valore della produzione nella misura del 96 per cento del loro ammontare. I contributi erogati in base a norma di legge, fatta eccezione per quelli correlati a costi indeducibili, nonché le plusvalenze e le minusvalenze derivanti dalla cessione di immobili che non costituiscono beni strumentali per l'esercizio dell'impresa, né beni alla cui produzione o al cui scambio è diretta l'attività dell'impresa, concorrono in ogni caso alla formazione del valore della produzione. Sono comunque ammesse in deduzione quote di ammortamento del costo sostenuto per l'acquisizione di marchi d'impresa e a titolo di avviamento in misura non superiore a un diciottesimo del costo indipendentemente dall'imputazione al conto economico.

9. **Per le società di partecipazione non finanziaria e assimilati, la base imponibile è determinata aggiungendo al risultato derivante dall'applicazione dell'articolo 5 la differenza tra gli interessi attivi e proventi assimilati e gli interessi passivi e oneri assimilati.** Gli interessi passivi concorrono alla formazione del valore della produzione nella **misura del 96 per cento del loro ammontare**.

Art. 7. Determinazione del valore della produzione netta delle imprese di assicurazione. – 1. Per le imprese di assicurazione, la base imponibile è determinata apportando alla somma dei risultati del conto tecnico dei rami danni (voce 29) e del conto tecnico dei rami vita (voce 80) del conto economico le seguenti variazioni:

a) gli **ammortamenti** dei beni strumentali, ovunque classificati, e le altre spese di amministrazione (voci 24 e 70), sono deducibili nella misura del **90 per cento**;

b) i **dividendi** (voce 33) sono assunti nella misura del **50 per cento**.

b-*bis*) le perdite, le svalutazioni e le riprese di valore nette per deterioramento dei crediti, limitatamente a quelle riconducibili a crediti nei confronti di assicurati iscritti in bilancio a tale titolo.

2. Dalla base imponibile non sono

comunque ammessi in deduzione: le spese per il personale dipendente e assimilato ovunque classificate nonché i costi, i compensi e gli utili indicati nel comma 1, lettera b), numeri da 2) a 5), dell'art. 11; le svalutazioni, le perdite e le riprese di valore dei crediti; la quota interessi dei canoni di locazione finanziaria, desunta dal contratto; l'imposta comunale sugli immobili di cui al decreto legislativo 30 dicembre 1992, n. 504. Gli interessi passivi concorrono alla formazione del valore della produzione nella misura del 96 per cento del loro ammontare.

3. I contributi erogati in base a norma di legge, fatta eccezione per quelli correlati a costi indeducibili, nonché le plusvalenze e le minusvalenze derivanti dalla cessione di immobili che non costituiscono beni strumentali per l'esercizio dell'impresa, né beni alla cui produzione o al cui scambio è diretta l'attività dell'impresa, concorrono in ogni caso alla formazione del valore della produzione. Sono comunque ammesse in deduzione quote di ammortamento del costo sostenuto per l'acquisizione di marchi d'impresa e a titolo di avviamento in misura non superiore a un diciottesimo del costo indipendentemente dall'imputazione al conto economico.

4. I componenti positivi e negativi si assumono così come risultanti dal conto economico dell'esercizio redatto in conformità ai criteri contenuti nel decreto legislativo 26 maggio 1997, n. 173, e alle istruzioni impartite dall'ISVAP con il provvedimento n. 735 del 1° dicembre 1997, pubblicato nel supplemento ordinario alla Gazzetta Ufficiale n. 289 del 12 dicembre 1997.

Art. 8. Determinazione del valore della produzione netta dei soggetti di cui all'art. 3, comma 1, lettera c). – 1. Per i soggetti di cui all'art. 3, comma 1, lettera c), la base imponibile è determinata dalla **differenza tra** l'ammontare dei **compensi percepiti e** l'ammontare **dei costi sostenuti inerenti** alla attività esercitata, **compreso l'ammortamento dei beni materiali e immateriali, esclusi gli interessi passivi e le spese per il personale dipendente**. I compensi, i costi e **gli altri componenti** si assumono così **come rilevanti** ai fini della **dichiarazione dei redditi**.

Art. 9. Determinazione del valore della produzione netta per alcuni soggetti del settore agricolo. – 1. Per gli esercenti **attività di allevamento di animali** di cui all'art. 78 del Testo unico delle imposte dirette, approvato con decreto del Presidente della Repubblica 22 dicembre 1986, n. 917, la base imponibile è determinata dalla **differenza tra l'ammontare dei corrispettivi e l'ammontare degli acquisti destinati alla produzione**. Le disposizioni del periodo precedente si applicano anche per la determinazione della base imponibile relativa alle attività di **agriturismo** svolte dai soggetti che si avvalgono, ai fini delle imposte sui redditi, del regime forfetario di cui all'art. 5 della legge 30 dicembre 1991, n. 413.

2. I soggetti di cui al comma 1 hanno facoltà di optare per la determinazione della base imponibile secondo le norme previste nell'art. 5. L'opzione deve essere esercitata nella dichiarazione di cui all'art. 19 ed ha effetto dall'inizio del periodo di imposta cui essa si riferisce e fino a quando non è revocata e in ogni caso per almeno quattro periodi di imposta.

3. Per i soggetti che esercitano attività agricola, diversi da quelli di cui al comma 1, dalle società e enti di cui all'art. 3, comma 1, lettera a), e dalle società di cui alla successiva lettera b), la base imponibile è determinata secondo le disposizioni di cui all'art. 5.

Art. 10. Determinazione del valore della produzione netta dei soggetti di cui all'art. 3, comma 1, lettera e). – 1. Per gli enti privati non commerciali di cui all'art. 3, comma 1, lettera e) che svolgono **esclusivamente attività non commerciali**, la base imponibile è determinata in un **importo pari all'ammontare delle retribuzioni spettanti al personale dipendente, dei redditi assimilati a quelli di lavoro dipendente** di cui all'art. 47 del Testo unico delle Imposte sui redditi, approvato con decreto del Presidente della Repubblica 22 dicembre 1986, n. 917, e dei **compensi erogati per collaborazione coordinata e continuativa** di cui agli articoli 49, comma 2, lettera a), **nonché per attività di lavoro autonomo non esercitate abitualmente** di cui all'art. 81, comma 1, lettera l) del citato Testo unico n. 917 del 1986. Sono in ogni caso escluse dalla base imponibile le remunerazioni dei sacerdoti e gli assegni ad esse equiparati di cui all'art. 47, comma 1, lettera d), del predetto Testo unico, nonché le somme di cui alla lettera c) dello stesso art. 47 del medesimo Testo unico esenti dall'imposta sul reddito delle persone fisiche relative a borse di studio o assegni.

2. Se i soggetti di cui al comma 1 esercitano **anche attività commerciali** la **base imponibile** a queste relativa è determinata secondo la disposizione dell'**art. 5, computando i costi deducibili** ivi indicati **non specificamente riferibili alle attività commerciali per un importo corrispondente al rapporto tra l'ammontare dei ricavi e degli altri proventi considerati dalle predette disposizioni e l'ammontare complessivo di tutti i ricavi e proventi**. La **base imponibile** relativa alle **altre attività** è determinata a norma del precedente **comma 1**, ma **l'ammontare degli emolumenti** ivi indicati è **ridotto dell'importo di essi specificamente riferibile alle attività commerciali**. Qualora gli emolumenti non siano specificamente riferibili alle attività commerciali, l'ammontare degli stessi è ridotto di un importo imputabile alle attività commerciali in base al rapporto indicato nel primo periodo del presente comma.

3. Comma abrogato.

4. Per gli altri soggetti di cui all'art. 3, comma 1, lettera e), la base imponibile è determinata:

a) per **le società ed enti commerciali secondo le disposizioni degli artt. 5, 6 e 7** che risultano ad essi applicabili;

b) per **le società ed associazioni esercenti arti e professioni secondo la disposizione dell'art. 8**.

c) lettera abrogata.

5. Ai fini dell'applicazione del presente titolo le attività commerciali sono quelle considerate tali ai fini delle imposte sui redditi.

Art. 10-*bis*. Determinazione del valore della produzione netta dei soggetti di cui all'articolo 3, comma 1, lettera e-*bis*). – 1. Per i soggetti di cui all'art. 3, comma 1, lettera e-*bis*), la base imponibile è determinata in un importo pari all'ammontare delle **retribuzioni erogate al personale dipendente, dei redditi assimilati a quelli di lavoro dipendente di cui all'art. 47** [*ora art. 50*] del Testo unico delle Imposte sui redditi, approvato con decreto del Presidente della Repubblica 22 dicembre 1986, n. 917, **e dei compensi erogati per collaborazione coordinata e continuativa** di cui all'art. 49, comma 2, lettera a) [*ora art. 50 comma 1, lett. c-bis*], nonché per **attività di lavoro autonomo non esercitate abitualmente** di cui all'art. 81 [*ora art. 67*], comma 1, lettera l), del citato Testo unico. Sono **escluse** dalla base imponibile le **somme** di cui all'**art. 47 [*ora art. 50*]**, comma 1, lettera c), del medesimo Testo unico **esenti** dall'imposta sul reddito delle persone fisiche. Le disposizioni del presente articolo non si applicano ai soggetti indicati nel primo periodo qualificati ai fini delle imposte sui redditi quali enti commerciali in quanto aventi per oggetto esclusivo o principale l'esercizio di attività commerciale per i quali la base imponibile è determinata secondo le disposizioni contenute negli articoli precedenti. Sono in ogni caso escluse dalla base imponibile le borse di studio e gli altri interventi di sostegno erogati dalle regioni, dalle province autonome e dai relativi organismi regionali per il diritto allo studio universitario, nonché dalle università, ai sensi della legge 2 dicembre 1991, n. 390.

2. Se i soggetti di cui al comma 1 esercitano **anche attività commerciali**, gli stessi possono optare per la determinazione della base imponibile relativa a tali attività commerciali secondo le disposizioni **dell'art. 5, computando i costi deducibili ivi indicati non specificamente riferibili alle attività commerciali per un importo corrispondente al rapporto tra l'ammontare dei ricavi e degli altri proventi considerati dalla predetta disposizione e l'ammontare complessivo di tutte le entrate correnti.** La base imponibile relativa alle altre attività è determinata a norma del precedente comma 1, ma l'ammontare degli emolumenti ivi indicato è ridotto dell'importo di essi specificamente riferibile alle attività commerciali. Qualora gli emolumenti non siano specificamente riferibili alle attività commerciali, l'ammontare degli stessi è ridotto di un importo imputabile alle attività commerciali in base al rapporto indicato nel primo periodo del presente comma. Si considerano attività commerciali quelle rilevanti ai fini delle imposte sui redditi, ovvero, per i soggetti di cui all'art. 88 [*ora art. 74*], comma 1, del Testo unico delle Imposte sui redditi, approvato con decreto del Presidente della Repubblica 22 dicembre 1986, n. 917, esclusi dall'imposta sul reddito delle persone giuridiche, quelle rilevanti ai fini dell'imposta sul valore aggiunto.

Art. 11. Disposizioni comuni per la determinazione del valore della produzione netta. – 1. Nella determinazione della **base imponibile**:

a) sono ammessi in **deduzione**:

1) i **contributi per le assicurazioni obbligatorie contro gli infortuni sul lavoro**;

1-*bis*) le somme corrisposte, anche su base volontaria al fondo istituito, con mandato senza rappresentanza, presso uno dei consorzi cui le imprese aderiscono in ottemperanza a obblighi di legge, in conformità alle disposizioni di legge o contrattuali, indipendentemente dal trattamento contabile ad esse applicato, a condizione che siano utilizzate in conformità agli scopi di tali consorzi;

2) numero abrogato;

3) numero abrogato;

4) numero abrogato;

5) **per i soggetti che determinano il valore della produzione ai sensi degli articoli da 5 a 9**, in relazione al personale dipendente diverso da quello a tempo indeterminato, e per i soggetti che determinano il valore della produzione ai sensi degli articoli 10, comma 1, e 10-bis, comma 1, **le spese relative agli apprendisti, ai disabili e le spese per il personale assunto con contratti di formazione e lavoro**, nonché, per i soggetti di cui all'art. 3, comma 1, lettere da a) a e), i **costi sostenuti per il personale addetto alla ricerca e sviluppo**, ivi compresi quelli per il predetto personale sostenuti da consorzi tra imprese costituiti per la realizzazione di programmi comuni di ricerca e sviluppo, a condizione che l'attestazione di effettività degli stessi sia rilasciata dal presidente del collegio sindacale ovvero, in mancanza, da un revisore dei conti o da un professionista iscritto negli albi dei revisori dei conti, dei dottori commercialisti, dei ragionieri e periti commerciali o dei consulenti del lavoro, nelle forme previste dall'art. 13, comma 2, del decreto-legge 28 marzo 1997, n. 79, convertito, con modificazioni, dalla legge 28 maggio 1997, n. 140, e successive modificazioni, ovvero dal responsabile del centro di assistenza fiscale;

b) **non sono ammessi in deduzione**:

1) numero abrogato;

2) **i compensi per attività commerciali e per prestazioni di lavoro autonomo non esercitate abitualmente, nonché i compensi attribuiti per obblighi di fare, non fare o permettere**, di cui all'art. 67, comma 1, lettere i) e l), del Testo unico delle Imposte sui redditi, di cui al decreto del Presidente della Repubblica 22 dicembre 1986, n. 917;

3) **i costi per prestazioni di collaborazione coordinata e continuativa** di cui all'art. 49, commi 2, lettera a), e 3, del predetto testo unico delle imposte sui redditi;

4) **i compensi per prestazioni di lavoro assimilato a quello dipendente** ai sensi dell'art. 47 dello stesso testo unico delle imposte sui redditi;

5) gli **utili spettanti agli associati in partecipazione** di cui alla lettera c) del predetto art. 49, comma 2, del testo unico delle imposte sui redditi;

6) numero abrogato;

1.1. Le deduzioni di cui al comma 1, lettera a), numeri 2), 3) e 4), per i produttori agricoli di cui all'art. 3, comma 1, lettera d), e per le società agricole di cui all'art. 2 del decreto legislativo 29 marzo 2004, n. 99, si applicano, nella misura del 50 per cento degli importi ivi previsti, anche per ogni lavoratore agricolo dipendente a tempo determinato impiegato nel periodo di imposta purché abbia lavorato almeno 150 giornate e il contratto abbia almeno una durate triennale.

1-*bis*. Per le imprese autorizzate all'autotrasporto di merci, sono ammesse in deduzione le indennità di trasferta previste contrattualmente, per la parte che non concorre a formare il reddito del dipendente ai sensi dell'art. 48, comma 5, del testo unico delle imposte sui redditi, di cui al decreto del Presidente della Repubblica 22 dicembre 1986, n. 917.

2. comma abrogato;

3. comma abrogato;

4. comma abrogato.

4-*bis*. Per i soggetti di cui all'art. 3, comma 1, lettere da a) ad e), sono ammessi in deduzione, fino a concorrenza, i seguenti importi:

a) euro 8.000 se la base imponibile non supera euro 180.759,91;

b) euro 6.000 se la base imponibile supera euro 180.759,91 ma non euro 180.839,91;

c) euro 4.000 se la base imponibile supera euro 180.839,91 ma non euro 180.919,91;

d) euro 2.000 se la base imponibile supera euro 180.919,91 ma non euro 180.999,91;

d-*bis*) per i soggetti di cui all'art. 3, comma 1, lettere b) e c), l'importo delle deduzioni indicate nelle lettere da a) a d) del presente comma è aumentato, rispettivamente, di euro 5.000, di euro 3.750, di euro 2.500 e di euro 1.250.

4-*bis*.1. Ai soggetti di cui all'art. 3, comma 1, lettere da a) ad e), con componenti positivi che concorrono alla formazione del valore della produzione non superiori nel periodo d'imposta a euro 400.000, spetta una deduzione dalla base imponibile pari a euro 1.850, su base annua, per ogni lavoratore dipendente impiegato nel periodo d'imposta fino a un massimo di cinque. Ai fini del computo del numero di lavoratori dipendenti per i quali spetta la deduzione di cui al presente comma non si tiene conto degli apprendisti, dei disabili e del personale assunto con contratti di formazione lavoro.

4-*bis*.2. In caso di **periodo d'imposta di durata inferiore o superiore a dodici mesi e in caso di inizio e cessazione dell'attività in corso d'anno, gli importi delle deduzioni e della base imponibile di cui al comma 4-*bis* e dei componenti positivi di cui al comma 4-*bis*.1 sono ragguagliati all'anno solare**. Le deduzioni di cui ai commi 1, lettera a), numero 2), e 4-*bis*.1 sono ragguagliate ai giorni di durata del rapporto di lavoro nel corso del periodo d'imposta nel caso di contratti di lavoro a tempo indeterminato e parziale, nei diversi tipi e modalità di cui all'art. 1 del decreto legislativo 25 febbraio 2000, n. 61, e successive modificazioni, ivi compreso il lavoro a tempo parziale di tipo verticale e di tipo misto, sono ridotte in misura proporzionale; per i soggetti di cui all'art. 3, comma 1, lettera e), le medesime deduzioni spettano solo in relazione ai dipendenti impiegati nell'esercizio di attività commerciali e, in caso di dipendenti impiegati anche nelle attività istituzionali, l'importo è ridotto in base al rapporto di cui all'art. 10, comma 2.

4-*ter*. I soggetti di cui all'art. 4, comma 2, applicano le deduzioni indicate nel presente articolo sul valore della produzione netta prima della ripartizione dello stesso su base regionale.

4-*quater*. A decorrere dal periodo d'imposta in corso al 31 dicembre 2014, per i soggetti di cui all'art. 3, comma 1, lettere da a) ad e), che incrementano il numero di lavoratori dipendenti assunti con contratto a tempo indeterminato rispetto al numero dei lavoratori assunti con il medesimo contratto mediamente occupati nel periodo d'imposta precedente, è deducibile il costo del predetto personale per un importo annuale non superiore a 15.000 euro per ciascun nuovo dipendente assunto, e nel limite dell'incremento complessivo del costo del personale classificabile nell'art. 2425, primo comma, lettera B), numeri 9) e 14), del codice civile per il periodo d'imposta in cui è avvenuta l'assunzione con contratto a tempo indeterminato e per i due successivi periodi d'imposta. La suddetta deduzione decade se, nei periodi d'imposta successivi a quello in cui è avvenuta l'assunzione, il numero dei lavoratori dipendenti risulta inferiore o pari al numero degli stessi lavoratori mediamente occupati in tale periodo d'imposta; la deduzione spettante compete, in ogni caso, per ciascun periodo d'imposta a partire da quello di assunzione, sempre che permanga il medesimo rapporto di impiego. L'incremento della base occupazionale va considerato al netto delle diminuzioni occupazionali verificatesi in società controllate o collegate ai sensi dell'art. 2359 del codice civile o facenti capo, anche per interposta persona, allo stesso soggetto. Per i soggetti di cui all'art. 3, comma 1, lettera e), la base occupazionale di cui al terzo periodo è individuata con riferimento al personale dipendente con contratto di lavoro a tempo indeterminato impiegato nell'attività commerciale e la deduzione spetta solo con riferimento all'incremento dei lavoratori utilizzati nell'esercizio di tale attività. In caso di lavoratori impiegati anche nell'esercizio dell'attività istituzionale si considera, sia ai fini dell'individuazione della base occupazionale di riferimento e del suo incremento, sia ai fini della deducibilità del costo, il solo personale dipendente con contratto di lavoro a tempo indeterminato riferibile all'attività commerciale individuato in base al rapporto di cui all'art. 10, comma 2. Non rilevano ai fini degli incrementi occupazionali i trasferimenti di dipendenti dall'attività istituzionale all'attività commerciale. Nell'ipotesi di imprese di nuova costituzione non rilevano gli incrementi occupazionali derivanti dallo svolgimento di attività che assorbono anche solo in parte attività di imprese giuridicamente preesistenti, ad esclusione delle attività sottoposte a limite numerico o di superficie. Nel caso di impresa subentrante ad altra nella gestione di un servizio pubblico, anche gestito da privati, comunque assegnata, la deducibilità del costo del personale spetta limitatamente al numero di lavoratori assunti in più rispetto a quello dell'impresa sostituita.

4-*quinquies*. Comma abrogato.

4-*sexies*. Comma abrogato.

4-*septies*. Per ciascun dipendente l'importo delle deduzioni ammesse dai commi 1, 4-*bis*.1 e 4-*quater*, non può comunque eccedere il limite massimo rappresentato dalla retribuzione e dagli altri oneri e spese a carico del datore di lavoro e l'applicazione delle disposizioni di cui al comma 1, lettera a), numeri 2), 3) e 4), è alternativa alla fruizione delle disposizioni di cui ai commi 1, lettera a), numero 5), e 4-*bis*.1.

4-*octies*. Fermo restando quanto stabilito dal presente articolo e in deroga a quanto stabilito negli articoli precedenti, per i soggetti che determinano il valore della produzione netta ai sensi degli articoli da 5 a 9, è ammessa in deduzione la differenza tra il costo complessivo per il personale dipendente con contratto a tempo indeterminato e le deduzioni spettanti ai sensi dei commi 1, lettera a), 1-*bis*, 4-*bis*.1 e 4-*quater* del presente articolo. La deduzione di cui al periodo precedente è ammessa altresì, nei limiti del 70 per cento della differenza ivi prevista, calcolata per ogni lavoratore stagionale impiegato per almeno centoventi giorni per due periodi d'imposta, a decorrere dal secondo contratto stipulato con lo stesso datore di lavoro nell'arco temporale di due anni a partire dalla data di cessazione del precedente contratto.

Art. 11-*bis*. – Articolo abrogato.

Art. 12. Determinazione del valore della produzione netta realizzata fuori dal territorio dello Stato o da soggetti non residenti. – 1. Nei confronti dei soggetti passivi **residenti** nel territorio dello Stato che esercitano **attività produttive anche all'estero** la **quota** di **valore** a queste **attribuibili** secondo i **criteri di cui all'art. 4, comma 2, è scomputata dalla base imponibile** determinata a **norma degli artt. da 5 a 10-*bis*.**

2. Nei confronti dei soggetti passivi **non residenti nel territorio dello Stato** si considera **prodotto nel territorio** della **regione** il **valore derivante** dall'**esercizio** di **attività commerciali, di arti o professioni o da attività non commerciali** esercitate **nel territorio stesso** per un **periodo** di **tempo non inferiore** a **tre mesi mediante stabile organizzazione, base fissa o ufficio.** Qualora le suddette attività o imprese siano esercitate nel territorio di più regioni si applica la disposizione dell'art. 4, comma 2.

2-*bis*. Il valore della produzione netta derivante da una stabile organizzazione è determinato sulla base di un apposito rendiconto economico e patrimoniale, da redigersi secondo i principi contabili previsti per i soggetti residenti aventi le medesime caratteristiche, salva quella della emissione di strumenti finanziari ammessi alla negoziazione in mercati regolamentati di qualsiasi Stato membro dell'Unione europea ovvero diffusi tra il pubblico di cui all'art. 116 testo unico delle disposizioni in materia di intermediazione finanziaria, di cui al decreto legislativo 24 febbraio 1998, n. 58. A tali fini, si applicano le disposizioni dell'art. 152, comma 2, del testo unico delle imposte sui redditi, approvato con decreto del Presidente della Repubblica 22 dicembre 1986, n. 917.

3. **Le persone fisiche e gli altri soggetti passivi si considerano residenti nel territorio dello Stato quando ricorrono le condizioni, rispettivamente applicabili, previste negli artt. 2, comma 2, 5, comma 3, lettera d), e 87, comma 3, del testo unico delle imposte sui redditi**, approvato con decreto del Presidente della Repubblica 22 dicembre 1986, n. 917. Se il soggetto passivo esercita attività produttive mediante l'utilizzazione di navi iscritte nel registro di cui all'art. 1, comma 1, del decreto-legge 30 dicembre 1997, n. 457, convertito, con modificazioni, dalla legge 27 febbraio 1998, n. 30, la quota di valore a queste attribuibile, determinata a norma dell'art. 5, è scomputata dalla base imponibile.

Art. 13. Disposizioni concernenti il GEIE. – 1. Il valore della produzione netta del gruppo economico di interesse europeo residente, a norma dell'art. 12, comma 3, nel territorio dello Stato o di una stabile organizzazione di un gruppo non residente è determinato secondo le disposizioni dell'art. 5, ed è imputato a ciascun membro nella proporzione prevista dal contratto di gruppo o, in mancanza, in parti uguali. Il valore si considera prodotto, anche nei confronti di membri non residenti, nel territorio della regione in cui il gruppo o la stabile organizzazione ha sede, salvo il disposto dell'art. 4, comma 2.

2. Nei confronti del gruppo residente e di quello non residente relativamente alla stabile organizzazione nel territorio dello Stato si applicano le disposizioni degli artt. 19 e 20.

3. Ciascun membro del gruppo è obbligato in solido con gli altri al versamento dell'imposta dovuta sul valore prodotto.

4. Il gruppo residente e la stabile organizzazione di un gruppo non residente si considerano domiciliati nel territorio del comune nel quale hanno il domicilio fiscale ai fini delle imposte sui redditi.

Art. 14. Periodo di imposta. – 1. **L'imposta è dovuta per periodi di imposta** a ciascuno dei quali corrisponde una **obbligazione tributaria autonoma**. Il periodo di imposta è determinato secondo i **criteri** stabiliti ai fini delle **imposte sui redditi**.

Art. 15. Spettanza dell'imposta. – 1. L'**imposta** è **dovuta** alla **regione** nel cui territorio il **valore della produzione netta** è **realizzato**.

Art. 16. Determinazione dell'imposta. – 1. L'imposta è determinata **applicando al valore della produzione netta l'aliquota del 3,50 per cento**, salvo quanto previsto dal comma 2, nonché nei commi 1 e 2 dell'art. 45.

1-*bis*. Nei confronti dei soggetti di cui:

a) all'art. 5, che esercitano attività di imprese concessionarie diverse da quelle di costruzione e gestione di autostrade e trafori, si applica l'aliquota del **3,80 per cento**;

b) all'art. 6, si applica l'aliquota del **4,20 per cento**;

c) all'art. 7, si applica l'aliquota del **5,30 per cento**.

2. Nei confronti dei soggetti di cui all'art. 3, comma 1, lettera e-*bis*), relativamente al valore prodotto nell'esercizio di attività non commerciali, determinato ai sensi dell'art. 10-*bis*, si applica l'aliquota dell'**8,5** per cento.

3. **A decorrere dal terzo anno successivo a quello di emanazione del presente decreto, le regioni hanno facoltà di variare l'aliquota di cui al comma 1 e 1-*bis* fino ad un massimo di 0,92 punti percentuali**. La variazione può essere differenziata per settori di attività e per categorie di soggetti passivi.

3-*bis*. Allo scopo di specificare gli adempimenti tributari dei contribuenti e le funzioni dei centri di assistenza fiscale nonché degli altri intermediari, le regioni e le province autonome di Trento e Bolzano, entro il 31 marzo dell'anno a cui l'imposta si riferisce, inviano al Ministero dell'economia e delle finanze – Dipartimento delle finanze i dati rilevanti per la determinazione del tributo mediante l'inserimento degli stessi nell'apposita sezione del portale del federalismo fiscale ai fini della pubblicazione nel sito informatico di cui all'articolo 1, comma 3, del decreto legislativo 28 settembre 1998, n. 360. Con decreto del Ministero dell'economia e delle finanze, sentita la Conferenza permanente per i rapporti tra lo Stato, le regioni e le province autonome di Trento e Bolzano, sono individuati i dati rilevanti per la determinazione dell'imposta regionale sulle attività produttive. Il mancato inserimento da parte delle regioni e delle province autonome nel suddetto sito informatico dei dati rilevanti ai fini della determinazione dell'imposta comporta l'inapplicabilità di sanzioni e di interessi.

Art. 17. Agevolazioni di carattere territoriale e per categorie di soggetti. – 1. Per i soggetti che alla data di entrata in vigore del presente decreto hanno acquisito il diritto a fruire di uno dei regimi di esenzione decennale a carattere territoriale dell'imposta locale sui redditi nel rispetto delle condizioni e dei requisiti previsti dalle singole leggi di esonero, il valore prodotto nel territorio della regione ove è ubicato lo stabilimento o l'impianto cui il regime agevolativo si riferisce, determinato a norma degli artt. 4 e 5, è ridotto per il residuo periodo di applicabilità del detto regime di un ammontare pari al reddito che ne avrebbe fruito.

2. Per i soggetti che ai fini delle imposte sui redditi si avvalgono di regimi forfetari di determinazione del reddito, con esclusione di quelli indicati nell'art. 9, comma 1, il valore della produzione netta può determinarsi aumentando il reddito calcolato in base a tali regimi delle retribuzioni sostenute per il personale dipendente, dei compensi spettanti ai collaboratori coordinati e continuativi di quelli per prestazioni di lavoro autonomo non esercitate abitualmente, e degli interessi passivi.

3. Ai soggetti che svolgono attività produttive attraverso stabilimenti industriali tecnicamente organizzati impiantati nel territorio del Mezzogiorno, di cui alla decisione della Commissione delle Comunità europee 1° marzo 1995, n. 95/455/CE spetta una detrazione dall'imposta determinata ai sensi del precedente art. 10 di ammontare pari, rispettivamente, al 2 per cento dell'ammontare delle spese per prestazioni di lavoro dipendente risultante dalle dichiarazioni presentate ai fini fiscali relative al periodo di imposta in corso al 1° gennaio 1998 e all'1 per cento per il periodo di imposta in corso al 1° gennaio 1999, qualora sussistano le condizioni per l'applicazione delle disposizioni relative alla fiscalizzazione degli oneri sociali.

3-*bis*. Il valore della produzione netta in franchi svizzeri determinata ai sensi degli articoli da 5 a 9, derivante da attività esercitate nel comune di Campione di Italia, è computato in euro sulla base del cambio di cui all'articolo 9, comma 2, del testo unico delle imposte sui redditi, di cui al decreto del Presidente della Repubblica 22 dicembre 1986, n. 917, ridotto forfetariamente del trenta per cento. Al valore della produzione netta espresso in euro si applica la medesima riduzione calcolata per i franchi svizzeri, in base a quanto previsto nel primo periodo, con un abbattimento minimo di euro 26.000.

3-*ter*. Nel caso in cui l'impresa svolga la propria attività anche al di fuori del territorio del Comune di Campione di Italia, ai fini dell'individuazione della quota di valore della produzione netta per cui è possibile beneficiare delle agevolazioni di cui al comma 3-*bis* si applicano le disposizioni di cui all'art. 4, comma 2.

3-*quater*. Le agevolazioni di cui al comma 3-*bis* si applicano ai sensi e nei limiti del regolamento (UE) n. 1407/2013 della Commissione, del 18 dicembre 2013, relativo all'applicazione degli articoli 107 e 108 del Trattato sul funzionamento dell'Unione europea agli aiuti *de minimis*, e del regolamento (UE) n. 1408/2013 della Commissione, del 18 dicembre 2013, relativo all'applicazione degli articoli 107 e 108 del Trattato sul funzionamento dell'Unione europea agli aiuti *de minimis* nel settore agricolo.

4. Per le cooperative edilizie a proprietà indivisa e, sino al frazionamento del mutuo, per quelle a proprietà divisa, la base imponibile è determinata ai sensi dell'art. 10, commi 1 e 2.

5. Per le cooperative sociali di cui all'art. 1, comma 1, lettera b), della legge 8 novembre 1991, n. 381, il costo del lavoro delle persone svantaggiate di cui all'art. 4 della medesima legge, è deducibile per intero dalla base imponibile.

6. Per l'anno 1998, le cooperative sociali di cui all'art. 1, comma 1, lettera a), della legge 8 novembre 1991, n. 381, nonché le cooperative di lavoro e gli organismi di fatto di cui al decreto del Presidente della Repubblica 30 aprile 1970, n. 602, deducono dalla base imponibile una somma pari alla differenza tra l'ammontare delle retribuzioni effettivamente corrisposte e quello calcolato in base ai salari convenzionali. Per gli anni 1999 e 2000 la somma da dedurre dalla base imponibile è pari, rispettivamente, al 75 per cento e al 50 per cento della predetta differenza calcolata con le medesime modalità. A decorrere dall'anno 2001 la base imponibile è determinata in maniera ordinaria.

Art. 18. Agevolazioni per nuove iniziative produttive. – 1. Il comma 210 dell'art. 2 della legge 23 dicembre 1996, n. 662, è sostituito dal seguente: "Per le iniziative produttive intraprese, a decorrere dal 1 gennaio 1997, nei territori di cui all'articolo 1, comma 1, lettera a), del decreto-legge 8 febbraio 1995, n. 32, convertito, con modificazioni, dalle legge 7 aprile 1995, n. 104, è riconosciuto, per l'anno di inizio di attività e per i due successivi, un credito di imposta pari, per ciascun anno, al 50 per cento dell'imposta sul reddito delle persone fisiche sui redditi riferibili proporzionalmente al reddito di impresa o derivante dall'esercizio di arti o professioni dell'anno cui compete; il credito è utilizzato per il versamento della detta imposta e non può essere superiore, per ciascun anno, a lire 5 milioni [*ora euro 2.582,28*]. Per le stesse iniziative è concessa per i medesimi periodi di imposta la riduzione al 50 per cento dell'imposta regionale sulle attività produttive; la riduzione non può essere superiore a 5 milioni dell'imposta dovuta per ciascun anno. Per le iniziative produttive intraprese nelle aree territoriali di cui all'obiettivo 1 del regolamento CEE n. 2052/88, le predette disposizioni si applicano per l'anno di inizio di attività e per i 5 successivi".

1-*bis*. Resta ferma, in relazione al periodo d'imposta 1997, la spettanza del credito d'imposta agli effetti dell'imposta locale sui redditi e dell'imposta sul patrimonio netto delle imprese prevista dal comma 210 dell'art. 2 della legge 23 dicembre 1996, n. 662, nel testo vigente prima delle modifiche recate dal precedente comma 1.

2. Con le leggi regionali di cui all'art. 24, possono essere aumentati la percentuale e l'importo massimo della riduzione dell'imposta regionale sulle attività produttive di cui al comma 1.

Art. 19. Dichiarazione dei soggetti passivi. – 1. Ogni soggetto passivo deve **dichiarare per ogni periodo di imposta i componenti del valore, ancorché non ne consegua un debito di imposta**.

1-*bis*. Per i soggetti di cui all'art. 3, comma 1, lettera e-*bis*), la dichiarazione è presentata dai soggetti che emettono i provvedimenti autorizzativi dei versamenti dell'imposta regionale sulle attività produttive.

2. La dichiarazione deve essere redatta, a pena di nullità, su stampato conforme a quello approvato con decreto del Ministro delle finanze da pubblicare nella Gazzetta Ufficiale nel termine di cui all'art. 8, primo comma, primo periodo, del decreto del Presidente della Repubblica 29 settembre 1973, n. 600, come sostituito dall'art. 5, comma 1, del decreto legislativo 9 luglio 1997, n. 241.

3. La dichiarazione deve essere sottoscritta, a pena di nullità, dal soggetto passivo o da chi ne ha la rappresentanza legale o negoziale o, in mancanza, per i soggetti diversi dalle persone fisiche, da

chi ne ha l'amministrazione anche di fatto. Per gli organi e le amministrazioni dello Stato la dichiarazione è sottoscritta dal dirigente competente secondo le rispettive norme regolamentari. La nullità è sanata se il soggetto passivo o il suo rappresentante provvede alla sottoscrizione entro trenta giorni dal ricevimento dell'invito da parte dell'ufficio competente. L'invito è eseguito mediante invio di raccomandata con avviso di ricevimento.

4. Con il decreto del Ministro delle finanze di cui al comma 2 possono essere richiesti dati e notizie utili alla determinazione del valore della produzione netta e indicati gli atti da allegare alla dichiarazione a cura del contribuente.

5. La dichiarazione è presentata con le modalità di cui all'art. 12 del decreto del Presidente della Repubblica 29 settembre 1973, n. 600, come sostituito dall'art. 7 del decreto legislativo 9 luglio 1997, n. 241.

6. Nei casi di liquidazione, fallimento, liquidazione coatta amministrativa, trasformazione, fusione e scissione di imprese individuali, società ed enti di cui agli artt. 10 e 11 del decreto del Presidente della Repubblica 29 settembre 1973, n. 600, si osservano le disposizioni ivi previste, con esclusione dei commi secondo e terzo dell'art. 10 se nelle procedure fallimentare e di liquidazione coatta non vi è esercizio provvisorio dell'impresa.

Art. 20. Obblighi contabili. – 1. Ai fini dell'imposta di cui al presente titolo i soggetti passivi devono osservare gli **obblighi documentali e contabili** ai quali sono tenuti **ai fini delle imposte sul reddito e sul valore aggiunto.**

Art. 21. Domicilio dei soggetti passivi. – 1. Ogni soggetto passivo si considera domiciliato **nel comune nel quale ha il domicilio fiscale** secondo le disposizioni previste dal decreto del Presidente della Repubblica 29 settembre 1973, n. 600.

Art. 22. Giurisdizione sulle controversie. – 1. Le controversie concernenti l'imposta regionale sulle attività produttive e la relativa addizionale e le sanzioni sono soggette alla **giurisdizione delle Commissioni tributarie** secondo le disposizioni del decreto legislativo 31 dicembre 1992, n. 546.

Art. 23. Accesso alle informazioni. – 1. L'Amministrazione finanziaria trasmette a ciascuna regione, con sistemi telematici o mediante supporti magnetici, le informazioni relative alle dichiarazioni presentate dai soggetti passivi.

2. Gli elementi acquisiti nel corso dell'attività di controllo dagli uffici dell'Amministrazione finanziaria, dal Corpo della Guardia di finanza e dagli organi regionali sono direttamente utilizzabili, rispettivamente, per l'accertamento dell'imposta regionale e dei tributi erariali.

3. Con decreto del Ministro delle finanze, sentita la Conferenza Stato-Regioni, sono stabilite le modalità di collegamento degli uffici regionali con il sistema informativo dell'anagrafe tributaria e di utilizzazione dei relativi servizi anche ai fini dello scambio di informazioni di interesse fiscale.

Art. 24. Poteri delle regioni. – 1. Le **regioni a statuto ordinario** possono **disciplinare, con legge,** nel rispetto dei **principi in materia di imposte sul reddito e** di quelli recati dal **presente titolo,** le **procedure applicative** dell'**imposta**, ferme restando le disposizioni degli articoli 19, da 21 a 23, e da 32 a 35.

2. Le regioni a statuto speciale e le provincie autonome di Trento e Bolzano provvedono, con legge, alla attuazione delle disposizioni del presente titolo in conformità delle disposizioni della legge 23 dicembre 1996, n. 662, art. 3, commi 158 e 159.

3. L'**accertamento** delle **violazioni** alle norme del presente titolo compete alle **amministrazioni regionali**.

4. Le leggi di cui ai commi 1 e 2 possono prevedere la stipula di convenzioni con il Ministero delle finanze per l'espletamento, in tutto o in parte, delle attività di liquidazione, accertamento e riscossione dell'imposta, nonché per le attività concernenti il relativo contenzioso, secondo le disposizioni in materia di imposte sui redditi.

5. Gli **uffici** dell'**amministrazione finanziaria** ed i **comandi della Guardia di finanza cooperano** per l'**acquisizione** ed il **reperimento** degli **elementi utili per l'accertamento dell'imposta e per la repressione delle violazioni** alle norme del presente titolo, procedendo anche di propria iniziativa secondo le norme e con le facoltà stabilite dalle singole leggi regionali o, in loro mancanza, secondo le facoltà loro attribuite dalla normativa tributaria statale, trasmettendo agli uffici regionali i relativi verbali e rapporti.

6. Le leggi di cui ai commi 1 e 2 non possono avere effetto anteriore al periodo di imposta in corso al 1° gennaio 2000.

7. Con decreto del Ministro delle finanze da emanare ai sensi dell'art. 17, comma 3, della legge 23 agosto 1988, n. 400, d'intesa con la Conferenza Stato-Regioni, sono stabiliti gli organi competenti all'irrogazione delle sanzioni e le modalità di ripartizione delle somme riscosse in caso di concorso formale e di violazioni continuate rilevanti ai fini dell'imposta regionale e di altri tributi.

Art. 25. Disciplina temporanea. – 1. Fino a quando non hanno effetto le leggi regionali di cui all'art. 24, per le attività di controllo e rettifica della dichiarazione, per l'accertamento e per la riscossione dell'imposta regionale, nonché per il relativo contenzioso si applicano le disposizioni in materia di imposte sui redditi ad eccezione degli artt. 38, commi dal quarto al settimo, 44 e 45 del decreto del Presidente della Repubblica 29 settembre 1973, n. 600.

2. Le regioni, le provincie, e i comuni partecipano all'attività di cui al comma 1 segnalando elementi e notizie utili, collaborando, eventualmente anche tramite le apposite commissioni paritetiche di cui al terzo periodo, con osservazioni e proposte alla predisposizione dei programmi di accertamento degli uffici dell'Amministrazione finanziaria. Le modalità di attuazione di questa disposizione sono stabilite con decreto del Ministro delle finanze, d'intesa con la Conferenza unificata di cui al decreto legislativo 28 agosto 1997, n. 281, da emanare a norma dell'art. 17, comma 3, della legge 23 agosto 1988, n. 400, entro novanta giorni dalla data di entrata in vigore del presente decreto. Con il medesimo decreto possono essere istituite e disciplinate commissioni paritetiche per la stesura di programmi di accertamento.

Art. 26. Attribuzione allo Stato di quote del gettito dell'imposta. – 1. È attribuita **allo Stato una quota del gettito dell'imposta regionale sulle attività produttive** riscosso in ciascuna regione a compensazione dei costi sostenuti per lo svolgimento delle attività di cui all'art. 25, comma 1. La disposizione del primo periodo si applica fino all'anno precedente a quello dal quale ha effetto la legge regionale di cui all'art. 24, regolatrice delle dette attività.

2. È altresì attribuita allo Stato una ulteriore quota del gettito di cui al comma 1 a compensazione della perdita di gettito derivante dall'abolizione dell'imposta sul patrimonio netto delle imprese. La quota è determinata in un ammontare pari al gettito della predetta imposta riscosso nell'ultimo periodo di imposta nel quale essa è stata applicata. Questa disposizione si applica limitatamente al gettito dell'imposta regionale sulle attività produttive relativo al primo periodo di imposta della sua applicazione e al successivo.

3. Con decreto del Ministro delle finanze, di concerto con il Ministro del tesoro, del bilancio e della programmazione economica, d'intesa con la Conferenza Stato-Regioni, è determinata la quota di cui al comma 1 e le relative modalità di attribuzione. Con decreto del Ministro delle finanze, di concerto con il Ministro del tesoro, sentita la Conferenza Stato-Regioni, è determinata la quota di cui al comma 2 e le relative modalità di attribuzione.

Art. 27. Compartecipazione dei comuni e delle provincie al gettito dell'imposta. – 1. A decorrere dall'anno di entrata in vigore del presente decreto le **regioni devolvono ad ogni comune e ad ogni provincia del proprio territorio una quota** del **gettito** della **imposta regionale sulle attività produttive** pari, per il comune, al gettito riscosso nel 1997 per tasse di concessione comunale e per imposta comunale per l'esercizio di impresa, arti e professioni, al netto della quota di spettanza della provincia, e, per la provincia, all'ammontare di questa quota al lordo di quella spettante allo Stato a norma dell'art. 6 del decreto-legge 2 marzo 1989, n. 66, convertito, con modificazioni, dalla legge 24 aprile 1989, n. 144.

2. Gli importi dovuti ai comuni e alle provincie a norma del comma 1 sono ad essi versati dalle regioni nel mese di luglio di ciascun anno. Nel primo anno tali importi sono commisurati all'ammontare del gettito riscosso nel 1996 risultante dai relativi rendiconti consuntivi, salvo conguaglio, da effettuare nell'anno successivo con gli importi dovuti per tale anno, in base alle risultanze dei rendiconti per l'anno 1997. Gli importi dovuti sono determinati da ciascuna regione che, previa acquisizione delle informazioni necessarie, ne dà comunicazione ai comuni e alle provincie entro il 30 giugno del primo anno e del successivo. Gli importi comunicati costituiscono per le Regioni somme a destinazione vincolata. A decorrere dall'anno 1999, i predetti importi sono incrementati annualmente in misura pari al tasso programmato di inflazione indicato nella relazione previsionale e programmatica.

3. L'importo corrispondente alla quota spettante allo Stato di cui al comma 1, determinato a norma del comma 2, è versato nei termini quivi indicati dalle provincie allo Stato per le finalità di cui all'art. 1-*bis* del decreto-legge 25 novembre 1996, n. 599, convertito, con modificazioni, dalla legge 24 gennaio 1997, n. 5, secondo le vigenti disposizioni per il versamento della suddetta quota.

4. Le regioni possono attribuire alle provincie e ai comuni quote di compartecipazione al gettito dell'imposta regionale sulle attività produttive anche al fine di finanziare le funzioni ad essi delegate, secondo criteri stabiliti con propria legge.

5. Comma abrogato.

6. Le regioni Friuli Venezia-Giulia e Valle d'Aosta e le provincie autonome di Trento e Bolzano, nell'esercizio dei poteri in materia di finanza locale, provvedono alla disciplina dei rapporti finanziari con gli enti locali, assicurando agli stessi le risorse finanziarie per compensare gli effetti finanziari negativi conseguenti all'attuazione del presente decreto.

Art. 28. – Articolo abrogato.

Art. 29. Finanziamento delle città metropolitane. – 1. Le regioni, nell'attribuire alle città metropolitane le funzioni amministrative di competenza provinciale o affidate ai comuni, a norma dell'art. 19 della legge 8 giugno 1990, n. 142, provvedono ad assegnare alle stesse quote del gettito di tributi regionali.

Art. 30. Riscossione dell'imposta e versamento in acconto. – 1. Fino a quando non hanno effetto le leggi regionali di cui all'art. 24, per la riscossione dell'imposta si applicano le disposizioni dei commi seguenti.

2. L'imposta dovuta a ciascuna regione in base alla dichiarazione **è riscossa mediante versamento del soggetto passivo da eseguire con le modalità e nei termini stabiliti per le imposte sui redditi.**

3. Nel periodo di imposta per il quale la dichiarazione deve essere presentata sono dovuti **acconti** dell'imposta ad esso relativa secondo le disposizioni previste per le **imposte sui redditi.** Gli acconti sono versati con le modalità e nei termini per queste stabiliti.

4. L'imposta risultante dalle dichiarazioni annuali **non è dovuta o, se il saldo è negativo, non è rimborsabile, se i relativi importi spettanti a ciascuna regione non superano euro 10,33**; per lo stesso importo, non si fa luogo, ad iscrizione nei ruoli, né a rimborso. Con le leggi regionali di cui all'art. 24 il predetto importo può essere adeguato.

5. In deroga alla disposizione del comma 2 i soggetti che determinano la base imponibile ai sensi dell'art. 10-*bis*), comma 1, versano l'acconto mensilmente, con le modalità e nei termini stabiliti con decreto del Ministro delle finanze, di concerto con il Ministro del tesoro, del bilancio e della programmazione economica, sentita la conferenza Stato-Regioni, in un importo pari a quello risultante dall'applicazione dell'aliquota prevista dall'art. 16, comma 2, all'ammontare degli emolumenti ivi indicati corrisposti nel mese precedente. Qualora l'ammontare dell'imposta dovuta a ciascuna regione sia pari o inferiore a euro 10,33, l'obbligo di versamento rimane sospeso fino alla scadenza successiva per la quale la somma complessiva da versare sia almeno pari al predetto importo.

6. La riscossione coattiva dell'imposta avviene mediante ruolo sulla base delle disposizioni che regolano la riscossione coattiva delle imposte sui redditi, mediante ruoli affidati ai concessionari senza l'obbligo del non riscosso.

7. Per lo svolgimento di attività di pagamento e riscossione dell'imposta, le banche sono remunerate in conformità a quanto previsto dalle convenzioni di cui agli articoli 19, comma 5, e 24, comma 8, del decreto legislativo 9 luglio 1997, n. 241, mentre per i concessionari si applicano le disposizioni di cui all'articolo 61 del decreto del Presidente della Repubblica 28 gennaio 1988, n. 43.

Art. 31. Primo acconto di imposta. – 1. Per il **primo periodo di imposta** nel quale, a norma degli articoli 36 e 37, l'imposta è applicabile, l'acconto di cui all'articolo 30, comma 3, da versare in due rate di pari importo, è pari al **120 per cento** della imposta figurativa liquidabile sul valore della produzione netta realizzato nel periodo di imposta precedente, determinato secondo le disposizioni degli articoli da 4 a 11 e risultante da un apposito prospetto redatto su stampato conforme al modello approvato con decreto del Ministro delle finanze da allegare alla prima dichiarazione dei redditi da presentare a decorrere dalla data di entrata in vigore del presente decreto ovvero, per i soggetti non tenuti alla presentazione di essa, risultante da apposita dichiarazione, redatta e sottoscritta a norma dell'articolo 19, da presentare nel mese di giugno dell'anno di entrata in vigore del presente decreto. Gli omessi o insufficienti versamenti dell'imposta relativi al primo periodo di applicazione della stessa, i cui termini sono scaduti alla data del 30 ottobre 1998, possono essere regolarizzati entro il termine di scadenza del primo versamento dell'imposta da effettuare successivamente alla predetta data applicando gli interessi calcolati al tasso legale con maturazione giorno per giorno.

Art. 32. – Articolo abrogato.

Art. 33. – Articolo abrogato.

Art. 34. Ritardato o omesso versamento dell'imposta. – 1. In caso di ritardato o omesso versamento dell'imposta, in acconto o a saldo, o di versamento in misura inferiore a quella dovuta, si applica la sanzione amministrativa pari al **trenta per cento dell'imposta non versata**. Identica sanzione si applica nei casi di liquidazione della maggiore imposta ai sensi degli articoli 36-*bis* e 36-*ter* del decreto del Presidente della Repubblica 29 settembre 1973, n. 600, come sostituiti dall'articolo 13, comma 1, del decreto legislativo 9 luglio 1997, n. 241.

2. Sugli importi non versati o versati in ritardo **sono dovuti gli interessi** a norma dell'articolo 9 del decreto del Presidente della Repubblica 29 settembre 1973, n. 602.

Art. 35. Violazioni degli obblighi relativi alla contabilità. – 1. Per le violazioni degli obblighi relativi alla tenuta o conservazione della contabilità si applicano le **sanzioni previste in materia di imposte dirette e di imposta sul valore aggiunto**.

Art. 36. Decorrenza dell'imposta e abolizione di contributi e tributi. – 1. Salvo quanto disposto dall'articolo 37, l'imposta regionale sulle attività produttive si applica a decorrere dalla data di entrata in vigore del presente decreto e dalla medesima data sono aboliti:

a) i contributi per il servizio sanitario nazionale di cui all'articolo 31 della legge 28 febbraio 1986, n. 41, come da ultimo modificato dall'articolo 4 della legge 22 marzo 1995, n. 85, il contributo dello 0,2 per cento di cui all'articolo 1, terzo comma, della legge 31 dicembre 1961, n. 1443, e all'articolo 20, ultimo comma, della legge 12 agosto 1962, n. 1338, e la quota di contributo per l'assicurazione obbligatoria contro la tubercolosi eccedente quella prevista per Il finanziamento delle prestazioni economiche della predetta assicurazione di cui all'articolo 27 della legge 9 marzo 1989, n. 88;

b) l'imposta locale sui redditi di cui al titolo III del testo unico delle imposte sui redditi, approvato con decreto del Presidente della Repubblica 22 dicembre 1986, n. 917;

c) l'imposta comunale per l'esercizio di imprese e di arti e professioni, di cui al titolo I del decreto-legge 2 marzo 1989, n. 66, convertito, con modificazioni, dalla legge 24 aprile 1989, n. 144;

d) la tassa sulla concessione governativa per l'attribuzione del numero di partita Iva, di cui all'articolo 24 della tariffa allegata al decreto del Presidente della Repubblica 26 ottobre 1972, n. 641, come sostituita dal decreto del Ministro delle finanze 28 dicembre 1995, pubblicato nella Gazzetta Ufficiale n. 303 del 30 dicembre 1995;

e) l'imposta sul patrimonio netto delle imprese, istituita con decreto-legge 30 settembre 1992, n. 394, convertito, con modificazioni, dalla legge 26 novembre 1992, n. 461.

2. I versamenti relativi ai tributi e ai contributi aboliti indicati nel comma 1, i cui presupposti di imposizione si verificano anteriormente alla data dalla quale, nei confronti dei singoli soggetti passivi, ha effetto la loro abolizione, sono effettuati anche successivamente a tale data.

Art. 37. Soggetti con periodo di imposta non coincidente con l'anno solare. – 1. Nei confronti dei soggetti il cui periodo di imposta non coincide con l'anno solare l'applicazione dell'imposta regionale sulle attività produttive e l'abolizione dei contributi e dei tributi indicati nell'articolo 36, comma 1, lettere a), b) ed e), hanno effetto dal primo periodo di imposta che ha inizio successivamente alla data di entrata in vigore del presente decreto.

2. In deroga a quanto disposto nel comma 1 per i soggetti ivi indicati il cui periodo di imposta è in corso alla data di entrata in vigore del presente decreto ed è iniziato dopo il 30 settembre dell'anno precedente, l'applicazione dell'imposta regionale sulle attività produttive e l'abolizione dei contributi e tributi indicati nel medesimo comma 1 hanno effetto dalla data di inizio del predetto periodo.

3. I soggetti di cui al comma 2 possono scomputare dall'acconto di cui all'articolo 31 i dodicesimi dell'imposta e della tassa di cui all'articolo 36, comma 1, lettere c) e d), dovute per l'anno precedente a quello di entrata in vigore del presente decreto e relativi ai mesi interi compresi tra la data dalla quale ha effetto nei loro confronti, a norma del medesimo comma 2, l'abolizione dei predetti tributi e quella di entrata in vigore del presente decreto, nonché l'importo dei contributi di cui alla lettera a) del medesimo comma dell'articolo 36 eventualmente versati con riferimento ai predetti mesi. Non si fa luogo in ogni caso al rimborso degli importi non scomputati.

Art. 38. Determinazione del Fondo sanitario nazionale. – 1. Al fine della determinazione del Fondo sanitario nazionale di parte corrente e delle specifiche quote da assegnare alle regioni si considera come dotazione propria delle medesime il gettito dell'addizionale regionale all'imposta sul reddito delle persone fisiche prevista dall'articolo 50, ed il 90 per cento del gettito, ricalcolato sulla base delle aliquote di cui all'articolo 16, comma 1 e 2, dell'imposta regionale sulle attività produttive al netto delle quote attribuite allo Stato di cui all'articolo 26.

2. I contributi per il Servizio sanitario nazionale riscossi nell'anno di entrata in vigore del presente decreto relativi a presupposti di imposizione verificatisi anteriormente costituiscono per il medesimo anno dotazione propria delle regioni ai fini della determinazione delle quote di Fondo sanitario nazionale di parte corrente da assegnare alle stesse.

3. A decorrere dal 1998, la partecipazione delle regioni Sicilia e Sardegna al finanziamento del Servizio sanitario nazionale stabilita dall'articolo 12, comma 9, della legge 24 dicembre 1993, n. 537, come da ultimo modificato dall'art. 1, comma 143, della legge 23 dicembre 1996, n. 662, è commisurata alle risorse provenienti dal Fondo sanitario nazionale e dai gettiti di cui ai commi 1 e 2.

Art. 39. Ripartizione del Fondo sanitario nazionale. – 1. Il CIPE su proposta del Ministro della sanità, d'intesa con la Conferenza Stato-Regioni, delibera annualmente l'assegnazione in favore delle regioni, a titolo di acconto, delle quote del Fondo sanitario nazionale di parte corrente, tenuto conto dell'importo complessivo presunto del gettito dell'addizionale all'imposta sul reddito delle persone fisiche di cui all'articolo 50 e della quota del gettito dell'imposta regionale sulle attività produttive, di cui all'articolo 38, comma 1, stimati per ciascuna regione. Il CIPE con le predette modalità provvede entro il mese di febbraio dell'anno successivo all'assegnazione definitiva in favore delle regioni delle quote del Fondo sanitario nazionale, parte corrente, ad esse effettivamente spettanti. Il Ministro del tesoro, del bilancio e della programmazione economica, è autorizzato a procedere alle risultanti compensazioni a valere sulle quote del Fondo sanitario nazionale, parte corrente, erogate per il medesimo anno.

2. Il Ministro del tesoro, del bilancio e della programmazione economica, è autorizzato a concedere alle regioni e alle province autonome di Trento e di Bolzano anticipazioni mensili da accreditare ai conti correnti di cui all'articolo 40, comma 1, in essere presso la tesoreria centrale dello Stato, nei limiti di un dodicesimo dell'importo complessivo presunto del gettito dell'addizionale e

della quota di imposta di cui al comma 1, alle stesse attribuiti nonché delle quote del Fondo sanitario nazionale di parte corrente deliberate dal CIPE, in favore delle medesime regioni, in ciascun anno; nelle more della deliberazione del CIPE le predette anticipazioni mensili sono commisurate all'importo complessivo presunto dei gettiti dell'addizionale e della quota d'imposta predetti, ovvero limitatamente all'anno 1998 all'importo complessivo presunto dei contributi sanitari e delle quote del Fondo sanitario nazionale relativi all'anno precedente.

3. Alla copertura dell'eventuale differenza tra l'ammontare dei gettiti di cui al comma 1 previsti in sede di riparto del Fondo sanitario nazionale e quello effettivamente riscosso dalle regioni si provvede mediante specifica integrazione del Fondo sanitario nazionale quantificata dalla legge finanziaria.

4. Per le finalità di cui ai commi 1, 2 e 3 si tiene conto, per l'anno di entrata in vigore del presente decreto, dei contributi di cui al comma 2 dell'articolo 38.

5. Sono abrogati i commi 15, 17 e 19 dell'articolo 11 del decreto legislativo 30 dicembre 1992, n. 502.

Art. 40. Modalità per il riversamento dell'Irap e dell'addizionale Irpef. – 1. Ai fini del versamento dell'imposta regionale sulle attività produttive e dell'addizionale regionale all'imposta sul reddito delle persone fisiche di cui all'articolo 50 alle regioni, sono istituiti presso la tesoreria centrale dello Stato specifici conti correnti infruttiferi intestati alle regioni e alle provincie autonome di Trento e Bolzano e, presso le sezioni di tesoreria provinciale dello Stato operanti nei capoluoghi di regione e nelle predette provincie autonome, specifiche contabilità speciali di girofondi intestate alle stesse regioni e provincie autonome.

2. Con decreto del Ministro del tesoro, del bilancio e della programmazione economica, di concerto con il Ministro delle finanze, sentita la Conferenza Stato-Regioni, sono stabilite le modalità di riversamento delle somme riscosse sui conti di cui al comma 1.

3. Al fine del versamento dell'imposta regionale sulle attività produttive e dell'addizionale regionale all'imposta sul reddito delle persone fisiche di cui all'articolo 50 non si applica il secondo comma dell'articolo 63 del regio decreto 18 novembre 1923, n. 2440.

Art. 41. Determinazione delle eccedenze. – 1. Comma abrogato.

2. Per le regioni a statuto speciale che accedono al Fondo sanitario nazionale le eccedenze annuali di risorse finanziarie sono costituite dalla differenza tra il gettito dell'imposta regionale sulle attività produttive, al netto della quota destinata alla sanità e di quelle di cui agli articoli 26 e 27, e l'ammontare delle compartecipazioni ai tributi erariali soppressi, convenzionalmente incrementati del tasso di crescita del prodotto interno lordo, e tenendo anche conto degli effetti indiretti derivanti dall'ampliamento delle basi imponibili degli altri tributi compartecipati.

3. Per le regioni a statuto speciale e le province autonome di Trento e di Bolzano che non accedono al Fondo sanitario nazionale le eccedenze annuali di risorse finanziarie sono determinate sottraendo dall'ammontare del gettito dell'imposta regionale sulle attività produttive, al netto delle quote di cui agli articoli 26 e 27, dell'addizionale regionale all'imposta sul reddito delle persone fisiche di cui all'articolo 50 e, limitatamente al 1998, dei contributi sanitari di cui all'articolo 38, comma 2, l'ammontare dei contributi sanitari riscossi nell'anno 1997, convenzionalmente aumentati del tasso di crescita del prodotto interno lordo, nonché l'ammontare delle compartecipazioni ai tributi erariali soppressi, anch'essi convenzionalmen-

te incrementati del tasso di crescita del prodotto interno lordo, e tenendo conto degli effetti indiretti derivanti dall'ampliamento delle basi imponibili degli altri tributi compartecipati.

3-*bis*. Per gettito dell'imposta regionale sulle attività produttive di cui ai commi precedenti s'intende quello ricalcolato sulla base delle aliquote di cui all'articoli 16, commi 1 e 2.

Art. 42. Versamento delle eccedenze. – 1. A decorrere dall'anno 1999, il Fondo perequativo di cui all'articolo 3, comma 2, della legge 28 dicembre 1995, n. 549, è soppresso.

2. Comma abrogato.

3. Comma abrogato.

4. Comma abrogato.

5. A decorrere dall'anno 1998 cessano le anticipazioni straordinarie di cassa di cui all'articolo 3, comma 4, della legge 28 dicembre 1995, n. 549.

6. A decorrere dall'anno 1998 la trattenuta di cui all'articolo 20, comma 2, del decreto-legge 18 gennaio 1993, n. 8, convertito, con modificazioni, dalla legge 19 marzo 1993, n. 68, è effettuata sulle erogazioni di cui all'articolo 3, comma 12, della legge 28 dicembre 1995, n. 549.

7. Relativamente alle regioni a statuto speciale ed alle provincie autonome di Trento e di Bolzano le eccedenze positive o negative di risorse di cui all'articolo 41, commi 2 e 3, vengono compensate per gli anni dal 1998 al 2002, nel rispetto degli statuti di autonomia mediante variazioni delle quote del fondo sanitario nazionale, trasferimenti di funzioni, modifica delle quote variabili previste ai sensi degli statuti o acquisizione delle eccedenze al bilancio dello Stato. A partire dall'anno 2003 non si dà luogo a recupero delle eccedenze, ma si procede attraverso il trasferimento di nuove funzioni amministrative, definite con le procedure fissate dai rispettivi statuti di autonomia, fino all'esaurimento delle eccedenze medesime.

Art. 43. Riferimenti sistematici. – 1. Le disposizioni del presente titolo che fanno indistintamente riferimento alle regioni o al loro territorio devono intendersi riferite, per la regione Trentino-Alto Adige, alle provincie autonome di Trento e Bolzano o al loro territorio.

2. I rapporti finanziari tra lo Stato, le autonomie speciali e gli enti locali devono essere disciplinati in modo tale da mantenere il necessario equilibrio finanziario.

Art. 44. Adeguamento dei trattati internazionali. – 1. Ai fini dell'applicazione dei trattati internazionali in materia tributaria, l'imposta regionale sulle attività produttive è equiparata ai tributi erariali aboliti con l'articolo 36.

Art. 45. Disposizioni transitorie. – 1. Comma abrogato.

2. Per i soggetti di cui agli articoli 6 e 7, per i periodi d'imposta in corso al 1° gennaio 1998, al 1° gennaio 1999 e al 1° gennaio 2000 l'aliquota è stabilita nella misura del 5,4 per cento; per i due periodi d'imposta successivi, l'aliquota è stabilita, rispettivamente, nelle misure del 5 e del 4,75 per cento.

3. Con decreto del Ministro delle finanze sono stabiliti, tenuto conto della base imponibile dell'imposta sulle attività produttive e di quella dell'imposta personale sui redditi, gli ammontari in valore assoluto e percentuale del maggior carico impositivo rispetto a quello derivante dai tributi e contributi soppressi ai sensi degli articoli 36 e 51, comma 1, in base ai quali fissare l'entità della riduzione dell'acconto dovuto ai fini della stessa imposta determinato ai sensi dell'articolo 31, nonché le modalità applicative e quelle relative ai commi da 4 a 6. La predetta riduzione non può superare per ciascun soggetto l'importo massimo in valore assoluto stabilito nel predetto decreto e non può comportare una diminuzione di gettito superiore a 500 miliardi di lire

per l'anno 1998, a 250 miliardi di lire per l'anno 1999 e a 125 miliardi di lire per l'anno 2000.

4. I soggetti per i quali l'applicazione delle disposizioni di cui al comma 3 determina un ammontare dell'acconto Irap diverso da quello che risulterebbe in via ordinaria, applicano le disposizioni di cui al comma 3 anche per la determinazione dell'imposta dovuta all'esercizio in corso al 1° gennaio 1998, prendendo a riferimento i tributi o contributi che sarebbero stati dovuti in tale anno in assenza della loro soppressione.

5. Per i soggetti che esercitano la propria attività nel territorio di più regioni e che applicano le disposizioni del comma 3, l'imposta da versare alle singole regioni è determinata in misura proporzionale alla base imponibile regionale; per i medesimi soggetti il credito di imposta di cui al comma 6 deve essere ripartito in misura proporzionale alla base imponibile regionale.

6. La differenza tra l'imposta dovuta in via ordinaria per l'anno 1998 e l'imposta effettivamente pagata in base alle disposizioni dei commi 3 e 4, può essere computata in detrazione dall'imposta regionale sulle attività produttive, nella misura del 50 per cento per l'anno 1999 e del 25 per cento per l'anno 2000.

TITOLO II
REVISIONE DEGLI SCAGLIONI, DELLE ALIQUOTE E DELLE DETRAZIONI DELL'IMPOSTA SUL REDDITO DELLE PERSONE FISICHE, ISTITUZIONE DELL'ADDIZIONALE REGIONALE ALL'IMPOSTA SUL REDDITO DELLE PERSONE FISICHE

Artt. 46-49. (*Omissis*).

Art. 50. Istituzione dell'addizionale regionale dall'imposta sul reddito delle persone fisiche. – 1. È istituita l'addizionale regionale all'imposta sul reddito delle persone fisiche. L'addizionale regionale **non** è **deducibile** ai fini di alcuna imposta, tassa o contributo.

2. L'addizionale regionale è determinata applicando l'aliquota, fissata dalla regione in cui il contribuente ha la residenza, al reddito complessivo determinato ai fini dell'imposta sul reddito delle persone fisiche, al netto degli oneri deducibili riconosciuti ai fini ditale imposta. L'addizionale regionale è **dovuta se** per lo stesso anno l'**imposta sul reddito delle persone fisiche**, al netto delle detrazioni per essa riconosciute e dei crediti di cui agli articoli 14 e 15 del citato testo unico, **risulta dovuta**.

3. L'aliquota di compartecipazione dell'addizionale regionale di cui al comma 1 è fissata allo **0,5 per cento**. **Ciascuna regione**, con proprio provvedimento, da pubblicare nella Gazzetta Ufficiale non oltre il 31 dicembre dell'anno precedente a quello cui l'addizionale si riferisce, **può maggiorare** l'aliquota suddetta sino all'**1 per cento**. Le regioni possono deliberare che la maggiorazione, se più favorevole per il contribuente rispetto a quella vigente, si applichi anche al periodo di imposta al quale si riferisce l'addizionale. Ai fini della semplificazione delle dichiarazioni e delle funzioni dei sostituti d'imposta e dei centri di assistenza fiscale nonché degli altri intermediari, le regioni e le province autonome di Trento e di Bolzano sono tenute ad inviare, ai fini della pubblicazione sul sito informatico di cui all'articolo 1, comma 3, del decreto legislativo 28 settembre 1998, n. 360, entro il 31 gennaio dell'anno a cui l'addizionale si riferisce, i dati contenuti nei provvedimenti di variazione dell'addizionale regionale, individuati con decreto del Ministero dell'economia e delle finanze, di natura non regolamentare, sentita la Conferenza permanente per i rapporti tra lo Stato, le regioni e le provincie autonome di Trento e di Bolzano. Il mancato inseri-

mento nel suddetto sito informatico dei dati rilevanti ai fini della determinazione dell'addizionale comporta l'inapplicabilità di sanzioni e di interessi.

4. Relativamente ai redditi di lavoro dipendente e ai redditi assimilati a quelli di lavoro dipendente di cui agli articoli 46 e 47 del testo unico delle imposte sui redditi, approvato con decreto del Presidente della Repubblica 22 dicembre 1986, n. 917, l'addizionale regionale dovuta è determinata dai sostituti d'imposta di cui agli articoli 23 e 29 del decreto del Presidente della Repubblica 29 settembre 1973, n. 600, all'atto di effettuazione delle operazioni di conguaglio relative a detti redditi. Il relativo importo è trattenuto in un numero massimo di undici rate, a partire dal periodo di paga successivo a quello in cui le stesse sono effettuate e non oltre quello relativamente al quale le ritenute sono versate nel mese di dicembre. In caso di cessazione del rapporto l'importo è trattenuto in unica soluzione nel periodo di paga in cui sono svolte le predette operazioni di conguaglio. L'importo da trattenere è indicato nella certificazione unica di cui all'art. 7-*bis* del citato decreto n. 600 del 1973.

5. L'addizionale regionale è **versata, in unica soluzione** e con le modalità e nei termini previsti per il versamento delle ritenute e del saldo dell'imposta sul reddito delle persone fisiche, alla regione in cui il contribuente ha il domicilio fiscale alla data del 1° gennaio dell'anno cui si riferisce l'addizionale stessa.

6. Per la dichiarazione, la liquidazione, l'accertamento, la riscossione, il contenzioso, le sanzioni e tutti gli aspetti non disciplinati espressamente, si applicano le disposizioni previste per l'imposta sul reddito delle persone fisiche. Le regioni partecipano alle attività di liquidazione e accertamento dell'addizionale regionale segnalando elementi e notizie utili e provvedono agli eventuali rimborsi richiesti dagli interessati dopo aver acquisiti gli elementi necessari presso l'amministrazione finanziaria.

7. All'art. 17, comma 2, del decreto legislativo 9 luglio 1997, n. 241, recante norme di semplificazione degli adempimenti dei contribuenti riguardanti la dichiarazione dei redditi e dell'imposta sul valore aggiunto e i relativi versamenti, nonché norme di unificazione degli adempimenti fiscali e previdenziali, di modernizzazione del sistema di gestione delle dichiarazioni dopo la lettera d), è aggiunta la seguente: "d-*bis*) all'addizionale regionale all'imposta sul reddito delle persone fisiche".

8. Per gli anni 1998 e 1999 l'aliquota dell'addizionale regionale di cui al comma 1 è fissata nella misura dello 0,5 per cento su tutto il territorio nazionale.

TITOLO III
RIORDINO DELLA DISCIPLINA DEI TRIBUTI LOCALI

Art. 51. Imposte e tasse abolite. – 1. Dal 1° gennaio 1998 sono abolite le tasse sulle concessioni comunali di cui all'art. 8 del decreto-legge 10 novembre 1978, n. 702, convertito, con modificazioni, dalla legge 8 gennaio 1979, n. 3.

2. Dal 1° gennaio 1999 sono abolite:

a) lettera abrogata;

b) l'imposta erariale di trascrizione, iscrizione ed annotazione dei veicoli al pubblico registro automobilistico di cui alla legge 23 dicembre 1977, n. 952;

c) l'addizionale provinciale all'imposta erariale di trascrizione di cui all'art. 3, comma 48, della legge 28 dicembre 1995, n. 549.

3. I versamenti relativi ai tributi indicati nei commi 1 e 2, i cui presupposti di imposizione si verificano anteriormente alla data dalla quale, nei confronti dei singoli soggetti passivi, ha effetto la loro abolizione, sono effettuati anche successivamente a tale data.

Art. 52. Potestà regolamentare generale delle province e dei comuni. – 1. Le province ed i comuni **possono disciplinare con regolamento** le proprie **entrate**, anche tributarie, **salvo** per quanto attiene alla **individuazione e definizione delle fattispecie imponibili**, dei **soggetti passivi e della aliquota massima dei singoli tributi**, nel rispetto delle esigenze di semplificazione degli adempimenti dei contribuenti. Per quanto non regolamentato si applicano le disposizioni di legge vigenti.

2. Comma abrogato.

3. Nelle province autonome di Trento e Bolzano, i regolamenti sono adottati in conformità alle disposizioni dello statuto e delle relative norme di attuazione.

4. Il Ministero delle finanze può impugnare i regolamenti sulle entrate tributarie per vizi di legittimità avanti gli organi di giustizia amministrativa.

5. I regolamenti, per quanto attiene all'accertamento e alla riscossione dei tributi e delle altre entrate, sono informati ai seguenti criteri:

a) l'accertamento dei tributi può essere effettuato dall'ente locale anche nelle forme associate previste negli articoli 24, 25, 26 e 28 della legge 8 giugno 1990, n. 142;

b) qualora sia deliberato di affidare a terzi, anche disgiuntamente, l'accertamento e la riscossione dei tributi e di tutte le entrate, le relative attività sono affidate, nel rispetto della normativa dell'Unione europea e delle procedure vigenti in materia di affidamento della gestione dei servizi pubblici locali, a:

1) i soggetti iscritti nell'albo di cui all'articolo 53, comma 1;

2) gli operatori degli Stati membri stabiliti in un Paese dell'Unione europea che esercitano le menzionate attività, i quali devono presentare una certificazione rilasciata dalla competente autorità del loro Stato di stabilimento dalla quale deve risultare la sussistenza di requisiti equivalenti a quelli previsti dalla normativa italiana di settore;

3) la società a capitale interamente pubblico, di cui all'articolo 113, comma 5, lettera c), del testo unico di cui al decreto legislativo 18 agosto 2000, n. 267, e successive modificazioni, mediante convenzione, a condizione: che l'ente titolare del capitale sociale eserciti sulla società un controllo analogo a quello esercitato sui propri servizi; che la società realizzi la parte più importante della propria attività con l'ente che la controlla; che svolga la propria attività solo nell'ambito territoriale di pertinenza dell'ente che la controlla;

4) le società di cui all'articolo 113, comma 5, lettera b), del citato testo unico di cui al decreto legislativo n. 267 del 2000, iscritte nell'albo di cui all'articolo 53, comma 1, del presente decreto, i cui soci privati siano scelti, nel rispetto della disciplina e dei principi comunitari, tra i soggetti di cui ai numeri 1) e 2) della presente lettera, a condizione che l'affidamento dei servizi di accertamento e di riscossione dei tributi e delle entrate avvenga sulla base di procedure ad evidenza pubblica;

c) l'affidamento di cui alla precedente lettera b) non deve comportare oneri aggiuntivi per il contribuente;

d) il visto di esecutività sui ruoli per la riscossione dei tributi e delle altre entrate è apposto, in ogni caso, dal funzionario designato quale responsabile della relativa gestione.

6. Comma abrogato.

7. Comma abrogato.

Art. 53. Albo per l'accertamento e riscossione delle entrate degli enti locali. – 1. Presso il Ministero delle finanze è istituito l'albo dei soggetti privati abilitati ad effettuare attività di liquidazione e di accertamento dei tributi e quelle di riscossione dei tributi e di altre entrate delle province e dei comuni. Sono escluse le attività di incasso diretto da parte dei soggetti di cui all'articolo 52, comma 5, lett. b), n. 1), 2) e 4).

2. L'esame delle domande di iscrizione, la revisione periodica, la cancellazione e la sospensione dall'albo, la revoca e la decadenza della gestione sono effettuate da una apposita commissione in cui sia prevista una adeguata rappresentanza dell'ANCI e dell'UPI.

3. Con decreti del Ministro delle finanze, da emanare ai sensi dell'articolo 17, comma 3, della legge 23 agosto 1988, n. 400, tenuto conto delle esigenze di trasparenza e di tutela del pubblico interesse, sentita la conferenza Stato-città, sono definiti le condizioni ed i requisiti per l'iscrizione nell'albo, al fine di assicurare il possesso di adeguati requisiti tecnici e finanziari, la sussistenza di sufficienti requisiti morali e l'assenza di cause di incompatibilità da parte degli iscritti, ed emanate disposizioni in ordine alla composizione, al funzionamento e alla durata in carica dei componenti della commissione di cui al comma 2, alla tenuta dell'albo, alle modalità per l'iscrizione e la verifica dei presupposti per la sospensione e la cancellazione dall'albo nonché ai casi di revoca e decadenza della gestione. Per i soggetti affidatari di servizi di liquidazione, accertamento e riscossione di tributi e altre entrate degli enti locali, che svolgano i predetti servizi almeno dal 1° gennaio 1997, può essere stabilito un periodo transitorio, non superiore a due anni, per l'adeguamento alle condizioni e ai requisiti per l'iscrizione nell'albo suddetto.

4. Sono abrogati gli articoli da 25 a 34 del decreto legislativo 15 novembre 1993, n. 507, concernenti la gestione del servizio di accertamento e riscossione dell'imposta comunale sulla pubblicità.

Art. 54. Approvazione delle tariffe e dei prezzi pubblici. – 1. Le province e i comuni approvano le tariffe e i prezzi pubblici ai fini dell'approvazione del bilancio di previsione.

1-*bis*. Le tariffe ed i prezzi pubblici possono comunque essere modificati, in presenza di rilevanti incrementi nei costi relativi ai servizi stessi, nel corso dell'esercizio finanziario. L'incremento delle tariffe non ha effetto retroattivo.

Art. 55. Tasse sulle concessioni delle regioni a statuto ordinario. – 1. Le regioni a statuto ordinario hanno la facoltà di non applicare, anche limitatamente ad alcune, le tasse sulle concessioni regionali di cui al decreto legislativo 22 giugno 1991, n. 230.

Art. 56. Imposta provinciale di trascrizione. – 1. Le province possono, con regolamento adottato a norma dell'art. 52, istituire l'imposta provinciale sulle formalità di trascrizione, iscrizione ed annotazione dei veicoli richieste al pubblico registro automobilistico, avente competenza nel proprio territorio, ai sensi del regio decreto-legge 15 marzo 1927, n. 436, e relativo regolamento di cui al regio decreto 29 luglio 1927, n. 1814, e del decreto legislativo 30 aprile 1992, n. 285.

1-*bis*. Le formalità di cui al comma 1 possono essere eseguite su tutto il territorio nazionale con ogni strumento consentito dall'ordinamento e con destinazione del gettito dell'imposta alla Provincia ove ha sede legale o residenza il soggetto passivo, inteso come avente causa o intestatario del veicolo.

2. L'imposta è applicata sulla base di apposita tariffa determinata secondo le modalità di cui al comma 11, le cui misure potranno essere aumentate, anche con successiva deliberazione approvata nel termine di cui all'articolo 54, fino ad un massimo del trenta per cento, ed è dovuta per ciascun veicolo al momento della richiesta di formalità. È dovuta una sola imposta quando per lo stesso credito ed in virtù dello stesso atto devono eseguirsi più formalità di natura ipotecaria. Le maggiorazioni di gettito conseguenti al suddetto eventuale aumento non saranno computate ai fini della de-

terminazione dei parametri utilizzati ai sensi del decreto legislativo 30 giugno 1997, n. 244, ai fini della perequazione della capacità fiscale tra province.

3. Le province notificano entro dieci giorni dalla data di esecutività copia autentica della deliberazione istitutiva o modificativa delle misure dell'imposta al competente ufficio provinciale del pubblico registro automobilistico e all'ente che provvede alla riscossione per gli adempimenti di competenza. L'aumento tariffario interessa le immatricolazioni effettuate e gli atti formati dalla sua decorrenza e, qualora esso sia deliberato con riferimento alla stessa annualità in cui è eseguita la notifica prevista dal presente comma, opera dalla data della notifica stessa.

4. Con lo stesso regolamento di cui al comma 1, le province disciplinano la liquidazione, la riscossione e la contabilizzazione dell'imposta provinciale di trascrizione e i relativi controlli, nonché l'applicazione delle sanzioni per l'omesso o il ritardato pagamento dell'imposta stessa ai sensi dell'articolo 13 del decreto legislativo 18 dicembre 1997, n. 471. Tali attività, se non gestite direttamente ovvero nelle forme di cui al comma 5 dell'articolo 52, sono affidati, a condizioni da stabilire tra le parti, allo stesso concessionario del pubblico registro automobilistico il quale riversa alla tesoreria della provincia titolare del tributo ai sensi del comma 1-*bis* le somme riscosse inviando alla provincia nel cui territorio sono state eseguite le relative formalità le somme riscosse inviando alla provincia stessa la relativa documentazione. In ogni caso deve essere assicurata l'esistenza di un archivio nazionale dei dati fiscali relativi ai veicoli iscritti nel pubblico registro automobilistico. L'imposta suppletiva ed i rimborsi devono essere richiesti nel termine di tre anni dalla data in cui la formalità è stata eseguita.

5. Le province autonome di Trento e Bolzano provvedono all'attuazione delle disposizioni di cui al comma 4, in conformità ai rispettivi statuti e relative norme di attuazione.

6. Le cessioni di mezzi di trasporto usati, da chiunque effettuate nei confronti dei contribuenti che ne fanno commercio, nonché le cessioni degli stessi a seguito di esercizio di riscatto da parte del locatario a titolo di locazione finanziaria, non sono soggette al pagamento dell'imposta. Per gli autoveicoli muniti di carta di circolazione per uso speciale ed i rimorchi destinati a servire detti veicoli, sempreché non siano adatti al trasporto di cose, l'imposta è ridotta ad un quarto. Analoga riduzione, da operarsi sull'imposta indicata dalla tariffa approvata con decreto del Ministro delle finanze di cui al successivo comma 11, si applica per i rimorchi ad uso abitazione per campeggio e simili. In caso di fusione tra società esercenti attività di locazione di veicoli senza conducente, le iscrizioni e le trascrizioni già esistenti al pubblico registro automobilistico relative ai veicoli compresi nell'atto di fusione conservano la loro validità ed il loro grado a favore del cessionario, senza bisogno di alcuna formalità o annotazione.

7. Alle formalità richieste ai sensi e per gli effetti dell'articolo 2688 del c.c. si applica un'imposta pari al doppio della relativa tariffa.

8. Relativamente agli atti societari e giudiziari, il termine per la richiesta delle formalità e pagamento della relativa imposta decorre a partire dal sesto mese successivo alla pubblicazione nel registro delle imprese e comunque entro 60 giorni dalla effettiva restituzione alle parti a seguito dei rispettivi adempimenti.

9. Le controversie concernenti l'imposta provinciale di trascrizione, le sanzioni e gli accessori sono soggette alla giurisdizione delle commissioni tributarie secondo le disposizioni del decreto legislativo 31 dicembre 1992, n. 546.

10. Le formalità di trascrizione, iscrizione ed annotazione respinte dagli uf-

fici provinciali del pubblico registro automobilistico anteriormente al 1° gennaio dell'anno dal quale ha effetto il regolamento di cui al comma 1, sono soggette, nel caso di ripresentazione a partire da tale data, alla disciplina relativa all'imposta provinciale. L'imposta erariale di trascrizione e l'addizionale provinciale eventualmente versate sono rimborsate rispettivamente dall'amministrazione finanziaria e dalla provincia su richiesta dei soggetti interessati.

11. Con decreto del Ministro delle finanze sono stabilite le misure dell'imposta provinciale di trascrizione per tipo e potenza dei veicoli, in misura tale da garantire il complessivo gettito dell'imposta erariale di trascrizione, iscrizione e annotazione dei veicoli al pubblico registro automobilistico e la relativa addizionale provinciale.

Art. 57. Revisione delle imposte di registro e sulle donazioni. – 1. Nel testo unico delle disposizioni concernenti l'imposta di registro, approvato con decreto del Presidente della Repubblica 26 aprile 1986, n. 131, sono apportate le seguenti modificazioni:

a) all'articolo 7, concernente gli atti non soggetti a registrazione, nel comma 1, secondo periodo, le parole "4, 5 e 11" sono sostituite dalle seguenti: "4, 5, 11 e 11-*bis*";

b) all'articolo 51, relativo ai valori dei beni e dei diritti, nel comma 4, dopo le parole "art. 7 della parte prima della tariffa" sono inserite le seguenti: "e art. 11-*bis* della tabella";

c) alla tariffa, parte prima, concernente gli atti soggetti a registrazione in termine fisso:

1) nell'articolo 4, comma 1, lettera a), n. 4), la parola "autoveicoli" è sostituita dalle seguenti: "unità da diporto"; alla stessa lettera, nel n. 5, dopo le parole "di beni mobili" sono inserite le seguenti: ", esclusi quelli di cui all'articolo 1-*bis* della tabella,";

2) nell'articolo 7, comma 1, sono soppresse le lettere da a) ad e) nonché le note;

3) nell'articolo 8, comma 1, lettera a), la parola "autoveicoli" è sostituita dalle seguenti: "unità da diporto";

4) nell'articolo 11, le parole "4, 5 e 11" sono sostituite dalle seguenti: "4, 5, 11 e 11-*bis*";

d) nella tabella, relativa agli atti per i quali non vi è l'obbligo di chiedere la registrazione, dopo l'articolo 11, è aggiunto il seguente: "Art. 11-*bis*. – 1. Atti di natura traslativa o dichiarativa aventi ad oggetto veicoli iscritti nel pubblico registro automobilistico.".

2. È abrogato il comma 2 dell'articolo 59 del testo unico delle disposizioni concernenti l'imposta sulle successioni e donazioni, approvato con decreto legislativo 31 ottobre 1990, n. 346, e dopo lo stesso articolo 59 è inserito il seguente: "Art. 59-*bis* (Esenzione per i veicoli iscritti al pubblico registro automobilistico). – 1. Non sono soggette ad imposta, anche nella ipotesi di cui all'articolo 59, comma 3, le donazioni di veicoli di cui all'articolo 12, comma 1, lettera l).".

3. Le disposizioni del presente articolo hanno effetto dal 1° gennaio 1999.

Art. 58. Modifiche alla disciplina dell'imposta comunale sugli immobili. – 1. Nel capo I del decreto legislativo 30 dicembre 1992, n. 504, concernente l'imposta comunale sugli immobili, sono apportate le seguenti modificazioni:

a) l'articolo 3 è sostituito dal seguente: "Art. 3 (Soggetti passivi) – 1. Soggetti passivi dell'imposta sono il proprietario di immobili di cui al comma 2 dell'articolo 1, ovvero il titolare di diritto reale di usufrutto, uso, abitazione, enfiteusi, superficie, sugli stessi, anche se non residenti nel territorio dello Stato o se non hanno ivi la sede legale o amministrativa o non vi esercitano l'attività.

2. Per gli immobili concessi in locazione finanziaria, soggetto passivo è il

locatario. In caso di fabbricati di cui all'articolo 5, comma 3, il locatario assume la qualità di soggetto passivo a decorrere dal primo gennaio dell'anno successivo a quello nel corso del quale è stato stipulato il contratto di locazione finanziaria.".

b) nel comma 2 dell'articolo 5, relativo alla base imponibile, l'ultimo periodo è soppresso e nel comma 3 del medesimo articolo, è aggiunto, in fine, il seguente periodo: "In caso di locazione finanziaria il locatore o il locatario possono esperire la procedura di cui al regolamento adottato con decreto del Ministro delle finanze del 19 aprile 1994, n. 701, con conseguente determinazione del valore del fabbricato sulla base della rendita proposta, a decorrere dal primo gennaio dell'anno successivo a quello nel corso del quale tale rendita è stata annotata negli atti catastali, ed estensione della procedura prevista nel terzo periodo del comma 1 dell'articolo 11; in mancanza di rendita proposta il valore è determinato sulla base delle scritture contabili del locatore, il quale è obbligato a fornire tempestivamente al locatario tutti i dati necessari per il calcolo.";

c) nel comma 1 dell'articolo 13, concernente i rimborsi dell'imposta, l'ultimo periodo è soppresso.

2. Agli effetti dell'applicazione dell'articolo 9 del decreto legislativo 30 dicembre 1992, n. 504, relativo alle modalità di applicazione dell'imposta ai terreni agricoli, si considerano coltivatori diretti od imprenditori agricoli a titolo principale le persone fisiche iscritte negli appositi elenchi comunali previsti dall'articolo 11 della legge 9 gennaio 1963, n. 9, e soggette al corrispondente obbligo dell'assicurazione per invalidità, vecchiaia e malattia; la cancellazione dai predetti elenchi ha effetto a decorrere dal primo gennaio dell'anno successivo.

3. Comma abrogato.

4. Comma abrogato.

Art. 59. Potestà regolamentare in materia di imposta comunale sugli immobili. – 1. Con regolamento adottato a norma dell'articolo 52, i comuni possono:

a) stabilire ulteriori condizioni ai fini dell'applicazione delle disposizioni del secondo periodo della lettera b) del comma 1 dell'articolo 2 del decreto legislativo 30 dicembre 1992, n. 504, riguardante i terreni considerati non fabbricabili, anche con riferimento alla quantità e qualità di lavoro effettivamente dedicato all'attività agricola da parte dei soggetti di cui al comma 2 dell'articolo 58 e del proprio nucleo familiare;

b) disporre l'esenzione per gli immobili posseduti dallo Stato, dalle regioni, dalle provincie, dagli altri comuni, dalle comunità montane, dai consorzi fra detti enti, dalle aziende unità sanitarie locali, non destinati esclusivamente ai compiti istituzionali;

c) stabilire che l'esenzione di cui all'articolo 7, comma 1, lettera i), del decreto legislativo 30 dicembre 1992, n. 504, concernente gli immobili utilizzati da enti non commerciali, si applica soltanto ai fabbricati ed a condizione che gli stessi, oltre che utilizzati, siano anche posseduti dall'ente non commerciale utilizzatore;

d) lettera abrogata;

e) lettera abrogata;

f) prevedere il diritto al rimborso dell'imposta pagata per le aree successivamente divenute inedificabili, stabilendone termini, limiti temporali e condizioni, avuto anche riguardo alle modalità ed alla frequenza delle varianti apportate agli strumenti urbanistici;

g) determinare periodicamente e per zone omogenee i valori venali in comune commercio delle aree fabbricabili, al fine della limitazione del potere di accertamento del comune qualora l'imposta sia stata versata sulla base di un valore non inferiore a quello predeterminato, secondo criteri improntati al perseguimento dello scopo di ridurre al massimo l'insorgenza di contenzioso;

h) lettera abrogata;

i) stabilire che si considerano regolarmente eseguiti i versamenti effettuati da un contitolare anche per conto degli altri;

l) lettera abrogata;

m) introdurre l'istituto dell'accertamento con adesione del contribuente, sulla base dei criteri stabiliti dal decreto legislativo 19 giugno 1997, n. 218;

n) lettera abrogata;

o) stabilire differimenti di termini per i versamenti, per situazioni particolari;

p) prevedere che ai fini del potenziamento degli uffici tributari del comune, ai sensi dell'articolo 3, comma 57, della legge 23 dicembre 1996, n. 662, possono essere attribuiti compensi incentivanti al personale addetto.

2. Comma abrogato.

3. Comma abrogato.

Art. 60. Attribuzione alle provincie e ai comuni del gettito di imposte erariali. – 1. Il gettito dell'imposta sulle assicurazioni contro la responsabilità civile derivante dalla circolazione dei veicoli a motore, esclusi i ciclomotori, al netto del contributo di cui all'articolo 6, comma 1, lettera a), del decreto-legge 31 dicembre 1991, n. 419, convertito, con modificazioni, dalla legge 18 febbraio 1992, n. 172, è attribuito alle provincie dove hanno sede i pubblici registri automobilistici nei quali i veicoli sono iscritti ovvero, per le macchine agricole, alle province nel cui territorio risiede l'intestatario della carta di circolazione.

2. Comma abrogato.

3. Con decreti del Ministro delle finanze, di concerto con i Ministri dell'interno e del tesoro, del bilancio e della programmazione economica, nonché del Ministro dell'industria, del commercio e dell'artigianato limitatamente alle previsioni di cui al comma 1, da emanare entro novanta giorni dalla data di entrata in vigore del presente decreto, sono stabilite le modalità per l'assegnazione alle provincie delle somme ad esse spettanti a norma del comma 1, salvo quanto disposto nel comma 4.

4. Le regioni Sicilia, Sardegna, Friuli-Venezia Giulia e Valle d'Aosta, nonché le province autonome di Trento e di Bolzano provvedono, in conformità dei rispettivi statuti, all'attuazione delle disposizioni del comma 1; contestualmente sono disciplinati i rapporti finanziari tra lo Stato, le autonomie speciali e gli enti locali al fine di mantenere il necessario equilibrio finanziario.

5. Le disposizioni del presente articolo hanno effetto dal 1° gennaio 1999 e si applicano con riferimento all'imposta dovuta sui premi ed accessori incassati a decorrere dalla predetta data.

Art. 61. Riduzione dei trasferimenti erariali agli enti locali. – 1. A decorrere dall'anno 1999, il fondo ordinario spettante alle province è ridotto di un importo pari al gettito complessivo riscosso nell'anno 1999 per l'imposta sulle assicurazioni di cui al comma 1 dell'articolo 60, ridotto dell'importo corrispondente all'incremento medio nazionale dei premi assicurativi registrato nell'anno 1999, rispetto all'anno 1998, secondo dati di fonte ufficiale. La dotazione del predetto fondo è, per l'anno 1999, inizialmente ridotta, in base ad una stima del gettito annuo effettuata, sulla base dei dati disponibili, dal Ministero delle finanze, per singola provincia, e comunicata ai Ministeri del tesoro, del bilancio e della programmazione economica e dell'interno. Sulla base dei dati finali, comunicati dal Ministero delle finanze ai predetti Ministeri, sono determinate le riduzioni definitive della dotazione del predetto fondo, per singola provincia, e sono introdotte le eventuali variazioni di bilancio. Il Ministero dell'interno provvede, con seconda e la terza rata dei contributi ordinari relativi al 2000, ad operare i conguagli e a determinare in via definitiva l'importo annuo del contributo ridotto spettante ad ogni provincia a decorrere dal 1999.

2. A decorrere dall'anno 1999 il fondo ordinario spettante alle provincie è altresì ridotto di un importo pari al gettito previsto per il predetto anno per imposta erariale di trascrizione, iscrizione e annotazione dei veicoli al pubblico registro automobilistico di cui alla legge 23 dicembre 1977, n. 952. La riduzione della dotazione del predetto fondo è operata con la legge di approvazione del bilancio dello Stato per l'anno finanziario 1999 ed è effettuata, nei confronti di ciascuna provincia, dal Ministero dell'interno in base ai dati comunicati dal Ministero delle finanze entro il 30 giugno 1998, determinati ripartendo il gettito previsto per il 1999 tra le singole provincie in misura percentualmente corrispondente al gettito riscosso nel 1997 a ciascuna di esse imputabile. La riduzione definitiva delle dotazioni del predetto fondo è altresì operata sulla base dei dati definitivi dell'anno 1998 relativi all'imposta di cui al presente comma, comunicati dal Ministero delle finanze al Ministero dell'interno entro il 30 settembre 1999.

3. Le somme eventualmente non recuperate, per insufficienza dei contributi ordinari, sono portate in riduzione dei contributi a qualsiasi titolo dovuti al singolo ente locale dal Ministero dell'interno. La riduzione è effettuata con priorità sui contributi di parte corrente.

4. Le riduzioni dei contributi statali e i gettiti dei tributi previsti dal presente articolo sono determinati con riferimento alle provincie delle regioni a statuto ordinario. Per le regioni a statuto speciale le operazioni di riequilibrio di cui al decreto legislativo 30 giugno 1997, n. 244, si applicano solo dopo il recepimento delle disposizioni dell'art. 60 e del presente articolo nei rispettivi statuti.

Art. 62. Canone per l'installazione di mezzi pubblicitari. – Articolo abrogato.

Art. 63. Canone per l'occupazione di spazi ed aree pubbliche. – Articolo abrogato.

Art. 64. Disposizioni finali e transitorie. – 1. Le autorizzazioni alla installazione di mezzi pubblicitari e le concessioni di spazi ed aree pubbliche, rilasciate anteriormente alla data dalla quale hanno effetto i regolamenti previsti negli articoli 62 e 63, sono rinnovate a richiesta del relativo titolare o con il pagamento del canone ivi previsto, salva la loro revoca per il contrasto con le norme regolamentari.

2. Il comune può prorogare fino al 31 dicembre 2000, a condizioni più vantaggiose per l'ente da stabilire tra le parti, i contratti di gestione di cui agli articoli 25 e 52 del decreto legislativo 15 novembre 1993, n. 507, relativi all'affidamento in concessione del servizio di accertamento e riscossione, rispettivamente, dell'imposta comunale sulla pubblicità e della tassa per l'occupazione di spazi ed aree pubbliche, aventi scadenza antecedentemente alla predetta data.

3. Se il comune si avvale della facoltà di escludere l'applicazione dell'imposta sulla pubblicità, l'oggetto dei vigenti contratti di concessione di cui all'art. 25 del decreto legislativo 15 novembre 1993, n. 507, è limitato al servizio delle pubbliche affissioni, fatta salva la revisione delle condizioni contrattuali da definire tra le parti e la facoltà di recesso del concessionario.

TITOLO IV
DISPOSIZIONI COMUNI

Art. 65. Variazioni di bilancio. – 1. Il Ministro del tesoro, del bilancio e della programmazione economica è autorizzato ad apportare, con propri decreti, le variazioni di bilancio occorrenti per l'attuazione del presente decreto.

Art. 66. Entrata in vigore. – 1. Il presente decreto entra in vigore il 1° gennaio 1998. Le disposizioni del titolo II hanno effetto per i periodi di imposta che hanno inizio dopo il 31 dicembre 1997, salvo quanto disposto dal comma 2.

2. La revisione delle aliquote e del numero degli scaglioni di reddito prevista dall'articolo 46 del presente decreto ha effetto per i periodi di imposta che hanno inizio dopo il 31 dicembre 1999 per gli emolumenti arretrati di cui all'articolo 16, comma 1, lettera b), del testo unico delle imposte sui redditi, approvato con decreto del Presidente della Repubblica 22 dicembre 1986, n. 917.

IMPOSTA SUL VALORE AGGIUNTO

D.P.R. 26 ottobre 1972, n. 633

Istituzione e disciplina dell'imposta sul valore aggiunto

TITOLO I
DISPOSIZIONI GENERALI

Art. 1. Operazioni imponibili. – L'imposta sul valore aggiunto si applica sulle **cessioni di beni** e le **prestazioni di servizi** effettuate **nel territorio dello Stato nell'esercizio di imprese o** nell'esercizio di **arti e professioni** e sulle **importazioni da chiunque** effettuate.

Art. 2. Cessioni di beni. – Costituiscono cessioni di beni **gli atti a titolo oneroso** che importano **trasferimento** della **proprietà ovvero costituzione o trasferimento di diritti reali di godimento su beni** di ogni genere.

Costituiscono inoltre cessioni di beni:

1) le vendite con riserva di proprietà;

2) le locazioni con clausola di trasferimento della proprietà vincolante per ambedue le parti;

3) i passaggi dal committente al commissionario o dal commissionario al committente di beni venduti o acquistati in esecuzione di contratti di commissione;

4) le **cessioni gratuite** di **beni** ad esclusione di quelli la cui produzione o il cui commercio non rientra nell'attività propria dell'impresa se di costo unitario non superiore ad euro cinquanta e di quelli per i quali non sia stata operata, all'atto dell'acquisto o dell'importazione, la detrazione dell'imposta a norma dell'art. 19, anche se per effetto dell'opzione di cui all'art. 36-*bis*;

5) la **destinazione dei beni** all'**uso o** al **consumo personale o familiare** dell'imprenditore o di coloro i quali esercitano un'arte o una professione **o ad altre finalità estranee alla impresa o all'esercizio dell'arte o della professione**, anche se determinata da cessazione dell'attività, con esclusione di quei beni per i quali non è stata operata, all'atto dell'acquisto, la detrazione dell'imposta di cui all'art. 19;

6) le **assegnazioni ai soci** fatte a qualsiasi titolo da società di ogni tipo e oggetto nonché le assegnazioni o le analoghe operazioni fatte da altri enti privati o pubblici, compresi i consorzi e le associazioni o altre organizzazioni senza personalità giuridica.

Non sono considerate **cessioni di beni**:

a) le cessioni che hanno per **oggetto denaro o crediti in denaro**;

b) le **cessioni e** i **conferimenti** in società o altri enti, compresi i consorzi e le associazioni o altre organizzazioni, che hanno per **oggetto aziende o rami** di azienda;

c) le cessioni che hanno per oggetto **terreni non suscettibili di utilizzazione edificatoria** a norma delle vigenti disposizioni. Non costituisce utilizzazione edificatoria la costruzione delle opere indicate nell'art. 9 lettera a), della legge 28 gennaio 1977, n. 10;

d) le cessioni di campioni gratuiti di modico valore appositamente contrassegnati;

e) lettera abrogata;

f) i **passaggi di beni in dipendenza di fusioni, scissioni o trasformazioni** di società e di analoghe operazioni poste in essere da altri enti;

g) lettera abrogata;

h) lettera abrogata;

i) le cessioni di valori bollati e postali, marche assicurative e similari;

l) le cessioni di paste alimentari (v.d. 19.03); le cessioni di pane, biscotto di mare, e di altri prodotti della panetteria ordinaria senza aggiunta di zuccheri, miele, uova, materie grasse, formaggio o frutta (v.d. 19.07); le cessioni di latte fresco, non concentrato né zuccherato, destinato al consumo alimentare, confezionato per la vendita al minuto, sottoposto a pastorizzazione o ad altri trattamenti previsti da leggi sanitarie;

m) le cessioni di beni soggette alla disciplina dei concorsi e delle operazioni a premio di cui al regio decreto-legge 19 ottobre 1938, n. 1933, convertito nella legge 5 giugno 1939, n. 937, e successive modificazioni ed integrazioni.

Art. 2-*bis*. Cessioni di beni facilitate dalle interfacce elettroniche. – 1. Le seguenti cessioni di beni si considerano effettuate dal soggetto passivo che facilita le stesse tramite l'uso di un'interfaccia elettronica, quale un mercato virtuale, una piattaforma, un portale o mezzi analoghi:

a) le vendite a distanza intracomunitarie di beni di cui all'articolo 38-bis, commi 1 e 3, del decreto-legge 30 agosto 1993, n. 331, convertito, con modificazioni, dalla legge 29 ottobre 1993, n. 427, e le cessioni di beni con partenza e arrivo della spedizione o del trasporto nel territorio dello stesso Stato membro a destinazione di non soggetti passivi, effettuate da soggetti passivi non stabiliti nell'Unione europea;

b) le vendite a distanza di beni importati da territori terzi o da paesi terzi, di cui all'articolo 38-bis, commi 2 e 3, del decreto-legge 30 agosto 1993, n. 331, convertito, con modificazioni, dalla legge 29 ottobre 1993, n. 427, in spedizioni di valore intrinseco non superiore a 150 euro.

2. Il soggetto passivo che facilita tramite l'uso di un'interfaccia elettronica le cessioni di beni di cui al comma 1 si considera cessionario e rivenditore di detti beni.

Art. 3. Prestazioni di servizi. – Costituiscono prestazioni di servizi **le prestazioni verso corrispettivo dipendenti da contratti d'opera, appalto, trasporto, mandato, spedizione, agenzia, mediazione, deposito e in genere da obbligazioni di fare, di non fare e di permettere** quale ne sia la fonte.

Costituiscono **inoltre** prestazioni di servizi, se effettuate verso corrispettivo:

1) le **concessioni di beni in locazione, affitto, noleggio** e simili;

2) le cessioni, concessioni, **licenze e simili relative a diritti d'autore**, quelle relative ad invenzioni industriali, modelli, disegni, processi, formule e simili e quelle relative a marchi e insegne, nonché le cessioni, concessioni, licenze e simili relative a diritti o beni similari ai precedenti;

3) i **prestiti di denaro** e di titoli non rappresentativi di merci, comprese le operazioni finanziarie mediante la negoziazione, anche a titolo di cessione pro-soluto, di crediti, cambiali o assegni. Non sono considerati prestiti i depositi di denaro presso aziende e istituti di credito o presso amministrazioni statali,

anche se regolati in conto corrente;

4) le **somministrazioni di alimenti e bevande;**

5) le **cessioni di contratti** di ogni tipo e oggetto.

Le prestazioni indicate nei commi primo e secondo sempreché l'imposta afferente agli acquisti di beni e servizi relativi alla loro esecuzione sia detraibile, costituiscono per ogni operazione **di valore superiore ad euro cinquanta,** prestazioni di servizi **anche se effettuate per l'uso personale o familiare dell'imprenditore, ovvero a titolo gratuito per altre finalità estranee all'esercizio dell'impresa,** ad esclusione delle somministrazioni nelle mense aziendali e delle prestazioni di trasporto didattiche, educative e ricreative, di assistenza sociale e sanitaria, a favore del personale dipendente, nonché delle operazioni di divulgazione pubblicitaria svolte a beneficio delle **attività istituzionali di enti del Terzo settore di natura non commerciale** e delle diffusioni di messaggi, rappresentazioni, immagini o comunicazioni di pubblico interesse richieste o patrocinate dallo Stato o da enti pubblici. Le assegnazioni indicate al n. 6 dell'art. 2 sono considerate prestazioni di servizi quando hanno per oggetto cessioni, concessioni o licenze di cui ai numeri 1), 2) e 5) del comma precedente. Le prestazioni di servizi rese o ricevute dai mandatari senza rappresentanza sono considerate prestazioni di servizi anche nei rapporti tra il mandante e il mandatario.

Non sono considerate prestazioni di servizi:

a) le cessioni, concessioni, **licenze e simili relative a diritti d'autore effettuate dagli autori e loro eredi o legatari,** tranne quelle relative alle opere di cui ai numeri 5) e 6) dell'art. 2, L. 22 aprile 1941, n. 633, e alle opere di ogni genere utilizzate da imprese a fini di pubblicità commerciale;

b) i **prestiti obbligazionari**;

c) le **cessioni dei contratti** di cui alle lettere a), b) e c) del terzo comma dell'art. 2;

d) i **conferimenti e i passaggi** di cui alle lettere e) ed f) del terzo comma dell'art. 2;

e) le prestazioni di mandato e di mediazione relative ai diritti d'autore, tranne quelli concernenti opere di cui alla lettera a), e le prestazioni relative alla protezione dei diritti d'autore di ogni genere, comprese quelle di intermediazione nella riscossione dei proventi;

f) le prestazioni di mandato e di mediazione relative ai prestiti obbligazionari;

g) lettera abrogata;

h) le prestazioni dei commissionari relative ai passaggi di cui al n. 3) del secondo comma dell'art. 2 e quelle dei mandatari di cui al terzo comma del presente articolo.

Non costituiscono inoltre prestazioni di servizi le prestazioni relative agli spettacoli ed alle altre attività elencati nella **tabella C allegata** al presente decreto, rese ai possessori di titoli di accesso, rilasciati per l'ingresso gratuito di persone, limitatamente al contingente e nel rispetto delle modalità di rilascio e di controllo stabiliti ogni quadriennio con decreto del Ministro delle finanze:

a) dagli organizzatori di spettacoli, nel limite massimo del 5 per cento dei posti del settore, secondo la capienza del locale o del complesso sportivo ufficialmente riconosciuta dalle competenti autorità;

b) dal Comitato olimpico nazionale italiano e federazioni sportive che di esso fanno parte;

c) dall'Unione nazionale incremento razze equine;

d) dall'Automobile club d'Italia e da altri enti e associazioni a carattere nazionale.

Le **disposizioni** del primo periodo del terzo comma **non si applicano in caso di uso personale o familiare dell'impren-**

ditore ovvero di messa a disposizione a titolo gratuito nei confronti dei dipendenti:

a) **di veicoli stradali a motore** per il cui acquisto, pure sulla base di contratti di **locazione, anche finanziaria**, e di noleggio, la detrazione dell'imposta è stata operata in funzione della percentuale di cui alla lettera c) del comma 1 dell'art. 19-*bis*1;

b) delle apparecchiature terminali per il servizio radiomobile pubblico terrestre di telecomunicazioni e delle relative prestazioni di gestione, qualora sia stata computata in detrazione una quota dell'imposta relativa all'acquisto delle predette apparecchiature, pure sulla base di contratti di locazione, anche finanziaria, e di noleggio, ovvero alle suddette prestazioni di gestione, non superiore alla misura in cui tali beni e servizi sono utilizzati per fini diversi da quelli di cui all'art. 19, comma 4, secondo periodo.

Art. 4. Esercizio di imprese. – Per esercizio di imprese si intende l'esercizio **per professione abituale, ancorché non esclusiva, delle attività commerciali o agricole** di cui agli artt. 2135 e 2195 del codice civile, **anche se non organizzate in forma di impresa, nonché l'esercizio di attività, organizzate in forma d'impresa, dirette alla prestazione di servizi** che non rientrano nell'art. 2195 del codice civile.

Si considerano **in ogni caso** effettuate nell'esercizio di imprese:

1) le **cessioni di beni e le prestazioni di servizi fatte dalle società** in nome collettivo e in accomandita semplice, dalle società per azioni e in accomandita per azioni, dalle società a responsabilità limitata, dalle società cooperative, di mutua assicurazione e di armamento, dalle società estere di cui all'art. 2507 del codice civile e dalle società di fatto;

2) le cessioni di beni e le prestazioni di servizi fatte **da altri enti pubblici e privati**, compresi i consorzi, le associazioni o altre organizzazioni senza personalità giuridica e le società semplici, che abbiano per **oggetto esclusivo o principale l'esercizio di attività commerciali o agricole.**

Si considerano effettuate in ogni caso nell'esercizio di imprese, a norma del precedente comma, anche le cessioni di beni e le prestazioni di servizi fatte dalle società e dagli enti ivi indicati ai propri soci, associati o partecipanti.

Per gli **enti** indicati al n. 2) del secondo comma, che **non abbiano per oggetto esclusivo o principale l'esercizio di attività commerciali o agricole**, si considerano effettuate nell'esercizio di imprese soltanto le **cessioni di beni e le prestazioni di servizi fatte nell'esercizio di attività commerciali o agricole**. Si considerano fatte nell'esercizio di attività commerciali **anche** le cessioni di beni e le prestazioni di servizi **ai soci, associati o partecipanti verso pagamento di corrispettivi specifici, o di contributi supplementari** determinati in funzione delle maggiori o diverse prestazioni alle quali danno diritto.

Agli effetti delle disposizioni di questo articolo sono **considerate in ogni caso commerciali, ancorché esercitate da enti pubblici**, le seguenti attività:

a) **cessioni di beni nuovi prodotti per la vendita**;

b) **erogazione di acqua** e servizi di fognatura e depurazione, gas, energia elettrica e vapore;

c) gestione di fiere ed esposizioni a carattere commerciale;

d) gestione di spacci aziendali, **gestione di mense** e somministrazione di pasti;

e) **trasporto** e deposito di merci;

f) trasporto di persone;

g) organizzazione di viaggi e soggiorni turistici; **prestazioni alberghiere** o di alloggio;

h) **servizi portuali e aeroportuali**;

i) pubblicità commerciale;

l) **telecomunicazioni** e radiodiffusioni circolari.

Non sono invece **considerate attività commerciali**: le **operazioni** effettuate dallo Stato, dalle regioni, dalle province, dai comuni e dagli altri enti di diritto pubblico nell'ambito di attività di **pubblica autorità**; le operazioni relative all'oro e alle valute estere, compresi i depositi anche in conto corrente, effettuate dalla Banca d'Italia e dall'Ufficio italiano dei cambi; la gestione, da parte delle amministrazioni militari o dei corpi di polizia, di mense e spacci riservati al proprio personale ed a quello dei Ministeri da cui dipendono, ammesso ad usufruirne per particolari motivi inerenti al servizio; la **prestazione alle imprese consorziate o socie**, da parte di **consorzi o cooperative**, di garanzie mutualistiche e di servizi concernenti il controllo qualitativo dei prodotti, compresa l'applicazione di marchi di qualità; le cessioni di beni e le prestazioni di servizi effettuate in occasione di manifestazioni propagandistiche dai partiti politici rappresentati nelle Assemblee nazionali e regionali; le cessioni di beni e prestazioni di servizi poste in essere dalla Presidenza della Repubblica, dal Senato della Repubblica, dalla Camera dei deputati e dalla Corte costituzionale, nel perseguimento delle proprie finalità istituzionali; le **prestazioni sanitarie** soggette al pagamento di quote di partecipazione alla spesa sanitaria erogate dalle unità sanitarie locali e dalle aziende ospedaliere del Servizio sanitario nazionale. **Non sono considerate**, inoltre, **attività commerciali**, anche in deroga al secondo comma:

a) **il possesso e la gestione di unità immobiliari classificate o classificabili nella categoria catastale A** e le loro pertinenze, ad esclusione delle unità classificate o classificabili nella categoria catastale A10, di unità da diporto, di aeromobili da turismo o di qualsiasi altro mezzo di trasporto ad uso privato, di complessi sportivi o ricreativi, compresi quelli destinati all'ormeggio, al ricovero e al servizio di unità da diporto, da parte di società o enti, qualora la partecipazione ad essi consenta, gratuitamente o verso un corrispettivo inferiore al valore normale, il godimento, personale, o familiare dei beni e degli impianti stessi, ovvero quando tale godimento sia conseguito indirettamente dai soci o partecipanti, alle suddette condizioni, anche attraverso la partecipazione ad associazioni, enti o altre organizzazioni;

b) il **possesso**, non strumentale né accessorio ad altre attività esercitate, **di partecipazioni** o quote sociali, di **obbligazioni** o titoli similari, **costituenti immobilizzazioni**, al fine di percepire dividendi, interessi o altri frutti, **senza strutture** dirette **ad esercitare** attività finanziaria, ovvero attività di indirizzo, di coordinamento o altri interventi nella **gestione delle società partecipate.**

Comma abrogato.

Comma abrogato.

Comma abrogato.

Le disposizioni sulla perdita della qualifica di ente non commerciale di cui all'art. 111-*bis* [*ora art. 149*] del Testo Unico delle Imposte sui redditi, approvato con decreto del Presidente della Repubblica 22 dicembre 1986, n. 917, si applicano anche ai fini dell'imposta sul valore aggiunto.

Art. 5. Esercizio di arti e professioni. – Per esercizio di arti e professioni si intende **l'esercizio per professione abituale, ancorché non esclusiva, di** qualsiasi **attività di lavoro autonomo** da parte di **persone fisiche** ovvero da parte di **società semplici o di associazioni senza personalità giuridica** costituite **tra persone fisiche** per l'esercizio in forma associata delle attività stesse.

Non si considerano effettuate nell'esercizio di arti e professioni le **prestazioni di servizi inerenti ai rapporti di collaborazione coordinata e continuativa** di cui all'art. 49 del decreto del Presidente della Repubblica 29 settembre

1973, n. 597, nonché le **prestazioni di lavoro** effettuate **dagli associati nell'ambito dei contratti di associazione in partecipazione** di cui all'art. 49, comma 2, lettera c), del Testo Unico delle Imposte sui redditi, di cui al decreto del Presidente della Repubblica 22 dicembre 1986, n. 917, rese **da soggetti** che **non** esercitano per **professione abituale altre attività di lavoro autonomo**. Non si considerano altresì effettuate nell'esercizio di arti e professioni le prestazioni di servizi derivanti dall'attività di levata dei protesti esercitata dai segretari comunali ai sensi della legge 12 giugno 1973, n. 349, nonché le prestazioni di vigilanza e custodia rese da guardie giurate di cui al regio decreto-legge 26 settembre 1935, n. 1952.

Art. 6. Effettuazione delle operazioni. – Le **cessioni di beni** si considerano effettuate **nel momento della stipulazione** se riguardano **beni immobili** e nel momento della **consegna o spedizione** se riguardano **beni mobili**. Tuttavia le **cessioni** i cui **effetti traslativi o costitutivi** si producono **posteriormente**, tranne quelle indicate ai numeri 1) e 2) dell'art. 2, si considerano effettuate nel **momento** in cui si producono tali **effetti** e comunque, se riguardano **beni mobili, dopo** il decorso di **un anno dalla consegna o spedizione**.

In deroga al precedente comma **l'operazione si considera effettuata:**

a) per le cessioni di beni per atto della pubblica autorità e per le **cessioni periodiche o continuative di beni in esecuzione di contratti di somministrazione, all'atto del pagamento del corrispettivo**;

b) per i passaggi dal committente al commissionario, di cui al n. 3) dell'art. 2, all'atto della vendita dei beni da parte del commissionario;

c) per la **destinazione al consumo personale o familiare dell'imprenditore** e ad altre finalità estranee all'esercizio dell'impresa, di cui al n. 5) dell'art. 2, **all'atto del prelievo dei beni**;

d) per le cessioni di beni inerenti a contratti estimatori, all'atto della rivendita a terzi ovvero, per i beni non restituiti, alla scadenza del termine convenuto tra le parti e comunque dopo il decorso di un anno dalla consegna o spedizione;

d-*bis*) per le assegnazioni in proprietà di case di abitazione fatte ai soci da cooperative edilizie a proprietà divisa, alla data del rogito notarile;

d-*ter*) lettera abrogata.

Le prestazioni di servizi si considerano effettuate all'atto del pagamento del corrispettivo. Quelle indicate nell'art. 3, terzo comma, primo periodo, si considerano effettuate al **momento in cui sono rese, ovvero, se di carattere periodico o continuativo, nel mese successivo** a quello in cui sono rese.

Se anteriormente al verificarsi degli eventi indicati nei precedenti commi o indipendentemente da essi sia **emessa fattura, o** sia **pagato** in tutto o in parte il **corrispettivo**, l'operazione si considera effettuata, limitatamente all'importo fatturato o pagato, alla **data della fattura o** a quella **del pagamento**.

L'**imposta** relativa alle cessioni di beni ed alle prestazioni di servizi **diviene esigibile nel momento in cui le operazioni si considerano effettuate** secondo le disposizioni dei commi precedenti e l'imposta è versata con le modalità e nei termini stabiliti nel titolo secondo. Tuttavia per le cessioni dei prodotti farmaceutici indicati nel numero 114) della terza parte dell'allegata tabella A effettuate dai farmacisti, per le **cessioni di beni e le prestazioni di servizi ai soci, associati o partecipanti,** di cui al quarto comma dell'art. 4, nonché per quelle fatte **allo Stato**, agli organi dello Stato ancorché dotati di personalità giuridica, **agli enti pubblici territoriali** e ai consorzi tra essi costituiti ai sensi dell'art. 25 della legge 8 giugno 1990, n. 142, alle camere di commercio, industria, artigianato e agricoltura, agli istituti universitari, alle unità sanitarie locali, **agli enti ospedalieri,** agli enti pubblici di ricovero e cura aventi prevalente carattere scientifico, **agli enti pubblici di assistenza e beneficenza** e a quelli di previdenza, l'imposta **diviene esigibile all'atto del pagamento dei relativi corrispettivi,** salva la facoltà di applicare le disposizioni del primo periodo. Per le cessioni di beni di cui all'art. 21, comma 4, terzo periodo, l'imposta diviene esigibile nel mese successivo a quello della loro effettuazione. Per le prestazioni di servizi effettuate dagli autotrasportatori di cose per conto di terzi iscritti nell'albo di cui alla legge 6 giugno 1974, n. 298, l'imposta diviene esigibile all'atto del pagamento dei relativi corrispettivi, salva la facoltà di applicare le disposizioni di cui al primo periodo.

In deroga al terzo e al quarto comma, le **prestazioni di servizi** di cui all'art. 7-*ter*, **rese** da un **soggetto passivo non stabilito** nel territorio dello Stato **a un soggetto passivo ivi stabilito, e le prestazioni di servizi diverse da quelle di cui agli artt. 7-*quater* e 7-*quinquies*, rese da un soggetto passivo stabilito nel territorio dello Stato ad un soggetto passivo che non è ivi stabilito,** si considerano effettuate nel **momento in cui sono ultimate ovvero, se di carattere periodico o continuativo, alla data di maturazione dei corrispettivi. Se anteriormente** al verificarsi degli eventi indicati nel primo periodo è pagato in tutto o in parte il corrispettivo, la prestazione di servizi si intende effettuata, limitatamente all'importo pagato, alla **data del pagamento.** Le stesse prestazioni, se effettuate in modo continuativo nell'arco di un periodo superiore a un anno e se non comportano pagamenti anche parziali nel medesimo periodo, si considerano effettuate al termine di ciascun anno solare fino all'ultimazione delle prestazioni medesime.

In deroga al primo e al quarto comma, le cessioni di beni da parte di un soggetto passivo che si considera cessionario e rivenditore di detti beni ai sensi dell'articolo 2-*bis*, nonché le cessioni dei medesimi beni nei confronti di detto soggetto passivo, si considerano effettuate e l'imposta diviene esigibile nel momento in cui è accettato il pagamento del corrispettivo.

Art. 6-*bis*. Definizione di buono-corrispettivo. – 1. Ai fini del presente decreto, per **buono-corrispettivo** si intende uno **strumento che contiene l'obbligo di essere accettato come corrispettivo o parziale corrispettivo a fronte di una cessione di beni** o di una **prestazione di servizi** e che indica, sullo strumento medesimo o nella relativa documentazione, i beni o i servizi da cedere o prestare **o le identità dei potenziali cedenti o prestatori, ivi incluse le condizioni generali di utilizzo ad esso relative.**

Art. 6-*ter*. Buono-corrispettivo monouso. – 1. Un buono-corrispettivo di cui all'articolo 6-*bis* si considera **monouso** se al momento della sua emissione è nota la disciplina applicabile ai fini dell'imposta sul valore aggiunto alla cessione dei beni o alla prestazione dei servizi a cui il buono-corrispettivo dà diritto.

2. Ogni trasferimento di un buono-corrispettivo monouso precedente alla cessione dei beni o alla prestazione dei servizi a cui il buono-corrispettivo dà diritto costituisce effettuazione di detta cessione o prestazione.

3. La cessione di beni o la prestazione di servizi a cui il buono-corrispettivo monouso dà diritto, se effettuata da un soggetto diverso da quello che ha emesso detto buono-corrispettivo, è rilevante ai fini dell'imposta sul valore aggiunto e si considera resa nei confronti del soggetto che ha emesso il buono-corrispettivo.

Art. 6-*quater*. Buono-corrispettivo multiuso. – 1. Un buono-corrispettivo di cui all'articolo 6-*bis* si considera **multiuso** se al momento della sua emissione non è nota la disciplina applicabile ai fini dell'imposta sul valore aggiunto alla cessione dei beni o alla prestazione dei servizi a cui il buono-corrispettivo dà diritto.

2. Ogni trasferimento di un buono-corrispettivo multiuso precedente alla accettazione dello stesso come corrispettivo o parziale corrispettivo della cessione dei beni o della prestazione dei servizi a cui il buono-corrispettivo dà diritto non costituisce effettuazione di detta cessione o prestazione.

3. La cessione di beni o la prestazione di servizi a cui il buono-corrispettivo multiuso dà diritto si considera effettuata al verificarsi degli eventi di cui all'articolo 6 **assumendo come pagamento l'accettazione del buono-corrispettivo come corrispettivo o parziale corrispettivo** di detti beni o servizi.

4. Per i trasferimenti di un buono-corrispettivo multiuso diversi da quelli che intercorrono tra il soggetto che effettua le operazioni soggette ad imposta ai sensi del comma 3 e i soggetti nei cui confronti tali operazioni sono effettuate, i servizi di distribuzione e simili sono autonomamente rilevanti ai fini dell'imposta.

Art. 7. Territorialità dell'imposta – Definizioni. – 1. Agli effetti del presente decreto:

a) per "**Stato**" o "territorio dello Stato" si intende il territorio della **Repubblica italiana**, con **esclusione** dei comuni di **Livigno** e **Campione d'Italia** e delle acque italiane del **Lago di Lugano**;

b) per "**Comunità**" o "territorio della Comunità" si intende il territorio corrispondente al campo di applicazione del **Trattato sul funzionamento dell'Unione europea** con le seguenti **esclusioni** oltre quella indicata nella lettera a):

1) per la Repubblica ellenica, il Monte Athos;

2) per la Repubblica federale di Germania, l'isola di Helgoland ed il territorio di Büsingen;

3) per la Repubblica francese, i territori francesi di cui all'art. 349 e all'art. 355, paragrafo 1 del Trattato sul funzionamento dell'Unione europea;

4) per il Regno di Spagna, Ceuta, Melilla e le isole Canarie;

5) per la Repubblica di Finlandia, le isole Åland;

6) le isole Anglo-Normanne;

c) il Principato di Monaco, l'isola di Man e le zone di sovranità del Regno Unito di Akrotiri e Dhekelia si intendono compresi nel territorio rispettivamente della Repubblica francese, del Regno Unito di Gran Bretagna e Irlanda del Nord e della Repubblica di Cipro;

d) per "**soggetto passivo stabilito nel territorio dello Stato**" si intende un **soggetto passivo domiciliato nel territorio dello Stato o ivi residente che non abbia stabilito il domicilio all'estero, ovvero una stabile organizzazione nel territorio dello Stato di soggetto domiciliato e residente all'estero**, limitatamente alle operazioni da essa rese o ricevute. Per i soggetti diversi dalle persone fisiche si considera domicilio il luogo in cui si trova la sede legale e residenza quello in cui si trova la sede effettiva;

e) per "parte di un trasporto di passeggeri effettuata all'interno della Comunità", si intende la parte di trasporto che non prevede uno scalo fuori della Comunità tra il luogo di partenza e quello di arrivo del trasporto passeggeri; "luogo di partenza di un trasporto passeggeri", è il primo punto di imbarco di passeggeri previsto nella Comunità, eventualmente dopo uno scalo fuori della Comunità; "luogo di arrivo di un trasporto passeggeri", è l'ultimo punto di sbarco previsto nella Comunità, per passeggeri imbarcati nella Comunità, eventualmente prima di uno scalo fuori della Comunità; per il trasporto andata e ritorno, il percorso di ritorno è considerato come un trasporto distinto;

f) per "trasporto intracomunitario di

beni" si intende il trasporto di beni il cui luogo di partenza e il cui luogo di arrivo sono situati nel territorio di due Stati membri diversi. "Luogo di partenza" è il luogo in cui inizia effettivamente il trasporto dei beni, senza tener conto dei tragitti compiuti per recarsi nel luogo in cui si trovano i beni; "luogo di arrivo" è il luogo in cui il trasporto dei beni si conclude effettivamente;

g) per "locazione, anche finanziaria, noleggio e simili, a breve termine di mezzi di trasporto" si intende il possesso o l'uso ininterrotto del mezzo di trasporto per un periodo non superiore a trenta giorni ovvero a novanta giorni per i natanti.

Art. 7-*bis*. Territorialità – Cessioni di beni. – 1. Le cessioni di beni, diverse da quelle di cui ai commi 2 e 3, si considerano **effettuate** nel territorio dello **Stato se** hanno per **oggetto beni immobili** ovvero **beni mobili nazionali, comunitari o vincolati al regime della temporanea importazione, esistenti** nel territorio dello stesso ovvero beni mobili **spediti da altro Stato membro installati,** montati o assiemati **nel territorio dello Stato dal fornitore** o per suo conto.

2. Le **cessioni di beni a bordo di una nave, di un aereo o di un treno** nel corso della parte di un trasporto di passeggeri effettuata all'interno della Comunità, si considerano effettuate nel territorio dello Stato se il **luogo di partenza** del trasporto è ivi situato.

3. Le cessioni di gas attraverso un sistema di gas naturale situato nel territorio dell'Unione o una rete connessa a tale sistema, le cessioni di energia elettrica e le cessioni di calore o di freddo mediante le reti di riscaldamento o di raffreddamento si considerano effettuate nel territorio dello Stato:

a) quando il cessionario è un soggetto passivo-rivenditore stabilito nel territorio dello Stato. Per soggetto passivo-rivenditore si intende un soggetto passivo la cui principale attività in relazione all'acquisto di gas, di energia elettrica, di calore o di freddo è costituita dalla rivendita di detti beni ed il cui consumo personale di detti prodotti è trascurabile;

b) quando il cessionario è un soggetto diverso dal rivenditore, se i beni sono usati o consumati nel territorio dello Stato. Se la totalità o parte dei beni non è di fatto utilizzata dal cessionario, limitatamente alla parte non usata o non consumata, le cessioni anzidette si considerano comunque effettuate nel territorio dello Stato quando sono poste in essere nei confronti di soggetti, compresi quelli che non agiscono nell'esercizio di impresa, arte o professioni, stabiliti nel territorio dello Stato; non si considerano effettuate nel territorio dello Stato le cessioni poste in essere nei confronti di stabili organizzazioni all'estero, per le quali sono effettuati gli acquisti da parte di soggetti domiciliati o residenti in Italia.

Art. 7-*ter*. Territorialità – Prestazioni di servizi. – 1. Le prestazioni di servizi si considerano **effettuate** nel territorio dello **Stato**:

a) quando sono **rese a soggetti passivi stabiliti** nel territorio dello Stato;

b) quando sono rese **a committenti non soggetti passivi da soggetti passivi stabiliti** nel territorio dello Stato.

2. Ai fini dell'applicazione delle disposizioni relative al luogo di effettuazione delle prestazioni di servizi, si considerano soggetti passivi per le prestazioni di servizi ad essi rese:

a) i soggetti esercenti attività d'impresa, arti o professioni; le persone fisiche si considerano soggetti passivi limitatamente alle prestazioni ricevute quando agiscono nell'esercizio di tali attività;

b) gli enti, le associazioni e le altre organizzazioni di cui all'art. 4, quarto comma, anche quando agiscono al di fuori delle attività commerciali o agricole;

c) gli enti, le associazioni e le altre organizzazioni, non soggetti passivi, identificati ai fini dell'imposta sul valore aggiunto.

Art. 7-*quater*. Territorialità – Disposizioni relative a particolari prestazioni di servizi. – 1. In deroga a quanto stabilito dall'art. 7-*ter*, comma 1, **si considerano effettuate nel territorio dello Stato**:

a) le **prestazioni** di **servizi relativi a beni immobili**, comprese le perizie, le prestazioni di agenzia, la fornitura di alloggio nel settore alberghiero o in settori con funzioni analoghe, ivi inclusa quella di alloggi in campi di vacanza o in terreni attrezzati per il campeggio, la concessione di diritti di utilizzazione di beni immobili e le prestazioni inerenti alla preparazione e al coordinamento dell'esecuzione dei lavori immobiliari, quando l'**immobile** è **situato** nel territorio dello **Stato**;

b) le prestazioni di **trasporto di passeggeri, in proporzione** alla **distanza percorsa** nel territorio dello **Stato**;

c) le prestazioni di servizi di **ristorazione e di catering** diverse da quelle di cui alla successiva lettera d), quando sono materialmente **eseguite** nel territorio dello **Stato**;

d) le prestazioni di ristorazione e di catering materialmente rese a bordo di una nave, di un aereo o di un treno nel corso della parte di un trasporto di passeggeri effettuata all'interno della Comunità, se il luogo di partenza del trasporto è situato nel territorio dello Stato;

e) le prestazioni di **servizi di locazione, anche finanziaria, noleggio e simili, a breve termine, di mezzi di trasporto** quando gli stessi sono **messi a disposizione del destinatario nel territorio dello Stato** e sempre che siano utilizzate all'interno del territorio della Comunità. Le medesime prestazioni si considerano effettuate nel territorio dello Stato quando i mezzi di trasporto sono messi a disposizione del destinatario al di fuori del territorio della Comunità e sono utilizzati nel territorio dello Stato.

Art. 7-*quinquies*. Territorialità – Disposizioni relative alle prestazioni di servizi culturali, artistici, sportivi, scientifici, educativi, ricreativi e simili. – 1. In deroga a quanto stabilito dall'art. 7-*ter*, comma 1:

a) le **prestazioni di servizi relativi ad attività culturali, artistiche, sportive, scientifiche, educative, ricreative e simili**, ivi comprese fiere ed esposizioni, le prestazioni di servizi degli organizzatori di dette attività, nonché le prestazioni di servizi accessorie alle precedenti **rese a committenti non soggetti passivi**, si considerano **effettuate nel territorio dello Stato quando** le medesime attività sono **ivi materialmente svolte**. La disposizione del periodo precedente si applica anche alle prestazioni di servizi per l'accesso alle manifestazioni culturali, artistiche, sportive, scientifiche, educative, ricreative e simili, nonché alle relative prestazioni accessorie;

b) le prestazioni di servizi per **l'accesso a manifestazioni culturali, artistiche, sportive, scientifiche, educative, ricreative e simili**, ivi comprese fiere ed esposizioni, nonché le prestazioni di servizi accessorie connesse con l'accesso, rese **a committenti soggetti passivi** si considerano effettuate nel territorio dello Stato **quando ivi si svolgono** le manifestazioni stesse.

Art. 7-*sexies*. Territorialità – Disposizioni speciali relative a talune prestazioni di servizi rese a committenti non soggetti passivi. – 1. In deroga a quanto stabilito dall'art. 7-*ter*, comma 1, lettera b), si considerano effettuate nel territorio dello Stato se rese a committenti non soggetti passivi:

a) le prestazioni di intermediazione in nome e per conto del cliente, quando le operazioni oggetto dell'intermediazione si considerano effettuate nel territorio dello Stato;

b) le prestazioni di trasporto di beni diverse dal trasporto intracomunitario, in proporzione alla distanza percorsa nel territorio dello Stato;

c) le prestazioni di trasporto intracomunitario di beni, quando la relativa esecuzione ha inizio nel territorio dello Stato;

d) le prestazioni di lavorazione, nonché le perizie, relative a beni mobili materiali e le operazioni rese in attività accessorie ai trasporti, quali quelle di carico, scarico, movimentazione e simili, quando sono eseguite nel territorio dello Stato;

e) le prestazioni di servizi di locazione, anche finanziaria, noleggio e simili, non a breve termine, di mezzi di trasporto, quando sono rese da prestatori stabiliti nel territorio dello Stato e sempre che siano utilizzate nel territorio della Comunità. Le medesime prestazioni se rese da soggetti passivi stabiliti al di fuori del territorio della Comunità si considerano effettuate nel territorio dello Stato quando sono ivi utilizzate;

e-*bis*) le prestazioni di cui alla lettera e) relative ad imbarcazioni da diporto, sempre che l'imbarcazione sia effettivamente messa a disposizione nel territorio dello Stato e la prestazione sia resa da soggetti passivi ivi stabiliti e sia utilizzata nel territorio della Comunità. Le medesime prestazioni, se l'imbarcazione da diporto è messa a disposizione in uno Stato estero fuori della Comunità ed il prestatore è stabilito in quello stesso Stato, si considerano effettuate nel territorio dello Stato quando sono ivi utilizzate. Alle medesime prestazioni, quando l'imbarcazione da diporto è messa a disposizione in uno Stato diverso da quello di stabilimento del prestatore, si applica la lettera e);

f) lettera abrogata;

g) lettera abrogata.

Art. 7-*septies*. Territorialità – Disposizioni relative a talune prestazioni di servizi rese a non soggetti passivi stabiliti fuori della Comunità. – 1. In deroga a quanto stabilito dall'art. 7-*ter*, comma 1, lettera b), **non si considerano effettuate nel territorio dello Stato** le seguenti prestazioni di servizi, quando sono rese a committenti non soggetti passivi domiciliati e residenti fuori della Comunità:

a) le prestazioni di servizi di cui all'art. 3, secondo comma, numero 2);

b) le prestazioni pubblicitarie;

c) le **prestazioni di consulenza e assistenza tecnica o legale** nonché quelle di elaborazione e fornitura di dati e simili;

d) le operazioni bancarie, finanziarie ed assicurative, comprese le operazioni di riassicurazione ed escluse le locazioni di casseforti;

e) la messa a disposizione del personale;

f) le prestazioni derivanti da contratti di locazione, anche finanziaria, noleggio e simili di beni mobili materiali diversi dai mezzi di trasporto;

g) la concessione dell'accesso a un sistema di gas naturale situato nel territorio dell'Unione o a una rete connessa a un tale sistema, al sistema dell'energia elettrica, alle reti di riscaldamento o di raffreddamento, il servizio di trasmissione o distribuzione mediante tali sistemi o reti e la prestazione di altri servizi direttamente collegati;

h) lettera abrogata;

i) lettera abrogata;

l) le prestazioni di servizi inerenti all'obbligo di non esercitare interamente o parzialmente un'attività o un diritto di cui alle lettere precedenti.

Art. 7-*octies*. Territorialità – Disposizioni relative alle prestazioni di servizi di telecomunicazione, di teleradiodiffusione ed elettronici rese a committenti non soggetti passivi. – 1. In deroga a quanto stabilito dall'art. 7-*ter*, comma 1, lettera b), si considerano effettuate nel territorio dello Stato se rese a committenti non soggetti passivi:

a) le prestazioni di servizi rese tramite mezzi elettronici, quando il committente è domiciliato nel territorio dello Stato o ivi residente senza domicilio all'estero;

b) le prestazioni di telecomunicazione e di teleradiodiffusione, quando il committente è domiciliato nel territorio dello Stato o ivi residente e senza domicilio all'estero e sempre che siano utilizzate nel territorio dell'Unione europea.

2. Qualora il prestatore sia un soggetto passivo stabilito in un altro Stato membro dell'Unione europea, la disposizione di cui al comma 1 non si applica, per i servizi resi a committenti stabiliti nel territorio dello Stato, ove concorrano unitariamente le seguenti condizioni:

a) il prestatore non è stabilito anche in un altro Stato membro dell'Unione europea;

b) l'ammontare complessivo, al netto dell'imposta sul valore aggiunto, delle prestazioni di servizi nei confronti di committenti non soggetti passivi stabiliti in Stati membri dell'Unione europea diversi da quello di stabilimento del prestatore e delle vendite a distanza intracomunitarie di beni nell'Unione europea, di cui all'art. 38-*bis*, commi 1 e 3, del decreto-legge 30 agosto 1993, n. 331, convertito, con modificazioni, dalla legge 29 ottobre 1993, n. 427, effettuate nell'anno solare precedente, non ha superato 10.000 euro e fino a quando, nell'anno in corso, tale limite non è superato;

c) il prestatore non ha optato per l'applicazione dell'imposta nel territorio dello Stato.

3. Qualora il prestatore sia un soggetto passivo stabilito nel territorio dello Stato, la disposizione di cui al comma 1 non si applica, per i servizi resi a committenti stabiliti in un altro Stato membro dell'Unione europea, ove concorrano unitariamente le seguenti condizioni:

a) il prestatore non è stabilito anche in un altro Stato membro dell'Unione europea;

b) l'ammontare complessivo, al netto dell'imposta sul valore aggiunto, delle prestazioni di servizi nei confronti di committenti non soggetti passivi stabiliti in Stati membri dell'Unione europea diversi dall'Italia e delle vendite a distanza intracomunitarie di beni nell'Unione europea, di cui all'art. 38-*bis*, commi 1 e 3, del decreto-legge 30 agosto 1993, n. 331, convertito, con modificazioni, dalla legge 29 ottobre 1993, n. 427, effettuate nell'anno solare precedente, non ha superato 10.000 euro e fino a quando, nell'anno in corso, tale limite non è superato;

c) il prestatore non ha optato per l'applicazione dell'imposta nell'altro Stato membro.

4. L'opzione di cui al comma 3 è comunicata all'ufficio nella dichiarazione relativa all'anno in cui la stessa è esercitata e ha effetto fino a quando non sia revocata e comunque per almeno due anni.

Art. 8. Cessioni all'esportazione. – Costituiscono cessioni all'esportazione **non imponibili**:

a) le **cessioni**, anche tramite commissionari, **eseguite mediante trasporto o spedizione di beni fuori del territorio della Comunità economica europea**, a **cura o a nome dei cedenti o dei commissionari**, anche per incarico dei propri cessionari o commissionari di questi. I beni possono essere sottoposti per conto del cessionario, ad opera del cedente stesso o di terzi, a lavorazione, trasformazione, montaggio, assiemaggio o adattamento ad altri beni. La esportazione **deve risultare da documento doganale, o da vidimazione** apposta dall'**ufficio doganale** su un esemplare della fattura ovvero su un esemplare della bolla di accompagnamento emessa a norma dell'art. 2 del decreto del Presidente della Repubblica 6 ottobre 1978, n. 627, o, se questa non è prescritta, sul documento di cui all'art. 21, quarto comma, terzo periodo lettera a). Nel caso in cui avvenga tramite servizio postale l'esportazione deve risultare nei modi stabiliti con decreto del Ministro delle finanze, di concerto con il Ministro delle poste e delle telecomunicazioni [*ora Ministro dello sviluppo economico*];

b) le **cessioni con trasporto o spedizione fuori del territorio della Comunità** economica europea **entro novanta giorni dalla consegna, a cura del cessionario non residente o per suo conto**, ad eccezione dei beni destinati a dotazione o provvista di bordo di imbarcazioni o navi da diporto, di aeromobili da turismo o di qualsiasi altro mezzo di trasporto ad uso privato e dei beni da trasportarsi nei bagagli personali fuori del territorio della Comunità economica europea; l'esportazione deve risultare da **vidimazione** apposta dall'ufficio doganale o dall'ufficio postale **su un esemplare della fattura**;

b-*bis*) **le cessioni con trasporto o spedizione fuori del territorio dell'Unione europea** entro centottanta giorni dalla consegna, a cura del cessionario o per suo conto, effettuate, secondo modalità stabilite con decreto del Ministro dell'economia e delle finanze, nei confronti delle amministrazioni pubbliche e dei soggetti della cooperazione allo sviluppo iscritti nell'elenco di cui all'articolo 26, comma 3, della legge 11 agosto 2014, n. 125, **in attuazione di finalità umanitarie, comprese quelle dirette a realizzare programmi di cooperazione allo sviluppo.** La prova dell'avvenuta esportazione dei beni è data dalla documentazione doganale;

c) le **cessioni**, anche **tramite commissionari, di beni diversi dai fabbricati e dalle aree edificabili, e** le **prestazioni di servizi rese a soggetti che, avendo effettuato cessioni all'esportazione od operazioni intracomunitarie, si avvalgono della facoltà di acquistare**, anche tramite commissionari, **o importare beni e servizi senza pagamento dell'imposta**.

Le cessioni e le prestazioni di cui alla lettera c) sono effettuate senza pagamento dell'imposta ai soggetti indicati nella lettera a), se residenti, e dai soggetti che effettuano le cessioni di cui alla lettera b) del precedente comma su loro dichiarazione scritta e sotto la loro responsabilità, nei limiti dell'ammontare complessivo dei corrispettivi delle cessioni di cui alle stesse lettere dai medesimi fatte nel corso dell'anno solare precedente. I cessionari e i commissionari possono avvalersi di tale ammontare integralmente per gli acquisti di beni che siano esportati nello stato originario nei sei mesi successivi alla loro consegna e, nei limiti della differenza tra esso e l'ammontare delle cessioni dei beni effettuate nei loro confronti nello stesso anno ai sensi della lettera a), relativamente agli acquisti di altri beni o di servizi. I **soggetti che intendono avvalersi della facoltà di acquistare beni e servizi senza pagamento dell'imposta** devono darne **comunicazione scritta al competente ufficio** dell'imposta sul valore aggiunto entro il 31 gennaio ovvero oltre tale data, ma anteriormente al momento di effettuazione della prima operazione, indicando l'ammontare dei corrispettivi delle esportazioni fatte nell'anno solare precedente. Gli stessi soggetti possono optare, dandone comunicazione entro il 31 gennaio, per la facoltà di acquistare beni e servizi senza pagamento dell'imposta assumendo come ammontare di riferimento, in ciascun mese, l'ammontare dei corrispettivi delle esportazioni fatte nei dodici mesi precedenti. **L'opzione ha effetto per un triennio solare** e, qualora non sia revocata, si estende di triennio in triennio. La revoca deve essere comunicata all'ufficio entro il 31 gennaio successivo a ciascun triennio. I soggetti che iniziano l'attività o non hanno comunque effettuato esportazioni nell'anno solare precedente possono avvalersi per la durata di un triennio solare della facoltà di acquistare beni e servizi senza pagamento dell'imposta, dandone preventiva comunicazione all'ufficio, assumendo come ammontare di riferimento, in ciascun mese, l'ammontare dei corrispettivi delle esportazioni fatte nei dodici mesi precedenti.

Comma abrogato.

Nel caso di **affitto di azienda**, perché possa avere effetto il **trasferimento del beneficio** di utilizzazione della facoltà di acquistare beni e servizi per cessioni all'esportazione, senza pagamento dell'imposta, ai sensi del terzo comma, è necessario che tale trasferimento sia espressamente **previsto nel relativo contratto** e che ne sia data comunicazione con lettera raccomandata entro trenta giorni all'ufficio Iva competente per territorio.

Ai fini dell'applicazione del primo comma si intendono spediti o trasportati fuori della Comunità anche i beni destinati ad essere impiegati nel mare territoriale per la costruzione, la riparazione, la manutenzione, la trasformazione, l'equipaggiamento e il rifornimento delle piattaforme di perforazione e sfruttamento, nonché per la realizzazione di collegamenti fra dette piattaforme e la terraferma.

Art. 8-*bis*. Operazioni assimilate alle cessioni alla esportazione. – Sono assimilate alle cessioni all'esportazione, se non comprese nell'art. 8:

a) le cessioni di navi adibite alla navigazione in alto mare e destinate all'esercizio di attività commerciali o della pesca nonché le cessioni di navi adibite alla pesca costiera o ad operazioni di salvataggio o di assistenza in mare, ovvero alla demolizione, escluse le unità da diporto di cui alla L. 11 febbraio 1971, n. 50;

a-*bis*) le cessioni di navi di cui agli artt. 239 e 243 del codice dell'ordinamento militare, di cui al decreto legislativo 15 marzo 2010, n. 66;

b) le cessioni di aeromobili, compresi i satelliti, ad organi dello Stato ancorché dotati di personalità giuridica;

c) le cessioni di aeromobili destinati a imprese di navigazione aerea che effettuano prevalentemente trasporti internazionali;

d) le cessioni di apparati motori e loro componenti e di parti di ricambio degli stessi e delle navi e degli aeromobili di cui alle lettere precedenti, le cessioni di beni destinati a loro dotazione di bordo e le forniture destinate al loro rifornimento e vettovagliamento, comprese le somministrazioni di alimenti e di bevande a bordo ed escluse, per le navi adibite alla pesca costiera, le provviste di bordo;

e) le prestazioni di servizi, compreso l'uso di bacini di carenaggio, relativi alla costruzione, manutenzione, riparazione, modificazione, trasformazione, assiemaggio, allestimento, arredamento, locazione e noleggio delle navi e degli aeromobili di cui alle lettere a), a-*bis*), b) e c), degli apparati motori e loro componenti e ricambi e delle dotazioni di bordo, nonché le prestazioni di servizi relativi alla demolizione delle navi di cui alle lettere a), a-*bis*) e b);

e-*bis*) le prestazioni di servizi diverse da quelle di cui alla lettera e) direttamente destinate a sopperire ai bisogni delle navi e degli aeromobili di cui alle lettere a), a-*bis*) e c) e del loro carico.

Le disposizioni del secondo e terzo comma dell'art. 8 si applicano, con riferimento all'ammontare complessivo dei corrispettivi delle operazioni indicate nel precedente comma, anche per gli acquisti di beni, diversi dai fabbricati e dalle aree edificabili, e di servizi fatti dai soggetti che effettuano le operazioni stesse nell'esercizio dell'attività propria dell'impresa.

Ai fini dell'applicazione del primo comma, una nave si considera adibita alla navigazione in alto mare se ha effettuato nell'anno solare precedente, o in caso di primo utilizzo, effettua nell'anno in corso un numero di viaggi in alto mare superiore al 70 per cento. Per viaggio in alto mare si intende il tragitto compreso tra due punti di approdo durante il quale è superato il limite delle acque territoriali, calcolato in base alla linea di bassa marea, a prescindere dalla rotta seguita. I soggetti che intendo avvalersi della facoltà di effettuare acquisti o importazioni senza pagamento dell'imposta attestano la condizione della navigazione in alto mare mediante apposita dichiarazione. La dichiarazione deve essere redatta in conformità del modello approvato con provvedimento del direttore dell'Agenzia delle entrate e deve essere trasmessa telematicamente all'Agenzia delle entrate, che rilascia apposita ricevuta telematica con indicazione del protocollo di ricezione. La dichiarazione può riguardare anche più operazioni tra le stesse parti. Gli estremi del protocollo di ricezione della dichiarazione devono essere indicati nelle fatture emesse in base ad essa, ovvero devono essere riportati dall'importatore nella dichiarazione doganale. I soggetti che dichiarano una percentuale determinata provvisoriamente, sulla base dell'uso previsto della nave, verificano, a conclusione dell'anno solare, la sussistenza della condizione dell'effettiva navigazione in alto mare.

Art. 9. Servizi internazionali o connessi agli scambi internazionali. – Costituiscono servizi internazionali o connessi agli scambi internazionali **non imponibili**:

1) i **trasporti di persone eseguiti in parte nel territorio dello Stato e in parte in territorio estero** in dipendenza di **unico contratto**;

2) i **trasporti relativi a beni in esportazione, in transito o in importazione temporanea**, nonché i trasporti relativi a beni in importazione i cui corrispettivi sono inclusi nella base imponibile ai sensi del primo comma dell'art. 69;

3) i noleggi e le locazioni di navi, aeromobili, autoveicoli, vagoni ferroviari, cabine-letto, containers e carrelli, adibiti ai trasporti di cui al precedente n. 1), ai trasporti di beni in esportazione, in transito o in temporanea importazione nonché a quelli relativi a beni in importazione sempreché i corrispettivi dei noleggi e delle locazioni siano assoggettati all'imposta a norma del primo comma dell'art. 69;

4) i servizi di spedizione relativi ai trasporti di cui al precedente n. 1), ai trasporti di beni in esportazione, in transito o in temporanea importazione nonché ai trasporti di beni in importazione sempreché i corrispettivi dei servizi di spedizione siano inclusi nella base imponibile ai sensi del primo comma dell'art. 69; i servizi relativi alle operazioni doganali;

4-*bis*) i servizi accessori relativi alle spedizioni, sempreché i corrispettivi dei servizi accessori abbiano concorso alla formazione della base imponibile ai sensi dell'articolo 69 del presente decreto e ancorché la medesima non sia stata assoggettata all'imposta;

5) i servizi di carico, scarico, trasbordo, manutenzione, stivaggio, disistivaggio, pesatura, misurazione, controllo, refrigerazione, magazzinaggio, deposito, custodia e simili, relativi ai beni in esportazione, in transito o in importazione temporanea ovvero relativi a beni in importazione sempreché i corrispettivi dei servizi stessi siano assoggettati ad imposta a norma del primo comma dell'art. 69;

6) i servizi prestati nei porti, autoporti, aeroporti e negli scali ferroviari di confine che riflettono direttamente il funzionamento e la manutenzione degli impianti ovvero il movimento di beni o mezzi di trasporto, nonché quelli resi dagli agenti marittimi raccomandatari;

7) i servizi di intermediazione relativi a beni in importazione, in esportazione o in transito, a trasporti internazionali di persone o di beni, ai noleggi e alle locazioni di cui al n. 3), nonché quelli relativi ad operazioni effettuate fuori del territorio della Comunità; le cessioni di licenze all'esportazione;

7-*bis*) i servizi di intermediazione resi in nome e per conto di agenzie di viaggio di cui all'art. 74-*ter*, relativi a prestazioni eseguite fuori del territorio degli

Stati membri della Comunità economica europea;

8) le manipolazioni usuali eseguite nei depositi doganali a norma dell'art. 152, primo comma, del Testo Unico approvato con decreto del Presidente della Repubblica 23 gennaio 1973, n. 43;

9) i trattamenti di cui all'art. 176 del Testo Unico approvato con decreto del Presidente della Repubblica 23 gennaio 1973, n. 43, eseguiti su beni di provenienza estera non ancora definitivamente importati, nonché su beni nazionali nazionalizzati o comunitari destinati ad essere esportati da o per conto del prestatore del servizio o del committente non residente nel territorio dello Stato;

10) numero abrogato;

11) numero abrogato;

12) numero abrogato.

Le disposizioni del secondo e terzo comma dell'art. 8 si applicano, con riferimento all'ammontare complessivo dei corrispettivi delle operazioni indicate nel precedente comma, anche per gli acquisti di beni, diversi dai fabbricati e dalle aree edificabili, e di servizi fatti dai soggetti che effettuano le operazioni stesse nell'esercizio dell'attività propria dell'impresa.

Le prestazioni di cui al primo comma, numero 2), non comprendono i servizi di trasporto resi a soggetti diversi dall'esportatore, dal titolare del regime di transito, dall'importatore, dal destinatario dei beni o dal prestatore dei servizi di cui al numero 4) del medesimo primo comma.

Art. 10. Operazioni esenti dall'imposta. – Sono esenti dall'imposta:

1) le **prestazioni di servizi** concernenti la **concessione e** la **negoziazione di crediti**, la gestione degli stessi da parte dei concedenti e le operazioni di finanziamento; l'**assunzione di impegni di natura finanziaria,** l'assunzione di fideiussioni e di altre **garanzie** e la gestione di garanzie di crediti da parte dei concedenti; le dilazioni di pagamento, le **operazioni,** compresa la negoziazione, **relative a depositi di fondi, conti correnti, pagamenti, giroconti, crediti e ad assegni o altri effetti commerciali**, ad eccezione del recupero di crediti; la gestione di fondi comuni di investimento e di fondi pensione di cui al decreto legislativo 21 aprile 1993, n. 124, nonché di prodotti pensionistici individuali paneuropei (PEPP) di cui al regolamento (UE) 2019/1238, le dilazioni di pagamento e le gestioni similari e il servizio bancoposta;

2) le **operazioni di assicurazione**, di riassicurazione e di vitalizio;

3) le **operazioni** relative a **valute estere** aventi corso legale e a crediti in valute estere, eccettuati i biglietti e le monete da collezione e comprese le operazioni di copertura dei rischi di cambio;

4) le **operazioni, relative ad azioni, obbligazioni o altri titoli non rappresentativi di merci e a quote sociali**, eccettuate la custodia e l'amministrazione dei titoli nonché il servizio di gestione individuale di portafogli; le operazioni relative a valori mobiliari e a strumenti diversi dai titoli, incluse le negoziazioni e le opzioni ed eccettuati la custodia e l'amministrazione nonché il servizio di gestione individuale di portafogli. Si considerano in particolare operazioni relative a valori mobiliari e a strumenti finanziari i contratti a termine fermo su titoli e altri strumenti finanziari e le relative opzioni, comunque regolati; i contratti a termine su tassi di interesse e le relative opzioni; i contratti di scambio di somme di denaro o di valute determinate in funzione di tassi di interesse, di tassi di cambio o di indici finanziari, e relative opzioni; le opzioni su valute, su tassi di interesse o su indici finanziari, comunque regolate;

5) le **operazioni relative ai versamenti di imposte**, effettuati per conto dei contribuenti, a norma di specifiche disposizioni di legge, da aziende e istituti di credito;

6) le **operazioni relative all'esercizio**

del lotto, delle lotterie nazionali, dei giochi di abilità e dei concorsi pronostici riservati allo Stato e agli enti indicati nel decreto legislativo 14 aprile 1948, n. 496, ratificato con legge 22 aprile 1953, n. 342, e successive modificazioni, nonché quelle relative all'esercizio dei totalizzatori e delle scommesse di cui al regolamento approvato con decreto del Ministro per l'agricoltura e per le foreste 16 novembre 1955, pubblicato nella Gazzetta Ufficiale n. 273 del 26 novembre 1955, e alla legge 24 marzo 1942, n. 315, e successive modificazioni, ivi comprese le operazioni relative alla raccolta delle giocate;

7) le operazioni relative all'esercizio **delle scommesse in occasione di** gare, corse, giuochi, concorsi e **competizioni** di ogni genere, diverse da quelle indicate al numero precedente, nonché quelle relative all'esercizio del giuoco nelle case da giuoco autorizzate e alle operazioni di sorte locali autorizzate;

8) **le locazioni e gli affitti**, relative cessioni, risoluzioni e proroghe, di **terreni e aziende agricole, di aree diverse da quelle destinate a parcheggio di veicoli**, per le quali gli strumenti urbanistici non **prevedono la destinazione edificatoria, e di fabbricati**, comprese le **pertinenze**, le scorte e in genere i beni mobili destinati durevolmente **al servizio degli immobili locati e affittati**, escluse le locazioni, per le quali nel relativo atto il locatore abbia **espressamente manifestato l'opzione per l'imposizione**, di fabbricati abitativi effettuate dalle imprese costruttrici degli stessi o dalle imprese che vi hanno eseguito, anche tramite imprese appaltatrici, gli interventi di cui all'art. 3, comma 1, lettere c), d) ed f), del Testo Unico dell'edilizia di cui al decreto del Presidente della Repubblica 6 giugno 2001, n. 380, di fabbricati abitativi destinati ad alloggi sociali come definiti dal decreto del Ministro delle infrastrutture, di concerto con il Ministro della solidarietà sociale, il Ministro delle politiche per la famiglia ed il Ministro per le politiche giovanili e le attività sportive del 22 aprile 2008, e di fabbricati strumentali che per le loro caratteristiche non sono suscettibili di diversa utilizzazione senza radicali trasformazioni;

8-*bis*) **le cessioni di fabbricati** o di porzioni di fabbricato diversi da quelli di cui al numero 8-*ter*), **escluse quelle effettuate dalle imprese costruttrici** degli stessi o dalle imprese che vi hanno eseguito, anche tramite imprese appaltatrici, gli interventi di cui all'art. 3, comma 1, lettere c), d) ed f), del Testo Unico dell'edilizia di cui al decreto del Presidente della Repubblica 6 giugno 2001, n. 380, **entro cinque anni dalla data di ultimazione** della costruzione o dell'intervento, ovvero quelle effettuate dalle stesse imprese anche successivamente nel caso in cui nel relativo atto il cedente abbia espressamente manifestato l'opzione per l'imposizione, e le cessioni di fabbricati di civile abitazione destinati ad alloggi sociali, come definiti dal decreto del Ministro delle infrastrutture 22 aprile 2008, pubblicato nella Gazzetta Ufficiale n. 146 del 24 giugno 2008, per le quali nel relativo atto il cedente abbia espressamente manifestato l'opzione per l'imposizione;

8-*ter*) **le cessioni di fabbricati** o di porzioni di fabbricato **strumentali che** per le loro caratteristiche **non sono suscettibili di diversa utilizzazione senza radicali trasformazioni,** escluse quelle effettuate dalle imprese costruttrici degli stessi o dalle imprese che vi hanno eseguito, anche tramite imprese appaltatrici, gli interventi di cui all'art. 3, comma 1, lettere c), d) ed f), del Testo Unico dell'edilizia di cui al decreto del Presidente della Repubblica 6 giugno 2001, n. 380, entro **cinque anni** dalla data di ultimazione della costruzione o dell'intervento, e quelle per le quali nel relativo atto il cedente abbia espressamente manifestato l'opzione per l'imposizione;

9) le prestazioni di mandato, mediazione e intermediazione relative alle operazioni di cui ai numeri da 1 a 7, nonché quelle relative all'oro e alle valute estere, compresi i depositi anche in conto corrente, effettuate in relazione ad operazioni poste in essere dalla Banca d'Italia e dall'Ufficio italiano dei cambi, ai sensi dell'art. 4, quinto comma, del presente decreto;

10) numero abrogato;

11) le **cessioni di oro da investimento**, compreso quello rappresentato da certificati in oro, anche non allocato, oppure scambiato su conti metallo, ad esclusione di quelle poste in essere dai soggetti che producono oro da investimento o che trasformano oro in oro da investimento, ovvero commerciano oro da investimento, i quali abbiano optato, con le modalità ed i termini previsti dal decreto del Presidente della Repubblica 10 novembre 1997, n. 442, anche in relazione a ciascuna cessione, per l'applicazione dell'imposta; le operazioni previste dall'art. 81 [*ora art. 67*], comma 1, lettere c-*quater*) e c-*quinquies*), del Testo Unico delle Imposte sui redditi, approvato con decreto del Presidente della Repubblica 22 dicembre 1986, n. 917 e successive modificazioni, riferite all'oro da investimento; le intermediazioni relative alle precedenti operazioni. Se il cedente ha optato per l'applicazione dell'imposta, analoga opzione può essere esercitata per le relative prestazioni di intermediazione. Per oro da investimento si intende:

a) l'oro in forma di lingotti o placchette di peso accettato dal mercato dell'oro, ma comunque superiore ad 1 grammo, di purezza pari o superiore a 995 millesimi, rappresentato o meno da titoli;

b) le monete d'oro di purezza pari o superiore a 900 millesimi, coniate dopo il 1800, che hanno o hanno avuto corso legale nel Paese di origine, normalmente vendute a un prezzo che non supera dell'80 per cento il valore sul mercato libero dell'oro in esse contenuto, incluse nell'elenco predisposto dalla Commissione delle Comunità europee ed annualmente pubblicato nella Gazzetta Ufficiale delle Comunità europee, serie C, sulla base delle comunicazioni rese dal Ministero del tesoro, del bilancio e della programmazione economica, nonché le monete aventi le medesime caratteristiche, anche se non comprese nel suddetto elenco;

12) le cessioni di cui al n. 4) dell'art. 2 fatte ad enti pubblici, associazioni riconosciute o fondazioni aventi esclusivamente finalità di assistenza, beneficenza, educazione, istruzione, studio o ricerca scientifica e alle ONLUS;

13) le cessioni di cui al n. 4 dell'art. 2 a favore delle popolazioni colpite da calamità naturali o catastrofi dichiarate tali ai sensi della legge 8 dicembre 1970, n. 996 o della legge 24 febbraio 1992, n. 225;

14) **prestazioni di trasporto urbano di persone** effettuate mediante veicoli da piazza. Si considerano urbani i trasporti effettuati nel territorio di un comune o tra comuni non distanti tra loro oltre cinquanta chilometri;

15) le prestazioni di trasporto di malati o feriti con veicoli all'uopo equipaggiati, effettuate da imprese autorizzate e da **enti del Terzo settore di natura non commerciale**;

16) le **prestazioni del servizio postale universale**, nonché le cessioni di beni a queste accessorie, effettuate dai soggetti obbligati ad assicurarne l'esecuzione. Sono escluse le prestazioni di servizi e le cessioni di beni ad esse accessorie, le cui condizioni siano state negoziate individualmente;

17) numero abrogato;

18) le **prestazioni sanitarie di diagnosi, cura e riabilitazione della persona rese nell'esercizio delle professioni e arti sanitarie soggette a vigilanza**, ai sensi dell'art. 99 del Testo Unico delle leggi sanitarie, approvato con regio decreto 27 luglio 1934, n. 1265, individua-

te con decreto del Ministro della salute, di concerto con il Ministro dell'economia e delle finanze. L'esenzione si applica anche se la prestazione sanitaria costituisce una componente di una prestazione di ricovero e cura resa alla persona ricoverata da un soggetto diverso da quelli di cui al numero 19), quando tale soggetto a sua volta acquisti la suddetta prestazione sanitaria presso un terzo e per l'acquisto trovi applicazione l'esenzione di cui al presente numero; in tal caso, l'esenzione opera per la prestazione di ricovero e cura fino a concorrenza del corrispettivo dovuto da tale soggetto al terzo;

19) le **prestazioni di ricovero e cura** rese da enti ospedalieri o da cliniche e case di cura convenzionate nonché da società di mutuo soccorso con personalità giuridica e da enti del Terzo Settore di natura non commerciale, compresa la somministrazione di medicinali, presidi sanitari e vitto, nonché le prestazioni di cura rese da stabilimenti termali;

20) le **prestazioni educative** dell'infanzia e della gioventù e quelle didattiche di ogni genere, anche per la formazione, l'aggiornamento, la riqualificazione e riconversione professionale, rese da istituti o scuole riconosciuti da pubbliche amministrazioni e da enti del Terzo settore di natura non commerciale, comprese le prestazioni relative all'alloggio, al vitto e alla fornitura di libri e materiali didattici, ancorché fornite da istituzioni, collegi o pensioni annessi, dipendenti o funzionalmente collegati, nonché le lezioni relative a materie scolastiche e universitarie impartite da insegnanti a titolo personale. Le prestazioni di cui al periodo precedente non comprendono l'insegnamento della guida automobilistica ai fini dell'ottenimento delle patenti di guida per i veicoli delle categorie B e C1;

21) le prestazioni proprie dei brefotrofi, orfanotrofi, asili, case di riposo per anziani e simili, delle colonie marine, montane e campestri e degli alberghi e ostelli per la gioventù di cui alla legge 21 marzo 1958, n. 326, comprese le somministrazioni di vitto, indumenti e medicinali, le prestazioni curative e le altre prestazioni accessorie;

22) le prestazioni proprie **delle biblioteche, discoteche e** simili e **quelle inerenti alla visita di musei**, gallerie, pinacoteche, monumenti, ville, palazzi, parchi, giardini botanici e zoologici e simili;

23) le prestazioni previdenziali e assistenziali a favore del personale dipendente;

24) le cessioni di organi, sangue e latte umani e di plasma sanguigno;

25) numero abrogato;

26) numero abrogato;

27) le prestazioni proprie dei servizi di pompe funebri;

27-*bis*) i canoni dovuti da imprese pubbliche, ivi comprese le aziende municipalizzate, o private per l'affidamento in concessione di costruzione e di esercizio di impianti, comprese le discariche, destinati allo smaltimento, al riciclaggio o alla distruzione dei rifiuti urbani, speciali, tossici o nocivi, solidi e liquidi;

27-*ter*) le **prestazioni socio-sanitarie, di assistenza domiciliare o ambulatoriale, in comunità e simili, in favore degli anziani ed inabili adulti**, di tossicodipendenti e di malati di AIDS, degli handicappati psicofisici, dei minori anche coinvolti in situazioni di disadattamento e di devianza, di persone migranti, senza fissa dimora, richiedenti asilo, di persone detenute, di donne vittime di tratta a scopo sessuale e lavorativo, rese da organismi di diritto pubblico, da istituzioni sanitarie riconosciute che erogano assistenza pubblica, previste all'art. 41 della legge 23 dicembre 1978, n. 833, o da enti aventi finalità di assistenza sociale e da enti del Terzo settore di natura non commerciale;

27-*quater*) le prestazioni delle compagnie barracellari di cui all'art. 3 della legge 2 agosto 1897, n. 382;

27-*quinquies*) le cessioni che hanno per oggetto beni acquistati o importati senza il diritto alla detrazione totale della relativa imposta ai sensi degli artt. 19, 19-*bis*1 e 19-*bis*2;

27-*sexies*) le importazioni nei porti effettuate dalle imprese di pesca marittima, dei prodotti della pesca allo stato naturale o dopo operazioni di conservazione ai fini della commercializzazione, ma prima di qualsiasi consegna.

Sono altresì esenti dall'imposta le prestazioni di servizi effettuate nei confronti dei consorziati o soci da consorzi, ivi comprese le società consortili e le società cooperative con funzioni consortili, costituiti tra soggetti per i quali, nel triennio solare precedente, la percentuale di detrazione di cui all'art. 19-*bis*, anche per effetto dell'opzione di cui all'art. 36-*bis*, sia stata non superiore al 10 per cento, a condizione che i corrispettivi dovuti dai consorziati o soci ai predetti consorzi e società non superino i costi imputabili alle prestazioni stesse.

Sono, inoltre, esenti dall'imposta le cessioni di beni effettuate nei confronti di un soggetto passivo che si considera cessionario e rivenditore di detti beni ai sensi dell'articolo 2-bis, comma 1, lettera a).

L'esenzione dall'imposta si applica inoltre alle seguenti operazioni, a condizione di non provocare distorsioni della concorrenza a danno delle imprese commerciali soggette all'IVA:

1) le prestazioni di servizi e le cessioni di beni ad esse strettamente connesse, effettuate in conformità alle finalità istituzionali da associazioni politiche, sindacali e di categoria, religiose, assistenziali, culturali, di promozione sociale e di formazione extra-scolastica della persona, a fronte del pagamento di corrispettivi specifici, o di contributi supplementari fissati in conformità dello statuto, in funzione delle maggiori o diverse prestazioni alle quali danno diritto, nei confronti di soci, associati o partecipanti, di associazioni che svolgono la medesima attività e che per legge, regolamento o statuto fanno parte di un'unica organizzazione locale o nazionale, nonché dei rispettivi soci, associati o partecipanti e dei tesserati dalle rispettive organizzazioni nazionali;

2) le prestazioni di servizi strettamente connesse con la pratica dello sport o dell'educazione fisica rese da associazioni sportive dilettantistiche alle persone che esercitano lo sport o l'educazione fisica ovvero nei confronti di associazioni che svolgono le medesime attività e che per legge, regolamento o statuto fanno parte di un'unica organizzazione locale o nazionale, nonché dei rispettivi soci, associati o partecipanti e dei tesserati dalle rispettive organizzazioni nazionali;

3) le cessioni di beni e le prestazioni di servizi effettuate in occasione di manifestazioni propagandistiche dagli enti e dagli organismi di cui al numero 1) del presente comma, organizzate a loro esclusivo profitto;

4) la somministrazione di alimenti e bevande nei confronti di indigenti da parte delle associazioni di promozione sociale ricomprese tra gli enti di cui all'articolo 3, comma 6, lettera e), della legge 25 agosto 1991, n. 287, le cui finalità assistenziali siano riconosciute dal Ministero dell'interno, sempreché tale attività di somministrazione sia strettamente complementare a quelle svolte in diretta attuazione degli scopi istituzionali e sia effettuata presso le sedi in cui viene svolta l'attività.

Le disposizioni di cui al quarto comma si applicano a condizione che le associazioni interessate abbiano il divieto di distribuire, anche in modo indiretto, utili o avanzi di gestione nonché fondi, riserve o capitale durante la vita dell'associazione, salvo che la destinazione o la distribuzione non siano imposte dalla legge, e si conformino alle seguenti clausole, da inserire nei relativi atti costitutivi o statuti redatti nella forma dell'atto pubblico o della scrittura privata autenticata o registrata, ovvero alle corrispondenti clausole previste dal codice del Terzo settore, di cui al decreto legislativo 3 luglio 2017, n. 117:

1) obbligo di devolvere il patrimonio dell'ente, in caso di suo scioglimento per qualunque causa, ad altra associazione con finalità analoghe o ai fini d pubblica utilità, sentito l'organismo di controllo e salva diversa destinazione imposta dalla legge;

2) disciplina uniforme del rapporto associativo e delle modalità associative volte a garantire l'effettività del rapporto medesimo, escludendo espressamente ogni limitazione in funzione della temporaneità della partecipazione alla vita associativa e prevedendo per gli associati o partecipanti maggiori d'età il diritto di voto per l'approvazione e le modificazioni dello statuto e dei regolamenti e per la nomina degli organi direttivi dell'associazione;

3) obbligo di redigere e di approvare annualmente un rendiconto economico e finanziario secondo le disposizioni statutarie;

4) eleggibilità libera degli organi amministrativi; principio del voto singolo di cui all'articolo 2538, secondo comma, del codice civile; sovranità dell'assemblea dei soci, associati o partecipanti e criteri di loro ammissione ed esclusione; criteri e idonee forme di pubblicità delle convocazioni assembleari, delle relative deliberazioni, dei bilanci o rendiconti; è ammesso il voto per corrispondenza per le associazioni il cui atto costitutivo, anteriore al 1° gennaio 1997, preveda tale modalità di voto ai sensi dell'articolo 2538, ultimo comma, del codice civile e sempreché le stesse abbiano rilevanza a livello nazionale e siano prive di organizzazione a livello locale;

5) intrasmissibilità della quota o contributo associativo ad eccezione dei trasferimenti a causa di morte e non rivalutabilità della stessa.

Le disposizioni di cui ai numeri 2) e 4) del quinto comma non si applicano alle associazioni religiose riconosciute dalle confessioni con le quali lo Stato ha stipulato patti, accordi o intese, nonché alle associazioni politiche, sindacali e di categoria.

Art. 11. Operazioni permutative e dazioni in pagamento. – Le cessioni di beni e le prestazioni di servizi effettuate in corrispettivo di altre cessioni di beni o prestazioni di servizi, o per estinguere precedenti obbligazioni, sono **soggette all'imposta separatamente** da quelle in corrispondenza delle quali sono effettuate.

La disposizione del comma precedente non si applica per la cessione al prestatore del servizio di residuati o sottoprodotti della lavorazione di materie fornite dal committente quando il valore dei residuati o sottoprodotti ceduti, determinato a norma dell'art. 14, non supera il cinque per cento del corrispettivo in denaro.

Art. 12. Cessioni e prestazioni accessorie. – Il trasporto, la posa in opera, l'imballaggio, il confezionamento, la fornitura di recipienti o contenitori e le altre cessioni o prestazioni accessorie ad una cessione di beni o ad una prestazione di servizi, effettuati direttamente dal cedente o prestatore ovvero per suo conto e a sue spese, **non sono soggetti autonomamente all'imposta** nei rapporti fra le parti dell'operazione principale.

Se la cessione o prestazione principale è soggetta all'imposta, i corrispettivi delle cessioni o prestazioni accessorie imponibili concorrono a formarne la base imponibile.

Art. 13. Base imponibile. – 1. La base imponibile delle cessioni di beni e delle prestazioni di servizi è costituita dall'**ammontare complessivo dei corrispettivi dovuti al cedente o prestatore** secondo le **condizioni contrattuali,**

compresi gli oneri e le spese inerenti all'esecuzione e i debiti o altri oneri verso terzi accollati al cessionario o al committente, aumentato delle integrazioni direttamente connesse con i corrispettivi dovuti da altri soggetti.

2. Agli effetti del comma 1 **i corrispettivi** sono costituiti:

a) per le cessioni di beni e le prestazioni di servizi dipendenti da atto della pubblica autorità, dall'**indennizzo** comunque denominato;

b) per i passaggi di beni dal committente al commissionario o dal commissionario al committente, di cui al numero 3) del secondo comma dell'art. 2, rispettivamente dal **prezzo di vendita pattuito** dal commissionario, **diminuito della provvigione**, e dal **prezzo di acquisto pattuito** dal commissionario, **aumentato della provvigione**; per le prestazioni di servizi rese o ricevute dai mandatari senza rappresentanza, di cui al terzo periodo del terzo comma dell'art. 3, rispettivamente dal prezzo di fornitura del servizio pattuito dal mandatario, diminuito della provvigione, e dal prezzo di acquisto del servizio ricevuto dal mandatario, aumentato della provvigione;

c) per le cessioni indicate ai numeri 4), 5) e 6) del secondo comma dell'art. 2, dal **prezzo di acquisto** o, **in mancanza**, dal **prezzo di costo dei beni o di beni simili**, determinati nel momento in cui si effettuano tali operazioni; per le prestazioni di servizi di cui al primo e al secondo periodo del terzo comma dell'art. 3, nonché per quelle di cui al terzo periodo del sesto comma dell'art. 6, dalle **spese sostenute dal soggetto passivo per l'esecuzione dei servizi** medesimi;

d) per le cessioni e le prestazioni di servizi di cui all'art. 11, dal **valore normale dei beni e dei servizi** che formano oggetto di ciascuna di esse;

e) per le cessioni di beni vincolati al regime della temporanea importazione, dal corrispettivo della cessione diminuito del valore accertato dall'ufficio doganale all'atto della temporanea importazione.

3. In deroga al comma 1:

a) per le operazioni imponibili effettuate nei confronti di un soggetto per il quale l'esercizio del diritto alla detrazione è limitato a norma del comma 5 dell'art. 19, anche per effetto dell'opzione di cui all'art. 36-*bis*, la **base imponibile** è costituita dal **valore normale dei beni e dei servizi** se è dovuto un corrispettivo inferiore a tale valore e se le operazioni sono effettuate da società che direttamente o indirettamente controllano tale soggetto, ne sono controllate o sono controllate dalla stessa società che controlla il predetto soggetto;

b) per le operazioni esenti effettuate da un soggetto per il quale l'esercizio del diritto alla detrazione è limitato a norma del comma 5 dell'art. 19, la base imponibile è costituita dal **valore normale dei beni e dei servizi** se è dovuto un corrispettivo inferiore a tale valore e se le operazioni sono effettuate nei confronti di società che direttamente o indirettamente controllano tale soggetto, ne sono controllate o sono controllate dalla stessa società che controlla il predetto soggetto;

c) per le operazioni imponibili, nonché per quelle assimilate agli effetti del diritto alla detrazione, effettuate da un soggetto per il quale l'esercizio del diritto alla detrazione è limitato a norma del comma 5 dell'art. 19, la base imponibile è costituita dal valore normale dei beni e dei servizi se è dovuto un corrispettivo superiore a tale valore e se le operazioni sono effettuate nei confronti di società che direttamente o indirettamente controllano tale soggetto, ne sono controllate o sono controllate dalla stessa società che controlla il predetto soggetto;

d) per la messa a disposizione di veicoli stradali a motore nonché delle apparecchiature terminali per il servizio radiomobile pubblico terrestre di telecomunicazioni e delle relative prestazioni di gestione effettuata dal datore di lavoro nei confronti del proprio personale dipendente la base imponibile è costituita dal valore normale dei servizi se è dovuto un corrispettivo inferiore a tale valore.

4. Ai fini della determinazione della base imponibile i **corrispettivi dovuti e le spese e gli oneri sostenuti in valuta estera sono computati secondo il cambio del giorno** di effettuazione dell'operazione o, in mancanza di tale indicazione nella fattura, del giorno di emissione della fattura. In mancanza, il computo è effettuato sulla base della quotazione del giorno antecedente più prossimo. La conversione in euro, per tutte le operazioni effettuate nell'anno solare, può essere fatta sulla base del tasso di cambio pubblicato dalla Banca centrale europea.

5. Per le cessioni che hanno per oggetto beni per il cui acquisto o importazione la detrazione è stata ridotta ai sensi dell'art. 19-*bis*.1 o di altre disposizioni di indetraibilità oggettiva, la base imponibile è determinata moltiplicando per la percentuale detraibile ai sensi di tali disposizioni l'importo determinato ai sensi dei commi precedenti.

5-*bis*. La **base imponibile** della operazione soggetta ad imposta ai sensi del comma 3 dell'articolo 6-*quater* **è costituita dal corrispettivo dovuto per il buono-corrispettivo o, in assenza** di informazioni su detto corrispettivo, **dal valore monetario** del buono-corrispettivo multiuso **al netto dell'imposta sul valore aggiunto** relativa ai beni ceduti o ai servizi prestati. Se il buono-corrispettivo multiuso è usato solo parzialmente, la base imponibile è pari alla corrispondente parte di corrispettivo o di valore monetario del buono-corrispettivo. La base imponibile, comprensiva dell'imposta, dei servizi di distribuzione e simili di cui al comma 4 dell'articolo 6-*quater*, qualora non sia stabilito uno specifico corrispettivo, è costituito dalla differenza tra il valore monetario del buono-corrispettivo e l'importo dovuto per il trasferimento del buono-corrispettivo medesimo.

Art. 14. Determinazione del valore normale. – 1. Per valore normale si intende **l'intero importo che il cessionario o il committente, al medesimo stadio di commercializzazione** di quello in cui avviene la cessione di beni o la prestazione di servizi, **dovrebbe pagare, in condizioni di libera concorrenza,** ad un cedente o prestatore indipendente per ottenere i beni o servizi in questione nel tempo e nel luogo di tale cessione o prestazione.

2. **Qualora non** siano **accertabili cessioni di beni o prestazioni di servizi analoghe**, per valore normale si intende:

a) per le cessioni di beni, il **prezzo di acquisto** dei beni o di beni simili o, **in mancanza**, il **prezzo di costo**, determinati nel momento in cui si effettuano tali operazioni;

b) per le prestazioni di servizi, le **spese sostenute dal soggetto passivo per l'esecuzione** dei servizi medesimi.

3. Per le operazioni indicate nell'art. 13, comma 3, lettera d), con decreto del Ministro dell'economia e delle finanze sono stabiliti appositi criteri per l'individuazione del valore normale.

Art. 15. Esclusioni dal computo della base imponibile. – **Non** concorrono a formare la base imponibile:

1) le **somme dovute a titolo di interessi moratori o di penalità** per ritardi o altre irregolarità nell'adempimento degli obblighi del cessionario o del committente;

2) il valore normale dei beni ceduti a titolo di sconto, premio o abbuono in conformità alle originarie condizioni contrattuali, tranne quelli la cui cessione è soggetta ad aliquota più elevata;

3) le somme dovute **a titolo di rimborso delle anticipazioni fatte in nome e per conto della controparte**, purché regolarmente documentate;

4) l'importo degli imballaggi e dei recipienti, quando ne sia stato espressamente pattuito il rimborso alla resa;

5) le **somme** dovute **a titolo di rivalsa dell'imposta sul valore aggiunto**.

Non si tiene conto, in diminuzione dell'ammontare imponibile, delle somme addebitate al cedente o prestatore a titolo di penalità per ritardi o altre irregolarità nell'esecuzione del contratto.

Art. 16. Aliquote dell'imposta. – L'aliquota dell'imposta è stabilita nella misura del **ventidue per cento** della **base imponibile** dell'operazione.

L'aliquota è ridotta al quattro, al cinque e al dieci per cento per le operazioni che hanno per oggetto i beni e i servizi elencati, rispettivamente, nella parte II, nella parte II-*bis* e nella parte III dell'allegata tabella A, salvo il disposto dall'art. 34.

Per le prestazioni di servizi dipendenti da contratti d'opera, di appalto e simili che hanno per oggetto la produzione di beni e per quelle dipendenti da contratti di locazione finanziaria, di noleggio e simili, l'imposta si applica con la stessa aliquota che sarebbe applicabile in caso di cessione dei beni prodotti, dati con contratti di locazione finanziaria, noleggio e simili.

Comma 4 abrogato.

Art. 17. Debitore d'imposta. – L'imposta è dovuta dai **soggetti che effettuano le cessioni di beni e le prestazioni di servizi imponibili**, i quali **devono versarla all'erario, cumulativamente** per tutte le operazioni effettuate e **al netto della detrazione** prevista nell'art. 19, nei modi e nei termini stabiliti nel titolo secondo.

Gli obblighi relativi alle cessioni di beni e alle prestazioni di servizi effettuate nel territorio dello Stato da soggetti non residenti nei confronti di **soggetti** passivi stabiliti nel territorio dello Stato, compresi i soggetti indicati all'art. 7-*ter*, comma 2, lettere b) e c), sono adempiuti dai cessionari o committenti. Tuttavia, nel caso di cessioni di beni o di prestazioni di servizi effettuate da un soggetto passivo stabilito in un altro Stato membro dell'Unione europea, il cessionario o committente adempie gli obblighi di fatturazione di registrazione secondo le disposizioni degli artt. 46 e 47 del decreto-legge 30 agosto 1993, n. 331, convertito, con modificazioni, dalla legge 29 ottobre 1993, n. 427.

Nel caso in cui gli **obblighi o i diritti** derivanti dalla applicazione delle norme in materia di imposta sul valore aggiunto sono previsti a carico ovvero a favore di **soggetti non residenti e senza stabile organizzazione nel territorio dello Stato,** i medesimi sono **adempiuti od esercitati, nei modi ordinari, dagli stessi soggetti direttamente, se identificati** ai sensi dell'art. 35-*ter*, **ovvero tramite un loro rappresentante residente** nel territorio dello Stato nominato nelle forme previste dall'art. 1, comma 4, del decreto del Presidente della Repubblica 10 novembre 1997, n. 441. Il **rappresentante fiscale risponde in solido** con il rappresentato relativamente agli obblighi derivanti dall'applicazione delle norme in **materia di imposta sul valore aggiunto. La nomina de**l rappresentante fiscale è **comunicata all'altro contraente anteriormente all'effettuazione dell'operazione.** Se gli obblighi derivano dall'effettuazione solo di operazioni non imponibili di trasporto ed accessorie ai trasporti, gli adempimenti sono limitati all'esecuzione degli obblighi relativi alla fatturazione di cui all'art. 21.

Le disposizioni del secondo e del terzo comma **non si applicano** per le operazioni effettuate **da o nei confronti di soggetti non residenti, qualora** le stesse siano rese o ricevute per il tramite di **stabili organizzazioni** nel territorio dello Stato.

In deroga al primo comma, per le cessioni imponibili di oro da investimento di cui all'art. 10, numero 11), nonché per le **cessioni di materiale d'oro e per quelle di prodotti semilavorati di purezza pari o superiore a 325 millesimi, al pagamento dell'imposta è tenuto il cessionario**, se soggetto passivo d'imposta nel territorio dello Stato. La fattura, emessa dal cedente senza addebito d'imposta, con l'osservanza delle disposizioni di cui agli artt. 21 e seguenti e con l'annotazione «**inversione contabile**» e l'eventuale indicazione della norma di cui al presente comma, deve essere **integrata dal cessionario con l'indicazione dell'aliquota e della relativa imposta** e deve essere annotata nel registro di cui agli artt. 23 o 24 entro il mese di ricevimento ovvero anche successivamente, ma comunque entro quindici giorni dal ricevimento e con riferimento al relativo mese; lo stesso documento, **ai fini della detrazione**, è annotato anche nel registro di cui all'art. 25.

Le disposizioni di cui al quinto comma si applicano **anche**:

a) alle prestazioni di servizi, diversi da quelli di cui alla lettera a-*ter*), compresa la prestazione di manodopera, rese nel **settore edile** da soggetti subappaltatori nei confronti delle imprese che svolgono l'attività di costruzione o ristrutturazione di immobili ovvero nei confronti dell'appaltatore principale o di un altro subappaltatore. La disposizione non si applica alle prestazioni di servizi diversi da quelli di cui alla lettera a-*ter* rese nei confronti di un contraente generale a cui venga affidata dal committente la totalità dei lavori;

a-*bis*) alle **cessioni di fabbricati** o di porzioni di fabbricato di cui ai numeri 8-*bis*) e 8-*ter*) del primo comma dell'art. 10 per le quali nel relativo atto il cedente abbia espressamente manifestato l'opzione per l'imposizione;

a-*ter*) **alle prestazioni di servizi di pulizia, di demolizione, di installazione di impianti e di completamento relative ad edifici;**

a-*quater*) alle prestazioni di servizi rese dalle imprese consorziate nei confronti del consorzio di appartenenza che, ai sensi delle lettere b), c) ed e) del comma 1 dell'art. 34 del codice di cui al decreto legislativo 12 aprile 2006, n. 163, e successive modificazioni, si è reso aggiudicatario di una commessa nei confronti di un ente pubblico al quale il predetto consorzio è tenuto ad emettere fattura ai sensi del comma 1 dell'art. 17-*ter* del presente decreto. L'efficacia della disposizione di cui al periodo precedente è subordinata al rilascio, da parte del Consiglio dell'Unione europea, dell'autorizzazione di una misura di deroga ai sensi dell'art. 395 della direttiva 2006/112/CE del Consiglio, del 28 novembre 2006, e successive modificazioni;

a-*quinquies)* alle prestazioni di servizi, diverse da quelle di cui alle lettere da a) ad a-*quater*), effettuate tramite contratti di appalto, subappalto, affidamento a soggetti consorziati o rapporti negoziali comunque denominati caratterizzati da prevalente utilizzo di manodopera presso le sedi di attività del committente con l'utilizzo di beni strumentali di proprietà di quest'ultimo o ad esso riconducibili in qualunque forma. La disposizione del precedente periodo non si applica alle operazioni effettuate nei confronti di pubbliche amministrazioni e altri enti e società di cui all'articolo 11-*ter* e alle agenzie per il lavoro disciplinate dal capo I del titolo II del decreto legislativo 10 settembre 2003, n. 276;

b) alle cessioni di apparecchiature terminali per il servizio pubblico radiomobile terrestre di comunicazioni soggette alla tassa sulle concessioni governative di cui all'art. 21 della tariffa annessa al decreto del Presidente della Repubblica 26 ottobre 1972, n. 641, come sostituita, da ultimo, dal decreto del Ministro delle finanze 28 dicembre 1995, pubblicato nella Gazzetta Ufficiale n. 303 del 30 dicembre 1995;

c) alle cessioni di console da gioco,

tablet, PC e laptop, nonché alle cessioni di dispositivi a circuito integrato, quali microprocessori e unità centrali di elaborazione, effettuate prima della loro installazione in prodotti destinati al consumatore finale;

d) lettera abrogata;

d-*bis*) ai trasferimenti di quote di emissioni di gas a effetto serra definite all'art. 3 della Direttiva 2003/87/CE del Parlamento europeo e del Consiglio, del 13 ottobre 2003, e successive modificazioni, trasferibili ai sensi dell'art. 12 della medesima Direttiva 2003/87/CE, e successive modificazioni;

d-*ter*) ai trasferimenti di altre unità che possono essere utilizzate dai gestori per conformarsi alla citata Direttiva 2003/87/CE e di certificati relativi al gas e all'energia elettrica;

d-*quater*) alle cessioni di gas e di energia elettrica a un soggetto passivo-rivenditore ai sensi dell'art. 1-*bis*, comma 3, lettera a);

d-*quinquies*) lettera abrogata.

Le disposizioni del quinto comma si applicano alle ulteriori operazioni individuate dal Ministro dell'economia e delle finanze, con propri decreti, in base agli articoli 199 e 199-*bis* della direttiva 2006/112/CE del Consiglio, del 28 novembre 2006, **nonché in base alla misura speciale del meccanismo di reazione rapida di cui all'articolo 199-*ter*** della stessa direttiva, ovvero individuate con decreto emanato ai sensi dell'articolo 17, comma 3, della legge 23 agosto 1988, n. 400, nei casi, diversi da quelli precedentemente indicati, in cui necessita il rilascio di una misura speciale di deroga ai sensi dell'articolo 395 della citata direttiva 2006/112/CE.

Le **disposizioni di cui al sesto comma**, lettere b), c), d-*bis*), d-*ter*) e d-*quater*), del presente articolo si applicano alle **operazioni effettuate fino al 31 dicembre 2026**.

Le pubbliche amministrazioni forniscono in tempo utile, su richiesta dell'amministrazione competente, gli elementi utili ai fini della predisposizione delle richieste delle misure speciali di deroga di cui all'articolo 395 della direttiva 2006/112/CE, anche in applicazione del meccanismo di reazione rapida di cui all'articolo 199-*ter* della stessa direttiva, nonché ai fini degli adempimenti informativi da rendere obbligatoriamente nei confronti delle istituzioni europee ai sensi dell'articolo 199-*bis* della direttiva 2006/112/CE.

Art. 17-*bis*. – Articolo abrogato.

Art. 17-*ter*. Operazioni effettuate nei confronti di pubbliche amministrazioni e altri enti e società. – 1. **Per le cessioni di beni e per le prestazioni di servizi effettuate nei confronti di amministrazioni pubbliche**, come definite dall'articolo 1, comma 2, della legge 31 dicembre 2009, n. 196, e successive modificazioni e integrazioni, **per le quali i cessionari o committenti non sono debitori d'imposta** ai sensi delle disposizioni in materia d'imposta sul valore aggiunto, **l'imposta è in ogni caso versata dai medesimi** secondo modalità e termini fissati con decreto del Ministro dell'economia e delle finanze.

1-*bis*. Le disposizioni di cui al comma 1 si applicano anche alle operazioni effettuate nei confronti dei seguenti soggetti:

0a) enti pubblici economici nazionali, regionali e locali, comprese le aziende speciale e le aziende pubbliche di servizi alla persona;

0b) fondazioni partecipate da amministrazioni pubbliche di cui al comma 1 per una percentuale complessiva del fondo di dotazione non inferiore al 70 per cento;

a) società controllate, ai sensi dell'articolo 2359, primo comma, n. 2), del codice civile, direttamente dalla Presidenza del Consiglio dei Ministri e dai Ministeri;

b) società controllate, ai sensi dell'articolo 2359, primo comma, n. 1), del codice civile, da amministrazioni pubbliche di cui al comma 1 o da enti e società di cui alle lettere 0a), 0b), a) e c);

c) società partecipate, per una percentuale complessiva del capitale non inferiore al 70 per cento, da amministrazioni pubbliche di cui al comma 1 o da enti e società di cui alle lettere 0a), 0b), a) e b);

d) società quotate inserite nell'indice FTSE MIB della Borsa italiana; con il decreto del Ministero dell'economia e delle finanze di cui al comma 1 può essere individuato un indice alternativo di riferimento per il mercato azionario.

1-*ter*. Le disposizioni del presente articolo si applicano fino al termine di scadenza della misura speciale di deroga rilasciata dal Consiglio dell'Unione europea ai sensi dell'articolo 395 della direttiva 2006/112/CE.

1-*quater*. A richiesta dei cedenti o prestatori, i cessionari o i committenti di cui al comma 1 e 1-*bis* devono rilasciare un documento attestante la loro riconducibilità a soggetti per i quali si applicano le disposizioni del presente articolo. I cedenti e prestatori in possesso di tale attestazione sono tenuti all'applicazione del regime di cui al presente articolo.

1-*quinquies*. Le disposizioni di cui al presente articolo non si applicano agli enti pubblici gestori di demanio collettivo, limitatamente alle cessioni di beni e alle prestazioni di servizi afferenti alla gestione dei diritti collettivi di uso civico.

1-*sexies*. Le disposizioni del presente articolo non si applicano alle prestazioni di servizi rese ai soggetti di cui ai commi 1, 1-*bis* e 1-*quinquies*, i cui compensi sono assoggettati a ritenute alla fonte a titolo di imposta sul reddito ovvero a ritenuta a titolo di acconto di cui all'articolo 25 del decreto del Presidente della Repubblica 29 settembre 1973, n. 600.

2. Comma abrogato.

Art. 18. Rivalsa. – **Il soggetto** che **effettua** la **cessione di beni o prestazione di servizi imponibile** deve **addebitare la relativa imposta, a titolo di rivalsa, al cessionario o al committente.**

Per le operazioni per le quali non è prescritta l'emissione della fattura il prezzo o il corrispettivo si intende comprensivo dell'imposta. Se la fattura è emessa su richiesta del cliente il prezzo o il corrispettivo deve essere diminuito della percentuale indicata nel quarto comma dell'art. 27.

La rivalsa non è obbligatoria per le cessioni di cui ai numeri 4) e 5) del secondo comma dell'art. 2 e per le prestazioni di servizi di cui al terzo comma, primo periodo, dell'art. 3.

È **nullo ogni patto contrario** alle disposizioni dei commi precedenti.

Il credito di rivalsa ha **privilegio speciale sui beni immobili oggetto della cessione o ai quali si riferisce il servizio** ai sensi degli artt. 2758 e 2772 del codice civile e, se relativo alla cessione di beni mobili, ha **privilegio sulla generalità dei mobili del debitore** con lo stesso grado del privilegio generale stabilito nell'art. 2752 del codice civile, cui tuttavia è posposto.

Art. 19. Detrazione. – 1. Per la determinazione dell'imposta dovuta a norma del primo comma dell'art. 17 o dell'eccedenza di cui al secondo comma dell'art. 30, è detraibile dall'**ammontare** dell'**imposta relativa alle operazioni effettuate**, **quello dell'imposta assolta o dovuta dal soggetto passivo** o a lui addebitata a titolo di rivalsa in relazione ai beni ed ai servizi importati o acquistati nell'esercizio dell'impresa, arte o professione. **Il diritto alla detrazione dell'imposta relativa ai beni e servizi acquistati o importati sorge nel momento in cui l'imposta diviene esigibile ed è esercitato al più tardi con la dichiarazione relativa all'anno in cui il diritto alla detrazione è sorto e alle condizioni esistenti al momento della nascita del diritto medesimo.**

2. **Non** è **detraibile l'imposta relativa all'acquisto o all'importazione di beni e servizi afferenti operazioni esenti o** comunque **non soggette all'imposta**, salvo il disposto dell'art. 19-*bis*2. In nessun caso è detraibile l'imposta relativa all'acquisto o all'importazione di beni o servizi utilizzati per l'effettuazione di manifestazioni a premio.

3. La indetraibilità di cui al comma 2 non si applica se le operazioni ivi indicate sono costituite da:

a) operazioni di cui agli artt. 8, 8-*bis* e 9 o a queste assimilate dalla legge, ivi comprese quelle di cui agli artt. 40 e 41 del decreto-legge 31 agosto 1993, n. 331, convertito, con modificazioni, dalla legge 29 ottobre 1993, n. 427;

a-*bis*) le operazioni di cui ai numeri da 1) a 4) dell'art. 10, effettuate nei confronti di soggetti stabiliti fuori della Comunità o relative a beni destinati ad essere esportati fuori della Comunità stessa;

b) operazioni effettuate fuori dal territorio dello Stato le quali, se effettuate nel territorio dello Stato, darebbero diritto alla detrazione dell'imposta;

c) operazioni di cui all'art. 2, terzo comma, lettere a), b), d) ed f);

d) cessioni di cui all'art. 10, n. 11), effettuate da soggetti che producono oro da investimento o trasformano oro in oro da investimento;

d-*bis*) le cessioni di beni di cui all'art. 10, terzo comma;

e) operazioni non soggette all'imposta per effetto delle disposizioni di cui al primo comma dell'art. 74, concernente disposizioni relative a particolari settori;

e-*bis*) lettera abrogata.

4. Per i beni ed i servizi in parte utilizzati per operazioni non soggette all'imposta la detrazione non è ammessa per la quota imputabile a tali utilizzazioni e l'ammontare indetraibile è determinato secondo criteri oggettivi, coerenti con la natura dei beni e servizi acquistati. Gli stessi criteri si applicano per determinare la quota di imposta indetraibile relativa ai beni e servizi in parte utilizzati per fini privati o comunque estranei all'esercizio dell'impresa, arte e professione.

5. Ai **contribuenti** che esercitano **sia attività** che danno luogo ad **operazioni** che conferiscono il **diritto** alla **detrazione sia attività** che danno luogo ad **operazioni esenti** ai sensi dell'art. 10, il **diritto alla detrazione** dell'imposta spetta **in misura proporzionale alla prima categoria di operazioni** e il relativo ammontare è determinato applicando la percentuale di detrazione di cui all'art. 19-*bis*. Nel corso dell'anno la detrazione è provvisoriamente operata con l'applicazione della percentuale di detrazione dell'anno precedente, salvo conguaglio alla fine dell'anno. I soggetti che iniziano l'attività operano la detrazione in base ad una percentuale di detrazione determinata presuntivamente, salvo conguaglio alla fine dell'anno.

5-*bis*. Per i soggetti diversi da quelli di cui alla lettera d) del comma 3 la limitazione della detrazione di cui ai precedenti commi non opera con riferimento all'imposta addebitata, dovuta o assolta per gli acquisti, anche intracomunitari, di oro da investimento, per gli acquisti, anche intracomunitari, e per le importazioni di oro diverso da quello da investimento destinato ad essere trasformato in oro da investimento a cura degli stessi soggetti o per loro conto, nonché per i servizi consistenti in modifiche della forma, del peso o della purezza dell'oro, compreso l'oro da investimento.

Art. 19-*bis*. Percentuale di detrazione. – 1. La percentuale di detrazione di cui all'art. 19, comma 5, è determinata in base al **rapporto tra l'ammontare delle operazioni** che danno diritto a **detrazione**, effettuate nell'anno, **e lo stesso ammontare aumentato delle operazioni esenti effettuate nell'anno** medesimo. La percentuale di detrazione è arrotondata all'unità superiore o inferiore a seconda che la parte decimale superi o meno i cinque decimi.

2. Per il calcolo della percentuale di detrazione di cui al comma 1 **non** si tiene **conto delle cessioni di beni ammortizzabili**, dei passaggi di cui all'art. 36, ultimo comma, e delle operazioni di cui all'art. 2, terzo comma, lettere a), b), d) e f), **delle operazioni esenti** di cui all'art. 10, primo comma, n. 27-*quinquies*), e, quando non formano oggetto dell'attività propria del soggetto passivo o siano accessorie alle operazioni imponibili, delle altre operazioni esenti indicate ai numeri da 1) a 9) del predetto art. 10, ferma restando la indetraibilità dell'imposta relativa ai beni e servizi utilizzati esclusivamente per effettuare queste ultime operazioni.

Art. 19-*bis*1. Esclusione o riduzione della detrazione per alcuni beni e servizi. – 1. In deroga alle disposizioni di cui all'art. 19:

a) l'imposta relativa all'acquisto o all'importazione di aeromobili e dei relativi componenti e ricambi è ammessa in detrazione se i beni formano oggetto dell'attività propria dell'impresa o sono destinati ad essere esclusivamente utilizzati come strumentali nell'attività propria dell'impresa ed è in ogni caso esclusa per gli esercenti arti e professioni;

b) l'imposta relativa all'acquisto o all'importazione dei beni elencati nell'allegata tabella B e delle navi e imbarcazioni da diporto nonché dei relativi componenti e ricambi è ammessa in detrazione soltanto se i beni formano oggetto dell'attività propria dell'impresa ed è in ogni caso esclusa per gli esercenti arti e professioni;

c) l'**imposta relativa all'acquisto o all'importazione di veicoli stradali a motore**, diversi da quelli di cui alla lettera f) dell'allegata tabella B, e dei relativi componenti e ricambi è **ammessa in detrazione nella misura del 40 per cento se** tali veicoli **non** sono **utilizzati esclusivamente nell'esercizio dell'impresa, dell'arte o della professione**. La disposizione non si applica, in ogni caso, quando i predetti veicoli formano oggetto dell'attività propria dell'impresa nonché per gli agenti e rappresentanti di commercio. Per veicoli stradali a motore si intendono tutti i veicoli a motore, diversi dai trattori agricoli o forestali, normalmente adibiti al trasporto stradale di persone o beni la cui massa massima autorizzata non supera 3.500 kg e il cui numero di posti a sedere, escluso quello del conducente, non è superiore a otto;

d) l'imposta relativa all'acquisto o all'importazione di carburanti e lubrificanti destinati ad aeromobili, natanti da diporto e veicoli stradali a motore, nonché alle prestazioni di cui al terzo comma dell'art. 16 e alle prestazioni di custodia, manutenzione, riparazione e impiego, compreso il transito stradale, dei beni stessi, è ammessa in detrazione nella stessa misura in cui è ammessa in detrazione l'imposta relativa all'acquisto o all'importazione di detti aeromobili, natanti e veicoli stradali a motore. L'avvenuta effettuazione dell'operazione deve essere provata dal pagamento mediante carte di credito, carte di debito o carte prepagate emesse da operatori finanziari soggetti all'obbligo di comunicazione previsto dall'articolo 7, sesto comma, del decreto del Presidente della Repubblica 29 settembre 1973, n. 605, o da altro mezzo ritenuto parimenti idoneo individuato con provvedimento del direttore dell'Agenzia delle entrate;

e) salvo che formino oggetto dell'attività propria dell'impresa, **non** è ammessa in **detrazione** l'**imposta relativa** a prestazioni di **trasporto di persone**;

f) **non** è ammessa in **detrazione** l'imposta relativa **all'acquisto o all'importazione di alimenti e bevande ad eccezione** di quelli che formano **oggetto dell'attività propria dell'impresa** o di somministrazione in mense scolastiche, aziendali o interaziendali o mediante distributori automatici collocati nei locali dell'impresa;

g) lettera abrogata;

h) non è ammessa in detrazione l'imposta relativa alle spese di rappresentanza, come definite ai fini delle imposte sul reddito, tranne quelle sostenute per l'acquisto di beni di costo unitario non superiore ad euro cinquanta;

i) **non** è **ammessa in detrazione** l'**imposta relativa all'acquisto di fabbricati**, o di porzione di fabbricato, **a destinazione abitativa** né quella relativa **alla locazione o alla manutenzione**, recupero o gestione degli stessi, **salvo** che per le imprese che hanno per **oggetto esclusivo o principale dell'attività** esercitata la costruzione dei predetti fabbricati o delle predette porzioni. La disposizione non si applica per i soggetti che esercitano attività che danno luogo ad operazioni esenti di cui al n. 8) dell'art. 10 che comportano la riduzione della percentuale di detrazione a norma dell'art. 19, comma 5, e dell'art. 19-*bis*.

Art. 19-*bis*2. Rettifica della detrazione. – 1. La **detrazione** dell'imposta relativa ai **beni non ammortizzabili ed ai servizi** è **rettificata in aumento o in diminuzione qualora** i beni ed i servizi medesimi sono **utilizzati** per effettuare **operazioni che danno diritto alla detrazione in misura diversa da quella inizialmente operata.** Ai fini di tale rettifica si tiene conto esclusivamente della prima utilizzazione dei beni e dei servizi.

2. Per i **beni ammortizzabili, la rettifica di cui al comma 1 è eseguita in rapporto al diverso utilizzo che si verifica nell'anno della loro entrata in funzione ovvero nei quattro anni successivi** ed è calcolata con riferimento a tanti quinti dell'imposta quanti sono gli anni mancanti al compimento del quinquennio.

3. Se mutamenti nel regime fiscale delle operazioni attive, nel regime di detrazione dell'imposta sugli acquisti o nell'attività comportano la detrazione dell'imposta in misura diversa da quella già operata, la rettifica è eseguita limitatamente ai beni ed ai servizi non ancora ceduti o non ancora utilizzati e, per i beni ammortizzabili, è eseguita se non sono trascorsi quattro anni da quello della loro entrata in funzione.

4. La detrazione dell'imposta relativa all'acquisto di beni ammortizzabili, nonché alle prestazioni di servizi relative alla trasformazione, al riattamento o alla ristrutturazione dei beni stessi, operata ai sensi dell'art. 19, comma 5, è altresì, soggetta a rettifica, in ciascuno dei quattro anni successivi a quello della loro entrata in funzione, in caso di variazione della percentuale di detrazione superiore a dieci punti. La rettifica si effettua aumentando o diminuendo l'imposta annuale in ragione di un quinto della differenza tra l'ammontare della detrazione operata e quello corrispondente alla percentuale di detrazione dell'anno di competenza. Se l'anno o gli anni di acquisto o di produzione del bene ammortizzabile non coincidono con quello della sua entrata in funzione, la prima rettifica è eseguita, per tutta l'imposta relativa al bene, in base alla percentuale di detrazione definitiva di quest'ultimo anno anche se lo scostamento non è superiore a dieci punti. La rettifica può essere eseguita anche se la variazione della percentuale di detrazione non è superiore a dieci punti a condizione che il soggetto passivo adotti lo stesso criterio per almeno cinque anni consecutivi e ne dia comunicazione con la dichiarazione annuale nella quale inizia ad avvalersi di detta facoltà.

5. Ai fini del presente articolo non si considerano ammortizzabili i beni di costo unitario non superiore ad euro 516,46, né quelli il cui coefficiente di ammortamento stabilito ai fini delle imposte sul reddito è superiore al venticinque per cento.

6. In caso di cessione di un bene ammortizzabile durante il periodo di rettifica, la rettifica della detrazione va operata in un'unica soluzione per gli anni

mancanti al compimento del periodo di rettifica, considerando a tal fine la percentuale di detrazione pari al cento per cento se la cessione è soggetta ad imposta, ma l'ammontare dell'imposta detraibile non può eccedere quello dell'imposta relativa alla cessione del bene.

7. Se i beni ammortizzabili sono acquisiti in dipendenza di fusione, di scissione, di cessione o conferimento di aziende, compresi i complessi aziendali relativi a singoli rami dell'impresa, le disposizioni di cui ai commi precedenti si applicano con riferimento alla data in cui i beni sono stati acquistati dalla società incorporata o dalle società partecipanti alla fusione, dalla società scissa o dal soggetto cedente o conferente. I soggetti cedenti o conferenti sono obbligati a fornire ai cessionari o conferitari i dati rilevanti ai fini delle rettifiche.

8. Le disposizioni del presente articolo relative ai beni ammortizzabili devono intendersi riferite anche ai beni immateriali di cui all'art. 68 del Testo Unico delle Imposte sui redditi, approvato con decreto del Presidente della Repubblica 22 dicembre 1986, n. 917. Agli effetti del presente articolo i fabbricati o porzioni di fabbricati sono comunque considerati beni ammortizzabili ed il periodo di rettifica è stabilito in dieci anni, decorrenti da quello di acquisto o di ultimazione. Per l'imposta assolta sull'acquisto di aree fabbricabili l'obbligo di rettifica decennale decorre dalla data di ultimazione dei fabbricati insistenti sulle aree medesime. L'imputazione dell'imposta relativa ai fabbricati ovvero alle singole unità immobiliari, soggette a rettifica, che siano compresi in edifici o complessi di edifici acquistati, costruiti o ristrutturati unitariamente, deve essere determinata sulla base di parametri unitari, costituiti dal metro quadrato o dal metro cubo, o da parametri similari, che rispettino la proporzionalità fra l'onere complessivo dell'imposta relativa ai costi di acquisto, costruzione o ristrutturazione, e la parte di costo dei fabbricati o unità immobiliari specificamente attribuibile alle operazioni che non danno diritto alla detrazione dell'imposta.

9. Le **rettifiche** delle detrazioni di cui ai commi precedenti sono effettuate nella **dichiarazione relativa all'anno** in cui si verificano gli eventi che le determinano, sulla base delle **risultanze** delle **scritture contabili obbligatorie**.

Art. 19-*ter*. Detrazione per gli enti non commerciali. – Per gli enti indicati nel quarto comma dell'art. 4 è ammessa in **detrazione** a norma degli articoli precedenti e con le limitazioni, riduzioni e rettifiche ivi previste, **soltanto l'imposta relativa agli acquisti e alle importazioni fatti nell'esercizio di attività commerciali o agricole**.

La detrazione spetta **a condizione** che l'attività commerciale o agricola sia gestita con **contabilità separata** da quella relativa all'attività principale e conforme alle disposizioni di cui agli artt. 20 e 20-*bis* del decreto del Presidente della Repubblica 29 settembre 1973, n. 600. L'**imposta relativa ai beni e ai servizi utilizzati promiscuamente** nell'esercizio dell'attività commerciale o agricola e dell'attività principale è ammessa in **detrazione per la parte imputabile all'esercizio dell'attività commerciale o agricola**.

La **detrazione non** è **ammessa in caso di omessa tenuta, anche in relazione all'attività principale, della contabilità obbligatoria** a norma di legge o di statuto, **né quando** la contabilità stessa presenti irregolarità tali da renderla **inattendibile**. Per le regioni, province, comuni e loro consorzi, università ed enti di ricerca, la contabilità separata di cui al comma precedente è realizzata nell'ambito e con l'osservanza delle modalità previste per la contabilità pubblica obbligatoria a norma di legge o di statuto.

Le disposizioni del precedente comma si applicano anche agli enti pubblici di assistenza e beneficenza ed a quelli di previdenza nonché all'Automobile club d'Italia e all'automobile clubs.

Art. 20. Volume d'affari. – Per volume d'affari del contribuente si intende **l'ammontare complessivo delle cessioni di beni e delle prestazioni di servizi dallo stesso effettuate, registrate o soggette a registrazione con riferimento a un anno solare** a norma degli artt. 23 e 24, tenendo conto delle variazioni di cui all'art. 26. **Non** concorrono a formare il volume d'affari le **cessioni di beni ammortizzabili,** compresi quelli indicati nell'art. 2424 del codice civile, voci B.I.3) e B.I.4) dell'attivo dello stato patrimoniale, nonché i passaggi di cui all'ultimo comma dell'art. 36.

L'ammontare delle singole operazioni registrate o soggette a registrazione, ancorché non imponibili o esenti, è determinato secondo le disposizioni degli artt. 13, 14 e 15. I corrispettivi delle operazioni imponibili registrati a norma dell'art. 24 sono computati al netto della diminuzione prevista nel quarto comma dell'art. 27.

TITOLO II
OBBLIGHI DEI CONTRIBUENTI

Art. 21. Fatturazione delle operazioni. – 1. Per ciascuna **operazione imponibile** il **soggetto che effettua** la **cessione del bene o** la **prestazione del servizio** emette **fattura**, anche sotto forma di nota, conto, parcella e simili, **o**, ferma restando la sua responsabilità, **assicura che** la stessa **sia emessa, per suo conto, dal cessionario o dal committente, ovvero da un terzo.** Per **fattura elettronica** si intende la fattura che è stata emessa e ricevuta in un qualunque formato elettronico; il ricorso alla fattura elettronica è subordinato all'accettazione da parte del destinatario. L'emissione della fattura, cartacea o elettronica, da parte del cliente o del terzo residente in un Paese con il quale non esiste alcuno strumento giuridico che disciplini la reciproca assistenza è consentita a condizione che ne sia data preventiva comunicazione all'Agenzia delle entrate e purché il soggetto passivo nazionale abbia iniziato l'attività da almeno cinque anni e nei suoi confronti non siano stati notificati, nei cinque anni precedenti, atti impositivi o di contestazione di violazioni sostanziali in materia di imposta sul valore aggiunto. Con provvedimento del direttore dell'Agenzia delle entrate sono determinate le modalità, i contenuti e le procedure telematiche della comunicazione. La **fattura**, cartacea o elettronica, **si ha per emessa all'atto della sua consegna, spedizione, trasmissione o messa a disposizione** del cessionario o committente.

2. La fattura contiene le seguenti indicazioni:

a) **data** di emissione;

b) **numero progressivo** che la identifichi in modo univoco;

c) ditta, **denominazione** o ragione sociale, **nome e cognome**, **residenza** o domicilio del soggetto **cedente** o **prestatore**, del rappresentante fiscale nonché ubicazione della stabile organizzazione per i soggetti non residenti;

d) numero di **partita Iva** del soggetto **cedente** o **prestatore**;

e) ditta, denominazione o ragione sociale, nome e cognome, residenza o domicilio del soggetto cessionario o committente, del rappresentante fiscale nonché ubicazione della stabile organizzazione per i soggetti non residenti;

f) numero di **partita Iva** del soggetto **cessionario** o **committente** ovvero, in caso di soggetto passivo stabilito in un altro Stato membro dell'Unione europea, numero di identificazione Iva attribuito dallo Stato membro di stabilimento; nel caso in cui il cessionario o committente residente o domiciliato nel territorio dello Stato non agisce nell'esercizio d'impresa, arte o professione, codice fiscale;

g) **natura**, qualità e quantità dei **beni** e dei **servizi** formanti oggetto dell'operazione;

g-*bis*) **data in cui è effettuata la cessione** di beni **o la prestazione** di servizi **ovvero** data **in cui è corrisposto in tutto o in parte il corrispettivo**, sempreché tale data sia diversa dalla data di emissione della fattura;

h) **corrispettivi** ed altri dati necessari per la determinazione della base imponibile, compresi quelli relativi ai beni ceduti a titolo di sconto, premio o abbuono di cui all'art. 15, primo comma, n. 2;

i) corrispettivi relativi agli altri beni ceduti a titolo di sconto, premio o abbuono;

l) **aliquota**, ammontare dell'**imposta** e dell'**imponibile** con arrotondamento al centesimo di euro;

m) data della prima immatricolazione o iscrizione in pubblici registri e numero dei chilometri percorsi, delle ore navigate o delle ore volate, se trattasi di cessione intracomunitaria di mezzi di trasporto nuovi, di cui all'art. 38, comma 4, del decreto-legge 30 agosto 1993, n. 331, convertito, con modificazioni, dalla legge 29 ottobre 1993, n. 427;

n) annotazione che la stessa è emessa, per conto del cedente o prestatore, dal cessionario o committente ovvero da un terzo.

3. Se l'operazione o le operazioni cui si riferisce la fattura comprendono beni o servizi soggetti all'imposta con **aliquote diverse**, gli elementi e i dati di cui al comma 2, lettere g), h) ed l), sono **indicati distintamente** secondo l'aliquota applicabile. Per le operazioni effettuate nello **stesso giorno** nei confronti di un **medesimo soggetto** può essere emessa **una sola fattura**. Nel caso di più fatture elettroniche trasmesse in unico lotto allo stesso destinatario da parte dello stesso cedente o prestatore le indicazioni comuni alle diverse fatture possono essere inserite una sola volta, purché per ogni fattura sia accessibile la totalità delle informazioni. Il soggetto passivo assicura l'**autenticità dell'origine**, l'integrità del contenuto e la leggibilità della fattura dal momento della sua emissione fino al termine del suo periodo di conservazione; autenticità dell'origine ed integrità del contenuto possono essere garantite mediante **sistemi di controllo di gestione** che assicurino un collegamento affidabile tra la fattura e la cessione di beni o la prestazione di servizi ad essa riferibile, ovvero mediante l'apposizione della firma elettronica qualificata o digitale dell'emittente o mediante sistemi EDI di trasmissione elettronica dei dati o altre tecnologie in grado di garantire l'autenticità dell'origine e l'integrità dei dati. Le fatture redatte in lingua straniera sono tradotte in lingua nazionale, a fini di controllo, a richiesta dell'amministrazione finanziaria.

4. **La fattura è emessa entro dodici giorni dall'effettuazione dell'operazione determinata ai sensi dell'articolo 6.** La fattura **cartacea è compilata in duplice esemplare** di cui uno è consegnato o spedito **all'altra parte**. In deroga a quanto previsto nel primo periodo:

a) per le cessioni di beni la cui consegna o spedizione risulta da **documento di trasporto** o da altro documento idoneo a identificare i soggetti tra i quali è effettuata l'operazione ed avente le caratteristiche determinate con decreto del Presidente della Repubblica 14 agosto 1996, n. 472, nonché per le prestazioni di servizi individuabili attraverso idonea documentazione, effettuate nello stesso mese solare nei confronti del medesimo soggetto, può essere emessa una sola fattura, recante il dettaglio delle operazioni, **entro il giorno 15 del mese successivo** a quello di effettuazione delle medesime;

b) per le cessioni di beni effettuate dal cessionario nei confronti di un **soggetto terzo** per il tramite del proprio cedente la fattura è emessa **entro il mese successivo** a quello della consegna o spedizione dei beni;

c) per le prestazioni di servizi rese a soggetti passivi **stabiliti nel** territorio di un altro Stato membro dell'**Unione europea** non soggette all'imposta ai sensi dell'art. 7-*ter*, la fattura è emessa **entro il giorno 15 del mese successivo** a quello di effettuazione dell'operazione;

d) per le prestazioni di servizi di cui all'art. 6, sesto comma, primo periodo, rese o ricevute da un soggetto passivo **stabilito fuori** dell'Unione europea, la fattura è emessa **entro il giorno 15 del mese successivo** a quello di effettuazione dell'operazione.

5. Nelle ipotesi di cui all'art. 17, secondo comma, primo periodo, il cessionario o il committente emette la fattura in unico esemplare, ovvero, ferma restando la sua responsabilità, si assicura che la stessa sia emessa, per suo conto, da un terzo.

6. La fattura è emessa anche per le tipologie di operazioni sottoelencate e contiene, in luogo dell'ammontare dell'imposta, le seguenti annotazioni con l'eventuale indicazione della **relativa norma comunitaria o nazionale**:

a) cessioni relative a beni in **transito** o **depositati** in luoghi soggetti a vigilanza doganale, non soggette all'imposta a norma dell'art. 7-*bis* comma 1, con l'annotazione «operazione non soggetta»;

b) operazioni non imponibili di cui agli artt. 8, 8-*bis*, 9 e 38-*quater*, con l'annotazione «operazione non imponibile»;

c) **operazioni esenti** di cui all'art. 10, eccetto quelle indicate al n. 6), con l'annotazione «operazione esente»;

d) operazioni soggette al regime del margine previsto dal decreto-legge 23 febbraio 1995, n. 41, convertito, con modificazioni, dalla legge 22 marzo 1995, n. 85, con l'annotazione, a seconda dei casi, «**regime del margine**-beni usati», «regime del margine-oggetti d'arte» o «regime del margine-oggetti di antiquariato o da collezione»;

e) operazioni effettuate dalle agenzie di viaggio e turismo soggette al regime del margine previsto dall'art. 74-*ter*, con l'annotazione «regime del margine-agenzie di viaggio».

6-*bis*. I soggetti passivi stabiliti nel territorio dello Stato emettono la fattura anche per le tipologie di operazioni sottoelencate quando non sono soggette all'imposta ai sensi degli artt. da 7 a 7-*septies* e indicano, in luogo dell'ammontare dell'imposta, le seguenti annotazioni con l'eventuale specificazione della relativa **norma comunitaria o nazionale**:

a) cessioni di beni e prestazioni di servizi, diverse da quelle di cui all'art. 10, nn. da 1) a 4) e 9), effettuate nei confronti di un soggetto passivo che è debitore dell'imposta in un altro Stato membro dell'Unione europea, con l'annotazione «**inversione contabile**»;

b) cessioni di beni e prestazioni di servizi che si considerano effettuate **fuori dell'Unione europea**, con l'annotazione "**operazione non soggetta**".

6-*ter*. Le fatture emesse dal cessionario di un bene o dal committente di un servizio in virtù di un obbligo proprio recano l'annotazione «auto fatturazione».

7. **Se il cedente o prestatore emette fattura per operazioni inesistenti, ovvero se indica nella fattura i corrispettivi delle operazioni o le imposte relative in misura superiore a quella reale, l'imposta è dovuta per l'intero ammontare** indicato o corrispondente alle indicazioni della fattura.

8. Le spese di emissione della fattura e dei conseguenti adempimenti e formalità non possono formare oggetto di addebito a qualsiasi titolo.

Art. 21-*bis*. Fattura semplificata. – 1. Fermo restando quanto previsto dall'art. 21, la fattura di ammontare complessivo **non superiore a cento euro**, nonché la fattura rettificativa di cui all'art. 26, può essere emessa in modalità semplificata recando, in luogo di quanto previsto dall'art. 21, almeno le seguenti indicazioni:

a) **data di emissione;**

b) **numero progressivo** che la identifichi in modo univoco;

c) ditta, **denominazione** o ragione sociale, nome e cognome, residenza o domicilio del soggetto cedente o prestatore, del rappresentante fiscale nonché ubicazione della stabile organizzazione per i soggetti non residenti;

d) **numero di partita Iva** del soggetto cedente o prestatore;

e) ditta, **denominazione** o ragione sociale, nome e cognome, **residenza** o domicilio del soggetto cessionario o committente, del rappresentante fiscale nonché ubicazione della **stabile organizzazione** per i soggetti non residenti; in alternativa, in caso di soggetto stabilito nel territorio dello Stato può essere indicato il solo codice fiscale o il numero di partita Iva, ovvero, in caso di soggetto passivo stabilito in un altro Stato membro dell'Unione europea, il solo numero di identificazione Iva attribuito dallo Stato membro di stabilimento;

f) **descrizione dei beni ceduti e dei servizi resi**;

g) ammontare del **corrispettivo** complessivo e dell'imposta incorporata, ovvero dei dati che permettono di calcolarla;

h) per le fatture emesse ai sensi dell'art. 26, il riferimento alla fattura rettificata e le indicazioni specifiche che vengono modificate.

2. La **fattura semplificata non** può essere emessa per le seguenti tipologie di operazioni:

a) **cessioni intracomunitarie** di cui all'art. 41 del decreto-legge 30 agosto 1993, n. 331, convertito, con modificazioni, dalla legge 29 ottobre 1993, n. 427;

b) operazioni di cui all'art. 21, comma 6-*bis*, lettera a).

3. Con decreto di natura non regolamentare il Ministro dell'economia e delle finanze può innalzare fino a quattrocento euro il limite di cui al comma 1, ovvero consentire l'emissione di fatture semplificate anche senza limiti di importo per le operazioni effettuate nell'ambito di specifici settori di attività o da specifiche tipologie di soggetti per i quali le pratiche commerciali o amministrative ovvero le condizioni tecniche di emissione delle fatture rendono particolarmente difficoltoso il rispetto degli obblighi di cui agli artt. 13, comma 4, e 21, comma 2.

Art. 22. Commercio al minuto e attività assimilate. – L'emissione della **fattura non è obbligatoria, se non è richiesta dal cliente non oltre il momento di effettuazione dell'operazione:**

1) per le **cessioni di beni effettuate da commercianti al minuto** autorizzati in locali aperti al pubblico, in spacci interni, mediante apparecchi di distribuzione automatica, per corrispondenza, a domicilio o in forma ambulante;

2) per le **prestazioni alberghiere e le somministrazioni di alimenti e bevande effettuate dai pubblici esercizi,** nelle mense aziendali o mediante apparecchi di distribuzione automatica;

3) per le **prestazioni di trasporto di persone** nonché di veicoli e bagagli al seguito;

4) per le **prestazioni di servizi rese nell'esercizio di imprese in locali aperti al pubblico,** in forma ambulante o nell'abitazione dei clienti;

5) per le prestazioni di custodia e amministrazione di titoli e per gli altri **servizi resi da aziende o istituti di credito** e da società finanziarie o fiduciarie;

6) per le **operazioni esenti** indicate ai numeri da 1) a 5) e ai numeri 7), 8), 9), 16) e 22) dell'art. 10;

6-*bis*) per **l'attività di organizzazione** di escursioni, visite della città, **giri turistici** ed eventi similari, effettuata dalle **agenzie di viaggi** e turismo;

6-*ter*) per le prestazioni di servizi di telecomunicazione, di servizi di teleradiodiffusione e di servizi elettronici resi ai committenti che agiscono al di fuori dell'esercizio d'impresa, arte o professione;

6-*quater*) per le prestazioni di gestione del servizio delle lampade votive nei cimiteri.

La disposizione del comma precedente può essere dichiarata applicabile, con decreto del Ministro delle finanze, ad altre categorie di contribuenti che prestino servizi al pubblico con caratteri di uniformità, frequenza e importo limitato tali da rendere particolarmente onerosa l'osservanza dell'obbligo di fatturazione e degli adempimenti connessi.

Gli imprenditori che acquistano beni che formano oggetto dell'attività propria dell'impresa da commercianti al minuto ai quali è consentita l'emissione della fattura sono obbligati a richiederla. Gli acquisti di carburante per autotrazione effettuati presso gli impianti stradali di distribuzione da parte di soggetti passivi dell'imposta sul valore aggiunto devono essere documentati con la fattura elettronica.

Art. 23. Registrazione delle fatture. – Il **contribuente deve annotare in apposito registro le fatture emesse**, nell'ordine della loro numerazione, **entro il giorno 15 del mese successivo a quello di effettuazione delle operazioni** e con riferimento allo stesso mese di effettuazione delle operazioni. Le fatture di cui all'articolo 21, comma 4, terzo periodo, lettera b), sono registrate entro il giorno 15 del mese successivo a quello di emissione e con riferimento al medesimo mese.

Per ciascuna fattura devono essere indicati il **numero progressivo** e la **data** di **emissione** di essa, l'**ammontare imponibile** dell'operazione o delle operazioni e l'ammontare dell'**imposta**, distinti secondo l'aliquota applicata, e la ditta, denominazione o ragione sociale del cessionario del bene o del committente del servizio, ovvero, nelle ipotesi di cui al secondo comma dell'art. 17, del cedente o del prestatore.

Se l'altro contraente non è un'impresa, società o ente devono essere indicati, in luogo della ditta, denominazione o ragione sociale, il nome e il cognome. Per le fatture relative alle operazioni di cui all'art. 21, commi 6 e 6-*bis*, devono essere indicati, in luogo dell'ammontare dell'imposta, il titolo di inapplicabilità di essa e la relativa norma, ed eventualmente la relativa norma.

Comma abrogato.

Nell'ipotesi di cui al quinto comma dell'art. 6 le fatture emesse devono essere registrate anche dal soggetto destinatario in apposito registro, bollato e numerato ai sensi dell'art. 39, secondo modalità e termini stabiliti con apposito decreto ministeriale.

Art. 24. Registrazione dei corrispettivi. – I **commercianti al minuto** e gli altri contribuenti di cui all'art. 22, in luogo di quanto stabilito nell'articolo precedente, possono annotare in **apposito registro,** relativamente alle **operazioni** effettuate in ciascun **giorno, l'ammontare** globale dei **corrispettivi** delle operazioni imponibili e delle relative **imposte**, distinto **secondo** l'**aliquota** applicabile, nonché l'ammontare globale dei corrispettivi **delle operazioni non imponibili** di cui all'art. 21, commi 6 e 6-*bis*, distintamente per ciascuna tipologia di operazioni ivi indicata. L'annotazione deve essere eseguita, con riferimento al giorno in cui le operazioni sono effettuate, **entro il giorno non festivo successivo.**

Nella determinazione dell'ammontare giornaliero dei corrispettivi devono essere computati anche i corrispettivi delle operazioni effettuate con emissione di fattura, comprese quelle relative ad immobili e beni strumentali e quelle indicate nel secondo comma dell'art. 17, includendo nel corrispettivo anche l'imposta.

Per determinate categorie di commercianti al minuto, che effettuano promiscuamente la vendita di beni soggetti ad aliquote d'imposta diverse, il Ministro delle finanze può consentire, stabilendo le modalità da osservare, che la registrazione dei corrispettivi delle operazioni imponibili sia fatta senza distinzione per aliquote e che la ripartizione dell'ammontare dei corrispettivi ai fini dell'applicazione delle diverse aliquote sia fatta in proporzione degli acquisti.

I commercianti al minuto che tengono il registro di cui al primo comma in luogo diverso da quello in cui svolgono l'attività di vendita devono eseguire le annotazioni prescritte nel primo comma, nei termini ivi indicati, anche in un **registro di prima nota** tenuto e conservato **nel luogo** o in ciascuno dei luoghi in cui svolgono l'**attività di vendita**. Le relative modalità sono stabilite con decreto del Ministro delle finanze.

Art. 25. Registrazione degli acquisti. – Il contribuente deve annotare in un apposito registro le fatture e le bollette doganali relative ai beni e ai servizi acquistati o importati nell'esercizio dell'impresa, arte o professione, comprese quelle emesse a norma del secondo comma dell'articolo 17, anteriormente alla liquidazione periodica nella quale è esercitato il diritto alla detrazione della relativa imposta **e comunque entro il termine di presentazione della dichiarazione annuale relativa all'anno di ricezione della fattura e con riferimento al medesimo anno.**

Comma abrogato.

Dalla registrazione devono risultare la **data** della fattura o bolletta, la **ditta**, **denominazione** o ragione sociale del cedente del bene o prestatore del servizio ovvero il nome e cognome se non si tratta di imprese, società o enti, nonché l'ammontare imponibile e l'ammontare dell'imposta distinti secondo l'aliquota.

Per le fatture relative alle operazioni di cui all'art. 21, commi 6 e 6-*bis*, devono essere indicati, in luogo dell'ammontare dell'imposta, il titolo di inapplicabilità di essa e, eventualmente, la relativa norma.

Comma abrogato.

La disposizione del comma precedente si applica anche per le fatture relative a prestazioni di trasporto e per quelle pervenute tramite spedizionieri o agenzie di viaggi, quale ne sia l'importo.

Art. 26. Variazioni dell'imponibile o dell'imposta. – 1. Le disposizioni degli artt. 21 e seguenti devono essere osservate, in relazione al maggiore ammontare, tutte le volte **che successivamente all'emissione della fattura o alla registrazione di cui agli artt. 23 e 24 l'ammontare imponibile di un'operazione o quello della relativa imposta viene ad aumentare per qualsiasi motivo, compresa la rettifica di inesattezze della fatturazione o della registrazione.**

2. **Se un'operazione per la quale sia stata emessa fattura,** successivamente alla registrazione di cui agli artt. 23 e 24, **viene meno in tutto o in parte, o se ne riduce l'ammontare imponibile**, in conseguenza di dichiarazione di nullità, annullamento, revoca, risoluzione, rescissione e simili o in conseguenza dell'applicazione di abbuoni o sconti previsti contrattualmente, il cedente del bene o prestatore del servizio ha diritto di portare in detrazione ai sensi dell'art. 19 l'imposta corrispondente alla variazione, registrandola a norma dell'art. 25.

3. La disposizione di cui al comma 2 non può essere applicata dopo il decorso di un anno dall'effettuazione dell'operazione imponibile qualora gli eventi ivi indicati si verifichino in dipendenza di **sopravvenuto accordo fra le parti** e può essere applicata, entro lo stesso termine, anche in caso di rettifica di inesattezze della fatturazione che abbiano dato luogo all'applicazione dell'art. 21, comma 7.

3-*bis*. La disposizione di cui al comma 2 si applica anche in caso di mancato pagamento del corrispettivo, in tutto o in parte, da parte del cessionario o committente:

a) a partire dalla data in cui quest'ultimo è assoggettato a una procedura concorsuale o dalla data del decreto che omologa un accordo di ristrutturazione dei debiti di cui all'articolo 182-bis del Regio Decreto 16 marzo 1942, n. 267, o dalla data di pubblicazione nel registro delle imprese di un piano attestato ai sensi dell'art. 67, terzo comma, lettera d), del regio decreto 16 marzo 1942, n. 267;

b) a causa di procedure esecutive individuali rimaste infruttuose.

4. Comma abrogato.

5. Ove il cedente o prestatore si avvalga della facoltà di cui al comma 2, il cessionario o committente, che abbia già registrato l'operazione ai sensi dell'art. 25, deve in tal caso registrare la variazione a norma dell'art. 23 o dell'art. 24, nei limiti della detrazione operata, salvo il suo diritto alla restituzione dell'importo pagato al cedente o prestatore a titolo di rivalsa. L'obbligo di cui al primo periodo non si applica nel caso di procedure concorsuali di cui al comma 3-bis, lettera a).

5-*bis*. Nel caso in cui, successivamente agli eventi di cui al comma 3-*bis*, il corrispettivo sia pagato, in tutto o in parte, si applica la disposizione di cui al comma 1. In tal caso, il cessionario o committente che abbia assolto all'obbligo di cui al comma 5 ha diritto di portare in detrazione ai sensi dell'articolo 19 l'imposta corrispondente alla variazione in aumento.

6. Comma abrogato.

7. La correzione di errori materiali o di calcolo nelle registrazioni di cui agli artt. 23, 25 e 39 e nelle liquidazioni periodiche di cui all'art. 27, all'art. 1 del regolamento di cui al decreto del Presidente della Repubblica 23 marzo 1998, n. 100, e successive modificazioni, e all'art. 7 del regolamento di cui al decreto del Presidente della Repubblica 14 ottobre 1999, n. 542, e successive modificazioni, deve essere fatta, **mediante annotazione delle variazioni dell'imposta in aumento** nel registro di cui all'art. 23 e delle variazioni dell'imposta in diminuzione nel registro di cui all'art. 25. Con le stesse modalità devono essere corretti, nel registro di cui all'art. 24, gli errori materiali inerenti alla trascrizione di dati indicati nelle fatture o nei registri tenuti a norma di legge.

8. Le variazioni di cui ai commi 2, 3, e 5 e quelle per errori di registrazione di cui al comma 7 possono essere effettuate dal cedente o prestatore del servizio e dal cessionario o committente anche mediante apposite annotazioni in rettifica rispettivamente sui registri di cui agli artt. 23 e 24 e sul registro di cui all'art. 25.

9. Nel caso di risoluzione contrattuale, relativa a contratti a esecuzione continuata o periodica, conseguente a inadempimento, la facoltà di cui al comma 2 non si estende a quelle cessioni e a quelle prestazioni per cui sia il cedente o prestatore che il cessionario o committente abbiano correttamente adempiuto alle proprie obbligazioni.

10. La facoltà di cui al comma 2 può essere esercitata, ricorrendo i presupposti di cui a tale disposizione, anche dai cessionari e committenti debitori dell'imposta ai sensi dell'art. 17 o dell'art. 74 del presente decreto ovvero dell'art. 44 del decreto-legge 30 agosto 1993, n. 331, convertito, con modificazioni, dalla legge 29 ottobre 1993, n. 427, e successive modificazioni. In tal caso, si applica ai cessionari o committenti la disposizione di cui al comma 5.

10-*bis*. Ai fini del comma 3-*bis*, lettera a), il debitore si considera assoggettato a procedura concorsuale dalla data della sentenza dichiarativa del fallimento o del provvedimento che ordina la liquidazione coatta amministrativa o del decreto di ammissione alla procedura di concordato preventivo o del decreto che dispone la procedura di amministrazione straordinaria delle grandi imprese in crisi.

11. Comma abrogato.

12. Ai fini del comma 3-*bis*, lettera b), **una procedura esecutiva individuale si considera in ogni caso infruttuosa:**

a) nell'ipotesi di **pignoramento presso terzi**, quando dal verbale di pignoramento redatto dall'ufficiale giudiziario risulti che presso il terzo pignorato non vi sono beni o crediti da pignorare;

b) nell'ipotesi di **pignoramento di beni mobili**, quando dal verbale di pignoramento redatto dall'ufficiale giudiziario risulti la mancanza di beni da pignorare ovvero l'impossibilità di accesso al domicilio del debitore ovvero la sua irreperibilità;

c) nell'ipotesi in cui, dopo che per tre volte l'asta per la vendita del bene pignorato sia andata deserta, si decida di interrompere la procedura esecutiva per eccessiva onerosità.

Art. 27. Liquidazioni e versamenti mensili. – Comma 1 abrogato.

Comma 2 abrogato.

Se dal calcolo risulta una **differenza** a **favore** del **contribuente**, il relativo importo è computato in **detrazione** nel **mese successivo**.

Per i commercianti al minuto e per gli altri contribuenti di cui all'art. 22 l'importo da versare o da riportare al mese successivo è determinato sulla base dell'ammontare complessivo dell'imposta relativa ai corrispettivi delle operazioni imponibili registrate per il mese precedente ai sensi dell'art. 24, calcolata su una quota imponibile ottenuta dividendo i corrispettivi stessi per 104 quando l'imposta è del quattro per cento, per 110 quando l'imposta è del dieci per cento, per 121 quando l'imposta è del ventuno per cento [*ora 22 per cento*], moltiplicando il quoziente per cento ed arrotondando il prodotto, per difetto o per eccesso, al centesimo di euro.

Comma 5 abrogato.

Art. 28. – Articolo abrogato.

Art. 29. – Articolo abrogato.

Art. 30. Versamento di conguaglio e rimborso dell'eccedenza. – Comma 1 abrogato.

Se dalla **dichiarazione annuale** risulta che l'**ammontare detraibile** di cui al n. 3) dell'art. 28 (articolo abrogato), aumentato delle somme versate mensilmente, è **superiore** a quello dell'**imposta** relativa alle **operazioni imponibili** di cui al n. 1) dello stesso articolo, il contribuente ha diritto di computare l'importo dell'**eccedenza** in **detrazione** nell'**anno successivo**, **ovvero** di chiedere il **rimborso** nelle ipotesi di cui ai commi successivi e comunque in caso di cessazione di attività.

Il contribuente può chiedere in tutto o in parte il **rimborso** dell'eccedenza detraibile, se di importo **superiore** a **euro 2.582,28**, all'atto della presentazione della dichiarazione:

a) quando esercita esclusivamente o prevalentemente attività che comportano l'effettuazione di operazioni soggette ad imposta con aliquote inferiori a quelle dell'imposta relativa agli acquisti e alle importazioni, computando a tal fine anche le operazioni effettuate a norma dell'art. 17, quinto, sesto e settimo comma, nonché a norma dell'art. 17-*ter*;

b) quando effettua operazioni non imponibili di cui agli artt. 8, 8-*bis* e 9 per un ammontare superiore al 25 per cento dell'ammontare complessivo di tutte le operazioni effettuate;

c) limitatamente all'imposta relativa all'acquisto o all'importazione di beni ammortizzabili, nonché di beni e servizi per studi e ricerche;

d) quando effettua prevalentemente operazioni non soggette all'imposta per effetto degli artt. da 7 a 7-*septies*;

e) quando si trova nelle condizioni previste dal terzo comma dell'art. 17.

Il contribuente anche fuori dei casi previsti nel precedente terzo comma può chiedere il rimborso dell'eccedenza detraibile, risultante dalla dichiarazione annuale, se dalle dichiarazioni dei due anni precedenti risultano eccedenze detraibili; in tal caso il rimborso può essere richiesto per un ammontare comunque non superiore al minore degli importi delle predette eccedenze.

Con decreto del Ministro delle finanze da pubblicare nella Gazzetta Ufficiale saranno stabiliti gli elementi, da indicare nella dichiarazione o in apposito allegato, che, in relazione all'attività esercitata, hanno determinato il verificarsi dell'eccedenza di cui si richiede il rimborso.

Agli effetti della norma di cui all'art. 73, ultimo comma, le disposizioni del secondo, terzo e quarto comma del presente articolo si intendono applicabili per i rimborsi richiesti dagli enti e dalle società controllanti.

Art. 30-*bis*. Registrazione, dichiarazione e versamento dell'imposta relativa agli acquisti effettuati dagli enti non commerciali. – 1. I soggetti di cui all'art. 7-*ter*, comma 2, lettere b) e c), relativamente alle operazioni di acquisto di beni e servizi realizzate nello svolgimento di attività non commerciali, per le quali hanno applicato l'imposta ai sensi dell'art. 17, secondo comma, adempiono gli **obblighi di registrazione, dichiarazione e versamento** secondo le modalità e nei termini previsti dagli artt. 47, comma 3, e 49 del decreto-legge 30 agosto 1993, n. 331, convertito, con modificazioni, dalla legge 29 ottobre 1993, n. 427.

Art. 30-*ter*. Restituzione dell'imposta non dovuta. – 1. Il soggetto passivo presenta la domanda di restituzione dell'imposta non dovuta, a **pena di decadenza**, entro il **termine di due anni** dalla data del versamento della medesima ovvero, se successivo, dal giorno in cui si è verificato il presupposto per la restituzione.

2. Nel caso di applicazione di un'imposta non dovuta ad una cessione di beni o ad una prestazione di servizi, accertata in via definitiva dall'Amministrazione finanziaria, la domanda di restituzione può essere presentata dal cedente o prestatore entro il termine di due anni dall'avvenuta restituzione al cessionario o committente dell'importo pagato a titolo di rivalsa.

3. La restituzione dell'imposta è esclusa qualora il versamento sia avvenuto in un contesto di frode fiscale.

Art. 31. – Articolo abrogato.

Art. 32. Disposizione regolamentare concernente le semplificazioni per i contribuenti minori relative alla fatturazione e alla registrazione. – 1. I contribuenti che, nell'anno solare precedente, hanno realizzato un **volume d'affari non superiore a quattrocentomila euro per le imprese aventi per oggetto prestazioni di servizi e per gli esercenti arti e professioni, ovvero a settecentomila euro** per le imprese aventi per oggetto **altre attività, possono adempiere gli obblighi di fatturazione e registrazione di cui agli artt. 21 e 23, mediante la tenuta di un bollettario a madre e figlia.** Si applica la disposizione dell'ultimo periodo del comma 1 dell'art. 18 del decreto del Presidente della Repubblica 29 settembre 1973, n. 600, e successive modificazioni. Nei confronti dei contribuenti che esercitano contemporaneamente prestazioni di servizi ed altre attività e non provvedono alla distinta annotazione dei corrispettivi resta applicabile il limite di settecentomila euro relativamente a tutte le attività esercitate.

2. Le operazioni devono essere descritte, con le indicazioni di cui all'art. 21, secondo comma, nelle due parti del bollettario; la parte figlia costituisce fattura agli effetti dell'art. 21 e deve essere consegnata o spedita all'altro contraente ai sensi del quarto comma dello stesso articolo.

3. Il Ministro delle finanze, con propri decreti, può determinare le caratteristi-

che del bollettario, tenendo conto della disciplina stabilita per i contribuenti minori dal decreto del Presidente della Repubblica 29 settembre 1973, n. 600, contenente disposizioni comuni in materia di accertamento delle imposte sui redditi.

Art. 32-*bis*. – Articolo abrogato.

Art. 33. – Articolo abrogato.

Art. 34. Regime speciale per i produttori agricoli. – 1. Per le cessioni di prodotti agricoli e ittici compresi nella prima parte dell'allegata tabella A) effettuate dai produttori agricoli, la **detrazione** prevista nell'art. 19 è **forfetizzata** in misura pari all'importo risultante dall'**applicazione, all'ammontare imponibile** delle **operazioni** stesse, delle **percentuali** di **compensazione** stabilite, **per gruppi di prodotti,** con decreto del Ministro delle finanze di concerto con il Ministro delle politiche agricole. L'imposta si applica con le aliquote proprie dei singoli prodotti, salva l'applicazione delle aliquote corrispondenti alle percentuali di compensazione per i passaggi di prodotti ai soggetti di cui al comma 2, lettera c), che applicano il regime speciale e per le cessioni effettuate dai soggetti di cui al comma 6, primo e secondo periodo.

2. Si considerano **produttori agricoli**:

a) i soggetti che esercitano le **attività** indicate nell'art. **2135** del **codice civile** e quelli che esercitano attività di pesca in acque dolci, di piscicoltura, di mitilicoltura, di ostricoltura e di coltura di altri molluschi e crostacei, nonché di allevamento di rane;

b) gli **organismi agricoli** di intervento, o altri soggetti per loro conto, che effettuano cessioni di prodotti in applicazione di regolamenti della Unione europea concernenti l'organizzazione comune dei mercati dei prodotti stessi;

c) le **cooperative** e loro **consorzi** di cui all'art. 1, comma 2, del decreto legislativo 18 maggio 2001, n. 228; le associazioni e loro unioni costituite e riconosciute ai sensi della legislazione vigente, che effettuano cessioni di beni prodotti prevalentemente dai soci, associati o partecipanti, nello stato originario o previa manipolazione o trasformazione, nonché gli enti che provvedono per legge, anche previa manipolazione o trasformazione, alla vendita collettiva per conto dei produttori soci.

3. Comma abrogato.

4. La detrazione forfettizzata non compete per le cessioni dei prodotti indicati nel comma 1 il cui acquisto derivi da atto non assoggettato ad imposta, sempre che il cedente, il donante o il conferente, sia soggetto al regime ordinario.

5. Se il contribuente, nell'ambito della stessa impresa, ha effettuato anche **operazioni imponibili diverse** da quelle indicate nel comma 1, queste sono **registrate distintamente** e indicate separatamente in sede di liquidazione periodica e di dichiarazione annuale. Dall'imposta relativa a tali operazioni si detrae quella relativa agli acquisti e alle importazioni di beni non ammortizzabili e ai servizi esclusivamente utilizzati per la produzione dei beni e dei servizi che formano oggetto delle operazioni stesse.

6. I produttori agricoli che nell'anno solare precedente hanno realizzato o, in caso di inizio di attività, prevedono di realizzare un **volume d'affari non superiore** a **7.000 euro**, costituito per almeno due terzi da cessioni di prodotti di cui al comma 1, sono **esonerati** dal **versamento** dell'**imposta** e **da tutti gli obblighi documentali** e **contabili**, compresa la dichiarazione annuale, fermo restando l'obbligo di numerare e conservare le fatture e le bollette doganali a norma dell'art. 39. I cessionari e i committenti, se acquistano i beni o utilizzano i servizi nell'esercizio dell'impresa, devono emettere fattura, con le modalità e nei termini di cui all'art. 21, indi-

candovi la relativa imposta, determinata applicando le aliquote corrispondenti alle percentuali di compensazione, consegnarne copia al produttore agricolo e registrarla separatamente a norma dell'art. 25. Le disposizioni del presente comma cessano comunque di avere applicazione a partire dall'anno solare successivo a quello in cui è stato superato il limite di 7.000 euro a condizione che non sia superato il limite di un terzo delle cessioni di altri beni. I produttori agricoli hanno facoltà di non avvalersi delle disposizioni del presente comma. In tale caso, l'opzione o la revoca si esercitano con le modalità stabilite dal regolamento di cui al decreto del Presidente della Repubblica 10 novembre 1997, n. 442, e successive modificazioni.

7. I passaggi dei prodotti di cui al comma 1 agli enti, alle cooperative o agli altri organismi associativi indicati al comma 2, lettera c), ai fini della vendita, anche previa manipolazione o trasformazione, si considerano effettuati all'atto del versamento del prezzo ai produttori agricoli soci o associati. L'obbligo di emissione della fattura può essere adempiuto dagli enti stessi per conto dei produttori agricoli conferenti; in tal caso a questi è consegnato un esemplare della fattura ai fini dei successivi adempimenti prescritti nel presente titolo.

8. Le disposizioni del comma precedente si applicano anche ai passaggi di prodotti ittici provenienti da acque marittime, lagunari e salmastre effettuati dagli esercenti la pesca nelle predette acque alle cooperative fra loro costituite e relativi consorzi nonché alle società consortili e agli altri organismi associativi indicati al comma 2, lettera c).

9. Ai soggetti di cui al comma 1 che effettuano le cessioni dei prodotti ivi indicati ai sensi degli artt. 8, primo comma, 38-*quater* e 72, nonché le cessioni intracomunitarie degli stessi compete la detrazione o il rimborso di un importo calcolato mediante l'applicazione delle percentuali di compensazione che sarebbero applicabili per analoghe operazioni effettuate nel territorio dello Stato.

10. Comma abrogato.

11. Le disposizioni del presente articolo non si applicano, salvo quella di cui al comma 7, ultimo periodo, ai soggetti di cui ai commi precedenti che optino per l'applicazione dell'imposta nei modi ordinari dandone comunicazione all'ufficio secondo le modalità previste dal regolamento di cui al decreto del Presidente della Repubblica 10 novembre 1997, n. 442.

12. Con decreto del Ministro delle finanze, da adottare ai sensi dell'art. 17, comma 3, della legge 23 agosto 1988, n. 400, sono disciplinate le modalità di attuazione del presente articolo.

Art. 34-*bis*. Attività agricole connesse. – 1. Per le attività dirette alla produzione di beni ed alla fornitura di servizi di cui al terzo comma dell'art. 2135 del codice civile, l'imposta sul valore aggiunto è determinata riducendo l'imposta relativa alle operazioni imponibili in misura pari al **50 per cento** del suo ammontare, a titolo di **detrazione forfettaria** dell'imposta afferente agli acquisti ed alle importazioni.

2. Il contribuente ha facoltà di non avvalersi della disposizione del presente articolo. In tal caso l'opzione o la revoca per la determinazione dell'imposta nel modo normale si esercitano con le modalità stabilite dal regolamento recante norme per il riordino della disciplina delle opzioni in materia di imposta sul valore aggiunto e di imposte dirette, di cui al decreto del Presidente della Repubblica 10 novembre 1997, n. 442, e successive modificazioni.

Art. 34-*ter*. Regime fiscale per raccoglitori occasionali. – 1. I raccoglitori occasionali di prodotti selvatici non legnosi di cui alla classe ATECO 02.30, a cui si aggiungono i raccoglitori occasionali di piante officinali spontanee ai sensi dell'articolo 3 del decreto legislativo 21 maggio 2018, n. 75, che nell'anno solare precedente hanno realizzato un volume d'affari non superiore ad euro 7.000, sono esonerati dal versamento dell'imposta e da tutti gli obblighi documentali e contabili, compresa la dichiarazione annuale.

Art. 35. Disposizione regolamentare concernente le dichiarazioni di inizio, variazione e cessazione attività. – 1. I soggetti che intraprendono **l'esercizio di un'impresa, arte o professione nel territorio dello Stato, o vi istituiscono una stabile organizzazione, devono farne dichiarazione entro trenta giorni** ad uno degli uffici locali dell'Agenzia delle entrate ovvero ad un ufficio provinciale dell'imposta sul valore aggiunto della medesima Agenzia; la dichiarazione è redatta, a pena di nullità, su **modelli conformi** a quelli approvati con provvedimento del direttore dell'Agenzia delle entrate. L'ufficio attribuisce **al contribuente un numero di partita Iva** che resterà invariato anche nelle ipotesi di variazioni di domicilio fiscale fino al momento della cessazione dell'attività e che deve essere indicato nelle dichiarazioni, nella homepage dell'eventuale sito web e in ogni altro documento ove richiesto.

2. Dalla **dichiarazione di inizio attività** devono risultare:

a) per le persone fisiche, il cognome e nome, il luogo e la data di nascita, il codice fiscale, la residenza, il domicilio fiscale e l'eventuale ditta;

b) per i soggetti diversi dalle persone fisiche, la natura giuridica, la denominazione, ragione sociale o ditta, la sede legale, o in mancanza quella amministrativa, e il domicilio fiscale e deve essere inoltre indicato il codice fiscale per almeno una delle persone che ne hanno la rappresentanza;

c) per i soggetti residenti all'estero, anche l'ubicazione della stabile organizzazione;

d) il tipo e l'oggetto dell'attività e il luogo o i luoghi in cui viene esercitata anche a mezzo di sedi secondarie, filiali, stabilimenti, succursali, negozi, depositi e simili, il luogo o i luoghi in cui sono tenuti e conservati i libri, i registri, le scritture e i documenti prescritti dal presente decreto e da altre disposizioni;

e) per i soggetti che svolgono attività di commercio elettronico, l'indirizzo del sito web ed i dati identificativi dell'internet service provider;

e-*bis*) per i soggetti che intendono effettuare operazioni intracomunitarie di cui al Titolo II, Capo II del decreto-legge 30 agosto 1993, n. 331, convertito, con modificazioni, dalla legge 29 ottobre 1993, n. 427, la volontà di effettuare dette operazioni;

f) ogni altro elemento richiesto dal modello ad esclusione dei dati che l'Agenzia delle entrate è in grado di acquisire autonomamente.

3. In caso di **variazione di alcuno degli elementi di cui al comma 2 o di cessazione dell'attività, il contribuente deve entro trenta giorni farne dichiarazione** ad uno degli uffici indicati dal comma 1, utilizzando modelli conformi a quelli approvati con provvedimento del direttore dell'Agenzia delle entrate. Se la variazione comporta il trasferimento del domicilio fiscale essa ha effetto dal sessantesimo giorno successivo alla data in cui si è verificata. In caso di fusione, scissione, conferimenti di aziende o di altre trasformazioni sostanziali che comportano l'estinzione del soggetto d'imposta, la dichiarazione è presentata unicamente dal soggetto risultante dalla trasformazione.

4. In caso di cessazione dell'attività il termine per la presentazione della dichiarazione di cui al comma 3 decorre dalla data di ultimazione delle operazioni relative alla liquidazione dell'azienda, per le quali rimangono ferme le disposizioni relative al versamento dell'imposta, alla fatturazione, registrazio-

ne, liquidazione e dichiarazione. Nell'ultima dichiarazione annuale deve tenersi conto anche dell'imposta dovuta ai sensi del n. 5) dell'art. 2, da determinare computando anche le operazioni indicate nel quinto comma dell'art. 6, per le quali non si è ancora verificata l'esigibilità dell'imposta.

5. I soggetti che intraprendono l'esercizio di un'impresa, arte o professione, se ritengono di realizzare un **volume d'affari** che comporti l'applicazione di **disposizioni speciali** ad esso connesse concernenti l'osservanza di adempimenti o di criteri speciali di determinazione dell'imposta, **devono indicarlo nella dichiarazione di inizio attività** da presentare a norma del presente articolo e devono osservare la disciplina stabilita in relazione al volume d'affari dichiarato.

6. Le **dichiarazioni** previste dal presente articolo sono presentate **in via telematica secondo le disposizioni di cui ai commi 10 e seguenti ovvero, in duplice esemplare, direttamente ad uno degli uffici** di cui al comma 1. Le dichiarazioni medesime possono, in alternativa, essere inoltrate in unico esemplare a **mezzo servizio postale mediante raccomandata,** con l'obbligo di garantire l'identità del soggetto dichiarante mediante allegazione di idonea documentazione; in tal caso si considerano presentate nel giorno in cui risultano spedite.

7. L'ufficio rilascia o invia al contribuente **certificato di attribuzione della partita Iva o dell'avvenuta variazione o cessazione dell'attività** e nel caso di presentazione diretta consegna la copia della dichiarazione al contribuente debitamente timbrata.

7-*bis*. L'opzione di cui al comma 2, lettera e-*bis*), determina l'immediata inclusione nella banca dati dei soggetti passivi che effettuano operazioni intracomunitarie, di cui all'art. 17 del Regolamento (CE) n. 904/2010, del Consiglio, del 7 ottobre 2010; fatto salvo quanto disposto dal comma 15-*bis*, si presume che un soggetto passivo non intende più effettuare operazioni intracomunitarie qualora non abbia presentato alcun elenco riepilogativo per quattro trimestri consecutivi, successivi alla data di inclusione nella suddetta banca dati. A tal fine l'Agenzia delle entrate procede all'esclusione della partita Iva dalla banca dati di cui al periodo precedente, previo invio di apposita comunicazione al soggetto passivo.

7-*ter*. Comma abrogato.

8. I soggetti tenuti all'iscrizione nel registro delle imprese ovvero alla denuncia al repertorio delle notizie economiche e amministrative (REA) ai sensi, rispettivamente, degli artt. 7 e 9 del decreto del Presidente della Repubblica 7 dicembre 1995, n. 581, concernente il regolamento di attuazione dell'art. 8, della legge 29 dicembre 1993, n. 580, in materia di istituzione del registro delle imprese, possono assolvere gli obblighi di presentazione delle dichiarazioni di cui al presente articolo presentando le dichiarazioni stesse all'ufficio del registro delle imprese, il quale trasmette i dati in via telematica all'Agenzia delle entrate e rilascia apposita certificazione dell'avvenuta operazione. Nel caso di inizio dell'attività l'ufficio del registro delle imprese comunica al contribuente il numero di partita Iva attribuito in via telematica dall'Agenzia delle entrate.

9. Con provvedimento del direttore dell'Agenzia delle entrate può essere stabilita la data a decorrere dalla quale le dichiarazioni di inizio, variazione e cessazione attività sono presentate esclusivamente all'ufficio del registro delle imprese ovvero in via telematica secondo le disposizioni di cui ai commi successivi.

10. Le **dichiarazioni previste dal presente articolo possono essere presentate in via telematica direttamente dai contribuenti o tramite i soggetti** di cui all'art. 3, commi 2-*bis* e 3, del decreto del Presidente della Repubblica n. 322

del 1998; in tal caso si considerano **presentate nel giorno in cui sono trasmesse all'Agenzia delle entrate in via telematica e il procedimento di trasmissione si considera concluso nel giorno in cui è completata la ricezione da parte dell'Agenzia delle entrate. La prova** della presentazione delle dichiarazioni è data dalla comunicazione dell'Agenzia delle entrate attestante **l'avvenuto ricevimento** delle dichiarazioni stesse.

11. I soggetti incaricati di cui all'art. 3, commi 2-*bis* e 3, del decreto del Presidente della Repubblica n. 322 del 1998, restituiscono al contribuente una copia della dichiarazione attestante la data di consegna con l'impegno alla trasmissione in via telematica e rilasciano la certificazione restituita dall'Agenzia delle entrate attestante l'avvenuta operazione e contenente, in caso di inizio attività, il numero di partita Iva attribuito al contribuente.

12. In caso di presentazione delle dichiarazioni in via telematica si applicano ai fini della sottoscrizione le disposizioni di cui all'art. 1, comma 6, del decreto del Presidente della Repubblica n. 322 del 1998.

13. I soggetti di cui al comma 3 dell'art. 3 del decreto del Presidente della Repubblica n. 322 del 1998, incaricati della predisposizione delle dichiarazioni previste dal presente articolo, sono obbligati alla trasmissione in via telematica delle stesse.

14. Ai fini della conservazione delle dichiarazioni si applicano le disposizioni previste per la conservazione delle dichiarazioni annuali dal decreto del Presidente della Repubblica n. 322 del 1998.

15. Le modalità tecniche di trasmissione in via telematica delle dichiarazioni previste dal presente articolo ed i tempi di attivazione del servizio di trasmissione telematica sono stabiliti con provvedimento del direttore dell'Agenzia delle entrate da pubblicare nella Gazzetta Ufficiale.

15-*bis*. L'attribuzione del numero di partita Iva determina la esecuzione di riscontri automatizzati per la individuazione di elementi di rischio connessi al rilascio dello stesso nonché l'eventuale effettuazione di accessi nel luogo di esercizio dell'attività, avvalendosi dei poteri previsti dal presente decreto. Gli Uffici, avvalendosi dei poteri di cui al presente decreto, verificano che i dati forniti da soggetti per la loro identificazione ai fini dell'Iva, siano completi ed esatti. In caso di esito negativo, l'Ufficio emana provvedimento di cessazione della partiva Iva e provvede all'esclusione della stessa dalla banca dati dei soggetti passivi che effettuano operazioni intracomunitarie. Con Provvedimento del Direttore dell'Agenzia delle entrate sono stabiliti le modalità operative per l'inclusione delle partite Iva nella banca dati dei soggetti passivi che effettuano operazioni intracomunitarie, nonché i criteri e le modalità di cessazione della partita Iva e dell'esclusione della stessa dalla banca dati medesima.

15-*bis*.1. Ai fini del rafforzamento del presidio di cui al comma 15-*bis*, l'Agenzia delle entrate effettua specifiche analisi del rischio connesso al rilascio di nuove partite IVA, all'esito delle quali l'ufficio dell'Agenzia delle entrate invita il contribuente a comparire di persona presso il medesimo ufficio, ai sensi dell'articolo 32 del decreto del Presidente della Repubblica 29 settembre 1973, n. 600, per esibire la documentazione di cui agli articoli 14 e 19 del medesimo decreto del Presidente della Repubblica, ove obbligatoria, per consentire in ogni caso la verifica dell'effettivo esercizio dell'attività di cui agli articoli 4 e 5 del presente decreto e per dimostrare, sulla base di documentazione idonea, l'assenza dei profili di rischio individuati. In caso di mancata comparizione di persona del contribuente ovvero di esito negativo dei riscontri operati sui documenti eventualmente esibiti, l'ufficio emana provvedimento di cessazione della partita IVA.

15-*bis*.2. Ferma restando la disciplina applicabile nelle ipotesi in cui la cessazione della partita IVA comporti l'esclusione della stessa dalla banca dati dei soggetti che effettuano operazioni intracomunitarie, in caso di cessazione ai sensi dei commi 15-*bis* e 15-*bis*.1, la partita IVA può essere successivamente richiesta dal medesimo soggetto, come imprenditore individuale, lavoratore autonomo o rappresentante legale di società, associazione o ente, con o senza personalità giuridica, costituiti successivamente al provvedimento di cessazione della partita IVA, solo previo rilascio di polizza fideiussoria o fideiussione bancaria per la durata di tre anni dalla data del rilascio e per un importo non inferiore a 50.000 euro. In caso di eventuali violazioni fiscali commesse antecedentemente all'emanazione del provvedimento di cessazione, l'importo della fideiussione deve essere pari alle somme, se superiori a 50.000 euro, dovute a seguito di dette violazioni fiscali, sempreché non sia intervenuto il versamento delle stesse.

15-*ter*. Con provvedimento del Direttore dell'Agenzia delle entrate sono individuate:

a) specifiche informazioni da richiedere all'atto della dichiarazione di inizio di attività;

b) tipologie di contribuenti per i quali l'attribuzione del numero di partita Iva determina la possibilità di effettuare gli acquisti di cui all'art. 38 del decreto-legge 30 agosto 1993, n. 331, convertito, con modificazioni, dalla legge 29 ottobre 1993, n. 427, e successive modificazioni, a condizione che sia rilasciata polizza fideiussoria o fideiussione bancaria per la durata di tre anni dalla data del rilascio e per un importo rapportato al volume d'affari presunto e comunque non inferiore a 50.000 euro.

15-*quater*. Comma abrogato.

15-*quinquies*. **L'Agenzia delle entrate procede d'ufficio alla chiusura delle partite IVA dei soggetti che, sulla base dei dati e degli elementi in suo possesso, risultano non aver esercitato nelle tre annualità precedenti attività di impresa ovvero attività artistiche o professionali**. Sono fatti salvi i poteri di controllo e accertamento dell'amministrazione finanziaria. Con provvedimento del direttore dell'Agenzia delle entrate sono stabiliti i criteri e le modalità di applicazione del presente comma, prevedendo **forme di comunicazione preventiva** al contribuente.

Art. 35-*bis*. Eredi del contribuente. – Gli **obblighi** derivanti, a norma del presente decreto, dalle operazioni effettuate dal contribuente deceduto possono essere **adempiuti dagli eredi, ancorché** i relativi **termini** siano **scaduti non oltre quattro mesi prima** della **data della morte** del contribuente, **entro i sei mesi** da tale data.

Resta ferma la disciplina stabilita dal presente decreto per le operazioni effettuate, anche ai fini della liquidazione dell'azienda, dagli eredi dell'imprenditore.

Art. 35-*ter*. Identificazione ai fini Iva ed obblighi contabili del soggetto non residente. – 1. I soggetti **non residenti** nel territorio dello Stato, che, ai sensi dell'art. 17, terzo comma, intendono assolvere gli **obblighi** ed esercitare i **diritti** in materia di imposta sul valore aggiunto **direttamente**, devono farne **dichiarazione** all'Ufficio competente, prima dell'effettuazione delle operazioni per le quali si vuole adottare il suddetto sistema.

2. La dichiarazione deve contenere le seguenti indicazioni:

a) per le persone fisiche, il cognome, il nome e la eventuale ditta, il luogo e la data di nascita, il domicilio fiscale nello Stato estero in cui l'attività è esercitata;

b) per i soggetti diversi dalle persone fisiche, la denominazione, ragione sociale o ditta, la sede legale o, in mancanza, amministrativa, nello Stato estero in cui l'attività è esercitata; gli elementi di cui alla lettera a) per almeno una delle persone che ne hanno la rappresentanza;

c) l'ufficio dell'amministrazione dello Stato estero competente ad effettuare i controlli sull'attività del dichiarante, nonché il numero di identificazione all'imposta sul valore aggiunto ovvero, in mancanza, il codice identificativo fiscale attribuito dal medesimo Stato;

d) il tipo e l'oggetto dell'attività esercitata nello Stato estero di stabilimento;

e) l'impegno ad esibire le scritture contabili entro i termini stabiliti dall'amministrazione richiedente;

f) ogni altro elemento richiesto dal modello di dichiarazione.

3. L'ufficio attribuisce al richiedente un **numero di partita Iva** in cui sia evidenziata anche la natura di soggetto non residente identificato in Italia. Il predetto numero deve essere riportato nelle dichiarazioni e in ogni altro atto, ove richiesto.

4. In caso di **variazione dei dati** di cui al comma 2, il soggetto non residente presenta apposita **dichiarazione entro trenta giorni** al competente ufficio dell'Agenzia delle entrate. Le dichiarazioni di cui al presente articolo sono redatte in conformità al modello stabilito con provvedimento del direttore dell'Agenzia delle entrate.

5. Possono avvalersi dell'**identificazione diretta** prevista dal presente articolo, i **soggetti non residenti, che esercitano attività di impresa, arte o professione in altro Stato membro della Comunità europea** o in un Paese terzo con il quale esistano strumenti giuridici che disciplinano la **reciproca assistenza** in materia di **imposizione indiretta**, analogamente a quanto previsto dalle direttive del Consiglio n. 76/308/CEE del 15 marzo 1976 e n. 77/799/CEE del 19 dicembre 1977 e dal regolamento (CEE) n. 218/92 del Consiglio del 27 gennaio 1992.

6. **Per quanto non espressamente previsto** dal presente articolo anche in materia di utilizzo del servizio di collegamento telematico con l'Agenzia delle entrate per la presentazione di documenti, atti e istanze, si fa rinvio, in quanto applicabili, alle disposizioni dell'**art. 35**, come modificato dal decreto del Presidente della Repubblica del 5 ottobre 2001, n. 404.

Art. 35-*quater*. Pubblicità in materia di partita Iva. – Al fine di **contrastare le frodi** in materia di imposta sul valore aggiunto, l'Agenzia delle entrate rende disponibile a **chiunque**, con servizio di libero accesso, la **possibilità di verificare** puntualmente, mediante i dati disponibili in anagrafe tributaria, la **validità del numero di partita Iva** attribuito ai sensi dell'art. 35 o 35-*ter*. Il servizio fornisce le informazioni relative allo stato di attività della partita Iva inserita e alla denominazione del soggetto o, in assenza di questa, al cognome e nome della persona fisica titolare.

Art. 36. Esercizio di più attività. – Nei confronti dei soggetti che esercitano più attività **l'imposta** si applica **unitariamente e cumulativamente per tutte le attività, con riferimento al volume di affari complessivo, salvo quanto stabilito nei successivi commi.**

Se il soggetto esercita contemporaneamente imprese e arti o professioni l'imposta si applica **separatamente per l'esercizio di imprese e per l'esercizio di arti o professioni**, secondo le rispettive disposizioni e con riferimento al rispettivo volume d'affari.

I soggetti che esercitano più imprese o più attività nell'ambito della stessa impresa, ovvero più arti o professioni, hanno **facoltà di optare per l'applicazione separata** dell'imposta relativamente ad alcuna delle attività esercitate, dandone **comunicazione** all'ufficio nella dichiarazione relativa all'anno precedente o nella dichiarazione di inizio dell'attività. In tal caso la **detrazione** di cui all'art. 19 spetta a condizione che l'attività sia gestita con **contabilità separata** ed è esclusa, in deroga a quanto stabilito nell'ultimo comma, per l'imposta relativa ai beni non ammortizzabili utilizzati promiscuamente. L'opzione ha effetto fino a quando non sia revocata e in ogni caso per almeno un triennio. Se nel corso di un anno sono acquistati beni ammortizzabili la revoca non è ammessa fino al termine del periodo di rettifica della detrazione di cui all'art. 19-*bis*. La revoca deve essere comunicata all'ufficio nella dichiarazione annuale ed ha effetto dall'anno in corso. Le disposizioni del presente comma si applicano anche ai soggetti che effettuano sia locazioni o cessioni, esenti da imposta, di fabbricati o porzioni di fabbricato a destinazione abitativa che comportano la riduzione della percentuale di detrazione a norma dell'art. 19, comma 5, e dell'art. 19-*bis*, sia locazioni o cessioni di altri fabbricati o di altri immobili, con riferimento a ciascuno di tali settori di attività. Le disposizioni del presente comma si applicano, altresì, ai soggetti che svolgono sia il servizio di gestione individuale di portafogli, ovvero prestazioni di mandato, mediazione o intermediazione relative al predetto servizio, sia attività esenti dall'imposta ai sensi dell'art. 10, primo comma.

L'imposta si applica in ogni caso separatamente secondo le rispettive disposizioni e con riferimento al volume di affari di ciascuna di esse, per le attività di commercio al minuto di cui al terzo comma dell'art. 24, comprese le attività ad esse accessorie e quelle non rientranti nell'attività propria dell'impresa, nonché per le attività di cui all'art. 34, fermo restando il disposto dei commi secondo e terzo dello stesso articolo e per quelle di cui all'art. 74, sesto comma, per le quali la detrazione prevista dall'art. 19 sia applicata forfettariamente e per quelle di cui al comma 5 dell'art. 74-*quater*.

In tutti i casi nei quali l'imposta è applicata separatamente per una determinata attività la detrazione di cui all'art. 19, se ridotta ai sensi del terzo comma dello stesso articolo ovvero se applicata forfettariamente, è **ammessa per l'imposta relativa ai beni e ai servizi utilizzati promiscuamente, nei limiti della parte imputabile all'esercizio dell'attività stessa**; i passaggi di servizi all'attività soggetta a detrazione ridotta o forfettaria costituiscono prestazioni di servizio ai sensi dell'art. 3 e si considerano effettuati, in base al loro valore normale, nel momento in cui sono rese. Per i passaggi interni dei beni tra attività separate si applicano le disposizioni degli artt. 21 e seguenti, con riferimento al loro valore normale, e le annotazioni di cui agli artt. 23 e 25 devono essere eseguite nello stesso mese. Per i passaggi dei beni all'attività di commercio al minuto di cui al terzo comma dell'art. 24 e per quelli da questa ad altra attività, l'imposta non è dovuta, ma i passaggi stessi devono essere annotati, in base al corrispettivo di acquisto dei beni, entro il giorno non festivo successivo a quello del passaggio.

Le annotazioni devono essere eseguite, distintamente in base all'aliquota applicabile per le relative cessioni, nei registri di cui agli artt. 23, 24 e 25, ovvero in apposito registro tenuto a norma dell'art. 39. La dichiarazione annuale deve essere presentata su un unico modello per tutte le attività secondo le modalità stabilite nel decreto di cui al primo comma dell'art. 28 e i versamenti di cui agli artt. 27, 30 e 33 devono essere eseguiti per l'ammontare complessivo dovuto, al netto delle eccedenze detraibili.

Art. 36-*bis*. Dispensa da adempimenti per le operazioni esenti. – Il **contribuente** che ne abbia data **preventiva comunicazione** all'ufficio è **dispensato** dagli **obblighi** di **fatturazione** e di **registrazione** relativamente alle **operazioni**

esenti da imposta ai sensi dell'art. 10, indicate al primo comma, numeri 11), 18) e 19), e al terzo comma dello stesso articolo, **fermi** restando l'**obbligo di fatturazione e registrazione** delle altre operazioni eventualmente effettuate, l'obbligo di registrazione degli acquisti e gli altri obblighi stabiliti dal presente decreto, ivi compreso l'obbligo di rilasciare la fattura quando sia richiesta dal cliente.

Nell'ipotesi di cui al precedente comma il contribuente **non** è ammesso a **detrarre** dall'**imposta** eventualmente dovuta quella relativa agli acquisti e alle importazioni e deve presentare la dichiarazione annuale, compilando l'elenco dei fornitori, ancorché non abbia effettuato operazioni imponibili.

La comunicazione di avvalersi della dispensa dagli adempimenti relativi alle operazioni esenti dev'essere fatta nella dichiarazione annuale relativa all'anno precedente o nella dichiarazione di inizio dell'attività ed ha effetto fino a quando non sia revocata e in ogni caso per almeno un triennio. La revoca deve essere comunicata all'ufficio nella dichiarazione annuale ed ha effetto dall'anno in corso.

Art. 37. – Articolo abrogato.

Art. 38. Esecuzione dei versamenti. – I versamenti previsti dagli artt. 27, 30 e 33 devono essere eseguiti al **competente ufficio** dell'imposta sul valore aggiunto **mediante delega del contribuente ad una delle aziende di credito** di cui all'art. 54 del regolamento per l'amministrazione del patrimonio e per la contabilità generale dello Stato, approvato con regio decreto 23 maggio 1924, n. 827, ovvero ad una delle casse rurali e artigiane di cui al regio decreto 26 agosto 1937, n. 1706, modificato con la legge 4 agosto 1955, n. 707, avente un patrimonio non inferiore a euro 51.645,69. La delega deve essere rilasciata presso una qualsiasi dipendenza dell'azienda delegata sita nel territorio dello Stato.

L'azienda delegata deve rilasciare al contribuente una **attestazione** recante **l'indicazione dell'importo dell'ordine di versamento** e della **data** in cui lo ha ricevuto e l'**impegno di effettuare il versamento** all'ufficio per conto del contribuente entro il quinto giorno successivo. La delega è irrevocabile ed ha effetto liberatorio per il delegante.

Le caratteristiche e le modalità di rilascio dell'attestazione, nonché le modalità per l'esecuzione dei versamenti agli uffici dell'imposta sul valore aggiunto, per la trasmissione dei relativi dati e documenti all'amministrazione e per i relativi controlli sono stabilite con decreto del Ministro delle finanze di concerto con il Ministro del tesoro.

I versamenti diversi da quelli indicati nel primo comma devono essere eseguiti direttamente all'ufficio dell'imposta sul valore aggiunto o in contanti o mediante assegni circolari non trasferibili intestati all'ufficio stesso o mediante altri titoli di credito bancario o postali a copertura garantita. Il versamento mediante assegni circolari o titoli bancari o postali può essere eseguito anche a mezzo posta con lettera raccomandata, nella quale deve essere specificata la causa di versamento. L'**ufficio** rilascia **quietanza** nelle forme e con le modalità stabilite con decreto del Ministro delle finanze anche in deroga alle disposizioni contenute negli artt. 238 e 240 del regolamento per l'amministrazione del patrimonio e per la contabilità generale dello Stato, approvato con regio decreto 23 maggio 1924, n. 827.

Art. 38-*bis*. Esecuzione dei rimborsi. – 1. **I rimborsi previsti** nell'art. 30 sono eseguiti, **su richiesta fatta in sede di dichiarazione annuale, entro tre mesi dalla presentazione della dichiarazione**. Sulle somme rimborsate si applicano gli **interessi in ragione del 2 per cento an-**

nuo, con decorrenza dal novantesimo giorno successivo a quello in cui è stata presentata la dichiarazione, non computando il periodo intercorrente tra la data di notifica della richiesta di documenti e la data della loro consegna, quando superi quindici giorni.

2. Il contribuente può ottenere il rimborso in relazione a periodi inferiori all'anno nelle ipotesi di cui alle lettere a), b) ed e) del secondo comma dell'art. 30, nonché nelle ipotesi di cui alla lettera c) del medesimo secondo comma quando effettua acquisti ed importazioni di beni ammortizzabili per un ammontare superiore ai due terzi dell'ammontare complessivo degli acquisti e delle importazioni di beni e servizi imponibili ai fini dell'imposta sul valore aggiunto, e nelle ipotesi di cui alla lettera d) del secondo comma del citato art. 30 quando effettua, nei confronti di soggetti passivi non stabiliti nel territorio dello Stato, per un importo superiore al 50 per cento dell'ammontare di tutte le operazioni effettuate, prestazioni di lavorazione relative a beni mobili materiali, prestazioni di trasporto di beni e relative prestazioni di intermediazione, prestazioni di servizi accessori e ai trasporti di beni e relative prestazioni di intermediazione, ovvero prestazioni di servizi di cui all'art. 19, comma 3, lettera a-*bis*).

3. Fatto salvo quanto previsto dal comma 4, i rimborsi di ammontare superiore a 30.000 euro sono eseguiti previa presentazione della relativa dichiarazione o istanza da cui emerge il credito richiesto a rimborso recante il visto di conformità o la sottoscrizione alternativa di cui all'art. 10, comma 7, primo e secondo periodo, del Decreto-Legge 1° luglio 2009, n. 78, convertito, con modificazioni, dalla legge 3 agosto 2009, n. 102. Alla dichiarazione o istanza è allegata una dichiarazione sostitutiva di atto di notorietà, a norma dell'art. 47 del Decreto del Presidente della Repubblica 28 dicembre 2000, n. 445, che attesti la sussistenza delle seguenti condizioni in relazione alle caratteristiche soggettive del contribuente:

a) il patrimonio netto non è diminuito, rispetto alle risultanze contabili dell'ultimo periodo d'imposta, di oltre il 40 per cento; la consistenza degli immobili non si è ridotta, rispetto alle risultanze contabili dell'ultimo periodo d'imposta, di oltre il 40 per cento per cessioni non effettuate nella normale gestione dell'attività esercitata; l'attività stessa non è cessata né si è ridotta per effetto di cessioni di aziende o rami di aziende compresi nelle suddette risultanze contabili;

b) non risultano cedute, se la richiesta di rimborso è presentata da società di capitali non quotate nei mercati regolamentati, nell'anno precedente la richiesta, azioni o quote della società stessa per un ammontare superiore al 50 per cento del capitale sociale;

c) sono stati eseguiti i versamenti dei contributi previdenziali e assicurativi.

4. **Sono eseguiti previa prestazione della garanzia di cui al comma 5 i rimborsi di ammontare superiore a 30.000 euro quando richiesti**:

a) da soggetti passivi che esercitano un'attività d'impresa da meno di due anni diversi dalle imprese *start-up* innovative di cui all'art. 25 del Decreto-Legge 18 ottobre 2012, n. 179, convertito, con modificazioni, dalla legge 17 dicembre 2012, n. 221;

b) da soggetti passivi ai quali, nei due anni antecedenti la richiesta di rimborso, sono stati notificati avvisi di accertamento o di rettifica da cui risulti, per ciascun anno, una differenza tra gli importi accertati e quelli dell'imposta dovuta o del credito dichiarato superiore:

1) al 10 per cento degli importi dichiarati se questi non superano 150.000 euro;

2) al 5 per cento degli importi dichiarati se questi superano 150.000 euro ma non superano 1.500.000 euro;

3) all'1 per cento degli importi dichiara-

ti, o comunque a 150.000 euro, se gli importi dichiarati superano 1.500.000 euro;

c) da soggetti passivi che nelle ipotesi di cui al comma 3, presentano la dichiarazione o istanza da cui emerge il credito richiesto a rimborso priva del visto di conformità o della sottoscrizione alternativa, o non presentano la dichiarazione sostitutiva di atto di notorietà;

d) da soggetti passivi che richiedono il rimborso dell'eccedenza detraibile risultante all'atto della cessazione dell'attività.

5. La garanzia di cui al comma 4 è prestata per una durata pari a tre anni dall'esecuzione del rimborso, ovvero, se inferiore, al periodo mancante al termine di decadenza dell'accertamento, sotto forma di cauzione in titoli di Stato o garantiti dallo Stato, al valore di borsa, ovvero di fideiussione rilasciata da una banca o da una impresa commerciale che a giudizio dell'Amministrazione finanziaria offra adeguate garanzie di solvibilità ovvero di polizza fideiussoria rilasciata da un'impresa di assicurazione. Per le piccole e medie imprese, definite secondo i criteri stabiliti dal Decreto del 18 aprile 2005 del Ministro delle attività produttive, pubblicato nella *Gazzetta Ufficiale* 12 ottobre 2005, n. 238, dette garanzie possono essere prestate anche dai consorzi o cooperative di garanzia collettiva fidi di cui all'art. 29 della Legge 5 ottobre 1991, n. 317, iscritti nell'albo previsto dall'art. 106 del Decreto Legislativo 1° settembre 1993, n. 385. Per i gruppi di società, con patrimonio risultante dal bilancio consolidato superiore a 250 milioni di euro, la garanzia può essere prestata mediante la diretta assunzione da parte della società capogruppo o controllante di cui all'art. 2359 del Codice Civile della obbligazione di integrale restituzione della somma da rimborsare, comprensiva dei relativi interessi, all'Amministrazione finanziaria, anche in caso di cessione della partecipazione nella società controllata o collegata. In ogni caso la società capogruppo o controllante deve comunicare in anticipo all'Amministrazione finanziaria l'intendimento di cedere la partecipazione nella società controllata o collegata. La garanzia concerne anche crediti relativi ad annualità precedenti maturati nel periodo di validità della garanzia stessa.

6. Relativamente alla dichiarazione da cui emerge il credito richiesto a rimborso non è obbligatoria l'apposizione del visto di conformità o la sottoscrizione alternativa previsti dal comma 3 quando è prestata la garanzia di cui al comma 5.

7. Ai rimborsi di cui al presente articolo e al pagamento degli interessi provvede il competente ufficio dell'Agenzia delle entrate. Ai rimborsi si provvede con gli stanziamenti di bilancio.

8. **Nel caso in cui nel periodo relativo al rimborso sia stato constatato uno dei reati di cui agli artt. 2 e 8 del Decreto Legislativo 10 marzo 2000, n. 74, l'esecuzione dei rimborsi di cui al presente articolo è sospesa, fino a concorrenza dell'ammontare dell'imposta indicata nelle fatture o in altri documenti illecitamente emessi od utilizzati, fino alla definizione del relativo procedimento penale**.

9. Se successivamente al rimborso o alla compensazione viene notificato avviso di rettifica o accertamento il contribuente, entro sessanta giorni, versa all'ufficio le somme che in base all'avviso stesso risultano indebitamente rimborsate o compensate, oltre agli interessi del 2 per cento annuo dalla data del rimborso o della compensazione, a meno che non presti la garanzia prevista nel comma 5 fino a quando l'accertamento sia divenuto definitivo.

10. Con decreti del Ministro dell'economia e delle finanze sono individuate, anche progressivamente, in relazione all'attività esercitata ed alle tipologie di operazioni effettuate, le categorie di contribuenti per i quali i rimborsi di cui al presente articolo sono eseguiti in via prioritaria.

11. Con provvedimento del Direttore dell'Agenzia delle entrate sono definite le ulteriori modalità e termini per l'esecuzione dei rimborsi di cui al presente articolo, inclusi quelli per la richiesta dei rimborsi relativi a periodi inferiori all'anno e per la loro esecuzione.

Art. 38-*bis*1. Rimborso dell'imposta assolta in altri Stati membri della Comunità. – 1. I **soggetti passivi stabiliti nel territorio dello Stato che hanno assolto l'imposta in un altro Stato membro in relazione a beni e servizi ivi acquistati o importati**, possono chiederne il **rimborso** a detto Stato membro presentando **un'istanza all'Agenzia delle entrate** tramite apposito portale elettronico.

2. L'Agenzia delle entrate provvede ad inoltrare tale richiesta allo Stato membro del rimborso, eccetto i casi in cui, durante il periodo di riferimento del rimborso, il richiedente:

a) non ha svolto un'attività d'impresa, arte o professione;

b) ha effettuato unicamente operazioni esenti o non soggette che non danno diritto alla detrazione dell'imposta ai sensi degli artt. 19 e seguenti;

c) si è avvalso del regime dei contribuenti minimi di cui ai commi da 96 a 117 dell'art. 1 della legge 24 dicembre 2007, n. 244;

d) si è avvalso del regime speciale per i produttori agricoli.

3. Nei casi indicati al comma 2 l'Agenzia delle entrate notifica al richiedente il mancato inoltro della richiesta di rimborso. Avverso il provvedimento motivato di rifiuto dell'inoltro è ammesso ricorso secondo le disposizioni relative al contenzioso tributario.

4. Con provvedimento del Direttore dell'Agenzia delle entrate, da emanarsi entro novanta giorni dall'entrata in vigore della presente disposizione, è individuato il competente ufficio dell'Agenzia delle entrate e sono stabilite le modalità ed i termini procedurali per l'applicazione delle disposizioni del presente articolo nonché per la realizzazione dei relativi scambi informativi.

Art. 38-*bis*2. Esecuzione dei rimborsi a soggetti non residenti stabiliti in un altro Stato membro della Comunità. – 1. I soggetti stabiliti in altri Stati membri della Comunità, assoggettati all'imposta nello Stato in cui hanno il domicilio o la residenza chiedono il **rimborso** dell'**imposta assolta sulle importazioni di beni e sugli acquisti** di beni e servizi, sempre che sia detraibile a norma degli artt. 19, 19-*bis*1 e 19-*bis*2, secondo le disposizioni del presente articolo. Il rimborso **non** può essere richiesto dai **soggetti** che nel periodo di riferimento disponevano di una **stabile organizzazione** nel territorio dello Stato ovvero dai soggetti che hanno ivi effettuato operazioni diverse da quelle per le quali debitore dell'imposta è il committente o cessionario, da quelle non imponibili di trasporti e da quelle effettuate ai sensi dell'art. 74-*septies*. L'ammontare complessivo della **richiesta di rimborso** relativa a **periodi infrannuali non** può essere **inferiore a quattrocento euro**; se detto ammontare risulta inferiore a quattrocento euro il rimborso spetta annualmente, sempreché di importo non inferiore a cinquanta euro.

2. La richiesta di rimborso è presentata con riferimento ad un **periodo non superiore** ad **un anno solare e non inferiore a tre mesi**, ovvero per periodi inferiori a tre mesi qualora questi periodi rappresentino la parte residua di un anno solare.

3. I soggetti di cui al comma 1 **non** hanno **diritto** al **rimborso** qualora nello **Stato membro** in cui sono **stabiliti** effettuino operazioni che **non** danno diritto alla **detrazione** dell'imposta. Nel caso in cui gli stessi effettuino sia **operazioni** che danno diritto alla **detrazione sia operazioni** che **non** conferiscono tale **diritto**, il **rimborso** è ammesso soltanto

in misura pari alla percentuale detraibile dell'imposta, quale applicata dallo Stato membro ove è stabilito il richiedente.

4. La **richiesta di rimborso** è inoltrata **per via elettronica** tramite lo Stato membro ove è stabilito il richiedente.

5. Ai rimborsi previsti nel comma 1 e al pagamento dei relativi interessi provvede il competente ufficio dell'Agenzia delle entrate, utilizzando i fondi messi a disposizione su apposita contabilità speciale. La decisione in ordine al rimborso dell'imposta è notificata al richiedente entro quattro mesi dalla ricezione della richiesta, salvo quanto previsto ai commi successivi.

6. Entro il termine di quattro mesi di cui al comma 5, l'ufficio può chiedere per via elettronica al soggetto richiedente il rimborso o allo Stato membro ove esso è stabilito informazioni aggiuntive al fine di acquisire tutti gli elementi pertinenti su cui basare la decisione in merito al rimborso. Le informazioni aggiuntive possono essere richieste eventualmente ad un soggetto diverso, anche in via telematica solo se il destinatario dispone dei mezzi necessari. Le informazioni richieste sono fornite all'ufficio entro un mese dalla data in cui il destinatario riceve la richiesta. In caso di richiesta di informazioni aggiuntive la comunicazione di cui al comma 5 è effettuata entro il termine di due mesi dal giorno in cui le informazioni sono pervenute all'ufficio ovvero entro due mesi dalla scadenza infruttuosa del termine di un mese di cui al terzo periodo. I predetti termini non si applicano se scadono prima del decorso di un periodo di sei mesi dalla ricezione della richiesta di rimborso, nel qual caso l'ufficio effettua la comunicazione di cui al comma 5 entro sei mesi dalla ricezione della richiesta stessa.

7. L'ufficio può chiedere ulteriori informazioni aggiuntive rispetto a quelle previste al comma 6. Le informazioni richieste sono fornite all'ufficio entro un mese dalla data in cui il destinatario riceve la richiesta. In tal caso, la comunicazione di cui al comma 5 è effettuata comunque entro otto mesi dalla data di ricezione della richiesta di rimborso.

8. Il rimborso è effettuato entro dieci giorni lavorativi dalla scadenza del termine di cui al comma 5, ovvero, qualora siano richieste informazioni aggiuntive o ulteriori informazioni aggiuntive, dalla scadenza dei termini di cui ai commi 6 e 7.

9. **Sulle somme rimborsate** si applicano gli **interessi** nella misura prevista al primo comma dell'art. 38-*bis* con decorrenza dal giorno successivo a quello di scadenza del termine di cui al comma 8. La disposizione che precede non si applica nel caso in cui il richiedente non fornisca le informazioni aggiuntive o le ulteriori informazioni aggiuntive entro il termine previsto dai commi 6 e 7. Non sono, altresì, dovuti interessi fino a quando non pervengono all'ufficio competente i documenti aggiuntivi da allegare alla richiesta di rimborso.

10. Il **rimborso** è eseguito nel territorio dello **Stato o, su domanda del richiedente, in un altro Stato membro**. In quest'ultimo caso l'ufficio riduce l'importo da erogare al richiedente dell'ammontare delle spese di trasferimento.

11. I soggetti che conseguono un **rimborso non dovuto restituiscono le somme indebitamente rimborsate, entro sessanta giorni dalla notifica di apposito provvedimento da parte dell'ufficio. Nei confronti degli stessi soggetti si applica la sanzione amministrativa compresa fra il 100 ed il 200 per cento** della somma indebitamente rimborsata.

12. Nelle more del pagamento dell'ammontare dovuto a titolo di rimborso indebitamente erogato e delle relative sanzioni, l'ufficio sospende ogni ulteriore rimborso al soggetto interessato fino a concorrenza del medesimo importo.

13. **Avverso il provvedimento motivato di diniego è ammesso ricorso** se-

condo le disposizioni relative al contenzioso tributario.

14. Con provvedimento del Direttore dell'Agenzia delle entrate, da emanarsi entro novanta giorni dall'entrata in vigore della presente disposizione, è individuato il competente ufficio dell'Agenzia delle entrate e sono stabilite le modalità ed i termini per la richiesta e l'esecuzione dei rimborsi nonché per gli scambi informativi relativi al presente articolo.

Art. 38-*bis*3. Rimborsi di eccedenze di versamento a soggetti aderenti ai regimi speciali di cui agli articoli 74-*quinquies* e seguenti. – 1. Qualora i soggetti passivi che hanno optato in Italia per l'applicazione del regime speciale di cui all'art. 74-*quinquies* o 74-*sexies* o 74-*sexies*.1 effettuino versamenti in eccesso rispetto a quanto risulta dalle dichiarazioni presentate ai sensi di detti articoli e tale eccesso sia rilevato in sede di ripartizione delle somme tra i vari Stati membri di consumo, l'Agenzia delle entrate rimborsa l'eccedenza di versamento entro 30 giorni dalla data di ripartizione.

2. Qualora in sede di effettuazione dei controlli automatici di cui all'art. 54-*quater* si rilevi un eccesso di versamento da parte di soggetti passivi identificati in un altro Stato membro ai sensi dell'art. 74-*septies*, l'Agenzia delle entrate effettua il relativo rimborso entro 30 giorni. Tuttavia, se l'eccedenza di versamento si riferisce a periodi di imposta sino al 2018, il rimborso viene effettuato tenendo conto delle eventuali somme trattenute dallo Stato membro di identificazione ai sensi dell'art. 46, paragrafo 3, del regolamento (UE) n. 904/2010. L'Agenzia delle entrate comunica, per via elettronica, allo Stato membro di identificazione, l'importo del rimborso già effettuato e del rimborso di competenza dello Stato membro di identificazione.

3. Qualora uno Stato membro di consumo abbia rimborsato un'eccedenza di versamento che si riferisce a periodi di imposta sino al 2018 ai soggetti passivi che hanno optato in Italia per l'applicazione del regime speciale di cui all'art. 74-*quinquies* o 74-*sexies*, l'Agenzia delle entrate, a seguito di apposita comunicazione elettronica dello Stato membro di consumo, restituisce entro 30 giorni al contribuente la quota dell'imposta eventualmente trattenuta ai sensi dell'art. 46, paragrafo 3, del regolamento (UE) n. 904/2010. L'Agenzia delle entrate comunica per via elettronica allo Stato membro di consumo l'effettuazione di tale rimborso.

4. Sulle somme rimborsate dall'Agenzia delle entrate ai sensi del presente articolo si applicano gli interessi di cui all'art. 38-*bis*, primo comma, con decorrenza dal trentunesimo giorno successivo alla seguente data:

a) la data di ripartizione, nelle ipotesi di cui al comma 1;

b) la data di conclusione dei controlli automatici di cui all'art. 54-*quater*, nelle ipotesi di cui al comma 2;

c) la data di ricevimento della comunicazione elettronica dello Stato di consumo, nelle ipotesi di cui al comma 3.

5. Ai rimborsi previsti nel presente articolo e al pagamento degli interessi provvede il competente ufficio dell'Agenzia delle entrate, utilizzando i fondi messi a disposizione su apposita contabilità speciale.

6. In sede di esecuzione dei rimborsi di cui ai commi 1, 2 e 3 non si applicano le disposizioni di cui all'art. 28-*ter* del decreto del Presidente della Repubblica 29 settembre 1973, n. 602, e di cui all'art. 23 del decreto legislativo 18 dicembre 1997, n. 472.

Art. 38-*ter*. Esecuzione dei rimborsi a soggetti non residenti stabiliti in Stati non appartenenti alla Comunità. – 1. La disposizione del primo comma dell'art. 38-*bis*2 si applica, a condizione di **reci-**

procità, anche ai soggetti esercenti un'attività d'impresa, arte o professione, stabiliti in Stati non appartenenti alla Comunità, limitatamente all'imposta relativa agli acquisti e importazioni di beni mobili e servizi inerenti alla loro attività.

1-*bis*. I rimborsi di cui al comma 1 sono concessi a soggetti domiciliati o residenti fuori dell'Unione europea, e che abbiano aderito ai regimi speciali di cui agli articoli 74-*quinquies* e seguenti, anche in assenza della condizione di reciprocità ed ancorché abbiano effettuato nel territorio dello Stato operazioni nell'ambito di detti regimi speciali.

2. Ai **rimborsi** previsti nel comma 1 provvede il competente ufficio dell'Agenzia delle entrate **entro sei mesi** dalla ricezione della **richiesta** di rimborso **ovvero, in caso di richiesta di informazioni aggiuntive, entro otto mesi** dalla medesima. In caso di **diniego del rimborso**, l'ufficio emana, entro lo stesso termine, **apposito provvedimento motivato** avverso il quale è ammesso ricorso secondo le disposizioni relative al contenzioso tributario.

3. **Sulle somme rimborsate** si applicano gli **interessi** nella misura prevista al primo comma dell'art. 38-*bis* con decorrenza dal giorno successivo a quello di scadenza del termine di cui al comma 2. La disposizione che precede non si applica nel caso in cui il richiedente non fornisca le informazioni aggiuntive entro il termine di un mese dalla data della notifica, da effettuarsi anche tramite mezzi elettronici. Non sono, altresì, dovuti interessi fino a quando non pervengono all'ufficio competente i documenti aggiuntivi da allegare alla richiesta di rimborso.

4. I soggetti che conseguono un **indebito rimborso devono restituire all'ufficio, entro sessanta giorni dalla notifica di apposito provvedimento, le somme indebitamente rimborsate** e nei loro confronti si applica la **sanzione amministrativa** compresa fra il **200 ed il 400 per cento** della somma rimborsata. L'ufficio sospende ogni ulteriore rimborso al soggetto interessato fino a quando non sia restituita la somma indebitamente rimborsata e pagata la relativa pena pecuniaria.

5. Con provvedimento del Direttore dell'Agenzia delle entrate, da emanarsi entro novanta giorni dall'entrata in vigore della presente disposizione, sono stabilite le modalità e i termini per la richiesta e l'esecuzione dei rimborsi, nonché il competente ufficio dell'Agenzia delle entrate.

Art. 38-*quater*. Sgravio dell'imposta per i soggetti domiciliati e residenti fuori della Comunità europea. – 1. Le cessioni a soggetti domiciliati o residenti fuori della Comunità europea di beni per un complessivo importo, comprensivo dell'imposta sul valore aggiunto, superiore a 154,94 euro destinati all'uso personale o familiare, da trasportarsi nei bagagli personali fuori del territorio doganale della Comunità medesima, possono essere effettuate senza pagamento dell'imposta. Tale disposizione si applica a condizione che sia emessa fattura e che i beni siano trasportati fuori della Comunità entro il terzo mese successivo a quello di effettuazione dell'operazione. **L'esemplare della fattura** consegnato al cessionario deve essere restituito al cedente, recante anche l'indicazione degli **estremi del passaporto** o di altro documento equipollente da apporre prima di ottenere il visto doganale, **vistato dall'ufficio doganale di uscita dalla Comunità, entro il quarto mese successivo all'effettuazione della operazione**; in caso di mancata restituzione, il cedente deve procedere alla regolarizzazione della operazione a norma dell'art. 26, primo comma, entro un mese dalla scadenza del suddetto termine.

2. Per le cessioni di cui al comma 1, per le quali il cedente non si sia avvalso della facoltà ivi prevista, il cessionario

ha diritto al rimborso dell'imposta pagata per rivalsa a condizione che i beni siano trasportati fuori della Comunità entro il terzo mese successivo a quello della cessione e che restituisca al cedente l'esemplare della fattura vistato dall'ufficio doganale entro il quarto mese successivo a quello di effettuazione dell'operazione. **Il rimborso è effettuato dal cedente** il quale ha diritto di recuperare l'imposta mediante annotazione della corrispondente variazione nel registro di cui all'art. 25.

Art. 39. Tenuta e conservazione dei registri e dei documenti. – I registri previsti dal presente decreto, compresi i bollettari di cui all'art. 32, devono essere **tenuti a norma dell'art. 2219 del codice civile e numerati progressivamente in ogni pagina, in esenzione dall'imposta di bollo.** È ammesso l'impiego di schedari a fogli mobili o tabulati di macchine elettrocontabili secondo modalità previamente approvate dall'Amministrazione finanziaria su richiesta del contribuente.

I contribuenti hanno **facoltà di sottoporre alla numerazione e alla bollatura un solo registro destinato a tutte le annotazioni prescritte dagli artt. 23, 24 e 25**, a condizione che nei registri previsti da tali articoli siano indicati, per ogni singola annotazione, i numeri della pagina e della riga della corrispondente annotazione nell'unico registro numerato e bollato.

I **registri**, i **bollettari**, gli **schedari** e i **tabulati** nonché le **fatture**, le **bollette doganali** e gli altri documenti previsti dal presente decreto devono essere **conservati** a norma dell'art. 22 del decreto del Presidente della Repubblica 29 settembre 1973, n. 600. Le fatture elettroniche sono conservate in modalità elettronica, in conformità alle disposizioni del decreto del Ministro dell'economia e delle finanze adottato ai sensi dell'art. 21, comma 5, del decreto legislativo 7 marzo 2005, n. 82. Le fatture create in formato elettronico e quelle cartacee possono essere conservate elettronicamente. Il luogo di conservazione elettronica delle stesse, nonché dei registri e degli altri documenti previsti dal presente decreto e da altre disposizioni, può essere situato in un altro Stato, a condizione che con lo stesso esista uno strumento giuridico che disciplini la reciproca assistenza. Il soggetto passivo stabilito nel territorio dello Stato assicura, per finalità di controllo, l'accesso automatizzato all'archivio e che tutti i documenti ed i dati in esso contenuti, compresi quelli che garantiscono l'autenticità e l'integrità delle fatture di cui all'art. 21, comma 3, siano stampabili e trasferibili su altro supporto informatico.

I soggetti passivi che facilitano le cessioni di beni e le prestazioni di servizi effettuate nei confronti di cessionari o di committenti non soggetti passivi d'imposta tramite l'uso di una interfaccia elettronica, quale un mercato virtuale, una piattaforma, un portale o mezzi analoghi, conservano per un periodo di dieci anni, a partire dal 31 dicembre dell'anno in cui l'operazione è stata effettuata, la documentazione di cui all'articolo 54-*quater* del regolamento di esecuzione (UE) n. 282/2011 del Consiglio, del 15 marzo 2011, relativa a tali cessioni o prestazioni. La documentazione è fornita per via elettronica, su richiesta, all'Amministrazione finanziaria e alle autorità fiscali degli Stati membri dell'Unione europea nei quali le operazioni si considerano effettuate.

Art. 40. Ufficio competente. – Competente a ricevere le dichiarazioni e i versamenti di cui ai precedenti articoli, e ad ogni altro effetto di cui al presente decreto, è **l'ufficio provinciale dell'imposta sul valore aggiunto nella cui circoscrizione si trova il domicilio fiscale del contribuente** ai sensi degli artt. 58 e 59 del D.P.R. 29 settembre 1973, n. 600. **Per i soggetti non residenti nello Stato,**

che non vi hanno una stabile organizzazione né un rappresentante nominato ai sensi dell'art. 17, è **competente l'ufficio provinciale di Roma.**

Per i soggetti non residenti di cui all'art. 35-*ter*, l'ufficio competente ai sensi del presente articolo è individuato con provvedimento del direttore dell'Agenzia delle entrate.

Le dichiarazioni presentate e i versamenti fatti ad ufficio diverso da quello indicato nel primo comma si considerano presentate o fatti nei giorni in cui siano pervenuti all'ufficio competente.

TITOLO III
SANZIONI

Artt. 41-50. – Articoli abrogati.

TITOLO IV
ACCERTAMENTO E RISCOSSIONE

Art. 51. Attribuzioni e poteri degli uffici dell'imposta sul valore aggiunto. – Gli **uffici** dell'imposta sul valore aggiunto **controllano** le **dichiarazioni presentate e i versamenti** eseguiti dai contribuenti, ne rilevano l'eventuale **omissione** e provvedono all'**accertamento** e alla **riscossione** delle **imposte** o maggiori imposte dovute; **vigilano sull'osservanza** degli **obblighi** relativi alla fatturazione e registrazione delle operazioni e alla tenuta della contabilità e degli altri obblighi stabiliti dal presente decreto; provvedono alla **irrogazione** delle **pene pecuniarie** e delle **soprattasse e alla** presentazione del **rapporto all'autorità giudiziaria** per le **violazioni sanzionate penalmente.** Il controllo delle dichiarazioni presentate e l'individuazione dei soggetti che ne hanno omesso la presentazione sono effettuati sulla base di **criteri selettivi fissati annualmente dal Ministro delle finanze** che tengano anche conto della capacità operativa degli uffici stessi. I criteri selettivi per l'attività di accertamento di cui al periodo precedente, compresa quella a mezzo di studi di settore, sono rivolti **prioritariamente** nei confronti dei **soggetti diversi dalle imprese manifatturiere** che svolgono la loro attività in conto terzi per altre imprese in misura non inferiore al 90 per cento.

Per l'adempimento dei loro compiti gli **uffici possono**:

1) procedere all'esecuzione di **accessi, ispezioni e verifiche** ai sensi dell'art. 52;

2) **invitare** i soggetti che esercitano imprese, arti o professioni, indicandone il motivo, **a comparire** di persona o a mezzo di rappresentanti **per esibire documenti e scritture**, ad esclusione dei libri e dei registri in corso di scritturazione, **o per fornire dati, notizie e chiarimenti rilevanti ai fini degli accertamenti nei loro confronti** anche relativamente ai rapporti ed alle operazioni, i cui dati, notizie e documenti siano stati acquisiti a norma del numero 7) del presente comma, ovvero rilevati a norma dell'art. 52, ultimo comma, o dell'art. 63, primo comma, o acquisiti ai sensi dell'art. 18, comma 3, lettera b), del decreto legislativo 26 ottobre 1995, n. 504. I dati ed elementi attinenti ai rapporti ed alle operazioni acquisiti e rilevati rispettivamente a norma del numero 7) e dell'art. 52, ultimo comma, o dell'art. 63, primo comma, o acquisiti ai sensi dell'art. 18, comma 3, lettera b), del decreto legislativo 26 ottobre 1995, n. 504, sono posti a base delle rettifiche e degli accertamenti previsti dagli artt. 54 e 55 se il contribuente non dimostra che ne ha tenuto conto nelle dichiarazioni o che non si riferiscono ad operazioni imponibili; sia le operazioni imponibili sia gli acquisti si considerano effettuati all'aliquota in prevalenza rispettivamente applicata o che avrebbe dovuto essere applicata. Le richieste fatte e le risposte ricevute devono essere **ver-**

balizzate a norma del sesto comma dell'art. 52;

3) **inviare** ai soggetti che esercitano imprese, arti e professioni, con invito a restituirli compilati e firmati, **questionari** relativi a dati e notizie di carattere specifico rilevanti ai fini dell'accertamento, anche nei confronti di loro clienti e fornitori;

4) **invitare** qualsiasi soggetto **ad esibire o trasmettere**, anche in copia fotostatica, **documenti e fatture** relativi a determinate cessioni di beni o prestazioni di servizi ricevute ed **a fornire ogni informazione** relativa alle **operazioni** stesse;

5) **richiedere** agli organi e **alle Amministrazioni** dello Stato, agli enti pubblici non economici, alle società ed enti di assicurazione ed alle società ed enti che effettuano istituzionalmente **riscossioni e pagamenti per conto di terzi**, la **comunicazione**, anche in deroga a contrarie disposizioni legislative, statutarie o regolamentari, **di dati e notizie relativi a soggetti indicati singolarmente o per categorie**. Alle società ed enti di assicurazione, per quanto riguarda i rapporti con gli assicurati del ramo vita, possono essere richiesti dati e notizie attinenti esclusivamente alla durata del contratto di assicurazione, all'ammontare del premio e alla individuazione del soggetto tenuto a corrisponderlo. Le informazioni sulla categoria devono essere fornite, a seconda della richiesta, cumulativamente o specificamente per ogni soggetto che ne fa parte. Questa disposizione non si applica all'Istituto centrale di statistica e agli ispettorati del lavoro per quanto riguarda le rilevazioni loro commesse dalla legge, e salvo il disposto del n. 7), alle banche, alla società Poste italiane Spa, per le attività finanziarie e creditizie, alle società ed enti di assicurazione per le attività finanziarie, agli intermediari finanziari, alle imprese di investimento, agli organismi di investimento collettivo del risparmio, alle società di gestione del risparmio e alle società fiduciarie;

6) **richiedere copie o estratti degli atti e dei documenti depositati presso i notai**, i procuratori del registro, i conservatori dei registri immobiliari **e gli altri pubblici ufficiali**;

6-*bis*) **richiedere, previa autorizzazione** del direttore centrale dell'accertamento dell'Agenzia delle entrate o del direttore regionale della stessa, ovvero, per il Corpo della guardia di finanza, del comandante regionale, **ai soggetti sottoposti ad accertamento, ispezione o verifica** il rilascio di una **dichiarazione contenente** l'indicazione della natura, del numero e degli **estremi identificativi dei rapporti intrattenuti con le banche, la società Poste italiane Spa, gli intermediari finanziari**, le imprese di investimento, gli organismi di investimento collettivo del risparmio, le società di gestione del risparmio e le società fiduciarie, nazionali o stranieri, in corso ovvero estinti da non più di cinque anni dalla data della richiesta. Il richiedente e coloro che vengono in possesso dei dati raccolti devono assumere direttamente le cautele necessarie alla riservatezza dei dati acquisiti;

7) **richiedere**, **previa autorizzazione** del direttore centrale dell'accertamento dell'Agenzia delle entrate o del direttore regionale della stessa, ovvero, per il Corpo della guardia di finanza, del comandante regionale, **alle banche, alla società Poste italiane Spa**, per le attività finanziarie e creditizie, **alle società ed enti di assicurazione** per le attività finanziarie, **agli intermediari finanziari**, alle imprese di investimento, agli organismi di investimento collettivo del risparmio, alle società di gestione del risparmio e alle società fiduciarie, **dati, notizie e documenti relativi a qualsiasi rapporto intrattenuto od operazione effettuata**, ivi compresi i servizi prestati, **con i loro clienti**, nonché alle garanzie prestate da terzi o dagli operatori finanziari sopra indicati e le generalità dei soggetti per i quali gli stessi operatori

finanziari abbiano effettuato le suddette operazioni e servizi o con i quali abbiano intrattenuto rapporti di natura finanziaria. Alle società fiduciarie di cui alla legge 23 novembre 1939, n. 1966, e a quelle iscritte nella sezione speciale dell'albo di cui all'art. 20 del Testo Unico delle disposizioni in materia di intermediazione finanziaria, di cui al decreto legislativo 24 febbraio 1998, n. 58, può essere richiesto, tra l'altro, specificando i periodi temporali di interesse, di comunicare le generalità dei soggetti per conto dei quali esse hanno detenuto o amministrato o gestito beni, strumenti finanziari e partecipazioni in imprese, inequivocamente individuati. La richiesta deve essere indirizzata al responsabile della struttura accentrata, ovvero al responsabile della sede o dell'ufficio destinatario che ne dà notizia immediata al soggetto interessato; la relativa risposta deve essere inviata al titolare dell'ufficio procedente;

7-*bis*) richiedere, con modalità stabilite con decreto di natura non regolamentare del Ministro dell'economia e delle finanze, da adottare d'intesa con l'Autorità di vigilanza in coerenza con le regole europee e internazionali in materia di vigilanza e, comunque, **previa autorizzazione** del direttore centrale dell'accertamento dell'Agenzia delle entrate o del direttore regionale della stessa, ovvero, per il Corpo della guardia di finanza, del comandante regionale, ad autorità ed enti, notizie, dati, documenti e informazioni di natura creditizia, finanziaria e assicurativa, relativi alle attività di controllo e di vigilanza svolte dagli stessi, anche in deroga a specifiche disposizioni di legge.

Gli **inviti e** le **richieste** di cui al precedente comma devono essere fatti **a mezzo di raccomandata con avviso di ricevimento fissando per l'adempimento un termine non inferiore a quindici giorni ovvero**, per il caso di cui al **n. 7)**, non inferiore a **trenta giorni**. Il termine può essere prorogato per un periodo di venti giorni su istanza dell'operatore finanziario, per giustificati motivi, dal competente direttore centrale o direttore regionale per l'Agenzia delle entrate, ovvero, per il Corpo della guardia di finanza, dal comandante regionale.

Le richieste di cui al secondo comma, numero 7), nonché le relative risposte, anche se negative, sono effettuate esclusivamente in via telematica. Con provvedimento del direttore dell'Agenzia delle entrate sono stabilite le disposizioni attuative e le modalità di trasmissione delle richieste, delle risposte, nonché dei dati e delle notizie riguardanti i rapporti e le operazioni indicati nel citato numero 7).

Per l'inottemperanza agli inviti di cui al secondo comma, numeri 3) e 4), si applicano le disposizioni di cui ai commi terzo e quarto dell'art. 32 del decreto del Presidente della Repubblica 29 settembre 1973, n. 600 e successive modificazioni.

Art. 51-*bis*. – Articolo abrogato.

Art. 52. Accessi, ispezioni e verifiche. – Gli uffici dell'imposta sul valore aggiunto possono disporre l'**accesso** di impiegati dell'Amministrazione finanziaria **nei locali destinati all'esercizio di attività commerciali, agricole, artistiche o professionali**, nonché in quelli utilizzati dagli enti non commerciali e da quelli che godono dei benefici di cui al codice del Terzo settore di cui all'articolo 1, comma 2, lettera b), della legge 6 giugno 2016, n. 106, per procedere ad **ispezioni documentali**, **verificazioni e ricerche** e ad ogni altra rilevazione ritenuta utile per l'accertamento dell'imposta e per la repressione dell'evasione e delle altre violazioni. Gli impiegati che eseguono l'accesso devono essere **muniti di apposita autorizzazione** che ne indica lo scopo, **rilasciata dal capo dell'ufficio** da cui dipendono. Tuttavia, per accedere **in lo-**

cali che siano **adibiti anche ad abitazione**, è necessaria **anche l'autorizzazione del procuratore della Repubblica**. In ogni caso, l'accesso nei locali destinati all'esercizio di arti o professioni dovrà essere eseguito **in presenza del titolare dello studio o di un suo delegato**.

L'accesso **in locali diversi** da quelli indicati nel precedente comma può essere eseguito, previa autorizzazione del procuratore della Repubblica, soltanto in caso di **gravi indizi di violazioni** delle norme del presente decreto, allo scopo di reperire libri, registri, documenti, scritture ed altre prove delle violazioni.

È in ogni caso necessaria l'**autorizzazione del procuratore della Repubblica** o dell'autorità giudiziaria più vicina per procedere durante l'accesso a **perquisizioni personali** e all'apertura coattiva di pieghi sigillati, borse, casseforti, mobili, ripostigli e simili e per l'esame di documenti e la richiesta di notizie relativamente ai quali è eccepito il segreto professionale ferma restando la norma di cui all'art. 103 del codice di procedura penale.

L'ispezione documentale si estende a **tutti i libri, registri, documenti e scritture**, compresi quelli la cui tenuta e conservazione non sono obbligatorie, che si trovano nei locali in cui l'accesso viene eseguito, o che sono comunque accessibili tramite apparecchiature informatiche installate in detti locali.

I libri, registri, scritture e documenti di cui è **rifiutata l'esibizione non possono essere presi in considerazione a favore del contribuente ai fini dell'accertamento in sede amministrativa o contenziosa.** Per rifiuto di esibizione si intendono anche la dichiarazione di non possedere i libri, registri, documenti e scritture e la sottrazione di essi alla ispezione.

Di ogni accesso deve essere redatto **processo verbale** da cui risultino le ispezioni e le rilevazioni eseguite, le richieste fatte al contribuente o a chi lo rappresenta e le risposte ricevute. Il verbale deve essere **sottoscritto dal contribuente** o da chi lo rappresenta ovvero indicare il motivo della mancata sottoscrizione. Il contribuente ha diritto di averne copia.

I **documenti e** le **scritture possono essere sequestrati** soltanto se non è possibile riprodurne o farne constare il contenuto nel verbale, nonché in caso di mancata sottoscrizione o di contestazione del contenuto del verbale. I libri e i registri non possono essere sequestrati; gli organi procedenti possono eseguirne o farne eseguire copie o estratti, possono apporre nelle parti che interessano la propria firma o sigla insieme con la data e il bollo d'ufficio e possono adottare le cautele atte ad impedire l'alterazione o la sottrazione dei libri e dei registri.

Le disposizioni dei commi precedenti si applicano anche per l'esecuzione di verifiche e di ricerche relative a merci o altri beni viaggianti su autoveicoli e natanti adibiti al trasporto per conto di terzi.

In deroga alle disposizioni del settimo comma gli impiegati che procedono all'accesso nei locali di soggetti che si avvalgono di sistemi meccanografici, elettronici e simili, hanno facoltà di provvedere con mezzi propri all'elaborazione dei supporti fuori dei locali stessi qualora il contribuente non consenta l'utilizzazione dei propri impianti e del proprio personale.

Se il contribuente dichiara che le scritture contabili o alcune di esse si trovano presso altri soggetti deve esibire un'attestazione dei soggetti stessi recante la specificazione delle scritture in loro possesso. Se l'attestazione non è esibita e se il soggetto che l'ha rilasciata si oppone all'accesso o non esibisce in tutto o in parte le scritture si applicano le disposizioni del quinto comma.

Per l'esecuzione degli accessi presso le pubbliche amministrazioni e gli enti indicati al n. 5) dell'art. 51 e presso gli operatori finanziari di cui al 7) dello stesso art. 51, si applicano le disposizioni del secondo e sesto comma dell'art. 33 del decreto del Presidente della Repubblica 29 settembre 1973, n. 600, e successive modificazioni.

Art. 53. Presunzioni di cessione e di acquisto. – Si presumono ceduti i beni acquistati, importati o prodotti che non si trovano nei luoghi in cui il contribuente esercita la sua attività, comprese le sedi secondarie, filiali, succursali, dipendenze, stabilimenti, negozi o depositi dell'impresa, né presso suoi rappresentanti, salvo che sia dimostrato che i beni stessi:

a) sono stati utilizzati per la produzione, perduti o distrutti;

b) sono stati consegnati a terzi in lavorazione, deposito o comodato o in dipendenza di contratti estimatori o di contratti di opera, appalto, trasporto, mandato, commissione o altro titolo non traslativo della proprietà.

Con decreto del Ministro delle finanze sono stabilite le modalità con le quali devono essere effettuate:

a) la donazione dei beni ad enti di beneficienza;

b) la distruzione dei beni.

Le sedi secondarie, filiali o succursali devono risultare dalla iscrizione alla camera di commercio o da altro pubblico registro: le dipendenze, gli stabilimenti, i negozi e i depositi devono essere stati indicati a norma dell'art. 35 o del primo comma dell'art. 81. La rappresentanza deve risultare da atto pubblico, da scrittura privata registrata o da lettere annotata in apposito registro, in data anteriore a quella in cui è avvenuto il passaggio dei beni, presso l'ufficio competente in relazione al domicilio fiscale del rappresentante o del rappresentato. La consegna dei beni a terzi, di cui alla lettera b), deve risultare dal libro giornale o da altro libro tenuto a norma del codice civile o da apposito registro tenuto in conformità all'art. 39 del presente decreto, ovvero da altro documento conservato a norma dello stesso articolo o da atto registrato presso l'ufficio del registro.

I beni che si trovano nel luogo o in uno dei luoghi in cui il contribuente esercita la sua attività si presumono acquistati se il contribuente non dimostra, nei casi e nei modi indicati nel primo e nel secondo comma, di averli ricevuti in base ad un rapporto di rappresentanza o di lavorazione o ad uno degli altri titoli di cui al primo comma.

Art. 54. Rettifica delle dichiarazioni. – L'ufficio dell'imposta sul valore aggiunto procede alla **rettifica della dichiarazione annuale** presentata dal contribuente quando ritiene che ne risulti un'**imposta inferiore a quella dovuta** ovvero una **eccedenza detraibile o rimborsabile superiore** a quella spettante. L'infedeltà della dichiarazione, qualora non emerga o direttamente dal contenuto di essa o dal confronto con gli elementi di calcolo delle liquidazioni di cui agli artt. 27 e 33 e con le precedenti dichiarazioni annuali, deve essere accertata mediante il confronto tra gli elementi indicati nella dichiarazione e quelli annotati nei registri di cui agli artt. 23, 24 e 25 e mediante il controllo della completezza, esattezza e veridicità delle registrazioni sulla scorta delle fatture ed altri documenti, delle risultanze di altre scritture contabili e degli altri dati e notizie raccolti nei modi previsti negli artt. 51 e 51-*bis*. Le omissioni e le false o inesatte indicazioni possono essere indirettamente desunte da tali risultanze, dati e notizie a norma dell'art. 53 o anche sulla base di presunzioni semplici, purché queste siano gravi, precise e concordanti.

L'ufficio può tuttavia procedere alla **rettifica indipendentemente dalla previa ispezione della contabilità** del contribuente qualora l'esistenza di operazioni imponibili per ammontare superiore a quello indicato nella dichiarazione, o l'inesattezza delle indicazioni relative alle operazioni che danno diritto alla detrazione, **risulti in modo certo e diretto, e non in via presuntiva, da verbali, questionari e fatture** di cui ai numeri 2), 3) e 4) del secondo comma dell'art. 51, dagli elenchi allegati alle dichiarazioni di altri contribuenti o da verbali relativi ad ispezioni eseguite nei confronti di altri contribuenti, nonché da altri atti e documenti in suo possesso.

Comma 4 abrogato.

Senza pregiudizio dell'ulteriore azione accertatrice nei termini stabiliti dall'art. 57, i competenti uffici dell'Agenzia delle entrate, qualora dalle attività istruttorie di cui all'art. 51, secondo comma, numeri da 1) a 4), nonché dalle segnalazioni effettuati dalla Direzione centrale accertamento, da una Direzione regionale ovvero da un ufficio della medesima Agenzia ovvero di altre Agenzie fiscali, dalla Guardia di finanza o da pubbliche amministrazioni ed enti pubblici oppure dai dati in possesso dell'anagrafe tributaria, risultino elementi che consentono di stabilire l'esistenza di corrispettivi o di imposta in tutto o in parte non dichiarati o di detrazioni in tutto o in parte non spettanti, **può limitarsi ad accertare, in base agli elementi predetti, l'imposta o la maggiore imposta dovuta o il minor credito spettante**, nonché l'imposta o la maggiore imposta non versata, escluse le ipotesi di cui all'art. 54-*bis*, anche avvalendosi delle procedure previste dal decreto legislativo 19 giugno 1997, n. 218.

Le disposizioni di cui al comma precedente possono trovare applicazione anche con riguardo all'accertamento induttivo del volume di affari, di cui all'art. 12 del decreto-legge 2 marzo 1989, n. 69, convertito, con modificazioni, della legge 27 aprile 1989, n. 154, e successive modificazioni, tenendo conto dell'indicazione dei motivi addotti dal contribuente con le modalità di cui al comma 1 dello stesso art. 12.

Gli avvisi di accertamento parziale possono essere notificati mediante invio di lettera raccomandata con avviso di ricevimento. La notifica si considera avvenuta alla data indicata nell'avviso di ricevimento sottoscritto dal destinatario ovvero da persona di famiglia o addetto alla casa.

Gli avvisi di accertamento parziale sono annullati dall'ufficio che li ha emessi se, dalla documentazione prodotta dal contribuente, risultano infondati in tutto o in parte.

Art. 54-*bis*. Liquidazione dell'imposta dovuta in base alle dichiarazioni. – 1. Avvalendosi di **procedure automatizzate** l'amministrazione finanziaria procede, entro l'inizio del periodo di presentazione delle dichiarazioni relative all'anno successivo, alla liquidazione dell'imposta dovuta in base alle dichiarazioni presentate dai contribuenti.

2. **Sulla base** dei **dati** e degli elementi **direttamente** desumibili dalle **dichiarazioni presentate** e di quelli in possesso dell'**anagrafe tributaria**, l'amministrazione finanziaria provvede a:

a) **correggere** gli **errori materiali e di calcolo** commessi dai contribuenti nella determinazione del volume d'affari e delle imposte;

b) correggere gli errori materiali commessi dai contribuenti nel riporto delle eccedenze di imposta risultanti dalle precedenti dichiarazioni;

c) **controllare** la **rispondenza** con la **dichiarazione** e la **tempestività** dei **versamenti** dell'imposta risultante dalla dichiarazione annuale a titolo di acconto e di conguaglio nonché dalle liquidazioni periodiche di cui agli artt. 27, 33, comma 1, lettera a), e 74, quarto comma.

2-*bis*. Se vi è **pericolo** per la **riscossione**, l'ufficio può provvedere, anche **prima** della **presentazione** della **dichiarazione** annuale, a **controllare** la tempestiva effettuazione dei versamenti dell'imposta, da eseguirsi ai sensi dell'art. 1, comma 4, del decreto del Presidente della Repubblica 23 marzo 1998, n. 100, degli artt. 6 e 7 del decreto del Presidente della Repubblica 14 ottobre 1999, n. 542, nonché dell'art. 6 della legge 29 dicembre 1990, n. 405.

3. Quando dai **controlli automatici** eseguiti emerge un **risultato diverso** rispetto a **quello indicato** nella **dichiarazione**, ovvero dai controlli eseguiti dall'ufficio, ai sensi del comma 2-*bis*, emerge un'imposta o una maggiore imposta, **l'esito** della liquidazione è **comunicato** ai sensi e per gli effetti di cui al comma 6 dell'art. 60 **al contribuente**, nonché per evitare la reiterazione di errori e per consentire la regolarizzazione degli aspetti formali. Qualora a seguito della comunicazione il contribuente rilevi eventuali dati o elementi non considerati o valutati erroneamente nella liquidazione dei tributi, lo stesso **può fornire i chiarimenti necessari** all'amministrazione finanziaria **entro i trenta giorni successivi** al ricevimento della comunicazione.

4. I dati contabili risultanti dalla liquidazione prevista dal presente articolo si considerano, a tutti gli effetti, come dichiarati dal contribuente.

Art. 54-*ter*. Controlli automatizzati sui soggetti identificati in Italia. – 1. Entro il decimo giorno successivo alla scadenza di cui all'art. 74-*quinquies*, commi 6 e 9, e di cui all'articolo 74-*sexies*.1, commi 10 e 14, l'Amministrazione finanziaria, sulla base dei dati e degli elementi desumibili dal portale telematico, verifica l'avvenuta presentazione della dichiarazione, nonché la rispondenza con la dichiarazione e la tempestività dei versamenti dell'imposta risultante dalla stessa.

2. L'Amministrazione finanziaria, qualora rilevi che la dichiarazione di cui al comma 6 dell'art. 74-*quinquies e di cui al comma 10 dell'articolo 74-sexies.1* non sia stata ancora trasmessa, inoltra al soggetto passivo un sollecito.

3. L'Amministrazione finanziaria, qualora rilevi che l'imposta dovuta in base alla dichiarazione medesima non sia stata in tutto o in parte versata, inoltra al soggetto passivo un sollecito.

4. Nei casi di cui all'art. 74-*quinquies*, comma 5, all'articolo 74-*sexies*, comma 3-*bis*, e all'articolo 74-*sexies*.1, commi 8 e 9, l'Amministrazione finanziaria emette il **provvedimento motivato di esclusione dal presente regime speciale**. Avverso tale provvedimento di esclusione è ammesso ricorso secondo le disposizioni relative al contenzioso tributario.

Art. 54-*quater*. Liquidazione dell'imposta dovuta relativamente alle operazioni effettuate nell'ambito dei regimi speciali di cui agli articoli 74-*quinquies* e seguenti da soggetti non residenti. – 1. Avvalendosi di procedure automatizzate l'amministrazione finanziaria procede alla liquidazione dell'imposta dovuta in base alle dichiarazioni presentate dai soggetti di cui agli articoli da 74-*quinquies* a 74-*septies* relativamente alle operazioni effettuate nel territorio dello Stato nei confronti di committenti o cessionari non soggetti passivi d'imposta.

2. Sulla base dei dati e degli elementi direttamente desumibili dalle dichiarazioni e di quelli presenti nell'anagrafe tributaria, l'amministrazione finanziaria provvede a:

a) correggere gli errori materiali e di calcolo commessi dai contribuenti nella determinazione dell'imposta;

a-*bis*) correggere gli errori materiali e di calcolo commessi dai contribuenti nel riporto e nella determinazione delle eccedenze di imposta derivanti dalle rettifiche relative a precedenti dichiarazioni;

b) controllare la rispondenza con la dichiarazione e la tempestività dei versamenti dell'imposta risultante dalla dichiarazione.

3. Quando dai controlli automatici eseguiti emerge un risultato diverso rispetto a quello indicato nella dichiarazione, l'esito del controllo è comunicato

per via elettronica o ai sensi dell'art. 60 del decreto del Presidente della Repubblica 29 settembre 1973, n. 600 al contribuente entro il 31 dicembre del secondo anno successivo a quello di presentazione della dichiarazione. La comunicazione contiene l'intimazione ad adempiere, entro sessanta giorni dal ricevimento della stessa, al pagamento dell'imposta o della maggiore imposta dovuta e non versata, della sanzione di cui all'art. 13 del decreto legislativo 18 dicembre 1997, n. 471, e degli interessi di cui all'art. 20 del decreto del Presidente della Repubblica 29 settembre 1973, n. 602, calcolati fino al giorno in cui è effettuata la liquidazione. In caso di mancato pagamento delle somme dovute entro il termine indicato, la comunicazione diviene titolo esecutivo ai fini della riscossione.

4. Qualora l'Amministrazione finanziaria verifichi sulla base delle informazioni presenti al sistema informativo dell'anagrafe tributaria che il soggetto, non domiciliato o residente nel territorio dello Stato, non dispone di fonti di reddito o beni disponibili nel territorio nazionale, la riscossione delle somme contenute nella comunicazione di cui al comma 3 potrà essere chiesta direttamente ad uno Stato estero attraverso la cooperazione amministrativa per il recupero dei crediti ai sensi della direttiva 2010/24/UE del Consiglio, del 16 marzo 2010 o altri accordi sulla reciproca assistenza in materia di riscossione dei crediti tributari comparabile a quella assicurata dalla direttiva 2010/24/UE, in deroga alle disposizioni in materia di iscrizione a ruolo e senza l'affidamento in carico agli agenti della riscossione.

5. Qualora il contribuente rilevi eventuali dati o elementi non considerati o valutati erroneamente nella liquidazione dell'imposta, lo stesso può fornire per via elettronica, entro il termine di cui al comma 3, i chiarimenti necessari all'amministrazione finanziaria.

6. I dati contabili risultanti dalla liquidazione prevista dal presente articolo si considerano, a tutti gli effetti, come dichiarati dal contribuente.

Art. 54-*quinquies*. Accertamento dell'imposta dovuta dai soggetti di cui agli articoli da 74-*quinquies* a 74-*septies*. – 1. L'Amministrazione finanziaria, sulla base delle informazioni di cui all'articolo 63-*quater* del regolamento (UE) n. 967/2012, dei dati e delle notizie raccolti attraverso la cooperazione amministrativa o secondo le convenzioni internazionali in vigore, nonché sulla base di eventuali dati e notizie raccolti esercitando i poteri di cui all'articolo 51, o desunte sulla base di presunzioni semplici, purché queste siano gravi, precise e concordanti, con apposito avviso di accertamento, procede alla rettifica della dichiarazione presentata nei rispettivi Stati membri di identificazione dai soggetti che applicano i regimi speciali disciplinati dal titolo XII, capo 6, sezioni 2, 3 e 4, della direttiva 2006/112/CE, relativamente alle operazioni effettuate nel territorio dello Stato, quando ritiene che ne risulti un'imposta inferiore a quella dovuta.

2. L'Amministrazione finanziaria comunica ai soggetti che applicano i regimi speciali disciplinati dal titolo XII, capo 6, sezioni 2, 3 e 4, della direttiva 2006/112/CE, relativamente alle operazioni effettuate nel territorio dello Stato, l'omessa presentazione della dichiarazione trimestrale, sollecitandoli ad adempiere entro trenta giorni, trascorsi i quali provvede a determinare l'imposta dovuta per le medesime prestazioni con apposito avviso di accertamento emesso ai sensi dell'articolo 55.

3. **L'avviso di accertamento** di cui ai commi 1 e 2, **emesso entro i termini di cui all'articolo 57, costituisce titolo esecutivo ai fini della riscossione.**

4. Qualora l'Amministrazione finanziaria verifichi sulla base delle informazioni presenti al sistema informativo

dell'anagrafe tributaria che il soggetto, non domiciliato o residente nel territorio dello Stato, non dispone di fonti di reddito o beni disponibili nel territorio nazionale, **la riscossione delle somme contenute nell'avviso di accertamento** di cui al comma 3 **potrà essere chiesta direttamente ad uno Stato estero attraverso la cooperazione amministrativa** per il recupero dei crediti ai sensi della direttiva 2010/24/UE del Consiglio, del 16 marzo 2010 o altri accordi sulla reciproca assistenza in materia di riscossione dei crediti tributari comparabile a quella assicurata dalla direttiva 2010/24/UE, in deroga alle disposizioni in materia di iscrizione a ruolo e senza l'affidamento in carico agli agenti della riscossione.

Art. 55. Accertamento induttivo. – Se il **contribuente non** ha presentato la **dichiarazione annuale** l'ufficio della imposta sul valore aggiunto può procedere in ogni caso all'**accertamento** della imposta dovuta **indipendentemente** dalla previa **ispezione** della **contabilità**. In tal caso **l'ammontare imponibile complessivo e l'aliquota** applicabile sono **determinati induttivamente** sulla base dei dati e delle notizie comunque raccolti o venuti a conoscenza dell'ufficio e sono computati in detrazione soltanto i versamenti eventualmente eseguiti dal contribuente e le imposte detraibili ai sensi dell'art. 19 risultanti dalle liquidazioni prescritte dagli artt. 27 e 33.

Le disposizioni del precedente comma si applicano anche se la dichiarazione reca le indicazioni di cui ai numeri 1) e 3) dell'art. 28 senza le distinzioni e specificazioni ivi richieste, sempreché le indicazioni stesse non siano state regolarizzate entro il mese successivo a quello di presentazione della dichiarazione. Le disposizioni stesse si applicano, in deroga alle disposizioni dell'art. 54, **anche** nelle seguenti ipotesi:

1) **quando** risulta, attraverso il verbale di ispezione redatto ai sensi dell'art. 52, che il contribuente non ha tenuto, o ha **rifiutato di esibire o** ha comunque **sottratto** all'ispezione i **registri** previsti dal presente decreto e le altre **scritture contabili obbligatorie** a norma del primo comma dell'art. 2214 del codice civile e delle leggi in materia di imposte sui redditi, o anche soltanto alcuni di tali registri e scritture;

2) quando dal verbale di ispezione risulta che il contribuente **non** ha emesso le **fatture** per una **parte rilevante** delle **operazioni** ovvero non ha conservato, ha rifiutato di esibire o ha comunque **sottratto** all'ispezione, totalmente o per una parte rilevante, **le fatture emesse**;

3) quando le **omissioni e le false o inesatte indicazioni o annotazioni accertate ai sensi dell'art. 54, ovvero le irregolarità formali dei registri e delle altre scritture contabili risultanti dal verbale di ispezione, sono così gravi, numerose e ripetute da rendere inattendibile la contabilità** del contribuente.

Se vi è pericolo per la riscossione dell'imposta l'ufficio può procedere all'accertamento induttivo, per la frazione di anno solare già decorsa, senza attendere la scadenza del termine stabilito per la dichiarazione annuale e con riferimento alle liquidazioni prescritte dagli artt. 27 e 33.

Art. 56. Notificazione e motivazione degli accertamenti. – Le rettifiche e gli accertamenti sono notificati ai contribuenti, **mediante avvisi motivati**, nei **modi** stabiliti **per** le notificazioni in materia di **imposte sui redditi**, da messi speciali autorizzati dagli uffici dell'imposta sul valore aggiunto o dai messi comunali.

Negli avvisi relativi alle rettifiche di cui all'art. 54 devono essere **indicati specificamente**, **a pena di nullità**, **gli errori, le omissioni e le false o inesatte indicazioni** su cui è fondata la rettifica e i relativi **elementi probatori**. Per le omissioni e le inesattezze desunte in via presuntiva devono essere indicati i fatti certi che danno fondamento alla presunzione.

Negli avvisi relativi **agli accertamenti induttivi devono essere indicati, a pena di nullità, l'imponibile determinato dall'ufficio, l'aliquota o le aliquote e le detrazioni applicate e le ragioni per cui sono state ritenute applicabili le disposizioni** del primo o del secondo comma dell'art. 55.

Nelle ipotesi di cui al quarto comma dell'art. 54 e al terzo comma dell'art. 55 devono essere inoltre indicate, a pena di nullità, le ragioni di pericolo per la riscossione dell'imposta.

La **motivazione dell'atto** deve indicare **i presupposti di fatto e le ragioni giuridiche** che lo hanno determinato. Se la motivazione fa **riferimento ad un altro atto** non conosciuto né ricevuto dal contribuente, questo deve essere **allegato** all'atto che lo richiama salvo che quest'ultimo non ne riproduca il contenuto essenziale. L'**accertamento** è **nullo se non** sono **osservate** le **disposizioni** di cui al presente comma.

I provvedimenti emanati ai sensi degli artt. 38-*bis*1, 38-*bis*2 e 38-*ter* possono essere notificati anche tramite mezzi elettronici.

Art. 57. Termine per gli accertamenti. – 1. Gli avvisi relativi alle rettifiche e agli accertamenti previsti nell'art. 54 e nel secondo comma dell'art. 55 devono essere notificati, a pena di decadenza, **entro il 31 dicembre del quinto anno successivo a quello in cui** è stata **presentata la dichiarazione**.

2. Nei casi di omessa presentazione della dichiarazione o di presentazione di dichiarazione nulla l'avviso di accertamento dell'imposta a norma del primo comma dell'articolo 55 può essere **notificato entro il 31 dicembre del settimo anno successivo a quello in cui la dichiarazione avrebbe dovuto essere presentata**.

3. Nel caso di **richiesta di rimborso dell'eccedenza d'imposta detraibile risultante dalla dichiarazione annuale**, se tra la data di notifica della richiesta di documenti da parte dell'ufficio e la data della loro consegna intercorre **un periodo superiore a quindici giorni**, il **termine di decadenza**, relativo agli anni in cui si è formata l'eccedenza detraibile chiesta a rimborso, **è differito** di un periodo di tempo pari a quello compreso tra il sedicesimo giorno e la data di consegna.

4. **Fino alla scadenza del termine** stabilito nei commi precedenti le **rettifiche e gli accertamenti possono essere integrati o modificati,** mediante la notificazione di nuovi avvisi, in base alla **sopravvenuta conoscenza di nuovi elementi** da parte dell'Agenzia delle entrate. Nell'avviso devono essere **specificamente indicati, a pena di nullità, i nuovi elementi** e gli atti o fatti attraverso i quali sono venuti a conoscenza dell'ufficio dell'imposta sul valore aggiunto.

Art. 58. Irrogazione delle sanzioni. – Articolo abrogato.

Art. 59. Ricorsi. – Il contribuente può **ricorrere** contro i provvedimenti di rettifica, di accertamento e di irrogazione delle sanzioni **secondo** le **disposizioni** relative al **contenzioso tributario.**

La **nullità** degli avvisi per l'omissione o l'insufficienza delle indicazioni prescritte negli artt. 56 e 57, terzo comma e in genere per difetto di motivazione deve essere eccepita a **pena** di **decadenza in primo grado.**

I contribuenti obbligati alla tenuta di scritture contabili non possono provare circostanze omesse nelle scritture stesse o in contrasto con le loro risultanze.

Art. 60. Pagamento delle imposte accertate. – L'imposta o la maggiore imposta accertata dall'ufficio dell'imposta sul valore aggiunto deve essere pagata dal contribuente **entro sessanta giorni dalla notificazione** dell'avviso di accertamento o di rettifica.

Comma 2 abrogato.
Comma 3 abrogato.
Comma 4 abrogato.
Comma 5 abrogato.

L'imposta non versata, risultante dalla dichiarazione annuale, **è iscritta** direttamente nei **ruoli a titolo definitivo** unitamente ai relativi **interessi** e alla soprattassa di cui all'art. 44. La **stessa procedura** deve intendersi applicabile per la maggiore imposta determinata a seguito della correzione di **errori materiali o di calcolo** rilevati dall'ufficio in sede di controllo della dichiarazione. L'ufficio, **prima** dell'iscrizione a ruolo, **invita il contribuente a versare le somme dovute entro trenta giorni** dal ricevimento dell'avviso, con **applicazione della soprattassa pari al 60 per cento** della somma non versata o versata in meno. Le somme dovute devono essere versate direttamente all'ufficio con le modalità di cui all'art. 38, quarto comma.

Il contribuente ha **diritto** di **rivalersi dell'imposta** o della maggiore imposta relativa ad avvisi di accertamento o rettifica nei confronti dei **cessionari dei beni o dei committenti dei servizi** soltanto a **seguito** del **pagamento** dell'imposta o della maggiore imposta, delle sanzioni e degli interessi. In tal caso, **il cessionario o il committente** può esercitare il **diritto alla detrazione**, al più tardi, con **la dichiarazione relativa al secondo anno successivo** a quello in cui ha corrisposto l'imposta o la maggiore imposta addebitata in via di rivalsa ed alle condizioni esistenti al momento di effettuazione della originaria operazione.

Art. 60-*bis*. Solidarietà nel pagamento dell'imposta. – 1. Con decreto del Ministro dell'economia e delle finanze, su proposta degli organi competenti al controllo, sulla base di analisi effettuate su fenomeni di frode, sono individuati i beni per i quali operano le disposizioni dei commi 2 e 3.

2. In caso di **mancato versamento dell'imposta da parte del cedente relativa a cessioni effettuate a prezzi inferiori al valore normale, il cessionario, soggetto agli adempimenti ai fini del presente decreto, è obbligato solidalmente al pagamento** della predetta imposta.

3. L'obbligato solidale di cui al comma 2 **può** tuttavia **documentalmente dimostrare** che il **prezzo** inferiore dei beni è stato determinato in ragione di eventi o situazioni di fatto oggettivamente rilevabili o sulla base di specifiche disposizioni di legge e che comunque **non è connesso con il mancato pagamento dell'imposta.**

3-*bis*. Qualora **l'importo** del **corrispettivo** indicato **nell'atto di cessione** avente ad oggetto un **immobile** e nella relativa fattura sia **diverso** da quello **effettivo, il cessionario,** anche se non agisce nell'esercizio di imprese, arti o professioni, è **responsabile in solido con il cedente per il pagamento dell'imposta relativa alla differenza** tra il corrispettivo effettivo e quello indicato, nonché della relativa sanzione. Il cessionario che non agisce nell'esercizio di imprese, arti o professioni può regolarizzare la violazione versando la maggiore imposta dovuta entro sessanta giorni dalla stipula dell'atto. Entro lo stesso termine, il cessionario che ha regolarizzato la violazione presenta all'ufficio territorialmente competente nei suoi confronti copia dell'attestazione del pagamento e delle fatture oggetto della regolarizzazione.

Art. 61. Pagamento. – Articolo abrogato.

Art. 62. Riscossione coattiva e privilegi. – Se il contribuente **non** esegue il **pagamento dell'imposta,** delle pene pecuniarie e delle soprattasse nel termine stabilito l'ufficio dell'imposta sul valore aggiunto notifica **ingiunzione di pagamento contenente l'ordine di pagare entro trenta giorni sotto pena degli atti esecutivi**. L'ingiunzione è vidimata e resa esecutiva dal pretore nella cui circoscrizione ha sede l'ufficio, qualunque sia la somma dovuta, ed è notificata a norma del primo comma dell'art. 56.

Se **entro trenta giorni** dalla notificazione dell'ingiunzione il **contribuente non esegue il pagamento** si procede alla **riscossione coattiva** secondo le disposizioni degli artt. da 5 a 29 e 31 del Testo Unico approvato con regio decreto 14 aprile 1910, n. 639.

I **crediti dello Stato per le imposte, le pene pecuniarie e le soprattasse** dovute ai sensi del presente decreto hanno **privilegio generale sui beni mobili del debitore** con grado successivo a quello indicato al n. 15) dell'art. 2778 del codice civile. In caso di infruttuosa esecuzione sui mobili, gli stessi crediti sono collocati sussidiariamente sul prezzo degli immobili con preferenza rispetto ai creditori chirografari, ma dopo i crediti indicati al primo e secondo comma dell'art. 66 della legge 30 aprile 1969, n. 153.

Le disposizioni dei precedenti commi si applicano anche nel caso che il contribuente non esegua il versamento delle somme indebitamente rimborsategli.

Per le **imposte e le pene pecuniarie dovute dal cessionario o dal committente lo Stato ha privilegio speciale, ai sensi degli artt. 2758 e 2772 del codice civile, sui beni mobili o immobili che hanno formato oggetto della cessione o ai quali si riferisce il servizio** prestato con il grado rispettivamente indicato al n. 5) dell'art. 2778 e al n. 4) dell'art. 2780 del codice civile.

Comma abrogato.

Comma abrogato.

Art. 63. Collaborazione della Guardia di finanza. – La Guardia di finanza coopera con gli uffici dell'imposta sul valore aggiunto per l'acquisizione e il reperimento degli elementi utili ai fini dell'accertamento dell'imposta e per la repressione delle violazioni del presente decreto, procedendo di propria iniziativa o su richiesta degli uffici, secondo le norme e con le facoltà di cui agli artt. 51 e 52, alle operazioni ivi indicate e trasmettendo agli uffici stessi i relativi verbali e rapporti. Essa inoltre, previa autorizzazione dell'autorità giudiziaria che può essere concessa anche in deroga all'art. 329 del codice di procedura penale, utilizza e trasmette agli uffici documenti, dati e notizie acquisiti, direttamente o riferiti ed ottenuti dalle altre Forze di polizia, nell'esercizio dei poteri di polizia giudiziaria.

Ai fini del necessario coordinamento dell'azione della Guardia di finanza con quella degli uffici finanziari saranno presi accordi, periodicamente e nei casi in cui si debba procedere ad indagini sistematiche, tra la Direzione generale delle tasse e delle imposte indirette sugli affari e il Comando generale della Guardia di finanza e, nell'ambito delle singole circoscrizioni, fra i capi degli Ispettorati e degli Uffici e i Comandi territoriali.

Gli uffici finanziari e i comandi della Guardia di finanza, per evitare la reiterazione di accessi presso gli stessi contribuenti, devono darsi reciprocamente tempestiva comunicazione delle ispezioni e verifiche intraprese. L'ufficio o il comando che riceva la comunicazione può richiedere all'organo che sta eseguendo l'ispezione o la verifica, l'esecuzione di determinati controlli e l'acquisizione di determinati elementi utili ai fini dell'accertamento.

Art. 64. Collaborazione degli uffici doganali e degli uffici tecnici delle imposte di fabbricazione. – Gli uffici doganali eseguono i controlli necessari per l'accertamento delle violazioni di cui al quinto comma dell'art. 46 e ne riferiscono ai competenti uffici dell'imposta sul valore aggiunto. Per le controversie relative alla qualità e quantità dei beni si applicano le disposizioni della legge doganale.

Gli uffici tecnici delle imposte di fabbricazione cooperano con gli uffici dell'imposta sul valore aggiunto per l'accertamento dell'imposta dovuta dalle imprese i cui depositi e stabilimenti sono sottoposti alla vigilanza degli uffici stessi.

Art. 65. Obblighi dell'amministra-zione finanziaria. – L'amministrazione finanziaria provvede allo **scambio, con le altre autorità competenti degli Stati membri della Comunità economica europea, delle informazioni necessarie per assicurare il corretto accertamento dell'imposta sul valore aggiunto.** Essa, a tal fine, può autorizzare la presenza nel territorio dello Stato di funzionari delle amministrazioni fiscali degli altri Stati membri.

L'amministrazione finanziaria provvede alla raccolta delle informazioni da fornire alle predette autorità con le modalità ed entro i limiti previsti per l'accertamento dell'imposta sul valore aggiunto.

Art. 66. Segreto d'ufficio. – Gli impiegati della amministrazione finanziaria e gli ufficiali e agenti della Guardia di finanza sono obbligati al segreto **per tutto ciò che riguarda i dati e le notizie** di cui vengono a conoscenza nell'adempimento dei compiti e nell'esercizio dei poteri previsti dal presente decreto.

Non è considerata violazione del segreto d'ufficio la comunicazione da parte dell'Amministrazione finanziaria alle competenti autorità degli Stati membri della Comunità economica europea delle informazioni atte a permettere il corretto accertamento dell'imposta sul valore aggiunto, in attuazione della direttiva 2003/93/CE e del regolamento (CE) n. 1798/2003.

Art. 66-*bis*. Pubblicazione degli elenchi dei contribuenti. – Il Ministro delle finanze dispone **annualmente** la pubblicazione di elenchi di contribuenti nei cui confronti l'ufficio dell'imposta sul valore aggiunto ha proceduto a **rettifica o ad accertamento** ai sensi degli artt. 54 e 55. Sono ricompresi nell'elenco solo quei contribuenti che **non** hanno **presentato la dichiarazione annuale** e quelli dalla cui dichiarazione **risulta un'imposta inferiore** di oltre un **decimo** a quella dovuta **ovvero un'eccedenza detraibile o rimborsabile superiore di oltre un decimo** a quella spettante. Negli elenchi deve essere specificato se gli accertamenti sono definitivi o in contestazione e deve essere indicato, in caso di rettifica, anche il volume di affari dichiarato dai contribuenti.

Gli uffici dell'imposta sul valore aggiunto formano **annualmente per ciascuna provincia** compresa nella propria circoscrizione **un elenco nominativo dei contribuenti** che hanno **presentato la dichiarazione annuale** ai fini dell'imposta sul valore aggiunto, **con la specificazione**, per ognuno, **del volume di affari**. Gli elenchi sono **depositati per** la durata di **un anno** sia presso lo stesso ufficio delle imposte, sia presso i Comuni interessati. Nel predetto periodo, è **ammessa la visione e l'estrazione di copia** degli elenchi nei modi e con i limiti stabiliti dalla disciplina in materia di accesso ai documenti amministrativi di cui agli artt. 22 e seguenti nella legge 7 agosto 1990, n. 241, e successive modificazioni, dalla relativa normativa di attuazione, nonché da specifiche disposizioni di legge. Per l'accesso non sono dovuti i tributi speciali di cui al decreto del Presidente della Repubblica 26 ottobre 1972, n. 648. Per la consultazione non sono dovuti i tributi speciali di cui al decreto del Presidente della Repubblica 26 ottobre 1972, n. 648.

Comma abrogato.

Gli stessi uffici formano, per le finalità di cui al secondo comma, inoltre, **un elenco cronologico contenente i nominativi dei contribuenti** che hanno **ri-**

chiesto i rimborsi dell'imposta sul valore aggiunto **e** di quelli che li hanno **ottenuti**.

Fuori dei casi previsti dai commi precedenti, la comunicazione o diffusione, totale o parziale, con qualsiasi mezzo, degli elenchi o di dati personali ivi contenuti, ove il fatto non costituisca reato, è punita con la sanzione amministrativa del pagamento di una somma da cinquemila euro a trentamila euro. La somma può essere aumentata sino al triplo quando risulta inefficace in ragione delle condizioni economiche del contravventore.

TITOLO V
IMPORTAZIONI

Art. 67. Importazioni. – 1. Costituiscono importazioni le seguenti **operazioni** aventi per **oggetto beni introdotti** nel territorio dello **Stato,** che siano **originari da Paesi** o territori **non** compresi nel territorio della **Comunità e** che **non** siano stati **già immessi in libera pratica in altro Paese membro** della Comunità medesima, ovvero che siano provenienti dai territori da considerarsi esclusi dalla Comunità a norma dell'art. 7:

a) le **operazioni di immissione in libera pratica**;

b) le **operazioni di perfezionamento attivo** di cui all'art. 2, lettera b), del regolamento CEE n. 1999/85 del Consiglio, del 16 luglio 1985;

c) le operazioni **di ammissione temporanea** aventi per oggetto beni, destinati ad essere **riesportati tal quali**, che, in ottemperanza alle disposizioni della Comunità economica europea, non fruiscano della esenzione totale dai dazi di importazione;

d) le operazioni di immissione in consumo relative a beni provenienti dal Monte Athos, dalle isole Canarie, dai Dipartimenti francesi d'oltremare, dal comune di Campione d'Italia e dalle acque italiane del Lago di Lugano;

e) lettera abrogata.

2. Sono altresì soggette all'imposta le **operazioni di reimportazione a scarico di esportazione temporanea fuori della Comunità** economica europea **e** quelle **di reintroduzione di beni precedentemente esportati fuori della Comunità** medesima.

2-*bis*. Per le importazioni di cui al **comma 1, lettera a)**, il **pagamento** dell'imposta è **sospeso** qualora si tratti di **beni destinati a essere trasferiti in un altro Stato membro dell'Unione europea**, eventualmente dopo l'esecuzione di manipolazioni di cui all'allegato 72 del regolamento (CEE) n. 2454/93 della Commissione, del 2 luglio 1993, e successive modificazioni, previamente autorizzate dall'autorità doganale.

2-*ter*. Per fruire della sospensione di cui al comma 2-*bis* l'importatore fornisce il proprio numero di partita Iva, il numero di identificazione Iva attribuito al cessionario stabilito in un altro Stato membro nonché, a richiesta dell'autorità doganale, idonea documentazione che provi l'effettivo trasferimento dei medesimi beni in un altro Stato membro dell'Unione.

Art. 68. Importazioni non soggette all'imposta. – Non sono soggette all'imposta:

a) le importazioni di beni indicati nel primo comma, lettera c), dell'art. 8, nell'art. 8-*bis*, nonché nel secondo comma dell'art. 9 limitatamente all'ammontare dei corrispettivi di cui al n. 9 dello stesso articolo, sempreché ricorrano le condizioni stabilite nei predetti articoli;

b) le importazioni **di campioni gratuiti di modico valore**, appositamente contrassegnati;

c) **ogni altra importazione definitiva di beni la cui cessione è esente dall'imposta o non vi è soggetta a norma dell'art. 72**. Per le operazioni concernenti l'oro da investimento di cui all'art. 10, n. 11), l'esenzione si applica allorché i requisiti ivi indicati risultino da conforme attestazione resa, in sede di dichiarazione doganale, dal soggetto che effettua l'operazione;

c-*bis*) lettera abrogata;

d) la **reintroduzione** di **beni nello stato originario,** da parte dello stesso soggetto che li aveva esportati, sempre che ricorrano le condizioni per la franchigia doganale;

e) lettera abrogata;

f) **l'importazione** di **beni donati ad enti pubblici** ovvero ad **associazioni riconosciute o fondazioni aventi esclusivamente finalità di assistenza**, **beneficenza**, educazione, **istruzione**, studio o ricerca scientifica, nonché quella di beni donati a favore delle popolazioni colpite da calamità naturali o catastrofi dichiarate tali ai sensi della legge 8 dicembre 1970, n. 996;

g) le importazioni dei beni indicati nel terzo comma, lettera l) dell'art. 2;

g-*bis*) le **importazioni** di **gas** mediante un sistema di gas naturale o una rete connessa a un tale sistema, ovvero di gas immesso da una nave adibita al trasporto di gas in un sistema di gas naturale o in una rete di gasdotti a monte, di **energia elettrica**, di **calore** o di **freddo** mediante reti di riscaldamento o di raffreddamento.

g-*ter*) le importazioni di beni per le quali l'imposta è dichiarata nell'ambito del regime speciale di cui all'art. 74-*sexies*.1, a condizione che nella dichiarazione doganale di importazione sia indicato il numero individuale di identificazione IVA attribuito per l'applicazione di detto regime speciale al fornitore o al rappresentante fiscale che agisce in suo nome e per suo conto.

Art. 69. Determinazione dell'imposta. – L'imposta è **commisurata**, con le **aliquote** indicate nell'art. 16, **al valore dei beni importati** determinato ai sensi delle **disposizioni in materia doganale**, **aumentato** dell'ammontare dei **diritti doganali dovuti**, ad eccezione dell'imposta sul valore aggiunto, **nonché** dell'ammontare delle **spese di inoltro** fino al luogo di destinazione all'interno del territorio della Comunità che figura sul **documento di trasporto** sotto la cui scorta i beni sono introdotti nel territorio medesimo. Per i supporti informatici, contenenti programmi per elaboratore prodotti in serie, concorre a formare il valore imponibile anche quello dei dati e delle istruzioni in essi contenuti. Per i beni che prima dello sdoganamento hanno formato oggetto nello Stato di una o più cessioni, la base imponibile è costituita dal corrispettivo dell'ultima cessione.

Fatti salvi i casi di applicazione dell'art. 68, lettera c), per i beni nazionali reimportati a scarico di temporanea esportazione la detrazione prevista negli artt. 207 e 208 del Testo Unico approvato con decreto del Presidente della Repubblica 23 gennaio 1973, n. 43, e l'esenzione prevista nell'art. 209 dello stesso Testo Unico si applicano, ai fini dell'imposta sul valore aggiunto, soltanto se i beni vengono reimportati dal soggetto che li aveva esportati o da un terzo per conto del medesimo e se lo scarico della temporanea esportazione avviene per identità.

Art. 70. Applicazione dell'imposta. – **L'imposta** relativa alle **importazioni è accertata, liquidata e riscossa per ciascuna operazione.** Si applicano per quanto concerne **le controversie e le sanzioni, le disposizioni delle leggi doganali relative ai diritti di confine.**

Per le importazioni effettuate senza pagamento di imposta, di cui alla lettera c) dell'art. 8, all'importatore che attesti falsamente di trovarsi nelle condizioni richieste per fruire del trattamento ivi previsto o ne benefici oltre i limiti consentiti si applica la pena pecuniaria di cui al terzo comma dell'art. 46, salvo che il fatto costituisca reato a norma della legge doganale.

L'imposta dovuta per l'introduzione

dei beni nello Stato tramite il servizio postale deve essere assolta secondo le modalità stabilite con apposito decreto del Ministro delle finanze di concerto con il Ministro delle poste e delle telecomunicazioni.

L'imposta assolta per l'importazione di beni da parte di enti, associazioni ed altre organizzazioni di cui all'art. 4, quarto comma, può essere richiesta a rimborso secondo modalità e termini stabiliti con decreto del Ministro delle finanze, se i beni sono spediti o trasportati in altro Stato membro della Comunità economica europea. Il rimborso è eseguito a condizione che venga fornita la prova che l'acquisizione intracomunitaria di detti beni è stata assoggettata all'imposta nello Stato membro di destinazione.

Per l'importazione di materiale d'oro, nonché dei prodotti semilavorati di purezza pari o superiore a 325 millesimi da parte di soggetti passivi nel territorio dello Stato l'imposta, accertata e liquidata nella dichiarazione doganale, in base ad attestazione resa in tale sede, è assolta a norma delle disposizioni di cui al titolo II; a tal fine il documento doganale deve essere annotato, con riferimento al mese di rilascio del documento stesso, nei registri di cui agli artt. 23 o 24 nonché, agli effetti della detrazione, nel registro di cui all'art. 25.

Alle importazioni di beni indicati nel settimo e nell'ottavo comma dell'art. 74, concernente disposizioni relative a particolari settori, si applicano le disposizioni di cui al comma precedente.

Art. 70.1. Regime speciale per la dichiarazione e il pagamento dell'IVA all'importazione. – 1. I soggetti che presentano i beni in dogana per conto della persona alla quale gli stessi sono destinati, tenuta al pagamento dell'imposta, possono assolvere gli obblighi in materia d'imposta sul valore aggiunto con le modalità previste dal presente articolo per le importazioni di beni, esclusi i prodotti soggetti ad accisa, la cui spedizione o il cui trasporto si concludono nello Stato, in spedizioni di valore intrinseco non superiore a 150 euro, per le quali non è applicato il regime speciale di cui all'articolo 74-*sexies*.1.

2. Relativamente alle importazioni di beni effettuate nel mese di riferimento, i soggetti che si avvalgono del regime speciale previsto dal presente articolo presentano una dichiarazione mensile dalla quale risulta l'ammontare dell'imposta riscossa presso le persone a cui i beni sono destinati. La dichiarazione è presentata in formato elettronico entro il termine di versamento dell'imposta riscossa, secondo il modello approvato con determinazione del direttore dell'Agenzia delle dogane e dei monopoli; tale determinazione tiene altresì conto di eventuali meccanismi di semplificazione dell'adempimento dichiarativo.

3. L'imposta riscossa nell'ambito del presente regime speciale è versata mensilmente entro il termine di pagamento del dazio all'importazione.

4. I soggetti che si avvalgono del presente regime speciale conservano la documentazione relativa alle importazioni a norma dell'art. 39. La documentazione deve essere sufficientemente dettagliata al fine di consentire la verifica della correttezza dell'imposta dichiarata e, su richiesta, è fornita in formato elettronico alle autorità di controllo fiscale e doganale.

5. Ai fini del comma 1, il valore in euro dell'importazione è determinato in base al tasso di cambio pubblicato dalla Banca centrale europea del primo giorno lavorativo d'ottobre, con effetto dal 1° gennaio dell'anno successivo.

6. Con determinazione del direttore dell'Agenzia delle dogane e dei monopoli sono indicate le misure operative che i soggetti di cui al comma 1 devono seguire ai fini del pagamento dell'imposta dovuta da parte della persona alla quale i beni sono destinati.

7. I beni importati nell'ambito del presente regime speciale sono assoggettati all'aliquota IVA ordinaria di cui all'articolo 16, primo comma. La persona alla quale i beni sono destinati può optare per la procedura di importazione di cui all'art. 67 per avvalersi dell'aliquota IVA ridotta, se prevista.

TITOLO V-*BIS*
GRUPPO IVA

Art. 70-*bis*. Requisiti soggettivi per la costituzione di un gruppo IVA. – 1. **I soggetti passivi stabiliti nel territorio dello Stato esercenti attività d'impresa, arte o professione, per i quali ricorrano congiuntamente i vincoli finanziario, economico e organizzativo di cui all'art. 70-*ter*, possono divenire un unico soggetto passivo, di seguito denominato "gruppo IVA".**

2. Non possono partecipare a un gruppo IVA:

a) le sedi e le stabili organizzazioni situate all'estero;

b) i soggetti la cui azienda sia sottoposta a sequestro giudiziario ai sensi dell'articolo 670 del codice di procedura civile; in caso di pluralità di aziende, la disposizione opera anche se oggetto di sequestro è una sola di esse;

c) i soggetti sottoposti a una procedura concorsuale di cui all'art. 70-*decies*, comma 3, terzo periodo;

d) i soggetti posti in liquidazione ordinaria.

Art. 70-*ter*. Vincolo finanziario, vincolo economico e vincolo organizzativo. – 1. **Si considera sussistente un vincolo finanziario tra soggetti passivi stabiliti nel territorio dello Stato quando**, ai sensi dell'art. 2359, primo comma, numero 1), del codice civile e almeno dal 1° luglio dell'anno solare precedente:

a) **tra detti soggetti esiste, direttamente o indirettamente, un rapporto di controllo**;

b) **detti soggetti sono controllati, direttamente o indirettamente, dal medesimo soggetto, purché residente nel territorio dello Stato ovvero in uno Stato con il quale l'Italia ha stipulato un accordo che assicura un effettivo scambio di informazioni.**

1-*bis*. Il vincolo finanziario si considera altresì sussistente tra i soggetti passivi, stabiliti nel territorio dello Stato, partecipanti ad un Gruppo Bancario di cui all'articolo 37-*bis* del testo unico di cui al decreto legislativo 1° settembre 1993, n. 385.

2. **Si considera sussistente un vincolo economico tra soggetti passivi stabiliti nel territorio dello Stato** sulla base dell'esistenza di almeno una delle seguenti forme di cooperazione economica:

a) **svolgimento di un'attività principale dello stesso genere;**

b) **svolgimento di attività complementari o interdipendenti;**

c) **svolgimento di attività che avvantaggiano, pienamente o sostanzialmente, uno o più di essi.**

3. **Si considera sussistente un vincolo organizzativo tra soggetti passivi stabiliti nel territorio dello Stato quando tra detti soggetti esiste un coordinamento, in via di diritto**, ai sensi delle disposizioni di cui al libro quinto, titolo V, capo IX, del codice civile, o in via di fatto, tra gli organi decisionali degli stessi, ancorché tale coordinamento sia svolto da un altro soggetto.

4. **Salvo quanto disposto dal comma 5, se tra i soggetti passivi intercorre il vincolo finanziario di cui al comma 1, si presumono sussistenti tra i medesimi anche i vincoli economico e organizzativo di cui ai commi 2 e 3.**

5. **Per dimostrare l'insussistenza del vincolo economico o di quello organizzativo**, è presentata all'Agenzia delle entrate **istanza di interpello** ai sensi dell'art. 11, comma 1, lettera b), della legge 27 luglio 2000, n. 212.

6. Il vincolo economico si considera

in ogni caso insussistente per i soggetti per i quali il vincolo finanziario di cui al comma 1 ricorre in dipendenza di partecipazioni acquisite nell'ambito degli interventi finalizzati al recupero di crediti o derivanti dalla conversione in azioni di nuova emissione dei crediti verso imprese in temporanea difficoltà finanziaria, di cui all'art. 113, comma 1, del testo unico delle imposte sui redditi, di cui al decreto del Presidente della Repubblica 22 dicembre 1986, n. 917. Per dimostrare la sussistenza del vincolo economico è presentata all'Agenzia delle entrate istanza di interpello ai sensi dell'art. 11, comma 1, lettera b), della citata legge n. 212 del 2000.

Art. 70-*quater*. Costituzione del gruppo IVA. – 1. **Il gruppo IVA è costituito a seguito di un'opzione esercitata da tutti i soggetti passivi stabiliti nel territorio dello Stato per i quali ricorrano congiuntamente i vincoli finanziario, economico e organizzativo di cui all'art. 70-*ter*.** In caso di mancato esercizio dell'opzione da parte di uno o più dei soggetti di cui al periodo precedente:

a) è recuperato a carico del gruppo IVA l'effettivo vantaggio fiscale conseguito;

b) il gruppo IVA cessa a partire dall'anno successivo rispetto a quello in cui viene accertato il mancato esercizio dell'opzione, a meno che i predetti soggetti non esercitino l'opzione per partecipare al gruppo medesimo.

2. L'opzione di cui al comma 1 è esercitata mediante la presentazione, in via telematica, da parte del rappresentante del gruppo, della dichiarazione di cui all'art. 70-*duodecies*, comma 5, nel quale sono indicati:

a) la denominazione del gruppo IVA;

b) i dati identificativi del rappresentante del gruppo IVA, di seguito denominato "rappresentante di gruppo", e dei soggetti partecipanti al gruppo medesimo;

c) l'attestazione della sussistenza, tra i soggetti partecipanti al gruppo, dei vincoli di cui all'art. 70-*ter*;

d) l'attività o le attività che saranno svolte dal gruppo IVA;

e) l'elezione di domicilio presso il rappresentante del gruppo da parte di ciascun soggetto partecipante al gruppo medesimo, ai fini della notifica degli atti e dei provvedimenti relativi ai periodi d'imposta per i quali è esercitata l'opzione; l'elezione di domicilio è irrevocabile fino al termine del periodo di decadenza dell'azione di accertamento o di irrogazione delle sanzioni relative all'ultimo anno di validità dell'opzione;

f) la sottoscrizione del rappresentante di gruppo, che presenta la dichiarazione, e degli altri soggetti di cui al presente comma.

3. **Se la dichiarazione di cui al comma 2 è presentata dal 1° gennaio al 30 settembre, l'opzione di cui al comma 1 ha effetto a decorrere dall'anno successivo. Se la dichiarazione di cui al comma 2 è presentata dal 1° ottobre al 31 dicembre, l'opzione di cui al comma 1 ha effetto a decorrere dal secondo anno successivo.**

4. Permanendo i vincoli di cui all'art. 70-*ter*, l'opzione è vincolante per un triennio decorrente dall'anno in cui la stessa ha effetto. Trascorso il primo triennio, l'opzione si rinnova automaticamente per ciascun anno successivo, fino a quando non è esercitata la revoca di cui all'art. 70-*novies*. Resta fermo quanto disposto al comma 1, lettera b).

5. Se negli anni di validità dell'opzione di cui al comma 1 i vincoli economico e organizzativo di cui all'art. 70-*ter*, commi 2 e 3, si instaurano nei riguardi dei soggetti che erano stati esclusi dal gruppo IVA ai sensi del comma 5 del medesimo articolo, ovvero se il vincolo finanziario di cui all'art. 70-*ter*, comma 1, si instaura nei riguardi di soggetti passivi stabiliti nel territorio dello Stato relativamente ai quali non sussi-

steva all'atto dell'esercizio dell'opzione, i predetti soggetti partecipano al gruppo IVA a decorrere dall'anno successivo a quello in cui tali vincoli si sono instaurati. In tal caso, la dichiarazione di cui al comma 2 deve essere presentata entro il novantesimo giorno successivo a quello in cui tali vincoli si sono instaurati. In caso di mancata inclusione di un soggetto di cui al primo periodo nel gruppo IVA, si applicano le disposizioni del secondo periodo del comma 1.

Art. 70-*quinquies*. Operazioni effettuate dal gruppo IVA e nei confronti di esso. – 1. Le cessioni di beni e le prestazioni di servizi effettuate da un soggetto partecipante a un gruppo IVA nei confronti di un altro soggetto partecipante allo stesso gruppo IVA **non sono considerate cessioni di beni e prestazioni di servizi agli effetti degli artt. 2 e 3.**

2. Le cessioni di beni e le prestazioni di servizi effettuate da un soggetto partecipante ad un gruppo IVA nei confronti di un soggetto che non ne fa parte **si considerano effettuate dal gruppo IVA.**

3. Le cessioni di beni e le prestazioni di servizi effettuate nei confronti di un soggetto partecipante a un gruppo IVA da un soggetto che non ne fa parte **si considerano effettuate nei confronti del gruppo IVA.**

3-*bis*. Alle prestazioni di servizi effettuate nei confronti di un gruppo IVA da consorzi, ivi comprese le società consortili e le società cooperative con funzioni consortili, non partecipanti al medesimo gruppo IVA, si applica, alle condizioni di cui al comma 3-*ter*, il regime disciplinato dal secondo comma dell'articolo 10, laddove il committente delle prestazioni sia un consorziato che partecipa al gruppo IVA.

3-*ter*. Ai fini dell'applicazione del comma 3-bis, la verifica della condizione prevista dall'articolo 10, secondo comma, ai sensi della quale, nel triennio solare precedente, la percentuale di detrazione di cui all'art. 19-*bis*, anche per effetto dell'opzione di cui all'art. 36-*bis*, sia stata non superiore al 10 per cento, è effettuata sulla base della percentuale determinata:

a) in capo al consorziato, per ognuno degli anni antecedenti al primo anno di efficacia dell'opzione per la costituzione del gruppo IVA, compresi nel triennio di riferimento;

b) in capo al gruppo IVA, per ognuno degli anni di validità dell'opzione per la costituzione del gruppo medesimo, compresi nel triennio di riferimento.

4. Gli obblighi e i diritti derivanti dall'applicazione delle norme in materia di imposta sul valore aggiunto sono, rispettivamente, a carico e a favore del gruppo IVA.

4-*bis*. Le cessioni di beni e le prestazioni di servizi effettuate da una sede o da una stabile organizzazione partecipante a un gruppo IVA nei confronti di una sua stabile organizzazione o della sua sede situata all'estero **si considerano effettuate dal gruppo IVA nei confronti di un soggetto che non ne fa parte.**

4-*ter*. Le cessioni di beni e le prestazioni di servizi effettuate nei confronti di una sede o di una stabile organizzazione partecipante a un gruppo IVA da una sua stabile organizzazione o dalla sua sede situata all'estero **si considerano effettuate nei confronti del gruppo IVA da un soggetto che non ne fa parte.**

4-*quater*. Le cessioni di beni e le prestazioni di servizi effettuate nei confronti di una sede o di una stabile organizzazione partecipante a un gruppo IVA, costituito in un altro Stato membro dell'Unione europea, da una sua stabile organizzazione o dalla sua sede situata nel territorio dello Stato **si considerano effettuate nei confronti del gruppo IVA costituito nell'altro Stato membro da un soggetto che non ne fa parte.**

4-*quinquies*. Le cessioni di beni e le prestazioni di servizi effettuate da una sede o da una stabile di organizzazione partecipante a un gruppo IVA, costituito in un altro Stato membro dell'Unione Europea, nei confronti di una sua stabile organizzazione o della sua sede situata nel territorio dello Stato **si considerano effettuate dal gruppo IVA costituito nell'altro Stato membro nei confronti di un soggetto che non ne fa parte.**

4-*sexies*. La base imponibile delle operazioni di cui ai commi da 4-*bis* a 4-*quinquies* è determinata, in presenza di un corrispettivo, ai sensi dell'articolo 13, commi 1 e 3.

Art. 70-*sexies*. Eccedenze creditorie antecedenti alla partecipazione al gruppo IVA. – 1. **L'eccedenza di imposta detraibile** risultante dalla dichiarazione annuale relativa all'anno precedente al primo anno di partecipazione al gruppo IVA **non si trasferisce al gruppo medesimo, ma può essere chiesta a rimborso**, anche in mancanza delle condizioni di cui all'art. 30 del presente decreto, ovvero compensata a norma dell'art. 17 del decreto legislativo 9 luglio 1997, n. 241. La disposizione di cui al primo periodo non si applica per la parte dell'eccedenza detraibile di ammontare pari ai versamenti dell'imposta sul valore aggiunto effettuati con riferimento a tale precedente anno.

Art. 70-*septies*. Adempimenti. – 1. **Il rappresentante di gruppo adempie gli obblighi ed esercita i diritti** di cui all'art. 70-*quinquies*, comma 4, **nei modi ordinari**.

2. **Il rappresentante di gruppo è il soggetto che esercita il controllo di cui all'art. 70-*ter*, comma 1.** Se il predetto soggetto non può esercitare l'opzione, è rappresentante di gruppo il soggetto partecipante con volume d'affari o ammontare di ricavi più elevato nel periodo precedente alla costituzione del gruppo medesimo. Per i Gruppi IVA costituiti tra i soggetti di cui al comma 1-*bis* dell'articolo 70-*ter*, il rappresentante di gruppo è la società capogruppo di cui alla lettera a), del comma 1 dell'articolo 37-*bis* del testo unico di cui al decreto legislativo 1° settembre 1993, n. 385.

3. Se il rappresentante di gruppo cessa di far parte del gruppo IVA senza che vengano meno gli effetti dell'opzione per gli altri partecipanti, subentra quale rappresentante di gruppo un altro soggetto partecipante al gruppo IVA, individuato ai sensi del comma 2, con riferimento all'ultima dichiarazione presentata. La sostituzione ha effetto dal giorno successivo alla cessazione del precedente rappresentante di gruppo ed è comunicata dal nuovo rappresentante di gruppo con la dichiarazione di cui all'art. 70-*duodecies*, comma 5, entro trenta giorni.

Art. 70-*octies*. Responsabilità. – 1. **Il rappresentante di gruppo è responsabile per l'adempimento degli obblighi connessi all'esercizio dell'opzione**.

2. **Gli altri soggetti partecipanti al gruppo IVA sono responsabili in solido con il rappresentante di gruppo** per le somme che risultano dovute a titolo di imposta, interessi e sanzioni a seguito delle attività di liquidazione e controllo.

Art. 70-*novies*. Disposizioni in materia di opzioni e revoche. – 1. La revoca dell'opzione esercitata ai sensi dell'art. 70-*quater* è comunicata dal rappresentante di gruppo con la dichiarazione di cui all'art. 70-*duodecies*, comma 5, sottoscritta anche dagli altri soggetti partecipanti al gruppo IVA.

2. **La revoca dell'opzione opera nei riguardi di tutti i soggetti partecipanti al gruppo IVA**. Se la dichiarazione di cui al comma 1 è presentata dal 1° gennaio al 30 settembre, la revoca ha effetto a decorrere dall'anno successivo. Se la dichiarazione di cui al comma 1 è presentata dal 1° ottobre al 31 dicembre, la revoca ha effetto a decorrere dal secondo anno successivo.

3. Alle opzioni e alle revoche previste dal presente titolo non si applicano le disposizioni del regolamento di cui al decreto del Presidente della Repubblica 10 novembre 1997, n. 442.

4. L'esercizio da parte di un soggetto dell'opzione di cui all'art. 70-*quater* comporta il venir meno degli effetti delle opzioni in materia di imposta sul valore aggiunto esercitate dallo stesso in precedenza, anche se non è decorso il periodo minimo di permanenza nel particolare regime prescelto.

Art. 70-*decies*. Esclusione dalla partecipazione al gruppo IVA. – 1. L'opzione di cui all'art. 70-*quater*, comma 1, da parte di un soggetto, per il quale non sussistono i requisiti di cui all'art. 70-*bis*, è priva di effetti limitatamente a tale soggetto.

2. Ciascun soggetto partecipante a un gruppo IVA cessa di partecipare al gruppo medesimo se si verifica uno dei seguenti casi:

a) viene meno il vincolo finanziario nei riguardi di tale soggetto;

b) è riconosciuto, ai sensi dell'art. 70-*ter*, comma 5, il venir meno del vincolo economico od organizzativo nei riguardi di tale soggetto;

c) tale soggetto subisce il sequestro giudiziario dell'azienda ai sensi dell'articolo 670 del codice di procedura civile;

d) tale soggetto è sottoposto a una procedura concorsuale;

e) tale soggetto è posto in liquidazione ordinaria.

3. La partecipazione al gruppo IVA cessa a decorrere dalla data in cui si verificano gli eventi previsti nel comma 2, lettere a), c), d) o e), e ha effetto per le operazioni compiute e per gli acquisti e le importazioni annotati a partire da tale data. Nell'ipotesi di cui al comma 2, lettera b), la partecipazione al gruppo IVA cessa a decorrere dall'anno successivo a quello in cui è riconosciuto il venir meno del vincolo. Per l'individuazione della data in cui si verifica l'evento, nelle ipotesi di cui alle lettere c), d) o e) del comma 2, si fa riferimento alla data di efficacia del provvedimento che dispone il sequestro giudiziario, alla data della sentenza dichiarativa del fallimento, alla data del decreto di ammissione al concordato preventivo, alla data del provvedimento che ordina la liquidazione coatta amministrativa, alla data del decreto che dispone la procedura di amministrazione straordinaria delle grandi imprese in crisi o alla data di assunzione della delibera assembleare della liquidazione ordinaria.

4. **Il gruppo IVA cessa quando viene meno la pluralità dei soggetti partecipanti.** In tal caso, l'eccedenza detraibile risultante dalla dichiarazione del gruppo IVA non chiesta a rimborso è computata in detrazione dal soggetto partecipante che agiva in qualità di rappresentante di gruppo nelle proprie liquidazioni o nella propria dichiarazione annuale.

5. La cessazione di cui ai commi 2 e 4 è comunicata dal rappresentante di gruppo entro trenta giorni dalla data in cui si sono verificati gli eventi, con la dichiarazione di cui all'art. 70-*duodecies*, comma 5.

Art. 70-*undecies*. Attività di controllo. – 1. Per le annualità di validità dell'opzione, l'esercizio dei poteri previsti dagli artt. 51 e seguenti nei confronti del gruppo IVA è demandato alle strutture, già esistenti, individuate con il regolamento di amministrazione dell'Agenzia delle entrate, di cui all'art. 71, comma 3, del decreto legislativo 30 luglio 1999, n. 300, nell'ambito delle risorse umane, strumentali e finanziarie disponibili a legislazione vigente.

2. Alle strutture di cui al comma 1 sono demandate le attività di:

a) liquidazione prevista dall'art. 54-*bis*;

b) controllo sostanziale;

c) recupero dei crediti inesistenti utilizzati in compensazione ai sensi dell'art. 17 del decreto legislativo 9 luglio 1997, n. 241;

d) gestione del contenzioso relativo a tutti gli atti di competenza delle strutture stesse;

e) rimborso in materia di imposta sul valore aggiunto.

3. Ai fini delle attività di controllo, nell'ipotesi di disconoscimento della validità dell'opzione il recupero dell'imposta avviene nei limiti dell'effettivo vantaggio fiscale conseguito.

4. Con provvedimento del direttore dell'Agenzia delle entrate sono stabiliti specifici adempimenti finalizzati ad assicurare l'efficacia delle attività di controllo.

Art. 70-*duodecies*. Disposizioni speciali e di attuazione. – 1. Le modalità e i termini speciali di emissione, numerazione e registrazione delle fatture nonché di esecuzione delle liquidazioni e dei versamenti periodici stabiliti dai decreti ministeriali emanati ai sensi degli artt. 22, secondo comma, 73 e 74 si applicano alle operazioni soggette a tali disposizioni effettuate dal gruppo IVA.

2. Se al gruppo IVA partecipano una o più banche, alle operazioni riferibili a queste ultime si applicano le disposizioni del regolamento di cui al decreto del Ministro dell'economia e delle finanze 12 febbraio 2004, n. 75.

3. Se al gruppo IVA partecipano una o più società assicurative, alle operazioni riferibili a queste ultime si applicano le disposizioni di cui al decreto del Ministro delle finanze 30 maggio 1989, pubblicato nella Gazzetta Ufficiale n. 129 del 5 giugno 1989.

4. Le disposizioni di cui all'art. 8, comma 1, secondo, quarto e quinto periodo, del decreto-legge 25 settembre 2001, n. 351, convertito, con modificazioni, dalla legge 23 novembre 2001, n. 410, si applicano anche nei casi in cui una società di gestione di fondi partecipi a un gruppo IVA.

5. Con provvedimento del direttore dell'Agenzia delle entrate sono approvati il modello per la presentazione delle dichiarazioni di cui al presente titolo nonché le modalità e le specifiche tecniche per la trasmissione telematica delle stesse.

6. Con decreto del Ministro dell'economia e delle finanze sono stabilite le disposizioni necessarie per l'attuazione del presente titolo.

6-*bis*. In caso di **adesione al regime di cui al titolo III del decreto legislativo 5 agosto 2015, n. 128,** da parte di uno dei soggetti passivi che abbia esercitato l'opzione di cui all'articolo 70-*quater*, il predetto regime **si estende obbligatoriamente a tutte le società partecipanti al gruppo IVA.** Tale estensione si verifica anche nel caso in cui l'opzione per il gruppo IVA venga esercitata da un soggetto che abbia già aderito al regime. Nelle more del perfezionamento del procedimento di adesione al regime da parte di tutti i partecipanti al gruppo IVA, l'esclusione del regime di cui all'articolo 7, comma 3, del decreto legislativo n. 128 del 2015 non può essere dichiarata per cause connesse all'estensione di cui al presente comma.

TITOLO VI
DISPOSIZIONI VARIE

Art. 71. Operazioni con lo Stato della Città del Vaticano e con la Repubblica di San Marino. – Le disposizioni degli artt. 8 e 9 si applicano alle cessioni eseguite mediante trasporto o consegna dei beni nel territorio dello Stato della Città del Vaticano, comprese le aree in cui hanno sede le istituzioni e gli uffici richiamati nella convenzione doganale italo – vaticana del 30 giugno 1930 e in quello della Repubblica di San Marino, ed ai servizi connessi, secondo modalità da stabilire preventivamente con decreti del Ministro per le finanze in base ad accordi con i detti Stati.

Per l'introduzione nel territorio dello Stato di beni provenienti dallo Stato della Città del Vaticano, comprese le aree di cui al primo comma, e dalla Repubblica di San Marino i contribuenti dai quali o per conto dei quali ne è effettuata l'introduzione nel territorio dello Stato sono tenuti al pagamento dell'imposta sul valore aggiunto a norma del secondo comma dell'art. 17.

Per i beni di provenienza estera destinati alla Repubblica di San Marino, l'imposta sul valore aggiunto sarà assunta in deposito dalla dogana e rimborsata al detto Stato successivamente alla introduzione dei beni stessi nel suo territorio, secondo modalità da stabilire con il decreto previsto dal primo comma.

Art. 72. Operazioni non imponibili. – 1. Agli effetti dell'imposta, le seguenti operazioni sono non imponibili e sono equiparate a quelle di cui agli artt. 8, 8-*bis* e 9:

a) le **cessioni di beni e** le **prestazioni di servizi effettuate nei confronti delle sedi e dei rappresentanti diplomatici e consolari**, compreso il personale tecnico-amministrativo, appartenenti a Stati che in via di reciprocità riconoscono analoghi benefici alle sedi e ai rappresentanti diplomatici e consolari italiani;

b) le cessioni di beni e le prestazioni di servizi effettuate nei confronti dei **comandi militari degli Stati membri, dei quartieri generali militari internazionali** e degli organismi sussidiari, installati in esecuzione del Trattato del Nord Atlantico, **nell'esercizio delle proprie funzioni istituzionali**, nonché all'amministrazione della difesa qualora agisca per conto dell'organizzazione istituita con il medesimo Trattato;

b-*bis*) le cessioni di beni e le prestazioni di servizi nei confronti delle forze armate di altri Stati membri dell'Unione europea destinati all'uso di tali forze o del personale civile che le accompagnano all'approvvigionamento delle relative mense, nella misura in cui tali forze partecipano a uno sforzo di difesa svolto ai fini della realizzazione di un'attività dell'Unione europea nell'ambito della politica di sicurezza e di difesa comune;

b-*ter*) le cessioni di beni e le prestazioni di servizi effettuate verso un altro Stato membro dell'Unione europea e destinate alle forze armate di qualsiasi Stato membro diverso da quello di introduzione, destinati all'uso di tali forze o del personale civile che le accompagna o all'approvvigionamento delle relative mense, nella misura in cui tali forze partecipano a uno sforzo di difesa svolto ai fini della realizzazione di un'attività dell'Unione europea nell'ambito della politica di sicurezza e di difesa comune;

c) le cessioni di beni e le prestazioni di servizi effettuate nei confronti dell'Unione europea, della Comunità europea dell'energia atomica, **della Banca centrale europea**, della Banca europea per gli investimenti **e** degli organismi istituiti dall'Unione cui si applica il protocollo sui privilegi e sulle immunità delle Comunità europee, firmato a Bruxelles l'8 aprile 1965, reso esecutivo con legge 3 maggio 1966, n. 437, alle condizioni e nei limiti fissati da detto protocollo e dagli accordi per la sua attuazione o dagli accordi di sede e sempre che ciò non comporti distorsioni della concorrenza, anche se effettuate nei confronti di imprese o enti per l'esecuzione di contratti di ricerca e di associazione conclusi con l'Unione, nei limiti, per questi ultimi, della partecipazione dell'Unione stessa;

c-*bis*) le cessioni di beni effettuate nei confronti della Commissione europea o di un'agenzia o di un organismo istituito a norma del diritto dell'Unione europea, qualora la Commissione o tale agenzia od organismo acquisti tali beni o servizi nell'ambito dell'esecuzione dei compiti conferiti dal diritto dell'Unione europea al fine di rispondere alla pandemia di COVID-19, tranne nel caso in cui i beni e i servizi acquistati siano utilizzati, immediatamente o in seguito, ai fini di ulteriori cessioni o prestazioni effettuate a titolo oneroso dalla Commissione o da tale agenzia od organismo. Qualora vengano meno le condizioni previste dal periodo precedente, la Commissione, l'agenzia interessata o l'organismo interessato informa l'amministrazione finanziaria e la cessione di tali beni è soggetta all'IVA alle condizioni applicabili in quel momento;

d) **le cessioni di beni e le prestazioni di servizi effettuate nei confronti dell'Organizzazione delle Nazioni Unite** e delle sue istituzioni specializzate nell'esercizio delle proprie funzioni istituzionali;

e) le cessioni di beni e le prestazioni di servizi effettuate nei confronti dell'Istituto universitario europeo e della Scuola europea di Varese nell'esercizio delle proprie funzioni istituzionali;

f) le cessioni di beni e le prestazioni di servizi effettuate nei confronti **degli organismi internazionali riconosciuti**, diversi da quelli di cui alla lettera c), nonché dei membri di tali organismi, alle condizioni e nei limiti fissati dalle convenzioni internazionali che istituiscono tali organismi o dagli accordi di sede.

2. Le disposizioni di cui al comma 1 trovano **applicazione** per gli enti ivi indicati alle lettere a), c), d) ed e) se le cessioni di beni e le prestazioni di servizi sono di **importo superiore ad euro 300**; per gli enti indicati nella lettera a) le disposizioni non si applicano alle operazioni per le quali risulta beneficiario un soggetto diverso, ancorché il relativo onere sia a carico degli enti e dei soggetti ivi indicati. Il predetto limite di euro 300 non si applica alle cessioni di prodotti soggetti ad accisa, per le quali la non imponibilità relativamente all'imposta opera alle stesse condizioni e negli stessi limiti in cui viene concessa l'esenzione dai diritti di accisa.

3. Le **previsioni contenute in trattati e accordi internazionali relative alle imposte sulla cifra di affari si riferiscono all'imposta sul valore aggiunto**.

Art. 73. Modalità e termini speciali. – 1. Il Ministro dell'economia e delle finanze, con propri **decreti**, può determinare le **modalità ed i termini**:

a) **per l'emissione, numerazione, registrazione, conservazione delle fatture o per la registrazione dei corrispettivi relativi ad operazioni effettuate dalla stessa impresa in diversi settori di attività e ad operazioni effettuate a mezzo di sedi secondarie** od altre dipendenze di cui al secondo comma dell'art. 35 e di commissionari, nonché per la registrazione dei relativi acquisti;

b) per l'emissione delle fatture relative a cessioni di beni inerenti a contratti estimatori, a cessioni di imballaggi e recipienti di cui all'art. 15, n. 4), non restituiti in conformità alle pattuizioni contrattuali e a cessioni di beni il cui prezzo è commisurato ad elementi non ancora conosciuti alla data di effettuazione della operazione;

c) **per l'emissione, numerazione, registrazione e conservazione delle fatture relative a prestazioni di servizi effettuate nell'esercizio di arti e professioni per le quali risulti particolarmente onerosa e complessa l'osservanza degli obblighi** di cui al titolo secondo del presente decreto;

d) per le annotazioni prescritte dal presente decreto da parte dei contribuenti che utilizzano macchine elettrocontabili, fermo restando l'obbligo di tenere conto, nelle dichiarazioni annuali e nelle liquidazioni periodiche, di tutte le operazioni soggette a registrazione nel periodo cui le dichiarazioni e liquidazioni stesse si riferiscono;

e) **per l'emissione, numerazione e registrazione delle fatture, le liquidazioni periodiche e i versamenti relativi alle somministrazioni di acqua, gas, energia elettrica e simili** e all'esercizio di impianti di lampade votive.

Con decreti del Ministro dell'economia e delle finanze possono inoltre essere determinate le formalità che devono essere osservate per effettuare, senza applicazione dell'imposta, la restituzione alle imprese produttrici o la sostituzione gratuita di beni invenduti previste da disposizioni legislative, usi commerciali o clausole contrattuali.

Il Ministro dell'economia e delle finanze può disporre con propri decreti, stabilendo le relative modalità, che i versamenti periodici, compreso quello di cui all'art. 6, comma 2, della legge 29 dicembre 1990, n. 405, e i versamenti dell'imposta dovuta in base alla dichiarazione annuale siano eseguiti per l'ammontare complessivamente dovuto dall'ente o società commerciale controllante e dagli enti o società commerciali controllati, al netto delle eccedenze detraibili; l'ente o società commerciale controllante comunica all'Agenzia delle entrate l'esercizio dell'opzione per la predetta procedura di versamento con la dichiarazione ai fini dell'imposta sul valore aggiunto presentata nell'anno solare a decorrere dal quale intende esercitare l'opzione. Agli effetti dei versamenti di cui al precedente periodo non si tiene conto delle eccedenze detraibili, risultanti dalle dichiarazioni annuali relative al periodo d'imposta precedente, degli enti e società diversi da quelli per i quali anche in tale periodo d'imposta l'ente o società controllante si è avvalso della facoltà di cui al presente comma. Alle eccedenze detraibili degli enti e delle società per i quali trova applicazione la disposizione di cui al precedente periodo si applicano le disposizioni di cui all'articolo 30. Restano fermi gli altri obblighi e le responsabilità delle società controllate. Si considera controllata la società le cui azioni o quote sono possedute per oltre la metà dall'altra, almeno dal 1º luglio dell'anno solare precedente a quello di esercizio dell'opzione.

Art. 73-*bis*. Disposizioni per la identificazione di determinati prodotti. – Il Ministro delle finanze con propri decreti può stabilire l'**obbligo della individuazione, mediante apposizione di contrassegni ed etichette, di taluni prodotti** appartenenti alle seguenti categorie:

1) **prodotti tessili** di cui alla L. 26 novembre 1973, n. 883, nonché indumenti in pelle o pellicceria anche artificiali;

2) **apparecchi riceventi per la radiodiffusione e per la televisione**, apparecchi per la registrazione e la riproduzione del suono e delle immagini, apparecchi del settore cine-foto-ottico, nonché talune relative parti e pezzi staccati;

3) dischi, nastri ed altri analoghi **supporti fonografici.**

L'obbligo deve essere adempiuto dal produttore o dall'importatore ovvero da chi effettua acquisti intracomunitari anteriormente a qualsiasi atto di commercializzazione. Dal contrassegno o dall'etichetta devono risultare, per i prodotti indicati al n. 1), eventualmente anche in aggiunta ai dati richiesti dalla legge 26 novembre 1973, n. 883, il numero di partita Iva del soggetto obbligato e la identificazione merceologica del prodotto in base alla voce di tariffa doganale e, in caso di sottovoci, anche al numero di codice statistico; per i prodotti indicati al n. 2), oltre al numero di partita Iva del soggetto obbligato, il numero progressivo attribuito al prodotto. Con gli stessi decreti sono stabilite le caratteristiche, le modalità e i termini dell'apposizione, anche mediante idonee apparecchiature, del contrassegno e della etichetta nonché i relativi controlli. Possono essere altresì prescritte modalità per assicurare il raffronto delle indicazioni contenute nei contrassegni e nelle etichette con i documenti accompagnatori delle merci viaggianti e gli altri documenti commerciali e fiscali.

Con successivi decreti le disposizioni di cui al precedente comma possono essere estese anche a prodotti confezionati in tessuto o in pelle, anche artificiali, diversi dagli indumenti.

Comma abrogato.

Comma abrogato.

Art. 74. Disposizioni relative a particolari settori. – **In deroga** alle disposizioni dei titoli primo e secondo, **l'imposta è dovuta**:

a) **per il commercio di sali e tabacchi** importati o fabbricati **dall'amministrazione autonoma dei monopoli dello Stato**, ceduti attraverso le rivendite dei generi di monopoli, dall'amministrazione stessa, sulla base del prezzo di vendita al pubblico;

b) **per il commercio dei fiammiferi**, limitatamente alle cessioni successive alle consegne effettuate al **Consorzio industrie fiammiferi**, dal Consorzio stesso, sulla base del prezzo di vendita al pubblico. Lo stesso regime si applica nei confronti del soggetto che effettua la prima immissione al consumo di fiammiferi di provenienza comunitaria. L'imposta concorre a formare la percentuale di cui all'art. 8 delle norme di esecuzione annesse al decreto legislativo 17 aprile 1948, n. 525;

c) **per il commercio di giornali** quotidiani, di periodici, **di libri**, dei relativi supporti integrativi e di cataloghi, **dagli editori** sulla base del prezzo di vendita al pubblico, in relazione al numero delle copie vendute. L'imposta può applicarsi in relazione al numero delle copie consegnate o spedite, diminuito a titolo di forfetizzazione della resa del 70 per cento per i libri e dell'80 per cento per i giornali quotidiani e periodici, esclusi quelli pornografici e quelli ceduti unitamente a supporti integrativi o ad altri beni. Per periodici si intendono i prodotti editoriali registrati come pubblicazioni ai sensi della legge 8 febbraio 1948, n. 47 e successive modificazioni. **Per supporti integrativi si intendono i nastri, i dischi, le videocassette e gli altri supporti sonori o videomagnetici o digitali** ceduti, anche gratuitamente, in unica confezione unitamente ai libri per le scuole di ogni ordine e grado e per le università, ivi inclusi i dizionari, e ai libri fruibili dai disabili visivi, a condizione che i beni unitamente ceduti abbiano prezzo indistinto e che, per il loro contenuto, non siano commercializzabili separatamente. Qualora non ricorrano tali condizioni, ai beni ceduti congiuntamente si applica il sesto periodo. La disposizione di cui al primo periodo della presente lettera c) si applica anche se i giornali quotidiani, i periodici ed i libri sono ceduti unitamente a beni diversi dai supporti integrativi, con prezzo indistinto ed in unica confezione, sempreché il costo del bene ceduto, anche gratuitamente, congiuntamente alla pubblicazione non sia superiore al cinquanta per cento del prezzo dell'intera confezione; in ogni caso, l'imposta si applica con l'aliquota di ciascuno dei beni ceduti. I soggetti che esercitano l'opzione per avvalersi delle disposizioni della legge 16 dicembre 1991, n. 398, applicano, per le cessioni di prodotti editoriali, l'imposta in relazione al numero delle copie vendute, secondo le modalità previste dalla predetta legge;

d) per le prestazioni dei gestori di telefoni posti a disposizione del pubblico, nonché per la vendita di qualsiasi mezzo tecnico, ivi compresa la fornitura di codici di accesso, per fruire dei servizi di telecomunicazione, fissa o mobile, e di telematica, dal titolare della concessione o autorizzazione ad esercitare i servizi, sulla base del corrispettivo dovuto dall'utente o, se non ancora determinato, sulla base del prezzo mediamente praticato per la vendita al pubblico in relazione alla quantità di traffico telefonico messo a disposizione tramite il mezzo tecnico. Le stesse disposizioni si applicano ai soggetti non residenti che provvedono alla vendita o alla distribuzione dei mezzi tecnici nel territorio dello Stato tramite proprie stabili organizzazioni nel territorio dello Stato, loro rappresentanti fiscali nominati ai sensi del secondo comma dell'art. 17, ovvero tramite identificazione diretta ai sensi dell'art. 35-*ter*, nonché ai commissionari, agli altri intermediari e ai soggetti terzi che provvedono alla vendita o alla distribuzione nel territorio dello Stato dei mezzi tecnici acquistati da soggetti non residenti. Per tutte le vendite dei mezzi tecnici nei confronti dei soggetti che agiscono nell'esercizio di imprese, arti o professioni, anche successive alla prima cessione, i cedenti rilasciano un documento in cui devono essere indicate anche la denominazione e la partita Iva del soggetto passivo che ha assolto l'imposta. La medesima indicazione deve essere riportata anche sull'eventuale supporto fisico, atto a veicolare il mezzo tecnico, predisposto direttamente o tramite terzi dal soggetto che realizza o commercializza gli stessi;

e) per la vendita di documenti di viaggio relativi ai trasporti pubblici urbani di persone o di documenti di sosta relativi ai parcheggi veicolari, dall'esercente l'attività di trasporto ovvero l'attività di gestione dell'autoparcheggio, sulla base del prezzo di vendita al pubblico. A tal fine le operazioni di vendita al pubblico di documenti di viaggio relativi ai trasporti pubblici urbani di persone o di documenti di sosta relativi ai parcheggi veicolari comprendono le prestazioni di intermediazione con rappresentanza ad esse relative, nonché tutte le operazioni di compravendita effettuate dai rivenditori autorizzati, siano essi primari o secondari.

e-*bis*) lettera abrogata.

Le operazioni non soggette all'imposta in virtù del precedente comma sono equiparate per tutti gli effetti del presente decreto alle operazioni non imponibili di cui al terzo comma dell'art. 2.

Le modalità ed i termini per l'applicazione delle disposizioni dei commi precedenti saranno stabiliti con decreti del Ministro delle finanze.

Gli enti e le imprese che prestano servizi al pubblico con caratteri di uniformità, frequenza e diffusione tali da comportare l'addebito dei corrispettivi per periodi superiori al mese possono essere autorizzati, con decreto del Ministro delle finanze, ad eseguire le liquidazioni periodiche di cui all'art. 27 e i relativi versamenti trimestralmente anziché mensilmente. La stessa autorizzazione può essere concessa agli esercenti impianti di distribuzione di carburante per uso di autotrazione e agli autotrasportatori di cose per conto terzi iscritti all'albo di cui alla legge 6 giugno 1974, n. 298. Non si applicano le disposizioni di cui all'art. 33 per le liquidazioni ed i versamenti trimestrali effettuati dagli esercenti impianti di distribuzione di carburante per uso di autotrazione e dagli autotrasportatori iscritti nell'albo sopra indicato, nonché per le liquidazioni ed i versamenti trimestrali disposti con decreti del Ministro delle finanze, emanati a norma dell'art. 73, primo comma, lettera e), e del primo periodo del presente comma. Per le prestazioni di servizi degli autotrasportatori indicati nel periodo precedente, effettuate nei confronti del medesimo committente, può essere emessa, nel rispetto del termine di cui all'art. 21, quarto comma, primo periodo, una sola fattura per più operazioni di ciascun trimestre solare. In deroga a quanto disposto dall'art. 23, primo comma, le fatture emesse per le prestazioni di servizi dei suddetti autotrasportatori possono essere comunque annotate entro il trimestre solare successivo a quello di emissione.

Nel caso di operazioni derivanti da contratti di subfornitura, qualora per il pagamento del prezzo sia stato pattuito un termine successivo alla consegna del bene o alla comunicazione dell'avvenuta esecuzione della prestazione, il subfornitore può effettuare il versamento con cadenza trimestrale, senza che si dia luogo all'applicazione di interessi.

Per gli intrattenimenti, i giochi e le altre attività di cui alla tariffa allegata al decreto del Presidente della Repubblica 26 ottobre 1972, n. 640, l'imposta si applica sulla stessa base imponibile dell'imposta sugli intrattenimenti ed è riscossa con le stesse modalità stabilite per quest'ultima. La detrazione di cui all'art. 19 è forfettizzata in misura pari al cinquanta per cento dell'imposta relativa alle operazioni imponibili. Se nell'esercizio delle attività incluse nella tariffa vengono effettuate anche cessioni o concessioni di diritti di ripresa televisiva e di trasmissione radiofonica, comunque connesse alle attività di cui alla tariffa stessa, l'imposta si applica con le predette modalità ma la detrazione è forfettizzata in misura ad un terzo per le cessioni o concessioni di ripresa televisiva e di trasmissione radiofonica. I soggetti che svolgono le attività incluse nella tariffa sono esonerati dall'obbligo di fatturazione, tranne che per le prestazioni di sponsorizzazione, per le cessioni o concessioni di diritti di ripresa televisiva e di trasmissione radiofonica e per le prestazioni pubblicitarie; sono altresì esonerati dagli obblighi di registrazione e dichiarazione, salvo quanto stabilito dall'art. 25; **per il contenzioso si applica la disciplina stabilita per l'imposta sugli intrattenimenti**. Le singole imprese hanno la facoltà di optare per l'applicazione dell'imposta nei modi ordinari dandone comunicazione al concessionario di cui all'art. 17 del decreto del Presidente della Repubblica 26 ottobre 1972, n. 640, competente in relazione al proprio domicilio fiscale, prima dell'inizio dell'anno solare ed all'ufficio delle entrate secondo le disposizioni del decreto del Presidente della Repubblica 10 novembre 1997, n. 442; l'opzione ha effetto fino a quando non è revocata ed è comunque vincolante per un quinquennio.

Comma abrogato.

Per le cessioni di rottami, cascami e avanzi di metalli ferrosi e dei relativi lavori, di carta da macero, di stracci e di scarti di ossa, di pelli, di vetri, di gomma e plastica, nonché di bancali di legno (pallet) recuperati ai cicli di utilizzo successivi al primo, intendendosi comprese anche quelle relative agli anzidetti beni che siano stati ripuliti, selezionati, tagliati, compattati, lingottati o sottoposti ad altri trattamenti atti a facilitarne l'utilizzazione, il trasporto e lo stoccaggio senza modificarne la natura, **al pagamento dell'imposta è tenuto il cessionario**, se soggetto passivo d'imposta nel territorio dello Stato. La fattura, emessa dal cedente senza addebito dell'imposta, con l'osservanza delle disposizioni di cui agli artt. 21 e seguenti e con l'indicazione della norma di cui al presente comma, deve essere integrata dal cessionario con l'indicazione dell'aliquota e della relativa imposta e deve essere annotata nel registro di cui agli artt. 23 o 24 entro il mese di ricevimento ovvero anche successivamente, ma comunque entro quindici giorni dal ricevimento e con riferimento al relativo mese; lo stesso documento, ai fini della detrazione, è annotato anche nel registro di cui all'art. 25. Agli effetti della **limitazione** contenuta nel terzo comma **dell'art. 30 le cessioni sono considerate operazioni imponibili**. Le disposizioni di cui al presente comma si applicano anche per le cessioni dei semilavorati di metalli ferrosi di cui alle seguenti voci della tariffa doganale comune vigente al 31 dicembre 2003:

a) ghise gregge e ghise specolari in pani, salmoni o altre forme primarie (v.d. 72.01);

b) ferro-leghe (v.d. 72.02);

c) prodotti ferrosi ottenuti per riduzione diretta di minerali di ferro ed altri prodotti ferrosi spugnosi, in pezzi, palline o forme simili; ferro di purezza minima in peso, di 99,94 per cento, in pezzi, in palline o forme simili (v.d. 72.03);

d) graniglie e polveri, di ghisa greggia, di ghisa specolare, di ferro o di acciaio (v.d. 72.05).

Le disposizioni del precedente comma si applicano anche per le cessioni di rottami, cascami e avanzi di metalli non ferrosi e dei relativi lavori, dei semilavorati di metalli non ferrosi di cui alle seguenti voci della tariffa doganale comune vigente al 31 dicembre 1996:

a) rame raffinato e leghe di rame, greggio (v.d. 74.03);

b) nichel greggio, anche in lega (v.d. 75.02);

c) alluminio greggio, anche in lega (v.d. 76.01);

d) piombo greggio, raffinato, antimoniale e in lega (v.d. 78.01);

e) zinco greggio, anche in lega (v.d. 79.01);

e-*bis*) stagno greggio, anche in lega (v.d. 80.01);

e-*ter*) filo di rame con diametro superiore a 6 millimetri (vergella) (v.d. 7408.11);

e-*quater*) filo di alluminio non legato con diametro superiore a 7 millimetri (vergella) (v.d. 7605.11);

e-*quinquies*) filo di leghe di alluminio con diametro superiore a 7 millimetri (vergella) (v.d. 7605.21);

e-*sexies*) barre di ottone (v.d. 74.07.21).

Comma 9 abrogato.

Comma 10 abrogato.

Comma 11 abrogato.

Nelle operazioni indicate nel primo comma, lettere a), b) e c) non sono comprese le prestazioni di intermediazione con rappresentanza ad esse relative.

Art. 74-*bis*. Disposizioni per il fallimento e la liquidazione coatta amministrativa. – Per le **operazioni effettuate** anteriormente alla dichiarazione di fallimento o di liquidazione coatta amministrativa, gli **obblighi di fatturazione e registrazione**, sempreché i relativi **termini non** siano ancora **scaduti**, devono essere **adempiuti dal curatore o dal commissario liquidatore entro quattro mesi dalla nomina**.

Per le **operazioni effettuate successivamente** all'apertura del fallimento o all'inizio della liquidazione coatta amministrativa gli **adempimenti** previsti dal presente decreto, anche se è stato disposto l'esercizio provvisorio, devono essere **eseguiti dal curatore o dal commissario liquidatore**. Le fatture devono essere emesse entro trenta giorni dal momento di effettuazione delle operazioni e le liquidazioni periodiche di cui agli artt. 27 e 33 devono essere eseguite solo se nel mese o trimestre siano state registrate operazioni imponibili.

In deroga a quanto disposto dal primo comma dell'art. 38-*bis*, i rimborsi previsti nell'art. 30, non ancora liquidati alla data della dichiarazione di fallimento o di liquidazione coatta amministrativa e i rimborsi successivi, sono eseguiti senza la prestazione delle prescritte garanzie per un ammontare non superiore a 258.228,45 euro.

Art. 74-*ter*. Disposizioni per le agenzie di viaggio e turismo. – 1. Le operazioni effettuate dalle agenzie di viaggio e di turismo per la organizzazione di pacchetti turistici costituiti, ai sensi dell'art. 2 del decreto legislativo 17 marzo 1995, n. 111, da viaggi vacanze, circuiti tutto compreso e connessi servizi, verso il pagamento di un corrispettivo globale sono considerate come una prestazione di servizi unica. Le disposizioni del presente si applicano anche qualora le suddette prestazioni siano rese dalle agenzie di viaggio e turismo tramite mandatari; le stesse disposizioni non si applicano alle agenzie di viaggio e turismo che agiscono in nome e per conto dei clienti.

2. Ai fini della determinazione dell'imposta sulle operazioni indicate nel comma 1, **il corrispettivo dovuto all'agenzia di viaggi e turismo è diminuito dei costi sostenuti per le cessioni di beni e prestazioni di servizi effettuate da terzi a diretto vantaggio dei viaggiatori, al lordo della relativa imposta.**

3. Non è ammessa in detrazione l'imposta relativa ai costi di cui al comma 2.

4. Se la differenza di cui al comma 2, per effetto di variazioni successivamente intervenute nel costo, risulta superiore a quella determinata all'atto della conclusione del contratto, la maggiore imposta è a carico dell'agenzia; se risulta inferiore i viaggiatori non hanno diritto al rimborso della minore imposta.

5. Per le prestazioni rese dalle agenzie di viaggio e turismo che agiscono in nome e per conto proprio relative a pacchetti turistici organizzati da altri soggetti e per le prestazioni dei mandatari senza rappresentanza di cui al secondo periodo del comma 1, l'imposta si applica sulla differenza, al netto dell'imposta, tra il prezzo del pacchetto turistico ed il corrispettivo dovuto all'agenzia di viaggio e turismo, comprensivi dell'imposta.

5-*bis*. Per le operazioni rese dalle agenzie di viaggio e turismo relative a prestazioni di servizi turistici effettuati da altri soggetti, che non possono essere considerati pacchetti turistici ai sensi dell'art. 2 del decreto legislativo 17 marzo 1995, n. 111, qualora precedentemente acquisite nella disponibilità dell'agenzia, l'imposta si applica, sempreché dovuta, con le stesse modalità previste dal comma 5.

6. Se le prestazioni rese al cliente sono eseguite in tutto o in parte fuori della Comunità economica europea la parte della prestazione della agenzia di viaggio ad essa corrispondente non è soggetta ad imposta a norma dell'art. 9.

7. Per le operazioni di cui al comma 1 deve essere emessa fattura ai sensi dell'art. 21, senza separata indicazione dell'imposta, **considerando quale momento impositivo il pagamento integrale del corrispettivo o l'inizio del viaggio o del soggiorno se antecedente.** Se le operazioni sono effettuate tramite intermediari, la fattura può essere emessa entro il mese successivo.

8. Le agenzie organizzatrici per le prestazioni di intermediazione emettono una fattura riepilogativa mensile per le provvigioni corrisposte a ciascun intermediario, da annotare nei registri di cui agli artt. 23 e 25 entro il mese successivo, inviandone copia, ai sensi e per gli effetti previsti dall'art. 21, comma 1, quarto periodo, al rappresentante, il quale le annota ai sensi dell'art. 23 senza la contabilizzazione della relativa imposta.

8-*bis*. Le agenzie di viaggi e turismo possono, per le prestazioni di organizzazione di convegni, congressi e simili, applicare il regime ordinario dell'imposta. In tali casi le agenzie di viaggi e turismo possono detrarre l'imposta dovuta o versata per i servizi da esse acquistati dai loro fornitori, se si tratta di operazioni effettuate a diretto vantaggio del cliente. Il diritto alla detrazione sorge nel momento in cui diventa esigibile l'imposta per la prestazione in relazione alla quale le agenzie di viaggi e turismo optano per il regime ordinario dell'imposta. Qualora applichino sia il regime ordinario dell'imposta sia il regime speciale d'imposizione sul margine, le agenzie di viaggi e turismo devono registrare separatamente nella propria contabilità le operazioni che rientrano in ciascuno di tali regimi.

9. Con decreto del Ministro delle finanze, da adottare ai sensi dell'art. 17, comma 3, della legge 23 agosto 1988, n. 400, sono stabilite le modalità di attuazione del presente articolo.

Art. 74-*quater*. Disposizioni per le attività spettacolistiche. – 1. Le prestazioni di servizi indicate nella tabella C allegata al presente decreto, incluse le operazioni ad esse accessorie, salvo quanto stabilito al comma 5, si considerano effettuate nel momento in cui ha inizio l'esecuzione delle manifestazioni, ad eccezione delle operazioni eseguite in abbonamento per le quali l'imposta è dovuta all'atto del pagamento del corrispettivo.

2. Per le operazioni di cui al comma 1

le imprese assolvono gli obblighi di certificazione dei corrispettivi con il rilascio di un titolo di accesso emesso mediante apparecchi misuratori fiscali ovvero mediante biglietterie automatizzate nel rispetto della disciplina di cui alla legge 26 gennaio 1983, n. 18, e successive modificazioni e integrazioni.

3. Il partecipante deve conservare il titolo di accesso per tutto il tempo in cui si trattiene nel luogo in cui si svolge la manifestazione spettacolistica. Dal titolo di accesso deve risultare la natura dell'attività spettacolistica, la data e l'ora dell'evento, la tipologia, il prezzo ed ogni altro elemento identificativo delle attività di spettacolo e di quelle ad esso accessorie. I titoli di accesso possono essere emessi mediante sistemi elettronici centralizzati gestiti anche da terzi. Il Ministero delle finanze con proprio decreto stabilisce le caratteristiche tecniche, i criteri e le modalità per l'emissione dei titoli di accesso.

4. Per le attività di cui alla tabella C organizzate in modo saltuario od occasionale, deve essere data preventiva comunicazione delle manifestazioni programmate al concessionario di cui all'art. 17 del decreto del Presidente della Repubblica 26 ottobre 1972, n. 640, competente in relazione al luogo in cui si svolge la manifestazione.

5. I soggetti che effettuano spettacoli viaggianti, nonché quelli che svolgono le altre attività di cui alla tabella C allegata al presente decreto che nell'anno solare precedente hanno realizzato un volume di affari non superiore a euro 25.822,84, determinano la base imponibile nella misura del 50 per cento dell'ammontare complessivo dei corrispettivi riscossi, con totale indetraibilità dell'imposta assolta sugli acquisti, con esclusione delle associazioni sportive dilettantistiche, le associazioni proloco e le associazioni senza scopo di lucro che optano per l'applicazione delle disposizioni di cui alla legge 16 dicembre 1991, n. 398. Gli adempimenti contabili previsti per i suddetti soggetti sono disciplinati con regolamento da emanare ai sensi dell'art. 3, comma 136, della legge 23 dicembre 1996, n. 662. È data facoltà di optare per l'applicazione dell'imposta nei modi ordinari secondo le disposizioni del decreto del Presidente della Repubblica 10 novembre 1997, n. 442; l'opzione ha effetto fino a quando non è revocata ed è comunque vincolante per un quinquennio.

6. Per le attività indicate nella tabella C, nonché per le attività svolte dai soggetti che optano per l'applicazione delle disposizioni di cui alla legge 16 dicembre 1991, n. 398, e per gli intrattenimenti di cui al decreto del Presidente della Repubblica 26 ottobre 1972, n. 640, il concessionario di cui all'art. 17 del medesimo decreto coopera, ai sensi dell'art. 52, con gli uffici delle entrate anche attraverso il controllo contestuale delle modalità di svolgimento delle manifestazioni, ivi compresa l'emissione, la vendita e la prevendita dei titoli d'ingresso, nonché delle prestazioni di servizi accessori, al fine di acquisire e reperire elementi utili all'accertamento dell'imposta ed alla repressione delle violazioni procedendo di propria iniziativa o su richiesta dei competenti uffici dell'amministrazione finanziaria alle operazioni di accesso, ispezione e verifica secondo le norme e con le facoltà di cui all'art. 52, trasmettendo agli uffici stessi i relativi processi verbali di constatazione. Si rendono applicabili le norme di coordinamento di cui all'art. 63, commi secondo e terzo. Le facoltà di cui all'art. 52 sono esercitate dal personale del concessionario di cui all'art. 17 del decreto del Presidente della Repubblica 26 ottobre 1972, n. 640, con rapporto professionale esclusivo, previamente individuato in base al possesso di una adeguata qualificazione e inserito in apposito elenco comunicato al Ministero delle finanze. A tal fine, con decreto del Ministero delle finanze sono stabilite le mo-

dalità per la fornitura dei dati tra gli esercenti le manifestazioni spettacolistiche, il Ministero per i beni e le attività culturali, il concessionario di cui al predetto art. 17 del decreto n. 640 del 1972 e l'anagrafe tributaria. Si applicano altresì le disposizioni di cui agli artt. 18, 22 e 37 dello stesso decreto n. 640 del 1972.

6-*bis*. Ai fini dell'applicazione dell'aliquota Iva, le consumazioni obbligatorie nelle discoteche e sale da ballo si considerano accessorie alle attività di intrattenimento o di spettacolo ivi svolte.

Art. 74-*quinquies*. Regime speciale per i servizi resi da soggetti non UE. – 1. I soggetti passivi domiciliati o residenti fuori dell'Unione europea, non stabiliti in alcuno Stato membro dell'Unione, possono identificarsi in Italia, con le modalità previste dal presente articolo, per l'assolvimento degli obblighi in materia di imposta sul valore aggiunto relativamente a tutti servizi resi nell'Unione europea a committenti non soggetti passivi d'imposta. A tal fine presentano apposita richiesta all' Agenzia delle entrate, la quale comunica al soggetto richiedente il numero di identificazione attribuito.

2. I soggetti che si avvalgono del regime previsto dal presente articolo sono dispensati dagli obblighi di cui al titolo II; qualora sia emessa fattura si applicano le disposizioni di cui agli articoli 21 e seguenti.

3. La richiesta di cui al comma 1 contiene almeno le seguenti indicazioni:

a) per le persone fisiche, il cognome e nome ed eventualmente la ditta; per i soggetti diversi dalle persone fisiche, la ragione sociale, la denominazione;

b) indirizzo postale, indirizzi elettronici, inclusi i siti web;

c) numero di codice fiscale attribuito dallo Stato di residenza o domicilio, se previsto;

d) dichiarazione di non essere stabiliti ai fini dell'imposta sul valore aggiunto all'interno dell'Unione europea.

4. In caso di variazione dei dati presentati, i soggetti di cui al comma 1 ne danno comunicazione all'Agenzia delle entrate. Gli stessi soggetti presentano un'analoga comunicazione se non intendono più fornire servizi di cui al comma 1 o non soddisfano più i requisiti per avvalersi del regime speciale previsto dal presente articolo.

5. I soggetti identificati ai sensi del presente articolo sono esclusi dal regime speciale se:

a) comunicano di non fornire più servizi di cui al comma 1;

b) si può altrimenti presumere che le loro attività di fornitura di servizi di cui al comma 1 siano cessate;

c) non soddisfano più i requisiti necessari per avvalersi del regime speciale;

d) persistono a non osservare le norme relative al presente regime speciale.

6. I soggetti di cui al comma 1 presentano, per ciascun trimestre dell'anno solare ed entro la fine del mese successivo al trimestre di riferimento, anche in mancanza di operazioni, una dichiarazione dalla quale risultano:

a) il numero di identificazione;

b) l'ammontare delle prestazioni di servizi di cui al comma 1 nel periodo di riferimento, distintamente per ciascuno Stato membro in cui la prestazione di servizi si considera effettuata e suddiviso per aliquote, al netto dell'imposta sul valore aggiunto;

c) le aliquote applicate in relazione allo Stato membro in cui la prestazione di servizi si considera effettuata;

d) l'ammontare dell'imposta sul valore aggiunto, suddiviso per aliquote, spettante a ciascuno Stato membro in cui la prestazione di servizi si considera effettuata.

6-*bis*. La dichiarazione può essere modificata entro tre anni dalla data in cui doveva essere presentata la dichiarazione iniziale con una dichiarazione relativa a periodi d'imposta successivi, indicando il pertinente Stato membro in cui la prestazione di servizi si considera effettuata, il periodo di imposta e l'importo dell'imposta in relazione ai quali sono richieste le modifiche.

7. Per le prestazioni di servizi il cui corrispettivo è fissato in valuta diversa dall'euro, il prestatore, in sede di redazione della dichiarazione di cui al comma 6, utilizza il tasso di cambio pubblicato dalla Banca centrale europea l'ultimo giorno del periodo cui si riferisce la dichiarazione o, in mancanza, quello del primo giorno successivo di pubblicazione.

8. Le comunicazioni e le dichiarazioni previste nei commi 1, 4 e 6 sono redatte in base ai modelli approvati con provvedimento del direttore dell'Agenzia delle entrate in conformità con quanto previsto dall'ordinamento dell'Unione europea in materia di obblighi di trasmissione dei messaggi elettronici comuni ed inviate all'Agenzia delle entrate in via telematica con le modalità definite nello stesso provvedimento.

9. I soggetti di cui al comma 1, entro il termine per la presentazione della dichiarazione di cui al comma 6, effettuano il versamento dell'imposta sul valore aggiunto dovuta in base alla dichiarazione medesima.

10. I soggetti di cui al comma 1 conservano un'idonea documentazione delle relative operazioni fino alla fine del decimo anno successivo a quello di effettuazione delle medesime. Tale documentazione è fornita, su richiesta, all'Amministrazione finanziaria e alle autorità fiscali degli Stati membri ove le operazioni sono state effettuate.

11. I soggetti di cui al comma 1 non possono detrarre dall'imposta dovuta ai sensi del presente articolo quella relativa agli acquisti di beni e servizi ed alle importazioni di beni; l'imposta relativa agli acquisti di beni e servizi ed alle importazioni di beni effettuati nel territorio dello Stato può essere in ogni caso chiesta a rimborso ai sensi dell'art. 38-*ter*, comma 1-*bis*. Detti soggetti passivi possono esercitare il diritto alla detrazione relativa agli acquisti di beni e servizi ed alle importazioni di beni effettuati nel territorio dello Stato, qualora spettante ai sensi degli articoli 19 e seguenti, dall'ammontare dell'imposta applicata alle operazioni effettuate nell'ambito delle attività non assoggettate al regime speciale svolte dai soggetti passivi stessi.

Art. 74-*sexies*. Regime speciale per i servizi resi da soggetti UE, per le vendite a distanza intracomunitarie di beni e per le cessioni di beni con partenza e arrivo nel territorio dello stesso Stato membro facilitare da interfacce elettroniche. – 1. I soggetti passivi domiciliati nel territorio dello Stato, o ivi residenti che non abbiano stabilito il domicilio all'estero, identificati in Italia, possono, ai fini dell'assolvimento degli obblighi in materia di imposta sul valore aggiunto per tutti i servizi resi negli altri Stati membri dell'Unione europea nei confronti di committenti non soggetti passivi d'imposta, per tutte le vendite a distanza intracomunitarie di beni di cui all'art. 38-*bis*, commi 1 e 3, del decreto-legge 30 agosto 1993, n. 331, convertito, con modificazioni, dalla legge 29 ottobre 1993, n. 427, e per tutte le cessioni di beni per le quali un soggetto passivo si considera cessionario e rivenditore ai sensi dell'articolo 2-*bis*, comma 1, lettera a), optare per l'applicazione delle disposizioni previste dall'art. 74-*quinquies* e dal presente articolo.

2. L'opzione di cui al comma 1 può essere esercitata anche dai soggetti passivi domiciliati o residenti fuori dell'Unione europea che dispongono di una stabile organizzazione nel territorio dello Stato, nonché dai soggetti passivi domiciliati o residenti fuori dell'Unione europea che non dispongono di una stabile organizzazione nell'Unione europea e che spediscono o trasportano i beni a partire dallo Stato. Tuttavia, nel caso in cui un soggetto passivo disponga di una stabile organizzazione anche in un altro

Stato membro dell'Unione europea o spedisca o trasporti beni anche a partire da altri Stati membri dell'Unione europea, l'opzione di cui al comma 1 non può essere revocata prima del termine del secondo anno successivo a quello del suo esercizio.

3. Il numero di partita IVA attribuito al soggetto passivo ai sensi dell'art. 35, comma 1, è utilizzato anche in relazione all'opzione esercitata a norma del comma 1.

3-*bis*. I soggetti identificati ai sensi del presente articolo sono esclusi dal regime speciale se ricorre una delle seguenti condizioni:

a) comunicano di non effettuare più le attività di cui al comma 1;

b) si può altrimenti presumere che le loro attività di cui al comma 1 siano cessate;

c) non soddisfano più i requisiti necessari per avvalersi del presente regime speciale;

d) persistono a non osservare le norme relative al presente regime speciale.

4. I soggetti che si avvalgono del presente regime speciale, nella dichiarazione presentata ai sensi dell'art. 74-*quinquies*, comma 6, indicano:

a) il numero di identificazione IVA;

b) l'ammontare delle prestazioni dei servizi di cui al comma 1 effettuate nel periodo di riferimento, distintamente per ciascuno Stato membro in cui l'imposta è dovuta e suddiviso per aliquote, al netto dell'imposta sul valore aggiunto;

c) l'ammontare delle vendite a distanza intracomunitarie di beni di cui al comma 1 distintamente per ciascuno Stato membro in cui l'imposta è dovuta e suddiviso per aliquote, al netto dell'imposta sul valore aggiunto;

d) l'ammontare delle cessioni di beni con partenza e arrivo nel territorio dello stesso Stato membro, facilitate tramite l'uso di interfacce elettroniche, ai sensi dell'articolo 2-*bis*, effettuate nel periodo di riferimento, suddiviso per aliquote, al netto dell'imposta sul valore aggiunto;

e) le aliquote applicate in relazione allo Stato membro in cui l'IVA è dovuta;

f) l'ammontare dell'imposta sul valore aggiunto, suddiviso per aliquote, spettante a ciascuno Stato membro in cui l'imposta è dovuta.

4-*bis*. Nella dichiarazione di cui al comma 4 sono, inoltre, indicati i seguenti dati:

a) se i soggetti optanti dispongono di stabili organizzazioni in altri Stati membri dell'Unione europea, in relazione ai servizi resi dalla stabile organizzazione in ciascuno Stato membro, diverso da quello in cui quest'ultima è localizzata, l'ammontare totale al netto dell'imposta, le aliquote IVA applicabili, l'importo totale dell'imposta corrispondente diviso per aliquote e l'imposta totale dovuta, ripartiti per ciascuno Stato membro in cui i servizi si considerano effettuati, nonché il numero individuale di identificazione IVA o il numero di registrazione fiscale della stabile organizzazione stessa;

b) se i beni sono spediti o trasportati a partire da altri Stati membri, per ciascuno Stato membro di partenza della spedizione o del trasporto dei beni, in relazione alle vendite a distanza intracomunitarie di beni diverse da quelle di cui all'articolo 2-*bis*, comma 1, lettera a), e in relazione alle vendite a distanza intracomunitarie di beni e alle cessioni di beni di cui all'articolo 2-*bis*, comma 1, lettera a), l'ammontare totale di tali operazioni al netto dell'imposta, le aliquote IVA applicabili, l'importo totale dell'imposta corrispondente suddiviso per aliquote e l'imposta totale dovuta, ripartiti per ciascuno Stato membro dell'Unione europea di arrivo della spedizione o del trasporto, nonché il numero individuale di identificazione IVA o il numero di registrazione fiscale assegnato da ciascuno Stato membro da cui tali beni sono spediti o trasportati. In caso di vendite a distanza intracomunitarie di beni e di cessioni di beni di cui all'articolo 2-*bis*, comma 1, lettera a), il numero individuale di identificazione IVA o il numero di registrazione fiscale assegnato dallo Stato membro da cui tali beni sono spediti o trasportati è indicato se disponibile.

5. Il soggetto passivo che ha esercitato l'opzione di cui al comma 1 non può detrarre dall'imposta dovuta ai sensi dell'art. 74-*quinquies* quella relativa agli acquisti di beni e servizi ed alle importazioni di beni. Detto soggetto passivo può esercitare il diritto alla detrazione relativa agli acquisti di beni e servizi ed alle importazioni di beni effettuati nel territorio dello Stato, qualora spettante ai sensi dell'art. 19, e seguenti, dall'ammontare dell'imposta applicata alle operazioni effettuate nell'ambito delle attività non assoggettate al regime speciale svolte dal soggetto passivo stesso.

Art. 74-*sexies*.1. Regime speciale per la vendita a distanza di beni importati da territori terzi i Paesi terzi. – 1. I soggetti passivi domiciliati nel territorio dello Stato o ivi residenti che non abbiano stabilito il domicilio all'estero, i soggetti passivi domiciliati o residenti fuori dell'Unione europea che dispongono di una stabile organizzazione nello Stato e i soggetti passivi domiciliati o residenti fuori dell'Unione europea non stabiliti in alcuno Stato membro dell'Unione europea, per l'assolvimento degli obblighi in materia di imposta sul valore aggiunto, relativi a tutte le vendite a distanza di beni importati da territori terzi o paesi terzi, di cui all'articolo 38-*bis*, commi 2 e 3, del decreto-legge 30 agosto 1993, n. 331, convertito, con modificazioni, dalla legge 29 ottobre 1993, n. 427, ad eccezione dei beni soggetti ad accisa, in spedizioni di valore intrinseco non superiore a 150 euro, possono identificarsi in Italia, con le modalità previste dal presente articolo. I soggetti passivi stabiliti in paesi terzi, che non dispongono di una stabile organizzazione nello Stato, esercitano l'opzione tramite un unico rappresentante fiscale appositamente nominato ai fini del presente regime speciale, nella forma prevista dall'articolo 17, terzo comma, tranne che siano stabiliti in un paese terzo con il quale l'Unione europea ha concluso un accordo di assistenza reciproca di portata analoga alla direttiva 2010/24/UE del Consiglio e al regolamento (UE) n. 904/2010 ed effettuino vendite a distanza di beni provenienti da tale paese terzo. I soggetti diversi da quelli di cui al periodo precedente possono esercitare l'opzione direttamente o mediante un unico rappresentante fiscale appositamente nominato nella forma prevista dall'articolo 17, terzo comma.

2. Per le vendite a distanza di beni importati da territori terzi o paesi terzi, dichiarate ai sensi del presente regime speciale, la cessione si considera effettuata e l'imposta diviene esigibile nel momento in cui il pagamento è accettato.

3. I soggetti che si avvalgono del regime speciale previsto dal presente articolo sono dispensati dagli obblighi di cui al titolo II; qualora sia emessa fattura si applicano le disposizioni di cui agli articoli 21 e seguenti.

4. L'opzione è esercitata mediante richiesta all'Agenzia delle entrate, la quale comunica al soggetto richiedente il numero di identificazione attribuito per l'applicazione del presente regime speciale. Nel caso in cui un soggetto passivo disponga di una stabile organizzazione anche in un altro Stato membro dell'Unione europea, l'opzione di cui al comma 1 non può essere revocata prima del termine del secondo anno successivo a quello del suo esercizio.

5. La richiesta di cui al comma 4 è presentata prima di iniziare ad avvalersi del presente regime speciale e contiene almeno le seguenti indicazioni:

a) per le persone fisiche, il cognome e il nome ed eventualmente la ditta; per i soggetti diversi dalle persone fisiche, la ragione sociale, la denominazione;

b) indirizzo postale, indirizzi elettronici, inclusi i siti web;

c) numero di identificazione IVA o di codice fiscale attribuito dallo Stato di residenza o domicilio, se previsto.

6. Il rappresentante fiscale comunica le informazioni di cui al comma 5 per se stesso e per ogni soggetto rappresentato; per il soggetto rappresentato, comunica, inoltre, il numero individuale di identificazione allo stesso attribuito per l'applicazione del presente regime speciale.

7. Le variazioni dei dati di cui ai commi 5 e 6 sono comunicate all'Agenzia delle entrate.

8. I soggetti identificati ai sensi del presente articolo sono esclusi dal regime speciale se ricorre una delle seguenti condizioni:

a) comunicano, direttamente o tramite rappresentante fiscale, di non effettuare più vendite a distanza di beni importati da territori terzi o paesi terzi;

b) si può altrimenti presumere che la loro attività di vendita a distanza di beni importati da territori terzi o paesi terzi sia cessata;

c) non soddisfano più i requisiti necessari per avvalersi del presente regime speciale;

d) persistono a non osservare le norme relative al presente regime speciale;

e) il rappresentante fiscale comunica di non agire più in loro nome e per loro conto.

9. Il rappresentante fiscale è escluso dal presente regime speciale se:

a) per due trimestri civili consecutivi non ha agito come rappresentante fiscale di un soggetto che si avvale del presente regime speciale;

b) non soddisfa più le condizioni necessarie per agire in qualità di rappresentante fiscale ai fini del presente regime speciale;

c) persiste a non osservare le norme relative al presente regime speciale.

10. I soggetti che hanno esercitato l'opzione presentano per ciascun mese, entro la fine del mese successivo a quello al quale la dichiarazione si riferisce, anche in mancanza di operazioni, una dichiarazione dalla quale risultano:

a) il numero di identificazione IVA attribuito per l'applicazione del presente regime;

b) l'ammontare delle vendite a distanza di beni importati da territori terzi o paesi terzi per le quali l'imposta è diventata esigibile nel mese di riferimento, distintamente per ciascuno Stato membro di arrivo della spedizione o del trasporto dei beni a destinazione dell'acquirente e suddiviso per aliquote, al netto dell'imposta sul valore aggiunto;

c) le aliquote applicate nello Stato membro di arrivo della spedizione o del trasporto dei beni a destinazione dell'acquirente;

d) l'ammontare dell'imposta sul valore aggiunto, suddiviso per aliquote, spettante a ciascuno Stato membro di arrivo della spedizione o del trasporto dei beni a destinazione dell'acquirente.

11. La dichiarazione può essere modificata con una successiva dichiarazione presentata entro tre anni dalla data in cui doveva essere presentata la dichiarazione iniziale, che indichi il pertinente Stato membro in cui l'imposta è dovuta, il periodo di imposta e l'importo dell'imposta sul valore aggiunto in relazione ai quali sono richieste le modifiche.

12. Per le vendite a distanza di beni importati da territori terzi o paesi terzi il cui corrispettivo è fissato in valuta diversa dall'euro, in sede di redazione della dichiarazione è utilizzato il tasso di cambio pubblicato dalla Banca centrale europea l'ultimo giorno del periodo d'imposta al quale si riferisce la dichiarazione o, in mancanza, quello del primo giorno successivo di pubblicazione.

13. Le comunicazioni e le dichiarazioni previste dal presente articolo sono redatte in base ai modelli approvati con

provvedimento del direttore dell'Agenzia delle entrate, in conformità a quanto previsto dall'ordinamento dell'Unione europea in materia di obblighi di trasmissione dei messaggi elettronici comuni, e inviate all'Agenzia delle entrate in via telematica con le modalità definite nello stesso provvedimento.

14. Il versamento dell'imposta dovuta in base alla dichiarazione di cui al comma 10 è effettuato entro il termine per la presentazione della dichiarazione medesima.

15. I soggetti che si avvalgono del presente regime speciale conservano la documentazione delle relative operazioni fino alla fine del decimo anno successivo a quello di effettuazione delle medesime e la forniscono in formato elettronico, su richiesta, all'amministrazione finanziaria e alle autorità fiscali degli Stati membri ove le operazioni sono state effettuate.

16. I soggetti che si avvalgono del presente regime speciale non possono detrarre dall'imposta dovuta ai sensi del presente articolo quella relativa agli acquisti di beni e servizi ed alle importazioni di beni; l'imposta relativa agli acquisti di beni e servizi ed alle importazioni di beni effettuati nel territorio dello Stato può essere in ogni caso chiesta a rimborso ai sensi dell'articolo 38-*ter*, comma 1-*bis*. Detti soggetti passivi possono esercitare il diritto alla detrazione relativa agli acquisti di beni e servizi ed alle importazioni di beni effettuati nel territorio dello Stato, qualora spettante ai sensi degli articoli 19 e seguenti, dall'ammontare dell'imposta applicata alle operazioni effettuate nell'ambito delle attività non assoggettate al regime speciale svolte dai soggetti passivi stessi.

17. Ai fini del comma 1, il valore in euro dell'importazione è determinato in base al tasso di cambio pubblicato dalla Banca centrale europea del primo giorno lavorativo d'ottobre, con effetto dal 1° gennaio dell'anno successivo.

Art. 74-*septies*. Disposizioni per i soggetti identificati in un altro Stato membro. – 1. In relazione all'imposta sul valore aggiunto dovuta sulle prestazioni dei servizi effettuate nel territorio dello Stato, sulle vendite a distanza intracomunitarie di beni e sulle vendite a distanza di beni importati da territori terzi o paesi terzi, con arrivo della spedizione o del trasporto a destinazione dell'acquirente nello Stato, nonché sulle cessioni effettuate tramite l'uso di interfacce elettroniche, con partenza e arrivo dei beni nel territorio dello Stato a destinazione di non soggetti passivi, i soggetti passivi domiciliati o residenti fuori dell'Unione europea che hanno chiesto in un altro Stato membro dell'Unione europea l'applicazione del regime speciale disciplinato dal titolo XII, capo 6, sezioni 2, 3 e 4, della direttiva 2006/112/CE, nonché i soggetti passivi domiciliati o residenti in un altro Stato membro dell'Unione ed ivi identificati che hanno chiesto in detto Stato membro l'applicazione del regime speciale disciplinato dal titolo XII, capo 6, sezioni 3 e 4, della direttiva 2006/112/CE, osservano gli obblighi previsti nell'ambito di tali regimi nonché le disposizioni del presente articolo.

2. I soggetti passivi domiciliati o residenti in un altro Stato membro dell'Unione europea ed ivi identificati, che hanno chiesto in detto Stato membro l'applicazione del regime speciale disciplinato dal titolo XII, capo 6, sezioni 2, 3 e 4, della direttiva 2006/112/CE e che risultino identificati anche in Italia, recuperano l'imposta relativa agli acquisti di beni e servizi ed alle importazioni di beni effettuati nel territorio dello Stato **esercitando il diritto alla detrazione della medesima, qualora spettante ai sensi dell'art. 19 e seguenti**, dall'ammontare dell'imposta applicata alle operazioni effettuate nell'ambito delle attività non assoggettate al regime speciale svolte dal soggetto passivo stesso. Qualora tali

soggetti passivi non risultino identificati in Italia, possono chiedere il rimborso dell'imposta ai sensi dell'art. 38-*bis*2 anche in deroga a quanto previsto al comma 1, secondo periodo, dello stesso articolo, se domiciliati o residenti in altro Stato membro, e ai sensi dell'articolo 38-*ter*, comma 1-*bis*, se domiciliati o residenti fuori dell'Unione europea.

3. I soggetti di cui al comma 1, su richiesta, forniscono all'Amministrazione finanziaria idonea documentazione relativa alle operazioni effettuate.

4. In relazione alle operazioni di cui al comma 1 effettuate nel territorio dello Stato, i soggetti passivi di cui al medesimo comma sono dispensati dagli obblighi di cui al titolo II.

Art. 74-*octies*. Disposizioni sulla riscossione e ripartizione dell'imposta. – 1. Il versamento dell'imposta sul valore aggiunto di cui agli artt. 74-*quinquies*, comma 9, 74-*sexies* e 74-*sexies*.1, comma 14, è effettuato, senza la possibilità di avvalersi dell'istituto della compensazione di cui all'art. 17 del decreto legislativo 9 luglio 1997, n. 241, secondo modalità stabilite con decreto del Ministero dell'economia e delle finanze.

2. Ai fini di cui al comma 1, è autorizzata l'apertura di una nuova contabilità speciale presso la Banca d'Italia, intestata all'Agenzia delle entrate. Le somme affluite sulla predetta contabilità speciale, che al 31 dicembre di ogni anno risultino non utilizzate, restano a disposizione dell'Agenzia delle entrate per consentire la ripartizione dell'imposta incassata senza soluzione di continuità.

3. Con il decreto di cui al comma 1 sono altresì stabilite le modalità di ripartizione dell'imposta di cui al medesimo comma, di contabilizzazione dell'imposta versata agli Stati membri di identificazione dai soggetti di cui all'art. 74-*septies*, comma 1, in relazione ai servizi prestati nel territorio dello Stato, nonché di rendicontazione delle operazioni effettuate per il tramite della nuova contabilità speciale.

Art. 75. Norme applicabili. – Per quanto **non è diversamente disposto dal presente decreto si applicano, in materia di accertamento delle violazioni e di sanzioni, le norme del codice penale e del codice di procedura penale**, della L. 7 gennaio 1929, n. 4 e del R.D.L. 3 gennaio 1926, n. 63, convertito nella L. 24 maggio 1926, n. 898, e successive modificazioni.

Il venti per cento dei proventi delle sanzioni pecuniarie è devoluto ai fondi costituiti presso l'amministrazione o il corpo cui appartengono gli accertatori, con le modalità previste con decreto del Ministro per le finanze. Si applica il quarto comma dell'art. 6 della legge 15 novembre 1973, n. 734.

TITOLO VII
DISPOSIZIONI TRANSITORIE E FINALI

Art. 76. Istituzione e decorrenza dell'imposta. – L'imposta sul valore aggiunto è istituita con decorrenza dal **1° gennaio 1973**.

L'imposta si applica, salvo quanto è disposto negli artt. da 77 a 80, sulle cessioni di beni e le prestazioni di servizi effettuate dopo il 31 dicembre 1972 e sulle importazioni per le quali la dichiarazione di importazione definitiva è accertata dalla dogana posteriormente alla data stessa.

Art. 77. Operazioni dipendenti da rapporti in corso o già assoggettate all'imposta generale sull'entrata. – Per le cessioni di beni e le prestazioni di servizi effettuate dopo il 31 dicembre 1972 in esecuzione di contratti conclusi prima, il cedente del bene o il prestatore del servizio, se ne sia richiesto dal cessionario o dal committente, deve applicare l'imposta sul valore aggiunto anche sulla parte dell'ammontare imponibile eventualmente già assoggettata all'imposta generale sull'entrata. In questo caso l'imposta generale sull'entrata è ammessa in detrazione, a norma degli artt. 19, 27 e 28, per la determinazione dell'imposta sul valore aggiunto dovuta dal cessionario o dal committente.

Per le cessioni di beni effettuate dopo il 31 dicembre 1972, in relazione alle quali l'imposta generale sull'entrata è stata assolta preventivamente dal cedente una volta tanto in conformità a disposizioni vigenti alla detta data, la imposta stessa è ammessa in detrazione dalla imposta sul valore aggiunto dovuta dal cedente.

Art. 78. Applicazione graduale dell'imposta per generi alimentari di prima necessità e prodotti tessili. – Per le cessioni e le importazioni dei prodotti alimentari, che secondo le disposizioni in vigore alla data del 31 dicembre 1972 sono esenti dall'imposta generale sull'entrata e dall'imposta prevista nel primo comma dell'art. 17 del regio decreto-legge 9 gennaio 1940, n. 2, convertito, con modificazioni, nella legge 19 giugno 1940, n. 762, l'aliquota dell'imposta sul valore aggiunto è ridotta all'uno per cento per gli anni 1973 e 1974 e al tre per cento per gli anni 1975 e 1976.

Per le cessioni e le importazioni dei prodotti alimentari per i quali l'imposta generale sull'entrata e la parallela imposta sull'importazione si applicano con aliquota ordinaria o condensata non superiore al 3 per cento, l'aliquota dell'Iva si applica nella misura del 3 per cento per gli anni 1973 e 1974.

Per le cessioni e le importazioni dei prodotti tessili, di cui alla legge 12 agosto 1957, n. 757, e successive modificazioni, le aliquote dell'imposta sul valore aggiunto sono ridotte, per gli anni 1973 e 1974, al 6 per cento per quelli soggetti all'aliquota del dodici per cento ed al nove per cento per quelli soggetti all'aliquota del diciotto per cento.

Comma abrogato.

Art. 79. Applicazione dell'imposta nel settore edilizio. – Articolo abrogato.

Art. 80. Operazioni comprese in regimi fiscali sostitutivi. – Fino al termine che sarà stabilito con le disposizioni da emanare ai sensi dell'art. 9, n. 6) o del sesto comma dell'art. 15 della legge 9 ottobre 1971, n. 825, non sono considerate cessioni di beni o prestazioni di servizi, agli effetti dell'imposta sul valore aggiunto, le operazioni comprese in regimi fiscali sostitutivi dell'imposta generale sull'entrata, o anche di essa, previsti dalle leggi vigenti alla data del 31 dicembre 1972.

Art. 81. Applicazione dell'imposta nell'anno 1973. – I contribuenti che hanno intrapreso l'esercizio dell'impresa, arte o professione o hanno istituito una stabile organizzazione nel territorio dello Stato anteriormente alla data di entrata in vigore del presente decreto devono indicare gli elementi di cui al secondo comma dell'art. 35 in allegato alla prima dichiarazione da presentare a norma degli artt. 27 e seguenti, sotto pena delle sanzioni stabilite nel quinto comma dell'art. 43.

Ai fini dell'applicazione, nell'anno 1973, degli artt. 31, 32 terzo comma, 33 secondo comma e 34 quarto comma il volume di affari dell'anno 1972 è costituito:

a) per le attività già soggette all'imposta generale sull'entrata nei modi e termini normali, compresi i trasporti di cose, dall'ammontare risultante dalle fatture emesse;

b) per le attività di commercio al minuto e artigianali e per l'attività di somministrazione di alimenti e bevande nei pubblici esercizi, ad eccezione dei ristoranti, trattorie e simili, dall'ammontare degli acquisti e delle importazioni risultante dalle fatture ricevute e dalle bollette doganali, maggiorato del cinquanta per cento;

c) per l'esercizio di arti e professioni, dall'ammontare dei proventi assoggettati alle ritenute d'acconto di cui al secondo comma e alla lettera b) del terzo comma dell'art. 128 del Testo Unico delle leggi sulle imposte dirette e successive modificazioni;

d) per i trasporti di persone con servizi di linea, le operazioni di credito e di assicurazione, i servizi alberghieri e i servizi di riscossione di entrate non tributarie, dall'ammontare risultante dalle denunce presentate a norma delle lettere l), p), q), r) e t) dell'art. 8 del R.D.L. 9 gennaio 1940, n. 2, convertito nella L. 19 giugno 1940, n. 762, e successive modificazioni;

e) per le somministrazioni di alimenti e bevande in ristoranti, trattorie e simili, per i trasporti di persone e per i servizi al dettaglio di cui alla lettera g) del primo comma dell'art. 5 e al primo comma dell'art. 6 della legge 16 dicembre 1959, n. 1070, e per ogni altra attività non contemplata espressamente nel presente articolo, dall'ammontare desumibile dalle risultanze contabili e da ogni altro elemento probatorio.

Art. 82. Detrazione dell'imposta generale sull'entrata relativa agli investimenti. – I contribuenti di cui all'art. 4 del presente decreto, che esercitano attività commerciali o agricole di cui agli artt. 2195 e 2135 del c.c., possono detrarre dall'imposta sul valore aggiunto l'ammontare dell'imposta generale sull'entrata, dell'imposta prevista nel primo comma dell'art. 17 del R.D.L. 9 gennaio 1940, n. 2, convertito con modificazioni nella L. 19 giugno 1940, n. 762 e delle relative addizionali da essi assolte o ad essi addebitate a titolo di rivalsa per gli acquisti e le importazioni di beni di nuova produzione strumentali per l'esercizio delle attività esercitate e di beni e servizi impiegati nella costruzione di tali beni, effettuati nel periodo dal 1° luglio 1971 al 25 maggio 1972. Per beni strumentali si intendono le costruzioni destinate all'esercizio di attività commerciali o agricole e non suscettibili di altra destinazione senza radicale trasformazione, le relative pertinenze, gli impianti, i macchinari e gli altri beni suscettibili di utilizzazione ripetuta, sempre che non siano destinati alla rivendita nello stato originario ovvero previa trasformazione o incorporazione.

La detrazione è ammessa a condizione che gli acquisti, le importazioni e le relative imposte risultino da fatture o da bollette doganali e che i beni strumentali acquistati, importati, prodotti o in corso di produzione fossero ancora posseduti alla data del 25 maggio 1972.

Agli effetti del presente articolo:

a) si tiene conto dei beni acquistati mediante permute e contratti di appalto o d'opera;

b) si tiene conto dei beni acquistati o importati per tramite di ausiliari del commercio, compresi i commissionari e i consorzi di acquisto, nonché di quelli acquistati dallo Stato estero. Per questi ultimi, se l'acquirente non è in possesso della bolletta d'importazione, l'ammontare dell'imposta detraibile, quando non sia separatamente addebitato in fattura, si determina scorporandolo dal prezzo complessivo indicato nella fattura stessa diminuito del quindici per cento;

c) non si tiene conto, nell'ipotesi di cui al primo comma dell'art. 77, dell'imposta generale sull'entrata assolta;

d) nei casi di cessioni di aziende o complessi aziendali, comprese le concentrazioni di cui alla legge 18 marzo 1965, n. 170 e successive modificazioni, la detrazione delle imposte assolte dal cedente per l'acquisto, l'importazione o la produzione di beni compresi nella cessione spetta al cessionario;

e) gli acquisti di beni o servizi si considerano effettuati alla data di emissione della fattura ovvero, se anteriore, alla data della consegna o spedizione o del pagamento;

f) le importazioni, anche se relative a beni già temporaneamente importati, si considerano effettuate alla data di accettazione in dogana della dichiarazione di importazione definitiva.

Nell'ipotesi di cui alla lettera b) la detrazione non compete ai commissionari, ai consorzi di acquisto e alle imprese che effettuano vendite allo stato estero per i beni consegnati prima del 26 maggio 1972 alle imprese per conto delle quali hanno agito.

Art. 83. Detrazione dell'imposta generale sull'entrata relativa alle scorte. – I contribuenti che esercitano attività industriali dirette alla produzione di beni o servizi, di cui all'art. 2195, n. 1 del c.c. o attività agricole di cui all'art. 2135 dello stesso codice, compresi i piccoli imprenditori, possono detrarre dall'imposta sul valore aggiunto, nella misura stabilita dal secondo comma del presente articolo, l'imposta generale sull'entrata, l'imposta prevista nel primo comma dell'art. 17, R.D.L. 9 gennaio 1940, n. 2, convertito con modificazioni nella L. 19 giugno 1940, n. 762, e le relative addizionali, da essi assolte o ad essi addebitate a titolo di rivalsa:

1) per gli acquisti e le importazioni di materie prime, semilavorati e componenti relativi all'attività esercitata, nonché per le relative lavorazioni commesse a terzi e per i passaggi ad altri stabilimenti o reparti produttivi della stessa impresa, effettuati nel periodo dal 1° settembre 1971 al 25 maggio 1972. Per i beni soggetti a regimi speciali di imposizione una volta tanto l'imposta detraibile si determina applicando l'aliquota condensata all'ammontare imponibile risultante dalle fatture d'acquisto o dalle bollette d'importazione, decurtato dell'imposta che vi è eventualmente incorporata. Tuttavia per i prodotti tessili di cui alle tabelle B e C allegate alla L. 12 agosto 1957, n. 757, e successive modificazioni, l'imposta detraibile, anche se la detrazione sia stata già operata, è determinata applicando all'ammontare imponibile le aliquote stabilite a norma della L. 31 luglio 1954, n. 570, e successive modificazioni;

2) per gli acquisti e le importazioni di beni destinati alla rivendita nello stato originario e per i passaggi dei beni prodotti a propri negozi di vendita al pubblico, effettuati nel periodo indicato al n. 1.

La detrazione è ammessa a condizione che gli acquisti, le importazioni, le lavorazioni e le relative imposte risultino da fatture e da bollette doganali e può essere applicata, a scelta del contribuente:

a) o nella misura corrispondente alle quantità di beni, distinti per gruppi merceologici, che giusta apposito inventario, sottoscritto e presentato per la vidimazione entro tre mesi dalla data di pubblicazione del presente decreto, risultavano ancora posseduti alla data del 25 maggio 1972, nello stato originario ovvero trasformati o incorporati in semilavorati, componenti o prodotti finiti, e considerando posseduti quelli acquistati o importati in data più recente. La vidimazione può essere eseguita anche dall'ufficio del registro o dall'ufficio dell'imposta sul valore aggiunto;

b) o nella misura forfettaria del 25 per cento dell'ammontare globale delle imposte relative alle operazioni di cui al n. 1) del primo comma e del 7,50 per cento dell'ammontare di quelle relative alle operazioni di cui al n. 2). L'applicazione della detrazione in misura forfettaria non è ammessa relativamente ai beni soggetti a regimi speciali di imposizione una volta tanto, per i quali è consentita la detrazione di cui al n. 1) del primo comma a condizione che da apposito inventario risultino ancora posseduti alla data del 25 maggio 1972.

La detrazione prevista nei commi precedenti può essere applicata, con riferimento agli acquisti e alle importazioni delle merci che formano oggetto dell'attività esercitata nonché alle relative lavorazioni, anche da contribuenti che esercitano attività intermediarie nella circolazione di beni, di cui all'art. 2195, n. 2, del codice civile. La percentuale di cui alla lettera b) del secondo comma è però ridotta al 10 per cento per i contribuenti che esercitano il commercio al minuto, al 5 per cento per quelli che esercitano il commercio all'ingrosso e al 7,50 per cento per quelli che esercitano promiscuamente il commercio al minuto e all'ingrosso.

Le disposizioni del terzo e del quarto comma dell'art. 82 valgono anche agli effetti del presente articolo.

Art. 84. Dichiarazione di detrazione. – Ai fini delle detrazioni previste negli artt. 82 e 83 deve essere presentata al competente ufficio dell'imposta sul valore aggiunto, entro il termine perentorio del 31 dicembre 1973, una dichiarazione recante l'indicazione dell'ammontare complessivo delle detrazioni stesse, sottoscritta a pena di nullità dal contribuente o da un suo rappresentante legale o negoziale.

Nella dichiarazione devono essere elencate le operazioni cui si riferiscono le imposte detraibili e le relative fatture e bollette doganali, nell'ordine progressivo di cui al secondo comma dell'art. 26 del regio decreto-legge 9 gennaio 1940, n. 2, convertito, con modificazioni, nella legge 19 giugno 1940, n. 762. Per ciascuna fattura o bolletta devono essere specificati la data di emissione, il numero progressivo di cui al citato art. 26, la quantità dei beni acquistati o importati o dei servizi ricevuti e l'ammontare delle imposte e addizionali. Devono essere inoltre indicati, per le fatture, la ditta emittente o in caso di autofatturazione la ditta cedente, nonché il prezzo o corrispettivo, e per i documenti relativi ai passaggi interni nell'ambito della stessa impresa il valore in base al quale è stata liquidata l'imposta.

I contribuenti che intendono avvalersi della detrazione relativa agli investimenti, di cui all'art. 82, devono indicare distintamente, nella dichiarazione, le fatture e le bollette doganali relative agli acquisti dei beni strumentali e devono allegare un prospetto indicante i beni strumentali di nuova produzione acquistati o costruiti dopo il 30 giugno 1971, posseduti alla data del 25 maggio 1972, distinguendo quelli acquistati o importati da quelli prodotti dalla stessa impresa interessata e con l'indicazione, per questi ultimi, dei quantitativi dei beni acquistati o importati nonché dei servizi ricevuti che siano stati impiegati nella loro produzione.

I contribuenti che intendono applicare la detrazione relativa alle scorte nella misura di cui alla lettera a) del secondo comma dell'art. 83 devono:

1) redigere la dichiarazione distinguendo le fatture e le bollette in relazione ai singoli gruppi merceologici cui si riferiscono, con l'indicazione, per ciascun gruppo, della quantità complessiva dei beni acquistati. Nell'ambito di ciascun gruppo è sufficiente indicare le fatture e le bollette di data più recente fino a concorrenza della quantità di beni risultante dall'inventario di cui alla lettera a) del secondo comma dell'art. 83;

2) allegare un prospetto indicante, per ciascuno dei gruppi merceologici cui si riferiscono i documenti di cui al n. 1):

a) le quantità di beni che dall'inventario risultano esistenti nello stato originario;

b) le quantità di beni trasformati o incorporati in semilavorati, componenti o prodotti finiti, con la indicazione delle corrispondenti quantità di tali semilavorati, componenti e prodotti finiti risultanti dall'inventario;

c) la somma delle quantità di cui alle lettere a) e b);

d) il raffronto, con riferimento a ciascun gruppo merceologico, tra le quantità complessive dei beni e dei servizi risultanti dai documenti indicati nella dichiarazione e quelle risultanti dall'inventario ai sensi delle precedenti lettere a), b) e c);

e) l'ammontare, per ciascun gruppo merceologico, delle imposte detraibili in base alla corrispondenza tra le quantità acquistate e quelle risultanti dall'inventario.

Art. 85. Applicazione delle detrazioni. – L'ammontare complessivo delle imposte detraibili indicato nella dichiarazione presentata a norma dell'articolo precedente è ammesso in detrazione, rispettivamente, nella misura di un dodicesimo o di un quarto, dall'importo da versare in ciascuno dei dodici mesi o dei quattro trimestri successivi a quello in cui è stata presentata la dichiarazione stessa.

La detrazione non può superare, in ciascun mese o trimestre, il cinquanta per cento dell'importo da versare.

Le somme delle quali non è stato possibile operare la detrazione in ciascun mese o trimestre sono detratte dall'importo da versare nel mese o trimestre successivo, fermo restando il limite di cui al comma precedente, e in ogni caso, indipendentemente dal detto limite, dall'importo da versare a norma del primo comma dell'art. 30 per l'anno solare in cui è compreso il dodicesimo mese o il quarto trimestre successivo a quello in cui è stata presentata la dichiarazione di detrazione.

Per l'eventuale eccedenza si applicano le disposizioni del secondo comma dell'art. 30 e dell'art. 38.

Art. 86. Sanzioni per indebita detrazione. – Il contribuente che detrae dall'imposta somme superiori di oltre un decimo a quelle spettanti secondo gli artt. 82 e 83 è punito con la pena pecuniaria da una a due volte la somma indebitamente detratta, salva l'applicazione della sanzione prevista nel quarto comma dell'art. 50 se l'indebita detrazione sia dipesa dalla indicazione di dati non corrispondenti al vero negli elenchi, nei prospetti o negli inventari e salva l'applicazione delle sanzioni previste negli altri commi dello stesso articolo se ne ricorrano i presupposti.

Della pena pecuniaria risponde, in solido con il contribuente, il rappresentante legale o negoziale che ha sottoscritto la dichiarazione e i relativi allegati.

Art. 87. Detrazione dell'imposta di fabbricazione sui filati. – I contribuenti, compresi quelli indicati nel terzo comma dell'art. 4, che esercitano attività industriali dirette alla produzione di filati delle varie fibre tessili naturali, artificiali, sintetiche e di vetro e relativi tessuti e manufatti, possono detrarre dall'imposta sul valore aggiunto l'ammontare dell'imposta e sovrimposta di fabbricazione già assolta in relazione ai filati, tessuti e manufatti tuttora posseduti alla data del 31 dicembre 1972.

Per ottenere la detrazione gli interessati devono presentare all'ufficio dell'imposta sul valore aggiunto e all'ufficio tecnico delle imposte di fabbricazione, entro il termine del 1° gennaio 1973, prorogabile per giustificati motivi, una dichiarazione, sottoscritta a pena di nullità dal contribuente o da un suo rappresentante legale o negoziale, contenente l'indicazione dell'ammontare dell'imposta detraibile e delle quantità di filati, tessuti e manufatti posseduti alla data del 31 dicembre 1972, distinti per titolo e qualità.

Si applicano le disposizioni degli artt. 85 e 86.

Le disposizioni dei precedenti commi non si applicano relativamente ai prodotti per i quali l'imposta di fabbricazione è stata sospesa per effetto dei decreti-legge 7 ottobre 1965, n. 1118 e 2 luglio 1969, n. 319, convertiti con modificazioni nelle leggi 4 dicembre 1965, n.

1309 e 1° agosto 1969, n. 478, e successive modificazioni.

Art. 88. Validità di precedenti autorizzazioni. – Le autorizzazioni all'impiego di schedari a fogli mobili o tabulati di macchine elettrocontabili, già rilasciate agli effetti dell'imposta generale sull'entrata, restano valide agli affetti delle registrazioni previste dal presente decreto fino a quando non sarà diversamente stabilito dal Ministero delle finanze. I contribuenti che si avvalgono dell'autorizzazione devono tenere ugualmente i registri previsti dagli artt. 23, 24 e 25 ed eseguire su di essi entro l'ultimo giorno di ogni mese, relativamente alle operazioni registrate durante il mese stesso, le annotazioni di cui al settimo comma dell'art. 27, ai nn. 1), 2) e 3) dell'art. 28 e al n. 3) dell'art. 31.

Restano ugualmente valide, fino a quando non sarà diversamente stabilito dal Ministero delle finanze, le autorizzazioni già rilasciate relativamente alla distinta numerazione delle fatture per settori di attività o per singole dipendenze, alla conservazione di esse mediante microfilms o in sede diversa dalla principale e alla osservanza di particolari modalità per i rapporti di cui all'art. 53.

Art. 89. Revisione dei prezzi per i contratti in corso. – I corrispettivi delle cessioni di beni e delle prestazioni di servizi da effettuare dopo il 31 dicembre 1972 in dipendenza di contratti conclusi anteriormente alla data di entrata in vigore della legge 9 ottobre 1971, n. 825, per i quali a norma della legge o in virtù di clausola contrattuale era esclusa la rivalsa dell'imposta generale sull'entrata, sono ridotti di un ammontare pari a quello dell'imposta stessa.

Art. 90. Abolizione dell'imposta generale sull'entrata e di altri tributi. – Con decorrenza dal 1° gennaio 1973 cessano di avere applicazione:

1) l'imposta generale sull'entrata, la corrispondente imposta prevista nel primo comma dell'art. 17 del regio decreto-legge 9 gennaio 1940, n. 2, convertito nella legge 19 giugno 1940, n. 762 e successive modificazioni e l'imposta di conguaglio dovuta per il fatto dell'importazione di cui alla legge 31 luglio 1954, n. 570, e successive modificazioni;

2) le tasse di bollo sui documenti di trasporto, di cui al decreto legislativo 7 maggio 1948, n. 1173, ratificato dalla legge 24 febbraio 1953, n. 143, e successive modificazioni, e le tasse erariali sui trasporti, di cui al Testo Unico approvato con regio decreto 9 maggio 1912, n. 1447, e successive modificazioni;

3) la tassa di bollo sulle carte da giuoco, di cui al regio decreto 30 dicembre 1923, n. 3277, e successive modificazioni;

4) la tassa di radiodiffusione sugli apparecchi telericeventi e radioriceventi di cui alla legge 15 dicembre 1960, n. 1560;

5) l'imposta sui dischi fonografici ed altri supporti atti alla riproduzione del suono, di cui alla legge 1° luglio 1961, n. 569;

6) l'imposta di fabbricazione sui filati delle varie fibre tessili naturali, artificiali, sintetiche e di vetro, di cui al decreto legislativo 3 gennaio 1947, n. 1 e successive modificazioni;

7) l'imposta di fabbricazione sugli oli e grassi animali con punto di solidificazione non superiore a trenta gradi centigradi, di cui al decreto-legge 20 novembre 1953, n. 843, convertito nella legge 27 dicembre 1953, n. 949, e successive modificazioni;

8) l'imposta di fabbricazione sugli oli vegetali liquidi con punto di solidificazione non superiore a dodici gradi centigradi comunque ottenuti dalla lavorazione di oli e grassi vegetali concreti, di cui al decreto-legge 26 novembre 1954, n. 1080, convertito nella legge 20 dicembre 1954, n. 1219, e successive modificazioni;

9) l'imposta di fabbricazione sugli acidi grassi di origine animale e vegetale con punto di solidificazione inferiore a quarantotto gradi centigradi nonché sulle materie grasse classificabili ai termini della tariffa doganale come acidi grassi, di cui al decreto-legge 31 ottobre 1956, n. 1194, convertito nella legge 20 dicembre 1956, n. 1386, e successive modificazioni;

10) l'imposta di fabbricazione sugli organi di illuminazione elettrica, di cui al regio decreto-legge 16 giugno 1938, n. 954, convertito nella legge 19 gennaio 1939, n. 214, e successive modificazioni;

11) l'imposta di fabbricazione sui surrogati del caffè, di cui al Testo Unico approvato con decreto del Ministro per le finanze 8 luglio 1924, e successive modificazioni;

12) le sovrimposte di confine corrispondenti alle imposte di fabbricazione di cui ai numeri precedenti;

13) l'imposta erariale sul consumo del gas, di cui al Testo Unico approvato con decreto del Ministro per le finanze 8 luglio 1924, e successive modificazioni;

14) l'imposta di consumo sul sale e l'imposta sul consumo di cartine e tubetti per sigarette, di cui alla legge 13 luglio 1965, n. 825, e successive modificazioni;

15) le imposte comunali di consumo, di cui al Testo Unico per la finanza locale approvato con regio decreto 14 settembre 1931, n. 1175 e al regolamento approvato con regio decreto 30 aprile 1936, n. 1138, e successive modificazioni, nonché il diritto speciale sulle acque da tavola di cui alla legge 2 luglio 1952, n. 703, e successive modificazioni;

16) l'imposta erariale sulla pubblicità, di cui al decreto del Presidente della Repubblica 24 giugno 1954, n. 342;

17) la tassa sulle anticipazioni o sovvenzioni contro deposito o contro pegno, di cui al regio decreto 30 dicembre 1923, n. 3280, e successive modificazioni;

18) il diritto speciale sull'ammontare lordo dei pedaggi autostradali, di cui al decreto-legge 26 ottobre 1970, n. 745, convertito nella legge 18 dicembre 1970, n. 1034;

19) l'imposta sulle utenze telefoniche, di cui alla legge 6 dicembre 1965, n. 1379, e successive modificazioni;

20) le addizionali ai tributi di cui ai numeri precedenti.

Restano fermi gli obblighi, anche formali, derivanti da rapporti sorti anteriormente al 1° gennaio 1973 relativamente ai tributi indicati nel presente articolo.

Art. 91. Norme transitorie in materia di imposta generale sull'entrata. – La restituzione dell'imposta generale sull'entrata prevista dalla legge 31 luglio 1954, n. 570, e successive modificazioni, compete per i prodotti indicati nella tabella allegata al decreto del Presidente della Repubblica 14 agosto 1954, n. 676, e successive modificazioni, che vengano esportati, senza avere subito trasformazioni, fino al 30 giugno 1973, limitatamente alle quantità corrispondenti a quelle che risultano possedute alla data del 31 dicembre 1972, giusta inventario redatto e vidimato a norma dell'art. 2217 del codice civile.

La restituzione dell'imposta generale sull'entrata prevista dall'art. 2 della legge 21 luglio 1965, n. 939 compete per i lavori navali ivi contemplati che da apposito certificato dell'ufficio del registro navale risultino ultimati entro il 31 dicembre 1972. Per i lavori navali non ancora ultimati a tale data, la restituzione compete nei limiti dei corrispettivi riferibili alla parte dei lavori che in base al certificato risulti già eseguita alla data stessa. La restituzione deve essere richiesta all'intendenza di finanza entro il termine del 31 dicembre 1973, prorogabile per giustificati motivi.

Le fatture e le bollette doganali relative alle quantità di materie prime, semilavorati e componenti corrispondenti a quelle che dai certificati di cui al comma precedente risultino impiegati nei lavori ivi contemplati non possono essere comprese nella detrazione prevista dall'art. 83. Alla dichiarazione di detrazione eventualmente presentata deve essere allegata copia conforme della domanda di restituzione presentata. L'inosservanza di questa disposizione determina la decadenza dal diritto alla detrazione e l'obbligo di versare in unica soluzione le imposte già detratte.

Art. 92. Norme transitorie in materia di imposte di fabbricazione. – La soppressione delle imposte di fabbricazione sugli organi di illuminazione elettrica e sui surrogati del caffè, di cui ai nn. 10) e 11) dell'art. 90, ha effetto anche per i prodotti giacenti nei magazzini fiduciari alla data del 1° gennaio 1973.

Con modalità che saranno stabilite dal Ministero delle finanze si procederà al rimborso del prezzo dei contrassegni di Stato sui surrogati del caffè, istituiti con decreto del Ministro per le finanze 10 ottobre 1950, non ancora applicati dai fabbricanti ovvero già applicati sulle giacenze di cui al precedente comma. Il rimborso deve essere richiesto al competente ufficio tecnico delle imposte di fabbricazione entro il termine del 1° gennaio 1973, prorogabile per giustificati motivi.

Art. 93. Norme transitorie in materia di imposte di consumo. – Per le opere edilizie in corso di costruzione alla data del 1° gennaio 1973 gli uffici delle imposte comunali di consumo procedono alla liquidazione e riscossione dell'imposta dovuta sui materiali impiegati nella parte di costruzione effettivamente eseguita.

La liquidazione dell'imposta si effettua:

per le parti dell'opera già ultimate, con la applicazione di un'aliquota fissa per ogni metro cubo di fabbrica, computando il vuoto per pieno, ovvero di un'aliquota fissa per ogni metro quadrato di area coperta e per piano, secondo i criteri di misurazione e con le esclusioni di cui all'art. 35, lettera a), secondo e terzo comma, del regolamento approvato con regio decreto 30 aprile 1936, n. 1138;

per le parti non ultimate, applicando a ciascuna specie di materiali impiegati le rispettive aliquote.

Per le autostrade costruite con il sistema della concessione l'imposta relativa ai tratti in corso di costruzione alla data del 1° gennaio 1973 è determinata applicando le misure d'imposta stabilite nella legge 16 settembre 1960, n. 1013, in proporzione al rapporto tra il valore dei materiali già impiegati e il valore complessivo dei materiali necessari per l'intero tratto.

Art. 94. Entrata in vigore. – Il presente decreto entrerà in vigore il **1° gennaio 1973**.

Tabella A Beni e servizi soggetti ad aliquota ridotta:
Parte I Prodotti agricoli e ittici
(omissis)
Parte II Beni e Servizi soggetti all'aliquota del 4%
(omissis)
Parte II-*bis* Beni e Servizi soggetti all'aliquota del 5%
(omissis)
Parte III Beni e Servizi soggetti all'aliquota del 10%
(omissis)

Tabella B Prodotti soggetti a specifiche discipline
(omissis)

Tabella C Spettacoli ed altre attività
(omissis)

D.L. 30 agosto 1993, n. 331

Armonizzazione delle disposizioni in materia di imposte sugli oli minerali, sull'alcole, sulle bevande alcoliche, sui tabacchi lavorati e in materia di Iva con quelle recate da direttive CEE e modificazioni conseguenti a detta armonizzazione, nonché disposizioni concernenti la disciplina dei centri autorizzati di assistenza fiscale, le procedure dei rimborsi di imposta, l'esclusione dall'ILOR dei redditi di impresa fino all'ammontare corrispondente al contributo diretto lavorativo, l'istituzione per il 1993 di un'imposta erariale straordinaria su taluni beni ed altre disposizioni tributarie (*Estratto*)

(*Omissis*).

TITOLO II
ARMONIZZAZIONE DELLA DISCIPLINA DELL'IMPOSTA SUL VALORE AGGIUNTO

(*Omissis*).

CAPO II
DISCIPLINA TEMPORANEA DELLE OPERAZIONI INTRACOMUNITARIE E DELL'IMPOSTA SUL VALORE AGGIUNTO

Art. 37. Operazioni intracomunitarie. – 1. Fino a quando non entra in vigore il regime definitivo degli scambi con gli altri Stati membri della Comunità economica europea l'**imposta sul valore aggiunto si applica anche alle operazioni intracomunitarie** secondo le disposizioni di cui al presente titolo.

Art. 38. Acquisti intracomunitari. – 1. **L'imposta sul valore aggiunto si applica sugli acquisti intracomunitari di beni effettuati nel territorio dello Stato nell'esercizio di imprese, arti e professioni o comunque da enti, associazioni o altre organizzazioni** di cui all'art. 4, quarto comma, del decreto del Presidente della Repubblica 26 ottobre 1972, n. 633, soggetti passivi d'imposta nel territorio dello Stato.

2. Costituiscono acquisti intracomunitari le **acquisizioni, derivanti da atti a titolo oneroso, della proprietà di beni o di altro titolo reale di godimento sugli stessi, spediti o trasportati nel territorio dello Stato da altro Stato membro dal cedente,** nella qualità di **soggetto passivo d'imposta, ovvero dall'acquirente o da terzi per loro conto.**

3. Costituiscono **inoltre** acquisti intracomunitari:

a) lettera abrogata;

b) la **introduzione nel territorio dello Stato da parte** o per conto **di un soggetto passivo d'imposta di beni provenienti da altro Stato membro**. La disposizione si applica anche nel caso di destinazione nel territorio dello Stato, per finalità rientranti nell'esercizio dell'impresa, di beni provenienti da altra impresa esercitata dallo stesso soggetto in altro Stato membro;

c) gli acquisti di cui al comma 2 da parte di enti, associazioni ed altre organizzazioni di cui all'art. 4, quarto comma, del decreto del Presidente della Repubblica 26 ottobre 1972, n. 633, non soggetti passivi d'imposta;

d) **l'introduzione nel territorio dello Stato da parte o per conto dei soggetti indicati nella lettera c) di beni dagli stessi in precedenza importati in altro Stato membro**;

d-*bis*) **l'introduzione da parte delle forze armate dello Stato**, che partecipano a uno sforzo di difesa svolto **ai fini della realizzazione di un'attività dell'Unione europea nell'ambito della politica di sicurezza e di difesa comune, di beni destinati all'uso di tali forze o del personale civile che le accompagna**, che esse non hanno acquistato alle condizioni generali d'imposizione del mercato interno di un altro Stato membro, qualora l'importazione di tali beni non possa fruire dell'esenzione prevista dall'articolo 68, lettera c), del decreto del Presidente della Repubblica 26 ottobre 1972, n. 633;

e) gli **acquisti a titolo oneroso di mezzi di trasporto** nuovi trasportati o spediti da altro Stato membro, anche se il cedente non è soggetto d'imposta ed anche se non effettuati nell'esercizio di imprese, arti e professioni.

4. Agli effetti del comma 3, lettera e), costituiscono mezzi di trasporto le imbarcazioni di lunghezza superiore a 7,5 metri, gli aeromobili con peso totale al decollo superiore a 1.550 kg, e i veicoli con motore di cilindrata superiore a 48 cc o potenza superiore a 7,2 Kw, destinati al trasporto di persone o cose, esclusi le imbarcazioni destinate all'esercizio di attività commerciali o della pesca o ad operazioni di salvataggio o di assistenza in mare e gli aeromobili di cui all'art. 8-*bis*, primo comma, lettera c), del decreto del Presidente della Repubblica 26 ottobre 1972, n. 633; i mezzi di trasporto non si considerano nuovi alla duplice condizione che abbiano percorso oltre seimila chilometri e la cessione sia effettuata decorso il termine di sei mesi dalla data del provvedimento di prima immatricolazione o di iscrizione in pubblici registri o di altri provvedimenti equipollenti, ovvero navigato per oltre cento ore, ovvero volato per oltre quaranta ore e la cessione sia effettuata decorso il termine di tre mesi dalla data del provvedimento di prima immatricolazione o di iscrizione in pubblici registri o di altri provvedimenti equipollenti.

4-*bis*. Agli effetti dell'imposta sul valore aggiunto, costituiscono **prodotti soggetti ad accisa i prodotti energetici, l'alcole, le bevande alcoliche e i tabacchi lavorati**, quali definiti dalle disposizioni dell'Unione europea in vigore, escluso il gas fornito mediante un sistema di gas naturale situato nel territorio dell'Unione o una rete connessa a un tale sistema.

5. **Non costituiscono acquisti intracomunitari:**

a) l'**introduzione nel territorio dello Stato di beni oggetto di perizie o di operazioni di perfezionamento o di manipolazioni usuali** ai sensi, rispettivamente, dell'art. 1, comma 3, lettera h), del Regolamento del Consiglio delle Comunità europee 16 luglio 1985, n. 1999, e dell'art. 18 del Regolamento dello stesso Consiglio 25 luglio 1988, n. 2503, se i beni sono **successivamente trasportati o spediti al committente, soggetto passivo d'imposta**, nello Stato membro di provenienza o per suo conto in altro Stato membro ovvero fuori del territorio della Comunità; l'introduzione nel territorio dello Stato **di beni temporaneamente utilizzati per l'esecuzione di prestazioni** o che, se importati, beneficerebbero della ammissione temporanea in esenzione totale dai dazi doganali;

b) **l'introduzione nel territorio dello Stato, in esecuzione di una cessione, di beni destinati ad essere ivi installati, montati o assiemati dal fornitore o per suo conto**;

c) gli acquisti di beni, diversi dai mezzi di trasporto nuovi e da quelli soggetti ad accisa, effettuati dai soggetti indicati nel comma 3, lettera c), dai soggetti passivi per i quali l'imposta è totalmente indetraibile a norma dell'art. 19, secondo comma, del decreto del Presidente della Repubblica 26 ottobre 1972, n. 633, e dai produttori agricoli di cui all'art. 34 dello stesso decreto che non abbiano optato per l'applicazione dell'imposta nei modi ordinari se l'ammontare complessivo degli acquisti intracomunitari e degli acquisti di cui all'art. 40, comma 3, del presente decreto, effettuati nell'anno solare precedente, non ha superato 10.000 euro e fino a quando, nell'anno in corso, tale limite non è superato. L'ammontare complessivo degli acquisti è assunto al netto dell'imposta sul valore aggiunto e al netto degli acquisti di mezzi di trasporto nuovi di cui al comma 4 del presente articolo e degli acquisti di prodotti soggetti ad accisa;

c-*bis*) l'introduzione nel territorio dello Stato di gas mediante un sistema di gas naturale situato nel territorio dell'Unione europea o una rete connessa a un tale sistema, di energia elettrica, di calore o di freddo mediante reti di riscaldamento o di raffreddamento, di cui all'art. 7-*bis*, comma 3, del decreto del Presidente della Repubblica 26 ottobre 1972, n. 633, e successive modificazioni;

d) gli acquisti di beni se il cedente beneficia nel proprio Stato membro dell'esonero disposto per le piccole imprese.

6. La disposizione di cui al comma 5, lettera c), non si applica ai soggetti ivi indicati che optino per l'applicazione dell'imposta sugli acquisti intracomunitari, dandone comunicazione all'ufficio nella dichiarazione, ai fini dell'imposta sul valore aggiunto, relativa all'anno precedente ovvero nella dichiarazione di inizio dell'attività o comunque anteriormente all'effettuazione dell'acquisto. L'opzione ha effetto, se esercitata nella dichiarazione relativa all'anno precedente, dal 1° gennaio dell'anno in corso e, negli altri casi, dal momento in cui è esercitata, fino a quando non sia revocata e, in ogni caso, fino al compimento del biennio successivo all'anno nel corso del quale è esercitata, sempreché ne permangano i presupposti; la revoca deve essere comunicata all'ufficio nella dichiarazione annuale ed ha effetto dall'anno in corso. Per i soggetti di cui all'art. 4, quarto comma, del decreto del Presidente della Repubblica 26 ottobre 1972, n. 633, non soggetti passivi d'imposta, la revoca deve essere comunicata mediante lettera raccomandata entro il termine di presentazione della dichiarazione annuale. La revoca ha effetto dall'anno in corso.

7. **L'imposta non è dovuta per l'acquisto intracomunitario nel territorio dello Stato, da parte di soggetto passivo d'imposta in altro Stato membro, di beni dallo stesso acquistati in altro Stato membro e spediti o trasportati nel territorio dello Stato a propri cessionari**, soggetti passivi d'imposta o enti di cui all'art. 4, quarto comma, del decreto del Presidente della Repubblica 26 ottobre 1972, n. 633, assoggettati all'imposta per gli acquisti intracomunitari effettuati, designati per il pagamento dell'imposta relativa alla cessione.

8. Si considerano effettuati in proprio gli acquisti intracomunitari da parte di commissionari senza rappresentanza.

Art. 38-*bis*. Definizione di vendite a distanza. – 1. Per vendite a distanza intracomunitarie di beni si intendono le cessioni di beni spediti o trasportati dal fornitore o per suo conto, anche quando il fornitore interviene indirettamente nel trasporto o nella spedizione dei beni, a partire da uno Stato membro diverso da quello di arrivo della spedizione o del trasporto a destinazione di persone fisiche non soggetti d'imposta o a destinazione dei soggetti nei cui confronti sono effettuate cessioni non imponibili ai sensi dell'articolo 72 del decreto del Presidente della Repubblica 26 ottobre 1972, n. 633, ovvero, con esclusione dei beni soggetti ad accisa, a destinazione di cessionari, soggetti passivi o non soggetti passivi, che non sono tenuti ad applicare l'imposta sugli acquisti intracomunitari e che non hanno optato per l'applicazione della stessa.

2. Per vendite a distanza di beni importati da territori terzi o paesi terzi si intendono le cessioni di beni spediti o trasportati dal fornitore o per suo conto, anche quando il fornitore interviene indirettamente nel trasporto o nella spedizione dei beni, da un territorio terzo o paese terzo con arrivo della spedizione o del trasporto in uno Stato membro dell'Unione europea a destinazione di persone fisiche non soggetti d'imposta o a destinazione dei soggetti nei cui confronti sono effettuate cessioni non imponibili ai sensi dell'articolo 72 del decreto del Presidente della Repubblica 26 ottobre 1972, n. 633, ovvero, con esclusione dei beni soggetti ad accisa, a destinazione di cessionari, soggetti passivi o non soggetti passivi, che non sono tenuti ad applicare l'imposta sugli acquisti intracomunitari e che non hanno optato per l'applicazione della stessa.

3. Le disposizioni dei commi 1 e 2 non si applicano:

a) alle cessioni di mezzi di trasporto nuovi;

b) alle cessioni di beni da installare, montare o assiemare a cura del fornitore o per suo conto nello Stato di arrivo della spedizione o del trasporto.

4. Per le cessioni di cui all'articolo 2-*bis* del decreto del Presidente della Repubblica 26 ottobre 1972, n. 633, la spedizione o il trasporto dei beni sono imputati alle cessioni effettuate dal soggetto passivo che facilita le stesse tramite l'uso di un'interfaccia elettronica.

Art. 38-*ter*. Acquisti intracomunitari in regime di "call-off stock". – 1. In deroga all'articolo 38, comma 3, lettera b), il soggetto passivo che trasferisce beni della sua impresa da un altro Stato membro nel territorio dello Stato non effettua un acquisto intracomunitario se sono soddisfatte le seguenti condizioni:

a) i beni sono spediti o trasportati nel territorio dello Stato dal soggetto passivo, o da un terzo che agisce per suo conto, per essere ivi ceduti, in una fase successiva e dopo il loro arrivo, a un altro soggetto passivo che ha il diritto di acquistarli in conformità a un accordo preesistente tra i due soggetti passivi;

b) il soggetto passivo che spedisce o trasporta i beni non ha stabilito la sede della propria attività economica né dispone di una stabile organizzazione nello Stato;

c) il soggetto passivo destinatario della cessione è identificato ai fini dell'imposta sul valore aggiunto nello Stato e la sua identità e il numero di identificazione attribuito dallo Stato sono noti al soggetto passivo di cui alla lettera b) nel momento in cui ha inizio la spedizione o il trasporto.

2. L'acquisto intracomunitario, se le condizioni di cui al comma 1 sono soddisfatte, si considera effettuato dal soggetto passivo destinatario della cessione o dal soggetto che lo ha sostituito ai sensi del comma 5, purché i beni siano acquistati entro dodici mesi dal loro arrivo nel territorio dello Stato.

Art. 39. Effettuazione delle cessioni e degli acquisti intracomunitari. – 1. Le cessioni intracomunitarie e gli acquisti intracomunitari di beni si considerano effettuati **all'atto dell'inizio del trasporto o della spedizione al cessionario o a terzi per suo conto, rispettivamente dal territorio dello Stato o dal territorio dello Stato membro di provenienza**. Tuttavia **se gli effetti traslativi o costitutivi si producono in un momento successivo alla consegna**, le operazioni si considerano effettuate **nel momento in cui si producono tali effetti** e comunque dopo il decorso di un anno dalla consegna. Parimenti nel caso di beni trasferiti in dipendenza di contratti estimatori e simili, l'operazione si considera effettuata all'atto della loro rivendita a terzi o del prelievo da parte del ricevente ovvero, se i beni non sono restituiti anteriormente, alla scadenza del termine pattuito dalle parti e in ogni caso dopo il decorso di un anno dal ricevimento. Le disposizioni di cui al secondo e al terzo periodo operano a condizione che siano osservati gli adempimenti di cui all'art. 50, comma 5.

2. Se anteriormente al verificarsi dell'evento indicato nel comma 1 è stata emessa la fattura relativa ad un'operazione intracomunitaria la medesima si considera effettuata, limitatamente all'importo fatturato, alla data della fattura.

3. Le cessioni ed i trasferimenti di beni, di cui all'art. 41, comma 1, lettera a), e comma 2, lettere b) e c), e gli acquisti intracomunitari di cui all'art. 38, commi 2 e 3, se effettuati in modo continuativo nell'arco di un periodo superiore ad un mese solare, si considerano effettuati al termine di ciascun mese.

Art. 40. Territorialità delle operazioni intracomunitarie. – 1. Gli acquisti intracomunitari sono **effettuati nel territorio dello Stato se** hanno **per oggetto beni, originari di altro Stato membro o ivi immessi in libera pratica** ai sensi degli artt. 9 e 10 del Trattato istitutivo della Comunità economica europea, **spediti o trasportati dal territorio di altro Stato membro nel territorio dello Stato**.

2. L'**acquisto intracomunitario** si considera **effettuato nel territorio dello Stato quando l'acquirente è ivi soggetto d'imposta, salvo che sia comprovato che l'acquisto è stato assoggettato ad imposta in altro Stato membro di destinazione del bene.** È comunque effettuato senza pagamento dell'imposta l'acquisto intracomunitario di beni spediti o trasportati in altro Stato se i beni stessi risultano ivi oggetto di successiva cessione a soggetto d'imposta nel territorio di tale Stato o ad ente ivi assoggettato ad imposta per acquisti intracomunitari se il cessionario risulta designato come debitore dell'imposta relativa.

3. In deroga all'art. 7-*bis*, del decreto del Presidente della Repubblica 26 ottobre 1972, n. 633, le vendite a distanza intracomunitarie di beni spediti o trasportati a partire da un altro Stato membro dell'Unione europea si considerano effettuate nel territorio dello Stato se il luogo di arrivo della spedizione o del trasporto è nel territorio dello Stato.

4. La disposizioni del **comma 3 non si applica qualora il cedente sia un soggetto stabilito nel territorio di un altro Stato membro e ricorrano congiuntamente le seguenti condizioni**:

a) il cedente è stabilito in un solo Stato membro dell'Unione europea;

b) l'ammontare complessivo, al netto dell'imposta sul valore aggiunto, delle prestazioni di servizi nei confronti di committenti non soggetti passivi stabiliti in Stati membri dell'Unione europea diversi da quello di stabilimento del prestatore, di cui all'articolo 7-*octies*, comma 2, lettera b), del decreto del Presidente della Repubblica 26 ottobre 1972, n. 633, e delle vendite a distanza intracomunitarie nell'Unione europea non ha superato nell'anno solare precedente 10.000 euro e fino a quando, nell'anno in corso, tale limite non è superato;

c) il cedente non ha optato per l'applicazione dell'imposta nel territorio dello Stato.

4-*bis*. Comma abrogato.

4-*ter*. Le vendite a distanza di beni importati da territori terzi o paesi terzi in un altro Stato membro si considerano effettuate nel territorio dello Stato se il luogo di arrivo della spedizione o del trasporto è nel territorio dello Stato. Le vendite a distanza di beni importati nello Stato, con arrivo della spedizione o del trasporto nello Stato medesimo, si considerano ivi effettuate se dichiarate nell'ambito del regime speciale di cui all'art. 74-*sexies*.1 del decreto del Presidente della Repubblica 26 ottobre 1972, n. 633.

5. Comma abrogato.

6. Comma abrogato.
7. Comma abrogato.
8. Comma abrogato.
9. Comma abrogato.

Art. 41. Cessioni intracomunitarie non imponibili. – 1. Costituiscono cessioni non imponibili:

a) le **cessioni a titolo oneroso di beni, trasportati o spediti nel territorio di altro Stato membro, dal cedente o dall'acquirente, o da terzi per loro conto, nei confronti di cessionari soggetti di imposta o di enti, associazioni ed altre organizzazioni** indicate nell'art. 4, quarto comma, del decreto del Presidente della Repubblica 26 ottobre 1972, n. 633, **non soggetti passivi d'imposta**; i beni possono essere sottoposti per conto del cessionario, ad opera del cedente stesso o di terzi, a lavorazione, trasformazione, assiemaggio o adattamento ad altri beni. La disposizione non si applica per le cessioni di beni, diversi dai prodotti soggetti ad accisa, nei confronti dei soggetti indicati nell'art. 38, comma 5, lettera c), del presente decreto, i quali, esonerati dall'applicazione dell'imposta sugli acquisti intracomunitari effettuati nel proprio Stato membro, non abbiano optato per l'applicazione della stessa; le cessioni dei prodotti soggetti ad accisa sono non imponibili se il trasporto o spedizione degli stessi sono eseguiti in conformità degli artt. 6 e 8 del presente decreto;

b) le vendite a distanza intracomunitarie di beni spediti o trasportati a destinazione di un altro Stato membro dell'Unione europea. La disposizione non si applica qualora il cedente sia un soggetto stabilito nel territorio dello Stato e ricorrano congiuntamente le seguenti condizioni: 1) il cedente non è stabilito anche in un altro Stato membro dell'Unione europea; 2) l'ammontare complessivo, al netto dell'imposta sul valore aggiunto, delle prestazioni di servizi nei confronti di committenti non soggetti passivi d'imposta, stabiliti in Stati membri dell'Unione europea diversi dall'Italia, di cui all'articolo 7-*octies*, comma 3, lettera b), del decreto del Presidente della Repubblica 26 ottobre 1972, n. 633, e delle vendite a distanza intracomunitarie di beni nell'Unione europea non ha superato nell'anno solare precedente 10.000 euro e fino a quando, nell'anno in corso, tale limite non è superato; 3) il cedente non ha optato per l'applicazione dell'imposta nell'altro Stato membro; in tal caso l'opzione è comunicata all'ufficio nella dichiarazione relativa all'anno in cui la medesima è stata esercitata e ha effetto fino a quando non sia revocata e comunque per almeno due anni;

b-*bis*) le vendite a distanza di beni importati da territori terzi o paesi terzi nel territorio dello Stato spediti o trasportati a destinazione di un altro Stato membro;

c) **le cessioni, con spedizione o trasporto dal territorio dello Stato, nel territorio di altro Stato membro di beni destinati ad essere ivi installati, montati o assiemati** da parte del fornitore o per suo conto.

2. Sono assimilate alle cessioni di cui al comma 1, lettera a):

a) lettera abrogata.

b) le **cessioni a titolo oneroso di mezzi di trasporto nuovi di cui all'art. 38, comma 4, trasportati o spediti in altro Stato membro dai cedenti o dagli acquirenti,** ovvero per loro conto, **anche se non effettuate nell'esercizio di imprese, arti e professioni e** anche se **l'acquirente non è soggetto passivo d'imposta;**

c) **l'invio di beni nel territorio di altro Stato membro, mediante trasporto o spedizione a cura del soggetto passivo nel territorio dello Stato**, o da terzi per suo conto, in base ad un titolo diverso da quelli indicati nel successivo comma 3 di beni ivi esistenti.

2-*bis*. Non costituiscono cessioni intracomunitarie le cessioni di gas mediante un sistema di gas naturale situato nel territorio dell'Unione europea o una rete connessa a un tale sistema, le cessioni di energia elettrica e le cessioni di calore o di freddo mediante reti di riscaldamento o di raffreddamento, nonché le cessioni di beni effettuate dai soggetti che applicano, agli effetti dell'imposta sul valore aggiunto, il regime di franchigia.

2-*ter*. Le cessioni di cui al comma 1, lettera a), e al comma 2, lettera c), costituiscono cessioni non imponibili a condizione che i cessionari abbiano comunicato il numero di identificazione agli stessi attribuito da un altro Stato membro e che il cedente abbia compilato l'elenco di cui all'articolo 50, comma 6, o abbia debitamente giustificato l'incompleta o mancata compilazione dello stesso.

3. La disposizione di cui al comma 2, lettera c), non si applica per i beni inviati in altro Stato membro, oggetto di perizie o delle operazioni di perfezionamento o di manipolazioni usuali indicate nell'art. 38, comma 5, lettera a), se i beni sono successivamente trasportati o spediti al committente, soggetto passivo di imposta, nel territorio dello Stato, ovvero per i beni inviati in altro Stato membro per essere ivi temporaneamente utilizzati per l'esecuzione di prestazioni o che se fossero ivi importati beneficerebbero della ammissione temporanea in totale esenzione dai dazi doganali.

4. Agli effetti del secondo comma degli artt. 8, 8-*bis* e 9 del decreto del Presidente della Repubblica 26 ottobre 1972, n. 633, le cessioni di cui ai precedenti commi 1 e 2 sono computabili ai fini della determinazione della percentuale e dei limiti ivi considerati.

Art. 41-*bis*. Cessioni intracomunitarie in regime cosiddetto di "call-off stock". – 1. In deroga all'articolo 41, comma 2, lettera c), il soggetto passivo che trasferisce i beni della sua impresa dal territorio dello Stato verso quello di un altro Stato membro effettua una cessione intracomunitaria ai sensi dell'articolo 41, comma 1, lettera a), se sono soddisfatte le seguenti condizioni:

a) i beni sono spediti o trasportati nel predetto Stato membro dal soggetto passivo, o da un terzo che agisce per suo conto, per essere ivi ceduti, in una fase successiva e dopo il loro arrivo, a un altro soggetto passivo che ha il diritto di acquistarli in conformità a un accordo preesistente tra i due soggetti passivi;

b) il soggetto passivo che spedisce o trasporta i beni non ha stabilito la sede della propria attività economica né dispone di una stabile organizzazione nel predetto Stato membro;

c) il soggetto passivo destinatario della cessione è identificato ai fini dell'imposta sul valore aggiunto nel predetto Stato membro e la sua identità e il suo numero di identificazione sono noti al soggetto passivo che spedisce o trasporta i beni nel momento in cui ha inizio la spedizione o il trasporto;

d) il soggetto passivo che spedisce o trasporta i beni annota il loro trasferimento nel registro di cui all'articolo 50, comma 5-*bis*, e inserisce nell'elenco riepilogativo di cui all'articolo 50, comma 6, l'identità e il numero di identificazione attribuito ai fini dell'imposta sul valore aggiunto al soggetto destinatario dei beni.

2. La cessione intracomunitaria è effettuata ai sensi del comma 1 se la proprietà dei beni è trasferita al destinatario, o al soggetto che lo ha sostituito ai sensi del comma 5, entro dodici mesi dall'arrivo degli stessi nel territorio dello Stato membro di destinazione e, in tale momento, sono soddisfatte le condizioni di cui al medesimo comma 1; detta cessione si considera effettuata al momento del trasferimento della proprietà dei beni.

3. Il soggetto passivo di cui al comma 1 che trasferisce beni della sua impresa nel territorio di altro Stato membro effettua una cessione ai sensi dell'articolo 41, comma 2, lettera c):

a) il giorno successivo alla scadenza

dei dodici mesi dall'arrivo dei beni nel territorio dello Stato membro, se entro tale periodo i beni non sono stati ceduti al soggetto passivo destinatario della cessione o al soggetto passivo che lo ha sostituito ai sensi del comma 5;

b) nel momento in cui, entro dodici mesi dall'arrivo dei beni nel territorio dello Stato membro, viene meno una delle condizioni di cui al comma 1;

c) prima della cessione se, entro dodici mesi dall'arrivo nel territorio dello Stato membro, i beni sono ceduti a una persona diversa dal soggetto passivo destinatario della cessione o dal soggetto che lo ha sostituito ai sensi del comma 5;

d) prima che abbia inizio la spedizione o il trasporto se, entro dodici mesi dall'arrivo nel territorio dello Stato membro, i beni sono spediti o trasportati in un altro Stato;

e) il giorno in cui i beni sono stati effettivamente distrutti, rubati o perduti oppure ne è accertata la distruzione, il furto o la perdita se, entro dodici mesi dall'arrivo nel territorio dello Stato membro, i beni sono stati oggetto di distruzione, furto o perdita.

4. Non si realizza alcuna cessione intracomunitaria in relazione ai beni non ceduti che sono rispediti nello Stato, entro dodici mesi dal loro arrivo nel territorio dello Stato membro, se il soggetto che ha spedito o trasportato i beni annota il ritorno degli stessi nel registro di cui all'articolo 50, comma 5-*bis*.

5. La disposizione di cui al comma 1 continua ad applicarsi se, entro dodici mesi dall'arrivo dei beni nel territorio dell'altro Stato membro, il soggetto passivo destinatario della cessione è sostituito da un altro soggetto passivo purché, al momento della sostituzione, siano soddisfatte tutte le condizioni previste dal medesimo comma 1 e il soggetto passivo che ha spedito o trasportato i beni indichi la sostituzione nel registro di cui all'articolo 50, comma 5-*bis*.

Art. 41-*ter*. Cessioni a catena. – 1. Ai fini del presente articolo:

a) si considerano cessioni a catena le cessioni successive di beni che sono oggetto di un unico trasporto, da uno Stato membro a un altro Stato membro direttamente dal primo cedente all'ultimo acquirente;

b) si considera operatore intermedio un cedente, diverso dal primo, che trasporta o spedisce i beni direttamente o tramite un soggetto terzo che agisce per suo conto.

2. Nelle cessioni a catena in cui il trasporto o la spedizione iniziano nel territorio dello Stato e sono effettuati da un operatore intermedio, si considera cessione intracomunitaria non imponibile ai sensi dell'articolo 41 solo la cessione effettuata nei confronti dell'operatore intermedio. Tuttavia, se l'operatore intermedio comunica al proprio cedente il numero di identificazione attribuitogli dallo Stato agli effetti dell'imposta sul valore aggiunto, si considera cessione intracomunitaria quella effettuata dall'operatore intermedio. Non si considerano effettuate nello Stato le cessioni successive a quella che costituisce cessione intracomunitaria.

3. Nelle cessioni a catena in cui il trasporto o la spedizione terminano nel territorio dello Stato e sono effettuati da un operatore intermedio, si considera acquisto intracomunitario ai sensi dell'articolo 38 solo l'acquisto effettuato dall'operatore intermedio. Tuttavia, se l'operatore intermedio comunica al proprio cedente il numero di identificazione attribuitogli agli effetti dell'imposta sul valore aggiunto dallo Stato di inizio del trasporto o della spedizione, si considera acquisto intracomunitario quello effettuato dall'acquirente dell'operatore intermedio. Si considerano effettuate nello Stato la cessione posta in essere dal soggetto che effettua l'acquisto intracomunitario e le cessioni successive.

4. Le disposizioni del presente articolo

non si applicano alle vendite a distanza effettuate tramite le interfacce elettroniche che si considerano aver acquistato e rivenduto i beni stessi ai sensi dell'articolo 2-*bis* del decreto del Presidente della Repubblica 26 ottobre 1972, n. 633.

Art. 42. Acquisti non imponibili o esenti. – 1. Sono **non imponibili, non soggetti o esenti dall'imposta gli acquisti intracomunitari di beni la cui cessione nel territorio dello Stato è non imponibile** o a norma degli artt. 8, 8-*bis*, 9, del decreto del Presidente della Repubblica 26 ottobre 1972, n. 633, e successive modificazioni, ovvero è esente dall'imposta a norma dell'art. 10 dello stesso decreto.

2. Per gli acquisti intracomunitari effettuati senza pagamento dell'imposta a norma delle disposizioni di cui alla lettera c) del primo comma e al secondo comma dell'art. 8 del decreto del Presidente della Repubblica 26 ottobre 1972, n. 633, non si applica la disposizione di cui alla lettera c) del primo comma dell'art. 1 del decreto-legge 29 dicembre 1983, n. 746, convertito, con modificazioni, dalla legge 27 febbraio 1984, n. 17.

Art. 43. Base imponibile ed aliquota. – 1. Per gli **acquisti intracomunitari di beni** la **base imponibile è determinata secondo** le disposizioni di cui agli **artt. 13, 14 e 15** del decreto del Presidente della Repubblica 26 ottobre 1972, n. 633. Per i beni soggetti ad accisa concorre a formare la base imponibile anche l'ammontare di detta imposta, se assolta o esigibile in dipendenza dell'acquisto.

2. La base imponibile, nell'ipotesi di cui all'art. 40, comma 2, primo periodo, è ridotta dell'ammontare assoggettato ad imposta nello Stato membro di destinazione del bene.

3. Comma abrogato.

4. Per le introduzioni di cui all'art. 38, comma 3, lettera b), e per gli invii di cui all'art. 41, comma 2, lettera c), la base imponibile è costituita dal prezzo di acquisto o, in mancanza, dal prezzo di costo dei beni o di beni simili, determinati nel momento in cui si effettuano tali operazioni.

5. Per gli acquisti intracomunitari di beni si applica l'aliquota relativa ai beni, secondo le disposizioni di cui all'art. 16 del decreto del Presidente della Repubblica 26 ottobre 1972, n. 633.

Art. 44. Soggetti passivi. – 1. L'imposta sulle operazioni intracomunitarie imponibili, di cui ai precedenti articoli, è dovuta dai **soggetti che effettuano le cessioni di beni e gli acquisti intracomunitari. L'imposta è determinata, liquidata e versata secondo le disposizioni del presente decreto e del decreto del Presidente della Repubblica 26 ottobre 1972, n. 633.**

2. In deroga al comma 1, l'imposta è dovuta:

a) per le cessioni di cui al comma 7 dell'art. 38, dal cessionario designato con l'osservanza degli adempimenti di cui agli artt. 46, 47 e 50, comma 6;

b) lettera abrogata.

3. Se le **operazioni indicate nel comma 1 sono effettuate da un soggetto passivo d'imposta non residente e senza stabile organizzazione nel territorio dello Stato, gli obblighi e i diritti derivanti dall'applicazione del presente decreto sono adempiuti o esercitati, nei modi ordinari, mediante identificazione diretta ai sensi dell'art. 35-*ter* del decreto del Presidente della Repubblica 26 ottobre 1972, n. 633, o da un rappresentante residente nel territorio dello Stato,** nominato ai sensi e per gli effetti del terzo comma dell'art. 17 del medesimo decreto. Se sono effettuate solo operazioni non imponibili, esenti, non soggette o comunque senza obbligo di pagamento dell'imposta, la rappresentanza può essere limitata all'esecuzione degli obblighi relativi alla fatturazione delle operazioni intracomunitarie di cui all'art. 46, nonché alla compilazione, ancorché le operazioni in tal caso non siano soggette all'obbligo di re-

gistrazione, degli elenchi di cui all'art. 50, comma 6.

4. Per le operazioni effettuate nel territorio dello Stato a norma dell'art. 40, comma 3, da soggetto residente in altro Stato membro gli obblighi e i diritti derivanti dall'applicazione dell'imposta devono essere adempiuti o esercitati direttamente dal medesimo soggetto, identificato ai sensi dell'art. 35-*ter* del decreto del Presidente della Repubblica 26 ottobre 1972, n. 633, o da un rappresentante fiscale nominato ai sensi dell'art. 17, terzo comma, del medesimo decreto.

Art. 45. Detrazione. – 1. **È ammessa in detrazione a norma degli artt. 19 e seguenti** del decreto del Presidente della Repubblica 26 ottobre 1972, n. 633, e con le limitazioni ivi stabilite, **l'imposta dovuta per gli acquisti intracomunitari di beni effettuati nell'esercizio di impresa, arti e professioni.**

Art. 46. Fatturazione delle operazioni intracomunitarie. – 1. La **fattura relativa all'acquisto intracomunitario** deve essere **numerata e integrata dal cessionario** con l'indicazione del controvalore in euro del corrispettivo e degli altri elementi che concorrono a formare la base imponibile dell'operazione, espressi in valuta estera, nonché dell'ammontare dell'imposta, calcolata secondo l'aliquota dei beni. Se trattasi di acquisto intracomunitario senza pagamento dell'imposta o non imponibile o esente, in luogo dell'ammontare dell'imposta nella fattura deve essere indicato **il titolo** con l'eventuale indicazione della **relativa norma comunitaria o nazionale.**

2. Per le **cessioni intracomunitarie** di cui all'**art. 41,** è emessa **fattura a norma dell'art. 21** del decreto del Presidente della Repubblica 26 ottobre 1972, n. 633, **entro il giorno 15 del mese successivo a quello di effettuazione dell'operazione,** con l'**indicazione,** in luogo dell'ammontare dell'imposta, **che trattasi di operazione non imponibile,** con l'eventuale specificazione **della relativa norma comunitaria o nazionale.** La fattura deve inoltre contenere l'indicazione **del numero di identificazione attribuito,** agli effetti dell'imposta sul valore aggiunto, **al cessionario o committente** dallo Stato membro di appartenenza; in caso di consegna del bene al cessionario di questi in diverso Stato membro, dalla fattura deve risultare specifico riferimento. La fattura emessa per la cessione di beni, spediti o trasportati da uno Stato membro in altro Stato membro, acquistati senza pagamento dell'imposta a norma dell'art. 40, comma 2, secondo periodo, deve contenere il numero di identificazione attribuito al cessionario dallo Stato membro di destinazione dei beni e la designazione dello stesso quale debitore dell'imposta.

3. La fattura di cui al comma 2, se trattasi di **beni spediti o trasportati dal soggetto passivo** o per suo conto, ai sensi dell'art. 41, comma 2, lettera c), **nel territorio di altro Stato membro,** deve recare anche l'indicazione del **numero di identificazione allo stesso attribuito da tale Stato**; se trattasi di vendite a distanza intracomunitarie, di cui all'art. 41, comma 1, lettera b), non si applica la disposizione di cui al secondo periodo del comma 2.

4. Se la **cessione** riguarda **mezzi di trasporto nuovi** di cui all'art. 38, comma 4, nella fattura devono essere indicati anche i **dati di identificazione** degli stessi; se la cessione **non è effettuata nell'esercizio di imprese, arti e professioni** tiene luogo della fattura l'**atto relativo alla cessione** o altra documentazione equipollente.

5. Il **cessionario di un acquisto intracomunitario di cui all'art. 38, commi 2 e 3, lettere b) e c), che non ha ricevuto la relativa fattura entro il secondo mese successivo a quello di effettuazione dell'operazione deve emettere entro il giorno 15 del terzo mese successivo a**

quello di effettuazione dell'operazione stessa la fattura di cui al comma 1, **in unico esemplare;** se ha ricevuto una fattura indicante un **corrispettivo inferiore a quello reale deve emettere fattura integrativa entro il giorno 15 del mese successivo** alla registrazione della fattura originaria.

Art. 47. Registrazione delle operazioni intracomunitarie. – 1. Le fatture relative agli acquisti intracomunitari di cui all'art. 38, commi 2 e 3, lettera b), previa integrazione a norma dell'art. 46, comma 1, sono annotate distintamente, **entro il giorno 15 del mese successivo a quello di ricezione della fattura**, e con riferimento al mese precedente nel registro di cui all'art. 23 del decreto del Presidente della Repubblica 26 ottobre 1972, n. 633, secondo l'ordine della numerazione, con l'indicazione anche del corrispettivo delle operazioni espresso in valuta estera. Le fatture di cui all'art. 46, comma 5, sono annotate entro il termine di emissione e con riferimento al mese precedente. Ai fini dell'esercizio del diritto alla detrazione dell'imposta, le fatture sono annotate distintamente anche nel registro di cui all'art. 25 del predetto decreto.

2. I contribuenti di cui all'art. 22 del decreto del Presidente della Repubblica 26 ottobre 1972, n. 633, possono annotare le fatture di cui al comma 1 nel registro di cui al successivo art. 24 anziché in quello delle fatture emesse, ferme restando le prescrizioni in ordine ai termini e alle modalità indicate nel comma 1.

3. I soggetti di cui all'art. 4, quarto comma, del decreto del Presidente della Repubblica 26 ottobre 1972, n. 633, non soggetti passivi d'imposta, annotato le fatture di cui al comma 1, previa loro progressiva numerazione, ed entro gli stessi termini indicati al comma 1, in apposito registro, tenuto e conservato a norma dell'art. 39 dello stesso decreto n. 633 del 1972.

4. **Le fatture relative alle cessioni intracomunitarie di cui all'art. 46, comma 2, devono essere annotate distintamente nel registro di cui all'art. 23** del decreto del Presidente della Repubblica 26 ottobre 1972, n. 633, secondo l'ordine della numerazione ed entro il termine di emissione, con riferimento al mese di effettuazione dell'operazione.

5. Le disposizioni di cui ai **commi 1 e 4 non si applicano alle operazioni relative ai mezzi di trasporto nuovi, di cui all'art. 38, comma 4, delle quali non è parte contraente un soggetto passivo d'imposta** nel territorio dello Stato.

Art. 48. Liquidazioni periodiche e dichiarazione annuale. – 1. **Ai fini** delle **liquidazioni** e dei **versamenti** di cui agli artt. 27, 33 e 74, quarto comma, del decreto del Presidente della Repubblica 26 ottobre 1972, n. 633, **l'imposta relativa agli acquisti intracomunitari è computabile in detrazione** con riferimento alle **registrazioni eseguite nel secondo mese precedente** per i contribuenti con liquidazione a cadenza mensile e nel **secondo trimestre precedente** per i contribuenti con liquidazione a cadenza trimestrale.

2. Nella **dichiarazione relativa all'imposta dovuta per l'anno precedente, di cui all'art. 28 del decreto del Presidente della Repubblica 26 ottobre 1972, n. 633, le operazioni intracomunitarie registrate a norma dell'art. 47, commi 1, 2 e 4, del presente decreto nell'anno precedente devono risultare distintamente,** secondo le modalità stabilite nel decreto di approvazione del relativo modello. Se sono state registrate operazioni intracomunitarie non si applica l'esonero di cui al secondo periodo del primo comma dell'anzidetto art. 28.

Art. 49. Dichiarazione e versamento dell'imposta per gli enti non commerciali e per i prodotti soggetti ad accisa. – 1. I **soggetti** di cui all'art. 4, quarto comma, del decreto del Presidente della Repubblica 26 ottobre 1972, n. 633, **non sog-**

getti passivi d'imposta, che hanno effettuato acquisti intracomunitari per i quali è dovuta l'imposta, salvo quanto disposto nel comma 3 del presente articolo, **presentano, in via telematica ed entro ciascun mese, una dichiarazione relativa agli acquisti registrati con riferimento al secondo mese precedente**, redatta in conformità al modello approvato con provvedimento del Direttore dell'Agenzia delle entrate. Dalla dichiarazione devono risultare l'ammontare degli acquisti, quello dell'imposta dovuta e gli estremi del relativo attestato di versamento.

2. **Entro il termine di cui al comma 1 l'imposta deve essere versata**, a norma dell'art. 38 del decreto del Presidente della Repubblica 26 ottobre 1972, n. 633, cumulativamente per tutti gli acquisti registrati nel mese.

3. L'imposta dovuta per gli acquisti intracomunitari di prodotti soggetti ad accisa da parte dei soggetti indicati nell'art. 38, comma 5, lettera c), non tenuti al pagamento dell'imposta sugli acquisti intracomunitari, deve essere assolta unitamente all'accisa.

4. Per gli acquisti intracomunitari effettuati nell'esercizio dell'attività non commerciale dagli enti, associazioni o altre organizzazioni di cui all'art. 4, quarto comma, del decreto del Presidente della Repubblica 26 ottobre 1972, n. 633, soggetti passivi d'imposta nel territorio dello Stato, indicati nell'art. 38, comma 1, si applicano le disposizioni del presente articolo e dell'art. 46, comma 5 e dell'art. 47, comma 3.

Art. 50. Obblighi connessi agli scambi intracomunitari. – 1. Comma abrogato.

2. Agli effetti dell'art. 41, comma 2-*ter*, **l'ufficio, su richiesta degli esercenti imprese, arti e professioni**, e secondo modalità stabilite con decreto del Ministro delle finanze, **conferma la validità** del numero di identificazione attribuito al cessionario o committente da altro Stato membro della Comunità economica europea, nonché i dati relativi alla ditta, denominazione o ragione sociale, e in mancanza, al nome e al cognome.

3. **Chi effettua acquisti intracomunitari soggetti all'imposta deve comunicare all'altra parte contraente il proprio numero di partita Iva**, come integrato agli effetti delle operazioni intracomunitarie, tranne che per l'ipotesi di acquisto di mezzi di trasporto nuovi da parte di persone fisiche non operanti nell'esercizio di imprese, arti e professioni.

4. I soggetti di cui all'art. 4, quarto comma, del decreto del Presidente della Repubblica 26 ottobre 1972, n. 633, non soggetti passivi d'imposta, che non hanno optato per l'applicazione dell'imposta sugli acquisti intracomunitari a norma dell'art. 38, comma 6, del presente decreto, devono dichiarare all'ufficio competente nei loro confronti, a norma dell'art. 40 del suddetto decreto n. 633 del 1972, che effettuano acquisti intracomunitari soggetti ad imposta. La **dichiarazione** è **presentata**, in via telematica, **anteriormente all'effettuazione di ciascun acquisto**; l'ufficio attribuisce il numero di partita Iva a seguito di dichiarazione, redatta in conformità ad apposito modello approvato con provvedimento del Direttore dell'Agenzia delle entrate, resa dai soggetti interessati al momento del superamento del limite di cui all'art. 38, comma 5, lettera c), del presente decreto.

5. I **movimenti relativi a beni spediti in altro Stato della Comunità economica europea o da questo provenienti in base ad uno dei titoli non traslativi di cui all'art. 38, comma 5, lettera a), devono essere annotati in apposito registro,** tenuto e conservato a norma dell'art. 39 del decreto del Presidente della Repubblica 26 ottobre 1972, n. 633.

5-*bis*. Le cessioni e gli acquisti intracomunitari di beni effettuati, rispettivamente, ai sensi degli articoli 41-*bis* e 38-*ter* sono annotati dal destinatario della cessione e dal cedente in un apposito registro tenuto e conservato a norma dell'articolo 39 del decreto del Presidente della Repubblica 26 ottobre 1972, n. 633.

6. I contribuenti presentano, anche per finalità statistiche, in via telematica all'Agenzia delle dogane e dei monopoli gli elenchi riepilogativi delle cessioni e degli acquisti intracomunitari del decreto del Presidente della Repubblica 26 ottobre 1972, n. 633, resi nei confronti di soggetti passivi stabiliti in un altro Stato membro dell'Unione europea e a quelli da questi ultimi ricevuti indicando separatamente le cessioni e gli acquisti intracomunitari effettuati, rispettivamente, ai sensi degli articoli 41-*bis* e 38-*ter*. I soggetti di cui all'art. 7-*ter*, comma 2, lettere b) e c), del decreto del Presidente della Repubblica n. 633 del 1972, presentano l'elenco riepilogativo degli acquisti intracomunitari di beni ricevuti da soggetti passivi stabiliti in un altro Stato membro dell'Unione europea. Con provvedimento del direttore dell'Agenzia delle entrate, di concerto con il direttore dell'Agenzia delle dogane e dei monopoli e d'intesa con l'Istituto nazionale di statistica, da emanare ai sensi del comma 6-*ter*, sono definite significative misure di semplificazione degli obblighi comunicativi dei contribuenti finalizzate a garantire anche la qualità e completezza delle informazioni statistiche richieste dai regolamenti dell'Unione europea e ad evitare duplicazioni prevedendo, in particolare, che il numero dei soggetti obbligati all'invio degli elenchi riepilogativi di cui ai periodi precedenti sia ridotto al minimo, diminuendo la platea complessiva dei soggetti interessati e comunque con obblighi informativi inferiori rispetto a quanto previsto dalla normativa vigente e nel rispetto della normativa dell'Unione europea. A seguito di eventuali modifiche dei regolamenti dell'Unione Europea, con analogo provvedimento, sono definite ulteriori misure di semplificazione delle comunicazioni richieste.

6-*bis*. Con decreto del Ministro dell'economia e delle finanze, da emanarsi entro novanta giorni dall'entrata in vigore della presente disposizione, sono stabiliti le modalità per la presentazione degli elenchi di cui al comma 6, tenendo conto delle richieste formulate dall'Istituto nazionale di statistica. Gli elenchi di cui al comma 6 sono presentati entro il giorno 25 del mese successivo al periodo di riferimento.

6-*ter*. Con provvedimento del Direttore dell'Agenzia delle dogane di concerto con il Direttore dell'Agenzia delle entrate e d'intesa con l'Istituto Nazionale di Statistica, da emanarsi entro novanta giorni dall'entrata in vigore della presente disposizione, sono approvati i modelli e le relative istruzioni applicative, le caratteristiche tecniche per la trasmissione, nonché le procedure ed i termini per l'invio dei dati all'Istituto Nazionale di Statistica.

7. Le **operazioni intracomunitarie per le quali anteriormente alla consegna o spedizione dei beni sia stata emessa fattura o pagato in tutto o in parte il corrispettivo devono essere comprese negli elenchi di cui al comma 6 con riferimento al periodo nel corso del quale è stata eseguita la consegna o spedizione** dei beni per l'ammontare complessivo delle operazioni stesse.

Comma 8 abrogato.

Art. 50-*bis*. Depositi fiscali ai fini Iva. – 1. Sono istituiti, ai fini dell'imposta sul valore aggiunto, speciali depositi fiscali, in prosieguo denominati "depositi Iva", **per la custodia di beni nazionali e comunitari** che **non** siano **destinati alla vendita al minuto** nei locali dei depositi medesimi. Sono **abilitate a gestire** tali depositi **le imprese esercenti magazzini generali munite di autorizzazione doganale**, quelle esercenti **depositi franchi** e quelle **operanti nei punti franchi**. Sono **altresì considerati depositi Iva**:

a) i **depositi fiscali** di cui all'art. 1,

comma 2, lettera e), del Testo Unico di cui al decreto legislativo 26 ottobre 1995, n. 504, e successive modificazioni **per i prodotti soggetti ad accisa**;

b) i **depositi doganali**, di cui all'art. 525, secondo paragrafo, del regolamento (CEE) n. 2454/93 della Commissione, del 2 luglio 1993, e successive modificazioni, compresi quelli per la custodia e la lavorazione delle lane di cui al decreto ministeriale del 28 novembre 1934, relativamente ai beni nazionali o comunitari che in base alle disposizioni doganali possono essere in essi introdotti.

2. **Su autorizzazione del direttore regionale delle entrate** ovvero del direttore delle entrate delle province autonome di Trento e di Bolzano e della Valle d'Aosta, **possono essere abilitati a custodire beni nazionali e comunitari in regime di deposito Iva altri soggetti che riscuotono la fiducia dell'Amministrazione finanziaria**. Con decreto del Ministro delle finanze, da emanare entro il 1° marzo 1997, sono dettati le modalità e i termini per il rilascio dell'autorizzazione ai soggetti interessati. L'autorizzazione può essere revocata dal medesimo direttore regionale delle entrate ovvero dal direttore delle entrate delle province autonome di Trento e di Bolzano e della Valle d'Aosta qualora siano riscontrate irregolarità nella gestione del deposito e deve essere revocata qualora vengano meno le condizioni per il rilascio; in tal caso i beni giacenti nel deposito si intendono estratti agli effetti del comma 6, salva l'applicazione della lettera i) del comma 4. **Se il deposito è destinato a custodire beni per conto terzi, l'autorizzazione può essere rilasciata esclusivamente a società per azioni, in accomandita per azioni, a responsabilità limitata, a società cooperative o ad enti, il cui capitale ovvero fondo di dotazione non sia inferiore a 516.456,90 euro.** Detta limitazione non si applica per i depositi che custodiscono beni, spediti da soggetto passivo identificato in altro Stato membro della Comunità europea, destinati ad essere ceduti al depositario; in tal caso l'acquisto intracomunitario si considera effettuato dal depositario, al momento dell'estrazione dei beni.

2-*bis*. I **soggetti esercenti le attività di cui al comma 1, anteriormente all'avvio della operatività quali depositi Iva, presentano agli uffici delle dogane e delle entrate, territorialmente competenti, apposita comunicazione** anche al fine della valutazione, qualora non ricorrano i presupposti di cui al comma 2, quarto periodo, della congruità della garanzia prestata in relazione alla movimentazione complessiva delle merci.

3. Ai fini della gestione del deposito Iva **deve essere tenuto**, ai sensi dell'art. 53, terzo comma, del decreto del Presidente della Repubblica 26 ottobre 1972, n. 633, e successive modificazioni, un **apposito registro che evidenzi la movimentazione dei beni**. Il citato registro deve essere conservato ai sensi dell'art. 39 del predetto decreto n. 633 del 1972; **deve, altresì, essere conservato**, a norma della medesima disposizione, **un esemplare dei documenti presi a base dell'introduzione e dell'estrazione dei beni dal deposito**, ivi compresi quelli relativi ai dati di cui al comma 6, ultimo periodo, e di quelli relativi agli scambi eventualmente intervenuti durante la giacenza dei beni nel deposito medesimo. Con decreto del Ministro delle finanze sono indicate le modalità relative alla tenuta del predetto registro, nonché quelle relative all'introduzione e all'estrazione dei beni dai depositi.

4. **Sono effettuate senza pagamento dell'imposta sul valore aggiunto** le seguenti operazioni:

a) **gli acquisti intracomunitari di beni eseguiti mediante introduzione in un deposito Iva**;

b) **le operazioni di immissione in libera pratica di beni non comunitari destinati ad essere introdotti in un deposito Iva previa prestazione di idonea garanzia** commisurata all'imposta. La prestazione della garanzia non è dovuta per i soggetti certificati ai sensi dell'art. 14-*bis* del regolamento (CEE) n. 2454/93 della Commissione, del 2 luglio 1993, e successive modificazioni, e per quelli esonerati ai sensi dell'art. 90 del Testo Unico delle disposizioni legislative in materia doganale, di cui al decreto del Presidente della Repubblica 23 gennaio 1973, n. 43;

c) **le cessioni di beni eseguite mediante introduzione in un deposito Iva;**

d) lettera abrogata;

e) **le cessioni di beni custoditi in un deposito Iva;**

f) **le cessioni intracomunitarie di beni estratti da un deposito Iva con spedizione in un altro Stato membro** della Comunità europea, salvo che si tratti di cessioni intracomunitarie soggette ad imposta nel territorio dello Stato;

g) **le cessioni di beni estratti da un deposito Iva con trasporto o spedizione fuori del territorio della Comunità europea;**

h) **le prestazioni di servizi**, comprese le operazioni di perfezionamento e le manipolazioni usuali, **relative a beni custoditi in un deposito Iva**, anche se materialmente eseguite non nel deposito stesso ma nei locali limitrofi sempreché, in tal caso, le suddette operazioni siano di durata non superiore a sessanta giorni;

i) **il trasferimento dei beni in altro deposito Iva.**

5. Il **controllo sulla gestione dei depositi Iva è demandato all'ufficio doganale o all'ufficio tecnico di finanza che già esercita la vigilanza sull'impianto ovvero, nei casi di cui al comma 2, all'ufficio delle entrate indicato nell'autorizzazione.** Gli uffici delle entrate ed i comandi del Corpo della Guardia di finanza possono, previa intesa con i predetti uffici, eseguire comunque controlli inerenti al corretto adempimento degli obblighi relativi alle operazioni afferenti i beni depositati.

6. **L'estrazione dei beni da un deposito I.V.A. ai fini della loro utilizzazione o in esecuzione di atti di commercializzazione nello Stato può essere effettuata solo da soggetti passivi d'imposta agli effetti dell'I.V.A. e comporta il pagamento dell'imposta; la base imponibile è costituita dal corrispettivo o valore relativo all'operazione non assoggettata all'imposta per effetto dell'introduzione ovvero, qualora successivamente i beni abbiano formato oggetto di una o più cessioni, dal corrispettivo o valore relativo all'ultima di tali cessioni, in ogni caso aumentato, se non già compreso, dell'importo relativo alle eventuali prestazioni di servizi delle quali i beni stessi abbiano formato oggetto durante la giacenza fino al momento dell'estrazione.** Per l'estrazione dei beni introdotti nel deposito IVA ai sensi del comma 4, lettera b), l'imposta è dovuta dal soggetto che procede all'estrazione, a norma dell'art. 17, secondo comma, del decreto del Presidente della Repubblica 26 ottobre 1972, n. 633, previa prestazione di idonea garanzia con i contenuti, secondo modalità e nei casi definiti con decreto del Ministro dell'economia e delle finanze. Nei restanti casi di cui al comma 4 e, per quelli di cui al periodo precedente, sino all'adozione del decreto, l'imposta è dovuta dal soggetto che procede all'estrazione ed è versata in nome e per conto di tale soggetto dal gestore del deposito, che è solidalmente responsabile dell'imposta stessa. Il versamento è eseguito ai sensi dell'art. 17 del decreto legislativo 9 luglio 1997, n. 241, esclusa la compensazione ivi prevista, entro il termine di cui all'art. 18 del medesimo decreto, riferito al mese successivo alla data di estrazione. Il soggetto che procede all'estrazione annota nel registro di cui all'art. 25 del decreto del Presidente della Repubblica 26 ottobre 1972, n. 633, una fattura emessa ai sensi dell'art. 17, secondo comma, del medesimo decreto, e i dati della ricevuta del versamento suddetto. È effettuata senza pagamento dell'imposta l'estrazione da

parte di soggetti che si avvalgono della facoltà di cui alla lettera c) del primo comma e al secondo comma dell'art. 8 del decreto del Presidente della Repubblica 26 ottobre 1972, n. 633; in tal caso, la dichiarazione di cui all'art. 1, comma 1, lettera c), del decreto-legge 29 dicembre 1983, n. 746, convertito, con modificazioni, dalla legge 27 febbraio 1984, n. 17, deve essere trasmessa telematicamente all'Agenzia delle entrate, che rilascia apposita ricevuta telematica. Per il mancato versamento dell'imposta dovuta ai sensi dei precedenti periodi, si applica la **sanzione** di cui all'art. 13, comma 1, del decreto legislativo 18 dicembre 1997, n. 471, al cui **pagamento è tenuto solidalmente anche il gestore del deposito**; tuttavia, nel caso in cui l'estrazione sia stata effettuata senza pagamento dell'imposta da un soggetto che abbia presentato la dichiarazione di cui all'art. 1, comma 1, lettera c), del predetto decreto n. 746 del 1983 in mancanza dei presupposti richiesti dalla legge, trova applicazione la sanzione di cui all'art. 7, comma 4, del predetto decreto n. 471 e al pagamento dell'imposta e di tale sanzione è tenuto esclusivamente il soggetto che procede all'estrazione. Per i beni introdotti in un deposito I.V.A. in forza di un acquisto intracomunitario, il soggetto che procede all'estrazione assolve l'imposta provvedendo alla integrazione della relativa fattura, con la indicazione dei servizi eventualmente resi e dell'imposta, ed alla annotazione della variazione in aumento nel registro di cui all'art. 23 del citato decreto del Presidente della Repubblica n. 633 del 1972 entro quindici giorni dall'estrazione e con riferimento alla relativa data; la variazione deve, altresì, essere annotata nel registro di cui all'art. 25 del medesimo decreto entro il mese successivo a quello dell'estrazione. Fino all'integrazione delle pertinenti informazioni residenti nelle banche dati delle Agenzie fiscali, il soggetto che procede all'estrazione dei beni introdotti in un deposito IVA ai sensi del comma 4, lettera b), comunica al gestore del deposito IVA i dati relativi alla liquidazione dell'imposta, anche ai fini dello svincolo della garanzia ivi prevista. Le modalità di integrazione telematica sono stabilite con determinazione del direttore dell'Agenzia delle dogane e dei monopoli, di concerto con il direttore dell'Agenzia delle entrate.

7. Nei limiti di cui all'art. 44, comma 3, secondo periodo, i gestori dei depositi Iva assumono la veste di rappresentanti fiscali ai fini dell'adempimento degli obblighi tributari afferenti le operazioni concernenti i beni introdotti negli stessi depositi, qualora i soggetti non residenti, parti di operazioni di cui al comma 4, non abbiano già nominato un rappresentante fiscale ovvero non abbiano provveduto ad identificarsi direttamente ai sensi dell'art. 35-*ter* del decreto del Presidente della Repubblica 26 ottobre 1972, n. 633. In relazione alle operazioni di cui al presente comma, i gestori dei depositi possono richiedere l'attribuzione di un numero di partita Iva unico per tutti i soggetti passivi d'imposta non residenti da essi rappresentati.

8. Il gestore del deposito IVA risponde solidalmente con il soggetto passivo della mancata o irregolare applicazione dell'imposta relativa all'estrazione, qualora non risultino osservate le prescrizioni stabilite con il decreto di cui al comma 3. La violazione degli obblighi di cui al comma 6 del presente articolo da parte del gestore del deposito IVA è valutata ai fini della revoca dell'autorizzazione rilasciata ai sensi del comma 2, ovvero ai fini dell'esclusione dall'abilitazione a gestire come deposito IVA i magazzini generali e i depositi di cui ai periodi secondo e terzo del comma 1.

Art. 51. Disposizioni relative ai produttori agricoli. – 1. Per gli acquisti intracomunitari imponibili effettuati dai produttori agricoli di cui all'art. 34, terzo comma, del decreto del Presidente della Repubblica 26 ottobre 1972, n. 633, l'imposta si applica secondo le disposizioni dell'art. 47, comma 3, e dell'art. 49, commi 1 e 2, del presente decreto.

2. Per le cessioni di cui all'art. 40, comma 3, non si applicano le disposizioni di cui all'art. 34 del decreto del Presidente della Repubblica 26 ottobre 1972, n. 633.

3. Le disposizioni di cui all'art. 41, comma 1, lettera a), si applicano anche alle cessioni dei prodotti agricoli ed ittici effettuate dai produttori agricoli di cui all'art. 34 del decreto del Presidente della Repubblica 26 ottobre 1972, n. 633, e successive modificazioni, che non hanno optato a norma del penultimo comma dello stesso art. 34 per l'applicazione dell'imposta nel modo normale.

Art. 52. Cessioni a viaggiatori. – 1. Fino al 30 giugno 1999 sono non imponibili, agli effetti dell'art. 8 del decreto del Presidente della Repubblica 26 ottobre 1972, n. 633, le cessioni di beni ai viaggiatori, diretti in un altro Stato membro, effettuate negli speciali negozi istituiti nell'ambito dei porti e degli aeroporti ai sensi dell'art. 128 del Testo Unico delle disposizioni legislative in materia doganale, approvato con decreto del Presidente della Repubblica 23 gennaio 1973, n. 43, ovvero effettuate negli spacci funzionanti a bordo delle navi e degli aeromobili.

2. La disposizione di cui al comma 1 si applica, per ciascuna persona e per ciascun viaggio, entro i limiti di valore e di quantità previsti dalle norme comunitarie relative al traffico dei viaggiatori fra la Comunità ed i Paesi terzi; se il valore globale dei beni supera l'importo fissato dalle norme comunitarie, sull'eccedenza è dovuta l'imposta; nel calcolo del valore globale non è computato quello dei beni soggetti a limiti quantitativi.

3. Con decreto del Ministro delle finanze possono essere stabilite modalità e condizioni per l'applicazione del presente articolo.

Art. 53. Disposizioni relative ai mezzi di trasporto nuovi. – 1. Per le cessioni a titolo oneroso, effettuate da soggetti non operanti nell'esercizio di imprese, di arti e professioni, nei confronti di soggetti residenti in altri Stati membri, di mezzi di trasporto nuovi ai sensi dell'art. 38, comma 4, spediti o trasportati nei suddetti Stati dallo stesso cedente, dall'acquirente o per loro conto, compete il rimborso, al momento della cessione, dell'imposta compresa nel prezzo di acquisto o assolta o pagata per la loro acquisizione o importazione. Il rimborso non può essere superiore all'ammontare dell'imposta che sarebbe applicata se la cessione fosse soggetta all'imposta nel territorio dello Stato.

2. Con decreto del Ministro delle finanze sono stabiliti le modalità ed i termini della liquidazione e del versamento dell'imposta dovuta a norma dell'art. 38, comma 3, lettera e), nonché le prescrizioni, le modalità ed i termini da osservare per le cessioni di cui al comma 1, anche agli effetti del rimborso previsto nello stesso comma.

3. I pubblici uffici non possono procedere all'immatricolazione, all'iscrizione in pubblici registri o all'emanazione di provvedimenti equipollenti relativi a mezzi di trasporto nuovi, di cui all'art. 38, comma 4, oggetto di acquisto intracomunitario, se gli obblighi relativi all'applicazione dell'imposta non risultano adempiuti. I pubblici uffici cooperano con i competenti uffici dell'Amministrazione finanziaria per il reperimento degli elementi utili ai fini dell'accertamento dell'imposta sul valore aggiunto dovuta, della spettanza del rimborso, della repressione delle violazioni nonché ai fini dell'accertamento della sussistenza dei requisiti che qualificano come nuovi i mezzi di trasporto.

4. Ai fini degli adempimenti di cui ai precedenti commi, il richiedente, che risulti essere intestatario di autoveicolo oggetto di acquisto intracomunitario in

base alla documentazione rilasciata in uno Stato membro e che abbia assolto agli obblighi relativi all'adempimento dell'imposta, può presentare, in luogo della dichiarazione di cui al punto 3) dell'art. 6 del regio decreto 29 luglio 1927, n. 1814, la documentazione ai fini dell'adempimento dell'imposta.

5. Nel comma 1 dell'art. 132 del decreto legislativo 30 aprile 1992, n. 285, dopo le parole: "formalità doganali" sono inserite le seguenti: "o a quelle di cui all'art. 53, comma 2, del decreto-legge 30 agosto 1993, n. 331".

Art. 54. Sanzioni. – Articolo abrogato.

Art. 55. Collaborazione nei controlli ai fini dell'imposta sul valore aggiunto, con le amministrazioni degli altri Stati membri. – 1. Su richiesta di altri Stati membri, i competenti uffici dell'Amministrazione finanziaria e la Guardia di finanza possono disporre l'esecuzione, anche unitamente a funzionari di tali Stati, **di accessi, ispezioni e verifiche** di cui agli artt. 52 e 63 del decreto del Presidente della Repubblica 26 ottobre 1972, n. 633, **a condizioni di reciprocità.**

Art. 56. Norme applicabili. – 1. **Per quanto non è diversamente disposto nel presente titolo** si applicano le disposizioni del **decreto del Presidente della Repubblica 26 ottobre 1972, n. 633.**

(*Omissis*).

D.L. 22 giugno 2012, n. 83

(Convertito in L. 7 agosto 2012, n. 134)
Misure urgenti per la crescita del Paese (Decreto Sviluppo)
(*Estratto*)

(*Omissis*).

TITOLO III
MISURE URGENTI
PER LO SVILUPPO ECONOMICO

(*Omissis*).

CAPO II
NUOVI STRUMENTI DI FINANZIAMENTO
PER LE IMPRESE

(*Omissis*).

Art. 32-*bis*. Liquidazione dell'Iva secondo la contabilità di cassa. – 1. In esecuzione della facoltà accordata dalla direttiva 2010/45/UE del Consiglio, del 13 luglio 2010, per le **cessioni di beni e per le prestazioni di servizi effettuate da soggetti passivi con volume d'affari non superiore a 2 milioni di euro, nei confronti di cessionari o di committenti che agiscono nell'esercizio di impresa, arte o professione, l'imposta sul valore aggiunto diviene esigibile al momento del pagamento dei relativi corrispettivi.** Per i medesimi soggetti l'esercizio del **diritto alla detrazione** dell'imposta relativa agli acquisti dei beni o dei servizi **sorge al momento del pagamento dei relativi corrispettivi.** In ogni caso, il diritto alla detrazione dell'imposta in capo al cessionario o al committente sorge al momento di effettuazione dell'operazione, ancorché il corrispettivo non sia stato ancora pagato. Le disposizioni del presente comma non si applicano alle operazioni effettuate dai soggetti che si avvalgono di regimi speciali di applicazione dell'imposta, né a quelle poste in essere nei confronti di cessionari o di committenti che assolvono l'imposta mediante l'applicazione dell'inversione contabile. L'imposta diviene, comunque, esigibile dopo il decorso del termine di un anno dal momento di effettuazione dell'operazione. Il limite annuale non si applica nel caso in cui il cessionario o il committente, prima del decorso del termine, sia stato assoggettato a procedure concorsuali.

2. Il **regime** di cui al comma 1 si rende applicabile previa opzione da **parte del contribuente**, da esercitare secondo le modalità individuate con provvedimento del Direttore dell'Agenzia delle entrate.

3. **Sulle fatture emesse** in applicazione delle disposizioni di cui al comma 1 deve essere **apposta specifica annotazione**.

4. Con decreto del Ministro dell'economia e delle finanze, da emanare entro sessanta giorni dalla data di entrata in vigore della legge di conversione del presente decreto, sono stabilite le disposizioni di attuazione del presente articolo.

5. Dalla data di entrata in vigore delle disposizioni di cui al presente articolo, individuata con il decreto di cui al comma 4 del presente articolo, è abrogato l'articolo 7 del decreto-legge 29 novembre 2008, n. 185, convertito, con modificazioni, dalla legge 28 gennaio 2009, n. 2.

6. All'onere relativo all'attuazione del presente articolo, pari a 11,9 milioni di euro per l'anno 2012 e a 500.000 euro a decorrere dall'anno 2013, si provvede mediante corrispondente riduzione dell'autorizzazione di spesa di cui all'articolo 27, comma 10, della legge 23 dicembre 1999, n. 488, e successive modificazioni.

7. Il Ministro dell'economia e delle finanze è autorizzato ad apportare, con propri decreti, le occorrenti variazioni di bilancio.

IMPOSTE SUI TRASFERIMENTI

D.P.R. 26 aprile 1986, n. 131

Approvazione del testo unico delle disposizioni concernenti l'imposta di registro

TITOLO I
DISPOSIZIONI GENERALI

Art. 1. Oggetto dell'imposta. – 1. L'imposta di registro si applica, nella misura indicata nella tariffa allegata al presente testo unico, agli **atti soggetti a registrazione e** a quelli **volontariamente presentati** per la registrazione.

Art. 2. Atti soggetti a registrazione. – 1. Sono soggetti a registrazione, a norma degli artt. seguenti:

a) gli **atti** indicati nella tariffa, se formati **per iscritto** nel territorio dello Stato;

b) i **contratti verbali** indicati nel comma 1 dell'art. 3;

c) le **operazioni** delle società ed enti esteri indicate nell'**art. 4**;

d) gli **atti** formati all'**estero**, compresi quelli dei consoli italiani, che comportano **trasferimento** della **proprietà** ovvero costituzione o trasferimento di altri **diritti reali**, anche di **garanzia**, su beni immobili o aziende esistenti nel **territorio** dello **Stato** e quelli che hanno per oggetto la locazione o l'affitto di tali beni.

Art. 3. Contratti verbali. – 1. Sono soggetti a registrazione i **contratti verbali**:

a) di **locazione** o **affitto** di **beni immobili** esistenti nel territorio dello Stato e relative cessioni, risoluzioni e proroghe anche tacite;

b) di **trasferimento** e di **affitto** di **aziende** esistenti nel territorio dello Stato e di costituzione o trasferimento di diritti reali di godimento sulle stesse e relative cessioni, risoluzioni e proroghe anche tacite.

2. Per gli altri contratti verbali si applicano le disposizioni dell'art. 22.

Art. 4. Operazioni di società ed enti esteri. – 1. Sono soggetti a registrazione:

a) l'**istituzione** nel territorio dello Stato della **sede** dell'**amministrazione** di **società** di ogni tipo e oggetto costituite all'estero ovvero della sede dell'amministrazione di enti diversi dalle società, compresi i consorzi, le associazioni e le altre organizzazioni di persone o di beni, con o senza personalità giuridica, aventi per oggetto esclusivo o principale l'esercizio di attività commerciali o agricole, parimenti costituiti all'estero;

b) l'**istituzione** nel territorio dello

Stato della **sede legale** di uno dei soggetti di cui alla lettera a) avente la sede dell'amministrazione in uno Stato non facente parte della Comunità economica europea;

c) il **trasferimento** nel territorio dello **Stato**, da uno Stato non facente parte della Comunità economica europea, della sede dell'amministrazione o della sede legale di uno dei soggetti di cui alla lettera a) qualora la sede legale o rispettivamente quella dell'amministrazione non si trovi in uno Stato della Comunità economica europea;

d) il **trasferimento** nel territorio dello Stato, da altro Stato della Comunità economica europea, della **sede** dell'**amministrazione** di uno dei soggetti di cui alla lettera a), sempreché non sia stata assolta nello Stato di provenienza l'imposta prevista dalla direttiva della Comunità economica europea 17 luglio 1969, n. 335;

e) il **trasferimento** nel territorio dello Stato, da altro Stato della Comunità economica europea, della **sede legale** di uno dei soggetti di cui alla lettera a), avente la sede dell'amministrazione in uno Stato non facente parte della Comunità economica europea, sempreché non sia stata assolta nello Stato di provenienza l'imposta prevista dalla direttiva di cui alla lettera d);

f) la **istituzione** o il **trasferimento** nel territorio dello Stato di **sedi secondarie** di uno dei soggetti di cui alla lettera a), non avente la sede dell'amministrazione né quella legale in uno Stato della Comunità economica europea, sempreché, in caso di trasferimento, non sia stata assolta, in un altro Stato della Comunità economica europea, l'imposta prevista dalla direttiva di cui alla lettera d);

g) la messa a disposizione di capitali di investimento o di esercizio a favore delle sedi secondarie stabilite nel territorio dello Stato dai soggetti di cui alla lettera a) non aventi la sede dell'amministrazione né quella legale in uno Stato della Comunità economica europea;

h) l'**istituzione o** il **trasferimento nel territorio dello Stato** dell'**oggetto principale** dell'**impresa** da parte di uno dei soggetti di cui alla lettera a) che non abbia la sede legale o la sede dell'amministrazione in uno Stato facente parte della Comunità economica europea ovvero che in tale Stato non sia soggetto all'imposta prevista dalla direttiva di cui alla lettera d).

Art. 5. Registrazione in termine fisso e registrazione in caso d'uso. – 1. Sono soggetti a registrazione in **termine fisso** gli atti indicati nella **parte prima** della **tariffa** e in **caso d'uso** quelli indicati nella **parte seconda**.

2. Le **scritture private non autenticate sono soggette a registrazione in caso d'uso se tutte le disposizioni in esse contemplate sono relative a operazioni soggette all'imposta sul valore aggiunto.** Si considerano soggette all'imposta sul valore aggiunto anche le cessioni e le prestazioni tra soggetti partecipanti a un gruppo IVA, le cessioni e le prestazioni per le quali l'imposta non è dovuta a norma degli articoli da 7 a 7-*septies* del decreto del Presidente della Repubblica 26 ottobre 1972, n. 633, e quelle di cui al comma 6 dell'art. 21 del medesimo decreto del Presidente della Repubblica n. 633 del 1972. La disposizione del periodo precedente non si applica alle operazioni esenti e imponibili ai sensi dei numeri 8), 8-*bis*), 8-*ter*), e 27-*quinquies*) del primo comma dell'art. 10 del citato decreto n. 633 del 1972 e alle locazioni di immobili esenti ai sensi del secondo comma del medesimo art. 10, nonché alle cessioni di beni e alle prestazioni di servizi tra soggetti partecipanti a un gruppo IVA per le quali, se effettuate nei confronti di un soggetto non partecipante al gruppo IVA, si applicherebbero le suddette disposizioni.

Art. 6. Caso d'uso. – 1. Si ha caso d'uso quando un **atto si deposita**, per essere **acquisito agli atti**, presso le cancellerie giudiziarie nell'esplicazione di attività amministrative o presso le amministrazioni dello Stato o degli enti pubblici territoriali e i rispettivi organi di controllo, salvo che il deposito avvenga ai fini dell'adempimento di un'obbligazione delle suddette amministrazioni, enti o organi ovvero sia obbligatorio per legge o regolamento.

Art. 7. Atti non soggetti a registrazione. – 1. Per gli **atti indicati nella tabella** allegata al presente testo unico **non** vi è **obbligo** di chiedere la **registrazione** neanche in caso d'uso; **se presentati** per la registrazione, l'imposta è dovuta in **misura fissa**. La disposizione si applica agli atti indicati negli artt. 4, 5, 11 e 11-*bis* della stessa tabella anche se autenticati o redatti in forma pubblica.

Art. 8. Registrazione volontaria. – 1. **Chiunque** vi abbia interesse **può richiedere** in **qualsiasi momento**, pagando la relativa imposta, la **registrazione** di un atto.

TITOLO II
REGISTRAZIONE DEGLI ATTI

Art. 9. Ufficio competente. – 1. Competente a registrare gli **atti pubblici, le scritture private autenticate** e gli atti degli organi giurisdizionali è **l'ufficio** del **registro** nella cui **circoscrizione risiede** il **pubblico ufficiale obbligato** a richiedere la registrazione a norma della lettera b) o della lettera c) dell'art. 10.

2. La **registrazione** di tutti gli **altri atti** può essere eseguita da **qualsiasi ufficio** del registro.

Art. 10. Soggetti obbligati a richiedere la registrazione. – 1. Sono obbligati a richiedere la registrazione:

a) le **parti contraenti** per le scritture private non autenticate, per i contratti verbali e per gli atti pubblici e privati formati all'estero nonché i rappresentanti delle società o enti esteri, ovvero uno dei soggetti che rispondono delle obbligazioni della società o ente, per le operazioni di cui all'art. 4;

b) i **notai**, gli **ufficiali giudiziari**, i **segretari** o **delegati** della **pubblica amministrazione** e gli altri pubblici ufficiali per gli atti da essi redatti, ricevuti o autenticati;

c) i **cancellieri** e i **segretari per le sentenze**, i **decreti** e gli **altri atti** degli organi giurisdizionali alla cui formazione hanno partecipato nell'esercizio delle loro funzioni;

d) gli impiegati dell'amministrazione finanziaria e gli appartenenti al Corpo della guardia di finanza per gli atti da registrare d'ufficio a norma dell'art. 15.

d-*bis*) gli agenti di affari in mediazione iscritti nella sezione degli **agenti immobiliari** del ruolo di cui all'art. 2 della legge 3 febbraio 1989, n. 39, per le scritture private non autenticate di natura negoziale stipulate a seguito della loro attività per la conclusione degli affari.

Art. 11. Richiesta di registrazione degli atti scritti. – 1. La richiesta di registrazione degli atti scritti deve essere **redatta** in **duplice esemplare** su **appositi stampati** forniti dall'ufficio, conformi al modello approvato con decreto del Ministro delle finanze.

2. Per la registrazione degli atti pubblici e delle scritture private autenticate i notai e gli altri soggetti di cui alla lettera b) dell'art. 10 devono presentare, **oltre l'atto** del quale chiedono la registrazione, una **copia certificata conforme**. I funzionari indicati alla lettera c) dello stesso articolo devono presentare unicamente l'originale dell'atto. Per la registrazione degli atti che importano trasferimento, divisione o attribuzione

di beni immobili o di diritti reali di godimento su beni immobili o costituzione dei diritti stessi deve essere presentata anche una copia in carta libera.

3. Chi richiede la registrazione di un atto diverso da quelli previsti dal comma 2 deve presentarne all'ufficio del registro due originali ovvero un originale e una fotocopia. Se dell'atto siano stati formati più originali, il richiedente può presentarne anche più di due e richiedere che su tutti venga apposta la annotazione di cui al comma 4 dell'art. 16.

4. I soggetti indicati alla lettera d) dell'art. 10, devono presentare gli atti rinvenuti ai sensi della lettera a) dell'art. 15 e quelli di cui siano venuti legittimamente in possesso ai sensi della lettera b) dello stesso articolo.

5. Agli **atti** scritti in **lingua straniera** deve essere allegata una **traduzione** in **lingua italiana** eseguita da un perito iscritto presso il tribunale ed asseverata conforme con giuramento. In mancanza di periti traduttori iscritti presso il tribunale nella cui circoscrizione ha sede l'ufficio del registro competente la traduzione è effettuata da persona all'uopo incaricata dal presidente del tribunale.

6. La disposizione del comma 5 non si applica agli atti che, con l'osservanza delle norme sulla competenza, vengono presentati agli uffici compresi nei territori dello Stato nei quali è ammesso, per legge, l'uso della lingua straniera adoperata nella redazione dell'atto.

7. La richiesta di registrazione di un atto vale anche per gli **atti** ad esso **allegati** ma **non** importa **applicazione dell'imposta** se si tratta di documenti che costituiscono parte integrante dell'atto, di frazionamenti, planimetrie, disegni, fotografie e simili ovvero di atti non soggetti a registrazione.

Art. 12. Richiesta di registrazione dei contratti verbali e delle operazioni di società ed enti esteri. – 1. La registrazione dei contratti verbali che vi sono soggetti in **termine fisso** deve essere richiesta, tranne che per le cessioni, risoluzioni e proroghe dei contratti di locazione di cui all'art. 17, presentando all'ufficio una **denuncia in doppio originale** redatta su modelli forniti dall'ufficio stesso. La denuncia deve essere **sottoscritta da almeno una** delle **parti contraenti** e deve indicare le **generalità** e il **domicilio** di queste, il **luogo** e la **data di stipulazione**, l'**oggetto**, il **corrispettivo pattuito** e la **durata** del contratto.

2. Per le operazioni di cui all'art. 4, quando non risultino da atto scritto, la denuncia deve essere firmata dal rappresentante della società o ente estero ovvero da uno dei soggetti che rispondono delle obbligazioni della società o ente.

3. Ai fini del presente testo unico la **denuncia assume qualità di atto**.

Art. 13. Termini per la richiesta di registrazione. – 1. La **registrazione degli atti** che vi sono soggetti in **termine fisso** deve essere richiesta, salvo quanto disposto dall'art. 17, comma 3-*bis*, **entro trenta giorni dalla data dell'atto** se formato in **Italia**, entro **sessanta giorni** se formato all'**estero**.

1-*bis*. Per i decreti di trasferimento e gli atti da essi ricevuti, i cancellieri devono richiedere la registrazione entro sessanta giorni da quello in cui il provvedimento è stato emanato.

2. Per gli inventari, le ricognizioni dello stato di cose o di luoghi e in genere per tutti gli atti che sono stati formati in un solo giorno il termine decorre dalla data di chiusura dell'atto; per le scritture private autenticate il termine decorre dalla data dell'ultima autenticazione e per i contratti verbali dall'inizio della loro esecuzione, salvo quanto disposto dall'art. 17, comma 3-*bis*.

3. Per i provvedimenti e gli atti di cui all'art. 10, comma 1, lettera c), diversi dai decreti di trasferimento e dagli atti

da essi ricevuti, i cancellieri devono richiedere la registrazione decorsi dieci giorni ed entro trenta giorni da quello in cui il provvedimento è stato pubblicato o emanato quando dagli atti del procedimento sono desumibili gli elementi previsti dal comma 4-*bis* dell'art. 67 o, in mancanza di tali elementi, entro trenta giorni dalla data di acquisizione degli stessi.

4. Nei casi di cui al comma 2 dell'art. 12 la registrazione deve essere richiesta entro trenta giorni dalla iscrizione nel registro delle imprese, prevista dagli artt. 2505 e seguenti del codice civile, e in ogni caso non oltre sessanta giorni dalla istituzione o dal trasferimento della sede amministrativa, legale o secondaria nel territorio dello Stato, o dalle altre operazioni di cui all'art. 4.

Art. 14. Termine per la richiesta di registrazione degli atti soggetti ad approvazione od omologazione. – 1. Per gli atti soggetti ad approvazione od omologazione da parte della pubblica amministrazione o dell'autorità giudiziaria ordinaria e per quelli che non possono avere esecuzione senza che sia trascorso un intervallo di tempo fissato dalla legge il **termine** di cui all'art. 13 **decorre** rispettivamente **dal giorno in cui i soggetti tenuti a richiedere la registrazione hanno avuto notizia,** a norma del comma 2, del **provvedimento di approvazione o di omologazione** ovvero dal giorno in cui l'atto è divenuto altrimenti eseguibile.

2. Agli effetti del presente articolo i funzionari e i cancellieri preposti all'ufficio che ha provveduto all'approvazione od omologazione dell'atto devono, entro cinque giorni dall'emanazione del provvedimento, darne notizia alle parti ovvero ai notai o funzionari che hanno rogato l'atto mediante lettera raccomandata con avviso di ricevimento.

3. All'atto da registrare devono essere uniti in originale o copia autenticata, a cura del richiedente, il provvedimento di approvazione o di omologazione e la lettera di cui al comma 2.

Art. 15. Registrazione d'ufficio. – 1. In **mancanza di richiesta** da parte dei **soggetti indicati** alle lettere a), b) e c) dell'art. 10 la registrazione è **eseguita d'ufficio**, **previa riscossione** dell'imposta dovuta:

a) per gli **atti pubblici** e per le **scritture private** conservati presso il pubblico ufficiale che li ha redatti o le ha autenticate nonché per gli atti degli organi giurisdizionali conservati presso le cancellerie giudiziarie; qualora non si rinvengano gli atti iscritti nei relativi repertori, la registrazione è eseguita **sulla base degli elementi dagli stessi desumibili**;

b) per le **scritture private non autenticate** soggette a registrazione in termine fisso **quando siano depositate** presso **pubblici uffici** o quando **l'amministrazione finanziaria ne sia venuta legittimamente in possesso** in base ad una legge che autorizzi il sequestro o ne abbia avuta visione nel corso di accessi, ispezioni o verifiche eseguiti ai fini di altri tributi;

c) per i **contratti verbali** di cui alla lettera a) dell'art. 3 e per le **operazioni** di cui all'art. 4 quando, in difetto di prova diretta, risultino da **presunzioni gravi, precise e concordanti**;

d) per i **contratti verbali** di cui alla lettera b) dell'art. 3 quando, in difetto di prova diretta, la **loro esistenza risulti**, continuando nello stesso locale o in parte di esso la stessa attività commerciale, **da cambiamenti nella ditta, nell'insegna o nella titolarità dell'esercizio** ovvero da **altre presunzioni gravi, precise e concordanti**;

e) per gli atti soggetti a registrazione in termine fisso rispetto ai quali è intervenuta la decadenza di cui all'art. 76, comma 1, e per gli atti soggetti a registrazione in caso d'uso ai sensi dell'art.

6, quando siano depositati a norma di tale ultimo articolo.

2. Nelle ipotesi previste dalla **lettera c)** e dalla lettera **d)** del comma 1 è **ammessa la prova contraria**, ad esclusione di quella testimoniale.

Art. 16. Esecuzione della registrazione. – 1. Salvo quanto disposto nell'art. 17, la **registrazione** è eseguita, **previo pagamento** dell'**imposta liquidata dall'ufficio, con la data del giorno** in cui è stata **richiesta.**

2. L'ufficio può differire la liquidazione dell'imposta per non più di tre giorni: il differimento non è consentito se ritarda o impedisce l'adozione di un provvedimento ovvero il deposito dell'atto entro un termine di decadenza.

3. La **registrazione** consiste nella **annotazione in apposito registro** dell'**atto** o della **denuncia** e, in mancanza, della **richiesta di registrazione** con l'indicazione del numero progressivo annuale, della data della registrazione, del nome del richiedente, della natura dell'atto, delle parti e delle somme riscosse. Per gli uffici dotati di sistemi elettrocontabili le modalità relative all'esecuzione della registrazione sono stabilite con decreto del Ministro delle finanze, di concerto con il Ministro della giustizia.

4. L'**ufficio** in calce o a margine degli originali e delle copie dell'atto o della denuncia, **annota** la **data** ed il **numero** della **registrazione** ed appone la **quietanza** della **somma riscossa** ovvero dichiara che la registrazione è stata eseguita a debito; l'annotazione dell'avvenuta registrazione deve essere fatta anche sugli atti eventualmente allegati.

5. Quando la registrazione è stata eseguita con il pagamento dell'imposta in misura fissa a norma dell'art. 27 deve esserne fatta espressa menzione.

6. Eseguita la registrazione, **l'ufficio restituisce** al richiedente **l'originale dell'atto pubblico o** un originale della **scrittura privata o della denuncia**. Per le scritture private presentate in un unico originale, l'ufficio restituisce la fotocopia da esso certificata conforme. Se la registrazione è avvenuta in base alla sola richiesta di registrazione, l'ufficio restituisce fotocopia della richiesta con le annotazioni di cui al comma 4.

7. Le richieste di registrazione sono **conservate**, previa apposizione del numero e della data di registrazione, in appositi **volumi rilegati**.

Art. 17. Cessioni, risoluzioni e proroghe anche tacite dei contratti di locazione ed affitto di beni immobili. – 1. L'imposta dovuta per la registrazione dei contratti di locazione e affitto di beni immobili esistenti nel territorio dello Stato nonché per le cessioni, risoluzioni e proroghe anche tacite degli stessi è **liquidata** dalle **parti contraenti** ed **assolta entro trenta giorni** mediante versamento del relativo importo presso uno dei soggetti incaricati della riscossione, ai sensi dell'art. 4 del decreto legislativo 9 luglio 1997, n. 237. Entro il termine di trenta giorni deve essere presentata all'ufficio presso cui è stato registrato il contratto di locazione la comunicazione relativa alle cessioni, alle risoluzioni e alle proroghe anche tacite dello stesso.

1-*bis*. Chi non esegue, in tutto o in parte, il versamento relativo alle cessioni, risoluzioni e proroghe anche tacite dei contratti di cui al comma 1 è sanzionato ai sensi dell'art. 13 del decreto legislativo 18 dicembre 1997, n. 471.

2. Comma abrogato.

3. Per i **contratti** di **locazione** e sublocazione di immobili urbani di **durata pluriennale** l'imposta può essere assolta **sul corrispettivo pattuito** per **l'intera durata del contratto ovvero annualmente sull'ammontare** del **canone** relativo a ciascun anno. In caso di risoluzione anticipata del contratto il contribuente che ha corrisposto l'imposta sul corrispettivo pattuito per l'intera durata

del contratto ha diritto al rimborso del tributo relativo alle annualità successive a quella in corso. L'imposta relativa alle annualità successive alla prima, anche conseguenti a proroghe del contratto comunque disposte, deve essere versata con le modalità di cui al comma 1.

3-*bis*. Per i contratti di affitto di fondi rustici non formati per atto pubblico o scrittura privata autenticata, l'obbligo della registrazione può essere assolto presentando all'ufficio del registro, entro il mese di febbraio, una denuncia in doppio originale relativa ai contratti in essere nell'anno precedente. La denuncia deve essere sottoscritta e presentata da una delle parti contraenti e deve contenere le generalità e il domicilio nonché il codice fiscale delle parti contraenti, il luogo e la data di stipulazione, l'oggetto, il corrispettivo pattuito e la durata del contratto.

Art. 18. Effetti della registrazione. – 1. La registrazione, eseguita ai sensi dell'art. 16, **attesta l'esistenza** degli **atti** ed **attribuisce** ad essi **data certa di fronte** ai **terzi** a norma dell'art. 2704 del codice civile.

2. L'**ufficio** del registro **conserva** gli **originali** e le **copie** trattenute ai sensi dell'art. 16 ed i modelli di cui all'art. 17 e, trascorsi dieci anni, li trasmette all'archivio notarile, ad eccezione delle denunce di contratti verbali e dei modelli che vengono distrutti.

3. **Su richiesta** delle parti contraenti, dei loro aventi causa o di coloro nel cui interesse la registrazione è stata eseguita, l'**ufficio** del registro **rilascia copia** delle scritture private, delle denunce e degli atti formati all'estero dei quali è ancora in possesso nonché delle note e delle richieste di registrazione di qualunque atto pubblico o privato. Il rilascio di copie ad altre persone può avvenire soltanto su autorizzazione del pretore competente. Nei casi previsti dall'art. 17 in luogo del rilascio della copia è attestato il contenuto del modello di versamento.

Art. 19. Denuncia di eventi successivi alla registrazione. – 1. L'**avveramento** della **condizione sospensiva** apposta ad un atto, **l'esecuzione** di tale **atto** prima dell'avveramento della condizione e il **verificarsi di eventi** che, a norma del presente testo unico, diano luogo ad **ulteriore liquidazione** di imposta devono essere **denunciati entro trenta giorni**, a cura delle **parti contraenti** o dei loro aventi causa e di **coloro nel cui interesse** è stata richiesta la registrazione, all'ufficio che ha registrato l'atto al quale si riferiscono.

2. Il termine di cui al comma 1 è elevato a sessanta giorni se l'evento dedotto in condizione è connesso alla nascita o alla sopravvivenza di una persona.

3. Comma abrogato.

TITOLO III
APPLICAZIONE DELL'IMPOSTA

Art. 20. Interpretazione degli atti. – 1. L'**imposta** è applicata **secondo** l'**intrinseca natura** e gli **effetti giuridici** dell'atto presentato alla registrazione, anche se non vi corrisponda il titolo o la forma apparente sulla base degli elementi desumibili dall'atto medesimo, prescindendo da quelli extra testuali e dagli atti ad esso collegati, salvo quanto disposto dagli articoli successivi.

Art. 21. Atti che contengono più disposizioni. – 1. Se un atto contiene più disposizioni che **non derivano** necessariamente, per la loro intrinseca natura, **le une dalle altre, ciascuna** di esse è **soggetta** ad imposta **come** se fosse un **atto distinto**.

2. **Se** le disposizioni contenute nell'atto **derivano** necessariamente, per la loro intrinseca natura, **le une dalle altre, l'imposta** si applica **come se l'atto**

contenesse la sola disposizione che dà luogo alla **imposizione più onerosa.**

3. Non sono soggetti ad imposta gli accolli di debiti ed oneri collegati e contestuali ad altre disposizioni nonché le quietanze rilasciate nello stesso atto che contiene le disposizioni cui si riferiscono.

Art. 22. Enunciazione di atti non registrati. – 1. Se in un atto sono enunciate disposizioni contenute in atti scritti o contratti verbali non registrati e posti in essere fra le stesse parti intervenute nell'atto che contiene la enunciazione, l'**imposta** si **applica anche** alle **disposizioni enunciate**. Se l'atto enunciato era soggetto a registrazione in termine fisso è dovuta anche la pena pecuniaria di cui all'art. 69.

2. L'enunciazione di contratti verbali non soggetti a registrazione in termine fisso non dà luogo all'applicazione dell'imposta quando gli effetti delle disposizioni enunciate sono già cessati o cessano in virtù dell'atto che contiene l'enunciazione.

3. Se l'enunciazione di un atto non soggetto a registrazione in termine fisso è contenuta in uno degli atti dell'autorità giudiziaria indicati nell'art. 37, l'imposta si applica sulla parte dell'atto enunciato non ancora eseguita.

Art. 23. Disposizioni relative a beni soggetti ad aliquote diverse, eredità e comunioni indivise. – 1. Se una disposizione ha per **oggetto più beni o diritti**, per i quali sono previste aliquote diverse, si **applica l'aliquota più elevata**, o **salvo** che per i singoli beni o diritti siano stati **pattuiti corrispettivi distinti**.

2. La disposizione del comma 1 **non** si applica per i **crediti**, né per i **beni mobili** e le **rendite** facenti parte di una **eredità indivisa** o di una comunione, i quali sono soggetti, in occasione delle cessioni dell'eredità o di quote di comunione, alle **aliquote** stabilite **per ciascuno** di essi.

3. Le pertinenze sono in ogni caso soggette alla disciplina prevista per il bene al cui servizio od ornamento sono destinate.

4. Nelle cessioni di aziende o di complessi aziendali relativi a singoli rami dell'impresa, ai fini dell'applicazione delle diverse aliquote, le passività si imputano ai diversi beni sia mobili che immobili in proporzione del loro rispettivo valore.

Art. 24. Presunzione di trasferimento delle accessioni e delle pertinenze. – 1. Nei **trasferimenti immobiliari** le **accessioni**, i **frutti** pendenti e le **pertinenze si presumono trasferiti** all'**acquirente** dell'immobile, a **meno che** siano **esclusi espressamente** dalla vendita o si **provi**, con **atto** che abbia acquistato **data certa** mediante la registrazione, che **appartengono** ad un **terzo** o sono stati ceduti all'acquirente da un terzo.

2. Quando, entro tre anni, le pertinenze vengano comunque a risultare di proprietà dell'acquirente dell'immobile al cui servizio erano destinate, si applica l'imposta con l'aliquota relativa al trasferimento dell'immobile, diminuita dell'ammontare della imposta eventualmente pagata per il trasferimento delle pertinenze stesse separatamente intervenuto fra le stesse parti.

Art. 25. Atti a titolo oneroso e gratuito. – 1. Un atto in parte oneroso e in parte gratuito è **soggetto** all'**imposta** di registro **per** la **parte a titolo oneroso**, salva l'applicazione dell'imposta sulle donazioni per la parte a titolo gratuito.

Art. 26. Presunzione di liberalità. – 1. **I trasferimenti immobiliari**, escluse le permute aventi per oggetto immobili ma fino a concorrenza del minore dei valori permutati, ed i trasferimenti di partecipazioni sociali, quando il valore della partecipazione o la differenza tra valore e prezzo siano superiori all'importo di euro 180.759,91 euro, **posti in essere tra coniugi** ovvero tra **parenti in linea retta** o che tali siano considerati ai fini dell'imposta sulle successioni e donazioni **si presumono donazioni se l'ammontare complessivo dell'imposta di registro** e di ogni altra imposta dovuta per il trasferimento, anche se richiesta successivamente alla registrazione, **risulta inferiore** a **quello** delle imposte applicabili **in caso di trasferimento a titolo gratuito**, al netto delle detrazioni spettanti.

2. Le **parti contraenti** devono **dichiarare contestualmente se** fra loro sussista o meno un **rapporto di coniugio** o di parentela in linea retta o che sia considerato tale ai sensi del comma 1. In **mancanza** di tale dichiarazione il **trasferimento** si considera a **titolo gratuito** ove al momento della registrazione non risulti comprovata l'inesistenza del rapporto; tuttavia l'inesistenza del rapporto di coniugio o di parentela in linea retta può essere provata entro un anno dalla stipulazione dell'atto e in tale caso spetta il rimborso della maggiore imposta pagata.

3. La presunzione non opera per i conguagli pattuiti in sede di divisione e nelle vendite ai pubblici incanti.

4. La **presunzione** di **liberalità**, se ricorre la condizione di cui al comma 1, **vale** anche per i provvedimenti che accertano l'**acquisto per usucapione** della proprietà di immobili o di diritti reali di godimento sugli stessi da parte del coniuge o di un parente in linea retta dal precedente proprietario o titolare di diritto reale di godimento.

Art. 27. Atti sottoposti a condizione sospensiva approvazione od omologazione. – 1. Gli atti sottoposti a condizione sospensiva sono registrati con il pagamento dell'**imposta** in **misura fissa**.

2. Quando la **condizione si verifica**, o l'alto produce i suoi effetti prima dell'avverarsi di essa, **si riscuote** la differenza tra l'imposta dovuta secondo le norme vigenti al momento della formazione dell'atto e quella pagata in sede di registrazione.

3. **Non** sono considerati sottoposti a **condizione sospensiva** le **vendite con riserva di proprietà** e gli alti sottoposti a condizione che ne fanno dipendere gli effetti della mera volontà dell'acquirente o del creditore.

4. Gli atti sottoposti a **condizione sospensiva** che ne fa dipendere gli effetti dalla **mera volontà** del **venditore** o dell'**obbligato** sono soggetti all'**imposta** in **misura fissa**.

5. Gli atti indicati nell'art. 14, quando intervenga l'approvazione o la omologazione o quando l'atto divenga eseguibile per il decorso dell'intervallo di tempo fissato dalla legge, sono soggetti all'imposta nella misura indicata nella tariffa. Tali atti, se presentati all'ufficio prima della scadenza del termine stabilito dall'art. 14, sono soggetti alla sola imposta in misura fissa salvo, quando intervenga l'approvazione od omologazione o l'atto divenga eseguibile per il decorso dell'intervallo di tempo fissato dalla legge, l'applicazione dell'imposta principale determinata secondo le disposizioni vigenti in tale momento e previa deduzione dell'imposta in misura fissa pagata in sede di registrazione dell'atto.

6. Comma abrogato.

Art. 28. Risoluzione del contratto. – 1. La risoluzione del contratto è soggetta all'imposta in **misura fissa** se dipende da clausola o da condizione risolutiva espressa contenuta nel contratto stesso ovvero stipulata mediante atto pubblico o scrittura privata autenticata entro il secondo giorno non festivo successivo a quello in cui è stato concluso il contratto. **Se** è previsto un **corrispettivo** per la risoluzione, sul relativo ammontare si applica l'**imposta proporzionale** prevista dall'art. 6 o quella prevista dall'art. 9 della parte prima della tariffa.

2. In **ogni altro caso** l'imposta è dovuta per le prestazioni derivanti dalla risoluzione, considerando comunque, ai fini della **determinazione** dell'**imposta proporzionale**, l'eventuale **corrispettivo** della risoluzione come maggiorazione delle prestazioni stesse.

Art. 29. Transazione. – 1. Per le transazioni che **non** importano **trasferimento** di **proprietà** o trasferimento o costituzione di diritti reali l'**imposta** si applica **in relazione agli obblighi** di **pagamento che ne derivano** senza tenere conto degli obblighi di restituzione né di quelli estinti per effetto della transazione; se dalla transazione non derivano obblighi di pagamento l'imposta è dovuta in misura fissa.

Art. 30. Ratifica, convalida o conferma. – 1. La ratifica, la convalida e la conferma sono soggette all'imposta nella **misura fissa**, salvo il disposto dell'art. 22.

2. **Quando** per la ratifica, la convalida o la conferma è **pattuito** un **corrispettivo** a carico dell'acquirente, l'imposta si applica con l'**aliquota propria** dell'**atto ratificato, convalidato** o **confermato**. Se il corrispettivo non è pagato contestualmente è dovuta, se maggiore, l'imposta stabilita per la relativa obbligazione.

3. Quando per la ratifica, la convalida o la conferma è pattuito un corrispettivo a carico dell'alienante è dovuta l'imposta per l'assunzione della obbligazione o quella di quietanza a seconda che dall'atto la somma risulti promessa o pagata.

4. Il criterio per la determinazione dell'imposta stabilito nel comma 3 si applica anche quando è pattuito, a carico di una delle parti, un corrispettivo per la ratifica, convalida o conferma di atti non traslativi della proprietà.

Art. 31. Cessione del contratto. – 1. La cessione del contratto è soggetta all'imposta con **l'aliquota propria** del **contratto ceduto**, con esclusione della cessione prevista dall'art. 5 della parte prima della tariffa.

2. Per la cessione verso corrispettivo di un contratto a titolo gratuito l'imposta si applica con l'aliquota stabilita per il corrispondente contratto a titolo oneroso.

Art. 32. Dichiarazione di nomina. – 1. La dichiarazione di nomina della persona, per la quale un atto è stato in tutto o in parte stipulato, è soggetta all'**imposta in misura fissa a condizione** che la relativa **facoltà derivi** dalla **legge** ovvero derivi da espressa riserva contenuta nell'atto cui la dichiarazione si riferisce e sia esercitata, entro tre giorni dalla data dell'atto, mediante atto pubblico ovvero mediante scrittura privata autenticata o presentata per la registrazione entro il termine stesso. Se la dichiarazione di nomina viene fatta nello stesso atto o contratto che contiene la riserva non è dovuta alcuna imposta. In ogni altro caso, nonché quando la dichiarazione di nomina non è conforme alla riserva o è fatta a favore di altro partecipante alla gara, è dovuta l'imposta stabilita per l'atto cui si riferisce la dichiarazione.

Art. 33. Mandato irrevocabile e atto di surrogazione. – 1. Il mandato irrevocabile con dispensa dall'obbligo di rendiconto è soggetto all'**imposta stabilita** per l'**atto** per il quale è stato conferito.

2. L'atto da cui risulta la surrogazione nei diritti del creditore, a norma degli artt. 1201 e 1203 del codice civile, è soggetto all'imposta stabilita per la del diritto spettante al creditore surrogato.

Art. 34. Divisioni. – 1. La divisione, con la quale ad un condividente sono assegnati beni per un valore complessivo eccedente quello a lui spettante sulla massa comune, è considerata vendita limitatamente alla parte eccedente. La

massa comune è costituita nelle **comunioni ereditarie** dal **valore**, riferito alla **data della divisione**, dell'**asse ereditario netto** determinato a norma dell'imposta di successione, e nelle altre comunioni, dai beni risultanti da precedente atto che abbia scontato l'imposta propria dei trasferimenti.

2. I **conguagli** superiori al cinque per cento del valore della quota di diritto, ancorché attuati mediante accollo di debiti della comunione, sono **soggetti all'imposta** con l'aliquota stabilita per i trasferimenti mobiliari fino a concorrenza del valore complessivo dei beni mobili e dei crediti compresi nella quota e con l'aliquota stabilita per i trasferimenti immobiliari per l'eccedenza.

3. Quando risulta che il valore dei beni assegnati ad uno dei condividenti determinato a norma dell'art. 52 è superiore a quello dichiarato, la differenza si considera conguaglio.

4. Agli effetti del presente articolo le comunioni tra i medesimi soggetti, che trovano origine in più titoli, sono considerate come una sola comunione se l'ultimo acquisto di quote deriva da successione a causa di morte.

Art. 35. Contratti a prezzo indeterminato. – 1. Se il **corrispettivo** deve essere **determinato posteriormente** alla **stipulazione** di un contratto, l'**imposta** è applicata in base al **valore dichiarato** dalla parte che richiede la registrazione, salvo conguaglio o rimborso dopo la determinazione definitiva del corrispettivo, da denunciare a norma dell'art. 19.

2. Gli aggiornamenti o gli adeguamenti del canone a norma della legge 27 luglio 1978, n. 392, non hanno effetto ai fini della determinazione definitiva del corrispettivo dell'annualità del contratto nel corso della quale si verificano. Qualora l'imposta sia stata corrisposta per l'intera durata del contratto di locazione gli aggiornamenti o gli adeguamenti del canone hanno effetto ai soli fini della determinazione della base imponibile in caso di proroga del contratto.

3. Se nel contratto è prevista la possibilità che il **corrispettivo** vari **tra un minimo e un massimo**, il **valore da dichiarare** a norma del comma 1 **non può** essere **inferiore** al **minimo**.

Art. 36. Contratti a tempo indeterminato e contratti con patto di proroga tacita o di recesso anticipato. – 1. Per i contratti a **tempo indeterminato** l'**imposta** è applicata **in base** alla **durata dichiarata** dalla parte che ne richiede la registrazione. Se alla data indicata il rapporto non sia cessato deve essere presentata all'ufficio, art. 19, una nuova denuncia sulla base della quale l'imposta viene applicata in relazione alla maggiore durata del contratto.

2. Se la durata dell'atto dipende dalla vita di una persona si applicano le disposizioni dell'art. 46.

3. Per i contratti con **patto di proroga tacita** l'**imposta** è applicata in relazione alla **durata pattuita**, salvo l'obbligo delle parti di denunciare a norma dell'art. 19 l'ulteriore periodo di durata del rapporto e di pagare la relativa imposta in base alle norme vigenti al momento in cui il contratto è divenuto vincolante per il nuovo periodo.

4. Per i contratti, che attribuiscono ad una parte il diritto di recedere prima della scadenza ma dopo un determinato periodo di tempo, l'imposta è applicata in relazione a tale periodo, salvo integrazione per la ulteriore durata.

Art. 37. Atti della autorità giudiziaria. – 1. Gli atti dell'autorità giudiziaria in materia di controversie civili che definiscono anche parzialmente il giudizio, i decreti ingiuntivi esecutivi, i provvedimenti che dichiarano esecutivi i lodi arbitrali e le sentenze che dichiarano efficaci nello Stato sentenze straniere, **sono soggetti all'imposta** anche se al momento della registrazione siano stati impugnati o siano ancora impugnabili, **salvo conguaglio** o rimborso **in base a** successiva **sentenza** passata in **giudicato**; alla sentenza passata in giudicato sono equiparati l'atto di conciliazione giudiziale e l'atto di transazione stragiudiziale in cui è parte l'amministrazione dello Stato.

2. Il contribuente che ha diritto al rimborso deve chiederlo ai sensi dell'art. 77 all'ufficio che ha riscosso l'imposta.

Art. 38. Irrilevanza della nullità e dell'annullabilità dell'atto. – 1. La nullità o l'annullabilità dell'atto **non dispensa** dall'**obbligo** di chiedere la **registrazione** e di **pagare** la relativa **imposta**.

2. L'imposta assolta a norma del comma 1 **deve essere restituita**, per la parte eccedente la misura fissa, quando l'**atto** sia dichiarato **nullo** o **annullato**, per causa non imputabile alle parti, con sentenza passata in giudicato e non sia suscettibile di ratifica, convalida o conferma.

Art. 39. Atti soggetti a registrazione in caso d'uso. – 1. Per gli atti soggetti a registrazione in caso d'uso l'imposta è applicata in base alle disposizioni vigenti al momento della richiesta di registrazione.

Art. 40. Atti relativi ad operazioni soggette all'imposta sul valore aggiunto. – 1. **Per gli atti relativi a cessioni di beni e prestazioni di servizi soggetti all'imposta sul valore aggiunto, l'imposta si applica in misura fissa.** Si considerano soggette all'imposta sul valore aggiunto anche le cessioni e le prestazioni tra soggetti partecipanti a un gruppo IVA, le cessioni e le prestazioni per le quali l'imposta non è dovuta a norma degli articoli da 7 a 7-*septies* del decreto del Presidente della Repubblica 26 ottobre 1972, n. 633, e quelle di cui al comma 6 dell'articolo 21 del medesimo decreto del Presidente della Repubblica n. 633 del 1972. La disposizione del periodo precedente non si applica alle operazioni esenti ai sensi dei numeri 8), 8-*bis*) e 27-*quinquies*), del primo comma dell'art. 10 del citato decreto n. 633 del 1972 e alle locazioni di immobili esenti ai sensi del secondo comma del medesimo art. 10, nonché alle cessioni di beni e alle prestazioni di servizi tra soggetti partecipanti a un gruppo IVA per le quali, se effettuate nei confronti di un soggetto non partecipante ad un gruppo IVA, si applicherebbero le suddette disposizioni.

1-*bis*. Sono soggette all'imposta proporzionale di registro le locazioni di immobili strumentali di cui all'art. 10, primo comma, numero 8), del decreto del Presidente della Repubblica 26 ottobre 1972, n. 633, ancorché siano imponibili agli effetti dell'imposta sul valore aggiunto ovvero intervengano tra soggetti partecipanti a un gruppo IVA.

2. Per le operazioni indicate nell'art. 11 del decreto del Presidente della Repubblica 26 ottobre 1972, n. 633, l'imposta si applica sulla cessione o prestazione non soggetta all'imposta sul valore aggiunto.

Art. 41. Liquidazione dell'imposta. – 1. L'**imposta**, quando **non** è dovuta in **misura fissa**, è **liquidata dall'ufficio** mediante l'**applicazione** dell'**aliquota** indicata nella **tariffa** alla **base imponibile**, determinata secondo le disposizioni del titolo quarto, con arrotondamento a lire mille, per difetto se la frazione non è superiore a lire cinquecento e per eccesso se superiore, ovvero all'unità, nel caso in cui i valori siano espressi in euro, per difetto se la frazione è inferiore a 50 centesimi e per eccesso se non inferiore.

2. L'**ammontare** dell'**imposta principale non** può essere in nessun caso **inferiore** alla **misura fissa** indicata nel-

l'art. 11 della tariffa, parte prima, salvo quanto disposto dagli artt. 5 e 7 della tariffa stessa.

Art. 42. Imposta principale, suppletiva e complementare. – 1. È **principale** l'**imposta** applicata al **momento** della **registrazione** e quella richiesta dall'ufficio se diretta a correggere errori od omissioni effettuati in sede di autoliquidazione nei casi di presentazione della richiesta di registrazione per via telematica; è **suppletiva** l'imposta applicata **successivamente** se diretta a **correggere errori od omissioni dell'ufficio**; è **complementare** l'imposta applicata in **ogni altro caso**.

2. L'imposta applicabile, ai sensi degli articoli precedenti, sugli atti non presentati per la registrazione o in aggiunta a quella assolta all'atto della registrazione è riscossa dall'ufficio nei modi e nei termini indicati nel titolo quinto.

TITOLO IV
DETERMINAZIONE DELLA BASE IMPONIBILE

Art. 43. Base imponibile. – 1. La base imponibile, salvo quanto disposto negli articoli seguenti, **è costituita**:

a) per i **contratti a titolo oneroso** traslativi o costitutivi di diritti reali dal **valore** del **bene** o del **diritto alla data** dell'atto ovvero, per gli atti sottoposti a **condizione sospensiva,** ad **approvazione** o ad **omologazione**, alla data in cui si producono i relativi **effetti traslativi** o **costitutivi**;

b) per le **permute**, salvo il disposto del comma 2 dell'art. 40, dal **valore** del **bene** che dà luogo all'applicazione della maggiore imposta;

c) per i contratti che importano l'assunzione di una obbligazione di fare in corrispettivo della cessione di un bene o dell'assunzione di altra obbligazione di fare, dal valore del bene ceduto o della prestazione che dà luogo all'applicazione della maggiore imposta, salvo il disposto del comma 2 dell'art. 40;

d) per le **cessioni** di **contratto**, dal **corrispettivo pattuito** per la cessione e dal valore delle prestazioni ancora da eseguire;

e) per gli atti portanti assunzione di una obbligazione che non costituisce corrispettivo di altra prestazione o portanti estinzione di una precedente obbligazione, dall'**ammontare** dell'**obbligazione assunta o estinta** e, se questa ha per oggetto un bene diverso dal denaro, dal valore del bene alla data dell'atto;

f) per gli **atti con i quali viene prestata garanzia reale o personale**, dalla **somma garantita**; se la garanzia è prestata in denaro o in titoli, dalla somma di denaro o dal valore dei titoli, se inferiore alla somma garantita;

g) lettera abrogata;

h) per i **contratti diversi** da quelli indicati nelle lettere precedenti, aventi per oggetto prestazioni a contenuto patrimoniale, dall'**ammontare** dei **corrispettivi** in denaro pattuiti per l'intera durata del contratto;

i) per i **contratti** relativi ad operazioni soggette e ad **operazioni non soggette** all'**imposta sul valore aggiunto**, dal **valore delle cessioni e delle prestazioni** non soggette a tale imposta;

2. I debiti o gli altri oneri accollati e ne obbligazioni estinte per effetto dell'atto concorrono a formare la base imponibile.

3. I prezzi o i **corrispettivi in valuta estera** o in valuta oro sono ragguagliati al **cambio** del **giorno** della stipulazione dell'atto, sempreché le parti non abbiano stabilito nei loro rapporti altra data di ragguaglio.

4. Le disposizioni del comma 1 valgono anche per gli atti dell'autorità giudiziaria, di cui all'art. 37, relativi agli atti indicati nel comma stesso e produttivi degli stessi effetti.

Art. 44. Espropriazione forzata e trasferimenti coattivi. – 1. Per la **vendita** di **beni mobili e immobili** fatta **in sede** di **espropriazione forzata ovvero all'asta** pubblica e per i contratti stipulati o aggiudicati in seguito a pubblico incanto la base imponibile è costituita dal **prezzo** di **aggiudicazione**, diminuito, nell'ipotesi prevista dall'art. 587 del codice di procedura civile, della parte già assoggettata all'imposta.

2. Per l'**espropriazione** per **pubblica utilità** e per ogni altro atto della pubblica autorità traslativo o costitutivo della proprietà di beni mobili o immobili o di aziende e di diritti reali sugli stessi la base imponibile è costituita d**all'ammontare** definitivo dell'**indennizzo**. In caso di trasferimento volontario all'espropriante nell'ambito della procedura espropriativa la base imponibile è costituita dal prezzo.

Art. 45. Concessioni e atti con amministrazioni dello Stato. – 1. Per gli atti concernenti le concessioni di cui all'art. 5 della parte prima della tariffa, nonché per gli atti portanti trasferimento di beni immobili o diritti reali immobiliari da o ad amministrazioni dello Stato, compresi gli organi dotati di personalità giuridica, con valore determinato dall'ufficio tecnico erariale in base a disposizioni di legge, la **base imponibile** è costituita rispettivamente dall'ammontare del **canone ovvero** da quello del **corrispettivo pattuito**.

Art. 46. Rendite e pensioni. – 1. Per la costituzione di rendite la **base imponibile** è costituita dalla **somma pagata** o dal **valore** dei **beni ceduti dal beneficiario** ovvero, **se maggiore**, dal valore della **rendita**; per la costituzione di pensioni la base imponibile è costituita dal valore della pensione.

2. Il valore della rendita o pensione è costituito:

a) dal ventuplo dell'annualità [*ora in 10.000 volte l'annualità*] se si tratta di rendita perpetua o a tempo indeterminato;

b) dal valore attuale dell'annualità, calcolato al saggio legale di interesse, ma in nessun caso superiore al ventuplo dell'annualità, se si tratta di rendita o pensione a tempo determinato;

c) dall'ammontare che si ottiene moltiplicando l'annualità per il coefficiente indicato nel prospetto allegato al presente testo unico, applicabile in relazione all'età della persona alla cui morte deve cessare, se si tratta di rendita o pensione vitalizia.

3. Il valore della rendita o pensione costituita congiuntamente a favore di più persone, che debba cessare con la morte di una qualsiasi di esse, è determinato a norma della lettera c) del comma 2 tenendo conto dell'età del meno giovane dei beneficiari. Se la rendita o pensione è costituita congiuntamente a favore di più persone con diritto di accrescimento tra loro, il valore è determinato tenendo conto dell'età del più giovane dei beneficiari.

4. La rendita o pensione a tempo determinato, con clausola di cessazione per effetto della morte del beneficiario prima della scadenza, è valutata nei modi previsti dalla lettera b) del comma 2, ma il suo valore non può superare quello determinato nei modi previsti dalla successiva lettera c) con riferimento alla durata massima della rendita o pensione.

5. Le disposizioni dei commi 3 e 4 si applicano con riferimento alla persona alla cui morte deve cessare la corresponsione della rendita o della pensione se tale persona è diversa dal beneficiario.

Art. 47. Enfiteusi. – 1. Per la **costituzione** di **enfiteusi** e per la devoluzione o la cessione del diritto dell'enfiteuta, la **base imponibile** è costituita dal **ventuplo del canone annuo** ovvero, se maggiore, dal valore del diritto dell'enfiteuta.

2. Per l'affrancazione la base imponibile è costituita dalla somma dovuta dall'enfiteuta.

3. Il valore del diritto del concedente è pari alla somma dovuta dall'enfiteuta per l'affrancazione. Il valore del diritto dell'enfiteuta è pari alla differenza tra il valore della piena proprietà e la somma dovuta per l'affrancazione.

Art. 48. Valore della nuda proprietà, dell'usufrutto, dell'uso e dell'abitazione. – 1. Per il trasferimento della proprietà gravata da diritto di usufrutto, uso o abitazione la **base imponibile** è costituita dalla **differenza** tra il **valore** della **piena proprietà e quello** dell'**usufrutto, uso o abitazione.** Il valore dell'usufrutto, dell'uso e dell'abitazione è determinato a norma dell'art. 46, assumendo come annualità l'ammontare ottenuto moltiplicando il valore della piena proprietà per il saggio legale di interesse.

Art. 49. Crediti. – 1. Per i crediti a **base imponibile** è costituita dal **loro importo**, senza tener conto degli interessi non ancora maturati. Per i crediti infruttiferi che scadono almeno dopo un anno dalla data dell'atto con il quale sono stati costituiti o ceduti, la base imponibile è costituita dal loro valore attuale calcolato al saggio legale di interesse.

Art. 50. Atti ed operazioni concernenti società, enti, consorzi, associazioni ed altre organizzazioni commerciali od agricole. – 1. Per gli **atti costitutivi** e per gli **aumenti di capitale o di patrimonio** di società o di enti, diversi dalle società, compresi i consorzi, le associazioni e le altre organizzazioni di persone o di beni con o senza personalità giuridica aventi per **oggetto esclusivo o principale** l'esercizio di **attività commerciali o agricole**, con conferimento di immobili o diritti reali immobiliari, la base imponibile è costituita dal **valore** dei **beni** o **diritti conferiti** al **netto** delle **passività** e degli oneri accollati alle società, enti, consorzi, associazioni e altre organizzazioni commerciali o agricole, nonché delle spese e degli oneri inerenti alla costituzione o all'esecuzione dell'aumento calcolati forfetariamente nella misura del 2 per cento del valore dichiarato fino a euro 103.291,38 e dell'1 per cento per la parte eccedente, e in ogni caso in misura non superiore a euro 516.456,90.

Art. 51. Valore dei beni e dei diritti. – 1. Ai fini dei precedenti articoli si assume **come valore** dei beni o dei diritti, salvo il disposto dei commi successivi, **quello dichiarato dalle parti** nell'atto e, in **mancanza** o se **superiore**, il **corrispettivo pattuito** per l'intera durata del contratto.

2. Per gli atti che hanno per oggetto **beni immobili** o **diritti reali immobiliari** e per quelli che hanno per oggetto aziende o diritti reali su di esse, si intende per valore il **valore venale in comune commercio**.

3. Per gli **atti** che hanno per **oggetto beni immobili o diritti reali immobiliari** l'**ufficio** del **registro**, ai fini dell'eventuale rettifica, **controlla il valore** di cui al comma 1 avendo riguardo ai trasferimenti a qualsiasi titolo e alle divisioni e perizie giudiziarie, **anteriori** di **non oltre tre anni alla data dell'atto o a** quella in cui se ne produce **l'effetto traslativo o costitutivo**, che abbiano avuto per oggetto gli stessi immobili o altri di analoghe caratteristiche e condizioni, ovvero al reddito netto di cui gli immobili sono suscettibili, capitalizzato al tasso mediamente applicato alla detta data e nella stessa località per gli investimenti immobiliari, nonché ad ogni altro elemento di valutazione, anche sulla base di indicazioni eventualmente fornite dai comuni.

4. Per gli atti che hanno per **oggetto aziende o diritti reali** su di esse il **valore** di cui al comma 1 è **controllato** dall'**ufficio** con riferimento al **valore complessivo** dei beni che compongono l'azienda, **compreso l'avviamento** ed esclusi i beni indicati nell'art. 7 della parte prima della tariffa e art. 11-*bis* della tabella, al netto delle passività risultanti dalle scritture contabili obbligatorie o da atti aventi data certa a norma del codice civile, tranne quelle che l'alienante si sia espressamente impegnato ad estinguere e quelle relative ai beni di cui al citato art. 7 della parte prima della tariffa e art. 11-*bis* della tabella. L'**ufficio** può tenere **conto** anche degli **accertamenti** compiuti ai fini di **altre imposte e** può procedere ad **accessi, ispezioni e verifiche secondo le disposizioni relative** all'**imposta sul valore aggiunto**.

Art. 52. Rettifica del valore degli immobili e delle aziende. – 1. L'ufficio, se ritiene che i beni o i diritti di cui ai commi 3 e 4 dell'art. 51 hanno un **valore** venale **superiore** al **valore dichiarato** o al **corrispettivo pattuito**, provvede con lo stesso atto alla **rettifica** e alla **liquidazione** della **maggiore imposta,** con gli interessi e le sanzioni.

2. L'**avviso di rettifica** e di liquidazione della maggiore imposta **deve contenere** l'indicazione del **valore** attribuito a ciascuno dei **beni o diritti in esso descritti,** degli elementi di cui all'art. 51 in base ai quali è stato determinato, l'indicazione delle aliquote applicate e del calcolo della maggiore imposta, nonché dell'imposta dovuta in caso di presentazione del ricorso.

2-*bis*. La **motivazione** dell'atto deve indicare i **presupposti di fatto** e **le ragioni giuridiche** che lo hanno determinato. Se la motivazione fa riferimento ad un altro atto non conosciuto né ricevuto dal contribuente, questo deve essere allegato all'atto che lo richiama salvo che quest'ultimo non ne riproduca il contenuto essenziale. L'accertamento è nullo se non sono osservate le disposizioni di cui al presente comma.

3. L'avviso è **notificato** nei **modi** stabiliti per le notificazioni in materia di **Imposte sui redditi** dagli ufficiali giudiziari, da messi speciali autorizzati dagli uffici del registro o da messi comunali o di conciliazione.

4. **Non** sono sottoposti a **rettifica** il **valore** o il corrispettivo degli **immobili**, iscritti in catasto con attribuzione di **rendita**, dichiarato in misura **non inferiore**, per i **terreni**, a **settantacinque volte** il **reddito dominicale** risultante in catasto e, per i **fabbricati**, a cento volte il **reddito** risultante in **catasto**, aggiornati con i coefficienti stabiliti per le imposte sul reddito, né i valori o corrispettivi della nuda proprietà e dei diritti reali di godimento sugli immobili stessi dichiarati in misura non inferiore a quella determinata su tale base a norma degli artt. 47 e 48. Ai fini della disposizione del presente comma le modifiche dei coefficienti stabiliti per le Imposte sui redditi hanno effetto per gli atti pubblici formati, per le scritture private autenticate e gli atti giudiziari pubblicati o emanati dal decimo quinto giorno successivo a quello di pubblicazione dei decreti previsti dagli artt. 87 e 88 del decreto del Presidente della Repubblica 29 settembre 1973, n. 597, nonché per le scritture private non autenticate presentate per la registrazione da tale data. La disposizione del presente comma non si applica per i terreni per i quali gli strumenti urbanistici prevedono la destinazione edificatoria.

5. I moltiplicatori di sessanta e ottanta volte possono essere modificati, in caso di sensibili divergenze dai valori di mercato, con decreto del Ministro delle finanze pubblicato nella Gazzetta Ufficiale. Le modifiche hanno effetto per gli atti pubblici formati, per le scritture private autenticate e gli atti giudiziari

pubblicati o emanati dal decimo quinto giorno successivo a quello di pubblicazione del decreto nonché per le scritture private non autenticate presentate per la registrazione da tale data.

5-*bis*. Le disposizioni dei commi 4 e 5 non si applicano relativamente alle cessioni di immobili e relative pertinenze diverse da quelle disciplinate dall'art. 1, comma 497, della legge 23 dicembre 2005, n. 266, e successive modificazioni.

Art. 52-*bis*. Liquidazione dell'imposta derivante dai contratti di locazione. – 1. La liquidazione dell'imposta complementare di cui all'art. 42, comma 1, è esclusa qualora l'ammontare del canone di locazione relativo ad immobili, iscritti in catasto con attribuzione di rendita, risulti dal contratto in misura non inferiore al 10 per cento del valore dell'immobile determinato ai sensi dell'art. 52, comma 4, e successive modificazioni. Restano comunque fermi i poteri di liquidazione dell'imposta per le annualità successive alla prima.

Art. 53. Atti sprovvisti di indicazioni necessarie. – 1. Se **l'atto non** contiene la **dichiarazione** di **valore** né l'indicazione del **corrispettivo**, l'**ufficio determina** la **base imponibile**, salva l'applicazione dell'art. 52 nelle ipotesi previste nei commi 3 e 4 dell'art. 51.

2. Se l'atto non contiene l'indicazione della sua data, si assume come tale quella in cui è eseguita la registrazione, salva l'applicazione della sanzione stabilita nell'art. 74.

Art. 53-*bis*. Attribuzioni e poteri degli uffici. – 1. Fermo restando quanto previsto dall'articolo *10-bis* della legge 27 luglio 2000, n. 212, le attribuzioni e i poteri di cui agli artt. 31 e seguenti del decreto del Presidente della Repubblica 29 settembre 1973, n. 600, e successive modificazioni, possono essere esercitati anche ai fini dell'imposta di registro, nonché delle imposte ipotecaria e catastale previste dal testo unico di cui al decreto legislativo 31 ottobre 1990, n. 347.

TITOLO V
RISCOSSIONE DELL'IMPOSTA

Art. 54. Riscossione dell'imposta in sede di registrazione. – 1. All'atto della richiesta di registrazione il **richiedente deve pagare l'imposta liquidata** a norma del comma 1 dell'art. 16, ovvero, se la liquidazione è differita a norma del comma 2 dello stesso articolo, **depositare la somma** che l'ufficio ritiene **corrispondente** all'**imposta dovuta**. Della somma depositata viene rilasciata ricevuta.

2. I funzionari indicati alla lettera c) dell'art. 10 sono tenuti al pagamento o al deposito di cui al comma 1 limitatamente ai decreti di trasferimento emanati nei procedimenti esecutivi e agli atti da essi ricevuti.

3. Per gli altri atti degli organi giurisdizionali il pagamento dell'imposta deve essere effettuato, entro il termine di cui al comma 5, dalle parti in causa o dai soggetti nel cui interesse è richiesta la registrazione.

4. In **mancanza del pagamento** o del deposito l'ufficio procede, a norma dell'art. 15, lettere a) e b), alla **registrazione d'ufficio**.

5. Quando la registrazione deve essere eseguita d'ufficio a norma dell'art. 15 l'ufficio del registro notifica apposito avviso di liquidazione al soggetto o ad uno dei soggetti obbligati al pagamento dell'imposta, con invito ad effettuare entro il termine di sessanta giorni il pagamento dell'imposta e, se dallo stesso dovuta, della pena pecuniaria irrogata per omessa richiesta di registrazione. Nell'avviso devono essere indicati gli estremi dell'atto da registrare o il fatto da denunciare e la somma da pagare.

Art. 55. Riscossione dell'imposta successivamente alla registrazione. – 1. Il **pagamento** dell'**imposta complementare**, dovuta **in base all'accertamento** del valore imponibile o alla presentazione di una delle denunce previste dall'art. 19, deve essere eseguito **entro sessanta giorni** da quello in cui è avvenuta la **notifica** della relativa liquidazione.

2. Il pagamento delle **imposte suppletive** deve essere eseguito **entro sessanta giorni** da quello in cui è avvenuta la **notifica** della relativa liquidazione.

3. Il **pagamento** delle imposte e delle **sanzioni amministrative** eseguito successivamente alla registrazione deve risultare da **apposita quietanza** indicante gli estremi di registrazione dell'atto e le generalità del soggetto che ha eseguito il pagamento.

4. Per gli interessi di mora si applicano le disposizioni delle leggi 26 gennaio 1961, n. 29, 28 marzo 1962, n. 147, e 18 aprile 1978, n. 130.

Art. 56. Riscossione in pendenza di giudizio, riscossione coattiva e privilegio. – 1. Il **ricorso** del contribuente **non sospende** la **riscossione**, **a meno che** si tratti:

a) di **imposta complementare** per il **maggior valore accertato.** In tal caso la maggior imposta deve essere pagata per **un terzo** entro il termine di cui all'art. 55, per **due terzi** dell'imposta liquidata sul valore risultante dalla decisione della commissione tributaria di primo grado e per il resto dopo la decisione della commissione di secondo grado, in ogni caso al netto delle somme già riscosse; la **direzione regionale** delle entrate, **se ricorrono gravi motivi, può sospendere** la **riscossione** fino alla **decisione** della commissione tributaria di **primo grado**. Se l'imposta riscuotibile in base alla decisione della commissione tributaria è inferiore a quella già riscossa, il contribuente ha diritto al rimborso della differenza entro sessanta giorni dalla notifica della decisione, che deve essere eseguita anche su richiesta del contribuente;

b) di **imposte suppletive**, che sono **riscosse** per **intero dopo** la **decisione** della **commissione tributaria** centrale o della **corte d'appello** o dell'ultima **decisione non impugnata.**

2. Il pagamento delle imposte, di cui al comma 1, richieste in relazione alle decisioni delle commissioni tributarie, deve essere effettuato, con gli interessi di mora, entro sessanta giorni dalla notifica dell'avviso di liquidazione.

3. Comma abrogato.

4. Per la riscossione coattiva delle imposte, delle soprattasse, delle pene pecuniarie e degli interessi di mora si applicano le disposizioni degli artt. 2, da 5 a 29 e 31 del regio decreto 14 aprile 1910, n. 639. Lo Stato ha privilegio secondo le norme stabilite dal codice civile. Il privilegio si estingue con il decorso di cinque anni dalla data di registrazione.

Art. 57. Soggetti obbligati al pagamento. – 1. Oltre ai **pubblici ufficiali**, che hanno redatto, ricevuto o autenticato l'atto, e ai **soggetti** nel cui **interesse** fu richiesta la registrazione, sono **solidalmente obbligati** al pagamento dell'imposta le **parti contraenti, le parti in causa,** coloro che hanno **sottoscritto o avrebbero** dovuto sottoscrivere le **denunce di cui agli artt. 12 e 19** e coloro che hanno **richiesto i provvedimenti** di cui agli artt. 633, 796, 800 e 825 del codice di procedura civile.

1-*bis*. Gli agenti immobiliari di cui all'art. 10, comma 1, lettera d-*bis*), sono solidalmente tenuti al pagamento dell'imposta per le scritture private non autenticate di natura negoziale stipulate a seguito della loro attività per la conclusione degli affari.

1-*ter*. L'**utilizzatore** dell'**immobile concesso in locazione** finanziaria è **solidalmente obbligato** al pagamento del tributo per l'immobile, anche da costruire o in corso di costruzione, acquisito dal locatore per la conclusione del contratto.

2. La responsabilità dei pubblici ufficiali non si estende al pagamento delle imposte complementari e suppletive.

3. Le **parti interessate** al verificarsi della **condizione sospensiva** apposta ad un atto sono **solidalmente obbligate** al pagamento dell'imposta dovuta quando si verifica la condizione o l'atto produce i suoi effetti prima dell'avverarsi di essa.

4. L'imposta complementare dovuta per un fatto imputabile soltanto ad una delle parti contraenti è a carico esclusivamente di questa.

5. Per gli atti soggetti a registrazione in caso d'uso e per quelli presentati volontariamente alla registrazione, obbligato al pagamento dell'imposta è esclusivamente chi ha richiesto la registrazione.

6. Se un atto, alla cui formazione hanno partecipato più parti, contiene più disposizioni non necessariamente connesse e non derivanti per la loro intrinseca natura le une dalle altre, l'obbligo di ciascuna delle parti al pagamento delle imposte complementari e suppletive è limitato a quelle dovute per le convenzioni alle quali essa ha partecipato.

7. Nei contratti in cui è parte lo Stato, obbligata al pagamento dell'imposta è unicamente l'altra parte contraente, anche in deroga all'art. 8 della legge 27 luglio 1978, n. 392, sempreché non si tratti di imposta dovuta per atti presentati volontariamente per la registrazione dalle amministrazioni dello Stato.

8. Negli atti di espropriazione per pubblica utilità o di trasferimento coattivo della proprietà o di diritti reali di godimento l'imposta è dovuta solo dall'ente espropriante o dall'acquirente senza diritto di rivalsa, anche in deroga all'art. 8 della legge 27 luglio 1978, n. 392, l'imposta non è dovuta se espropriante o acquirente è lo Stato.

Art. 58. Surrogazione all'amministrazione. – 1. I soggetti indicati nell'art. 10, lettere b) e c), che hanno pagato l'imposta, si surrogano in tutte le ragioni, azioni e privilegi spettanti all'amministrazione finanziaria e possono, esibendo un certificato dell'ufficio del registro attestante la somma pagata, richiedere al giudice del luogo in cui ha sede il loro ufficio ingiunzione di pagamento nei confronti dei soggetti nel cui interesse fu richiesta la registrazione.

2. L'ingiunzione è provvisoriamente esecutiva a norma dell'art. 642 del codice di procedura civile. Non è ammissibile l'opposizione fondata sul motivo che le imposte pagate non erano dovute o erano dovute in misura minore.

Art. 59. Registrazione a debito. – 1. Si registrano a debito, cioè senza contemporaneo pagamento delle imposte dovute:

a) **le sentenze, i provvedimenti** e gli atti che occorrono nei **procedimenti contenziosi** nei quali sono interessate le amministrazioni dello Stato e le persone o gli enti morali ammessi al beneficio del patrocinio a spese dello Stato quando essi vengono formati d'ufficio o ad istanza o nell'interesse dei detti soggetti; la registrazione a debito non è ammessa per le sentenze portanti trasferimenti di beni e diritti di qualsiasi natura;

b) gli atti formati nell'interesse dei soggetti di cui alla lettera a) dopo che sia iniziato il procedimento contenzioso e necessari per l'ulteriore corso del procedimento stesso o per la sua definizione;

c) gli atti relativi alla procedura fallimentare;

d) le sentenze e gli altri atti degli organi giurisdizionali che condannano al risarcimento del danno prodotto da fatti costituenti reato.

Art. 60. Modalità per la registrazione a debito. – 1. La registrazione a debito si esegue a norma dell'art. 16 a condizione che nel contesto o a margine dell'originale di ciascun atto sia indicato che questo è compilato o emanato ad istanza o nell'interesse dell'amministrazione dello Stato o della persona o dell'ente morale ammesso al gratuito patrocinio, facendosi in quest'ultimo caso menzione della data del decreto di ammissione e dell'autorità giudiziaria che lo ha emanato. Per i provvedimenti emessi d'ufficio. Si deve inoltre fare menzione di questa circostanza e indicare la parte ammessa al gratuito patrocinio.

2. Nelle sentenze e negli altri atti degli organi giurisdizionali di cui alla lettera d) dell'art. 59 deve essere indicata la parte obbligata al risarcimento del danno, nei cui confronti deve essere recuperata l'imposta prenotata a debito. L'ufficio finanziario, qualora ravvisi elementi che consentano la riconducibilità dei provvedimenti giurisdizionali all'ambito applicativo dell'articolo 59, comma 1, lettera *d)*, può sospenderne la liquidazione e segnalare la sussistenza di tali elementi all'ufficio giudiziario. Nel termine di trenta giorni dal ricevimento della segnalazione, l'ufficio giudiziario deve fornire il proprio parere all'ufficio finanziario, motivando, con apposito atto, l'eventuale mancata ammissione del provvedimento alla prenotazione a debito.

Art. 61. Recupero delle imposte prenotate a debito. – 1. Comma abrogato.

2. I rappresentanti delle amministrazioni dello Stato, i cancellieri, i procuratori e le parti devono pagare in proprio le imposte dovute sugli atti dei quali hanno richiesto la registrazione a debito, quando non hanno osservato le disposizioni contenute nel precedente articolo ovvero quando di tali atti hanno fatto un uso diverso da quello per cui venne concessa la registrazione a debito.

TITOLO VI
DISPOSIZIONI VARIE

Art. 62. Nullità dei patti contrari alla legge. – 1. I patti contrari alle disposizioni del presente testo unico, compresi quelli che pongono l'imposta e le eventuali sanzioni a carico della parte inadempiente, sono **nulli anche fra le parti**.

Art. 63. Comunicazione di atti e notizie. – 1. I soggetti di cui all'art. 10 e i dirigenti dei pubblici uffici devono, se richiesti, comunicare agli uffici del registro le notizie occorrenti ai fini dell'applicazione dell'imposta. I pubblici ufficiali, di cui all'art. 10, lettere b) e c), devono inoltre trasmettere agli uffici stessi estratti dai loro registri e copie degli atti da loro conservati.

2. Le copie e gli estratti di cui al comma 1, attestati conformi all'originale, devono essere trasmessi gratuitamente entro otto giorni dalla richiesta e, in caso di urgenza, entro un termine più breve.

3. Le disposizioni dei commi 1 e 2 non si applicano ai testamenti.

Art. 64. Attestazione degli estremi di registrazione degli atti. – 1. I pubblici ufficiali devono indicare negli atti da loro formati gli estremi della registrazione degli atti soggetti a registrazione in termine fisso menzionati negli atti stessi.

Art. 65. Divieti relativi agli atti non registrati. – 1. I pubblici ufficiali non possono menzionare negli atti non soggetti a registrazione in termine fisso da loro formati, né allegare agli stessi, né ricevere in deposito, né assumere a base dei loro provvedimenti, atti soggetti a registrazione in termine fisso non registrati.

2. Gli impiegati dell'amministrazione

statale, degli enti pubblici territoriali e dei rispettivi organi di controllo non possono ricevere in deposito né assumere a base dei loro provvedimenti atti soggetti a registrazione in termine fisso non registrati. Il divieto non si applica nei casi di cui alla lettera e) del comma 2 dell'art. 66.

3. Gli impiegati di cui al comma 2 possono ricevere in deposito atti soggetti a registrazione in caso d'uso e assumere gli atti depositati a base dei loro provvedimenti, ma sono tenuti a trasmettere gli atti stessi in originale o in copia autenticata all'ufficio.

4. Gli impiegati delle camere di commercio, industria, artigianato e agricoltura e gli impiegati addetti alla tenuta di albi previsti dalle vigenti leggi non possono procedere all'iscrizione di società nell'anagrafe delle ditte o negli albi se non venga prodotto l'atto scritto e registrato da cui risulti la costituzione della società.

5. Rimane fermo il disposto degli artt. 2669 e 2836 del codice civile per gli atti da trascrivere o iscrivere nei registri immobiliari.

6. I divieti di cui ai commi 1 e 2 non si applicano per gli atti allegati alle citazioni, ai ricorsi e agli scritti defensionali, o comunque prodotti o esibiti davanti a giudici e arbitri, né per quelli indicati nei provvedimenti giurisdizionali o nei lodi arbitrali. Quando tuttavia il provvedimento o il lodo arbitrale è emesso in base a tali atti, questi devono essere inviati in originale o in copia autenticata al competente ufficio.

7. Gli atti in base ai quali sono stati emessi provvedimenti giurisdizionali non soggetti a registrazione, di cui alla tabella, devono essere inviati all'ufficio.

Art. 66. Divieto di rilascio di documenti relativi ad atti non registrati. – 1. I soggetti indicati nell'art. 10, lettere b) e c), possono rilasciare originali, copie ed estratti degli atti soggetti a registrazione in termine fisso da loro formati o autenticati solo dopo che gli stessi sono stati registrati, indicando gli estremi della registrazione, compreso l'ammontare dell'imposta, con apposita attestazione da loro sottoscritta.

2. La disposizione di cui al comma 1 non si applica:

a) agli originali, copie ed estratti di sentenze ed altri provvedimenti giurisdizionali, o di atti formati dagli ufficiali giudiziari e dagli uscieri, che siano rilasciati per la prosecuzione del giudizio;

b) agli atti richiesti d'ufficio ai fini di un procedimento giurisdizionale, salvo il disposto del comma 7 dell'art. 65;

c) alle copie degli atti destinate alla trascrizione o iscrizione nei registri immobiliari;

d) alle copie degli atti occorrenti per l'approvazione od omologazione;

e) alle copie di atti che il pubblico ufficiale è tenuto per legge a depositare presso pubblici uffici.

3. Nei casi di cui al comma 2 deve essere apposta sull'originale, sulla copia o sull'estratto rilasciati prima della registrazione l'indicazione dell'uso.

Art. 67. Repertorio degli atti formati da pubblici ufficiali. – 1. I soggetti indicati nell'art. 10, lettere b) e c), i capi delle amministrazioni pubbliche ed ogni altro funzionario autorizzato alla stipulazione dei contratti devono iscrivere in un apposito repertorio tutti gli atti del loro ufficio soggetti a registrazione in termine fisso.

2. Gli atti devono essere annotati sul repertorio giorno per giorno, senza spazi in bianco né interlinee e per ordine di numero con l'indicazione della data e del luogo dell'atto o dell'autenticazione, delle generalità e del domicilio o residenza delle parti, della natura e del contenuto dell'atto e del corrispettivo pattuito. A margine dell'annotazione devono essere indicati gli estremi della registrazione.

3. Negli uffici amministrativi, nei quali più funzionari sono incaricati della stipulazione degli atti, non si può tenere che un solo repertorio, salva espressa autorizzazione della competente intendenza di finanza.

4. I fogli dei repertori di cui ai commi 1, 2 e 3 devono essere numerati e vidimati dal pretore competente per territorio, salvo per i notai quanto disposto dalle leggi ad essi relative.

4-*bis*. Ai fini dell'annotazione di cui ai commi 1 e 2, i cancellieri desumono gli elementi riguardanti il domicilio o la residenza anagrafica delle parti dagli atti del procedimento. Nel caso di elezione di domicilio l'acquisizione degli elementi anzidetti è effettuata tramite il domiciliatario o gli organi di polizia tributaria.

Art. 68. Controllo del repertorio. – 1. **Il controllo dei repertori** previsti dall'articolo 67 **è effettuato su iniziativa degli uffici dell'Agenzia delle entrate competenti per territorio**. I soggetti indicati nell'articolo 10, comma 1, lettere b) e c), i capi delle amministrazioni pubbliche ed ogni altro funzionario autorizzato alla stipulazione dei contratti trasmettono il repertorio entro trenta giorni dalla data di notifica della richiesta. Gli uffici dell'Agenzia delle entrate effettuano verifiche anche presso gli uffici dei soggetti roganti.

2. L'ufficio **dopo aver controllato la regolarità della tenuta del repertorio e della registrazione degli atti in esso iscritti**, nonché la corrispondenza degli estremi di registrazione ivi annotati con le risultanze dei registri di formalità di cui all'articolo 16 e dopo aver rilevato le eventuali violazioni e tutte le notizie utili, **comunica l'esito del controllo ai pubblici ufficiali**.

3. L'ufficio non può trattenere il repertorio oltre il terzo giorno non festivo successivo a quello di presentazione.

TITOLO VII
SANZIONI

Art. 69. Omissione della richiesta di registrazione e della presentazione della denuncia. – 1. Chi omette la richiesta di registrazione degli atti e dei fatti rilevanti ai fini dell'applicazione dell'imposta, ovvero la presentazione delle denunce previste dall'art. 19 è punito con la **sanzione amministrativa** dal **centoventi al duecentoquaranta per cento** dell'imposta dovuta. Se la richiesta di registrazione è effettuata con ritardo non superiore a 30 giorni, si applica la sanzione amministrativa dal sessanta al centoventi per cento dell'ammontare delle imposte dovute, con un minimo di euro 200.

Art. 70. – Articolo abrogato.

Art. 71. Insufficiente dichiarazione di valore. – 1. Se il valore definitivamente accertato dei beni o diritti di cui al terzo e al quarto comma dell'art. 51, ridotto di un quarto, supera quello dichiarato, si applica la **sanzione amministrativa** dal **cento al duecento per cento della maggiore imposta dovuta**. Per i beni e i diritti di cui al quarto comma dell'art. 52 la sanzione si applica anche se la differenza non è superiore al quarto del valore accertato.

Art. 72. Occultazione di corrispettivo. – 1. Se viene occultato anche in parte il corrispettivo convenuto, si applica la **sanzione amministrativa dal centoventi al duecentoquaranta per cento della differenza tra l'imposta dovuta e quella già applicata** in base al corrispettivo dichiarato, detratto, tuttavia, l'importo della sanzione eventualmente irrogata ai sensi dell'art. 71.

Art. 73. Omessa o irregolare tenuta o presentazione del repertorio. – 1. Per

l'omessa presentazione del repertorio a seguito di richiesta dell'ufficio dell'Agenzia delle entrate, ai sensi del primo comma dell'articolo 68, i pubblici ufficiali sono puniti con la **sanzione amministrativa da euro 1.032,91 a euro 5.164,57**.

2. I pubblici ufficiali che non hanno osservato le disposizioni dell'art. 67 sono puniti con la sanzione amministrativa da euro 516 a euro 2.065.

3. Se la presentazione del repertorio avviene con ritardo superiore a sessanta giorni ovvero la sua regolarizzazione non avviene nel termine stabilito dall'amministrazione finanziaria i pubblici ufficiali possono essere sospesi dalle funzioni per un periodo non superiore a sei mesi.

4. Il procuratore della Repubblica, su rapporto dell'ufficio all'autorità competente l'applicazione della sanzione accessoria prevista dal comma 3.

Art. 74. Altre infrazioni. – 1. Chi dichiara di non possedere, rifiuta di esibire o sottrae comunque all'ispezione le scritture contabili rilevanti per l'applicazione dell'art. 51, quarto comma, e chi non ottempera alle richieste degli uffici del registro ai sensi dell'art. 63, è punito con la sanzione amministrativa da euro 258 a euro 2.065.

1-*bis*. Per le violazioni conseguenti alle richieste di cui all'art. 53-*bis*, si applicano le disposizioni di cui al decreto legislativo 18 dicembre 1997, n. 471.

Art. 75. Applicazione e pagamento delle pene pecuniarie e soprattasse. – Articolo abrogato.

TITOLO VIII
DECADENZA E PRESCRIZIONE

Art. 76. Decadenza dell'azione della finanza. – 1. L'imposta sugli atti soggetti a registrazione ai sensi dell'art. 5 non presentati per la registrazione deve essere richiesta, **a pena di decadenza**, nel **termine di cinque anni dal giorno** in cui, a norma degli artt. 13 e 14, **avrebbe dovuto essere richiesta la registrazione** o, a norma dell'art. 15, lettere c), d) ed e), si è verificato il fatto che legittima la registrazione d'ufficio. Nello stesso termine, decorrente dal giorno in cui avrebbero dovuto essere presentate, deve essere richiesta l'imposta dovuta in base alle denunce prescritte dall'art. 19.

1-*bis*. **L'avviso di rettifica e di liquidazione della maggiore imposta** di cui all'art. 52, comma 1, deve essere **notificato** entro il termine di **decadenza di due anni** dal **pagamento** dell'**imposta proporzionale**.

2. Salvo quanto disposto nel comma 1-*bis*, l'imposta deve essere richiesta, **a pena** di **decadenza, entro il termine** di **tre anni decorrenti,** per gli atti presentati per la registrazione o **registrati per via telematica**:

a) **dalla richiesta di registrazione,** se si tratta di **imposta principale**;

b) **dalla data in cui è stata presentata la denuncia** di cui all'art. 19, se si tratta di **imposta complementare**: dalla data della notificazione della decisione delle commissioni tributarie ovvero dalla data in cui la stessa è divenuta definitiva nel caso in cui sia stato proposto ricorso avverso l'avviso di rettifica e di liquidazione della maggiore imposta. Nel caso di occultazione di corrispettivo di cui all'art. 72, il termine decorre dalla data di registrazione dell'atto;

c) **dalla data di registrazione dell'atto** ovvero dalla data di presentazione della denuncia di cui all'art. 19, se **si tratta di imposta suppletiva**.

2-*bis*. Salvo quanto previsto nei commi 1 e 2, l'imposta relativa alle annualità successive alla prima, alle cessioni, risoluzioni e proroghe di cui all'art. 17, nonché le connesse sanzioni e gli interessi dovuti, sono richiesti, a pena di decadenza, entro il 31 dicembre del quinto anno successivo a quello di scadenza del pagamento.

3. L'avviso di liquidazione dell'imposta deve essere notificato al contribuente nei modi stabiliti nel comma 3 dell'art. 52.

4. La soprattassa e la pena pecuniaria devono essere applicate, a pena di decadenza, nel termine stabilito per chiedere l'imposta cui le stesse si riferiscono e, se questa non è dovuta, nel termine di cinque anni dal giorno in cui è avvenuta la violazione.

5. L'intervenuta decadenza non dispensa dal pagamento dell'imposta in caso di registrazione volontaria o quando si faccia uso dell'atto ai sensi dell'art. 6.

Art. 77. Decadenza dell'azione del contribuente. – 1. **Il rimborso** dell'imposta, della soprattassa, della pena pecuniaria e degli interessi di mora deve essere richiesto, **a pena di decadenza,** dal contribuente o dal soggetto nei cui confronti la sanzione è stata applicata **entro tre anni dal giorno del pagamento** ovvero, **se posteriore,** da quello in cui **è sorto** il **diritto** alla **restituzione**.

2. Per i contratti a prezzo indeterminato, se la restituzione dipende dalla misura dell'imponibile il termine decorre dal giorno in cui ne è stato definitivamente stabilito il minore ammontare. Nei casi di cui alla lettera a) dell'art. 56 il termine decorre dalla data di notificazione della decisione.

3. La domanda di rimborso deve essere presentata all'ufficio che ha eseguito la registrazione, il quale deve rilasciarne ricevuta, ovvero essere spedita a mezzo plico raccomandato senza busta con avviso di ricevimento.

4. Per gli interessi di mora spettanti al contribuente sulle somme rimborsate si applicano le disposizioni della legge 26 gennaio 1961, n. 29, della legge 28 marzo 1962, n. 147, e della legge 18 aprile 1978, n. 130.

Art. 78. Prescrizione del diritto all'imposta. – 1. Il credito dell'amministrazione finanziaria per l'imposta **definitivamente accertata** si prescrive **in dieci anni**.

TITOLO IX
DISPOSIZIONI TRANSITORIE E FINALI

Art. 79. Applicazione delle norme modificative, correttive e integrative. – 1. Le disposizioni del presente testo unico e dei relativi allegati modificative, correttive o integrative di quelle anteriormente in vigore si applicano agli atti pubblici formati, agli atti giudiziari pubblicati o emanati e alle scritture private autenticate a decorrere dalla data di entrata in vigore del testo unico stesso, nonché alle scritture private non autenticate e alle denunce presentate per la registrazione a decorrere da tale data. Tuttavia le disposizioni più favorevoli ai contribuenti, compresa quella del comma 4 dell'art. 52, hanno effetto anche per gli atti, scritture e denunce anteriori relativamente ai quali alla data di entrata in vigore del presente testo unico sia pendente controversia o non sia ancora decorso il termine di decadenza dell'azione della finanza, fermi restando gli accertamenti di maggior valore già divenuti definitivi, ma al rimborso di imposte già pagate si fa luogo soltanto nei casi in cui alla predetta data sia pendente controversia o sia stata presentata domanda di rimborso. Per l'anno 1986 per gli atti e le scritture relativi ai terreni si tiene conto dei coefficienti stabiliti ai fini delle imposte sul reddito per l'anno 1985.

2. Ai fini dell'applicazione della disposizione contenuta nell'art. 52, comma 4, per gli atti e scritture relativi a

beni e diritti ivi indicati, presentati per la registrazione anteriormente alla data di pubblicazione del presente testo unico, per i quali alla data stessa non sia stato notificato avviso di accertamento di maggior valore, i contribuenti possono, senza applicazione della pena pecuniaria di cui all'art. 71, adeguare il valore dichiarato a quello risultante dall'applicazione dei moltiplicatori ai redditi catastali aggiornati con i coefficienti stabiliti per l'anno di registrazione dell'atto relativamente agli atti registrati anteriormente al 1° gennaio 1986 e con quelli stabiliti per l'anno 1985 relativamente agli atti registrati nel 1986 prima della pubblicazione del presente testo unico. A tal fine deve essere presentata all'ufficio del registro, entro tre mesi dall'entrata in vigore del presente testo unico, dichiarazione, integrativa in duplice esemplare conforme al modello approvato con decreto del Ministro delle finanze pubblicato nella Gazzetta Ufficiale. L'ufficio, previo accertamento della conformità dei due esemplari e apposizione del timbro a calendario, ne restituisce uno e provvede a norma dell'art. 55. Per gli stessi atti e scritture i termini per l'accertamento di maggior valore aventi scadenza tra la data di pubblicazione e quella di entrata in vigore del presente testo unico sono prorogati a sei mesi da questa.

3. Per la prima proroga, anche tacita, intervenuta dopo l'entrata in vigore del presente testo unico, dei contratti di locazione e di affitto di beni immobili registrati a norma dell'art. 16-*bis* del decreto del Presidente della Repubblica 26 ottobre 1972, n. 634 deve essere presentata richiesta di registrazione a norma dell'art. 12 del presente testo unico.

4. L'imposta prevista dall'art. 4, n. 6), della parte prima della tariffa per la conversione di obbligazioni in azioni non è dovuta fino a concorrenza di quella pagata anteriormente all'entrata in vigore del presente testo unico in dipendenza del collocamento delle obbligazioni.

5. La disposizione del comma 4, prima parte, dell'art. 56 ha effetto dal 1° gennaio 1973.

Art. 80. Altre disposizioni. – 1. La disposizione del comma 3 dell'art. 21, relativa agli accolli di debiti e oneri, ha effetto dal 1° gennaio 1973 per gli atti pubblici formati, per gli atti giudiziari pubblicati o emanati e per le scritture private autenticate o presentate per la registrazione anteriormente alla data di entrata in vigore del presente testo unico, relativamente ai quali alla data stessa sia pendente controversia o non sia ancora decorso il termine di decadenza dell'azione della finanza o quello dell'azione del contribuente per il rimborso.

2. L'imposta relativa alla riunione dell'usufrutto alla nuda proprietà trasferita a titolo oneroso con atti posti in essere quando era in vigore il R.D. 30 dicembre 1923, n. 3269, si applica solo se la consolidazione dell'usufrutto si è verificata anteriormente alla data di entrata in vigore del D.P.R. 26 ottobre 1972, n. 634. Non si fa luogo a rimborso delle imposte già pagate, salvo i casi in cui alla data del 20 novembre 1985 risultasse presentato il ricorso.

3. Rimangono ferme, in quanto applicabili, le disposizioni dell'art. 77 del decreto del Presidente della Repubblica 26 ottobre 1972, n. 634, e quella dell'art. 6 del decreto del Presidente della Repubblica 6 dicembre 1977, n. 914.

Art. 81. Entrata in vigore. – 1. Il presente testo unico entra in vigore il 1° luglio 1986.

TARIFFA I

PARTE I
ATTI SOGGETTI A REGISTRAZIONE IN TERMINE FISSO

Art. 1. – 1. **Atti traslativi a titolo oneroso** della **proprietà** di **beni immobili in genere e** atti traslativi **o costitutivi di diritti reali immobiliari di godimento**, compresi la rinuncia pura e semplice agli stessi, i provvedimenti di espropriazione per pubblica utilità e i trasferimenti coattivi: **9 per cento**.

Se il trasferimento ha per oggetto **case di abitazione**, ad eccezione di quelle di categoria catastale A1, A8, e A9, ove ricorrano le **condizioni** di cui alla **nota II-*bis*): 2 per cento**.

Se il trasferimento ha per oggetto terreni agricoli e relative pertinenze a favore di soggetti diversi dai coltivatori diretti e dagli imprenditori agricoli professionali, iscritti nella relativa gestione previdenziale ed assistenziale: **15 per cento**.

Se il trasferimento è effettuato nei confronti di banche e intermediari finanziari autorizzati all'esercizio dell'attività di *leasing* finanziario, e ha per oggetto case di abitazione, di categoria catastale diversa da A1, A8 e A9, acquisite in locazione finanziaria da utilizzatori per i quali ricorrono le condizioni di cui alle note II-*bis)* e II-*sexies)*: 1,5 per cento.

NOTE

I) e II) Note abrogate.

*II-bis) 1. Ai fini dell'applicazione dell'aliquota del 2 per cento agli atti traslativi a titolo oneroso della proprietà di **case di abitazione non di lusso** e agli atti traslativi o costitutivi della nuda proprietà, dell'usufrutto, dell'uso e dell'abitazione relativi alle stesse, devono ricorrere le seguenti condizioni:*

*a) che l'**immobile** sia **ubicato** nel territorio del **Comune in cui l'acquirente** ha o stabilisca **entro diciotto mesi dall'acquisto** la **propria residenza** o, se diverso, in quello in cui l'acquirente svolge la propria attività ovvero, se l'acquirente si è trasferito all'estero per ragioni di lavoro e abbia risieduto o svolto la propria attività in Italia per almeno cinque anni, nel comune di nascita o in quello in cui aveva la residenza o svolgeva la propria attività prima del trasferimento. La dichiarazione di voler stabilire la residenza nel comune ove è ubicato l'immobile acquistato deve essere resa, a pena di decadenza, dall'acquirente nell'atto di acquisto;*

b) che nell'atto di acquisto l'acquirente dichiari di non essere titolare esclusivo o in comunione con il coniuge dei diritti di proprietà, usufrutto, uso e abitazione di altra casa di abitazione nel territorio del comune in cui è situato l'immobile da acquistare;

c) che nell'atto di acquisto l'acquirente dichiari di non essere titolare, neppure per quote, anche in regime di comunione legale su tutto il territorio nazionale dei diritti di proprietà, usufrutto, uso, abitazione e nuda proprietà su altra casa di abitazione acquistata dallo stesso soggetto o dal coniuge con le agevolazioni di cui al presente articolo ovvero di cui all'art. 1 della L. 22 aprile 1982, n. 168, all'art. 2 del D.L. 7 febbraio 1985, n. 12, convertito, con modificazioni, dalla L. 5 aprile 1985, n. 118, all'art. 3, comma 2, della L. 31 dicembre 1991, n. 415, all'art. 5, commi 2 e 3, dei decreti-legge 21 gennaio 1992, n. 14, 20 marzo 1992, n. 237, e 20 maggio 1992, n. 293, all'art. 2, commi 2 e 3, del D.L. 24 luglio 1992, n. 348, all'art. 1, commi 2 e 3, del D.L. 24 settembre 1992, n. 388, all'art. 1, commi 2 e 3, del D.L. 24 novembre 1992, n. 455, all'art. 1, comma 2, del D.L. 23 gennaio 1993, n. 16, convertito, con modificazioni, dalla L. 24 marzo 1993, n. 75 e all'art. 16 del D.L. 22 maggio 1993, n. 155, convertito, con modificazioni, dalla L. 19 luglio 1993, n. 243.

2. In caso di cessioni soggette ad imposta sul valore aggiunto le dichiarazioni di cui alle lettere a), b) e c) del comma 1, comunque riferite al momento in cui si realizza l'effetto traslativo possono essere effettuate, oltre che nell'atto di acquisto, anche in sede di contratto preliminare.

3. Le agevolazioni di cui al comma 1, sussistendo le condizioni di cui alle lettere a), b) e c) del medesimo comma 1, spettano per l'acquisto, anche se con atto separato, delle pertinenze dell'immobile di cui alla lettera a). Sono ricomprese tra le pertinenze, limitatamente ad una per ciascuna categoria, le unità immobiliari classificate o classificabili nelle categorie catastali C/2, C/6 e C/7, che siano destinate a servizio della casa di abitazione oggetto dell'acquisto agevolato.

4. In caso di dichiarazione mendace, o di trasferimento per atto a titolo oneroso o gratuito degli immobili acquistati con i benefici di cui al presente articolo prima del decorso del termine di cinque anni dalla data del loro acquisto, sono dovute le imposte di registro, ipotecaria e catastale nella misura ordinaria, nonché una sovrattassa pari al 30 per cento delle stesse imposte. Se si tratta di cessioni soggette all'imposta sul valore aggiunto, l'ufficio dell'Agenzia delle entrate presso cui sono stati registrati i relativi atti deve recuperare nei confronti degli acquirenti la differenza fra l'imposta calcolata in base all'aliquota applicabile in assenza di agevolazioni e quella risultante dall'applicazione dell'aliquota agevolata, nonché irrogare la sanzione amministrativa, pari al 30 per cento della differenza medesima. Sono dovuti gli interessi di mora di cui al comma 4 dell'art. 55 del presente testo unico. Le predette disposizioni non si applicano nel caso in cui il contribuente, entro un anno dall'alienazione dell'immobile acquistato con i benefici di cui al presente articolo, proceda all'acquisto di altro immobile da adibire a propria abitazione principale.

4-bis. L'aliquota del 2 per cento si applica anche agli atti di acquisto per i quali l'acquirente non soddisfa il requisito di cui alla lettera c) del comma 1 e per i quali i requisiti di cui alle lettere a) e b) del medesimo comma si verificano senza tener conto dell'immobile acquistato con le agevolazioni elencate nella lettera c), a condizione che quest'ultimo immobile sia alienato entro un anno dalla data dell'atto. In mancanza di detta alienazione, all'atto di cui al periodo precedente si applica quanto previsto dal comma 4.

II-ter) nota abrogata.

II-quater) nota abrogata.

II-quinquies) nota abrogata.

II-sexies) Nell'applicazione della nota II-bis) ai trasferimenti effettuati nei confronti di banche e intermediari finanziari autorizzati all'esercizio dell'attività di leasing finanziario, si considera, in luogo dell'acquirente, l'utilizzatore e, in luogo dell'atto di acquisto, il contratto di locazione finanziaria.

Art. 2. – 1. Atti di cui al comma 1 dell'art. 1 relativi a beni diversi da quelli indicati nello stesso articolo e nel successivo art. 7: 3 per cento.

Se il trasferimento avviene a favore dello Stato, ovvero a favore di enti pubblici territoriali, o consorzi costituiti esclusivamente tra gli stessi, ovvero a favore di comunità montane: euro 200,00.

2. Contratti di associazione in partecipazione con apporto di beni diversi da quelli indicati nell'art. 1 e nel successivo art. 7: euro 200,00.

Art. 3. – 1. Atti di natura dichiarativa relativi a beni o rapporti di qualsiasi natura, salvo il successivo art. 7: 1 per cento.

Art. 4. – 1. Atti propri delle società di qualunque tipo ed oggetto e degli enti diversi dalle società, compresi i consorzi, le assicurazioni e le altre organizzazioni di persone o di beni, con o senza personalità giuridica, aventi per oggetto esclusivo o principale l'esercizio di attività commerciali o agricole:

a) costituzione e aumento del capitale o patrimonio:

1) con conferimento di proprietà o diritto reale di godimento su beni immobili, salvo il successivo n. 2): le stesse aliquote di cui all'art. 1;

2) con conferimento di proprietà o diritto reale di godimento su fabbricati destinati specificamente all'esercizio di attività commerciali e non suscettibili di altra destinazione senza radicale trasformazione nonché su aree destinate ad essere utilizzate per la costruzione dei suddetti fabbricati o come loro pertinenze, sempreché i fabbricati siano ultimati entro cinque anni dal conferimento e presentino le indicate caratteristiche: 4 per cento;

3) con conferimento di proprietà o diritto reale di godimento su aziende o su complessi aziendali relativi a singoli rami dell'impresa: euro 200,00;

4) con conferimento di proprietà o di diritto reale di godimento su unità da diporto: le stesse aliquote di cui all'art. 7;

5) con conferimento di denaro, di beni mobili, esclusi quelli di cui all'art. 11-*bis* della tabella, e di diritti diversi da quelli indicati nei numeri precedenti: euro 200,00;

6) mediante conversione di obbligazioni in azioni o passaggio a capitale di riserve diverse da quelle costituite con sopraprezzi o con versamenti dei soci in conto capitale o a fondo perduto e da quelle iscritte in bilancio a norma di leggi di rivalutazione monetaria: euro 200,00;

b) fusione tra società, scissione delle stesse, conferimento di aziende o di complessi aziendali relativi a singoli rami dell'impresa fatto da una società ad altra società esistente o da costituire; analoghe operazioni poste in essere da enti diversi dalle società: euro 200,00;

c) altre modifiche statutarie, comprese le trasformazioni e le proroghe: euro 200,00;

d) assegnazione ai soci, associati o partecipanti:

1) se soggette all'imposta sul valore aggiunto o aventi per oggetto utili in denaro: euro 200,00;

2) in ogni altro caso: le stesse aliquote di cui alla lett. a);

e) regolarizzazione di società di fatto, derivanti da comunione ereditaria di azienda, tra eredi che continuano in forma societaria l'esercizio dell'impresa: euro 200,00;

f) operazioni di società ed enti esteri di cui all'art. 4 del testo unico: euro 200,00;

g) atti propri dei gruppi europei di interesse economico: euro 200,00.

NOTE

I) La proprietà ed i diritti reali su immobili o unità da diporto si intendono conferiti alla data dell'atto che comporta il loro trasferimento o la loro costituzione.

II) L'imposta di cui alla lettera e) si applica se l'atto di regolarizzazione è registrato entro un anno dall'apertura della successione. In ogni altro caso di regolarizzazione di società di fatto, ancorché derivanti da comunioni ereditarie, l'imposta si applica a norma dell'art. 22 del testo unico.

III) Per gli atti propri delle società ed enti diversi da quelli indicati nel presente articolo si applica l'art. 9 della tabella.

IV) Gli atti di cui alla lettera a) sono soggetti all'imposta nella misura fissa di euro 200,00 se la società destinataria del conferimento ha la sede legale o amministrativa in altro Stato membro dell'Unione europea.

V) Per gli atti propri dei gruppi europei di interesse economico contemplati alla lettera a), numero 4), si applicano le imposte ivi previste.

Art. 5. – 1. Locazioni e affitti di beni immobili:

a) quando hanno per oggetto fondi rustici: 0,50 per cento;

a-*bis*) quando hanno per oggetto immobili strumentali, ancorché assoggettati all'imposta sul valore aggiunto, di cui all'art. 10, primo comma, numero 8), del decreto del Presidente della Repubblica 26 ottobre 1972, n. 633: 1 per cento;

b) in ogni altro caso: 2 per cento.

2. Concessioni su beni demaniali, cessioni e surrogazioni relative: 2 per cento.

Concessioni di diritti d'acqua a tempo determinato, cessioni e surrogazioni relative: 0,50 per cento.

Contratti di comodato di beni immobili: euro 200,00.

NOTE

I) Per i contratti di locazione e sublocazione di immobili urbani di durata pluriennale, l'imposta, se corrisposta per l'intera durata del contratto, si riduce di una percentuale pari alla metà del tasso di interesse legale moltiplicato per il numero dell'annualità; la cessione senza corrispettivo degli stessi contratti è assoggettata all'imposta nella misura fissa di euro 67,00.

II) In ogni caso l'ammontare dell'imposta, per le locazioni e gli affitti di beni immobili, non può essere inferiore alla misura fissa di euro 67,00.

II-bis) Per i contratti di affitto di fondi rustici di cui all'art. 17, comma 3-bis, l'aliquota si applica sulla somma dei corrispettivi pattuiti per i singoli contratti. In ogni caso l'ammontare dell'imposta dovuta per la denuncia non può essere inferiore alla misura fissa di euro 67,00.

Art. 6. – 1. Cessioni di crediti, compensazioni e remissioni di debiti, quietanze, tranne quelle rilasciate mediante scrittura privata non autenticata; garanzie reali e personali a favore di terzi, se non richieste dalla legge: 0,50 per cento.

NOTA

Le garanzie personali prestate in solido da più soggetti danno luogo all'applicazione di una sola imposta, salva l'applicazione dell'imposta fissa per quelle non contestuali.

Art. 7. – 1. Atti di natura traslativa o dichiarativa aventi per oggetto:

a) motocicli di qualsiasi tipo, motocarrozzette e trattrici agricole: € 77,47;

b) veicoli a motore destinati al trasporto di persone o al trasporto promiscuo di persone o cose:

1) autovetture e autoveicoli fino a 53 KW ovvero autobus e trattori stradali fino a 110 KW: € 77,47;

2) autovetture e autoveicoli oltre 53 KW, per ogni KW: € 1,81;

3) autobus e trattori stradali oltre 110 KW, per ogni KW: € 0,90.

c) lettera abrogata.

d) lettera abrogata.

e) lettera abrogata.

f) unità da diporto:

1) natanti:

a) fino a sei metri di lunghezza fuori tutto: euro 71,00;

b) oltre sei metri di lunghezza fuori tutto: euro 142,00;

2) imbarcazioni:

a) fino a otto metri di lunghezza fuori tutto: euro 404,00;

b) fino a dodici metri di lunghezza fuori tutto: euro 607,00;

c) fino a diciotto metri di lunghezza fuori tutto: euro 809,00;

d) oltre diciotto metri di lunghezza fuori tutto: euro 1.011,00;

3) navi: euro 5.055,00.

Art. 8. – 1. Atti dell'autorità giudiziaria ordinaria e speciale in materia di controversie civili che definiscono, anche parzialmente, il giudizio, compresi i decreti ingiuntivi esecutivi, i provvedimenti di aggiudicazione e quelli di assegnazione, anche in sede di scioglimento di comunioni, le sentenze che rendono efficaci nello Stato sentenze straniere e i provvedimenti che dichiarano esecutivi i lodi arbitrali:

a) recanti trasferimento o costituzione di diritti reali su beni immobili o su unità da diporto ovvero su altri beni e diritti: le stesse imposte stabilite per i corrispondenti atti.

b) recanti condanna al pagamento di somme o valori, ad altre prestazioni o alla consegna di beni di qualsiasi natura: 3 per cento.

c) di accertamento di diritti a contenuto patrimoniale: 1 per cento.

d) non recanti trasferimento, condanna o accertamento di diritti a contenuto patrimoniale: euro 200,00.

e) che dichiarano la nullità o pronunciano l'annullamento di un atto, ancorché portanti condanna alla restituzione di denaro o beni, o la risoluzione di un contratto: euro 200,00.

f) aventi per oggetto lo scioglimento o la cessazione degli effetti civili del matrimonio o la separazione personale, ancorché recanti condanne al pagamento di assegni o attribuzioni di beni patrimoniali, già facenti parte di comunione fra i coniugi: modifica di tali condanne o attribuzioni: euro 200,00.

g) di omologazione: euro 200,00.

1-*bis*. Atti del Consiglio di Stato e dei tribunali amministrativi regionali che definiscono, anche parzialmente, il giudizio, compresi i decreti ingiuntivi esecutivi, che recano condanna al pagamento di somme di danaro diverse dalle spese processuali: 3 per cento.

NOTE

I) I decreti ingiuntivi emessi in sostituzione di quelli divenuti inefficaci ai sensi dell'art. 644 del codice di procedura civile sono soggetti all'imposta in misura fissa.

II) Gli atti di cui al comma 1, lettera b), e al comma 1-bis non sono soggetti all'imposta proporzionale per la parte in cui dispongono il pagamento di corrispettivi o prestazioni soggetti all'imposta sul valore aggiunto ai sensi dell'art. 40 del testo unico.

II-bis) I provvedimenti che accertano l'acquisto, per usucapione della proprietà di beni immobili o di diritti reali di godimento sui beni medesimi sono soggette all'imposta secondo le disposizioni dell'art. 1 della tariffa.

Art. 8-*bis*. – 1. Atti relativi alle cessioni, da parte degli utilizzatori, di **contratti di locazione finanziaria** aventi ad oggetto **immobili strumentali**, anche da costruire ed ancorché assoggettati all'imposta sul valore aggiunto, di cui all'art. 10, primo comma, numero 8-*ter*), del decreto del Presidente della Repubblica 26 ottobre 1972, n. 633: 4 per cento.

1-*bis*. Atti relativi alle cessioni, da parte degli utilizzatori, di contratti di locazione finanziaria aventi ad oggetto immobili a destinazione abitativa, di categoria catastale diversa da A1, A8 e A9, effettuate nei confronti di soggetti per i quali ricorrono le condizioni di cui alle note II-*bis)* e II-*sexies)* dell'art. 1, ancorché assoggettati all'imposta sul valore aggiunto, di cui all'art. 10, primo comma, numero 8-*bis)*, del decreto del Presidente della Repubblica 26 ottobre 1972, n. 633: 1,5 per cento.

1-*ter*. Atti, diversi da quelli di cui al comma 1-*bis*, relativi alle cessioni, da parte degli utilizzatori, di contratti di locazione finanziaria aventi ad oggetto immobili a destinazione abitativa, anche da costruire ed ancorché assoggettati all'imposta sul valore aggiunto, di cui all'art. 10, primo comma, numero 8-*bis)*, del decreto del Presidente della Repubblica 26 ottobre 1972, n. 633: 9 per cento.

NOTA

I) Per le cessioni di cui ai commi 1, 1-bis, 1-ter l'imposta si applica sul corrispettivo pattuito per la cessione aumentato della quota capitale compresa nei canoni ancora da pagare oltre al prezzo di riscatto.

Art. 9. – 1. Atti diversi da quelli altrove indicati aventi per oggetto prestazioni a contenuto patrimoniale: 3 per cento.

Art. 10. – 1. Contratti preliminari di ogni specie: euro 200,00.

NOTA

Se il contratto preliminare prevede la dazione di somme a titolo di caparra confirmatoria si applica il precedente art. 6; se prevede il pagamento di acconti di prezzo non soggetti alla imposta sul valore aggiunto ai sensi degli artt. 5, comma 2, e 40 del testo unico si applica il precedente art. 9. In entrambi i casi l'imposta pagata è imputata all'imposta principale dovuta per la registrazione del contratto definitivo.

Art. 11. – 1. Atti pubblici e scritture private autenticate, escluse le procure di cui all'art. 6 della parte seconda, non aventi per oggetto prestazioni a contenuto patrimoniale; atti pubblici e scritture private autenticate aventi per oggetto la negoziazione di quote di partecipazione in società o enti di cui al precedente art. 4 o di titoli di cui all'art. 8 della tabella o aventi per oggetto gli atti previsti nella stessa tabella, esclusi quelli di cui agli artt. 4, 5, 11, 11-*bis* e 11-*ter*; atti di ogni specie per i quali è prevista la applicazione dell'imposta in misura fissa: euro 200,00.

Art. 11-*bis*. – 1. Atti costitutivi e modifiche statutarie concernenti le organizzazioni non lucrative di utilità sociale: euro 200,00.

Art. 11-*ter*. – 1. Atti costitutivi e modifiche statutarie concernenti le istituzioni riordinate in aziende di servizi o in persone giuridiche private: euro 200,00.

TARIFFA II

PARTE II

ATTI SOGGETTI A REGISTRAZIONE SOLO IN CASO D'USO

Art. 1. – 1. Atti indicati:

a) negli artt. 2, comma 1, 3, 6, 9 e 10 della parte prima formati mediante corrispondenza, ad eccezione di quelli per i quali dal codice civile è richiesta a pena di nullità la forma scritta e di quelli aventi per oggetto cessioni di aziende o costituzioni di diritti di godimento reali o personali sulle stesse: le stesse imposte previste per i corrispondenti atti nella parte prima;

b) nell'art. 5, comma 2, del testo unico quando riguardano cessioni di beni o prestazioni di servizi soggette all'imposta sul valore aggiunto: euro 200,00.

NOTA

I contratti relativi alle operazioni e ai servizi bancari e finanziari e al credito al consumo ivi compresi quelli di locazione finanziaria immobiliare, per i quali il titolo VI del decreto legislativo 1° settembre 1994, n. 385, prescrive a pena di nullità la forma scritta, sono assoggettati a registrazione solo in caso d'uso.

Art. 2. – 1. Scritture private non autenticate ad eccezione dei contratti di cui all'art. 5 della tariffa, parte prima quando l'ammontare dell'imposta risulti inferiore a 200,00 euro o quando abbiano per oggetto la negoziazione di quote partecipazione in società o enti di cui all'art. 4, parte prima, o di titoli indicati nell'art. 8 della tabella: euro 200,00.

2. Lodi arbitrali non dichiarati esecutivi: le stesse imposte previste nell'art. 8 della parte prima.

Art. 2-*bis*. – 1. Locazioni ed affitti di immobili, non formati per atto pubblico o scrittura privata autenticata di durata non superiore a trenta giorni complessivi nell'anno.

Art. 3. – 1. Scritture private non autenticate aventi per oggetto comodato di beni mobili: euro 200,00.

Art. 4. – 1. Scritture private non autenticate non aventi per oggetto prestazioni a contenuto patrimoniale; conti e rendiconti di ogni genere, scritti, disegni, modelli, fotografie e simili: euro 200,00.

Art. 5. – 1. Quietanze rilasciate mediante scritture private non autenticate: 0,50 per cento.

Art. 6. – 1. Procure, deleghe e simili rilasciate per il compimento di un solo atto e per l'intervento in assemblea: euro 200,00.

Art. 7. – 1. Atti riguardanti l'espropriazione per pubblica utilità diversi da quelli indicati nell'art. 1 della parte prima: euro 200,00.

Art. 8. – 1. Mandati e ordini di pagamento sulle casse di pubbliche amministrazioni, girate e quietanze apposte sui medesimi: euro 200,00.

Art. 9. – 1. Libretti di conto corrente e di risparmio e relative lettere di addebitamento e accreditamento: euro 200,00.

Art. 10. – 1. Contratti relativi a prestazioni di lavoro autonomo, compresi i contratti di collaborazione coordinata e continuativa ed i contratti di associazione in partecipazione con apporto di solo lavoro, non soggette all'imposta sul valore aggiunto: euro 200,00.

Art. 11. – 1. Atti formati all'estero diversi da quelli indicati alla lettera d) dell'art. 2 del testo unico:

a) che se formati nello Stato sarebbero soggetti all'imposta fissa ai sensi dell'art. 40 del testo unico: euro 200,00

b) in ogni altro caso: le stesse imposte stabilite per i corrispondenti atti formati nello Stato.

TABELLA
TITOLO UNICO
ATTI PER I QUALI NON VI È OBBLIGO DI CHIEDERE LA REGISTRAZIONE

Art. 1. – 1. Atti del potere legislativo, atti relativi a referendum, atti posti in essere dalla amministrazione dello Stato, dalle regioni, province e comuni diversi da quelli relativi alla gestione dei loro patrimoni.

Art. 2. – 1. Atti, diversi da quelli espressamente contemplati nella parte prima della tariffa, dell'autorità giudiziaria in sede civile e penale, della Corte costituzionale, del Consiglio di Stato, della Corte dei conti, dei Tribunali amministrativi regionali, delle Commissioni tributarie e degli organi di giurisdizione speciale e dei relativi procedimenti; atti del contenzioso in materia elettorale e dei procedimenti disciplinari; procure alle liti.

Art. 3. – 1. Atti di qualsiasi natura formati per essere prodotti:

a) in procedimenti amministrativi, non giurisdizionali, iniziati d'ufficio od a richiesta di parte per ottenere provvedimenti di interesse pubblico;

b) ad enti di assistenza, beneficenza e previdenza, relativi a persone non assoggettate alle imposte sul reddito.

NOTA

Ai fini della lettera b) all'atto deve essere allegato il certificato del competente ufficio delle imposte attestante che il richiedente non è assoggettato a tributo.

Art. 4. – 1. Atti di ultima volontà.

Art. 5. – 1. Atti e documenti formati per l'applicazione, riduzione, liquidazione, riscossione, rateazione e rimborso delle imposte e tasse a chiunque dovute, comprese le relative sentenze, e gli atti relativi alla concessione o all'appalto per la loro riscossione; garanzie richieste da leggi, anche regionali e provinciali, e atti relativi alla loro cancellazione, comprese le quietanze da cui risulti l'estinzione del debito; atti e documenti formati in relazione al servizio militare obbligatorio o a quello civile sostitutivo.

Art. 6. – 1. Atti per la formazione del catasto dei terreni e dei fabbricati.

Art. 7. – 1. Contratti di assicurazione, di riassicurazione e di rendita vitalizia soggetti all'imposta di cui alla legge 29 ottobre 1961, n. 1216, nonché ricevute parziali di pagamento, quietanze, ivi comprese quelle rilasciate agli assicuratori per il pagamento delle somme assicurate e ogni altro atto inerente all'acquisizione, gestione ed esecuzione dei predetti contratti posto in essere nei rapporti dell'assicuratore con altri assicuratori, con agenti, intermediari ed altri collaboratori, anche autonomi, e con gli assicurati; atti relativi alla istituzione di fondi comuni di investimento mobiliare autorizzati, alla sottoscrizione e al rimborso delle quote, anche in sede di liquidazione, e alla emissione ed estinzione dei relativi certificati, compresi le quote ed i certificati di analoghi fondi esteri autorizzati al collocamento nel territorio dello Stato.

Art. 8. – 1. Azioni, obbligazioni, altri titoli in serie o di massa e relative girate, titoli di Stato o garantiti; atti, documenti e registri relativi al movimento, a qualunque titolo, e alla compravendita degli stessi titoli e dei valori in moneta o verghe, salvo quanto disposto dall'art. 11 della Tariffa, parte prima, e dall'art. 2 della Tariffa, parte seconda.

2. Per le sentenze, gli atti pubblici e le scritture private relative alla negoziazione dei titoli indicati nel comma 1 si applicano rispettivamente gli artt. 8 e 11 della parte prima e l'art. 2 della parte seconda della tariffa.

Art. 9. – 1. Atti propri delle società ed enti di cui all'art. 4 della parte prima della tariffa diversi da quelli ivi indicati, compresi quelli di nomina e accettazione degli organi di amministrazione, controllo e liquidazione nonché quelli che comportano variazione del capitale sociale delle società cooperative e loro consorzi e delle società di mutuo soccorso.

Art. 10. – 1. Sentenze, decreti ingiuntivi ed altri atti dei conciliatori; atti, documenti e provvedimenti previsti dalla legge 11 agosto 1973, n. 533; atti, documenti e provvedimenti di cui all'art. 57 della legge 27 luglio 1978, n. 392; contratti di lavoro subordinato, collettivi, e individuali; contratti di mezzadria, di colonia e di soccida; convenzioni per pascolo e per alimenti di animali.

Art. 11. – 1. Cambiali, vaglia cambiari, assegni bancari e circolari, loro accettazione, girate, avalli, quietanze ed altre dichiarazioni cambiarie fatte sul medesimi; atti di protesto cambiario, da chiunque redatti, e conti di ritorno.

Art. 11-*bis*. – 1. Atti di natura traslativa o dichiarativa aventi ad oggetto veicoli iscritti nel pubblico registro automobilistico.

Art. 11-*ter*. – 1. Verbali di gara o d'incanto, dichiarazioni di nomina di cui all'art. 583 del codice di procedura civile e relativi depositi, redatti o ricevuti dai notai delegati.

Art. 11-*quater*. – 1. Atti costitutivi, statuti ed ogni altro atto necessario per l'adempimento di obblighi dei movimenti o partiti politici, derivanti da disposizioni o regolamenti.

ALLEGATO 1

COEFFICIENTI PER LA DETERMINAZIONE DEI DIRITTI DI USUFRUTTO A VITA E DELLE RENDITE O PENSIONI VITALIZIE CALCOLATI AL SAGGIO DI INTERESSE LEGALE

Età del beneficiario (anni compiuti)	*Coefficiente*
da 0 a 20	76,00
da 21 a 30	72,00
da 31 a 40	68,00
da 41 a 45	64,00
da 46 a 50	60,00
da 51 a 53	56,00
da 54 a 56	52,00
da 57 a 60	48,00
da 61 a 63	44,00
da 64 a 66	40,00
da 67 a 69	36,00
da 70 a 72	32,00
da 73 a 75	28,00
da 76 a 78	24,00
da 79 a 82	20,00
da 83 a 86	16,00
da 87 a 92	12,00
da 93 a 99	8,00

D.L. 3 ottobre 2006, n. 262

(Convertito con modificazioni nella l. 24 novembre 2006, n. 286) Disposizioni urgenti in materia tributaria e finanziaria (*Estratto*)

Art. 2. – (*Omissis*).

47. **È istituita l'imposta sulle successioni e donazioni sui trasferimenti di beni e diritti per causa di morte, per donazione o a titolo gratuito e sulla costituzione di vincoli di destinazione**, secondo le disposizioni del **testo unico delle disposizioni concernenti l'imposta sulle successioni e donazioni, di cui al decreto legislativo 31 ottobre 1990, n. 346**, nel testo vigente alla data del 24 ottobre 2001, fatto salvo quanto previsto dai commi da 48 a 54.

48. I trasferimenti di **beni e diritti per causa di morte** sono soggetti all'imposta di cui al comma 47 con le seguenti aliquote sul valore complessivo netto dei beni:

a) **devoluti a favore del coniuge e dei parenti in linea** retta sul valore complessivo netto eccedente, per ciascun beneficiario**, 1.000.000 di euro: 4 per cento**;

a-bis) devoluti a favore **dei fratelli e delle sorelle** sul valore complessivo netto eccedente, per ciascun beneficiario, **100.000 euro: 6 per cento**;

b) devoluti a favore degli **altri parenti fino al quarto grado e degli affini in linea retta, nonché degli affini in linea collaterale** fino al terzo grado: **6 per cento**;

c) devoluti a favore di **altri soggetti: 8 per cento**.

49. Per le **donazioni e gli atti di trasferimento a titolo gratuito** di beni e diritti e la costituzione di vincoli di destinazione di beni l'imposta è determinata dall'applicazione delle seguenti aliquote al valore globale dei beni e dei diritti al netto degli oneri da cui è gravato il beneficiario diversi da quelli indicati dall'articolo 58, comma 1, del citato testo unico di cui al decreto legislativo 31 ottobre 1990, n. 346, ovvero, se la donazione è fatta congiuntamente a favore di più soggetti o se in uno stesso atto sono compresi più atti di disposizione a favore di soggetti diversi, al valore delle quote dei beni o diritti attribuiti:

a) **a favore del coniuge e dei parenti in linea retta** sul valore complessivo netto eccedente, per ciascun beneficiario, **1.000.000 di euro: 4 per cento**;

a-bis) a favore dei **fratelli e delle sorelle** sul valore complessivo netto eccedente, per ciascun beneficiario, **100.000 euro: 6 per cento**;

b) a favore degli **altri parenti fino al quarto grado e degli affini in linea retta, nonché degli affini in linea collaterale** fino al terzo grado: **6 per cento**;

c) a favore di **altri soggetti: 8 per cento**.

49-bis. Se il beneficiario dei trasferimenti di cui ai commi 48 e 49 è una **persona portatrice di handicap riconosciuto grave** ai sensi della legge 5 febbraio 1992, n. 104, l'imposta si applica esclusivamente sulla parte del valore della quota o del legato **che supera l'ammontare di 1.500.000 euro**.

50. Per quanto non disposto dai commi da 47 a 49 e da 51 a 54 si applicano, in quanto compatibili, le disposizioni previste dal citato testo unico di cui al decreto legislativo 31 ottobre 1990, n. 346, nel testo vigente alla data del 24 ottobre 2001.

(*Omissis*).

D.Lgs. 31 ottobre 1990, n. 346

Approvazione del testo unico delle disposizioni concernenti l'imposta sulle successioni e donazioni

TITOLO I
DISPOSIZIONI GENERALI

Art. 1. Oggetto dell'imposta. – 1. L'imposta sulle successioni e donazioni si applica ai **trasferimenti di beni e diritti** per successione **a causa di morte** ed ai trasferimenti di beni e diritti per donazione o altra liberalità **tra vivi**.

2. Si considerano trasferimenti anche la costituzione di diritti reali di godimento, la rinunzia a diritti reali o di credito e la costituzione di rendite o pensioni.

3. L'imposta si applica anche nei casi di immissione nel possesso temporaneo dei beni dell'assente e di dichiarazione di morte presunta, nonché nei casi di donazione presunta di cui all'art. 26 del testo unico sull'imposta di registro approvato con decreto del Presidente della Repubblica 26 aprile 1986, n. 131.

4. L'imposta non si applica nei casi di donazione o liberalità di cui agli articoli 742 e 783 del codice civile.

4-*bis*. Ferma restando l'applicazione dell'imposta **anche** alle **liberalità indirette** risultanti da atti soggetti a registrazione, l'imposta **non si applica** nei casi di donazioni o di altre liberalità collegate ad atti concernenti il trasferimento o la costituzione di diritti immobiliari ovvero il trasferimento di aziende, **qualora per l'atto sia prevista l'applicazione dell'imposta di registro, in misura proporzionale, o dell'imposta sul valore aggiunto**.

Art. 2. Territorialità dell'imposta. – 1. L'imposta è dovuta in relazione a **tutti i beni e diritti trasferiti, ancorché esistenti all'estero**.

2. Se alla data dell'apertura della successione o a quella della donazione **il defunto o il donante non era residente nello Stato, l'imposta è dovuta limitatamente ai beni e ai diritti ivi esistenti.**

3. Agli effetti del comma 2 si considerano in ogni caso esistenti nello Stato:

a) i beni e i diritti iscritti in pubblici registri dello Stato e i diritti reali di godimento ad essi relativi;

b) le azioni o quote di società, nonché le quote di partecipazione in enti diversi dalle società, che hanno nel territorio dello Stato la sede legale o la sede dell'amministrazione o l'oggetto principale;

c) le obbligazioni e gli altri titoli in serie o di massa diversi dalle azioni, emessi dallo Stato o da società ed enti di cui alla lettera b);

d) i titoli rappresentativi di merci esistenti nello Stato;

e) i crediti, le cambiali, i vagli cambiari e gli assegni di ogni specie, se il debitore, il trattario o l'emittente è residente nello Stato;

f) i crediti garantiti su beni esistenti nello Stato fino a concorrenza del valore dei beni medesimi, indipendentemente dalla residenza del debitore;

g) i beni viaggianti in territorio estero con destinazione nello Stato o vincolati a regime doganale della temporanea esportazione.

4. Non si considerano esistenti nel territorio dello Stato i beni viaggianti con destinazione all'estero o vincolati al regime doganale della temporanea importazione.

Art. 3. Trasferimenti non soggetti all'imposta. – 1. Non sono soggetti all'imposta i trasferimenti a favore dello Stato, delle regioni, delle province e dei comuni, né quelli a favore di enti pubblici e di fondazioni o associazioni legalmente riconosciute, che hanno come scopo esclusivo l'assistenza, lo studio, la ricerca scientifica, l'educazione, l'istruzione o altre finalità di pubblica utilità , nonché da organizzazioni non lucrative di utilità sociale (ONLUS) e a fondazioni previste dal decreto legislativo emanato in attuazione della legge 23 dicembre 1998, n. 461.

2. I trasferimenti a favore di enti pubblici e di fondazioni o associazioni legalmente riconosciute, diversi da quelli indicati nel comma 1, non sono soggetti all'imposta se sono stati disposti per le finalità di cui allo stesso comma.

3. Nei casi di cui al comma 2 il beneficiario deve dimostrare, entro cinque anni dall'accettazione dell'eredità o della donazione o dall'acquisto del legato, di avere impiegato i beni o diritti ricevuti o la somma ricavata dalla loro alienazione per il conseguimento delle finalità indicate dal testatore o dal donante. In mancanza di tale dimostrazione esso è tenuto al pagamento dell'imposta con gli interessi legali dalla data in cui avrebbe dovuto essere pagata.

4. Le disposizioni del presente articolo si applicano per gli enti pubblici, le fondazioni e le associazioni istituiti negli Stati appartenenti all'Unione europea e negli Stati aderenti all'Accordo sullo Spazio economico europeo nonché, a condizione di reciprocità, per gli enti pubblici, le fondazioni e le associazioni istituiti in tutti gli altri Stati.

4-*bis*. Non sono soggetti all'imposta i trasferimenti a favore di movimenti e partiti politici.

4-*ter*. **I trasferimenti, effettuati anche tramite i patti di famiglia di cui agli articoli 768-*bis* e seguenti del codice civile a favore dei discendenti e del coniuge, di aziende o rami di esse, di quote sociali e di azioni non sono soggetti all'imposta. In caso di quote sociali e azioni di soggetti di cui all'articolo 73, comma 1, lettera a), del testo unico delle imposte sui redditi**, di cui al decreto del Presidente della Repubblica 22 dicembre 1986, n. 917, **il beneficio spetta limitatamente alle partecipazioni mediante le quali è acquisito o integrato il controllo ai sensi dell'articolo 2359, primo comma, numero 1), del codice civile**. Il beneficio si applica a condizione che gli aventi causa proseguano l'esercizio dell'attività d'impresa o detengano il controllo **per un periodo non inferiore a cinque anni dalla data del trasferimento**, rendendo, contestualmente alla presentazione della dichiarazione di successione o all'atto di donazione, apposita dichiarazione in tal senso. **Il mancato rispetto** della condizione di cui al periodo precedente **comporta la decadenza dal beneficio, il pagamento dell'imposta in misura ordinaria, della sanzione amministrativa** prevista dall'articolo 13 del decreto legislativo 18 dicembre 1997, n. 471, **e degli interessi di mora** decorrenti dalla data in cui l'imposta medesima avrebbe dovuto essere pagata.

Art. 4. – Articolo abrogato.

Art. 5. Soggetti passivi. – 1. **L'imposta è dovuta dagli eredi e dai legatari per le successioni, dai donatari per le donazioni e dai beneficiari per le altre liberalità tra vivi.**

2. Ai fini dell'imposta sono considerati parenti in linea retta anche i genitori e i figli *naturali, i rispettivi ascendenti e discendenti in linea retta, gli adottanti e gli adottati, gli affilianti e gli affiliati. La parentela naturale, se il figlio non è stato legittimato o riconosciuto o non è riconoscibile, deve risultare da sentenza civile o penale, anche indirettamente, ovvero da dichiarazione scritta del genitore verificata, se il valore imponibile

dei beni o diritti trasferiti al parente naturale è superiore a lire quaranta milioni [*ora euro 20.658.28*], secondo le disposizioni degli articoli 2 e 3 della legge 19 gennaio 1942, n. 23.

*[*NdA. Ai sensi di quanto disposto dall'art. 105, comma 3, D.lgs. 28 dicembre 2013, n. 154, «le parole: "figli naturali" o le parole: "figlio naturale", ovvero "figli adulterini" o "figlio adulterino" ove presenti, in tutta la legislazione vigente sono sostituite dalle seguenti: "figli nati fuori del matrimonio" o dalle seguenti: "figlio nato fuori del matrimonio".*»]

Art. 6. Ufficio competente. – 1. Competente per l'applicazione dell'imposta alle successioni è **l'ufficio del registro nella cui circoscrizione era l'ultima residenza del defunto o, se questa era all'estero o non è nota, l'ufficio del registro di Roma.**

2. La competenza per l'applicazione dell'imposta alle donazioni è determinata secondo le disposizioni relative all'imposta di registro.

TITOLO II
APPLICAZIONE DELL'IMPOSTA ALLE SUCCESSIONI

CAPO I
DETERMINAZIONE DELL'IMPOSTA

Art. 7. Determinazione dell'imposta. – 1. Comma abrogato.

2. Comma abrogato.

2-*bis*. Comma abrogato.

2-*ter*. Comma abrogato.

2-*quater*. Comma abrogato.

3. Sull'imposta determinata a norma dei commi 1 e 2 si applicano, quando ne ricorrono i presupposti, le riduzioni e le detrazioni stabilite negli articoli 25 e 26.

4. Fino a quando l'eredità non è stata accettata, o non è stata accettata da tutti i chiamati, l'imposta è determinata considerando come eredi i chiamati che non vi hanno rinunziato.

Art. 8. Base imponibile. – 1. **Il valore globale netto dell'asse ereditario è costituito dalla differenza tra il valore complessivo, alla data dell'apertura della successione, dei beni e dei diritti che compongono l'attivo ereditario**, determinato secondo le disposizioni degli articoli da 14 a 19, **e l'ammontare complessivo delle passività deducibili e degli oneri diversi** da quelli indicati nell'art. 46, comma 3.

1-*bis*. **Resta comunque ferma l'esclusione dell'avviamento nella determinazione della base imponibile delle aziende, delle azioni, delle quote sociali.**

2. In caso di fallimento del defunto si tiene conto delle sole attività che pervengono agli eredi e ai legatari a seguito della chiusura del fallimento.

3. **Il valore dell'eredità o delle quote ereditarie è determinato al netto dei legati e degli altri oneri** che le gravano, quello dei legati al netto degli oneri da cui sono gravati.

4. **Il valore globale netto dell'asse ereditario è maggiorato**, ai soli fini della determinazione delle aliquote applicabili a norma dell'art. 7, **di un importo pari al valore attuale complessivo di tutte le donazioni fatte dal defunto agli eredi e ai legatari**, comprese quelle presunte di cui all'art. 1, comma 3, ed escluse quelle indicate all'art. 1, comma 4, e quelle registrate gratuitamente o con pagamento dell'imposta in misura fissa a norma degli articoli 55 e 59; il valore delle singole quote ereditarie o dei singoli legati è maggiorato, agli stessi fini, di un importo pari al valore attuale delle donazioni fatte a ciascun erede o legatario. Per valore attuale delle donazioni anteriori si intende il valore dei beni e dei diritti donati alla data dell'apertura della successione, riferito alla piena proprietà anche per i beni donati con riserva di usufrutto o altro diritto reale di godimento.

Capo II
Base imponibile

Sezione I
Attivo ereditario

Art. 9. Attivo ereditario. – 1. **L'attivo ereditario è costituito da tutti i beni e i diritti che formano oggetto della successione**, ad esclusione di quelli non soggetti all'imposta a norma degli articoli 2, 3, 12 e 13.

2. Si considerano **compresi nell'attivo ereditario denaro, gioielli e mobilia per un importo pari al dieci per cento del valore globale netto imponibile dell'asse ereditario** anche se non dichiarati o dichiarati per un importo minore, salvo che da inventario analitico redatto a norma degli articoli 769 e seguenti del codice di procedura civile non ne risulti l'esistenza per un importo diverso.

3. Si considera mobilia l'insieme dei beni mobili destinati all'uso o all'ornamento delle abitazioni, compresi i beni culturali non sottoposti al vincolo di cui all'art. 13.

Art. 10. – Articolo abrogato.

Art. 11. Presunzione di appartenenza all'attivo ereditario. – 1. Si considerano compresi nell'attivo ereditario:

a) i **titoli** di qualsiasi specie il cui reddito è stato indicato **nell'ultima dichiarazione dei redditi presentata dal defunto**, salvo quanto disposto nell'art. 12, comma 1, lettera b);

b) i **beni mobili** e **i titoli al portatore di qualsiasi** specie posseduti dal defunto o depositati presso altri a suo nome.

2. Per i beni e i titoli di cui al comma 1, lettera b), depositati a nome del defunto e di altre persone, compresi quelli contenuti in cassette di sicurezza o altri contenitori di cui all'art. 48, commi 6 e 7, per le azioni e altri titoli cointestati e per i crediti di pertinenza del defunto e di altre persone, compresi quelli derivanti da depositi bancari e da conti correnti bancari e postali cointestati, le quote di ciascuno si considerano uguali se non risultano diversamente determinate.

3. Le **partecipazioni in società** di ogni tipo si considerano comprese nell'attivo ereditario anche se per clausola del contratto di società o dell'atto costitutivo o per patto parasociale ne sia previsto a favore di altri soci il diritto di accrescimento o il diritto di acquisto ad un prezzo inferiore al valore di cui all'art. 16, comma 1. In tal caso, se i beneficiari del diritto di accrescimento o di acquisto sono eredi o legatari, il valore della partecipazione si aggiunge a quello della quota o del legato; se non sono eredi o legatari la partecipazione è considerata come oggetto di un legato a loro favore.

Art. 12. Beni non compresi nell'attivo ereditario. – 1. **Non concorrono** a formare l'attivo ereditario:

a) i **beni e i diritti iscritti a nome del defunto nei pubblici registri, quando è provato**, mediante provvedimento giurisdizionale, atto pubblico, scrittura privata autenticata o altra scrittura avente data certa, **che egli ne aveva perduto la titolarità,** salvo il disposto dell'art. 10;

b) le **azioni e i titoli nominativi intestati al defunto, alienati anteriormente all'apertura della successione** con atto autentico o girata autenticata, salvo il disposto dell'art. 10;

c) le **indennità** di cui agli articoli 1751, ultimo comma, e 2122 del codice civile e le indennità spettanti per diritto proprio agli eredi in forza di assicurazioni previdenziali obbligatorie o stipulate dal defunto;

d) i **crediti contestati giudizialmente** alla data di apertura della successione, fino a quando la loro sussistenza non sia riconosciuta con provvedimento giurisdizionale o con transazione;

e) i **crediti verso la Stato**, gli enti

pubblici territoriali e gli enti pubblici che gestiscono forme obbligatorie di previdenza e di assistenza sociale, compresi quelli per rimborso di imposte o di contributi, fino a quando non siano riconosciuti con provvedimento dell'amministrazione debitrice;

f) i **crediti ceduti allo Stato** entro la data di presentazione della dichiarazione della successione;

g) i **beni culturali** di cui all'art. 13, alle condizioni ivi stabilite;

h) i **titoli del debito pubblico**, fra i quali si intendono compresi i buoni ordinari del tesoro e i certificati di credito del tesoro, ivi compresi i corrispondenti titoli del debito pubblico emessi dagli Stati appartenenti all'Unione europea e dagli Stati aderenti all'Accordo sullo Spazio economico europeo;

i) gli **altri titoli di Stato, garantiti dallo Stato o equiparati** ivi compresi i titoli di Stato e gli altri titoli ad essi equiparati emessi dagli Stati appartenenti all'Unione europea e dagli Stati aderenti all'Accordo sullo Spazio economico europeo, nonché ogni altro bene o diritto, dichiarati esenti dall'imposta da norme di legge;

l) i **veicoli iscritti nel pubblico registro automobilistico.**

1-*bis*. Comma abrogato.

1-*ter*. Comma abrogato.

Art. 13. Beni culturali. – 1. I beni culturali di cui agli articoli 1, 2 e 5 della legge 1° giugno 1939, n. 1089, e all'art. 36 del decreto del Presidente della Repubblica 30 settembre 1963, n. 1409, sono esclusi dall'attivo ereditario se sono stati sottoposti al vincolo ivi previsto anteriormente all'apertura della successione e sono stati assolti i conseguenti obblighi di conservazione e protezione.

2. L'erede o legatario deve presentare l'inventario dei beni di cui al comma 1 che ritiene non debbano essere compresi nell'attivo ereditario, con la descrizione particolareggiata degli stessi e con ogni notizia idonea alla loro identificazione, al competente organo periferico del Ministero per i beni culturali e ambientali, il quale attesta per ogni singolo bene l'esistenza del vincolo e l'assolvimento degli obblighi di conservazione e protezione. L'attestazione deve essere presentata all'ufficio del registro in allegato alla dichiarazione della successione o, se non vi sono altri beni ereditari, nel termine stabilito per questa.

3. Contro il rifiuto dell'attestazione è ammesso ricorso gerarchico al Ministro, il quale decide sentito il Consiglio nazionale per i beni culturali ed ambientali; la decisione di accoglimento del ricorso deve essere presentata in copia, entro trenta giorni dalla sua comunicazione, all'ufficio del registro competente, che provvede al rimborso dell'eventuale maggiore imposta pagata.

4. L'alienazione in tutto o in parte dei beni di cui al comma 1 prima che sia decorso un quinquennio dall'apertura della successione, la loro tentata esportazione non autorizzata, il mutamento di destinazione degli immobili non autorizzato e il mancato assolvimento degli obblighi prescritti per consentire l'esercizio del diritto di prelazione dello Stato determinano l'inclusione dei beni nell'attivo ereditario. L'amministrazione dei beni culturali e ambientali ne dà immediata comunicazione all'ufficio del registro competente; dalla data di ricevimento della comunicazione inizia a decorrere il termine di cui all'art. 27, comma 3 o comma 4.

5. Per i territori della regione siciliana e delle province autonome di Trento e di Bolzano agli adempimenti di cui al presente articolo provvedono gli organi rispettivamente competenti.

SEZIONE II
VALORE DEI BENI E DEI DIRITTI

Art. 14. Beni immobili e diritti reali immobiliari. – 1. La base imponibile, relativamente ai beni immobili compresi nell'attivo ereditario, è determinata assumendo:

a) per la piena proprietà, il valore venale in comune commercio alla data di apertura della successione;

b) per la proprietà gravata da diritti reali di godimento, la differenza tra il valore della piena proprietà e quello del diritto da cui è gravata;

c) per i diritti di usufrutto, uso e abitazione, il valore determinato a norma dell'art. 17 sulla base di annualità pari all'importo ottenuto moltiplicando il valore della piena proprietà per il saggio legale d'interesse;

d) per il diritto dell'enfiteuta, il ventuplo del canone annuo ovvero, se maggiore, la differenza tra il valore della piena proprietà e la somma dovuta per l'affrancazione; per il diritto del concedente la somma dovuta per l'affrancazione.

Art. 15. Aziende, navi e aeromobili. – 1. La base imponibile, relativamente alle aziende comprese nell'attivo ereditario, è determinata assumendo il valore complessivo, alla data di apertura della successione, dei beni e dei diritti che le compongono, ((...)) esclusi i beni indicati nell'art. 12, al netto delle passività risultanti a norma degli articoli da 2l a 23. Se il defunto era obbligato alla redazione dell'inventario di cui all'art. 2217 del codice civile, si ha riguardo alle attività e alle passività indicate nell'ultimo inventario regolarmente redatto e vidimato, tenendo conto dei mutamenti successivamente intervenuti.

2. Il valore delle navi o imbarcazioni e degli aeromobili, che non fanno parte di aziende, è desunto dai prezzi mediamente praticati sul mercato per beni della stessa specie di nuova costruzione, tenendo conto del tempo trascorso dall'acquisto e dello stato di conservazione.

3. In caso di usufrutto o di uso dei beni indicati nei commi 1 e 2 si applicano le disposizioni dell'art. 14, comma 1, lettere b) e c).

Art. 16. Azioni e obbligazioni, altri titoli, quote sociali. – 1. La base imponibile, relativamente alle azioni, obbligazioni, altri titoli e quote sociali compresi nell'attivo ereditario, è determinata assumendo:

a) per i titoli quotati in borsa o negoziati al mercato ristretto, la media dei prezzi di compenso o dei prezzi fatti nell'ultimo trimestre anteriore all'apertura della successione, maggiorata dei dietimi o degli interessi successivamente maturati, e in mancanza il valore di cui alle lettere successive;

b) per le azioni e per i titoli o quote di partecipazione al capitale di enti diversi dalle società, non quotate in borsa, né negoziati al mercato ristretto, nonché per le quote di società non azionarie, comprese le società semplici e le società di fatto, il valore proporzionalmente corrispondente al valore, alla data di apertura della successione, del patrimonio netto dell'ente o della società risultante dall'ultimo bilancio pubblicato o dall'ultimo inventario regolarmente redatto e vidimato, tenendo conto dei mutamenti sopravvenuti, ovvero, in mancanza di bilancio o inventario, al valore complessivo dei beni e dei diritti appartenenti all'ente o alla società al netto delle passività risultanti a norma degli articoli da 21 a 23, escludendo i beni indicati alle lettere h) e i) dell'art. 12;

c) per i titoli o quote di partecipazione a fondi comuni d'investimento, il valore risultante da pubblicazioni fatte o prospetti redatti a norma di legge o regolamento;

d) per le obbligazioni e gli altri titoli diversi da quelli indicati alle lettere a), b) e c) il valore comparato a quello dei titoli aventi analoghe caratteristiche quotati in borsa o negoziati al mercato ristretto o in mancanza desunto da altri elementi certi.

2. In caso di usufrutto si applicano le disposizioni dell'art. 14, comma 1, lettere b) e c).

Art. 17. Rendite e pensioni. – 1. La base imponibile, relativamente alle rendite e pensioni comprese nell'attivo ereditario, è determinata assumendo:

a) il ventuplo dell'annualità, se si tratta di rendita perpetua o a tempo indeterminato;

b) il valore attuale dell'annualità, calcolato al saggio legale di interesse e non superiore al ventuplo della stessa, se si tratta di rendita o pensione a tempo determinato; se è prevista la cessazione per effetto della morte del beneficiario o di persona diversa, il valore non può superare quello determinato a norma della lettera c) con riferimento alla durata massima;

c) il valore che si ottiene moltiplicando l'annualità per il coefficiente applicabile, secondo il prospetto allegato al testo unico sull'imposta di registro, approvato con decreto del Presidente della Repubblica 26 aprile 1986, n. 131, in relazione all'età della persona alla cui morte essa deve cessare, se si tratta di rendita o pensione vitalizia; in caso di rendita o pensione costituita congiuntamente a favore di più persone si tiene conto dell'età del meno giovane dei beneficiari se è prevista la cessazione con la morte di uno qualsiasi di essi, dell'età del più giovane se vi è diritto di accrescimento fra loro; se è prevista la cessazione per effetto della morte di persona diversa dai beneficiari si tiene conto dell'età di questa.

Art. 18. Crediti. – 1. La base imponibile, relativamente ai crediti compresi nell'attivo ereditario, è determinata assumendo:

a) per i crediti fruttiferi, il loro importo con gli interessi maturati;

b) per i crediti infruttiferi con scadenza dopo almeno un anno dalla data dell'apertura della successione, il loro valore attuale calcolato al saggio legale di interesse;

c) per i crediti in natura, il valore dei beni che ne sono oggetto;

d) per il diritto alla liquidazione delle quote di società semplici, in nome collettivo e in accomandita semplice e di quelle ad esse equiparate ai fini delle imposte sui redditi, di cui all'art. 2289 del codice civile, il valore delle quote determinato a norma dell'art. 16.

Art. 19. Altri beni. – 1. La base imponibile, relativamente ai beni e ai diritti compresi nell'attivo ereditario diversi da quelli contemplati nell'art. 9, comma 2, e negli articoli da 14 a 18, è determinata assumendo il valore venale in comune commercio alla data di apertura della successione.

2. In caso di usufrutto o di uso si applicano le disposizioni dell'art. 14, comma 1, lettere b) e c).

SEZIONE III
PASSIVITÀ DEDUCIBILI

Art. 20. Passività deducibili. – 1. **Le passività deducibili sono costituite dai debiti del defunto esistenti alla data di apertura della successione e dalle spese mediche e funerarie indicate nell'articolo 24.**

2. La deduzione è ammessa alle condizioni e nei limiti di cui agli articoli da 21 a 24.

Art. 21. Condizioni di deducibilità dei debiti. – 1. **I debiti del defunto devono risultare da atto scritto di data certa anteriore all'apertura della successione o da provvedimento giurisdizionale definitivo.**

2. I debiti inerenti all'esercizio di imprese sono ammessi in deduzione anche se risultano dalle scritture contabili obbligatorie del defunto regolarmente tenute a norma di legge.

3. Se il defunto non era obbligato alla tenuta di scritture contabili, i debiti cambiari e i debiti verso aziende o istituti di credito, compresi i saldi passivi dei conti correnti, sono ammessi in deduzione anche se risultano dalle scritture contabili obbligatorie, regolarmente tenute a norma di legge, del trattario o del prenditore o dell'azienda o istituto di credito.

4. I debiti derivanti da rapporti di lavoro subordinato, compresi quelli relativi al trattamento di fine rapporto e ai trattamenti previdenziali integrativi, sono deducibili nell'ammontare maturato alla data di apertura della successione, anche se il rapporto continua con gli eredi o i legatari.

5. I debiti verso lo Stato, gli enti pubblici territoriali e gli enti pubblici che gestiscono forme obbligatorie di previdenza e di assistenza sociale, esistenti alla data di apertura della successione, nonché i debiti tributari, il cui presupposto si è verificato anteriormente alla stessa data, sono deducibili anche se accertati in data posteriore.

6. **Per debito del defunto si intende anche quello di somme dovute al coniuge divorziato, a seguito di sentenza di scioglimento di matrimonio o di cessazione di effetti civili dello stesso.**

Art. 22. Limiti alla deducibilità dei debiti. – 1. **Non sono deducibili i debiti contratti per l'acquisto di beni o di diritti non compresi nell'attivo ereditario; se i beni o i diritti acquistati vi sono compresi solo in parte la deduzione è ammessa proporzionalmente al valore di tale parte.**

2. I debiti contratti dal defunto negli ultimi sei mesi sono deducibili nei limiti in cui il relativo importo è stato impiegato nei modi indicati nell'art. 10, comma 3, lettere d), e) ed f); negli stessi limiti sono computati, per la determinazione del saldo dei conti correnti bancari, gli addebitamenti dipendenti da assegni emessi e da operazioni fatte negli ultimi sei mesi. Le disposizioni del presente comma non si applicano per i debiti contratti, le operazioni fatte e gli assegni emessi nell'esercizio di imprese o di arti e professioni.

3. Nella determinazione del saldo dei conti correnti bancari non si tiene conto degli addebitamenti dipendenti da assegni non presentati al pagamento almeno quattro giorni prima dell'apertura della successione.

4. I debiti di pertinenza del defunto e di altre persone, compresi i saldi passivi dei conti correnti bancari cointestati, sono deducibili nei limiti della quota del defunto; le quote dei condebitori si considerano uguali se non risultano diversamente determinate.

Art. 23. Dimostrazione dei debiti. – 1. La deduzione dei debiti è subordinata alla produzione, in originale o in copia autentica, del titolo o provvedimento di cui all'art. 21, comma 1, ovvero:

a) di estratto notarile delle scritture contabili obbligatorie del defunto, per i debiti inerenti all'esercizio di imprese;

b) di estratto notarile delle scritture contabili obbligatorie del trattario o del prenditore, per i debiti cambiari;

c) di attestazione rilasciata dall'amministrazione creditrice, o di copia autentica della quietanza del pagamento avvenuto dopo l'apertura della successione, per i debiti verso pubbliche amministrazioni;

d) di attestazione rilasciata dall'ispettorato provinciale del lavoro, per i debiti verso i lavoratori dipendenti.

2. La deduzione dei debiti verso aziende o istituti di credito, anche se risultanti nei modi indicati nel comma 1, è subordinata alla produzione di un certificato, rilasciato dall'ente creditore entro trenta giorni dalla richiesta scritta di uno dei soggetti obbligati alla dichiarazione della successione e controfirmato dal capo del servizio o dal contabile

addetto al servizio. Il certificato deve attestare l'esistenza totale o parziale di ciascun debito con la specificazione di tutti gli altri rapporti debitori o creditori, compresi i riporti e le garanzie anche di terzi, esistenti con il defunto alla data di apertura della successione presso tutte le sedi, agenzie, filiali o altre ripartizioni territoriali dell'azienda o istituto di credito; per i saldi passivi dei conti correnti dal certificato deve risultare l'integrale svolgimento del conto dal dodicesimo mese anteriore all'apertura della successione o, se precedente, dall'ultimo saldo attivo.

3. La sussistenza dei debiti alla data di apertura della successione, se non risulta da uno dei documenti di cui ai commi 1 e 2, deve risultare da attestazione conforme al modello approvato con decreto del Ministro delle finanze, sottoscritta da uno dei soggetti obbligati alla dichiarazione della successione nonché, tranne che per i debiti verso i dipendenti, dai creditori del defunto ovvero, per le passività indicate nell'art. 16, comma 1, lettera b), dal legale rappresentante della società o dell'ente. Le firme devono essere autenticate.

4. **L'esistenza di debiti deducibili, ancorché non indicati nella dichiarazione della successione, può essere dimostrata, nei modi stabiliti nei commi 1, 2 e 3, entro il termine di tre anni dalla data di apertura della successione, prorogato, per i debiti risultanti da provvedimenti giurisdizionali e per i debiti verso pubbliche amministrazioni, fino a sei mesi dalla data in cui il relativo provvedimento giurisdizionale o amministrativo e divenuto definitivo.**

Art. 24. Spese mediche e spese funerarie. – 1. Le spese mediche e chirurgiche relative al defunto negli ultimi sei mesi di vita sostenute dagli eredi, comprese quelle per ricoveri, medicinali e protesi, sono deducibili a condizione che risultino da regolari quietanze, anche se di data anteriore all'apertura della successione.

2. Le spese funerarie risultanti da regolari quietanze sono deducibili in misura non superiore a lire due milioni [*ora euro 1.032,91*].

CAPO III
RIDUZIONI E DETRAZIONI

Art. 25. Riduzioni dell'imposta. – 1. Se la **successione è aperta entro cinque anni da altra successione o da una donazione** avente per oggetto gli stessi beni e diritti, **l'imposta è ridotta di un importo inversamente proporzionale al tempo trascorso,** in ragione di un decimo per ogni anno o frazione di anno; se nella successione non sono compresi tutti i beni e diritti oggetto della precedente successione o donazione o sono compresi anche altri beni o diritti, la riduzione si applica sulla quota di imposta proporzionale al valore dei beni e dei diritti compresi in entrambe.

2. Se nell'attivo ereditario sono compresi beni immobili culturali di cui all'art. 13, non sottoposti anteriormente all'apertura della successione al vincolo previsto nell'art. 2 della legge 1° giugno 1939, n. 1089, l'imposta dovuta dall'erede o legatario al quale sono devoluti è ridotta dell'importo proporzionalmente corrispondente al cinquanta per cento del loro valore. L'erede o legatario deve presentare l'inventario dei beni per i quali ritiene spettante la riduzione, con la descrizione particolareggiata degli stessi e con ogni notizia idonea alla loro identificazione, al competente organo periferico del Ministero per i beni culturali e ambientali, il quale attesta per ogni singolo bene l'esistenza delle caratteristiche di cui alla legge 1° giugno 1939, n. 1089; l'attestazione deve essere allegata alla dichiarazione della successione. L'accertamento positivo delle caratteristiche di cui alla predetta legge

comporta la sottoposizione dell'immobile al vincolo ivi previsto. Si applicano le disposizioni dell'art. 13, commi 3, 4 e 5.

3. Se nell'attivo ereditario sono compresi fondi rustici, incluse le costruzioni rurali, anche se non insistenti sul fondo, di cui all'art. 39 del testo unico delle imposte sui redditi approvato con decreto del Presidente della Repubblica 22 dicembre 1986, n. 917, devoluti al coniuge, a parenti in linea retta o a fratelli o sorelle del defunto, l'imposta dovuta dall'erede o legatario al quale sono devoluti è ridotta dell'importo proporzionalmente corrispondente al quaranta per cento della parte del loro valore complessivo non superiore a lire duecentomilioni. La riduzione compete a condizione che l'erede o legatario sia coltivatore diretto, che la devoluzione avvenga nell'ambito di una famiglia diretto-coltivatrice e che l'esistenza di questi requisiti risulti da attestazione dell'ufficio regionale competente allegata alla dichiarazione della successione. È diretto-coltivatrice la famiglia che si dedica direttamente e abitualmente alla coltivazione dei fondi e all'allevamento e governo del bestiame, sempreché la complessiva forza lavorativa del nucleo familiare non sia inferiore al terzo di quella occorrente per le normali necessità della coltivazione del fondo e dell'allevamento e del governo del bestiame; **ai fini del calcolo della forza lavorativa il lavoro della donna è equiparato a quello dell'uomo**.

4. Se nell'attivo ereditario sono compresi immobili o parti di immobili adibiti all'esercizio dell'impresa, devoluti al coniuge o a parenti in linea retta entro il terzo grado del defunto nell'ambito di una impresa artigiana familiare, come definita dalla legge 8 agosto 1985, n. 443, e dall'art. 230-*bis* del codice civile, l'imposta dovuta dall'erede o legatario al quale sono devoluti è ridotta dell'importo proporzionalmente corrispondente al quaranta per cento della parte del loro valore complessivo non superiore a lire duecentomilioni, a condizione che l'esistenza dell'impresa familiare artigiana risulti dall'atto pubblico o dalla scrittura privata autenticata di cui all'art. 5, comma 4, lettera a), del testo unico delle imposte sui redditi, approvato con decreto del Presidente della Repubblica 22 dicembre 1986, n. 917.

4-*bis*. Se nell'attivo ereditario sono compresi, purché ubicati in comuni montani con meno di cinquemila abitanti o nelle frazioni con meno di mille abitanti anche se situate in comuni montani di maggiori dimensioni, aziende, quote di società di persone o beni strumentali di cui all'articolo 40 del testo unico delle imposte sui redditi, approvato con decreto del Presidente della Repubblica 22 dicembre 1986, n. 917, trasferiti al coniuge o al parente entro il terzo grado del defunto, l'imposta dovuta dal beneficiario è ridotta dell'importo proporzionale corrispondente al quaranta per cento della parte del loro valore complessivo, a condizione che gli aventi causa proseguano effettivamente l'attività imprenditoriale per un periodo non inferiore a cinque anni dalla data del trasferimento. Il beneficiario deve dimostrare detta condizione entro sessanta giorni dalla scadenza del suindicato termine mediante dichiarazione da presentare presso l'ufficio competente ove sono registrate la denuncia o l'atto; in mancanza di tale dimostrazione il beneficiario stesso è tenuto al pagamento dell'imposta in misura ordinaria con gli interessi di mora, decorrenti dalla data in cui l'imposta medesima avrebbe dovuto essere pagata. Per il pagamento dell'imposta di successione relativa all'ipotesi di cui al presente comma si applicano le disposizioni previste dall'articolo 38.

4-*ter*. Le agevolazioni di cui al comma 4-*bis* si applicano anche in caso di donazioni.

Art. 26. Detrazione di altre imposte. – 1. Dall'imposta determinata a norma degli articoli precedenti si detraggono:

a) lettera abrogata;

b) **le imposte pagate ad uno Stato estero, in dipendenza della stessa successione ed in relazione a beni esistenti in tale Stato, fino a concorrenza della parte dell'imposta di successione proporzionale al valore dei beni stessi, salva l'applicazione di trattati o accordi internazionali.**

CAPO IV
ACCERTAMENTO E LIQUIDAZIONE DELL'IMPOSTA

Art. 27. Procedimento e termini. – 1. **La successione deve essere dichiarata all'ufficio del registro**, a norma degli articoli da 28 a 30, nel termine stabilito dall'art. 31.

2. **L'imposta è liquidata dall'ufficio in base alla dichiarazione della successione**, a norma dell'art. 33, ed è nuovamente liquidata, a norma dello stesso articolo, in caso di successiva presentazione di dichiarazione sostitutiva o integrativa di cui all'art. 28, comma 6. **La liquidazione deve essere notificata, mediante avviso, entro il termine di decadenza di tre anni dalla data di presentazione della dichiarazione della successione o della dichiarazione sostitutiva o integrativa.**

3. Successivamente l'ufficio, se ritiene che la dichiarazione, o la dichiarazione sostitutiva o integrativa, sia incompleta o infedele ai sensi dell'art. 32, commi 2 e 3, procede alla rettifica e alla liquidazione della maggiore imposta a norma dell'art. 34. **La rettifica deve essere notificata, mediante avviso, entro il termine di decadenza di due anni dal pagamento dell'imposta principale.**

4. **Se la dichiarazione della successione è stata omessa, l'imposta è accertata e liquidata d'ufficio a norma dell'articolo 35.** Se è stata omessa la dichiarazione sostitutiva o la dichiarazione integrativa di cui all'art. 28, comma 6, si procede d'ufficio, rispettivamente, alla riliquidazione dell'imposta o alla liquidazione della maggiore imposta. **L'avviso deve essere notificato entro il termine di decadenza di cinque anni dalla scadenza del termine per la presentazione della dichiarazione omessa.**

5. Se nelle liquidazioni di cui ai commi 2, 3 e 4 vi sono stati errori od omissioni, l'ufficio può provvedere alla correzione e liquidare la maggiore imposta che ne risulta dovuta. Il relativo avviso deve essere notificato entro il termine di decadenza stabilito per la liquidazione alla quale si riferisce la correzione.

6. L'imposta è dovuta anche se la dichiarazione è presentata oltre il termine di decadenza stabilito nel comma 4; in questo caso le disposizioni dei commi 2, 3 e 5 si applicano con riferimento a tale dichiarazione.

7. **È principale l'imposta liquidata in base alle dichiarazioni presentate, complementare l'imposta o maggiore imposta, liquidata in sede di accertamento d'ufficio o di rettifica, suppletiva quella liquidata per correggere errori od omissioni di una precedente liquidazione.**

Art. 28. Dichiarazione della successione. – 1. **La dichiarazione della successione deve essere presentata all'ufficio del registro competente, che ne rilascia ricevuta;** può essere spedita per raccomandata e si considera presentata, in tal caso, nel giorno in cui è consegnata all'ufficio postale, che appone su di essa o sul relativo involucro il timbro a calendario.

2. **Sono obbligati a presentare la dichiarazione: i chiamati all'eredità e i legatari, anche nel caso di apertura della successione per dichiarazione di morte presunta, ovvero i loro rappre-**

sentanti legali; gli immessi nel possesso temporaneo dei beni dell'assente; gli amministratori dell'eredità e i curatori delle eredità giacenti; gli esecutori testamentari.

3. **La dichiarazione della successione deve, a pena di nullità, essere redatta su stampato fornito dall'ufficio del registro o conforme al modello** approvato con decreto del Ministro delle finanze pubblicato nella Gazzetta Ufficiale, **e deve essere sottoscritta da almeno uno degli obbligati** o da un suo rappresentante negoziale.

4. **Se più soggetti sono obbligati alla stessa dichiarazione questa non si considera omessa se presentata da uno solo.**

5. I chiamati all'eredità e i legatari sono esonerati dall'obbligo della dichiarazione se, anteriormente alla scadenza del termine stabilito nell'art. 31, hanno rinunziato all'eredità o al legato o, non essendo nel possesso di beni ereditari, hanno chiesto la nomina di un curatore dell'eredità a norma dell'art. 528, primo comma, del codice civile, e ne hanno informato per raccomandata l'ufficio del registro, allegando copia autentica della dichiarazione di rinunzia all'eredità o copia dell'istanza di nomina autenticata dal cancelliere della pretura.

6. Se dopo la presentazione della dichiarazione della successione sopravviene un evento, diverso da quelli indicati all'art. 13, comma 4, e dall'erogazione di rimborsi fiscali che dà luogo a mutamento della devoluzione dell'eredità o del legato ovvero ad applicazione dell'imposta in misura superiore, i soggetti obbligati, anche se per effetto di tale evento, devono presentare dichiarazione sostitutiva o integrativa. Si applicano le disposizioni dei commi 1, 3 e 8.

6-*bis*. **I rimborsi fiscali** di competenza dell'Agenzia delle entrate, **spettanti al defunto, sono erogati**, salvo diversa comunicazione degli interessati, **ai chiamati all'eredità come indicati nella dichiarazione di successione dalla quale risulta che l'eredità è devoluta per legge, per l'importo corrispondente alla rispettiva quota ereditaria**. Il chiamato all'eredità che non intende accettare il rimborso fiscale riversa l'importo erogato all'Agenzia delle entrate. Con provvedimento del Direttore dell'Agenzia delle entrate sono definite le modalità di trasmissione della comunicazione di cui al primo periodo. Alle disposizioni di cui al presente comma si provvede mediante le risorse finanziarie, umane e strumentali previste a legislazione vigente, senza nuovi o maggiori oneri a carico della finanza pubblica.

7. **Non vi è obbligo di dichiarazione se l'eredità è devoluta al coniuge e ai parenti in linea retta del defunto e l'attivo ereditario ha un valore non superiore a euro centomila e non comprende beni immobili o diritti reali immobiliari, salvo che per effetto di sopravvenienze ereditarie queste condizioni vengano a mancare.**

8. **La dichiarazione nulla si considera omessa.**

Art. 29. Contenuto della dichiarazione. – 1. Dalla dichiarazione della successione devono risultare:

a) le generalità, l'ultima residenza e il codice fiscale del defunto;

b) le generalità, la residenza e il codice fiscale dei chiamati all'eredità e dei legatari, il loro grado di parentela o affinità col defunto e le eventuali accettazioni o rinunzie;

c) la descrizione analitica dei beni e dei diritti compresi nell'attivo ereditario con l'indicazione dei rispettivi valori;

d) gli estremi degli atti di alienazione a titolo oneroso di cui all'art. 10, con l'indicazione dei relativi corrispettivi;

e) i modi di impiego delle somme riscosse dal defunto a seguito di alienazioni di beni e assunzioni di debiti negli ultimi sei mesi, con l'indicazione dei documenti di prova;

f) gli estremi delle donazioni fatte dal defunto agli eredi o legatari, comprese quelle presunte di cui all'art. 1, comma 3, con l'indicazione dei relativi valori alla data di apertura della successione;

g) i crediti contestati giudizialmente, con l'indicazione degli estremi dell'iscrizione a ruolo della causa e delle generalità e residenza dei debitori;

h) i crediti verso lo Stato e gli enti pubblici di cui all'art. 12, comma 1, lettera e);

i) le passività e gli oneri deducibili, con l'indicazione dei documenti di prova;

l) il domicilio eletto nello Stato italiano dagli eredi o legatari residenti all'estero;

m) il valore globale netto dell'asse ereditario;

n) le riduzioni e detrazioni di cui agli articoli 25 e 26, con l'indicazione dei documenti di prova.

n-*bis*) gli estremi dell'avvenuto pagamento delle imposte ipotecaria e catastale, di bollo, delle tasse ipotecarie e dell'imposta sostitutiva di quella comunale sull'incremento di valore degli immobili.

2. Se il dichiarante è un legatario, dalla dichiarazione devono risultare solo gli elementi di cui al comma 1, lettere a) e b), nonché quelli di cui alle lettere c), i) e n) limitatamente all'oggetto del legato, alla lettera f) limitatamente alle donazioni a suo favore e alla lettera l) limitatamente al suo domicilio.

3. Le somme e i valori devono essere indicati con arrotondamento dei relativi importi alle mille lire, per difetto se la frazione non è superiore a cinquecento lire [*ora euro 0,26*] per eccesso se è superiore.

Art. 30. Allegati alla dichiarazione. – 1. Alla dichiarazione devono essere allegati:

a) il certificato di morte o la copia autentica della sentenza dichiarativa dell'assenza o della morte presunta;

b) il certificato di stato di famiglia del defunto e quelli degli eredi e legatari che sono in rapporto di parentela o affinità con lui, nonché i documenti di prova della parentela naturale;

c) la copia autentica degli atti di ultima volontà dai quali è regolata la successione;

d) la copia autentica dell'atto pubblico o della scrittura privata autenticata dai quali risulta l'eventuale accordo delle parti per l'integrazione dei diritti di legittima lesi;

e) gli estratti catastali relativi agli immobili;

f) un certificato dei pubblici registri recante l'indicazione degli elementi di individuazione delle navi e degli aeromobili;

g) la copia autentica dell'ultimo bilancio o inventario di cui all'art. 15, comma 1, e all'art. 16, comma l, lettera b), nonché delle pubblicazioni e prospetti di cui alla lettera c) dello stesso articolo e comma;

h) la copia autentica degli altri inventari formati in ottemperanza a disposizioni di legge;

i) i documenti di prova delle passività e degli oneri deducibili nonché delle riduzioni e detrazioni di cui agli articoli 25 e 26.

i-*bis*) il prospetto di liquidazione delle imposte ipotecaria e catastale, di bollo, delle tasse ipotecarie e dell'imposta sostitutiva di quella comunale sull'incremento di valore degli immobili. L'attestato o la quietanza di versamento delle predette imposte o tasse deve essere conservato dagli eredi e dai legatari sino alla scadenza del termine per la rettifica, previsto dall'articolo 27, comma 3.

2. Se il dichiarante è un legatario, alla dichiarazione devono essere allegati soltanto i documenti di cui al comma 1, lettere a), b) e c), nonché quelli di cui alle lettere successive limitatamente all'oggetto del legato.

3. I certificati di morte e di stato di famiglia possono essere sostituiti dalle dichiarazioni di cui all'art. 2 della legge 4 gennaio 1968, n. 15.

3-*bis*. I documenti di cui alle lettere c), d), g), h) e i) possono essere sostituiti anche da copie non autentiche con la dichiarazione sostitutiva di atto di notorietà di cui all'articolo 47, del testo unico delle disposizioni legislative e regolamentari in materia di documentazione amministrativa, di cui al decreto del Presidente della Repubblica 28 dicembre 2000, n. 445, attestante che le stesse costituiscono copie degli originali. Resta salva la facoltà dell'Agenzia delle entrate di richiedere i documenti in originale o in copia autentica.

4. Per gli allegati redatti in lingua straniera si applica l'art. 11, commi 5 e 6, del testo unico sull'imposta di registro, approvato con decreto del Presidente della Repubblica 26 aprile 1986, n. 131.

5. L'ufficio competente, se la dimostrazione delle passività e degli oneri o delle riduzioni e detrazioni richieste risulta insufficiente, ne dà avviso al dichiarante, invitandolo ad integrarla e, nel caso previsto nel secondo periodo dell'art. 23, comma 2, ad esibire in copia autentica gli assegni indicati nel certificato. I nuovi documenti devono essere prodotti entro sei mesi dalla notificazione dell'avviso.

6. Per i documenti provenienti da pubbliche amministrazioni che non siano stati rilasciati entro il termine stabilito per la presentazione della dichiarazione, compresi l'attestazione di cui all'art. 13, comma 2, e le attestazioni o altri documenti relativi alle riduzioni e alle detrazioni di cui agli articoli 25 e 26, si applica, purché alla dichiarazione sia allegata copia della domanda di rilascio, la disposizione dell'art. 23, comma 4.

Art. 31. Termine per la presentazione della dichiarazione. – 1. La dichiarazione deve essere presentata **entro dodici mesi dalla data di apertura della successione**.

2. Il termine decorre:

a) per i rappresentanti legali degli eredi o legatari, per i curatori di eredità giacenti e per gli esecutori testamentari dalla data, successiva a quella di apertura della successione, **in cui hanno avuto notizia legale della loro nomina**;

b) nel caso di **fallimento del defunto** in corso alla data dell'apertura della successione o dichiarato entro sei mesi dalla data stessa, dalla **data di chiusura del fallimento**;

c) nel caso di **dichiarazione di assenza o di morte presunta**, dalla data di **immissione nel possesso dei beni** ovvero, se non vi è stata anteriore immissione nel possesso dei beni, dalla data in cui è divenuta eseguibile la sentenza dichiarativa della morte presunta;

d) dalla scadenza del termine per la formazione dell'inventario, se l'eredità è accettata con beneficio d'inventario entro il termine di cui al comma 1;

e) dalla data della rinunzia o dell'evento di cui all'art. 28, commi 5 e 6, o dalla diversa data in cui l'obbligato dimostri di averne avuto notizia;

f) dalla data delle sopravvenienze di cui all'art. 28, comma 7;

g) per gli enti che non possono accettare l'eredità o il legato senza la preventiva autorizzazione, purché la relativa domanda sia stata presentata entro sei mesi dall'apertura della successione, dalla data in cui hanno avuto notizia legale dell'autorizzazione;

h) per gli enti non ancora riconosciuti, purché sia stata presentata domanda di riconoscimento e di autorizzazione all'accettazione entro un anno dalla data di apertura della successione, dalla data in cui hanno avuto notizia legale del riconoscimento e dell'autorizzazione.

3. Fino alla scadenza del termine la dichiarazione della successione può essere modificata con l'osservanza delle

disposizioni degli articoli 28, 29 e 30.

4. **La presentazione ad ufficio del registro diverso da quello competente si considera avvenuta nel giorno in cui la dichiarazione è pervenuta all'ufficio competente.**

Art. 32. Irregolarità, incompletezza e infedeltà della dichiarazione. – 1. La dichiarazione è **irregolare se manca delle indicazioni di cui all'articolo 29, comma 1, lettere a), b), c) e n-*bis*), o non è corredata dai documenti indicati nell'articolo 30, comma 1, lettere a) e b)**, e da quelli indicati nelle successive lettere da c) a i-*bis*) ove ne ricorrano i presupposti. In tal caso l'ufficio notifica al dichiarante, mediante avviso, l'invito a provvedere alla regolarizzazione entro sessanta giorni; la dichiarazione non regolarizzata nel termine si considera omessa.

2. La dichiarazione è **incompleta se non vi sono indicati tutti i beni e i diritti compresi nell'attivo ereditario,** inclusi quelli alienati negli ultimi sei mesi di cui all'art. 10.

3. La dichiarazione è **infedele**: se i beni e diritti compresi nell'attivo ereditario vi sono indicati **per valori inferiori a quelli determinati secondo le disposizioni degli articoli da 14 a 19 e dell'art. 10**; se vi sono indicati, sulla base di attestazioni o altri documenti di cui agli articoli 23 e 24 non conformi a verità, oneri e passività del tutto o in parte inesistenti; se non vi sono indicate donazioni anteriori o vi sono indicate per valore inferiore a quello determinato secondo le disposizioni dell'art. 8, comma 4.

Art. 33. Liquidazione dell'imposta in base alla dichiarazione. – 1. **L'ufficio del registro liquida l'imposta in base alla dichiarazione della successione**, anche se presentata dopo la scadenza del relativo termine ma prima che sia stato notificato l'accertamento d'ufficio, tenendo conto delle dichiarazioni integrative o modificative già presentate a norma dell'articolo 28, comma 6, e dell'articolo 31, comma 3, nonché dei rimborsi fiscali di cui allo stesso articolo 28, comma 6, erogati successivamente alla presentazione della dichiarazione di successione.

1-*bis*. Se nella dichiarazione di successione e nella dichiarazione sostitutiva o integrativa, sono indicati beni immobili e diritti reali sugli stessi, gli eredi e i legatari devono provvedere nei termini indicati nell'articolo 31, alla liquidazione ed al versamento delle imposte ipotecaria e catastale, di bollo, delle tasse ipotecarie e dell'imposta sostitutiva di quella comunale sull'incremento di valore degli immobili, il suddetto versamento deve essere effettuato, fino alla data di entrata in vigore del decreto legislativo previsto dall'articolo 3, comma 138, della legge 23 dicembre 1996, n. 662, concernente la modifica della disciplina dei servizi autonomi di cassa degli uffici finanziari, mediante delega ad azienda di credito autorizzata o tramite il concessionario del servizio per la riscossione competente in base all'ultima residenza del defunto o, se questa era all'estero o non è nota, al concessionario del servizio per la riscossione di Roma.

2. **In sede di liquidazione l'ufficio provvede a correggere gli errori materiali e di calcolo commessi dal dichiarante nella determinazione della base imponibile** e ad escludere:

a) le passività esposte nella dichiarazione per le quali non ricorrono le condizioni di deducibilità di cui agli articoli 21 e 24 o eccedenti i limiti di deducibilità di cui agli articoli 22 e 24, nonché gli oneri non deducibili a norma dell'art. 8, comma 1;

b) le passività e gli oneri esposti nella dichiarazione che non risultano dai documenti prodotti in allegato alla dichiarazione o su richiesta dell'ufficio;

c) le riduzioni e le detrazioni indicate nella dichiarazione non previste negli articoli 25 e 26 o non risultanti dai documenti prodotti in allegato alla dichiarazione o su richiesta dell'ufficio.

3. Le correzioni e le esclusioni di cui al comma 2 devono risultare nell'avviso di liquidazione dell'imposta. 4. Le disposizioni del presente articolo si applicano anche per la riliquidazione dell'imposta in base a dichiarazione sostitutiva e per la liquidazione della maggiore imposta in base a dichiarazione integrativa.

Art. 34. Rettifica e liquidazione della maggiore imposta. – 1. L'ufficio del registro, se ritiene che la dichiarazione della successione, o la dichiarazione sostitutiva o integrativa, sia incompleta o infedele, provvede con lo stesso atto alla rettifica e alla liquidazione della maggiore imposta, con gli interessi dalla data di notificazione della liquidazione dell'imposta principale nella misura del 4,50 per cento per ogni semestre compiuto.

2. L'avviso di rettifica e di liquidazione della maggiore imposta deve contenere: la descrizione dei beni o diritti non dichiarati, compresi quelli alienati dal defunto negli ultimi sei mesi, con l'indicazione del valore attribuito a ciascuno di essi o del maggior valore attribuito a ciascuno dei beni o diritti dichiarati; l'indicazione delle donazioni anteriori non dichiarate e del relativo valore, o del maggior valore attribuito a quelle dichiarate; l'indicazione dei criteri seguiti nella determinazione dei valori a norma degli articoli da 14 a 19, 8, comma 4, e 10; l'indicazione delle passività e degli oneri ritenuti in tutto o in parte inesistenti, con la specificazione degli elementi di prova contraria alle attestazioni e agli altri documenti prodotti dal dichiarante; l'indicazione delle aliquote applicate e del calcolo della maggiore imposta. Per i beni e i diritti di cui ai commi 3 e 4 devono essere indicati anche gli elementi in base ai quali, secondo le disposizioni ivi contenute, ne è stato determinato il valore o il maggior valore.

2-*bis*. **La motivazione dell'atto deve indicare i presupposti di fatto e le ragioni giuridiche che lo hanno determinato**. Se la motivazione fa riferimento ad un altro atto non conosciuto né ricevuto dal contribuente, questo deve essere allegato all'atto che lo richiama salvo che quest'ultimo non ne riproduca il contenuto essenziale. **L'accertamento è nullo se non sono osservate le disposizioni di cui al presente comma**.

3. Il valore dei beni immobili e dei diritti reali immobiliari è determinato dall'ufficio, avendo riguardo ai trasferimenti a qualsiasi titolo ed alle divisioni e perizie giudiziarie, anteriori di non oltre tre anni alla data di apertura della successione, che hanno avuto per oggetto gli stessi immobili o altri di analoghe caratteristiche e condizioni, ovvero al reddito netto di cui gli immobili sono suscettibili, capitalizzato al tasso mediamente applicato alla detta data e nella stessa località per gli investimenti immobiliari, nonché ad ogni altro elemento di valutazione, anche sulla base di indicazioni fornite dai comuni.

4. Per la determinazione del valore delle aziende, dei diritti reali su di esse e delle azioni o quote di cui all'art. 16, lettera b), l'ufficio può tenere conto anche degli accertamenti relativi ad altre imposte e può procedere ad accessi, ispezioni e verifiche secondo le disposizioni relative all'imposta sul valore aggiunto.

5. Non sono sottoposti a rettifica il valore degli immobili iscritti in catasto con attribuzione di rendita dichiarato in misura non inferiore, per i terreni, a settantacinque volte il reddito dominicale risultante in catasto e, per i fabbricati, a cento volte il reddito risultante in catasto, aggiornati con i coefficienti stabiliti per le imposte sui redditi, né i

valori della nuda proprietà e dei diritti reali di godimento sugli immobili stessi dichiarati in misura non inferiore a quella determinata su tale base a norma dell'art. 14. La disposizione del presente comma non si applica per i terreni per i quali gli strumenti urbanistici prevedono la destinazione edificatoria.

6. Per i fabbricati dichiarati per l'iscrizione nel catasto edilizio ma non ancora iscritti alla data di presentazione della dichiarazione della successione la disposizione del comma 5 si applica a condizione: a) che la volontà di avvalersene sia espressamente manifestata nella dichiarazione della successione; b) che in allegato alla domanda di voltura catastale, la quale in tal caso non può essere inviata per posta, sia presentata specifica istanza di attribuzione della rendita, recante l'indicazione degli elementi di individuazione del fabbricato e degli estremi della dichiarazione di successione, di cui l'ufficio tecnico erariale rilascia ricevuta in duplice esemplare; c) che la ricevuta, entro il termine perentorio di sessanta giorni dalla presentazione della dichiarazione di successione, sia prodotta all'ufficio del registro, il quale ne restituisce un esemplare con l'attestazione dell'avvenuta produzione. L'ufficio tecnico erariale, entro dieci mesi dalla presentazione dell'istanza di attribuzione della rendita, invia all'ufficio del registro un certificato attestante l'avvenuta iscrizione in catasto del fabbricato e la rendita attribuita; se l'imposta era già stata liquidata in base al valore indicato nella dichiarazione della successione e tale valore risulta inferiore a cento volte la rendita così attribuita e debitamente aggiornata, o al corrispondente valore della nuda proprietà o del diritto reale di godimento, l'ufficio del registro, nel termine di decadenza di cui al comma 3 dell'art. 27, liquida la maggiore imposta corrispondente alla differenza, con gli interessi di cui al comma 1 dalla data di notificazione della precedente liquidazione e senza applicazione di sanzioni.

6-*bis*. La disposizione del comma 5 si applica inoltre alle unità immobiliari urbane oggetto di denuncia in catasto con modalità conformi a quelle previste dal regolamento di attuazione dell'articolo 2, commi 1-*quinquies* e 1-*septies*, del decreto-legge 23 gennaio 1993, n. 16, convertito, con modificazioni, dalla legge 24 marzo 1993, n. 75, con riferimento alla rendita proposta, alla sola condizione che la volontà di avvalersene sia espressamente manifestata nella dichiarazione di successione.

7. Ai fini dei commi 5 e 6 le modifiche dei coefficienti stabiliti per le imposte sui redditi hanno effetto per le successioni aperte dal decimo quinto giorno successivo a quello di pubblicazione dei relativi decreti ministeriali. Le modifiche dei moltiplicatori di settantacinque e cento volte, previste nell'art. 52, comma 5, del testo unico dell'imposta di registro approvato con decreto del Presidente della Repubblica 26 aprile 1986, n. 131, operano anche ai fini dei predetti commi e hanno effetto per le successioni aperte dal decimo quinto giorno successivo a quello di pubblicazione del decreto con il quale sono disposte.

8. Ai fini della rettifica e della liquidazione della maggiore imposta non si tiene conto delle differenze di valore relative ai beni indicati nell'art. 16, comma 1, lettere b) e d), e nell'art. 19, dei quali sia evidente la scarsa rilevanza.

Art. 35. Accertamento e liquidazione d'ufficio. – 1. In caso di **omissione** della dichiarazione della successione l'ufficio del registro provvede all'a**ccertamento dell'attivo ereditario e alla liquidazione dell'imposta** avvalendosi dei dati e delle notizie comunque raccolti o venuti a sua conoscenza, compresi quelli desunti da dichiarazioni considerate omesse a norma degli articoli 28, comma 8, e 32, comma 1. In aggiunta all'imposta sono liquidati, nella misura di cui all'art. 34, comma 1, gli interessi dalla data di scadenza del termine entro il quale la dichiarazione omessa avrebbe dovuto essere presentata.

2. **L'avviso di accertamento e liquidazione deve contenere**: l'indicazione delle **generalità** dei chiamati all'eredità; la **descrizione dei beni e dei diritti compresi nell'attivo ereditario**, con l'indicazione dei valori a ciascuno di essi attribuiti e dei criteri seguiti per determinarli a norma degli articoli da 14 a 19, 34, commi 3 e 4, e 10; **l'indicazione degli estremi e del valore delle donazioni anteriori** di cui all'art. 8, comma 4; l'indicazione delle **aliquote applicate** e del **calcolo dell'imposta**.

2-*bis*. **La motivazione dell'atto deve indicare i presupposti di fatto e le ragioni giuridiche che lo hanno determinato**. Se la motivazione fa riferimento ad un altro atto non conosciuto né ricevuto dal contribuente, questo deve essere allegato all'atto che lo richiama **salvo che quest'ultimo non ne riproduca il contenuto essenziale. L'accertamento è nullo se non sono osservate le disposizioni di cui al presente comma.**

3. L'esistenza di passività deducibili e la spettanza di riduzioni e di detrazioni possono essere dimostrate, nei modi indicati negli articoli 23, commi 1, 2 e 3, 25 e 26, entro il termine di sei mesi dalla data di notificazione dell'avviso.

4. Le disposizioni del presente articolo si applicano, salvo il diverso contenuto dell'avviso, anche per la riliquidazione dell'imposta in caso di omissione della dichiarazione sostitutiva e per la liquidazione della maggiore imposta in caso di omissione della dichiarazione integrativa.

CAPO V
RISCOSSIONE DELL'IMPOSTA

Art. 36. Soggetti obbligati al pagamento dell'imposta. – 1. **Gli eredi sono obbligati solidalmente al pagamento dell'imposta nell'ammontare complessivamente dovuto da loro e dai legatari.**

2. **Il coerede che ha accettato l'eredità col beneficio d'inventario è obbligato solidalmente al pagamento,** a norma del comma 1, **nel limite del valore della propria quota ereditaria.**

3. Fino a quando l'eredità non sia stata accettata, o non sia stata accettata da tutti i chiamati, i chiamati all'eredità, o quelli che non hanno ancora accettato, e gli altri soggetti obbligati alla dichiarazione della successione, esclusi i legatari, rispondono solidalmente dell'imposta nel limite del valore dei beni ereditari rispettivamente posseduti. Si applica l'art. 58 del testo unico sull'imposta di registro approvato con decreto del Presidente della Repubblica 26 aprile 1986, n. 131.

4. L'ufficio del registro può chiedere la fissazione di un termine per l'accettazione dell'eredità a norma dell'articolo 481 del codice civile o la nomina di un curatore dell'eredità giacente a norma dell'art. 528 dello stesso codice.

5. **I legatari sono obbligati al pagamento dell'imposta relativa ai rispettivi legati.**

Art. 37. Pagamento dell'imposta. – 1. **Il pagamento dell'imposta principale dell'imposta complementare con gli interessi** di cui agli articoli 34 e 35 **e dell'imposta suppletiva deve essere eseguito entro sessanta giorni** da quello in cui è stato notificato l'avviso di liquidazione.

2. Dalla data di scadenza del termine di cui al comma 1 decorrono gli interessi di mora nella misura del 4,50 per cento per ogni semestre compiuto.

3. Non devono essere pagate le somme di importo, comprensivo di interessi e sanzioni amministrative, non superiore a lire ventimila [*ora euro 10,33*].

4. Il contribuente può pagare, oltre che in contanti, con cedole di titoli del debito pubblico scadute, e nei casi pre-

visti dalla legge anche non scadute, computate per il loro importo netto, nonché con titoli di credito bancari e postali a copertura garantita.

Art. 38. Dilazione del pagamento. – 1. Il contribuente può eseguire **il pagamento nella misura non inferiore al venti per cento dell'imposta liquidata** ai sensi dell'articolo 33, **nel termine di sessanta giorni da** quello in cui è stato **notificato l'avviso di liquidazione**, e per il **rimanente** importo in un numero di **otto rate trimestrali**, ovvero, per importi superiori a ventimila euro, in un numero massimo di **dodici rate trimestrali**. La **dilazione non è ammessa** per **importi inferiori a mille euro.**

2. **Sugli importi dilazionati sono dovuti gli interessi**, calcolati dal primo giorno successivo al pagamento del venti per cento dell'imposta liquidata ai sensi dell'articolo 33. Le rate trimestrali nelle quali il pagamento è dilazionato scadono l'ultimo giorno di ciascun trimestre.

3. Il mancato pagamento della somma pari al venti per cento dell'imposta liquidata, entro il termine di cui al comma 1, ovvero di una delle rate entro il termine di pagamento della rata successiva, comporta la decadenza dalla rateazione e l'importo dovuto, dedotto quanto versato, è iscritto a ruolo con relative sanzioni e interessi.

4. **È esclusa la decadenza** in caso di lieve inadempimento dovuto a:

a) **insufficiente** versamento della rata, per una frazione non superiore al tre per cento e, in ogni caso, a euro diecimila;

b) **tardivo** versamento della somma pari al venti per cento, non superiore a sette giorni.

5. La disposizione di cui al comma 4 si applica anche con riguardo al versamento in unica soluzione.

6. Si applicano i commi 5 e 6 dell'articolo 15-*ter* del decreto del Presidente della Repubblica 29 settembre 1973, n. 602.

Art. 39. Pagamento dell'imposta mediante cessione di beni culturali. – 1. Gli eredi e i legatari possono proporre la cessione allo Stato, in pagamento totale o parziale dell'imposta sulla successione, delle relative imposte ipotecaria e catastale, degli interessi e delle sanzioni amministrative, di beni culturali vincolati o non vincolati, di cui all'art. 13, e di opere di autori viventi o eseguite da non più di cinquanta anni.

2. La proposta di cessione, contenente la descrizione dettagliata dei beni offerti con l'indicazione dei relativi valori e corredata da idonea documentazione, deve essere sottoscritta a pena di nullità da tutti gli eredi o dal legatario e presentata al Ministero per i beni culturali e ambientali ed all'ufficio del registro competente, nel termine previsto dall'articolo 37 per il pagamento dell'imposta. La presentazione della proposta interrompe il termine.

3. L'Amministrazione per i beni culturali e ambientali attesta per ogni singolo bene l'esistenza delle caratteristiche previste dalle norme indicate nell'articolo 13, comma 1, e dichiara, per i beni e le opere di cui al comma 1, l'interesse dello Stato ad acquisirli.

4. Le condizioni e il valore della cessione sono stabiliti con decreto del Ministro per i beni culturali e ambientali, di concerto con il Ministro delle finanze, sentita un'apposita commissione nominata con decreto del Ministro per i beni culturali e ambientali, presieduta da lui o da un suo delegato e composta da due rappresentanti del Ministero per i beni culturali e ambientali, da due rappresentanti del Ministero delle finanze e da un rappresentante del Ministero del tesoro. Il proponente può chiedere di essere sentito dalla commissione personalmente o a mezzo di un suo delegato.

5. Comma abrogato.

6. Il decreto di cui al comma 4 è emanato entro sei mesi dalla data di presentazione della proposta di cessione ed è notificato al richiedente. Entro due mesi dalla data di notificazione del decreto il proponente notifica al Ministero per i beni culturali e ambientali, a pena di decadenza, la propria accettazione con firma autenticata. Il decreto di cui al comma 4 e la dichiarazione di accettazione costituiscono titolo per la trascrizione del trasferimento nei registri immobiliari. I beni mobili devono essere consegnati entro i trenta giorni successivi alla notificazione dell'accettazione.

7. Gli eredi o i legatari, ai fini dell'estinzione del debito tributario, devono produrre all'ufficio del registro competente, entro sessanta giorni dalla dichiarazione di accettazione, le copie autentiche della stessa e del decreto recante l'indicazione del valore dei beni ceduti.

8. Il cedente, se il valore dei beni ceduti è inferiore all'importo dell'imposta e degli accessori è obbligato a pagare la differenza; se il valore è superiore, non ha diritto al rimborso. L'eventuale differenza deve essere corrisposta entro sessanta giorni dalla produzione all'ufficio dei documenti di cui al comma 7.

9. Il Ministro per i beni culturali e ambientali di concerto con il Ministro delle finanze, se l'amministrazione dello Stato non intende acquisire il bene offerto in cessione, dichiara con decreto di cui al comma 4 di non accettare la proposta. Della mancata cessione il Ministero per i beni culturali e ambientali dà immediata comunicazione all'ufficio del registro e al proponente; dalla data di ricevimento della comunicazione decorre il termine di sessanta giorni per il pagamento delle somme di cui al comma 1 con applicazione degli interessi nella misura legale decorrenti dalla scadenza del termine previsto dall'articolo 31, comma 1.

Art. 40. Riscossione in pendenza di giudizio. – 1. Il **ricorso del contribuente non sospende la riscossione dell'imposta principale**. La somma che risulta pagata in più in base alla decisione della controversia deve essere rimborsata d'ufficio al contribuente entro novanta giorni da quello in cui la decisione è divenuta definitiva.

2. L'imposta complementare, se il contribuente propone ricorso, deve essere pagata per un terzo entro il termine di cui all'art. 37, per due terzi dopo la decisione della commissione tributaria di primo grado e per il resto dopo la decisione della commissione tributaria di secondo grado, in ogni caso al netto delle somme già pagate; l'intendente di finanza, se ricorrono gravi motivi, può sospendere la riscossione fino alla decisione della commissione tributaria di primo grado.

3. Le somme dovute per effetto delle decisioni di cui al comma 2 devono essere pagate, in base ad apposito avviso, a norma dell'art. 37; se l'imposta liquidata per effetto della decisione della commissione tributaria è inferiore a quella già pagata, la differenza deve essere rimborsata d'ufficio al contribuente entro novanta giorni dalla notificazione della decisione.

4. **L'imposta suppletiva deve essere pagata, in base ad apposito avviso, per intero dopo la decisione della Commissione tributaria centrale o della Corte d'appello o dell'ultima decisione non impugnata**.

Art. 41. Riscossione coattiva e prescrizione. – 1. Per la riscossione coattiva dell'imposta e delle sanzioni amministrative si applicano le disposizioni del titolo III del decreto del Presidente della Repubblica 28 gennaio 1988, n. 43. Lo Stato ha privilegio secondo le norme stabilite dal codice civile. Il privilegio si estingue con il decorso di cinque anni dalla data di apertura della successione o, in caso di dilazione del pagamento, dal giorno di scadenza dell'ultima rata ovvero dal giorno in cui si è verificata la decadenza prevista dall'art. 27.

2. **Il credito dell'amministrazione finanziaria per l'imposta definitivamente accertata si prescrive in dieci anni.**

Art. 42. Rimborso dell'imposta. – 1. Deve essere rimborsata, unitamente agli interessi, alle soprattasse e pene pecuniarie eventualmente pagati, l'imposta:

a) pagata indebitamente o risultante pagata in più a norma dell'art. 40, commi da 1 a 3;

b) relativa a beni e diritti riconosciuti appartenenti a terzi, con sentenza passata in giudicato, per causa anteriore all'apertura della successione a seguito di evizione o rivendicazione ovvero di nullità, annullamento, risoluzione, rescissione o revocazione dell'atto di acquisto;

c) pagata in conseguenza di dichiarazione giudiziale di assenza o di morte presunta, quando lo scomparso fa ritorno o ne è accertata l'esistenza;

d) pagata da enti ai quali è stata negata l'autorizzazione ad accettare l'eredità o il legato, ovvero da eredi e legatari se l'ente ottiene tardivamente il riconoscimento legale;

e) risultante pagata o pagata in più a seguito di sopravvenuto mutamento della devoluzione ereditaria;

f) risultante pagata in più a seguito di accertamento, successivamente alla liquidazione, dell'esistenza di passività o della spettanza di riduzioni e detrazioni;

g) risultante pagata in più a seguito di accertamento della parentela naturale successivamente alla liquidazione;

h) risultante pagata in più a seguito della chiusura del fallimento del defunto dichiarato dopo la presentazione della dichiarazione della successione.

2. **Il rimborso**, salvo il disposto dell'art. 40, commi 1 e 3, **deve essere richiesto a pena di decadenza entro tre anni dal giorno del pagamento o, se posteriore, da quello in cui è sorto il diritto alla restituzione.** La domanda deve essere presentata all'ufficio competente, che deve rilasciarne ricevuta, ovvero essere spedita mediante plico raccomandato senza busta con avviso di ricevimento.

3. Dalla data di presentazione della domanda di rimborso decorrono gli interessi di mora di cui all'articolo 37, comma 2.

4. Non si fa luogo al rimborso per gli importi, comprensivi di interessi e soprattasse, non superiori a lire ventimila [*ora euro 10,33*]; gli importi superiori sono rimborsati per l'intero ammontare.

TITOLO II
APPLICAZIONE DELL'IMPOSTA ALLE SUCCESSIONI

CAPO VI
NORME PARTICOLARI PER LE SUCCESSIONI TESTAMENTARIE

Art. 43. Disposizioni testamentarie impugnate o modificate. – 1. Nelle successioni testamentarie l'imposta si applica in base alle disposizioni contenute nel testamento, anche se impugnate giudizialmente, nonché agli eventuali accordi diretti a reintegrare i diritti dei legittimari, risultanti da atto pubblico o da scrittura privata autenticata, salvo il disposto, in caso di accoglimento dell'impugnazione o di accordi sopravvenuti, dell'art. 28, comma 6, o dell'art. 42, comma 1, lettera e).

Art. 44. Disposizioni testamentarie condizionali. – 1. L'imposta, se l'istituzione di erede è sottoposta a condizione risolutiva, si applica con le aliquote proprie dell'erede istituito e, nel caso di avveramento della condizione, con le aliquote proprie dell'erede subentrante.

2. L'imposta, se l'istituzione di erede è sottoposta a condizione sospensiva, si

applica con le aliquote proprie di quello degli eventuali successibili, compreso l'erede istituito ed esclusi lo Stato e gli enti di cui all'art. 3, che è soggetto all'imposta minore, salva l'applicazione della maggiore imposta se l'eredità viene devoluta a persona diversa per effetto dell'avveramento o del mancato avveramento della condizione.

3. L'imposta, nei casi di legato sottoposto a condizione sospensiva, si applica come se il legato non fosse stato disposto e, nel caso di avveramento della condizione, si applica nei confronti del legatario; se il legato è sottoposto a condizione risolutiva, l'imposta si applica nei confronti del legatario e, nel caso di avveramento della condizione, si applica nei confronti dell'erede.

4. Le disposizioni testamentarie a favore di nascituri si considerano sottoposte a condizione sospensiva.

Art. 45. Sostituzione fedecommissaria. – 1. L'imposta, nel caso previsto dall'art. 692 del codice civile, si applica nei confronti dell'istituito su un valore pari a quello dell'usufrutto sui beni che formano oggetto della sostituzione fedecommissaria.

2. L'imposta, alla morte dell'istituito, si applica nei confronti del sostituito in base al valore dei beni alla data dell'apertura della successione, ferma restando l'imposta già applicata a norma del comma 1.

3. L'imposta, quando la sostituzione non ha luogo, si applica nei confronti dell'istituito in base al valore della piena proprietà dei beni alla data di apertura della successione, detraendo l'imposta precedentemente pagata.

Art. 46. Presunzione di legato. – 1. Il riconoscimento, contenuto nel testamento, che determinati beni intestati al defunto o da lui posseduti o che si presumono compresi nell'attivo ereditario appartengono ad un terzo è considerato legato a favore di questo, se non è dimostrato che alla data dell'apertura della successione i beni già gli appartenevano.

2. Il riconoscimento di debito contenuto nel testamento è considerato legato, se l'esistenza del debito non è dimostrata nei modi indicati nell'art. 23.

3. L'onere a carico dell'erede o del legatario, che ha per oggetto prestazioni a soggetti terzi determinati individualmente, è considerato legato a favore del beneficiario.

Capo VII
Disposizioni varie

Art. 47. Poteri dell'Amministrazione finanziaria. – 1. L'ufficio competente, ai fini dell'accertamento e della riscossione, oltre ad avvalersi delle altre facoltà previste nel presente testo unico, può:

a) **invitare** i soggetti obbligati alla presentazione della dichiarazione della successione, indicandone il motivo, a produrre documenti, o a comparire di persona o per rappresentanza per fornire dati e notizie, rilevanti ai fini dell'accertamento;

b) **inviare** agli stessi soggetti **questionari** relativi a dati e notizie di carattere specifico, con invito a restituirli compilati e firmati;

c) **richiedere informazioni** ai pubblici ufficiali e agli enti ed uffici pubblici, che sono obbligati a comunicare i dati e le notizie di cui siano in possesso;

d) **dimostrare**, anche sulla base di **presunzioni gravi, precise e concordanti, la simulazione di atti di trasferimento a titolo oneroso** anteriori di oltre sei mesi all'apertura della successione, di atti costitutivi di passività deducibili e di ogni altro atto rilevante ai fini della determinazione della base imponibile o dell'imposta.

d-*bis*) **dimostrare, anche sulla base di presunzioni gravi, precise e concordanti, la sussistenza, l'insussistenza, la simulazione e la dissimulazione di fatti o**

atti rilevanti ai fini della determinazione della base imponibile o dell'imposta.

2. Il servizio di vigilanza sulle aziende di credito, su richiesta del Ministro delle finanze, controlla l'esattezza delle certificazioni di cui all'art. 23, comma 2.

Art. 48. Divieti ed obbligo a carico di terzi. – 1. Gli ufficiali dello stato civile devono trasmettere all'ufficio del registro competente, nei primi quindici giorni di ogni trimestre, l'elenco delle persone residenti nel comune della cui morte hanno avuto notizia nel trimestre precedente, con l'indicazione dell'indirizzo e con lo stato di famiglia di ciascuna.

2. Gli impiegati dello Stato e degli enti pubblici territoriali ed i pubblici ufficiali, con esclusione dei giudici e degli arbitri, **non possono compiere atti relativi a trasferimenti per causa di morte, se non è stata fornita la prova della presentazione**, anche dopo il termine di cinque anni di cui all'art. 27, comma 4, **della dichiarazione della successione** o dell'intervenuto accertamento d'ufficio, e non è stato dichiarato per iscritto dall'interessato che non vi era obbligo di presentare la dichiarazione. I giudici e gli arbitri devono comunicare all'ufficio del registro competente, entro quindici giorni, le notizie relative a trasferimenti per causa di morte apprese in base agli atti del processo.

3. I debitori del defunto ed i detentori di beni che gli appartenevano non possono pagare le somme dovute o consegnare i beni detenuti agli eredi, ai legatari e ai loro aventi causa, se non è stata fornita la prova della presentazione, anche dopo il termine di cinque anni di cui all'art. 27, comma 4, della dichiarazione della successione o integrativa con l'indicazione dei crediti e dei beni suddetti, o dell'intervenuto accertamento in rettifica o d'ufficio, e non è stato dichiarato per iscritto dall'interessato che non vi era obbligo di presentare la dichiarazione. I debitori del defunto devono comunicare per lettera raccomandata all'ufficio del registro competente, entro dieci giorni, l'avvenuto pagamento dei crediti di cui all'art. 12, lettere d) ed e).

4. Le aziende e gli istituti di credito, le società e gli enti che emettono azioni, obbligazioni, cartelle, certificati ed altri titoli di qualsiasi specie, anche provvisori, non possono, provvedere ad alcuna annotazione nelle loro scritture né ad alcuna operazione concernente i titoli trasferiti per causa di morte, se non è stata fornita la prova della presentazione, anche dopo il termine di cinque anni di cui all'art. 27, comma 4, della dichiarazione della successione o integrativa con l'indicazione dei suddetti titoli, o dell'intervenuto accertamento in rettifica o d'ufficio, e non è stato dichiarato per iscritto dall'interessato che non vi era obbligo di presentare la dichiarazione.

5. Le dichiarazioni di inesistenza dell'obbligo di presentare la dichiarazione della successione ricevute dai soggetti, di cui ai commi 2, 3 e 4, devono essere trasmesse entro quindici giorni all'ufficio del registro competente.

6. Le cassette di sicurezza non possono essere aperte dai concessionari, prima che gli stessi abbiano apposto la loro firma, con l'indicazione della data e dell'ora dell'apertura, su apposito registro tenuto dai concedenti in forma cronologica e senza fogli o spazi bianchi e abbiano dichiarato per iscritto sul registro stesso che le eventuali altre persone aventi facoltà di aprirle sono tuttora in vita. Le cassette di sicurezza, dopo la morte del concessionario o di uno dei concessionari, possono essere aperte solo alla presenza di un funzionario dell'Amministrazione finanziaria o di un notaio, che redige l'inventario del contenuto, previa comunicazione da parte del concedente all'ufficio del registro, nella cui circoscrizione deve essere redatto l'inventario, del giorno e dell'ora dell'apertura.

7. Le disposizioni del comma 6 si applicano anche nel caso di armadi, casseforti, borse, valige, plichi e pacchi chiusi depositati presso banche o altri soggetti che esercitano tale servizio.

Art. 49. Notificazioni. – 1. Gli avvisi previsti nel presente testo unico sono notificati, nei modi stabiliti in materia di imposte sui redditi, dagli ufficiali giudiziari, da messi speciali autorizzati a norma di legge dagli uffici del registro o da messi comunali o di conciliazione.

Capo VIII
Sanzioni

Art. 50. Omissione della dichiarazione. – 1. **Chi omette di presentare la dichiarazione** della successione, quella **sostitutiva** o la dichiarazione **integrativa** è **punito con la sanzione amministrativa** dal centoventi al duecentoquaranta per cento dell'imposta liquidata o riliquidata d'ufficio. Se non è dovuta imposta si applica la sanzione amministrativa da euro 250 a euro 1.000. Se la dichiarazione è presentata con un ritardo non superiore a trenta giorni, si applica la sanzione amministrativa dal sessanta al centoventi per cento dell'ammontare dell'imposta liquidata o riliquidata dall'ufficio. Se non è dovuta imposta si applica la sanzione amministrativa da euro 150 a euro 500.

Art. 51. Infedeltà della dichiarazione. – 1. Chi omette l'indicazione di dati o elementi rilevanti per la liquidazione o riliquidazione dell'imposta o li indica in maniera infedele, ovvero espone passività in tutto o in parte inesistenti, è punito con sanzione amministrativa dal cento al duecento per cento della differenza di imposta. La stessa sanzione si applica, con riferimento all'imposta corrispondente, a chi rilascia o sottoscrive attestazioni o altri documenti rilevanti per la determinazione delle passività deducibili contenenti dati o elementi non rispondenti al vero.

2. La **sanzione di cui al comma 1 non si applica** relativamente all'imposta corrispondente al maggior valore definitivamente accertato dei beni e dei diritti diversi da quelli indicati nell'articolo 34, comma 5, **se il valore accertato non supera di un quarto quello dichiarato**.

3. Se l'omissione o l'infedeltà attengono a dati o elementi non incidenti sulla determinazione del tributo, si applica la sanzione da lire cinquecentomila a lire due milioni [*ora da euro 258,23 a euro 1.032,91*]. La stessa sanzione si applica per la mancata allegazione alle dichiarazioni dei documenti prescritti o dei prospetti rilevanti ai fini della liquidazione delle imposte ipotecaria e catastale, di bollo, delle tasse ipotecarie e dell'imposta sostitutiva di quella comunale sull'incremento di valore degli immobili, ovvero nel caso di inesattezza o di irregolarità dei prospetti medesimi. **La sanzione è ridotta alla metà se si provvede alla regolarizzazione nel termine di sessanta giorni dalla richiesta dell'ufficio.**

Art. 52. – Articolo abrogato.

Art. 53. Altre violazioni. – 1. L'erede o il legatario, al quale sono stati devoluti beni culturali, è punito, nei casi previsti nell'articolo 13, comma 4, con la sanzione amministrativa dal cento al duecento per cento dell'imposta o della maggiore imposta dovuta ai sensi dell'articolo 32 o dell'articolo 25, in dipendenza della inclusione dei beni nell'attivo ereditario o della esclusione della riduzione d'imposta di cui all'articolo 25, comma 2.

2. Chi viola i divieti stabiliti dall'articolo 48, commi da 2 a 4, o non adempie all'obbligo di cui al comma 5 dello stesso articolo, è punito con la sanzione amministrativa dal cento al duecento percento dell'imposta o della maggior imposta

dovuta in relazione ai beni e ai diritti ai quali si riferisce la violazione.

3. In caso di violazione delle disposizioni di cui all'articolo 48, comma 6, i soggetti ivi indicati ovvero quelli indicati nel successivo comma 7, nonché i concedenti o i depositari, sono puniti con la sanzione amministrativa da lire cinquecentomila a lire quattro milioni [*ora da euro 258,23 a euro 2.065,83*], del pari applicabile a chi:

a) non ottempera alle richieste dell'ufficio o comunica dati incompleti o infedeli;

b) dichiara di non possedere, rifiuta di esibire o sottrae all'ispezione documenti o scritture, ancorché non obbligatori, dei quali risulti con certezza l'esistenza;

c) rifiuta di sottoscrivere l'attestazione di cui all'articolo 23, comma 3, di consegnare agli obbligati alla dichiarazione i titoli delle passività o non permette che ne sia fatta copia autentica, di autentiche di cui all'articolo 23 e all'articolo 30, comma 1.

4. La sanzione indicata nei commi 2 e 3 è raddoppiata per la violazione di obblighi o di divieti posti a carico di pubblici ufficiali o di pubblici impiegati, ovvero di banche, società di credito o di intermediazione o dell'Ente poste italiane. Fino a prova contraria, si presume che autori della violazione siano i legali rappresentanti delle banche, società o enti.

Art. 54. Determinazione della sanzione pecuniaria. – 1. Nella determinazione della sanzione commisurata all'imposta o alla maggiore imposta, questa è assunta al netto delle riduzioni e delle detrazioni di cui agli articoli 25 e 26.

TITOLO III
APPLICAZIONE DELL'IMPOSTA ALLE DONAZIONI

Art. 55. Registrazione degli atti di donazione. – 1. **Gli atti di donazione sono soggetti a registrazione secondo le disposizioni del testo unico sull'imposta di registro**, approvato con decreto del Presidente della Repubblica 26 aprile 1986, n. 131, **concernenti gli atti da registrare in termine fisso.**

1-*bis*. **Sono soggetti a registrazione in termine fisso anche gli atti aventi ad oggetto donazioni, dirette o indirette, formati all'estero nei confronti di beneficiari residenti nello Stato. Dall'imposta sulle donazioni determinata a norma del presente titolo si detraggono le imposte pagate all'estero in dipendenza della stessa donazione ed in relazione ai beni ivi esistenti, salva l'applicazione delle convenzioni contro le doppie imposizioni**.

2. Gli atti che hanno per oggetto trasferimenti di cui all'art. 3 sono registrati gratuitamente, salvo il disposto del comma 3 dello stesso articolo.

Art. 56. Determinazione dell'imposta. – 1. Comma abrogato.

1-*bis*. Comma abrogato.

2. Comma abrogato.

3. Comma abrogato.

4. Il valore dei beni e dei diritti donati è determinato a norma degli articoli da 14 a 19 e dell'articolo 34, commi 3, 4 e 5.

5. Si applicano le riduzioni previste nell'art. 25, salvo quanto stabilito nell'art. 13, commi 3, 4 e 5, e nell'art. 51, comma 2, e si detrae l'imposta comunale sull'incremento di valore degli immobili liquidata a seguito di donazione, per ciascun immobile donato, fino a concorrenza della parte dell'imposta proporzionale al valore dell'immobile stesso. È inoltre detratta, se alla richiesta di registrazione dell'atto di donazione è allegata la fattura, l'imposta sul valore aggiunto afferente la cessione.

Art. 56-*bis*. Accertamento delle liberalità indirette. 1. Ferma l'esclusione delle donazioni o liberalità di cui agli articoli 742 e 783 del codice civile, l'accertamento delle liberalità diverse dalle donazioni e da quelle risultanti da atti di donazione effettuati all'estero a favore di residenti può essere effettuato esclusivamente in presenza di entrambe le seguenti condizioni:

a) quando l'esistenza delle stesse risulti da dichiarazioni rese dall'interessato nell'ambito di procedimenti diretti all'accertamento di tributi;

b) quando le liberalità abbiano determinato, da sole o unitamente a quelle già effettuate nei confronti del medesimo beneficiario, un incremento patrimoniale superiore all'importo di 350 milioni di lire.

2. Alle liberalità di cui al comma 1 si applica l'aliquota del sette per cento, da calcolare sulla parte dell'incremento patrimoniale che supera l'importo di 350 milioni di lire.

3. Le liberalità di cui al comma 1 possono essere registrate volontariamente, ai sensi dell'articolo 8 del testo unico delle disposizioni concernenti l'imposta di registro, approvato con decreto del Presidente della Repubblica 26 aprile 1986, n. 131. In tale caso si applica l'imposta con le aliquote indicate all'articolo 56 mentre qualora la registrazione volontaria sia effettuata entro il 31 dicembre 2001, si applica l'aliquota del tre per cento.

Art. 57. Donazioni anteriori. – 1. **Il valore globale netto dei beni e dei diritti oggetto della donazione è maggiorato di un importo pari al valore complessivo di tutte le donazioni, anteriormente fatte dal donante al donatario**, comprese quelle presunte di cui all'art. 1, comma 3, ed escluse quelle indicate nell'art. 1, comma 4, e quelle registrate gratuitamente o con pagamento dell'imposta in misura fissa a norma degli articoli 55 e 59. Agli stessi fini, nelle ipotesi di cui all'art. 56, comma 2, il valore globale netto di tutti i beni e diritti complessivamente donati è maggiorato di un importo pari al valore complessivo di tutte le donazioni anteriormente fatte ai donatari e il valore delle quote spettanti o dei beni e diritti attribuiti a ciascuno di essi è maggiorato di un importo pari al valore delle donazioni a lui anteriormente fatte dal donante. Per valore delle donazioni anteriori si intende il valore attuale dei beni e dei diritti donati; si considerano anteriori alla donazione, se dai relativi atti non risulta diversamente, anche le altre donazioni di pari data.

2. Negli atti di donazione e negli atti di cui all'art. 26 del testo unico sull'imposta di registro, approvato con decreto del Presidente della Repubblica 26 aprile 1986, n. 131, devono essere indicati gli estremi delle donazioni anteriormente fatte dal donante al donatario o ad alcuno dei donatari e i relativi valori alla data degli atti stessi. Per l'omissione, l'incompletezza o l'inesattezza di tale indicazione si applica, a carico solidalmente dei donanti e dei donatari, la pena pecuniaria da una a due volte la maggiore imposta dovuta.

Art. 58. Disposizioni varie. – 1. Gli oneri da cui è gravata la donazione, che hanno per oggetto prestazioni a soggetti terzi determinati individualmente, si considerano donazioni a favore dei beneficiari.

2. Per le donazioni sottoposte a condizione si applicano le disposizioni relative all'imposta di registro. Le donazioni a favore di nascituri e quelle a favore di enti di cui all'art. 31, comma 2, lettere g) e h) si considerano sottoposte a condizione sospensiva.

3. Se nell'atto di donazione è prevista la sostituzione di cui all'art. 692 del codice civile si applicano le disposizioni dell'art. 45.

4. Il rimborso dell'imposta pagata spetta anche nei casi di cui all'art. 42, comma 1, lettere b), d) e g).

5. **Le disposizioni di questo Titolo si applicano, in quanto compatibili, anche per gli atti di liberalità tra vivi diversi dalla donazione.**

Art. 59. Applicazione dell'imposta in misura fissa. – 1. L'imposta si applica nella **misura fissa prevista per l'imposta di registro**:

a) per le **donazioni di beni culturali vincolati** di cui all'art. 12, lettera g), a condizione che sia presentata all'ufficio del registro l'attestazione prevista dall'art. 13, comma 2, salvo quanto stabilito nei commi 3, 4 e 5 dello stesso articolo;

b) per le **donazioni di ogni altro bene o diritto dichiarato esente dall'imposta a norma di legge**, ad eccezione dei titoli di cui alle lettere h) ed i) dell'articolo 12.

2. Comma abrogato.

3. Se i beni di cui al presente articolo sono compresi insieme con altri beni o diritti in uno stesso atto di donazione, del loro valore non si tiene conto nella determinazione dell'imposta a norma dell'art. 57.

Art. 59-*bis*. Esenzione per i veicoli iscritti al pubblico registro automobilistico. – 1. Non sono soggette ad imposta, anche nella ipotesi di cui all'articolo 59, comma 3, le donazioni di veicoli di cui all'articolo 12, comma 1, lettera l).

Art. 60. Rinvio. – 1. Per le modalità e i termini della liquidazione dell'imposta o maggiore imposta determinata a norma degli articoli 56 e 57, per la rettifica del valore dei beni e dei diritti, per l'applicazione dell'imposta in caso di omissione della richiesta di registrazione, per la riscossione e il rimborso dell'imposta, per i divieti e gli obblighi a carico di terzi e per le sanzioni si applicano, in quanto non diversamente disposto in questo titolo e nell'art. 34, commi 4 e 8, le disposizioni del testo unico sull'imposta di registro, approvato con decreto del Presidente della Repubblica 26 aprile 1986, n. 131.

TITOLO IV
DISPOSIZIONI TRANSITORIE E FINALI

Art. 61. Consolidazione dell'usufrutto. – 1. L'imposta relativa alla riunione dell'usufrutto alla nuda proprietà trasferita a titolo gratuito o per causa di morte si applica solo se la consolidazione dell'usufrutto si è verificata anteriormente alla data di entrata in vigore del decreto del Presidente della Repubblica 26 ottobre 1972, n. 637. Non si fa luogo a rimborso delle imposte già pagate.

Art. 62. Agevolazioni. – 1. **Restano ferme le agevolazioni previste da altre disposizioni di legge.**

Art. 63. – 1. Il presente testo unico entra in vigore il 1° gennaio 1991 e si applica alle successioni aperte e alle donazioni fatte a partire da tale data.

D.Lgs. 31 ottobre 1990, n. 347

Approvazione del testo unico delle disposizioni concernenti le imposte ipotecaria e catastale

CAPO I
IMPOSTA IPOTECARIA

Art. 1. Oggetto dell'imposta. – 1. **Le formalità di trascrizione, iscrizione, rinnovazione e annotazione eseguite nei pubblici registri immobiliari sono soggette alla imposta ipotecaria** secondo le disposizioni del presente testo unico e della allegata tariffa.

2. Non sono soggette all'imposta le formalità eseguite nell'interesse dello Stato né quelle relative ai trasferimenti di cui all'art. 3 del testo unico sull'imposta sulle successioni e donazioni, approvato con decreto legislativo 31 ottobre 1990, n. 346, salvo quanto disposto nel comma 3 dello stesso articolo.

Art. 2. Base imponibile per le trascrizioni. – 1. L'**imposta proporzionale** dovuta sulle trascrizioni **è commisurata alla base imponibile** determinata ai fini dell'imposta di registro o dell'imposta sulle successioni e donazioni.

2. **Se l'atto o la successione è esente dall'imposta di registro o dall'imposta sulle successioni e donazioni o vi è soggetto in misura fissa, la base imponibile è determinata secondo le disposizioni relative a tali imposte**.

2-*bis*. In deroga alle disposizioni del comma 2, per la trascrizione dei contratti preliminari ai sensi dell'art. 2645-*bis* del codice civile l'imposta è dovuta nella misura fissa.

Art. 3. Base imponibile per le iscrizioni. – 1. **L'imposta proporzionale dovuta sulle iscrizioni e rinnovazioni e sulle relative annotazioni**, salvo il disposto del comma 3, **è commisurata all'ammontare del credito garantito, comprensivo di interessi e accessori**. Se gli interessi sono indicati soltanto nel saggio si cumulano le annualità alle quali per legge si estende l'iscrizione e la rinnovazione.

2. Se l'ipoteca è iscritta a garanzia di rendita o pensione, la base imponibile si determina secondo le disposizioni relative all'imposta di registro.

3. L'imposta dovuta sull'annotazione per restrizione di ipoteca è commisurata al minor valore tra quello del credito garantito e quello degli immobili o parti di immobili liberati determinato secondo le disposizioni relative all'imposta di registro.

Art. 4. Imposta relativa a più formalità. – 1. **È soggetta ad imposta proporzionale una sola formalità, quando per lo stesso credito ed in virtù dello stesso atto debbono eseguirsi più iscrizioni o rinnovazioni; per ciascuna delle altre iscrizioni o rinnovazioni è dovuta l'imposta fissa.**

2. Se le formalità devono eseguirsi in più uffici devono essere presentate all'ufficio presso il quale si paga l'imposta proporzionale, oltre alle note prescritte dal codice civile, altrettante copie delle stesse quanti sono gli uffici, in cui la formalità deve essere ripetuta; l'ufficio appone su ciascuna di esse il visto di conformità all'originale e la certificazione di eseguita formalità di cui all'art. 14, comma 2, e le restituisce al richiedente. Tuttavia il richiedente può presentare a ciascuno degli uffici, presso i quali la formalità deve essere ripetuta, copia della nota recante la certificazione di eseguita formalità autenticata da notaio.

3. Le disposizioni dei commi 1 e 2 si applicano anche alle annotazioni soggette ad imposta proporzionale.

Art. 5. Trascrizione del certificato di successione. – 1. Nel caso di successione ereditaria comprendente beni immobili o diritti reali immobiliari, a chiunque devoluti e qualunque ne sia il valore, l'ufficio del registro redige il certificato di successione, in conformità alle risultanze della dichiarazione della successione o dell'accertamento d'ufficio, e ne richiede la trascrizione, compilando in duplice esemplare la nota a spese dei soggetti obbligati al pagamento dell'imposta di successione.

2. La trascrizione del certificato è richiesta ai soli effetti stabiliti dal presente testo unico e non costituisce trascrizione degli acquisti a causa di morte degli immobili e dei diritti reali immobiliari compresi nella successione.

Art. 6. Termini per la trascrizione. – 1. **I notai e gli altri pubblici ufficiali, che**

hanno ricevuto o autenticato l'atto soggetto a trascrizione, o presso i quali è stato depositato l'atto ricevuto o autenticato all'estero, hanno l'obbligo di richiedere la formalità relativa nel termine di trenta giorni dalla data dell'atto o del deposito.

2. **I cancellieri, per gli atti e provvedimenti soggetti a trascrizione da essi ricevuti o ai quali essi hanno comunque partecipato, devono richiedere la formalità entro il termine di centoventi giorni dalla data dell'atto o del provvedimento ovvero della sua pubblicazione, se questa è prescritta.**

3. La trascrizione del certificato di successione deve essere richiesta nel termine di sessanta giorni dalla data di presentazione della dichiarazione di successione con l'indicazione degli estremi dell'avvenuto pagamento dell'imposta ipotecaria.

Art. 7. Termine per le annotazioni. – 1. Le annotazioni previste dagli artt. 2654, 2655 e 2896 del codice civile devono essere richieste, a cura delle parti o dei loro procuratori o dei notai o altri pubblici ufficiali che hanno ricevuto o autenticato l'atto, entro il termine di trenta giorni dalla data dell'atto o della pubblicazione della sentenza o della pronunzia del decreto.

Art. 8. Privilegio. – 1. **Il credito dello Stato per l'imposta ipotecaria dovuta sulle iscrizioni, rinnovazioni e relative annotazioni ha privilegio**, oltre che sull'immobile cui la formalità si riferisce a norma del codice civile, anche sul credito garantito con preferenza rispetto a ogni ragione su di esso spettante a terzi.

Art. 9. Sanzioni. – 1. Chi omette la richiesta di trascrizione o le annotazioni obbligatorie è punito con la sanzione amministrativa dal cento al duecento per cento dell'imposta. Se la richiesta di trascrizione o le annotazioni obbligatorie sono effettuate con un ritardo non superiore a trenta giorni, si applica la sanzione amministrativa dal cinquanta al cento per cento dell'ammontare delle imposte dovute.

2. Se l'omissione riguarda trascrizioni o annotazioni soggette ad imposta fissa o non soggette ad imposta o da eseguirsi a debito, ovvero per le quali l'imposta è stata già pagata entro il termine stabilito, si applica la sanzione amministrativa da euro 100 a euro 2.000, ridotta a euro 50 se la richiesta è effettuata con ritardo non superiore a trenta giorni.

CAPO II
IMPOSTA CATASTALE

Art. 10. Oggetto e misura dell'imposta. – 1. Le volture catastali sono soggette all'imposta del 10 per mille sul valore dei beni immobili o dei diritti reali immobiliari determinato a norma dell'art. 2, anche se relative a immobili strumentali, ancorché assoggettati all'imposta sul valore aggiunto, di cui all'art. 10, primo comma, numero 8-*ter*), del decreto del Presidente della Repubblica 26 ottobre 1972, n. 633.

2. L'imposta è dovuta nella misura **fissa di euro 200,00** per le volture eseguite in dipendenza di **atti che non importano trasferimento di beni immobili né costituzione o trasferimento di diritti reali immobiliari**, di atti **soggetti all'imposta sul valore aggiunto**, di **fusioni** o di **scissioni** di società di qualunque tipo e di conferimenti di aziende o di complessi aziendali relativi a singoli rami dell'impresa, per quelle eseguite in dipendenza di atti di regolarizzazione di società di fatto, derivanti da comunione ereditaria di azienda registrati entro un anno dall'apertura della successione, nonché per quelle eseguite in dipendenza degli atti di cui all'art. 1, comma 1, quarto, quinto [*ora quinto e sesto*] e

nono periodo, della tariffa, parte prima, allegata al testo unico delle disposizioni concernenti l'imposta di registro, approvato con decreto del Presidente della Repubblica 26 aprile 1986, n. 131.

3. Non sono soggette ad imposta le volture eseguite nell'interesse dello Stato né quelle relative a trasferimenti di cui all'art. 3 del testo unico sull'imposta sulle successioni e donazioni approvato con decreto legislativo 31 ottobre 1990, n. 346, salvo quanto disposto nel comma 3 dello stesso articolo.

CAPO III
ACCERTAMENTO, LIQUIDAZIONE E RISCOSSIONE

Art. 11. Soggetti obbligati al pagamento. – 1. **Sono obbligati al pagamento dell'imposta ipotecaria e dell'imposta catastale coloro che richiedono le formalità di cui all'art. 1 e le volture di cui all'art. 10 e i pubblici ufficiali obbligati al pagamento dell'imposta di registro o dell'imposta sulle successioni e donazioni, relativamente agli atti ai quali si riferisce la formalità o la voltura.**

2. Sono inoltre solidalmente tenuti al pagamento delle imposte, di cui al comma 1, tutti coloro nel cui interesse è stata richiesta la formalità o la voltura e, nel caso di iscrizioni e rinnovazioni, anche i debitori contro i quali è stata iscritta o rinnovata l'ipoteca, nonché l'utilizzatore dell'immobile concesso in locazione finanziaria.

Art. 12. Uffici competenti. – 1. Gli uffici del registro sono competenti per l'imposta catastale e per l'imposta ipotecaria relative ad atti che importano trasferimenti di beni immobili ovvero costituzione o trasferimento di diritti reali immobiliari di godimento e sulle trascrizioni relativi a certificati di successione. Gli uffici dei registri immobiliari sono competenti per l'imposta ipotecaria sulle altre formalità che vi sono soggette.

Art. 13. Procedimenti e termini. – 1. Per l'accertamento e la liquidazione delle imposte ipotecaria e catastale, per la irrogazione delle relative sanzioni, per le modalità e i termini della riscossione e per la prescrizione, si applicano, in quanto non disposto nel presente testo unico le disposizioni relative all'imposta di registro e all'imposta sulle successioni e donazioni.

2. Gli uffici dei registri immobiliari riscuotono l'imposta ipotecaria di loro competenza all'atto della richiesta della formalità, salvo quanto disposto dall'art. 33, comma 1-*bis*, del testo unico delle disposizioni concernenti l'imposta sulle successioni e donazioni approvato con decreto legislativo 31 ottobre 1990, n. 346.

2-*bis*. Gli uffici del registro, in sede di liquidazione di imposta di successione, provvedono a correggere gli errori e le omissioni commessi dagli eredi e dai legatari nell'adempimento degli obblighi previsti dall'art. 33, comma 1-*bis*, del testo unico delle disposizioni concernenti l'imposta sulle successioni e donazioni, approvato con decreto legislativo 31 ottobre 1990, n. 346. In caso di omesso o insufficiente versamento gli uffici liquidano la maggiore imposta che risulta dovuta con le modalità e nei termini di cui all'art. 27 del suddetto decreto legislativo n. 346 del 1990.

3. **Il pagamento delle imposte non può essere dilazionato.**

4. **Gli interessi di mora sulle somme dovute all'erario e su quelle da rimborsare al contribuente si applicano nella misura del 4,50 per cento per ogni semestre compiuto.**

Art. 14. Prova del pagamento delle imposte. – 1. **La prova dell'avvenuto pagamento delle imposte può essere data solo nei modi stabiliti nei successivi commi 2, 3 e 4.**

2. L'ufficio dei registri immobiliari indica le somme pagate, in lettere e in cifre, sulla certificazione da apporre a

prova della eseguita formalità e sulla nota da esso trattenuta.

3. Nel caso previsto dall'art. 4, l'ufficio presso il quale è eseguita la formalità col pagamento dell'imposta fissa ritira dalla parte la copia ivi prevista; se è stata attivata la meccanizzazione dei servizi, nella certificazione di cui al comma 2, deve essere indicato, in luogo dei numeri dei registri generale e particolare, il numero di presentazione di cui all'ultimo comma dell'art. 2678 del codice civile.

4. Le imposte riscosse dall'ufficio del registro e versate direttamente dagli eredi e dai legatari sono distintamente annotate sugli atti, sulle sentenze, sulle denunzie, e sulle quietanze rilasciate a prova dell'eseguito pagamento delle imposte di registro e sulle successioni e donazioni, nonché sulle copie dei titoli registrati.

Art. 15. Esecuzione di formalità e di volture senza previo pagamento dell'imposta. – 1. Possono essere eseguite anche senza previo pagamento delle imposte:

a) le iscrizioni, rinnovazioni ed annotazioni che sono richieste dal pubblico ministero nell'interesse di privati, da pubblici ufficiali e da privati in virtù di un obbligo loro imposto per legge;

b) le formalità e le volture richieste dalle amministrazioni dello Stato quando le spese relative devono far carico ad altri.

2. L'ufficio competente indica l'imposta dovuta sui documenti di cui all'art. 14 e procede alla riscossione.

Art. 16. Formalità e volture da eseguirsi a debito. – 1. Sono eseguite con prenotazione a debito dell'imposta, salvo il recupero secondo le disposizioni delle rispettive leggi:

a) le trascrizioni del sequestro conservativo di cui all'art. 316 del codice di procedura penale;

b) le iscrizioni e le trascrizioni di cui all'art. 22 del decreto legislativo 18 dicembre 1997, n. 472, e successive modificazioni;

c) le trascrizioni degli atti indicati nel comma 2 dell'art. 6;

d) le formalità e le volture richieste nei procedimenti civili nell'interesse dello Stato e di persone fisiche o giuridiche ammesse al gratuito patrocinio;

e) le formalità e le volture relative a procedure di fallimento e ad altre procedure concorsuali.

2. Nei casi di cui alle lettere a) e b) del comma 1 l'imposta prenotata è riscossa in ragione della somma che risulta definitivamente dovuta.

2-*bis*. Nei casi di cui alla lettera c) del comma 1, l'ufficio provinciale dell'Agenzia del territorio notifica apposito avviso di liquidazione alle parti interessate con l'invito a effettuare entro il termine di sessanta giorni il pagamento dell'imposta, decorsi i quali procede alla riscossione a norma dell'art. 15.

Art. 17. Decadenza. – 1. **Le imposte da corrispondere agli uffici del registro devono essere richieste entro gli stessi termini di decadenza stabiliti in materia di imposta di registro o di imposta sulle successioni e donazioni.**

2. **Le imposte da corrispondere agli uffici dei registri immobiliari devono essere richieste, a pena di decadenza, entro tre anni dal giorno in cui è stata eseguita la relativa formalità o entro cinque anni dalla scadenza del termine entro il quale la stessa doveva essere richiesta.** L'intervenuta decadenza non dispensa dal pagamento dell'imposta nel caso di successiva richiesta della formalità.

3. Le sanzioni amministrative per le violazioni alle norme del presente testo unico devono essere applicate, a pena di decadenza, nel termine stabilito per l'accertamento dell'imposta cui si riferiscono e, se questa non è dovuta, nel termine di cinque anni dal giorno in cui è avvenuta la violazione.

4. I privilegi previsti a garanzia dei crediti dello Stato per le imposte ipotecaria e catastale si estinguono col de-

corso di cinque anni dalla data di registrazione dell'atto o dalla data in cui è stata eseguita o doveva essere eseguita la formalità o la voltura.

5. **La restituzione delle imposte e sanzioni amministrative indebitamente pagate deve essere richiesta, a pena di decadenza, entro tre anni dal giorno del pagamento ovvero, se posteriore, da quello in cui è sorto il diritto alla restituzione.**

CAPO IV
DISPOSIZIONI VARIE E FINALI

Art. 18. Misura minima dell'imposta proporzionale e arrotondamento. – 1. **Le imposte ipotecaria e catastale dovute in misura proporzionale non possono essere inferiori alla misura fissa** e sono arrotondate a lire mille per difetto se la frazione non è superiore a lire cinquecento e per eccesso se superiore, ovvero all'unità, nel caso in cui i valori siano espressi in euro, per difetto se la frazione è inferiore a 50 centesimi e per eccesso se non inferiore.

Art. 19. Tasse ipotecarie. – 1. Per le operazioni inerenti al servizio ipotecario indicate nell'allegata tabella, tranne quelle eseguite nell'interesse dello Stato, sono dovute le tasse ivi previste.

Art. 20. Disciplina dei libri fondiari. – 1. Restano ferme le disposizioni del regio decreto 28 marzo 1929, n. 499, e successive modificazioni, per le formalità relative agli immobili situati nei territori ivi indicati.

Art. 21. Entrata in vigore. – 1. Il presente testo unico entra in vigore l'1° gennaio 1991.

TARIFFA

Art. 1. – Indicazione della formalità: **Trascrizioni di atti e sentenze che importano trasferimento di proprietà di beni immobili** o costituzione o trasferimento di diritti reali immobiliari sugli stessi e dei certificati di successione di cui all'art. 5 del testo unico; Imposte dovute: **proporzionali** per ogni € 0,052: 2; Note: **l'imposta si applica nella misura fissa di € 200,00 per i trasferimenti soggetti all'imposta sul valore aggiunto**, nonché per quelli di cui all'art. 1, comma 1, quarto e quinto periodo, della tariffa, parte prima, allegata al testo unico delle disposizioni concernenti l'imposta di registro, approvato con D.P.R. 26 aprile 1986, n. 131.

Art. 1-*bis*. – **Trascrizioni di atti e sentenze** che importano **trasferimento di proprietà di beni immobili strumentali, di cui all'art. 10, primo comma, numero 8-*ter*)** del decreto del Presidente della Repubblica 26 ottobre 1972, n. 633, anche se assoggettati all'imposta sul valore aggiunto, o costituzione o trasferimenti di diritti immobiliari sugli stessi, ovvero che importano il trasferimento di proprietà, la costituzione o il trasferimento di diritti immobiliari attinenti ad immobili compresi in piani urbanistici particolareggiati diretti all'attuazione dei programmi di edilizia residenziale comunque denominati; Imposte dovute: **proporzionali** per ogni € 0,052: 3.

Art. 2. – Indicazione della formalità: Trascrizioni di atti a titolo oneroso a favore di regioni, province e comuni di atti a titolo oneroso o a favore di altri enti pubblici, territoriali o di consorzi costituiti esclusivamente tra gli stessi, nonché a favore di altri enti pubblici se il trasferimento è disposto per legge; Imposte dovute: **fisse: € 200,00**

Art. 3. – Indicazione della formalità: Trascrizioni di cui al precedente art. 1 per **conferma o rettifica di altra trascrizione** dello stesso atto, sentenza o certificato; Imposte dovute: **fisse: € 200,00**.

Art. 4. – Indicazione della formalità: **Trascrizione di atti o sentenze che non importano trasferimento di proprietà di beni immobili** né costituzione o trasferimento di diritti reali immobiliari, dei contratti preliminari di cui all'art. *2645-bis* del codice civile, di atti di fusione o di scissione di società di qualunque tipo e di atti di conferimento di aziende o di complessi aziendali relativi a singoli rami dell'impresa, nonché di atti di regolarizzazione di società di fatto derivanti da comunione ereditaria di azienda registrati entro un anno dall'apertura della successione; Imposte dovute: **fisse: € 200,00**; Note: se gli atti di regolarizzazione di cui contro sono registrati dopo un anno dall'apertura della successione si applica l'imposta proporzionale di cui all'art. 1.

Art. 5. – Indicazione della formalità: **Trascrizione degli atti e documenti indicati negli articoli 484 e 2648** del codice civile; Imposte dovute: **fisse: € 200,00**.

Art. 6. – Indicazione della formalità: **Iscrizioni e rinnovazioni; Imposte dovute: proporzionali** per ogni € 0,052: 2; Note: se trattasi di rinnovazione l'aliquota è ridotta a metà.

Art. 7. – Indicazione della formalità: **Iscrizioni e rinnovazioni per conferma o rettifica di altra iscrizione o rinnovazione;** Imposte dovute: **fisse: € 200,00.**

Art. 8. – Indicazione della formalità: **Iscrizioni e rinnovazioni in ripetizione di altra corrispondente formalità eseguita per lo stesso credito ed in virtù dello stesso atto, per la quale sia stata pagata l'imposta proporzionale**; Imposte dovute: **fisse: € 200,00.**

Art. 9. – Indicazione della formalità: Annotazioni **per subingresso surrogazione; per trasferimenti di crediti dipendenti o non da causa di morte; per costituzione di pegno sul credito garantito; per estensione della garanzia** in base a nuovo titolo costitutivo; Imposte dovute: **proporzionali** per ogni € 0,052.

Art. 10. – Indicazione della formalità: Annotazioni ed iscrizioni per **postergazione o cessioni di priorità o di ordine ipotecario**; Imposte dovute: **proporzionali** per ogni € 0,052: 0,50.

Art. 11. – Indicazione della formalità: Annotazioni di cui ai precedenti articoli 9 e 10 **in ripetizione di altra per lo stesso credito ed in virtù dello stesso atto per la cui annotazione sia stata pagata l'annotazione proporzionale**; Imposte dovute: **fisse: € 200,00.**

Art. 12. – Indicazione della formalità: Annotazioni **per restrizione di ipoteca; Imposte dovute: proporzionali** per ogni € 0,052: 0,50; Note: l'imposta si applica fino a concorrenza della somma garantita da ipoteca, sul valore degli immobili liberati risultante dall'atto di consenso o da dichiararsi dal richiedente nella domanda secondo le disposizioni relative all'imposta di registro.

Art. 13. – Indicazione della formalità: Annotazioni per **cancellazione o riduzione di ipoteca o pegno**; Imposte dovute: **proporzionali** per ogni € 0,052: 0,50; Note: l'imposta si applica sull'importo della somma per cui la formalità è chiesta. Dall'imposta dovuta deve essere dedotta l'imposta proporzionale che sia stata eventualmente pagata per la restrizione.

Art. 14. – Indicazione della formalità: **Qualunque altra annotazione** non specificamente contemplata; Imposte dovute: **fisse: € 200,00.**

TABELLA DELLE TASSE IPOTECARIE

N. ORD.	OPERAZIONI	TARIFFA IN EURO	NOTE
1	Esecuzioni di formalità		
1.1	per ogni nota di trascrizione, iscrizione o domanda di annotazione	*35,00*	Compresa la certificazione di eseguita formalità da apporre in calce al duplo della nota da restituire al richiedente.
1.2	per ogni formalità con efficacia anche di voltura, oltre quanto previsto nel punto precedente	*55,00*	
2	Ispezione nell'ambito di ogni singola circoscrizione del servizio di pubblicità immobiliare ovvero sezione staccata degli Uffici provinciali dell'Agenzia del territorio		
2.1	ispezione nominativa, per immobile o congiunta per nominativo e per immobile		
2.1.1	ricerca su base informativa: per ogni nominativo richiesto ovvero per ciascuna unità immobiliare richiesta ovvero		L'importo è comprensivo delle prime 30 formalità, o frazioni di 30, contenute nell'elenco sintetico, incluse eventuali formalità validate del periodo anteriore all'automazione degli uffici;
	per ciascuna richiesta congiunta	*7,00*	l'indicazione della presenza di annotazione non si considera formalità. L'importo è dovuto all'atto della richiesta, salva specifica disciplina delle ipotesi per le quali viene corrisposto al momento dell'erogazione del servizio.
2.1.2	per ogni gruppo di 15 formalità, o frazione di 15, eccedenti le prime 30 contenute nell'elenco sintetico	*3,50*	L'importo è dovuto per le formalità contenute nell'elenco sintetico eccedenti le prime 30. L'in-

(*Segue*)

			dicazione della presenza di annotazione non si considera formalità.
2.1.3	ricerca nei registri cartacei: per ogni nominativo richiesto	*3,00*	L'importo è dovuto all'atto della richiesta. Per registri cartacei si intendono repertori, tavole, rubriche e schedari. Non è consentita al pubblico l'ispezione diretta di tavole, rubriche e schedari.
2.1.4	per ogni titolo stampato per ogni nota stampata	*8,00* *4,00*	È consentito l'accesso diretto alla nota o al titolo solo se, unitamente all'identificativo della formalità o del titolo, viene indicato il nominativo di uno dei soggetti ovvero l'identificativo catastale di uno degli immobili presenti sulla formalità.
2.1.5	per ogni nota o titolo visionati	*4,00*	Per le note cartacee relative al periodo automatizzato e per quelle validate del periodo anteriore all'automazione degli uffici, l'importo è dovuto in misura doppia.
2.1.6	tentativo di accesso non produttivo	*0,15*	L'importo è dovuto per ogni accesso diretto al quale non consegua l'individuazione della nota o del titolo, secondo modalità e tempi da stabilire con provvedimento del direttore dell'Agenzia del territorio.
3	Ricerca di un soggetto in ambito nazionale		
3.1	per ogni nominativo richiesto in ambito nazionale	*20,00*	Il servizio sarà fornito progressivamente
4	Certificazione:		
4.1	Certificati ipotecari		L'importo è dovuto all'atto della richiesta.

(*Segue*)

4.1.1	per ogni certificato riguardante una sola persona	*30,00*	Se il certificato riguarda cumulativamente il padre la madre e i figli, nonché entrambi i coniugi, l'importo è dovuto una volta sola. L'importo è dovuto all'atto della richiesta.
4.1.2	per ogni nota visionata dall'ufficio,	*2,00*	Gli importi sono dovuti anche nel caso di mancato ritiro del certificato.
4.2	fino ad un massimo di 1.000 note rilascio di copia		
4.2.1	per ogni richiesta di copia di nota o titolo	*10,00*	L'importo è dovuto all'atto della richiesta.
4.3	altre certificazioni		
4.3.1	per ogni altra certificazione o attestazione	*5,00*	
5	Note d'ufficio		
5.1	per le rinnovazioni di ipoteca da eseguirsi d'ufficio e per ogni altra nota di cui agli articoli 2647, ultimo comma, e 2834 del codice civile	*10,00*	
6	Trasmissione telematica di elenco dei soggetti presenti nelle formalità di un determinato giorno		
6.1	Per ogni soggetto	*0,15*	L'importo è dovuto anticipatamente. Il servizio sarà fornito progressivamente anche in formato elaborabile. Fino all'attivazione del servizio di trasmissione telematica l'elenco dei soggetti continua a essere fornito su supporto cartaceo a richiesta di chiunque, previo pagamento del medesimo tributo di euro 0,15 per ogni soggetto

ACCERTAMENTO

D.P.R. 29 settembre 1973, n. 600

Disposizioni comuni in materia di accertamento delle imposte sui redditi

TITOLO I
DICHIARAZIONE ANNUALE

Art. 1. Dichiarazione dei soggetti passivi. – 1. **Ogni soggetto passivo deve dichiarare annualmente i redditi posseduti** anche se non ne consegue alcun debito d'imposta. I soggetti obbligati alla tenuta di scritture contabili, di cui al successivo art. 13, devono presentare la dichiarazione anche in mancanza di redditi.

2. La **dichiarazione** è **unica** agli effetti dell'imposta sul reddito delle persone fisiche o sul reddito delle persone giuridiche e dell'imposta locale sui redditi e **deve contenere l'indicazione degli elementi attivi e passivi** necessari per la **determinazione degli imponibili** secondo le norme che disciplinano le imposte stesse. I redditi per i quali manca tale indicazione si considerano non dichiarati ai fini dell'accertamento e delle sanzioni.

3. La dichiarazione delle persone fisiche è unica per i redditi propri del soggetto e per quelli di altre persone a lui imputabili a norma dell'articolo 4 del testo unico delle imposte sui redditi, approvato con decreto del Presidente della Repubblica 22 dicembre 1986, n. 917, e deve comprendere anche i redditi sui quali l'imposta si applica separatamente a norma degli artt. 16, comma 1, lettere da d) a n-*bis*) [*ora art. 17*], e 18 [*ora art. 21*] dello stesso testo unico. I redditi di cui alle lettere a), b), c) e c-*bis*) del comma 1 dell'art. 16 [*ora art. 17*] del predetto testo unico devono essere dichiarati solo se corrisposti da soggetti non obbligati per legge alla effettuazione delle ritenute di acconto.

4. Sono **esonerati** dall'obbligo della dichiarazione:

a) le **persone fisiche che non possiedono alcun reddito** sempre che non siano obbligate alla tenuta di scritture contabili;

b) le **persone fisiche non obbligate alla tenuta di scritture contabili che possiedono soltanto redditi esenti e redditi soggetti a ritenuta alla fonte a titolo di imposta** nonché **redditi fondiari** per un importo complessivo, al lordo della deduzione di cui all'art. 10, comma 3-*bis*, del testo unico delle imposte sui redditi, approvato con decreto del Presidente della Repubblica 22 dicembre 1986, n. 917, non superiore a euro 185,92 annui;

b-*bis*) **le persone fisiche non obbliga-**

te alla tenuta di scritture contabili che possiedono soltanto redditi esenti, redditi soggetti a ritenuta alla fonte a titolo di imposta e il reddito fondiario dell'abitazione principale e sue pertinenze purché di importo non superiore a quello della deduzione di cui all'art. 10, comma 3-*bis*, del citato testo unico delle imposte sui redditi.

c) **le persone fisiche non obbligate alla tenuta di scritture contabili che possiedono soltanto redditi esenti, redditi soggetti a ritenuta alla fonte a titolo di imposta, reddito fondiario dell'abitazione principale e sue pertinenze** purché di importo non superiore a quello della deduzione di cui all'articolo 10, comma 3-*bis*, del testo unico delle imposte sui redditi, approvato con decreto del Presidente della Repubblica 22 dicembre 1986, n. 917, nonché altri redditi per i quali la differenza tra l'imposta lorda complessiva e l'ammontare spettante delle detrazioni di cui agli articoli 12 e 13 del citato testo unico, e le ritenute operate risulta non superiore a euro 10,33. Tuttavia detti contribuenti, ai fini della scelta della destinazione dell'8 per mille dell'imposta sul reddito delle persone fisiche prevista dall'articolo 47 della legge 20 maggio 1985, n. 222, e dalle leggi che approvano le intese con le confessioni religiose di cui all'articolo 8, comma 3, della Costituzione, possono presentare apposito modello, approvato con il decreto di cui all'art. 8, comma 1, ovvero con il certificato di cui all'art. 7-*bis*, con le modalità previste dall'articolo 12 ed entro il termine stabilito per la presentazione della dichiarazione dei redditi;

d) lettera abrogata;

e) lettera abrogata;

e-*bis*) lettera abrogata;

5. Comma abrogato.

6. Nelle ipotesi di esonero previste nel quarto comma il contribuente ha, tuttavia, facoltà di presentare la dichiarazione dei redditi.

7. Se più soggetti sono obbligati alla stessa dichiarazione, la dichiarazione fatta da uno di essi esonera gli altri.

8. Per le persone fisiche legalmente incapaci l'obbligo della dichiarazione spetta al rappresentante legale.

Art. 2. Contenuto della dichiarazione delle persone fisiche. – 1. La dichiarazione delle persone fisiche, oltre quanto stabilito nel secondo comma dell'articolo 1, deve indicare i **dati e gli elementi necessari** per **l'individuazione del contribuente**, per la determinazione dei **redditi** e delle **imposte dovute**, nonché per l'effettuazione dei controlli e gli altri elementi, esclusi quelli che l'Amministrazione finanziaria è in grado di acquisire direttamente, richiesti nel modello di dichiarazione di cui all'art. 8, primo comma, primo periodo.

Art. 3. Certificazioni e documenti riguardanti la dichiarazione delle persone fisiche. – 1. Le **persone fisiche** che esercitano **imprese commerciali** ai sensi dell'art. 51 [*ora art. 55*] del testo unico delle imposte sui redditi, approvato con decreto del Presidente della Repubblica 22 dicembre 1986, n. 917, anche se non obbligati da altre norme **devono redigere e conservare**, per il periodo indicato nell'articolo 22, **il bilancio**, composto dallo stato patrimoniale e dal conto dei profitti e delle perdite, relativo al periodo d'imposta. I **ricavi**, i **costi**, le **rimanenze** e gli **altri elementi** necessari, secondo le disposizioni del capo VI del titolo I del citato testo unico, per la determinazione del reddito d'impresa devono essere **indicati** in **apposito prospetto**, qualora non risultanti dal bilancio.

2. Le disposizioni del comma 1 non si applicano ai soggetti che, ammessi a **regimi contabili semplificati**, non hanno optato per il regime di contabilità ordinaria.

3. I **contribuenti** devono **conservare**, per il periodo previsto dall'articolo 43,

le **certificazioni** dei **sostituti di imposta**, nonché i **documenti probatori** dei **crediti di imposta**, dei **versamenti** eseguiti con riferimento alla dichiarazione dei redditi e degli oneri deducibili o detraibili ed ogni altro documento previsto dal decreto di cui all'articolo 8. Le certificazioni ed i documenti devono essere esibiti o trasmessi, su richiesta, all'ufficio competente.

Art. 4. Contenuto della dichiarazione dei soggetti all'imposta sul reddito delle persone giuridiche. – 1. La **dichiarazione** dei soggetti all'imposta sul reddito delle persone giuridiche, oltre quanto stabilito nel secondo comma dell'articolo 1, **deve indicare i dati e gli elementi necessari** per l'individuazione del **contribuente** e di **almeno un rappresentante**, per la determinazione dei **redditi** e delle **imposte dovute**, nonché per l'effettuazione dei controlli e gli altri elementi, esclusi quelli che l'Amministrazione finanziaria è in grado di acquisire direttamente, richiesti nel modello di dichiarazione di cui all'articolo 8, primo comma, primo periodo.

2. Comma abrogato.

Art. 5. Certificazioni e documentazioni riguardanti la dichiarazione dei soggetti all'imposta sul reddito delle persone giuridiche. – 1. I soggetti all'imposta sul reddito delle **persone giuridiche** devono **conservare**, per il periodo indicato nell'articolo 22, **il bilancio o il rendiconto**, nonché i **relativi verbali e relazioni**, cui sono obbligati dal codice civile, da leggi speciali o dallo statuto. I **ricavi**, i **costi**, le **rimanenze** e gli **altri elementi** necessari, secondo le disposizioni del capo VI del titolo I del testo unico delle imposte sui redditi, approvato con decreto del Presidente della Repubblica 22 dicembre 1986, n. 917, per la determinazione dell'imponibile devono essere indicati in apposito prospetto, qualora non risultanti dal bilancio o dal rendiconto.

2. Gli enti indicati alla lettera c) del comma 1 dell'articolo 87 [*ora art. 73*] del testo unico delle Imposte sui redditi, approvato con decreto del Presidente della Repubblica 22 dicembre 1986, n. 917, devono conservare il bilancio relativo alle attività commerciali eventualmente esercitate. La disposizione non si applica agli enti che, ammessi a regimi contabili semplificati, non hanno optato per il regime ordinario.

3. Le società e gli enti indicati alla lettera d) del comma 1 dell'art. 87 [*ora art. 73*] del testo unico delle imposte sui redditi, approvato con decreto del Presidente della Repubblica 22 dicembre 1986, n. 917, devono conservare il bilancio relativo alle attività esercitate nel territorio dello Stato mediante stabili organizzazioni. Non sono obbligati alla conservazione del bilancio le società semplici e le società o le associazioni equiparate né gli enti non commerciali che non esercitano nel territorio dello Stato attività commerciali o che, ammessi a regimi contabili semplificati, non hanno optato per il regime ordinario.

4. Le **certificazioni dei sostituti** d'imposta e i **documenti probatori dei versamenti** eseguiti con riferimento alle dichiarazioni dei redditi e degli oneri di cui agli articoli 110 [*ora art. 146*], 110-*bis* [*ora art. 147*], 113 [*ora art. 152*] e 114 [*ora art. 154, abrogato*] del testo unico delle imposte sui redditi, approvato con decreto del Presidente della Repubblica 22 dicembre 1986, n. 917, nonché ogni altro documento previsto dal decreto di cui all'art. 8 **devono essere conservati** per il periodo previsto dall'art. 43. Le certificazioni e i documenti devono essere esibiti o trasmessi, su richiesta, all'ufficio competente.

Art. 6. Dichiarazione delle società semplici, in nome collettivo, in accomandita semplice ed equiparate. – 1. **Le società semplici, in nome collettivo e in accomandita semplice indicate nell'art.**

5 del testo unico delle imposte sui redditi approvato con decreto del Presidente della Repubblica 22 dicembre 1986, n. 917, le società e le associazioni ad esse equiparate a norma dello stesso articolo **devono presentare la dichiarazione** agli effetti dell'imposta locale sui redditi da esse dovuta e agli effetti dell'imposta sul reddito delle persone fisiche e dell'imposta sul reddito delle persone giuridiche dovute dai soci o dagli associati.

2. La dichiarazione deve contenere le indicazioni prescritte nel secondo comma dell'articolo 1 e nel primo comma dell'articolo 4.

3. I soggetti di cui al comma 1, anche se non obbligati da altre norme **devono redigere e conservare**, per il periodo indicato nell'articolo 22, **il bilancio, composto dallo stato patrimoniale e dal conto dei profitti e delle perdite, relativo al periodo d'imposta. I ricavi**, i **costi**, le **rimanenze** e gli **altri elementi** necessari, secondo le disposizioni del capo VI del titolo I del testo unico delle imposte sui redditi, approvato con decreto del Presidente della Repubblica 22 dicembre 1986, n. 917, per la determinazione dell'imponibile devono essere indicati in apposito prospetto, qualora non risultanti dal bilancio.

4. Le **disposizioni** del comma 3 **non si applicano ai soggetti** che, ammessi a regimi contabili semplificati, **non hanno optato per il regime di contabilità ordinaria**, nonché alle società semplici e alle società ed associazioni ad esse equiparate.

5. I soggetti di cui al comma 1 devono **conservare,** per il periodo previsto dall'articolo 43, le **certificazioni** dei **sostituti** di imposta, **i documenti probatori** dei **crediti** di imposta, dei **versamenti** eseguiti con riferimento alla dichiarazione dei redditi e degli oneri deducibili o detraibili, nonché ogni altro documento previsto dal decreto di cui all'articolo 8. Le certificazioni ed i documenti devono essere esibiti o trasmessi, su richiesta, all'ufficio competente.

Art. 7. Dichiarazione dei sostituti d'imposta. – Articolo abrogato.

Art. 7-*bis*. Certificazioni dei sostituti di imposta. – Articolo abrogato.

Art. 8. Redazione e sottoscrizione delle dichiarazioni. – Articolo abrogato.

Art. 9. Termini per la presentazione delle dichiarazioni. – Articolo abrogato.

Art. 10. Dichiarazione nei casi di liquidazione. – Articolo abrogato.

Art. 11. Dichiarazione nei casi di trasformazione e di fusione. – Articolo abrogato.

Art. 12. Presentazione delle dichiarazioni. – Articolo abrogato.

Art. 12-*bis*. Trattamento dei dati risultanti dalla dichiarazione dei redditi e dell'imposta sul valore aggiunto. – 1. I sostituti d'imposta ed i soggetti comunque incaricati ai sensi dell'articolo 12 di trasmettere la dichiarazione all'Amministrazione finanziaria, possono trattare i dati connessi alle dichiarazioni per le sole finalità di prestazione del servizio e per il tempo a ciò necessario, adottando specifiche misure individuate nelle convenzioni di cui al comma 11 del predetto articolo 12, volte ad assicurare la riservatezza e la sicurezza delle informazioni anche con riferimento ai soggetti da essi designati come responsabili o incaricati ai sensi della legge 31 dicembre 1996, n. 675. Con il decreto di cui al comma 11 dell'articolo 12 sono individuate, altresì, le modalità per inserire nei modelli di dichiarazione l'informativa all'interessato e l'espressione del consenso relativo ai trattamenti, da parte dei soggetti di cui al precedente periodo, dei dati personali di cui all'articolo 22, comma 1, della legge 31 dicembre 1996, n. 675, connessi alle dichiarazioni.

2. Limitatamente alle dichiarazioni presentate nel 1998, l'informativa di cui all'art. 10 della legge 31 dicembre 1996, n. 675, s'intende resa attraverso i modelli di dichiarazione ed il consenso di cui al comma 1 è validamente espresso con la sottoscrizione delle dichiarazioni.

TITOLO II
SCRITTURE CONTABILI

Art. 13. Soggetti obbligati alla tenuta di scritture contabili. – 1. Ai fini dell'accertamento sono obbligati alla tenuta di scritture contabili, secondo le disposizioni di questo titolo:

a) le **società soggette all'imposta sul reddito delle persone giuridiche**;

b) gli **enti pubblici e privati** diversi dalle società, soggetti all'imposta sul reddito delle persone giuridiche, nonché **i trust**, che hanno per **oggetto esclusivo o principale** l'esercizio di **attività commerciali**;

c) le **società in nome collettivo**, le società in **accomandita semplice** e le società ad esse equiparate ai sensi dell'art. 5 del decreto del Presidente della Repubblica 29 settembre 1973, n. 597;

d) le **persone fisiche** che esercitano **imprese commerciali** ai sensi dell'art. 51 del decreto indicato alla lettera precedente.

Sono inoltre obbligate alla tenuta di scritture contabili, a norma degli articoli 19 e 20:

e) le **persone fisiche che esercitano arti e professioni**, ai sensi dell'art. 49, commi primo e secondo del decreto indicato al primo comma, lettera c);

f) le **società** o associazioni fra **artisti e professionisti** di cui all'art. 5, lettera c), del decreto indicato alla precedente lettera;

g) **gli enti pubblici e privati diversi dalle società, soggetti all'imposta sul reddito delle persone giuridiche, nonché i trust, che non hanno per oggetto esclusivo o principale l'esercizio di attività commerciali.**

2. I soggetti obbligati ad operare **ritenute alla fonte** a titolo di **acconto** sui compensi corrisposti, di cui al successivo art. 21, devono **tenere le scritture** ivi indicate ai fini dell'accertamento del reddito dei percipienti.

3. I soggetti i quali, fuori dell'ipotesi di cui all'art. 28, lettera b), del decreto del Presidente della Repubblica 29 settembre 1973, n. 597, svolgono attività di allevamento di animali, devono tenere le scritture contabili indicate nell'art. 18-*bis*.

Art. 14. Scritture contabili delle imprese commerciali, delle società e degli enti equiparati. – 1. Le **società**, gli **enti** e gli **imprenditori commerciali** di cui al primo comma dell'art. 13 devono in ogni caso tenere:

a) il **libro giornale** e il **libro degli inventari**;

b) i **registri prescritti ai fini dell'imposta sul valore aggiunto**;

c) **scritture ausiliarie** nelle quali devono essere registrati gli elementi patrimoniali e reddituali, raggruppati in categorie omogenee, in modo da consentire di desumerne chiaramente e distintamente i componenti positivi e negativi che concorrono alla determinazione del reddito;

d) **scritture ausiliarie di magazzino**, tenute in forma sistematica e secondo norme di ordinata contabilità, dirette a seguire le variazioni intervenute tra le consistenze negli inventari annuali. Nelle scritture devono essere registrate le quantità entrate ed uscite delle merci destinate alla vendita; dei semilavorati, se distintamente classificati in inventario, esclusi i prodotti in corso di lavorazione; dei prodotti finiti nonché delle materie prime e degli altri beni destinati ad essere in essi fisicamente incorporati; degli imballaggi utilizzati per il confezionamento dei singoli prodotti; delle materie prime tipicamente consumate nella fase produttiva dei servizi, nonché delle materie prime e degli altri beni incorporati durante la lavorazione dei beni del committente. Le rilevazioni dei beni, singoli o raggruppati per categorie di inventario, possono essere effettuate anche in forma riepilogativa con periodicità non superiore al mese. Nelle stesse scritture possono inoltre essere annotati, anche alla fine del periodo d'imposta, i cali e le altre variazioni di quantità che determinano scostamenti tra le giacenze fisiche effettive e quelle desumibili dalle scritture di carico e scarico. Per le attività elencate ai numeri 1) e 2) del primo comma dell'art. 22 del decreto del Presidente della Repubblica 26 ottobre 1972, n. 633, e successive modificazioni, le registrazioni vanno effettuate solo per i movimenti di carico e scarico dei magazzini interni centralizzati che forniscono due o più negozi o altri punti di vendita, con esclusione di quelli indicati al punto 4 dell'art. 4 del decreto del Presidente della Repubblica 6 ottobre 1978, n. 627. Per la produzione di beni, opere, forniture e servizi la cui valutazione è effettuata a costi specifici o a norma dell'art. 63 del decreto del Presidente della Repubblica 29 settembre 1973, n. 597, e successive modificazioni, le scritture ausiliarie sono costituite da schede di lavorazione dalle quali devono risultare i costi specificamente imputabili; le registrazioni sulle schede di lavorazione sostituiscono le rilevazioni di carico e di scarico dei singoli beni specificamente acquistati per le predette produzioni. Dalle scritture ausiliarie di magazzino possono essere esclusi tutti i movimenti relativi a singoli beni o a categorie inventariali il cui costo complessivo nel periodo di imposta precedente non eccede il venti per cento di quello sostenuto nello stesso periodo per tutti i beni sopraindicati. I beni o le categorie inventariali che possono essere esclusi devono essere scelti tra quelli di trascurabile rilevanza percentuale.

2. I soggetti stessi devono inoltre tenere, in quanto ne ricorrano i presupposti, **il registro dei beni ammortizzabili e il registro riepilogativo di magazzino** di cui ai successivi articoli 16 e 17 e i libri sociali obbligatori di cui ai numeri 1 e seguenti dell'art. 2421 del codice civile.

3. Comma abrogato.

4. Le società e gli enti il cui bilancio o rendiconto è soggetto per legge o per statuto alla approvazione dell'assemblea o di altri organi possono effettuare nelle scritture contabili gli **aggiornamenti** consequenziali all'approvazione stessa **fino** al termine stabilito per la **presentazione della dichiarazione.**

5. Le società, gli enti e gli imprenditori di cui al primo comma che esercitano **attività commerciali all'estero mediante stabili organizzazioni e quelli non residenti che esercitano attività commerciali in Italia mediante stabili organizzazioni**, devono **rilevare** nella contabilità **distintamente i fatti di gestione** che interessano le **stabili organizzazioni**, determinando **separatamente i risultati** dell'esercizio relativi a ciascuna di esse.

6. Comma abrogato.

Art. 15. Inventario e bilancio. – 1. Le **società**, gli **enti** e gli **imprenditori commerciali** di cui al primo comma dell'art. 13 devono in ogni caso **redigere l'inventario e il bilancio** con il conto dei profitti e delle perdite, a norma dell'art. 2217 del codice civile, entro tre mesi dal termine per la presentazione della dichiarazione dei redditi ai fini delle imposte dirette.

2. L'**inventario**, oltre agli elementi prescritti dal codice civile o da leggi speciali, deve indicare la **consistenza dei beni**

raggruppati in categorie omogenee per natura e valore e il valore attribuito a ciascun gruppo. Ove dall'inventario non si rilevino gli elementi che costituiscono ciascun gruppo e la loro ubicazione, devono essere tenute a disposizione dell'ufficio delle imposte le distinte che sono servite per la compilazione dell'inventario.

3. Nell'inventario degli imprenditori individuali devono essere distintamente indicate e valutate le attività e le passività relative all'impresa.

4. Il bilancio e il conto dei profitti e delle perdite, salve le disposizioni del codice civile e delle leggi speciali, possono essere redatti con qualsiasi metodo e secondo qualsiasi schema, purché conformi ai principi della tecnica contabile, salvo quanto stabilito nel secondo comma dell'art. 3.

Art. 16. Registro dei beni ammortizzabili. – 1. Le **società**, gli **enti** e gli **imprenditori commerciali**, di cui al primo comma dell'art. 13, devono compilare il **registro dei beni ammortizzabili** entro il termine stabilito per la presentazione della dichiarazione.

2. Nel registro devono essere **indicati**, per **ciascun immobile** e per ciascuno dei **beni** iscritti in pubblici registri, **l'anno di acquisizione, il costo originario, le rivalutazioni, le svalutazioni, il fondo di ammortamento nella misura raggiunta al termine del periodo d'imposta precedente, il coefficiente di ammortamento effettivamente praticato nel periodo d'imposta, la quota annuale di ammortamento e le eliminazioni dal processo produttivo.**

3. Per i beni diversi da quelli indicati nel comma precedente le indicazioni ivi richieste possono essere effettuate con riferimento a categorie di beni omogenee per anno di acquisizione e coefficiente di ammortamento. Per i beni di cui all'art. 102-*bis* del testo unico delle imposte sui redditi, di cui al decreto del Presidente della Repubblica 22 dicembre 1986, n. 917, le indicazioni ivi richieste possono essere effettuate con riferimento a categorie di beni omogenee per anno di acquisizione e vita utile. Per i beni gratuitamente devolvibili deve essere distintamente indicata la quota annua che affluisce al fondo di ammortamento finanziario.

4. Se le **quote annuali** di ammortamento sono **inferiori alla metà** di quelle risultanti dall'applicazione dei coefficienti stabiliti ai sensi del secondo comma dell'art. 68 del decreto del Presidente della Repubblica 29 settembre 1973, n. 597, il **minor ammontare** deve essere **distintamente indicato** nel registro dei beni ammortizzabili.

5. I **costi di manutenzione, riparazione, ammodernamento e trasformazione** di cui all'ultimo comma del detto art. 68, che non siano immediatamente deducibili, non si sommano al valore dei beni cui si riferiscono ma sono **iscritti in voci separate del registro dei beni ammortizzabili** a seconda dell'anno di formazione.

Art. 17. Registro riepilogativo di magazzino. – Articolo abrogato.

Art. 18. Contabilità semplificata per le imprese minori. – 1. Le disposizioni dei precedenti articoli **si applicano** anche ai **soggetti che**, a norma del codice civile, **non sono obbligati alla tenuta delle scritture contabili** di cui allo stesso codice. Tuttavia, i soggetti indicati alle lettere c) e d) del primo comma dell'articolo 13, qualora i **ricavi** indicati agli articoli 57 e 85 del testo unico delle imposte sui redditi, di cui al decreto del Presidente della Repubblica 22 dicembre 1986, n. 917, **percepiti in un anno intero, ovvero conseguiti nell'ultimo anno di applicazione dei criteri previsti dall'articolo 109, comma 2, del medesimo testo unico, non abbiano superato l'ammontare di 500.000 euro per le im-**

prese aventi per oggetto prestazioni di servizi, ovvero di 800.000 euro per le imprese aventi per oggetto altre attività, sono esonerati per l'anno successivo dalla tenuta delle scritture contabili prescritte dai precedenti articoli, salvi gli obblighi di tenuta delle scritture previste da disposizioni diverse dal presente decreto. Per i contribuenti che esercitano contemporaneamente prestazioni di servizi e altre attività si fa riferimento all'ammontare dei ricavi relativi all'attività prevalente. In mancanza della distinta annotazione dei ricavi, si considerano prevalenti le attività diverse dalle prestazioni di servizi. Con decreto del Ministro dell'economia e delle finanze sono stabiliti i criteri per l'individuazione delle attività consistenti nella prestazione di servizi.

2. I soggetti che fruiscono dell'esonero di cui al comma 1 devono annotare cronologicamente in un apposito registro i ricavi percepiti indicando per ciascun incasso: a) il relativo importo; b) le generalità, l'indirizzo e il comune di residenza anagrafica del soggetto che effettua il pagamento; c) gli estremi della fattura o altro documento emesso. Devono essere altresì annotate cronologicamente, in diverso registro e con riferimento alla data di pagamento, le spese sostenute nell'esercizio. Per ciascuna spesa devono essere fornite le indicazioni di cui alle lettere b) e c) del primo periodo.

3. I componenti positivi e negativi di reddito, diversi da quelli indicati al comma 2, sono annotati nei registri obbligatori di cui al medesimo comma 2 entro il termine di presentazione della dichiarazione dei redditi.

4. I registri tenuti ai fini dell'imposta sul valore aggiunto sostituiscono i registri indicati al comma 2, qualora vi siano iscritte separate annotazioni delle operazioni non soggette a registrazione ai fini della suddetta imposta. In luogo delle singole annotazioni relative a incassi e pagamenti, nell'ipotesi in cui l'incasso o il pagamento non sia avvenuto nell'anno di registrazione, nei registri deve essere riportato l'importo complessivo dei mancati incassi o pagamenti con indicazione delle fatture cui le operazioni si riferiscono. In tal caso, i ricavi percepiti e i costi sostenuti devono essere annotati separatamente nei registri stessi nel periodo d'imposta in cui vengono incassati o pagati, indicando ai sensi del comma 2, lettera c), il documento contabile già registrato ai fini dell'imposta sul valore aggiunto.

5. Previa opzione, vincolante per almeno un triennio, i contribuenti possono tenere i registri ai fini dell'imposta sul valore aggiunto senza operare annotazioni relative a incassi e pagamenti, fermo restando l'obbligo della separata annotazione delle operazioni non soggette a registrazione ai fini della suddetta imposta. In tal caso, per finalità di semplificazione si presume che la data di registrazione dei documenti coincida con quella in cui è intervenuto il relativo incasso o pagamento.

6. I soggetti esonerati dagli adempimenti relativi all'imposta sul valore aggiunto ai sensi dell'articolo 34 del decreto del Presidente della Repubblica 26 ottobre 1972, n. 633, non sono tenuti ad osservare le disposizioni dei commi 2, 3 e 4 del presente articolo.

7. **Il regime di contabilità semplificata** previsto nel presente articolo **si estende di anno in anno qualora non vengano superati gli importi indicati nel comma 1.**

8. **Il contribuente ha facoltà di optare per il regime ordinario**. L'opzione ha effetto dall'inizio del periodo d'imposta nel corso del quale è esercitata fino a quando non è revocata e, in ogni caso, per il periodo stesso e per i due successivi.

9. I soggetti che intraprendono l'esercizio di impresa commerciale, qualora ritengano di percepire ricavi per un

ammontare, ragguagliato ad un anno, non superiore ai limiti indicati al comma 1, possono, per il primo anno, tenere la contabilità semplificata di cui al presente articolo.

10. Per i rivenditori, in base a contratti estimatori, di giornali, di libri e di periodici, anche su supporti audiovideomagnetici, e per i distributori di carburante, ai fini del calcolo dei limiti di ammissione ai regimi semplificati di contabilità, i ricavi percepiti si assumono al netto del prezzo corrisposto al fornitore dei predetti beni. Per le cessioni di generi di monopolio, valori bollati e postali, marche assicurative e valori similari, si considerano ricavi gli aggi percepiti spettanti ai rivenditori.

11. Ai fini del presente articolo si assumono come ricavi conseguiti nel periodo d'imposta le somme incassate registrate nel registro di cui al comma 2, primo periodo, ovvero nel registro di cui al comma 4.

Art. 18-*bis*. Scritture contabili delle imprese di allevamento. – 1. I soggetti i quali, fuori dell'ipotesi di cui all'art. 28, lettera b), del decreto del Presidente della Repubblica 29 settembre 1973, n. 597, svolgono attività di allevamento di animali devono tenere un registro cronologico di carico e scarico degli animali allevati, distintamente per specie e ciclo di allevamento, con l'indicazione degli incrementi e decrementi verificatisi per qualsiasi causa nel periodo d'imposta.

Art. 18-*ter*. Scritture contabili per le altre attività agricole. – 1. I soggetti che si avvalgono dei regimi di cui all'articolo 56-*bis* del decreto del Presidente della Repubblica 22 dicembre 1986, n. 917, ed all'articolo 5 della legge 31 dicembre 1991, n. 413, devono tenere esclusivamente i registri previsti dal decreto del Presidente della Repubblica 26 ottobre 1972, n. 633.

Art. 19. Scritture contabili degli esercenti arti e professioni. – 1. Le **persone fisiche** che esercitano **arti e professioni** e **le società o associazioni fra artisti e professionisti** di cui alle lettere e) ed f), dell'art. 13, devono annotare cronologicamente in un **apposito registro** le **somme percepite** sotto qualsiasi forma e denominazione nell'esercizio dell'arte o della professione, anche a titolo di partecipazione agli utili, **indicando** per ciascuna riscossione:

a) il **relativo importo**, al lordo e al netto della parte che costituisce rimborso di spese diverse da quelle inerenti alla produzione del reddito eventualmente anticipate per conto del soggetto che ha effettuato il pagamento, e l'ammontare della ritenuta d'acconto subita;

b) le **generalità**, il **comune di residenza anagrafica e l'indirizzo del soggetto che ha effettuato il pagamento**;

c) gli **estremi** della **fattura**, parcella, nota o altro documento emesso.

2. Nello stesso registro devono essere annotate cronologicamente, con le indicazioni di cui alle lettere b) e c), le spese inerenti all'esercizio dell'arte o professione delle quali si richiede la deduzione analitica ai sensi dell'art. 50 del decreto del Presidente della Repubblica 29 settembre 1973, n. 597. Deve esservi inoltre annotato, entro il termine stabilito per la presentazione della dichiarazione, il valore dei beni per i quali si richiede la deduzione di quote di ammortamento ai sensi del detto articolo, raggruppati in categorie omogenee e distinti per anno di acquisizione.

3. I soggetti di cui al primo comma sono obbligati a tenere uno o più conti correnti bancari o postali ai quali affluiscono, obbligatoriamente, le somme riscosse nell'esercizio dell'attività e dai quali sono effettuati i prelevamenti per il pagamento delle spese.

4. I compensi in denaro per l'esercizio di arti e professioni sono riscossi esclusivamente mediante assegni non

trasferibili o bonifici ovvero altre modalità di pagamento bancario o postale nonché mediante sistemi di pagamento elettronico, salvo per importi unitari inferiori a 100 euro.

5. Comma abrogato.

6. Comma abrogato.

7. Con decreti del Ministro delle finanze, da pubblicare nella Gazzetta Ufficiale, possono essere stabiliti appositi modelli dei registri di cui al comma precedente con classificazione delle categorie di componenti positivi e negativi rilevanti ai fini della determinazione del reddito, individuate anche in relazione a quelle risultanti dai modelli di dichiarazione dei redditi e possono essere prescritte particolari modalità per la tenuta meccanografica del registro.

Art. 20. Scritture contabili degli enti non commerciali. – 1. Le disposizioni degli articoli 14, 15, 16, 17 e 18 si applicano, relativamente alle attività commerciali eventualmente esercitate, anche agli enti soggetti all'imposta sul reddito delle persone giuridiche che non hanno per oggetto esclusivo o principale l'esercizio di attività commerciali.

1-*bis*. Indipendentemente alla redazione del rendiconto annuale economico e finanziario, gli **enti non commerciali** che effettuano raccolte pubbliche di fondi devono redigere, entro quattro mesi dalla chiusura dell'esercizio, un **apposito e separato rendiconto** tenuto e conservato ai sensi dell'articolo 22, dal quale devono risultare, anche a mezzo di una relazione illustrativa, in modo chiaro e trasparente, le **entrate** e le **spese** relative a ciascuna delle celebrazioni, ricorrenze o campagne di sensibilizzazione indicate nell'articolo 108, comma 2-*bis*, lettera a) [*ora art. 143, comma 3, lett. a)*], testo unico delle imposte sui redditi, approvato con decreto del Presidente della Repubblica 22 dicembre 1986, n. 917.

1-*ter*. Gli enti soggetti alla determinazione forfetaria del reddito ai sensi del comma 1 dell'art. 109-*bis* [*ora art. 145*] del testo unico delle Imposte sui redditi, approvato con decreto del Presidente della Repubblica 22 dicembre 1986, n. 917, che abbiano conseguito nell'anno solare precedente ricavi non superiori euro 15.493,71, relativamente alle attività di prestazione di servizi, ovvero a euro 25.822,84 negli altri casi, assolvono gli obblighi contabili di cui all'articolo 18, secondo le disposizioni di cui al comma 166 dell'art. 3 della legge 23 dicembre 1996, n. 662.

Art. 20-*bis*. Scritture contabili delle organizzazioni non lucrative di utilità sociale. – Articolo abrogato.

Art. 21. Scritture contabili dei sostituti d'imposta. – 1. I soggetti indicati nel terzo comma dell'articolo 13 devono indicare, **per ciascun dipendente**, nel libro matricola o in altri libri obbligatori tenuti ai sensi della vigente legislazione sul lavoro, le **detrazioni** di cui agli articoli 12 e 13 del testo unico delle imposte sui redditi, approvato con decreto del Presidente della Repubblica 22 dicembre 1986, n. 917, attribuite in base alla richiesta del dipendente effettuata a norma dell'articolo 23. Le **somme e i valori corrisposti** a ciascun dipendente devono risultare dal libro paga o da documenti equipollenti tenuti ai sensi della vigente legislazione sul lavoro.

Art. 22. Tenuta e conservazione delle scritture contabili. – 1. Fermo restando quanto stabilito dal codice civile per il libro giornale e per il libro degli inventari e dalle leggi speciali per i libri e registri da esse prescritti, **le scritture contabili** di cui ai precedenti articoli, ad eccezione delle scritture ausiliarie di cui alla lettera c) e alla lettera d) del primo comma dell'articolo 14, **devono essere tenute a norma dell'articolo 2219 del codice stesso e numerate progressiva-**

mente in ogni pagina, in esenzione dall'imposta di bollo. Le registrazioni nelle scritture cronologiche e nelle scritture ausiliarie di magazzino devono essere eseguite non oltre sessanta giorni.

2. **Le scritture contabili obbligatorie** ai sensi del presente decreto, di altre leggi tributarie, del codice civile o di leggi speciali **devono essere conservate fino a quando non siano definiti gli accertamenti relativi al corrispondente periodo d'imposta anche oltre il termine stabilito dall'articolo 2220 del codice civile o da altre leggi tributarie, salvo il disposto dell'art. 2457 [*ora art. 2496*] del detto codice.** Gli eventuali supporti meccanografici, elettronici e similari devono essere conservati fino a quando i dati contabili in essi contenuti non siano stati stampati sui libri e registri previsti dalle vigenti disposizioni di legge. L'autorità adita in sede contenziosa può limitare l'obbligo di conservazione alle scritture rilevanti per la risoluzione della controversia in corso.

3. Fino allo stesso termine di cui al precedente comma devono essere **conservati** ordinatamente, **per ciascun affare**, gli originali delle **lettere**, dei **telegrammi** e delle **fatture ricevuti** e le copie delle lettere e dei telegrammi spediti e delle **fatture emesse**.

4. Con decreti del Ministro per le finanze potranno essere determinate modalità semplificative per la tenuta del registro dei beni ammortizzabili e del registro riepilogativo di magazzino, in considerazione delle caratteristiche dei vari settori di attività.

TITOLO III
RITENUTE ALLA FONTE

Art. 23. Ritenute sui redditi di lavoro dipendente. – 1. Gli **enti** e le **società** indicati nell'art. 87, comma 1 [*ora art. 73*], del testo unico delle imposte sui redditi, approvato con decreto del Presidente della Repubblica 22 dicembre 1986, n. 917, le **società** e **associazioni** indicate nell'art. 5 del predetto testo unico e le **persone fisiche che esercitano imprese commerciali**, ai sensi dell'art. 51 [*ora art. 55*] del citato testo unico, o **imprese agricole**, le persone fisiche che esercitano **arti e professioni** il **curatore fallimentare**, il commissario **liquidatore** nonché il **condominio** quale sostituto d'imposta, i quali corrispondono somme e valori di cui all'art. 48 [*ora art. 51*] dello stesso testo unico, devono operare all'atto del pagamento una **ritenuta a titolo di acconto dell'imposta sul reddito delle persone fisiche dovuta dai percipienti, con obbligo di rivalsa.** Nel caso in cui la ritenuta da operare sui predetti valori non trovi capienza, in tutto o in parte, sui contestuali pagamenti in denaro, il sostituito è tenuto a versare al sostituto l'importo corrispondente all'ammontare della ritenuta.

1-*bis*. I soggetti che adempiono agli obblighi contributivi sui redditi di **lavoro dipendente prestato all'estero** di cui all'articolo 48 [*ora art. 51*], concernente determinazione del reddito di lavoro dipendente, comma 8-*bis*, del testo unico delle imposte sui redditi, approvato con decreto del Presidente della Repubblica 22 dicembre 1986, n. 917, devono in ogni caso operare le relative ritenute.

2. La ritenuta da operare **è determinata**:

a) **sulla parte imponibile** delle somme e dei valori, di cui all'art. 48 [*ora art. 51*] del testo unico delle imposte sui redditi, approvato con decreto del Presidente della Repubblica 22 dicembre 1986, n. 917, esclusi quelli indicati alla successive lettere b) e c), corrisposti in ciascun periodo di paga, con le **aliquote dell'imposta sul reddito delle persone fisiche, ragguagliando al periodo di paga i corrispondenti scaglioni annui di reddito, ed effettuando le detrazioni previste negli articoli 12 e 13** del citato testo unico, rapportate al periodo stesso. Le detrazioni di cui all'articolo 12, del citato testo unico sono riconosciute se il percipiente dichiara di avervi diritto, indica le condizioni di spettanza, il codice fiscale dei soggetti per i quali si usufruisce delle detrazioni e si impegna a comunicare tempestivamente le eventuali variazioni. La dichiarazione ha effetto anche per i periodi di imposta successivi. **L'omissione della comunicazione relativa alle variazioni comporta l'applicazione delle sanzioni previste dall'art. 11 del decreto legislativo 18 dicembre 1997, n. 471**, e successive modificazioni;

b) sulle mensilità aggiuntive e sui compensi della stessa natura, con le aliquote dell'imposta sul reddito delle persone fisiche, ragguagliando a mese i corrispondenti scaglioni annui di reddito;

c) sugli emolumenti arretrati relativi ad anni precedenti di cui all'articolo 16 [*ora art. 17*], comma 1, lettera b), del citato testo unico, con i criteri di cui all'art. 18 [*ora art. 21*], dello stesso testo unico, intendendo per reddito complessivo netto l'ammontare globale dei redditi di lavoro dipendente corrisposti dal sostituto al sostituito nel biennio precedente, effettuando le detrazioni previste negli articoli 12 e 13, del medesimo testo unico;

d) sulla parte imponibile del trattamento di fine rapporto e delle indennità equipollenti e delle altre indennità e somme di cui all'articolo 16, comma 1, lettera a) [*ora art. 17*], del citato testo unico con i criteri di cui all'art. 17, comma 1, secondo periodo, e comma 2-*bis*, terzo periodo, [*ora art. 19*] dello stesso testo unico;

d-*bis*) lettera abrogata;

e) sulla parte imponibile delle somme e dei valori di cui all'art. 48 [*ora art. 51*] del citato testo unico, non compresi nell'art. 16, comma 1, lettera a) [*ora art. 17*], dello stesso testo unico, corrisposti agli eredi del lavoratore dipendente, con l'aliquota stabilita per il primo scaglione di reddito.

3. **I soggetti indicati nel comma 1 devono effettuare, entro il 28 febbraio dell'anno successivo e, in caso di cessazione del rapporto di lavoro, alla data di cessazione, il conguaglio tra le ritenute operate sulle somme e i valori di cui alle lettere a) e b) del comma 2, e l'imposta dovuta sull'ammontare complessivo degli emolumenti stessi, tenendo conto delle detrazioni eventualmente spettanti a norma degli articoli 12 e 13** del testo unico delle imposte sui redditi, di cui al decreto del Presidente della Repubblica 22 dicembre 1986, n. 917, e successive modificazioni, e delle detrazioni eventualmente spettanti a norma dell'articolo 15 dello stesso testo unico, e successive modificazioni, per oneri a fronte dei quali il datore di lavoro ha effettuato trattenute, nonché, limitatamente agli oneri di cui al comma 1, lettere c) e f), dello stesso articolo, per erogazioni in conformità a contratti collettivi o ad accordi e regolamenti aziendali. In caso di **incapienza** delle retribuzioni **a subire il prelievo** delle imposte dovute in sede di conguaglio di fine anno entro il 28 febbraio dell'anno successivo, il sostituito può **dichiarare** per iscritto al sostituto di **volergli versare** l'importo corrispondente alle ritenute ancora dovute, ovvero, di **autorizzarlo** a effettuare il **prelievo sulle retribuzioni dei periodi di paga successivi** al secondo dello stesso periodo di imposta. Sugli importi di cui è differito il pagamento si applica l'interesse in ragione dello 0,50 per cento mensile, che è trattenuto e versato nei termini e con le modalità previste per le somme cui si riferisce. L'importo che al termine del periodo d'imposta non è stato trattenuto per cessazione del rapporto di lavoro o per incapienza delle retribuzioni deve essere comunicato all'interessato che deve provvedere al versamento entro il 15 gennaio dell'anno successivo. Se alla

formazione del reddito di lavoro dipendente concorrono **somme o valori prodotti all'estero** le **imposte ivi pagate** a **titolo definitivo sono ammesse in detrazione fino a concorrenza** dell'imposta relativa ai predetti redditi prodotti all'estero. La disposizione del periodo precedente si applica anche nell'ipotesi in cui le somme o i valori prodotti all'estero abbiano concorso a formare il reddito di lavoro dipendente in periodi d'imposta precedenti. Se concorrono redditi prodotti in più Stati esteri la detrazione si applica separatamente per ciascuno Stato.

4. Ai fini del compimento delle operazioni di conguaglio di fine anno il **sostituito può chiedere al sostituto** di **tenere conto** anche dei **redditi** di **lavoro dipendente, o assimilati a quelli di lavoro dipendente, percepiti nel corso di precedenti rapporti intrattenuti**. A tal fine il sostituito deve consegnare al sostituto d'imposta, entro il 12 del mese di gennaio del periodo d'imposta successivo a quello in cui sono stati percepiti, la certificazione unica concernente i redditi di lavoro dipendente, o assimilati a quelli di lavoro dipendente, erogati da altri soggetti, compresi quelli erogati da soggetti non obbligati ad effettuare le ritenute. La presente disposizione non si applica ai soggetti che corrispondono trattamenti pensionistici.

5. Comma abrogato.

Art. 24. Ritenuta sui redditi assimilati a quelli di lavoro dipendente. – 1. I soggetti indicati nel comma 1, dell'articolo 23, che corrispondono redditi di cui all'articolo 47 [*ora art. 50*], comma 1, del testo unico delle imposte sui redditi, approvato con decreto del Presidente della Repubblica 22 dicembre 1986, n. 917, devono **operare all'atto del pagamento** degli stessi, con **obbligo di rivalsa, una ritenuta a titolo di acconto** dell'imposta sul reddito delle persone fisiche sulla parte imponibile di detti redditi, determinata a norma dell'art. 48-*bis* [*ora art. 52*] del predetto testo unico. Nel caso in cui la ritenuta da operare sui predetti redditi **non** trovi **capienza**, in tutto o in parte, sui contestuali pagamenti in denaro, **il sostituito è tenuto a versare** al **sostituto** l'importo corrispondente all'ammontare della ritenuta. Si applicano, in quanto compatibili, tutte le disposizioni dell'art. 23 e, in particolare, i commi 2, 3 e 4. Sulla parte imponibile dei redditi di cui all'articolo 16, comma 1, lettera c) [*ora art. 17*], del medesimo testo unico, la ritenuta è operata a titolo di acconto nella misura del 20 per cento.

1-*bis*. Sulla parte imponibile dei compensi di cui all'art. 48-*bis* [*ora art. 52*], comma 1, lettera d-*bis*), del testo unico delle imposte sui redditi, approvato con decreto del Presidente della Repubblica 22 dicembre 1986, n. 917, è operata la ritenuta a titolo d'imposta con l'aliquota prevista per il primo scaglione di reddito, maggiorata delle addizionali vigenti.

1-*ter*. Sulla parte imponibile dei redditi di cui all'art. 47 [*ora art. 50*], comma 1, lettera c-*bis*), del testo unico delle imposte sui redditi, approvato con decreto del Presidente della Repubblica 22 dicembre 1986, n. 917, in materia di redditi assimilati a quelli di lavoro dipendente, corrisposti a **soggetti non residenti**, deve essere operata una **ritenuta a titolo d'imposta** nella misura del **30 per cento**.

1-*quater*. Sulla parte imponibile delle prestazioni pensionistiche complementari di cui all'art. 50, comma 1, lettera h-*bis*) del TUIR è operata una ritenuta con l'aliquota stabilita dagli articoli 11 e 14 del decreto legislativo 5 dicembre 2005, n. 252.

2. Comma abrogato.

Art. 25. Ritenuta sui redditi di lavoro autonomo e su altri redditi. – 1. **I soggetti indicati nel primo comma dell'art. 23, che corrispondono a soggetti resi-**

denti nel territorio dello Stato compensi comunque denominati, anche sotto forma di partecipazione agli utili, per prestazioni di lavoro autonomo, ancorché non esercitate abitualmente ovvero siano rese a terzi o nell'interesse di terzi o per l'assunzione di obblighi di fare, non fare o permettere, devono **operare** all'atto del pagamento una **ritenuta del 20 per cento a titolo di acconto** dell'imposta sul reddito delle persone fisiche dovuta dai percipienti, con l'**obbligo di rivalsa**. La predetta ritenuta deve essere operata dal condominio quale sostituto d'imposta anche sui compensi percepiti dall'amministratore di condominio. La stessa ritenuta deve essere operata sulla parte imponibile delle somme di cui alla lettera b) e sull'intero ammontare delle somme di cui alla lettera c) del comma 2 dell'art. 49 [*ora art. 53*] del testo unico delle imposte sui redditi, approvato con decreto del Presidente della Repubblica 22 dicembre 1986, n. 917. La ritenuta è elevata al 20 per cento per le indennità di cui alle lettere c) e d) del comma 1 dell'art. 16 [*ora art. 17*] dello stesso testo unico, concernente tassazione separata. **La ritenuta non** deve essere operata per le prestazioni effettuate **nell'esercizio di imprese**.

2. Salvo quanto disposto nell'ultimo comma del presente articolo, se i compensi e le altre somme di cui al comma precedente sono corrisposti **a soggetti non residenti**, deve essere operata una **ritenuta a titolo d'imposta** nella misura del **30 per cento**, anche per le prestazioni effettuate nell'esercizio di imprese. Ne sono **esclusi** i compensi per prestazioni di **lavoro autonomo** effettuate **all'estero** e quelli corrisposti a **stabili organizzazioni in Italia** di soggetti non residenti.

3. Le disposizioni dei precedenti commi **non si applicano ai compensi di importo inferiore a** euro 25,82 corrisposti dai soggetti indicati nella lettera c) dell'art. 2, del decreto del Presidente della Repubblica 29 settembre 1973, n. 598, per prestazioni di lavoro autonomo non esercitato abitualmente e sempreché non costituiscano acconto di maggiori compensi.

4. I **compensi** di cui all'articolo 23, comma 2, lettera c), del testo unico delle imposte sui redditi, di cui al decreto del Presidente della Repubblica 22 dicembre 1986, n. 917, **corrisposti a non residenti sono soggetti ad una ritenuta del 30 per cento a titolo di imposta sulla parte imponibile del loro ammontare.** È operata, **altresì**, una ritenuta del 30 per cento a titolo di imposta sull'ammontare dei compensi corrisposti a non residenti **per l'uso o la concessione in uso di attrezzature industriali, commerciali o scientifiche che si trovano nel territorio dello Stato**. Ne sono **esclusi i compensi corrisposti a stabili organizzazioni nel territorio dello Stato di soggetti non residenti**.

Art. 25-*bis*. Ritenuta sulle provvigioni inerenti a rapporti di commissione, di agenzia, di mediazione, di rappresentanza di commercio e di procacciamento di affari. – 1. I **soggetti** indicati nel primo comma dell'art. 23, escluse le imprese agricole, i quali **corrispondono provvigioni comunque denominate per le prestazioni anche occasionali inerenti a rapporti di commissione, di agenzia, di mediazione, di rappresentanza di commercio e di procacciamento di affari, devono operare all'atto del pagamento una ritenuta a titolo di acconto dell'imposta sul reddito delle persone fisiche o dell'imposta sul reddito delle persone giuridiche dovuta dai percipienti, con obbligo di rivalsa**. L'aliquota della suddetta ritenuta si applica nella misura fissata dall'art. 11 del testo unico delle imposte sui redditi, approvato con decreto del Presidente della Repubblica 22 dicembre 1986, n. 917, e successive modificazioni, per il primo scaglione di reddito.

2. **La ritenuta è commisurata al cinquanta per cento** dell'ammontare **delle provvigioni** indicate nel primo comma. Se i percipienti dichiarano ai loro committenti, preponenti o mandanti che nell'esercizio della loro attività si avvalgono in via continuativa dell'opera di dipendenti o di terzi, la ritenuta è commisurata al **venti per cento** dell'ammontare delle stesse **provvigioni**.

3. La **ritenuta** di cui ai commi precedenti è **scomputata dall'imposta** relativa al periodo di imposta **di competenza, purché già operata al momento della presentazione della dichiarazione annuale o alternativamente, dall'imposta relativa al periodo di imposta nel quale è stata operata.** Qualora la ritenuta sia operata successivamente, la stessa è scomputata dall'imposta relativa al periodo di imposta in cui è stata effettuata.

4. Se le **provvigioni**, per disposizioni normative o accordi contrattuali, sono **direttamente trattenute** sull'ammontare delle somme riscosse, i **percipienti** sono tenuti a **rimettere ai committenti**, preponenti o mandanti l'importo corrispondente alla **ritenuta**. Ai fini del computo dei termini per il relativo versamento da parte dei committenti, preponenti o mandanti, la ritenuta si considera operata nel mese successivo a quello in cui le provvigioni sono state trattenute dai percipienti. I committenti, preponenti o mandanti possono tener conto di eventuali errori nella determinazione dell'importo della ritenuta anche in occasione di successivi versamenti, non oltre il terzo mese dell'anno successivo a quello in cui le provvigioni sono state trattenute dai percipienti.

5. Le disposizioni dei precedenti commi non si applicano alle provvigioni percepite dalle agenzie di viaggio e turismo, dai rivenditori autorizzati di documenti di viaggio relativi ai trasporti di persone, dai soggetti che esercitano attività di distribuzione di pellicole cinematografiche, dagli agenti di assicurazione per le prestazioni rese direttamente alle imprese di assicurazione, dal mediatori di assicurazione per i loro rapporti con le imprese di assicurazione e con gli agenti generali delle imprese di assicurazione pubbliche o loro controllate che rendono prestazioni direttamente alle imprese di assicurazione in regime di reciproca esclusiva; dalle aziende ed istituti di credito e dalle società finanziarie e di locazione finanziaria per le prestazioni rese nell'esercizio delle attività di collocamento e di compravendita di titoli e valute nonché di raccolta e di finanziamento, dagli agenti, raccomandatari e mediatori marittimi e aerei, dagli agenti e commissionari di imprese petrolifere per le prestazioni ad esse rese direttamente, dai mediatori e rappresentanti di produttori agricoli ed ittici e di imprese esercenti la pesca marittima, dai commissionari che operano nei mercati ortofrutticoli, ittici e di bestiame, nonché dai consorzi e cooperative tra imprese agricole, commerciali ed artigiane non aventi finalità di lucro.

6. Per le prestazioni rese dagli incaricati alle vendite a domicilio di cui all'art. 19 del decreto legislativo 31 marzo 1998, n. 114, la ritenuta è applicata a titolo d'imposta ed è commisurata all'ammontare delle provvigioni percepite ridotto del 22 per cento a titolo di deduzione forfetaria delle spese di produzione del reddito. Per le prestazioni derivanti da mandato di agenzia si applicano le disposizioni indicate nei commi che precedono.

7. Con decreto del Ministro dell'economia e delle finanze sono determinati i criteri, i termini e le modalità per la presentazione della dichiarazione indicata nel secondo comma. Tali modalità devono prevedere la trasmissione anche tramite posta elettronica certificata della predetta dichiarazione. La dichiarazione non potrà avere limiti di tempo e sarà valida fino a revoca ovvero fino alla perdita dei requisiti da parte del contri-

buente. L'omissione della comunicazione relativa alle variazioni che comportano il venir meno delle predette condizioni comporta l'applicazione delle sanzioni previste dall'articolo 11, del decreto legislativo 18 dicembre 1997, n. 471, e successive modificazioni.

8. Le disposizioni dei precedenti commi **si applicano** anche alle provvigioni corrisposte a **stabili organizzazioni nel territorio** dello Stato di soggetti non residenti.

Art. 25-*ter*. Ritenute sui corrispettivi dovuti dal condominio all'appaltatore. – 1. Il **condominio** quale **sostituto di imposta** opera all'atto del pagamento una **ritenuta** del **4 per cento a titolo di acconto dell'imposta** sul reddito dovuta dal percipiente, con obbligo di rivalsa, sui corrispettivi dovuti per prestazioni relative a **contratti di appalto di opere o servizi**, anche se rese a terzi o nell'interesse di terzi, effettuate nell'esercizio di impresa.

2. La ritenuta di cui al comma 1 è operata anche se i corrispettivi sono qualificabili come redditi diversi ai sensi dell'articolo 67, comma 1, lettera i), del testo unico delle imposte sui redditi, di cui al decreto del Presidente della Repubblica 22 dicembre 1986, n. 917.

2-*bis*. Il versamento della ritenuta di cui al comma 1 è effettuato dal condominio quale sostituto d'imposta quando l'ammontare delle ritenute operate raggiunga l'importo di euro 500. Il condominio è comunque tenuto all'obbligo di versamento entro il 30 giugno e il 20 dicembre di ogni anno anche qualora non sia stato raggiunto l'importo stabilito al primo periodo.

2-*ter*. Il pagamento dei corrispettivi di cui al comma 1 deve essere eseguito dai condomini tramite conti correnti bancari o postali a loro intestati ovvero secondo altre modalità idonee a consentire all'amministrazione finanziaria lo svolgimento di efficaci controlli, che possono essere stabilite con decreto del Ministro dell'economia e delle finanze da emanare ai sensi dell'articolo 17, comma 3, della legge 23 agosto 1988, n. 400. L'inosservanza della presente disposizione comporta l'applicazione delle sanzioni previste dal comma 1 dell'articolo 11 del decreto legislativo 18 dicembre 1997, n. 471.

Art. 25-*quater*. Ritenuta sui compensi corrisposti ai raccoglitori occasionali di tartufi. – 1. I soggetti indicati nel primo comma dell'articolo 23 applicano ai compensi corrisposti ai raccoglitori occasionali di tartufi non identificati ai fini dell'imposta sul valore aggiunto, in relazione alle cessioni di tartufi, una ritenuta a titolo d'imposta, con obbligo di rivalsa. La suddetta ritenuta si applica all'aliquota fissata dall'articolo 11 del testo unico delle imposte sui redditi, di cui al decreto del Presidente della Repubblica 22 dicembre 1986, n. 917, e successive modificazioni, per il primo scaglione di reddito ed è commisurata all'ammontare dei corrispettivi pagati ridotto del 22 per cento a titolo di deduzione forfetaria delle spese di produzione del reddito.

Art. 26. Ritenute sugli interessi e sui redditi di capitale. – 1. **I soggetti indicati nel comma 1 dell'articolo 23, che hanno emesso obbligazioni, titoli similari e cambiali finanziarie, operano una ritenuta del 20 per cento, con obbligo di rivalsa, sugli interessi ed altri proventi corrisposti ai possessori.**

2. L'Ente **poste** italiane e le **banche** operano una **ritenuta del** 27 per cento, con obbligo di **rivalsa**, sugli **interessi ed altri proventi** corrisposti ai **titolari di conti correnti e di depositi**, anche se rappresentati da certificati. La predetta ritenuta è operata dalle banche anche sui buoni fruttiferi da esse emessi. **Non** sono soggetti alla **ritenuta**:

a) gli **interessi** e gli altri **proventi** corrisposti **da banche italiane** o da filiali italiane di banche estere a banche con sede all'estero o **a filiali estere di banche italiane**;

b) gli interessi derivanti da depositi e **conti correnti** intrattenuti **tra le banche** ovvero tra le banche e l'Ente poste italiane;

c) gli interessi a favore del Tesoro sui depositi e conti correnti intestati al Ministero del tesoro, del bilancio e della programmazione economica, nonché gli interessi sul "Fondo di ammortamento dei titoli di Stato" di cui al comma 1 dell'articolo 2 della legge 27 ottobre 1993, n. 43, e sugli altri fondi finalizzati alla gestione del debito pubblico.

3. Quando gli interessi ed altri proventi di cui al comma 2 sono dovuti da soggetti non residenti, la ritenuta ivi prevista è operata dai soggetti di cui all'articolo 23 che intervengono nella loro riscossione.

3-*bis*. I soggetti indicati nel comma 1 dell'articolo 23, che corrispondono i proventi di cui alle lettere g-*bis*) e g-*ter*) del comma 1, dell'articolo 44 del testo unico delle imposte sui redditi approvato con il decreto del Presidente della Repubblica 22 dicembre 1986, n. 917, ovvero intervengono nella loro riscossione operano sui predetti proventi una **ritenuta** con l'aliquota del **20 per cento** ovvero con la minore aliquota prevista per le obbligazioni e gli altri titoli di cui all'art. 31 del decreto del Presidente della Repubblica 29 settembre 1973, n. 601 ed equiparati e dalle obbligazioni emesse dagli Stati inclusi nella lista di cui al decreto emanato ai sensi dell'articolo 168-*bis*, comma 1 del medesimo testo unico n. 917 del 1986 e obbligazioni emesse da enti territoriali dei suddetti Stati. Nel caso dei rapporti indicati alla lettera g-*bis*), la predetta ritenuta è operata, in luogo della ritenuta di cui al comma 3, anche sugli interessi e altri proventi maturati nel periodo di durata dei predetti rapporti.

4. Le ritenute previste nei commi da 1 a 3-*bis* sono applicate **a titolo di acconto** nei confronti di: a) **imprenditori individuali**, se i titoli, i depositi e conti correnti, nonché i rapporti da cui gli interessi ed altri proventi derivano sono relativi all'impresa ai sensi dell'art. 77 del testo unico delle Imposte sui redditi, approvato con decreto del Presidente della Repubblica 22 dicembre 1986, n. 917; b) **società in nome collettivo, in accomandita semplice** ed equiparate di cui all'art. 5 del testo unico delle Imposte sui redditi; c) **società ed enti** di cui alle lettere a) e b) dell'articolo 87 del medesimo testo unico e **stabili organizzazioni nel territorio** dello Stato delle società e degli enti di cui alla lettera d) del predetto articolo. La ritenuta di cui al comma 3-*bis* è applicata a titolo di acconto, qualora i proventi derivanti dai titoli sottostanti non sarebbero assoggettabili a ritenuta a titolo di imposta nei confronti dei soggetti a cui siano imputabili i proventi derivanti dai rapporti ivi indicati. Le predette ritenute sono applicate a **titolo d'imposta** nei confronti dei **soggetti esenti dall'imposta sul reddito** delle persone giuridiche ed in ogni altro caso. Non sono soggetti tuttavia a ritenuta i proventi indicati nei commi 3 e 3-*bis* corrisposti a società in nome collettivo, in accomandita semplice ed equiparate di cui all'art. 5 del testo unico, alle società ed enti di cui alle lettere a) e b) dell'articolo 87 [*ora art. 73*] del testo unico delle imposte sui redditi, approvato con decreto del Presidente della Repubblica 22 dicembre 1986, n. 917, e alle stabili organizzazioni delle società ed enti di cui alla lettera d) dello stesso art. 87 [*ora art. 73*].

5. I soggetti indicati nel primo comma dell'articolo 23 operano una ritenuta del 12,50 per cento a titolo d'acconto, con obbligo di rivalsa, sui redditi di capitale da essi corrisposti, diversi da quelli indicati nei commi precedenti e da quelli per i quali sia prevista l'applicazione di altra ritenuta alla fonte o di imposte sostitutive delle imposte sui redditi. Se i **perci-**

pienti non sono **residenti** nel territorio dello Stato **o stabili organizzazioni** di soggetti non residenti la predetta **ritenuta** è applicata a **titolo d'imposta** ed è operata anche sui proventi conseguiti nell'esercizio d'impresa commerciale. La predetta ritenuta è operata anche sugli interessi ed altri proventi dei prestiti di denaro corrisposti a stabili organizzazioni estere di imprese residenti, non appartenenti all'impresa erogante, e si applica a titolo d'imposta sui proventi che concorrono a formare il reddito di soggetti non residenti ed a titolo d'acconto, in ogni altro caso.

5-*bis*. Ferme restando le disposizioni in tema di riserva di attività per l'erogazione di finanziamenti nei confronti del pubblico di cui al decreto legislativo 1° settembre 1993, n. 385, la ritenuta di cui al comma 5 non si applica agli interessi e altri proventi derivanti da finanziamenti a medio e lungo termine alle imprese erogati da enti creditizi stabiliti negli Stati membri dell'Unione europea, enti individuati all'articolo 2, paragrafo 5, numeri da 4) a 23), della direttiva 2013/36/UE, imprese di assicurazione costituite e autorizzate ai sensi di normative emanate da Stati membri dell'Unione europea o investitori istituzionali esteri, ancorché privi di soggettività tributaria, di cui all'articolo 6, comma 1, lettera b), del decreto legislativo 1° aprile 1996, n. 239, soggetti a forme di vigilanza nei paesi esteri nei quali sono istituiti.

Art. 26-*bis*. Esenzione dalle imposte sui redditi per i non residenti. – 1. **Non** sono soggetti ad **imposizione i redditi di capitale** derivanti dai rapporti indicati nelle lettere a), diversi dai depositi e conti correnti bancari e postali, con esclusione degli interessi ed altri proventi derivanti da prestiti di denaro, c), d), g-*bis*) e g-*ter*) dell'articolo 41 [*ora art. 44*], comma 1, del testo unico delle Imposte sui redditi, approvato con decreto del Presidente della Repubblica 22 dicembre 1986, n. 917, qualora siano **percepiti da**:

a) soggetti **residenti all'estero**, di cui all'art. 6, comma 1, del decreto legislativo 1 aprile 1996, n. 239, e successive modificazioni.

1-*bis*. I requisiti di cui al comma 1 sono attestati mediante la documentazione di cui all'articolo 7, comma 2, del decreto legislativo 1° aprile 1996, n. 239.

2. Qualora i rapporti di cui all'art. 44, comma 1, lettere g-*bis*) e g-*ter*), del testo unico delle Imposte sui redditi, di cui al decreto del Presidente della Repubblica 22 dicembre 1986, n. 917, abbiano ad oggetto azioni o strumenti finanziari similari alle azioni di cui allo stesso art. 44, l'esenzione di cui al comma 1 non si applica sulla quota del provento corrispondente all'ammontare degli utili messi in pagamento nel periodo di durata del contratto.

Art. 26-*ter*. – 1. Sui redditi di cui all'articolo 41, comma 1, lettera g-*quater*) del testo unico delle imposte sui redditi, approvato con decreto del Presidente della Repubblica 22 dicembre 1986, n. 917, **l'impresa di assicurazione** applica una **imposta sostitutiva** delle Imposte sui redditi nella misura prevista dall'art. 7 del decreto legislativo 21 novembre 1997, n. 461.

2. Sui redditi di cui all'art. 41, comma 1, lettera g-*quinquies*), del citato testo unico delle Imposte sui redditi, i soggetti indicati nel primo comma dell'art. 23 applicano una imposta sostitutiva delle Imposte sui redditi nella misura prevista dall'art. 7 del decreto legislativo 21 novembre 1997, n. 461.

3. Sui **redditi di capitale** indicati nei commi 1 e 2, dovuti **da** soggetti **non residenti** e **percepiti da** soggetti **residenti** nel territorio dello Stato è dovuta **un'imposta sostitutiva** dell'imposta sui redditi con aliquota del 12,50 **per cento**. L'imposta sostitutiva può essere appli-

cata direttamente dalle imprese di assicurazioni estere operanti nel territorio dello Stato in regime di libertà di prestazione di servizi ovvero da un rappresentante fiscale, scelto tra i soggetti indicati nell'articolo 23, che risponde in solido con l'impresa estera per gli obblighi di determinazione e versamento dell'imposta e provvede alla dichiarazione annuale delle somme. Nel caso in cui l'imposta sostitutiva non sia applicata direttamente dalle imprese di assicurazioni estere operanti nel territorio dello Stato in regime di libertà di prestazione di servizi ovvero da un rappresentante fiscale, l'imposta sostitutiva è applicata dai soggetti di cui all'articolo 23 attraverso i quali siano riscossi i redditi derivanti da tali contratti. Il percipiente è tenuto a comunicare, ove necessario, i dati e le informazioni utili per la determinazione dei redditi consegnando, anche in copia, la relativa documentazione o, in mancanza, una dichiarazione sostitutiva nella quale attesti i predetti dati ed informazioni. Nel caso in cui i redditi siano percepiti direttamente all'estero si applicano le disposizioni di cui all'articolo 16-*bis* del testo unico delle imposte sui redditi di cui al decreto del Presidente della Repubblica 22 dicembre 1986, n. 917.

Art. 26-*quater*. Esenzione dalle imposte sugli interessi e sui canoni corrisposti a soggetti residenti in Stati membri dell'Unione europea. – 1. Gli interessi e i canoni **pagati a società non residenti** aventi i requisiti di cui al comma 4, lettera a), o **a una stabile organizzazione, situata in un altro Stato** membro, di società che hanno i suddetti requisiti sono **esentati** da ogni imposta quando tali **pagamenti** sono **effettuati**:

a) da **società** ed enti che rivestono una delle forme previste dall'allegato A, che **risiedono**, ai fini fiscali, **nel territorio** dello Stato e sono **assoggettate**, senza fruire di regimi di esonero, **all'imposta** sul reddito delle società;

b) da una **stabile organizzazione**, situata **nel territorio** dello Stato e **assoggettata**, senza fruire di regimi di esonero, **all'imposta** sul reddito delle società, di società non residenti aventi i requisiti di cui al comma 4, lettera a), qualora gli interessi o i canoni siano inerenti all'attività della stabile organizzazione stessa.

2. I soggetti beneficiari degli **interessi** e dei **canoni** hanno diritto all'**esenzione se**:

a) la **società che effettua il pagamento** o la società la cui stabile organizzazione effettua il pagamento, **detiene direttamente** una percentuale non inferiore al **25 per cento dei diritti di voto** nella **società che riceve il pagamento** o nella società la cui stabile organizzazione riceve il medesimo pagamento;

b) la **società che riceve il pagamento** o la società la cui stabile organizzazione riceve il pagamento **detiene direttamente** una percentuale non inferiore al **25 per cento dei diritti di voto nella società che effettua il pagamento** o nella società la cui stabile organizzazione effettua il medesimo pagamento;

c) **una terza società** avente i requisiti di cui alla lettera a) del comma 4 **detiene direttamente** una percentuale non inferiore al **25 per cento dei diritti di voto** sia **nella società che effettua** il pagamento o nella società la cui stabile organizzazione effettua il pagamento sia **nella società che riceve il pagamento** o nella società la cui stabile organizzazione riceve il medesimo pagamento;

d) i **diritti di voto** di cui alle lettere a), b) e c), detenuti nelle società ed enti residenti nel territorio dello Stato, sono quelli esercitabili **nell'assemblea ordinaria** prevista dagli artt. 2364, 2364-*bis* e 2479-*bis* del codice civile;

e) le **partecipazioni** che attribuiscono i diritti di voto di cui alle lettere a), b) e c) sono **detenute ininterrottamente per almeno un anno**.

3. Ai fini del presente articolo:

a) **si considerano canoni**, i compensi

di qualsiasi natura percepiti per l'uso o la concessione in uso:

1) del **diritto di autore** su opere letterarie, artistiche o scientifiche, comprese le pellicole cinematografiche e il software;

2) di **brevetti, marchi** di fabbrica o di commercio, disegni o modelli, progetti, formule o processi segreti o per informazioni concernenti esperienze di carattere industriale, commerciale o scientifico;

3) di **attrezzature** industriali, commerciali o scientifiche;

b) **si considerano interessi**, i **redditi da crediti** di qualsiasi natura, garantiti o non da ipoteca e, in particolare, i redditi derivanti **da titoli**, da obbligazioni e da prestiti, compresi gli altri proventi derivanti dai suddetti titoli e prestiti;

c) **non** si considerano **interessi**:

1) le **remunerazioni** dei **finanziamenti eccedenti** di cui all'art. 98 del testo unico delle Imposte sui redditi, di cui al decreto del Presidente della Repubblica 22 dicembre 1986, n. 917, direttamente **erogati dal socio** o dalle sue parti correlate;

2) gli **utili** di cui **all'art. 44**, comma 1, lettera f), del predetto testo unico;

3) le **remunerazioni dei titoli** e degli **strumenti finanziari** di cui agli artt. 44, comma 2, lettera a), e 109, comma 9, lettera a), del medesimo testo unico, anche per la quota che non comporta la partecipazione ai risultati economici della società emittente o di altre società appartenenti allo stesso gruppo o dell'affare in relazione al quale gli strumenti finanziari sono stati emessi;

4) i **pagamenti relativi a crediti** che autorizzano il creditore a **rinunciare** al suo **diritto agli interessi** in cambio del **diritto a partecipare agli utili del** debitore;

5) i pagamenti relativi a **crediti** che non contengono disposizioni per la **restituzione** del capitale o per i quali il rimborso debba essere effettuato trascorsi **più di cinquanta anni** dalla data di emissione.

4. La disposizione di cui al comma 1 si applica se:

a) le **società beneficiarie** dei redditi di cui al comma 3 e le società le cui **stabili organizzazioni** sono **beneficiarie** dei medesimi redditi, rivestono una delle forme previste dall'allegato A, **risiedono** ai fini fiscali **in uno Stato membro**, senza essere considerate, ai sensi di una Convenzione in materia di doppia imposizione sui redditi con uno Stato terzo, residenti al di fuori dell'Unione europea e sono assoggettate, **senza** fruire di regimi di **esonero**, ad una delle imposte indicate nell'allegato B ovvero a un'imposta identica o sostanzialmente simile applicata in aggiunta o in sostituzione di dette imposte;

b) gli **interessi** e i **canoni** pagati alle **società non residenti** di cui alla lettera a) sono assoggettati ad una delle imposte elencate nell'allegato B;

c) le **società non residenti** di cui alla lettera a) e le **stabili organizzazioni** situate in un **altro Stato** membro di società aventi i requisiti di cui alla lettera a) sono beneficiarie effettive dei redditi indicati nel comma 3; a tal fine, sono considerate **beneficiarie effettive di interessi o di canoni**:

1) le predette **società, se ricevono** i **pagamenti in qualità di beneficiario finale** e non di intermediario, quale agente, delegato o fiduciario di un'altra persona;

2) le predette **stabili organizzazioni, se il credito, il diritto, l'utilizzo o l'informazione** che generano i pagamenti degli interessi o dei canoni si ricollegano effettivamente a tali stabili organizzazioni e i suddetti interessi o canoni rappresentano redditi per i quali esse sono assoggettate nello Stato membro in cui sono situate ad una delle imposte elencate nell'allegato B o, in Belgio, all'«impôt des non-residents/belasting der niet-verblijfhouders», in Spagna

all'«impuesto sobre la Renta de no Residentes» ovvero a **un'imposta identica o sostanzialmente simile** applicata in aggiunta o in sostituzione di dette imposte.

5. Se il **soggetto che effettua il pagamento** dei canoni e degli interessi di cui al comma 3 **controlla o è controllato**, direttamente o indirettamente, **dal** soggetto che è considerato **beneficiario effettivo**, ovvero **entrambi** i soggetti **sono controllati**, direttamente o indirettamente, **da un terzo**, e l'importo degli interessi o dei canoni è superiore al valore normale determinato ai sensi dell'art. 110, comma 2, del testo unico delle Imposte sui redditi, di cui al decreto del Presidente della Repubblica 22 dicembre 1986, n. 917, l'**esenzione** di cui al comma 1 si applica **limitatamente** al medesimo **valore normale.**

6. Ai fini dell'applicazione dell'esenzione di cui al comma 1, deve essere prodotta **un'attestazione** dalla quale **risulti la residenza** del beneficiario effettivo e, nel caso di stabile organizzazione, l'esistenza della stabile organizzazione stessa, **rilasciata dalle competenti autorità fiscali** dello Stato in cui la società beneficiaria è residente ai fini fiscali o dello Stato in cui è situata la stabile organizzazione, nonché una **dichiarazione** dello stesso **beneficiario effettivo** che attesti la **sussistenza dei requisiti** indicati nei commi 2 e 4. La suddetta documentazione va presentata ai soggetti di cui al comma 1, lettere a) e b), entro la data del pagamento degli interessi o dei canoni e produce effetti per un anno a decorrere dalla data di rilascio della documentazione medesima.

7. La documentazione di cui al comma 6 deve essere **conservata fino** a quando non siano **decorsi i termini per gli accertamenti** relativi al periodo di imposta in corso alla data di pagamento degli interessi o dei canoni, e comunque fino a quando non siano stati definiti gli accertamenti stessi. Con provvedimento del direttore dell'Agenzia delle entrate possono essere stabilite specifiche modalità di attuazione mediante approvazione di appositi modelli.

8. Con decreto del Ministro dell'economia e delle finanze sono apportate modifiche agli allegati A e B conformemente a quanto stabilito in sede comunitaria.

8-*bis*. **In difetto dei requisiti** indicati nel comma 4, lettera c), i soggetti di cui all'art. 23 applicano una **ritenuta del 5 per cento sugli interessi** corrisposti a soggetti **non residenti** a condizione che gli interessi siano **destinati a finanziare** il pagamento di interessi e altri proventi su **prestiti obbligazionari** emessi dai percettori: a) **negoziati in mercati regolamentati** degli Stati membri dell'Unione europea e degli Stati aderenti all'Accordo sullo spazio economico europeo che sono inclusi nella lista di cui al decreto del Ministro delle finanze 4 settembre 1996 e successive modificazioni e integrazioni; b) **garantiti** dai soggetti di cui all'art. 23 che corrispondono gli interessi ovvero dalla società capogruppo controllante ai sensi dell'art. 2359 del codice civile ovvero da altra società controllata dalla stessa controllante.

Art. 26-*quinquies*. Ritenuta sui redditi di capitale derivanti dalla partecipazione di OICR italiani e lussemburghesi storici. – 1. Sui **proventi** di cui alla lettera g) dell'art. 44, comma 1, del testo unico delle Imposte sui redditi, di cui al decreto del Presidente della Repubblica 22 dicembre 1986, n. 917, **derivanti dalla partecipazione a organismi di investimento collettivo del risparmio** (OICR) diversi istituiti in Italia, diversi dagli OICR immobiliari e a quelli istituiti **in Lussemburgo**, già autorizzati al collocamento nel territorio dello Stato, di cui all'art. 11-*bis* del decreto-legge 30 settembre 1983, n. 512, convertito, con modificazioni, dalla legge 25 novembre 1983, n. 649, e successive modificazioni, limitatamente alle quote o azioni collocate nel territorio dello Stato, le società di gestione del risparmio, le SICAV, le SICAF, i soggetti incaricati del collocamento delle quote o azioni di cui al citato art. 11-*bis* del decreto-legge 30 settembre 1983, n. 512, e quelli di cui all'art. 23 del presente decreto incaricati della loro negoziazione, operano una **ritenuta** del 20 **per cento**. Qualora le quote o azioni dei predetti organismi siano immesse in un sistema di deposito accentrato gestito da una società autorizzata ai sensi dell'art. 80 del testo unico di cui al decreto legislativo 24 febbraio 1998, n. 58, la ritenuta è applicata dai soggetti di cui all'art. 23 del presente decreto presso i quali le quote o azioni sono state depositate, direttamente o indirettamente aderenti al suddetto sistema di deposito accentrato, nonché dai soggetti non residenti aderenti a detto sistema di deposito accentrato ovvero a sistemi esteri di deposito accentrato aderenti al medesimo sistema.

2. I soggetti **non residenti** di cui al comma 1, ultimo periodo, **nominano** quale **loro rappresentante fiscale** in Italia una **banca o una società di intermediazione mobiliare**, residente nel territorio dello Stato, **una stabile organizzazione** in Italia di banche o di imprese di investimento non residenti, ovvero una società di gestione accentrata di strumenti finanziari autorizzata ai sensi dell'art. 80 del testo unico di cui al decreto legislativo 24 febbraio 1998, n. 58. Il **rappresentante fiscale risponde dell'adempimento** dei propri compiti negli stessi termini e con le stesse responsabilità previste per i soggetti di cui al comma 1 residenti in Italia e provvede a:

a) **versare la ritenuta** di cui al comma 1;

b) **fornire**, entro quindici giorni dalla richiesta dell'Amministrazione finanziaria, **ogni notizia o documento** utile per comprovare il corretto assolvimento degli obblighi riguardanti la suddetta ritenuta.

3. **La ritenuta** di cui al comma 1 **si applica sui proventi distribuiti** incostanza di **partecipazione all'organismo di investimento** e su quelli compresi nella differenza tra il valore di riscatto, di liquidazione o di cessione delle quote o azioni e il costo medio ponderato di sottoscrizione o acquisto delle quote o azioni medesime. In ogni caso, il **valore e il costo delle quote o azioni** è rilevato dai **prospetti periodici al netto di una quota dei proventi riferibili alle obbligazioni e altri titoli** di cui all'art. 31 del decreto del Presidente della Repubblica 29 settembre 1973, n. 601 ed equiparati e alle obbligazioni emesse dagli Stati inclusi nella lista di cui al decreto emanato ai sensi dell'art. 168-*bis*, comma 1, del testo unico delle Imposte sui redditi approvato con il decreto del Presidente della Repubblica 22 dicembre 1986, n. 917 e alle obbligazioni emesse da enti territoriali dei suddetti Stati. Con decreto del Ministro dell'economia e delle finanze sono stabilite le modalità di individuazione della quota dei proventi di cui al periodo precedente. Il costo di acquisto deve essere documentato dal partecipante e, in mancanza della documentazione, il costo è documentato con una dichiarazione sostitutiva.

4. La **ritenuta** di cui al comma 1 è applicata a **titolo di acconto** nei confronti di: a) **imprenditori individuali**, se le partecipazioni sono relative all'impresa ai sensi dell'art. 65 del testo unico delle Imposte sui redditi, di cui al decreto del Presidente della Repubblica 22 dicembre 1986, n. 917; b) **società in nome collettivo, in accomandita semplice** ed equiparate di cui all'art. 5 del predetto testo unico; c) società ed enti di cui alle lettere a) e b) dell'art. 73, comma 1, del medesimo testo unico e stabili organizzazioni nel territorio dello Stato delle società e degli enti di cui al comma 1, lettera d), del medesimo articolo. Nei confronti di **tutti gli altri** soggetti, compresi quelli esenti o esclusi dall'imposta

sul reddito delle società, la ritenuta è applicata a titolo d'imposta.

5. Non sono soggetti ad imposizione i proventi di cui al comma 1 percepiti da soggetti non residenti come indicati nell'art. 6 del decreto legislativo 1º aprile 1996, n. 239 e maturati nel periodo di possesso delle quote o azioni. Il predetto possesso è attestato dal deposito dei titoli presso un intermediario residente in Italia.

5-*bis*. La ritenuta di cui al comma 1 non si applica sui proventi spettanti alle imprese di assicurazione e relativi a quote o azioni comprese negli attivi posti a copertura delle riserve matematiche dei rami vita.

6. Ai fini dell'applicazione della ritenuta di cui al comma 1 si considera **cessione anche il trasferimento** di quote o azioni a **rapporti di custodia, amministrazione o gestione** intestati a soggetti diversi dagli intestatari dei rapporti di provenienza. Ai medesimi fini si considera **rimborso la conversione** di quote o azioni **da un comparto ad altro** comparto del medesimo organismo di investimento collettivo questo caso, il contribuente fornisce al soggetto tenuto all'applicazione della ritenuta la necessaria provvista.

6-*bis*. Nel caso di **società di gestione estera che istituisce in Italia organismi di investimento collettivo del risparmio, la ritenuta di cui al comma 1 è applicata direttamente dalla società di gestione estera** operante nel territorio dello Stato in regime di libera prestazione di servizi ovvero da un rappresentante fiscale scelto tra i soggetti indicati nell'art. 23, che risponde in solido con l'impresa estera per gli obblighi di determinazione e versamento dell'imposta e provvede alla dichiarazione annuale delle somme. Il percipiente è tenuto a comunicare, ove necessario, i dati e le informazioni utili per la determinazione dei redditi consegnando, anche in copia, la relativa documentazione o, in mancanza, una dichiarazione sostitutiva nella quale attesti i predetti dati e informazioni.

6-*ter*. I proventi di cui al comma 1 **percepiti senza applicazione della ritenuta** al di fuori dell'esercizio d'impresa commerciale sono assoggettati ad **imposizione sostitutiva** delle imposte sui redditi con la stessa aliquota della ritenuta a titolo d'imposta.

Art. 27. Ritenuta sui dividendi. – 1. Le **società e gli enti** indicati nelle lettere *a)* e *b)* del comma 1 dell'articolo 73 del testo unico delle Imposte sui redditi, di cui al decreto del Presidente della Repubblica 22 dicembre 1986, n. 917, operano, con obbligo di **rivalsa, una ritenuta del 26 per cento a titolo d'imposta sugli utili in qualunque forma corrisposti, anche nei casi di cui all'art. 47, comma 7, del predetto testo unico, a persone fisiche residenti in relazione a partecipazioni qualificate e non qualificate** ai sensi delle lettere c) e c-*bis*) del comma 1 dell'art. 67 del medesimo testo unico nonché agli utili derivanti dagli strumenti finanziari di cui all'art. 44, comma 2, lettera *a)*, e dai contratti di associazione in partecipazione di cui all'art. 109, comma 9, lettera *b)*, del predetto testo unico, non relative all'impresa ai sensi dell'articolo 65 del medesimo testo unico. La ritenuta è applicata altresì dalle persone fisiche che esercitano imprese commerciali ai sensi dell'articolo 55 del testo unico delle imposte sui redditi e dalle società in nome collettivo e in accomandita semplice ed equiparate di cui all'articolo 5 del medesimo testo unico sugli utili derivanti dai contratti di associazione in partecipazione previsti nel precedente periodo, corrisposti a persone fisiche residenti; per i soggetti che determinano il reddito ai sensi dell'articolo 66 del predetto testo unico, in luogo del patrimonio netto si assume il valore individuato nel comma 2 dell'articolo 47 del medesimo testo unico.

1-*bis*. Nei casi di cui all'articolo 47, commi 5 e 7, del testo unico delle imposte sui redditi di cui al decreto del Presidente della Repubblica 22 dicembre 1986, n. 917, la ritenuta prevista dai commi 1 e 4 si applica **sull'intero ammontare** delle somme o dei valori corrisposti, qualora il **percettore non comunichi il valore fiscalmente riconosciuto della partecipazione.**

2. In caso di **distribuzione di utili in natura** i singoli **soci** o partecipanti, per conseguirne il pagamento, sono **tenuti a versare alle società** ed altri enti di cui alle lettere a) e b) del comma 1 dell'art. 73 del predetto testo unico, l'importo corrispondente all'ammontare della **ritenuta** di cui al comma 1, determinato in relazione al **valore normale dei beni** ad essi attribuiti, quale risulta dalla valutazione operata dalla società emittente alla data individuata dalla lettera a) del comma 2 dell'art. 109 del citato testo unico.

3. La **ritenuta** è operata a **titolo d'imposta** e con l'aliquota del 27 **per cento sugli utili corrisposti a soggetti non residenti** nel territorio dello Stato diversi dalle società ed enti indicati nel comma 3-*ter*, in relazione alle **partecipazioni**, agli **strumenti finanziari** di cui all'art. 44, comma 2, lettera a), del testo unico delle Imposte sui redditi, di cui al decreto del Presidente della Repubblica 22 dicembre 1986, n. 917, e ai contratti di associazione in partecipazione di cui all'art. 109, comma 9, lettera b), del medesimo testo unico, non relative a stabili organizzazioni nel territorio dello Stato. L'aliquota della ritenuta è **ridotta all'11 per cento** sugli **utili corrisposti ai fondi pensione** istituiti negli Stati membri dell'Unione europea e negli Stati aderenti all'Accordo sullo spazio economico europeo inclusi nella lista di cui al decreto del Ministro dell'economia e delle finanze emanato ai sensi dell'art. 168-*bis* del testo unico delle imposte sui redditi, di cui al decreto del Presidente della Repubblica 22 dicembre 1986, n. 917, e ai sottoconti esteri di prodotti pensionistici individuali paneuropei (PEPP) di cui al regolamento (UE) 2019/1238. I soggetti non residenti, diversi dagli azionisti di risparmio, dai fondi pensione e, dai sottoconti esteri di prodotti pensionistici individuali paneuropei (PEPP) di cui al secondo periodo e dalle società ed enti indicati nel comma 3-*ter*, hanno **diritto al rimborso**, fino a concorrenza degli undici ventiseiesimi della ritenuta, **dell'imposta che dimostrino di aver pagato all'estero in via definitiva** sugli **stessi utili** mediante certificazione del competente ufficio fiscale dello Stato estero. La ritenuta di cui al primo periodo non si applica sugli utili corrisposti a organismi di investimento collettivo del risparmio (OICR) di diritto estero conformi alla direttiva 2009/65/CE del Parlamento europeo e del Consiglio, del 13 luglio 2009, e a OICR, non conformi alla citata direttiva 2009/65/CE, il cui gestore sia soggetto a forme di vigilanza nel Paese estero nel quale è istituito ai sensi della direttiva 2011/61/UE del Parlamento europeo e del Consiglio, dell'8 giugno 2011, istituiti negli Stati membri dell'Unione europea e negli Stati aderenti all'Accordo sullo spazio economico europeo che consentono un adeguato scambio di informazioni.

3-*bis*. I soggetti cui si applica l'art. 98 del testo unico delle Imposte sui redditi, di cui al decreto del Presidente della Repubblica 22 dicembre 1986, n. 917, sono tenuti ad operare, con obbligo di rivalsa, la **ritenuta** di cui ai commi 3 e 3-*ter* **sulla remunerazione di finanziamenti eccedenti** prevista dal citato art. 98 direttamente **erogati dal socio** o da una sua parte correlata, **non residenti** nel territorio dello Stato. Ai fini della determinazione della ritenuta di cui sopra, si computa in diminuzione la eventuale ritenuta operata ai sensi dell'art. 26 riferibile alla medesima remunerazione. La presente disposizione non si applica alla remunerazione di finanziamenti eccedenti direttamente erogati dalle stabili organizzazioni nel territorio dello Stato di soggetti non residenti.

3-*ter*. La **ritenuta** è operata a **titolo di imposta** e con l'aliquota dell'**1,20 per cento sugli utili corrisposti** alle società e agli enti soggetti ad un'imposta sul reddito delle società negli Stati membri dell'Unione europea e negli Stati aderenti all'Accordo sullo spazio economico europeo che sono inclusi nella lista di cui al decreto del Ministro dell'economia e delle finanze emanato ai sensi dell'art. 168-*bis* del testo unico delle Imposte sui redditi, di cui al decreto del Presidente della Repubblica 22 dicembre 1986, n. 917, ed ivi residenti, in relazione alle **partecipazioni**, agli **strumenti finanziari** di cui all'art. 44, comma 2, lettera a), del predetto testo unico e ai **contratti di associazione in partecipazione** di cui all'art. 109, comma 9, lettera b), del medesimo testo unico, non relativi a stabili organizzazioni nel territorio dello Stato.

4. **Sulle remunerazioni corrisposte a persone fisiche residenti** relative a **partecipazioni al capitale** o al patrimonio, **titoli e strumenti finanziari** di cui all'art. 44, comma 2, lettera a), ultimo periodo, del testo unico delle Imposte sui redditi e a contratti di cui all'art. 109, comma 9, lettera b), del medesimo testo unico, in cui l'associante è soggetto non residente, qualificati e non qualificati ai sensi delle lettere *c)* e c-*bis*) del comma 1 dell'art. 67 del testo unico e non relativi all'impresa ai sensi dell'art. 65 dello stesso testo unico, è operata una **ritenuta del 12,50 [*ora 26*] per cento a titolo d'imposta** dai soggetti di cui al primo comma dell'art. 23 che intervengono nella loro riscossione. La ritenuta è operata **a titolo d'acconto**:

a) lettera abrogata;

b) sull'**intero importo delle remunerazioni** corrisposte, in relazione a **partecipazioni, titoli, strumenti finanziari e contratti** non relativi all'impresa ai sensi dell'art. 65, da imprese o enti residenti o localizzati in Stati o territori a regime fiscale privilegiato individuati in base ai criteri di cui all'art. 47-*bis*, comma 1 del citato testo unico, salvo che sia avvenuta la dimostrazione, anche a seguito dell'esercizio di interpello di cui al comma 3 dell'art. 47-*bis* dello stesso testo unico, che è rispettata, **sin dal primo periodo di possesso della partecipazione,** la condizione di cui alla lettera b) del comma 2 del medesimo articolo 47-*bis*. La disposizione del periodo precedente **non si applica** alle partecipazioni, ai titoli e agli strumenti finanziari di cui all'art. 44, comma 2, lettera a), ultimo periodo, **emessi da società i cui titoli sono negoziati nei mercati regolamentati.** La ritenuta è, altresì, operata sull'intero importo delle remunerazioni relative a contratti stipulati con associanti non residenti che non soddisfano le condizioni di cui all'art. 44, comma 2, lettera a), ultimo periodo.

4-*bis*. Le ritenute del comma 4 sono operate al **netto delle ritenute applicate dallo Stato estero**. In caso di distribuzione di utili in natura si applicano le disposizioni di cui al comma 2.

5. **Le ritenute** di cui ai commi 1 e 4, primo periodo, **non sono operate** qualora le **persone fisiche residenti e gli associati** in partecipazione **dichiarino** all'atto della percezione che gli **utili riscossi sono relativi all'attività di impresa**. Le ritenute di cui ai commi 1 e 4, sono operate con l'aliquota del **27 per cento** ed **a titolo d'imposta nei confronti dei soggetti esenti dall'imposta sul reddito delle società**.

6. Per gli utili corrisposti a soggetti residenti ed assoggettati alla ritenuta a titolo d'imposta o all'imposta sostitutiva sul risultato maturato di gestione non si applicano le disposizioni degli artt. 5, 7, 8, 9 e 11, terzo comma, della legge 29 dicembre 1962, n. 1745.

Art. 27-*bis*. Rimborso della ritenuta sui dividendi distribuiti a soggetti non re-

sidenti. – 1. Le **società** che detengono una **partecipazione diretta non inferiore al 20 per cento del capitale** della società che distribuisce gli utili, hanno diritto, a richiesta, al **rimborso della ritenuta** di cui ai commi 3, 3-*bis* e 3-*ter* dell'art. 27, se:

a) rivestono una delle **forme previste** nell'allegato della direttiva n. 435/90/CEE del Consiglio del 23 luglio 1990;

b) **risiedono**, ai fini fiscali, **in uno Stato membro dell'Unione europea**, senza essere considerate, ai sensi di una Convenzione in materia di doppia imposizione sui redditi con uno Stato terzo, residenti al di fuori dell'Unione europea;

c) **sono soggette, nello Stato di residenza**, senza fruire di regimi di opzione o di esonero che non siano territorialmente o temporalmente limitati, **ad una delle imposte indicate** nella predetta direttiva;

d) la **partecipazione sia detenuta ininterrottamente per almeno un anno.**

1-*bis*. La disposizione del comma I si applica altresì alle remunerazioni di cui all'articolo 89, comma 3-*bis*, del testo unico di cui al decreto del Presidente della Repubblica 22 dicembre 1986, n. 917, in misura corrispondente alla quota non deducibile nella determinazione del reddito della società erogante, sempreché la remunerazione sia erogata a società con i requisiti indicati nel comma 1.

2. Ai fini dell'applicazione del comma 1, deve essere prodotta una **certificazione**, rilasciata dalle competenti autorità fiscali dello Stato estero, che **attesti che la società non residente possieda i requisiti** indicati alle lettere a), b) e c) del comma 1, nonché una dichiarazione della società che attesti la sussistenza del requisito indicato alla lettera d) del medesimo comma 1.

3. Ove ricorrano le condizioni di cui al comma 1, **a richiesta** della società beneficiaria dei dividendi, i soggetti di cui all'art. 23 **possono non applicare la ritenuta di cui ai commi 3, 3-*bis* e 3-*ter* dell'art. 27**. In questo caso, la documentazione di cui al comma 2 deve essere acquisita entro la data del pagamento degli utili e conservata, unitamente alla richiesta, fino a quando non siano decorsi i termini per gli accertamenti relativi al periodo di imposta in corso alla data di pagamento dei dividendi e, comunque, fino a quando non siano stati definiti gli accertamenti stessi. Con decreto del Ministero delle finanze possono essere stabilite specifiche modalità di attuazione mediante approvazione di appositi modelli.

4. Comma abrogato.

5. La direttiva (UE) 2015/121 del Consiglio, del 27 gennaio 2015, è attuata dall'ordinamento nazionale mediante l'applicazione dell'articolo 10-*bis* della legge 27 luglio 2000, n. 212.

Art. 27-*ter*. Azioni in deposito accentrato presso la Monte Titoli S.p.A. – 1. Sugli **utili derivanti dalle azioni** e dagli **strumenti finanziari similari** alle azioni di cui all'art. 44 del testo unico delle Imposte sui redditi, di cui al decreto del Presidente della Repubblica 22 dicembre 1986, n. 917, immessi nel sistema di **deposito accentrato gestito dalla Monte Titoli S.p.A.** ai sensi della legge 19 giugno 1986, n. 289, è applicata, in luogo della ritenuta di cui ai commi 1, 3 e 3-*ter* dell'art. 27, un'**imposta sostitutiva** delle Imposte sui redditi con le stesse aliquote ed alle medesime condizioni previste dal predetto articolo.

2. L'imposta sostitutiva di cui al comma 1 è **applicata** dai **soggetti presso i quali i titoli sono depositati**, aderenti al sistema di deposito accentrato gestito dalla Monte Titoli S.p.A. ai sensi del regolamento CONSOB emanato in base all'art. 10 della legge 19 giugno 1986, n. 289, nonché dai soggetti non residenti che aderiscono a sistemi esteri di deposito accentrato aderenti al sistema Monte Titoli.

3. I soggetti di cui al comma 2 accre-

ditano, con separata evidenza, l'ammontare dell'imposta sostitutiva applicata sugli utili di cui al comma 1 al conto unico istituito ai sensi del comma 1 dell'art. 3 del decreto legislativo 1° aprile 1996, n. 239, con valuta pari alla data dell'effettivo pagamento degli utili. I medesimi soggetti **addebitano l'imposta sostitutiva ai percipienti, all'atto del pagamento**, con valuta pari a quella con la quale sono riconosciuti gli utili stessi. Si applicano le disposizioni dell'art. 4 del decreto legislativo 1° aprile 1996, n. 239.

4. Per gli **utili** di cui al comma 1 **spettanti a soggetti residenti in Stati con** i quali siano in vigore **convenzioni per evitare la doppia imposizione** sul reddito, ai fini dell'applicazione dell'imposta sostitutiva nella misura prevista dalla convenzione i soggetti di cui al comma 2 acquisiscono:

a) una **dichiarazione del soggetto non residente** effettivo beneficiario degli utili, dalla quale risultino i **dati identificativi del soggetto** medesimo, la **sussistenza di tutte le condizioni** alle quali è subordinata l'applicazione del regime convenzionale e gli eventuali elementi necessari a determinare la misura dell'aliquota applicabile ai sensi della convenzione;

b) **un'attestazione dell'autorità fiscale** competente dello Stato ove l'effettivo beneficiario degli utili ha la residenza, dalla quale **risulti la residenza** nello Stato medesimo ai sensi della convenzione. L'attestazione produce effetti fino al 31 marzo dell'anno successivo a quello di presentazione.

5. Nell'ipotesi di applicazione del comma 4 **non spetta il rimborso** di cui al comma 3, ultimo periodo, dell'art. 27. Sugli utili di pertinenza di enti od organismi internazionali che godono **dell'esenzione dalle imposte in Italia per effetto di leggi o di accordi internazionali** resi esecutivi in Italia, i soggetti di cui al comma 2, non applicano l'imposta sostitutiva.

6. Ove ricorrano le condizioni previste dal comma 1, dell'art. 27-*bis*, **l'imposta sostitutiva** di cui al comma 1, del presente articolo **non è applicata**, a condizione che i soggetti di cui al comma 2 acquisiscano:

a) la documentazione attestante la **sussistenza delle condizioni** di cui al comma 1 dell'art. 27-*bis*;

b) una **certificazione** delle competenti **autorità fiscali** dello Stato estero, che **attesti la ricorrenza dei requisiti** di cui al comma 2 dell'art. 96-*bis* del testo unico delle Imposte sui redditi.

7. I soggetti di cui al comma 2 **conservano la documentazione** di cui ai precedenti commi 4 e 6 fino a quando non siano decorsi i termini per gli accertamenti relativi al periodo d'imposta in corso alla data di pagamento degli utili, e comunque fino a quando non siano stati definiti gli accertamenti stessi.

8. Gli intermediari non residenti aderenti al sistema Monte Titoli e gli intermediari non residenti che aderiscono a sistemi esteri di deposito accentrato aderenti al sistema Monte Titoli nominano quale loro rappresentante fiscale in Italia una banca o una società di intermediazione mobiliare, residente nel territorio dello Stato, una stabile organizzazione in Italia di banche o di imprese di investimento non residenti, ovvero una società di gestione accentrata di strumenti finanziari autorizzata ai sensi dell'art. 80 del decreto legislativo 24 febbraio 1998, n. 58. Il **rappresentante fiscale risponde dell'adempimento** dei propri compiti negli stessi termini e con le stesse responsabilità previste per i soggetti di cui al comma 2, residenti in Italia e provvede a:

a) **versare l'imposta** sostitutiva di cui al presente articolo;

b) **effettuare le comunicazioni** di cui all'art. 7 della legge 29 dicembre 1962, n. 1745;

c) conservare la documentazione prevista nei commi 4 e 6;

d) **fornire, entro 15 giorni dalla richiesta dell'amministrazione finanziaria, ogni notizia o documento utile** per comprovare il corretto assolvimento degli obblighi riguardanti l'imposta sostitutiva di cui al comma 1.

9. Con uno o più decreti del Ministro delle finanze, da pubblicare nella Gazzetta Ufficiale, possono essere previste modalità semplificate per l'attribuzione ai soggetti non residenti del credito d'imposta sui dividendi, nei casi in cui detta attribuzione sia prevista dalla convenzione contro le doppie imposizioni stipulata fra l'Italia e il Paese di residenza del beneficiario e per l'acquisizione della documentazione di cui ai commi 4 e 6 nei casi in cui le azioni siano depositate presso organismi esteri di investimento collettivo aderenti al sistema Monte Titoli. Con gli stessi decreti possono essere approvati modelli uniformi per l'acquisizione dell'attestazione di cui al comma 4, lettera b), e può essere previsto che la medesima attestazione produca effetti anche ai fini dell'applicazione delle disposizioni contenute negli artt. 6 e 7 del decreto legislativo 1° aprile 1996, n. 239, purché da essa risulti la sussistenza delle condizioni di cui all'art. 6 dello stesso decreto.

Art. 28. Ritenuta sui compensi per avviamento commerciale e sui contributi degli enti pubblici. – 1. I soggetti indicati nel primo comma dell'art. 23, quando corrispondono **compensi per la perdita di avviamento** in applicazione della legge 27 gennaio 1963, n. 19, devono operare all'atto del pagamento una **ritenuta del quindici per cento**, con obbligo di **rivalsa**, a **titolo di acconto** dell'imposta sul reddito delle persone fisiche o dell'imposta sul reddito delle persone giuridiche dovuta dal percipiente.

2. Le regioni, le province, i comuni, gli altri enti pubblici e privati devono operare una ritenuta del quattro per cento a titolo di acconto delle imposte indicate nel comma precedente e con obbligo di rivalsa sull'ammontare dei contributi corrisposti ad imprese, esclusi quelli per l'acquisto i beni strumentali.

Art. 29. Ritenuta su compensi e altri redditi corrisposti dallo Stato. – 1. Le **amministrazioni dello Stato**, comprese quelle con ordinamento autonomo, che corrispondono le somme e i valori di cui all'art. 23, devono effettuare all'atto del pagamento una **ritenuta diretta in acconto** dell'imposta sul reddito delle persone fisiche dovuta dai percipienti. La ritenuta è operata con le seguenti modalità:

a) sulla parte imponibile delle somme e dei valori, di cui all'art. 48, del testo unico delle Imposte sui redditi, approvato con decreto del Presidente della Repubblica 22 dicembre 1986, n. 917, esclusi quelli indicati alle successive lettere b) e c), aventi carattere fisso e continuativo, con i criteri e le modalità di cui al comma 2 dell'art. 23;

b) sulle mensilità aggiuntive e sui compensi della stessa natura, nonché su ogni altra somma o valore diversi da quelli di cui alla lettera a) e sulla parte imponibile delle indennità di cui all'art. 48, commi 5, 6, 7 e 8, del citato testo unico, con la aliquota applicabile allo scaglione di reddito più elevato della categoria o classe di stipendio del percipiente all'atto del pagamento o, in mancanza, con l'aliquota del primo scaglione di reddito;

c) sugli emolumenti arretrati relativi ad anni precedenti di cui all'art. 16, comma 1, lettera b), del citato testo unico, con i criteri di cui all'art. 18, dello stesso testo unico, intendendo per reddito complessivo netto l'ammontare globale dei redditi di lavoro dipendente corrisposti dal sostituto al sostituito nel biennio precedente, al netto delle deduzioni di cui agli artt. 11 e 12, commi 1 e 2, del medesimo testo unico;

d) sulla parte imponibile del trattamento di fine rapporto e delle indennità equipollenti e delle altre indennità e somme di cui all'art. 16, comma 1, lettera a), del citato testo unico con i criteri di cui all'art. 17, dello stesso testo unico;

e) sulla parte imponibile delle somme e valori di cui all'art. 48, del citato testo unico, non compresi nell'art. 16, comma 1, lettera a), dello stesso testo unico, corrisposti agli eredi, con l'aliquota stabilita per il primo scaglione di reddito.

2. Gli uffici che dispongono il pagamento di emolumenti aventi carattere fisso e continuativo devono effettuare entro il 28 febbraio o entro due mesi dalla data di cessazione del rapporto, se questa è anteriore all'anno, il conguaglio di cui al comma 3 dell'art. 23, con le modalità in esso stabilite. A tal fine, all'inizio del rapporto, il sostituito deve specificare quale delle opzioni previste al comma 3 dell'art. 23 intende adottare. Ai fini delle operazioni di conguaglio i soggetti e gli altri organi che corrispondono compensi e retribuzioni non aventi carattere fisso e continuativo devono comunicare ai predetti uffici, entro la fine dell'anno e, comunque, non oltre il 12 gennaio dell'anno successivo, l'ammontare delle somme corrisposte, l'importo degli eventuali contributi previdenziali e assistenziali, compresi quelli a carico del datore di lavoro e le ritenute effettuate. Per le somme e i valori a carattere ricorrente la comunicazione deve essere effettuata su supporto magnetico secondo specifiche tecniche approvate con apposito decreto del Ministro del tesoro, di concerto con il Ministro delle finanze. Qualora, alla data di cessazione del rapporto di lavoro, l'ammontare degli emolumenti dovuti non consenta la integrale applicazione della ritenuta di conguaglio, la differenza è recuperata mediante ritenuta sulle competenze di altra natura che siano liquidate anche da altro soggetto in dipendenza del cessato rapporto di lavoro. Si applicano anche le disposizioni dell'art. 23, comma 4.

3. Le amministrazioni della **Camera dei deputati**, del **Senato e della Corte costituzionale**, nonché della **Presidenza della Repubblica** e degli organi legislativi delle regioni a statuto speciale, che **corrispondono le somme e i valori** di cui al comma 1, effettuano, all'atto del pagamento, una **ritenuta d'acconto** dell'imposta **sul reddito delle persone fisiche** con i criteri indicati nello stesso comma. Le medesime amministrazioni, all'atto del pagamento delle indennità e degli assegni vitalizi di cui all'art. 47, comma 1, lettera g), del testo unico delle Imposte sui redditi, approvato con decreto del Presidente della Repubblica 22 dicembre 1986, n. 917, applicano una ritenuta a titolo di acconto dell'imposta sul reddito delle persone fisiche, commisurata alla parte imponibile di dette indennità e assegni, con le aliquote determinate secondo i criteri indicati nel comma 1. Si applicano le disposizioni di cui al comma 2.

4. Nel caso in cui la **ritenuta** da operare sui valori di cui ai commi precedenti **non trovi capienza**, in tutto o in parte, sui contestuali pagamenti in denaro, il **sostituito è tenuto a versare al sostituto** l'importo corrispondente all'ammontare della ritenuta.

5. Le amministrazioni di cui al comma 1, e quelle di cui al comma 3, che corrispondono i compensi e le altre somme di cui agli artt. 24, 25, 25-*bis*, 26 e 28 effettuano all'atto del pagamento le ritenute stabilite dalle disposizioni stesse.

Art. 30. Ritenuta sui premi e sulle vincite. – 1. I premi derivanti da **operazioni a premio** assegnati a soggetti per i quali gli stessi assumono rilevanza reddituale ai sensi dell'art. 6 del testo unico delle Imposte sui redditi, approvato con decreto del Presidente della Repubblica 22 dicembre 1986, n. 917, gli altri premi comunque diversi da quelli su titoli e le vincite derivanti dalla sorte, da giuochi di abilità, quelli derivanti da concorsi a premio, da pronostici e da scommesse, corrisposti dallo Stato, da persone giuridiche pubbliche o private e dai soggetti indicati nel primo comma dell'articolo 23, sono soggetti a una **ritenuta alla fonte a titolo di imposta**, con **facoltà di rivalsa**, con esclusione dei casi in cui altre disposizioni già prevedano l'applicazione di ritenute alla fonte. Le ritenute alla fonte non si applicano se il valore complessivo dei premi derivanti da operazioni a premio attribuiti nel periodo d'imposta dal sostituto d'imposta al medesimo soggetto non supera l'importo di euro 25,82; se il detto valore è superiore al citato limite, lo stesso è assoggettato interamente a ritenuta. Le disposizioni del periodo precedente non si applicano con riferimento ai premi che concorrono a formare il reddito di lavoro dipendente.

2. **L'aliquota della ritenuta** è stabilita nel **10 per cento** per i premi delle lotterie, tombole, pesche o banchi di beneficenza autorizzati a favore di enti e comitati di beneficenza, nel venti per cento sui premi dei giuochi svolti in occasione di spettacoli radio-televisivi, competizioni sportive o manifestazioni di qualsiasi altro genere nei quali i partecipanti si sottopongono a prove basate sull'abilità o sull'alea o su entrambe, nel venticinque per cento in ogni altro caso.

3. Se i **premi** sono costituiti da **beni diversi dal denaro o da servizi**, i vincitori hanno **facoltà,** se chi eroga il premio intende esercitare la rivalsa, di **chiedere un premio di valore inferiore** già prestabilito, differente per quanto possibile, rispetto al primo, di un **importo pari all'imposta** gravante sul premio originario. Le eventuali differenze sono conguagliate in denaro.

4. La ritenuta sulle vincite e sui premi del lotto, delle lotterie nazionali, dei giuochi di abilità e dei concorsi pronostici esercitati dallo Stato, è compresa nel prelievo operato dallo Stato in applicazione delle regole stabilite dalla legge per ognuna di tali attività di giuoco.

5. La ritenuta sulle vincite dei giuochi di abilità e dei concorsi pronostici esercitati dal Comitato olimpico nazionale italiano e dalla Unione nazionale incremento razze equine è compresa nell'imposta unica prevista dalle leggi vigenti.

6. L'imposta sulle vincite nelle scommesse al totalizzatore ed al libro è compresa nell'importo dei diritti erariali dovuti a norma di legge.

7. Comma abrogato.

TITOLO IV
ACCERTAMENTI E CONTROLLI

Art. 31. Attribuzioni degli uffici delle imposte. – 1. Gli uffici delle imposte **controllano le dichiarazioni** presentate dai contribuenti e dai sostituti d'imposta, ne rilevano l'eventuale omissione e provvedono alla liquidazione delle imposte o maggiori imposte dovute; vigilano sull'**osservanza degli obblighi** relativi alla **tenuta delle scritture contabili** e degli altri obblighi stabiliti nel presente decreto e nelle altre disposizioni relative alle imposte sui redditi; provvedono alla **irrogazione delle pene pecuniarie** previste nel Titolo V e alla presentazione del rapporto all'autorità giudiziaria per le violazioni sanzionate penalmente.

2. La competenza spetta all'ufficio distrettuale nella cui circoscrizione è il domicilio fiscale del soggetto obbligato alla dichiarazione alla data in cui questa è stata o avrebbe dovuto essere presentata.

3. Comma abrogato.

4. Comma abrogato.

5. L'Amministrazione finanziaria provvede alla raccolta delle informazioni da fornire alle predette autorità con le modalità ed entro i limiti previsti per l'accertamento delle imposte sul reddito.

Art. 31-*bis*. Assistenza per lo scambio di informazioni tra le autorità competenti degli Stati membri dell'Unione europea. – 1. L'Amministrazione finanziaria provvede allo **scambio**, con le altre autorità competenti degli Stati membri dell'Unione europea, **delle informazioni** necessarie per assicurare il **corretto accertamento delle imposte** di qualsiasi tipo riscosse da o per conto dell'Amministrazione finanziaria e delle ripartizioni territoriali, comprese le autorità locali. Essa, a tale fine, può autorizzare la **presenza nel territorio** dello Stato di funzionari delle **amministrazioni fiscali degli altri Stati membri.**

2. L'Amministrazione finanziaria provvede alla **raccolta delle informazioni** da trasmettere alle predette autorità con le modalità ed entro i limiti previsti per l'accertamento delle imposte sul reddito.

In sede di assistenza e cooperazione nello scambio di informazioni l'Amministrazione finanziaria opera nel rispetto dei termini indicati agli articoli 7, 8, 8-*bis*, 8-*bis bis*, 8-*bis ter*, *8-bis quater* e 10 della Direttiva 2011/16/UE del 15 febbraio 2011 del Consiglio, che ha abrogato la Direttiva 77/799/CEE del 19 dicembre 1977.

3. Le informazioni non sono trasmesse quando possono rivelare un segreto commerciale, industriale o professionale, un processo commerciale o un'informazione la cui divulgazione contrasti con l'ordine pubblico. La trasmissione delle informazioni può essere, inoltre, rifiutata quando l'autorità competente dello Stato membro richiedente, per motivi di fatto o di diritto, non è in grado di fornire lo stesso tipo di informazioni.

4. **Le informazioni sono trattate e tenute segrete** con i limiti e le modalità previsti dal capo VI, condizioni che disciplinano la cooperazione amministrativa, e VI, relazioni con Paesi terzi, della Direttiva 2011/16/UE.

5. Non è considerata violazione del segreto d'ufficio la comunicazione da parte dell'Amministrazione finanziaria alle autorità competenti degli altri Stati membri delle informazioni atte a permettere il corretto accertamento delle imposte sul reddito e sul patrimonio, nonché dell'imposta sul valore aggiunto e delle altre imposte indirette.

In sede di assistenza e cooperazione per lo scambio di informazioni, la presenza negli uffici amministrativi e la partecipazione alle indagini amministrative, anche attraverso l'uso di mezzi di comunicazione elettronici, di funzionari delle amministrazioni fiscali degli altri stati membri dell'Unione europea, è disciplinata dall'articolo 11 della Direttiva 2011/16/UE del 15 febbraio 2011 del Consiglio. Alla presenza dei funzionari dell'Amministrazione finanziaria, che esercitano il coordinamento delle indagini amministrative, i funzionari esteri possono interrogare i soggetti sottoposti al controllo ed esaminare la relativa documentazione, a condizione di reciprocità e previo accordo tra l'autorità richiedente e l'autorità interpellata. I funzionari dell'Amministrazione finanziaria utilizzano direttamente le informazioni scambiate durante le indagini svolte all'estero.

6. Quando la situazione di uno o più soggetti di imposta presenta un interesse comune o complementare con altri Stati membri, l'Amministrazione finanziaria può decidere di procedere a **controlli simultanei con le Amministrazioni finanziarie degli altri Stati membri**, ciascuno nel proprio territorio, allo scopo di scambiare le informazioni così ottenute quando tali controlli appaiano più efficaci di un controllo eseguito da un solo Stato membro.

7. L'Amministrazione finanziaria **individua**, autonomamente, **i soggetti d'imposta sui quali intende proporre un controllo simultaneo**, informando le autorità competenti degli altri Stati membri interessati circa i casi suscettibili di

un controllo simultaneo. A tale fine, essa indica, per quanto possibile, i **motivi per cui detti casi sono stati scelti** e fornisce le informazioni che l'hanno indotta a proporli, indicando il termine entro il quale i controlli devono essere effettuati.

8. Qualora **l'autorità** competente **di un altro Stato membro** proponga di **partecipare ad un controllo simultaneo,** l'Amministrazione finanziaria comunica alla suddetta autorità **l'adesione o il rifiuto** ad eseguire il controllo richiesto, entro sessanta giorni dal ricevimento della proposta, specificando, in quest'ultimo caso, i motivi che si oppongono all'effettuazione di tale controllo.

9. Nel caso di adesione alla proposta di controllo simultaneo avanzata dall'autorità competente di un altro Stato membro, l'Amministrazione finanziaria designa un *rappresentante* cui compete la **direzione e il coordinamento del controllo.**

10. Dall'attuazione del presente articolo non devono derivare nuovi o maggiori oneri per la finanza pubblica e l'Amministrazione competente provvede all'espletamento delle attività ivi previste con le risorse umane strumentali e finanziarie previste a legislazione vigente.

Art. 31-*bis*.1. Verifiche congiunte tra le autorità competenti degli Stati membri dell'Unione europea. – 1. Quando la situazione di uno o più soggetti d'imposta presenta un interesse comune o complementare con altri Stati membri dell'Unione europea, l'Amministrazione finanziaria può chiedere all'autorità competente di un altro Stato membro o di più Stati membri di effettuare una verifica congiunta nei confronti di tali soggetti.

2. Quando l'autorità competente di un altro Stato membro o le autorità competenti di più Stati membri propongono di partecipare ad una verifica congiunta, l'Amministrazione finanziaria comunica alle suddette autorità il rifiuto o l'adesione alla proposta entro sessanta giorni dal ricevimento della stessa, specificando, in caso di rifiuto, i motivi che si oppongono all'effettuazione della verifica congiunta.

3. L'Amministrazione finanziaria svolge le verifiche congiunte in modo concordato e coordinato con le autorità competenti degli altri Stati membri richiedenti o interpellati, anche per quanto riguarda il regime linguistico, sulla base della legislazione e delle norme procedurali vigenti nello Stato membro nel quale si svolgono le attività di verifica congiunta. I funzionari degli Stati membri che partecipano alla verifica congiunta non possono esercitare poteri di controllo più ampi rispetto a quelli loro conferiti dalla legislazione dello Stato membro di appartenenza.

4. Quando la verifica congiunta si svolge nel territorio dello Stato, l'Amministrazione finanziaria nomina un rappresentante incaricato di dirigere e coordinare le attività di verifica congiunta e adotta le misure necessarie per:

a) consentire ai funzionari degli altri Stati membri che partecipano alle attività di verifica congiunta di interrogare le persone ed esaminare i documenti insieme ai funzionari nazionali, secondo le modalità procedurali stabilite dalla normativa vigente;

b) garantire che gli elementi di prova raccolti durante le attività di verifica congiunta possano essere valutati, anche in ordine alla loro ammissibilità, alle stesse condizioni giuridiche ordinariamente applicabili agli elementi di prova raccolti durante le ordinarie attività di verifica;

c) garantire che al soggetto o ai soggetti sottoposti alla verifica congiunta, o da essa interessati, siano riconosciuti diritti e obblighi analoghi a quelli riconosciuti ai soggetti destinatari delle ordinarie attività di verifica.

5. L'Amministrazione finanziaria nel corso della verifica congiunta individua i fatti e le circostanze pertinenti alla verifica di comune accordo con le autorità competenti degli altri Stati membri partecipanti, con le quali si adopera al fine di raggiungere un accordo sulla posizione fiscale del soggetto o dei soggetti sottoposti a verifica. Al termine delle operazioni è redatta una relazione finale nella quale confluiscono i risultati della verifica congiunta e le questioni sulle quali le autorità competenti concordano. L'esito della verifica è notificato mediante processo verbale ai soggetti interessati entro sessanta giorni dall'emissione della relazione congiuntamente a una copia della relazione medesima.

6. Dall'attuazione del presente articolo non derivano nuovi o maggiori oneri per la finanza pubblica e l'Amministrazione competente provvede all'espletamento delle attività ivi previste con le risorse umane, strumentali e finanziarie previste dalla legislazione vigente.

Art. 31-*ter*. Accordi preventivi per le imprese con attività internazionale. – 1. Le imprese con attività internazionale hanno accesso ad una procedura finalizzata alla stipula di accordi preventivi, con principale riferimento ai seguenti ambiti:

a) **preventiva definizione in contraddittorio dei metodi di calcolo del valore normale delle operazioni** di cui al comma 7, dell'articolo 110 del testo unico delle imposte sui redditi approvato con decreto del Presidente della Repubblica 22 dicembre 1986, n. 917, e dei valori di uscita o di ingresso in caso di trasferimento della residenza, rispettivamente, ai sensi degli articoli 166 e 166-*bis* del medesimo testo unico. Le imprese che aderiscono al regime dell'adempimento collaborativo hanno accesso alla procedura di cui al periodo precedente anche al fine della preventiva definizione in contraddittorio dei metodi di calcolo del valore normale delle operazioni di cui al comma 9-*bis* dell'articolo 110 del citato decreto del Presidente della Repubblica n. 917 del 1986;

b) applicazione ad un caso concreto di norme, anche di origine convenzionale, concernenti l'attribuzione di utili e perdite alla stabile organizzazione in un altro Stato di un'impresa o un ente residente ovvero alla stabile organizzazione in Italia di un soggetto non residente;

c) **valutazione preventiva della sussistenza o meno dei requisiti che configurano una stabile organizzazione situata nel territorio dello Stato**, tenuti presenti i criteri previsti dall'articolo 162 del testo unico delle imposte sui redditi approvato con decreto del Presidente della Repubblica 22 dicembre 1986, n. 917, nonché dalle vigenti Convenzioni contro le doppie imposizioni stipulate all'Italia;

d) applicazione ad un caso concreto di norme, anche di origine convenzionale, concernenti l'erogazione o la percezione di dividendi, interessi e royalties e altri componenti reddituali a o da soggetti non residenti.

2. Gli accordi di cui al comma 1, qualora non conseguano ad altri accordi conclusi con le autorità competenti di Stati esteri a seguito delle procedure amichevoli previste dagli accordi o dalle convenzioni internazionali contro le doppie imposizioni, vincolano le parti per il periodo d'imposta nel corso del quale sono stipulati e per i quattro periodi d'imposta successivi, salvi mutamenti delle circostanze di fatto o di diritto rilevanti ai fini degli accordi sottoscritti e risultanti dagli stessi. Qualora le circostante di fatto e di diritto alla base dell'accordo ricorrano per uno o più dei periodi di imposta precedenti alla stipulazione e per i quali i termini previsti dall'articolo 43 del presente decreto non sono ancora scaduti e a condizione che non siano iniziati accessi, ispezioni,

verifiche o altre attività amministrative di accertamento delle quali il contribuente abbia avuto formale conoscenza, è concessa al contribuente la facoltà di far valere retroattivamente l'accordo stesso, provvedendo, ove si renda a tal fine necessario rettificare il comportamento adottato, all'effettuazione del ravvedimento operoso ovvero alla presentazione della dichiarazione integrativa ai sensi dell'articolo 2, comma 8, del regolamento di cui al decreto del Presidente della Repubblica 22 luglio 1998, n. 322, salva l'applicazione, in entrambi i casi, delle relative sanzioni.

3. Gli accordi di cui al comma 1, qualora conseguano ad altri accordi conclusi con le autorità competenti di Stati esteri a seguito delle procedure amichevoli previste dagli accordi o convenzioni internazionali contro le doppie imposizioni, vincolano le parti, secondo quanto convenuto con dette autorità, a decorrere da periodi di imposta precedenti alla data di sottoscrizione dell'accordo purché non anteriori al periodo d'imposta in corso alla data di presentazione della relativa istanza da parte del contribuente. È concessa al contribuente la facoltà di far retroagire gli effetti di tali accordi anche a periodi di imposta precedenti a quello in corso alla data di presentazione della relativa istanza e per i quali i termini previsti dall'articolo 43 non sono ancora scaduti, a condizione che: a) per tali periodi ricorrano le stesse circostanze di fatto e di diritto a base dell'accordo stipulato con le autorità competenti di Stati esteri; b) il contribuente ne abbia fatto richiesta nell'istanza di accordo preventivo; c) le autorità competenti di Stati esteri acconsentano a estendere l'accordo ad annualità precedenti; d) per tali periodi di imposta non siano iniziati accessi, ispezioni, verifiche o altre attività amministrative di accertamento delle quali il contribuente abbia avuto formale conoscenza. Qualora in applicazione del presente comma sia necessario rettificare il comportamento adottato, il contribuente provvede all'effettuazione del ravvedimento operoso ovvero alla presentazione della dichiarazione integrativa ai sensi dell'articolo 2, comma 8, del regolamento di cui al decreto del Presidente della Repubblica 22 luglio 1998, n. 322, senza l'applicazione delle eventuali sanzioni.

3-*bis*. L'ammissibilità della richiesta di accordo preventivo di cui al comma 3 è subordinata al versamento di una commissione pari a:

a) 10.000 euro nel caso in cui il fatturato complessivo del gruppo cui appartiene il contribuente istante sia inferiore a 100 milioni di euro;

b) 30.000 euro nel caso in cui il fatturato complessivo del gruppo cui appartiene il contribuente istante sia compreso tra 100 milioni e 750 milioni di euro;

c) 50.000 euro nel caso in cui il fatturato complessivo del gruppo cui appartiene il contribuente istante sia superiore a 750 milioni di euro.

3-*ter*. In caso di richiesta di rinnovo dell'accordo di cui al comma 3, le commissioni sono ridotte alla metà. Con provvedimento del Direttore dell'Agenzia delle entrate sono adottate le disposizioni di attuazione della disciplina contenuta nel presente comma.

4. Comma abrogato.

5. Per i periodi d'imposta di validità dell'accordo, l'Amministrazione finanziaria esercita i poteri di cui agli articoli 32 e seguenti soltanto in relazione a questioni diverse da quelle oggetto dell'accordo medesimo.

6. La richiesta di accordo preventivo è presentata al competente Ufficio della Agenzia delle entrate, secondo quanto stabilito con provvedimento del Direttore della medesima Agenzia. Con il medesimo provvedimento sono definite le modalità con le quali il competente Ufficio procede alla verifica del rispetto dei termini dell'accordo e del sopravve-

nuto mutamento delle condizioni di fatto e di diritto su cui l'accordo si basa.

7. Qualunque riferimento all'articolo 8 del decreto-legge 30 settembre 2003, n. 269, convertito, con modificazioni, dalla legge 24 novembre 2003, n. 326, ovunque presente, deve intendersi effettuato al presente articolo.

Art. 31-*quater*. Rettifica in diminuzione del reddito per operazioni tra imprese associate con attività internazionale. – 1. La rettifica in diminuzione del reddito di cui all'articolo 110, comma 7, secondo periodo, del testo unico delle imposte sui redditi approvato con decreto del Presidente della Repubblica 22 dicembre 1986, n. 917, può essere riconosciuta:

a) in esecuzione degli accordi conclusi con le autorità competenti degli Stati esteri a seguito delle procedure amichevoli previste dalle convenzioni internazionali contro le doppie imposizioni sui redditi o dalla Convenzione relativa all'eliminazione delle doppie imposizioni in caso di rettifica degli utili di imprese associate, con atto finale e dichiarazioni, fatta a Bruxelles il 23 luglio 1990, resa esecutiva con legge 22 marzo 1993, n. 99, nonché delle procedure di risoluzione delle controversie in materia fiscale disciplinate dalla direttiva (UE) 2017/1852, del Consiglio, del 10 ottobre 2017;

b) a conclusione dei controlli effettuati nell'ambito di attività di cooperazione internazionale i cui esiti siano condivisi dagli Stati partecipanti;

c) a seguito di istanza da parte del contribuente da presentarsi secondo le modalità e i termini previsti con provvedimento del Direttore dell'Agenzia delle entrate, a fronte di una rettifica in aumento definitiva e conforme al principio di libera concorrenza effettuata da uno Stato con il quale è in vigore una convenzione per evitare le doppie imposizioni sui redditi che consenta un adeguato scambio di informazioni. Resta ferma, in ogni caso, la facoltà per il contribuente di richiedere l'attivazione delle procedure amichevoli di cui alla lettera a), ove ne ricorrano i presupposti.

Art. 32. Poteri degli uffici. – 1. Per l'adempimento dei loro compiti gli **uffici delle imposte possono**:

1) **procedere all'esecuzione di accessi, ispezioni e verifiche** a norma del successivo art. 33;

2) **invitare i contribuenti**, indicandone il motivo, a **comparire di persona** o per mezzo di rappresentanti per fornire dati e notizie rilevanti ai fini dell'accertamento nei loro confronti, **anche relativamente ai rapporti ed alle operazioni**, i cui dati, notizie e documenti siano stati acquisiti a norma del numero 7), ovvero rilevati a norma dell'art. 33, secondo e terzo comma, o acquisiti ai sensi dell'art. 18, comma 3, lettera *b*), del decreto legislativo 26 ottobre 1995, n. 504. **I dati ed elementi attinenti ai rapporti ed alle operazioni acquisiti e rilevati rispettivamente a norma del numero 7)** e dell'art. 33, secondo e terzo comma, o acquisiti ai sensi dell'art. 18, comma 3, lettera *b*), del decreto legislativo 26 ottobre 1995, n. 504, **sono posti a base delle rettifiche** e degli accertamenti previsti dagli artt. 38, 39, 40 e 41 se **il contribuente** non **dimostra** che **ne ha tenuto conto per la determinazione del reddito** soggetto ad imposta **o che non hanno rilevanza allo stesso fine**; alle **stesse condizioni sono altresì posti come ricavi** a base delle stesse rettifiche ed accertamenti, **se il contribuente non ne indica il soggetto beneficiario e sempreché non risultino dalle scritture contabili, i prelevamenti o gli importi riscossi** nell'ambito dei predetti rapporti od operazioni per importi superiori a euro 1.000 giornalieri e, comunque, a euro 5.000 mensili. Le richieste fatte e le risposte ricevute devono risultare da **verbale sottoscritto anche**

dal contribuente o dal suo rappresentante; in mancanza deve essere indicato il motivo della mancata sottoscrizione. Il contribuente ha **diritto ad avere copia del verbale**;

3) **invitare i contribuenti**, indicandone il motivo, a **esibire o trasmettere atti e documenti** rilevanti ai fini dell'accertamento nei loro confronti, compresi i documenti di cui al successivo articolo 34. Ai soggetti obbligati alla tenuta di scritture contabili secondo le disposizioni del Titolo III può essere richiesta anche **l'esibizione dei bilanci o rendiconti e dei libri o registri** previsti dalle disposizioni tributarie. L'ufficio può estrarne copia ovvero trattenerli, rilasciandone ricevuta, per un periodo non superiore a sessanta giorni dalla ricezione. Non possono essere trattenute le scritture cronologiche in uso;

4) **inviare ai contribuenti questionari relativi a dati e notizie di carattere specifico** rilevanti ai fini dell'accertamento nei loro confronti nonché nei confronti di altri contribuenti con i quali abbiano intrattenuto rapporti, con invito a restituirli compilati e firmati;

5) **richiedere agli organi e alle Amministrazioni dello Stato**, agli enti pubblici non economici, alle società ed enti di assicurazione ed alle società ed enti che effettuano istituzionalmente riscossioni e pagamenti per conto di terzi la **comunicazione**, anche in deroga a contrarie disposizioni legislative, statutarie o regolamentari, **di dati e notizie** relativi a soggetti indicati singolarmente o per categorie. Alle società ed **enti di assicurazione**, per quanto riguarda i rapporti con gli assicurati del ramo vita, possono essere richiesti **dati e notizie** attinenti esclusivamente alla **durata del contratto** di assicurazione, **all'ammontare del premio** e alla individuazione del **soggetto tenuto a corrisponderlo**. Le informazioni sulla categoria devono essere fornite, a seconda della richiesta, cumulativamente o specificamente per ogni soggetto che ne fa parte. Questa disposizione **non si applica** all'Istituto centrale di statistica, agli ispettorati del lavoro per quanto riguarda le rilevazioni loro commesse dalla legge, e, salvo il disposto del n. 7), alle **banche**, alla società **Poste** italiane Spa, **per le attività finanziarie e creditizie**, alle società ed enti di assicurazione per le attività finanziarie agli intermediari finanziari, alle imprese di investimento, agli organismi di investimento collettivo del risparmio, alle società di gestione del risparmio e alle società fiduciarie;

6) richiedere **copie** o **estratti degli atti** e dei documenti **depositati presso i notai**, i **procuratori del registro, i conservatori dei registri immobiliari e gli altri pubblici ufficiali**. Le copie e gli estratti, con l'attestazione di conformità all'originale, devono essere rilasciate gratuitamente;

6-*bis*) richiedere, **previa autorizzazione** del direttore centrale dell'accertamento dell'Agenzia delle entrate o del direttore regionale della stessa, ovvero, per il Corpo della guardia di finanza, del comandante regionale, ai soggetti sottoposti ad accertamento, ispezione o verifica il rilascio di una **dichiarazione** contenente l'indicazione della **natura, del numero e degli estremi identificativi dei rapporti** intrattenuti con le **banche**, la società **Poste** italiane Spa, gli **intermediari finanziari**, le **imprese di investimento**, gli **organismi di investimento collettivo del risparmio**, le società di **gestione del risparmio** e le società **fiduciarie**, nazionali o stranieri, in corso ovvero estinti da non più di cinque anni dalla data della richiesta. Il richiedente e coloro che vengono in possesso dei dati raccolti devono assumere direttamente le cautele necessarie alla riservatezza dei dati acquisiti;

7) richiedere, **previa autorizzazione** del direttore centrale dell'accertamento dell'Agenzia delle entrate o del direttore regionale della stessa, ovvero, per il

Corpo della guardia di finanza, del comandante regionale, alle banche, alla società Poste italiane Spa, per **le attività finanziarie e creditizie**, alle società ed **enti di assicurazione** per le attività finanziarie, agli **intermediari finanziari**, alle **imprese di investimento**, agli **organismi di investimento collettivo del risparmio**, alle **società di gestione del risparmio** e alle **società fiduciarie, dati, notizie e documenti** relativi a qualsiasi **rapporto intrattenuto od operazione effettuata**, ivi compresi i **servizi prestati**, con i loro clienti, nonché alle **garanzie** prestate da terzi o dagli operatori finanziari sopra indicati le **generalità dei soggetti** per i quali gli stessi operatori finanziari abbiano effettuato le suddette operazioni e servizi o con i quali abbiano intrattenuto rapporti di natura finanziaria. Alle **società fiduciarie** di cui alla legge 23 novembre 1939, n. 1966, e a quelle iscritte nella sezione speciale dell'albo di cui all'art. 20 del testo unico delle disposizioni in materia di intermediazione finanziaria, di cui al decreto legislativo 24 febbraio 1998, n. 58, **può essere richiesto**, tra l'altro, specificando i periodi temporali di interesse, di comunicare le **generalità dei soggetti** per conto dei quali esse hanno detenuto o amministrato o gestito beni, strumenti finanziari e partecipazioni in imprese, inequivocamente individuati. La richiesta deve essere **indirizzata al responsabile della struttura accentrata**, ovvero al responsabile della sede o dell'ufficio destinatario che ne dà notizia immediata al soggetto interessato; la relativa risposta deve essere inviata al titolare dell'ufficio procedente;

7-*bis*) **richiedere**, con modalità stabilite con decreto di natura non regolamentare del Ministro dell'economia e delle finanze, da adottare d'intesa con l'Autorità di vigilanza in coerenza con le regole europee e internazionali in materia di vigilanza e, comunque, **previa autorizzazione** del direttore centrale dell'accertamento dell'Agenzia delle entrate o del direttore regionale della stessa, ovvero, per il Corpo della guardia di finanza, del comandante regionale, ad **autorità ed enti**, notizie, **dati, documenti e informazioni** di natura creditizia, finanziaria e assicurativa, relativi alle **attività di controllo e di vigilanza svolte** dagli stessi, anche in deroga a specifiche disposizioni di legge;

8) richiedere ai soggetti indicati nell'art. 13 dati, notizie e documenti relativi ad attività svolte in un determinato periodo d'imposta, rilevanti ai fini dell'accertamento, nei confronti di loro clienti, fornitori e prestatori di lavoro autonomo;

8-*bis*) **invitare ogni altro soggetto** ad **esibire** o trasmettere, anche in copia fotostatica, **atti o documenti fiscalmente rilevanti** concernenti specifici rapporti intrattenuti con il contribuente e a fornire i chiarimenti relativi;

8-*ter*) richiedere agli amministratori di condominio negli edifici dati, notizie e documenti relativi alla gestione condominiale.

2. Gli **inviti e le richieste** di cui al presente articolo devono essere **notificati** ai sensi dell'art. 60. Dalla data di notifica decorre il termine fissato dall'ufficio per l'adempimento, che non può essere inferiore a 15 giorni ovvero per il caso di cui al n. 7) a trenta giorni. Il termine può essere prorogato per un periodo di venti giorni su istanza dell'operatore finanziario, per giustificati motivi, dal competente direttore centrale o direttore regionale per l'Agenzia delle entrate, ovvero, per il Corpo della guardia di finanza, dal comandante regionale.

3. Le richieste di cui al primo comma, numero 7), nonché le relative risposte, anche se negative, devono essere effettuate **esclusivamente in via telematica**. Con provvedimento del direttore dell'Agenzia delle entrate sono stabilite le disposizioni attuative e le modalità di trasmissione delle richieste, delle rispo-

ste, nonché dei dati e delle notizie riguardanti i rapporti e le operazioni indicati nel citato numero 7).

4. **Le notizie ed i dati non addotti** e gli atti, i documenti, i libri ed i **registri non esibiti** o non trasmessi in risposta agli inviti dell'ufficio **non** possono essere presi in considerazione **a favore del contribuente**, ai fini dell'accertamento in sede amministrativa e contenziosa. Di ciò l'ufficio deve informare il contribuente contestualmente alla richiesta.

5. Le **cause di inutilizzabilità** previste dal terzo comma non operano nei confronti del contribuente che depositi in allegato all'atto introduttivo del giudizio di primo grado in sede contenziosa le notizie, i dati, i documenti, i libri e i registri, dichiarando comunque contestualmente di **non aver potuto adempiere alle richieste degli uffici per causa a lui non imputabile**.

Art. 33. Accessi, ispezioni e verifiche. – 1. Per l'esecuzione di **accessi, ispezioni e verifiche** si applicano le disposizioni dell'**art. 52** del decreto del Presidente della Repubblica 26 ottobre 1972, n. 633.

2. Gli uffici delle imposte hanno facoltà di disporre l'accesso di propri impiegati muniti di apposita autorizzazione **presso le pubbliche amministrazioni** e gli enti indicati al n. 5) dell'art. 32 allo **scopo di rilevare direttamente i dati e le notizie** ivi previste e **presso gli operatori finanziari** di cui al n. 7) dell'art. 32 allo scopo di procedere direttamente alla acquisizione dei dati, notizie e documenti, relativi ai rapporti ed alle operazioni oggetto delle richieste a norma del n. 7) dello stesso art. 32, non trasmessi entro il termine previsto nell'ultimo comma di tale articolo o allo **scopo di rilevare direttamente la completezza o l'esattezza delle risposte** allorché l'ufficio abbia fondati sospetti che le pongano in dubbio.

3. La Guardia di finanza coopera con gli uffici delle imposte per **l'acquisizione** e il **reperimento degli elementi utili ai fini dell'accertamento** dei redditi e per la repressione delle violazioni delle leggi sulle imposte dirette procedendo di propria iniziativa o su richiesta degli uffici secondo le norme e con le facoltà di cui all'art. 32 e al precedente comma. Essa inoltre, previa autorizzazione dell'autorità giudiziaria, che può essere concessa anche in deroga all'articolo 329 del codice di procedura penale, **utilizza e trasmette agli uffici delle imposte documenti, dati e notizie acquisiti**, direttamente o riferiti ed ottenuti dalle altre Forze di polizia, nell'esercizio dei poteri di polizia giudiziaria.

4. Ai fini del necessario coordinamento dell'azione della Guardia di finanza con quella degli uffici finanziari saranno presi accordi, periodicamente e nei casi in cui si debba procedere ad indagini sistematiche, tra la direzione generale delle imposte dirette e il comando generale della Guardia di finanza e, nell'ambito delle singole circoscrizioni, fra i capi degli ispettorati e degli uffici e i comandi territoriali.

5. Gli uffici finanziari e i comandi della Guardia di finanza, per evitare la reiterazione di accessi presso gli stessi contribuenti, devono darsi reciprocamente tempestiva comunicazione delle ispezioni e verifiche intraprese. L'ufficio o il comando che riceve la comunicazione può richiedere all'organo che sta eseguendo l'ispezione o la verifica l'esecuzione di determinati controlli e l'acquisizione di determinati elementi utili ai fini dell'accertamento.

6. Gli **accessi presso gli operatori finanziari** di cui al n. 7) dell'articolo 32, di cui al secondo comma, devono essere eseguiti, **previa autorizzazione**, per l'Agenzia delle entrate, del Direttore centrale dell'accertamento o del Direttore regionale, ovvero, per la Guardia di finanza, del Comandante regionale, da **funzionari con qualifica non inferiore a quella di funzionario tributario** e da **ufficiali della**

Guardia di finanza di grado non inferiore a capitano, e devono avvenire in **orari diversi** da quelli di sportello **aperto al pubblico**; le ispezioni e le rilevazioni debbono essere eseguite **alla presenza del responsabile** della sede o dell'ufficio presso cui avvengono o di un suo delegato e di esse è data immediata notizia a cura del predetto responsabile al soggetto interessato. Coloro che eseguono le ispezioni e le rilevazioni o vengono in possesso dei dati raccolti devono **assumere** direttamente le **cautele necessarie alla riservatezza** dei dati acquisiti.

Gli accessi previsti nel secondo e nel terzo comma debbono essere eseguiti da funzionari dell'Amministrazione finanziaria della carriera direttiva con qualifica non inferiore a quella di direttore aggiunto di prima classe e da ufficiali della Guardia di finanza di grado non inferiore a capitano, ricompresi in elenchi approvati ogni anno con decreto del Ministro delle finanze. Con decreto del Ministro delle finanze, di concerto con il Ministro del tesoro, sono determinate le modalità di esecuzione degli accessi con particolare riferimento al numero massimo dei funzionari e degli ufficiali da impegnare per ogni accesso; al rilascio e alle caratteristiche dei documenti di riconoscimento e di autorizzazione; alle condizioni di tempo, che non devono coincidere con gli orari di sportello aperto al pubblico, in cui gli accessi possono essere espletati e alla redazione dei processi verbali.

Art. 34. Certificazione delle passività bancarie. – Articolo abrogato.

Art. 35. Deroghe al segreto bancario. – Articolo abrogato.

Art. 36. Comunicazione di violazioni tributarie. – 1. Comma abrogato.

2. Comma abrogato.
3. Comma abrogato.
4. I **soggetti pubblici incaricati** istituzionalmente di svolgere **attività ispettive o di vigilanza** nonché gli **organi giurisdizionali**, requirenti e giudicanti, penali, civili e amministrativi e, **previa autorizzazione**, gli organi di polizia giudiziaria che, a causa o nell'esercizio delle loro funzioni, **vengono a conoscenza di fatti** che possono configurarsi come **violazioni tributarie** devono **comunicarli direttamente** ovvero, ove previste, secondo le modalità stabilite da leggi o norme regolamentari per **l'inoltro della denuncia penale**, al comando della Guardia di finanza competente in relazione al luogo di rilevazione degli stessi, fornendo l'eventuale documentazione atta a comprovarli.

Art. 36-*bis*. Liquidazioni delle imposte, dei contributi, dei premi e dei rimborsi dovuti in base alle dichiarazioni. – 1. Avvalendosi di **procedure automatizzate**, l'amministrazione finanziaria procede, entro l'inizio del periodo di presentazione delle dichiarazioni relative all'anno successivo, alla **liquidazione delle imposte**, dei **contributi** e dei **premi** dovuti, nonché dei **rimborsi** spettanti in base alle dichiarazioni presentate dai contribuenti e dai sostituti d'imposta.

2. Sulla base dei dati e degli elementi direttamente desumibili dalle dichiarazioni presentate e di quelli in possesso dell'anagrafe tributaria, l'Amministrazione finanziaria provvede a:

a) **correggere** gli **errori** materiali e di calcolo commessi dai contribuenti nella **determinazione** degli **imponibili**, delle **imposte**, dei **contributi** e dei **premi**;

b) **correggere** gli **errori** materiali commessi dai contribuenti nel **riporto delle eccedenze** delle imposte, dei contributi e dei premi risultanti dalle precedenti dichiarazioni;

c) **ridurre le detrazioni** d'imposta indicate in misura superiore a quella prevista dalla legge ovvero non spettanti sulla base dei dati risultanti dalle dichiarazioni;

d) **ridurre le deduzioni** dal reddito esposte in misura superiore a quella prevista dalla legge;

e) **ridurre i crediti d'imposta** esposti in misura superiore a quella prevista dalla legge ovvero non spettanti sulla base dei dati risultanti dalla dichiarazione;

f) **controllare la rispondenza con la dichiarazione e** la tempestività dei **versamenti** delle imposte, dei contributi e dei premi dovuti a titolo di acconto e di saldo e delle ritenute alla fonte operate in qualità di sostituto d'imposta.

2-*bis*. Se vi è **pericolo per la riscossione**, l'ufficio può provvedere, anche **prima della presentazione** della dichiarazione annuale, a **controllare** la tempestiva **effettuazione dei versamenti** delle imposte, dei contributi e dei premi dovuti a titolo di acconto e di saldo e delle ritenute alla fonte operate in qualità di sostituto d'imposta.

3. Quando **dai controlli automatici** eseguiti **emerge** un risultato diverso rispetto a quello indicato nella dichiarazione, ovvero dai controlli eseguiti dall'ufficio, ai sensi del comma 2-*bis*, emerge un'imposta o **una maggiore imposta, l'esito** della liquidazione **è comunicato al contribuente** o al sostituto d'imposta per **evitare la reiterazione** di errori e per consentire la regolarizzazione degli aspetti formali. Qualora a seguito della comunicazione **il contribuente** o il **sostituto di imposta rilevi** eventuali dati o elementi non considerati o valutati **erroneamente** nella liquidazione dei tributi, lo stesso può **fornire i chiarimenti** necessari all'amministrazione finanziaria entro i trenta giorni successivi al ricevimento della comunicazione.

3-*bis*. A seguito dello scomputo delle perdite dai maggiori imponibili effettuato ai sensi del secondo periodo del quarto comma dell'articolo 42 del presente decreto, del comma 3 dell'articolo 40-*bis* del presente decreto, del comma 1-*ter* dell'articolo 7 del decreto legislativo 19 giugno 1997, n. 218, del comma 2 dell'articolo 9-*bis* del decreto legislativo 19 giugno 1997, n. 218, **l'amministrazione finanziaria provvede a ridurre l'importo delle perdite riportabili** ai sensi dell'articolo 8 e dell'articolo 84 del decreto del Presidente della Repubblica 22 dicembre 1986, n. 917, **nell'ultima dichiarazione** dei redditi presentata. A seguito dello scomputo delle perdite dai maggiori imponibili effettuato ai sensi del primo periodo del quarto comma dell'articolo 42 del presente decreto, **l'amministrazione finanziaria provvede a ridurre l'importo delle perdite riportabili** ai sensi dell'articolo 8 e dell'articolo 84 del decreto del Presidente della Repubblica 22 dicembre 1986, n. 917, **nelle dichiarazioni dei redditi successive a quella oggetto di rettifica e, qualora emerga un maggiore imponibile, procede alla rettifica** ai sensi del primo e secondo comma dell'articolo 42 del presente decreto.

4. **I dati contabili** risultanti dalla **liquidazione** prevista nel presente articolo si considerano, a tutti gli effetti, come **dichiarati dal contribuente** e dal **sostituto d'imposta**.

Art. 36-*ter*. Controllo formale delle dichiarazioni. – 1. Gli uffici periferici dell'amministrazione finanziaria, procedono, entro il 31 dicembre del secondo anno successivo a quello di presentazione, al **controllo formale** delle dichiarazioni presentate dai contribuenti e dai sostituti d'imposta, sulla base dei **criteri selettivi** fissati dal Ministro delle finanze, tenendo anche conto di specifiche **analisi del rischio di evasione** e delle capacità operative dei medesimi uffici.

2. Senza pregiudizio dell'azione accertatrice a norma degli articoli 37 e seguenti, gli uffici possono:

a) **escludere** in tutto o in parte **lo scomputo delle ritenute d'acconto** non risultanti dalle dichiarazioni dei sostituti d'imposta, dalle comunicazioni di cui all'articolo 20, terzo comma, del decreto del Presidente della Repubblica 29 settembre 1973, n. 605, o dalle certificazioni richieste ai contribuenti ovvero delle ritenute risultanti in misura inferiore a quella indicata nelle dichiarazioni dei contribuenti stessi;

b) **escludere** in tutto o in parte **le detrazioni d'imposta** non spettanti in base ai documenti richiesti ai contribuenti o agli elenchi di cui all'art. 78, comma 25, della legge 30 dicembre 1991, n. 413;

c) **escludere** in tutto o in parte **le deduzioni** dal reddito non spettanti in base ai documenti richiesti ai contribuenti o agli elenchi menzionati nella lettera b);

d) **determinare i crediti d'imposta** spettanti in base ai dati risultanti dalle dichiarazioni e ai documenti richiesti ai contribuenti;

e) **liquidare la maggiore imposta** sul reddito delle persone fisiche e i maggiori contributi dovuti sull'ammontare complessivo dei redditi risultanti da più dichiarazioni o certificati di cui all'articolo 1, comma 4, lettera d), presentati per lo stesso anno dal medesimo contribuente;

f) **correggere** gli **errori** materiali e di calcolo commessi nelle dichiarazioni dei **sostituti d'imposta**.

3. Ai fini dei commi 1 e 2, il **contribuente** o il **sostituto** d'imposta è **invitato**, anche telefonicamente o in forma scritta o telematica, **a fornire chiarimenti** in ordine ai dati contenuti nella dichiarazione e ad eseguire o trasmettere ricevute di versamento e altri documenti non allegati alla dichiarazione o difformi dai dati forniti da terzi.

3-*bis*. **Ai fini del controllo** di cui al comma 1, gli uffici, ai sensi dell'articolo 6, comma 4, della legge 27 luglio 2000, n. 212, **non chiedono ai contribuenti documenti** relativi a informazioni disponibili nell'anagrafe tributaria o a dati trasmessi da parte di soggetti terzi in ottemperanza a obblighi dichiarativi, certificativi o comunicativi, **salvo** che la richiesta riguardi la verifica della sussistenza di **requisiti soggettivi** che non emergono dalle informazioni presenti nella stessa anagrafe ovvero **elementi di informazione** in possesso dell'amministrazione finanziaria **non conformi a quelli dichiarati** dal contribuente. **Eventuali richieste** di documenti effettuate dall'amministrazione per dati già in suo possesso sono **considerate inefficaci**.

4. **L'esito del controllo** formale **è comunicato** al contribuente o al sostituto d'imposta con **l'indicazione dei motivi** che hanno dato luogo alla rettifica degli imponibili, delle imposte, delle ritenute alla fonte, dei contributi e dei premi dichiarate, per consentire anche la segnalazione di eventuali dati ed elementi non considerati o valutati erroneamente in sede di controllo formale entro i trenta giorni successivi al ricevimento della comunicazione.

Art. 37. Controllo delle dichiarazioni. – 1. Gli uffici delle imposte procedono, sulla base di **criteri selettivi** fissati annualmente dal Ministro delle finanze tenendo anche conto delle loro capacità operative, **al controllo delle dichiarazioni** e alla individuazione dei soggetti che ne hanno **omesso la presentazione** sulla scorta dei dati e delle notizie acquisiti ai sensi dei precedenti articoli e attraverso le dichiarazioni previste negli articoli 6 e 7, di quelli raccolti e comunicati dall'anagrafe tributaria e delle informazioni di cui siano comunque in possesso. I criteri selettivi per l'attività di accertamento di cui al periodo precedente, compresa quella a mezzo di studi di settore, sono rivolti prioritariamente nei confronti dei soggetti diversi dalle imprese manifatturiere che svolgono la loro attività in conto terzi per altre imprese in misura non inferiore al 90 per cento.

2. In base ai risultati dei controlli e delle ricerche effettuati gli uffici delle imposte provvedono, osservando le di-

sposizioni dei successivi articoli, agli **accertamenti in rettifica** delle **dichiarazioni presentate** e agli **accertamenti d'ufficio** nei confronti dei soggetti che hanno **omesso la dichiarazione.**

3. In sede di rettifica o di **accertamento d'ufficio** sono imputati al contribuente i redditi di cui appaiono titolari altri soggetti quando sia dimostrato, anche sulla base di **presunzioni gravi, precise e concordanti**, che egli ne è l'effettivo possessore per interposta persona.

4. Il contribuente può comunque richiedere un **parere all'amministrazione in ordine all'applicazione delle disposizioni di cui al comma 3 al caso concreto,** ai sensi dell'articolo 11, comma 1, lettera a), della legge 27 luglio 2000, n. 212, recante lo Statuto dei diritti del contribuente.

5. Le **persone interposte**, che provino di aver **pagato imposte** in relazione a redditi successivamente imputati, a norma del comma terzo, **ad altro contribuente**, possono chiederne il **rimborso.** L'amministrazione procede al rimborso dopo che l'accertamento, nei confronti del soggetto interponente, è divenuto definitivo ed in misura non superiore all'imposta effettivamente percepita a seguito di tale accertamento.

Art. 37-*bis*. – Articolo abrogato.

Art. 38. Rettifica delle dichiarazioni delle persone fisiche. – 1. L'ufficio delle imposte procede alla rettifica delle **dichiarazioni** presentate dalle **persone fisiche** quando il **reddito complessivo dichiarato** risulta **inferiore** a quello **effettivo** o non sussistono o non spettano, in tutto o in parte, le deduzioni dal reddito o le detrazioni di imposta indicate nella dichiarazione.

2. La rettifica deve essere fatta con **unico atto**, agli effetti dell'imposta sul reddito delle persone fisiche e dell'imposta locale sui redditi, ma con riferimento analitico ai redditi delle varie categorie di cui all'art. 6 del decreto del Presidente della Repubblica 29 settembre 1973, n. 597.

3. L'**incompletezza**, la **falsità** e l'**inesattezza dei dati** indicati nella dichiarazione, salvo quanto stabilito nell'art. 39, possono essere desunte dalla dichiarazione stessa, dal confronto con le dichiarazioni relative ad anni precedenti e dai dati e dalle notizie di cui all'articolo precedente anche sulla base di **presunzioni semplici**, purché queste siano **gravi, precise e concordanti**.

4. L'ufficio, indipendentemente dalle disposizioni recate dai commi precedenti e dall'articolo 39, può sempre **determinare sinteticamente il reddito complessivo** del contribuente sulla base delle spese di qualsiasi genere sostenute nel corso del periodo d'imposta, **salva la prova** che il relativo finanziamento è avvenuto con **redditi diversi da quelli posseduti** nello stesso periodo d'imposta, o con **redditi esenti** o **soggetti a ritenuta alla fonte** a titolo di imposta o, comunque, legalmente esclusi dalla formazione della base imponibile.

5. La determinazione sintetica può essere altresì fondata sul **contenuto induttivo di elementi indicativi di capacità contributiva** individuato mediante l'analisi di campioni significativi di contribuenti, differenziati anche in funzione del nucleo familiare e dell'area territoriale di appartenenza, con decreto del Ministero dell'Economia e delle Finanze da pubblicare nella Gazzetta Ufficiale con periodicità biennale, sentiti l'Istituto nazionale di statistica (ISTAT) e le associazioni maggiormente rappresentative dei consumatori per gli aspetti riguardanti la metodica di ricostruzione induttiva del reddito complessivo in base alla capacità di spesa e alla propensione al risparmio dei contribuenti. In tale caso è fatta salva per il contribuente la **prova contraria** di cui al quarto comma.

6. La **determinazione sintetica** del reddito complessivo di cui ai precedenti commi è ammessa a condizione che il **reddito complessivo** accertabile **ecceda** di **almeno un quinto** quello **dichiarato**.

7. L'ufficio che procede alla determinazione sintetica del reddito complessivo ha l'**obbligo** di **invitare il contribuente** a comparire di persona o per mezzo di rappresentanti per fornire dati e notizie rilevanti ai fini dell'accertamento **e, successivamente**, di **avviare** il procedimento di **accertamento con adesione** ai sensi dell'articolo 5 del decreto legislativo 19 giugno 1997, n. 218.

8. Dal reddito complessivo determinato sinteticamente sono deducibili i soli oneri previsti dall'art. 10 del decreto del Presidente della Repubblica 22 dicembre 1986 n. 917; competono, inoltre, per gli oneri sostenuti dal contribuente, le detrazioni dall'imposta lorda previste dalla legge.

Art. 39. Redditi determinati in base alle scritture contabili. – 1. Per i **redditi d'impresa** delle persone fisiche l'ufficio procede alla **rettifica**:

a) se gli elementi indicati nella **dichiarazione non corrispondono** a quelli del **bilancio**, del conto dei profitti e delle perdite e dell'eventuale prospetto di cui al comma 1 dell'articolo 3;

b) se **non** sono state esattamente **applicate** le **disposizioni del titolo I, capo VI**, del testo unico delle imposte sui redditi di cui al decreto del Presidente della Repubblica 22 dicembre 1986, n. 917, e successive modificazioni;

c) se l'**incompletezza**, la **falsità** e l'**inesattezza** degli elementi indicati nella **dichiarazione** e nei relativi allegati **risulta** in modo certo e diretto **dai verbali e dai questionari** di cui ai numeri 2) e 4) del primo comma dell'art. 32, dagli atti, documenti e registri esibiti o trasmessi ai sensi del numero 3) dello stesso comma, dalle dichiarazioni di altri soggetti previste negli artt. 6 e 7, **dai verbali** relativi ad **ispezioni** eseguite nei confronti di altri contribuenti o **da altri atti** e documenti in possesso dell'ufficio;

d) se l'**incompletezza**, la **falsità** o l'**inesattezza** degli elementi indicati nella dichiarazione e nei relativi allegati risulta dall'**ispezione** delle **scritture contabili** e dalle **altre verifiche** di cui all'articolo 33 ovvero dal controllo della completezza, esattezza e veridicità delle registrazioni contabili sulla scorta delle fatture e degli altri atti e documenti relativi all'impresa nonché dei dati e delle notizie raccolti dall'ufficio nei modi previsti dall'articolo 32. L'**esistenza di attività** non dichiarate o la **inesistenza di passività** dichiarate è desumibile anche sulla base di **presunzioni semplici**, purché queste siano **gravi, precise e concordanti**.

2. In deroga alle disposizioni del comma precedente l'ufficio delle imposte **determina il reddito** d'impresa **sulla base dei dati e delle notizie comunque raccolti** o venuti a sua conoscenza, con facoltà di **prescindere** in tutto o in parte dalle risultanze del **bilancio** e dalle **scritture contabili** in quanto esistenti e di avvalersi anche di **presunzioni prive dei requisiti** di cui alla lettera d) del precedente comma:

a) quando il **reddito d'impresa non è stato indicato nella dichiarazione**;

b) lettera abrogata;

c) quando dal verbale di **ispezione** redatto ai sensi dell'art. 33 risulta che il contribuente non ha tenuto o ha comunque sottratto all'ispezione una o più delle scritture contabili prescritte dall'art. 14 ovvero quando le scritture medesime non sono disponibili per causa di forza maggiore;

d) quando le **omissioni** e le **false o inesatte indicazioni accertate** ai sensi del precedente comma ovvero le **irregolarità** formali delle **scritture contabili** risultanti dal verbale di ispezione sono così gravi, numerose e ripetute da **rendere inattendibili** nel loro complesso **le**

scritture stesse per mancanza delle garanzie proprie di una contabilità sistematica. Le scritture ausiliarie di magazzino non si considerano irregolari se gli errori e le omissioni sono contenuti entro i normali limiti di tolleranza delle quantità annotate nel carico o nello scarico e dei costi specifici imputati nelle schede di lavorazione ai sensi della lettera d) del primo comma dell'art. 14 del presente decreto.

d-*bis*) quando il contribuente **non ha dato seguito agli inviti** disposti dagli uffici ai sensi dell'articolo 32, primo comma, numeri 3) e 4), del presente decreto o dell'articolo 51, secondo comma, numeri 3) e 4), del decreto del Presidente della Repubblica 26 ottobre 1972, n. 633;

d-*ter*) in caso di **omessa presentazione** dei **modelli** per la comunicazione dei dati rilevanti ai fini dell'applicazione degli **studi di settore** o di indicazione di cause di esclusione o di inapplicabilità degli studi di settore non sussistenti, nonché di **infedele compilazione** dei predetti modelli che comporti una differenza superiore al 15 per cento, o comunque ad euro 50.000, tra i ricavi o compensi stimati applicando gli studi di settore sulla base dei dati corretti e quelli stimati sulla base dei dati indicati in dichiarazione.

3. **Le disposizioni** dei commi **precedenti valgono**, in quanto applicabili, anche per i redditi delle **imprese minori** e per quelli derivanti dall'esercizio di **arti e professioni**, con riferimento alle scritture contabili rispettivamente indicate negli articoli 18 e 19. Il reddito d'impresa dei soggetti indicati nel quarto comma dell'art. 18, che non hanno provveduto agli adempimenti contabili di cui ai precedenti commi dello stesso articolo, è determinato in ogni caso ai sensi del secondo comma del presente articolo.

Art. 40. Rettifica delle dichiarazioni dei soggetti diversi dalle persone fisiche. – 1. Alla **rettifica** delle **dichiarazioni** presentate dai soggetti all'imposta sul reddito delle **persone giuridiche** si procede con unico atto agli effetti di tale imposta e dell'imposta locale sui redditi, con riferimento unitario al **reddito complessivo** imponibile ma tenendo distinti i redditi fondiari. Per quanto concerne il reddito complessivo imponibile si applicano le disposizioni dell'articolo 39 relative al reddito d'impresa, con riferimento al bilancio o rendiconto e se del caso ai prospetti di cui all'art. 5 e tenendo presenti, ai fini della lettera b) del secondo comma dell'art. 39, anche le disposizioni del decreto del Presidente della Repubblica 29 settembre 1973, n. 598, concernenti la determinazione del reddito complessivo imponibile.

2. Alla **rettifica** delle **dichiarazioni** presentate dalle **società e associazioni** indicate nell'art. 5 del decreto del Presidente della Repubblica 29 settembre 1973, n. 597, si procede con **unico atto** ai fini dell'imposta locale sui redditi dovuta dalle società stesse e ai fini delle imposte sul reddito delle persone fisiche o delle persone giuridiche dovute dai singoli soci o associati. Si applicano le disposizioni del primo comma del presente articolo o quelle dell'art. 38 secondo che si tratti di società in nome collettivo, in accomandita semplice ed equiparate ovvero di società semplici o di società o associazioni equiparate.

Art. 40-*bis*. Rettifica delle dichiarazioni dei soggetti aderenti al consolidato nazionale. – 1. Ai fini dell'imposta sul reddito delle società, il **controllo** delle **dichiarazioni** proprie presentate dalle **società consolidate** e dalla **consolidante** nonché le relative rettifiche, spettano all'ufficio dell'Agenzia delle entrate competente alla data in cui è stata presentata la dichiarazione.

2. Le rettifiche del reddito complessivo proprio di ciascun soggetto che partecipa al consolidato sono effettuate con **unico atto, notificato** sia alla conso-

lidata che alla consolidante, con il quale è determinata la conseguente maggiore imposta accertata riferita al reddito complessivo globale e sono irrogate le sanzioni correlate. La società consolidata e la consolidante sono litisconsorti necessari. Il pagamento delle somme scaturenti dall'atto unico estingue l'obbligazione sia se effettuato dalla consolidata che dalla consolidante.

3. La **consolidante** ha **facoltà** di chiedere che siano computate in **diminuzione dei maggiori imponibili** derivanti dalle **rettifiche** di cui al comma 2 le perdite di periodo del consolidato non utilizzate, fino a concorrenza del loro importo. A tal fine, la consolidante deve presentare un'apposita istanza, all'ufficio competente a emettere l'atto di cui al comma 2, entro il termine di proposizione del ricorso. In tale caso il termine per l'impugnazione dell'atto è sospeso, sia per la consolidata che per la consolidante, per un periodo di sessanta giorni. L'ufficio procede al ricalcolo dell'eventuale maggiore imposta dovuta, degli interessi e delle sanzioni correlate, e comunica l'esito alla consolidata ed alla consolidante, entro sessanta giorni dalla presentazione dell'istanza.

4. Le attività di **controllo** della **dichiarazione** dei redditi **del consolidato** e le relative rettifiche diverse da quelle di cui al comma 2, sono attribuite all'ufficio dell'Agenzia delle entrate competente **nei confronti della società consolidante** alla data in cui è stata presentata la dichiarazione.

5. Fino alla scadenza del termine stabilito nell'articolo 43, l'**accertamento** del reddito complessivo globale **può essere integrato o modificato in aumento**, mediante la notificazione di **nuovi avvisi**, in base agli esiti dei controlli di cui ai precedenti commi.

Art. 41. Accertamento d'ufficio. – 1. Gli uffici delle imposte procedono all'**accertamento d'ufficio** nei casi di **omessa presentazione** della dichiarazione o di presentazione di **dichiarazioni nulle** ai sensi delle disposizioni del titolo I.

2. Nelle ipotesi di cui al precedente comma l'ufficio determina il **reddito complessivo** del contribuente, e in quanto possibile i singoli redditi delle persone fisiche soggetti all'imposta locale sui redditi, sulla base dei **dati** e delle **notizie comunque raccolti o venuti a sua conoscenza**, con facoltà di avvalersi anche di **presunzioni prive dei requisiti** di cui al terzo comma dell'art. 38 e di **prescindere** in tutto o in parte **dalle risultanze della dichiarazione**, se presentata, e dalle eventuali scritture contabili del contribuente ancorché regolarmente tenute.

3. I redditi fondiari sono in ogni caso determinati in base alle risultanze catastali.

4. Se il reddito complessivo è determinato sinteticamente, non sono deducibili gli oneri di cui all'articolo 10 del decreto del Presidente della Repubblica 29 settembre 1973, n. 597. Si applica il quinto comma dell'articolo 38.

5. Agli effetti dell'imposta locale sui redditi, il reddito complessivo delle persone fisiche determinato d'ufficio senza attribuzione totale o parziale alle categorie di redditi indicate nell'art. 6 del decreto indicato nel precedente comma è considerato reddito di capitale, salvo il disposto del terzo comma.

Art. 41-*bis*. Accertamento parziale. – 1. Senza pregiudizio dell'ulteriore azione accertatrice nei termini stabiliti dall'art. 43, i competenti uffici dell'Agenzia delle entrate, qualora dalle **attività istruttorie** di cui all'art. 32, primo comma, numeri da 1) a 4), nonché dalle **segnalazioni** effettuati dalla Direzione centrale accertamento, da una Direzione regionale ovvero da un ufficio della medesima Agenzia ovvero di altre Agenzie fiscali, dalla Guardia di finanza o da pubbliche amministrazioni ed enti pubblici oppure dai dati in possesso dell'anagrafe tributaria, risultino elementi che consentono di stabilire l'esistenza di un reddito non dichiarato o il maggiore ammontare di un reddito parzialmente dichiarato, che avrebbe dovuto concorrere a formare il reddito imponibile, compresi i redditi da partecipazioni in società, associazioni ed imprese di cui all'articolo 5 del testo unico delle imposte sui redditi, approvato con decreto del Presidente della Repubblica 22 dicembre 1986, n. 917, o l'esistenza di deduzioni, esenzioni ed agevolazioni in tutto o in parte non spettanti, nonché l'esistenza di imposte o di maggiori imposte non versate, escluse le ipotesi di cui agli articoli 36-*bis* e 36-*ter*, possono limitarsi ad **accertare**, in base agli elementi predetti, **il reddito** o il **maggior reddito imponibili,** ovvero la **maggiore imposta** da versare, anche avvalendosi delle procedure previste dal decreto legislativo 19 giugno 1997, n. 218. Non si applica la disposizione dell'articolo 44.

Art. 41-*ter*. Accertamento dei redditi di fabbricati. – 1. Le disposizioni di cui agli articoli 32, primo comma, numero 7), 38, 40 e 41-*bis* non si applicano con riferimento ai **redditi di fabbricati** derivanti da **locazione** dichiarati in misura non inferiore ad un importo corrispondente al maggiore tra il canone di locazione risultante dal contratto ridotto del 15 per cento e il 10 per cento del valore dell'immobile.

2. In caso di **omessa registrazione del contratto** di locazione di immobili, **si presume**, **salva** documentata **prova contraria**, l'esistenza del rapporto di locazione anche **per i quattro periodi d'imposta antecedenti** quello nel corso del quale è accertato il rapporto stesso; **ai fini della determinazione del reddito si presume,** quale importo del canone, il **10 per cento del valore dell'immobile**.

3. Ai fini di cui ai commi 1 e 2, il valore dell'immobile è determinato ai sensi dell'articolo 52, comma 4, del testo unico di cui al decreto del Presidente della Repubblica 26 aprile 1986, n. 131, e successive modificazioni.

Art. 42. Avviso di accertamento. – 1. Gli **accertamenti** in rettifica e gli accertamenti d'ufficio sono **portati a conoscenza** dei contribuenti mediante la **notificazione di avvisi** sottoscritti dal capo dell'ufficio o da altro impiegato della carriera direttiva da lui delegato.

2. L'avviso di accertamento deve recare l'**indicazione** dell'**imponibile** o degli **imponibili accertati**, delle **aliquote** applicate e delle **imposte liquidate**, al lordo e al netto delle detrazioni, delle ritenute di acconto e dei crediti d'imposta, e deve essere **motivato** in relazione ai presupposti di fatto e le ragioni giuridiche che lo hanno determinato e in relazione a quanto stabilito dalle disposizioni di cui ai precedenti articoli che sono state applicate, con distinto riferimento ai singoli redditi delle varie categorie e con la specifica **indicazione** dei **fatti e** delle **circostanze che giustificano** il ricorso a **metodi induttivi o sintetici** e delle ragioni del mancato riconoscimento di deduzioni e detrazioni. Se la motivazione fa riferimento ad un altro atto non conosciuto né ricevuto dal contribuente, questo deve essere allegato all'atto che lo richiama salvo che quest'ultimo non ne riproduca il contenuto essenziale.

3. L'**accertamento è nullo** se l'avviso **non reca** la **sottoscrizione**, le **indicazioni,** la **motivazione** di cui al presente articolo e ad esso non è allegata la documentazione di cui all'ultimo periodo del secondo comma.

4. Fatte salve le previsioni di cui all'articolo 40-*bis* del presente decreto, **sono computate in diminuzione dei maggiori imponibili di cui al secondo comma le perdite relative al periodo d'imposta oggetto di accertamento, fi-**

no a concorrenza del loro importo. Dai maggiori imponibili che residuano dall'eventuale computo in diminuzione di cui al periodo precedente, **il contribuente ha facoltà di chiedere che siano computate in diminuzione le perdite pregresse non utilizzate**, fino a concorrenza del loro importo. A tal fine, il contribuente deve presentare un'**apposita istanza** all'ufficio competente all'emissione dell'avviso di accertamento di cui al secondo comma, entro il termine di proposizione del ricorso. In tale caso il termine per l'impugnazione dell'atto è sospeso per un periodo di sessanta giorni. L'ufficio procede al ricalcolo dell'eventuale maggiore imposta dovuta, degli interessi e delle sanzioni correlate, e comunica l'esito al contribuente, entro sessanta giorni dalla presentazione dell'istanza. Ai fini del presente comma per perdite pregresse devono intendersi quelle che erano utilizzabili alla data di chiusura del periodo d'imposta oggetto di accertamento ai sensi dell'articolo 8 e dell'articolo 84 del decreto del Presidente della Repubblica 22 dicembre 1986, n. 917.

Art. 43. Termine per l'accertamento. – 1. Gli avvisi di accertamento devono essere **notificati**, a pena di **decadenza, entro il 31 dicembre del quinto anno successivo a quello in cui è stata presentata la dichiarazione.**

2. Nei casi di **omessa presentazione** della dichiarazione o di presentazione di **dichiarazione nulla** l'avviso di accertamento può essere **notificato entro** il 31 dicembre del **settimo anno successivo** a quello in cui la dichiarazione avrebbe dovuto essere presentata.

3. Fino alla scadenza del termine stabilito nei commi precedenti l'**accertamento** può essere **integrato o modificato** in aumento mediante la notificazione di nuovi avvisi, in base alla **sopravvenuta conoscenza di nuovi elementi da parte dell'Agenzia delle entrate**. Nell'avviso devono essere specificamente indicati, a pena di nullità, i nuovi elementi e gli atti o fatti attraverso i quali sono venuti a conoscenza dell'ufficio delle imposte.

Art. 44. Partecipazione dei comuni all'accertamento. – 1. **I comuni partecipano all'accertamento dei redditi delle persone fisiche** secondo le disposizioni del presente articolo e di quello successivo.

2. **L'Agenzia delle entrate mette a disposizione dei comuni le dichiarazioni di cui all'articolo 2 dei contribuenti in essi residenti**; gli Uffici dell'Agenzia delle entrate, prima della emissione degli avvisi di accertamento, ai sensi dell'articolo 38, quarto comma e seguenti, inviano una segnalazione ai comuni di domicilio fiscale dei soggetti passivi che abbiano stipulato convenzioni con l'Agenzia delle entrate.

3. **Il comune di domicilio fiscale del contribuente segnala all'Agenzia delle entrate qualsiasi integrazione degli elementi contenuti nelle dichiarazioni presentate dalle persone fisiche ai sensi dell'articolo 2, indicando dati, fatti ed elementi rilevanti e fornendo ogni idonea documentazione atta a comprovarla.** Dati, fatti ed elementi rilevanti, provati da idonea documentazione, possono essere segnalati dal comune anche nel caso di omissione della dichiarazione.

4. Il comune di domicilio fiscale del contribuente, con riferimento agli accertamenti di cui al secondo comma comunica entro trenta giorni da quello del ricevimento della segnalazione ogni elemento in suo possesso utile alla determinazione del reddito complessivo.

5. Comma abrogato.

6. Comma abrogato.

7. Comma abrogato.

8. Il comune per gli adempimenti previsti dal terzo e quarto comma può richiedere dati e notizie alle ammini-

strazioni ed enti pubblici che hanno obbligo di rispondere gratuitamente.

9. Con decreto del Presidente del Consiglio dei Ministri, su proposta del Ministro dell'economia e delle finanze, d'intesa con la Conferenza Stato-Città ed autonomie locali, sono stabiliti criteri e modalità per la **pubblicazione**, sul **sito del comune**, dei dati aggregati relativi alle **dichiarazioni** di cui al comma secondo, con riferimento a determinate categorie di contribuenti ovvero di reddito. Con il medesimo decreto sono altresì individuati gli ulteriori dati che l'Agenzia delle entrate mette a disposizione dei comuni per favorire la partecipazione all'attività di accertamento, nonché le modalità di trasmissione idonee a garantire la necessaria riservatezza.

Art. 45. Commissione per l'esame delle proposte del comune. – Articolo abrogato.

TITOLO V
SANZIONI

Artt. 46-57. – Articoli abrogati.

TITOLO VI
DISPOSIZIONI VARIE

Art. 58. Domicilio fiscale. – 1. Agli effetti dell'applicazione delle imposte sui redditi ogni soggetto si intende domiciliato in un comune dello Stato, giusta le disposizioni seguenti.

2. Le **persone fisiche residenti nel territorio dello Stato hanno il domicilio fiscale nel comune nella cui anagrafe sono iscritte**. Quelle **non residenti hanno il domicilio fiscale nel comune in cui si è prodotto il reddito** o, se il reddito è prodotto in più comuni, nel comune in cui si è prodotto il reddito più elevato. I cittadini italiani, che risiedono all'estero in forza di un rapporto di servizio con la pubblica amministrazione, nonché quelli considerati residenti ai sensi dell'articolo 2, comma 2-*bis*, del testo unico delle imposte sui redditi, approvato con decreto del Presidente della Repubblica 22 dicembre 1986, n. 917, hanno il domicilio fiscale nel comune di ultima residenza nello Stato.

3. I soggetti **diversi dalle persone fisiche** hanno il **domicilio fiscale** nel comune in cui si trova la loro **sede legale** o, in mancanza, la **sede amministrativa**; **se anche questa manchi**, essi hanno il domicilio fiscale nel comune ove è stabilita una **sede secondaria** o una **stabile organizzazione** e in mancanza nel comune in cui esercitano **prevalentemente** la loro **attività**.

4. Negli atti, contratti, denunzie e dichiarazioni che vengono presentati agli uffici finanziari deve essere indicato il comune di domicilio fiscale delle parti, con la precisazione dell'indirizzo solo ove espressamente richiesto.

5. Le cause di variazione del domicilio fiscale hanno effetto dal sessantesimo giorno successivo a quello in cui si sono verificate.

Art. 59. Domicilio fiscale stabilito dall'amministrazione. – 1. **L'amministrazione finanziaria** può **stabilire** il **domicilio** fiscale del soggetto, in **deroga** alle disposizioni dell'articolo precedente, nel comune **dove** il soggetto stesso **svolge in modo continuativo** la **principale attività** ovvero, per i soggetti diversi dalle persone fisiche, nel comune in cui è stabilita la **sede amministrativa**.

2. Quando concorrono particolari circostanze l'amministrazione finanziaria può consentire al contribuente, che ne faccia motivata istanza, che il suo domicilio fiscale sia stabilito in un comune diverso da quello previsto dall'articolo precedente.

3. Competente all'esercizio delle facoltà indicate nei precedenti commi è la Direzione regionale o la Divisione contribuenti dell'Agenzia delle entrate a seconda che, il provvedimento importi lo

spostamento del domicilio fiscale nell'ambito della stessa regione o in altra regione.

4. Il provvedimento è in ogni caso definitivo, deve essere motivato e notificato all'interessato ed ha effetto dal periodo d'imposta successivo a quello in cui è stato notificato.

5. Quando il domicilio fiscale è stato modificato ai sensi del presente articolo, ogni successiva revoca ed eventuale ulteriore variazione del precedente provvedimento, anche richieste con istanza motivata del contribuente, sono stabilite con provvedimento dell'ufficio e hanno effetto dal sessantesimo giorno successivo a quello in cui il provvedimento stesso viene notificato. Competente all'esercizio della sola revoca è l'organo che ha emanato l'originario provvedimento. Quando alla revoca consegue una contestuale variazione del domicilio fiscale, competente a emanare il nuovo e unico provvedimento è la Direzione regionale o la Divisione contribuenti dell'Agenzia delle entrate a seconda che il provvedimento importi lo spostamento del domicilio fiscale nell'ambito della stessa regione o in altra regione.

Art. 60. Notificazioni. – 1. **La notificazione** degli avvisi e degli altri atti che per legge devono essere notificati al contribuente **è eseguita secondo le norme stabilite dagli artt. 137 e seguenti del codice di procedura civile, con le seguenti modifiche:**

a) la notificazione **è eseguita dai messi comunali** ovvero dai **messi speciali** autorizzati dall'ufficio;

b) **il messo deve fare sottoscrivere dal consegnatario l'atto o l'avviso ovvero indicare i motivi per i quali il consegnatario non ha sottoscritto**;

b-*bis*) **se il consegnatario non è il destinatario dell'atto o dell'avviso, il messo consegna o deposita la copia dell'atto da notificare in busta che provvede a sigillare e su cui trascrive il numero cronologico della notificazione, dandone atto nella relazione in calce all'originale e alla copia dell'atto stesso.** Sulla busta non sono apposti segni o indicazioni dai quali possa desumersi il contenuto dell'atto. Il consegnatario deve sottoscrivere una ricevuta e il messo dà notizia dell'avvenuta notificazione dell'atto o dell'avviso, a mezzo di lettera raccomandata;

c) salvo il caso di consegna dell'atto o dell'avviso in mani proprie, **la notificazione deve essere fatta nel domicilio fiscale del destinatario;**

d) **è in facoltà del contribuente di eleggere domicilio presso una persona o un ufficio nel comune del proprio domicilio fiscale per la notificazione degli atti o degli avvisi che lo riguardano.** In tal caso l'elezione di domicilio deve risultare espressamente da apposita comunicazione effettuata al competente ufficio a mezzo di lettera raccomandata con avviso di ricevimento ovvero in via telematica con modalità stabilite con provvedimento del Direttore dell'Agenzia delle entrate;

e) quando nel comune nel quale deve eseguirsi la notificazione **non vi è abitazione, ufficio o azienda del contribuente, l'avviso** del deposito prescritto dall'art. 140 del codice di procedura civile, in busta chiusa e sigillata, **si affigge nell'albo del comune** e la notificazione, ai fini della decorrenza del termine per ricorrere, si ha per eseguita nell'ottavo giorno successivo a quello di affissione;

e-*bis*) è **facoltà del contribuente** che **non ha** la **residenza** nello Stato e non vi ha eletto domicilio ai sensi della lettera d), o che non abbia costituito un rappresentante fiscale, **comunicare** al competente ufficio locale, con le modalità di cui alla stessa lettera d), **l'indirizzo estero per la notificazione** degli avvisi e degli altri atti che lo riguardano; salvo il caso di consegna dell'atto o dell'avviso in mani proprie, la notificazione degli avvisi o degli atti è eseguita mediante spedizione a mezzo di lettera **raccomandata con avviso di ricevimento**;

f) le disposizioni contenute negli articoli 142, 143, 146, 150 e 151 del codice di procedura civile non si applicano;

2. L'elezione di domicilio ha effetto dal trentesimo giorno successivo a quello della data di ricevimento delle comunicazioni previste alla lettera d) ed alla lettera e-*bis*) del comma precedente;

3. Le variazioni e le modificazioni dell'indirizzo hanno effetto, ai fini delle notificazioni, dal trentesimo giorno successivo a quello dell'avvenuta variazione anagrafica, o, per le persone giuridiche e le società ed enti privi di personalità giuridica, dal trentesimo giorno successivo a quello della ricezione da parte dell'ufficio della dichiarazione prevista dagli artt. 35 e 35-*ter* del decreto del Presidente della Repubblica 26 ottobre 1972, n. 633, ovvero del modello previsto per la domanda di attribuzione del numero di codice fiscale dei soggetti diversi dalle persone fisiche non obbligati alla presentazione della dichiarazione di inizio attività IVA.

4. Salvo quanto previsto dai commi precedenti ed in alternativa a quanto stabilito dall'art. 142 del codice di procedura civile, la **notificazione ai contribuenti non residenti** è validamente effettuata mediante spedizione di **lettera raccomandata con avviso di ricevimento** all'indirizzo della residenza estera rilevato dai registri dell'Anagrafe degli italiani residenti all'estero o a quello della sede legale estera risultante dal registro delle imprese di cui all'art. 2188 del codice civile. In mancanza dei predetti indirizzi, la spedizione della lettera raccomandata con avviso di ricevimento è effettuata all'indirizzo estero indicato dal contribuente nelle domande di attribuzione del numero di codice fiscale o variazione dati e nei modelli di cui al terzo comma, primo periodo. In caso di esito negativo della notificazione si applicano le disposizioni di cui al primo comma, lettera e).

5. La notificazione ai contribuenti non residenti è validamente effettuata ai sensi del quarto comma qualora i medesimi non abbiano comunicato all'Agenzia delle entrate l'indirizzo della loro residenza o sede estera o del domicilio eletto per la notificazione degli atti, e le successive variazioni, con le modalità previste con provvedimento del Direttore dell'Agenzia delle entrate. La comunicazione e le successive variazioni hanno effetto dal trentesimo giorno successivo a quello della ricezione.

6. Qualunque **notificazione** a mezzo del servizio postale si considera fatta nella **data** della **spedizione**; i **termini** che hanno inizio dalla notificazione **decorrono dalla data in cui l'atto è ricevuto**.

7. **In deroga all'art. 149-*bis* del codice di procedura civile e alle modalità di notificazione previste dalle norme relative alle singole leggi d'imposta non compatibili con quelle di cui al presente comma, la notificazione degli avvisi e degli altri atti che per legge devono essere notificati alle imprese individuali o costituite in forma societaria e ai professionisti iscritti in albi o elenchi istituiti con legge dello Stato può essere effettuata direttamente dal competente ufficio con le modalità previste dal regolamento di cui al decreto del Presidente della Repubblica 11 febbraio 2005, n. 68, a mezzo di posta elettronica certificata, all'indirizzo del destinatario risultante dall'indice nazionale degli indirizzi di posta elettronica certificata (INI-PEC).** All'ufficio sono consentite la consultazione telematica e l'estrazione, anche in forma massiva, di tali indirizzi. Se la casella di posta elettronica risulta satura, l'ufficio effettua un secondo tentativo di consegna decorsi almeno sette giorni dal primo invio. **Se anche a seguito di tale tentativo la casella di posta elettronica risulta satura oppure se l'indirizzo di posta elet-**

tronica del destinatario non risulta valido o attivo, la notificazione deve essere eseguita mediante **deposito telematico dell'atto nell'area riservata del sito internet della società InfoCamere Scpa** e pubblicazione, entro il secondo giorno successivo a quello di deposito, del relativo avviso nello stesso sito, per la durata di quindici giorni; **l'ufficio inoltre dà notizia al destinatario dell'avvenuta notificazione dell'atto a mezzo di lettera raccomandata,** senza ulteriori adempimenti a proprio carico. Ai fini del rispetto dei termini di prescrizione e decadenza, la notificazione si intende comunque perfezionata per il notificante nel momento in cui il suo gestore della casella di posta elettronica certificata gli trasmette la ricevuta di accettazione con la relativa attestazione temporale che certifica l'avvenuta spedizione del messaggio, mentre per il destinatario si intende perfezionata alla data di avvenuta consegna contenuta nella ricevuta che il gestore della casella di posta elettronica certificata del destinatario trasmette all'ufficio o, nei casi di cui al periodo precedente, nel quindicesimo giorno successivo a quello della pubblicazione dell'avviso nel sito internet della società InfoCamere Scpa. Nelle more della piena operatività dell'anagrafe nazionale della popolazione residente, per i soggetti diversi da quelli obbligati ad avere un indirizzo di posta elettronica certificata da inserire nell'INI-PEC, la notificazione può essere eseguita a coloro che ne facciano richiesta, all'indirizzo di posta elettronica certificata di cui sono intestatari, all'indirizzo di posta elettronica certificata di uno dei soggetti di cui all'articolo 12, comma 3, del decreto legislativo 31 dicembre 1992, n. 546, ovvero del coniuge, di un parente o affine entro il quarto grado di cui all'articolo 63, secondo comma, secondo periodo, del presente decreto, specificatamente incaricati di ricevere le notifiche per conto degli interessati, secondo le modalità stabilite con provvedimento del direttore dell'Agenzia delle entrate. Nelle ipotesi di cui al periodo precedente, l'indirizzo dichiarato nella richiesta ha effetto, ai fini delle notificazioni, dal quinto giorno libero successivo a quello in cui l'ufficio attesta la ricezione della richiesta stessa. Se la casella di posta elettronica del contribuente che ha effettuato la richiesta risulta satura, l'ufficio effettua un secondo tentativo di consegna decorsi almeno sette giorni dal primo invio. Se anche a seguito di tale tentativo la casella di posta elettronica risulta satura oppure nei casi in cui l'indirizzo di posta elettronica del contribuente non risulta valido o attivo, si applicano le disposizioni in materia di notificazione degli avvisi e degli altri atti che per legge devono essere notificati al contribuente, comprese le disposizioni del presente articolo diverse da quelle del presente comma e quelle del codice di procedura civile dalle stesse non modificate, con esclusione dell'articolo 149-*bis* del codice di procedura civile.

Art. 60-*bis*. Assistenza per le richieste di notifica tra le autorità competenti degli Stati membri dell'Unione europea. – 1. **L'Amministrazione finanziaria può chiedere all'autorità competente di un altro Stato membro di notificare al destinatario, secondo le norme sulla notificazione dei corrispondenti atti vigenti nello Stato membro interpellato,** tutti gli atti e le decisioni degli organi amministrativi dello Stato relativi all'applicazione della legislazione interna sulle imposte indicate nell'art. 2 della Direttiva 2011/116/UE del 15 febbraio 2011 del Consiglio, che ha abrogato la Direttiva 77/799/CEE del 19 dicembre 1977.

2. Su **domanda dell'autorità** competente di un **altro Stato** membro, l'Amministrazione finanziaria procede, secondo le norme di legge in vigore per la **notifica** dei corrispondenti **atti nel terri-**

torio nazionale, alla notifica al destinatario di tutti gli atti e le decisioni delle autorità amministrative dello Stato membro richiedente relativi all'applicazione, nel suo territorio, della legislazione sulle imposte indicate nell'articolo 2 della direttiva 2011/116/UE del 15 febbraio 2011 del Consiglio, che ha abrogato la direttiva 77/799/CEE del 19 dicembre 1977.

L'Amministrazione finanziaria può notificare un documento, secondo le modalità di cui all'articolo 60, direttamente ad una persona nel territorio di un altro Stato membro.

3. La domanda di notifica indica il contenuto dell'atto o della decisione da notificare e contiene il nome, l'indirizzo del destinatario e qualsiasi altro dato utile ai fini dell'identificazione dello stesso.

4. L'Amministrazione finanziaria informa immediatamente l'autorità richiedente circa il seguito dato alla domanda di notifica, comunicando la data in cui l'atto o la decisione sono stati notificati al destinatario.

Art. 61. Ricorsi. – 1. Il **contribuente può ricorrere contro gli atti** di **accertamento** e di **irrogazione delle sanzioni secondo le disposizioni** relative al **contenzioso tributario** di cui al decreto del Presidente della Repubblica 26 ottobre 1972, n. 636.

2. **La nullità dell'accertamento** ai sensi del terzo comma dell'art. 42 e del terzo comma dell'art. 43, e in genere per **difetto di motivazione**, deve essere eccepita a pena di decadenza in primo grado.

3. I contribuenti obbligati alla tenuta di scritture contabili non possono provare **circostanze omesse nelle scritture** stesse o in contrasto con le loro risultanze. Tuttavia è ammessa **la prova**, sulla base di **elementi certi e precisi**, delle spese e degli oneri di cui all'articolo 75, comma 4, terzo periodo, del testo unico delle Imposte sui redditi, approvato con decreto del Presidente della Repubblica 22 dicembre 1986, n. 917, ferma restando la disposizione del comma 6 dello stesso articolo.

4. (*Omissis*).

Art. 62. Rappresentanza dei soggetti diversi dalle persone fisiche. – 1. La **rappresentanza** dei soggetti diversi dalle persone fisiche, quando non sia determinabile secondo la legge civile, è attribuita ai fini tributari alle **persone che** ne **hanno l'amministrazione** anche di fatto.

Art. 63. Rappresentanza e assistenza dei contribuenti. – 1. Presso gli uffici finanziari il **contribuente può farsi rappresentare** da un procuratore generale o speciale, salvo quanto stabilito nel quarto comma.

2. La procura speciale deve essere conferita per iscritto con firma autenticata. L'autenticazione non è necessaria quando la procura è conferita al coniuge o a parenti e affini entro il quarto grado o a propri dipendenti da persone giuridiche. Quando la procura è conferita a persone iscritte in albi professionali o nell'elenco previsto dal terzo comma, a soggetti iscritti alla data del 30 settembre 1993 nei ruoli dei periti ed esperti tenuti dalle camere di commercio, industria, artigianato e agricoltura per la sub-categoria tributi in possesso di diploma di laurea in giurisprudenza o di diploma di ragioneria ovvero ai soggetti indicati nell'art. 4, comma 1, lettere *e*), *f*) ed *i*), del decreto legislativo 31 dicembre 1992, n. 545, o ai professionisti di cui alla norma UNI 11511 certificati e qualificati ai sensi della legge 14 gennaio 2013, n. 4, è data facoltà agli stessi rappresentanti di autenticare la sottoscrizione. Quando la procura è rilasciata ad un funzionario di un centro di assistenza fiscale o di una società di servizi di cui all'art. 11 del regolamento di cui al decreto del Ministro delle finanze 31

maggio 1999, n. 164, essa deve essere autenticata dal responsabile dell'assistenza fiscale del predetto centro o dal legale rappresentante della predetta società di servizi.

3. Il Ministero dell'economia e delle finanze può autorizzare all'esercizio dell'assistenza tecnica davanti alle commissioni tributarie, se cessati dall'impiego dopo almeno venti anni di effettivo servizio di cui almeno gli ultimi dieci prestati a svolgere attività connesse ai tributi, gli impiegati delle carriere dirigenziale, direttiva e di concetto degli enti impositori e del Ministero nonché gli ufficiali e ispettori della guardia di finanza. L'autorizzazione può essere revocata o sospesa in ogni tempo con provvedimento motivato. Le attività connesse ai tributi sono individuate con il decreto di cui all'art. 12, comma 4, del decreto legislativo 31 dicembre 1992, n. 546.

4. Ai soggetti di cui al terzo comma, ancorché iscritti in un albo professionale, è vietato di esercitare funzioni di assistenza e di rappresentanza presso gli enti impositori e davanti le commissioni tributarie per un periodo di due anni dalla data di cessazione del rapporto d'impiego.

5. L'esercizio delle funzioni di rappresentanza e assistenza in violazione del presente articolo è punito con la sanzione amministrativa da euro mille a euro cinquemila.

Art. 64. Sostituto e responsabile d'imposta. – 1. **Chi** in forza di disposizioni di legge **è obbligato** al pagamento di imposte **in luogo di altri**, per fatti o situazioni a questi riferibili ed anche a titolo di acconto, deve esercitare **la rivalsa** se non è diversamente stabilito in modo espresso.

2. Il sostituito ha facoltà di intervenire nel procedimento di accertamento dell'imposta.

3. Chi in forza di disposizioni di legge è **obbligato** al pagamento dell'imposta insieme **con altri**, per fatti o situazioni esclusivamente riferibili a questi, ha diritto di **rivalsa**.

Art. 65. Eredi del contribuente. – 1. Gli **eredi rispondono in solido** delle obbligazioni tributarie il cui **presupposto** si è **verificato anteriormente alla morte** del dante causa.

2. Gli eredi del contribuente devono comunicare all'ufficio delle imposte del domicilio fiscale del dante causa le proprie generalità e il proprio domicilio fiscale. La comunicazione può essere presentata direttamente all'ufficio o trasmessa mediante lettera raccomandata con avviso di ricevimento, nel qual caso si intende fatta nel giorno di spedizione.

3. Tutti **i termini pendenti alla data della morte** del contribuente o scadenti entro quattro mesi da essa, compresi il termine per la presentazione della dichiarazione e il termine per ricorrere contro l'accertamento, sono **prorogati di sei mesi** in favore degli eredi. I soggetti incaricati dagli eredi, ai sensi del comma 2 dell'art. 12, devono trasmettere in via telematica la dichiarazione entro il mese di gennaio dell'anno successivo a quello in cui è scaduto il termine prorogato.

4. La notifica degli atti intestati al dante causa può essere effettuata agli eredi impersonalmente e collettivamente nell'ultimo domicilio dello stesso ed è efficace nei confronti degli eredi che, almeno trenta giorni prima, non abbiano effettuato la comunicazione di cui al secondo comma.

Art. 66. Computo dei termini. – 1. Per il computo dei termini si applicano le disposizioni dell'art. 2963 del codice civile.

Art. 67. Divieto della doppia imposizione. – 1. La **stessa imposta non può essere applicata più volte** in dipendenza dello **stesso presupposto**, neppure nei confronti di soggetti diversi.

2. L'imposta personale pagata dal soggetto erogante a titolo definitivo a seguito di accertamento è scomputata dall'imposta dovuta dal percipiente il medesimo reddito.

Art. 68. Segreto d'ufficio. – 1. È considerata **violazione** del **segreto d'ufficio qualunque informazione** o comunicazione riguardante l'accertamento, data **senza ordine del giudice**, salvo i casi previsti dalla legge, **a persone estranee** alle rispettive amministrazioni, diverse dal contribuente o da chi lo rappresenta, dal personale dell'amministrazione finanziaria e dalla guardia di finanza nonché dai componenti delle commissioni di cui all'art. 45, dai membri dei consigli comunali e dei consigli tributari, dai membri dei comitati che esercitano il controllo di legittimità sugli atti dei comuni e dal personale dei comuni che partecipano all'accertamento. Non è considerata violazione del segreto d'ufficio la comunicazione dei dati contenuti nelle dichiarazioni dei redditi.

2. Qualora l'Amministrazione finanziaria si avvalga delle facoltà previste nel successivo art. 69, quarto comma, nell'art. 12 della legge 13 giugno 1952, n. 693, e nell'art. 12, sesto comma del decreto del Presidente della Repubblica 29 settembre 1973, n. 602, non sono considerate violazioni del segreto di ufficio la trasmissione al consorzio obbligatorio tra gli esattori delle imposte dirette in carica delle dichiarazioni presentate dai contribuenti e la comunicazione di dati e notizie necessari per l'esecuzione dei compiti affidati al consorzio. Le persone che comunque attendono agli adempimenti relativi a tali compiti sono tenute a mantenere il segreto di ufficio.

3. Comma abrogato.

Art. 69. Pubblicazione degli elenchi dei contribuenti. – 1. Il Ministro delle finanze dispone annualmente la pubblicazione degli **elenchi dei contribuenti** il cui **reddito imponibile è stato accertato** dagli uffici delle imposte dirette e di quelli **sottoposti a controlli** globali **a sorteggio** a norma delle vigenti disposizioni nell'ambito dell'attività di programmazione svolta dagli uffici nell'anno precedente.

2. Negli elenchi deve essere specificato se gli accertamenti sono definitivi o in contestazione e devono essere indicati, in caso di rettifica, anche gli imponibili dichiarati dai contribuenti.

3. Negli elenchi sono compresi tutti i contribuenti che non hanno presentato la dichiarazione dei redditi, nonché i contribuenti nei cui confronti sia stato accertato un maggior reddito imponibile superiore a euro 5.164,57 e al 20 per cento del reddito dichiarato, o in ogni caso un maggior reddito imponibile superiore a euro 25.822,84.

4. Il centro informativo delle imposte dirette, entro il 31 dicembre dell'anno successivo a quello di presentazione delle dichiarazioni dei redditi, forma, per ciascun comune, i seguenti elenchi nominativi da distribuire agli uffici delle imposte territorialmente competenti:

a) elenco nominativo dei contribuenti che hanno presentato la dichiarazione dei redditi;

b) elenco nominativo dei soggetti che esercitano imprese commerciali, arti e professioni.

5. Con apposito decreto del Ministro delle finanze sono annualmente stabiliti i termini e le modalità per la formazione degli elenchi di cui al comma 4.

6. Gli elenchi sono depositati per la durata di un anno sia presso lo stesso ufficio delle imposte, sia presso i Comuni interessati. Nel predetto periodo è ammessa la visione e l'estrazione di copia degli elenchi nei modi e con i limiti stabiliti dalla disciplina in materia di accesso ai documenti amministrativi di cui agli articoli 22 e seguenti della legge 7 agosto 1990, n. 241, e successive modificazioni, dalla relativa normativa di at-

tuazione, nonché da specifiche disposizioni di legge. Per l'accesso non sono dovuti i tributi speciali di cui al decreto del Presidente della Repubblica 26 ottobre 1972, n. 648.

6-*bis*. Fuori dei casi previsti dal comma 6, la comunicazione o diffusione, totale o parziale, con qualsiasi mezzo, degli elenchi o di dati personali ivi contenuti, ove il fatto non costituisca reato, è punita con la sanzione amministrativa del pagamento di una somma da cinquemila euro a trentamila euro. La somma può essere aumentata sino al triplo quando risulta inefficace in ragione delle condizioni economiche del contravventore.

7. Ai comuni che dispongono di apparecchiature informatiche, i dati potranno essere trasmessi su supporto magnetico ovvero mediante sistemi telematici.

Art. 70. Norme applicabili. – 1. Per quanto non è diversamente disposto dal presente decreto si applicano, in materia di accertamento delle violazioni e di sanzioni, le norme del codice penale e del codice di procedura penale, della legge 7 gennaio 1929, n. 4 e del regio decreto-legge 3 gennaio 1926, n. 898, e successive integrazioni.

2. Il venti per cento dei proventi delle sanzioni pecuniarie è devoluto ai fondi costituiti presso l'amministrazione o il corpo cui appartengono gli accertatori, con le modalità previste con decreto del Ministro per le finanze. Si applica il quarto comma dell'art. 6 della legge 15 novembre 1973, n. 734.

TITOLO VII
DISPOSIZIONI TRANSITORIE E FINALI

Art. 71. Dichiarazioni e scritture contabili. – 1. Le disposizioni del presente decreto, salvo quanto è stabilito nei successivi articoli, si applicano per i periodi d'imposta che hanno inizio a partire dalla data di entrata in vigore del presente decreto, comprese le frazioni di esercizi o periodi di gestione di cui all'art. 27 del decreto del Presidente della Repubblica 29 settembre 1973, n. 598.

2. **Le scritture contabili** relative a periodi d'imposta nei quali ai fini delle Imposte sui redditi **non** ne **era obbligatoria la tenuta non sono soggette** ad **ispezioni** ai fini dell'accertamento.

3. Le disposizioni degli articoli 46 e 56 si applicano anche per le dichiarazioni prescritte dal quarto comma dell'art. 27 del decreto indicato nel primo comma.

4. Le persone fisiche e le società o associazioni di cui all'art. 6 devono presentare la dichiarazione, relativamente ai redditi posseduti nell'anno 1974, entro il 30 aprile 1975.

5. Sono prorogati al 15 maggio 1975 i termini per la presentazione della dichiarazione dei soggetti indicati all'art. 2 del decreto del Presidente della Repubblica 29 settembre 1973, n. 598, aventi scadenza entro il 14 maggio 1975.

6. I sostituti d'imposta devono presentare la dichiarazione di cui al quarto comma dell'art. 9, relativamente ai pagamenti fatti e agli utili distribuiti nell'anno 1974, entro il 15 aprile 1975.

Art. 72. Ritenuta sugli interessi delle obbligazioni. – 1. Per le obbligazioni e titoli similari sottoscritti anteriormente alla data di entrata in vigore del presente decreto, la ritenuta prevista nel primo comma dell'art. 26 si applica in misura pari al minore tra l'ammontare determinato a norma del detto articolo e l'ammontare complessivo dell'imposta di ricchezza mobile e dell'imposta sulle obbligazioni, e delle relative addizionali, che avrebbero dovuto essere applicate secondo le disposizioni in vigore prima della data stessa.

2. La rivalsa sarà esercitata soltanto se, in precedenza, veniva effettivamente esercitata per le suddette imposte.

3. La ritenuta non si applica sugli interessi e altri frutti delle obbligazioni e titoli similari sottoscritti e dei mutui contratti anteriormente alla data di entrata in vigore del presente decreto che fruiscono delle esenzioni previste dall'art. 37 e dal terzo comma dell'art. 40 del decreto del Presidente della Repubblica 29 settembre 1973, n. 601.

Art. 73. Ritenuta sui dividendi. – 1. Le disposizioni dell'art. 27, concernenti la ritenuta alla fonte sugli utili distribuiti dalle società ivi indicate, si applicano per gli **utili la cui distribuzione** sia deliberata, anche a titolo di acconto, a partire dalla **data di entrata in vigore** del presente decreto.

2. In quanto non diversamente stabilito dal presente decreto e da altre norme emanate nell'esercizio della delega legislativa di cui alla legge 9 ottobre 1971, n. 825, e successive modificazioni, continuano ad applicarsi le disposizioni della legge 29 dicembre 1962, n. 1745, e successive modificazioni, comprese quelle degli artt. 10-*bis* e 10-*ter*.

3. In caso di ritardo nelle comunicazioni previste dagli artt. 7, 8, 9 e 11 della legge 29 dicembre 1962, n. 1745, si applica il terzo comma dell'art. 54 del presente decreto.

Art. 74. Nominatività obbligatoria dei titoli azionari. – 1. Le **azioni** di tutte le società aventi sede nel territorio dello Stato **devono essere nominative**.

2. Le azioni al portatore emesse anteriormente all'entrata in vigore del presente decreto devono essere presentate alla conversione in nominative entro il 31 dicembre 1974. **Gli utili** degli esercizi chiusi dopo l'entrata in vigore del presente decreto **non possono essere pagati ai possessori di azioni al portatore** che **non risultino presentate per la conversione** in nominative e sono soggetti alla ritenuta alla fonte a norma dell'art. 27 del presente decreto. Gli utili degli esercizi chiusi prima sono soggetti alla ritenuta nella misura del 30 per cento a titolo d'imposta.

3. Si applicano in quanto compatibili, salvo il disposto del precedente comma, le disposizioni degli artt. 6, 7, 8 e 13, primo comma, del regio decreto-legge 25 ottobre 1941, n. 1148, convertito nella legge 9 febbraio 1942, n. 96, e quelle del regio decreto 29 marzo 1942, n. 239, e successive modificazioni, intendendo sostituite le date del 30 giugno e del 1° luglio 1942, stabilite in tali disposizioni, con quelle del 31 dicembre 1974 e del 1° gennaio 1975.

Art. 75. Accordi internazionali. – 1. Nell'applicazione delle disposizioni concernenti le imposte sui redditi sono fatti salvi accordi internazionali resi esecutivi in Italia.

Art. 76. Abrogazione. – (*Omissis*).

Art. 77. Entrata in vigore. – Il presente decreto entra in vigore il 1° gennaio 1974.

Allegati.

D.Lgs. 18 dicembre 1997, n. 462

Unificazione ai fini fiscali e contributivi delle procedure di liquidazione, riscossione e accertamento, a norma dell'art. 3, comma 134, lettera b), della L. 23 dicembre 1996, n. 662 (*Estratto*)

Art. 2. Riscossione delle somme dovute a seguito dei controlli automatici. – 1. Le somme che, a seguito dei controlli automatici effettuati ai sensi degli articoli 36-*bis* del decreto del Presidente della Repubblica 29 settembre 1973, n. 600, e 54-*bis* del decreto del Presidente della Repubblica 29 settembre 1972, n. 633, risultano dovute a titolo d'imposta, ritenute, contributi e premi o di minori crediti già utilizzati, nonché di interessi e di sanzioni per ritardato o omesso versamento, **sono iscritte direttamente nei ruoli a titolo definitivo**.

1-*bis*. Comma abrogato.

2. L'iscrizione a ruolo non è eseguita, in tutto o in parte, se il contribuente o il sostituto d'imposta provvede a pagare le somme dovute con le modalità indicate nell'articolo 19 del decreto legislativo 9 luglio 1997, n. 241, concernente le modalità di versamento mediante delega, entro trenta giorni dal ricevimento della comunicazione, prevista dai commi 3 dei predetti articoli 36-*bis* e 54-*bis*, ovvero della comunicazione definitiva contenente la rideterminazione in sede di autotutela delle somme dovute, a seguito dei chiarimenti forniti dal contribuente o dal sostituto d'imposta. In tal caso, l'ammontare delle sanzioni amministrative dovute è ridotto ad un terzo e gli interessi sono dovuti fino all'ultimo giorno del mese antecedente a quello dell'elaborazione della comunicazione.

Art. 3. Riscossione delle somme dovute a seguito dei controlli formali. – 1. Le somme che, a seguito dei controlli formali effettuati ai sensi dell'articolo 36-*ter* del decreto del Presidente della Repubblica 29 settembre 1973, n. 600, risultano dovute a titolo d'imposta, ritenute, contributi e premi o di minori crediti già utilizzati, nonché di interessi e di sanzioni, possono essere **pagate entro 30 giorni dal ricevimento della comunicazione** prevista dal comma 4 del predetto articolo 36-*ter*, con le modalità indicate nell'articolo 19 del decreto legislativo 9 luglio 1997, n. 241, concernente le modalità di versamento mediante delega. In tal caso **l'ammontare delle sanzioni amministrative dovute è ridotto ai due terzi** e gli interessi sono dovuti fino all'ultimo giorno del mese antecedente a quello dell'elaborazione della comunicazione.

Art. 3-*bis*. Rateazione delle somme dovute. – 1. Le somme dovute ai sensi dell'articolo 2, comma 2, e dell'articolo 3, comma 1, possono essere versate in un numero **massimo di otto rate trimestrali** di pari importo, ovvero, se **superiori a cinquemila euro**, in un **numero massimo di venti rate trimestrali** di pari importo.

2. L'importo della prima rata deve essere versato entro il termine di trenta giorni dal ricevimento della comunicazione. Sull'importo delle **rate successive** sono **dovuti gli interessi**, calcolati dal primo giorno del secondo mese successivo a quello di elaborazione della comunicazione. Le rate trimestrali nelle quali il pagamento è dilazionato scadono l'ultimo giorno di ciascun trimestre.

3. **In caso di inadempimento** nei pa-

gamenti rateali si applicano le disposizioni di cui all'articolo **15-*ter*** del decreto del Presidente della Repubblica 29 settembre 1973, n. 602.

4. Le disposizioni di cui ai commi 1, 2 e 3 si applicano anche alle somme da versare a seguito del ricevimento della comunicazione prevista dall'articolo 1, comma 412, della legge 30 dicembre 2004, n. 311, relativamente ai redditi soggetti a tassazione separata.

D.P.R. 22 luglio 1998, n. 322

Regolamento recante modalità per la presentazione delle dichiarazioni relative alle imposte sui redditi, all'imposta regionale sulle attività produttive e all'imposta sul valore aggiunto, ai sensi dell'articolo 3, comma 136, della legge 23 dicembre 1996, n. 662

Art. 1. Redazione e sottoscrizione delle dichiarazioni in materia di imposte sui redditi e di Irap. – 1. Ai fini delle imposte sui redditi e dell'imposta regionale sulle attività produttive **le dichiarazioni sono redatte,** a pena di nullità, **su modelli conformi** a quelli approvati entro il mese di febbraio con provvedimento amministrativo, da pubblicare nella Gazzetta Ufficiale e da utilizzare per le dichiarazioni dei redditi e del valore della produzione relative all'anno precedente ovvero, in caso di periodo di imposta non coincidente con l'anno solare, per le dichiarazioni relative al periodo di imposta in corso alla data del 31 dicembre dell'anno precedente a quello di approvazione. I provvedimenti di approvazione dei modelli di dichiarazione dei sostituti d'imposta di cui all'art. 4, comma 1, e i modelli di dichiarazione di cui agli artt. 34, comma 4, e 37, del decreto legislativo 9 luglio 1997, n. 241, e successive modificazioni, recante norme di semplificazione degli adempimenti dei contribuenti in sede di dichiarazione dei redditi e dell'imposta sul valore aggiunto, nonché di modernizzazione del sistema di gestione delle dichiarazioni, sono emanati entro il mese di febbraio dell'anno in cui i modelli stessi devono essere utilizzati e sono pubblicati nella Gazzetta Ufficiale.

2. **I modelli di dichiarazione sono resi disponibili in formato elettronico dall'Agenzia delle entrate in via telematica.**

3. **La dichiarazione è sottoscritta**, a pena di nullità, **dal contribuente** o da chi ne ha la rappresentanza legale o negoziale. La **nullità è sanata** se il contribuente provvede alla sottoscrizione entro trenta giorni dal ricevimento dell'**invito** da parte del competente ufficio dell'Agenzia delle entrate.

4. La dichiarazione dei soggetti diversi dalle persone fisiche è sottoscritta, a pena di nullità, dal rappresentante legale, e in mancanza da chi ne ha l'amministrazione anche di fatto, o da un rappresentante negoziale. La nullità è sanata se il soggetto tenuto a sottoscrivere la dichiarazione vi provvede entro trenta giorni dal ricevimento dell'invito da parte del competente ufficio dell'Agenzia delle entrate.

5. La dichiarazione delle **società** e degli enti soggetti all'imposta sul reddito delle società sottoposti al **controllo contabile** ai sensi del codice civile o di leggi speciali è **sottoscritta anche** dai soggetti che sottoscrivono la relazione di **revisione**. La dichiarazione priva di tale sottoscrizione è valida, salva l'applicazione della sanzione di cui all'art. 9, comma 5, del decreto legislativo 18 dicembre 1997, n. 471, e successive modificazioni.

6. In caso di presentazione della dichiarazione in via telematica, le disposizioni dei commi 3, 4 e 5 del presente articolo si applicano con riferimento alla dichiarazione che gli stessi soggetti sono tenuti a conservare.

Art. 2. Termine per la presentazione della dichiarazione in materia di Imposte sui redditi e di Irap. – 1. Le persone fisiche e le società o le associazioni di cui all'articolo 6 del decreto del Presidente della Repubblica 29 settembre 1973, n. 600, **presentano la dichiarazione** secondo le disposizioni di cui all'articolo 3, per il **tramite** di **una banca** o di un ufficio della **Poste italiane S.p.a.** tra il 1° maggio ed il 30 giugno ovvero in via telematica entro il 30 novembre dell'anno successivo a quello di chiusura del periodo di imposta.

2. I soggetti all'imposta sul reddito delle persone giuridiche, presentano la dichiarazione secondo le disposizioni di cui all'articolo 3 in via telematica, **entro** l'ultimo giorno dell'**undicesimo mese successivo a quello di chiusura** del periodo d'imposta.

3. I soggetti non tenuti alla presentazione della dichiarazione dei redditi presentano la dichiarazione ai fini dell'imposta regionale sulle attività produttive entro i termini previsti dal comma 2 e secondo le disposizioni di cui all'art. 3.

a) lettera abrogata;

b) lettera abrogata.

3-*bis*. I modelli di dichiarazione, le relative istruzioni e le specifiche tecniche per la trasmissione telematica dei dati sono resi disponibili in formato elettronico dall'Agenzia delle entrate entro il mese di febbraio.

4. Comma abrogato.

4-*bis*. Comma abrogato.

5. Comma abrogato.

6. Per gli **interessi e gli altri proventi** di cui ai commi da 1 a 3-*bis* dell'art. 26 del decreto del Presidente della Repubblica 29 settembre 1973, n. 600, e per quelli assoggettati alla ritenuta a titolo d'imposta ai sensi dell'ultimo comma dello stesso articolo e dell'art. 7, commi 1 e 2, del decreto-legge 20 giugno 1996, n. 323, convertito, con modificazioni, dalla legge 8 agosto 1996, n. 425, nonché per i premi e per le vincite di cui all'art. 30, del decreto del Presidente della Repubblica 29 settembre 1973, n. 600, i soggetti all'imposta sul reddito delle persone giuridiche **presentano la dichiarazione contestualmente** alla dichiarazione dei redditi propri.

7. **Sono considerate valide le dichiarazioni presentate entro novanta giorni dalla scadenza del termine, salva restando l'applicazione delle sanzioni amministrative** per il **ritardo**. Le **dichiarazioni presentate con ritardo superiore a novanta giorni** si considerano **omesse**, ma costituiscono, comunque, **titolo** per **la riscossione** delle imposte dovute in base agli imponibili in esse indicati e delle ritenute indicate dai sostituti d'imposta.

8. Salva l'applicazione delle sanzioni e ferma restando l'applicazione dell'articolo 13 del decreto legislativo 18 dicembre 1997, n. 472, le dichiarazioni dei redditi, dell'imposta regionale sulle attività produttive e dei sostituti d'imposta possono essere integrate per correggere errori od omissioni, compresi quelli che abbiano determinato l'indicazione di un maggiore o di un minore **imponibile** o, comunque, di un maggiore o di un minore **debito d'imposta** ovvero di un mag-

giore o di un **minore credito**, mediante successiva dichiarazione da presentare, secondo le disposizioni di cui all'articolo 3, utilizzando modelli conformi a quelli approvati per il periodo d'imposta cui si riferisce la dichiarazione, non oltre i termini stabiliti dall'articolo 43 del decreto del Presidente della Repubblica 29 settembre 1973, n. 600.

8-*bis*. **L'eventuale credito derivante dal minor debito o dal maggiore credito risultante dalle dichiarazioni di cui al comma 8 può essere utilizzato in compensazione ai sensi dell'articolo 17 del decreto legislativo 9 luglio 1997, n. 241**. Ferma restando in ogni caso l'applicabilità della disposizione di cui al primo periodo per i casi di correzione di errori contabili di competenza, nel caso in cui la dichiarazione oggetto di integrazione a favore sia presentata oltre il termine prescritto per la presentazione della dichiarazione relativa al periodo d'imposta successivo, il credito di cui al periodo precedente può essere utilizzato in compensazione, ai sensi del citato art. 17 del decreto legislativo n. 241 del 1997, per eseguire il versamento di debiti maturati a partire dal periodo d'imposta successivo a quello in cui è stata presentata la dichiarazione integrativa; in tal caso, nella dichiarazione relativa al periodo d'imposta in cui è presentata la dichiarazione integrativa è indicato il credito derivante dal minor debito o dal maggiore credito risultante dalla dichiarazione integrativa. **Resta ferma in ogni caso per il contribuente la possibilità di far valere, anche in sede di accertamento o di giudizio, eventuali errori, di fatto o di diritto, che abbiano inciso sull'obbligazione tributaria, determinando l'indicazione di un maggiore imponibile, di un maggiore debito d'imposta o, comunque, di un minore credito.**

8-*ter*. Le dichiarazioni dei redditi e dell'imposta regionale sulle attività produttive possono essere **integrate** dai contribuenti per modificare la originaria **richiesta di rimborso** dell'eccedenza d'imposta esclusivamente per la **scelta della compensazione**, sempreché il rimborso stesso **non** sia stato **già erogato** anche in parte, mediante dichiarazione da presentare entro 120 giorni dalla scadenza del termine ordinario di presentazione, secondo le disposizioni di cui all'art. 3, utilizzando modelli conformi a quelli approvati per il periodo d'imposta cui si riferisce la dichiarazione.

9. I termini di presentazione della dichiarazione che scadono di sabato sono prorogati d'ufficio al primo giorno feriale successivo.

Art. 3. Modalità di presentazione ed obblighi di conservazione delle dichiarazioni. – 1. Le **dichiarazioni sono presentate** all'Agenzia delle entrate in **via telematica** ovvero per il tramite di una **banca** convenzionata o di un ufficio della **Poste italiane S.p.a.** secondo le disposizioni di cui ai commi successivi.

2. Le dichiarazioni previste dal presente decreto, compresa quella unificata, sono presentate in via telematica all'Agenzia delle entrate, direttamente o tramite gli incaricati di cui ai commi 2-*bis* e 3, dai soggetti tenuti per il periodo d'imposta cui si riferiscono le predette dichiarazioni alla presentazione della dichiarazione relativa all'imposta sul valore aggiunto, dai soggetti tenuti alla presentazione della dichiarazione dei sostituti di imposta di cui all'art. 4 e dai soggetti di cui all'art. 87, comma 1, lettere a) e b), del testo unico delle Imposte sui redditi, approvato con decreto del Presidente della Repubblica 22 dicembre 1986, n. 917, dai soggetti tenuti alla presentazione della dichiarazione ai fini dell'imposta regionale sulle attività produttive, dai soggetti tenuti alla presentazione del modello per la comunicazione dei dati relativi alla applicazione degli studi di settore e dei parametri. Le predette dichiarazioni sono trasmesse av-

valendosi del servizio telematico Entratel; il collegamento telematico con l'Agenzia delle entrate è gratuito per gli utenti. I soggetti di cui al primo periodo obbligati alla presentazione della dichiarazione dei sostituti d'imposta, in relazione ad un numero di soggetti non superiore a venti, si avvalgono per la presentazione in via telematica del servizio telematico Internet ovvero di un incaricato di cui al comma 3.

2-*bis*. Nell'ambito dei **gruppi** in cui almeno una società o ente rientra tra i soggetti di cui al comma precedente, la **presentazione in via telematica** delle dichiarazioni di soggetti appartenenti al gruppo può essere effettuata **da uno o più soggetti** dello stesso gruppo avvalendosi del servizio telematico Entratel. Si considerano appartenenti al gruppo l'ente o la società controllante e le società da questi controllate come definite dall'art. 43-*ter*, quarto comma, del decreto del Presidente della Repubblica 29 settembre 1973, n. 602.

2-*ter*. I soggetti diversi da quelli indicati nei commi 2 e 2-*bis*, non obbligati alla presentazione delle dichiarazioni in via telematica, possono presentare le dichiarazioni in via telematica direttamente avvalendosi del servizio telematico Internet ovvero tramite un incaricato di cui al comma 3.

3. **Ai soli fini della presentazione delle dichiarazioni in via telematica** mediante il servizio telematico Entratel si considerano **soggetti incaricati della trasmissione** delle stesse:

a) **gli iscritti negli albi dei dottori commercialisti, dei ragionieri e dei periti commerciali e dei consulenti del lavoro**;

b) i soggetti iscritti alla data del 30 settembre 1993 nei ruoli di **periti ed esperti tenuti dalle camere di commercio, industria, artigianato e agricoltura per la sub-categoria tributi, in possesso di diploma di laurea in giurisprudenza o in economia e commercio o equipollenti o diploma di ragioneria**;

c) **le associazioni sindacali di categoria tra imprenditori indicate** nell'art. 32, comma 1, lettere a), b) e c), del decreto legislativo 9 luglio 1997, n. 241, nonché quelle che associano soggetti appartenenti a minoranze etnico-linguistiche;

d) **i centri di assistenza fiscale per le imprese e per i lavoratori dipendenti e pensionati**;

e) gli altri incaricati individuati con decreto del Ministro dell'economia e delle finanze.

3-*bis*. I soggetti di cui al comma 3, incaricati della predisposizione delle dichiarazioni previste dal presente decreto, sono obbligati alla trasmissione in via telematica delle stesse.

3-*ter*. Comma abrogato.

4. I soggetti di cui ai commi 2, 2-*bis* e 3 sono abilitati dall'Agenzia delle entrate alla trasmissione dei dati contenuti nelle dichiarazioni. **L'abilitazione è revocata** quando nello svolgimento dell'attività di trasmissione delle dichiarazioni vengono commesse **gravi o ripetute irregolarità**, ovvero in presenza di provvedimenti di **sospensione** irrogati dall'**ordine** di appartenenza del professionista o in caso di revoca dell'autorizzazione all'esercizio dell'attività da parte dei centri di assistenza fiscale. Si considera **grave irregolarità l'omissione ripetuta della trasmissione di dichiarazioni** o di **comunicazioni** per le quali i soggetti di cui ai commi 2-*bis* e 3 hanno rilasciato l'impegno cumulativo a trasmettere di cui al comma 6-*bis*.

5. Salvo quanto previsto dal comma 2 per i soggetti obbligati alla presentazione in via telematica, la dichiarazione può essere presentata all'Agenzia delle entrate anche mediante spedizione effettuata dall'estero, utilizzando il mezzo della raccomandata o altro equivalente dal quale risulti con certezza la data di spedizione ovvero avvalendosi del servizio telematico Internet.

6. Le banche e gli uffici postali rila-

sciano, anche se non richiesta, ricevuta di presentazione della dichiarazione. I soggetti di cui ai commi 2-*bis* e 3 rilasciano al contribuente o al sostituto di imposta, anche se non richiesto, l'impegno a trasmettere in via telematica all'Agenzia delle entrate i dati contenuti nella dichiarazione, contestualmente alla ricezione della stessa o dell'assunzione dell'incarico per la sua predisposizione nonché, entro trenta giorni dal termine previsto per la presentazione in via telematica, la dichiarazione trasmessa, redatta su modello conforme a quello approvato con il provvedimento di cui all'art. 1, comma 1 e copia della comunicazione dell'Agenzia delle entrate di ricezione della dichiarazione.

6-*bis*. Se il contribuente o il sostituto d'imposta conferisce l'incarico per la predisposizione di più dichiarazioni o comunicazioni a un soggetto di cui ai commi 2-*bis* e 3, questi rilascia al contribuente o al sostituto d'imposta, anche se non richiesto, l'**impegno cumulativo a trasmettere in via telematica** all'Agenzia delle entrate **i dati contenuti nelle dichiarazioni o comunicazioni.** L'impegno cumulativo può essere contenuto nell'incarico professionale sottoscritto dal contribuente se sono ivi indicate le dichiarazioni e le comunicazioni per le quali il soggetto di cui ai commi 2-*bis* e 3 si impegna a trasmettere in via telematica all'Agenzia delle entrate i dati in esse contenuti. L'impegno si intende conferito per la durata indicata nell'impegno stesso o nel mandato professionale e, comunque, fino al 31 dicembre del terzo anno successivo a quello in cui è stato rilasciato, salva revoca espressa da parte del contribuente o del sostituto d'imposta.

7. Le banche e la Poste italiane S.p.a. trasmettono in via telematica le dichiarazioni all'Agenzia delle entrate entro quattro mesi dalla data di scadenza del termine di presentazione ovvero, per le dichiarazioni presentate oltre tale termine, entro quattro mesi dalla data di presentazione delle dichiarazioni stesse, ove non diversamente previsto dalle convenzioni di cui al comma 11.

7-*bis*. I soggetti di cui ai commi 2, 2-*bis*, 2-*ter* e 3, presentano in via telematica le dichiarazioni per le quali non è previsto un apposito termine entro un mese dalla scadenza del termine previsto per la presentazione alle banche e agli uffici postali.

7-*ter*. Le dichiarazioni consegnate ai soggetti incaricati di cui ai commi 2-*bis* e 3, successivamente al termine previsto per la presentazione in via telematica delle stesse, sono trasmesse entro un mese dalla data contenuta nell'impegno alla trasmissione rilasciato dai medesimi soggetti al contribuente ai sensi del comma 6.

8. La **dichiarazione si considera presentata nel giorno in cui è consegnata dal contribuente alla banca o all'ufficio postale ovvero è trasmessa all'Agenzia delle entrate mediante procedure telematiche** direttamente o tramite uno dei soggetti di cui ai commi 2-*bis* e 3.

9. I **contribuenti** e i sostituti di imposta che presentano la dichiarazione in via telematica, direttamente o tramite i soggetti di cui ai commi 2-*bis* e 3, **conservano**, per il periodo previsto dall'art. 43 del decreto del Presidente della Repubblica 29 settembre 1973, n. 600, la **dichiarazione** debitamente sottoscritta e redatta su modello conforme a quello approvato con il provvedimento di cui all'art. 1, comma 1, nonché **i documenti rilasciati dal soggetto incaricato** di predisporre la dichiarazione. L'Amministrazione finanziaria può **chiedere l'esibizione** della dichiarazione e dei suddetti documenti.

9-*bis*. I **soggetti incaricati** della trasmissione delle dichiarazioni **conservano**, anche su supporti informatici, per il periodo previsto dall'art. 43 del decreto del Presidente della Repubblica 29 settembre 1973, n. 600, **copia delle dichia-**

razioni trasmesse, delle quali l'Amministrazione finanziaria può chiedere l'esibizione previa riproduzione su modello conforme a quello approvato con il provvedimento di cui all'art. 1, comma 1.

10. La **prova della presentazione** della dichiarazione è data dalla comunicazione dell'Agenzia delle entrate attestante **l'avvenuto ricevimento** della dichiarazione presentata in via telematica direttamente o tramite i soggetti di cui ai commi 2-*bis* e 3, ovvero dalla ricevuta della banca, dell'ufficio postale o dalla ricevuta di invio della raccomandata di cui al comma 5.

11. Le modalità tecniche di trasmissione delle dichiarazioni sono stabilite con provvedimento del direttore dell'Agenzia delle entrate da pubblicare nella Gazzetta Ufficiale. Le modalità di svolgimento del servizio di ricezione delle dichiarazioni da parte delle banche e della Poste italiane S.p.a., comprese le conseguenze derivanti dalle irregolarità commesse nello svolgimento del servizio, sono stabilite mediante distinte convenzioni, approvate con provvedimento del direttore dell'Agenzia delle entrate.

12. Le disposizioni del presente articolo si applicano anche alla presentazione delle dichiarazioni riguardanti imposte sostitutive delle Imposte sui redditi.

13. Ai soggetti incaricati della trasmissione telematica si applica l'art. 12-*bis*, comma 1, del decreto del Presidente della Repubblica 29 settembre 1973, n. 600, e per le convenzioni e i decreti ivi previsti si intendono, rispettivamente, le convenzioni e i provvedimenti di cui al comma 11 del presente articolo.

Art. 4. Dichiarazione e certificazioni dei sostituti d'imposta. – 1. I soggetti indicati nel titolo III del decreto del Presidente della Repubblica 29 settembre 1973, n. 600, obbligati ad **operare ritenute alla fonte**, che corrispondono compensi, sotto qualsiasi forma, soggetti a ritenute alla fonte secondo le disposizioni dello stesso titolo, nonché **gli intermediari e gli altri soggetti** che intervengono in **operazioni fiscalmente** rilevanti **tenuti alla comunicazione** di dati ai sensi di specifiche disposizioni normative, presentano annualmente una **dichiarazione unica**, anche ai fini dei contributi dovuti all'Istituto nazionale per la previdenza sociale (I.N.P.S.) e dei premi dovuti all'Istituto nazionale per le assicurazioni contro gli infortuni sul lavoro (I.N.A.I.L.), relativa a tutti i percipienti, redatta in conformità ai modelli approvati con i provvedimenti di cui all'art. 1, comma 1.

2. La **dichiarazione indica** i dati e gli **elementi necessari per l'individuazione del sostituto d'imposta**, dell'intermediario e degli altri soggetti di cui al precedente comma, per la determinazione dell'ammontare dei compensi e proventi, sotto qualsiasi forma corrisposti, delle ritenute, dei contributi e dei premi, nonché per l'effettuazione dei controlli e gli altri elementi richiesti nel modello di dichiarazione, esclusi quelli che l'Agenzia delle entrate, l'I.N.P.S. e l'I.N.A.I.L. sono in grado di acquisire direttamente e sostituisce le dichiarazioni previste ai fini contributivi e assicurativi.

3. Con decreto del Ministro delle finanze, emanato di concerto con i Ministri del tesoro, del bilancio e della programmazione economica e del lavoro e della previdenza sociale, la dichiarazione unica di cui al comma 1 può essere estesa anche ai contributi dovuti agli altri enti e casse.

3-*bis*. Salvo quanto previsto al comma 6-*quinquies*, i sostituti d'imposta, comprese le Amministrazioni dello Stato, anche con ordinamento autonomo, di cui al primo comma dell'articolo 29 del decreto del Presidente della Repubblica 29 settembre 1973, n. 600, e successive modificazioni, che effettuano le ritenute sui redditi a norma degli artt.

23, 24, 25, 25-*bis*, 25-*ter* e 29 del citato decreto n. 600 del 1973 nonché dell'art. 21, comma 15, della legge 27 dicembre 1997, n. 449 e dell'art. 11 della legge 30 dicembre 1991, n. 413, tenuti al rilascio della certificazione di cui al comma 6-*ter* del presente articolo, trasmettono in via telematica all'Agenzia delle entrate, direttamente o tramite gli incaricati di cui all'art. 3, commi 2-*bis* e 3, la dichiarazione di cui al comma 1, relativa all'anno solare precedente, entro il 31 ottobre di ciascun anno.

4. Le **attestazioni** comprovanti il **versamento delle ritenute** e ogni altro documento previsto dal decreto di cui all'art. 1 sono **conservati** per il periodo previsto dall'art. 43, del decreto del Presidente della Repubblica 29 settembre 1973, n. 600, e sono **esibiti o trasmessi, su richiesta**, all'ufficio competente. La conservazione delle attestazioni relative ai versamenti contributivi e assicurativi resta disciplinata dalle leggi speciali.

4-*bis*. Salvo quanto previsto dal comma 3-*bis*, i sostituti di imposta, comprese le Amministrazioni dello Stato, anche con ordinamento autonomo, gli intermediari e gli altri soggetti di cui al comma 1 presentano in via telematica, secondo le disposizioni di cui all'art. 3, commi 2, 2-*bis*, 2-*ter* e 3, la dichiarazione di cui al comma 1, relativa all'**anno solare precedente**, entro il 31 ottobre di ciascun anno.

5. Comma abrogato.

6. Comma abrogato.

6-*bis*. I **soggetti** indicati nell'art. 29, terzo comma, del decreto del Presidente della Repubblica 29 settembre 1973, n. 600, **che corrispondono compensi**, sotto qualsiasi forma, soggetti a **ritenuta alla fonte comunicano** all'Agenzia delle entrate mediante appositi elenchi i **dati fiscali dei percipienti**. Con provvedimento del direttore dell'Agenzia delle entrate sono stabiliti il contenuto, i termini e le modalità delle comunicazioni, previa intesa con le rispettive Presidenze delle Camere e della Corte costituzionale, con il segretario generale della Presidenza della Repubblica, e, nel caso delle regioni a statuto speciale, con i Presidenti dei rispettivi organi legislativi. Nel medesimo provvedimento può essere previsto anche l'obbligo di indicare i dati relativi ai contributi dovuti agli enti e casse previdenziali.

6-*ter*. I soggetti indicati nel comma 1 rilasciano un'apposita **certificazione unica** anche ai fini dei contributi dovuti all'Istituto nazionale per la previdenza sociale (I.N.P.S.) **attestante l'ammontare** complessivo delle dette **somme e valori**, l'ammontare delle **ritenute operate**, delle **detrazioni di imposta** effettuate e dei **contributi previdenziali e assistenziali**, nonché gli altri dati stabiliti con il provvedimento amministrativo di approvazione dello schema di certificazione unica. La certificazione è unica anche ai fini dei contributi dovuti agli altri enti e casse previdenziali. Con decreto del Ministro dell'economia e delle finanze, emanato di concerto con il Ministro del lavoro e delle politiche sociali, sono stabilite le relative modalità di attuazione. La certificazione unica sostituisce quelle previste ai fini contributivi.

6-*quater*. Le certificazioni di cui al comma 6-*ter*, sottoscritte anche mediante sistemi di elaborazione automatica, sono consegnate agli interessati entro il 16 marzo dell'anno successivo a quello in cui le somme e i valori sono stati corrisposti ovvero entro dodici giorni dalla richiesta degli stessi in caso di interruzione del rapporto di lavoro. Nelle ipotesi di cui all'art. 27 del decreto del Presidente della Repubblica 29 settembre 1973, n. 600, la certificazione può essere sostituita dalla copia della comunicazione prevista dagli artt. 7, 8, 9 e 11 della legge 29 dicembre 1962, n. 1745.

6-*quinquies*. Le certificazioni di cui al comma 6-*ter*, sono trasmesse in via telematica all'Agenzia delle entrate direttamente o tramite gli incaricati di cui all'articolo 3, commi 2-*bis* e 3, entro il 16 marzo dell'anno successivo a quello in cui le somme e i valori sono stati corrisposti. Entro la stessa data sono, altresì, trasmessi in via telematica gli ulteriori dati fiscali e contributivi e quelli necessari per l'attività di controllo dell'Amministrazione finanziaria e degli enti previdenziali e assicurativi, i dati contenuti nelle certificazioni rilasciate ai solo fini contributivi e assicurativi nonché quelli relativi alle operazioni di conguaglio effettuate a seguito dell'assistenza fiscale prestata ai sensi del decreto legislativo 9 luglio 1997, n. 241, stabiliti con provvedimento del Direttore dell'Agenzia delle entrate. La trasmissione in via telematica delle certificazioni di cui al comma *6-ter*, contenenti esclusivamente redditi esenti o non dichiarabili mediante la dichiarazione precompilata di cui all'articolo 1 del decreto legislativo 21 novembre 2014, n. 175, può avvenire entro il termine di presentazione della dichiarazione dei sostituti d'imposta di cui al comma 1. Le trasmissioni in via telematica effettuate ai sensi del presente comma sono equiparate a tutti gli effetti alla esposizione dei medesimi dati nella dichiarazione di cui al comma 1. Per ogni certificazione omessa, tardiva o errata si applica la sanzione di cento euro in deroga a quanto previsto dall'art. 12, del decreto legislativo 18 dicembre 1997, n. 472, con un massimo di euro 50.000 per sostituto di imposta. Nei casi di **errata trasmissione della certificazione, la sanzione non si applica se la trasmissione della corretta certificazione è effettuata entro i cinque giorni successivi alla scadenza** indicata nel primo periodo. Se la certificazione è correttamente trasmessa entro sessanta giorni dai termini previsti nel primo e nel terzo periodo, la sanzione è ridotta a un terzo, con un massimo di euro 20.000.

6-*quinquies*.1. Nei casi di tardiva o errata trasmissione delle certificazioni uniche relative a somme e valori corrisposti per i periodi d'imposta dal 2015 al 2017, non si fa luogo all'applicazione della sanzione di cui al comma 6-*quinquies*, se la trasmissione della corretta certificazione è effettuata entro il 31 dicembre del secondo anno successivo al termine indicato dal primo periodo del medesimo comma 6-*quinquies*.

6-*sexies*. L'Agenzia delle entrate, esclusivamente nell'area autenticata del proprio sito internet, rende disponibili agli interessati i dati delle certificazioni pervenute ai sensi del comma 6-*quinquies*. Gli interessati possono delegare all'accesso anche un soggetto di cui all'articolo 3, comma 3.

Art. 5. Dichiarazione nei casi di liquidazione. – 1. In caso di **liquidazione di società** o **enti** soggetti all'imposta sul reddito delle persone giuridiche, di **società o associazioni** di cui all'art. 5 del testo unico delle imposte sui redditi, approvato con decreto del Presidente della Repubblica 22 dicembre 1986, n. 917, e **di imprese individuali**, il **liquidatore** o, in mancanza, il rappresentante legale, **presenta**, secondo le disposizioni di cui all'art. 3, **la dichiarazione** relativa al periodo compreso tra **l'inizio del periodo** d'imposta e la data in cui si determinano gli effetti dello scioglimento della società ai sensi degli articoli 2484 e 2485 del codice civile, ovvero per le imprese individuali la data indicata nella dichiarazione di cui all'articolo 35 del decreto del Presidente della Repubblica 26 ottobre 1972, n. 633, entro l'ultimo giorno del nono mese successivo a tale data in via telematica. Lo stesso liquidatore presenta la **dichiarazione relativa al risultato finale** delle operazioni **di liquidazione** entro nove mesi successivi alla chiusura della liquidazione stessa o al deposito del bilancio finale, se prescritto, in via telematica.

2. Comma abrogato.

3. Se la liquidazione si prolunga **oltre il periodo d'imposta** in corso alla data indicata nel comma 1 sono presentate, nei termini stabiliti dall'art. 2, la **dichiarazione relativa alla residua frazione** del detto periodo e quelle relative ad ogni successivo periodo d'imposta.

3-*bis*. In caso di revoca dello stato di liquidazione quando gli effetti, anche ai sensi del secondo comma dell'articolo 2487-*ter* del codice civile, si producono prima del termine di presentazione delle dichiarazioni di cui ai precedenti commi 1, primo periodo, e 3, il liquidatore o, in mancanza, il rappresentante legale, non è tenuto a presentare le medesime dichiarazioni. Restano in ogni caso fermi gli effetti delle dichiarazioni già presentate ai sensi dei commi 1, primo periodo, e 3, prima della data in cui ha effetto la revoca dello stato di liquidazione, ad eccezione dell'ipotesi in cui la revoca abbia effetto prima della presentazione della dichiarazione relativa alla residua frazione del periodo d'imposta in cui si verifica l'inizio della liquidazione.

4. Nei casi di **fallimento** o di **liquidazione coatta amministrativa**, le dichiarazioni di cui al comma 1 sono **presentate**, anche se si tratta di imprese individuali, dal **curatore o dal commissario liquidatore**, in via telematica, avvalendosi del servizio telematico Entratel, direttamente o tramite i soggetti incaricati di cui all'art. 3, comma 3, entro l'ultimo giorno del nono mese successivo a quello, rispettivamente, della nomina del curatore e del commissario liquidatore, e della chiusura del fallimento e della liquidazione; le dichiarazioni di cui al comma 3 sono presentate, con le medesime modalità, esclusivamente ai fini dell'imposta regionale sulle attività produttive e soltanto se vi è stato esercizio provvisorio. Il reddito d'impresa, di cui al comma 1 dell'art. 183 del testo unico delle Imposte sui redditi e quello di cui ai commi 2 e 3 del medesimo articolo, risultano dalle **dichiarazioni iniziale e finale** che devono essere presentate dal curatore o dal commissario liquidatore. Il curatore o il commissario liquidatore, prima di presentare la dichiarazione finale, deve provvedere al versamento, se la società fallita o liquidata vi è soggetta, dell'imposta sul reddito delle società. In caso di fallimento o di liquidazione coatta, di imprese individuali o di società in nome collettivo o in accomandita semplice, il curatore o il commissario liquidatore, contemporaneamente alla presentazione delle dichiarazioni iniziale e finale di cui al secondo periodo, deve consegnarne o spedirne copia per raccomandata all'imprenditore e a ciascuno dei familiari partecipanti all'impresa, ovvero a ciascuno dei soci, ai fini dell'inclusione del reddito o della perdita che ne risulta nelle rispettive dichiarazioni dei redditi relative al periodo d'imposta in cui ha avuto inizio e in quello in cui si è chiuso il procedimento concorsuale. Per ciascuno degli immobili di cui all'art. 183, comma 4, secondo periodo, del testo unico il curatore o il commissario liquidatore, nel termine di un mese dalla vendita, deve presentare all'Ufficio dell'Agenzia delle entrate apposita dichiarazione ai fini dell'imposta locale sui redditi, previo versamento nei modi ordinari del relativo importo, determinato a norma dell'articolo 25 del testo unico.

5. Resta fermo, anche durante la **liquidazione**, l'obbligo di presentare le dichiarazioni dei **sostituti d'imposta**.

Art. 5-*bis*. Dichiarazione nei casi di trasformazione, di fusione e di scissione. – 1. In caso di **trasformazione** di una **società non soggetta all'imposta** sul reddito delle persone giuridiche in società soggetta a tale imposta, o viceversa, deliberata nel corso del periodo d'imposta, deve essere **presentata**, secondo le disposizioni di cui all'art. 3, la **dichiarazione** relativa alla **frazione di esercizio**

compresa tra l'inizio del periodo d'imposta e la data in cui ha effetto la trasformazione, entro l'ultimo giorno del nono mese successivo a tale data, in via telematica.

2. In caso **di fusione di più società** deve essere **presentata** dalla società risultante dalla fusione o **incorporante**, la dichiarazione relativa alla **frazione di esercizio** delle società fuse o incorporate compresa tra l'inizio del periodo d'imposta e la data in cui ha effetto la fusione entro l'ultimo giorno del nono mese successivo a tale data, in via telematica.

3. In caso di **scissione totale** la società designata a norma del comma 14 dell'art. 123-*bis* del testo unico delle Imposte sui redditi, approvato con decreto del Presidente della Repubblica 22 dicembre 1986, n. 917, deve **presentare la dichiarazione** relativa alla **frazione di periodo** della società scissa, con le modalità e i termini di cui al comma 1 decorrenti dalla data in cui è stata eseguita l'ultima delle iscrizioni prescritte dall'art. 2504 del codice civile, indipendentemente da eventuali effetti retroattivi.

4. Le disposizioni del presente articolo, in quanto applicabili, valgono anche nei casi di **trasformazione e di fusione di enti diversi dalle società**.

Art. 5-*ter*. Adempimenti dei curatori e amministratori di eredità. – 1. I **curatori di eredità** giacenti e gli **amministratori di eredità** devolute sotto condizione sospensiva o in favore di nascituri non ancora concepiti, **oltre alle dichiarazioni dei redditi** di cui all'art. 187 del testo unico delle imposte sui redditi, da presentare nei termini ordinari, relative al periodo d'imposta nel quale hanno assunto le rispettive funzioni ai periodi d'imposta successivi fino a quello anteriore al periodo d'imposta nel quale cessa la curatela o l'amministrazione, sono tenuti a presentare, entro 6 mesi dalla data di assunzione delle funzioni:

a) le **dichiarazioni** dei predetti redditi relative al **periodo d'imposta** nel quale **si è aperta la successione**, se anteriore a quello nel quale hanno assunto le funzioni, e agli altri periodi d'imposta già decorsi anteriormente a quest'ultimo;

b) la dichiarazione dei **redditi posseduti nell'ultimo periodo** d'imposta dal contribuente deceduto e, se il relativo termine non era scaduto alla data del decesso, quella dei redditi posseduti nel periodo d'imposta precedente.

2. I curatori e gli amministratori **devono inoltre**:

a) adempiere per i periodi d'imposta indicati nell'alinea del comma 1, se nell'asse ereditario sono comprese aziende commerciali o agricole, gli obblighi contabili e quelli a carico dei sostituti d'imposta stabiliti nel decreto del Presidente della Repubblica 29 settembre 1973, n. 600;

b) presentare, entro 6 mesi dalla data di assunzione delle funzioni, le dichiarazioni di sostituto d'imposta relative ai pagamenti effettuati nei periodi d'imposta considerati nelle lettere a) e b) del comma 1;

c) comunicare mediante raccomandata all'ufficio dell'Agenzia delle entrate, entro 60 giorni, l'assunzione e la cessazione delle funzioni; la comunicazione di cessazione deve contenere l'indicazione dei dati identificativi degli eredi e delle quote ereditarie di ciascuno di essi.

3. L'erede, nella dichiarazione dei redditi relativa al periodo d'imposta nel quale è **cessata la curatela o l'amministrazione**, deve darne comunicazione e indicare l'ufficio dell'Agenzia delle entrate del domicilio fiscale del contribuente deceduto, i dati identificativi del curatore o dell'amministratore e degli altri eredi e la propria quota di eredità. Nella stessa dichiarazione può essere esercitata, per ciascuno degli anni per i quali i redditi di cui all'art. 187 del testo unico delle Imposte sui redditi sono stati determinati in via provvisoria, la facoltà prevista nell'art. 17, comma 3, dello stesso testo unico.

4. Dalla data di presentazione della dichiarazione di cui al comma 3, o, in mancanza, dalla data in cui avrebbe dovuto essere presentata, **decorre il termine** per la **liquidazione definitiva** delle imposte a norma dell'art. 187 del citato testo unico.

5. Nei confronti del curatore o dell'amministratore, salvo quanto disposto nel comma 1, i termini pendenti alla data di apertura della successione e quelli aventi inizio prima della data di assunzione delle funzioni sono sospesi fino a tale data e sono prorogati di 6 mesi.

Art. 6. Dichiarazione congiunta in materia di imposte sui redditi. – Articolo abrogato.

Art. 7. Centri di assistenza fiscale per lavoratori dipendenti e pensionati. – Articolo abrogato.

Art. 8. Dichiarazione annuale in materia di imposta sul valore aggiunto e di versamenti unitari da parte di determinati contribuenti. – 1. **Il contribuente presenta**, secondo le disposizioni di cui all'art. 3, **per l'imposta sul valore aggiunto dovuta per il 2016**, nel mese di febbraio, **e per l'imposta sul valore aggiunto dovuta a decorrere dal 2017,** tra il 1° febbraio e il 30 aprile in via telematica, la dichiarazione relativa all'imposta sul valore aggiunto dovuta per l'anno solare precedente, redatta in conformità al modello approvato entro il 15 gennaio dell'anno in cui è utilizzato con provvedimento amministrativo da pubblicare nella Gazzetta Ufficiale. La dichiarazione annuale è presentata anche dai contribuenti che non hanno effettuato operazioni imponibili. Sono esonerati dall'obbligo di presentazione della dichiarazione i contribuenti che nell'anno solare precedente hanno registrato esclusivamente operazioni esenti dall'imposta di cui all'**art. 10 del decreto del Presidente della Repubblica 26 ottobre 1972, n. 633**, e successive modificazioni, salvo che siano tenuti alle rettifiche delle detrazioni di cui all'**art. 19-*bis*2 del medesimo decreto,** ovvero abbiano registrato operazioni intracomunitarie, nonché i contribuenti esonerati ai sensi di specifiche disposizioni normative

2. Nella dichiarazione sono indicati i dati e gli elementi necessari **per l'individuazione del contribuente,** per la determinazione dell'**ammontare delle operazioni** e dell'**imposta** e per l'effettuazione dei controlli, nonché gli altri elementi richiesti nel modello di dichiarazione, esclusi quelli che l'Agenzia delle entrate è in grado di acquisire direttamente.

3. Le detrazioni sono esercitate entro il termine stabilito dall'art. 19, comma 1, secondo periodo, del decreto del Presidente della Repubblica 26 ottobre 1972, n. 633.

4. In caso di **fallimento** o di **liquidazione coatta amministrativa**, la dichiarazione relativa all'imposta dovuta per l'anno solare precedente, sempreché i relativi termini di presentazione non siano ancora scaduti, è presentata dai curatori o dai commissari liquidatori con le modalità e i termini ordinari di cui al comma 1 ovvero entro quattro mesi dalla nomina se quest'ultimo termine scade successivamente al termine ordinario. Con le medesime modalità e nei termini ordinari, i **curatori o i commissari liquidatori presentano la dichiarazione** per le operazioni registrate nell'anno solare in cui è dichiarato il fallimento ovvero la liquidazione coatta amministrativa. Per le operazioni registrate nella parte dell'anno solare anteriore alla dichiarazione di fallimento o di liquidazione coatta amministrativa è anche presentata, in via telematica ed entro quattro mesi dalla nomina, apposita dichiarazione al competente ufficio dell'Agenzia delle entrate ai fini della eventuale insinuazione al passivo della procedura concorsuale.

5. Comma abrogato.

6. Per la **sottoscrizione**, la **presentazione** e la **conservazione** della dichiarazione relativa all'imposta sul valore aggiunto si applicano le disposizioni di cui all'art. 1, commi 2, 3 e 4, all'art. 2, commi 7 e 9 e all'art. 3.

6-*bis*. Salva l'applicazione delle sanzioni e ferma restando l'applicazione dell'art. 13 del decreto legislativo 18 dicembre 1997, n. 472, le dichiarazioni dell'imposta sul valore aggiunto possono essere integrate per correggere errori od omissioni, compresi quelli che abbiano determinato l'indicazione di un maggiore o di un minore imponibile o, comunque, di un maggiore o di un minore debito d'imposta ovvero di una maggiore o di una minore eccedenza detraibile, mediante successiva dichiarazione da presentare, secondo le disposizioni di cui all'art. 3, utilizzando modelli conformi a quelli approvati per il periodo d'imposta cui si riferisce la dichiarazione, non oltre i termini stabiliti dall'art. 57 del decreto del Presidente della Repubblica 26 ottobre 1972, n. 633.

6-*ter*. L'eventuale credito derivante dal minor debito o dalla maggiore eccedenza detraibile risultante dalle dichiarazioni di cui al comma 6-*bis*, presentate entro il termine prescritto per la presentazione della dichiarazione relativa al periodo d'imposta successivo, può essere portato in detrazione in sede di liquidazione periodica o di dichiarazione annuale, ovvero utilizzato in compensazione ai sensi dell'art. 17 del decreto legislativo 9 luglio 1997, n. 241, ovvero, sempreché **ricorrano** per l'anno per cui è presentata la dichiarazione integrativa i **requisiti di cui agli artt. 30 e 34, comma 9**, del decreto del Presidente della Repubblica 26 ottobre 1972, n. 633, chiesto a rimborso.

6-*quater*. **L'eventuale credito derivante dal minor debito o dalla maggiore eccedenza detraibile risultante dalle dichiarazioni di cui al comma 6-*bis*, presentate oltre il termine prescritto per la presentazione della dichiarazione relativa al periodo d'imposta successivo, può essere chiesto a rimborso** ove ricorrano, per l'anno per cui è presentata la dichiarazione integrativa, i requisiti di cui agli artt. 30 e 34, comma 9, del decreto del Presidente della Repubblica 26 ottobre 1972, n. 633, **ovvero può essere utilizzato in compensazione,** ai sensi dell'art. 17 del decreto legislativo 9 luglio 1997, n. 241, per eseguire il versamento di debiti maturati a partire dal periodo d'imposta successivo a quello in cui è stata presentata la dichiarazione integrativa. Nella dichiarazione relativa al periodo d'imposta in cui è presentata la dichiarazione integrativa è indicato il credito derivante dal minor debito o dal maggior credito risultante dalla dichiarazione integrativa.

6-*quinquies*. Resta ferma in ogni caso per **il contribuente la possibilità di far valere, anche in sede di accertamento o di giudizio, eventuali errori, di fatto o di diritto,** che abbiano inciso sull'obbligazione tributaria, **determinando l'indicazione di un maggiore imponibile, di un maggiore debito d'imposta o, comunque, di una minore eccedenza detraibile.**

7. I soggetto di cui all'art. 73, primo comma, lettera e), del decreto del Presidente della Repubblica 26 ottobre 1972, n. 633, **eseguono i versamenti** dell'**imposta sul valore aggiunto** secondo le modalità e i termini indicati nel capo terzo del decreto legislativo 9 luglio 1997, n. 241.

Art. 8-*bis*. – Articolo abrogato.

Art. 9. Disposizioni finali e transitorie. – 1. Per l'anno 1998, le dichiarazioni predisposte mediante l'utilizzo dei sistemi informatici sono presentate all'amministrazione finanziaria per il tramite di un ufficio della Poste italiane S.p.a. convenzionata, mentre le altre sono presentate per il tramite di una banca o di un ufficio della Poste italiane S.p.a., convenzionate, secondo le modalità stabilite nel decreto di cui all'art. 1. Si applicano le disposizioni stabilite dall'art. 3.

2. Per l'anno 1999 sono presentate esclusivamente per il tramite di una banca o di un ufficio della Poste italiane S.p.a., convenzionate:

a) le dichiarazioni dei redditi, comprese quelle riguardanti imposte sostitutive delle Imposte sui redditi, da redigere su modelli approvati con decreti emanati nel corso del 1998;

b) le dichiarazioni di cui all'art. 74-*bis* del decreto del Presidente della Repubblica 26 ottobre 1972, n. 633, da redigere su modelli approvati con decreto ministeriale 15 gennaio 1998.

3. Le disposizioni di cui agli artt. 1, 2, 3 e 8, comma 1, lettere b) e c) del decreto legislativo 9 luglio 1997, n. 241, si applicano alle dichiarazioni presentate a decorrere dal 1° gennaio 1998.

4. Dalla data di entrata in vigore del presente regolamento, ai sensi dell'art. 17, comma 2, della legge 23 agosto 1988, n. 400, nel decreto legislativo 9 luglio 1997, n. 241, si intendono abrogati gli artt. 4, 5, 6, 7, 8, comma 1, lettera a), 11, comma 1, lettera e), e 12, comma 4, e, nel decreto legislativo 2 settembre 1997, n. 313, si intende abrogato l'art. 4, comma 1, lettera c).

5. Le disposizioni di cui all'art. 6 si applicano alle dichiarazioni presentate a decorrere dal 1° gennaio 1999.

6. A decorrere dal 1° gennaio 1999, ai sensi dell'art. 17, comma 2, della legge 23 agosto 1988, n. 400, i commi 11 e 12 dell'art. 78 della legge 30 dicembre 1991, n. 413, si intendono abrogati. Con effetto dalla data di entrata in vigore del presente regolamento, ai sensi dell'art. 17, comma 2, della legge 23 agosto 1988, n. 400, il primo comma dell'art. 17 della legge 13 aprile 1977, n. 114, si intende abrogato.

7. Qualora sia presentata dai coniugi dichiarazione separata essendo stata presentata per l'anno precedente dichiarazione congiunta e, conformemente alle risultanze di tale dichiarazione, sia stato omesso o versato in misura inferiore l'acconto rispetto all'imposta dovuta da uno dei coniugi, non si applicano le sanzioni e gli interessi previsti per l'omesso o insufficiente versamento degli acconti.

8. Dal 1 gennaio 1999, ai sensi dell'art. 17, comma 2, della legge 23 agosto 1988, n. 400, si intende abrogato l'art. 7 del decreto del Presidente della Repubblica 29 settembre 1973, n. 600, e dalla stessa data si applicano le disposizioni di cui agli artt. 2, comma 5, e 4 del presente regolamento.

9. Dalla data di entrata in vigore del presente regolamento, ai sensi dell'art. 17, comma 2, della legge 23 agosto 1988, n. 400, gli artt. 8, 9, 10 e 12 del decreto del Presidente della Repubblica 29 settembre 1973, n. 600, gli artt. 28 e 37 del decreto del Presidente della Repubblica 26 ottobre 1972, n. 633, e i commi 172, lettera e), 178 e 179, dell'art. 3, della legge 23 dicembre 1996, n. 662, si intendono abrogati e nell'art. 5, comma 2, del decreto-legge 30 settembre 1983, n. 512, convertito, con modificazioni, dalla legge 25 novembre 1983, n. 649, le parole da: "e devono" a "decreto n. 600" sono soppresse.

10. I riferimenti alle disposizioni indicate nei commi precedenti, contenuti in ogni atto normativo, si intendono fatti alle disposizioni del presente regolamento.

D.L. 31 maggio 2010, n. 78

Misure urgenti in materia di stabilizzazione finanziaria e di competitività economica (*Estratto*)

(*Omissis*).

Art. 21-*bis*. Comunicazioni dei dati delle liquidazioni periodiche I.V.A. – 1. I soggetti passivi dell'imposta sul valore aggiunto **trasmettono telematicamente all'Agenzia delle entrate**, entro l'ultimo giorno del secondo mese successivo a **ogni trimestre**, una comunicazione dei **dati contabili riepilogativi delle liquidazioni periodiche** dell'imposta effettuate ai sensi dell'articolo 1, commi 1 e 1-*bis*, del regolamento di cui al decreto del Presidente della Repubblica 23 marzo 1998, n. 100, nonché degli articoli 73, primo comma, lettera e), e 74, quarto comma, del decreto del Presidente della Repubblica 26 ottobre 1972, n. 633. La comunicazione dei dati relativi al **secondo trimestre** è effettuata entro il 30 settembre. La comunicazione dei dati relativi al **quarto trimestre può, in alternativa**, essere effettuata con la **dichiarazione annuale** dell'imposta sul valore aggiunto che, in tal caso, deve essere presentata entro il mese di febbraio dell'anno successivo a quello di chiusura del periodo d'imposta. Restano **fermi gli ordinari termini di versamento dell'imposta** dovuta in base alle liquidazioni periodiche effettuate.

2. Con il provvedimento di cui all'articolo 21, comma 2, sono stabilite le modalità e le informazioni da trasmettere con la comunicazione di cui al comma 1 del presente articolo.

3. La comunicazione è presentata anche nell'ipotesi di liquidazione con eccedenza a credito. Sono esonerati dalla presentazione della comunicazione i soggetti passivi non obbligati alla presentazione della dichiarazione annuale I.V.A. o all'effettuazione delle liquidazioni periodiche, sempre che, nel corso dell'anno, non vengano meno le predette condizioni di esonero.

4. In caso di determinazione separata dell'imposta in presenza di più attività, i soggetti passivi presentano una sola comunicazione riepilogativa per ciascun periodo.

5. **L'Agenzia delle entrate mette a disposizione del contribuente, ovvero del suo intermediario,** secondo le modalità previste dall'art. 1, commi 634 e 635 della legge 23 dicembre 2014, n. 190**, le risultanze dell'esame** dei dati di cui all'art. 21 del presente decreto e **le valutazioni concernenti la coerenza tra i dati medesimi e le comunicazioni di cui al comma 1 del presente articolo nonché la coerenza dei versamenti dell'imposta rispetto a quanto indicato nella comunicazione medesima.** Quando dai controlli eseguiti emerge un risultato diverso rispetto a quello indicato nella comunicazione, il contribuente è informato dell'esito con modalità previste con provvedimento del direttore dell'Agenzia delle entrate. Il contribuente può fornire i chiarimenti necessari, o segnalare eventuali dati ed elementi non considerati o valutati erroneamente, ovvero versare quanto dovuto avvalendosi dell'istituto del ravvedimento operoso di cui all'art. 13 del decreto legislativo 18 dicembre 1997, n. 472. Si applica l'art. 54-*bis*, comma 2-*bis*, del decreto del Presidente della repubblica 26 ottobre 1972, n. 633, indipendentemente dalle condizioni ivi previste.

Art. 21-*ter*. Credito d'imposta. – 1. **Ai soggetti in attività nel 2017**, in riferimento agli obblighi di cui agli artt. 21 e 21-*bis*, **ovvero che esercitano l'opzione** di cui all'art. 1, comma 3, del decreto legislativo 5 agosto 2015, n. 127, **è attribuito una sola volta, per il relativo adeguamento tecnologico, un credito d'imposta pari a € 100.** Il credito spetta ai soggetti che, nell'anno precedente a quello in cui il costo per l'adeguamento tecnologico è stato sostenuto, hanno realizzato un volume d'affari non superiore a € 50.000.

2. Il credito non concorre alla formazione del reddito ai fini delle imposte sui redditi e del valore della produzione ai fini dell'imposta regionale sulle attività produttive, è utilizzabile esclusivamente in compensazione ai sensi dell'art. 17 del decreto legislativo 9 luglio 1997, n. 241, a decorrere dal 1 gennaio 2018, e deve essere indicato nella dichiarazione dei redditi relativa al periodo d'imposta in cui è stato sostenuto il costo per l'adeguamento tecnologico e nelle dichiarazioni dei redditi relative ai periodi d'imposta successivi fino a quello nel quale se ne conclude l'utilizzo.

3. Oltre al credito di cui al comma 1, **è attribuito, per una sola volta, un ulteriore credito d'imposta di 50 euro ai soggetti di cui al medesimo comma 1** che, sussistendone i presupposti, esercitano anche l'opzione di cui all'art. 2, comma 1, del decreto legislativo 5 agosto 2015, n. 127, **entro il 31 dicembre 2017**. Il credito non concorre alla formazione del reddito ai fini delle imposte sui redditi e del valore della produzione ai fini dell'imposta regionale sulle attività produttive, è indicato nella dichiarazione dei redditi ed utilizzato secondo le modalità stabilite nel comma 2.

3-*bis*. **Le agevolazioni di cui ai commi 1 e 3 sono concesse nei limiti e alle condizioni previsti dal regolamento (UE) n. 1407/2013 della Commissione, del 18 dicembre 2013, relativo all'applicazione degli artt. 107 e 108 del Trattato sul funzionamento dell'Unione europea agli aiuti "*de minimis*".**

D.Lgs. 4 marzo 2014, n. 29

Attuazione della direttiva 2011/16/UE relativa alla cooperazione amministrativa nel settore fiscale e che abroga la direttiva 77/799/CEE

Art. 1. Oggetto ed ambito di applicazione. – 1. Il presente decreto **stabilisce le norme e le procedure relative allo scambio, con le altre autorità competenti degli Stati membri dell'Unione Europea, delle informazioni prevedibilmente pertinenti per l'amministrazione interessata e per l'applicazione delle leggi nazionali degli Stati membri,** relative alle imposte di cui al comma 3.

2. Il presente decreto fa salva l'applicazione delle norme di assistenza giudiziaria in materia penale e non pregiudica gli obblighi dello Stato membro ad una cooperazione amministrativa più ampia risultante da accordi bilaterali e multilaterali.

3. Le disposizioni del presente decreto si applicano alle **imposte di qualsiasi tipo riscosse da o per conto dell'ammini-**

strazione finanziaria e delle ripartizioni territoriali, comprese le autorità locali.

4. Le disposizioni del presente decreto si applicano alle imposte di cui al comma 3 riscosse all'interno del territorio in cui si applicano i trattati in forza dell'articolo 52 del Trattato sull'Unione europea.

5. Le disposizioni del presente decreto non si applicano:

a) ai contributi previdenziali obbligatori dovuti ad uno Stato membro o ad una ripartizione dello stesso o ad organismi di previdenza sociale di diritto pubblico;

b) all'imposta sul valore aggiunto, ai dazi doganali o alle accise;

c) ai diritti, quali quelli per certificati e altri documenti rilasciati da autorità pubbliche;

d) alle tasse di natura contrattuale, quale corrispettivo per pubblici servizi.

Art. 2. Definizioni. – 1. Ai fini del presente decreto si intende per:

a) autorità competente: l'autorità designata dallo Stato membro oppure, ove agisca, per delega, l'ufficio centrale di collegamento;

b) ufficio centrale di collegamento: l'ufficio che è stato designato quale responsabile principale dei contatti con gli altri Stati membri nel settore della cooperazione amministrativa;

c) servizio di collegamento: qualsiasi ufficio diverso dall'ufficio centrale di collegamento che è stato designato per procedere a scambi diretti di informazioni a norma del presente articolo;

d) funzionario competente: qualsiasi funzionario che è stato autorizzato a scambiare direttamente informazioni a norma del presente decreto;

e) autorità richiedente: l'ufficio centrale di collegamento o un servizio di collegamento che formula una richiesta di assistenza a nome dell'autorità competente;

f) autorità interpellata: l'ufficio centrale di collegamento o un servizio di collegamento che riceve una richiesta di assistenza a nome dell'autorità competente;

g) indagine amministrativa: tutti i controlli, le verifiche e gli interventi eseguiti dagli Stati membri nell'esercizio delle loro funzioni allo scopo di assicurare la corretta applicazione della normativa fiscale;

h) persona:

1) una persona fisica;

2) una persona giuridica o dove la normativa vigente lo preveda, un'associazione di persone alla quale è riconosciuta la capacità di compiere atti giuridici, ma che è priva di personalità giuridica;

3) qualsiasi altro istituto giuridico di qualunque natura e forma, dotato o meno di personalità giuridica, che possiede o gestisce beni che, compreso il reddito da essi derivato, sono soggetti a una delle imposte di cui all'articolo 1, comma 3, del presente decreto;

h-*bis*) ruling preventivo transfrontaliero:

1) gli accordi preventivi, diversi da quelli indicati nella lettera h-*ter*), stipulati ai sensi dell'articolo 31-*ter*, comma 1, del decreto del Presidente della Repubblica 29 settembre 1973, n. 600;

2) gli accordi preventivi connessi all'utilizzo di beni immateriali stipulati ai sensi dell'articolo 1, commi da 37 a 45, della legge 23 dicembre 2014, n. 190, aventi ad oggetto una operazione transfrontaliera;

3) i pareri resi su istanze di interpello presentante ai sensi dell'articolo 11, comma 1, lettera a) e c), della legge 27 luglio del 2000, n. 212, aventi ad oggetto l'interpretazione o l'applicazione di norme, anche di origine convenzionale, concernenti il trattamento fiscale di una operazione transfrontaliera;

4) i pareri resi su istanze di interpello presentate ai sensi dell'articolo 6, comma 2, del decreto legislativo 5 agosto 2015, n. 128, aventi ad oggetto l'inter-

pretazione o l'applicazione di norme, anche di origine convenzionale, concernenti il trattamento fiscale di una operazione transfrontaliera;

5) i pareri resi su istanze di interpello, presentate ai sensi dell'articolo 2 del decreto legislativo 14 settembre 2015, n. 147, aventi ad oggetto l'interpretazione o l'applicazione di norme, anche di origine convenzionale, concernenti il trattamento fiscale di una operazione transfrontaliera;

6) ogni altro accordo o parere reso su istanze di interpello con effetti simili alle categorie elencate ai numeri da 1 a 5, presentate ai sensi di una normativa emanata in data successiva all'entrata in vigore del presente decreto.

h-*ter*) accordo preventivo sui prezzi di trasferimento: gli accordi per la preventiva definizione in contraddittorio dei metodi di calcolo del valore normale delle operazioni di cui all'articolo 110, comma 7, del testo unico delle imposte sui redditi approvato con decreto del Presidente della Repubblica 22 dicembre 1986, n. 917, e gli accordi per l'applicazione ad un caso concreto di norme, anche di origine convenzionale, concernenti l'attribuzione di utili e perdite alla stabile organizzazione in un altro Stato di un'impresa o un ente residente ovvero alla stabile organizzazione in Italia di un soggetto non residente, stipulati ai sensi dell'articolo 31-*ter*, comma 1, lettere a) e b), del decreto del Presidente della Repubblica 29 settembre 1973, n. 600;

h-*quater*) operazione transfrontaliera: un'operazione o una serie di operazioni in cui alternativamente:

1) non tutte le parti coinvolte nell'operazione o nella serie di operazioni risiedono, a fini fiscali, in Italia;

2) una o più delle parti coinvolte nell'operazione o nella serie di operazioni è simultaneamente residente a fini fiscali in Italia e in una o più giurisdizioni;

3) una delle parti coinvolte nell'operazione o nella serie di operazioni svolge la propria attività in un'altra giurisdizione tramite una stabile organizzazione e l'operazione o la serie di operazioni fa parte dell'attività o costituisce il complesso delle attività della stabile organizzazione. Un'operazione transfrontaliera o una serie di operazioni transfrontaliere comprendono anche le transazioni poste in essere da una persona giuridica rispetto alle attività che tale persona esercita in un altro Stato membro tramite una stabile organizzazione;

4) che ha un impatto transfrontaliero.

h-*quinquies*) registro centrale sicuro: registro centrale istituito dalla Commissione europea relativo alla cooperazione amministrativa nel settore fiscale in cui le informazioni comunicate ai sensi dell'articolo 8-*bis*, paragrafi 1 e 2, della direttiva 2011/16/UE sono registrate ai fini dello scambio automatico;

i) con mezzi elettronici: mediante attrezzature elettroniche di trattamento (compresa la compressione digitale) e di memorizzazione di dati e utilizzando fili, radio, mezzi ottici o altri mezzi elettromagnetici;

l) rete CCN: la piattaforma comune basata sulla rete comune di comunicazione (CCN) e sull'interfaccia comune di sistema (CSI), sviluppata dall'Unione europea per assicurare tutte le trasmissioni con mezzi elettronici tra l'autorità richiedente di uno Stato membro e l'autorità interpellata di un altro Stato membro nel settore della fiscalità.

1-*bis*) violazione dei dati: si intende una violazione della sicurezza che porta alla distruzione, perdita, alterazione o qualsiasi incidente di accesso, divulgazione o utilizzo inappropriato o non autorizzato delle informazioni, inclusi ma non limitati ai dati personali trasmessi, archiviati o altrimenti trattati, come risultato di atti illeciti intenzionali, negligenza o incidenti. Una violazione dei dati può riguardare la riservatezza, la disponibilità e l'integrità dei dati.

Art. 3. Organizzazione. – 1. **L'autorità competente per il territorio nazionale è il Direttore Generale delle Finanze.**

2. Il Direttore Generale delle Finanze, con apposito provvedimento, designa l'ufficio centrale di collegamento e i servizi di collegamento ai fini dell'attività di cooperazione amministrativa a norma del presente decreto.

3. **I servizi di collegamento**, ciascuno secondo le competenze stabilite con il provvedimento di cui al comma 2, **forniscono all'autorità richiedente dell'altro Stato membro tutti gli elementi utili per lo scambio di informazioni e la cooperazione amministrativa.** A tal fine utilizzano i dati e le notizie acquisiti ai sensi del decreto del Presidente della Repubblica 29 settembre 1973, n. 605, e hanno accesso ai dati e alle informazioni sulla titolarità effettiva di persone giuridiche e trust, contenuti in apposita sezione del Registro delle imprese, di cui all'articolo 21 del decreto legislativo 21 novembre 2007, n. 231, con le modalità di cui al comma 2, lettera d), e al comma 4, lettera c), del medesimo articolo. Si avvalgono, ai fini dell'espletamento delle indagini amministrative concernenti le persone interessate dai controlli, dei poteri previsti dal Titolo IV del decreto del Presidente della Repubblica 29 settembre 1973, n. 600.

3-*bis*. Ai fini dell'espletamento delle indagini amministrative di cui al comma 3, nell'ambito dell'esercizio dei poteri previsti dal Titolo IV del decreto del Presidente della Repubblica 29 settembre 1973, n. 600, agli uffici dell'Agenzia delle entrate e del Corpo della Guardia di finanza è consentito l'accesso ai documenti, ai dati e alle informazioni acquisiti in assolvimento dell'obbligo di adeguata verifica della clientela ai sensi dell'articolo 18 del decreto legislativo 21 novembre 2007, n. 231, con le modalità di cui all'articolo 19 del predetto decreto legislativo, e conservati ai sensi dell'articolo 31 con le modalità di cui all'articolo 32 del medesimo decreto legislativo.

3-*ter*. Nel caso in cui i documenti, i dati e le informazioni di cui al comma 3-*bis* siano nella disponibilità dei soggetti di cui all'articolo 3 del decreto legislativo 21 novembre 2007, n. 231, diversi da quelli previsti dall'articolo 4 della legge 18 giugno 2015, n. 95, l'Agenzia delle entrate si avvale della Guardia di finanza; a tal fine l'Agenzia delle entrate e la Guardia di finanza stipulano apposita convenzione per la definizione dei termini e delle modalità di esecuzione, nonché dei livelli dei servizi.

3-*quater*. L'accesso ai documenti, ai dati e alle informazioni di cui al comma 3-*bis* è altresì consentito nello svolgimento dei controlli finalizzati alla verifica del corretto adempimento delle procedure di adeguata verifica ai fini fiscali, previste in attuazione della legge 18 giugno 2015, n. 95.

4. **Il servizio di collegamento** presso il Dipartimento delle Finanze **è competente allo scambio di informazioni in materia di tributi locali** nel rispetto delle norme che disciplinano i singoli tributi.

5. Spetta all'ufficio centrale di collegamento tenere aggiornato l'elenco dei servizi di collegamento e renderlo accessibile agli uffici centrali di collegamento degli altri Stati membri interessati e alla Commissione europea.

6. Quando un servizio di collegamento riceve una richiesta di cooperazione che rende necessaria un'azione che esula dalla competenza attribuitagli in conformità alla normativa o alla prassi, trasmette la richiesta all'ufficio centrale di collegamento e ne informa l'autorità richiedente. In tal caso i termini di cui all'articolo 11, comma 1, lettera b), del presente decreto, iniziano a decorrere il giorno successivo a quello in cui la richiesta di cooperazione è trasmessa all'ufficio centrale di collegamento.

7. L'ufficio centrale di collegamento e i servizi di collegamento indicati al comma 2 sono ricompresi nell'ambito

degli uffici già esistenti presso il Dipartimento delle finanze, le Agenzie fiscali e la Guardia di Finanza.

Art. 4. Scambio di informazioni su richiesta. – 1. **I servizi di collegamento,** ciascuno secondo le competenze previste dall'articolo 3, comma 2, **forniscono all'autorità richiedente dell'altro Stato membro tutte le informazioni utili di cui sono in possesso o che ottengono a seguito di un'indagine amministrativa.**

2. Le richieste di informazioni da rivolgere agli altri Stati membri sono presentate dai servizi di collegamento secondo le competenze previste dall'articolo 3, comma 2.

3. L'autorità interpellata provvede alla raccolta delle informazioni richieste o allo svolgimento dell'indagine amministrativa richiesta procedendo come se agisse per proprio conto o su richiesta di un'altra autorità interna.

3-*bis*. Ai fini delle richieste effettuate ai sensi del presente articolo, le informazioni prevedibilmente pertinenti sono quelle che l'autorità richiedente ritiene, conformemente al proprio diritto nazionale, ragionevolmente pertinenti per la verifica della posizione fiscale di uno o più contribuenti, identificati nominativamente o in altro modo, e la cui acquisizione è giustificata ai fini dell'indagine.

3-*ter*. L'autorità richiedente, anche al fine di dimostrare all'autorità interpellata la prevedibile pertinenza delle informazioni ai sensi del comma 3-*bis*, indica nella richiesta:

a) i motivi di carattere fiscale per cui si richiedono le informazioni;

b) la specificazione delle informazioni richieste per l'amministrazione o l'applicazione del diritto nazionale.

3-*quater*. Se una richiesta effettuata ai sensi del presente articolo riguarda un gruppo di contribuenti che non possono essere identificati singolarmente, l'autorità richiedente fornisce all'autorità interpellata almeno le seguenti informazioni:

a) la descrizione dettagliata del gruppo;

b) l'indicazione specifica delle norme applicabili e dei fatti in base ai quali vi è motivo di ritenere che i contribuenti del gruppo non le abbiano rispettate;

c) i chiarimenti sul modo in cui le informazioni richieste possono contribuire a verificare il rispetto delle norme applicabili da parte dei contribuenti del gruppo;

d) l'indicazione dei fatti e delle circostanze relative all'eventuale coinvolgimento di una terza parte, che ha contribuito attivamente al mancato rispetto delle norme applicabili da parte dei contribuenti del gruppo.

Art. 5. Scambio automatico obbligatorio di informazioni. – 1. I servizi di collegamento, individuati ai sensi dell'articolo 3, comma 2, comunicano agli altri Stati membri, mediante scambio automatico, tutte le informazioni disponibili riguardanti i soggetti residenti in tali Stati membri, con riferimento alle specifiche categorie di reddito e di capitale di cui all'articolo 8, paragrafo 1, della direttiva 2011/16/UE del Consiglio del 15 febbraio 2011. A partire dal 1° gennaio 2024, ove disponibile, nella comunicazione delle informazioni di cui al primo periodo è indicato il numero di identificazione fiscale (NIF) rilasciato dallo Stato membro di residenza.

1.1. I servizi di collegamento comunicano ogni anno alla Commissione almeno due delle categorie di reddito e di capitale elencate all'articolo 8, paragrafo 1, della direttiva 2011/16/UE del Consiglio del 15 febbraio 2011 per le quali effettuano lo scambio automatico di informazioni con le Autorità competenti di ogni altro Stato membro. Anteriormente al 1° gennaio 2024 i servizi di collegamento comunicano alla Commissione almeno quattro delle categorie di cui al primo periodo per le quali effettuano lo scambio automatico di informazioni con le autorità competenti di ogni altro Stato membro per i periodi d'imposta a partire dal 1° gennaio 2025.

1-*bis*. **I servizi di collegamento** di cui al comma 1 **scambiano direttamente con gli altri Stati membri le informazioni relative ai ruling preventivi transfrontalieri e agli accordi preventivi sui prezzi di trasferimento** di cui all'articolo 2, comma 1, lettere h-*bis*) e h-*ter*) nel rispetto dei termini e delle modalità indicati all'articolo 8-*bis* della direttiva 2011/16/UE.

1-*ter*. In conformità all'articolo 4, il servizio di collegamento può inviare e richiedere informazioni supplementari, compreso il testo integrale del ruling preventivo transfrontaliero o dell'accordo preventivo sui prezzi di trasferimento.

1-*quater*. Il comma 1-*bis* non si applica qualora un ruling preventivo transfrontaliero riguardi esclusivamente la situazione fiscale di una o più persone fisiche.

1-*quinquies*. Gli accordi preventivi bilaterali o multilaterali sui prezzi di trasferimento conclusi con paesi terzi sono esclusi dall'ambito di applicazione dello scambio automatico di informazioni nel caso in cui l'accordo fiscale internazionale, in virtù del quale è stato negoziato l'accordo preventivo sui prezzi di trasferimento, non ne consente la divulgazione a terzi. Tali accordi preventivi bilaterali o multilaterali sui prezzi di trasferimento sono oggetto di scambio di informazioni ai sensi dell'articolo 9 della direttiva 2011/16/UE, qualora l'accordo fiscale internazionale, in virtù del quale è stato negoziato l'accordo preventivo sui prezzi di trasferimento, ne consente la divulgazione e l'autorità competente del Paese terzo autorizza la divulgazione delle informazioni. Nel caso in cui gli accordi bilaterali o multilaterali sui prezzi di trasferimento sono esclusi dallo scambio automatico di informazioni a norma del primo periodo, sono scambiate, ai sensi dell'articolo 8-*bis*, paragrafi 1 e 2, della direttiva 2011/16/UE, le informazioni di cui al paragrafo 6 del medesimo articolo alle quali si fa riferimento nella richiesta che ha portato all'emanazione di detto accordo bilaterale o multilaterale sui prezzi di trasferimento.

1-*sexies*. Le informazioni che devono essere comunicate ai sensi del comma 1-*bis* sono trasmesse al registro centrale di cui alla lettera h-*quinquies*) del comma 1 dell'articolo 2.

Art. 6. Scambio spontaneo di informazioni. – 1. I servizi di collegamento individuati ai sensi dell'articolo 3, comma 2, del presente decreto, comunicano le informazioni di cui all'articolo 1, comma 1, agli altri Stati membri, nei casi di cui all'articolo 9 della direttiva 2011/16/UE.

Art. 7. Richieste di notifica amministrativa. – 1. **Qualora si verifichino i presupposti di cui all'articolo 13, comma 4, della direttiva 2011/16/UE, su domanda dell'autorità richiedente dell'altro Stato membro, i servizi di collegamento,** secondo le competenze previste dall'articolo 3, comma 2, del presente decreto, e in base alle norme di legge in vigore**, notificano, anche avvalendosi delle proprie strutture territoriali, al destinatario tutti gli atti e le decisioni delle autorità amministrative prodotti dallo Stato membro in cui ha sede l'Autorità richiedente,** concernenti l'applicazione nel suo territorio delle leggi nazionali degli Stati membri, relative alle imposte di cui al comma 3 dell'articolo 1 del presente decreto.

2. I servizi di collegamento informano tempestivamente l'autorità richiedente circa il seguito dato alla domanda di notifica e comunicano la data di notifica del documento al destinatario.

3. Il servizio di collegamento di cui all'articolo 3, comma 4, del presente decreto, per le notifiche pervenute dall'autorità richiedente dell'altro Stato mem-

bro si avvale degli agenti della riscossione del Gruppo Equitalia S.p.a., che eseguono l'attività di notifica secondo le disposizioni dell'articolo 26 del decreto del Presidente della Repubblica 29 settembre 1973, n. 602.

4. Per le spese di notifica di cui al comma 3 si applicano le previsioni di cui all'articolo 17, comma 7-*ter*, del decreto legislativo 13 aprile 1999, n. 112. L'attività degli agenti della riscossione è remunerata con un compenso, a carico dell'erario, pari a 12,81 euro per ciascuna notifica effettuata. Tale importo può essere aggiornato con decreto del Ministro dell'economia e delle finanze. Gli importi relativi a ciascun anno sono corrisposti entro il mese di gennaio dell'anno successivo a quello di espletamento delle notifiche. Con provvedimento del Direttore generale delle finanze sono stabilite le modalità procedurali per l'affidamento all'agente della riscossione territorialmente competente dell'attività di notifica, nonché per la rendicontazione di tale attività da parte dello stesso agente.

Art. 8. Riscontro. – 1. **Quando l'autorità competente fornisce le informazioni** a norma degli articoli 4 e 6 del presente decreto, **può chiedere all'autorità competente dello Stato membro che ha ricevuto le informazioni di inviare un riscontro in merito.** Laddove è richiesto un riscontro, l'autorità competente che ha ricevuto le informazioni lo invia, fatte salve le norme sulla riservatezza in materia fiscale e la protezione dei dati applicabili nel suo Stato membro, all'autorità competente che ha trasmesso le informazioni prima possibile e, comunque, entro tre mesi dal momento in cui sono noti i risultati dell'uso delle informazioni richieste.

2. L'autorità competente invia una volta all'anno agli Stati membri interessati un riscontro dello scambio automatico di informazioni di cui all'articolo 5 del presente decreto, in conformità alle modalità pratiche convenute bilateralmente.

Art. 9. Disposizioni varie. – 1. **Le richieste di assistenza di cui al presente decreto e qualsiasi altra comunicazione, sono inviate per via elettronica, per quanto possibile, utilizzando i formulari ed i formati elettronici tipo adottati dalla Commissione europea.**

2. Le disposizioni di cui al comma 1 non si applicano per le informazioni e la documentazione ottenute tramite la presenza negli Uffici dell'Amministrazione finanziaria nazionale di funzionari autorizzati dell'altro Stato membro.

3. I funzionari, autorizzati dallo Stato membro richiedente, presenti negli uffici in cui esercita le rispettive funzioni l'autorità interpellata e durante le indagini amministrative devono essere in grado di produrre, in qualsiasi momento, un mandato scritto in cui siano indicate le loro identità e la loro qualifica ufficiale.

4. Il Dipartimento delle finanze comunica annualmente alla Commissione europea tutte le informazioni pertinenti necessarie per valutare l'efficacia della cooperazione amministrativa, nella lotta all'evasione e all'elusione fiscale.

Art. 10. Utilizzo delle informazioni. – 1. **Le informazioni e i documenti scambiati** ai sensi del presente decreto **possono essere trasmessi ad un altro Stato membro o ad un Paese terzo** nell'osservanza dei limiti ed alle condizioni di cui ai Capi IV, condizioni che disciplinano la cooperazione amministrativa, e VI, relazioni con i Paesi terzi, della direttiva 2011/16/UE.

Art. 10-*bis*. Violazione dei dati. – 1. **L'Agenzia delle entrate comunica** senza ritardo e per iscritto alla Commissione europea **ogni violazione dei dati nonché ogni provvedimento adottato per porvi rimedio.**

2. L'Agenzia delle entrate, nel caso in cui si è verificata una violazione dei dati, considerata la natura degli stessi, **indaga sulla stessa** e, ove non è possibile limitarne immediatamente gli effetti in modo adeguato, richiede per iscritto alla Commissione europea la sospensione dell'accesso alla rete comune di comunicazione (CCN).

3. L'Agenzia delle entrate, nel caso in cui la violazione dei dati si è verificata presso l'autorità competente di un altro Stato membro o di più Stati membri, può sospendere con effetto immediato lo scambio di informazioni e darne comunicazione scritta alla Commissione europea nonché allo Stato o agli Stati membri interessati.

Art. 11. Modifiche normative. – 1. Al decreto del Presidente della Repubblica 29 settembre 1973, n. 600, sono apportate le seguenti modificazioni:

a) all'articolo 31-*bis*, primo comma, le parole: "sul reddito e sul patrimonio" sono sostituite dalle seguenti "di qualsiasi tipo riscosse da o per conto dell'amministrazione finanziaria e delle ripartizioni territoriali, comprese le autorità locali";

b) all'articolo 31-*bis*, dopo il secondo comma è inserito il seguente: "In sede di assistenza e cooperazione nello scambio di informazioni l'amministrazione finanziaria opera nel rispetto dei termini indicati agli articoli 7, 8 e 10 della direttiva 2011/16/UE del 15 febbraio 2011 del Consiglio, che ha abrogato la direttiva 77/799/CEE del 19 dicembre 1977.";

c) all'articolo 31-*bis*, il quarto comma è sostituito dal seguente: "Le informazioni sono trattate e tenute segrete con i limiti e le modalità previsti dal CAPO IV, condizioni che disciplinano la cooperazione amministrativa, e VI, relazioni con i Paesi terzi, della direttiva 2011/16/UE;

d) all'articolo 31-*bis*, dopo il quinto comma è inserito il seguente: "In sede di assistenza e cooperazione per lo scambio di informazioni, la presenza negli uffici amministrativi e la partecipazione alle indagini amministrative di funzionari delle amministrazioni fiscali degli altri Stati membri dell'Unione europea, è disciplinata dall'articolo 11 della direttiva 2011/16/UE del 15 febbraio 2011 del Consiglio. Alla presenza dei funzionari dell'Amministrazione finanziaria, che esercitano il coordinamento delle indagini amministrative, i funzionati esteri possono interrogare i soggetti sottoposti al controllo ed esaminare la relativa documentazione, a condizione di reciprocità e previo accorso tra l'autorità richiedente e l'autorità interpellata. I funzionari dell'Amministrazione finanziaria utilizzano direttamente le informazioni scambiate durante le indagini svolte all'estero";

e) all'articolo 60-*bis*, primo comma, le parole: "sulle imposte indicate nell'articolo 1 della direttiva 77/799/CEE del Consiglio, del 19 dicembre 1977, modificata dalle direttive 2003/93/CE del Consiglio, del 7 ottobre 2003, e 2004/56/CE del Consiglio, del 21 aprile 2004" sono sostituite dalle seguenti: "sulle imposte indicate nell'articolo 2 della direttiva 2011/16/UE del 15 febbraio 2011 del Consiglio, che ha abrogato, la direttiva 77/799/CEE del 19 dicembre 1977";

f) all'articolo 60-*bis*, secondo comma, le parole: "sulle imposte indicate nell'articolo 1 della direttiva 77/799/CEE" sono sostituite dalle seguenti: "sulle imposte indicate nell'articolo 2 della direttiva 2011/16/UE del 15 febbraio 2011 del Consiglio, che ha abrogato la direttiva 77/799/CEE del 19 dicembre 1977";

g) all'articolo 60-*bis*, dopo il secondo comma è inserito il seguente: "L'amministrazione finanziaria può notificare un documento, secondo le modalità di cui all'articolo 60, direttamente ad una persona nel territorio di un altro Stato membro";

2. I servizi di collegamento non hanno l'obbligo di effettuare indagini o di

comunicare informazioni, qualora condurre tali indagini o raccogliere le informazioni richieste per fini propri non sia consentito dall'ordinamento.

Art. 12. Disposizioni finanziarie. – 1. Dall'attuazione delle disposizioni del presente decreto non devono derivare nuovi o maggiori oneri a carico della finanza pubblica e le amministrazioni interessate provvedono all'attuazione dello stesso con le risorse umane, strumentali e finanziarie disponibili a legislazione vigente.

SANZIONI AMMINISTRATIVE E PENALI

D.Lgs. 18 dicembre 1997, n. 471

Riforma delle sanzioni tributarie non penali in materia di imposte dirette, di imposta sul valore aggiunto e di riscossione dei tributi, a norma dell'art. 3, comma 133, lettera q), della L. 23 dicembre 1996, n. 662

TITOLO I
SANZIONI IN MATERIA
DI IMPOSTE DIRETTE
E DI IMPOSTA SUL VALORE AGGIUNTO

CAPO I
SANZIONI IN MATERIA DI IMPOSTE DIRETTE

Art. 1. Violazioni relative alla dichiarazione delle imposte sui redditi e dell'imposta regionale sull'attività produttiva. – 1. Nei casi di **omessa presentazione** della dichiarazione **ai fini delle imposte sui redditi e dell'imposta regionale sulle attività produttive**, si applica la **sanzione amministrativa** dal **centoventi** al **duecentoquaranta per cento** dell'ammontare delle **imposte dovute**, con un minimo di euro 250. **Se non sono dovute imposte, si applica la sanzione da euro 250 ad euro 1.000.** Se la **dichiarazione omessa è presentata** dal contribuente entro il termine di presentazione della dichiarazione relativa al periodo d'imposta successivo e, comunque, **prima dell'inizio di qualunque attività amministrativa di accertamento di cui abbia avuto formale conoscenza**, si applica la **sanzione amministrativa dal sessanta al centoventi per cento dell'ammontare delle imposte dovute, con un minimo di euro 200**. Se non sono dovute imposte, si applica la sanzione da euro 150 a euro 500. Le sanzioni applicabili quando non sono dovute imposte possono essere aumentate fino al doppio nei confronti dei soggetti obbligati alla tenuta di scritture contabili.

2. Se nella dichiarazione è indicato, ai fini delle singole imposte, un **reddito o un valore della produzione imponibile inferiore** a quello accertato, o, comunque, un'**imposta inferiore** a quella dovuta o **un credito superiore** a quello spettante, si applica la **sanzione amministrativa** dal **novanta** al **centoottanta per cento** della **maggior imposta** o della **differenza** del **credito utilizzato**. La stessa sanzione si applica se nella dichiarazione sono esposte **indebite detrazioni d'imposta** ovvero **indebite deduzioni** dall'imponibile, anche se esse so-

no state attribuite in sede di ritenuta alla fonte.

3. La sanzione di cui al comma precedente è **aumentata della metà quando la violazione è realizzata mediante l'utilizzo di documentazione falsa o per operazioni inesistenti, mediante artifici o raggiri, condotte simulatorie o fraudolente**.

4. Fuori dai casi di cui al comma 3, **la sanzione di cui al comma 2 è ridotta di un terzo quando la maggiore imposta o il minore credito accertati sono complessivamente inferiori al tre per cento dell'imposta e del credito dichiarati e comunque complessivamente inferiori a euro 30.000**. La medesima riduzione si applica quando, fuori dai casi di cui al comma 3, l'infedeltà è conseguenza di un errore sull'imputazione temporale di elementi positivi o negativi di reddito, purché il componente positivo abbia già concorso alla determinazione del reddito nell'annualità in cui interviene l'attività di accertamento o in una precedente. Se non vi è alcun danno per l'Erario, la sanzione è pari a euro 250.

5. Per maggiore imposta si intende la differenza tra l'ammontare del tributo liquidato in base all'accertamento e quello liquidabile in base alle dichiarazioni ai sensi degli artt. 36-*bis* e 36-*ter* del decreto del Presidente della Repubblica 29 settembre 1973, n. 600.

6. **In caso di rettifica del valore normale dei prezzi di trasferimento praticati nell'ambito delle operazioni di cui all'art. 110, comma 7**, del decreto del Presidente della Repubblica 22 dicembre 1986, n. 917, da cui derivi una maggiore imposta o una differenza del credito, **la sanzione di cui al comma 2 non si applica qualora, nel corso dell'accesso, ispezione o verifica o di altra attività istruttoria, il contribuente consegni all'Amministrazione finanziaria la documentazione indicata in apposito provvedimento del Direttore dell'Agenzia delle Entrate idonea a consentire il riscontro della conformità al valore normale dei prezzi di trasferimento praticati**. Il contribuente che detiene la documentazione prevista dal provvedimento di cui al periodo precedente deve darne apposita comunicazione all'Amministrazione finanziaria secondo le modalità e i termini ivi indicati; in assenza di detta comunicazione si rende applicabile la sanzione di cui al comma 2.

7. Nelle ipotesi di cui all'art. 3 del decreto legislativo 14 marzo 2011, n. 23, se nella dichiarazione dei redditi il canone derivante dalla locazione di immobili ad uso abitativo non è indicato o è indicato in misura inferiore a quella effettiva, si applicano in misura raddoppiata, rispettivamente, le sanzioni amministrative previste dai precedenti commi 1 e 2.

8. Se le violazioni previste nei commi 1 e 2 riguardano redditi prodotti all'estero, le sanzioni sono aumentate di un terzo con riferimento alle imposte o alle maggiori imposte relative a tali redditi.

Art. 2. Violazioni relative alla dichiarazione dei sostituti d'imposta. – 1. Nel caso di **omessa presentazione** della dichiarazione del **sostituto d'imposta**, si applica la **sanzione amministrativa** dal **centoventi** al **duecentoquaranta per cento** dell'**ammontare** delle **ritenute non versate**, con un **minimo** di **euro 250**. Se la dichiarazione omessa è presentata dal sostituto entro il termine di presentazione della dichiarazione relativa al periodo d'imposta successivo e, comunque, prima dell'inizio di qualunque attività amministrativa di accertamento di cui abbia avuto formale conoscenza, si applica la sanzione amministrativa dal sessanta al centoventi per cento dell'ammontare delle ritenute non versate, con un minimo di euro 200.

2. Se l'ammontare dei compensi, interessi ed altre somme dichiarati è inferiore a quello accertato, si applica la san-

zione amministrativa dal novanta al centottanta per cento dell'importo delle ritenute non versate riferibili alla differenza, con un minimo di euro 250.

2-*bis*. La sanzione di cui al comma 2 è aumentata della metà quando la violazione è realizzata mediante l'utilizzo di documentazione falsa, mediante artifici o raggiri, condotte simulatorie o fraudolente.

2-*ter*. Fuori dai casi di cui al comma 2-*bis*, la sanzione di cui al comma 2 è ridotta di un terzo quando l'ammontare delle ritenute non versate riferibili alla differenza tra l'ammontare dei compensi, interessi ed altre somme accertati e dichiarati è inferiore al tre per cento delle ritenute riferibili all'ammontare dei compensi, interessi ed altre somme dichiarati e comunque inferiore a euro 30.000.

3. Se le ritenute relative ai compensi, interessi ed altre somme, benché non dichiarate, sono state versate interamente, si applica la sanzione amministrativa da euro 250 ad euro 2.000. Se la dichiarazione omessa è stata presentata entro il termine di presentazione della dichiarazione relativa al periodo d'imposta successivo, si applica la sanzione da euro 150 a euro 500 e la sanzione del comma 4 è ridotta del cinquanta per cento.

4. In aggiunta alle sanzioni previste nei commi 1, 2 e 3 si applica la sanzione amministrativa di euro 50 per ogni percipiente non indicato nella dichiarazione presentata o che avrebbe dovuto essere presentata.

4-*bis*. Per ritenute non versate si intende la differenza tra l'ammontare delle maggiori ritenute accertate e quelle liquidabili in base alle dichiarazioni ai sensi degli artt. 36-*bis* e 36-*ter* del decreto del Presidente della Repubblica 29 settembre 1973, n. 600.

4-*ter*. In caso di rettifica del valore normale dei prezzi di trasferimento praticati nell'ambito delle operazioni di cui all'art. 110, comma 7, del decreto del Presidente della Repubblica 22 dicembre 1986, n. 917, da cui derivi la non corretta applicazione delle aliquote convenzionali sul valore delle royalties e degli interessi attivi che eccede il valore normale previste per l'esercizio della ritenuta di cui all'art. 25, quarto comma, del decreto del Presidente della Repubblica 29 settembre 1973, n. 600, la sanzione di cui al comma 2 non si applica qualora, nel corso dell'accesso, ispezione o verifica o di altra attività istruttoria, il contribuente consegni all'Amministrazione finanziaria la documentazione indicata in apposito provvedimento del Direttore dell'Agenzia delle entrate idonea a consentire il riscontro della conformità al valore normale dei prezzi di trasferimento praticati. Il contribuente che detiene la documentazione prevista dal provvedimento di cui al periodo precedente deve darne apposita comunicazione all'Amministrazione finanziaria secondo le modalità e i termini ivi indicati; in assenza di detta comunicazione si rende applicabile la sanzione di cui al comma 2.

Art. 3. Omessa denuncia delle variazioni dei redditi fondiari. – 1. In caso di omessa denuncia, nel termine previsto per legge, delle situazioni che danno luogo a variazioni in aumento del reddito dominicale e del reddito agrario dei terreni, si applica la sanzione amministrativa da euro 250 ad euro 2.000.

Art. 4. – Articolo abrogato.

CAPO II
SANZIONI IN MATERIA DI IMPOSTA SUL VALORE AGGIUNTO

Art. 5. Violazioni relative alla dichiarazione dell'imposta sul valore aggiunto e ai rimborsi. – 1. Nel caso di **omessa presentazione** della **dichiarazione an-**

nuale dell'**imposta sul valore aggiunto** si applica la sanzione amministrativa dal **centoventi** al **duecentoquaranta per cento** dell'ammontare del tributo dovuto per il periodo d'imposta o per le operazioni che avrebbero dovuto formare oggetto di dichiarazione. Per determinare l'imposta dovuta sono computati in detrazione tutti i versamenti effettuati relativi al periodo, il credito dell'anno precedente del quale non è stato chiesto il rimborso, nonché le imposte detraibili risultanti dalle liquidazioni regolarmente eseguite. Nel caso di omessa presentazione della dichiarazione cui sono tenuti i soggetti che applicano i regimi speciali di cui agli articoli 70.1 e da 74-*quinquies* e 74-*septies* del decreto del Presidente della Repubblica 26 ottobre 1972, n. 633, la sanzione di cui al primo periodo è commisurata all'ammontare dell'imposta dovuta nel territorio dello Stato che avrebbe dovuto formare oggetto di dichiarazione. La sanzione non può essere comunque inferiore a euro 250. Se la dichiarazione omessa è presentata entro il termine di presentazione della dichiarazione relativa al periodo d'imposta successivo e, comunque, **prima dell'inizio di qualunque attività amministrativa di accertamento di cui il soggetto passivo abbia avuto formale conoscenza**, si applica la sanzione amministrativa dal sessanta al centoventi per cento dell'ammontare del tributo dovuto per il periodo d'imposta o per le operazioni che avrebbero dovuto formare oggetto di dichiarazione, con un minimo di euro 200. Nel caso di presentazione della dichiarazione cui sono tenuti i soggetti che applicano i regimi speciali di cui agli articoli 70.1 e da 74-*quinquies* a 74-*septies* del decreto del Presidente della Repubblica 26 ottobre 1972, n. 633, entro tre anni dalla data in cui doveva essere presentata, si applica la sanzione dal sessanta al centoventi per cento dell'ammontare dell'imposta dovuta nel territorio dello Stato per il periodo oggetto di dichiarazione, con un minimo di euro 200. Se la dichiarazione di cui al periodo precedente è presentata entro il termine di presentazione della dichiarazione relativa al periodo successivo si applica la sanzione dal trenta al sessanta per cento dell'ammontare dell'imposta dovuta nel territorio dello Stato per il periodo oggetto di dichiarazione, con un minimo di euro 100.

2. Se l'omissione riguarda la dichiarazione mensile relativa agli acquisti intracomunitari, prescritta dall'art. 49, comma 1, del decreto-legge 30 agosto 1993, n. 331, convertito, con modificazioni, dalla legge 29 ottobre 1993, n. 427, la sanzione è riferita all'ammontare dell'imposta dovuta per le operazioni che ne avrebbero dovuto formare oggetto. In caso di presentazione della dichiarazione con indicazione dell'ammontare delle operazioni in misura inferiore al vero, la sanzione è commisurata all'ammontare della maggior imposta dovuta.

3. Se il soggetto effettua esclusivamente operazioni per le quali non è dovuta l'imposta, l'omessa presentazione della dichiarazione è punita con la sanzione amministrativa da euro 250 ad euro 2.000. La stessa sanzione si applica anche se è omessa la dichiarazione prescritta dall'art. 50, comma 4, del decreto-legge 30 agosto 1993, n. 331, convertito, con modificazioni, dalla legge 29 ottobre 1993, n. 427, nel caso di effettuazione di acquisti intracomunitari soggetti ad imposta ed in ogni altro caso nel quale non vi è debito d'imposta. Se la dichiarazione omessa è presentata entro il termine di presentazione della dichiarazione relativa al periodo d'imposta successivo e, comunque, prima dell'inizio di qualunque attività amministrativa di accertamento di cui il soggetto passivo abbia avuto formale conoscenza, si applica la sanzione amministrativa da euro 150 a euro 1.000.

4. Se dalla dichiarazione presentata

risulta un'**imposta inferiore** a quella dovuta ovvero un'**eccedenza detraibile o rimborsabile superiore** a quella spettante, si applica la sanzione amministrativa dal **novanta** al **centoottanta per cento** della **maggior imposta dovuta o della differenza del credito utilizzato**.

4-*bis*. **La sanzione di cui al comma 4 è aumentata della metà quando la violazione è realizzata mediante l'utilizzo di fatture o altra documentazione falsa o per operazioni inesistenti, mediante artifici o raggiri, condotte simulatorie o fraudolente.**

4-*ter*. Fuori dai casi di cui al comma 4-*bis*, la sanzione di cui al comma 4 è **ridotta di un terzo** quando la maggiore imposta ovvero la minore eccedenza detraibile o rimborsabile accertata è complessivamente inferiore al tre per cento dell'imposta, dell'eccedenza detraibile o rimborsabile dichiarata e, comunque, **complessivamente inferiore a euro 30.000**.

4-*quater*. **Per imposta dovuta si intende la differenza tra l'ammontare del tributo liquidato in base all'accertamento e quello liquidabile in base alle dichiarazioni**, ai sensi dell'art. 54-*bis* del decreto del Presidente della Repubblica 26 ottobre 1972, n. 633.

5. Chi chiede a rimborso l'eccedenza detraibile risultante dalla dichiarazione in assenza dei presupposti individuati dall'art. 30 del decreto del Presidente della Repubblica 26 ottobre 1972, n. 633, è punito con la sanzione amministrativa pari al trenta per cento del credito rimborsato.

6. Chiunque, essendovi obbligato, non presenta una delle **dichiarazioni di inizio o variazione di attività**, previste dagli artt. 35 e 35-*ter* del decreto del Presidente della Repubblica 26 ottobre 1972, n. 633, o la presenta con indicazioni incomplete o inesatte tali da non consentire l'individuazione del contribuente o dei luoghi ove è esercitata l'attività o in cui sono conservati libri, registri, scritture e documenti è punito con sanzione da euro 500 ad euro 2.000. È punito con la medesima sanzione chi presenta la richiesta di registrazione o le comunicazioni di cui di cui agli articoli 74-*quinquies*, commi 1 e 4, e 74-*sexies*.1, commi 4 e 7, del decreto del Presidente della Repubblica 26 ottobre 1972, n. 633, con indicazioni incomplete o inesatte, anche relativamente all'indirizzo di posta elettronica e all'URL del sito web, tali da non consentire l'individuazione del contribuente o dei luoghi ove è esercitata l'attività. La sanzione è ridotta ad un quinto del minimo se l'obbligato provvede alla regolarizzazione della dichiarazione presentata nel termine di trenta giorni dall'invito dell'ufficio.

Art. 6. Violazione degli obblighi relativi alla documentazione, registrazione ed individuazione delle operazioni soggette all'imposta sul valore aggiunto. – 1. Chi viola gli **obblighi** inerenti alla documentazione e alla registrazione di **operazioni imponibili** ai fini dell'imposta sul valore aggiunto ovvero all'individuazione di prodotti determinati è punito con la **sanzione amministrativa** compresa fra il **novanta** e il **centoottanta** per cento dell'**imposta** relativa all'**imponibile non correttamente documentato o registrato** nel corso dell'esercizio. Alla stessa sanzione, commisurata all'imposta, è soggetto chi indica, nella documentazione o nei registri, una imposta inferiore a quella dovuta. La sanzione è dovuta nella misura da euro 250 a euro 2.000 quando la violazione non ha inciso sulla corretta liquidazione del tributo.

2. Il cedente o prestatore che viola obblighi inerenti alla documentazione e alla registrazione di **operazioni non imponibili**, esenti, non soggette a imposta sul valore aggiunto o soggette all'inversione contabile di cui agli artt. 17 e 74, commi settimo e ottavo, del decreto del Presidente della Repubblica 26 ottobre 1972, n. 633 è punito con sanzione

amministrativa compresa tra il **cinque** ed il **dieci per cento** dei **corrispettivi non documentati o non registrati**. Tuttavia, quando la violazione non rileva neppure ai fini della determinazione del reddito si applica la sanzione amministrativa da euro 250 ad euro 2.000.

2-*bis*. Nelle ipotesi di cui all'articolo 2, commi 1, 1-*bis* e 2, del decreto legislativo 5 agosto 2015, n. 127, se le violazioni consistono nella mancata o non tempestiva memorizzazione o trasmissione, ovvero nella memorizzazione o trasmissione con dati incompleti o non veritieri, la sanzione è pari, per ciascuna operazione, al novanta per cento dell'imposta corrispondente all'importo non memorizzato o trasmesso. Salve le procedure alternative adottate con i provvedimenti di attuazione dell'articolo 2, comma 4, del decreto legislativo 5 agosto 2015, n. 127, la sanzione di cui al primo periodo del presente comma si applica anche in caso di mancato o irregolare funzionamento degli strumenti di cui al medesimo comma 4. Se non constano omesse annotazioni, in caso di mancata tempestiva richiesta di intervento per la manutenzione o di omessa verificazione periodica degli stessi strumenti nei termini legislativamente previsti si applica la sanzione amministrativa da euro 250 a euro 2.000.

3. Se le violazioni consistono nella **mancata emissione** di **ricevute fiscali, scontrini fiscali o documenti di trasporto** ovvero nell'emissione di tali documenti per **importi inferiori a quelli reali**, la sanzione è in ogni caso pari al **cento per cento** dell'imposta corrispondente all'**importo non documentato**. La stessa sanzione si applica in caso di omesse annotazioni su apposito registro dei corrispettivi relativi a ciascuna operazione in caso di mancato o irregolare funzionamento degli apparecchi misuratori fiscali. Se non constano omesse annotazioni, la mancata tempestiva richiesta di intervento per la manutenzione è punita con sanzione amministrativa da euro 250 ad euro 2.000.

3-*bis*. Il cedente che non integra il documento attestante la vendita dei mezzi tecnici di cui all'art. 74, primo comma, lettera d), del decreto del Presidente della Repubblica 26 ottobre 1972, n. 633, e successive modificazioni, con la denominazione e la partita Iva del soggetto passivo che ha assolto l'imposta è punito con la sanzione amministrativa pari al **20 per cento** del **corrispettivo** della **cessione non documentato regolarmente**. Il soggetto che realizza o commercializza i mezzi tecnici e che, nel predisporre, direttamente o tramite terzi, i supporti fisici atti a veicolare i mezzi stessi, non indica, ai sensi dell'art. 74, primo comma, lettera d), quarto periodo, del citato decreto del Presidente della Repubblica n. 633 del 1972, la denominazione e la partita Iva del soggetto che ha assolto l'imposta è punito con la sanzione amministrativa pari al 20 per cento del valore riportato sul supporto fisico non prodotto regolarmente. Qualora le indicazioni di cui all'art. 74, primo comma, lettera d), terzo e quarto periodo, del citato decreto del Presidente della Repubblica n. 633 del 1972 siano non veritiere, le sanzioni di cui ai periodi precedenti del presente comma sono aumentate al 40 per cento.

4. Nei casi previsti dai commi 1, primo e secondo periodo, 2, primo periodo, 2-*bis*, primo periodo, 3, primo e secondo periodo, e 3-*bis* la sanzione non può essere inferiore a euro 500.

5. Nel caso di violazione di **più obblighi** inerenti alla documentazione e alla registrazione di una **medesima operazione**, la **sanzione** è applicata **una sola volta**.

6. Chi computa **illegittimamente in detrazione** l'imposta assolta, dovuta o addebitatagli in via di rivalsa, è punito con la sanzione amministrativa **pari al novanta per cento dell'ammontare**

della **detrazione compiuta**. In caso di applicazione dell'imposta in misura superiore a quella effettiva, erroneamente assolta dal cedente o prestatore, fermo restando il diritto del cessionario o committente alla detrazione ai sensi degli articoli 19 e seguenti del decreto del Presidente della Repubblica 26 ottobre 1972, n. 633, l'anzidetto cessionario o committente è punito con la sanzione amministrativa fra 250 euro e 10.000 euro. **La restituzione dell'imposta è esclusa qualora il versamento sia avvenuto in un contesto di frode fiscale.**

7. In caso di acquisto intracomunitario, la sanzione si applica anche se, in mancanza della comunicazione di cui all'art. 50, comma 3, del decreto-legge 30 agosto 1993, n. 331, convertito, con modificazioni, dalla legge 29 ottobre 1993, n. 427, l'operazione è stata assoggettata ad imposta in altro Stato membro.

8. Il **cessionario** o il **committente** che, nell'esercizio di imprese, arti o professioni, abbia acquistato beni o servizi **senza** che sia stata **emessa fattura** nei termini di legge o con emissione di **fattura irregolare** da parte dell'altro **contraente**, è punito, salva la responsabilità del cedente o del commissionario, con **sanzione** amministrativa pari al **cento per cento** dell'**imposta**, con un minimo di euro 250, sempreché non provveda a regolarizzare l'operazione con le seguenti modalità:

a) se non ha ricevuto la fattura, entro quattro mesi dalla data di effettuazione dell'operazione, presentando all'ufficio competente nei suoi confronti, previo pagamento dell'imposta, entro il trentesimo giorno successivo, un documento in duplice esemplare dal quale risultino le indicazioni prescritte dall'art. 21 del decreto del Presidente della Repubblica 26 ottobre 1972, n. 633, relativo alla fatturazione delle operazioni;

b) se ha ricevuto una fattura irregolare, presentando all'ufficio indicato nella lettera a), entro il trentesimo giorno successivo a quello della sua registrazione, un **documento integrativo** in duplice esemplare recante le indicazioni medesime, previo versamento della maggior imposta eventualmente dovuta.

9. Se la regolarizzazione è eseguita, un esemplare del documento, con l'attestazione della regolarizzazione e del pagamento, è restituito dall'ufficio al contribuente che deve registrarlo ai sensi dell'art. 25 del decreto del Presidente della Repubblica 26 ottobre 1972, n. 633.

9-*bis*. È punito con la sanzione amministrativa compresa fra 500 euro e 20.000 euro il cessionario o il committente che, nell'esercizio di imprese, arti o professioni, **omette di porre in essere gli adempimenti** connessi all'**inversione contabile** di cui agli artt. 17, 34, comma 6, secondo periodo, e 74, commi settimo e ottavo, del decreto del Presidente della Repubblica 26 ottobre 1972, n. 633, e agli artt. 46, comma 1, e 47, comma 1, del decreto-legge 30 agosto 1993, n. 331, convertito, con modificazioni, dalla legge 29 ottobre 1993, n. 427. Se l'operazione non risulta dalla contabilità tenuta ai sensi degli artt. 13 e seguenti del decreto del Presidente della Repubblica 29 settembre 1973, n. 600, la sanzione amministrativa è elevata a una misura compresa tra il cinque e il dieci per cento dell'imponibile, con un minimo di 1.000 euro. Resta ferma l'applicazione delle sanzioni previste dall'art. 5, comma 4, e dal comma 6 con riferimento all'imposta che non avrebbe potuto essere detratta dal cessionario o dal committente. Le disposizioni di cui ai periodi precedenti si applicano anche nel caso in cui, non avendo adempiuto il cedente o prestatore agli obblighi di fatturazione entro quattro mesi dalla data di effettuazione dell'operazione o avendo emesso una fattura irregolare, il cessionario o committente non informi l'Ufficio competente nei suoi confronti entro il trentesimo giorno successivo, provvedendo entro lo stesso periodo all'emissione di fattura ai sensi dell'art. 21 del predetto decreto del Presidente della Repubblica n. 633 del 1972, o alla sua regolarizzazione, e all'assolvimento dell'imposta mediante inversione contabile.

9-*bis*.1. In deroga al comma 9-*bis*, primo periodo, qualora, in presenza dei requisiti prescritti per l'applicazione dell'inversione contabile l'imposta relativa a una cessione di beni o a una prestazione di servizi di cui alle disposizioni menzionate nel primo periodo del comma 9-*bis*, sia stata erroneamente assolta dal cedente o prestatore, fermo restando il diritto del cessionario o committente alla detrazione ai sensi degli artt. 19 e seguenti del decreto del Presidente della Repubblica 26 ottobre 1972, n. 633, il cessionario o il committente anzidetto non è tenuto all'assolvimento dell'imposta, ma è punito con la sanzione amministrativa compresa fra 250 euro e 10.000 euro. Al pagamento della sanzione è solidalmente tenuto il cedente o prestatore. Le disposizioni di cui ai periodi precedenti non si applicano e il cessionario o il committente è punito con la sanzione di cui al comma 1 quando l'applicazione dell'imposta nel modo ordinario anziché mediante l'inversione contabile è stata determinata da un intento di evasione o di frode del quale sia provato che il cessionario o committente era consapevole.

9-*bis*.2. In deroga al comma 1, qualora, in assenza dei requisiti prescritti per l'applicazione dell'inversione contabile l'imposta relativa a una cessione di beni o a una prestazione di servizi di cui alle disposizioni menzionate nel primo periodo del comma 9-*bis*, sia stata erroneamente assolta dal cessionario o committente, fermo restando il diritto del cessionario o committente alla detrazione ai sensi degli artt. 19 e seguenti del decreto del Presidente della Repubblica 26 ottobre 1972, n. 633, il cedente o il prestatore non è tenuto all'assolvimento dell'imposta, ma è punito con la sanzione amministrativa compresa fra 250 euro e 10.000 euro. Al pagamento della sanzione è solidalmente tenuto il cessionario o committente. Le disposizioni di cui ai periodi precedenti non si applicano e il cedente o prestatore è punito con la sanzione di cui al comma 1 quando l'applicazione dell'imposta mediante l'inversione contabile anziché nel modo ordinario è stata determinata da un intento di evasione o di frode del quale sia provato che il cedente o prestatore era consapevole.

9-*bis*.3. Se il cessionario o committente applica l'inversione contabile per operazioni esenti, non imponibili o comunque non soggette a imposta, in sede di accertamento devono essere espunti sia il debito computato da tale soggetto nelle liquidazioni dell'imposta che la detrazione operata nelle liquidazioni anzidette, fermo restando il diritto del medesimo soggetto a recuperare l'imposta eventualmente non detratta ai sensi dell'art. 26, terzo comma, del decreto del Presidente della Repubblica 26 ottobre 1972, n. 633, e dell'art. 21, comma 2, del decreto legislativo 31 dicembre 1992, n. 546. La disposizione si applica anche nei casi di operazioni inesistenti, ma trova in tal caso applicazione la sanzione amministrativa compresa tra il cinque e il dieci per cento dell'imponibile, con un minimo di 1.000 euro. Le disposizioni dei periodi precedenti non si applicano e il cessionario o committente è punito con la sanzione di cui al comma 6 con riferimento all'imposta che non avrebbe potuto detrarre, quando l'esecuzione delle operazioni inesistenti imponibili è stata determinata da un intento di evasione o di frode del quale sia provato che il cessionario o committente era consapevole.

9-*ter*. Il cessionario che, nell'esercizio di imprese, arti o professioni, abbia acquistato mezzi tecnici di cui all'art. 74, primo comma, lettera *d)*, del decreto del Presidente della Repubblica 26 ottobre 1972, n. 633, per i quali gli sia stato rilasciato un documento privo dell'indicazione della denominazione e del soggetto passivo che ha assolto l'imposta o con indicazioni manifestamente non veritiere, è punito, salva la responsabilità del cedente, con la sanzione amministrativa dal 10 al 20 per cento del corrispettivo dell'acquisto non documentato regolarmente sempreché non provveda, entro il quindicesimo giorno successivo all'acquisto dei mezzi tecnici, a presentare all'ufficio competente nei suoi confronti un documento contenente i dati relativi all'operazione irregolare. Nelle eventuali successive transazioni, ciascun cedente deve indicare nel documento attestante la vendita gli estremi dell'avvenuta regolarizzazione come risultanti dal documento rilasciato dall'ufficio competente.

Art. 7. Violazioni relative alle esportazioni. – 1. Chi effettua **cessioni** di **beni senza addebito d'imposta**, ai sensi dell'art. 8, primo comma, lettera b) e b-*bis)* del decreto del Presidente della Repubblica 26 ottobre 1972, n. 633, relativo alle **cessioni all'esportazione**, è punito con la **sanzione** amministrativa dal **cinquanta** al **cento per cento** del **tributo**, qualora il trasporto o la spedizione fuori del territorio dell'Unione europea non avvenga nel termine ivi prescritto. La **sanzione non** si applica se, nei **trenta giorni successivi**, viene eseguito, previa regolarizzazione della fattura, il **versamento** dell'**imposta**.

2. La sanzione prevista nel comma 1 si applica a chi effettua **cessioni a soggetti domiciliati o residenti fuori della Unione europea senza addebito d'imposta**, ai sensi dell'art. 38-*quater*, comma 1, del decreto del Presidente della Repubblica 26 ottobre 1972, n. 633, se non provvede alla regolarizzazione dell'operazione nel termine ivi previsto.

3. Chi effettua **operazioni senza addebito d'imposta**, in **mancanza** della **dichiarazione d'intento** di cui all'art. 1, primo comma, lettera c), del decreto-legge 29 dicembre 1983, n. 746, convertito, con modificazioni, dalla legge 27 febbraio 1984, n. 17, è punito con la sanzione amministrativa dal **cento** al **duecento per cento** dell'**imposta**, fermo l'obbligo del pagamento del tributo. Qualora la dichiarazione sia stata rilasciata in mancanza dei presupposti richiesti dalla legge, dell'omesso pagamento del tributo **rispondono** esclusivamente i **cessionari**, i **committenti** e gli **importatori** che hanno rilasciato la **dichiarazione stessa**.

3-*bis*. Le disposizioni di cui al comma 3 del presente articolo si applicano anche a chi effettua operazioni senza addebito d'imposta in mancanza della dichiarazione di cui all'articolo 8-*bis*, terzo comma, del decreto del Presidente della Repubblica 26 ottobre 1972, n. 633, nonché al cessionario, committente o importatore che rilascia la predetta dichiarazione in assenza dei presupposti richiesti dalla legge.

3-*ter*. È punito con la sanzione prevista al comma 3 chi, in mancanza dei presupposti richiesti dalla legge, dichiara all'altro contraente o in dogana la sussistenza della condizione dell'effettiva navigazione in alto mare relativa all'anno solare precedente, ai sensi dell'articolo 8-*bis*, terzo comma, del decreto del Presidente della Repubblica 26 ottobre 1972, n. 633.

4. È punito con la sanzione prevista nel comma 3 chi, in mancanza dei presupposti richiesti dalla legge, dichiara all'altro contraente o in dogana di volersi avvalere della facoltà di acquistare o di importare merci e servizi senza pagamento dell'imposta, ai sensi dell'art. 2, comma 2, della legge 18 febbraio 1997, n. 28, ovvero ne beneficia oltre il limite consentito. Se il superamento del

limite consegue a mancata esportazione, nei casi previsti dalla legge, da parte del cessionario o del commissionario, la sanzione è ridotta alla metà e non si applica se l'imposta viene versata all'ufficio competente entro trenta giorni dalla scadenza del termine per l'esportazione, previa regolarizzazione della fattura.

4-*bis*. È **punito** con la sanzione prevista al comma 3 il **cedente o prestatore** che effettua cessioni o prestazioni, di cui all'articolo 8, primo comma, lettera c), del decreto del Presidente della Repubblica 26 ottobre 1972, n. 633, **senza avere prima riscontrato per via telematica l'avvenuta presentazione** all'Agenzia delle entrate della **dichiarazione di cui all'articolo 1, comma 1, lettera c)**, del decreto-legge 29 dicembre 1983, n. 746, convertito, con modificazioni, dalla legge 27 febbraio 1984, n. 17.

4-*ter*. È punito con la sanzione prevista al comma 3 il cedente o prestatore che effettua cessioni o prestazioni di cui all'articolo 8-*bis*, primo comma, del decreto del Presidente della Repubblica 26 ottobre 1972, n. 633, senza avere prima riscontrato per via telematica l'avvenuta presentazione all'Agenzia delle entrate della dichiarazione di cui all'articolo 8-*bis*, terzo comma, del medesimo decreto del Presidente della Repubblica n. 633 del 1972.

5. Chi, nelle fatture o nelle dichiarazioni in dogana relative a cessioni all'esportazione, indica **quantità, qualità** o **corrispettivi diversi** da quelli **reali**, è punito con la sanzione amministrativa dal **cento** al **duecento per cento** dell'**imposta** che sarebbe dovuta se i **beni** presentati in dogana fossero stati **ceduti** nel **territorio** dello **Stato**, calcolata sulle differenze dei corrispettivi o dei valori normali dei beni. La sanzione non si applica per le differenze quantitative non superiori al cinque per cento.

CAPO III
DISPOSIZIONI COMUNI ALLE IMPOSTE DIRETTE E ALL'IMPOSTA SUL VALORE AGGIUNTO

Art. 8. Violazioni relative al contenuto e alla documentazione delle dichiarazioni. – 1. Fuori dei casi previsti negli artt. 1, 2 e 5, se la **dichiarazione** dei redditi, dell'imposta regionale sulle attività produttive o dell'imposta sul valore aggiunto **non** è **redatta** in **conformità** al **modello** approvato con provvedimento del Direttore dell'Agenzia delle entrate ovvero in essa sono omessi o non sono indicati in maniera esatta e completa **dati rilevanti** per l'**individuazione** del **contribuente** e, se diverso da persona fisica, del suo rappresentante, nonché per la **determinazione** del **tributo**, oppure non è indicato in maniera esatta e completa ogni altro elemento prescritto per il compimento dei controlli, si applica la sanzione amministrativa da euro 250 ad euro 2.000. La medesima sanzione si applica alle violazioni relative al contenuto della dichiarazione prevista dagli articoli 70.1, comma 2, dagli articoli 70.1, comma 2, 74-*quinquies*, comma 6, e 74-*sexies*.1, comma 10, del decreto del Presidente della Repubblica 26 ottobre 1972, n. 633. Si applica la sanzione in misura massima nelle ipotesi di omessa presentazione del modello per la comunicazione dei dati rilevanti ai fini dell'applicazione degli studi di settore, laddove tale adempimento sia dovuto ed il contribuente non abbia provveduto alla presentazione del modello anche a seguito di specifico invito da parte dell'Agenzia delle Entrate.

2. La sanzione prevista dal comma 1 si applica nei casi di mancanza o incompletezza degli atti e dei documenti dei quali è prescritta l'allegazione alla dichiarazione, la conservazione ovvero l'esibizione all'ufficio.

3. Si applica la sanzione amministra-

tiva da euro 500 a euro 4.000 quando l'omissione o l'incompletezza riguardano gli elementi previsti nell'art. 4 del decreto del Presidente della Repubblica 22 luglio 1998, n. 322, relativo alle dichiarazioni dei sostituti d'imposta.

3-*bis*. Quando l'omissione o incompletezza riguarda l'**indicazione** delle **spese** e degli altri **componenti negativi** di cui all'art. **110**, comma 9-*ter*, del Testo Unico delle imposte sui redditi, di cui al decreto del Presidente della Repubblica 22 dicembre 1986, n. 917, si applica una **sanzione amministrativa** pari al **10 per cento** dell'**importo complessivo** delle **spese** e dei **componenti negativi** non indicati nella dichiarazione dei redditi, con un minimo di euro 500 ed un massimo di euro 50.000.

3-*ter*. Quando **l'omissione o incompletezza riguarda l'indicazione**, ai sensi degli artt. 47, comma 4, 68, comma 4, 87, comma 1, lettera c), e 89, comma 3, del testo unico sulle imposte sui redditi, approvato con decreto del Presidente della Repubblica 22 dicembre 1986, n. 917, **dei dividendi e delle plusvalenze relativi a partecipazioni detenute in imprese o enti residenti o localizzati in Stati o territori a regime fiscale privilegiato**, individuati in base ai criteri di cui all'art. 47-*bis*, comma 1, del medesimo testo unico, si applica **una sanzione amministrativa pari al dieci per cento dei dividendi e delle plusvalenze conseguiti dal soggetto residente e non indicati, con un minimo di 1.000 euro ed un massimo di 50.000 euro**.

3-*quater*. Quando **l'omissione o incompletezza riguarda la segnalazione prevista dall'art. 167, comma 8-*quater*, terzo periodo,** del testo unico sulle imposte sui redditi, approvato con decreto del Presidente della Repubblica 22 dicembre 1986, n. 917, si applica una **sanzione amministrativa pari al dieci per cento del reddito conseguito dal soggetto estero partecipato e imputabile nel periodo d'imposta, anche solo teoricamente, al soggetto residente in proporzione alla partecipazione detenuta, con un minimo di 1.000 euro ed un massimo di 50.000 euro.** La sanzione nella misura minima si applica anche nel caso in cui il reddito della controllata estera sia negativo.

3-*quinquies*. Quando l'omissione o l'incompletezza riguarda le **segnalazioni** previste dagli artt. **113, comma 6, 124, comma 5-*bis* e 132, comma 5,** del decreto del Presidente della Repubblica 22 dicembre 1986, n. 917, **dall'art. 30, comma 4-*quater*, della legge 23 dicembre 1994, n. 724 e dall'art. 1, comma 8, del decreto-legge 6 dicembre 2011, n. 201,** convertito, con modificazioni, dalla legge 22 dicembre 2011, n. 214, **si applica una sanzione da euro 2.000 a euro 21.000.**

Art. 9. Violazioni degli obblighi relativi alla contabilità. – 1. Chi **non tiene o non conserva** secondo le prescrizioni le **scritture contabili,** i **documenti** e i **registri** previsti dalle leggi in materia di imposte dirette e di imposta sul valore aggiunto ovvero i libri, i documenti e i registri, la tenuta e la conservazione dei quali è imposta da altre disposizioni della legge tributaria, è punito con la sanzione amministrativa da euro 1.000 ad euro 8.000.

2. La sanzione prevista nel comma 1 si applica a chi, nel corso degli **accessi** eseguiti ai fini dell'accertamento in materia di imposte dirette e di imposta sul valore aggiunto, **rifiuta** di **esibire** o **dichiara di non possedere o comunque sottrae** all'**ispezione** e alla **verifica** i documenti, i registri e le scritture indicati nel medesimo comma ovvero altri registri, documenti e scritture ancorché non obbligatori, dei quali risulti con certezza l'esistenza.

3. La sanzione può essere **ridotta fino** alla **metà** del **minimo** qualora le irregolarità rilevate nei libri e nei registri o i documenti mancanti siano di **scarsa ri-**

levanza, sempreché **non** ne sia derivato **ostacolo all'accertamento** delle imposte dovute. Essa è irrogata **in misura doppia** se vengono accertate **evasioni** dei tributi diretti e dell'imposta sul valore aggiunto complessivamente **superiori,** nell'esercizio, **a euro 50.000.**

4. Quando, in esito ad accertamento, gli obblighi in materia di imposta sul valore aggiunto e di imposte dirette risultano non rispettati in dipendenza del **superamento, fino al cinquanta per cento, dei limiti previsti per l'applicazione del regime semplificato** per i contribuenti minori di cui agli artt. 32 del decreto del Presidente della Repubblica. 26 ottobre 1972, n 633, e 7 del decreto del Presidente della Repubblica 14 ottobre 1999, n. 542, del regime speciale per l'agricoltura di cui all'art. 34 dello stesso decreto n. 633 del 1972, si applica la sanzione amministrativa da euro 250 ad euro 2.500.

5. Se la dichiarazione delle società e degli enti soggetti all'imposta sul reddito delle società sottoposti al controllo contabile ai sensi del codice civile o di leggi speciali non è sottoscritta dai soggetti che sottoscrivono la relazione di revisione ai sensi dell'art. 1 del decreto del Presidente della Repubblica 22 luglio 1998, n. 322, si applica la sanzione amministrativa fino al trenta per cento del compenso contrattuale relativo all'attività di redazione della relazione di revisione e, comunque, non superiore all'imposta effettivamente accertata a carico del contribuente, con un minimo di euro 250.

Art. 10. Violazione degli obblighi degli operatori finanziari. – 1. Se viene **omessa** la **trasmissione** dei **dati,** delle **notizie** e dei **documenti** richiesti ai sensi dell'**art. 32,** primo comma, numero 7, del decreto del Presidente della Repubblica 29 settembre 1973, n. 600, e dell'**art. 51**, secondo comma, numero 7, del decreto del Presidente della Repubblica 26 ottobre 1972, n. 633 nell'esercizio dei poteri inerenti all'accertamento delle imposte dirette o dell'imposta sul valore aggiunto ovvero i documenti trasmessi **non rispondono al vero o sono incompleti**, si applica la **sanzione** amministrativa da euro **2.000** ad euro **21.000.** Si considera omessa la trasmissione non eseguita nel termine prescritto. La sanzione è ridotta alla metà se la trasmissione avviene nei quindici giorni successivi.

1-*bis.* La sanzione prevista al comma 1 si applica nel caso di violazione degli obblighi di comunicazione previsti dall'art. 7, sesto comma, del decreto del Presidente della Repubblica 29 settembre 1973, n. 605.

2. La sanzione prevista nel comma 1 si applica nel caso di violazione degli obblighi inerenti alle richieste rivolte alle società ed enti di assicurazione e alle società ed enti che effettuano istituzionalmente riscossioni e pagamenti per conto di terzi ovvero attività di gestione ed intermediazione finanziaria, anche in forma fiduciaria, nonché all'Ente poste italiane.

3. Si presume che autori della violazione siano coloro che hanno sottoscritto le risposte e, in mancanza di risposta, i legali rappresentanti della banca, società o ente.

4. All'irrogazione delle sanzioni provvede l'ufficio competente in relazione al domicilio fiscale del contribuente al quale si riferisce la richiesta.

Art. 11. Altre violazioni in materia di imposte dirette e di imposta sul valore aggiunto. – 1. Sono punite con la sanzione amministrativa da euro **250** ad euro **2.000** le seguenti violazioni:

a) **omissione** di **ogni comunicazione** prescritta dalla legge tributaria anche se non richiesta dagli uffici o dalla Guardia di finanza al contribuente o a terzi nell'**esercizio** dei **poteri** di **verifica** ed **accertamento** in materia di imposte dirette e di imposta sul valore aggiunto o invio di tali **comunicazioni** con **dati incompleti o non veritieri**;

b) **mancata restituzione** dei **questionari** inviati al contribuente o a terzi nell'esercizio dei poteri di cui alla precedente lettera a) o loro restituzione con **risposte incomplete o non veritiere**;

c) **inottemperanza all'invito a comparire e a qualsiasi altra richiesta** fatta dagli uffici o dalla Guardia di finanza nell'esercizio dei poteri loro conferiti.

2. La sanzione prevista nel comma 1 si applica, salvo che il fatto non costituisca infrazione più gravemente punita, per il compenso di partite effettuato in violazione alle previsioni del codice civile ovvero in caso di mancata evidenziazione nell'apposito prospetto indicato negli artt. 3 e 5 del decreto del Presidente della Repubblica 29 settembre 1973, n. 600.

2-*bis*. **Per l'omissione o l'errata trasmissione dei dati delle fatture emesse e ricevute**, prevista dall'articolo 21 del decreto-legge 31 maggio 2010, n. 78, convertito, con modificazioni, dalla legge 30 luglio 2010, n. 122, **si applica la sanzione amministrativa di euro 2 per ciascuna fattura, comunque entro il limite massimo di euro 1.000 per ciascun trimestre**. La sanzione è ridotta alla metà, entro il limite massimo di euro 500, se la trasmissione è effettuata entro i quindici giorni successivi alla scadenza stabilita ai sensi del periodo precedente, ovvero se, nel medesimo termine, è effettuata la trasmissione corretta dei dati. Non si applica l'art. 12 del decreto legislativo 18 dicembre 1997, n. 472.

2-*ter*. **L'omessa, incompleta o infedele comunicazione dei dati delle liquidazioni periodiche**, prevista dall'art. 21-*bis* del decreto-legge 31 maggio 2010, n. 78, convertito, con modificazioni, dalla legge 30 luglio 2010, n. 122, **è punita con la sanzione amministrativa da euro 500 a euro 2.000.** La sanzione è ridotta alla metà se la trasmissione è effettuata entro i quindici giorni successivi alla scadenza stabilita ai sensi del periodo precedente, ovvero se, nel medesimo termine, è effettuata la trasmissione corretta dei dati.

2-*quater*. **Per l'omissione o l'errata trasmissione dei dati delle operazioni transfrontaliere** di cui all'articolo 1, comma 3-*bis*, del decreto legislativo 5 agosto 2015, n. 127, **si applica la sanzione amministrativa di euro 2 per ciascuna fattura, comunque entro il limite di massimo di euro 1.000 per ciascun trimestre. La sanzione è ridotta alla metà,** entro il limite massimo di euro 500, **se la trasmissione è effettuata entro i quindici giorni successivi alla scadenza stabilita** ai sensi del periodo precedente, **ovvero se, nel medesimo termine, è effettuata la trasmissione corretta dei dati.** Per le operazioni effettuate a partire dal 1° luglio 2022, si applica la sanzione amministrativa di euro 2 per ciascuna fattura, entro il limite massimo di euro 400 mensili. La sanzione è ridotta alla metà, entro il limite massimo di euro 200 per ciascun mese, se la trasmissione è effettuata entro i quindici giorni successivi alle scadenze stabilite dall'articolo 1, comma 3-*bis*, del decreto legislativo 5 agosto 2015, n. 127, ovvero se, nel medesimo termine, è effettuata la trasmissione corretta dei dati. Non si applica l'articolo 12 del decreto legislativo 18 dicembre 1997, n. 472.

2-*quinquies*. Per l'omessa o tardiva trasmissione ovvero per la trasmissione con dati incompleti o non veritieri dei corrispettivi giornalieri di cui all'articolo 2, commi 1, 1-*bis* e 2, del decreto legislativo 5 agosto 2015, n. 127, se la violazione non ha inciso sulla corretta liquidazione del tributo, si applica la sanzione amministrativa di euro 100 per ciascuna trasmissione. Non si applica l'articolo 12 del decreto legislativo 18 dicembre 1997, n. 472.

3. Comma abrogato.

4. L'**omessa presentazione degli elenchi** di cui all'art. 50, comma 6, del decreto-legge 30 agosto 1993, n. 331, convertito, con modificazioni, dalla legge 29 ottobre 1993, n. 427, ovvero la loro **incompleta, inesatta o irregolare compilazione** sono punite con la sanzione da euro 500 ad euro 1.000 per ciascuno di essi, ridotta alla metà in caso di presentazione nel termine di trenta giorni dalla richiesta inviata dagli uffici abilitati a riceverla o incaricati del loro controllo. La sanzione non si applica se i dati mancanti o inesatti vengono integrati o corretti anche a seguito di richiesta.

4-*bis*. L'omessa, incompleta o infedele comunicazione delle minusvalenze e delle differenze negative di ammontare superiore a 50.000 euro di cui all'art. 5-*quinquies* del decreto-legge 30 settembre 2005, n. 203, convertito, con modificazioni, dalla legge 2 dicembre 2005, n. 248, nonché delle minusvalenze di ammontare complessivo superiore a cinque milioni di euro, derivanti da cessioni di partecipazioni che costituiscono immobilizzazioni finanziarie di cui all'art. 1 del decreto-legge 24 settembre 2002 n. 209, convertito, con modificazioni, dalla legge 22 novembre 2002, n. 265, è punita con la sanzione amministrativa del 10 per cento delle minusvalenze la cui comunicazione è omessa, incompleta o infedele, con un minimo di 500 euro ed un massimo di 50.000 euro.

5. L'**omessa installazione** degli **apparecchi per l'emissione dello scontrino fiscale** previsti dall'art. 1 della legge 26 gennaio 1983, n. 18, è punita con la sanzione amministrativa da **euro 1.000** ad **euro 4.000**. La sanzione di cui al periodo precedente si applica anche all'omessa installazione degli strumenti di cui all'articolo 2, comma 4, del decreto legislativo 5 agosto 2015, n. 127, salve le procedure alternative adottate con i provvedimenti di attuazione di cui al medesimo comma.

5-*bis*. Salvo che il fatto costituisca reato, a chiunque manomette o comunque altera gli strumenti di cui all'articolo 2, comma 4, del decreto legislativo 5 agosto 2015, n. 127, o fa uso di essi allorché siano stati manomessi o alterati o consente che altri ne faccia uso al fine di eludere le disposizioni di cui al comma 1 del citato articolo si applica la sanzione amministrativa pecuniaria da euro 3.000 a euro 12.000.

6. Comma abrogato.

7. In caso di violazione delle prescrizioni di cui all'art. 53, comma 3, del decreto-legge 30 agosto 1993, n. 331, convertito, con modificazioni, dalla legge 29 ottobre 1993, n. 427, si applica la sanzione da euro 250 ad euro 2.000.

7-*bis*. Quando la garanzia di cui all'art. 38-*bis* del decreto del Presidente della Repubblica 26 ottobre 1972, n. 633, è presentata dalle società controllate o dall'ente o società controllante, di cui all'art. 73, terzo comma, del medesimo decreto, con un ritardo non superiore a novanta giorni dalla scadenza del termine di presentazione della dichiarazione, si applica la sanzione amministrativa da euro 1.000 a euro 4.000.

7-*ter*. Nei casi in cui il contribuente non presenti l'interpello previsto dall'art. 11, comma 2, della legge 27 luglio 2000, n. 212, recante lo Statuto dei diritti del contribuente, si applica la sanzione prevista dall'art. 8, comma 3-*quinquies*. La sanzione è raddoppiata nelle ipotesi in cui l'amministrazione finanziaria disconosca la disapplicazione delle norme aventi ad oggetto deduzioni, detrazioni, crediti d'imposta o altre posizioni soggettive del soggetto passivo.

7-*quater*. Il contribuente destinatario del provvedimento emesso ai sensi dell'articolo 35, commi 15-*bis* e 15-*bis*.1, del decreto del Presidente della Repubblica 26 ottobre 1972, n. 633, è soggetto alla sanzione amministrativa di euro 3.000, irrogata contestualmente al provvedimento che dispone la cessazione della partita IVA. Non si applica l'articolo 12 del decreto legislativo 18 dicembre 1997, n. 472.

Art. 12. Sanzioni accessorie in materia di imposte dirette ed imposta sul valore aggiunto. – 1. Quando è irrogata una sanzione amministrativa superiore a euro 50.000 e la sanzione edittale prevista per la più grave delle violazioni accertate non inferiore nel minimo a euro 40.000 e nel massimo a euro 80.000, si applica, secondo i casi, una delle sanzioni accessorie previste nel decreto legislativo recante i principi generali per le sanzioni amministrative in materia tributaria, per un periodo da uno a tre mesi. La durata delle sanzioni accessorie può essere elevata fino a sei mesi, se la sanzione irrogata è superiore ad euro 100.000 e la sanzione edittale prevista per la più grave violazione non è inferiore nel minimo a euro 80.000.

2. Qualora siano state contestate ai sensi dell'art. 16 del decreto legislativo 18 dicembre 1997, n. 472, nel corso di un **quinquennio, quattro distinte violazioni** dell'obbligo di emettere la **ricevuta fiscale o lo scontrino fiscale** compiute **in giorni diversi**, anche se non sono state irrogate sanzioni accessorie in applicazione delle disposizioni del citato decreto legislativo n. 472 del 1997, è disposta la **sospensione** della **licenza** o dell'**autorizzazione** all'**esercizio** dell'**attività** ovvero dell'esercizio dell'attività medesima per un periodo da **tre giorni ad un mese**. In deroga all'art. 19, comma 7, del medesimo decreto legislativo n. 472 del 1997, il **provvedimento** di sospensione è **immediatamente esecutivo**. Se l'importo complessivo dei corrispettivi oggetto di contestazione eccede la somma di euro 50.000 la sospensione è disposta per un periodo da un mese a sei mesi. Le sanzioni di cui ai periodi precedenti si applicano anche nelle ipotesi di cui all'articolo 2, commi 1, 1-*bis* e 2, del decreto legislativo 5 agosto 2015, n. 127, se le violazioni consistono nella mancata o non tempestiva memorizzazione o trasmissione, ovvero nella memorizzazione o trasmissione con dati incompleti o non veritieri.

2-*bis*. La sospensione di cui al comma 2 è disposta dalla direzione regionale dell'Agenzia delle entrate competente per territorio in relazione al domicilio fiscale del contribuente. Gli atti di sospensione devono essere notificati, a pena di decadenza, entro sei mesi da quando è stata contestata la quarta violazione.

2-*ter*. L'esecuzione e la verifica dell'effettivo adempimento delle sospensioni di cui al comma 2 è effettuata dall'Agenzia delle entrate, ovvero dalla Guardia di finanza, ai sensi dell'art. 63 del decreto del Presidente della Repubblica 26 ottobre 1972, n. 633.

2-*quater*. L'esecuzione della sospensione di cui al comma 2 è assicurata con il sigillo dell'organo procedente e con le sottoscrizioni del personale incaricato.

2-*quinquies*. La sospensione di cui al comma 2 è disposta anche nei confronti dei soggetti esercenti i posti e apparati pubblici di telecomunicazione e nei confronti dei rivenditori agli utenti finali dei mezzi tecnici di cui all'art. 74, primo comma, lettera d), del decreto del Presidente della Repubblica 26 ottobre 1972, n. 633, ai quali, nel corso di dodici mesi, siano state contestate tre distinte violazioni dell'obbligo di regolarizzazione dell'operazione di acquisto di mezzi tecnici ai sensi del comma 9-*ter* dell'art. 6.

2-*sexies*. Qualora siano state contestate a carico di **soggetti iscritti in albi ovvero ad ordini professionali**, nel corso di un **quinquennio, quattro distinte violazioni** dell'**obbligo** di **emettere il documento certificativo dei corrispettivi** compiute **in giorni diversi**, è disposta in ogni caso la sanzione accessoria della **sospensione dell'iscrizione all'albo o all'ordine** per un periodo **da tre giorni ad un mese**. In caso di recidiva, la sospensione è disposta per un periodo da quindici giorni a sei mesi.

In deroga all'art. 19, comma 7, del decreto legislativo 18 dicembre 1997, n. 472, il **provvedimento di sospensione** è **immediatamente esecutivo**. Gli atti di sospensione sono comunicati all'ordine professionale ovvero al soggetto competente alla tenuta dell'albo affinché ne sia data pubblicazione sul relativo sito internet. Si applicano le disposizioni dei commi 2-*bis* e 2-*ter*.

2-*septies*. Nel caso in cui le violazioni di cui al comma 2-*sexies* siano commesse **nell'esercizio in forma associata di attività professionale**, la sanzione accessoria di cui al medesimo comma è disposta nei confronti di **tutti gli associati**.

3. Se è accertata l'omessa installazione degli apparecchi misuratori previsti dall'art. 1 della legge 26 gennaio 1983, n. 18, è disposta la sospensione della licenza o dell'autorizzazione all'esercizio dell'attività nei locali ad essa destinati per un periodo da quindici giorni a due mesi. In caso di recidiva, la sospensione è disposta da due a sei mesi. Le sanzioni di cui ai periodi precedenti si applicano anche all'omessa installazione ovvero alla manomissione o alterazione degli strumenti di cui all'articolo 2, comma 4, del decreto legislativo 5 agosto 2015, n. 127, salve le procedure alternative adottate con i provvedimenti di attuazione di cui al medesimo comma.

4. In caso di recidiva nelle violazioni previste dall'art. 10, l'autore delle medesime è interdetto dalle cariche di amministratore della banca, società o ente per un periodo da tre a sei mesi.

TITOLO II
SANZIONI IN MATERIA DI RISCOSSIONE

Art. 13. Ritardati od omessi versamenti diretti e altre violazioni in materia di compensazione. – 1. Chi **non** esegue, in tutto o in parte, alle prescritte scadenze, i **versamenti** in **acconto,** i **versamenti periodici**, il **versamento** di **conguaglio** o a **saldo** dell'imposta risultante dalla dichiarazione, detratto in questi casi l'ammontare dei versamenti periodici e in acconto, ancorché non effettuati, è soggetto a **sanzione amministrativa** pari al **trenta per cento** di ogni **importo non versato**, anche quando, in seguito alla correzione di errori materiali o di calcolo rilevati in sede di controllo della dichiarazione annuale, risulti una maggiore imposta o una minore eccedenza detraibile. **Per i versamenti effettuati con un ritardo non superiore a novanta giorni, la sanzione di cui al primo periodo, è ridotta alla metà.** Salva l'applicazione dell'art. 13 del decreto legislativo 18 dicembre 1997, n. 472, **per i versamenti effettuati con un ritardo non superiore a quindici giorni, la sanzione di cui al secondo periodo è ulteriormente ridotta a un importo pari a un quindicesimo per ciascun giorno di ritardo**.

2. La sanzione di cui al comma 1 si applica nei casi di **liquidazione della maggior imposta ai sensi degli artt. 36-*bis* e 36-*ter*** del decreto del Presidente della Repubblica 29 settembre 1973, n. 600**, e ai sensi dell'art. 54-*bis*** del decreto del Presidente della Repubblica 26 ottobre 1972, n. 633.

3. Fuori dei casi di tributi iscritti a ruolo, la sanzione prevista al comma 1 si applica altresì in ogni ipotesi di mancato pagamento di un tributo o di una sua frazione nel termine previsto.

4. Nel caso di utilizzo di un'eccedenza o di un credito d'imposta esistenti in misura superiore a quella spettante o in violazione delle modalità di utilizzo previste dalle leggi vigenti si applica, salva l'applicazione di disposizioni speciali, la sanzione pari al trenta per cento del credito utilizzato.

5. Nel caso di utilizzo in compensazione di crediti inesistenti per il pagamento delle somme dovute è applicata la sanzione dal cento al duecento per cento della misura dei crediti stessi. Per le san-

zioni previste nel presente comma, in nessun caso si applica la definizione agevolata prevista dagli artt. 16, comma 3, e 17, comma 2, del decreto legislativo 18 dicembre 1997, n. 472. Si intende inesistente il credito in relazione al quale manca, in tutto o in parte, il presupposto costitutivo e la cui inesistenza non sia riscontrabile mediante controlli di cui agli artt. 36-*bis* e 36-*ter* del decreto del Presidente della Repubblica 29 settembre 1973, n. 600, e all'art. 54-*bis* del decreto del Presidente della Repubblica 26 ottobre 1972, n. 633.

6. Fuori dall'ipotesi di cui all'art. 11, comma 7-*bis*, sull'ammontare delle eccedenze di credito risultanti dalla dichiarazione annuale dell'ente o società controllante ovvero delle società controllate, compensate in tutto o in parte con somme che avrebbero dovuto essere versate dalle altre società controllate o dall'ente o società controllante, di cui all'art. 73, terzo comma, del decreto del Presidente della Repubblica 26 ottobre 1972, n. 633, si applica la sanzione di cui al comma 1 quando la garanzia di cui all'art. 38-*bis* del medesimo decreto è presentata oltre il termine di novanta giorni dalla scadenza del termine di presentazione della dichiarazione annuale.

7. Le sanzioni previste nel presente articolo non si applicano quando i versamenti sono stati tempestivamente eseguiti ad ufficio o concessionario diverso da quello competente.

Art. 14. Violazioni dell'obbligo di esecuzione di ritenute alla fonte. – 1. Chi **non** esegue, in tutto o in parte, le **ritenute alla fonte** è soggetto alla **sanzione amministrativa** pari al **venti per cento** dell'**ammontare non trattenuto**.

Art. 15. Incompletezza dei documenti di versamento. – 1. Nei casi in cui i documenti utilizzati per i versamenti diretti non contengono gli elementi necessari per l'identificazione del soggetto che li esegue e per l'imputazione della somma versata, si applica la sanzione amministrativa da euro 100 ad euro 500.

2. Il concessionario per la riscossione è tenuto a comunicare l'infrazione all'ufficio o all'ente impositore.

2-*bis*. Per l'omessa presentazione del modello di versamento contenente i dati relativi alla eseguita compensazione, si applica la sanzione di euro 100, ridotta a euro 50 se il ritardo non è superiore a cinque giorni lavorativi.

2-*ter*. Nel caso di mancata esecuzione delle deleghe di pagamento per effetto dell'attività di controllo di cui all'articolo 37, comma 49-*ter*, del decreto-legge 4 luglio 2006, n. 223, convertito, con modificazioni, dalla legge 4 agosto 2006, n. 248, si applica una sanzione pari al 5 per cento dell'importo, per importi fino a 5.000 euro, e pari a 250 euro, per importi superiori a 5.000 euro, ciascuna delega non eseguita. Non si applica l'articolo 12 del decreto legislativo 18 dicembre 1997, n. 472.

TITOLO III
DISPOSIZIONI COMUNI

Art. 16. Abrogazione di norme. – (*Omissis*).

Art. 17. Entrata in vigore. – 1. Il presente decreto legislativo entra in vigore il 1° aprile 1998.

D.Lgs. 18 dicembre 1997, n. 472

Disposizioni generali in materia di sanzioni amministrative per le violazioni di norme tributarie, a norma dell'art. 3, comma 133, della L. 23 dicembre 1996, n. 662

Art. 1. Oggetto. – 1. Il presente decreto stabilisce le disposizioni generali sulle sanzioni amministrative in materia tributaria.

Art. 2. Sanzioni amministrative. – 1. Le **sanzioni amministrative** previste per la violazione di norme tributarie sono la **sanzione pecuniaria**, consistente nel pagamento di una somma di denaro, e le **sanzioni accessorie**, indicate nell'art. 21, che possono essere irrogate **solo nei casi espressamente previsti**.

2. La sanzione è riferibile alla **persona fisica** che ha **commesso o concorso** a commettere la violazione.

3. La somma irrogata a titolo di sanzione **non** produce **interessi**.

4. I limiti minimi e massimi e la misura **della sanzione fissa** possono essere aggiornati ogni tre anni in misura pari all'intera variazione accertata dall'ISTAT dell'indice dei prezzi al consumo per le famiglie di operai e impiegati verificatasi nei tre anni precedenti. A tal fine, entro il 30 giugno successivo al compimento del triennio, il Ministro dell'economia e delle finanze, fissa le nuove misure, determinandone la decorrenza.

Art. 3. Principio di legalità. – 1. Nessuno può essere assoggettato a **sanzioni** se non **in forza** di una **legge** entrata in vigore prima della commissione della violazione.

2. Salvo diversa previsione di legge, **nessuno** può essere **assoggettato a sanzioni** per un fatto che, **secondo** una **legge posteriore, non** costituisce **violazione punibile**. Se la sanzione è già stata irrogata con provvedimento definitivo il debito residuo si estingue, ma non è ammessa ripetizione di quanto pagato.

3. Se la **legge in vigore al momento** in cui è stata commessa la violazione e le **leggi posteriori** stabiliscono **sanzioni di entità diversa**, si applica la **legge più favorevole**, salvo che il provvedimento di irrogazione sia divenuto definitivo.

Art. 4. Imputabilità. – 1. **Non** può essere assoggettato a **sanzione** chi, al momento in cui ha commesso il fatto, **non** aveva, in base ai criteri indicati nel codice penale, la **capacità** di **intendere** e di **volere**.

Art. 5. Colpevolezza. – 1. Nelle violazioni punite con sanzioni amministrative **ciascuno** risponde della **propria azione od omissione, cosciente e volontaria**, sia essa **dolosa o colposa**. Le violazioni commesse nell'esercizio dell'attività di consulenza tributaria e comportanti la soluzione di problemi di **speciale difficoltà** sono punibili **solo in caso di dolo o colpa grave**.

2. Comma abrogato.

3. La **colpa** è **grave** quando **l'imperizia o la negligenza del comportamento sono indiscutibili** e non è possibile dubitare ragionevolmente del significato e della portata della norma violata e, di conseguenza, risulta evidente la **macroscopica inosservanza di elementari obblighi tributari. Non** si considera determinato da colpa grave **l'inadempimento occasionale** ad obblighi di versamento del tributo.

4. È **dolosa** la **violazione** attuata con l'**intento di pregiudicare** la **determinazione** dell'**imponibile o** dell'**imposta** ov-

vero diretta ad **ostacolare** l'attività amministrativa di **accertamento**.

Art. 6. Cause di non punibilità. – 1. Se la violazione è conseguenza di **errore sul fatto**, l'agente **non** è **responsabile** quando l'errore **non è determinato da colpa**. Le rilevazioni eseguite nel rispetto della continuità dei valori di bilancio e secondo corretti criteri contabili e le valutazioni eseguite secondo corretti criteri di stima non danno luogo a violazioni conseguenti a valutazioni estimative, ancorché relative alle operazioni disciplinate dal decreto legislativo 8 ottobre 1997, n. 358, se differiscono da quelle accertate in misura non eccedente il cinque per cento.

2. **Non è punibile** l'autore della violazione quando essa è determinata **da obiettive condizioni di incertezza** sulla portata e sull'ambito di applicazione delle disposizioni alle quali si riferiscono, nonché **da indeterminatezza delle richieste di informazioni o dei modelli** per la dichiarazione e per il pagamento.

3. Il contribuente, il sostituto e il responsabile d'imposta non sono punibili quando dimostrano che il pagamento del tributo non è stato eseguito per fatto denunciato all'autorità giudiziaria e addebitabile esclusivamente a terzi.

4. L'**ignoranza della legge tributaria non rileva** se non si tratta di ignoranza **inevitabile**.

5. **Non è punibile** chi ha commesso il fatto **per forza maggiore**.

5-*bis*. Non sono inoltre punibili le violazioni che non arrecano pregiudizio all'esercizio delle azioni di controllo e non incidono sulla determinazione della base imponibile, dell'imposta e sul versamento del tributo.

Art. 7. Criteri di determinazione della sanzione. – 1. Nella determinazione della sanzione si ha riguardo alla **gravità** della **violazione** desunta anche dalla **condotta** dell'**agente**, all'opera da lui svolta per **l'eliminazione o l'attenuazione delle conseguenze**, nonché **alla sua personalità e alle condizioni economiche e sociali**.

2. La **personalità** del **trasgressore** è desunta anche dai **suoi precedenti fiscali**.

3. Salvo quanto previsto al comma 4, la sanzione è **aumentata fino alla metà** nei confronti di chi, nei **tre anni precedenti**, sia incorso in **altra violazione** della **stessa indole** non definita ai sensi degli artt. 13, 16 e 17 o in dipendenza di adesione all'accertamento di mediazione e di conciliazione. Sono considerate della stessa indole le violazioni delle stesse disposizioni e quelle di disposizioni diverse che, per la natura dei fatti che le costituiscono e dei motivi che le determinano o per le modalità dell'azione, presentano profili di sostanziale identità.

4. Qualora concorrano circostanze che rendono manifesta la sproporzione tra l'entità del tributo cui la violazione si riferisce e la sanzione, questa può essere ridotta fino alla metà del minimo.

4-*bis*. Salvo quanto diversamente disposto da singole leggi di riferimento, in caso di presentazione di una dichiarazione o di una denuncia entro trenta giorni dalla scadenza del relativo termine, la sanzione è ridotta della metà.

Art. 8. Intrasmissibilità della sanzione agli eredi. – 1. L'**obbligazione** al pagamento della sanzione **non si trasmette agli eredi**.

Art. 9. Concorso di persone. – 1. Quando più persone concorrono in una violazione, **ciascuna** di esse **soggiace alla sanzione per questa disposta**. Tuttavia, quando la violazione consiste **nell'omissione di un comportamento** cui sono **obbligati in solido più soggetti**, è irrogata **una sola sanzione** e il pagamento eseguito **da uno** dei responsabili **libera tutti gli altri**, salvo **il diritto di regresso**.

Art. 10. Autore mediato. – 1. Salva l'applicazione dell'art. 9 chi, con **violenza o minaccia** o **inducendo altri in errore incolpevole** ovvero avvalendosi di persona incapace, anche in via transitoria, di intendere e di volere, determina la commissione di una violazione **ne risponde in luogo del suo autore materiale.**

Art. 11. Responsabili per la sanzione amministrativa. – 1. Nei casi in cui una **violazione** che abbia inciso sulla determinazione o sul pagamento del tributo è **commessa dal dipendente o dal rappresentante legale o negoziale** di una persona fisica nell'adempimento del suo ufficio o del suo mandato ovvero dal dipendente o dal rappresentante o dall'amministratore, anche di fatto, di società, associazione od ente, con o senza personalità giuridica, nell'esercizio delle sue funzioni o incombenze, la persona fisica, **la società, l'associazione o l'ente nell'interesse dei quali ha agito l'autore** della violazione sono **obbligati solidalmente** al pagamento di una somma pari alla **sanzione irrogata, salvo** il **diritto di regresso** secondo le disposizioni vigenti. Se la violazione non è commessa con dolo o colpa grave, la sanzione, determinata anche in esito all'applicazione delle previsioni degli artt. 7, comma 3, e 12, non può essere eseguita nei confronti dell'autore, che non ne abbia tratto diretto vantaggio, in somma eccedente euro 50.000, salvo quanto disposto dagli artt. 16, comma 3, e 17, comma 2, e salva, per l'intero, la responsabilità prevista a carico della persona fisica, della società, dell'associazione o dell'ente. L'importo può essere adeguato ai sensi dell'art. 2, comma 4.

2. **Fino a prova contraria, si presume autore della violazione chi ha sottoscritto ovvero compiuto gli atti illegittimi.**

3. Quando la violazione è commessa in **concorso da due o più persone**, alle quali sono state irrogate **sanzioni diverse**, la persona fisica, la società, l'associazione o l'ente indicati nel comma 1 sono obbligati al **pagamento di una somma pari alla sanzione più grave.**

4. Comma abrogato.

5. Il pagamento della sanzione e, nel caso in cui siano state irrogate sanzioni diverse, il pagamento di quella più grave, da chiunque eseguito, estingue tutte le obbligazioni. Qualora **il pagamento** sia stato eseguito **dall'autore della violazione**, nel limite previsto dall'art. 11, comma 1, **la responsabilità** della persona fisica, della società, dell'associazione o dell'ente indicati nel comma 1 è **limitata all'eventuale eccedenza.**

6. La persona fisica, la società, l'associazione o l'ente indicati nel comma 1 possono assumere il debito dell'autore della violazione.

7. **La morte della persona fisica autrice** della violazione, ancorché avvenuta **prima** della irrogazione della sanzione amministrativa, **non estingue la responsabilità** della persona fisica, della società o dell'ente indicati nel comma 1.

Art. 12. Concorso di violazioni e continuazione. – 1. È punito con la sanzione che dovrebbe infliggersi **per la violazione più grave, aumentata da un quarto al doppio**, chi, **con una sola azione od omissione, viola diverse disposizioni** anche relative a tributi diversi ovvero commette, anche **con più azioni od omissioni**, diverse violazioni formali della medesima disposizione.

2. Alla stessa sanzione soggiace chi, anche in tempi diversi, commette più violazioni che, nella loro progressione, pregiudicano o tendono a pregiudicare la determinazione dell'imponibile ovvero la liquidazione anche periodica del tributo.

3. Nei casi previsti dai commi 1 e 2, se le violazioni rilevano ai fini di più tributi, si considera quale **sanzione base** cui riferire l'aumento, **quella più grave aumentata di un quinto**.

4. Le previsioni dei commi 1, 2 e 3 si applicano **separatamente** rispetto ai tributi erariali e ai tributi di ciascun altro ente impositore e, tra i tributi erariali, alle imposte doganali e alle imposte sulla produzione e sui consumi.

5. Quando **violazioni della stessa indole** vengono commesse **in periodi di imposta diversi**, si applica la **sanzione base aumentata dalla metà al triplo**. Se l'ufficio non contesta tutte le violazioni o non irroga la sanzione contemporaneamente rispetto a tutte, quando in seguito vi provvede determina la sanzione complessiva tenendo conto delle violazioni oggetto del precedente provvedimento. Se più atti di irrogazione danno luogo a processi non riuniti o comunque introdotti avanti a giudici diversi, il giudice che prende cognizione dell'ultimo di essi ridetermina la sanzione complessiva tenendo conto delle violazioni risultanti dalle sentenze precedentemente emanate.

6. Il concorso e la continuazione sono **interrotti dalla constatazione** della violazione.

7. Nei casi previsti dal presente articolo la sanzione **non** può essere comunque **superiore** a quella risultante dal **cumulo** delle **sanzioni previste** per le **singole violazioni**.

8. Nei casi di **accertamento con adesione**, di **mediazione tributaria** e di **conciliazione giudiziale**, in deroga ai commi 3 e 5, le disposizioni sulla determinazione di una sanzione unica **in caso di progressione** si applicano **separatamente per ciascun tributo e per ciascun periodo d'imposta**. La sanzione conseguente alla rinuncia, all'impugnazione dell'avviso di accertamento e alla definizione agevolata ai sensi degli artt. 16 e 17 del presente decreto non può stabilirsi in progressione con violazioni non indicate nell'atto di contestazione o di irrogazione delle sanzioni.

Art. 13. Ravvedimento. – 1. **La sanzione è ridotta, sempreché la violazione non sia stata già constatata e comunque non siano iniziati accessi, ispezioni, verifiche o altre attività amministrative di accertamento** delle quali l'autore o i soggetti solidalmente obbligati, abbiano avuto formale conoscenza:

a) ad **un decimo del minimo** nei casi di **mancato pagamento** del tributo o di un acconto, se esso viene eseguito nel termine di **trenta giorni** dalla data della sua commissione;

a-*bis*) ad **un nono** del minimo **se** la **regolarizzazione** degli errori e delle omissioni, anche se incidenti sulla determinazione o sul pagamento del tributo, avviene **entro novanta giorni dalla data dell'omissione o dell'errore,** ovvero se la regolarizzazione delle omissioni e degli errori commessi in dichiarazione avviene entro novanta giorni dal termine per la presentazione della dichiarazione in cui l'omissione o l'errore è stato commesso;

b) ad **un ottavo** del minimo, se la regolarizzazione degli errori e delle omissioni, anche se incidenti sulla determinazione o sul pagamento del tributo, avviene **entro** il termine per la **presentazione della dichiarazione relativa all'anno** nel corso del quale è stata commessa la **violazione ovvero**, quando non è prevista dichiarazione periodica, entro un **anno dall'omissione** o dall'errore;

b-*bis*) ad **un settimo** del minimo se la regolarizzazione degli errori e delle omissioni, anche se incidenti sulla determinazione o sul pagamento del tributo, avviene **entro il termine per la presentazione della dichiarazione relativa all'anno successivo** a quello nel corso del quale è stata commessa la violazione **ovvero**, quando non è prevista dichiarazione periodica, **entro due anni** dall'omissione o dall'errore;

b-*ter*) ad **un sesto** del minimo se la regolarizzazione degli errori e delle omissioni, anche incidenti sulla determinazione o sul pagamento del tributo, avviene **oltre** il termine per la **presentazione della dichiarazione** relativa all'**anno successivo** a quello nel corso del quale è stata commessa la violazione **ovvero**, quando non è prevista dichiarazione periodica, oltre **due anni** dall'omissione o dall'errore;

b-*quater*) ad un quinto del minimo se la regolarizzazione degli errori e delle omissioni, anche se incidenti sulla determinazione o sul pagamento del tributo, avviene dopo la constatazione della violazione ai sensi dell'articolo 24 della legge 7 gennaio 1929, n. 4, salvo che la violazione non rientri tra quelle indicate negli articoli 6, comma 2-*bis*, limitatamente all'ipotesi d omessa memorizzazione ovvero di memorizzazione con dati incompleti o non veritieri, comma 3, o 11, comma 5, del decreto legislativo 18 dicembre 1997, n. 471;

c) ad **un decimo** del minimo di quella prevista per l'**omissione della presentazione della dichiarazione, se questa** viene **presentata** con **ritardo non superiore a novanta giorni** ovvero a un decimo del minimo di quella prevista per l'omessa presentazione della **dichiarazione** periodica prescritta in materia di **imposta sul valore aggiunto**, se questa viene presentata con **ritardo non superiore a trenta giorni**.

1-*bis*. Comma abrogato.

1-*ter*. Ai fini dell'applicazione delle disposizioni di cui al presente articolo, **per i tributi amministrati dall'Agenzia delle entrate non opera la preclusione di cui al comma 1**, primo periodo, **salva la notifica degli atti di liquidazione e di accertamento**, comprese le comunicazioni recanti le somme dovute ai sensi degli artt. 36-*bis* e 36-*ter* del decreto del Presidente della Repubblica 29 settembre 1973, n. 600, e successive modificazioni, e 54-*bis* del decreto del Presidente della Repubblica 26 ottobre 1972, n. 633, e successive modificazioni. La preclusione di cui al comma 1, primo periodo, salva la notifica di avvisi di pagamento e atti di accertamento, non opera neanche per i tributi doganali e per le accise amministrati dall'Agenzia delle dogane e dei monopoli.

1-*quater*. **Il pagamento e la regolarizzazione** di cui al presente articolo **non precludono l'inizio o la prosecuzione di accessi, ispezioni, verifiche o altre attività amministrative di controllo e accertamento.**

2. **Il pagamento della sanzione ridotta deve essere eseguito contestualmente alla regolarizzazione** del pagamento del tributo o della differenza, quando dovuti, nonché al pagamento degli interessi moratori calcolati al tasso legale con maturazione giorno per giorno.

3. Quando la liquidazione deve essere eseguita dall'ufficio, il ravvedimento si perfeziona con l'esecuzione dei pagamenti nel termine di sessanta giorni dalla notificazione dell'avviso di liquidazione.

4. Comma abrogato.

5. Le singole leggi e atti aventi forza di legge possono stabilire, a integrazione di quanto previsto nel presente o, ulteriori circostanze che importino l'attenuazione della sanzione.

Art. 13-*bis*. Ravvedimento parziale. – 1. L'articolo 13 si interpreta nel senso che è consentito al contribuente di avvalersi dell'istituto del **ravvedimento anche in caso di versamento frazionato**, purché nei tempi prescritti dalle lettere a), a-*bis*), b), b-*bis*), b-*ter*), b-*quater*) e c) del comma 1 del medesimo articolo 13. Nel caso in cui l'imposta dovuta sia versata in ritardo e il ravvedimento, con il versamento della sanzione e degli interessi, intervenga successivamente, la **sanzione applicabile corrisponde a quella riferita all'integrale tardivo versamento**; gli interessi sono dovuti per l'intero periodo del ritardo; la riduzione prevista in caso di ravvedimento è riferita al momento del perfezionamento dello stesso. Nel caso di versamento tardivo dell'imposta frazionata in **scadenze differenti**, al contribuente è consentito operare autonomamente il **ravvedimento per i singoli versamenti**, con le riduzioni di cui al precedente periodo, ovvero per il versamento complessivo, applicando in tal caso alla sanzione la riduzione individuata in base alla data in cui la stessa è regolarizzata.

2. Le disposizioni del presente articolo si applicano ai soli tributi amministrati dall'Agenzia delle entrate.

Art. 14. Cessione di azienda. – 1. Il **cessionario** è **responsabile in solido**, fatto salvo il **beneficio** della **preventiva escussione** del cedente ed entro i limiti del valore dell'azienda o del ramo d'azienda, per il pagamento dell'imposta e delle sanzioni riferibili alle violazioni commesse nell'**anno** in cui è avvenuta la **cessione e** nei **due precedenti**, nonché per quelle già irrogate e contestate nel medesimo periodo anche se riferite a violazioni commesse in epoca anteriore.

2. L'obbligazione del cessionario è **limitata al debito risultante,** alla data del trasferimento, dagli **atti** degli uffici dell'amministrazione finanziaria e degli enti preposti all'accertamento dei tributi di loro competenza.

3. Gli uffici e gli enti indicati nel comma 2 sono tenuti a rilasciare, su richiesta dell'interessato, un certificato sull'esistenza di contestazioni in corso e di quelle già definite per le quali i debiti non sono stati soddisfatti. Il certificato, se negativo, ha pieno effetto liberatorio del cessionario, del pari liberato ove il certificato non sia rilasciato entro quaranta giorni dalla richiesta.

4. La responsabilità del cessionario non è soggetta alle limitazioni previste nel presente articolo qualora la cessione sia stata attuata in frode dei crediti tributari, ancorché essa sia avvenuta con trasferimento frazionato di singoli beni.

5. La frode si presume, salvo prova contraria, quando il trasferimento sia effettuato entro sei mesi dalla constatazione di una violazione penalmente rilevante.

5-*bis*. Salva l'applicazione del comma 4, la disposizione non trova applicazione quando la cessione avviene nell'ambito di una procedura concorsuale, di un accordo di ristrutturazione dei debiti di cui all'art. 182-*bis* del regio decreto 16 marzo 1942, n. 267, di un piano attestato ai sensi dell'art. 67, terzo comma, lettera d), del predetto decreto o di un procedimento di composizione della crisi da sovraindebitamento o di liquidazione del patrimonio.

5-*ter*. Le disposizioni del presente articolo si applicano, in quanto compatibili, a tutte le ipotesi di trasferimento di azienda, ivi compreso il conferimento.

Art. 15. Trasformazione, fusione e scissione di società. – 1. La società o l'ente risultante dalla trasformazione o dalla fusione, anche per incorporazione, **subentra negli obblighi** delle società trasformate o fuse relativi **al pagamento delle sanzioni**. Si applica l'art. 2499 codice civile.

2. Nei casi di scissione anche parziale di società od enti, ciascuna società od ente è **obbligato in solido al pagamento** delle somme dovute per violazioni commesse **anteriormente** alla data dalla quale la scissione produce effetto.

Art. 16. Procedimento di irrogazione delle sanzioni. – 1. La sanzione amministrativa e le sanzioni accessorie sono irrogate dall'ufficio o dall'ente competenti all'accertamento del tributo cui le violazioni si riferiscono.

2. L'ufficio o l'ente notifica atto di contestazione con indicazione, **a pena di nullità, dei fatti** attribuiti al trasgressore, degli **elementi probatori,** delle **norme applicate**, dei **criteri** che ritiene di seguire per la **determinazione** delle **sanzioni** e della loro entità nonché dei minimi edittali previsti dalla legge per le singole violazioni. Se la **motivazione** fa riferimento ad un altro atto non cono-

sciuto né ricevuto dal trasgressore, questo deve essere allegato all'atto che lo richiama salvo che quest'ultimo non ne riproduca il contenuto essenziale.

3. Entro il termine previsto per la proposizione del ricorso, il trasgressore e gli obbligati [ai sensi dell'art. 11, comma 1] in solido, possono **definire la controversia con il pagamento** di un importo pari ad **un terzo della sanzione indicata** e comunque non inferiore ad **un terzo** dei minimi edittali previsti per le violazioni più gravi relative a ciascun tributo. La definizione agevolata impedisce l'irrogazione delle sanzioni accessorie.

4. Se **non** addivengono a **definizione agevolata**, il trasgressore e i soggetti obbligati in solido, possono, entro lo stesso termine, produrre **deduzioni difensive**. In mancanza, l'atto di contestazione si considera provvedimento di irrogazione, impugnabile ai sensi dell'art. 18.

5. L'impugnazione immediata non è ammessa e, se proposta, diviene improcedibile qualora vengano presentate deduzioni difensive in ordine alla contestazione.

6. L'atto di contestazione deve contenere l'**invito al pagamento** delle somme dovute **nel termine** previsto **per la proposizione del ricorso**, con l'indicazione dei benefici di cui al comma 3 ed altresì **l'invito a produrre** nello stesso termine, se non si intende addivenire a definizione agevolata, le **deduzioni difensive** e, infine, **l'indicazione dell'organo** al quale proporre l'impugnazione immediata.

7. Quando sono state proposte deduzioni, l'ufficio, nel termine di decadenza di un anno dalla loro presentazione, irroga, se del caso, le sanzioni con atto motivato a pena di nullità anche in ordine alle deduzioni medesime. Tuttavia, se il provvedimento non viene notificato entro centoventi giorni, cessa di diritto l'efficacia delle misure cautelari concesse ai sensi dell'art. 22.

7-*bis*. Le sanzioni irrogate ai sensi del comma 7, qualora rideterminate a seguito dell'accoglimento delle deduzioni prodotte ai sensi del comma 4, sono definibili entro il termine previsto per la proposizione del ricorso, con il pagamento dell'importo stabilito dal comma 3.

Art. 16-*bis*. Disposizioni per l'accelerazione dell'irrogazione delle sanzioni. – 1. L'atto di contestazione previsto dall'art. 16, relativo alle violazioni previste dall'art. 6, comma 3, e dall'art. 11, commi 5 e 6, del decreto legislativo 18 dicembre 1997, n. 471, e successive modificazioni, è notificato al trasgressore entro novanta giorni dalla constatazione della violazione, ovvero entro centottanta giorni se la notifica deve essere eseguita nei confronti di soggetto non residente.

2. Per le violazioni previste al comma 1, il termine di decadenza di un anno previsto dall'art. 16, comma 7, è ridotto alla metà.

3. Le disposizioni del presente articolo si applicano alle violazioni constatate a decorrere dal 1° aprile 2003.

Art. 17. Irrogazione immediata. – 1. In deroga alle previsioni dell'art. 16, le sanzioni collegate al tributo cui si riferiscono sono irrogate, senza previa contestazione e con l'osservanza, in quanto compatibili, delle disposizioni che regolano il procedimento di accertamento del tributo medesimo, con atto contestuale all'avviso di accertamento o di rettifica, motivato a pena di nullità.

1-*bis*. All'accertamento doganale, disciplinato dall'art. 247 del regolamento (CEE) n. 2454/1993 della Commissione, del 2 luglio 1993, e successive modificazioni, e dall'art. 117 del regolamento (CE) n. 450/2008 del Parlamento europeo e del Consiglio, del 23 aprile 2008, effettuato con criteri di selettività nella fase del controllo che precede la concessione dello svincolo, restano applicabili le previsioni dell'art. 16 del presente decreto.

2. È ammessa **definizione agevolata** con il **pagamento di un importo pari ad un terzo della sanzione irrogata** e comunque non inferiore ad un terzo dei minimi edittali previsti per le violazioni più gravi relative a ciascun tributo, **entro il termine previsto per la proposizione del ricorso.**

3. Possono essere irrogate **mediante iscrizione a ruolo**, senza previa contestazione, **le sanzioni per omesso o ritardato pagamento dei tributi**, ancorché risultante da liquidazioni eseguite ai sensi degli artt. 36-*bis* e 36-*ter* del decreto del Presidente della Repubblica 29 settembre 1973, n. 600, concernente disposizioni comuni in materia di accertamento delle Imposte sui redditi, e ai sensi degli artt. 54-*bis* e 60, sesto comma, del decreto del Presidente della Repubblica 26 ottobre 1972, n. 633, recante istituzione e disciplina dell'imposta sul valore aggiunto. Per le sanzioni indicate nel periodo precedente, in nessun caso si applica la definizione agevolata prevista nel comma 2 e nell'art. 16, comma 3.

Art. 18. Tutela giurisdizionale e ricorsi amministrativi. – 1. **Contro** il provvedimento di **irrogazione** è ammesso **ricorso** alle commissioni tributarie.

2. Se le sanzioni si riferiscono **a tributi rispetto** ai quali **non** sussiste la **giurisdizione** delle commissioni tributarie, è ammesso, nel termine di sessanta giorni dalla notificazione del provvedimento, **ricorso amministrativo in alternativa** all'azione avanti all'autorità **giudiziaria ordinaria**, che può comunque essere adita anche dopo la decisione amministrativa ed entro centottanta giorni dalla sua notificazione. Salvo diversa disposizione di legge, il ricorso amministrativo è proposto alla Direzione regionale delle entrate, competente in ragione della sede dell'ufficio che ha irrogato le sanzioni.

3. In presenza di più soggetti legittimati, se alcuno di essi adisce l'autorità giudiziaria, il ricorso amministrativo è improponibile, quello in precedenza proposto diviene improcedibile e la controversia pendente deve essere riproposta avanti al giudice ordinario nel termine di centottanta giorni dalla notificazione della decisione di improcedibilità.

4. **Le decisioni** delle commissioni tributarie e dell'autorità giudiziaria sono **immediatamente esecutive** nei limiti previsti dall'art. 19.

Art. 19. Esecuzione delle sanzioni. – 1. In caso di ricorso alle commissioni tributarie, anche nei casi in cui non è prevista riscossione frazionata, si applicano le disposizioni dettate dall'art. 68, commi 1 e 2, del decreto legislativo 31 dicembre 1992, n. 546, recante disposizioni sul processo tributario.

2. La commissione tributaria regionale può **sospendere l'esecuzione** applicando, in quanto compatibili, le **previsioni dell'art. 52** del decreto legislativo 31 dicembre 1992, n. 546.

3. La sospensione deve essere concessa se viene prestata **la garanzia** di cui all'art. 69 del decreto legislativo 31 dicembre 1992, n. 546.

4. Quando **non** sussiste la **giurisdizione** delle **commissioni** tributarie; la sanzione è **riscossa provvisoriamente** dopo la decisione dell'organo al quale è proposto **ricorso amministrativo, nei limiti della metà** dell'ammontare da questo stabilito. L'autorità giudiziaria ordinaria successivamente adita, se dall'esecuzione può derivare un **danno grave ed irreparabile**, può disporre la **sospensione** e deve disporla se viene offerta idonea garanzia.

5. Se l'azione viene iniziata avanti all'autorità giudiziaria ordinaria ovvero se questa viene adita dopo la decisione dell'organo amministrativo, la sanzione pecuniaria è **riscossa per intero** o per **il suo residuo ammontare dopo la sentenza di primo grado**, salva l'eventuale sospensione disposta dal giudice d'appello secondo le previsioni dei commi 2, 3 e 4.

6. Se in esito alla sentenza di primo o di secondo grado la somma corrisposta eccede quella che risulta dovuta, l'ufficio deve provvedere al rimborso ai sensi dell'art. 68, comma 2, del decreto legislativo 31 dicembre 1992, n. 546.

7. Le sanzioni accessorie sono eseguite quando il provvedimento di irrogazione è divenuto **definitivo**.

Art. 20. Decadenza e prescrizione. – 1. L'atto di contestazione di cui all'art. 16, ovvero l'atto di irrogazione, devono essere **notificati, a pena di decadenza, entro il 31 dicembre** del **quinto anno successivo** a quello in cui è avvenuta la violazione o nel diverso termine previsto per l'accertamento dei singoli tributi. Entro gli stessi termini **devono essere** resi **esecutivi i ruoli** nei quali sono iscritte le sanzioni irrogate ai sensi dell'art. 17, comma 3.

2. Se la notificazione è stata eseguita nei termini previsti dal comma 1 **ad almeno uno** degli autori dell'infrazione o dei soggetti obbligati in solido, **il termine è prorogato di un anno**.

3. **Il diritto alla riscossione** della sanzione irrogata **si prescrive nel termine di cinque anni. L'impugnazione** del provvedimento di irrogazione **interrompe la prescrizione**, che non corre fino alla definizione del procedimento.

Art. 21. Sanzioni accessorie. – 1. Costituiscono sanzioni amministrative **accessorie:**

a) l'**interdizione**, per una durata massima di sei mesi, **dalle cariche di amministratore, sindaco o revisore** di società di capitali e di enti con personalità giuridica, pubblici o privati;

b) l'**interdizione dalla partecipazione a gare per l'affidamento di pubblici appalti e forniture**, per la durata massima di sei mesi;

c) l'**interdizione dal conseguimento di licenze, concessioni o autorizzazioni amministrative** per l'esercizio di imprese o di attività di lavoro autonomo e **la loro sospensione**, per la durata massima di sei mesi;

d) la **sospensione**, per la durata massima di sei mesi, dall'esercizio di attività di lavoro autonomo o di impresa diverse da quelle indicate nella lettera c).

2. Le singole leggi d'imposta, nel prevedere i casi di applicazione delle sanzioni accessorie, ne stabiliscono **i limiti temporali** in relazione alla **gravità dell'infrazione** e ai limiti minimi e massimi della sanzione principale.

Art. 22. Ipoteca e sequestro conservativo. – 1. In base all'atto di contestazione, al provvedimento di irrogazione della sanzione o al processo verbale di constatazione e dopo la loro notifica, l'ufficio o l'ente, quando ha **fondato timore** di **perdere la garanzia del proprio credito**, può chiedere, con istanza motivata, al presidente della commissione tributaria provinciale **l'iscrizione di ipoteca** sui beni del trasgressore e dei soggetti obbligati in solido, e l'autorizzazione a procedere, a mezzo di ufficiale giudiziario, al **sequestro conservativo** dei loro beni, compresa l'azienda. A tal fine l'Agenzia delle entrate si avvale anche del potere di cui agli artt. 32, primo comma, numero 7), del decreto del Presidente della Repubblica 29 settembre 1973, n. 600, e successive modificazioni, e 51, secondo comma, numero 7), del decreto del Presidente della Repubblica 26 ottobre 1972, n. 633, e successive modificazioni.

1-*bis*. Al fine di rafforzare le misure poste a garanzia del credito erariale e a sostegno delle relative procedure di riscossione, le istanze di cui al comma 1 possono essere inoltrate dal comandante provinciale della Guardia di finanza, in relazione ai processi verbali di constatazione rilasciati dai reparti dipendenti, dando tempestiva comunicazione alla direzione provinciale dell'Agenzia delle entrate, che esamina l'istanza e comunica le proprie eventuali osservazioni al presidente della commissione tributaria provinciale, nonché al comandante provinciale richiedente. Decorso il termine di venti giorni dal ricevimento dell'istanza, si intende acquisito il conforme parere dell'Agenzia delle entrate.

1-*ter*. Nei casi di cui al comma 1-*bis*, la Guardia di finanza fornisce all'Agenzia delle entrate ogni elemento richiesto ai fini dell'istruttoria e della partecipazione alla procedura di cui al presente articolo. In caso di richiesta di chiarimenti, è interrotto, per una sola volta, il termine di cui al comma 1-*bis*.

2. Le **istanze** di cui al comma 1 devono essere **notificate**, anche tramite il servizio postale, alle parti interessate, le quali possono, **entro venti giorni** dalla notifica, **depositare memorie e documenti difensivi.**

3. Il presidente, decorso il termine di cui al comma 2, fissa con decreto la trattazione dell'istanza per la prima camera di consiglio utile, disponendo che ne sia data comunicazione alle parti almeno dieci giorni prima. Nel caso in cui la notificazione debba effettuarsi all'estero, il termine è triplicato. La commissione decide con sentenza.

4. Quando la convocazione della controparte potrebbe pregiudicare l'attuazione del provvedimento, il presidente provvede con decreto motivato assunte ove occorra sommarie informazioni. In tal caso fissa, con lo stesso decreto, la camera di consiglio entro un termine non superiore a trenta giorni assegnando all'istante un termine perentorio non superiore a quindici giorni per la notificazione del ricorso e del decreto. A tale udienza la commissione, con ordinanza, conferma, modifica o revoca i provvedimenti emanati con decreto.

5. Comma abrogato.

6. Le parti interessate possono prestare, in corso di giudizio, la garanzia di cui all'art. 69, comma 2, del decreto legislativo 31 dicembre 1992, n. 546. In tal caso l'organo dinanzi al quale è in corso il procedimento può non adottare ovvero adottare solo parzialmente il provvedimento richiesto.

7. I provvedimenti cautelari pronunciati ai sensi del comma 1 perdono efficacia:

a) se non sono eseguiti nel termine di sessanta giorni dalla comunicazione;

b) se, nel termine di centoventi giorni dalla loro adozione, non viene notificato atto impositivo, di contestazione o di irrogazione; in tal caso, il presidente della commissione su istanza di parte e sentito l'ufficio o l'ente richiedente, dispone la cancellazione dell'ipoteca;

c) a seguito della sentenza, anche non passata in giudicato, che accoglie il ricorso avverso gli atti di cui alla lettera b). La sentenza costituisce titolo per la cancellazione dell'ipoteca. In caso di accoglimento parziale, su istanza di parte, il giudice che ha pronunciato la sentenza riduce proporzionalmente l'entità dell'iscrizione o del sequestro; se la sentenza è pronunciata dalla Corte di cassazione, provvede il giudice la cui sentenza è stata impugnata con ricorso per cassazione.

Art. 23. Sospensione dei rimborsi e compensazione. – 1. Nei casi in cui l'autore della violazione o i soggetti obbligati in solido, **vantano un credito** nei confronti dell'amministrazione finanziaria, **il pagamento può essere sospeso** se è stato notificato atto di contestazione o di irrogazione della sanzione o provvedimento con il quale vengono accertati maggiori tributi, ancorché non definitivi. La sospensione opera nei limiti di tutti gli importi dovuti in base all'atto o dalla decisione della commissione tributaria ovvero dalla decisione di altro organo.

2. In presenza di **provvedimento definitivo**, l'ufficio competente per il **rimborso** pronuncia la **compensazione del debito.**

3. I provvedimenti di cui ai commi 1 e 2, che devono essere notificati all'au-

tore della violazione e ai soggetti obbligati in solido, sono **impugnabili avanti** alla **commissione tributaria**, che può disporne la sospensione ai sensi dell'art. 47 del decreto legislativo 31 dicembre 1992, n. 546.

4. Se non sussiste giurisdizione delle commissioni tributarie, è ammessa **azione avanti al tribunale**, cui è rimesso il potere di sospensione.

Art. 24. Riscossione della sanzione. – 1. Per la riscossione della sanzione si applicano le disposizioni sulla riscossione dei tributi cui la violazione si riferisce.

2. L'ufficio o l'ente che ha applicato la sanzione può eccezionalmente consentirne, su richiesta dell'interessato **in condizioni economiche disagiate**, il **pagamento** in **rate mensili fino ad un massimo di trenta**. In ogni momento il debito può essere estinto in unica soluzione.

3. Nel caso di **mancato pagamento** anche di **una sola rata**, il debitore decade dal beneficio e deve provvedere al **pagamento del debito residuo** entro trenta giorni dalla scadenza della rata non adempiuta.

Art. 25. Disposizioni transitorie. – 1. Le disposizioni del presente decreto si applicano alle violazioni non ancora contestate o per le quali la sanzione non sia stata irrogata alla data della sua entrata in vigore.

2. Gli artt. 3, 4, 5, 6, 8 e 12 si applicano ai procedimenti in corso alla data indicata nel comma 1.

3. I procedimenti in corso possono essere definiti, quanto alle sanzioni, entro il 18 dicembre 1998, dagli autori della violazione e dai soggetti obbligati in solido, con il pagamento di una somma pari al quarto dell'irrogato ovvero al quarto dell'ammontare risultante dall'ultima sentenza o decisione amministrativa. È comunque esclusa la ripetizione di quanto pagato. La definizione non si applica alle sanzioni contemplate nell'art. 17, comma 3.

3-*bis*. Nei casi di omissioni ed errori relativi alle dichiarazioni dei redditi, comprese quelle unificate, presentate nell'anno 1998, che non incidono sulla determinazione o sul pagamento del tributo, non si applicano le sanzioni previste se l'autore delle violazioni provvede alla loro regolarizzazione nel termine di trenta giorni dall'invito dell'ufficio.

3-*ter*. Nei casi di omissioni ed errori relativi alle dichiarazioni presentate nell'anno 1999, che non incidono sulla determinazione o sul pagamento del tributo, non si applicano le sanzioni previste se l'autore delle violazioni provvede alla loro regolarizzazione nel termine di trenta giorni dall'invito dell'ufficio.

3-*quater*. Le sanzioni relative alle somme iscritte in ruoli resi esecutivi entro il 31 dicembre 2000 a seguito di controllo formale delle dichiarazioni presentate negli anni dal 1994 al 1998 ai fini delle Imposte sui redditi e negli anni dal 1995 al 1998 ai fini dell'imposta sul valore aggiunto, sono ridotte della metà per i contribuenti che aderiscono ad apposito invito al pagamento dei tributi dovuti, dei relativi interessi e delle sanzioni medesime, contenuto in una comunicazione inviata al debitore dai concessionari del servizio nazionale della riscossione entro il secondo mese successivo a quello di consegna del ruolo.

3-*quinquies*. Gli importi indicati nella comunicazione di cui al comma 3-*quater*, inviata tramite servizio postale, sono pagati entro l'ultimo giorno del mese successivo a quello di invio della comunicazione stessa.

3-*sexies*. Se le somme indicate nella comunicazione, o quelle eventualmente rideterminate in sede di autotutela, non sono integralmente corrisposte entro il termine di cui al comma 3-*quater*, il debitore è tenuto a pagare l'intero importo iscritto a ruolo previa notifica, da parte del concessionario, della relativa cartella.

3-*septies*. La remunerazione spettante al concessionario sulle somme riscosse a seguito dell'invio della comunicazione di cui al comma 3-*quater* è determinata con decreto del Ministro delle finanze.

Art. 26. Abolizione della soprattassa e della pena pecuniaria. – 1. Il riferimento alla soprattassa e alla pena pecuniaria, nonché ad ogni altra sanzione amministrativa, ancorché diversamente denominata, contenuto nelle leggi vigenti, è sostituito con il riferimento alla sanzione pecuniaria, di uguale importo.

2. I riferimenti contenuti nelle singole leggi di imposta a disposizioni abrogate si intendono effettuati agli istituti e alle previsioni corrispondenti risultanti dal presente decreto.

3. Salvo diversa espressa previsione, i procedimenti di irrogazione delle sanzioni disciplinati nel presente decreto si applicano all'irrogazione di tutte le sanzioni tributarie non penali.

Art. 27. Violazioni riferite a società, associazioni od enti. – 1. Le violazioni riferite dalle disposizioni vigenti a società, associazioni od enti si intendono riferite alle persone fisiche che ne sono autrici, se commesse dopo l'entrata in vigore del presente decreto.

Art. 28. Disposizioni di attuazione. – 1. Nel termine di quattro mesi dalla pubblicazione nella Gazzetta Ufficiale della Repubblica italiana sono stabilite, con uno o più decreti del Ministro delle finanze, le modalità di pagamento delle somme dovute a titolo di sanzione.

Art. 29. Disposizioni abrogate. – (*Omissis*).

Art. 30. Entrata in vigore. – 1. Il presente decreto entra in vigore il 1° aprile 1998.

D.Lgs. 18 dicembre 1997, n. 473

Revisione delle sanzioni amministrative in materia di tributi sugli affari, sulla produzione e sui consumi, nonché di altri tributi indiretti, a norma dell'art. 3, comma 133, lettera q), della L. 23 dicembre 1996, n. 662

CAPO I
REVISIONE DELLE SANZIONI IN MATERIA DI IMPOSTA DI REGISTRO, DI IMPOSTA SULLE SUCCESSIONI E DONAZIONI, DI IMPOSTA SULL'INCREMENTO DI VALORE DEGLI IMMOBILI E DI IMPOSTE IPOTECARIA E CATASTALE

Art. 1. Sanzioni in materia di imposta di registro. – 1. Al Testo Unico delle disposizioni concernenti l'imposta di registro, approvato con decreto del Presidente della Repubblica 26 aprile 1986, n. 131, sono apportate le seguenti modificazioni:

a) all'art. 55, nel terzo comma, le parole "delle soprattasse e delle pene pecuniarie" sono sostituite dalle seguenti: "e delle sanzioni amministrative";

b) l'art. 69 è sostituito dal seguente:

"Art. 69 Omissione della richiesta di

registrazione e della presentazione della denuncia. – 1. Chi omette la richiesta di registrazione degli atti e dei fatti rilevanti ai fini dell'applicazione dell'imposta, ovvero la presentazione delle denunce previste dall'art. 19 è punito con la sanzione amministrativa dal centoventi al duecentoquaranta per cento dell'imposta dovuta";

c) l'art. 71 è sostituito dal seguente:

"**Art. 71 Insufficiente dichiarazione di valore**. – 1. Se il valore definitivamente accertato dei beni o diritti di cui al terzo e al quarto comma dell'art. 51, ridotto di un quarto, supera quello dichiarato, si applica la sanzione amministrativa dal **cento** al **duecento per cento** della maggiore imposta dovuta. Per i beni e diritti di cui al quarto comma dell'art. 52 la sanzione si applica anche se la differenza **non** è **superiore al quarto del valore accertato**";

d) l'art. 72 è sostituito dal seguente:

"**Art. 72 Occultazione di corrispettivo**. – 1. Se viene occultato anche in parte il corrispettivo convenuto, si applica la sanzione amministrativa dal **duecento** al **quattrocento per cento** della differenza tra l'imposta dovuta e quella già applicata in base al corrispettivo dichiarato, detratto, tuttavia, l'importo della sanzione eventualmente irrogata ai sensi dell'art. 71";

e) l'art. 73 è sostituito dal seguente:

"**Art. 73 Omessa o irregolare tenuta o presentazione del repertorio**. – 1. Per l'omessa presentazione del repertorio ai sensi del primo comma dell'art. 68, i pubblici ufficiali sono puniti con la sanzione amministrativa da euro 1.032,91 a euro 5.164,57.

2. I pubblici ufficiali che non hanno osservato le disposizioni dell'art. 67 sono puniti con la sanzione amministrativa da euro 516,46 a euro 2.065,83.

3. Se la presentazione del repertorio avviene con ritardo superiore a sessanta giorni ovvero la sua regolarizzazione non avviene nel termine stabilito dall'amministrazione finanziaria i pubblici ufficiali possono essere sospesi dalle funzioni per un periodo non superiore a sei mesi.

4. Il procuratore della Repubblica, su rapporto dell'ufficio del registro, chiede all'autorità competente l'applicazione della sanzione accessoria prevista dal comma 3";

f) l'art. 74 è sostituito dal seguente:

"**Art. 74 Altre infrazioni**. – 1. Chi dichiara di non possedere, rifiuta di esibire o sottrae comunque all'ispezione le scritture contabili rilevanti per l'applicazione dell'art. 51, quarto comma, e chi non ottempera alle richieste degli uffici del registro ai sensi dell'art. 63, è punito con la sanzione amministrativa da euro 258,23 a euro 2.065,83";

g) sono abrogati il terzo comma dell'art. 56 e gli artt. 70 e 75.

Art. 2. Sanzioni in materia di imposta sulle successioni e donazioni. – 1. Al Testo Unico delle disposizioni concernenti l'imposta sulle successioni e donazioni, approvato con decreto legislativo 31 ottobre 1990, n. 346, sono apportate le seguenti modificazioni:

a) all'art. 37, comma 3, la parola "soprattasse" è sostituita dalle seguenti: "sanzioni amministrative";

b) all'art. 38, comma 1, primo periodo, le parole "delle soprattasse e pene pecuniarie" sono sostituite dalle seguenti: "delle sanzioni amministrative";

c) all'art. 39, comma 1, e all'art. 41, comma 1, le parole ", delle soprattasse e delle pene pecuniarie" sono sostituite dalle seguenti: "e delle sanzioni amministrative";

d) l'art. 50 è sostituito dal seguente:

"**Art. 50 Omissione della dichiarazione**. – 1. Chi omette di presentare la dichiarazione della successione, quella sostitutiva o la dichiarazione integrativa è punito con la sanzione amministrativa dal **centoventi al duecentoquaranta per cento** dell'imposta liquidata o riliquidata d'ufficio. Se non è dovuta imposta si applica la sanzione amministrativa da euro 258,23 a euro 1.032,91";

e) l'art. 51 è sostituito dal seguente:

"**Art. 51 Infedeltà della dichiarazione**. – 1. Chi omette **l'indicazione di dati o elementi rilevanti** per la liquidazione o riliquidazione dell'imposta o li indica **in maniera infedele**, ovvero espone **passività** in tutto o in parte **inesistenti**, è punito con sanzione amministrativa **dal cento al duecento per cento** della differenza di imposta. La stessa sanzione si applica, con riferimento all'imposta corrispondente, a chi rilascia o sottoscrive attestazioni o altri documenti rilevanti per la determinazione delle passività deducibili contenenti dati o elementi non rispondenti al vero.

2. La sanzione di cui al comma 1 non si applica relativamente all'imposta corrispondente al maggior valore definitivamente accertato dei beni e diritti diversi da quelli indicati nell'art. 34, comma 5, se il valore accertato non supera di un quarto quello dichiarato.

3. Se l'omissione o l'infedeltà attengono a dati o elementi non incidenti sulla determinazione del tributo, si applica la sanzione da euro 258,23 a euro 1.032,91. La stessa sanzione si applica per la mancata allegazione alle dichiarazioni dei documenti prescritti o dei prospetti rilevanti ai fini della liquidazione delle imposte ipotecaria e catastale, di bollo, delle tasse ipotecarie e dell'imposta sostitutiva di quella comunale sull'incremento di valore degli immobili, ovvero nel caso di inesattezza o di irregolarità dei prospetti medesimi. La sanzione è ridotta alla metà se si provvede alla regolarizzazione nel termine di sessanta giorni dalla richiesta dell'ufficio";

f) l'art. 53 è sostituito dal seguente:

"**Art. 53 Altre violazioni**. – 1. **L'erede o il legatario**, al quale sono stati devoluti **beni culturali**, è punito, nei casi previsti nell'art. 13, comma 4, con la sanzione amministrativa **dal cento al duecento per cento** dell'imposta o della maggiore imposta dovuta ai sensi dell'art. 32 o dell'art. 35, in dipendenza **della inclusione dei beni nell'attivo ereditario o della esclusione della riduzione d'imposta** di cui all'art. 25, comma 2.

2. Chi viola i divieti stabiliti dall'art. 48, commi da 2 a 4, o non adempie all'obbligo di cui al comma 5 dello stesso articolo, è punito con la sanzione amministrativa dal cento al duecento per cento dell'imposta o della maggior imposta dovuta in relazione ai beni e ai diritti ai quali si riferisce la violazione.

3. In caso di violazione delle disposizioni di cui all'art. 48, comma 6, i soggetti ivi indicati ovvero quelli indicati nel successivo comma 7, nonché i concedenti o i depositari, sono puniti con la sanzione amministrativa a euro 258,23 a euro 2.065,83, del pari applicabile a chi:

a) **non** ottempera alle **richieste dell'ufficio** o comunica **dati incompleti o infedeli**;

b) dichiara di **non possedere, rifiuta di esibire o sottrae all'ispezione** documenti o scritture, ancorché non obbligatori, dei quali **risulti con certezza l'esistenza**;

c) rifiuta di sottoscrivere l'attestazione di cui all'art. 23, comma 3, di consegnare agli obbligati alla dichiarazione i titoli delle passività o non permette che ne sia fatta copia autentica, di consegnare o di rilasciare agli stessi gli estratti e le copie autentiche di cui all'art. 23 e all'art. 30, comma 1.

4. La **sanzione** indicata nei commi 2 e 3 è **raddoppiata** per la violazione di obblighi o di divieti posti a carico di **pubblici ufficiali** o di **pubblici impiegati**, ovvero di **banche, società di credito o di intermediazione o dell'Ente poste italiane**. Fino a prova contraria, si presume che **autori** della violazione siano **i legali rappresentanti** delle banche, società o enti";

g) l'art. 54 è sostituito dal seguente:

"**Art. 54 Determinazione della sanzione pecuniaria.** – 1. Nella determinazione della sanzione commisurata all'imposta o alla maggiore imposta, questa è **assunta al netto delle riduzioni e delle detrazioni** di cui agli artt. 25 e 26";

h) l'art. 52 è abrogato.

Art. 3. Sanzioni in materia di imposta sull'incremento di valore degli immobili. – 1. Al decreto del Presidente della Repubblica 26 ottobre 1972, n. 643, recante l'istituzione dell'imposta comunale sull'incremento di valore degli immobili, sono apportate le seguenti modificazioni:

a) l'art. 23 è sostituito dal seguente:

"**Art. 23 Sanzioni per omessa o infedele dichiarazione.** – 1. Per l'omessa dichiarazione prevista dall'art. 18, primo e sesto comma, si applica la sanzione amministrativa dal **centoventi** al **duecentoquaranta** per cento dell'imposta dovuta.

2. Per l'omessa o infedele indicazione dei dati e degli elementi rilevanti per la determinazione dell'imponibile, si applica la sanzione amministrativa dal cento al duecento per cento dell'imposta o della maggiore imposta dovuta. Se rileva l'incremento di valore, si tiene conto, per la sua determinazione, del valore iniziale già definito ai sensi dell'art. 6, secondo e quarto comma.

3. La sanzione di cui al comma 2 **non** si applica se il **valore** definitivamente **accertato non supera di un quarto** quello **dichiarato**.

4. L'omessa o infedele indicazione di dati diversi da quelli di cui al comma 2, ovvero la mancata allegazione dei documenti prescritti, è punita con sanzione amministrativa da euro 258,23 a euro 2.065,83.

5. I notai o gli altri pubblici ufficiali che non hanno richiesto o non hanno prodotto la dichiarazione sono puniti con la sanzione amministrativa da euro 516,46 a euro 5.164,57";

b) l'art. 24 è abrogato.

Art. 4. Sanzioni in materia di imposte ipotecaria e catastale. – 1. Al Testo Unico delle disposizioni concernenti le imposte ipotecaria e catastale, approvato con decreto legislativo 31 ottobre 1990, n. 347, sono apportate le seguenti modificazioni:

a) l'art. 9 è sostituito dal seguente:

"**Art. 9 Sanzioni.** – 1. Chi **omette la richiesta di trascrizione o le annotazioni obbligatorie** è punito con la sanzione amministrativa dal **cento** al **duecento per cento** dell'imposta.

2. Se l'omissione riguarda trascrizioni o annotazioni soggette ad imposta fissa o non soggette ad imposta o da eseguirsi a debito, ovvero per le quali l'imposta è stata già pagata entro il termine stabilito, si applica la sanzione amministrativa da euro 103,29 a euro 2.065,83";

b) all'art. 17, nel comma 3, le parole "Le soprattasse e le pene pecuniarie" sono sostituite dalle seguenti: "Le sanzioni amministrative" e nel comma 5 le parole ", soprattasse e pene pecuniarie" sono sostituite dalle seguenti: "e sanzioni amministrative";

c) è abrogato il comma 3-*bis* dell'art. 9, introdotto dall'art. 11, comma 2, lettera b) del decreto-legge 28 marzo 1997, n. 79, convertito, con modificazioni dalla legge 28 maggio 1997, n. 140.

Capo II

Sanzioni in materia di imposta di bollo, imposta sulle assicurazioni private e contratti vitalizi, imposta sugli spettacoli, tasse sulle concessioni governative e sui contratti di borsa

Art. 5. Sanzioni in materia di imposta di bollo. – 1. Al decreto del Presidente della Repubblica 26 ottobre 1972, n. 642, recante disciplina dell'imposta di bollo, sono apportate le seguenti modificazioni:

a) nell'art. 20, secondo comma, nell'art. 34, primo comma, e nell'art. 38, primo comma, le parole "pene pecuniarie" sono sostituite dalle seguenti: "sanzioni amministrative";

b) nell'art. 22, primo comma, le parole "soprattasse e pene pecuniarie" sono sostituite dalle seguenti: "sanzioni amministrative";

c) nell'art. 31, secondo comma, le parole "pena pecuniaria" sono sostituite dalle seguenti: "sanzione amministrativa";

d) nell'art. 32, quarto comma, la parola "penalità" è sostituita dalle seguenti: "sanzione amministrativa";

e) nell'art. 37, terzo comma, la parola "soprattasse" è sostituita dalle seguenti: "sanzioni amministrative";

f) l'art. 24 è sostituito dal seguente:

"**Art. 24 Sanzioni a carico di soggetti tenuti a specifici adempimenti**. – 1. L'inosservanza degli obblighi stabiliti dall'art. 19 è punita, per ogni atto, documento o registro, con sanzione amministrativa da euro 103,29 a euro 206,58";

g) l'art. 25 è sostituito dal seguente:

"**Art. 25 Omesso od insufficiente pagamento dell'imposta ed omessa o infedele dichiarazione di conguaglio**. – 1. Chi **non** corrisponde, in tutto o in parte, **l'imposta di bollo** dovuta sin dall'origine è soggetto, oltre al pagamento del tributo, ad una sanzione amministrativa dal **cento** al **cinquecento per cento** dell'imposta o della maggiore imposta.

2. Salvo quanto previsto dall'art. 32, secondo comma, della legge 24 maggio 1977, n. 227, le **violazioni relative** alle **cambiali** sono punite con la sanzione amministrativa da **due** a **dieci volte** l'imposta, con un minimo di euro 103,29.

3. L'omessa o infedele dichiarazione di conguaglio prevista dal quinto e dall'ultimo comma dell'art. 15 è punita con la sanzione amministrativa dal cento al duecento per cento dell'imposta dovuta";

h) l'art. 26 è sostituito dal seguente:

"**Art. 26 Violazioni in materia di uso delle macchine bollatrici**. – 1. L'utente delle macchine bollatrici che non osservi i divieti di cui all'ultimo comma dell'art. 14 è punito con la sanzione amministrativa da euro 516,46 a euro 5.164,57";

i) nell'art. 33, al primo comma, sono soppresse le parole "e soprattasse" e al quarto comma sono soppresse le parole "e delle soprattasse";

l) sono abrogati il terzo comma dell'art. 22, il primo comma dell'art. 27 e gli artt. 28, 29 e 34.

Art. 6. Sanzioni in materia di imposta sulle assicurazioni private e di contratti vitalizi. – 1. Alla legge 29 ottobre 1961, n. 1216, recante disposizioni tributarie in materia di assicurazioni private e di contratti vitalizi, sono apportate le seguenti modificazioni:

a) l'art. 24 è sostituito dal seguente:

"**Art. 24 Sanzioni**. – 1. Le violazioni alle disposizioni della presente legge sono punite con le seguenti sanzioni amministrative:

a) omessa tenuta e conservazione dei registri dei premi secondo le previsioni degli artt. 5, 6, 8 e 14 o loro mancata vidimazione, da euro 2.065,83 a euro 5.164,57;

b) omessa iscrizione nei registri dei premi di partite soggette ad imposta, dal cento al duecento per cento dell'imposta dovuta sulle partite non registrate;

c) infedele indicazione dell'imponibile o della specie di assicurazione nei registri dei premi, dal duecento al quattrocento per cento dell'imposta dovuta sulla somma occultata o indicata come soggetta ad imposta o dovuta in più per differenza di aliquota;

d) mancata esibizione dei registri dei premi nei casi di cui agli artt. 12 e 14 e violazione delle altre disposizioni contemplate nello stesso art. 12, da euro 1.032,91 a euro 4.131,66;

e) infedele indicazione dell'imponibile nelle polizze di assicurazione, nei contratti di rendita vitalizia e nelle relative ricevute, dal duecento al quattrocento per cento dell'imposta dovuta sulla somma occultata, con un minimo di euro 103,29;

f) inosservanza delle disposizioni di cui alle lettere a) e b) del secondo comma dell'art. 6, da euro 103,29 a euro 516,46;

g) mancata conservazione degli originari rendiconti di cui alla lettera c) del secondo comma dell'art. 6 e degli originari contratti prescritti dall'ultimo comma dell'art. 8, da euro 103,29 a euro 516,46;

h) omessa presentazione nel prescritto termine della denunzia di cui agli artt. 9, 11 e 15, dal cento al duecento per cento dell'imposta dovuta sulla somma non denunziata, con un minimo di euro 103,29;

i) infedele denunzia di cui agli artt. 9, 11, 15, dal duecento al quattrocento per cento dell'imposta dovuta sulla somma occultata, con un minimo di euro 103,29;

l) mancata presentazione all'ufficio del registro, prescritta dall'art. 10, delle polizze, certificati e delle appendici relative ad assicurazioni marittime, da euro 103,29 a euro 516,46;

m) inosservanza delle disposizioni di cui al secondo comma dell'art. 17, da euro 103,29 a euro 516,46 a carico dell'assicuratore. L'assicuratore che si faccia rifondere un importo maggiore di quello dovuto, è altresì punito con sanzione amministrativa da euro 103,29 a euro 1.032,91 ed è obbligato a rimborsare al contraente la somma indebitamente percetta;

n) omessa presentazione nei prescritti termini della denunzia di cui all'art. 20, da euro 258,23 a euro 1.032,91";

b) sono abrogati l'art. 25 e il primo comma dell'art. 28.

Art. 7. Sanzioni in materia di imposte sugli spettacoli. – 1. Al decreto del Presidente della Repubblica 26 ottobre 1972, n. 640, come modificato dal decreto legislativo 26 febbraio 1999, n. 60, concernente l'imposta sugli intrattenimenti, sono apportate le seguenti modificazioni:

a) l'art. 32 è sostituito dal seguente:

"**Art. 32 Sanzioni amministrative per violazioni concernenti la fatturazione e l'annotazione delle operazioni, nonché la presentazione della dichiarazione e il rilascio di titoli di accesso**. – 1. Per l'omessa fatturazione o annotazione delle operazioni indicate nell'art. 1, comma 1, del decreto del Presidente della Repubblica 30 dicembre 1999, n. 544, si applica la sanzione compresa fra il cento e il duecento per cento dell'imposta relativa all'imponibile non correttamente documentato o registrato, con un minimo di euro 516,46. Alla stessa sanzione, commisurata all'imposta, è soggetto chi indica nella documentazione o nell'annotazione un'imposta inferiore a quella dovuta.

2. Per **l'omessa presentazione della dichiarazione** prescritta dagli artt. 2 e 3 del decreto del Presidente della Repubblica 30 dicembre 1999, n. 544, o per la presentazione della stessa con **indicazione di importi inferiori** a quelli reali si applica la sanzione compresa fra il cento e il duecento per cento dell'imposta o della maggiore imposta dovuta, con un minimo di euro 258,23.

3. Per il mancato rilascio dei titoli di accesso o dei documenti di certificazione dei corrispettivi, ovvero per l'emissione degli stessi per importi inferiori a quelli reali, si applica la sanzione pari al cento per cento dell'imposta corrispondente all'importo non documentato. La stessa sanzione si applica in caso di omesse annotazioni su apposito registro dei corrispettivi relativi a ciascuna operazione in caso di mancato o irregolare funzionamento degli apparecchi misuratori fiscali";

b) l'art. 33 è sostituito dal seguente:

"**Art. 33 Altre violazioni**. – 1. Si applica la sanzione da euro 258,23 a euro 1.032,91 per:

a) l'irregolare certificazione dei corrispettivi;

b) la mancata o irregolare tenuta o conservazione dei registri e dei documenti obbligatori;

c) l'omessa comunicazione degli intermediari incaricati della vendita dei titoli di accesso;

d) la mancata emissione del documento riepilogativo degli incassi;

e) l'omessa o infedele dichiarazione di effettuazione di attività;

f) la mancata o irregolare compilazione delle distinte di contabilizzazione dei proventi delle case da gioco;

g) l'omessa o infedele fornitura dei dati di cui all'art. 74-*quater*, comma 6, del decreto del Presidente della Repubblica 26 ottobre 1972, n. 633;

h) l'omessa o infedele comunicazione del numero e degli importi degli abbonamenti al concessionario di cui all'art. 17 del decreto del Presidente della Repubblica 26 ottobre 1972, n. 640, o all'ufficio delle entrate competente.

2. Per l'omessa installazione degli apparecchi misuratori fiscali o delle biglietterie automatizzate si applica la sanzione da euro 1.032,91 a euro 4.131,66.

3. La mancata tempestiva richiesta di intervento per la manutenzione dei misuratori fiscali è punita con la sanzione da euro 258,23 a euro 2.065,83.

4. Al destinatario del titolo di accesso o del documento di certificazione dei corrispettivi che, a richiesta degli organi accertatori, nel luogo di effettuazione dell'operazione o nelle immediate adiacenze, non esibisce predetti documenti o li esibisce con indicazione di corrispettivi inferiori a quelli reali, si applica la sanzione da euro 51,65 a euro 1.032,91".

2. Restano ferme le sanzioni amministrative applicabili in materia di imposta sugli spettacoli – fino al 31 dicembre 1999, per le violazioni riguardanti gli apparecchi da divertimento per i quali l'imposta sugli intrattenimenti è determinata con le modalità previste dal decreto ministeriale 12 aprile 1990.

3. Competente alla irrogazione delle sanzioni amministrative in materia di imposta sugli intrattenimenti è l'ufficio delle entrate nella cui circoscrizione si trova il domicilio fiscale del contribuente.

Art. 8. Sanzioni in materia di tasse sulle concessioni governative. – 1. Al decreto del Presidente della Repubblica 26 ottobre 1972, n. 641, recante la disciplina delle tasse sulle concessioni governative, sono apportate le seguenti modificazioni:

a) l'art. 9 è sostituito dal seguente:

"**Art. 9 Sanzioni**. – 1. Chi esercita un'attività per la quale è necessario un atto soggetto a tassa sulle concessioni governative senza aver ottenuto l'atto stesso o assolta la relativa tassa è punito con la sanzione amministrativa dal cento al duecento per cento della tassa medesima e, in ogni caso, non inferiore a euro 103,29.

2. Il pubblico ufficiale che emette atti soggetti a tasse sulle concessioni governative senza che sia stato effettuato pagamento del tributo è punito con la sanzione amministrativa da euro 103,29 a euro 516,46 ed è tenuto al pagamento del tributo medesimo, salvo regresso";

b) nell'art. 10 il primo comma è abrogato e al terzo comma le parole "pene pecuniarie" sono sostituite dalle seguenti: "sanzioni amministrative";

c) nell'art. 11, al primo e al terzo comma, le parole "e delle soprattasse" sono soppresse.

Art. 9. Sanzioni in materia di tasse sui contratti di borsa. – 1. Al regio decreto 30 dicembre 1923, n. 3278, concernente le tasse sui contratti di borsa, sono apportate le seguenti modificazioni:

a) all'art. 16, nel terzo comma, le parole "con la pena pecuniaria da euro 4,13 a euro 10,33" sono sostituite dalle seguenti: "con la sanzione amministrativa da euro 103,29 a euro 516,46";

b) nella rubrica del titolo X, le parole "Disposizioni penali" sono sostituite dalla seguente: "Sanzioni";

c) all'art. 17 sono apportate le seguenti modificazioni:

1) il primo comma è sostituito dal seguente: "Per le violazioni delle disposizioni contenute negli artt. da 2 a 9, 11, secondo comma, e 13, primo comma, si applica la sanzione amministrativa da euro 103,29 a euro 516,46";

2) il terzo comma è abrogato;

3) nel sesto comma, le parole "la sanzione amministrativa di euro 15,49" sono sostituite dalle seguenti: "la sanzione amministrativa da euro 516,46 a euro 1.032,91";

d) all'art. 20, nel primo comma, le parole "pena pecuniaria di euro 10,33" sono sostituite dalle seguenti: "sanzione amministrativa da euro 258,23 a euro 1.032,91";

e) all'art. 21, dopo il secondo comma, è aggiunto il seguente: "Alle violazioni delle disposizioni previste dal presente decreto, si applicano altresì, in quanto compatibili, le disposizioni contemplate nel titolo VI del decreto del Presidente della Repubblica 26 ottobre 1972, n. 642".

3. [recte: 2] Il comma 2 dell'art. 9 del decreto-legge 30 dicembre 1991, n. 417, convertito, con modificazioni, dalla legge 6 febbraio 1992, n. 66, è abrogato.

CAPO III
SANZIONI IN MATERIA DI TRIBUTI DOGANALI E DI IMPOSTE SULLA PRODUZIONE E SUI CONSUMI

Art. 10. Sanzioni in materia di tributi doganali e di imposte sulla produzione e sui consumi. – 1. Al Testo Unico delle disposizioni legislative in materia doganale, approvato con decreto del Presidente della Repubblica 23 gennaio 1973, n. 43, sono apportate le seguenti modificazioni:

a) negli artt. 303, terzo comma, secondo periodo, 304, secondo comma, 309, primo comma, e 315, primo comma, le parole "pena pecuniaria" sono sostituite dalle seguenti: "sanzione amministrativa";

b) nell'art. 307, primo comma, le parole "la pena stabilita nell'art. 305 è aumentata in misura non minore di euro 10,33 e non maggiore di euro 12,39" sono sostituite dalle seguenti: "la sanzione amministrativa stabilita nell'art. 305 è aumentata in misura non minore di euro 103,29 e non maggiore di euro 516,46";

c) nell'art. 314, primo comma, le parole "in luogo della sanzione amministrativa, la pena pecuniaria" sono sostituite dalle seguenti: "la sanzione amministrativa";

d) l'art. 322 è abrogato;

e) all'art. 325 sono apportate le seguenti modificazioni:

1) nel terzo comma, le parole "pene pecuniarie" sono sostituite dalle seguenti: "sanzioni amministrative";

2) nel quarto comma, le parole da "ovvero all'intendente di finanza" a "pena pecuniaria" sono sostituite dalle seguenti: "ovvero al capo della dogana della circoscrizione in cui la violazione è stata accertata, rispettivamente competenti per il procedimento penale o per quello relativo all'applicazione della sanzione amministrativa";

f) all'art. 326, primo comma, secondo periodo, le parole da "ovvero all'intendente di finanza" a "pena pecuniaria" sono sostituite dalle seguenti: "ovvero al capo della dogana della circoscrizione in cui la violazione è stata accertata, rispettivamente competenti per il procedimento penale o per quello relativo all'applicazione della sanzione amministrativa".

2. Le sanzioni previste dagli artt. 302, terzo comma, 303, primo comma, 319, primo comma, e 320, primo comma, del Testo Unico delle disposizioni legislative

in materia doganale, approvato con decreto del Presidente della Repubblica 23 gennaio 1973, n. 43, sono elevate, nel minimo, a euro 103,29 e, nel massimo, a euro 516,46. La sanzione prevista nell'art. 318 dello stesso Testo Unico è elevata, nel minimo, a 258,23 euro e, nel massimo, a euro 2.582,28; la sanzione prevista dall'art. 315 del medesimo Testo Unico è elevata, nel minimo, a euro 516,46 e, nel massimo, a euro 5.164,57. Restano ferme le disposizioni contenute nel regio decreto 13 febbraio 1896, n. 65, concernenti violazioni per le quali è prevista una sanzione amministrativa.

3. I richiami all'art. 15 della legge 7 gennaio 1929, n. 4, presenti negli artt. 325, quarto comma, e 326, primo comma, primo periodo, del Testo Unico delle disposizioni legislative in materia doganale, approvato con decreto del Presidente della Repubblica 23 gennaio 1973, n. 43, si intendono riferiti alle corrispondenti disposizioni contenute nella disciplina generale sulle sanzioni amministrative per violazioni alle norme tributarie.

4. Al Testo Unico delle disposizioni legislative concernenti le imposte sulla produzione e sui consumi e le relative sanzioni penali e amministrative, approvato con decreto legislativo 26 ottobre 1995, n. 504, sono apportate le seguenti modificazioni:

a) all'art. 48, comma 2, primo periodo, dopo le parole "non giustificate dalla prescritta documentazione,", sono inserite le seguenti: "in aggiunta al pagamento del tributo";

b) all'art. 49, il comma 6, è sostituito dal seguente: "6. Qualora sia stabilita l'utilizzazione di documenti di cui all'art. 1, primo comma, del decreto del Presidente della Repubblica 6 ottobre 1978, n. 627, quali documenti di accompagnamento specifici dei prodotti soggetti ad accisa, si applicano, in luogo delle sanzioni previste nel medesimo decreto, quelle contemplate nel presente articolo".

CAPO IV

SANZIONI IN MATERIA DI TRIBUTI LOCALI

Art. 11. Sanzioni previste dal Testo Unico per la finanza locale. – 1. Al Testo Unico per la finanza locale, approvato con regio decreto 14 settembre 1931, n. 1175, sono apportate le seguenti modificazioni:

a) l'art. 292 è sostituito dal seguente:

"**Art. 292 Sanzioni amministrative**. – 1. Per l'omessa presentazione delle denunzie di cui all'art. 274 si applica la sanzione amministrativa pari all'ammontare del tributo dovuto.

2. Per **la denuncia incompleta o infedele** si applica la sanzione **dell'ottanta per cento** dell'ammontare della maggiore tassa dovuta. Se l'errore o l'omissione attengono ad elementi non incidenti sulla determinazione di questa, si applica la sanzione da euro 51,65 a euro 516,46";

b) l'art. 296 è abrogato.

Art. 12. Sanzioni in materia di imposta comunale sulla pubblicità e diritto sulle pubbliche affissioni, di tassa per l'occupazione di spazi ed aree pubbliche e di tassa per lo smaltimento dei rifiuti solidi urbani. – 1. Al decreto legislativo 15 novembre 1993, n. 507, sono apportate le seguenti modificazioni:

a) l'art. 23, concernente le sanzioni relative all'imposta comunale sulla pubblicità, è sostituito dal seguente:

"**Art. 23 Sanzioni ed interessi**. – 1. Per l'**omessa presentazione** della **dichiarazione** di cui all'art. 8 si applica la sanzione amministrativa dal **cento** al **duecento per cento** dell'imposta o del diritto dovuti, con un minimo euro 51,65.

2. Per la **dichiarazione infedele** si applica la sanzione amministrativa dal **cinquanta** al **cento per cento** della maggiore imposta o diritto dovuti. Se l'errore o l'omissione attengono ad elementi non incidenti sulla determinazione di questi,

si applica la sanzione da euro 51,65 a 258,23 euro.

3. Le sanzioni indicate nei commi 1 e 2 sono **ridotte** ad **un quarto** se, entro il termine per ricorrere alle commissioni tributarie, interviene **adesione del contribuente** con il **pagamento dell'imposta** o del diritto, se dovuti, e della sanzione.

4. Sulle somme dovute per l'imposta sulla pubblicità e per il diritto sulle pubbliche affissioni si applicano interessi di mora nella misura del sette per cento per ogni semestre compiuto, con decorrenza dal giorno in cui detti importi sono divenuti esigibili; interessi nella stessa misura spettano al contribuente per le somme ad esso dovute a decorrere dalla data dell'eseguito pagamento";

b) nell'art. 24, primo comma, secondo periodo, le parole "si osservano le norme contenute nelle sezioni I e II del capo I della legge 24 novembre 1981, n. 689" sono sostituite dalle seguenti: "si osserva la disciplina generale delle sanzioni amministrative per le violazioni delle norme tributarie";

c) l'art. 53, concernente le sanzioni relative alla tassa per l'occupazione di spazi e aree pubbliche, è sostituito dal seguente:

"**Art. 53 Sanzioni ed interessi**. – 1. Per **l'omessa presentazione della denuncia** si applica la sanzione amministrativa dal **cento** al **duecento per cento** della tassa dovuta, con un minimo di euro 51,65.

2. Per **la denuncia infedele** si applica la sanzione **dal cinquanta al cento per cento** della maggiore tassa dovuta. Se l'errore o l'omissione attengono ad elementi non incidenti sulla determinazione di questa, si applica la sanzione da euro 51,65 a euro 258,23.

3. Le sanzioni indicate nei commi 1 e 2 sono **ridotte ad un quarto** se, entro il termine per ricorrere alle commissioni tributarie, interviene **adesione del contribuente con il pagamento** della **tassa**, se dovuta, e della sanzione.

4. Sulle somme dovute a titolo di tassa si applicano interessi moratori in ragione del sette per cento per ogni semestre compiuto";

d) l'art. 76, concernente le sanzioni relative alla tassa per lo smaltimento dei rifiuti solidi interni, è sostituito dal seguente:

"**Art. 76 Sanzioni ed interessi**. – 1. Per **l'omessa presentazione** della **denuncia**, anche di variazione, si applica la sanzione amministrativa dal **cento** al **duecento per cento** della tassa o della maggiore tassa dovuta.

2. Se **la denuncia** è **infedele** si applica la sanzione dal **cinquanta** al **cento per cento** della maggiore tassa dovuta. Se l'omissione o l'errore attengono ad elementi non incidenti sull'ammontare della tassa, si applica la sanzione amministrativa da euro 51,65 a euro 258,23. La stessa sanzione si applica per le violazioni concernenti la mancata esibizione o trasmissione di atti e documenti o dell'elenco di cui all'art. 63, comma 4, ovvero per la mancata restituzione di questionari nei sessanta giorni dalla richiesta o per la loro mancata compilazione o compilazione incompleta o infedele.

3. Le sanzioni indicate nei commi 1 e 2 sono **ridotte ad un quarto** se, entro il termine per ricorrere alle commissioni tributarie, interviene **adesione del contribuente all'avviso di accertamento**.

4. La **contestazione** della violazione non collegata all'ammontare del tributo deve avvenire, a pena di decadenza, **entro il 31 dicembre del quinto anno successivo** a quello in cui è commessa la violazione.

5. Sulle somme dovute a titolo di tributo e addizionale si applicano interessi per ritardata iscrizione a ruolo nella misura del sette per cento semestrale, a decorrere dal semestre successivo a quello in cui doveva essere eseguito il pagamento e fino alla data di consegna dei ruoli alla direzione regionale delle

entrate nei quali è effettuata l'iscrizione delle somme predette".

Art. 13. Sanzioni in materia di imposta comunale per l'esercizio di imprese e di arti e professioni. – 1. Al decreto-legge 2 marzo 1989, n. 66, convertito, con modificazioni, dalla legge 24 aprile 1989, n. 144, concernente, tra l'altro, l'istituzione dell'imposta comunale per l'esercizio di imprese e di arti e professioni, sono apportate le seguenti modificazioni:

a) all'art. 4, l'ultimo comma è abrogato;

b) l'art. 5 è sostituito dal seguente:

"**Art. 5 Sanzioni ed interessi**. – 1. Per **l'omessa presentazione della denuncia** si applica la sanzione amministrativa dal **cento** al **duecento per cento** dell'ammontare del tributo dovuto, con un minimo di euro 51,65.

2. Se la **denuncia** è **infedele** si applica la sanzione amministrativa dal **cinquanta** al **cento per cento** della maggiore imposta dovuta.

3. Se l'omissione o l'errore attengono ad elementi non incidenti sull'ammontare dell'imposta, si applica la sanzione amministrativa da euro 51,65 a euro 258,23. La stessa sanzione si applica per le violazioni concernenti la mancata esibizione o trasmissione di atti e documenti, ovvero per la mancata restituzione di questionari nei sessanta giorni dalla richiesta o per la loro mancata compilazione o compilazione incompleta o infedele.

4. Le sanzioni indicate nei commi 1, 2 e 3 sono **ridotte ad un quarto** se, entro il termine per ricorrere alle commissioni tributarie, interviene **adesione del contribuente con il pagamento del tributo**, se dovuto, e della sanzione.

5. La contestazione della violazione non collegata all'ammontare del tributo deve avvenire, a pena di decadenza, **entro il 31 dicembre** del **quinto anno successivo** a quello in cui è commessa la violazione.

6. Sulle somme dovute per imposta si applicano gli interessi di mora nella misura prevista dall'art. 7, comma 3, della legge 11 marzo 1988, n. 67".

Art. 14. Sanzioni in materia di imposta comunale sugli immobili. – 1. L'art. 14 del decreto legislativo 30 dicembre 1992, n. 504, concernente le sanzioni e gli interessi relativi all'imposta comunale sugli immobili, è sostituito dal seguente:

"**Art. 14 Sanzioni ed interessi**. – 1. Per **l'omessa presentazione della dichiarazione o denuncia** si applica la sanzione amministrativa dal **cento** al **duecento per cento** del tributo dovuto, con un minimo di euro 51,65.

2. Se **la dichiarazione** o la **denuncia** sono **infedeli** si applica la sanzione amministrativa dal **cinquanta** al **cento per cento** della maggiore imposta dovuta.

3. Se l'omissione o l'errore attengono ad elementi non incidenti sull'ammontare dell'imposta, si applica la sanzione amministrativa da euro 51,65 a euro 258,23. La stessa sanzione si applica per le violazioni concernenti la mancata esibizione o trasmissione di atti e documenti, ovvero per la mancata restituzione di questionari nei sessanta giorni dalla richiesta o per la loro mancata compilazione o compilazione incompleta o infedele.

4. Le sanzioni indicate nei commi 1 e 2 sono **ridotte ad un quarto** se, entro il termine per ricorrere alle commissioni tributarie, interviene **adesione del contribuente con il pagamento del tributo**, se dovuto, e della sanzione.

5. La contestazione della violazione non collegata all'ammontare del tributo deve avvenire, a pena di decadenza, **entro il 31 dicembre del quinto anno successivo** a quello in cui è commessa la violazione.

6. Sulle somme dovute per imposta si applicano gli interessi moratori nella misura del sette per cento per ogni semestre compiuto".

Art. 15. Sanzioni in materia di tributo speciale per il deposito in discarica dei rifiuti solidi. – 1. L'art. 3, comma 31, della legge 28 dicembre 1995, n. 549, concernente le sanzioni relative al tributo speciale per il deposito in discarica dei rifiuti solidi, è sostituito dal seguente:

"31. Per l'omessa o infedele registrazione delle operazioni di conferimento in discarica, ferme restando le sanzioni stabilite per le violazioni di altre norme, si applica la sanzione amministrativa dal duecento al quattrocento per cento del tributo relativo all'operazione. Per l'omessa o infedele dichiarazione si applica la sanzione da euro 103,29 a euro 516,46. Le sanzioni sono ridotte ad un quarto se, entro il termine per ricorrere alle commissioni tributarie, interviene adesione del contribuente e contestuale pagamento del tributo, se dovuto, e della sanzione".

Art. 16. Norme applicabili. – 1. Alle violazioni delle norme in materia di **tributi locali** si applica la **disciplina generale** sulle sanzioni amministrative per la violazione delle **norme tributarie**, compresa la disciplina transitoria concernente i procedimenti in corso.

CAPO V
SANZIONI IN MATERIA DI TASSE AUTOMOBILISTICHE E ABBONAMENTI ALLE RADIOAUDIZIONI E ALLA TELEVISIONE

Art. 17. Sanzioni in materia di tasse sul possesso di autoveicoli. – 1. Alla legge 24 gennaio 1978, n. 27, che ha apportato modifiche al sistema sanzionatorio in materia di tasse automobilistiche, la parola: "soprattassa" ovunque ricorrente, è sostituita dalle seguenti: "sanzione amministrativa".

2. Sono abrogati i numeri 1, 2, 3, 4, 9 e 10 della tabella annessa alla stessa legge, il comma quarantanovesimo dell'art. 5 del decreto-legge 30 dicembre 1982, n. 953, convertito, con modificazioni, dalla legge 28 febbraio 1983, n. 53, nonché ogni altra disposizione della medesima legge 24 gennaio 1978, n. 27, che risulta in contrasto con le norme del presente decreto e dei decreti legislativi 18 dicembre 1997, numeri 471 e 472.

3. La sanzione prevista nei punti 5, 6, 7, 8 e 11 della predetta tabella è determinata nel minimo di euro 103,29 e nel massimo di euro 516,46.

Art. 18. Sanzioni in materia di abbonamenti alle radioaudizioni. – 1. L'art. 8 della legge 15 dicembre 1967, n. 1235, concernente le sanzioni in materia di abbonamenti alle radioaudizioni, è sostituito dal seguente:

"**Art. 8 Sanzioni**. – 1. Chiunque **omette di contrarre l'abbonamento all'autoradio** ai sensi della presente legge è soggetto, oltre al pagamento dell'importo dell'abbonamento dovuto, alla sanzione amministrativa da euro 51,65 a euro 258,23".

Art. 19. Sanzioni in materia di abbonamento alla televisione. – 1. Al regio decreto-legge 21 febbraio 1938, n. 246, convertito dalla legge 4 giugno 1938, n. 880, e successive modificazioni, sono apportate le seguenti modificazioni:

a) all'art. 20, nel primo e nel secondo comma, la parola "soprattassa" è sostituita dalle parole "sanzione amministrativa";

b) gli artt. 21 e 23 sono abrogati.

2. Le sanzioni previste nel comma 1 assorbono quelle comminate per l'omesso o ritardato pagamento della tassa di concessione governativa prevista nell'art. 9 del decreto del Presidente della Repubblica 26 ottobre 1972, n. 641, e nell'art. 8 del presente decreto.

3. La sanzione risultante dalla depenalizzazione dell'ammenda di cui all'art. 19 del regio decreto-legge 21 febbraio 1938, n. 246, convertito dalla legge 4 giugno

1938, n. 880, e successive modificazioni, è sostituita con sanzione amministrativa da euro 103,29 a euro 516,46; le pene pecuniarie previste dall'art. 22 del citato regio decreto-legge sono sostituite con la sanzione amministrativa da euro 51,65 a euro 258,23.

CAPO VI
SANZIONI RELATIVE ALL'ANAGRAFE TRIBUTARIA E CODICE FISCALE

Art. 20. Sanzioni in materia di anagrafe tributaria e codice fiscale. – 1. Al decreto del Presidente della Repubblica 29 settembre 1973, n. 605, recante disposizioni relative all'anagrafe tributaria e al codice fiscale dei contribuenti, sono apportate le seguenti modificazioni:

a) l'art. 13 è sostituito dal seguente:

"**Art. 13 Sanzioni.** – 1. È punito con la sanzione amministrativa da euro 103,29 a euro 2.065,83 chi:

a) non richiede entro i termini prescritti ovvero, salvo i casi in cui ciò sia espressamente previsto, richiede più volte l'attribuzione del numero del codice fiscale;

b) omette di indicare o indica in maniera inesatta il proprio numero di codice fiscale ovvero indica quello provvisorio dopo, aver ricevuto la comunicazione del numero definitivo o quello emesso in data meno recente;

c) non comunica a terzi ovvero comunica in maniera inesatta il proprio numero di codice fiscale,

d) omette di indicare il numero di codice fiscale comunicato da altri soggetti;

e) non presenta entro il termine prescritto dall'art. 21 la richiesta di integrazione degli atti o delle iscrizioni ivi previste;

f) non ottempera in qualità di pubblico ufficiale alla previsione disposta dall'art. 11;

g) non restituisce nel termine prescritto i questionari indicati all'art. 8.

2. Chi omette le comunicazioni previste dall'art. 7, dal terzo comma dell'art. 16 e dal primo e dal terzo comma dell'art. 20 è punito con la sanzione amministrativa da euro 206,58 a euro 5.164,57; la sanzione è ridotta alla metà in caso di comunicazioni incomplete o inesatte";

b) l'art. 14 è sostituito dal seguente:

"**Art. 14 Applicazione della sanzione.** – 1. Le sanzioni amministrative previste nell'art. 13 sono irrogate dagli uffici delle entrate o dalle conservatorie dei registri immobiliari. Si applica la disciplina sul procedimento prevista nelle disposizioni generali sulle sanzioni amministrative per la violazione di norme tributarie.

2. Fino all'attivazione degli uffici delle entrate, le sanzioni sono irrogate, in relazione alle rispettive competenze, dagli uffici distrettuali delle imposte dirette, dagli uffici provinciali dell'imposta sul valore aggiunto, dagli uffici del registro".

CAPO VII
DISPOSIZIONI COMUNI

Art. 21. Entrata in vigore. – 1. Il presente decreto legislativo entra in vigore il 1 aprile 1998.

Il presente decreto, munito del sigillo dello Stato, sarà inserito nella Raccolta ufficiale degli atti normativi della Repubblica italiana.

D.Lgs. 10 marzo 2000, n. 74

Nuova disciplina dei reati in materia di imposte sui redditi e sul valore aggiunto, a norma dell'art. 9 della L. 25 giugno 1999, n. 205

TITOLO I
DEFINIZIONI

Art. 1. Definizioni. – 1. Ai fini del presente decreto legislativo:

a) per "fatture o altri documenti per **operazioni inesistenti**" si intendono le fatture o gli altri documenti **aventi rilievo probatorio** analogo in base alle norme tributarie, emessi a fronte di **operazioni non realmente effettuate** in tutto o in parte o che indicano i corrispettivi o l'imposta sul valore aggiunto in misura superiore a quella reale, ovvero che riferiscono l'operazione a soggetti diversi da quelli effettivi;

b) per "**elementi attivi o passivi**" si intendono **le componenti**, espresse in cifra, che concorrono, in senso positivo o negativo, alla **determinazione del reddito o delle basi imponibili** rilevanti ai fini dell'applicazione delle imposte sui redditi o sul valore aggiunto e le componenti che incidono sulla determinazione dell'imposta dovuta;

c) per "dichiarazioni" si intendono anche le dichiarazioni presentate in qualità di amministratore liquidatore o rappresentante di società, enti o persone fisiche o di sostituto d'imposta, nei casi previsti dalla legge;

d) il "**fine di evadere le imposte**" e il "fine di consentire a terzi l'evasione" si intendono comprensivi, rispettivamente, anche del **fine di conseguire un indebito rimborso o il riconoscimento di un inesistente credito d'imposta**, e del fine di consentirli a terzi;

e) riguardo ai fatti commessi da chi agisce in qualità di amministratore, liquidatore o rappresentante di società, enti o persone fisiche, il "fine di evadere le imposte" ed il "fine di sottrarsi al pagamento" si intendono riferiti alla società, all'ente o alla persona fisica per conto della quale si agisce;

f) per "**imposta evasa**" si intende **la differenza** tra l'imposta effettivamente dovuta e quella indicata nella dichiarazione, ovvero **l'intera imposta** dovuta nel caso di **omessa dichiarazione**, al netto delle somme versate dal contribuente o da terzi a titolo di acconto, di ritenuta o comunque in pagamento di detta imposta prima della presentazione della dichiarazione o della scadenza del relativo termine; non si considera imposta evasa quella teorica e non effettivamente dovuta collegata a una rettifica in diminuzione di perdite dell'esercizio o di perdite pregresse spettanti e utilizzabili;

g) le soglie di punibilità riferite all'imposta evasa si intendono estese anche all'ammontare dell'**indebito rimborso richiesto** o dell'**inesistente credito di imposta** esposto nella dichiarazione;

g-bis) per "**operazioni simulate oggettivamente o soggettivamente**" si intendono le **operazioni** apparenti, diverse da quelle disciplinate dall'art. 10-*bis* della legge 27 luglio 2000, n. 212, **poste in essere con la volontà di non realizzarle in tutto o in parte ovvero le operazioni riferite a soggetti fittiziamente interposti**;

g-ter) per "**mezzi fraudolenti**" si intendono condotte artificiose attive nonché quelle omissive realizzate in violazione di uno specifico obbligo giuridico, che determinano una **falsa rappresentazione della realtà**.

TITOLO II
DELITTI

CAPO I
DELITTI IN MATERIA DI DICHIARAZIONE

Art. 2. Dichiarazione fraudolenta mediante uso di fatture o altri documenti per operazioni inesistenti. – 1. È punito con **la reclusione** da **quattro a otto anni** chiunque, **al fine di evadere le imposte sui redditi** o sul valore aggiunto, **avvalendosi di fatture o altri documenti per operazioni inesistenti**, indica in una delle dichiarazioni relative a dette imposte **elementi passivi fittizi.**

2. Il fatto si considera commesso avvalendosi di fatture o altri documenti per operazioni inesistenti quando tali fatture o documenti sono **registrati nelle scritture contabili obbligatorie**, o sono **detenuti a fine di prova** nei confronti dell'amministrazione finanziaria.

2-*bis*. Se l'ammontare degli elementi passivi fittizi è inferiore a euro centomila, si applica la reclusione da un anno e sei mesi a sei anni.

3. Comma abrogato.

Art. 3. Dichiarazione fraudolenta mediante altri artifici. – 1. Fuori dei casi previsti dall'art. 2, è punito con **la reclusione** da tre a otto anni chiunque, **al fine di evadere le imposte sui redditi** o sul valore aggiunto, compiendo **operazioni simulate oggettivamente o soggettivamente ovvero avvalendosi di documenti falsi o di altri mezzi fraudolenti idonei ad ostacolarne l'accertamento** ed a indurre in errore l'Amministrazione finanziaria, indica in una delle dichiarazioni annuali relative a dette imposte **elementi attivi per un ammontare inferiore** a quello effettivo od **elementi passivi fittizi o crediti e ritenute fittizi**, quando, **congiuntamente**:

a) **l'imposta evasa** è **superiore**, con riferimento **a taluna delle singole imposte, a euro trentamila;**

b) **l'ammontare complessivo degli elementi attivi** sottratti all'imposizione, anche mediante indicazione di elementi passivi fittizi, **è superiore al cinque per cento dell'ammontare complessivo degli elementi attivi** indicati in dichiarazione, o, comunque, **è superiore a euro un milione cinquecentomila**, ovvero **qualora l'ammontare complessivo dei crediti e delle ritenute fittizie in diminuzione dell'imposta, è superiore al cinque per cento dell'ammontare dell'imposta medesima o comunque a euro trentamila.**

2. Il fatto si considera commesso avvalendosi di documenti falsi quando tali documenti sono registrati nelle scritture contabili obbligatorie o sono detenuti a fini di prova nei confronti dell'amministrazione finanziaria.

3. Ai fini dell'applicazione della disposizione del comma 1, non costituiscono mezzi fraudolenti la mera violazione degli obblighi di fatturazione e di annotazione degli elementi attivi nelle scritture contabili o la sola indicazione nelle fatture o nelle annotazioni di elementi attivi inferiori a quelli reali.

Art. 4. Dichiarazione infedele. – 1. Fuori dei casi previsti dagli artt. 2 e 3, è punito con **la reclusione da due a quattro anni e 6 mesi** chiunque, **al fine di evadere le imposte sui redditi** o sul valore aggiunto, indica in una delle dichiarazioni annuali relative a dette imposte **elementi attivi per un ammontare inferiore** a quello effettivo od **elementi passivi inesistenti**, quando, **congiuntamente**:

a) l'imposta evasa è **superiore**, con riferimento a **taluna delle singole imposte, a euro centomila;**

b) **l'ammontare complessivo** degli elementi attivi sottratti all'imposizione, anche mediante indicazione di elementi passivi inesistenti, è **superiore al dieci per cento** dell'ammontare complessivo degli elementi attivi indicati in dichiarazione o, comunque, è **superiore a euro due milioni**.

1-*bis*. Ai fini dell'applicazione della disposizione del comma 1, non si tiene conto della non corretta classificazione, della valutazione di elementi attivi o passivi oggettivamente esistenti, rispetto ai quali i criteri concretamente applicati sono stati comunque indicati nel bilancio ovvero in altra documentazione rilevante ai fini fiscali, della violazione dei criteri di determinazione dell'esercizio di competenza, della non inerenza, della non deducibilità di elementi passivi reali.

1-*ter*. Fuori dei casi di cui al comma 1-*bis*, non danno luogo a fatti punibili le valutazioni che complessivamente considerate, differiscono in misura inferiore al 10 per cento da quelle corrette. Degli importi compresi in tale percentuale non si tiene conto nella verifica del superamento delle soglie di punibilità previste dal comma 1, lettere a) e b).

Art. 5. Omessa dichiarazione. – 1. È punito con **la reclusione** da due a cinque anni chiunque, **al fine di evadere le imposte sui redditi o sul valore aggiunto, non presenta, essendovi obbligato**, una delle dichiarazioni relative a dette imposte, quando l'imposta evasa è **superiore**, con riferimento a **taluna delle singole imposte ad euro cinquantamila**.

1-*bis*. È punito con la **reclusione da due a cinque anni chiunque non presenta, essendovi obbligato, la dichiarazione di sostituto d'imposta, quando l'ammontare delle ritenute non versate è superiore ad euro cinquantamila**.

2. Ai fini della disposizione prevista dei commi 1 e 1-*bis* **non** si considera **omessa** la dichiarazione presentata **entro novanta giorni dalla scadenza** del termine **o non sottoscritta o non redatta su uno stampato conforme** al modello prescritto.

Art. 6. Tentativo. – 1. I delitti previsti dagli artt. 2, 3 e 4 **non sono** comunque **punibili a titolo di tentativo**, salvo quanto previsto al comma 1-*bis*.

1-*bis*. Quando **la condotta è posta in essere al fine di evadere l'imposta sul valore aggiunto nell'ambito di sistemi fraudolenti transfrontalieri**, connessi al territorio di almeno un altro Stato membro dell'Unione europea, dai quali consegua o possa conseguire un danno complessivo pari o superiore a euro 10.000.000, **il delitto previsto dall'articolo 4 è punibile a titolo di tentativo**. Fuori dei casi di concorso nel delitto di cui all'articolo 8, i delitti previsti dagli articoli 2 e 3 sono punibili a titolo di tentativo, quando ricorrono le medesime condizioni di cui al primo periodo.

Art. 7. – Articolo abrogato.

CAPO II
DELITTI IN MATERIA DI DOCUMENTI E PAGAMENTO DI IMPOSTE

Art. 8. Emissione di fatture o altri documenti per operazioni inesistenti. – 1. È punito con **la reclusione** da quattro a otto anni chiunque, **al fine di consentire a terzi l'evasione delle Imposte sui redditi** o sul valore aggiunto, **emette o rilascia fatture** o altri documenti **per operazioni inesistenti**.

2. Ai fini dell'applicazione della disposizione prevista dal comma 1, l'emissione o il rilascio di **più** fatture o documenti per operazioni inesistenti nel corso del **medesimo periodo di imposta** si considera come **un solo reato**.

2-*bis*. Se l'importo non rispondente al vero indicato nelle fatture o nei documenti, per periodo di imposta, è inferiore a euro centomila, si applica la reclusione da un anno e sei mesi a sei anni.

3. Comma abrogato.

Art. 9. Concorso di persone nei casi di emissione o utilizzazione di fatture o altri documenti per operazioni inesistenti. – 1. **In deroga** all'art. 110 del codice penale:

a) l'emittente di fatture o altri documenti per operazioni inesistenti e **chi concorre** con il medesimo **non è punibile a titolo di concorso** nel reato previsto dall'art. 2;

b) chi si avvale di fatture o altri documenti per operazioni inesistenti e **chi concorre** con il medesimo **non è punibile a titolo di concorso** nel reato previsto dall'art. 8.

Art. 10. Occultamento o distruzione di documenti contabili. – 1. Salvo che il fatto costituisca più grave reato, è punito con **la reclusione** da tre a sette anni chiunque, al fine di evadere le imposte sui redditi o sul valore aggiunto, ovvero di consentire l'evasione a terzi, **occulta o distrugge** in tutto o in parte **le scritture contabili o i documenti** di cui è **obbligatoria la conservazione**, in modo da **non consentire la ricostruzione dei redditi o del volume di affari**.

Art. 10-*bis*. Omesso versamento di ritenute certificate. – 1. È **punito** con la reclusione da sei mesi a due anni **chiunque non versa entro il termine previsto per la presentazione della dichiarazione annuale di sostituto di imposta ritenute dovute** sulla base della stessa dichiarazione o risultanti dalla certificazione rilasciata ai sostituiti, per un ammontare **superiore a centocinquantamila euro per ciascun periodo d'imposta**.

Art. 10-*ter*. Omesso versamento di IVA. – 1. È punito con **la reclusione** da sei mesi a due anni chiunque **non versa** entro il termine previsto per il versamento dell'acconto relativo al periodo d'imposta successivo, **l'imposta sul valore aggiunto dovuta in base alla dichiarazione annuale, per un ammontare superiore a euro duecentocinquantamila per ciascun periodo d'imposta**.

Art. 10-*quater*. Indebita compensazione. – 1. È punito con la reclusione da sei mesi a due anni chiunque **non versa le somme dovute, utilizzando in compensazione**, ai sensi dell'art. 17 del decreto legislativo 9 luglio 1997, n. 241, **crediti non spettanti, per un importo annuo superiore a cinquantamila euro.**

2. È punito con **la reclusione da un anno e sei mesi a sei anni chiunque non versa le somme dovute, utilizzando in compensazione**, ai sensi dell'art. 17 del decreto legislativo 9 luglio 1997, n. 241, **crediti inesistenti per un importo annuo superiore ai cinquantamila euro**.

Art. 11. Sottrazione fraudolenta al pagamento di imposte. – 1. È punito con **la reclusione** da sei mesi a quattro anni chiunque, **al fine di sottrarsi al pagamento** di imposte sui redditi o sul valore aggiunto ovvero di interessi o sanzioni amministrative relativi a dette imposte di **ammontare complessivo superiore ad euro cinquantamila, aliena simulatamente** o compie altri **atti fraudolenti sui propri** o su altrui beni idonei a rendere in tutto o in parte **inefficace la procedura di riscossione coattiva**. Se l'ammontare delle imposte, sanzioni ed interessi è superiore ad euro duecentomila si applica la reclusione da un anno a sei anni.

2. È punito con **la reclusione** da sei mesi a quattro anni chiunque, **al fine di ottenere** per sé o per altri **un pagamento parziale** dei tributi e relativi accessori, indica nella documentazione presentata ai fini della **procedura di transazione fiscale** elementi attivi per un ammontare inferiore a quello effettivo od elementi passivi fittizi per un ammontare complessivo superiore ad **euro cinquantamila.** Se l'ammontare di cui al periodo precedente è superiore ad euro

duecentomila si applica la reclusione da un anno a sei anni.

TITOLO III
DISPOSIZIONI COMUNI

Art. 12. Pene accessorie. – 1. **La condanna** per taluno dei delitti previsti dal presente decreto importa:

a) **l'interdizione dagli uffici direttivi** delle persone giuridiche e delle imprese per un periodo non inferiore a sei mesi e non superiore a tre anni;

b) **l'incapacità di contrattare con la pubblica amministrazione** per un periodo non inferiore ad un anno e non superiore a tre anni;

c) **l'interdizione dalle funzioni di rappresentanza e assistenza in materia tributaria** per un periodo non inferiore ad un anno e non superiore a cinque anni;

d) **l'interdizione perpetua** dall'ufficio di componente di **commissione tributaria**;

e) **la pubblicazione della sentenza** a norma dell'art. 36 del codice penale.

2. La condanna per taluno dei delitti previsti dagli artt. 2, 3 e 8 importa altresì **l'interdizione dai pubblici uffici** per un periodo non inferiore ad un anno e non superiore a tre anni, salvo che ricorrano le circostanze previste dagli artt. 2, comma 3, e 8, comma 3.

2-*bis*. Per i delitti previsti dagli artt. da 2 a 10 del presente decreto **l'istituto della sospensione condizionale della pena** di cui all'art. 163 del codice penale **non** trova applicazione nei casi in cui ricorrano **congiuntamente** le seguenti condizioni: a) l'ammontare dell'imposta evasa sia **superiore al 30 per cento del volume d'affari**; b) l'ammontare dell'**imposta evasa** sia **superiore a tre milioni di euro**.

Art. 12-*bis*. Confisca. – 1. **Nel caso di condanna o di applicazione della pena su richiesta delle parti a norma dell'art. 444 del codice di procedura penale** per uno dei delitti previsti dal presente decreto, è sempre ordinata la **confisca dei beni che ne costituiscono il profitto o il prezzo,** salvo che appartengano a persona estranea al reato, **ovvero,** quando essa non è possibile, **la confisca di beni, di cui il reo ha la disponibilità, per un valore corrispondente a tale prezzo o profitto.**

2. **La confisca non opera per la parte che il contribuente si impegna a versare all'erario anche in presenza di sequestro. Nel caso di mancato versamento la confisca è sempre disposta.**

Art. 12-*ter*. Casi particolari di confisca. – 1. Nei casi di condanna o di applicazione della pena su richiesta a norma dell'articolo 444 del codice di procedura penale per i delitti di seguito indicati, si applica l'articolo 240-*bis* del codice penale quando:

a) l'ammontare degli elementi passivi fittizi è superiore a euro duecentomila nel caso del delitto previsto dall'articolo 2;

b) l'imposta evasa è superiore a euro centomila nel caso del delitto previsto dall'articolo 3;

c) l'importo non rispondente al vero indicato nelle fatture o nei documenti è superiore a euro duecentomila nel caso del delitto previsto dall'articolo 8;

d) l'ammontare delle imposte, delle sanzioni e degli interessi è superiore a euro centomila nel caso del delitto previsto dall'articolo 11, comma 1;

e) l'ammontare degli elementi attivi inferiori a quelli effettivi o degli elementi passivi fittizi è superiore a euro duecentomila nel caso del delitto previsto dall'articolo 11, comma 2.

Art. 13. Causa di non punibilità. Pagamento del debito tributario. – 1. I reati di cui agli artt. **10-*bis*, 10-*ter* e 10-*quater*, comma 1, non sono punibili se, prima della dichiarazione di apertura del dibattimento di primo grado,** i debiti tributari, comprese sanzioni amministrative e interessi, sono stati estinti mediante **integrale pagamento** degli importi dovuti, anche a seguito delle speciali procedure conciliative e di adesione all'accertamento previste dalle norme tributarie, nonché del ravvedimento operoso.

2. **I reati di cui agli artt. 2, 3, 4 e 5 non sono punibili se i debiti tributari**, comprese sanzioni e interessi, sono stati estinti mediante **integrale pagamento degli importi dovuti,** a seguito del ravvedimento operoso o della presentazione della dichiarazione omessa entro il termine di presentazione della dichiarazione relativa al periodo d'imposta successivo, sempreché il ravvedimento o la presentazione siano intervenuti **prima che l'autore del reato abbia avuto formale conoscenza** di accessi, ispezioni, verifiche o dell'inizio di qualunque attività di accertamento amministrativo o di procedimenti penali.

3. Qualora, prima della dichiarazione di apertura del dibattimento di primo grado, il debito tributario sia in fase di estinzione mediante rateizzazione, anche ai fini dell'applicabilità dell'art. 13-*bis*, è dato un termine di tre mesi per il pagamento del debito residuo. In tal caso la prescrizione è sospesa. Il Giudice ha facoltà di prorogare tale termine una sola volta per non oltre tre mesi, qualora lo ritenga necessario, ferma restando la sospensione della prescrizione.

Art. 13-*bis*. Circostanze del reato. – 1. Fuori dai casi di non punibilità, **le pene per i delitti di cui al presente decreto sono diminuite fino alla metà e non si applicano le pene accessorie indicate nell'art. 12 se, prima della dichiarazione di apertura del dibattimento di primo grado, i debiti tributari**, comprese sanzioni amministrative e interessi, **sono stati estinti mediante integrale pagamento degli importi dovuti**, anche a seguito delle speciali procedure conciliative e di adesione all'accertamento previste dalle norme tributarie.

2. Per i delitti di cui al presente decreto **l'applicazione della pena ai sensi dell'art. 444 del codice di procedura penale può essere chiesta dalle parti solo quando ricorra la circostanza di cui al comma 1, nonché il ravvedimento operoso, fatte salve le ipotesi di cui all'art. 13, commi 1 e 2.**

3. Le pene stabilite per i delitti di cui al titolo II sono aumentate della metà se il reato è commesso dal concorrente nell'esercizio dell'attività di consulenza fiscale svolta da un professionista o da un intermediario finanziario o bancario attraverso l'elaborazione o la commercializzazione di modelli di evasione fiscale.

Art. 14. Circostanza attenuante. Riparazione dell'offesa nel caso di estinzione per prescrizione del debito tributario. – 1. Se i debiti indicati nell'art. 13 risultano **estinti per prescrizione o per decadenza**, l'imputato di taluno dei delitti previsti dal presente decreto può chiedere di essere ammesso a pagare, **prima** della **dichiarazione di apertura del dibattimento di primo grado**, una somma, da lui indicata, **a titolo di equa riparazione** dell'offesa recata all'interesse pubblico tutelato dalla norma violata.

2. La somma, commisurata alla gravità dell'offesa, **non** può essere comunque **inferiore** a quella risultante **dal ragguaglio** a norma dell'art. 135 del codice penale della **pena minima prevista per il delitto contestato.**

3. Il giudice, sentito il pubblico ministero, se ritiene congrua la somma, fissa con ordinanza un termine non superiore a dieci giorni per il pagamento.

4. Se il pagamento è eseguito nel termine, **la pena è diminuita fino alla metà** e **non** si applicano **le pene accessorie** indicate nell'art. 12. Si osserva la disposizione prevista dal comma 3 dell'art. 13.

5. Nel caso di assoluzione o di proscioglimento la somma pagata è restituita.

Art. 15. Violazioni dipendenti da interpretazione delle norme tributarie. – 1.

Al di fuori dei casi in cui la punibilità è esclusa a norma dell'art. 47, terzo comma, del codice penale, **non** danno luogo a **fatti punibili** ai sensi del presente decreto **le violazioni** di norme tributarie **dipendenti da obiettive condizioni di incertezza sulla loro portata e sul loro ambito di applicazione**.

Art. 16. – Articolo abrogato.

Art. 17. Interruzione della prescrizione. – 1. **Il corso della prescrizione** per i delitti previsti dal presente decreto è **interrotto**, oltre che dagli atti indicati nell'art. 160 del codice penale, dal **verbale di constatazione** o **dall'atto di accertamento** delle relative violazioni.

1-*bis*. **I termini di prescrizione** per i delitti previsti dagli artt. da 2 a 10 del presente decreto sono **elevati di un terzo**.

Art. 18. Competenza per territorio. – 1. Salvo quanto previsto dai commi 2 e 3, se la competenza per territorio per i delitti previsti dal presente decreto non può essere determinata a norma dell'art. 8 del codice di procedura penale, è **competente il giudice del luogo di accertamento del reato**.

2. Per i delitti previsti dal capo I del titolo II il reato si considera **consumato nel luogo** in cui il contribuente ha **il domicilio fiscale**. Se il domicilio fiscale è **all'estero** è **competente il giudice del luogo di accertamento del reato**.

3. Nel caso previsto dal comma 2 dell'art. 8, se le fatture o gli altri documenti per operazioni inesistenti sono stati emessi o rilasciati in luoghi rientranti in diversi circondari, **è competente il giudice** di uno di tali luoghi in cui ha **sede l'ufficio del pubblico ministero** che ha provveduto **per primo a iscrivere la notizia di reato nel registro** previsto dall'art. 335 del codice di procedura penale.

Art. 18-*bis*. Custodia giudiziale dei beni sequestrati. – 1. I beni sequestrati nell'ambito dei procedimenti penali relativi ai delitti previsti dal presente decreto e a ogni altro delitto tributario, diversi dal denaro e dalle disponibilità finanziarie, possono essere affidati dall'autorità giudiziaria in custodia giudiziale, agli organi dell'amministrazione finanziaria che ne facciano richiesta per le proprie esigenze operative.

2. Restano ferme le disposizioni dell'art. 61, comma 23, del decreto-legge 25 giugno 2008, n. 112, convertito, con modificazioni, dalla legge 6 agosto 2008, n. 133, e dell'art. 2 del decreto-legge 16 settembre 2008, n. 143, convertito, con modificazioni, dalla legge 13 novembre 2008, n. 181.

TITOLO IV
RAPPORTI CON IL SISTEMA SANZIONATORIO AMMINISTRATIVO E FRA PROCEDIMENTI

Art. 19. Principio di specialità. – 1. Quando uno stesso fatto è punito da una delle disposizioni del titolo II e da una disposizione che prevede una sanzione amministrativa, **si applica la disposizione speciale**.

2. Permane, in ogni caso, **la responsabilità per la sanzione amministrativa** dei soggetti indicati nell'art. 11, comma 1, del decreto legislativo 18 dicembre 1997, n. 472, che non siano persone fisiche concorrenti nel reato.

Art. 20. Rapporti tra procedimento penale e processo tributario. – 1. Il procedimento amministrativo di accertamento ed il processo tributario **non possono essere sospesi per la pendenza del procedimento penale** avente ad oggetto i medesimi fatti o fatti dal cui accertamento comunque dipende la relativa definizione.

Art. 21. Sanzioni amministrative per le violazioni ritenute penalmente rilevanti. – 1. L'ufficio competente irroga **co-**

munque le sanzioni amministrative relative alle violazioni tributarie fatte oggetto di notizia di reato.

2. Tali sanzioni **non sono eseguibili** nei confronti dei soggetti diversi da quelli indicati dall'art. 19, comma 2, **salvo che il procedimento penale sia definito con provvedimento di archiviazione o sentenza irrevocabile di assoluzione o di proscioglimento** con formula che **esclude la rilevanza penale del fatto**. In quest'ultimo caso, i termini per la riscossione decorrono dalla data in cui il provvedimento di archiviazione o la sentenza sono comunicati all'ufficio competente; alla comunicazione provvede la cancelleria del giudice che li ha emessi.

3. Nei casi di irrogazione di **un'unica sanzione amministrativa** per più violazioni tributarie in concorso o continuazione fra loro, a norma dell'art. 12 del decreto legislativo 18 dicembre 1997, n. 472, **alcune** delle quali **soltanto penalmente rilevanti**, la disposizione del comma 2 del presente art. opera **solo per la parte della sanzione eccedente** quella che sarebbe stata applicabile in relazione alle violazioni **non penalmente rilevanti**.

TITOLO V
DISPOSIZIONI DI COORDINAMENTO E FINALI

Art. 22. Modalità di documentazione dell'avvenuta estinzione dei debiti tributari. – 1. Con decreto del Ministero delle finanze, emanato entro sessanta giorni dalla data di entrata in vigore del presente decreto e pubblicato nella Gazzetta Ufficiale della Repubblica, sono stabilite le modalità di documentazione dell'avvenuta estinzione dei debiti tributari indicati nell'art. 13 e di versamento delle somme indicate nell'art. 14, comma 3.

Art. 23. Modifiche in tema di utilizzazione di documenti da parte della Guardia di finanza. – 1. Nell'art. 63, primo comma, secondo periodo, del decreto del Presidente della Repubblica 26 ottobre 1972, n. 633, e nell'art. 33, terzo comma, secondo periodo, del decreto del Presidente della Repubblica 29 settembre 1973, n. 600, le parole: «previa autorizzazione dell'autorità giudiziaria in relazione alle norme che disciplinano il segreto» sono sostituite dalle seguenti: «previa autorizzazione dell'autorità giudiziaria, che può essere concessa anche in deroga all'art. 329 del codice di procedura penale».

Art. 24. Modifica dell'art. 2 della legge 26 gennaio 1983, n. 18. – 1. L'ottavo comma dell'art. 2 della legge 26 gennaio 1983, n. 18, è sostituito dal seguente:

"Salvo che il fatto costituisca reato, **chiunque manomette o** comunque **altera gli apparecchi misuratori** previsti nell'art. 1 o fa uso di essi allorché siano stati manomessi o alterati o consente che altri ne faccia uso **al fine di eludere le disposizioni della presente legge** è punito con la **sanzione amministrativa** pecuniaria da euro 1.032 a euro 7.746. Con la stessa sanzione è punito, salvo che il fatto costituisca reato, chiunque, allo stesso fine, forma in tutto o in parte stampati, documenti o registri prescritti dai decreti indicati nell'art. 1 o li altera e ne fa uso o consente che altri ne faccia uso; nonché chiunque, senza avere concorso nella falsificazione, fa uso degli stessi stampati, documenti o registri".

Art. 25. Abrogazioni. – 1. Sono abrogati:

a) l'art. 97, sesto comma, del decreto del Presidente della Repubblica 29 settembre 1973, n. 602;

b) l'art. 8, undicesimo comma, della legge 10 maggio 1976, n. 249;

c) l'art. 7, settimo comma, del decreto del Presidente della Repubblica 6 ottobre 1978, n. 627;

d) il titolo I del decreto-legge 10 luglio 1982, n. 429, convertito, con modificazioni, dalla legge 7 agosto 1982, n. 516;

e) l'art. 3, quarto comma, della legge 25 novembre 1983, n. 649;

f) l'art. 2, quarto comma, del decreto-legge 29 dicembre 1983, n. 746, convertito, con modificazioni, nella legge 27 gennaio 1984, n. 17;

g) l'art. 1, quarto comma, secondo periodo, del decreto-legge 28 novembre 1984, n. 791, convertito, con modificazioni, dalla legge 25 gennaio 1985, n. 60;

h) l'art. 2, commi 27 e 28, e l'art. 3, comma 14, del decreto-legge 19 dicembre 1984, n. 853, convertito, con modificazioni, dalla legge 17 febbraio 1985, n. 17;

i) l'art. 12, comma 13, della legge 30 dicembre 1991, n. 413;

l) l'art. 54, comma 8, del decreto-legge 30 agosto 1993, n. 331, convertito, con modificazioni, dalla legge 29 ottobre 1993, n. 427;

m) l'art. 6, comma 1, del decreto-legge 31 dicembre 1996, n. 669, convertito, con modificazioni, dalla legge 28 febbraio 1997, n. 30.

2. È abrogata ogni altra disposizione incompatibile con il presente decreto.

RISCOSSIONE

D.P.R. 29 settembre 1973, n. 602

Disposizioni sulla riscossione delle imposte sul reddito

TITOLO I
RISCOSSIONE DELLE IMPOSTE

CAPO I
VERSAMENTI DIRETTI

Art. 1. Modalità di riscossione. – Le **imposte sui redditi** sono riscosse **mediante:**

a) **ritenuta diretta**;

b) **versamenti diretti** del contribuente al concessionario e alle sezioni di tesoreria provinciale dello Stato;

c) **iscrizione nei ruoli.**

Art. 2. Riscossione per ritenuta diretta. – Le imposte sono pagate per **ritenuta diretta** nei casi indicati dalla legge e secondo le modalità previste dalle norme sulla contabilità generale dello Stato.

Art. 3. Riscossione mediante versamenti diretti. – Sono riscosse mediante versamento diretto al concessionario:

1) le **ritenute alla fonte** effettuate a norma degli articoli 23, 24, 25, 25-*bis* e 28 del D.P.R. 29 settembre 1973, n. 600, da parte di soggetti diversi da quelli indicati nel primo comma dell'art. 29 del predetto decreto e da quelli di cui al successivo comma del presente articolo;

2) abrogato;

3) l'**imposta sul reddito delle persone giuridiche**, nonché l'imposta sostitutiva di cui all'articolo 16-*bis* del testo unico delle imposte sui redditi, approvato con decreto del Presidente della Repubblica 22 dicembre 1986, n. 917, dovute in base alla dichiarazione annuale;

4) abrogato;

5) le **ritenute alla fonte sui dividendi** a norma degli articoli 27 e 73 del decreto indicato al n. 1);

6) l'**imposta locale sui redditi** dovuta, in base alla dichiarazione annuale dei soggetti all'imposta sul reddito delle persone giuridiche che si avvalgono della facoltà di approvare il bilancio, a norma di leggi speciali, oltre sei mesi dalla data di chiusura dell'esercizio.

Sono riscosse **mediante versamento diretto alle sezioni di tesoreria provinciale** dello Stato:

a) le **ritenute operate dalle amministrazioni** della Camera dei deputati, del Senato e della Corte costituzionale a norma dell'art. 29, commi quarto e quinto, del decreto indicato al primo comma, n. 1);

b) le ritenute operate ai sensi del comma 4 dell'articolo 27 del decreto indicato al primo comma, numero 1);

c) l'**imposta sul reddito delle perso-**

ne fisiche dovuta in base alla dichiarazione annuale, nonché l'**imposta sostitutiva** di cui all'art. 16-*bis* del testo unico delle imposte sui redditi approvato con decreto del Presidente della Repubblica 22 dicembre 1986, n. 917, ad esclusione dell'imposta applicabile sui redditi soggetti a tassazione separata ai sensi dell'articolo 16 del medesimo decreto;

d) le **ritenute alla fonte** applicabili sui redditi di cui all'art. 26, primo comma, del decreto indicato al numero 1), maturati nel periodo d'imposta ancorché non corrisposti;

e) le ritenute alla fonte sui redditi di cui all'art. 26, secondo comma, del decreto indicato al numero 1), maturati nel periodo d'imposta ancorché non corrisposti;

f) **le ritenute sui redditi** di cui all'articolo 26, commi 3, 3-*bis* e 5, del decreto indicato nel numero 1, ivi compresa la somma dovuta in caso di anticipato rimborso di obbligazioni e titoli similari;

g) le **ritenute alla fonte sui premi** di cui all'art. 30 del decreto indicato al numero 1), maturati nel periodo d'imposta ancorché non corrisposti;

h) le **ritenute** alla fonte **operate dalle aziende di credito** e dagli istituti di credito a norma dell'art. 1, D.L. 2 ottobre 1981, n. 546;

h-*bis*) le **ritenute operate dagli enti pubblici** di cui alle tabelle A e B allegate alla legge 29 ottobre 1984, n. 720.

Art. 3-*bis*. Versamento diretto dell'imposta sul reddito delle persone fisiche. – Il versamento dell'imposta sul reddito delle persone fisiche, di cui alla lettera c) del secondo comma dell'articolo precedente, **deve effettuarsi alle sezioni di tesoreria provinciale dello Stato mediante delega irrevocabile del contribuente ad una delle aziende di credito** di cui all'articolo 54 del regolamento per l'amministrazione del patrimonio e per la contabilità generale dello Stato, approvato con regio decreto 23 maggio 1924, n. 827, e successive modificazioni. La delega può essere conferita anche ad una delle casse rurali ed artigiane di cui al regio decreto 26 agosto 1937, n. 1706, modificato con la L. 4 agosto 1955, n. 707, avente un patrimonio non inferiore a euro 51.645,69. L'azienda delegata deve rilasciare al contribuente una **attestazione** recante l'indicazione dell'importo dell'ordine di versamento e della data in cui ha ricevuto e l'impegno di effettuare il **versamento in tesoreria** per conto del contribuente **entro il quinto giorno successivo**. Le caratteristiche e le modalità di rilascio dell'attestazione, nonché le modalità per l'esecuzione dei versamenti in tesoreria e la trasmissione dei relativi dati e documenti all'amministrazione e per i relativi controlli sono stabiliti con decreto del Ministro per le finanze di concerto con il Ministro per il tesoro.

Non si fa luogo al versamento di cui al precedente comma quando l'ammontare del versamento stesso non supera gli euro 0,52.

Art. 4. – Articolo abrogato.

Art. 5. – Articolo abrogato.

Art. 5-*bis*. Versamento ad ufficio incompetente. – Il versamento diretto ad una sezione di tesoreria di imposte per le quali è prescritto il versamento ad un concessionario è valido, fermo restando il diritto del concessionario competente alla attribuzione dell'aggio, il cui pagamento verrà effettuato con ordinativo tratto su apertura di credito disposta a favore del competente intendente di finanza.

Il versamento diretto al concessionario di imposte per le quali è prescritto il versamento ad una sezione di tesoreria è valido. Al concessionario che ha ricevuto il versamento non compete alcun aggio a carico dello Stato.

Nelle ipotesi di cui ai commi precedenti si applica la sanzione di cui all'art. 93.

Art. 6. Distinta dei versamenti diretti. – Il versamento diretto è ricevuto dai concessionari in base a **distinta di versamento.**

La distinta di versamento deve indicare le **generalità** del contribuente, **domicilio fiscale**, l'**imposta** e il **periodo** cui si riferisce il versamento; per i soggetti diversi dalle persone fisiche, in luogo delle generalità del contribuente, deve indicare la denominazione o la **ragione sociale.**

Per ogni imposta e per ogni scadenza deve essere compilata separata distinta di versamento.

Il concessionario rilascia **quietanza di pagamento** ed appone sulla distinta di versamento il numero della quietanza stessa.

La distinta di versamento e la quietanza debbono essere **conformi ai modelli approvati** con decreto del Ministro per le finanze da pubblicarsi nella Gazzetta Ufficiale.

Il concessionario non può rifiutare le somme che il contribuente intende versare sempreché nella distinta non risultino assolutamente incerti i dati di cui al secondo comma.

Art. 7. Versamento diretto mediante conti correnti postali. – Il versamento diretto può essere effettuato **in danaro sull'apposito conto corrente postale intestato al concessionario** su **stampati conformi** al modello approvato con decreto del Ministro per le finanze di concerto con il Ministro per le poste e telecomunicazioni da pubblicarsi nella Gazzetta Ufficiale. In tal caso i **certificati di allibramento** e le **ricevute** relative ai versamenti debbono contenere le indicazioni previste dall'art. 6, secondo comma, per le distinte di versamento.

Art. 8. Termini per il versamento diretto. – I versamenti diretti alle sezioni di tesoreria provinciale dello Stato e al concessionario devono essere eseguiti:

1) entro i primi quindici giorni del mese successivo a quello in cui è stata operata la ritenuta prevista dall'art. 3, primo comma, n. 1) e dal secondo comma, lettere a), f) e h), e sono maturati i premi di cui alla lettera g) dello stesso secondo comma;

2) numero abrogato.

3) nel termine stabilito per la presentazione della dichiarazione, per l'imposta sul reddito delle persone giuridiche e per l'imposta locale sui redditi nei casi previsti dai numeri 3) e 6) dell'art. 3, primo comma, ed entro il 31 maggio, per l'imposta sul reddito delle persone fisiche nel caso previsto dal medesimo art. 3, secondo comma, lettera c);

3-*bis*) entro il sedicesimo giorno del secondo mese successivo alla chiusura del periodo d'imposta per i versamenti previsti dall'art. 3, secondo comma, lettera e);

3-*ter*) entro i primi quindici giorni del mese successivo a quello di scadenza delle cedole o a quello di ciascuna scadenza periodica di interessi, premi ed altri frutti per i versamenti previsti dall'art. 3, secondo comma, lett. d);

4) numero abrogato;

5) entro il 15 aprile, il 15 luglio, il 15 ottobre ed il 15 gennaio di ciascun anno per le ritenute operate e gli importi versati dai soci nel trimestre solare precedente in relazione agli utili di cui all'articolo 27 del decreto del Presidente della Repubblica 29 settembre 1973, n. 600.

5-*bis*) entro il termine per il versamento del saldo della dichiarazione dei redditi indicato nell'articolo 17 del decreto del Presidente della Repubblica 7 dicembre 2001, n. 435, per la ritenuta prevista dall'articolo 27, comma 3-*bis*, del decreto del Presidente della Repubblica 29 settembre 1973, n. 600.

Comma 2 abrogato.

Le ritenute operate dall'Amministrazione postale ai sensi del secondo comma dell'art. 26 del decreto del Presidente della Repubblica 29 settembre 1973, n. 600, sono versate in tesoreria secondo modalità da stabilire con decreto del Ministro per le finanze di concerto con il Ministro per il tesoro.

Art. 9. – Articolo abrogato.

CAPO II

RISCOSSIONE MEDIANTE RUOLI

Art. 10. Definizioni. – 1. Ai fini del presente decreto si intende per:

a) **"concessionario": il soggetto cui è affidato in concessione il servizio di riscossione** o il commissario governativo che gestisce il servizio stesso;

b) **"ruolo": l'elenco dei debitori e delle somme da essi dovute formato dall'ufficio ai fini della riscossione a mezzo del concessionario.**

Art. 11. Oggetto e specie dei ruoli. – 1. **Nei ruoli sono iscritte le imposte, le sanzioni e gli interessi.**

2. I **ruoli** si distinguono in **ordinari** e **straordinari**.

3. I **ruoli straordinari** sono formati quando vi è **fondato pericolo per la riscossione.**

Art. 12. Formazione e contenuto dei ruoli. – 1. L'ufficio competente forma ruoli distinti **per** ciascuno degli **ambiti territoriali** in cui i concessionari operano. In ciascun ruolo sono iscritte tutte le somme dovute dai contribuenti che hanno il domicilio fiscale in comuni compresi nell'ambito territoriale cui il ruolo si riferisce.

2. **Con decreto del Ministero** delle finanze, di concerto con il Ministero del tesoro, del bilancio e della programmazione economica, **sono stabiliti i dati** che il ruolo deve contenere, **i tempi e le procedure** della sua formazione, nonché le modalità dell'intervento in tali procedure del consorzio nazionale obbligatorio fra i concessionari.

3. **Nel ruolo** devono essere comunque indicati il numero del **codice fiscale** del contribuente, la **specie del ruolo**, la **data** in cui il ruolo diviene esecutivo e il **riferimento all'eventuale precedente atto di accertamento** ovvero, in mancanza, la **motivazione**, anche sintetica, della pretesa; in difetto di tali indicazioni non può farsi luogo all'iscrizione.

4. Il ruolo è sottoscritto, anche mediante firma elettronica, dal titolare dell'ufficio o da un suo delegato. Con la sottoscrizione il ruolo diviene esecutivo.

4-*bis*. **L'estratto di ruolo non è impugnabile**. Il ruolo e la cartella di pagamento che si assume invalidamente notificata sono suscettibili di diretta impugnazione nei soli casi in cui il debitore che agisce in giudizio dimostri che dall'iscrizione a ruolo possa derivargli un pregiudizio per la partecipazione a una procedura di appalto, per effetto di quanto previsto nell'articolo 80, comma 4, del codice dei contratti pubblici, di cui al decreto legislativo 18 aprile 2016, n. 50, oppure per la riscossione di somme allo stesso dovute dai soggetti pubblici di cui all'articolo 1, comma 1, lettera a) del regolamento di cui al decreto del Ministro dell'economia e delle finanze 18 gennaio 2008, n. 40, per effetto delle verifiche di cui all'articolo 48-*bis* del presente decreto o infine per la perdita di un beneficio nei rapporti con una pubblica amministrazione.

Art. 12-*bis*. Importo minimo iscrivibile a ruolo. – 1. Non si procede ad iscrizione a ruolo per somme inferiori a **euro 10,33**; tale importo può essere elevato con il regolamento previsto dall'art. 16, comma 2, della legge 8 maggio 1998, n. 146.

Art. 13. – Articolo abrogato.

Art. 14. Iscrizioni a ruolo a titolo definitivo. – Sono iscritte a titolo definitivo nei ruoli:

a) le **imposte** e le **ritenute alla fonte liquidate** ai sensi degli **articoli 36-*bis* e 36-*ter*** del D.P.R. 29 settembre 1973, n. 600, al netto dei versamenti diretti risultanti dalle attestazioni allegate alle dichiarazioni;

b) **le imposte, le maggiori imposte e le ritenute alla fonte liquidate in base ad accertamenti definitivi;**

c) **i redditi dominicali dei terreni e i redditi agrari determinati dall'ufficio in base alle risultanze catastali;**

d) i relativi **interessi, soprattasse e pene pecuniarie.**

Art. 15. Iscrizioni nei ruoli in base ad accertamenti non definitivi. – Le imposte, i contributi ed i premi corrispondenti agli imponibili accertati dall'ufficio ma non ancora definitivi, nonché i relativi interessi, **sono iscritti a titolo provvisorio nei ruoli, dopo la notifica dell'atto di accertamento, per un terzo degli ammontari corrispondenti agli imponibili o ai maggiori imponibili accertati.**

Nel caso in cui sia stata presentata un'istanza di apertura di procedura amichevole ai sensi della direttiva (UE) 2017/1852 del Consiglio del 10 ottobre 2017, la sospensione del processo, disposta ai sensi dell'articolo 39, comma 1-*ter*, lettera b), del decreto legislativo del 31 dicembre 1992, n. 546, comporta la sospensione della riscossione degli importi di cui al comma 1. In tal caso, la sospensione della riscossione è effettuata dall'ufficio dell'Agenzia delle entrate competente ed opera sino a conclusione delle procedure previste dalla citata direttiva (UE) 2017/1852.

La sospensione della riscossione degli importi di cui al primo comma opera altresì in caso di accoglimento dell'istanza di cui all'articolo 47 del decreto legislativo 31 dicembre 1992, n. 546.

Comma abrogato.

Le disposizioni dei commi precedenti si applicano **anche** per l'iscrizione a ruolo delle **ritenute alla fonte dovute dai sostituti d'imposta** in base ad accertamenti non ancora definitivi.

Art. 15-*bis*. Iscrizioni nei ruoli straordinari. – 1. In deroga all'art. 15, nei **ruoli straordinari** le imposte, gli interessi e le sanzioni sono **iscritti per l'intero importo risultante dall'avviso di accertamento, anche se non definitivo.**

Art. 15-*ter*. Inadempimenti nei pagamenti delle somme dovute a seguito dell'attività di controllo dell'Agenzia delle entrate. – 1. In caso di **rateazione** ai sensi dell'articolo 3-*bis* del decreto legislativo 18 dicembre 1997, n. 462, il **mancato pagamento della prima rata** entro il termine di trenta giorni dal ricevimento della comunicazione, ovvero di una delle rate diverse dalla prima entro il termine di pagamento della rata successiva, **comporta la decadenza dal beneficio della rateazione e l'iscrizione a ruolo dei residui importi** dovuti a titolo di imposta, interessi e sanzioni in misura piena.

2. In caso di **rateazione** ai sensi dell'articolo 8 del decreto legislativo 19 giugno 1997, n. 218, **il mancato pagamento** di una delle rate diverse dalla prima entro il termine di pagamento della rata successiva comporta la decadenza dal beneficio della rateazione e l'iscrizione a ruolo dei residui importi dovuti a titolo di imposta, interessi e sanzioni, nonché della **sanzione** di cui all'articolo 13 del decreto legislativo 18 dicembre 1997, n. 471, **aumentata della metà** e applicata sul residuo importo dovuto a titolo di imposta.

3. È **esclusa la decadenza in caso di lieve inadempimento dovuto a**:

a) **insufficiente versamento della rata**, per una frazione non superiore al **3 per cento** e, in ogni caso, a **diecimila euro**;

b) **tardivo versamento** della prima rata, non superiore a **sette giorni**.

4. La disposizione di cui al comma 3 si applica anche con riguardo a:

a) versamento in unica soluzione delle somme dovute ai sensi dell'articolo 2, comma 2, e dell'articolo 3, comma 1, del decreto legislativo 18 dicembre 1997, n. 462;

b) versamento in unica soluzione o della prima rata delle somme dovute ai sensi dell'articolo 8, comma 1, del decreto legislativo 19 giugno 1997, n. 218.

5. Nei casi previsti dal comma 3, nonché in caso di **tardivo pagamento di una rata diversa dalla prima entro il termine di pagamento della rata successiva**, si procede **all'iscrizione a ruolo dell'eventuale frazione non pagata, della sanzione** di cui all'articolo 13 del decreto legislativo 18 dicembre 1997, n. 471, commisurata all'importo non pagato o pagato in ritardo, e dei relativi interessi.

6. **L'iscrizione a ruolo di cui al comma 5 non è eseguita se il contribuente si avvale del ravvedimento** di cui all'articolo 13 del decreto legislativo 18 dicembre 1997, n. 472, entro il **termine di pagamento della rata successiva ovvero**, in caso di ultima rata o di versamento in unica soluzione, **entro 90 giorni dalla scadenza**.

Art. 16. – Articolo abrogato.

Art. 17. – Articolo abrogato.

Art. 18. – Articolo abrogato.

Art. 19. Dilazione del pagamento. – 1. L'agente della riscossione, su **richiesta del contribuente che dichiara di versare in temporanea situazione di obiettiva difficoltà, concede** per ciascuna richiesta **la ripartizione del pagamento delle somme iscritte a ruolo**, con esclusione dei diritti di notifica, **fino ad un massimo di settantadue rate mensili**. Nel caso in cui **le somme iscritte a ruolo**, comprese **in ciascuna richiesta**, siano di importo **superiore a 120.000 euro, la dilazione può essere concessa se il contribuente documenta la temporanea situazione di obiettiva difficoltà**.

1-*bis*. In caso di **comprovato peggioramento** della situazione di cui al comma 1, la **dilazione** concessa può essere **prorogata una sola volta**, per un ulteriore periodo e **fino a settantadue mesi**, a condizione che non sia intervenuta decadenza.

1-*ter*. Il debitore può chiedere che il **piano di rateazione** di cui ai commi 1 e 1-*bis* preveda, in luogo di rate costanti, **rate variabili** di **importo crescente** per ciascun anno.

1-*quater*. A seguito della presentazione della richiesta di cui al comma 1 e fino alla data dell'eventuale rigetto della stessa richiesta ovvero dell'eventuale decadenza dalla dilazione ai sensi del comma 3:

a) sono sospesi i termini di prescrizione e decadenza;

b) non possono essere iscritti nuovi fermi amministrativi e ipoteche, fatti salvi quelli già iscritti alla data di presentazione;

c) non possono essere avviate nuove procedure esecutive.

1-*quater*.1. Non può in nessun caso essere concessa la dilazione delle somme oggetto di verifica effettuata, ai sensi dell'articolo 48-*bis*, in qualunque momento antecedente alla data di accoglimento della richiesta di cui al comma 1.

1-*quater*.2. Il pagamento della prima rata determina l'estinzione delle procedure esecutive precedentemente avviate, a condizione che non si sia ancora tenuto l'incanto con esito positivo o non sia stata presentata istanza di assegnazione, ovvero il terzo non abbia reso dichiarazione positiva o non sia stato già emesso provvedimento di assegnazione dei crediti pignorati.

1-*quinquies*. La **rateazione** prevista dai commi 1 e 1-*bis*, ove il debitore si trovi, per ragioni estranee alla propria responsabilità, in una **comprovata e grave situazione di difficoltà legata alla congiuntura economica**, può essere **aumentata fino a centoventi rate men-**

sili. Ai fini della concessione di tale maggiore rateazione, si intende per comprovata e grave situazione di difficoltà quella in cui ricorrono congiuntamente le seguenti condizioni:

a) **accertata impossibilità** per il contribuente di eseguire il **pagamento** del credito tributario secondo un piano di rateazione ordinario;

b) **solvibilità** del contribuente, **valutata** in relazione al piano di rateazione concedibile ai sensi del presente comma.

2. Comma abrogato.

3. In caso di **mancato pagamento,** nel corso del periodo di rateazione, **di otto rate, anche non consecutive:**

a) il debitore **decade automaticamente dal beneficio** della **rateazione**;

b) **l'intero importo iscritto a ruolo ancora dovuto è immediatamente ed automaticamente riscuotibile in unica soluzione;**

c) **il carico non può essere nuovamente rateizzato.**

3-*bis*. In caso di **provvedimento amministrativo o giudiziale di sospensione totale o parziale della riscossione**, emesso in relazione alle somme che costituiscono oggetto della dilazione, **il debitore è autorizzato a non versare, limitatamente alle stesse, le successive rate del piano concesso**. **Allo scadere della sospensione, il debitore può richiedere il pagamento dilazionato del debito residuo**, comprensivo degli interessi fissati dalla legge per il periodo di sospensione, nello stesso numero di rate non versate del piano originario, ovvero in altro numero, fino a un massimo di settantadue.

3-*ter*. **La decadenza** dal beneficio della rateazione di uno o più carichi non **preclude al debitore la possibilità di ottenere**, ai sensi delle disposizioni del presente articolo, **la dilazione del pagamento di carichi diversi** da quelli per i quali è intervenuta la decadenza.

4. Le rate mensili nelle quali il pagamento è stato dilazionato ai sensi del comma 1 scadono nel giorno di ciascun mese indicato nell'atto di accoglimento dell'istanza di dilazione ed il relativo pagamento può essere effettuato anche mediante domiciliazione sul conto corrente indicato dal debitore.

4-*bis*. Comma abrogato.

Art. 19-*bis*. Sospensione della riscossione per situazioni eccezionali. – 1. Se si verificano situazioni eccezionali, a carattere generale o relative ad un'area significativa del territorio, tali da **alterare gravemente** lo svolgimento di un corretto rapporto con i contribuenti, la **riscossione può essere sospesa**, per non più di dodici mesi, con decreto del Ministero delle finanze.

Art. 20. Interessi per ritardata iscrizione a ruolo. – 1. Sulle imposte o sulle maggiori imposte dovute in base alla liquidazione ed al controllo formale della dichiarazione od all'accertamento d'ufficio si applicano, a partire dal giorno successivo a quello di scadenza del pagamento e fino alla data di consegna al concessionario dei ruoli nei quali tali imposte sono iscritte, **gli interessi al tasso del 5 per cento annuo.** Nel caso in cui le imposte o le maggiori imposte sono dovute in esecuzione di accordi conclusi con le autorità competenti degli Stati esteri a seguito delle procedure amichevoli interpretative a carattere generale previste dalle Convenzioni contro le doppie imposizioni sui redditi, gli interessi di cui al periodo precedente si applicano a decorrere dalla data dei predetti accordi.

Art. 21. Interessi per dilazione di pagamento. – Sulle **somme il cui pagamento è stato rateizzato o sospeso** ai sensi dell'art. 19, comma 1, si applicano gli interessi al tasso del **6 per cento** annuo.

L'**ammontare degli interessi** dovuto è determinato nel provvedimento con il quale viene accordata la prolungata rateazione dell'imposta ed è **riscosso unitamente all'imposta** alle scadenze stabilite.

I **privilegi generali e speciali** che assistono le imposte sui redditi sono estesi a tutto il periodo per il quale la rateazione è prolungata e riguardano anche gli interessi previsti dall'art. 20 e dal presente articolo.

Art. 22. Attribuzione degli interessi. – Gli interessi di cui agli articoli 20 e 21 spettano **all'ente destinatario del gettito** delle imposte cui si riferiscono.

Art. 23. – Articolo abrogato.

Art. 24. Consegna del ruolo al concessionario. – 1. L'ufficio consegna il ruolo al concessionario dell'ambito territoriale cui esso si riferisce secondo le modalità indicate con decreto del Ministero delle finanze, di concerto con il Ministero del tesoro, del bilancio e della programmazione economica.

2. Con lo stesso o con separato decreto sono individuati i compiti che possono essere affidati al consorzio nazionale obbligatorio fra i concessionari relativamente alla consegna dei ruoli e le ipotesi nelle quali l'affidamento dei ruoli ai concessionari avviene esclusivamente con modalità telematiche.

Art. 25. Cartella di pagamento. – 1. Il concessionario **notifica** la cartella di pagamento **al debitore iscritto a ruolo o al coobbligato** nei confronti dei quali procede, a pena di decadenza, **entro il 31 dicembre**:

a) del **terzo anno successivo a quello di presentazione della dichiarazione,** ovvero a quello di scadenza del versamento dell'unica o ultima rata se il termine per il versamento delle somme risultanti dalla dichiarazione scade oltre il 31 dicembre dell'anno in cui la dichiarazione è presentata, per le somme che risultano dovute a seguito dell'attività di **liquidazione** prevista dall'art. **36-*bis*** del decreto del Presidente della Repubblica 29 settembre 1973, n. 600, nonché del **quarto anno successivo** a quello di presentazione della **dichiarazione del sostituto d'imposta** per le somme che risultano dovute ai sensi degli articoli 19 e 20 del testo unico di cui al decreto del Presidente della Repubblica 22 dicembre 1986, n. 917;

b) del **quarto anno successivo** a quello di presentazione della dichiarazione, per le somme che risultano dovute a seguito dell'attività di **controllo formale** prevista dall'art. 36-*ter* del citato decreto del Presidente della Repubblica n. 600 del 1973;

c) del **secondo anno successivo** a quello in cui l'**accertamento** è divenuto **definitivo**, per le somme dovute in base agli accertamenti dell'ufficio.

c-*bis*) del terzo anno successivo a quello di scadenza dell'ultima rata del piano di rateazione per le somme dovute a seguito degli inadempimenti di cui all'art. 15-*ter*.

1-*bis*. In deroga alle disposizioni del comma 1, il concessionario notifica la cartella di pagamento, a pena di decadenza:

a) per i crediti anteriori alla data di pubblicazione del ricorso per l'ammissione al concordato preventivo nel registro delle imprese, non ancora iscritti a ruolo, entro il 31 dicembre del terzo anno successivo:

1) alla pubblicazione del decreto che revoca l'ammissione al concordato preventivo ovvero ne dichiara la mancata approvazione ai sensi degli articoli 173 e 179 del regio decreto 16 marzo 1942, n. 267;

2) alla pubblicazione della sentenza che dichiara la risoluzione o l'annullamento del concordato preventivo ai sensi del combinato disposto degli articoli 186, 137 e 138 del regio decreto 16 marzo 1942, n. 267;

b) per i crediti rientranti nell'accordo

di ristrutturazione dei debiti di cui all'articolo 182-*bis* del regio decreto 16 marzo 1942, n. 267, non ancora iscritti a ruolo alla data di presentazione della proposta di transazione fiscale di cui all'art. 182-*ter*, sesto comma, del regio decreto 16 marzo 1942, n. 267, entro il 31 dicembre del terzo anno successivo alla scadenza del termine di cui al settimo comma dell'articolo 182-*ter* del regio decreto 16 marzo 1942, n. 267, ovvero alla pubblicazione della sentenza che dichiara l'annullamento dell'accordo;

c) per i crediti non ancora iscritti a ruolo, anteriori alla data di pubblicazione della proposta di accordo di composizione della crisi da sovraindebitamento o della proposta di piano del consumatore, entro il 31 dicembre del terzo anno successivo:

1) alla pubblicazione del decreto che dichiara la risoluzione o l'annullamento dell'accordo di composizione della crisi da sovraindebitamento, ai sensi dell'art. 14 della legge 27 gennaio 2012, n. 3, ovvero la cessazione degli effetti dell'accordo, ai sensi dell'art. 11, comma 5, o dell'art. 12, comma 4, della medesima legge n. 3 del 2012;

2) alla pubblicazione del decreto che revoca o dichiara la cessazione degli effetti del piano del consumatore, ai sensi dell'art. 11, comma 5, e dell'art. 12-*ter*, comma 4, della legge n. 3 del 2012.

1-*ter*. Se successivamente alla chiusura delle procedure di cui alle lettere a) e b) del comma 1-*bis* viene dichiarato il fallimento del debitore, il concessionario procede all'insinuazione al passivo ai sensi dell'articolo 87, comma 2, senza necessità di notificare la cartella di pagamento.

2. La **cartella di pagamento,** redatta in conformità al modello approvato con decreto del Ministero delle finanze, **contiene l'intimazione ad adempiere** l'obbligo risultante dal ruolo entro il termine di **sessanta giorni** dalla notificazione, con l'**avvertimento che, in mancanza, si procederà ad esecuzione forzata.**

2-*bis*. La cartella di pagamento contiene anche l'indicazione della data in cui il ruolo è stato reso esecutivo.

3. Ai fini della scadenza del termine di pagamento il sabato è considerato giorno festivo.

Art. 26. Notificazione della cartella di pagamento. – La cartella è notificata **dagli ufficiali della riscossione o da altri soggetti abilitati** dal concessionario nelle forme previste dalla legge ovvero, previa eventuale convenzione tra comune e concessionario, **dai messi comunali o dagli agenti della polizia municipale; in tal caso, quando ai fini del perfezionamento della notifica sono necessarie più formalità, le stesse possono essere compiute, in un periodo di tempo non superiore a trenta giorni, da soggetti diversi tra quelli sopra indicati ciascuno dei quali certifica l'attività svolta mediante relazione datata e sottoscritta**. La notifica può essere eseguita **anche mediante** invio di **raccomandata con avviso di ricevimento**; in tal caso, la cartella è notificata in plico chiuso e la notifica si considera **avvenuta nella data indicata nell'avviso di ricevimento** sottoscritto da una delle persone previste dal secondo comma o dal portiere dello stabile dove è l'abitazione, l'ufficio o l'azienda.

La notifica della cartella può essere eseguita, con le modalità di cui al decreto del Presidente della Repubblica 11 febbraio 2005, n. 68, a mezzo **posta elettronica certificata, all'indirizzo del destinatario risultante dall'indice nazionale degli indirizzi di posta elettronica certificata (INI-PEC), ovvero, per i soggetti che ne fanno richiesta, diversi da quelli obbligati ad avere un indirizzo di posta elettronica certificata da inserire nell'INI-PEC, all'indirizzo dichiarato all'atto della richiesta**. In tali casi, si applicano le disposizioni dell'articolo 60 del decreto del Presidente della Repubblica 29 settembre 1973, n. 600.

Quando la notificazione della cartella di pagamento avviene mediante **consegna nelle mani proprie del destinatario o di persone di famiglia o addette alla casa, all'ufficio o all'azienda, non è richiesta la sottoscrizione dell'originale da parte del consegnatario.**

Nei casi previsti dall'art. 140 del codice di procedura civile, la notificazione della cartella di pagamento si effettua con le modalità stabilite dall'art. 60 del decreto del Presidente della Repubblica 29 settembre 1973, n. 600, e si ha **per eseguita nel giorno successivo a quello in cui l'avviso del deposito** è affisso **nell'albo del comune.**

Il **concessionario deve conservare per cinque anni la matrice** o la copia della cartella con la relazione dell'avvenuta notificazione o l'avviso del ricevimento ed ha **l'obbligo di farne esibizione su richiesta** del contribuente o dell'amministrazione.

Per quanto non è regolato dal presente articolo si applicano le disposizioni dell'art. 60 del predetto decreto; per la notificazione della cartella di pagamento ai contribuenti non residenti si applicano le disposizioni di cui al quarto e quinto comma dell'art. 60 del decreto del Presidente della Repubblica 29 settembre 1973, n. 600.

Art. 27. – Articolo abrogato.

Art. 28. Modalità di pagamento. – 1. Il pagamento delle somme iscritte a ruolo può essere effettuato **presso gli sportelli del concessionario,** le **agenzie postali** e le **banche.** In caso di versamento presso le agenzie postali e le banche i costi dell'operazione sono a carico del contribuente.

2. **Fuori del territorio nazionale**, il pagamento può essere effettuato mediante **bonifico bancario** sul conto corrente bancario indicato dal concessionario nella cartella di pagamento.

3. Con decreto del Ministero delle finanze sono stabilite le modalità di pagamento, anche con mezzi diversi dal contante; in ogni caso, tali modalità devono essere tali da assicurare l'indicazione del **codice fiscale** del contribuente e gli **estremi identificativi dell'imposta pagata.**

3-*bis*. Il pagamento effettuato con i mezzi diversi dal contante individuati ai sensi del comma 3 si considera **omesso**:

a) in caso di utilizzazione di un assegno, se l'**assegno** stesso risulta **scoperto** o comunque non pagabile;

b) in caso di utilizzazione di una **carta di credito**, se il gestore della carta **non** fornisce la relativa **provvista finanziaria.**

Art. 28-*bis*. Pagamento delle imposte dirette mediante cessione di beni culturali. – I soggetti tenuti al pagamento dell'imposta sul reddito delle persone fisiche, dell'imposta sul reddito delle persone giuridiche, dell'imposta locale sui redditi, dei tributi erariali soppressi di cui all'articolo 82 del decreto del Presidente della Repubblica 29 settembre 1973, n. 597, e relativi interessi, soprattasse e pene pecuniarie **possono cedere allo Stato, in pagamento totale o parziale delle imposte** stesse e degli accessori, i **beni** indicati negli articoli 1, 2 e 5 della legge 1° giugno 1939, n. 1089, e successive modificazioni e integrazioni, gli archivi o singoli documenti **dichiarati di notevole interesse storico** a norma dell'articolo 36 del decreto del Presidente della Repubblica 30 settembre 1963, n. 1409, nonché le opere di autori viventi o la cui esecuzione risalga anche ad epoca inferiore al cinquantennio, di cui lo Stato sia interessato all'acquisizione. La disposizione non si applica ai sostituti d'imposta.

La **proposta di cessione, contenente la descrizione dettagliata dei beni** offerti corredata da idonea documentazione deve essere presentata al Ministero per i beni culturali e ambientali.

L'Amministrazione per i beni culturali e ambientali attesta per ogni singolo bene l'esistenza delle caratteristiche previste dalla vigente legislazione di tutela e dichiara, per i beni e le opere di cui al primo comma, l'**interesse dello Stato ad acquisirli**.

Le condizioni ed il valore della cessione sono stabiliti con decreto del Ministro per i beni culturali e ambientali di concerto con il Ministro delle finanze, sentita un'**apposita commissione** nominata con decreto del Ministro per i beni culturali e ambientali, presieduta dallo stesso Ministro o da un suo delegato e composta da due rappresentanti del Ministero per i beni culturali e ambientali, da due rappresentanti del Ministero delle finanze e da un rappresentante del Ministero del tesoro. Nella proposta di cessione l'interessato può chiedere di essere sentito dalla commissione, personalmente o a mezzo di un suo delegato.

Comma abrogato.

La proposta di cessione non sospende il pagamento delle imposte di cui al primo comma.

L'interessato può revocare la propria proposta di cessione all'atto dell'audizione presso la commissione, ovvero nei quindici giorni successivi, con atto notificato al Ministero per i beni culturali e ambientali.

Il **decreto** di cui al quarto comma è emanato **entro sei mesi** dalla data di presentazione della proposta di cessione ed è **notificato al richiedente**. **Entro i due mesi successivi** dalla data di notifica del decreto il proponente notifica al Ministero per i beni culturali e ambientali, a pena di decadenza, la propria **accettazione**.

Nel caso di cessione di beni mobili, i beni devono essere consegnati entro i trenta giorni successivi alla notifica dell'accettazione. La consegna comporta il trasferimento della proprietà dei beni allo Stato.

Nel caso di cessione di beni immobili, il trasferimento allo Stato avviene a condizione che i beni siano liberi da ipoteche e da iscrizioni e trascrizioni pregiudizievoli. Il decreto di cui al quarto comma e la dichiarazione di accettazione, con firma autenticata, costituiscono titolo per la trascrizione del trasferimento nei registri immobiliari. Il trasferimento dei beni allo Stato ha effetto dalla data di notifica della dichiarazione di accettazione.

Dopo il trasferimento dei beni, l'interessato può chiedere il rimborso delle imposte eventualmente pagate nel periodo intercorrente tra la data di presentazione della proposta di cessione e quella della consegna dei beni o della trascrizione, ovvero può utilizzare, anche frazionatamente, l'importo della cessione per il pagamento delle imposte indicate nel primo comma, la cui scadenza è successiva al trasferimento dei beni.

Qualora l'interessato nei cinque anni successivi al trasferimento dei beni non abbia potuto utilizzare per il pagamento delle imposte indicate nel primo comma l'importo integrale della cessione, può chiedere il rimborso della differenza, senza corresponsione di interessi.

Le disposizioni dei precedenti commi si applicano anche nei confronti degli eredi del cedente.

Qualora l'Amministrazione dello Stato non intenda acquisire i beni offerti in cessione, il Ministro per i beni culturali e ambientali con proprio decreto, di concerto con il Ministro delle finanze, provvede ai sensi del precedente ottavo comma.

Art. 28-*ter*. Pagamento mediante compensazione volontaria con crediti d'imposta. – 1. In sede di erogazione di un rimborso d'imposta, l'Agenzia delle entrate verifica se il beneficiario risulta iscritto a ruolo e, in caso affermativo, trasmette in via telematica apposita segnalazione all'agente della riscossione che ha in carico il ruolo, mettendo a disposizione dello stesso, sulla contabilità di cui all'articolo 2, comma 1, del decreto del Direttore generale del dipartimento delle entrate del Ministero delle finanze in data 1° febbraio 1999, pubblicato nella Gazzetta Ufficiale n. 28 del 4 febbraio 1999, le somme da rimborsare.

2. Ricevuta la segnalazione di cui al comma 1, l'agente della riscossione notifica all'interessato una **proposta di compensazione** tra il credito d'imposta ed il debito iscritto a ruolo, **sospendendo l'azione di recupero** ed invitando il debitore a comunicare entro sessanta giorni se intende accettare tale proposta.

3. In caso di **accettazione** della proposta, l'agente della riscossione **movimenta le somme** di cui al comma 1 e le riversa ai sensi dell'articolo 22, comma 1, del decreto legislativo 13 aprile 1999, n. 112, entro i limiti dell'importo complessivamente dovuto a seguito dell'iscrizione a ruolo.

4. In caso di **rifiuto** della predetta proposta o di mancato tempestivo riscontro alla stessa, **cessano gli effetti della sospensione** di cui al comma 2 e l'agente della riscossione comunica in via telematica all'Agenzia delle entrate che non ha ottenuto l'adesione dell'interessato alla proposta di compensazione.

5. All'agente della riscossione spetta il **rimborso delle spese vive** sostenute per la notifica dell'invito di cui al comma 2, nonché un **rimborso forfetario** pari a quello di cui all'art. 24, comma 1, del regolamento di cui al decreto del Ministro delle finanze 28 dicembre 1993, n. 567, maggiorato del cinquanta per cento, a copertura degli oneri sostenuti per la gestione degli adempimenti attinenti la proposta di compensazione.

6. Con provvedimento del Direttore dell'Agenzia delle entrate sono approvate le specifiche tecniche di trasmissione dei flussi informativi previsti dal presente articolo e sono stabilite le modalità di movimentazione e di rendicontazione delle somme che transitano sulle contabilità speciali di cui al comma 1, nonché le modalità di richiesta e di erogazione dei rimborsi spese previsti dal comma 5.

Art. 28-*quater*. Compensazioni di crediti con somme dovute a seguito di iscrizione a ruolo. – 1. A partire dal 1° gennaio 2011, i **crediti non prescritti, certi, liquidi ed esigibili, maturati nei confronti nei confronti delle amministrazioni pubbliche** di cui all'articolo 1, comma 2, del decreto legislativo 30 marzo 2001, n. 165, e successive modificazioni **per somministrazione, forniture, prestazioni professionali e appalti, possono essere compensati** con le **somme dovute a seguito di iscrizione a ruolo**. Le disposizioni del primo periodo si applicano anche alle somme contenute nei carichi affidati all'agente della riscossione successivamente al 30 settembre 2013 e, in ogni caso, entro il 31 dicembre del secondo anno antecedente a quello in cui è richiesta la compensazione. Ai fini di cui al primo periodo, la certificazione prevista dall'articolo 9, comma 3-*bis*, del decreto legge 29 novembre 2008, n. 185, convertito, con modificazioni, dalla legge 28 gennaio 2009, n. 2, e le certificazioni richiamate all'articolo 9, comma 3-*ter*, lettera b), ultimo periodo, del medesimo decreto, recanti la data prevista per il pagamento, emesse mediante l'apposita piattaforma elettronica, sono utilizzate, a richiesta del creditore, per il pagamento, totale o parziale, delle somme dovute a seguito dell'iscrizione a ruolo, effettuato in data antecedente a quella prevista per il pagamento del credito. L'estinzione del debito a ruolo è condizionata alla verifica dell'esistenza e validità della certificazione. Qualora la regione, l'ente locale o l'ente del Servizio sanitario nazionale non versi all'agente della riscossione l'importo oggetto della certificazione entro sessanta giorni dal termine nella stessa indicato, l'agente della riscossione ne dà comunicazione ai Ministeri dell'interno e dell'economia e delle finanze e l'importo oggetto della certificazione è recuperato mediante riduzione delle somme dovute dallo Stato all'ente territoriale a qualsiasi titolo, incluse le quote dei fondi di riequilibrio o perequativi e le quote di gettito relative alla compartecipazione a tributi erariali. Dai recuperi di cui al presente comma sono escluse le risorse destinate al finanziamento corrente del servizio sanitario nazionale. Nel caso in cui il recupero non sia stato possibile, l'agente della riscossione procede, sulla base del ruolo emesso a carico del titolare del credito, alla riscossione coattiva secondo le disposizioni di cui al titolo II del presente decreto. Le modalità di attuazione del presente articolo sono stabilite con decreto del Ministero dell'economia e delle finanze anche al fine di garantire il rispetto degli equilibri programmati di finanza pubblica.

Art. 28-*quinquies*. Compensazioni di crediti con somme dovute in base agli istituti definitori della pretesa tributaria e deflativi del contenzioso tributario. – 1. **I crediti non prescritti, certi, liquidi ed esigibili**, nei confronti delle amministrazioni pubbliche di cui all'articolo 1, comma 2, del decreto legislativo 30 marzo 2001, n. 165, e successive modificazioni **per somministrazioni, forniture e appalti, possono essere compensati, solo su specifica richiesta del creditore,** con l'utilizzo del sistema previsto dall'articolo 17, del decreto legislativo 9 luglio 1997, n. 241, ed esclusivamente **attraverso i servizi telematici messi a disposizione dall'Agenzia delle entrate, con le somme dovute a seguito di accertamento con adesione** ai sensi dell'articolo 8, del decreto legislativo 19 giugno 1997, n. 218, **di definizione** ai sensi dell'art. 5, comma 1-*bis*, dell'articolo 5-*bis*, dell'articolo 11, comma 1-*bis*, **e di acquiescenza** ai sensi dell'articolo 15, dello stesso decreto legislativo, **di definizione agevolata delle sanzioni** ai sensi degli articoli 16 e 17, del decreto legislativo 18 dicembre 1997, n. 472, **di conciliazione giudiziale** ai sensi dell'articolo 48, del decreto legislativo 31 dicembre 1992, n. 546, di mediazione ai sensi dell'articolo 17-*bis*, dello stesso decreto. A tal fine **è necessario che il credito sia certificato** ai sensi dell'articolo 9, comma 3-bis, del decreto legge 29 novembre 2008, n. 185, convertito, con modificazioni, dalla legge 28 gennaio 2009, n. 2, o ai sensi dell'articolo 9, comma 3-*ter*, lettera b), ultimo periodo, del medesimo decreto e che la relativa **certificazione rechi l'indicazione della data prevista per il pagamento.** La compensazione è trasmessa immediatamente con flussi telematici dall'Agenzia delle entrate alla piattaforma elettronica per la gestione telematica del rilascio delle certificazioni, predisposta dal Ministero dell'economia e delle finanze – Dipartimento della ragioneria generale dello Stato, con modalità idonee a garantire l'utilizzo univoco del credito certificato. Qualora l'ente pubblico nazionale, la regione, l'ente locale o l'ente del Servizio sanitario nazionale non versi sulla contabilità speciale numero 1778 "Fondi di bilancio" l'importo certificato entro sessanta giorni dal termine indicato nella certificazione, la struttura di gestione di cui all'articolo 22, comma 3, del decreto legislativo 9 luglio 1997, n. 241, trattiene l'importo certificato mediante riduzione delle somme dovute all'ente a qualsiasi titolo, a seguito della ripartizione delle somme riscosse ai sensi dell'articolo 17, del decreto legislativo 9 luglio 1997, n. 241. Nel caso in cui il recupero non sia possibile, la suddetta struttura di gestione ne dà comunicazione ai Ministeri dell'interno e dell'economia e delle finanze e l'importo è recuperato mediante riduzione delle somme dovute dallo Stato all'ente a qualsiasi titolo, incluse le quote dei fondi di riequilibrio o perequativi e le quote di gettito relative alla compartecipazione a tributi erariali. Qualora residuino ulteriori importi da recuperare, i Ministeri dell'interno e dell'economia e delle finanze formano i ruoli per l'agente della riscossione, che procede alla riscossione coattiva secondo le disposizioni di cui al titolo II.

2. I termini e le modalità di attuazione delle disposizioni di cui al comma 1, sono stabiliti, entro il 30 giugno 2013, con decreto del Ministro dell'economia e delle finanze.

Art. 29. Rilascio della quietanza. – **Per ogni pagamento di imposte iscritte a ruolo il concessionario deve rilasciare quietanza al contribuente** e deve farne annotazione nella scheda intestata al contribuente.

Comma abrogato.

Le quietanze possono essere firmate anche dai dipendenti del concessionario espressamente autorizzati dal titolare.

Art. 30. Interessi di mora. – 1. Decorso inutilmente il termine previsto dall'art. 25, comma 2, sulle somme iscritte a ruolo, esclusi le sanzioni pecuniarie tributarie e gli interessi, si applicano, a partire dalla data della notifica della cartella e fino alla data del pagamento, gli interessi di mora al tasso determinato annualmente con decreto del Ministero delle finanze con riguardo alla media dei tassi bancari attivi.

Art. 31. Imputazione dei pagamenti. – Il concessionario non può rifiutare pagamenti parziali di rate scadute e pagamenti in acconto per rate di imposte non ancora scadute.

Tuttavia se il contribuente è debitore di rate scadute il pagamento non può essere imputato alle rate non scadute se non per la eventuale eccedenza sull'ammontare delle prime, comprese le indennità di mora, i diritti e le spese maturati a favore del concessionario.

Nei riguardi delle rate scadute l'imputazione è fatta, rata per rata, iniziando dalla più remota, al debito d'imposta, di soprattassa, di pena pecuniaria e poi al debito per indennità di mora e non può essere fatta ai diritti ed alle spese maturati a favore del concessionario se non dopo la completa estinzione del debito per le rate scadute e relative indennità di mora.

Per i debiti di imposta già scaduti l'imputazione è fatta con preferenza alle imposte o quote di imposta meno garantite e fra imposte o quote di imposta ugualmente garantite con precedenza a quella più remota.

Per quanto non è regolato dal presente articolo si applicano le norme degli articoli 1193 e 1194 del codice civile.

Art. 32. Responsabilità solidale dei nuovi possessori di immobili. – **Agli effetti dell'imposta locale sui redditi i nuovi possessori di immobili a titolo di proprietà o di altri diritti reali rispondono, solidalmente con i precedenti possessori, delle imposte, soprattasse e interessi iscritti od iscrivibili a ruolo a nome di questi ultimi per il periodo di tempo successivo alla data del titolo che serve per base alla voltura catastale.**

Tuttavia nei casi in cui la presentazione di domanda di voltura catastale non abbia avuto effetto nei ruoli, l'intendente di finanza dispone, su richiesta dell'interessato, che vengano escussi soltanto i nuovi possessori con espresso divieto al concessionario di compiere qualsiasi procedura sui beni dei precedenti.

Art. 33. Responsabilità solidale per l'imposta locale sui redditi. – Quando il **presupposto** dell'imposta locale sui redditi **si verifica unitariamente nei confronti di più soggetti**, ciascuno di essi è tenuto **in solido** al pagamento della imposta, soprattasse, pene pecuniarie e interessi iscritti a ruolo, **salvo rivalsa** nei confronti degli altri in proporzione alla quota di spettanza dei redditi.

La solidarietà di cui al precedente comma non opera se il possesso dei redditi spetta a più soggetti in forza di diritti reali di diversa natura.

Art. 34. Responsabilità solidale per l'imposta sui redditi delle persone fisiche. – Le **persone i cui redditi** per l'accertamento dell'imposta sul reddito delle persone fisiche **sono stati cumulati** con quelli del soggetto iscritto a ruolo **sono responsabili in solido** con il soggetto medesimo per il pagamento dell'imposta, soprattasse, pene pecuniarie e interessi iscritti a nome di quest'ultimo.

La responsabilità solidale stabilita dal comma precedente opera anche nella ipotesi in cui non si fa luogo, ai sensi del D.P.R. 29 settembre 1973, n. 597, al computo cumulativo dei redditi ai soli fini della determinazione dell'aliquota.

Quando non ricorrono le ipotesi di cui ai commi precedenti le persone indicate nelle lettere a) e b) dell'art. 4 del predetto decreto sono comunque solidalmente **responsabili**, **limitatamente al valore dei beni** ad esse **ceduti** a qualsiasi titolo dal soggetto passivo, per il pagamento delle imposte da questo dovute per l'anno in cui è avvenuta la cessione e per gli anni precedenti.

Art. 35. Solidarietà del sostituto di imposta. – **Quando il sostituto viene iscritto a ruolo** per imposte, soprattasse e interessi relativi a redditi sui quali non ha effettuato né le ritenute a titolo di imposta né i relativi versamenti, il **sostituito è coobbligato in solido.**

Art. 36. Responsabilità ed obblighi degli amministratori, dei liquidatori e dei soci. – I **liquidatori** dei soggetti all'imposta sul reddito delle persone giuridiche **che non adempiono all'obbligo di pagare**, con le attività della liquidazione, le imposte dovute per il periodo della liquidazione medesima e per quelli anteriori **rispondono in proprio** del pagamento delle imposte se non provano di aver soddisfatto i crediti tributari anteriormente all'assegnazione di beni ai soci o associati, ovvero di avere soddisfatto crediti di ordine superiore a quelli tributari. Tale responsabilità è commisurata all'importo dei crediti di imposta che avrebbero trovato capienza in sede di graduazione dei crediti.

La disposizione contenuta nel precedente comma si applica agli **amministratori in carica** all'atto dello scioglimento della società o dell'ente se non si sia provveduto alla nomina dei liquidatori.

I **soci o associati, che hanno ricevuto nel corso degli ultimi due periodi di imposta** precedenti alla messa in liquidazione **danaro o altri beni sociali in assegnazione** dagli amministratori o hanno avuto in assegnazione beni sociali dai liquidatori durante il tempo della liquidazione, sono **responsabili** del pagamento delle imposte dovute dai soggetti di cui al primo comma **nei limiti del valore** dei beni stessi, salvo le maggiori responsabilità stabilite dal codice civile. Il valore del denaro e dei beni sociali ricevuti in assegnazione si presume proporzionalmente equivalente alla quota di capitale detenuta dal socio od associato, salva la prova contraria.

Le **responsabilità previste dai commi precedenti sono estese agli amministratori che hanno compiuto nel corso degli ultimi due periodi di imposta precedenti alla messa in liquidazione operazioni di liquidazione ovvero hanno occultato attività** sociali anche mediante omissioni nelle scritture contabili.

La responsabilità di cui ai commi precedenti è accertata dall'ufficio delle imposte con **atto motivato** da notificare ai sensi dell'art. 60, decreto del Presidente della Repubblica 29 settembre 1973, n. 600.

Avverso l'atto di accertamento è

ammesso **ricorso** secondo le disposizioni relative al contenzioso tributario di cui al decreto del Presidente della Repubblica 26 ottobre 1972, n. 636 [*ora D.Lgs. 31 dicembre 1992, n. 546*]. Si applica il primo comma dell'articolo 39.

Art. 37. Rimborso di ritenute dirette. – Il contribuente assoggettato a ritenuta diretta può ricorrere all'intendente di finanza della provincia nella quale ha il domicilio fiscale, **per errore materiale, duplicazione o inesistenza totale o parziale dell'obbligazione tributaria entro il termine di decadenza di quarantotto mesi chiedendo il rimborso.**

Avverso la decisione dell'intendente di finanza, ovvero trascorsi novanta giorni dalla data di presentazione del ricorso senza che sia intervenuta la decisione dell'intendente di finanza, il contribuente può **ricorrere alla commissione di primo grado** secondo le disposizioni del D.P.R. 26 ottobre 1972, n. 636 [*ora D.Lgs. 31 dicembre 1992, n. 546*].

Al rimborso l'intendente di finanza provvede mediante **ordinativo di pagamento** entro il termine di **trenta giorni** dalla data in cui il provvedimento di accoglimento del ricorso si è reso definitivo.

Art. 38. Rimborso dei versamenti diretti. – Il soggetto che ha effettuato il versamento diretto può presentare all'intendente di finanza nella cui circoscrizione ha sede il concessionario presso il quale è stato eseguito il versamento, **istanza di rimborso**, entro il termine di decadenza di **quarantotto mesi** dalla data del versamento stesso, nel caso di errore materiale, duplicazione ed inesistenza totale o parziale dell'obbligo di versamento.

L'istanza di cui al primo comma può essere presentata **anche dal percipiente delle somme assoggettate a ritenuta** entro il termine di decadenza di quarantotto mesi dalla data in cui la ritenuta è stata operata.

L'intendente di finanza, sentito l'ufficio delle imposte, provvede al rimborso mediante ordinativo di pagamento.

Si applicano il secondo e terzo comma dell'articolo precedente.

Quando l'importo del versamento diretto effettuato ai sensi del primo comma, n. 3), o del secondo comma, lettera c), dell'art. 3 è superiore a quello dell'imposta liquidata in base alla dichiarazione ai sensi dell'**art. 36-*bis*** del D.P.R. 29 settembre 1973, n. 600, l'intendente di finanza provvede al **rimborso della differenza** con ordinativo di pagamento, su **proposta dell'ufficio**.

I rimborsi delle imposte non dovute ai sensi dell'articolo 26-*quater* del decreto del Presidente della Repubblica 29 settembre 1973, n. 600, richiesti dalle **società non residenti** aventi i requisiti di cui alla lettera a) del comma 4 del citato articolo 26-*quater* **o** da **stabili organizzazioni, situate in un altro Stato membro**, di società che hanno i suddetti requisiti sono effettuati **entro un anno** dalla data di presentazione della richiesta stessa, che deve essere corredata dalla documentazione prevista dall'articolo 26-*quater*, comma 6, del citato decreto n. 600 del 1973 o dalla successiva data di acquisizione degli elementi informativi eventualmente richiesti.

Se i rimborsi non sono effettuati entro il termine di cui al precedente comma, sulle somme rimborsate si applicano gli interessi nella misura prevista dall'articolo 44, primo comma.

Art. 39. Sospensione amministrativa della riscossione. – 1. Il **ricorso contro il ruolo** di cui all'art. 19 del D.Lgs. 31 dicembre 1992, n. 546, **non sospende la riscossione; tuttavia, l'ufficio delle entrate o il centro di servizio ha facoltà di disporla in tutto o in parte fino alla data di pubblicazione della sentenza della commissione tributaria provinciale, con provvedimento motivato** notificato al concessionario e al contribuente. **Il**

provvedimento può essere revocato ove sopravvenga fondato pericolo per la riscossione.

2. Sulle somme il cui pagamento è stato sospeso ai sensi del comma 1 e che risultano dovute dal debitore a seguito della sentenza della commissione tributaria provinciale si applicano gli **interessi** al tasso del 4,5 per cento annuo.

Art. 40. – Articolo abrogato.

Art. 41. Rimborso d'ufficio. – Quando emergono errori materiali o duplicazioni dovuti all'ufficio delle imposte, questo provvede ad effettuare il rimborso delle maggiori somme iscritte a ruolo.

La stessa disposizione si applica, per il rimborso della differenza, quando l'**ammontare della ritenuta di acconto** sugli importi che hanno concorso alla determinazione del reddito imponibile, risultanti dai certificati dei sostituti di imposta o quando questi non siano previsti, da altra idonea documentazione, allegati alla dichiarazione, **è superiore a quello dell'imposta liquidata in base** alla dichiarazione ai sensi dell'**art. 36-*bis*** del D.P.R. 29 settembre 1973, n. 600, nonché per i crediti di imposta derivanti dalla liquidazione delle dichiarazioni effettuata ai sensi dello stesso art. 36-*bis*.

Nel caso di cui al comma precedente al **rimborso** provvede, **su proposta dell'ufficio** delle imposte, l'intendente di finanza con ordinativo di pagamento **entro** il termine di **trenta giorni** dalla data di ricevimento della proposta.

Art. 42. Esecuzione del rimborso. – Del rimborso disposto l'ufficio delle imposte dà **avviso al contribuente nonché al cessionario** nei casi previsti dall'art. 43-*bis*.

Il concessionario è tenuto a rimborsare anche l'indennità di mora eventualmente riscossa.

Le liquidazioni di rimborso sono trascritte in elenchi nominativi con l'indicazione della causa e dei documenti che le giustificano.

L'elenco di rimborso è consegnato al concessionario il quale, sulla base di esso, restituisce al contribuente le somme già riscosse ovvero le imputa alle rate scadute e non ancora riscosse.

Se il rimborso si riferisce a rate non ancora riscosse il concessionario annota nella scheda del contribuente l'avvenuta compensazione.

Sono ritenuti validi i rimborsi eseguiti dal concessionario sotto la propria responsabilità fino alla concorrenza di euro 25,82 su quietanza di persona diversa dal nominativo iscritto nell'elenco di sgravio, previo ritiro, con rilascio di apposita ricevuta, della bolletta di pagamento totale o parziale dell'imposta cui lo sgravio si riferisce.

Art. 42-*bis*. Esecuzione del rimborso d'ufficio tramite procedura automatizzata. – Per l'esecuzione dei rimborsi previsti dall'art. 38, quinto comma, e dall'art. 41, secondo comma, emergenti a seguito della liquidazione delle imposte effettuata a norma dell'art. 36-*bis* del D.P.R. 29 settembre 1973, n. 600, e successive modificazioni, gli uffici delle imposte si avvalgono della procedura di cui al presente articolo.

Entro l'anno solare successivo alla data di scadenza del termine della presentazione della dichiarazione dei redditi gli uffici e i centri di servizio formano, per ciascun anno di imposta, **liste di rimborso** che contengono, in corrispondenza di ciascun nominativo, le generalità dell'avente diritto, il numero di registrazione della dichiarazione originante il rimborso e l'ammontare dell'imposta da rimborsare, nonché riassunti riepilogativi, sottoscritti dal titolare dell'ufficio o da chi lo sostituisce, che riportano gli estremi ed il totale delle partite di rimborso delle singole liste.

Il **centro informativo della Direzione generale** delle imposte dirette, sulla base delle liste di rimborso formate dagli uffici delle imposte, predispone gli **elenchi di rimborso** e determina per ciascuna partita l'ammontare degli **interessi** calcolati a norma del successivo art. 44-*bis*. Gli elenchi di rimborso sono sottoscritti dal direttore del centro informativo o da chi lo sostituisce che attesta la corrispondenza tra le partite incluse negli elenchi e quelle riportate nelle liste dagli uffici nonché l'esattezza del computo degli interessi. Gli elenchi contengono, per ogni soggetto avente diritto, le generalità e il domicilio fiscale, nonché l'ammontare dell'imposta da rimborsare e degli interessi e il numero di registrazione della dichiarazione originante il rimborso.

Sulla scorta degli elenchi di rimborso predisposti dal centro informativo, la **Direzione generale delle imposte dirette**, in base a decreto del Ministro delle finanze, emette, con imputazione al competente capitolo dello stato di previsione della spesa del Ministero delle finanze, uno o più **ordinativi diretti collettivi di pagamento** estinguibili mediante commutazione di ufficio in vaglia cambiari non trasferibili della Banca d'Italia, i cui numeri identificativi sono riportati negli elenchi stessi, in corrispondenza di ogni partita da rimborsare. Gli elenchi di rimborso fanno parte integrante degli ordinativi di pagamento. La quietanza è redatta con l'indicazione del numero e dell'importo complessivo dei rimborsi e con riferimento ai dati identificativi dei vaglia emessi, riportati negli elenchi.

Gli ordinativi di pagamento possono essere estinti, a richiesta degli aventi diritto e secondo modalità indicate nel modello di dichiarazione dei redditi, mediante **accreditamento in conto corrente bancario** a norma dell'art. 1, lettera b), decreto del Presidente della Repubblica 25 gennaio 1962, n. 71. Con decreto del Ministro delle finanze, di concerto con il Ministro del tesoro, sono stabiliti i termini ed i modi di estinzione mediante accreditamento.

I vaglia cambiari sono spediti per raccomandata ovvero, se di importo superiore a euro 5.164,57, per **assicurata** dalla competente sezione di tesoreria provinciale dello Stato all'indirizzo del domicilio fiscale degli aventi diritto, senza obbligo di avviso. I vaglia stessi, ai sensi dell'art. 51, lettera i), del D.P.R. 29 marzo 1973, n. 156, hanno corso mediante il pagamento, a carico dello Stato delle tasse postali determinate secondo i criteri e modalità di cui al D.P.R. 9 febbraio 1972, n. 171.

Non si fa luogo al rimborso di somme il cui importo non eccede euro 0,52.

Le operazioni di predisposizione degli elenchi di rimborso e quelle di emissione dei vaglia cambiari relativi ai singoli ordinativi di pagamento vengono realizzate mediante **procedure automatizzate** dal centro informativo della Direzione generale delle imposte dirette e della Banca d'Italia – Sezione di tesoreria provinciale dello Stato che emette i vaglia, secondo le modalità stabilite con apposito decreto del Ministro per le finanze di concerto con il Ministro per il tesoro.

Art. 43. Recupero di somme erroneamente rimborsate. – L'ufficio provvede mediante iscrizione a ruolo al recupero delle somme erroneamente rimborsate e degli interessi eventualmente corrisposti. La relativa cartella di pagamento è notificata, a pena di decadenza, entro il 31 dicembre del terzo anno successivo a quello di esecuzione del rimborso o, se più ampio, entro il termine di cui all'articolo 43, primo comma, del decreto del Presidente della Repubblica 29 settembre 1973, n. 600, maggiorato di dodici mesi.

Se successivamente al rimborso viene notificato **avviso di accertamento** ai sensi dell'art. 42 del D.P.R. 29 settembre 1973, n. 600, le somme che in base all'avviso stesso risultano indebitamente rimborsate, anche in dipendenza della imposta o della maggiore imposta accertata, sono iscritte in **ruolo speciale** unitamente agli interessi eventualmente corrisposti, ferma restando per l'imposta o la maggiore imposta accertata l'applicazione degli interessi ai sensi dell'art. 20. Nell'avviso di accertamento deve essere espressamente indicato l'ammontare delle somme rimborsate e dei relativi interessi da iscriversi nel ruolo predetto.

L'intendente di finanza dà comunicazione all'ufficio delle imposte competente dei rimborsi eseguiti mediante ordinativo di pagamento.

Art. 43-*bis*. Cessione dei crediti di imposta. – 1. Le disposizioni degli artt. 69 e 70 del R.D. 18 novembre 1923, n. 2440, si applicano anche alle cessioni dei crediti chiesti a rimborso nella dichiarazione dei redditi. Il cessionario non può cedere il credito oggetto della cessione. Gli interessi di cui al primo comma dell'art. 44 sono dovuti al cessionario.

2. Ferma restando nei confronti del contribuente che cede i crediti di cui al comma 1 l'applicazione delle disposizioni dell'art. 43, il cessionario risponde in solido con il contribuente fino a concorrenza delle somme indebitamente rimborsate, a condizione che gli siano notificati gli atti con i quali l'ufficio delle entrate o il centro di servizio procedono al recupero delle somme stesse.

3. L'atto di cessione deve essere notificato all'ufficio delle entrate o al centro di servizio nonché al concessionario del servizio della riscossione presso il quale è tenuto il conto fiscale di cui all'art. 78, commi 28 e seguenti, della L. 30 dicembre 1991, n. 413.

Art. 43-*ter*. Cessione delle eccedenze nell'ambito del gruppo. – 1. Le **eccedenze dell'imposta** sul reddito delle persone giuridiche e dell'imposta locale sui redditi risultanti dalla dichiarazione dei redditi delle società o enti appartenenti ad un gruppo **possono essere cedute**, in tutto o in parte, **a una o più società o all'ente dello stesso gruppo**, senza l'osservanza delle formalità di cui agli artt. 69 e 70 del R.D. 18 novembre 1923, n. 2440.

2. Nei confronti dell'amministrazione finanziaria la cessione delle eccedenze è efficace a condizione che l'ente o società cedente indichi **nella dichiarazione** gli estremi dei **soggetti cessionari** e gli importi ceduti a ciascuno di essi.

2-*bis*. In caso di **cessione dell'eccedenza** dell'imposta sul reddito delle società risultante dalla **dichiarazione** dei redditi del **consolidato** di cui all'articolo 122 del testo unico delle imposte sui redditi, approvato con decreto del Presidente della Repubblica 22 dicembre 1986, n. 917, la **mancata indicazione degli estremi del soggetto cessionario e dell'importo ceduto non determina l'inefficacia** ai sensi del secondo comma. In tale caso **si applica la sanzione** di cui all'art. 8, comma 1, del decreto legislativo 18 dicembre 1997, n. 471, nella misura massima stabilita.

3. Comma abrogato.

4. Agli effetti del presente articolo **appartengono al gruppo** l'ente o società controllante e le società da questo controllate; si considerano **controllate** le società per azioni, in accomandita per azioni e a responsabilità limitata le cui azioni o quote sono possedute dall'ente o società controllante o tramite altra società controllata da questo ai sensi del presente articolo per una **percentuale superiore al 50 per cento del capitale, fin dall'inizio del periodo di imposta precedente a quello cui si riferiscono i crediti di imposta ceduti**. Le disposizioni del presente articolo si applicano, in ogni caso, alle società e agli enti tenuti alla redazione del **bilancio consolidato** ai sensi del D.Lgs. 9 aprile 1991,

n. 127, e del D.Lgs. 18 agosto 2015, n. 136, e alle imprese, soggette all'imposta sul reddito delle persone giuridiche, indicate nell'elenco di cui alla lettera a) del comma 2 dell'art. 38 del predetto decreto n. 127 del 1991 e nell'elenco di cui alla lettera a) del comma 2 dell'art. 36 del predetto decreto n. 136 del 2015.

5. Si applicano le disposizioni del comma 2 dell'art. 43-*bis*.

Art. 44. Interessi per ritardato rimborso di imposte pagate. – Il contribuente che abbia effettuato versamenti diretti o sia stato iscritto a ruolo per un ammontare d'imposta superiore a quello effettivamente dovuto per lo stesso periodo ha diritto, per la maggior somma effettivamente pagata, all'interesse del 1 per cento, per ognuno dei semestri interi, escluso il primo, compresi tra la data del versamento o della scadenza dell'ultima rata del ruolo in cui è stata iscritta la maggiore imposta e la data dell'ordinativo emesso dall'intendente di finanza o dell'elenco di rimborso.

L'interesse di cui al primo comma è dovuto, con decorrenza **dal secondo semestre successivo alla presentazione della dichiarazione**, anche nelle ipotesi previste nell'art. 38, quinto comma e nell'art. 41, secondo comma.

L'interesse è **calcolato dall'ufficio** delle imposte che lo indica nello stesso elenco di sgravio, o dall'intendente di finanza ed è a carico dell'ente destinatario del gettito dell'imposta.

Art. 44-*bis*. Interessi per rimborsi eseguiti mediante procedura automatizzata. – Per i rimborsi effettuati con le modalità di cui all'art. 42-*bis*, l'interesse è dovuto con decorrenza dal secondo semestre solare successivo alla data di scadenza del termine di presentazione della dichiarazione fino alla data di emissione dell'ordinativo diretto collettivo di pagamento concernente il rimborso d'imposta, escludendo dal computo anche il semestre in cui tale ordinativo è emesso.

Per il pagamento degli interessi sono emessi, unitamente agli ordinativi di cui all'art. 42-*bis*, che dispongono il rimborso d'imposta, ordinativi diretti collettivi di pagamento tratti sul competente capitolo dello stato di previsione della spesa del Ministero delle finanze, estinguibili con la procedura indicata nello stesso art. 42-*bis*. Negli ordinativi concernenti il pagamento degli interessi è fatto riferimento agli elenchi dei creditori facenti parte integrante degli ordinativi che dispongono il rimborso d'imposta.

Sia per il rimborso d'imposta che per il pagamento degli interessi è emesso, per ciascun creditore, un unico vaglia cambiario.

La quietanza relativa all'ordinativo per il pagamento degli interessi è redatta con annotazione di riferimento alla quietanza riguardante il corrispondente ordinativo di rimborso di cui all'art. 42-*bis*, quarto comma.

Comma abrogato.

TITOLO II
RISCOSSIONE COATTIVA

CAPO I
DISPOSIZIONI GENERALI

Art. 45. Riscossione coattiva. – 1. **Il concessionario procede alla riscossione coattiva delle somme iscritte a ruolo, degli interessi di mora e delle spese di esecuzione** secondo le disposizioni del presente titolo.

Art. 46. Delega ad altro concessionario. – 1. Il concessionario cui è stato consegnato il ruolo, se l'attività di riscossione deve essere svolta fuori del proprio ambito territoriale, delega in via telematica per la stessa il concessionario nel cui ambito territoriale si deve procedere, fornendo ogni informazione utile in suo possesso circa i beni sui quali procedere. La delega può riguardare anche la notifica della cartella.

2. A seguito della delega, il pagamento delle somme iscritte a ruolo è eseguito al delegato.

Art. 47. Gratuità delle trascrizioni, iscrizioni e cancellazioni di pignoramenti e ipoteche. – 1. I conservatori dei pubblici registri mobiliari ed immobiliari eseguono le trascrizioni e le cancellazioni dei pignoramenti e le iscrizioni e le cancellazioni di ipoteche richieste dal concessionario, nonché la trascrizione dell'assegnazione prevista dall'art. 85 in esenzione da ogni tributo e diritto.

2. I conservatori sono altresì tenuti a rilasciare in carta libera e gratuitamente al concessionario l'elenco delle trascrizioni ed iscrizioni relative ai beni da lui indicati, contenente la specificazione dei titoli trascritti, dei crediti iscritti e del domicilio dei soggetti a cui favore risultano fatte le trascrizioni e le iscrizioni.

Art. 47-*bis*. Gratuità di altre attività e misura dell'imposta di registro sui trasferimenti coattivi di beni mobili. – 1. I competenti uffici dell'Agenzia del territorio rilasciano gratuitamente ai concessionari e ai soggetti da essi incaricati le visure ipotecarie e catastali relative agli immobili dei debitori iscritti a ruolo e dei coobbligati e svolgono gratuitamente le attività di cui all'articolo 79, comma 2.

2. Ai trasferimenti coattivi di beni mobili non registrati, la cui vendita è curata dai concessionari, l'imposta di registro si applica nella misura fissa di dieci euro.

Art. 48. Tasse e diritti per atti giudiziari. – 1. Le tasse e i diritti per atti giudiziari dovuti in occasione ed in conseguenza del procedimento di riscossione coattiva sono ridotti alla metà e prenotati a debito per il recupero nei confronti della parte soccombente, quando questa non sia il concessionario.

2. Nei casi previsti dal comma 1 il concessionario non può abbandonare il procedimento in seguito al pagamento del credito, ma deve proseguirlo ai fini del recupero delle tasse e dei diritti prenotati a debito. In difetto, ne risponde in proprio.

Art. 48-*bis*. Disposizioni sui pagamenti delle pubbliche amministrazioni. – 1. A decorrere dalla data di entrata in vigore del regolamento di cui al comma 2, le **amministrazioni pubbliche** di cui all'articolo 1, comma 2, del decreto legislativo 30 marzo 2001, n. 165, e le società a prevalente partecipazione pubblica, **prima di effettuare**, a qualunque titolo, il **pagamento** di un importo **superiore a cinquemila euro, verificano**, anche in via telematica, se il beneficiario è **inadempiente** all'obbligo di versamento derivante dalla notifica di **una o più cartelle di pagamento** per un ammontare complessivo pari almeno a tale importo e, in caso affermativo, **non procedono al pagamento** e **segnalano la circostanza all'agente della riscossione** competente per territorio, ai fini dell'esercizio dell'attività di riscossione delle somme iscritte a ruolo. La presente disposizione **non** si applica alle **aziende** o società per le quali sia stato **disposto il sequestro o la confisca** ai sensi dell'articolo 12-*sexies* del decreto legge 8 giugno 1992, n. 306, convertito, con modificazioni, dalla legge 7 agosto 1992, n. 356, ovvero della legge 31 maggio 1965, n. 575, **ovvero** che abbiano ottenuto la **dilazione del pagamento** ai sensi dell'articolo 19 del presente decreto, nonché ai risparmiatori di cui all'articolo 1, comma 494, della legge 30 dicembre 2018, n. 145, che hanno subito un pregiudizio ingiusto da parte di banche e loro controllate aventi sede legale in Italia, poste in liquidazione coatta amministrativa dopo il 16 novembre 2015 e prima del 16 gennaio 2018.

2. Con regolamento del Ministro dell'economia e delle finanze, da adottare ai sensi dell'articolo 17, comma 3, della legge 23 agosto 1988, n. 400, sono stabilite le modalità di attuazione delle disposizioni di cui al comma 1.

2-*bis*. Con decreto di natura non regolamentare del Ministro dell'economia e delle finanze, l'importo di cui al comma 1 può essere aumentato, in misura comunque non superiore al doppio, ovvero diminuito.

CAPO II
ESPROPRIAZIONE FORZATA

SEZIONE I
DISPOSIZIONI GENERALI

Art. 49. Espropriazione forzata. – 1. Per la riscossione delle somme non pagate il concessionario procede ad **espropriazione forzata sulla base del ruolo**, che costituisce **titolo esecutivo**; il **concessionario può altresì promuovere azioni cautelari e conservative**, nonché ogni altra azione prevista dalle norme ordinarie a tutela del creditore.

1-*bis*. I pagamenti delle somme dovute all'ente creditore ovvero il riconoscimento dello sgravio da parte dell'ente creditore, effettuati in una data successiva a quella di iscrizione a ruolo, devono essere tempestivamente comunicati dall'ente creditore al concessionario della riscossione.

1-*ter*. Comma abrogato.

1-*quater*. Comma abrogato.

2. Il procedimento di espropriazione forzata è regolato dalle norme ordinarie applicabili in rapporto al bene oggetto di esecuzione, in quanto non derogate dalle disposizioni del presente capo e con esso compatibili; gli atti relativi a tale procedimento sono notificati con le modalità previste dall'articolo 26.

3. Le funzioni demandate agli ufficiali giudiziari sono esercitate dagli ufficiali della riscossione.

Art. 50. Termine per l'inizio dell'esecuzione. – 1. Il concessionario procede ad **espropriazione forzata** quando è inutilmente **decorso il termine di sessanta giorni dalla notificazione della cartella di pagamento**, salve le disposizioni relative alla dilazione ed alla sospensione del pagamento.

2. Se l'espropriazione non è iniziata entro un anno dalla notifica della cartella di pagamento, l'espropriazione stessa deve essere preceduta dalla notifica, da effettuarsi con le modalità previste dall'articolo 26, di un avviso che contiene l'intimazione ad adempiere l'obbligo risultante dal ruolo entro cinque giorni.

3. L'avviso di cui al comma 2 è redatto in conformità al modello approvato con decreto del Ministero delle finanze e perde efficacia trascorso un anno dalla data della notifica.

Art. 51. Surroga del concessionario in procedimenti esecutivi già iniziati. – 1. Qualora sui beni del debitore sia già iniziato un altro procedimento di espropriazione, il concessionario può dichiarare al giudice dell'esecuzione di volersi surrogare al creditore procedente, indicando il credito in relazione al quale la surroga è esercitata. La dichiarazione è notificata al creditore procedente e al debitore.

2. Se entro dieci giorni dalla notificazione il creditore procedente o il debitore non hanno corrisposto al concessionario l'importo del suo credito, il concessionario resta surrogato negli atti esecutivi già iniziati e li prosegue secondo le norme del presente titolo.

3. Il concessionario può esercitare il diritto di surroga fino al momento dell'aggiudicazione o dell'assegnazione.

Art. 52. Procedimento di vendita. – 1. La **vendita** dei **beni pignorati** è effettuata, **mediante pubblico incanto** o nelle altre forme previste dal presente decreto, **a cura del concessionario**, senza necessità di autorizzazione dell'autorità giudiziaria.

2. **L'incanto è tenuto e verbalizzato dall'ufficiale della riscossione.**

2-*bis*. **Il debitore ha facoltà di procedere alla vendita del bene pignorato** o ipotecato al valore determinato ai sensi degli articoli 68, 79 e 80, comma 2, lettera b), con il consenso dell'agente della riscossione, il quale interviene nell'atto di cessione e al quale è interamente versato il corrispettivo della vendita. L'eccedenza del corrispettivo rispetto al debito è rimborsata al debitore entro i dieci giorni lavorativi successivi all'incasso.

2-*ter*. Nel caso in cui il debitore eserciti la facoltà di cui al comma 2-*bis*, la **vendita del bene** deve aver luogo **entro i cinque** giorni antecedenti la data fissata, ai sensi degli artt. 66 e 78, per il **primo incanto**, ovvero la nuova data eventualmente fissata per effetto della nomina di cui all'articolo 80, comma 2, lettera b).

2-*quater*. Se la vendita di cui al comma 2-*ter* non ha luogo nei cinque giorni antecedenti la data fissata per il primo incanto e vi è la necessità di procedere al secondo, il debitore, entro il giorno che precede tale incanto, può comunque esercitare la facoltà prevista dal comma 2-*bis* al prezzo stabilito ai sensi degli articoli 69 e 81.

2-*quinquies*. Nel caso in cui il debitore intenda procedere direttamente, ai sensi del comma 2-*bis*, alla vendita di immobili censibili nel catasto edilizio urbano senza attribuzione di rendita catastale, quali fabbricati in corso di costruzione, fabbricati collabenti, fabbricati in corso di definizione, lastrici solari e aree urbane, il medesimo debitore può procedere, con il consenso dell'agente della riscossione, alla vendita del bene pignorato o ipotecato, al valore determinato, in deroga al comma 2-*bis*, da perizia inoppugnabile effettuata dall'Agenzia delle entrate in base agli accordi stipulati con lo stesso agente della riscossione ai sensi dell'articolo 64, comma 3-*bis*, del decreto legislativo 30 luglio 1999, n. 300, e nei termini ivi stabiliti, su richiesta presentata dal debitore all'agente. Il rimborso dei costi sostenuti per l'effettuazione della perizia è posto a carico del debitore ed è versato all'agente della riscossione unitamente al corrispettivo della vendita di cui al comma 2-*bis*, ovvero, in mancanza di vendita, entro il termine di novanta giorni dalla consegna della perizia. Decorso tale termine in assenza di pagamento, l'agente della riscossione può procedere alla riscossione coattiva delle somme dovute unitamente alle spese esecutive di cui all'articolo 17, comma 3, lettera a), del decreto legislativo 13 aprile 1999, n. 112.

Art. 53. Cessazione dell'efficacia del pignoramento e cancellazione della trascrizione. – 1. Il pignoramento perde efficacia quando dalla sua esecuzione sono trascorsi **duecento** giorni **senza** che **sia stato effettuato il primo incanto**.

2. Se il pignoramento è stato trascritto in pubblico registro mobiliare o immobiliare, il concessionario, nell'ipotesi prevista dal comma 1 ed in ogni altro caso di **estinzione del procedimento** richiede entro dieci giorni al conservatore la **cancellazione della trascrizione**.

Art. 54. Intervento dei creditori. – 1. **I creditori che intendono intervenire nell'esecuzione debbono notificare al concessionario un atto** contenente le indicazioni prescritte dal secondo comma dell'articolo 499 del codice di procedura civile.

2. **L'intervento conferisce ai creditori soltanto il diritto di partecipare alla distribuzione della somma ricavata** dalla vendita dei beni pignorati.

3. I creditori chirografari che inter-

vengono oltre la data fissata per primo incanto o, nel caso di espropriazione presso terzi, per l'assegnazione del credito pignorato, concorrono alla distribuzione della parte della somma ricavata che sopravanza dopo che sono stati soddisfatti i diritti del concessionario, dei creditori aventi diritto di prelazione e dei creditori chirografari intervenuti prima di detta data.

Art. 55. Divieto per il concessionario di acquisto dei beni pignorati. – 1. Fermo il disposto degli artt. 539 e 553 del codice di procedura civile, il concessionario non può chiedere l'assegnazione dei beni pignorati, né rendersi acquirente dei medesimi negli incanti, neppure per interposta persona.

Art. 56. Deposito degli atti e del prezzo. – 1. Gli **atti** del procedimento di espropriazione, compresa la prova degli adempimenti prescritti dall'art. 498 del codice di procedura civile, sono **depositati**, a cura del concessionario, **nella cancelleria** del giudice dell'esecuzione **nel termine di dieci giorni dalla vendita**.

2. Nello stesso termine, salvo quanto previsto dal comma 3, la **somma ricavata dalla vendita è consegnata al cancelliere per essere depositata nella forma dei depositi giudiziari**.

3. Se nell'esecuzione non sono intervenuti altri creditori aventi diritto ad essere soddisfatti con preferenza o in via concorrente rispetto al concessionario, ovvero se la somma ricavata è sufficiente a soddisfarli integralmente, il **giudice** dell'esecuzione **autorizza il concessionario a trattenere l'ammontare del suo credito**, depositando in cancelleria l'eventuale eccedenza, ovvero, se non sono intervenuti altri creditori, restituendola al debitore.

Art. 57. Opposizione all'esecuzione o agli atti esecutivi. – 1. Non sono ammesse:

*a) le opposizioni regolate dall'art. 615 del codice di procedura civile, fatta eccezione per quelle concernenti la pignorabilità dei beni;

b) le opposizioni regolate dall'art. 617 del codice di procedura civile relative alla regolarità formale ed alla notificazione del titolo esecutivo.

2. Se è proposta opposizione all'esecuzione o agli atti esecutivi, il giudice fissa l'udienza di comparizione delle parti avanti a sé con decreto steso in calce al ricorso, ordinando al concessionario di depositare in cancelleria, cinque giorni prima dell'udienza, l'estratto del ruolo e copia di tutti gli atti di esecuzione.

*[*NdA. La Corte Costituzionale, con sentenza 31 maggio 2018, n. 114 ha dichiarato l'illegittimità costituzionale della lettera a) del comma 1 del presente articolo "nella parte in cui non prevede che, nelle controversie che riguardano gli atti dell'esecuzione forzata tributaria successivi alla notifica della cartella di pagamento o all'avviso di cui all'art. 50 del d.P.R. n. 602 del 1973, sono ammesse le opposizioni regolate dall'art. 615 del codice di procedura civile".*]

Art. 58. Opposizione di terzi. – 1. L'opposizione prevista dall'art. 619 del codice di procedura civile deve essere promossa **prima della data fissata per il primo incanto**.

2. L'opposizione **non può** essere proposta **quando i mobili pignorati** nella casa di abitazione o nell'azienda del debitore iscritto a ruolo o dei coobbligati, o in altri luoghi a loro appartenenti, hanno formato **oggetto** di una **precedente vendita** nell'ambito di una procedura di espropriazione forzata promossa dal concessionario a carico del medesimo debitore o dei medesimi coobbligati.

3. Il **coniuge, i parenti e gli affini** fino

al terzo grado del debitore iscritto a ruolo e dei coobbligati, per quanto riguarda i beni mobili pignorati nella casa di abitazione o nell'azienda del debitore o del coobbligato, o in altri luoghi a loro appartenenti, **possono dimostrare la proprietà del bene esclusivamente con atti pubblici o scritture private di data certa anteriore**:

a) alla presentazione della dichiarazione, se prevista e se presentata;

b) al momento in cui si è verificata la violazione che ha dato origine all'iscrizione a ruolo, se non è prevista la presentazione della dichiarazione o se la dichiarazione non è comunque stata presentata;

c) al momento in cui si è verificato il presupposto dell'iscrizione a ruolo, nei casi non rientranti nelle ipotesi di cui alle lettere a) e b).

Art. 59. Risarcimento dei danni. – 1. **Chiunque si ritenga leso dall'esecuzione può proporre azione contro il concessionario** dopo il compimento dell'esecuzione stessa ai fini del risarcimento dei danni.

2. Il concessionario risponde dei danni e delle spese del giudizio anche con la cauzione prestata, salvi i diritti degli enti creditori.

Art. 60. Sospensione dell'esecuzione. – 1. **Il giudice dell'esecuzione non può sospendere il processo esecutivo, salvo** che **ricorrano gravi motivi e** vi sia **fondato pericolo di grave e irreparabile danno.**

Art. 61. Estinzione del procedimento per pagamento del debito. – 1. Salvo quanto previsto dall'art. 48, comma 1, il procedimento di espropriazione si estingue **se il debitore** o un terzo, **in qualunque momento anteriore alla vendita, paga** all'ufficiale della riscossione la **somma** portata dal ruolo, i relativi accessori e le spese, ovvero gli esibisce la prova dell'avvenuto pagamento.

SEZIONE II
DISPOSIZIONI PARTICOLARI IN MATERIA DI ESPROPRIAZIONE MOBILIARE

Art. 62. Disposizioni particolari sui beni pignorabili. – 1. I **beni** di cui all'art. 515, terzo comma, del codice di procedura civile, anche se il debitore è costituito **in forma societaria** ed in ogni caso se nelle attività del debitore risulta una prevalenza del capitale investito sul lavoro, **possono essere pignorati nei limiti di un quinto, quando** il presumibile **valore di realizzo** degli **altri beni** rinvenuti dall'ufficiale esattoriale o indicati dal debitore **non appare sufficiente** per la soddisfazione del credito.

1-*bis* Nel caso di pignoramento dei beni di cui al comma 1, la custodia è sempre affidata al debitore ed il primo incanto non può aver luogo prima che siano decorsi trecento giorni dal pignoramento dello stesso. In tal caso, il pignoramento perde efficacia quando dalla sua esecuzione sono trascorsi trecentosessanta giorni senza che sia stato effettuato il primo incanto.

2. I frutti dei fondi del debitore soggetti al privilegio stabilito dall'art. 2771 del codice civile possono essere pignorati nelle forme dell'espropriazione presso il debitore ancorché i fondi stessi siano affittati.

Art. 63. Astensione dal pignoramento. – 1. L'ufficiale della riscossione deve astenersi dal pignoramento o desistere dal procedimento quando è dimostrato che i **beni appartengano a persona diversa** dal debitore iscritto a ruolo, dai coobbligati o dai soggetti indicati dall'art. 58, comma 3, in virtù di titolo avente data anteriore all'anno cui si riferisce l'entrata iscritta a ruolo. Tale **dimostrazione** può essere offerta soltanto mediante esibizione di atto pubblico o scrittura privata autenticata, ovvero di sentenza passata in giudicato pronunciata su domanda proposta prima di detto anno.

Art. 64. Custodia dei beni pignorati. – 1. Salvo quanto disposto dall'art. 520, primo comma, del codice di procedura civile e dall'art. 70, la custodia dei beni mobili pignorati è affidata allo stesso debitore o a un terzo. Il concessionario non può essere nominato custode.

2. Il concessionario può in ogni tempo disporre la sostituzione del custode.

3. In mancanza di persone idonee all'affidamento della custodia, i beni pignorati sono presi in consegna dal **comune**.

Art. 65. Notifica del verbale di pignoramento. – 1. Il verbale di pignoramento è **notificato al debitore**.

2. La notificazione, se al pignoramento assiste il debitore o un suo rappresentante, è eseguita mediante consegna allo stesso di una copia del verbale.

Art. 66. Avviso di vendita dei beni pignorati. – 1. Per procedere alla vendita dei beni pignorati il concessionario affigge alla **casa comunale, per cinque giorni consecutivi anteriori alla data fissata per il primo incanto**, un **avviso** contenente la descrizione dei beni e l'indicazione del giorno, dell'ora e del luogo del primo e del secondo incanto.

2. Il primo incanto **non** può aver luogo **prima** che siano **decorsi dieci giorni dal pignoramento**. Il **secondo incanto non** può aver luogo nello **stesso giorno** stabilito per il primo e deve essere fissato **non oltre il decimo giorno** dalla data del **primo incanto**.

3. **Su istanza** del debitore o del concessionario, il giudice può ordinare che degli incanti, ferma la data fissata per gli stessi, sia data **notizia al pubblico** a mezzo di **giornali** o con altre idonee forme di **pubblicità commerciale**. Le **spese** sono anticipate dalla parte richiedente.

Art. 67. Incanto anticipato. – 1. Se vi è **pericolo di deterioramento** dei beni pignorati o quando la **conservazione** degli stessi risulta **eccessivamente onerosa, il giudice dell'esecuzione può autorizzare il concessionario** a procedere all'incanto in **deroga** ai termini previsti dall'art. 66.

Art. 68. Prezzo base del primo incanto. – 1. **Se** il valore dei beni pignorati **non risulta da listino di borsa o di mercato, il prezzo base** del primo incanto è determinato dal valore ad essi attribuito nel **verbale di pignoramento**.

2. Tuttavia, **quando il concessionario lo richiede**, e in ogni caso per gli oggetti preziosi, il prezzo base è stabilito da uno **stimatore designato dal giudice** dell'esecuzione. Nello stesso modo si provvede, sentito il concessionario, se vi è richiesta del debitore e la nomina dello stimatore risulti opportuna in rapporto alle particolari caratteristiche dei beni pignorati.

Art. 69. Secondo incanto. – 1. Nel secondo incanto, salvo quanto previsto dall'art. 539 del codice di procedura civile, **i beni sono venduti al miglior offerente ad un prezzo non inferiore alla metà del prezzo base del primo incanto.**

Art. 70. Beni invenduti. – 1. Se i beni restano invenduti anche al secondo incanto, il concessionario entro tre mesi procede alla vendita a **trattativa privata** per un prezzo non inferiore alla metà del prezzo base del secondo incanto o ad un terzo incanto ad offerta libera.

2. I beni rimasti invenduti anche dopo l'applicazione delle disposizioni del comma 1 sono messi **a disposizione del debitore**, che, ove ne sia stato effettuato l'asporto, è invitato a ritirarli entro il termine di quindici giorni dalla notificazione dell'invito.

3. Decorso inutilmente il termine di

cui al comma 2, i beni non ritirati sono **distrutti o donati**, senza liberazione del debitore, ad enti di beneficenza ed assistenza, secondo le determinazioni del concessionario, che ne redige verbale.

Art. 71. Intervento degli istituti vendite giudiziarie. – 1. Per l'asporto, la custodia e la vendita dei beni mobili, anche registrati, sottoposti a pignoramento, il concessionario può avvalersi degli istituti previsti dall'art. 159 delle disposizioni di attuazione del codice di procedura civile.

2. Con decreto del Ministro delle finanze, di concerto con il Ministro della giustizia, sono stabilite le modalità di intervento dei predetti istituti nella procedura esecutiva e la remunerazione ad essi spettante.

Sezione III
Disposizioni particolari in materia di espropriazione presso terzi

Art. 72. Pignoramento di fitti o pigioni. – 1. **L'atto di pignoramento** di fitti o pigioni dovute da terzi al debitore iscritto a ruolo o ai coobbligati **contiene**, in luogo della citazione di cui al numero 4) dell'art. 543 del codice di procedura civile, l'**ordine all'affittuario o all'inquilino di pagare direttamente al concessionario i fitti e le pigioni** scaduti e non corrisposti **nel termine di quindici giorni** dalla notifica ed i fitti e le pigioni a scadere alle rispettive scadenze fino a concorrenza del credito per cui il concessionario procede.

2. Nel caso di inottemperanza all'ordine di pagamento si procede, previa citazione del terzo intimato e del debitore, secondo le norme del codice di procedura civile.

Art. 72-*bis*. Pignoramento dei crediti verso terzi. – 1. Salvo che per i crediti pensionistici e fermo restando quanto previsto dall'art. 545, commi quarto, quinto e sesto, del codice di procedura civile, e dall'art. 72-*ter* del presente decreto **l'atto di pignoramento dei crediti del debitore verso terzi può contenere**, in luogo della citazione di cui **all'art. 543, secondo comma, numero 4,** dello stesso codice di procedura civile, **l'ordine al terzo di pagare il credito direttamente al concessionario**, fino a concorrenza del credito per cui si procede:

a) **nel termine di sessanta giorni** dalla notifica dell'atto di pignoramento, per le somme per le quali il diritto alla percezione sia maturato anteriormente alla data di tale notifica;

b) alle **rispettive scadenze**, per le restanti somme.

1-*bis*. L'atto di cui al comma 1 può essere redatto anche da dipendenti dell'agente della riscossione procedente non abilitati all'esercizio delle funzioni di ufficiale della riscossione e, in tal caso, reca l'indicazione a stampa dello stesso agente della riscossione e non è soggetto all'annotazione di cui all'articolo 44, comma 1, del decreto legislativo 13 aprile 1999, n. 112.

2. **Nel caso di inottemperanza all'ordine di pagamento**, si applicano le disposizioni di cui all'art. 72, comma 2.

Art. 72-*ter*. Limiti di pignorabilità. – 1. Le **somme dovute a titolo di stipendio, di salario o di altre indennità relative al rapporto di lavoro o di impiego,** comprese quelle dovute a causa di licenziamento, **possono essere pignorate** dall'agente della riscossione in misura pari ad un decimo per importi fino a 2.500 euro e in misura pari ad un settimo per importi superiori a 2.500 euro e non superiori a 5.000 euro.

2. Resta ferma la misura di cui all'articolo 545, quarto comma, del codice di procedura civile, se le somme dovute a titolo di stipendio, di salario o di altre indennità relative al rapporto di lavoro o di impiego, comprese quelle dovute a

causa di licenziamento, superano i cinquemila euro.

2-*bis*. Nel caso di accredito delle somme di cui ai commi 1 e 2 sul conto corrente intestato al debitore, gli obblighi del terzo pignorato non si estendono all'ultimo emolumento accreditato allo stesso titolo.

2-*ter*. Ai medesimi fini previsti dai commi precedenti, l'Agenzia delle entrate acquisisce le informazioni relative ai rapporti di lavoro o di impiego, accedendo direttamente, in via telematica, alle specifiche banche dati dell'Istituto nazionale della previdenza sociale.

Art. 73. Pignoramento di cose del debitore in possesso di terzi. – 1. Salvo quanto previsto dal comma 1-*bis*, **se il terzo**, presso il quale il concessionario ha proceduto al pignoramento, **si dichiara o è dichiarato possessore di beni** appartenenti al debitore iscritto a ruolo o ai coobbligati, **il giudice dell'esecuzione ordina la consegna dei beni stessi al concessionario, che procede alla vendita secondo le norme del presente titolo.**

1-*bis*. Il pignoramento dei beni di cui al comma 1 del presente articolo può essere effettuato dall'agente della riscossione anche con le modalità previste dall'articolo 72-*bis*; in tal caso, lo stesso agente della riscossione rivolge un ordine di consegna di tali beni al terzo, che adempie entro il termine di trenta giorni, e successivamente procede alla vendita.

Art. 74. Vendita e assegnazione dei crediti pignorati. – 1. Il concessionario, per la vendita dei crediti pignorati e per la riscossione dei crediti a lui assegnati, si avvale della procedura prevista nel presente titolo.

2. Il concessionario, se diviene assegnatario di un credito verso lo Stato, pagabile a rate per un periodo che supera di quattro anni la scadenza del contratto di concessione, può cedere il credito all'erario e ha diritto al discarico della quota per inesigibilità.

3. Della cessione viene dato atto con verbale del cancelliere.

Art. 75. Pignoramenti presso pubbliche amministrazioni. – 1. Se il pignoramento di crediti verso lo Stato, le regioni, le province, i comuni ed ogni altro ente sottoposto al controllo della Corte dei conti ha avuto, in tutto o in parte, esito negativo, gli enti indicati non possono effettuare pagamenti in favore dell'esecutato per un periodo di cinque anni dalla data della dichiarazione prevista dall'art. 547 del codice di procedura civile, se egli non prova, con attestazione rilasciata dal concessionario, l'avvenuto pagamento del credito per il quale si è proceduto.

2. La disposizione del comma 1 non si applica ai pagamenti corrispondenti a crediti dichiarati impignorabili per legge.

Art. 75-*bis*. Dichiarazione stragiudiziale del terzo. – 1. **Decorso** inutilmente il **termine** di cui **all'art. 50, comma 1, l'agente della riscossione**, prima di procedere ai sensi degli articoli 72 e 72-*bis* del presente decreto e degli articoli 543 e seguenti del codice di procedura civile ed anche simultaneamente all'adozione delle azioni esecutive e cautelari previste nel presente decreto, può chiedere a **soggetti terzi, debitori del soggetto che è iscritto a ruolo o dei coobbligati, di indicare per iscritto, ove possibile in modo dettagliato, le cose e le somme da loro dovute al creditore.**

2. Nelle richieste formulate ai sensi del comma 1 è fissato un termine per l'adempimento non inferiore a trenta giorni dalla ricezione. In caso di inadempimento, si applicano le disposizioni previste dall'articolo 10 del decreto legislativo 18 dicembre 1997, n. 471. All'irrogazione della relativa sanzione provvede, su documentata segnalazione

dell'agente della riscossione procedente e con le modalità previste dall'articolo 16, commi da 2 a 7, del decreto legislativo 18 dicembre 1997, n. 472, l'ufficio locale dell'Agenzia delle entrate competente in ragione del domicilio fiscale del soggetto cui è stata rivolta la richiesta.

3. Gli agenti della riscossione possono procedere al trattamento dei dati acquisiti ai sensi del presente articolo senza rendere l'informativa prevista dall'articolo 13 del codice in materia di protezione dei dati personali, di cui al decreto legislativo 30 giugno 2003, n. 196.

SEZIONE IV
DISPOSIZIONI PARTICOLARI IN MATERIA DI ESPROPRIAZIONE IMMOBILIARE

Art. 76. Espropriazione immobiliare. – 1. Ferma la facoltà di intervento ai sensi dell'art. 499 del codice di procedura civile, **l'agente della riscossione**:

a) **non** dà corso all'espropriazione **se l'unico immobile di proprietà del debitore**, con **esclusione** delle abitazioni di **lusso** aventi le caratteristiche individuate dal decreto del Ministro per i lavori pubblici 2 agosto 1969, pubblicato nella Gazzetta Ufficiale n. 218 del 27 agosto 1969, e comunque dei fabbricati classificati nelle categorie catastali A/8 e A/9, è **adibito ad uso abitativo e lo stesso vi risiede anagraficamente**;

a-*bis*) **non** dà corso all'espropriazione **per** uno specifico paniere di beni definiti "**beni essenziali**" e **individuato ai sensi dell'articolo 514 del codice di procedura civile**;

b) nei casi diversi da quelli di cui alla lettera a), **può procedere** all'espropriazione immobiliare **se l'importo complessivo del credito** per cui si procede **supera centoventimila euro. L'espropriazione può essere avviata se è stata iscritta l'ipoteca di cui all'articolo 77 e sono decorsi almeno sei mesi dall'iscrizione senza che il debito sia stato estinto.**

2. Il concessionario **non** procede all'espropriazione immobiliare **se il valore dei beni**, determinato a norma dell'art. 79 e **diminuito delle passività ipotecarie** aventi priorità sul credito per il quale si procede, **è inferiore** all'**importo** indicato nel **comma 1**.

Art. 77. Iscrizione di ipoteca. – 1. **Decorso inutilmente il termine di cui all'art. 50, comma 1, il ruolo costituisce titolo per iscrivere ipoteca sugli immobili del debitore e dei coobbligati per un importo pari al doppio dell'importo complessivo del credito per cui si procede.**

1-*bis*. **L'agente della riscossione, anche al solo fine di assicurare la tutela del credito** da riscuotere, **può iscrivere la garanzia ipotecaria** di cui al comma 1, anche quando non si siano verificate le condizioni per procedere all'espropriazione di cui all'art. 76, commi 1 e 2, **purché l'importo** complessivo del credito per cui si procede **non** sia **inferiore complessivamente a ventimila euro**.

2. Se l'**importo** complessivo **del credito** per cui si procede **non supera il cinque per cento del valore dell'immobile** da sottoporre ad **espropriazione** determinato a norma dell'art. 79, il concessionario, **prima** di procedere all'**esecuzione**, deve iscrivere **ipoteca. Decorsi sei mesi** dall'iscrizione senza che il debito sia stato estinto, il concessionario procede all'**espropriazione**.

2-*bis*. **L'agente della riscossione è tenuto a notificare al proprietario dell'immobile una comunicazione preventiva** contenente l'avviso che, in mancanza del pagamento delle somme dovute entro il termine di trenta giorni, sarà iscritta l'ipoteca di cui al comma 1.

Art. 78. Avviso di vendita. – 1. Il **pignoramento immobiliare** si esegue mediante la **trascrizione**, a norma dell'art. 555, secondo comma, del codice di procedura civile, di un **avviso** contenente:

a) le **generalità del soggetto** nei confronti del quale si procede;

b) la **descrizione degli immobili** con le indicazioni catastali e la precisazione dei confini;

c) l'indicazione della **destinazione urbanistica del terreno** risultante dal certificato di cui all'art. 18 della L. 28 febbraio 1985, n. 47;

d) il **giorno**, l'**ora** e il **luogo** del **primo**, del **secondo** e del **terzo incanto**, con **intervallo minimo di venti giorni**;

e) **l'importo complessivo del credito** per cui si procede, distinto per imposta, per periodo d'imposta, per interessi di mora e per spese di esecuzione già maturate;

f) il **prezzo base** dell'incanto;

g) la **misura minima** dell'**aumento** da apportare alle offerte;

h) l'avvertenza che le **spese di vendita e gli oneri tributari** concernenti il trasferimento sono **a carico dell'aggiudicatario**;

i) l'**ammontare della cauzione** ed il termine entro il quale deve essere prestata dagli offerenti;

l) il **termine di versamento del prezzo** di cui all'art. 82, comma 1;

m) l'ingiunzione ad astenersi da qualunque atto diretto a sottrarre alla garanzia del credito i beni assoggettati all'espropriazione e i frutti di essi.

2. **Entro cinque giorni dalla trascrizione** l'**avviso di vendita** è **notificato al soggetto** nei confronti del quale si procede. In mancanza della notificazione non può procedersi alla vendita.

2-*bis*. Se, per effetto delle nomine previste dall'art. 80, comma 2, il primo incanto non può essere effettuato nella data indicata nell'avviso di vendita, l'agente della riscossione fissa i nuovi incanti e notifica al soggetto nei confronti del quale procede, il relativo avviso contenente le informazioni di cui al comma 1, lett. d) del presente articolo.

Art. 79. Prezzo base e cauzione. – 1. Il prezzo base dell'incanto è pari all'**importo** stabilito a norma dell'**art. 52, comma 4,** del Testo Unico delle **disposizioni** concernenti l'**imposta di registro**, approvato con decreto del Presidente della Repubblica 26 aprile 1986, n. 131, moltiplicato per tre.

2. Se non è possibile determinare il prezzo base secondo le disposizioni del comma 1, il concessionario richiede l'attribuzione della **rendita catastale** del bene stesso al competente ufficio del territorio, che provvede entro centoventi giorni; se si tratta di terreni per i quali gli strumenti urbanistici prevedono la destinazione edificatoria, il prezzo è stabilito con **perizia dell'ufficio del territorio**.

3. La **cauzione** prevista dall'art. 580 del codice di procedura civile è prestata al concessionario ed è fissata, per ogni incanto, nella misura del **dieci per cento** del prezzo base.

Art. 80. Pubblicazione e notificazione dell'avviso di vendita. – 1. **Almeno venti giorni prima** di quello fissato per il **primo incanto l'avviso di vendita** è inserito nel **foglio degli annunci legali** della provincia ed è affisso, a cura dell'ufficiale della riscossione, alla **porta esterna della cancelleria del giudice dell'esecuzione** e all'albo del comune o dei comuni nel cui territorio sono situati gli immobili.

1-*bis*. Entro il termine di cui al comma 1, **l'avviso di vendita è pubblicato sul sito internet** dell'agente della riscossione.

2. **Su istanza del soggetto** nei confronti del quale si procede o dell'agente di riscossione, il giudice può disporre:

a) che **degli incanti**, ferma la data fissata per gli stessi, sia data **notizia al pubblico a mezzo di giornali** o con altre idonee forme di **pubblicità commerciale;**

b) la vendita al valore stimato con l'ausilio di un **esperto da lui nominato**, nel caso in cui ritenga che il valore del bene, determinato ai sensi dell'articolo

79, sia manifestamente inadeguato. Se l'agente della riscossione lo richiede, il giudice può nominare un ausiliario che relazioni sulle caratteristiche e sulle condizioni del bene pignorato, e può assegnare ad esso la funzione di custodia del bene.

2-*bis*. Nei casi di cui al comma 2, le **spese** sono **anticipate dalla parte richiedente** e liquidate dal giudice in prededuzione. In deroga a quanto disposto dall'articolo 53, comma 1, il pignoramento non perde efficacia se, per effetto delle nomine di cui al comma 2 del presente articolo, il primo incanto non può essere effettuato entro duecento giorni dall'esecuzione del pignoramento stesso.

Art. 81. Secondo e terzo incanto. – 1. Se la vendita non ha luogo al primo incanto per mancanza di offerte valide, si procede al **secondo incanto** nel giorno fissato dall'avviso di vendita e con un **prezzo base inferiore di un terzo** a quello precedente.

2. Qualora la vendita non abbia luogo nemmeno al secondo incanto, il concessionario procede ad un **terzo incanto**, con un **prezzo base inferiore di un terzo** a quello del precedente incanto.

Art. 82. Versamento del prezzo. – 1. L'aggiudicatario deve versare il prezzo nel termine di **trenta giorni** dall'aggiudicazione.

2. Se il prezzo non è versato nel termine, il giudice dell'esecuzione con decreto dichiara la **decadenza dell'aggiudicatario** e la **perdita della cauzione** a titolo di multa; il concessionario procede a **nuovo incanto** per un prezzo base pari a quello dell'ultimo incanto. Se il prezzo che se ne ricava, unito alla cauzione confiscata, risulta inferiore a quello della precedente aggiudicazione, l'aggiudicatario inadempiente è tenuto al pagamento della **differenza**.

Art. 83. Progetto di distribuzione. – 1. **Se vi è intervento di altri creditori**, il concessionario deposita nella cancelleria del giudice dell'esecuzione, nel termine di dieci giorni dal versamento del prezzo, unitamente agli atti del procedimento, un **progetto di distribuzione** delle somme ricavate.

Art. 84. Distribuzione della somma ricavata. – 1. Il giudice dell'esecuzione, se non vi sono creditori intervenuti, provvede a norma dell'art. 510, primo comma, del codice di procedura civile.

2. In caso di intervento di altri creditori, il giudice dell'esecuzione, apportate le **eventuali variazioni al progetto** di distribuzione presentato dal concessionario, provvede a norma dell'art. 596 del codice di procedura civile.

Art. 85. Assegnazione dell'immobile allo Stato. – 1. Se il **terzo incanto** ha **esito negativo**, il concessionario, nei dieci giorni successivi, chiede al giudice dell'esecuzione l'**assegnazione dell'immobile allo Stato** per il **prezzo base del terzo incanto**, depositando nella cancelleria del giudice dell'esecuzione gli atti del procedimento.

2. Il giudice dell'esecuzione dispone l'assegnazione, secondo la procedura prevista dall'art. 590 del codice di procedura civile. Il termine per il versamento del prezzo per il quale è stata disposta l'assegnazione non può essere inferiore a sei mesi.

3. In caso di mancato versamento del prezzo di assegnazione nel termine, il processo esecutivo si estingue se il concessionario, nei trenta giorni successivi alla scadenza di tale termine, non dichiara, su indicazione dell'ufficio che ha formato il ruolo, di voler procedere a un ulteriore incanto per un prezzo base inferiore di un terzo rispetto a quello dell'ultimo incanto. Il processo esecutivo si estingue comunque se anche tale incanto ha esito negativo.

CAPO III
DISPOSIZIONI PARTICOLARI IN MATERIA DI ESPROPRIAZIONE DI BENI MOBILI REGISTRATI

Art. 86. Fermo di beni mobili registrati. – 1. Decorso inutilmente il termine di cui all'art. 50, comma 1, il concessionario può disporre il **fermo dei beni mobili** del debitore o dei coobbligati iscritti in pubblici registri, dandone notizia alla direzione regionale delle entrate ed alla regione di residenza.

2. La **procedura di iscrizione** del fermo di beni mobili registrati è avviata dall'agente della riscossione con la **notifica al debitore o ai coobbligati** iscritti nei pubblici registri di una **comunicazione preventiva** contenente l'avviso che, in **mancanza del pagamento delle somme** dovute **entro** il termine di **trenta giorni**, sarà eseguito il **fermo**, senza necessità di ulteriore comunicazione, mediante iscrizione del provvedimento che lo dispone nei registri mobiliari, **salvo** che il debitore o i coobbligati, nel predetto termine, **dimostrino** all'agente della riscossione che il **bene mobile** è **strumentale** all'attività di impresa o della professione.

3. Chiunque circola con veicoli, autoscafi o aeromobili sottoposti al fermo è soggetto alla **sanzione** prevista dall'art. 214, comma 8, del decreto legislativo 30 aprile 1992, n. 285.

4. Con decreto del Ministro delle finanze, di concerto con i Ministri dell'interno e dei lavori pubblici, sono stabiliti le modalità, i termini e le procedure per l'attuazione di quanto previsto nel presente articolo.

CAPO IV
PROCEDURE CONCORSUALI

SEZIONE I
FALLIMENTO E LIQUIDAZIONE COATTA AMMINISTRATIVA

Art. 87. Ricorso per la dichiarazione di fallimento e domanda di ammissione al passivo. – 1. Il **concessionario** può, **per conto dell'Agenzia delle entrate, presentare** il **ricorso** di cui all'art. 6 del regio decreto 16 marzo 1942, n. 267.

2. Se il debitore, a seguito del ricorso di cui al comma 1 o su iniziativa di altri creditori, è dichiarato fallito, ovvero sottoposto a liquidazione coatta amministrativa, il concessionario chiede, sulla base del ruolo, per conto dell'Agenzia delle entrate l'**ammissione al passivo della procedura**.

2-*bis*. L'agente della riscossione cui venga comunicata la **proposta di concordato**, ai sensi degli articoli 125 o 126 del Regio decreto 16 marzo 1942, n. 267, la trasmette senza ritardo all'Agenzia delle entrate, anche in deroga alle modalità indicate nell'articolo 36 del decreto legislativo 13 aprile 1999, n. 112, e la approva, espressamente od omettendo di esprimere dissenso, solamente in base a **formale autorizzazione dell'Agenzia** medesima.

Art. 88. Ammissione al passivo con riserva. – 1. **Se sulle somme iscritte a ruolo sorgono contestazioni, il credito è ammesso al passivo con riserva**, anche nel caso in cui la domanda di ammissione sia presentata in via tardiva a norma dell'art. 101 del R.D. 16 marzo 1942, n. 267.

2. **Nel fallimento, la riserva è sciolta dal giudice delegato** con decreto, su istanza del curatore o del concessionario, quando è inutilmente decorso il termine prescritto per la proposizione della controversia davanti al giudice competente, ovvero quando il giudizio è stato definito con decisione irrevocabile o risulta altrimenti estinto.

3. Nella liquidazione coatta amministrativa, il commissario liquidatore provvede direttamente, o su istanza del concessionario, allo scioglimento della riserva nei casi indicati nel comma 2, apportando le conseguenti variazioni all'elenco dei crediti ammessi.

4. Il provvedimento di scioglimento della riserva è comunicato al concessionario dal curatore o dal commissario liquidatore mediante lettera raccomandata con avviso di ricevimento. Contro di esso il concessionario, nel termine di dieci giorni dalla comunicazione, può proporre reclamo al tribunale, che decide in camera di consiglio con decreto motivato, sentite le parti.

5. Se all'atto delle ripartizioni parziali o della ripartizione finale dell'attivo la riserva non risulta ancora sciolta si applicano, rispettivamente, il numero 3 dell'articolo 113 del R.D. 16 marzo 1942, n. 267, ed il secondo periodo del secondo comma dell'art. 117 della medesima legge.

Art. 89. Esenzione dell'azione revocatoria. – 1. I pagamenti di imposte scadute non sono soggetti alla revocatoria prevista dall'art. 67 del R.D. 16 marzo 1942, n. 267.

SEZIONE II
CONCORDATO PREVENTIVO E AMMINISTRAZIONE CONTROLLATA

Art. 90. Ammissione del debitore al concordato preventivo o all'amministrazione controllata. – 1. Se il debitore è ammesso al concordato preventivo o all'amministrazione controllata, **il concessionario compie, sulla base del ruolo, ogni attività necessaria ai fini dell'inserimento del credito da esso portato nell'elenco dei crediti della procedura**.

2. **Se** sulle somme iscritte a ruolo sorgono **contestazioni, il credito** è comunque **inserito in via provvisoria** nell'elenco ai fini previsti agli artt. 176, primo comma, e 181, terzo comma, primo periodo del R.D. 16 marzo 1942, n. 267.

Art. 91. – Articolo abrogato.

Art. 91-*bis*. – Articolo abrogato.

TITOLO III
SANZIONI

Artt. 92.-98. – Articoli abrogati.

TITOLO IV
NORME TRANSITORIE E FINALI

Art. 99. Versamento delle ritenute sui dividendi. – Le ritenute alla fonte sugli utili indicati nell'art. 1 della legge 29 dicembre 1962, n. 1745, la cui distribuzione è deliberata anteriormente al 1° gennaio 1974, sono versate alle sezioni di tesoreria provinciale dello Stato nella misura e nei termini stabiliti nella stessa legge.

Art. 100. Versamento in tesoreria e iscrizione a ruolo di tributi soppressi. – Le disposizioni degli artt. 168, 169, 170, 172, 260 e 264 del Testo Unico delle leggi sulle imposte dirette approvato con D.P.R. 29 gennaio 1958, n. 645, seguitano ad applicarsi per i versamenti ivi previsti e relativi ai periodi di imposta anteriori al 1° gennaio 1974.

Per le iscrizioni a ruolo di tributi soppressi in virtù dell'art. 82 del D.P.R. 29 settembre 1973, n. 597, e relativi a periodi d'imposta anteriori al 1° gennaio 1974, rimangono in vigore gli artt. 174, 175, 178, 180 e 183 del citato Testo Unico.

Per i ricorsi proposti dal 1° gennaio 1974 si applicano le disposizioni dell'art. 15 del presente decreto.

Le disposizioni dell'art. 176 del citato Testo Unico operano per le iscrizioni provvisorie relative ai periodi di imposta anteriori al 1° gennaio 1974.

La riscossione dei tributi di cui al secondo comma iscritti nei ruoli principali e suppletivi è ripartita in due rate consecutive con le scadenze indicate nell'art. 18.

Gli aggi della riscossione mediante ruolo dei tributi soppressi restano a carico del contribuente.

Art. 100-*bis*. Acconti di imposte sui redditi dell'anno 1974. – I soggetti, che in base alla dichiarazione annuale dei redditi presentata nell'anno 1973 e alle risultanze dei registri catastali al 31 agosto dello stesso anno, risultano possessori di redditi imponibili di ricchezza mobile delle categorie B e C/1, di redditi dominicali dei terreni e di redditi di fabbricati sono tenuti al pagamento, nella misura e con le modalità stabilite nei seguenti articoli, di somme in acconto delle imposte sul reddito relative all'anno 1974 o al primo periodo d'imposta ricadente nell'anno stesso.

Gli acconti non sono dovuti per i redditi imponibili di ricchezza mobile delle categorie B e C/1 relativi ad attività delle quali sia stata denunciata la cessazione entro il 31 dicembre 1973 né per i redditi imponibili di ricchezza mobile delle società cooperative e loro consorzi esenti dall'imposta sul reddito delle persone giuridiche ai sensi dell'art. 10 e dell'art. 11, primo comma, del D.P.R. 29 settembre 1973, n. 601.

Sui redditi imponibili di ricchezza mobile delle categorie B e C/1 gli acconti non sono dovuti quando l'ammontare degli acconti stessi, determinato con le aliquote indicate nel successivo art. 100-*ter*, non supera 10,33 euro.

Nei casi di trasformazione o fusione di società, avvenute posteriormente alla presentazione della dichiarazione di cui al primo comma, al pagamento degli acconti, commisurati agli imponibili dei soggetti preesistenti, sono tenuti i soggetti risultanti dalla trasformazione o fusione, ancorché l'iscrizione a ruolo sia effettuata a nome dei soggetti preesistenti.

Art. 100-*ter*. Ammontare degli acconti. – Gli acconti d'imposta sono dovuti nella misura:

a) del 15 per cento sui redditi imponibili di ricchezza mobile di categoria B dei soggetti indicati nell'art. 8, terzo comma del D.P.R. 29 gennaio 1958 n. 645;

b) del 10 per cento sui redditi imponibili di ricchezza mobile di categoria B dei soggetti diversi di quelli di cui alla precedente lettera a);

c) del 10 per cento sui redditi imponibili di ricchezza mobile di categoria C/1 degli artisti e dei professionisti;

d) del 7 per cento sugli altri redditi imponibili di ricchezza mobile di categoria C/1;

e) del 12 per cento sui redditi dominicali dei terreni e sui redditi dei fabbricati.

L'aliquota di cui alla lettera a) è ridotta al 7,50 per cento per i soggetti indicati negli artt. 6 e 26 ultimo comma, del D.P.R. 29 settembre 1973, n. 601.

Le aliquote indicate nei precedenti commi si applicano sui redditi imponibili di ricchezza mobile di categoria B e C/1 risultanti dalle dichiarazioni annuali presentate nell'anno 1973 e sui redditi dominicali dei terreni e sui redditi dei fabbricati risultanti dai registri catastali al 31 agosto dello stesso anno.

Dall'ammontare degli acconti relativi agli imponibili di cui alla lettera c) del primo comma è dedotto un ammontare pari alle ritenute d'acconto operate ai sensi degli artt. 128 e 143 del D.P.R. 29 gennaio 1958, n. 645, sulle somme che hanno concorso a formare gli imponibili stessi.

Art. 100-*quater*. Imputazione degli acconti alle imposte sul reddito dovute per l'anno 1974. – Gli acconti di imposta commisurati ai redditi imponibili di ricchezza mobile delle categorie B e C/1 sono detratti dall'imposta sul reddito delle persone fisiche o dall'imposta sul reddito delle persone giuridiche dovute per l'anno 1974 o per il primo periodo d'imposta ricadente nell'anno stesso.

Gli acconti d'imposta commisurati ai redditi imponibili di società ed associazioni di cui all'art. 5 del D.P.R. 29 settembre 1973, n. 597 sono detratti, nella proporzione indicata nel primo comma dello stesso articolo, dall'imposta sul reddito delle persone fisiche dovuta da ciascun socio o associato.

Gli acconti d'imposta commisurati ai redditi dominicali dei terreni e ai redditi dei fabbricati sono detratti dall'imposta locale sui redditi dovuta per l'anno 1974.

Nei casi di trasformazione e di fusione di cui agli articoli 15, secondo comma, e 16 quarto comma del D.P.R. 29 settembre 1973, n. 598, gli acconti commisurati ai redditi imponibili di ricchezza mobile delle società trasformate, fuse o incorporate sono detratti dall'imposta sul reddito delle persone fisiche dovuta da ciascun socio o associato della società risultante dalla trasformazione o fusione o della società incorporante.

Se gli acconti d'imposta sono di ammontare superiore alle imposte, cui sono rispettivamente imputabili, dovute in base alla dichiarazione dei redditi dell'anno 1974 o agli accertamenti di ufficio ovvero alle risultanze dei registri catastali al 31 agosto dello stesso anno, il contribuente ha diritto al rimborso della differenza. Per i soggetti indicati nell'art. 27 del D.P.R. 29 settembre 1973, n. 598, il rimborso sarà effettuato solo se gli acconti risultino superiori alle imposte dovute per il periodo d'imposta costituito dalla frazione di esercizio posteriore al 31 dicembre 1973 e per il periodo d'imposta successivo.

Art. 100-*quinquies*. Riscossione degli acconti. – Gli acconti d'imposta di cui all'art. 100-*bis* sono iscritti in ruoli straordinari riscuotibili in due rate con scadenza al giorno 10 dei mesi di settembre e novembre dell'anno 1974 o in unica soluzione a questa ultima scadenza. La formazione dei ruoli straordinari non è soggetta alla autorizzazione dell'intendente di finanza prevista dall'art. 11, sesto comma, del D.P.R. 29 settembre 1973, n. 602.

La mancata iscrizione a ruolo degli acconti non fa venir meno il diritto alla riscossione dell'intero ammontare delle imposte dalle quali sono detraibili gli acconti medesimi.

Ai fini della riscossione degli acconti di imposta vanno notificate speciali cartelle di pagamento recanti l'annotazione "acconti d'imposta per l'anno 1974".

Per la riscossione degli acconti di imposta di cui all'art. 100-*bis* si applicano le disposizioni del presente decreto.

Art. 100-*sexies*. – Articolo abrogato.

Art. 101. Termini per sgravi e rimborsi relativi a tributi soppressi. – I termini per proporre ricorsi o istanze pendenti al 1° gennaio 1974, decorrono da tale data e i ricorsi e le istanze sono proposti nei modi e nelle forme stabiliti dal presente decreto e dal D.P.R. 26 ottobre 1972, n. 636.

Art. 102. Responsabilità solidale e privilegi relativi a tributi soppressi. – Per i tributi di cui all'art. 100, secondo comma, seguitano ad applicarsi le disposizioni previste agli articoli 196, 197, 207, 211 e 232 del Testo Unico delle leggi sulle imposte dirette approvato con D.P.R. 29 gennaio 1958, n. 645.

Art. 103. Riscossione dei ruoli di enti diversi dallo Stato. – Le disposizioni di cui agli articoli 11 e 23 del presente decreto, concernenti rispettivamente la specie dei ruoli e l'esecutorietà dei medesimi, si applicano anche ai ruoli formati dagli enti locali per la riscossione dei tributi di propria pertinenza nonché ai ruoli di altri enti autorizzati per legge alla riscossione delle proprie entrate con tale procedura, ferma restando l'autonomia degli enti impositori che affidano per legge la riscossione delle proprie entrate agli esattori circa la ripartizione in rate dei carichi in riscossione.

Art. 104. Disposizioni abrogate. – A decorrere dal 1° gennaio 1974 sono abrogate le disposizioni di cui al titolo X e al titolo XI, capo II, del Testo Unico delle leggi sulle imposte dirette approvato con D.P.R. 29 gennaio 1958, n.

645, ed ogni altra disposizione non compatibile con le norme del presente decreto.

Art. 105. Entrata in vigore. – Il presente decreto entra in vigore il 1° gennaio 1974.

Il presente decreto, munito del sigillo dello Stato, sarà inserito nella Raccolta Ufficiale delle leggi e dei decreti della Repubblica Italiana. È fatto obbligo a chiunque spetti di osservarlo e di farlo osservare.

D.Lgs. 26 febbraio 1999, n. 46

Riordino della disciplina della riscossione mediante ruolo, a norma dell'art. 1 della legge 28 settembre 1998, n. 337 (*Estratto*)

(*Omissis*).

CAPO II
ESTENSIONE DELLE DISPOSIZIONI SULLA RISCOSSIONE MEDIANTE RUOLO

Art. 17. Entrate riscosse mediante ruolo. – 1. Salvo quanto previsto dal comma 2, si effettua **mediante ruolo la riscossione coattiva delle entrate dello Stato, anche diverse dalle imposte sui redditi**, e di quelle degli altri enti pubblici, anche previdenziali, esclusi quelli economici.

2. Può essere effettuata **mediante ruolo affidato ai concessionari la riscossione coattiva delle entrate delle regioni, delle province, anche autonome, dei comuni e degli altri enti locali**, nonché quella della tariffa di cui all'articolo 156 del decreto legislativo 3 aprile 2006, n. 152.

3. Continua comunque ad effettuarsi mediante ruolo la riscossione delle entrate già riscosse con tale sistema in base alle disposizioni vigenti alla data di entrata in vigore del presente decreto.

3-*bis*. Il Ministro dell'economia e delle finanze può autorizzare la riscossione coattiva mediante ruolo di specifiche tipologie di crediti delle società per azioni a partecipazione pubblica, previa valutazione della rilevanza pubblica di tali crediti.

3-*ter*. In caso di emanazione dell'autorizzazione di cui al comma 3-*bis*, la società interessata procede all'iscrizione a ruolo dopo aver emesso, vidimato e reso esecutiva un'ingiunzione conforme all'art. 2, primo comma, del testo unico di cui al regio decreto 14 aprile 1910, n. 639.

Art. 18. Estensione delle disposizioni del decreto del Presidente della Repubblica 29 settembre 1973, n. 602. – 1. Salvo quanto previsto dagli articoli seguenti, le disposizioni di cui al capo II del titolo I e al titolo II del decreto del Presidente della Repubblica 29 settembre 1973, n. 602, come modificate dal presente decreto, si applicano, nel rispetto degli ambiti di competenza, anche interna, dei singoli soggetti creditori anche alle entrate riscosse mediante ruolo a norma dell'art. 17 del presente decreto ed alle relative sanzioni ed accessori.

Art. 18-*bis*. Disposizioni applicabili alle entrate da iscrivere a ruolo entro termini di decadenza. – 1. Le disposizioni previste dagli articoli 12, comma 3, e 25, comma 2-*bis*, del decreto del Presidente della Repubblica 29 settembre 1973, n. 602, si applicano esclusivamente alle entrate per la cui iscrizione a ruolo è previsto un termine di decadenza.

Art. 19. Disposizioni applicabili alle sole Imposte sui redditi. – 1. Le disposizioni previste dagli artt. 14, 15, 32, 33, 34, 35, 37, 38, 41, 42-*bis*, 43-*bis*, 43-*ter*, 44 e 44-*bis* del decreto del Presidente della Repubblica 29 settembre 1973, n. 602, si applicano alle sole Imposte sui redditi.

Art. 20. Disposizioni applicabili alle sole entrate tributarie dello Stato. – 1. Le disposizioni contenute negli artt. 15-*bis*, 20, come sostituito dall'art. 8 del presente decreto, e 28-*bis* del decreto del Presidente della Repubblica 29 settembre 1973, n. 602, si applicano esclusivamente alle entrate tributarie dello Stato.

Art. 20-*bis*. Ambito di applicazione dell'art. 28-*ter* del decreto del Presidente della Repubblica 29 settembre 1973, n. 602. – 1. Può essere effettuato **mediante la compensazione volontaria** di cui all'articolo 28-*ter* del decreto del Presidente della Repubblica 29 settembre 1973, n. 602, **il pagamento di tutte le entrate iscritte a ruolo dall'Agenzia delle entrate**. Tuttavia, l'agente della riscossione, una volta ricevuta la segnalazione di cui al comma 1 dello stesso articolo 28-*ter*, formula la proposta di compensazione con riferimento a tutte le somme iscritte a ruolo a carico del soggetto indicato in tale segnalazione.

2. Le altre Agenzie fiscali e gli enti previdenziali possono stipulare una convenzione con l'Agenzia delle entrate per disciplinare la trasmissione, da parte di quest'ultima, della segnalazione di cui al citato art. 28-*ter*, comma 1, anche nel caso in cui il beneficiario di un credito d'imposta sia iscritto a ruolo da uno dei predetti enti creditori. Con tale convenzione è regolata anche la suddivisione, tra gli stessi enti creditori, dei rimborsi spese spettanti all'agente della riscossione.

Art. 21. Presupposti dell'iscrizione a ruolo. – 1. Salvo che sia diversamente disposto da particolari disposizioni di legge, e salvo, altresì, quanto stabilito dall'art. 24 **per le entrate degli enti previdenziali, le entrate previste dall'art. 17 aventi causa in rapporti di diritto privato** sono iscritte a ruolo **quando risultano da titolo avente efficacia esecutiva.**

Art. 22. Decreti di attuazione. – 1. I decreti previsti dagli artt. 12, comma 2, 24, commi 1 e 2, 25, comma 2, 28, comma 3, 30 e 50, comma 3, del decreto del Presidente della Repubblica 29 settembre 1973, n. 602, come sostituiti dal presente decreto, sono adottati dal Ministero delle finanze anche per le entrate diverse dalle imposte sui redditi.

2. I decreti attuativi previsti dal presente decreto sono adottati entro sessanta giorni dalla pubblicazione dello stesso nella Gazzetta Ufficiale.

3. Resta fermo quanto disposto dal comma 3 dell'articolo 13 del d.l. 30 dicembre 1993, n. 557, convertito, con modificazioni, dalla legge 26 febbraio 1994, n. 133.

Art. 23. Iscrizioni a ruolo a titolo provvisorio e termini di decadenza. – 1. Le disposizioni previste dall'articolo 15, primo comma, del decreto del Presidente della Repubblica 29 settembre 1973, n. 602, come sostituito dall'articolo 4 del decreto legislativo 18 dicembre 1997, n. 462, nonché i termini di decadenza di cui all'articolo 25, comma 1, del decreto del Presidente della Repubblica 29 settembre 1973, n. 602, **si applicano anche all'imposta sul valore aggiunto**.

Art. 24. Iscrizioni a ruolo dei crediti degli enti previdenziali. – 1. **I contributi o premi dovuti agli enti pubblici previ-**

denziali non versati dal debitore nei termini previsti da disposizioni di legge o dovuti in forza di accertamenti effettuati dagli uffici **sono iscritti a ruolo, unitamente alle sanzioni ed alle somme aggiuntive** calcolate fino alla data di consegna del ruolo al concessionario, **al netto dei pagamenti** effettuati spontaneamente dal debitore.

2. L'ente ha **facoltà** di richiedere il pagamento mediante **avviso bonario** al debitore. L'iscrizione a ruolo non è eseguita, in tutto o in parte, se il debitore provvede a pagare le somme dovute entro trenta giorni dalla data di ricezione del predetto avviso. Se, a seguito della ricezione di tale avviso, il contribuente presenta domanda di rateazione, questa viene definita secondo la normativa in vigore e si procede all'iscrizione a ruolo delle rate dovute. Fatto salvo quanto previsto dall'art. 25, l'iscrizione a ruolo è eseguita nei sei mesi successivi alla data prevista per il versamento.

3. Se l'accertamento effettuato dall'ufficio è impugnato davanti all'autorità giudiziaria, l'iscrizione a ruolo è eseguita in presenza di provvedimento esecutivo del giudice.

4. In caso di gravame amministrativo contro l'accertamento effettuato dall'ufficio, l'iscrizione a ruolo è eseguita dopo la decisione del competente organo amministrativo e comunque entro i termini di decadenza previsti dall'art. 25.

5. **Contro l'iscrizione a ruolo il contribuente può proporre opposizione al giudice del lavoro entro il termine di quaranta giorni dalla notifica della cartella di pagamento. Il ricorso va notificato all'ente impositore.**

6. Il giudizio di opposizione contro il ruolo per motivi inerenti il merito della pretesa contributiva è regolato dagli artt. 442 e seguenti del codice di procedura civile. Nel corso del giudizio di primo grado il giudice del lavoro può sospendere l'esecuzione del ruolo per gravi motivi.

7. Il ricorrente deve notificare il provvedimento di sospensione al concessionario.

8. Resta salvo quanto previsto dal decreto legislativo 18 dicembre 1997, n. 462.

Art. 25. Termini di decadenza per l'iscrizione a ruolo dei crediti degli enti pubblici previdenziali. – 1. I contributi o premi dovuti agli enti pubblici previdenziali sono iscritti in ruoli resi esecutivi, a pena di decadenza:

a) per i contributi o premi non versati dal debitore, entro il 31 dicembre dell'anno successivo al termine fissato per il versamento; in caso di denuncia o comunicazione tardiva o di riconoscimento del debito, tale termine decorre dalla data di conoscenza, da parte dell'ente;

b) per i contributi o premi dovuti in forza di accertamenti effettuati dagli uffici, entro il 31 dicembre dell'anno successivo alla data di notifica del provvedimento ovvero, per quelli sottoposti a gravame giudiziario, entro il 31 dicembre dell'anno successivo a quello in cui il provvedimento è divenuto definitivo.

2. Comma abrogato.

Art. 26. Rateazione delle entrate diverse dalle imposte sui redditi. – 1. Le disposizioni dell'articolo 19 del decreto del Presidente della Repubblica 29 settembre 1973, n. 602, e successive modificazioni, si applicano alle entrate iscritte a ruolo dalle amministrazioni statali, dalle agenzie istituite dallo Stato, dalle autorità amministrative indipendenti e dagli enti pubblici previdenziali, fermo restando quanto previsto dalle norme speciali in materia di rateizzazione delle pene pecuniarie di cui all'articolo 236, comma 1, del testo unico di cui al decreto del Presidente della Repubblica 30 maggio 2002, n. 115.

1-*bis*. Le disposizioni di cui al comma 1 si applicano altresì alle restanti entrate iscritte a ruolo, salvo diversa determinazione dell'ente creditore, da comunicare all'agente della riscossione competente in ragione della sede legale dello stesso ente; tale determinazione produce effetti a decorrere dal trentesimo giorno successivo alla ricezione della comunicazione da parte del competente agente della riscossione.

2. Le rate scadono l'ultimo giorno del mese.

Art. 27. Accessori dei crediti previdenziali. – 1. In deroga all'art. 30 del decreto del Presidente della Repubblica 29 settembre 1973, n. 602, come sostituito dall'art. 14 del presente decreto, sui contributi o premi dovuti agli enti pubblici previdenziali, decorso il termine previsto dall'art. 25 del decreto del Presidente della Repubblica 29 settembre 1973, n. 602, come sostituito dall'art. 11 del presente decreto, le **sanzioni e le somme aggiuntive dovute sono calcolate, secondo le disposizioni che le regolano, dalla data della notifica e fino alla data del pagamento.**

2. All'art. 35, quinto comma, primo periodo, della legge 24 novembre 1981, n. 689, dopo il n. "26", è aggiunto il seguente "27".

Art. 28. Sospensione amministrativa della riscossione. – 1. In caso di **impugnazione del ruolo, il soggetto creditore può, con provvedimento motivato, sospendere la riscossione** anche per le entrate diverse da quelle elencate dall'art. 2 del decreto legislativo 31 dicembre 1992, n. 546.

Art. 29. Garanzie giurisdizionali per entrate non devolute alle commissioni tributarie. – 1. **Per le entrate tributarie diverse da quelle elencate dall'art. 2 del decreto legislativo 31 dicembre 1992, n. 546, e per quelle non tributarie, il giudice competente a conoscere le controversie concernenti il ruolo può sospendere la riscossione se ricorrono gravi motivi.**

2. Alle entrate indicate nel comma 1 non si applica la disposizione del comma 1 dell'art. 57 del decreto del Presidente della Repubblica 29 settembre 1973, n. 602, come sostituito dall'art. 16 del presente decreto e le opposizioni all'esecuzione ed agli atti esecutivi si propongono nelle forme ordinarie.

3. Ad esecuzione iniziata il giudice può sospendere la riscossione solo in presenza dei presupposti di cui all'art. 60 del decreto del Presidente della Repubblica 29 settembre 1973, n. 602, come sostituito dall'art. 16 del presente decreto.

Art. 30. Esito negativo del terzo incanto nell'espropriazione forzata immobiliare. – 1. La disposizione prevista dall'art. 85 del decreto del Presidente della Repubblica 29 settembre 1973, n. 602, come sostituito dall'art. 16 del presente decreto, si applica solo se si procede per entrate tributarie dello Stato.

2. Negli altri casi, se nelle procedure di espropriazione forzata immobiliare il terzo incanto ha esito negativo, il procedimento si estingue qualora, nel termine di sessanta giorni da tale incanto, il concessionario non dichiara, su indicazione dell'ufficio che ha formato il ruolo, di voler procedere ad un ulteriore incanto per un prezzo base inferiore di un terzo rispetto a quello dell'ultimo incanto. Il processo esecutivo si estingue comunque se anche tale incanto ha esito negativo.

Art. 31. Limiti all'applicazione delle disposizioni sulle procedure concorsuali. – 1. Le disposizioni previste dagli artt. 88 e 90, comma 2, del decreto del Presidente della Repubblica 29 settembre 1973, n. 602, come sostituiti dall'art. 16 del presente decreto, non si applicano se le contestazioni relative alle somme iscritte a ruolo sono devolute alla giurisdizione del giudice ordinario.

Art. 32. Riscossione spontanea a mezzo

ruolo. – 1. La riscossione spontanea a mezzo ruolo è effettuata nel **numero di rate previsto dalle disposizioni relative alle singole entrate**; **le rate scadono l'ultimo giorno del mese.** Si considera riscossione spontanea a mezzo ruolo quella da effettuare, nei casi previsti dalla legge:

a) a seguito di iscrizione a ruolo non derivante da inadempimento;

b) quando la somma da iscrivere a ruolo è ripartita in più rate su richiesta del debitore.

2. Nel caso previsto dal comma 1, lettera a):

a) su richiesta dell'ente creditore, possono essere regolate con convenzioni da stipulare con i concessionari del servizio nazionale della riscossione:

1) le procedure di formazione e consegna dei ruoli;

2) limitatamente alla fase antecedente la notifica della cartella di pagamento, le modalità di richiesta del pagamento al debitore e di riversamento delle somme riscosse e la remunerazione per lo svolgimento del servizio;

3) i termini di notifica della cartella di pagamento;

4) le penalità per l'inadempimento degli obblighi derivanti dalla convenzione;

b) in mancanza della richiesta di cui alla lettera a), la cadenza delle eventuali rate è indicata dall'ente creditore e i concessionari possono far precedere la notifica della cartella di pagamento dall'invio, a mezzo lettera non raccomandata, di una comunicazione contenente gli elementi da indicare nella cartella stessa. In ogni caso, essi inviano tale comunicazione in modo che la prima o unica rata di pagamento cada entro l'ultimo giorno del terzo mese successivo a quello di consegna del ruolo.

3. Nel caso previsto dal comma 1, lettera b), il concessionario provvede alla notifica della cartella di pagamento entro l'ultimo giorno del secondo mese successivo a quello di consegna del ruolo.

4. Se il ruolo emesso per la riscossione spontanea è ripartito in più rate, l'intimazione ad adempiere contenuta nella cartella di pagamento produce effetti relativamente a tutte le rate.

CAPO III
DISPOSIZIONI TRANSITORIE E FINALI

Art. 33. Modifica dell'art. 2752 del codice civile. – 1. Nell'art. 2752 del codice civile sono apportate le seguenti modificazioni:

a) il primo comma è sostituito dal seguente:

«Hanno privilegio generale sui mobili del debitore i crediti dello Stato per l'imposta sul reddito delle persone fisiche, per l'imposta sul reddito delle persone giuridiche e per l'imposta locale sui redditi, diversi da quelli indicati nel primo comma dell'art. 2771, iscritti nei ruoli resi esecutivi nell'anno in cui il concessionario del servizio di riscossione procede o interviene nell'esecuzione e nell'anno precedente»;

b) il secondo comma è soppresso.

Art. 34. Modifica dell'art. 2771 del codice civile. – 1. Il secondo comma dell'art. 2771 del codice civile è sostituito dal seguente:

«Il privilegio previsto nel primo comma è limitato alle imposte iscritte nei ruoli resi esecutivi nell'anno in cui il concessionario del servizio di riscossione procede o interviene nell'esecuzione e nell'anno precedente».

Art. 35. Denominazioni. – 1. Nel decreto del Presidente della Repubblica 29 settembre 1973, n. 602, le parole: «esattore» e: «esattoria» sono sostituite, dove compaiono, dalla parola: «concessionario».

Art. 36. Disposizioni transitorie. – 1. Fino all'entrata in vigore del regolamento previsto nell'art. 12-*bis* del decreto del Presidente della Repubblica 29 settembre 1973, n. 602, introdotto dall'art. 4 del presente decreto, per le entrate tributarie dello Stato e degli enti locali non si fa luogo all'iscrizione a ruolo per gli importi individuati con il regolamento previsto nell'art. 16, comma 2, della legge 8 maggio 1998, n. 146.

2. In deroga all'articolo 25, comma 1, lettera a) del decreto del Presidente della Repubblica 29 settembre 1973, n. 602, per le somme che risultano dovute a seguito dell'attività di liquidazione delle dichiarazioni, la cartella di pagamento è notificata, a pena di decadenza, entro il 31 dicembre:

a) del quarto anno successivo a quello di presentazione della dichiarazione, relativamente alle dichiarazioni presentate negli anni 2002 e 2003;

b) del quinto anno successivo a quello di presentazione della dichiarazione, relativamente alle dichiarazioni presentate entro il 31 dicembre 2001.

2-*bis*. Fino al 30 settembre 1999 i ruoli possono essere formati e resi esecutivi secondo le disposizioni in vigore al 30 giugno 1999. A tali ruoli e a quelli resi esecutivi antecedentemente al 1° luglio 1999 si applicano gli artt. 24, 25, 26, 27, 28, 29, 30 e 46 del decreto del Presidente della Repubblica 29 settembre 1973, n. 602, nel testo vigente prima di tale data; in deroga all'art. 68, comma 1, del decreto legislativo 13 aprile 1999, n. 112, su tali ruoli sono dovuti i compensi e gli interessi semestrali di mora di cui all'art. 61, comma 6, del decreto del Presidente della Repubblica 28 gennaio 1988, n. 43.

3. Per le entrate amministrate dal dipartimento delle entrate del Ministero delle finanze, fino all'attivazione degli uffici delle entrate la sospensione prevista dall'art. 39 del decreto del Presidente della Repubblica 29 settembre 1973, n. 602, come sostituito dall'art. 15 del presente decreto, è disposta dalla sezione staccata della direzione regionale delle entrate, sentito l'ufficio che ha provveduto all'iscrizione a ruolo.

4. Il divieto stabilito nell'art. 55 del decreto del Presidente della Repubblica 29 settembre 1973, n. 602, come sostituito dall'art. 16 del presente decreto, non si applica se il concessionario è una banca che procede all'espropriazione di beni immobili anche per la tutela di crediti propri, non portati dal ruolo, e che ha ottenuto il nulla osta del servizio di vigilanza.

5. In via transitoria, e fino all'attivazione degli uffici del territorio, i compiti agli stessi affidati dall'art. 79, comma 2, del decreto del Presidente della Repubblica 29 settembre 1973, n. 602, come sostituito dall'art. 16 del presente decreto, sono svolti dagli uffici tecnici erariali.

6. Le disposizioni contenute nell'art. 25 si applicano ai contributi e premi non versati e agli accertamenti notificati successivamente alla data del 1° gennaio 2004.

7. I privilegi dei crediti dello Stato per le imposte sui redditi portati da ruoli resi esecutivi in data precedente a quella di entrata in vigore del presente decreto continuano ad essere regolati dagli artt. 2752 e 2771 del codice civile, nel testo anteriormente vigente.

8. In via transitoria, e fino alla data di efficacia delle disposizioni del decreto legislativo 19 febbraio 1998, n. 51, le funzioni di giudice dell'esecuzione nelle procedure di espropriazione promosse a norma del titolo II del decreto del Presidente della Repubblica 29 settembre 1973, n. 602, come modificato dal presente decreto, sono svolte dal pretore.

9. Le procedure esecutive in corso alla data di entrata in vigore del presente decreto continuano ad essere regolate dalle norme vigenti anteriormente a tale data.

10. Resta fermo quanto disposto in tema di cessione e cartolarizzazione dei crediti dell'istituto nazionale della previdenza ed assistenza sociale; ai crediti oggetto della cessione si applicano le di-

sposizioni del presente decreto, a partire dalla data della sua entrata in vigore.

10-*bis*. Entro il 31 dicembre 2002, l'ente creditore procede automaticamente all'annullamento dei ruoli resi esecutivi prima del 31 dicembre 1994 e non riscossi, a condizione che, alla data del 31 dicembre 2001:

a) le somme iscritte in tali ruoli non siano oggetto di provvedimenti di sospensione;

b) non siano scaduti i termini di cui all'art. 77 del decreto del Presidente della Repubblica 28 gennaio 1988, n. 43, per la presentazione, da parte del concessionario, delle domande di rimborso o di discarico delle quote iscritte nei predetti ruoli.

10-*ter*. A seguito dell'annullamento dei ruoli di cui al comma 10-*bis*, l'ente creditore rimborsa al concessionario le somme dallo stesso anticipate in adempimento dell'obbligo del non riscosso come riscosso.

10-*quater*. Le disposizioni di cui ai commi 10-*bis* e 10-*ter* non devono comportare oneri a carico del bilancio dello Stato.

Art. 37. Abrogazioni. – 1. Sono abrogati l'art. 60, commi dal secondo al quinto, e 61 del decreto del Presidente della Repubblica 26 ottobre 1972, n. 633, gli artt. 9, 13, 15, secondo comma, 18, 23, 27, 29, secondo comma, 40, e 42, settimo comma, del decreto del Presidente della Repubblica 29 settembre 1973, n. 602, l'art. 35, quinto comma, secondo periodo, e nono comma della legge 24 novembre 1981, n. 689, l'art. 2, ad eccezione dei commi 11, 12, 15, 16, 17, 18 e 19, del d.l. 9 ottobre 1989, n. 338, convertito, con modificazioni, dalla legge 7 dicembre 1989, n. 389, e l'art. 11, commi 4-*bis* e 5, del d.l. 13 maggio 1991, n. 151, convertito, con modificazioni, dalla legge 12 luglio 1991, n. 202.

Art. 38. Norma di coordinamento. – 1. Dalla data di entrata in vigore del presente decreto:

a) i rinvii contenuti in norme vigenti alle disposizioni del decreto Presidente della Repubblica 29 settembre 1973, n. 602, abrogate dal presente decreto, si intendono riferiti alle corrispondenti disposizioni del presente decreto;

b) i riferimenti contenuti nelle norme ai ruoli principali, suppletivi e speciali, già disciplinati dal decreto del Presidente della Repubblica 29 settembre 1973, n. 602, si intendono effettuati ai ruoli ordinari di cui all'art. 11 del medesimo decreto n. 602 del 1973, come sostituito dall'art. 3 del presente decreto.

Art. 39. Entrata in vigore. – Il presente decreto legislativo entra in vigore il 1° luglio 1999.

D.Lgs. 9 luglio 1997, n. 241

Norme di semplificazione degli adempimenti dei contribuenti in sede di dichiarazione dei redditi e dell'imposta sul valore aggiunto, nonché di modernizzazione del sistema di gestione delle dichiarazioni (*Estratto*)

(*Omissis*).

CAPO III
DISPOSIZIONI IN MATERIA DI RISCOSSIONE

SEZIONE I
VERSAMENTO UNITARIO E COMPENSAZIONE

Art. 17. Oggetto. – 1. I contribuenti eseguono versamenti unitari delle imposte, dei contributi dovuti all'INPS e delle altre somme a favore dello Stato, delle regioni e degli enti previdenziali, con eventuale compensazione dei crediti, dello stesso periodo, nei confronti dei medesimi soggetti, risultanti dalle dichiarazioni e dalle denunce periodiche presentate successivamente alla data di entrata in vigore del presente decreto. Tale compensazione deve essere effettuata entro la data di presentazione della dichiarazione successiva. La **compensazione del credito annuale** o relativo a periodi inferiori all'anno dell'imposta sul valore aggiunto, dei decreti relativi alle imposte sui redditi e alle relative addizionali, alle imposte sostitutive delle imposte sui redditi e all'imposta regionale sulle attività produttive, per **importi superiori a 5.000 euro annui,** può essere effettuata a partire dal decimo giorno successivo a quello di presentazione della dichiarazione o dell'istanza da cui il credito emerge.

2. Il **versamento unitario e la compensazione riguardano i crediti e i debiti relativi**:

a) alle imposte sui redditi, alle relative addizionali e alle ritenute alla fonte riscosse mediante versamento diretto ai sensi dell'articolo 3 del decreto del Presidente della Repubblica 29 settembre 1973, n. 602; per le ritenute di cui al secondo comma del citato articolo 3 resta ferma la facoltà di eseguire il versamento presso la competente sezione di tesoreria provinciale dello Stato; in tal caso non è ammessa la compensazione;

b) all'imposta sul valore aggiunto dovuta ai sensi degli articoli 27 e 33 del decreto del Presidente della Repubblica 26 ottobre 1972, n. 633, e quella dovuta dai soggetti di cui all'articolo 74;

c) alle imposte sostitutive delle imposte sui redditi e dell'imposta sul valore aggiunto;

d) all'imposta prevista dall'articolo 3, comma 143, lettera a), della legge 23 dicembre 1996, n. 662;

d-*bis*) all'imposta prevista dall'art. 1, commi da 491 a 500, della legge 23 dicembre 2012, n. 228;

e) ai contributi previdenziali dovuti da titolari di posizione assicurativa in una delle gestioni amministrate da enti previdenziali, comprese le quote associative;

f) ai contributi previdenziali ed assistenziali dovuti dai datori di lavoro e dai committenti di prestazioni di collaborazione coordinata e continuativa di cui all'articolo 49 [*ora art. 51*], comma 2, lettera a), del testo unico delle imposte sui redditi, approvato con decreto del

Presidente della Repubblica 22 dicembre 1986, n. 917;

g) ai premi per l'assicurazione contro gli infortuni sul lavoro e le malattie professionali dovuti ai sensi del testo unico approvato con decreto del Presidente della Repubblica 30 giugno 1965, n. 1124;

h) agli interessi previsti in caso di pagamento rateale ai sensi dell'articolo 20;

h-*bis*) al saldo per il 1997 dell'imposta sul patrimonio netto delle imprese, istituita con decreto-legge 30 settembre 1992, n. 394, convertito, con modificazioni, dalla legge 26 novembre 1992, n. 461, e del contributo al Servizio sanitario nazionale di cui all'articolo 31 della legge 28 febbraio 1986, n. 41, come da ultimo modificato dall'articolo 4 del decreto-legge 23 febbraio 1995, n. 41, convertito, con modificazioni, dalla legge 22 marzo 1995, n. 85;

h-*ter*) alle altre entrate individuate con decreto del Ministro delle finanze, di concerto con il Ministro del tesoro, del bilancio e della programmazione economica, e con i Ministri competenti per settore;

h-*quater*) al credito d'imposta spettante agli esercenti sale cinematografiche;

h-*quinquies*) alle somme che i soggetti tenuti alla riscossione dell'incremento all'addizionale comunale debbono riversare all'INPS, ai sensi dell'articolo 6-*quater* del decreto-legge 31 gennaio 2005, n. 7, convertito, con modificazioni, dalla legge 31 marzo 2005, n. 43, e successive modificazioni;

h-*sexies*) alle tasse sulle concessioni governative;

h-*septies*) alle tasse scolastiche.

2-*bis*. Comma abrogato.

2-*ter*. Qualora il credito di imposta utilizzato **in compensazione risulti superiore** all'importo previsto dalle disposizioni che fissano il limite massimo dei crediti compensabili ai sensi del presente articolo, **il modello F24 è scartato**. La progressiva attuazione della disposizione di cui al periodo precedente è fissata con provvedimenti del direttore dell'Agenzia delle entrate. Con provvedimento del direttore dell'Agenzia delle entrate sono altresì indicate le modalità con le quali lo scarto è comunicato al soggetto interessato.

2-*quater*. In deroga alle previsioni di cui all'articolo 8, comma 1, della legge 27 luglio 2000, n. 212, per i contribuenti a cui sia stato notificato il provvedimento di cessazione della partita IVA, ai sensi dell'articolo 35, comma 15-*bis*, del decreto del Presidente della Repubblica 26 ottobre 1972, n. 633, è esclusa la facoltà di avvalersi, a partire dalla data di notifica del provvedimento, della compensazione dei crediti, ai sensi del comma 1 del presente articolo; detta esclusione opera a prescindere dalla tipologia e dall'importo dei crediti, anche qualora questi ultimi non siano maturati con riferimento all'attività esercitata con la partita IVA oggetto del provvedimento, e rimane in vigore fino a quando la partita IVA risulti cessata.

2-*quinquies*. In deroga alle previsioni di cui all'articolo 8, comma 1, della legge 27 luglio 2000, n. 212, per i contribuenti a cui sia stato notificato il provvedimento di esclusione della partita IVA dalla banca dati dei soggetti passivi che effettuano operazioni intracomunitarie, ai sensi dell'articolo 35, comma 15-*bis*, del decreto del Presidente della Repubblica 26 ottobre 1972, n. 633, è esclusa la facoltà di avvalersi, a partire dalla data di notifica del provvedimento, della compensazione dei crediti IVA, ai sensi del comma 1 del presente articolo; detta esclusione rimane in vigore fino a quando non siano rimosse le irregolarità che hanno generato l'emissione del provvedimento di esclusione.

2-*sexies*. Nel caso di utilizzo in compensazione di crediti in violazione di quanto previsto dai commi 2-*quater* e 2-*quinquies*, il modello F24 è scartato. Lo scarto è comunicato tramite i servizi telematici dell'Agenzia delle entrate al soggetto che ha trasmesso il modello F24, mediante apposita ricevuta.

Art. 17-*bis*. Ritenute e compensazioni in appalti e subappalti ed estensione del regime del *reverse charge* per il contrasto dell'illecita somministrazione di manodopera – 1. In deroga alla disposizione di cui all'articolo 17, comma 1, i soggetti di cui all'articolo 23, comma 1, del decreto del Presidente della Repubblica 29 settembre 1973, n. 600, residenti ai fini delle imposte dirette nello Stato, ai sensi degli articoli 2, comma 2, 5, comma 3, lettera d), e 73, comma 3, del testo unico delle imposte sui redditi, di cui al decreto del Presidente della Repubblica 22 dicembre 1986, n. 917, che affidano il compimento di una o più opere o di uno o più servizi di importo complessivo annuo superiore a euro 200.000 a un'impresa, tramite contratti di appalto, subappalto, affidamento a soggetti consorziati o rapporti negoziali comunque denominati caratterizzati da prevalente utilizzo di manodopera presso le sedi di attività del committente con l'utilizzo di beni strumentali di proprietà di quest'ultimo o ad esso riconducibili in qualunque forma, sono tenuti a richiedere all'impresa appaltatrice o affidataria e alle imprese subappaltatrici, obbligate a rilasciarle, copia delle deleghe di pagamento relative al versamento delle ritenute di cui agli articoli 23 e 24 del citato decreto del Presidente della Repubblica n. 600 del 1973, 50, comma 4, del decreto legislativo 15 dicembre 1997, n. 446, e 1, comma 5, del decreto legislativo 28 settembre 1998, n. 360, trattenute dall'impresa appaltatrice o affidataria e dalle imprese subappaltatrici ai lavoratori direttamente impiegati nell'esecuzione dell'opera o del servizio. Il versamento delle ritenute di cui al periodo precedente è effettuato dall'impresa appaltatrice o affidataria e dall'impresa subappaltatrice, con distinte deleghe per ciascun committente, senza possibilità di compensazione.

2. Al fine di consentire al committente il riscontro dell'ammontare complessivo degli importi versati dalle imprese, **entro i cinque giorni lavorativi successivi alla scadenza del versamento** di cui all'articolo 18, comma 1, l'impresa appaltatrice o affidataria e le imprese subappaltatrici trasmettono al committente e, per le imprese subappaltatrici, anche all'impresa appaltatrice le deleghe di cui al comma 1 del presente articolo e un elenco nominativo di tutti i lavoratori, identificati mediante codice fiscale, impiegati nel mese precedente direttamente nell'esecuzione di opere o servizi affidati dal committente, con il dettaglio delle ore di lavoro prestate da ciascun percipiente in esecuzione dell'opera o del servizio affidato, l'ammontare della retribuzione corrisposta al dipendente collegata a tale prestazione e il dettaglio delle ritenute fiscali eseguite nel mese precedente nei confronti di tale lavoratore, con separata indicazione di quelle relative alla prestazione affidata dal committente.

3. Nel caso in cui alla data di cui al comma 2 sia maturato il diritto a ricevere corrispettivi dall'impresa appaltatrice o affidataria e questa o le imprese subappaltatrici non abbiano ottemperato all'obbligo di trasmettere al committente le deleghe di pagamento e le informazioni relative ai lavoratori impiegati di cui al medesimo comma 2 ovvero risulti l'omesso o insufficiente versamento delle ritenute fiscali rispetto ai dati risultanti dalla documentazione trasmessa, il committente deve sospendere, finché perdura l'inadempimento, il pagamento dei corrispettivi maturati dall'impresa appaltatrice o affidataria sino a concorrenza del **20 per cento del valore complessivo dell'opera o del servizio** ovvero per un importo pari all'ammontare delle ritenute non versate ri-

spetto ai dati risultanti dalla documentazione trasmessa, dandone comunicazione entro novanta giorni all'ufficio dell'Agenzia delle entrate territorialmente competente nei suoi confronti. In tali casi, **è preclusa all'impresa appaltatrice o affidataria ogni azione esecutiva finalizzata al soddisfacimento del credito** il cui pagamento è stato sospeso, fino a quando non sia stato eseguito il versamento delle ritenute.

4. In caso di inottemperanza agli obblighi previsti dai commi 1 e 3, il committente è obbligato al pagamento di una somma pari alla sanzione irrogata all'impresa appaltatrice o affidataria o subappaltatrice per la violazione degli obblighi di corretta determinazione delle ritenute e di corretta esecuzione delle stesse, nonché di tempestivo versamento, senza possibilità di compensazione.

5. Gli obblighi previsti dal presente articolo non trovano applicazione qualora le imprese appaltatrici o affidatarie o subappaltatrici di cui al comma 1 comunichino al committente, allegando la relativa certificazione, la sussistenza, nell'ultimo giorno del mese precedente a quello della scadenza prevista dal comma 2, dei seguenti requisiti:

a) risultino in attività da almeno tre anni, siano in regola con gli obblighi dichiarativi e abbiano eseguito nel corso dei periodi d'imposta cui si riferiscono le dichiarazioni dei redditi presentate nell'ultimo triennio complessivi versamenti registrati nel conto fiscale per un importo non inferiore al 10 per cento dell'ammontare dei ricavi o compensi risultanti dalle dichiarazioni medesime;

b) non abbiano iscrizioni a ruolo o accertamenti esecutivi o avvisi di addebito affidati agli agenti della riscossione relativi alle imposte sui redditi, all'imposta regionale sulle attività produttive, alle ritenute e ai contributi previdenziali per importi superiori ad euro 50.000, per i quali i termini di pagamento siano scaduti e siano ancora dovuti pagamenti o non siano in essere provvedimenti di sospensione. Le disposizioni di cui al periodo precedente non si applicano per le somme oggetto di piani di rateazione per i quali non sia intervenuta decadenza.

6. A decorrere dalla data di applicazione della presente disposizione, la certificazione di cui al comma 5 è messa a disposizione delle singole imprese dall'Agenzia delle entrate e ha validità di quattro mesi dalla data del rilascio.

7. Con provvedimento del direttore dell'Agenzia delle entrate possono essere disciplinate ulteriori modalità di trasmissione telematica delle informazioni previste dal comma 2 che consentano modalità semplificate di riscontro dei dati di cui allo stesso comma.

8. In deroga alla disposizione di cui all'articolo 17, comma 1, per le imprese appaltatrici o affidatarie e per le imprese subappaltatrici di cui al comma 1 del presente articolo **è esclusa la facoltà di avvalersi dell'istituto della compensazione quale modalità di estinzione delle obbligazioni** relative a **contributi previdenziali e assistenziali e premi assicurativi obbligatori**, maturati in relazione ai dipendenti di cui al medesimo comma 1. Detta esclusione opera con riguardo a tutti i contributi previdenziali e assistenziali e ai premi assicurativi maturati, nel corso della durata del contratto, sulle retribuzioni erogate al personale direttamente impiegato nell'esecuzione delle opere o dei servizi affidati. Le disposizioni del presente comma non si applicano ai soggetti di cui al comma 5.

Art. 18. Termini di versamento. – 1. Le **somme** di cui all'**art. 17 devono essere versate entro il giorno sedici del mese di scadenza. Se il termine** scade di **sabato** o di **giorno festivo** il versamento è tempestivo se effettuato **il primo giorno lavorativo successivo.**

2. I versamenti dovuti da soggetti titolari di posizione assicurativa in una

delle gestioni amministrate dall'INPS, per le quote contributive comprese entro il minimale, sono effettuati nei mesi di febbraio, maggio, agosto e novembre.

3. Rimangono invariati i termini di scadenza delle somme dovute a titolo di saldo e di acconto in base alle dichiarazioni annuali, nonché il termine previsto dall'art. 6, comma 2, della legge 29 dicembre 1990, n. 405, per il pagamento dell'imposta sul valore aggiunto dovuta a titolo di acconto del versamento relativo al mese di dicembre.

4. I versamenti a saldo e in acconto dei contributi dovuti agli enti previdenziali da titolari di posizione assicurativa in una delle gestioni amministrate da enti previdenziali sono effettuati entro gli stessi termini previsti per il versamento delle somme dovute in base alla dichiarazione dei redditi.

Art. 19. Modalità di versamento mediante delega. – 1. **I versamenti delle imposte, dei contributi, dei premi previdenziali ed assistenziali** e delle altre somme, **al netto della compensazione**, sono eseguiti mediante delega irrevocabile ad una **banca convenzionata** ai sensi del comma 5.

2. La **banca rilascia al contribuente un'attestazione conforme al modello approvato** con decreto del Ministro delle finanze, recante l'indicazione dei dati identificativi del soggetto che effettua il versamento, la data, la causale e gli importi dell'ordine di pagamento, nonché l'impegno ad effettuare il pagamento agli enti destinatari per conto del delegante. L'attestazione deve recare altresì l'indicazione dei crediti per i quali il contribuente si è avvalso della facoltà di compensazione.

3. La delega deve essere conferita dal contribuente anche nell'ipotesi in cui le somme dovute risultano totalmente compensate ai sensi dell'articolo 17. **La parte di credito che non ha trovato capienza nella compensazione è utilizzata in occasione del primo versamento successivo.**

4. Comma abrogato.

5. Con convenzione approvata con decreto del Ministro delle finanze, di concerto con i Ministri del tesoro e del lavoro e della previdenza sociale, sono stabiliti le modalità di conferimento della delega e di svolgimento del servizio, i dati delle operazioni da trasmettere e le relative modalità di trasmissione e di conservazione, tenendo conto dei termini di cui all'articolo 13 del regolamento concernente l'istituzione del conto fiscale, adottato con decreto del Ministro delle finanze 28 dicembre 1993, n. 567, nonché le penalità per l'inadempimento degli obblighi nascenti dalla convenzione stessa e la misura del compenso per il servizio svolto dalle banche. Quest'ultima è determinata tenendo conto del costo di svolgimento del servizio, del numero dei moduli presentati dal contribuente e di quello delle operazioni in esso incluse, della tipologia degli adempimenti da svolgere e dell'ammontare complessivo dei versamenti gestito dal sistema. La convenzione ha durata triennale e può essere tacitamente rinnovata.

6. Con decreto del Ministro delle finanze, di concerto con i Ministri del tesoro e delle poste e delle telecomunicazioni, la delega di pagamento può essere conferita all'ente poste italiane, secondo modalità e termini in esso fissati. All'Ente poste italiane si applicano le disposizioni del presente decreto.

Art. 20. Pagamenti rateali. – 1. Le somme dovute a titolo di saldo e di acconto delle imposte e dei contributi dovuti dai soggetti titolari di posizione assicurativa in una delle gestioni amministrate dall'INPS, ad eccezione di quelle dovute nel mese di dicembre a titolo di acconto del versamento dell'imposta sul valore aggiunto, possono essere versate, previa opzione esercitata dal contribuente in sede di dichiarazione periodica, in rate mensili di uguale importo, con la maggiorazione degli interessi di cui al comma 2, decorrenti dal mese di scadenza; in ogni caso, il pagamento deve essere completato entro il mese di novembre dello stesso anno di presentazione della dichiarazione o della denuncia. La disposizione non si applica per le somme dovute ai sensi del titolo III del decreto del Presidente della Repubblica 29 settembre 1973, n. 600.

2. La misura dell'interesse è pari al tasso previsto dall'art. 9 del decreto del Presidente della Repubblica 29 settembre 1973, n. 602, maggiorato di un punto percentuale.

3. La facoltà del comma 1 può essere esercitata anche dai soggetti non ammessi alla compensazione di cui all'art. 17, comma 1.

4. I versamenti rateali sono effettuati entro il giorno sedici di ciascun mese per i soggetti titolari di partita IVA ed entro la fine di ciascun mese per gli altri contribuenti.

5. Le disposizioni del comma 2 si applicano per il calcolo degli interessi di cui all'art. 3, commi 8 e 9, del decreto del Presidente della Repubblica 4 settembre 1992, n. 395, riguardante gli adempimenti del sostituto d'imposta per il controllo della dichiarazione e per la liquidazione delle imposte e del contributo al Servizio sanitario nazionale.

Art. 21. Adempimenti delle banche. – 1. Entro il quinto giorno lavorativo successivo a quello di ricevimento della delega, la banca versa le somme riscosse alla tesoreria dello Stato o alla Cassa regionale siciliana di Palermo, al netto del compenso ad essa spettante. Si considerano non lavorativi i giorni di sabato e quelli festivi.

2. Entro il termine di cui al comma 1 la banca predispone ed invia telematicamente alla struttura di gestione di cui all'art. 22 i dati riepilogativi delle somme a debito e a credito complessivamente evidenziate nelle deleghe di pagamento, distinte per ciascun ente destinatario.

2-*bis*. Con convenzione, fermi restando i termini fissati dai commi 1 e 2, può essere stabilito che:

a) entro il secondo giorno lavorativo successivo a quello di ricevimento della delega, la banca comunica alla struttura di gestione l'importo presuntivo delle somme che verserà ai sensi del comma 1;

b) entro il terzo giorno lavorativo successivo a quello di ricevimento della delega, la banca versa almeno l'80 per cento delle predette somme.

3. Con decreto del Ministro delle finanze, di concerto con i Ministri del tesoro e del lavoro e della previdenza sociale, sono stabilite le modalità applicative nonché i criteri per i controlli relativi all'esecuzione del servizio da parte delle banche e le modalità di scambio dei dati fra gli interessati.

Art. 22. Suddivisione delle somme tra gli enti destinatari. – 1. Entro il primo giorno lavorativo successivo a quello di versamento delle somme da parte delle banche e di ricevimento dei relativi dati riepilogativi, un'apposita struttura di gestione attribuisce agli enti destinatari le somme a ciascuno di essi spettanti, tenendo conto dell'eventuale compensazione eseguita dai contribuenti.

2. Gli enti destinatari delle somme dispongono con cadenza trimestrale le regolazioni contabili sulle contabilità di pertinenza a copertura delle somme compensate dai contribuenti.

3. La struttura di gestione di cui al comma 1 è individuata con decreto del Ministro delle finanze, di concerto con i Ministri del tesoro e del lavoro e della previdenza sociale. Con decreto del Ministero delle finanze, di concerto con i Ministri del tesoro e del lavoro e della previdenza sociale, sono stabilite le mo-

dalità per l'attribuzione delle somme.

4. La compensazione di cui all'art. 17 può operare soltanto dopo l'emanazione dei decreti indicati nel comma 3.

Art. 23. Pagamento con mezzi diversi dal contante. – 1. I contribuenti possono mettere a disposizione delle banche convenzionate ai sensi del comma 2 le somme oggetto della delega anche mediante carte di debito, di credito e prepagate, assegni bancari e circolari ovvero mediante altri sistemi di pagamento. Se gli assegni risultano scoperti o comunque non pagabili, il conferimento della delega si considera non effettuato e il versamento omesso.

2. Le modalità di esecuzione dei pagamenti mediante i sistemi di cui al comma 1 sono stabilite con convenzione approvata con decreto del Ministro delle finanze, di concerto con il Ministro del tesoro.

D.L. 31 maggio 2010, n. 78

Misure urgenti in materia di stabilizzazione finanziaria e di competitività economica (*Estratto*)

(*Omissis*).

Art. 29. Concentrazione della riscossione nell'accertamento. – 1. Le **attività di riscossione** relative agli **atti** indicati nella seguente lettera a) **emessi a partire dal 1° ottobre 2011** e relativi ai periodi d'imposta in corso alla data del 31 dicembre 2007 e successivi, **sono potenziate** mediante le seguenti disposizioni:

a) **l'avviso di accertamento** emesso dall'Agenzia delle entrate ai fini delle imposte sui redditi, dell'imposta regionale sulle attività produttive e dell'imposta sul valore aggiunto **ed il connesso provvedimento** di **irrogazione** delle **sanzioni, devono contenere anche l'intimazione ad adempiere, entro il termine di presentazione del ricorso,** all'obbligo di pagamento degli importi negli stessi indicati, ovvero, in caso di tempestiva proposizione del ricorso ed a titolo provvisorio, degli importi stabiliti dall'art. 15 del decreto del Presidente della Repubblica 29 settembre 1973, n. 602. L'intimazione ad adempiere al pagamento è altresì contenuta nei successivi atti da notificare al contribuente, anche mediante raccomandata con avviso di ricevimento, in tutti i casi in cui siano rideterminati gli importi dovuti in base agli avvisi di accertamento ai fini delle imposte sui redditi, dell'imposta regionale sulle attività produttive e dell'imposta sul valore aggiunto ed ai connessi provvedimenti di irrogazione delle sanzioni ai sensi dell'articolo 8, comma 3-*bis* del decreto legislativo 19 giugno 1997, n. 218, dell'articolo 48, comma 3-*bis*, e dell'articolo 68 del decreto legislativo 31 dicembre 1992, n. 546, e dell'articolo 19 del decreto legislativo 18 dicembre 1997, n. 472, nonché in caso di definitività dell'atto di accertamento impugnato. In tali ultimi casi **il versamento delle somme dovute deve avvenire entro sessanta giorni dal ricevimento** della raccomandata; la sanzione amministrativa prevista dall'art. 13 del decreto legislativo 18 dicembre

1997, n. 471, non si applica nei casi di omesso, carente o tardivo versamento delle somme dovute, nei termini di cui ai periodi precedenti, sulla base degli atti ivi indicati;

b) **gli atti di cui alla lettera a) divengono esecutivi decorso il termine utile per la proposizione del ricorso e devono espressamente recare l'avvertimento che, decorsi trenta giorni dal termine ultimo per il pagamento, la riscossione** delle somme richieste, in deroga alle disposizioni in materia di iscrizione a ruolo, **è affidata in carico agli agenti della riscossione** anche ai fini dell'esecuzione forzata, con le modalità determinate con provvedimento del direttore dell'Agenzia delle entrate, di concerto con il Ragioniere generale dello Stato. **L'esecuzione forzata è sospesa per un periodo di centottanta giorni dall'affidamento in carico agli agenti della riscossione** degli atti di cui alla lettera a); tale sospensione non si applica con riferimento alle azioni cautelari e conservative, nonché ad ogni altra azione prevista dalle norme ordinarie a tutela del creditore. La predetta sospensione non opera in caso di accertamenti definitivi, anche in seguito a giudicato, nonché in caso di recupero di somme derivanti da decadenza dalla rateazione. L'agente della riscossione, con raccomandata semplice o posta elettronica, informa il debitore di aver preso in carico le somme per la riscossione;

c) in presenza di **fondato pericolo** per il positivo esito della riscossione, decorsi **sessanta giorni dalla notifica** degli atti di cui alla lettera a), **la riscossione** delle somme in essi indicate, nel loro ammontare integrale comprensivo di interessi e sanzioni, **può essere affidata in carico agli agenti della riscossione anche prima dei termini** previsti alle lettere a) e b). Nell'ipotesi di cui alla presente lettera, e ove gli agenti della riscossione, successivamente all'affidamento in carico degli atti di cui alla lettera a), vengano a conoscenza di elementi idonei a dimostrare il fondato pericolo di pregiudicare la riscossione, non opera la sospensione di cui alla lettera b) e l'agente della riscossione non invia l'informativa di cui alla lettera b);

d) all'atto dell'affidamento e, successivamente, in presenza di nuovi elementi, il competente **ufficio dell'Agenzia delle entrate fornisce**, anche su richiesta dell'agente della riscossione, **tutti gli elementi utili ai fini del potenziamento dell'efficacia della riscossione**, acquisiti anche in fase di accertamento;

e) l'agente della riscossione, sulla base del **titolo esecutivo** di cui alla lettera a) e **senza la preventiva notifica della cartella di pagamento**, procede ad **espropriazione forzata** con i poteri, le facoltà e le modalità previste dalle **disposizioni che disciplinano la riscossione a mezzo ruolo**. Ai fini dell'espropriazione forzata l'esibizione dell'estratto dell'atto di cui alla lettera a), come trasmesso all'agente della riscossione con le modalità determinate con il provvedimento di cui alla lettera b), tiene luogo, a tutti gli effetti, dell'esibizione dell'atto stesso in tutti i casi in cui l'agente della riscossione ne attesti la provenienza. **Decorso un anno dalla notifica degli atti** indicati alla lettera a), **l'espropriazione forzata è preceduta dalla notifica dell'avviso** di cui all'articolo 50 del decreto del Presidente della Repubblica 29 settembre 1973, n. 602;

f) a partire **dal primo giorno successivo al termine ultimo** per la presentazione del ricorso, le somme richieste con gli atti di cui alla lettera a) sono maggiorate degli **interessi di mora** nella misura indicata dall'articolo 30 del decreto del Presidente della Repubblica 29 settembre 1973, n. 602, calcolati a partire dal giorno successivo alla notifica degli atti stessi; all'agente della riscossione spettano l'aggio, interamente a carico del debitore, e il rimborso delle spese relative alle procedure esecutive, previsti dall'articolo 17 del decreto legislativo 13 aprile 1999, n. 112;

g) ai fini della procedura di riscossione contemplata dal presente comma, i riferimenti contenuti in norme vigenti al ruolo e alla cartella di pagamento si intendono effettuati agli atti indicati nella lettera a) ed i riferimenti alle somme iscritte a ruolo si intendono effettuati alle somme affidate agli agenti della riscossione secondo le disposizioni del presente comma; **la dilazione del pagamento** prevista dall'articolo 19 dello stesso decreto del Presidente della Repubblica 29 settembre 1973, n. 602, **può essere concessa solo dopo l'affidamento del carico all'agente della riscossione** e in caso di ricorso avverso gli atti di cui alla lettera a) si applica l'articolo 39 del decreto del Presidente della Repubblica 29 settembre 1973, n. 602;

h) in considerazione della **necessità di razionalizzare e velocizzare** tutti i processi di **riscossione coattiva**, assicurando il recupero di efficienza di tale fase dell'attività di **contrasto all'evasione**, con uno o più regolamenti da adottare ai sensi dell'art. 17, comma 2, della legge 23 agosto 1988, n. 400, anche in deroga alle norme vigenti, **sono introdotte disposizioni finalizzate a razionalizzare**, progressivamente, coerentemente con le norme di cui al presente comma, le **procedure di riscossione coattiva** delle somme dovute a seguito dell'attività di liquidazione, controllo e accertamento sia ai fini delle imposte sui redditi e sul valore aggiunto che ai fini degli altri tributi amministrati dall'Agenzia delle entrate e delle altre entrate riscuotibili a mezzo ruolo.

(*Omissis*).

D.L. 22 ottobre 2016, n. 193

Disposizioni urgenti in materia fiscale e per il finanziamento di esigenze indifferibili (*Estratto*)

CAPO I
MISURE URGENTI IN MATERIA DI RISCOSSIONE

Art. 1. Disposizioni in materia di soppressione di Equitalia e di patrocinio dell'Avvocatura dello Stato. – 1. **A decorrere dal 1° luglio 2017 le società del Gruppo Equitalia sono sciolte**, a esclusione della società di cui alla lettera b) del comma 11, che svolge funzioni diverse dalla riscossione. **Le stesse sono cancellate d'ufficio dal registro delle imprese ed estinte, senza che sia esperita alcuna procedura di liquidazione.** Dalla data di entrata in vigore del presente decreto è fatto divieto alle società di cui al presente comma di effettuare assunzioni di personale a qualsiasi titolo e con qualsivoglia tipologia di contratto di lavoro subordinato.

2. **Dalla data di cui al comma 1, l'esercizio delle funzioni relative alla riscossione nazionale**, di cui all'articolo 3, comma 1, del decreto-legge 30 settembre 2005, n. 203, convertito, con modificazioni, dalla legge 2 dicembre 2005, n. 248, **è attribuito all'Agenzia delle entrate di cui all'articolo 62 del decreto legislativo 30 luglio 1999, n. 300,** ed è svolto

dall'ente strumentale di cui al comma 3.

3. Al fine di garantire la continuità e la funzionalità delle attività di riscossione, **è istituito, a far data dal 1° luglio 2017, un ente pubblico economico, denominato «Agenzia delle entrate-Riscossione», ente strumentale dell'Agenzia delle entrate sottoposto all'indirizzo e alla vigilanza del Ministro dell'economia e delle finanze**. L'Agenzia delle entrate provvede a **monitorare costantemente** l'attività dell'Agenzia delle entrate-Riscossione, secondo **principi di trasparenza e pubblicità. L'ente subentra, a titolo universale, nei rapporti giuridici attivi e passivi, anche processuali, delle società del Gruppo Equitalia** di cui al comma 1 e assume la qualifica di agente della riscossione con i poteri e secondo le disposizioni di cui al titolo I, capo II, e al titolo II, del decreto del Presidente della Repubblica 29 settembre 1973, n. 602. L'ente può anche svolgere le attività di riscossione delle entrate tributarie o patrimoniali delle amministrazioni locali, come individuate dall'Istituto nazionale di statistica (ISTAT) ai sensi dell'articolo 1, comma 3, della legge 31 dicembre 2009, n. 196, con esclusione delle società di riscossione, e, fermo restando quanto previsto dall'articolo 17, commi 3-*bis* e 3-*ter*, del decreto legislativo 26 febbraio 1999, n. 46, delle società da esse partecipate. **L'ente ha autonomia organizzativa, patrimoniale, contabile e di gestione**. Sono **organi** dell'ente il **presidente,** il **comitato di gestione** e il **collegio dei revisori dei conti, il cui presidente è scelto tra i magistrati della Corte dei conti.**

4. Il direttore dell'ente è il direttore dell'Agenzia delle entrate. Il comitato di gestione è composto dal direttore dell'Agenzia delle entrate, che è il presidente dell'ente, e da due componenti nominati dall'Agenzia medesima tra i propri dirigenti. Ai componenti del comitato di gestione non spetta alcun compenso, indennità o rimborso spese.

5. Lo statuto, approvato con decreto del Ministro dell'economia e delle finanze secondo le previsioni di cui al comma 5-*bis* disciplina le funzioni e le competenze degli organi, indica le entrate dell'ente, stabilendo i criteri concernenti la determinazione dei corrispettivi per i servizi prestati a soggetti pubblici o privati, incluse le amministrazioni statali, al fine di garantire l'equilibrio economico-finanziario dell'attività, anche nella prospettiva di un nuovo modello di remunerazione dell'agente della riscossione. Lo statuto disciplina i casi e le procedure, anche telematiche, di consultazione pubblica sugli atti di rilevanza generale, altresì promuovendo la partecipazione dei soggetti interessati. Il comitato di gestione, su proposta del presidente, delibera le modifiche allo statuto e gli atti di carattere generale che disciplinano l'organizzazione e il funzionamento dell'ente, i bilanci preventivi e consuntivi, i piani aziendali e le spese che impegnano il bilancio dell'ente per importi superiori al limite fissato dallo statuto. Il comitato di gestione delibera altresì il piano triennale per la razionalizzazione delle attività di riscossione e gli interventi di incremento dell'efficienza organizzativa ed economica finalizzati alla riduzione delle spese di gestione e di personale. **Nel rapporto con i contribuenti l'ente si conforma ai principi dello statuto dei diritti del contribuente**, di cui alla legge 27 luglio 2000, n. 212, **con particolare riferimento ai principi di trasparenza, leale collaborazione e tutela dell'affidamento e della buona fede, nonché agli obiettivi individuati dall'articolo 6 della legge 11 marzo 2014, n. 23, in materia di cooperazione rafforzata, riduzione degli adempimenti, assistenza e tutoraggio del contribuente. L'ente opera nel rispetto dei principi di legalità e imparzialità, con criteri di efficienza gestionale, economicità dell'attività ed efficacia dell'azione**, nel perseguimento degli obiettivi sta-

biliti nell'atto aggiuntivo di cui al comma 13 e garantendo la massima trasparenza degli obiettivi stessi, dell'attività svolta e dei risultati conseguiti.

5-*bis*. Le deliberazioni del comitato di gestione relative allo statuto sono trasmesse al Ministero dell'economia e delle finanze per l'approvazione, secondo le forme e le modalità previste dall'art. 60 del decreto legislativo 30 luglio 1999, n. 300.

5-*ter*. Le deliberazioni del comitato di gestione relative alle modifiche dei regolamenti e degli atti di carattere generale che regolano il funzionamento dell'Agenzia delle entrate-Riscossione, nonché ai bilanci e ai piani pluriennali di investimento sono trasmesse per l'approvazione dell'Agenzia delle entrate. L'approvazione può essere negata per ragioni di legittimità o di merito. Le deliberazioni si intendono approvate se nei quarantacinque giorni dalla ricezione delle stesse non è emanato alcun provvedimento ovvero non sono chiesti chiarimenti o documentazione integrativa; in tale ultima ipotesi il termine per l'approvazione è interrotto fino a quando non pervengono gli elementi richiesti; per l'approvazione dei bilanci e dei piani pluriennali di investimento di applicano i termini previsti dal regolamento di cui al decreto del Presidente della Repubblica 9 novembre 1998, n. 439. Fermi restando i controlli sui risultati, gli altri di gestione dell'Agenzia delle entrate-Riscossione non sono sottoposti all'approvazione preventiva dell'Agenzia delle entrate.

5-*quater*. Al fine di incrementare l'efficacia, l'efficienza e l'economicità nello svolgimento sinergico delle rispettive funzioni istituzionali, l'Agenzia delle entrate e l'Agenzia delle entrate-Riscossione possono stipulare, senza nuovi o maggiori oneri, apposite convenzioni o protocolli di intesa che prevedono anche forme di assegnazione temporanea, comunque denominate, di personale da un'agenzia all'altra.

5-*quinquies*. Al fine di agevolare l'integrazione logistica dell'Agenzia delle entrate e dell'Agenzia delle entrate-Riscossione anche attraverso la gestione congiunta dei fabbisogni immobiliari, l'Agenzia delle entrate-Riscossione può avvalersi di tutte le soluzioni allocative individuate per l'Agenzia delle entrate, anche nel caso di utilizzo, di immobili demaniali oppure, previo rimborso della corrispondente quota di canone, di edifici appartenenti ai fondi pubblici di investimento immobiliare o oggetto di acquisto da parte degli enti previdenziali, ai sensi dell'articolo 8, comma 4, del decreto-legge 31 maggio 2010, n. 78, convertito, con modificazioni, dalla legge 30 luglio 2010, n. 122. Ove richiesto dall'Agenzia delle entrate, nell'assegnazione di tali tipologie di immobili, ovvero ai fini dell'attuazione delle previsioni dell'articolo 8, comma 4, sopra richiamato, l'Agenzia del demanio considera congiuntamente i fabbisogni espressi dall'Agenzia delle entrate stessa e dall'Agenzia delle entrate-Riscossione.

6. **Salvo quanto previsto dal presente decreto, l'Agenzia delle entrate-Riscossione è sottoposta alle disposizioni del codice civile e delle altre leggi relative alle persone giuridiche private**. Ai fini dello svolgimento della propria attività è autorizzata ad utilizzare anticipazioni di cassa.

6-*bis*. I risparmi di spesa conseguiti a seguito dell'applicazione delle norme che prevedono riduzioni di spesa per le amministrazioni inserite nel conto economico consolidato della pubblica amministrazione sono versati dall'ente di cui al comma 3 ad apposito capitolo dell'entrata del bilancio dello Stato nei limiti del risultato d'esercizio dell'ente stesso.

7. Resta fermo quanto previsto dall'articolo 9 del decreto legislativo 24 settembre 2015, n. 159. Per l'anno 2017, sono validi i costi determinati, approvati e pubblicati da Equitalia S.p.A., ai sensi del citato articolo 9.

8. **L'ente è autorizzato ad avvalersi del patrocinio dell'Avvocatura dello Stato** ai sensi dell'articolo 43 del testo unico delle leggi e delle norme giuridiche sulla rappresentanza e difesa in giudizio dello Stato e sull'ordinamento dell'Avvocatura dello Stato, di cui al regio decreto 30 ottobre 1933, n. 1611, fatte salve le ipotesi di conflitto e comunque su base convenzionale. Lo stesso ente può altresì avvalersi, sulla base di specifici criteri definiti negli atti di carattere generale deliberati ai sensi del comma 5 del presente articolo, di avvocati del libero foro, nel rispetto delle previsioni di cui agli articoli 4 e 17 del decreto legislativo 18 aprile 2016, n. 50, ovvero può avvalersi ed essere rappresentato, davanti al tribunale e al giudice di pace, da propri dipendenti delegati, che possono stare in giudizio personalmente; in ogni caso, ove vengano in rilievo questioni di massima o aventi notevoli riflessi economici, l'Avvocatura dello Stato, sentito l'ente, può assumere direttamente la trattazione della causa. Per il patrocinio davanti alle commissioni tributarie continua ad applicarsi l'articolo 11, comma 2, del decreto legislativo 31 dicembre 1992, n. 546. Per la tutela dell'integrità dei bilanci pubblici e delle entrate degli enti territoriali, nonché nel rispetto delle disposizioni contenute nel decreto legislativo 18 aprile 2016, n. 50, le funzioni e le attività di supporto propedeutiche all'accertamento e alla riscossione delle entrate degli enti locali e delle società da essi partecipate sono affidate a soggetti iscritti all'albo previsto dall'articolo 53 del decreto legislativo 15 dicembre 1997, n. 446.

8-*bis*. Gli enti vigilati dal Ministero della salute sono autorizzati ad avvalersi del patrocinio dell'Avvocatura dello Stato ai sensi dell'articolo 43 del testo unico di cui al regio decreto 30 ottobre 1933, n. 1611.

9. Tenuto conto della specificità delle funzioni proprie della riscossione fiscale e delle competenze tecniche necessarie al loro svolgimento, **per assicurarle senza soluzione di continuità, a decorrere dalla data di cui al comma 1 il personale delle società del Gruppo Equitalia con contratto di lavoro a tempo indeterminato e determinato**, fino a scadenza, in servizio alla data di entrata in vigore del presente decreto, senza soluzione di continuità e con la garanzia della conservazione della posizione giuridica, economica e previdenziale maturata alla data del trasferimento, **è trasferito all'ente pubblico economico di cui al comma 3**, ferma restando la ricognizione delle competenze possedute, ai fini di una collocazione organizzativa coerente e funzionale alle esigenze dello stesso ente. A tale personale si applica l'articolo 2112 del codice civile.

9-*bis*. Con decreto del Ministro del lavoro e delle politiche sociali sono individuate le modalità di utilizzazione, a decorrere dal 1° luglio 2017, delle risorse del Fondo di previdenza di cui alla legge 2 aprile 1958, n. 377, per l'armonizzazione della disciplina previdenziale del personale proveniente dal gruppo Equitalia con quella dell'assicurazione generale obbligatoria sulla base dei principi e dei criteri direttivi indicati nella legge 8 agosto 1995, n. 335.

10. Comma abrogato.

11. Entro la data di cui al comma 1:

a) **l'Agenzia delle entrate acquista, al valore nominale, le azioni di Equitalia S.p.A.,** detenute, ai sensi dell'articolo 3, comma 2, del citato decreto-legge n. 203 del 2005, e successive modificazioni, dall'Istituto nazionale della previdenza sociale;

b) le azioni di Equitalia Giustizia S.p.A., detenute da Equitalia S.p.A., sono cedute a titolo gratuito al Ministero dell'economia e delle finanze. La predetta società Equitalia Giustizia Spa continua a svolgere le funzioni diverse dalla riscossione e, in particolare, quelle di cui al decreto-legge 16 settembre 2008, n. 143, convertito, con modificazioni, dalla legge 13 novembre 2008, n. 181, e all'articolo 61, comma 23, del decreto-legge 25 giugno 2008, n. 112, convertito, con modificazioni, dalla legge 6 agosto 2008, n. 133 I servizi di natura informatica in favore di Equitalia Giustizia S.p.A. continuano ad essere forniti dalla società di cui all'articolo 83, comma 15, del decreto-legge 25 giugno 2008, n. 112, convertito, con modificazioni, dalla legge 6 agosto 2008, n. 133;

c) gli organi societari delle società di cui al comma 1 deliberano i bilanci finali di chiusura, corredati delle relazioni di legge, che sono trasmessi per l'approvazione al Ministero dell'economia e delle finanze. Ai componenti degli organi delle società soppresse sono corrisposti compensi, indennità ed altri emolumenti solo fino alla data di soppressione. Per gli adempimenti successivi relativi al presente comma, ai predetti componenti spetta esclusivamente, ove dovuto, il rimborso delle spese sostenute nella misura prevista dal rispettivo ordinamento.

11-*bis*. Entro centoventi giorni dalla data dello scioglimento delle società di cui al comma 1, gli organi dell'ente previsto dal comma 3 deliberano i bilanci finali delle stesse società, corredati delle relazioni di legge. Tali bilanci sono trasmessi per l'approvazione al Ministero dell'economia e delle finanze; si applicano le disposizioni dell'articolo 2 del regolamento di cui al decreto del Presidente della Repubblica 9 novembre 1998, n. 439. Ai componenti degli organi delle predette società sono corrisposti compensi, indennità e altri emolumenti esclusivamente fino alla data dello scioglimento.

11-*ter*. Le società di cui al comma 1 redigono i bilanci relativi all'esercizio 2016 e quelli indicati al comma 11-*bis* secondo le previsioni del decreto legislativo 18 agosto 2015, n. 136.

12. **Le operazioni di cui al comma 11 sono esenti da imposizione fiscale**.

13. Il Ministro dell'economia e delle finanze e il direttore dell'Agenzia delle entrate, presidente dell'ente, stipulano annualmente un atto aggiuntivo alla convenzione di cui all'articolo 59 del decreto legislativo 30 luglio 1999, n. 300, per individuare:

a) i servizi dovuti;

b) le risorse necessarie per far fronte agli oneri di funzionamento del servizio nazionale della riscossione, stanziate sul bilancio dello Stato per il trasferimento in favore dell'Agenzia delle entrate-Riscossione, per

1) gli oneri di gestione calcolati, per le attività svolte dalla stessa, sulla base di un efficiente conduzione aziendale e dei vincoli di servizio imposti per esigenze di carattere generale;

2) le spese di investimento necessarie per realizzare i miglioramenti programmati;

c) le strategie per la riscossione dei crediti tributari, con particolare riferimento alla definizione delle priorità, mediante un approccio orientato al risultato piuttosto che al processo;

d) gli obiettivi quantitativi da raggiungere in termini di economicità della gestione, soddisfazione dei contribuenti per i servizi prestati, e ammontare delle entrate erariali riscosse, anche mediante azioni di prevenzione e contrasto dell'evasione ed elusione fiscale;

e) gli indicatori e le modalità di verifica del conseguimento degli obiettivi di cui alla lettera d);

f) le modalità di vigilanza sull'operato dell'ente da parte del Ministero dell'economia e delle finanze, anche in relazione alla garanzia della trasparenza, dell'imparzialità e della correttezza nell'applicazione delle norme, con particolare riguardo ai rapporti con i contribuenti;

g) la gestione della funzione della riscossione con modalità organizzative flessibili, che tengano conto della necessità di specializzazioni tecnico-professionali, mediante raggruppamenti per tipologia di contribuenti, ovvero sulla base di altri criteri oggettivi preventivamente definiti, e finalizzati ad ottimizzare il risultato economico della medesima riscossione;

h) la tipologia di comunicazioni e informazioni preventive volte ad evitare aggravi moratori per i contribuenti, ed a migliorarne il rapporto con l'amministrazione fiscale, in attuazione della legge 27 luglio 2000, n. 212, anche mediante l'istituzione di uno sportello unico telematico per l'assistenza e l'erogazione di servizi, secondo criteri di trasparenza che consentano al contribuente anche di individuare con certezza il debito originario.

13-*bis*. Comma abrogato.

14. Costituisce risultato particolarmente negativo della gestione, ai sensi dell'articolo 69, comma 1, del decreto legislativo n. 300 del 1999, il mancato raggiungimento, da parte dell'ente di cui al comma 3, degli obiettivi stabiliti nell'atto aggiuntivo di cui al comma 13, non attribuibile a fattori eccezionali o comunque non tempestivamente segnalati al Ministero dell'economia e delle finanze, per consentire l'adozione dei necessari correttivi.

14-*bis*. Il soggetto preposto alla riscossione nazionale redige una relazione annuale sui risultati conseguiti in materia di riscossione, esponendo distintamente i dati concernenti i carichi di ruolo ad esso affidati, l'ammontare delle somme riscosse e i crediti ancora da riscuotere, le quote di credito divenute inesigibili, le procedure di riscossione che hanno condotto ai risultati conseguiti. La relazione è trasmessa all'Agenzia delle entrate per la predisposizione del rapporto di cui all'articolo 10-*bis*.1 della legge 31 dicembre 2009, n. 196.

15. **Fino alla data di cui al comma 1, l'attività di riscossione prosegue nel regime giuridico vigente**. In sede di prima applicazione, entro il 30 aprile 2017, con decreto del Presidente del Consiglio dei ministri, l'Amministratore delegato di Equitalia S.p.A. è nominato commissario straordinario per gli adempimenti propedeutici all'istituzione dell'ente di cui al comma 3, per l'elaborazione dello statuto ai fini di cui al comma 5 e per la vigilanza e la gestione della fase transitoria.

16. **I riferimenti contenuti in norme vigenti agli ex concessionari del servizio nazionale della riscossione e agli agenti della riscossione** di cui all'articolo 3 del decreto-legge 30 settembre 2005, n. 203, convertito, con modificazioni, dalla legge 2 dicembre 2005, n. 248, **si intendono riferiti, in quanto compatibili, all'agenzia di cui al comma 3 del presente articolo.**

16-*bis*. Al fine di garantire le competenze necessarie ai concessionari della gestione dei servizi della pubblica amministrazione, all'articolo 6, numero 9-*bis*), della legge 22 dicembre 1957, n. 1293, dopo le parole: "dall'assegnazione" sono inserite le seguenti: "o dal rinnovo" e dopo le parole: "corsi di formazione" sono inserite le seguenti: ", anche in modalità a distanza,".

MODELLI PROCEDIMENTALI DI TIPO COLLABORATIVO

D.Lgs. 19 giugno 1997, n. 218

Disposizioni in materia di accertamento con adesione e conciliazione giudiziale

TITOLO I
ACCERTAMENTO CON ADESIONE E CONCILIAZIONE GIUDIZIALE

CAPO I
ACCERTAMENTO CON ADESIONE

Art. 1. Definizione degli accertamenti. – 1. L'accertamento delle **imposte sui redditi** e dell'**imposta sul valore aggiunto** può essere definito con adesione del contribuente, secondo le disposizioni seguenti.

2. L'accertamento delle **imposte sulle successioni** e **donazioni, di registro, ipotecaria, catastale e comunale sull'incremento di valore degli immobili,** compresa quella decennale, può essere definito con adesione anche di uno solo degli obbligati, secondo le disposizioni seguenti.

Art. 2. Definizione degli accertamenti nelle imposte sui redditi e nell'imposta sul valore aggiunto. – 1. La definizione delle imposte sui redditi ha **effetto anche per l'imposta sul valore aggiunto,** relativamente alle fattispecie per essa rilevanti. In tal caso l'imposta sul valore aggiunto è liquidata applicando, sui maggiori componenti positivi di reddito rilevanti ai fini della stessa, l'aliquota media risultante dal rapporto tra l'imposta relativa alle operazioni imponibili, diminuita di quella relativa alle cessioni di beni ammortizzabili e di quella considerata detraibile forfettariamente in relazione ai singoli regimi speciali adottati, e il volume d'affari incrementato delle operazioni non soggette ad imposta e di quelle per le quali non sussiste l'obbligo di dichiarazione. Possono formare oggetto della definizione anche le fattispecie rilevanti ai soli fini dell'imposta sul valore aggiunto.

2. Può essere oggetto di definizione **anche la determinazione sintetica del reddito complessivo netto**.

3. L'accertamento definito con adesione **non è soggetto ad impugnazione, non è integrabile o modificabile da parte dell'ufficio** e non rileva ai fini dell'imposta comunale per l'esercizio di imprese e di arti e professioni, nonché ai fini extratributari, fatta eccezione per i contributi previdenziali e assistenziali, la cui base imponibile è riconducibile a quella delle Imposte sui redditi. La definizione esclude, anche con effetto retroattivo, in deroga all'art. 20 della legge 7 gennaio 1929, n. 4, la punibilità per

i reati previsti dal decreto-legge 10 luglio 1982, n. 429, convertito, con modificazioni, dalla legge 7 agosto 1982, n. 516, limitatamente ai fatti oggetto dell'accertamento; la definizione non esclude comunque la punibilità per i reati di cui agli artt. 2, comma 3, e 4 del medesimo decreto-legge.

4. **La definizione non esclude l'esercizio dell'ulteriore azione accertatrice** entro i termini previsti dall'art. 43 del decreto del Presidente della Repubblica 29 settembre 1973, n. 600, relativo all'accertamento delle Imposte sui redditi, e dall'art. 57 del decreto del Presidente della Repubblica 26 ottobre 1972, n. 633, riguardante l'imposta sul valore aggiunto:

a) **se sopravviene la conoscenza di nuovi elementi, in base ai quali è possibile accertare un maggior reddito, superiore al 50 per cento del reddito definito** e comunque non inferiore a euro 77.468,53;

b) **se la definizione riguarda accertamenti parziali**;

c) **se la definizione riguarda i redditi derivanti da partecipazione nelle società o nelle associazioni indicate nell'art. 5 del Testo Unico delle Imposte sui redditi,** approvato con decreto del Presidente della Repubblica 22 dicembre 1986, n. 917, ovvero in aziende coniugali non gestite in forma societaria;

d) **se l'azione accertatrice è esercitata nei confronti delle società o associazioni o dell'azienda coniugale di cui alla lettera c), alle quali partecipa il contribuente** nei cui riguardi è intervenuta la definizione.

5. **A seguito della definizione, le sanzioni per le violazioni** concernenti i tributi oggetto dell'adesione commesse nel periodo d'imposta, nonché per le violazioni concernenti il contenuto delle dichiarazioni relative allo stesso periodo, **si applicano nella misura di un terzo del minimo previsto dalla legge**, ad eccezione di quelle applicate in sede di liquidazione delle dichiarazioni ai sensi dell'art. 36-*bis* del decreto del Presidente della Repubblica 29 settembre 1973, n. 600, e dell'art. 60, sesto comma, del decreto del Presidente della Repubblica 26 ottobre 1972, n. 633, nonché di quelle concernenti la mancata, incompleta o non veritiera risposta alle richieste formulate dall'ufficio. Sulle somme dovute a titolo di contributi previdenziali e assistenziali di cui al comma 3 non si applicano sanzioni e interessi.

6. Le disposizioni dei commi da 1 a 5 si applicano anche in relazione ai periodi d'imposta per i quali era applicabile la definizione ai sensi dell'art. 3 del decreto-legge 30 settembre 1994, n. 564, convertito, con modificazioni, dalla legge 30 novembre 1994, n. 656, e dell'art. 2, comma 137, della legge 23 dicembre 1996, n. 662.

7. Le disposizioni del presente articolo si applicano, in quanto compatibili, anche ai sostituti d'imposta.

Art. 3. Definizione degli accertamenti nelle altre imposte indirette. – 1. La definizione ha **effetto per tutti i tributi di cui all'art. 1, comma 2, dovuti dal contribuente,** relativamente ai beni e ai diritti indicati in ciascun atto, denuncia o dichiarazione che ha formato oggetto di imposizione. Il **valore definito vincola l'ufficio ad ogni ulteriore effetto limitatamente ai menzionati tributi**. Sono escluse adesioni parziali riguardanti singoli beni o diritti contenuti nello stesso atto, denuncia o dichiarazione.

2. **Se un atto contiene più disposizioni** che non derivano necessariamente, per la loro intrinseca natura, le une dalle altre, **ciascuna** di esse, se **soggetta ad autonoma imposizione**, costituisce oggetto di definizione **come se fosse un atto distinto**.

3. A seguito della definizione, le **sanzioni** dovute per **ciascun tributo** oggetto dell'adesione si applicano nella misura di **un terzo del minimo** previsto dalla legge.

4. **L'accertamento definito con adesione non è soggetto ad impugnazione e non è integrabile o modificabile da parte dell'ufficio.**

CAPO II
PROCEDIMENTO PER LA DEFINIZIONE DEGLI ACCERTAMENTI NELLE IMPOSTE SUI REDDITI E NELL'IMPOSTA SUL VALORE AGGIUNTO

Art. 4. Competenza degli uffici. – 1. Competente alla definizione è **l'ufficio delle entrate, nella cui circoscrizione il contribuente ha il domicilio fiscale.**

2. Nel caso di **esercizio di attività d'impresa o di arti e professioni in forma associata,** di cui all'art. 5 del Testo Unico delle Imposte sui redditi, approvato con decreto del Presidente della Repubblica 22 dicembre 1986, n. 917, ovvero in caso di azienda coniugale non gestita in forma societaria, e in caso di **società che optano per la trasparenza fiscale** di cui agli artt. 115 e 116 del medesimo Testo Unico, **l'ufficio competente all'accertamento nei confronti della società, dell'associazione o del titolare dell'azienda coniugale effettua la definizione anche del reddito attribuibile ai soci, agli associati o all'altro coniuge, con unico atto e in loro contraddittorio. Nei confronti dei soggetti che non aderiscono alla definizione o che, benché ritualmente convocati secondo le precedenti modalità non hanno partecipato al contraddittorio, gli uffici competenti procedono all'accertamento sulla base della stessa**; non si applicano gli artt. 2, comma 5, e 15, comma 1, del presente decreto.

3. Comma abrogato.

4. Non si applicano le disposizioni dell'art. 44 del decreto del Presidente della Repubblica 29 settembre 1973, n. 600, riguardante la partecipazione dei comuni all'accertamento dei redditi delle persone fisiche.

Art. 5. Avvio del procedimento. – 1. L'ufficio invia al contribuente un **invito a comparire**, nel quale sono indicati:

a) i **periodi di imposta suscettibili di accertamento**;

b) il **giorno** e **il luogo della comparizione** per definire l'accertamento con adesione;

c) le **maggiori imposte, ritenute, contributi, sanzioni** ed **interessi** dovuti;

d) i **motivi** che hanno dato luogo alla determinazione delle maggiori imposte, ritenute, contributi, di cui alla lettera c).

1-*bis*. Comma abrogato.

1-*ter*. Comma abrogato.

1-*quater*. Comma abrogato.

1-*quinquies*. Comma abrogato.

2. Comma abrogato.

3. Comma abrogato.

3-*bis*. Qualora tra la data di comparizione, di cui al comma 1, lettera b), e quella di decadenza dell'amministrazione dal potere di notificazione dell'atto impositivo **intercorrano meno di novanta giorni**, il termine di **decadenza** per la **notificazione dell'atto impositivo** è **automaticamente prorogato di centoventi giorni**, in deroga al termine ordinario.*

*[*NdA. Ai sensi dell'art. 4-octies d.l. 34/2019, conv. in l. 58/2019, il neo introdotto comma 3-bis dell'art. 5 si applica agli avvisi di accertamento emessi a partire dal 1° luglio 2020.*]

Art. 5-*bis*. Adesione ai verbali di constatazione. – Articolo abrogato.

***Art. 5-*ter*. Invito obbligatorio.** – 1. L'ufficio, fuori dei casi in cui sia stata rilasciata copia del processo verbale di chiusura delle operazioni da parte degli organi di controllo, **prima di emettere un avviso di accertamento, notifica l'invito a comparire** di cui all'articolo 5 per l'avvio del procedimento di definizione dell'accertamento.

2. Sono **esclusi dall'applicazione del-**

l'invito obbligatorio di cui al comma 1 gli **avvisi di accertamento parziale** previsti dall'articolo 41-*bis* del decreto del Presidente della Repubblica 29 settembre 1973, n. 600, e gli avvisi di rettifica parziale previsti dall'articolo 54, terzo e quarto comma, del decreto del Presidente della Repubblica 26 ottobre 1972, n. 633.

3. **In caso di mancata adesione**, l'avviso di accertamento è **specificamente motivato** in relazione ai chiarimenti forniti e ai documenti prodotti dal contribuente nel corso del contraddittorio.

4. In tutti i casi di **particolare urgenza, specificamente motivata**, o nelle ipotesi di fondato pericolo per la riscossione, l'ufficio può notificare direttamente l'avviso di accertamento non preceduto dall'invito di cui al comma 1.

5. Fuori dei casi di cui al comma 4, il **mancato avvio del contraddittorio** mediante l'invito di cui al comma 1 **comporta l'invalidità dell'avviso di accertamento** qualora, a seguito di impugnazione, il contribuente dimostri in concreto le ragioni che avrebbe potuto far valere se il contraddittorio fosse stato attivato.

6. Restano ferme le disposizioni che prevedono la partecipazione del contribuente prima dell'emissione di un avviso di accertamento.

*[*NdA. Ai sensi dell'art. 4-octies d.l. 34/2019, conv. in l. 58/2019, l'articolo 5-ter si applica agli avvisi di accertamento emessi a partire dal 1° luglio 2020.*]

Art. 6. Istanza del contribuente. – 1. Il **contribuente nei cui confronti sono stati effettuati accessi, ispezioni o verifiche** ai sensi degli artt. 33 del decreto del Presidente della Repubblica 29 settembre 1973, n. 600, e 52 del decreto del Presidente della Repubblica 26 ottobre 1972, n. 633, **può chiedere** all'ufficio, con apposita istanza in carta libera, la formulazione della **proposta di accertamento** ai fini dell'eventuale definizione.

2. **Il contribuente nei cui confronti sia stato notificato avviso di accertamento o di rettifica, non preceduto dall'invito** di cui agli articoli 5 e 5-*ter*, **può formulare anteriormente all'impugnazione dell'atto innanzi la commissione tributaria provinciale, istanza in carta libera di accertamento con adesione,** indicando il proprio recapito, anche telefonico.

3. **Il termine per l'impugnazione indicata al comma 2 e quello per il pagamento dell'imposta sul valore aggiunto** accertata, indicato nell'art. 60, primo comma, del decreto del Presidente della Repubblica 26 ottobre 1972, n. 633, sono **sospesi per** un periodo di **novanta giorni** dalla data di presentazione dell'istanza del contribuente; l'iscrizione a titolo provvisorio nei ruoli delle imposte accertate dall'ufficio, ai sensi dell'art. 15, primo comma, del decreto del Presidente della Repubblica 29 settembre 1973, n. 602, è effettuata, qualora ne ricorrano i presupposti, successivamente alla scadenza del termine di sospensione. **L'impugnazione dell'atto comporta rinuncia all'istanza.**

4. **Entro quindici giorni dalla ricezione dell'istanza** di cui al comma 2, **l'ufficio**, anche telefonicamente o telematicamente, **formula al contribuente l'invito a comparire.** Fino all'attivazione dell'ufficio delle entrate, la definizione ha effetto ai soli fini del tributo che ha formato oggetto di accertamento. All'atto del perfezionamento della definizione, l'avviso di cui al comma 2 perde efficacia.

Art. 7. Atto di accertamento con adesione. – 1. L'accertamento con adesione è redatto con **atto scritto in duplice esemplare, sottoscritto dal contribuente e dal capo dell'ufficio** o da un suo delegato. Nell'atto sono indicati, separatamente **per ciascun tributo**, gli **elementi** e la **motivazione** su cui la definizione si fonda, nonché la **liquidazione delle maggiori imposte, delle sanzioni e delle altre somme** eventualmente dovute, anche in forma rateale.

1-*bis*. **Il contribuente può farsi rappresentare da un procuratore munito di procura speciale**, nelle forme previste dall'art. 63 del decreto del Presidente della Repubblica 29 settembre 1973, n. 600, e successive modificazioni.

1-*ter*. **Fatte salve le previsioni di cui all'art. 9-*bis*** del presente decreto, **il contribuente ha facoltà di chiedere che siano computate in diminuzione dai maggiori imponibili le perdite** di cui al quarto comma dell'art. 42 del decreto del Presidente della Repubblica 29 settembre 1973, n. 600, **non utilizzate, fino a concorrenza del loro importo.**

Art. 8. Adempimenti successivi. – 1. Il **versamento** delle **somme dovute** per effetto dell'accertamento con adesione è eseguito **entro venti giorni dalla redazione dell'atto** di cui all'art. 7.

2. **Le somme dovute possono essere versate anche ratealmente in un massimo di otto rate trimestrali di pari importo o in un massimo di sedici rate trimestrali** se le somme dovute superano cinquantamila euro. L'importo della prima rata è versato entro il termine indicato nel comma 1. Le rate successive alla prima devono essere versate entro l'ultimo giorno di ciascun trimestre. Sull'importo delle rate successive alla prima sono dovuti gli interessi calcolati dal giorno successivo al termine di versamento della prima rata.

3. Entro dieci giorni dal versamento dell'intero importo o di quello della prima rata il contribuente fa pervenire all'ufficio la quietanza dell'avvenuto pagamento. L'ufficio rilascia al contribuente copia dell'atto di accertamento con adesione.

4. Per le modalità di versamento delle somme dovute si applicano le disposizioni di cui all'art. 15-*bis*. In caso di inadempimento nei pagamenti rateali si applicano le disposizioni di cui all'art. 15-*ter* del decreto del Presidente della Repubblica 29 settembre 1973, n. 602.

Art. 9. Perfezionamento della definizione. – 1. La definizione **si perfeziona con il versamento** di cui all'**art. 8, comma 1, ovvero con il versamento della prima rata**, prevista dall'art. 8, comma 2.

Art. 9-*bis*. Soggetti aderenti al consolidato nazionale. – 1. Al procedimento di accertamento con adesione avente ad oggetto le rettifiche previste dal comma 2 dell'art. 40-*bis* del decreto del Presidente della Repubblica 29 settembre 1973, n. 600, partecipano **sia la consolidante che la consolidata** interessata dalle rettifiche, innanzi all'ufficio competente di cui al primo comma dell'art. 40-*bis* stesso, e **l'atto di adesione, sottoscritto anche da una sola di esse, si perfeziona qualora gli adempimenti di cui all'art. 9** del presente decreto **siano posti in essere anche da parte di uno solo dei predetti soggetti.**

2. La **consolidante ha facoltà di chiedere che siano computate in diminuzione dei maggiori imponibili le perdite di periodo del consolidato non utilizzate,** fino a concorrenza del loro importo. Nell'**ipotesi** di **adesione all'invito**, ai sensi dell'art. 5, comma 1-*bis*, del presente decreto, alla comunicazione ivi prevista **deve essere allegata l'istanza** prevista dal comma 3 dell'art. **40-*bis* del decreto del Presidente della Repubblica 29 settembre 1973, n. 600**; in tal caso, il **versamento** delle **somme dovute** dovrà essere effettuato **entro il quindicesimo giorno successivo all'accoglimento dell'istanza** da parte dell'ufficio competente, comunicato alla consolidata ed alla consolidante, entro sessanta giorni dalla presentazione dell'istanza. L'istanza per lo scomputo delle

perdite di cui al comma 3 dell'art. 40-*bis* citato deve essere presentata unitamente alla comunicazione di adesione di cui all'art. 5-*bis* del presente decreto; l'ufficio competente emette l'atto di definizione scomputando le stesse dal maggior reddito imponibile.

CAPO III
PROCEDIMENTO PER LA DEFINIZIONE DI ALTRE IMPOSTE INDIRETTE

Art. 10. Competenza degli uffici. – 1. Competente alla definizione è **l'ufficio delle entrate.**

2. Fino all'entrata in funzione dell'ufficio indicato nel comma 1, è competente l'ufficio del registro.

Art. 11. Avvio del procedimento. – 1. L'**ufficio invia** ai soggetti obbligati un **invito a comparire**, nel quale sono indicati:

a) gli **elementi identificativi dell'atto**, della denuncia o della dichiarazione **cui si riferisce l'accertamento** suscettibile di adesione;

b) il **giorno e il luogo della comparizione** per definire l'accertamento con adesione;

b-*bis*) le **maggiori imposte, sanzioni e interessi dovuti**;

b-*ter*) i motivi che hanno dato luogo alla determinazione delle maggiori imposte di cui alla lettera b-*bis*).

1-*bis*. Comma abrogato.

Art. 12. Istanza del contribuente. – 1. Nel caso in cui sia stato notificato **avviso di accertamento, non preceduto dall'invito di cui all'art. 11, il contribuente, anteriormente all'impugnazione dell'atto innanzi la commissione tributaria provinciale, può formulare in carta libera istanza di accertamento con adesione,** indicando il proprio recapito, anche telefonico.

2. La presentazione dell'istanza, anche da parte di un solo obbligato, comporta la **sospensione, per tutti i coobbligati, dei termini per l'impugnazione indicata al comma 1 e di quelli per la riscossione delle imposte in pendenza di giudizio, per un periodo di novanta giorni. L'impugnazione dell'atto** da parte del soggetto che abbia richiesto l'accertamento con adesione **comporta rinuncia all'istanza.**

3. **Entro quindici giorni** dalla ricezione dell'istanza, **l'ufficio,** anche telefonicamente o telematicamente, **formula al contribuente l'invito a comparire.**

4. All'atto del **perfezionamento** della **definizione,** l'**avviso** di cui al comma 1 **perde efficacia.**

Art. 13. Atto di accertamento con adesione, adempimenti successivi e definizione. – 1. La definizione si perfeziona secondo quanto previsto dagli **artt. 7, 8 e 9**. Il **versamento** delle somme dovute per effetto dell'adesione è effettuato presso l'**ufficio del registro**.

CAPO IV
CONCILIAZIONE GIUDIZIALE

Art. 14. – (*Omissis*).

TITOLO II
DISPOSIZIONI FINALI

Art. 15. Sanzioni applicabili nel caso di omessa impugnazione. – 1. Le **sanzioni** irrogate per le violazioni indicate nell'art. 2, comma 5, del presente decreto, negli articoli 71 e 72 del Testo Unico delle disposizioni concernenti l'imposta di registro, approvato con decreto del Presidente della Repubblica 26 aprile 1986, n. 131, e negli art. 50 e 51 del Testo Unico delle disposizioni concernenti l'imposta sulle successioni e donazioni, approvato con decreto del Presidente della Repubblica 31 ottobre 1990, n. 346, sono **ridotte a un terzo** se il contribuente **rinuncia ad impugnare** l'avviso di accertamento o di liquidazione e a **formulare istanza di accertamento con adesione,** provvedendo a **pagare,** entro il termine per la proposizione del ricorso, le somme complessivamente dovute, tenuto conto della predetta riduzione. In ogni caso la misura delle sanzioni non può essere inferiore ad un terzo dei minimi edittali previsti per le violazioni più gravi relative a ciascun tributo.

2. Si applicano le disposizioni degli artt. 2, commi 3, 4 e 5, ultimo periodo, e 8, commi 2, 3 e 4.

2-*bis*. Comma abrogato.

2-*bis*.1. Le disposizioni di cui ai commi 1 e 2 si applicano anche nei casi in cui il contribuente rinunci a impugnare l'avviso di liquidazione emesso a seguito della decadenza dalle agevolazioni indicate nella Nota II *bis*) dell'articolo 1, della Parte I, della Tariffa I allegata al decreto del Presidente della Repubblica 26 aprile 1986, n. 131, e nell'art. 2, comma 4-*bis*, del decreto-legge 30 dicembre 2009, n. 194, convertito, con modificazioni, dalla legge 26 febbraio 2010, n. 25.

Art. 15-*bis*. Modalità di pagamento. – 1. Il pagamento delle somme dovute ai sensi degli artt. 8 e 15 si esegue mediante versamento unitario di cui all'art. 17 del decreto legislativo 9 luglio 1997, n. 241, secondo le modalità stabilite dall'art. 19 del medesimo decreto, fatte salve le ipotesi in cui siano previste altre modalità di pagamento in ragione della tipologia di tributo.

2. Con decreto del Ministro dell'economia e delle finanze possono essere stabilite ulteriori modalità di versamento.

Art. 16. Controlli sulla base della copia delle dichiarazioni. – 1. Qualora **successivamente all'accertamento le dichiarazioni presentate** ai fini delle Imposte sui redditi e dell'imposta sul valore aggiunto risultino **difformi dalle copie acquisite nel corso dell'attività di controllo ovvero ne risulti omessa la presentazione, gli uffici procedono all'accertamento e alla liquidazione delle imposte dovute e possono integrare, modificare o revocare gli atti già notificati, nonché irrogare o revocare le relative sanzioni**. La conservazione della copia delle dichiarazioni è obbligatoria per i soggetti che devono tenere le scritture contabili, nonché per i soci o associati di società o associazioni di cui all'art. 5 del Testo Unico delle imposte sui redditi, approvato con decreto del Presidente della Repubblica 22 dicembre 1986, n. 917, o per il coniuge dell'azienda coniugale non gestita in forma societaria.

Art. 17. Abrogazioni e delegificazione. – 1. Sono abrogati:

a) i commi 2 e 3 dell'art. 5 del decreto-legge 27 aprile 1990, n. 90, convertito, con modificazioni, dalla legge 27 giugno 1990, n. 165, riguardanti la definizione delle pendenze tributarie;

b) gli artt. 2-*bis* e 2-*ter* del decreto-legge 30 settembre 1994, n. 564, convertito, con modificazioni, dalla legge 30 novembre 1994, n. 656, riguardanti l'accertamento con adesione;

c) il quarto comma dell'art. 54 del decreto del Presidente della Repubblica 29 settembre 1973, n. 600, riguardante l'applicazione in misura ridotta delle sanzioni in caso di rinuncia all'impugnazione dell'accertamento.

2. Con effetto dalla data di entrata in vigore del presente decreto legislativo sono abrogate tutte le altre disposizioni con esso incompatibili.

3. Le disposizioni dei capi II e III del titolo I possono essere integrate o modificate con regolamento da emanare ai sensi dell'art. 17, comma 2, della legge 23 agosto 1988, n. 400.

D.Lgs. 5 agosto 2015, n. 128

Disposizioni sulla certezza del diritto nei rapporti tra fisco e contribuente, in attuazione degli artt. 5, 6 e 8, comma 2, della legge 11 marzo 2014, n. 23 (*Estratto*)

(*Omissis*).

TITOLO III
REGIME DELL'ADEMPIMENTO COLLABORATIVO

Art. 3. Finalità e oggetto. – 1. Al fine di promuovere l'adozione di **forme di comunicazione e di cooperazione** rafforzate basate sul reciproco affidamento tra Amministrazione finanziaria e contribuenti, nonché di **favorire** nel comune interesse **la prevenzione e la risoluzione delle controversie** in materia fiscale, è istituito il regime di **adempimento collaborativo** fra l'Agenzia delle entrate e i contribuenti dotati di un **sistema di rilevazione, misurazione, gestione e controllo del rischio fiscale**, inteso quale rischio di operare in violazione di norme di natura tributaria ovvero in contrasto con i principi o con le finalità dell'ordinamento tributario.

2. L'adesione al regime è subordinata al possesso dei requisiti di cui all'art. 4, comporta l'assunzione dei doveri di cui all'art. 5 e produce gli effetti di cui all'art. 6.

Art. 4. Requisiti. – 1. Il contribuente che aderisce al regime deve essere dotato, nel rispetto della sua autonomia di scelta delle soluzioni organizzative più adeguate per il perseguimento dei relativi obiettivi, di un **efficace sistema di rilevazione, misurazione, gestione e controllo del rischio fiscale, inserito nel contesto del sistema di governo aziendale e di controllo interno**. Fermo il fedele e tempestivo adempimento degli obblighi tributari, il sistema deve assicurare:

a) **una chiara attribuzione di ruoli e responsabilità ai diversi settori dell'organizzazione dei contribuenti in relazione ai rischi fiscali**;

b) **efficaci procedure di rilevazione,** misurazione, gestione e controllo dei **rischi fiscali** il cui rispetto sia garantito a tutti i livelli aziendali;

c) efficaci procedure per rimediare ad eventuali carenze riscontrate nel suo funzionamento e attivare le necessarie azioni correttive.

2. **Il sistema** di rilevazione, misurazione, gestione e controllo del rischio fiscale **prevede, con cadenza almeno annuale, l'invio di una relazione agli organi di gestione per l'esame e le valutazioni conseguenti**. La relazione illustra, per gli adempimenti tributari, le verifiche effettuate e i risultati emersi, le misure adottate per rimediare a eventuali carenze rilevate, nonché le attività pianificate.

Art. 5. Doveri. – 1. Il regime comporta per l'Agenzia delle entrate i seguenti impegni:

a) **valutazione trasparente, oggettiva e rispettosa dei principi di ragionevolezza e di proporzionalità del sistema di controllo adottato**, con eventuale proposta degli interventi ritenuti necessari ai fini dell'ammissione e della permanenza nel regime e per il conseguimento delle finalità di cui all'art. 3, comma 1;

b) **pubblicazione periodica sul proprio sito istituzionale dell'elenco aggiornato delle operazioni, strutture e schemi ritenuti di pianificazione fiscale aggressiva**;

c) **promozione di relazioni con i contribuenti improntate a principi di trasparenza, collaborazione e correttezza** nell'intento di favorire un **contesto fiscale di certezza**;

d) realizzazione di **specifiche semplificazioni degli adempimenti tributari**, in conseguenza degli elementi informativi forniti dal contribuente nell'ambito del regime;

e) **esame preventivo delle situazioni** suscettibili di generare rischi fiscali significativi e **risposta alle richieste dei contribuenti** nel più breve tempo possibile;

f) **debita considerazione degli esiti dell'esame e della valutazione effettuate dagli organi di gestione**, sulla base della relazione di cui all'art. 4, comma 2, delle risultanze delle attività dei soggetti incaricati, presso ciascun contribuente, della revisione contabile, nonché di quella dei loro collegi sindacali e dei pareri degli organismi di vigilanza.

2. Il regime comporta per i contribuenti i seguenti **impegni**:

a) **istituzione e mantenimento del sistema di rilevazione, misurazione, gestione e controllo del rischio fiscale**, per garantire il conseguimento delle finalità di cui all'art. 3, comma 1, nonché attuazione delle modifiche del sistema adottato eventualmente ritenute necessarie dalla Agenzia delle entrate;

b) **comportamento collaborativo e trasparente, mediante comunicazione tempestiva ed esauriente all'Agenzia delle entrate dei rischi di natura fiscale** e, in particolare, delle operazioni che possono rientrare nella pianificazione fiscale aggressiva;

c) **risposta alle richieste della Agenzia delle entrate nel più breve tempo possibile**;

d) **promozione di una cultura aziendale improntata a principi di onestà, correttezza e rispetto della normativa tributaria**, assicurandone la completezza e l'affidabilità, nonché la conoscibilità a tutti i livelli aziendali.

Art. 6. Effetti. – 1. L'adesione al regime comporta la **possibilità per i contribuenti di pervenire con l'Agenzia delle entrate a una comune valutazione delle situazioni suscettibili di generare rischi fiscali prima della presentazione delle dichiarazioni fiscali**, attraverso forme di interlocuzione costante e preventiva su elementi di fatto, inclusa la **possibilità dell'anticipazione del controllo**.

2. L'adesione al regime comporta altresì per i contribuenti **una procedura abbreviata di interpello preventivo in merito all'applicazione delle disposizioni tributarie a casi concreti,** in relazione ai quali l'interpellante ravvisa rischi fiscali. L'Agenzia delle entrate, entro quindici giorni dal ricevimento, verifica e conferma l'idoneità della domanda presentata, nonché la sufficienza e l'adeguatezza della documentazione prodotta con la domanda. **Il termine per la risposta all'interpello è** in ogni caso **di quarantacinque giorni,** decorrenti dal ricevimento della domanda ovvero della documentazione integrativa richiesta, anche se l'Agenzia delle entrate effettua accessi alle sedi dei contribuenti, definendone con loro i tempi, per assumervi elementi informativi utili per la risposta. **I contribuenti comunicano all'Agenzia il comportamento effettivamente tenuto, se difforme da quello oggetto della risposta da essa fornita.** Con decreto del Ministro dell'economia e delle finanze, da emanare entro trenta giorni dall'entrata in vigore del presente decreto, sono disciplinati i termini e le modalità applicative del presente articolo in relazione alla procedura abbreviata di interpello preventivo.

3. Per i rischi di natura fiscale comunicati in modo tempestivo ed esauriente all'Agenzia delle entrate ai sensi dell'art. 5, comma 2, lettera b), prima della presentazione delle dichiarazioni fiscali, **se l'Agenzia non condivide la posizione dell'impresa, le sanzioni amministrative applicabili sono ridotte della metà e comunque non possono essere applicate in misura superiore al minimo edittale. La loro riscossione è in ogni caso sospesa fino alla definitività dell'accertamento.**

4. **In caso di denuncia per reati fiscali, l'Agenzia delle entrate comunica alla Procura della Repubblica se il contribuente abbia aderito al regime di adempimento collaborativo,** fornendo, se richiesta, ogni utile informazione in ordine al controllo del rischio fiscale e all'attribuzione di ruoli e responsabilità previsti dal sistema adottato.

5. Il contribuente che aderisce al regime è inserito nel relativo elenco pubblicato sul sito istituzionale dell'Agenzia delle entrate.

6. I contribuenti che aderiscono al regime non sono tenuti a prestare garanzia per il pagamento dei rimborsi delle imposte, sia dirette sia indirette.

Art. 7. Competenze e procedure. – 1. **L'Agenzia delle entrate è competente in via esclusiva per i controlli** e le attività relativi al regime di adempimento collaborativo, nei riguardi dei contribuenti ammessi al regime.

2. I contribuenti che nel rispetto del presente decreto adottano un sistema di rilevazione, misurazione, gestione e controllo del rischio fiscale e che intendono aderire al regime di adempimento collaborativo, inoltrano **domanda in via telematica utilizzando il modello reso disponibile sul sito istituzionale della Agenzia delle entrate**. L'Agenzia, verificata la sussistenza dei requisiti di cui all'art. 4, nonché al comma 4, comunica ai contribuenti l'ammissione al regime entro i successivi centoventi giorni. **Il regime si applica al periodo d'imposta nel corso del quale la richiesta di adesione è trasmessa** all'Agenzia. Lo stesso si intende tacitamente rinnovato qualora non sia espressamente comunicata dal contribuente la volontà di non permanere nel regime di adempimento collaborativo.

3. L'Agenzia delle entrate, con provvedimento motivato, può dichiarare l'**esclusione** dei contribuenti dal regime, per la perdita dei requisiti di cui all'art. 4 o al comma 4, ovvero per l'inosservanza degli impegni di cui all'art. 5, comma 2.

4. **In fase di prima applicazione**: a) il **regime è riservato ai contribuenti di maggiori dimensioni, che conseguono un volume di affari o di ricavi non inferiore a dieci miliardi di euro** e, comunque, ai contribuenti che abbiano presentato **istanza di adesione al Progetto Pilota sul Regime di Adempimento Collaborativo di cui all'invito pubblico del 25 giugno 2013**, pubblicato sul sito ufficiale dell'Agenzia delle entrate, dotati di un sistema di controllo interno per la gestione del rischio fiscale e **che conseguono un volume di affari o di ricavi non inferiore a un miliardo di euro**;

b) la **competenza** per le attività di cui al comma 1 è attribuita alla Direzione Centrale Accertamento dell'Agenzia delle entrate. Con decreto del Ministro dell'economia e delle finanze sono stabiliti i criteri in base ai quali possono essere, progressivamente, individuati gli ulteriori contribuenti ammissibili al regime, che conseguono un volume di affari o di ricavi non inferiore a quello di cento milioni di euro o appartenenti a gruppi di imprese. Entro il 31 dicembre 2016, con decreto del Ministro dell'economia e delle finanze è fissato il termine finale della fase di prima applicazione del regime. Il Ministero dell'economia e delle finanze trasmette annualmente alle Commissioni parlamentari competenti una relazione sullo stato dell'attuazione del regime di adempimento collaborativo. La prima relazione è trasmessa entro il 31 luglio 2017.

5. Con uno o più provvedimenti del Direttore dell'Agenzia delle entrate sono disciplinate le modalità di applicazione del regime di adempimento collaborativo.

D.Lgs. 24 settembre 2015, n. 156

Misure per la revisione della disciplina degli interpelli e del contenzioso tributario, in attuazione degli articoli 6, comma 6, e 10, comma 1, lettere a e b, della legge 11 marzo 2014, n. 23 (*Estratto*)

Art. 2. Legittimazione e presupposti. – 1. Possono presentare istanza di interpello, ai sensi dell'articolo 11 della legge 27 luglio 2000, n. 212, recante lo Statuto dei diritti del contribuente, **i contribuenti, anche non residenti, e i soggetti che in base alla legge sono obbligati a porre in essere gli adempimenti tributari per conto dei contribuenti o sono tenuti insieme con questi o in loro luogo all'adempimento di obbligazioni tributarie.**

2. L'istanza di cui al comma 1 **deve essere presentata prima della scadenza dei termini previsti dalla legge per la presentazione della dichiarazione o per l'assolvimento di altri obblighi tributari** aventi ad oggetto o comunque connessi alla fattispecie cui si riferisce l'istanza medesima senza che, a tali fini, assumano valenza i termini concessi all'amministrazione per rendere la propria risposta.

Art. 3. Contenuto delle istanze. – 1. L'istanza deve espressamente fare riferimento alle disposizioni che disciplinano il diritto di interpello e deve contenere:

a) i **dati identificativi** dell'istante ed eventualmente del suo legale rappresentante, compreso il codice fiscale;

b) l'indicazione del **tipo di istanza** fra quelle di cui alle diverse lettere del comma 1 e al comma 2, dell'articolo 11, della legge 27 luglio 2000, n. 212, recante lo Statuto dei diritti del contribuente;

c) la **circostanziata e specifica descrizione della fattispecie**;

d) le specifiche **disposizioni** di cui si richiede l'interpretazione, l'applicazione o la disapplicazione;

e) l'esposizione, in modo chiaro ed univoco, della **soluzione proposta**;

f) **l'indicazione del domicilio e dei recapiti** anche telematici dell'istante o dell'eventuale domiciliatario presso il quale devono essere effettuate le comunicazioni dell'amministrazione e deve essere comunicata la risposta;

g) la **sottoscrizione** dell'istante o del suo legale rappresentante ovvero del procuratore generale o speciale incaricato ai sensi dell'articolo 63 del decreto del Presidente della Repubblica 29 settembre 1973, n. 600. In questo ultimo caso, se la procura non è contenuta in calce o a margine dell'atto, essa deve essere allegata allo stesso.

2. All'istanza di interpello è allegata copia della documentazione, non in possesso dell'amministrazione procedente o di altre amministrazioni pubbliche indicate dall'istante, rilevante ai fini della

risposta. Nei casi in cui la risposta presupponga accertamenti di natura tecnica, non di competenza dell'amministrazione procedente, alle istanze devono essere allegati altresì i pareri resi dall'ufficio competente.

3. Nei casi in cui le istanze siano carenti dei requisiti di cui alle lettere b), d), e), f) e g) del comma 1, l'amministrazione invita il contribuente alla loro regolarizzazione entro il termine di 30 giorni. I termini per la risposta iniziano a decorrere dal giorno in cui la regolarizzazione è stata effettuata.

Art. 4. Istruttoria dell'interpello. – 1. Quando non è possibile fornire risposta sulla base dei documenti allegati, **l'amministrazione chiede, una sola volta, all'istante di integrare la documentazione** presentata. In tal caso il parere è reso, per gli interpelli di cui all'articolo 11 della legge 27 luglio 2000, n. 212, recante lo Statuto dei diritti del contribuente, entro sessanta giorni dalla ricezione della documentazione integrativa.

2. **La mancata presentazione della documentazione richiesta ai sensi del comma 1 entro il termine di un anno comporta rinuncia all'istanza di interpello**, ferma restando la facoltà di presentazione di una nuova istanza, ove ricorrano i presupposti previsti dalla legge.

Art. 5. Inammissibilità delle istanze. – 1. Le istanze di cui all'articolo 2 sono inammissibili se:

a) sono prive dei requisiti di cui alle lettere a) e c) dell'articolo 3, comma 1;

b) non sono presentate preventivamente ai sensi dell'articolo 2, comma 2;

c) non ricorrono le obiettive condizioni di incertezza ai sensi dell'articolo 11, comma 4, della legge 27 luglio 2000, n. 212, recante lo Statuto dei diritti del contribuente;

d) hanno ad oggetto la medesima questione sulla quale il contribuente ha già ottenuto un parere, salvo che vengano indicati elementi di fatto o di diritto non rappresentati precedentemente;

e) vertono su materie oggetto delle procedure di cui all'articolo 31-*ter* del decreto del Presidente della Repubblica 29 settembre 1973, n. 600, introdotto dall'articolo 1 del decreto legislativo 14 settembre 2015, n. 147, di cui all' articolo 2 del decreto legislativo 14 settembre 2015, n. 147, e della procedura di cui all'articolo 6 del decreto legislativo 5 agosto 2015, n. 128;

f) vertono su questioni per le quali siano state già avviate attività di controllo alla data di presentazione dell'istanza di cui il contribuente sia formalmente a conoscenza;

g) il contribuente, invitato a integrare i dati che si assumono carenti ai sensi del comma 3 dell'articolo 3, non provvede alla regolarizzazione nei termini previsti.

Art. 6. Coordinamento con l'attività di accertamento e contenzioso. – 1. Le risposte alle istanze di interpello di cui all'**articolo 11 della legge 27 luglio 2000, n. 212,** recante lo Statuto dei diritti del contribuente, **non sono impugnabili**, salvo le risposte alle istanze presentate ai sensi del comma 2 del medesimo articolo 11, avverso le quali può essere proposto ricorso unitamente all'atto impositivo.

2. Se è stata fornita risposta alle istanze di cui all'**articolo 11, comma 2, della legge 27 luglio 2000, n. 212**, recante lo Statuto dei diritti del contribuente, al di fuori dei casi di cui all'articolo 5, senza pregiudizio dell'ulteriore azione accertatrice, l'atto di accertamento avente ad oggetto deduzioni, detrazioni, crediti d'imposta, o altre posizioni soggettive del soggetto passivo è **preceduto, a pena di nullità, dalla notifica di una richiesta di chiarimenti da fornire entro il termine di sessanta giorni**. La richiesta di chiarimenti è noti-

ficata dall'amministrazione ai sensi dell'articolo 60 del decreto del Presidente della Repubblica 29 settembre 1973, n. 600, e successive modificazioni, **entro il termine di decadenza previsto per la notificazione dell'atto impositivo**. Tra la data di ricevimento dei chiarimenti, ovvero di inutile decorso del termine assegnato al contribuente per rispondere alla richiesta, e quella di decadenza dell'amministrazione dal potere di notificazione dell'atto impositivo intercorrono non meno di sessanta giorni. In difetto, il termine di decadenza per la notificazione dell'atto impositivo è automaticamente prorogato, in deroga a quello ordinario, fino a concorrenza dei sessanta giorni. **L'atto impositivo è specificamente motivato, a pena di nullità, anche in relazione ai chiarimenti forniti dal contribuente** nel termine di cui al periodo precedente.

3. Le disposizioni di cui all'articolo 32, quarto comma, del decreto del Presidente della Repubblica 29 settembre 1973, n. 600 e all'articolo 52, quinto comma, del decreto del Presidente della Repubblica 26 ottobre 1972, n. 633 non si applicano a dati, notizie, atti, registri o documenti richiesti dall'amministrazione nel corso dell'istruttoria delle istanze di interpello.

D.L. 30 settembre 1994, n. 564

Disposizioni urgenti in materia fiscale (*Estratto*)

(*Omissis*).

Art. 2-*quater*. Autotutela. – 1. Con decreti del Ministro delle finanze sono indicati gli organi dell'Amministrazione finanziaria competenti per l'esercizio del **potere di annullamento d'ufficio o di revoca**, anche in pendenza di giudizio o in caso di non impugnabilità, degli atti illegittimi o infondati. Con gli stessi decreti sono definiti i criteri di economicità sulla base dei quali si inizia o si abbandona l'attività dell'amministrazione.

1-*bis*. Nel potere di annullamento o di revoca di cui al comma 1 deve intendersi compreso anche **il potere di disporre la sospensione degli effetti dell'atto che appaia illegittimo o infondato**.

1-*ter*. Le regioni, le province e i comuni indicano, secondo i rispettivi ordinamenti, gli organi competenti per l'esercizio dei poteri indicati dai commi 1 e 1-*bis* relativamente agli atti concernenti i tributi di loro competenza.

1-*quater*. In caso di pendenza del giudizio, la **sospensione degli effetti dell'atto cessa con la pubblicazione della sentenza**.

1-*quinquies*. **La sospensione degli effetti dell'atto disposta anteriormente alla proposizione del ricorso giurisdizionale cessa con la notificazione**, da parte dello stesso organo, **di un nuovo atto**, modificativo o confermativo di quello sospeso; il contribuente può impugnare, insieme a quest'ultimo, anche l'atto modificato o confermato.

1-*sexies*. Nei casi di annullamento o revoca parziali dell'atto il contribuente può avvalersi degli istituti di definizione agevolata delle sanzioni previsti per l'atto oggetto di annullamento o revoca alle medesime condizioni esistenti alla data di notifica dell'atto purché rinunci al ricorso. In tale ultimo caso le spese del giudizio restano a carico delle parti che le hanno sostenute.

1-*septies*. Le disposizioni del comma 1-*sexies* non si applicano alla definizione agevolata prevista dall'art. 17, comma 2, del decreto legislativo 18 dicembre 1997, n. 472.

1-*octies*. L'annullamento o la revoca parziali non sono impugnabili autonomamente.

D.M. 11 febbraio 1997, n. 37

Regolamento recante norme relative all'esercizio del potere di autotutela da parte degli organi dell'Amministrazione finanziaria

Art. 1. Organi competenti per l'esercizio del potere di annullamento e di revoca d'ufficio o di rinuncia all'imposizione in caso di auto accertamento. – 1. Il potere di annullamento e di revoca o di rinuncia all'imposizione in caso di autoaccertamento spetta all'**ufficio che ha emanato l'atto illegittimo o che è competente per gli accertamenti d'ufficio** ovvero in via sostitutiva, in caso di grave inerzia, alla **Direzione regionale** o compartimentale dalla quale l'ufficio stesso dipende.

Art. 2. Ipotesi di annullamento d'ufficio o di rinuncia all'imposizione in caso di auto accertamento. – 1. **L'Amministrazione finanziaria può procedere,** in tutto o in parte, all'annullamento o alla rinuncia all'imposizione in caso di autoaccertamento, **senza necessità di istanza di parte,** anche in pendenza di giudizio o in caso di non impugnabilità, nei casi in cui sussista **illegittimità dell'atto o dell'imposizione**, quali **tra l'altro**:

a) **errore di persona**;

b) **evidente errore logico o di calcolo**;

c) **errore sul presupposto dell'imposta**;

d) **doppia imposizione**;

e) **mancata considerazione di pagamenti di imposta, regolarmente eseguiti**;

f) **mancanza di documentazione successivamente sanata, non oltre i termini di decadenza**;

g) **sussistenza dei requisiti per fruire di deduzioni, detrazioni o regimi agevolativi, precedentemente negati**;

h) **errore materiale del contribuente, facilmente riconoscibile dall'Amministrazione.**

2. Non si procede all'annullamento d'ufficio, o alla rinuncia all'imposizione in caso di autoaccertamento, per motivi sui quali sia intervenuta sentenza passata in giudicato favorevole all'Amministrazione finanziaria.

Art. 3. Criteri di priorità. – 1. Nell'attività di cui all'art. 2 è data **priorità** alle fattispecie di rilevante interesse generale e, fra queste ultime, a quelle per le quali sia in atto o vi sia il **rischio di un vasto contenzioso.**

Art. 4. Adempimenti degli uffici. – 1. Nel caso in cui l'importo dell'imposta, sanzioni ed accessori oggetto di annullamento o di rinuncia all'imposizione in caso di autoaccertamento o agevolazione superi euro 516.456,90, l'annullamento è sottoposto al preventivo parere della direzione regionale o compartimentale da cui l'ufficio dipende.

2. Dell'eventuale annullamento, o rinuncia all'imposizione in caso di autoaccertamento, è data comunicazione al contribuente, all'organo giurisdizionale davanti al quale sia eventualmente pendente il relativo contenzioso nonché – in caso di annullamento disposto in via sostitutiva – all'ufficio che ha emanato l'atto.

3. Con relazioni annuali, da trasmettere al Segretariato generale, ai relativi dipartimenti e al servizio per il controllo interno, le direzioni regionali e compartimentali evidenziano le cause dei vizi degli atti rilevati nonché le misure adottate per migliorare l'efficienza dell'attività di accertamento di loro competenza.

Art. 5. Richieste di annullamento o di rinuncia all'imposizione in caso di auto accertamento. – 1. Le eventuali richieste di annullamento o di rinuncia all'imposizione in caso di autoaccertamento **avanzate dai contribuenti sono indirizzate agli uffici** di cui all'**art. 1**; in caso di invio di richiesta ad ufficio incompetente, questo è tenuto a trasmetterla all'ufficio competente, dandone comunicazione al contribuente.

Art. 6. Rilevazione da parte degli uffici. – 1. La Direzione centrale per gli affari giuridici e per il contenzioso tributario del Dipartimento delle entrate, la Direzione centrale per gli affari generali, il personale e i servizi informatici e tecnici del Dipartimento delle dogane e la Direzione centrale per i servizi generali, il personale e l'organizzazione del Dipartimento del territorio, sulla base di relazioni che le direzioni regionali e compartimentali, avvalendosi del servizio automatizzato di cui all'art. 36, comma 1, del decreto legislativo 31 dicembre 1992, n. 545, sono tenute a far pervenire trimestralmente alle stesse Direzioni centrali e al Segretariato generale, rilevano i motivi per i quali più frequentemente i ricorsi avverso atti degli uffici periferici e centrali sono accolti o respinti dalle commissioni tributarie.

2. Le Direzioni centrali di cui al comma 1 trasmettono semestralmente alle direzioni regionali e compartimentali elenchi, distinti per singoli tributi, delle questioni che più frequentemente formano oggetto di ricorso, evidenziando i casi di contrasto con la giurisprudenza nazionale e comunitaria.

Art. 7. Criteri di economicità per l'inizio o l'abbandono dell'attività contenziosa. – 1. Tenuto conto delle rilevazioni previste dall'art. 6 e della giurisprudenza consolidata nella materia, le direzioni dei Dipartimenti impartiscono direttive per l'abbandono delle liti già iniziate, sulla base del criterio delle probabilità della soccombenza e della conseguente condanna dell'Amministrazione finanziaria al rimborso delle spese di giudizio. Ad analoga valutazione è subordinata l'adozione di iniziative in sede contenziosa.

2. Ai fini di cui al comma precedente è presa in considerazione anche l'esiguità delle pretese tributarie in rapporto ai costi amministrativi connessi alla difesa delle pretese stesse.

Art. 8. Criteri di economicità per l'inizio o l'abbandono dell'attività amministrativa. – 1. Con successivi propri decreti sono stabiliti i criteri di economicità sulla base dei quali si inizia o si abbandona l'attività dell'Amministrazione, in relazione a predeterminate categorie generali ed astratte.

PROCESSO TRIBUTARIO

D.Lgs. 31 dicembre 1992, n. 546

Disposizioni sul processo tributario in attuazione della delega al Governo contenuta nell'art. 30 della L. 30 dicembre 1991, n. 413

TITOLO I
DISPOSIZIONI GENERALI

CAPO I
DEL GIUDICE TRIBUTARIO E SUOI AUSILIARI

Art. 1. Gli organi della giurisdizione tributaria. – 1. **La giurisdizione** tributaria è **esercitata dalle corti di giustizia tributaria di primo grado e dalle corti di giustizia tributaria di secondo grado** di cui all'art. 1 del decreto del Presidente della Repubblica 31 dicembre 1992, n. 545.

2. **I giudici tributari applicano** le **norme del presente decreto** e, per quanto da esse non disposto e con esse compatibili, le **norme del codice di procedura civile**.

Art. 2. Oggetto della giurisdizione tributaria. – 1. Appartengono alla giurisdizione tributaria **tutte le controversie aventi ad oggetto i tributi di ogni genere e specie comunque denominati**, compresi quelli regionali, provinciali e comunali e il **contributo per il Servizio sanitario nazionale, le sovrimposte e le addizionali, le relative sanzioni nonché gli interessi e ogni altro accessorio**. Restano **escluse dalla giurisdizione tributaria soltanto le controversie** riguardanti gli **atti della esecuzione forzata** tributaria **successivi alla notifica della cartella di pagamento** e, ove previsto, dell'avviso di cui all'art. 50 del decreto del Presidente della Repubblica 29 settembre 1973, n. 602, per le quali continuano ad applicarsi le disposizioni del medesimo decreto del Presidente della Repubblica.

2. Appartengono **altresì** alla giurisdizione tributaria **le controversie** promosse dai singoli possessori **concernenti l'intestazione, la delimitazione, la figura, l'estensione, il classamento dei terreni e la ripartizione dell'estimo fra i compossessori a titolo di promiscuità di una stessa particella, nonché le controversie concernenti la consistenza, il classamento delle singole unità immobiliari urbane e l'attribuzione della rendita catastale**. Appartengono alla giurisdizione tributaria **anche** le controversie attinenti **l'imposta o il canone comunale sulla pubblicità e il diritto sulle pubbliche affissioni**.

3. **Il giudice tributario risolve in via**

incidentale ogni questione da cui dipende la decisione delle controversie **rientranti nella propria giurisdizione,** fatta eccezione per le questioni in materia di **querela di falso** e sullo stato o la **capacità delle persone**, diversa dalla capacità di stare in giudizio.

Art. 3. Difetto di giurisdizione. – 1. **Il difetto di giurisdizione** delle corti di giustizia tributaria di primo e secondo grado è **rilevato, anche d'ufficio, in ogni stato e grado del processo**.

2. **È ammesso il regolamento preventivo di giurisdizione** previsto dall'art. 41, primo comma, del codice di procedura civile.

Art. 4. Competenza per territorio. – 1. **Le corti di giustizia tributaria di primo grado sono competenti per le controversie proposte nei confronti degli enti impositori, degli agenti della riscossione** e dei soggetti iscritti all'albo di cui all'art. 53 del decreto legislativo 15 dicembre 1997, n. 446, **che hanno sede nella loro circoscrizione. Se la controversia è proposta nei confronti di articolazioni dell'Agenzia delle Entrate, con competenza su tutto o parte del territorio nazionale**, individuate con il regolamento di amministrazione di cui all'art. 71 del decreto legislativo 30 luglio 1999, n. 300, **è competente la corte di giustizia tributaria di primo grado nella cui circoscrizione ha sede l'ufficio** al quale spettano le attribuzioni sul rapporto controverso.

2. **Le corti di giustizia tributaria di secondo grado** sono competenti per le impugnazioni avverso le **decisioni delle corti di giustizia tributaria di primo grado, che hanno sede nella loro circoscrizione.**

Art. 4-*bis*. Competenza del giudice monocratico. 1. Le corti di giustizia tributaria di primo grado **decidono in composizione monocratica le controversie di valore fino a 5.000 euro**. Sono escluse le controversie di valore indeterminabile.

2. Per **valore della lite** si intende quello determinato **ai sensi dell'articolo 12, comma 2**. Si tiene conto anche dell'imposta virtuale calcolata a seguito delle rettifiche di perdita.

3. Nel procedimento davanti alla corte di giustizia tributaria di primo grado in composizione monocratica si osservano, in quanto applicabili e ove non derogate dal presente decreto, le disposizioni ivi contenute relative ai giudizi in composizione collegiale.

Art. 5. Incompetenza. – 1. **La competenza** delle corti di giustizia tributaria di primo e secondo grado è **inderogabile.**

2. **L'incompetenza** della corte di giustizia tributaria di primo e secondo grado è **rilevabile, anche d'ufficio**, soltanto nel grado al quale il vizio si riferisce.

3. **La sentenza** della corte di giustizia tributaria di primo e secondo grado che dichiara la propria incompetenza **rende incontestabile l'incompetenza dichiarata e la competenza della corte di giustizia tributaria di primo e secondo grado in essa indicata**, se il processo viene riassunto a norma del comma 5.

4. **Non si applicano le disposizioni del codice di procedura civile sui regolamenti di competenza.**

5. **La riassunzione del processo** davanti alla corte di giustizia tributaria di primo e secondo grado dichiarata competente deve essere effettuata **a istanza di parte** nel termine fissato nella sentenza o in mancanza nel termine di sei mesi dalla comunicazione della sentenza stessa. Se la riassunzione avviene nei termini suindicati **il processo continua davanti alla nuova commissione, altrimenti si estingue.**

Art. 6. Astensione e ricusazione dei componenti delle corti di giustizia tributaria di primo e secondo grado. – 1.

L'astensione e la ricusazione dei componenti delle corti di giustizia tributaria di primo e secondo grado sono **disciplinate dalle disposizioni del codice di procedura civile** in quanto applicabili.

2. Il giudice tributario ha l'**obbligo di astenersi e può essere ricusato** anche nel caso di cui all'art. 13, comma 3, e in ogni caso in cui abbia o abbia avuto rapporti di lavoro autonomo ovvero di collaborazione con una delle parti.

3. **Sulla ricusazione decide il collegio al quale appartiene il componente della corte di giustizia tributaria di primo e secondo grado ricusato**, senza la sua partecipazione e con l'integrazione di altro membro della stessa commissione designato dal suo presidente.

Art. 7. Poteri delle corti di giustizia tributaria di primo e secondo grado. – 1. Le corti di giustizia tributaria di primo e secondo grado, **ai fini istruttori** e nei limiti dei fatti dedotti dalle parti, esercitano tutte le facoltà di **accesso,** di **richiesta di dati,** di **informazioni** e **chiarimenti** conferite agli uffici tributari ed all'ente locale da ciascuna legge d'imposta.

2. Le corti di giustizia tributaria di primo e secondo grado, quando occorre **acquisire elementi conoscitivi di particolare complessità**, possono **richiedere apposite relazioni** ad organi tecnici dell'amministrazione dello Stato o di altri enti pubblici compreso il Corpo della Guardia di finanza, ovvero disporre **consulenza tecnica**. I compensi spettanti ai consulenti tecnici non possono eccedere quelli previsti dalla legge 8 luglio 1980, n. 319, e successive modificazioni e integrazioni.

3. Comma abrogato.

4. **Non è ammesso il giuramento**. La corte di giustizia tributaria, ove lo ritenga necessario ai fini della decisione e anche senza l'accordo delle parti, **può ammettere la prova testimoniale, assunta con le forme di cui all'articolo 257-*bis* del codice di procedura civile**. Nei casi in cui la pretesa tributaria sia fondata su verbali o altri atti facenti fede fino a querela di falso, la prova è ammessa soltanto su circostanze di fatto diverse da quelle attestate dal pubblico ufficiale.

5. Le corti di giustizia tributaria di primo e secondo grado, se ritengono illegittimo un regolamento o un atto generale rilevante ai fini della decisione, non lo applicano, in relazione all'oggetto dedotto in giudizio, salva l'eventuale impugnazione nella diversa sede competente.

5-*bis*. **L'amministrazione prova in giudizio le violazioni contestate con l'atto impugnato**. Il giudice fonda la decisione sugli elementi di prova che emergono nel giudizio e annulla l'atto impositivo se la prova della sua fondatezza manca o è contraddittoria o se è comunque insufficiente a dimostrare, in modo circostanziato e puntuale, comunque in coerenza con la normativa tributaria sostanziale, le ragioni oggettive su cui si fondano la pretesa impositiva e l'irrogazione delle sanzioni. **Spetta comunque al contribuente fornire le ragioni della richiesta di rimborso,** quando non sia conseguente al pagamento di somme oggetto di accertamenti impugnati.

Art. 8. Errore sulla norma tributaria. – 1. La corte di giustizia tributaria di primo e secondo grado dichiara **non applicabili le sanzioni** non penali previste dalle leggi tributarie quando la **violazione è giustificata da obiettive condizioni di incertezza sulla portata e sull'ambito di applicazione** delle disposizioni alle quali si riferisce.

Art. 9. Organi di assistenza alle corti di giustizia tributaria di primo e secondo grado. – 1. Il **personale dell'ufficio di segreteria** assiste la corte di giustizia tributaria di primo e secondo grado secondo le disposizioni del codice di procedura civile concernenti il **cancelliere**.

2. Le attività dell'**ufficiale giudiziario** in udienza sono disimpegnate dal **personale ausiliario addetto alla segreteria**.

CAPO II
DELLE PARTI E DELLA LORO RAPPRESENTANZA E ASSISTENZA IN GIUDIZIO

Art. 10. Le parti. – 1. Sono parti nel processo dinanzi alle corti di giustizia tributaria di primo e secondo grado oltre al **ricorrente, l'ufficio dell'Agenzia delle entrate e dell'Agenzia delle dogane e dei monopoli di cui al decreto legislativo 30 luglio 1999, n. 300, gli altri enti impositori, l'agente della riscossione** ed i soggetti iscritti nell'albo di cui all'art. 53 del decreto legislativo 15 dicembre 1997, n. 446, **che hanno emesso l'atto impugnato o non hanno emesso l'atto richiesto.** Se l'ufficio è un'articolazione dell'Agenzia delle entrate, con competenza su tutto o parte del territorio nazionale, individuata con il regolamento di amministrazione di cui all'art. 71 del decreto legislativo 30 luglio 1999, n. 300, è parte l'ufficio al quale spettano le attribuzioni sul rapporto controverso.

Art. 11. Capacità di stare in giudizio. – 1. **Le parti diverse** da quelle indicate nei commi 2 e 3 possono stare in giudizio anche **mediante procuratore generale o speciale. La procura speciale**, se conferita al **coniuge** e ai **parenti** o **affini entro il quarto grado** ai soli fini della partecipazione all'udienza pubblica, può risultare anche da **scrittura privata non autenticata**.

2. L'ufficio dell'Agenzia delle entrate e dell'Agenzia delle dogane e dei monopoli di cui al decreto legislativo 30 luglio 1999, n. 300 nonché dell'agente della riscossione, nei cui confronti è proposto il ricorso, sta in giudizio direttamente o mediante la struttura territoriale sovraordinata. Stanno altresì in giudizio direttamente le cancellerie o segreterie degli uffici giudiziari per il contenzioso in materia di contributo unificato.

3. **L'ente locale** nei cui confronti è proposto il ricorso può stare in giudizio anche **mediante il dirigente dell'ufficio tributi**, ovvero, per gli enti locali privi di figura dirigenziale, **mediante il titolare della posizione organizzativa** in cui è collocato detto ufficio.

3-*bis*. Comma abrogato.

Art. 12. L'assistenza tecnica. – 1. **Le parti, diverse dagli enti impositori, dagli agenti della riscossione** e dai soggetti iscritti nell'albo di cui all'art. 53 del decreto legislativo 15 dicembre 1997, n. 446, **devono essere assistite in giudizio da un difensore abilitato**.

2. **Per le controversie di valore fino a tremila euro le parti possono stare in giudizio senza assistenza tecnica**. Per **valore della lite** si intende **l'importo del tributo al netto degli interessi e delle eventuali sanzioni irrogate con l'atto impugnato**; in caso di **controversie** relative esclusivamente alle **irrogazioni di sanzioni, il valore è costituito dalla somma di queste**.

3. Sono **abilitati** all'assistenza tecnica, **se iscritti nei relativi albi professionali** o nell'elenco di cui al comma 4:

a) gli **avvocati**;

b) i soggetti iscritti nella **Sezione A commercialisti dell'Albo dei dottori commercialisti e degli esperti contabili**;

c) i **consulenti del lavoro**;

d) i soggetti di cui all'art. 63, terzo comma, del decreto del Presidente della Repubblica 29 settembre 1973, n. 600;

e) i soggetti già iscritti alla data del 30 settembre 1993 nei ruoli di periti ed esperti tenuti dalle camere di commercio, industria, artigianato e agricoltura per la sub categoria tributi, in possesso di diploma di laurea in giurisprudenza o in economia e commercio o equipollenti o di diploma di ragioniere limitatamente alle materie concernenti le imposte di registro, di successione, i tributi locali, l'IVA, l'IRPEF, l'IRAP e l'IRES;

f) **i funzionari delle associazioni di categoria** che, alla data di entrata in vigore del decreto legislativo 31 dicembre 1992, n. 545, risultavano iscritti negli elenchi tenuti dalle Intendenze di finanza competenti per territorio, ai sensi dell'ultimo periodo dell'art. 30, terzo comma, del decreto del Presidente della Repubblica 26 ottobre 1972, n. 636;

g) **i dipendenti delle associazioni delle categorie rappresentate nel Consiglio nazionale dell'economia e del lavoro** (C.N.E.L.) e i dipendenti delle imprese, o delle loro controllate ai sensi dell'art. 2359 del codice civile, primo comma, numero 1), limitatamente alle controversie nelle quali sono parti, rispettivamente, gli associati e le imprese o loro controllate, in possesso del diploma di laurea magistrale in giurisprudenza o in economia ed equipollenti, o di diploma di ragioneria e della relativa abilitazione professionale;

h) **i dipendenti dei centri di assistenza fiscale (CAF)** di cui all'art. 32 del decreto legislativo 9 luglio 1997, n. 241, e delle relative società di servizi, purché in possesso di diploma di laurea magistrale in giurisprudenza o in economia ed equipollenti, o di diploma di ragioneria e della relativa abilitazione professionale, limitatamente alle controversie dei propri assistiti originate da adempimenti per i quali il CAF ha prestato loro assistenza.

4. L'elenco dei soggetti di cui al comma 3, lettere d), e), f), g) ed h), è tenuto dal Dipartimento delle finanze del Ministero dell'economia e delle finanze che vi provvede con le risorse umane, strumentali e finanziarie disponibili a legislazione vigente senza nuovi o maggiori oneri a carico del bilancio dello Stato. Con decreto del Ministro dell'economia e delle finanze, sentito il Ministero della giustizia, emesso ai sensi dell'art. 17, comma 3, della legge 23 agosto 1988, n. 400, sono disciplinate le modalità di tenuta dell'elenco, nonché i casi di incompatibilità, diniego, sospensione e revoca della iscrizione anche sulla base dei principi contenuti nel codice deontologico forense. L'elenco è pubblicato nel sito internet del Ministero dell'economia e delle finanze.

5. **Per le controversie di cui all'articolo 2, comma 2, primo periodo, sono anche abilitati all'assistenza tecnica, se iscritti nei relativi albi professionali**:

a) gli ingegneri;
b) gli architetti;
c) i geometri;
d) i periti industriali;
e) i dottori agronomi e forestali;
f) gli agrotecnici;
g) i periti agrari.

6. Per le controversie relative ai **tributi doganali sono anche abilitati all'assistenza tecnica gli spedizionieri doganali iscritti nell'apposito albo.**

7. Ai difensori di cui ai commi da 1 a 6 deve essere conferito l'incarico con atto pubblico o con scrittura privata autenticata od anche in calce o a margine di un atto del processo, nel qual caso la sottoscrizione autografa è certificata dallo stesso incaricato. All'udienza pubblica l'incarico può essere conferito oralmente e se ne dà atto a verbale.

8. Le Agenzie delle entrate, delle dogane e dei monopoli di cui al decreto legislativo 30 luglio 1999, n. 300, possono essere assistite dall'Avvocatura dello Stato.

9. I soggetti in possesso dei requisiti richiesti nei commi 3, 5 e 6 possono stare in giudizio personalmente, ferme restando le limitazioni all'oggetto della loro attività previste nei medesimi commi.

10. Si applica l'art. 182 del codice di procedura civile ed i relativi provvedimenti sono emessi dal presidente della commissione o della sezione o dal collegio.

Art. 13. Assistenza tecnica gratuita. – Articolo abrogato.

Art. 14. Litisconsorzio ed intervento. – 1. Se **l'oggetto** del **ricorso riguarda** inscindibilmente **più soggetti**, questi **devono essere tutti parte** nello stesso processo e la controversia non può essere decisa limitatamente ad alcuni di essi.

2. Se il ricorso non è stato proposto da o nei confronti di tutti i soggetti indicati nel comma 1 è ordinata l'**integrazione del contraddittorio mediante la loro chiamata in causa** entro un termine stabilito a pena di decadenza.

3. Possono **intervenire volontariamente o essere chiamati** in giudizio i soggetti che, insieme al ricorrente, sono **destinatari dell'atto impugnato o parti del rapporto tributario controverso.**

4. **Le parti chiamate si costituiscono in giudizio nelle forme prescritte** per la parte resistente, in quanto applicabili.

5. I soggetti indicati nei commi 1 e 3 intervengono nel processo notificando apposito atto a tutte le parti e costituendosi nelle forme di cui al comma precedente.

6. **Le parti chiamate in causa o intervenute volontariamente non possono impugnare autonomamente l'atto** se per esse al momento della costituzione è già decorso il termine di decadenza.

Art. 15. Spese del giudizio. – 1. La parte **soccombente** è condannata a **rimborsare le spese del giudizio** che sono **liquidate con la sentenza.**

2. **Le spese di giudizio possono essere compensate in tutto o in parte dalla corte di giustizia tributaria** di primo e secondo grado **soltanto in caso di soccombenza reciproca o qualora sussistano gravi ed eccezionali ragioni** che devono essere **espressamente motivate.**

2-*bis*. Si applicano le disposizioni di cui all'art. 96, commi primo e terzo, del codice di procedura civile.

2-*ter*. **Le spese di giudizio comprendono**, oltre al **contributo unificato, gli onorari e i diritti del difensore, le spese generali e gli esborsi sostenuti, oltre il contributo previdenziale e l'imposta sul valore aggiunto, se dovuti.**

2-*quater*. Con l'ordinanza che decide **sulle istanze cautelari la commissione provvede sulle spese della relativa fase. La pronuncia sulle spese conserva efficacia anche dopo il provvedimento che definisce il giudizio, salvo diversa statuizione espressa nella sentenza di merito.**

2-*quinquies*. **I compensi agli incaricati dell'assistenza tecnica sono liquidati sulla base dei parametri previsti per le singole categorie professionali.** Agli iscritti negli elenchi di cui all'art. 12, comma 4, si applicano i parametri previsti per i dottori commercialisti e gli esperti contabili.

2-*sexies*. **Nella liquidazione delle spese a favore dell'ente impositore, dell'agente della riscossione e dei soggetti iscritti nell'albo** di cui all'art. 53 del decreto legislativo 15 dicembre 1997, n. 446, **se assistiti da propri funzionari, si applicano le disposizioni per la liquidazione del compenso spettante agli avvocati, con la riduzione del venti per cento dell'importo complessivo** ivi previsto. **La riscossione avviene mediante iscrizione a ruolo a titolo definitivo dopo il passaggio in giudicato della sentenza.**

2-*septies*. Nelle controversie di cui all'art. **17-*bis* le spese di giudizio di cui al comma 1 sono maggiorate del 50 per cento a titolo di rimborso delle maggiori spese del procedimento.**

2-*octies*. **Qualora una delle parti ovvero il giudice abbia formulato una proposta conciliativa, non accettata dall'altra parte senza giustificato motivo, restano a carico di quest'ultima le spese del giudizio maggiorate del 50 per cento**, ove il riconoscimento delle sue pretese risulti inferiore al contenuto della proposta ad essa effettuata. Se è intervenuta conciliazione le spese si intendono compensate, salvo che le parti stesse abbiano diversamente convenuto nel processo verbale di conciliazione.

Art. 16. Comunicazioni e notificazioni. – 1. Le comunicazioni sono fatte **mediante avviso della segreteria** della corte di giustizia tributaria di primo e secondo grado **consegnato alle parti,** che ne rilasciano immediatamente ricevuta, o spedito a mezzo del **servizio postale in plico senza busta raccomandata con avviso di ricevimento,** sul quale non sono apposti segni o indicazioni dai quali possa desumersi il contenuto dell'avviso. Le comunicazioni agli enti impositori, agli agenti della riscossione ed ai soggetti iscritti nell'albo di cui all'art. 53 del decreto legislativo 15 dicembre 1997, n. 446 possono essere fatte mediante trasmissione di **elenco in duplice esemplare**, uno dei quali, immediatamente datato e sottoscritto per ricevuta, è restituito alla segreteria della corte di giustizia tributaria di primo e secondo grado. La segreteria può anche richiedere la **notificazione dell'avviso da parte dell'ufficio giudiziario o del messo comunale nelle forme di cui al comma 2**.

1-*bis*. Comma abrogato.

2. Le notificazioni sono fatte secondo le norme degli artt. 137 e seguenti del codice di procedura civile, salvo quanto disposto dall'art. 17.

3. Le notificazioni possono essere fatte anche direttamente a mezzo del servizio postale mediante spedizione dell'atto in plico senza busta raccomandata con avviso di ricevimento, sul quale non sono apposti segni o indicazioni dai quali possa desumersi il contenuto dell'atto, ovvero all'ufficio del Ministero delle finanze ed all'ente locale mediante consegna dell'atto all'impiegato addetto che ne rilascia ricevuta sulla copia.

4. **Gli enti impositori, gli agenti della riscossione ed i soggetti iscritti nell'albo** di cui all'art. 53 del decreto legislativo 15 dicembre 1997, n. 446 **provvedono alle notificazioni anche a mezzo del messo comunale o di messo autorizzato** dall'amministrazione finanziaria, con l'osservanza delle disposizioni di cui al comma 2.

5. Qualunque comunicazione o notificazione a mezzo del servizio postale si considera fatta nella **data della spedizione; i termini** che hanno inizio dalla notificazione o dalla comunicazione **decorrono dalla data in cui l'atto è ricevuto.**

Art. 16-*bis*. Comunicazioni, notificazioni e depositi telematici. – 1. **Le comunicazioni sono effettuate anche mediante l'utilizzo della posta elettronica certificata**, ai sensi del decreto legislativo 7 marzo 2005, n. 82, e successive modificazioni. Tra le pubbliche amministrazioni di cui all'art. 2, comma 2, del decreto legislativo 7 marzo 2005, n. 82, le comunicazioni possono essere effettuate ai sensi dell'art. 76 del decreto legislativo n. 82 del 2005. **L'indirizzo di posta elettronica certificata del difensore o delle parti è indicato nel ricorso o nel primo atto difensivo**. La comunicazione si intende perfezionata con la ricezione avvenuta nei confronti di almeno uno dei difensori della parte.

2. **Nelle ipotesi di mancata indicazione dell'indirizzo di posta elettronica certificata del difensore o della parte** ed **ove lo stesso non sia reperibile da pubblici elenchi**, ovvero **nelle ipotesi di mancata consegna del messaggio di posta elettronica certificata per cause imputabili al destinatario, le comunicazioni sono eseguite esclusivamente mediante deposito in segreteria della corte di giustizia tributaria di primo e secondo grado**. Nei casi di cui al periodo precedente **le notificazioni sono eseguite ai sensi dell'articolo 16.**

3. **Le parti,** i consulenti e gli organi tecnici indicati nell'articolo 7, comma 2, **notificano e depositano gli atti processuali, i documenti e i provvedimenti giurisdizionali esclusivamente con modalità telematiche**, secondo le disposi-

zioni contenute nel decreto del Ministro dell'economia e delle finanze 23 dicembre 2013, n. 163, e nei successivi decreti di attuazione. In casi eccezionali, **il Presidente della corte di giustizia tributaria di primo e secondo grado o il Presidente di sezione** se il ricorso è già iscritto a ruolo, ovvero il collegio se la questione sorge in udienza, **con provvedimento motivato possono autorizzare il deposito con modalità diverse da quelle telematiche.**

3-*bis*. I soggetti che stanno in giudizio senza assistenza tecnica ai sensi dell'articolo 12, comma 2, hanno facoltà di utilizzare, per le notifiche e i depositi, le modalità indicate nel comma 3, previa indicazione nel ricorso o nel primo atto difensivo dell'indirizzo di posta elettronica certificata al quale ricevere le comunicazioni e le notificazioni.

4. **L'indicazione dell'indirizzo di posta elettronica certificata valevole per le comunicazioni e le notificazioni equivale alla comunicazione del domicilio eletto.**

Art. 17. Luogo delle comunicazioni e notificazioni. – 1. Le comunicazioni e le **notificazioni** sono fatte, salva la consegna in mani proprie, **nel domicilio eletto o, in mancanza, nella residenza o nella sede dichiarata dalla parte all'atto della sua costituzione in giudizio.** Le variazioni del domicilio o della residenza o della sede hanno effetto dal decimo giorno successivo a quello in cui sia stata notificata alla segreteria della commissione e alle parti costituite la denuncia di variazione.

2. L'indicazione della residenza o della sede e l'elezione del domicilio **hanno effetto anche per i successivi gradi del processo.**

3. **Se mancano** l'elezione di domicilio o la dichiarazione della residenza o della sede nel territorio dello Stato o se per la loro **assoluta incertezza la notificazione o la comunicazione degli atti non è possibile**, questi sono comunicati o notificati **presso la segreteria della commissione.**

3-*bis*. Comma abrogato.

Art. 17-*bis*. Il reclamo e la mediazione. – 1. **Per le controversie di valore non superiore a cinquantamila euro, il ricorso produce anche gli effetti di un reclamo e può contenere una proposta di mediazione con rideterminazione dell'ammontare della pretesa.** Il valore di cui al periodo precedente è determinato secondo le disposizioni di cui all'art. 12, comma 2. Le controversie di valore indeterminabile non sono reclamabili, ad eccezione di quelle di cui all'art. 2, comma 2, primo periodo.

1-*bis*. Sono esclusi dalla mediazione i tributi costituenti risorse proprie tradizionali di cui all'articolo 2, paragrafo 1, lettera a), della decisione 2014/335/UE, Euratom del Consiglio, del 26 maggio 2014.

2. **Il ricorso non è procedibile fino alla scadenza del termine di novanta giorni dalla data di notifica**, entro il quale deve essere conclusa la procedura di cui al presente articolo. **Si applica la sospensione dei termini processuali nel periodo feriale.**

3. **Il termine per la costituzione in giudizio del ricorrente decorre dalla scadenza del termine di cui al comma 2.** Se la Commissione rileva che la costituzione è avvenuta in data anteriore rinvia la trattazione della causa per consentire l'esame del reclamo.

4. Le Agenzie delle entrate, delle dogane e dei monopoli di cui al decreto legislativo 30 luglio 1999, n. 300, provvedono all'esame del reclamo e della proposta di mediazione mediante apposite strutture diverse ed autonome da quelle che curano l'istruttoria degli atti reclamabili. Per gli altri enti impositori la disposizione di cui al periodo precedente si applica compatibilmente con la propria struttura organizzativa.

5. **L'organo destinatario, se non intende accogliere il reclamo o l'even-**

tuale proposta di mediazione, formula d'ufficio una propria proposta avuto riguardo all'eventuale incertezza delle questioni controverse, al grado di sostenibilità della pretesa e al principio di economicità dell'azione amministrativa. L'esito del procedimento rileva anche per i contributi previdenziali e assistenziali la cui base imponibile è riconducibile a quella delle imposte sui redditi.

6. **Nelle controversie aventi ad oggetto un atto impositivo o di riscossione, la mediazione si perfeziona con il versamento, entro il termine di venti giorni dalla data di sottoscrizione dell'accordo tra le parti, delle somme dovute ovvero della prima rata.** Per il versamento delle somme dovute si applicano le disposizioni, anche sanzionatorie, previste per l'accertamento con adesione dall'art. 8 del decreto legislativo 19 giugno 1997, n. 218. Nelle controversie aventi per oggetto la restituzione di somme la mediazione si perfeziona con la sottoscrizione di un accordo nel quale sono indicate le somme dovute con i termini e le modalità di pagamento. **L'accordo costituisce titolo per il pagamento delle somme dovute al contribuente.**

7. **Le sanzioni amministrative si applicano nella misura del trentacinque per cento del minimo previsto dalla legge.** Sulle somme dovute a titolo di contributi previdenziali e assistenziali non si applicano sanzioni e interessi.

8. **La riscossione e il pagamento delle somme dovute in base all'atto oggetto di reclamo sono sospesi fino alla scadenza del termine di cui al comma 2**, fermo restando che in caso di mancato perfezionamento della mediazione sono dovuti gli interessi previsti dalle singole leggi d'imposta.

9. Le disposizioni di cui al presente articolo si applicano, in quanto compatibili, anche agli agenti della riscossione ed ai soggetti iscritti nell'albo di cui all'art. 53 del decreto legislativo 15 dicembre 1997, n. 446.

9-*bis*. **In caso di rigetto del reclamo o di mancato accoglimento della proposta di mediazione** formulata ai sensi del comma 5, **la soccombenza di una delle parti, in accoglimento delle ragioni** già **espresse in sede di reclamo o mediazione, comporta, per la parte soccombente, la condanna al pagamento delle relative spese di giudizio.** Tale condanna può rilevare ai fini dell'eventuale responsabilità amministrativa del funzionario che ha immotivatamente rigettato il reclamo o non accolto la proposta di mediazione.

10. Il presente articolo non si applica alle controversie di cui all'art. 47-*bis*.

TITOLO II
IL PROCESSO

CAPO I
IL PROCEDIMENTO DINANZI ALLA CORTE DI GIUSTIZIA TRIBUTARIA DI PRIMO GRADO

SEZIONE I
INTRODUZIONE DEL GIUDIZIO

Art. 18. Il ricorso. – 1. **Il processo** è **introdotto con ricorso alla corte di giustizia tributaria di primo grado.**

2. Il ricorso **deve contenere** l'indicazione:

a) **della corte** di giustizia tributaria di primo e secondo grado **cui è diretto**;

b) del **ricorrente** e del suo legale rappresentante, della relativa residenza o sede legale o del domicilio eventualmente eletto nel territorio dello Stato, nonché del codice fiscale e dell'indirizzo di posta elettronica certificata;

c) **dell'ufficio nei cui confronti il ricorso è proposto**;

d) dell'**atto impugnato** e dell'**oggetto** della domanda;

e) dei **motivi**.

3. Il ricorso deve essere **sottoscritto dal difensore** e contenere **l'indicazione:**

a) della **categoria** di cui all'art. 12 alla quale appartiene il difensore;

b) dell'**incarico** a norma dell'art. 12, comma 7, salvo che il ricorso non sia sottoscritto personalmente;

c) **dell'indirizzo di posta elettronica certificata del difensore.**

4. **Il ricorso è inammissibile** se **manca o è assolutamente incerta una delle indicazioni** di cui al comma 2, ad eccezione di quella relativa al codice fiscale e all'indirizzo di posta elettronica certificata, o non è sottoscritta a norma del comma precedente.

Art. 19. Atti impugnabili e oggetto del ricorso. – 1. Il **ricorso può essere proposto avverso**:

a) l'**avviso di accertamento** del tributo;

b) l'**avviso di liquidazione** del tributo;

c) il provvedimento che irroga le **sanzioni**;

d) il **ruolo e la cartella di pagamento**;

e) **l'avviso di mora**;

e-*bis*) l'**iscrizione di ipoteca** sugli immobili di cui all'art. 77 del decreto del Presidente della Repubblica 29 settembre 1973, n. 602, e successive modificazioni;

e-*ter*) il **fermo di beni mobili** registrati di cui all'art. 86 del decreto del Presidente della Repubblica 29 settembre 1973, n. 602, e successive modificazioni;

f) gli atti relativi alle **operazioni catastali** indicate nell'art. 2, comma 2;

g) il **rifiuto** espresso o tacito della **restituzione** di tributi, sanzioni pecuniarie ed interessi o altri accessori non dovuti;

h) il **diniego o la revoca di agevolazioni** o il **rigetto di domande di definizione agevolata** di rapporti tributari;

h-*bis*) la decisione di rigetto dell'istanza di apertura di procedura amichevole presentata ai sensi della direttiva (UE) 2017/1852 del Consiglio del 10 ottobre 2017 o ai sensi degli Accordi e delle Convenzioni internazionali per evitare le doppie imposizioni di cui l'Italia è parte ovvero ai sensi della Convenzione relativa all'eliminazione delle doppie imposizioni in caso di rettifica degli utili di imprese associate n. 90/436/CEE;

i) **ogni altro atto** per il quale la legge ne preveda l'**autonoma impugnabilità** davanti alle corti di giustizia tributaria di primo e secondo grado

2. **Gli atti** espressi di cui al comma 1 **devono contenere l'indicazione del termine entro il quale il ricorso deve essere proposto** e della corte di giustizia tributaria di primo e secondo grado **competente**, nonché delle relative **forme da osservare** ai sensi dell'art. 20.

3. **Gli atti diversi da quelli indicati non sono impugnabili autonomamente. Ognuno** degli atti autonomamente impugnabili **può essere impugnato solo per vizi propri. La mancata notificazione** di atti autonomamente impugnabili, adottati precedentemente all'atto notificato, **ne consente l'impugnazione unitamente a quest'ultimo.**

Art. 20. Proposizione del ricorso. – 1. **Il ricorso è proposto mediante notifica** a norma dei commi 2 e 3 del precedente art. 16.

2. La spedizione del ricorso a mezzo posta dev'essere fatta in plico raccomandato senza busta con avviso di ricevimento. In tal caso **il ricorso s'intende proposto al momento della spedizione nelle forme sopra indicate.**

3. Resta fermo quanto disposto dall'art. 10 del decreto del Presidente della Repubblica 28 novembre 1980, n. 787, sui centri di servizio.

Art. 21. Termine per la proposizione del ricorso. – 1. **Il ricorso** deve essere **proposto a pena di inammissibilità entro sessanta giorni dalla data di notificazione dell'atto impugnato.** La notificazione della cartella di pagamento vale anche come notificazione del ruolo.

2. Il ricorso avverso il rifiuto tacito della restituzione di cui all'art. 19, com-

ma 1, lettera g), può essere proposto dopo il novantesimo giorno dalla domanda di restituzione presentata entro i termini previsti da ciascuna legge d'imposta e fino a quando il diritto alla restituzione non è prescritto. **La domanda di restituzione**, in mancanza di disposizioni specifiche, **non può essere presentata dopo due anni dal pagamento** ovvero, se posteriore, dal giorno in cui si è verificato il presupposto per la restituzione.

Art. 22. Costituzione in giudizio del ricorrente. – 1. Il ricorrente, **entro trenta giorni dalla proposizione del ricorso**, a **pena d'inammissibilità deposita**, nella segreteria della corte di giustizia tributaria di primo e secondo grado adita, o trasmette a mezzo posta, in plico raccomandato senza busta con avviso di ricevimento, **l'originale del ricorso notificato** a norma degli artt. 137 e seguenti del codice di procedura civile ovvero **copia del ricorso consegnato o spedito per posta**, con **fotocopia della ricevuta di deposito** o della spedizione per raccomandata a mezzo del servizio postale. All'atto della costituzione in giudizio, il ricorrente deve depositare la **nota di iscrizione al ruolo**, contenente l'indicazione delle parti, del difensore che si costituisce, dell'atto impugnato, della materia del contendere, del valore della controversia e della data di notificazione del ricorso.

2. **L'inammissibilità del ricorso è rilevabile d'ufficio in ogni stato e grado del giudizio**, anche se la parte resistente si costituisce a norma dell'articolo seguente.

3. In caso di consegna o spedizione a mezzo di servizio postale la conformità dell'atto depositato a quello consegnato o spedito è attestata conforme dallo stesso ricorrente. **Se l'atto depositato nella segreteria della commissione non è conforme a quello consegnato** o spedito **alla parte** nei cui confronti il ricorso è proposto, **il ricorso è inammissibile** e si applica il comma precedente.

4. Unitamente al ricorso ed ai documenti previsti al comma 1, il **ricorrente deposita il proprio fascicolo**, con **l'originale o la fotocopia dell'atto impugnato**, se notificato, ed i documenti che produce, in originale o fotocopia.

5. Ove sorgano contestazioni il giudice tributario ordina l'esibizione degli originali degli atti e documenti di cui ai precedenti commi.

Art. 23. Costituzione in giudizio della parte resistente. – 1. L'ente impositore, l'agente della riscossione ed i soggetti iscritti all'albo di cui all'art. 53 del decreto legislativo 15 dicembre 1997, n. 446 nei cui confronti è stato proposto il ricorso **si costituiscono in giudizio entro sessanta giorni dal giorno in cui il ricorso è stato notificato**, consegnato o ricevuto a mezzo del servizio postale.

2. La costituzione della parte resistente è fatta mediante **deposito presso la segreteria della commissione adita del proprio fascicolo** contenente le **controdeduzioni** in tante copie quante sono le parti in giudizio e i documenti offerti in comunicazione.

3. Nelle controdeduzioni la parte resistente espone le sue difese prendendo posizione sui motivi dedotti dal ricorrente e indica le prove di cui intende valersi, proponendo altresì le eccezioni processuali e di merito che non siano rilevabili d'ufficio e instando, se del caso, per la chiamata di terzi in causa.

Art. 24. Produzione di documenti e motivi aggiunti. – 1. I documenti devono essere elencati negli atti di parte cui sono allegati ovvero, se prodotti separatamente, in apposita nota sottoscritta da depositare in originale ed in numero di copie in carta semplice pari a quello delle altre parti.

2. **L'integrazione dei motivi di ricorso**, resa necessaria dal deposito di documenti non conosciuti ad opera delle

altre parti o per ordine della commissione, **è ammessa entro il termine perentorio di sessanta giorni** dalla data in cui l'interessato ha notizia di tale deposito.

3. Se è stata già **fissata la trattazione** della controversia, **l'interessato**, a pena di inammissibilità, **deve dichiarare**, non oltre la trattazione in camera di consiglio o la discussione in pubblica udienza, **che intende proporre motivi aggiunti**. In tal caso la trattazione o l'udienza debbono essere rinviate ad altra data per consentire gli adempimenti di cui al comma seguente.

4. L'integrazione dei motivi si effettua mediante atto avente i requisiti di cui all'art. 18 per quanto applicabile. Si applicano l'art. 20, commi 1 e 2, l'art. 22, commi 1, 2, 3 e 5, e l'art. 23, comma 3.

Art. 25. Iscrizione del ricorso nel registro generale. Fascicolo d'ufficio del processo e fascicoli di parte. – 1. **La segreteria della corte di giustizia tributaria di primo e secondo grado** iscrive il ricorso nel registro generale e **forma il fascicolo d'ufficio del processo**, inserendovi i fascicoli del ricorrente e delle altre parti, con gli atti e i documenti prodotti, nonché, successivamente, gli originali dei verbali di udienza, delle ordinanze e dei decreti e copia delle sentenze.

2. I fascicoli delle parti restano acquisiti al fascicolo d'ufficio e sono ad esse restituiti al termine del processo. **Le parti possono ottenere copia autentica** degli atti e documenti contenuti nei fascicoli di parte e d'ufficio.

3. La segreteria sottopone al presidente della corte di giustizia tributaria di primo e secondo grado il fascicolo del processo appena formato.

Art. 25-*bis*. Potere di certificazione di conformità. – 1. Al fine del deposito e della notifica con modalità telematiche della copia informatica, anche per immagine, di un atto processuale di parte, di un provvedimento del giudice o di un documento formato su supporto analogico e detenuto in originale o in copia conforme, il difensore e il dipendente, di cui si avvalgono l'ente impositore, l'agente della riscossione ed i soggetti iscritti nell'albo di cui all'articolo 53 del decreto legislativo 15 dicembre 1997, n. 446, attestano la conformità della copia al predetto atto secondo le modalità di cui al decreto legislativo 7 marzo 2005, n. 82.

2. **Analogo potere di attestazione di conformità** è esteso, anche per **l'estrazione di copia analogica**, agli atti e ai provvedimenti presenti nel fascicolo informatico, formato dalla segreteria della corte di giustizia tributaria di primo e secondo grado ai sensi dell'articolo 14 del decreto del Ministro dell'economia e delle finanze 23 dicembre 2013, n. 163, o trasmessi in allegato alle comunicazioni telematiche dell'ufficio di segreteria. Detti atti e provvedimenti, presenti nel fascicolo informatico o trasmessi in allegato alle comunicazioni telematiche dell'ufficio di segreteria, equivalgono all'originale anche se privi dell'attestazione di conformità all'originale da parte dell'ufficio di segreteria.

3. La copia informatica o cartacea munita dell'attestazione di conformità ai sensi dei commi precedenti equivale all'originale o alla copia conforme dell'atto o del provvedimento detenuto ovvero presente nel fascicolo informatico.

4. L'estrazione di copie autentiche ai sensi del presente articolo, esonera dal pagamento dei diritti di copia.

5. Nel compimento dell'attestazione di conformità i soggetti di cui al presente articolo assumono ad ogni effetto la veste di pubblici ufficiali.

Art. 26. Assegnazione del ricorso. – 1. **Il presidente della corte di giustizia tributaria di primo e secondo grado assegna il ricorso ad una delle sezioni**; al di fuori dei casi di cui all'art. 29, comma 1, il presidente della corte di giustizia tributaria di primo e secondo grado potrà assumere gli opportuni provvedimenti affinché i ricorsi concernenti identiche questioni di diritto a carattere ripetitivo vengano assegnati alla medesima sezione per essere trattati congiuntamente.

SEZIONE II

L'ESAME PRELIMINARE DEL RICORSO

Art. 27. Esame preliminare del ricorso. – 1. Il **presidente della sezione**, scaduti i termini per la costituzione in giudizio delle parti, **esamina preliminarmente il ricorso** e ne dichiara **l'inammissibilità** nei casi espressamente previsti, se manifesta.

2. Il presidente, ove ne sussistano i presupposti, dichiara inoltre la **sospensione**, l'**interruzione** e l'**estinzione del processo**.

3. I provvedimenti di cui ai commi precedenti hanno forma di decreto e sono soggetti a reclamo innanzi alla commissione.

Art. 28. Reclamo contro i provvedimenti presidenziali. – 1. Contro i provvedimenti del presidente è **ammesso reclamo** da notificare alle altre parti costituite nelle forme di cui all'art. 20, commi 1 e 2, entro il **termine perentorio di giorni trenta** dalla loro comunicazione da parte della segreteria.

2. **Il reclamante**, nel termine perentorio di **quindici giorni dall'ultima notificazione**, a pena d'inammissibilità rilevabile d'ufficio, **effettua il deposito** secondo quanto disposto dall'art. 22, comma 1, osservato anche il comma 3 dell'articolo richiamato.

3. **Nei successivi quindici giorni** dalla notifica del reclamo le altre parti possono presentare **memorie**.

4. Scaduti i termini, la commissione decide immediatamente il reclamo in camera di consiglio.

5. **La commissione pronuncia sentenza** se dichiara l'**inammissibilità** del ricorso o l'**estinzione** del processo; **negli altri casi pronuncia ordinanza non impugnabile** nella quale sono dati i provvedimenti per la prosecuzione del processo.

Art. 29. Riunione dei ricorsi. – 1. In qualunque momento il presidente della sezione dispone con decreto la **riunione dei ricorsi** assegnati alla sezione da lui presieduta **che hanno lo stesso oggetto o sono fra loro connessi**.

2. Se i processi pendono dinanzi a sezioni diverse della stessa commissione **il presidente** di questa, di ufficio o su istanza di parte o su segnalazione dei presidenti delle sezioni, **determina con decreto la sezione davanti alla quale i processi devono proseguire**, riservando a tale sezione di provvedere ai sensi del comma precedente.

3. Il collegio, se rileva che la riunione dei processi connessi ritarda o rende più gravosa la loro trattazione, può, con ordinanza motivata, **disporne la separazione**.

SEZIONE III

LA TRATTAZIONE DELLA CONTROVERSIA

Art. 30. Nomina del relatore e fissazione della data di trattazione. – 1. Se non ritiene di adottare preliminarmente i provvedimenti di cui all'art. 27, **il presidente**, scaduto in ogni caso il termine per la costituzione delle parti, **fissa la trattazione** della controversia secondo quanto previsto dagli artt. 33 e 34 e nomina il relatore.

2. **Almeno una udienza per ogni mese** e per ciascuna sezione è **riservata alla trattazione di controversie** per le quali l'ammontare dei **tributi accertati** e delle conseguenti soprattasse e pene pecuniarie **non sia inferiore a euro 51.645,69**. Un'altra **udienza per ogni mese** e per ciascuna sezione è comunque riservata alla trattazione di contro-

versie nei confronti di **società con personalità giuridica**, nonché di controversie inerenti **l'applicazione dell'art. 37-*bis*** [*ora art. 10-bis l. 212/2000*] del decreto del Presidente della Repubblica 29 settembre 1973, n. 600.

Art. 31. Avviso di trattazione. – 1. **La segreteria dà comunicazione** alle parti costituite della data di trattazione almeno **trenta giorni liberi prima**.

2. Uguale avviso deve essere dato quando la trattazione sia stata rinviata dal presidente in caso di giustificato impedimento del relatore, che non possa essere sostituito, o di alcuna delle parti o per esigenze del servizio.

Art. 32. Deposito di documenti e di memorie. – 1. Le parti possono depositare **documenti fino a venti giorni liberi prima** della data di trattazione osservato l'art. 24, comma 1.

2. Fino a **dieci giorni liberi** prima della data di cui al precedente comma ciascuna delle parti può depositare **memorie illustrative** con le copie per le altre parti.

3. Nel solo caso di trattazione della controversia in **camera di consiglio** sono consentite **brevi repliche scritte fino a cinque giorni liberi prima** della data della camera di consiglio.

Art. 33. Trattazione in camera di consiglio. – 1. **La controversia** è trattata **in camera di consiglio salvo** che almeno **una delle parti non abbia chiesto la discussione in pubblica udienza**, con apposita istanza da depositare nella segreteria e notificare alle altre parti costituite entro il termine di cui all'art. 32, comma 2.

2. Il relatore espone al collegio, senza la presenza delle parti, i fatti e le questioni della controversia.

3. Della trattazione in camera di consiglio è redatto processo verbale dal segretario.

Art. 34. Discussione in pubblica udienza. – 1. All'udienza pubblica **il relatore espone al collegio i fatti e le questioni** della controversia e quindi il presidente ammette le parti presenti alla discussione.

2. Dell'udienza è redatto processo verbale dal segretario.

3. La commissione può disporre il **differimento della discussione a udienza fissa**, su istanza della parte interessata, quando la sua difesa tempestiva, scritta o orale, è resa particolarmente difficile a causa dei documenti prodotti o delle questioni sollevate dalle altre parti. Si applica l'art. 31, comma 2, salvo che il differimento sia disposto in udienza con tutte le parti costituite presenti.

Art. 35. Deliberazioni del collegio giudicante. – 1. **Il collegio giudicante, subito dopo** la discussione in pubblica udienza o, se questa non vi è stata, subito dopo l'esposizione del relatore, **delibera la decisione in segreto nella camera di consiglio**.

2. Quando ne ricorrono i motivi la deliberazione in camera di consiglio può essere **rinviata di non oltre trenta giorni**.

3. Alle deliberazioni del collegio si applicano le disposizioni di cui agli artt. 276 e seguenti del codice di procedura civile. Non sono tuttavia ammesse sentenze non definitive o limitate solo ad alcune domande.

SEZIONE IV
LA DECISIONE DELLA CONTROVERSIA

Art. 36. Contenuto della sentenza. – 1. La sentenza è pronunciata in nome del popolo italiano ed è intestata alla Repubblica italiana.

2. **La sentenza deve contenere**:

1) l'indicazione della **composizione del collegio**, delle **parti** e dei **loro difensori** se vi sono;

2) la concisa esposizione dello **svolgimento del processo**;

3) le **richieste** delle parti;

4) la succinta esposizione dei **motivi in fatto e diritto**;

5) il **dispositivo**.

3. La sentenza deve inoltre contenere la data della deliberazione ed è sottoscritta dal presidente e dall'estensore.

Art. 37. Pubblicazione e comunicazione della sentenza. – 1. La **sentenza** è resa **pubblica**, nel testo integrale originale, mediante **deposito nella segreteria della corte di giustizia tributaria di primo e secondo grado entro trenta giorni dalla data della deliberazione.** Il segretario fa risultare l'avvenuto deposito apponendo sulla sentenza la propria firma e la data.

2. Il **dispositivo della sentenza è comunicato alle parti** costituite entro dieci giorni dal deposito di cui al precedente comma.

Art. 38. Richiesta di copie e notificazione della sentenza. – 1. Ciascuna parte può richiedere alla segreteria copie autentiche della sentenza e la segreteria è tenuta a rilasciarle **entro cinque giorni** dalla richiesta, previa corresponsione delle spese.

2. **Le parti** hanno **l'onere** di provvedere direttamente alla **notificazione della sentenza alle altre parti** a norma dell'art. 16 depositando, nei successivi trenta giorni, l'originale o copia autentica dell'originale notificato, ovvero copia autentica della sentenza consegnata o spedita per posta, con fotocopia della ricevuta di deposito o della spedizione per raccomandata a mezzo del servizio postale unitamente all'avviso di ricevimento nella segreteria, che ne rilascia ricevuta e l'inserisce nel fascicolo d'ufficio.

3. Se **nessuna delle parti provvede alla notificazione della sentenza, si applica l'art. 327, comma 1, del codice di procedura civile.** Tale disposizione non si applica se la parte non costituita dimostri di non avere avuto conoscenza del processo per nullità della notificazione del ricorso e della comunicazione dell'avviso di fissazione d'udienza.

SEZIONE V
SOSPENSIONE, INTERRUZIONE ED ESTINZIONE DEL PROCESSO

Art. 39. Sospensione del processo. – 1. Il processo è sospeso quando è presentata **querela di falso** o deve essere decisa in via pregiudiziale una questione sullo stato o la **capacità delle persone**, salvo che si tratti della capacità di stare in giudizio.

1-*bis*. **La corte di giustizia tributaria di primo e secondo grado** dispone la **sospensione del processo** in ogni altro caso in cui essa stessa o altra corte di giustizia tributaria di primo e secondo grado deve risolvere **una controversia dalla cui definizione dipende la decisione della causa**.

1-*ter*. Il processo tributario è altresì **sospeso** nei seguenti casi:

a) su richiesta conforme delle parti, nel caso in cui sia stata **presentata un'istanza di apertura di procedura amichevole ai sensi degli Accordi e delle Convenzioni internazionali per evitare le doppie imposizioni** di cui l'Italia è parte **ovvero ai sensi della Convenzione relativa all'eliminazione delle doppie imposizioni in caso di rettifica degli utili di imprese associate** n. 90/463/CEE;

b) su richiesta del contribuente, nel caso in cui sia stata presentata un'istanza di apertura di procedura amichevole ai sensi della direttiva (UE) 2017/1852 del Consiglio del 10 ottobre 2017.

Art. 40. Interruzione del processo. – 1. Il **processo è interrotto** se, dopo la proposizione del ricorso, si verifica:

a) il **venir meno**, per morte o altre cause, o la perdita della **capacità di stare in giudizio** di una delle parti, diversa dall'ufficio tributario, o del suo legale rappresentante o la cessazione di tale rappresentanza;

b) **la morte, la radiazione** o **sospensione dall'albo** o dall'elenco di uno dei difensori incaricati ai sensi dell'art. 12.

2. **L'interruzione si ha al momento dell'evento** se la parte sta in giudizio personalmente e nei casi di cui al comma 1, lettera b). In ogni altro caso **l'interruzione si ha al momento in cui l'evento è dichiarato o in pubblica** udienza o per iscritto con apposita comunicazione del difensore della parte a cui l'evento si riferisce.

3. Se uno degli eventi di cui al comma 1 si avvera dopo l'ultimo giorno per il deposito di memorie in caso di trattazione della controversia in camera di consiglio o dopo la chiusura della discussione in pubblica udienza, esso non produce effetto a meno che non sia pronunciata sentenza e il processo prosegua davanti al giudice adito.

4. Se uno degli eventi di cui al comma 1, lettera a), si verifica durante il termine per la proposizione del ricorso il termine è prorogato di sei mesi a decorrere dalla data dell'evento. Si applica anche a questi termini la sospensione prevista dalla legge 7 ottobre 1969, n. 742.

Art. 41. Provvedimenti sulla sospensione e sull'interruzione del processo. – 1. La **sospensione** è disposta e l'interruzione è dichiarata **dal presidente** della sezione **con decreto** o dalla **commissione con ordinanza**.

2. Avverso il decreto del presidente è ammesso reclamo a sensi dell'art. 28.

Art. 42. Effetti della sospensione e dell'interruzione del processo. – 1. **Durante** la sospensione e l'interruzione **non** possono essere compiuti **atti del processo**.

2. I termini in corso sono interrotti e ricominciano a decorrere dalla presentazione dell'istanza di cui all'articolo seguente.

Art. 43. Ripresa del processo sospeso o interrotto. – 1. **Dopo** che è **cessata** la **causa** che ne ha determinato la **sospensione il processo continua** se **entro sei mesi** da tale data viene **presentata** da una delle parti **istanza di trattazione** al presidente di sezione della commissione, che provvede a norma dell'art. 30.

2. **Se entro sei mesi** da quando è stata dichiarata l'interruzione del processo la parte colpita dall'evento o i suoi successori o qualsiasi altra parte **presentano istanza di trattazione al presidente di sezione della commissione,** quest'ultimo provvede a norma del comma precedente.

3. La comunicazione di cui all'art. 31, oltre che alle altre parti costituite nei luoghi indicati dall'art. 17, deve essere fatta alla parte colpita dall'evento o ai suoi successori personalmente. **Entro un anno dalla morte** di una delle parti **la comunicazione può essere effettuata agli eredi** collettivamente o impersonalmente nel domicilio eletto o, in mancanza, nella residenza dichiarata dal defunto risultante dagli atti del processo. La parte colpita dall'evento o i suoi successori possono costituirsi anche solo presentando documenti o memorie o partecipando alla discussione assistiti, nei casi previsti, da difensore incaricato nelle forme prescritte.

Art. 44. Estinzione del processo per rinuncia al ricorso. – 1. **Il processo si estingue per rinuncia al ricorso.**

2. **Il ricorrente che rinuncia deve rimborsare le spese** alle altre parti salvo diverso accordo fra loro. La liquidazione è fatta dal presidente della sezione o dalla commissione con ordinanza non impugnabile.

3. **La rinuncia non produce effetto se non è accettata** dalle parti costituite che abbiano effettivo interesse alla prosecuzione del processo.

4. La rinuncia e l'accettazione, ove

necessaria, **sono sottoscritte** dalle parti personalmente o da loro procuratori speciali, nonché, se vi sono, dai rispettivi difensori e si depositano nella segreteria della commissione.

5. **Il presidente della sezione o la commissione**, se la rinuncia e l'accettazione, ove necessaria, sono regolari, **dichiarano l'estinzione del processo**. Si applica l'ultimo comma dell'articolo seguente.

Art. 45. Estinzione del processo per inattività delle parti. – 1. Il processo si estingue **nei casi in cui le parti alle quali spetta di proseguire**, riassumere o integrare il giudizio **non vi abbiano provveduto entro il termine perentorio stabilito** dalla legge o dal giudice che dalla legge sia autorizzato a fissarlo.

2. Le spese del processo estinto a norma del comma 1 restano a carico delle parti che le hanno anticipate.

3. **L'estinzione del processo per inattività delle parti è rilevata anche d'ufficio** solo nel grado di giudizio in cui si verifica e rende inefficaci gli atti compiuti.

4. L'estinzione è dichiarata dal presidente della sezione con decreto o dalla commissione con sentenza. Avverso il decreto del presidente è ammesso reclamo alla commissione che provvede a norma dell'art. 28.

Art. 46. Estinzione del giudizio per cessazione della materia del contendere. – 1. Il giudizio si estingue, in tutto o in parte, nei casi di definizione delle pendenze tributarie previsti dalla legge e in ogni altro caso di cessazione della materia del contendere.

2. **La cessazione della materia del contendere è dichiarata, con decreto del presidente o con sentenza della commissione.** Il provvedimento presidenziale è reclamabile a norma dell'art. 28.

3. Nei casi di **definizione delle pendenze tributarie** previsti dalla legge le **spese del giudizio estinto restano a carico della parte che le ha anticipate**.

CAPO II
I PROCEDIMENTI CAUTELARE E CONCILIATIVO

Art. 47. Sospensione dell'atto impugnato. – 1. **Il ricorrente, se dall'atto impugnato può derivargli un danno grave ed irreparabile**, può chiedere alla commissione provinciale competente **la sospensione dell'esecuzione dell'atto** stesso con istanza motivata proposta nel ricorso o con atto separato notificato alle altre parti e depositato in segreteria sempre che siano osservate le disposizioni di cui all'art. 22.

2. **Il presidente fissa con decreto la trattazione della istanza di sospensione** per la prima camera di consiglio utile e comunque non oltre il trentesimo giorno dalla presentazione della medesima istanza disponendo che ne sia data comunicazione alle parti almeno cinque giorni liberi prima. L'udienza di trattazione dell'istanza di sospensione non può, in ogni caso, coincidere con l'udienza di trattazione del merito della controversia.

3. In caso di **eccezionale urgenza** il presidente, previa delibazione del merito, **può disporre con decreto motivato la provvisoria sospensione dell'esecuzione** fino alla pronuncia del collegio.

4. **Il collegio**, sentite le parti in camera di consiglio e delibato il merito, **provvede con ordinanza motivata non impugnabile nella stessa udienza di trattazione dell'istanza. Il dispositivo dell'ordinanza deve essere immediatamente** comunicato alle parti in udienza.

5. **La sospensione può anche essere parziale** e subordinata alla prestazione della garanzia di cui all'art. 69, comma 2. **La prestazione della garanzia è esclusa per i ricorrenti con "bollino di affidabilità fiscale"**. Ai fini della disposizione di cui al periodo precedente, i ricorrenti con "bollino di affidabilità fiscale" **sono i contribuenti soggetti alla disciplina di cui all'articolo 9-*bis* del decreto-legge 24 aprile 2017, n. 50**, convertito, con modificazioni, dalla legge 21 giugno

2017, n. 96, **ai quali sia stato attribuito un punteggio di affidabilità pari ad almeno 9 negli ultimi tre periodi d'imposta precedenti a quello di proposizione del ricorso** per i quali tali punteggi siano disponibili.

5-*bis*. Comma abrogato.

6. Nei casi di **sospensione dell'atto** impugnato **la trattazione della controversia deve essere fissata non oltre novanta giorni** dalla pronuncia.

7. **Gli effetti della sospensione cessano dalla data di pubblicazione della sentenza di primo grado.**

8. In caso di **mutamento delle circostanze la commissione** su istanza motivata di parte **può revocare o modificare il provvedimento cautelare** prima della sentenza, osservate per quanto possibile le forme di cui ai commi 1, 2 e 4.

8-*bis*. Durante il periodo di sospensione cautelare si applicano gli interessi al tasso previsto per la sospensione amministrativa.

Art. 47-*bis*. Sospensione di atti volti al recupero di aiuti di Stato e definizione delle relative controversie. – 1. Qualora sia chiesta in via cautelare la **sospensione dell'esecuzione di un atto volto al recupero di aiuti di Stato dichiarati incompatibili** in esecuzione di una decisione adottata dalla Commissione europea ai sensi dell'art. 14 del regolamento (CE) n. 659/1999 del Consiglio, del 22 marzo 1999, di seguito denominata: "decisione di recupero", la corte di giustizia tributaria di primo grado può concedere la sospensione dell'efficacia del titolo di pagamento conseguente a detta decisione **se ricorrono cumulativamente le seguenti condizioni**:

a) **gravi motivi di illegittimità** della decisione di recupero, ovvero **evidente errore nella individuazione del soggetto** tenuto alla restituzione dell'aiuto di Stato o evidente **errore nel calcolo** della somma da recuperare e nei limiti di tale errore;

b) **pericolo di un pregiudizio imminente e irreparabile.**

2. Qualora la sospensione si fondi su motivi attinenti alla illegittimità della decisione di recupero la corte di giustizia tributaria di primo grado provvede con separata ordinanza alla sospensione del giudizio e all'immediato **rinvio pregiudiziale della questione alla Corte di giustizia** delle Comunità europee, con richiesta di trattazione d'urgenza ai sensi dell'art. 104-*ter* del regolamento di procedura della Corte di giustizia del 19 giugno 1991, pubblicato nella Gazzetta Ufficiale delle Comunità europee n. L 176 del 4 luglio 1991, e successive modificazioni, se ad essa non sia stata già deferita la questione di validità dell'atto comunitario contestato. **Non può**, in ogni caso, **essere accolta l'istanza di sospensione dell'atto impugnato per motivi attinenti alla legittimità della decisione** di recupero quando la parte istante, pur avendone facoltà perché individuata o chiaramente individuabile, non abbia proposto impugnazione avverso la decisione di recupero ai sensi dell'art. 230 del Trattato istitutivo della Comunità europea, e successive modificazioni, ovvero quando, avendo proposto l'impugnazione, non abbia richiesto la sospensione della decisione di recupero ai sensi dell'art. 242 del Trattato medesimo ovvero l'abbia richiesta e la sospensione non sia stata concessa.

3. Fermi restando i presupposti di cui ai commi 1 e 2, si applicano le disposizioni di cui ai commi 1, 2, 4, 5, 7 e 8 dell'art. 47; ai fini dell'applicazione del comma 8 rileva anche il mutamento del diritto comunitario.

4. **Le controversie** relative agli atti di cui al **comma 1 sono definite, nel merito, nel termine di sessanta giorni dalla pronuncia dell'ordinanza di sospensione** di cui al medesimo comma 1. Alla scadenza del termine di sessanta giorni dall'emanazione dell'ordinanza di sospensione, il provvedimento perde co-

munque efficacia, salvo che la corte di giustizia tributaria di primo grado entro il medesimo termine riesamini, su istanza di parte, l'ordinanza di sospensione e ne disponga la conferma, anche parziale, sulla base dei presupposti di cui ai commi 1 e 2, fissando comunque un termine di efficacia, non prorogabile, non superiore a sessanta giorni. Non si applica la disciplina sulla sospensione feriale dei termini. Nel caso di **rinvio pregiudiziale il termine** di cui al primo periodo **è sospeso dal giorno del deposito dell'ordinanza di rinvio e riprende a decorrere dalla data della trasmissione della decisione della Corte di giustizia** delle Comunità europee.

5. Le controversie relative agli atti di cui al comma 1 sono discusse in pubblica udienza e, subito dopo la discussione, il Collegio giudicante delibera la decisione in camera di consiglio. Il Presidente redige e sottoscrive il dispositivo e ne dà lettura in udienza, a pena di nullità.

6. **La sentenza è depositata nella segreteria** della corte di giustizia tributaria di primo grado **entro quindici giorni dalla lettura del dispositivo**. Il segretario fa risultare l'avvenuto deposito apponendo sulla sentenza la propria firma e la data e ne dà immediata comunicazione alle parti.

7. In caso di impugnazione della sentenza pronunciata sul ricorso avverso uno degli atti di cui al comma 1, tutti i termini del giudizio di appello davanti alla corte di giustizia tributaria di secondo grado, ad eccezione di quello stabilito per la proposizione del ricorso, sono ridotti alla metà. Nel processo di appello le controversie relative agli atti di cui al comma 1 hanno priorità assoluta nella trattazione. Si applicano le disposizioni di cui ai commi 4, terzo e quarto periodo, 5 e 6.

Art. 48. Conciliazione fuori udienza. – 1. Se in pendenza del giudizio le **parti** raggiungono un **accordo conciliativo, presentano istanza congiunta sottoscritta personalmente o dai difensori per la definizione totale o parziale della controversia**.

2. **Se la data di trattazione è già fissata e sussistono le condizioni di ammissibilità,** la commissione pronuncia **sentenza di cessazione della materia del contendere**. Se **l'accordo conciliativo** è **parziale,** la commissione dichiara **con ordinanza la cessazione parziale della materia del contendere e procede alla ulteriore trattazione della causa**.

3. Se la data di trattazione non è fissata, provvede con decreto il presidente della sezione.

4. **La conciliazione si perfeziona con la sottoscrizione dell'accordo di cui al comma 1**, nel quale sono indicate le somme dovute con i termini e le modalità di pagamento. **L'accordo costituisce titolo per la riscossione delle somme dovute all'ente impositore e per il pagamento delle somme dovute al contribuente.**

Art. 48-*bis*. Conciliazione in udienza. – 1. **Ciascuna parte** entro il termine di cui all'art. 32, comma 2, **può presentare istanza per la conciliazione totale o parziale della controversia**.

2. **All'udienza la commissione, se sussistono le condizioni di ammissibilità, invita le parti alla conciliazione rinviando eventualmente la causa alla successiva udienza** per il perfezionamento dell'accordo conciliativo.

3. **La conciliazione si perfeziona con la redazione del processo verbale** nel quale sono indicate le somme dovute con i termini e le modalità di pagamento. Il **processo verbale costituisce titolo per la riscossione** delle somme dovute all'ente impositore e per il pagamento delle somme dovute al contribuente.

4. **La commissione dichiara con sentenza l'estinzione del giudizio per cessazione della materia del contendere**.

Art. 48-*bis*.1. Conciliazione proposta dalla corte di giustizia tributaria. – 1. **Per le controversie soggette a reclamo ai sensi dell'articolo 17-*bis* la corte di giustizia tributaria**, ove possibile, **può formulare alle parti una proposta conciliativa**, avuto riguardo all'oggetto del giudizio e all'esistenza di questioni di facile e pronta soluzione.

2. La proposta può essere formulata **in udienza o fuori udienza**. Se è formulata fuori udienza, è comunicata alle parti. Se è formulata in udienza, è comunicata alle parti non comparse.

3. La causa può essere rinviata alla successiva udienza per il perfezionamento dell'accordo conciliativo. Ove l'accordo non si perfezioni, si procede nella stessa udienza alla trattazione della causa.

4. La conciliazione si perfeziona con la redazione del processo verbale, nel quale sono indicati le somme dovute nonché i termini e le modalità di pagamento. Il processo verbale costituisce titolo per la riscossione delle somme dovute all'ente impositore e per il pagamento delle somme dovute al contribuente.

5. Il giudice dichiara con sentenza l'estinzione del giudizio per cessazione della materia del contendere.

6. La proposta di conciliazione non può costituire motivo di ricusazione o astensione del giudice.

Art. 48-*ter*. Definizione e pagamento delle somme dovute. – 1. **Le sanzioni amministrative si applicano nella misura del quaranta per cento del minimo previsto dalla legge**, in caso di perfezionamento della conciliazione nel corso del **primo grado** di giudizio e **nella misura del cinquanta per cento** del minimo previsto dalla legge, in caso di perfezionamento nel corso del **secondo grado** di giudizio.

2. **Il versamento delle somme dovute ovvero, in caso di rateizzazione, della prima rata deve essere effettuato entro venti giorni dalla data di sottoscrizione dell'accordo conciliativo** di cui all'art. 48 o di redazione del processo verbale di cui all'art. 48-*bis*.

3. In caso di **mancato pagamento delle somme dovute o di una delle rate, compresa la prima**, entro il termine di pagamento della rata successiva, **il competente ufficio provvede all'iscrizione a ruolo delle residue somme dovute a titolo di imposta, interessi e sanzioni**, nonché della sanzione di cui all'articolo 13 del decreto legislativo 18 dicembre 1997, n. 471, aumentata della metà e applicata sul residuo importo dovuto a titolo di imposta.

4. **Per il versamento rateale delle somme dovute si applicano**, in quanto compatibili, **le disposizioni previste per l'accertamento con adesione** dall'art. 8 del decreto legislativo 19 giugno 1997, n. 218.

CAPO III
LE IMPUGNAZIONI

SEZIONE I
LE IMPUGNAZIONI IN GENERALE

Art. 49. Disposizioni generali applicabili. – 1. Alle impugnazioni delle sentenze delle corti di giustizia tributaria di primo e secondo grado **si applicano le disposizioni del titolo III, capo I, del libro II del codice di procedura civile, e fatto salvo quanto disposto nel presente decreto**.

Art. 50. I mezzi d'impugnazione. – 1. I mezzi per impugnare le sentenze delle corti di giustizia tributaria di primo e secondo grado sono **l'appello, il ricorso per cassazione e la revocazione**.

Art. 51. Termini d'impugnazione. – 1. Se la legge non dispone diversamente **il termine per impugnare la sentenza della corte di giustizia tributaria di primo e secondo grado è di sessanta giorni**, decorrente dalla sua notificazione ad istanza di parte, salvo quanto disposto dall'art. 38, comma 3.

2. Nel caso di revocazione per i motivi di cui ai numeri 1, 2, 3 e 6 dell'art. 395 del codice di procedura civile il termine di sessanta giorni decorre dal giorno in cui è stato scoperto il dolo o sono state dichiarate false le prove o è stato recuperato il documento o è passata in giudicato la sentenza che accerta il dolo del giudice.

SEZIONE II
IL GIUDIZIO DI APPELLO DAVANTI ALLA CORTE DI GIUSTIZIA TRIBUTARIA DI SECONDO GRADO

Art. 52. Giudice competente e provvedimenti sull'esecuzione provvisoria in appello. – 1. **La sentenza della commissione provinciale può essere appellata alla commissione regionale competente** a norma dell'art. 4, comma 2.

2. **L'appellante può chiedere alla commissione regionale di sospendere in tutto o in parte l'esecutività della sentenza impugnata, se sussistono gravi e fondati motivi**. Il contribuente può comunque chiedere la **sospensione dell'esecuzione dell'atto** se da questa può derivargli un **danno grave e irreparabile**.

3. **Il presidente fissa con decreto la trattazione della istanza di sospensione per la prima camera di consiglio utile** disponendo che ne sia data comunicazione alle parti almeno dieci giorni liberi prima.

4. **In caso di eccezionale urgenza il presidente, previa delibazione del merito, può disporre con decreto motivato la sospensione dell'esecutività della sentenza** fino alla pronuncia del collegio.

5. **Il collegio, sentite le parti in camera di consiglio e delibato il merito, provvede con ordinanza motivata non impugnabile**.

6. **La sospensione può essere subordinata alla prestazione della garanzia** di cui all'art. 69 comma 2. Si applica la disposizione dell'art. 47, comma 8-*bis*.

Art. 53. Forma dell'appello. – 1. Il ricorso in **appello contiene l'indicazione della corte di giustizia tributaria di primo e secondo grado** a cui è diretto, dell'**appellante** e delle **altre parti** nei cui confronti è proposto, gli **estremi della sentenza impugnata**, l'**esposizione sommaria dei fatti**, l'**oggetto** della domanda ed i **motivi specifici** dell'impugnazione. **Il ricorso in appello è inammissibile se manca** o è assolutamente **incerto uno degli elementi** sopra indicati o se non è sottoscritto a norma dell'art. 18, comma 3.

2. Il ricorso in appello è proposto nelle forme di cui all'art. 20, commi 1 e 2, nei confronti di tutte le parti che hanno partecipato al giudizio di primo grado e deve essere depositato a norma dell'art. 22, commi 1, 2 e 3.

3. Subito dopo il deposito del ricorso in appello, la segreteria della corte di giustizia tributaria di secondo grado chiede alla segreteria della corte di giustizia tributaria di secondo grado la trasmissione del fascicolo del processo, che deve contenere copia autentica della sentenza.

Art. 54. Controdeduzioni dell'appellato e appello incidentale. – 1. Le **parti diverse dall'appellante debbono costituirsi** nei modi e termini di cui all'art. 23 depositando apposito **atto di controdeduzioni**.

2. Nello stesso atto depositato nei modi e termini di cui al precedente comma può essere proposto, a pena d'inammissibilità, appello incidentale.

Art. 55. Provvedimenti presidenziali. – 1. Il presidente e i presidenti di sezione della corte di giustizia tributaria di secondo grado hanno poteri corrispondenti a quelli del presidente e dei presidenti di sezione della corte di giustizia tributaria di primo grado.

Art. 56. Questioni ed eccezioni non riproposte. – 1. Le **questioni ed eccezioni non accolte** nella sentenza della commissione **provinciale,** che **non** sono **specificamente riproposte in appello,** s'intendono **rinunciate.**

Art. 57. Domande ed eccezioni nuove. – 1. Nel **giudizio d'appello non** possono proporsi **domande nuove** e, se proposte, debbono essere dichiarate **inammissibili d'ufficio.** Possono tuttavia essere chiesti gli interessi maturati dopo la sentenza impugnata.

2. **Non** possono proporsi **nuove eccezioni** che **non** siano **rilevabili anche d'ufficio.**

Art. 58. Nuove prove in appello. – 1. **Il giudice d'appello non** può disporre **nuove prove, salvo** che **non** le ritenga **necessarie ai fini della decisione** o che la parte dimostri di non averle potute fornire nel precedente grado di giudizio per causa ad essa non imputabile.

2. È fatta **salva** la **facoltà** delle **parti** di produrre **nuovi documenti.**

Art. 59. Rimessione alla commissione provinciale. – 1. **La corte di giustizia tributaria di secondo grado rimette la causa alla commissione provinciale** che ha emesso la sentenza impugnata **nei seguenti casi:**

a) quando dichiara la **competenza declinata o la giurisdizione negata** dal primo giudice;

b) quando riconosce che nel giudizio di primo grado **il contraddittorio non è stato regolarmente costituito o integrato;**

c) quando riconosce che la **sentenza impugnata,** erroneamente giudicando, **ha dichiarato estinto il processo** in sede di reclamo contro il provvedimento presidenziale;

d) quando riconosce che **il collegio** della corte di giustizia tributaria di primo grado **non era legittimamente composto;**

e) quando **manca la sottoscrizione della sentenza da parte del giudice di primo grado.**

2. Al di fuori dei casi previsti al comma precedente la corte di giustizia tributaria di secondo grado decide nel merito previamente ordinando, ove occorra, **la rinnovazione di atti nulli compiuti in primo grado.**

3. Dopo che la sentenza di rimessione della causa al primo grado è formalmente passata in giudicato, la segreteria della corte di giustizia tributaria di secondo grado, nei successivi trenta giorni, trasmette d'ufficio il fascicolo del processo alla segreteria della corte di giustizia tributaria di primo grado, senza necessità di riassunzione ad istanza di parte.

Art. 60. Non riproponibilità dell'appello dichiarato inammissibile. – 1. L'appello dichiarato inammissibile **non può essere riproposto** anche se non è decorso il termine stabilito dalla legge.

Art. 61. Norme applicabili. – 1. **Nel procedimento d'appello si osservano** in quanto applicabili **le norme dettate per il procedimento di primo grado,** se non sono incompatibili con le disposizioni della presente sezione.

SEZIONE III
IL RICORSO PER CASSAZIONE

Art. 62. Norme applicabili. – 1. **Avverso la sentenza della corte di giustizia tributaria di secondo grado** può essere proposto **ricorso per cassazione** per i motivi di cui ai numeri da 1 a 5 dell'art. 360, primo comma, del codice di procedura civile.

2. Al ricorso per cassazione ed al relativo procedimento si applicano **le nor-**

me dettate dal codice di procedura civile in quanto compatibili con quelle del presente decreto.

2-*bis*. **Sull'accordo delle parti la sentenza della corte di giustizia tributaria di primo grado può essere impugnata con ricorso per cassazione** a norma dell'art. 360, primo comma, n. 3, del codice di procedura civile.

Art. 62-*bis*. Provvedimenti sull'esecuzione provvisoria della sentenza impugnata per cassazione. – 1. **La parte che ha proposto ricorso per cassazione può chiedere alla commissione che ha pronunciato la sentenza impugnata di sospenderne in tutto o in parte l'esecutività allo scopo di evitare un danno grave e irreparabile.** Il **contribuente** può **comunque chiedere la sospensione dell'esecuzione dell'atto** se da questa può derivargli un danno grave e irreparabile.

2. **Il presidente fissa con decreto la trattazione della istanza di sospensione per la prima camera di consiglio utile** disponendo che ne sia data comunicazione alle parti almeno dieci giorni liberi prima.

3. **In caso di eccezionale urgenza il presidente può disporre con decreto motivato la sospensione dell'esecutività** della sentenza fino alla pronuncia del collegio.

4. **Il collegio, sentite le parti in camera di consiglio, provvede con ordinanza motivata non impugnabile.**

5. La **sospensione può essere subordinata** alla prestazione della **garanzia** di cui all'art. 69, comma 2. Si applica la disposizione dell'art. 47, comma 8-*bis*.

6. La commissione non può pronunciarsi sulle richieste di cui al comma 1 se la parte istante non dimostra di avere depositato il ricorso per cassazione contro la sentenza.

Art. 63. Giudizio di rinvio. – 1. Quando **la Corte di cassazione rinvia la causa alla corte di giustizia tributaria di primo grado o di secondo grado** la **riassunzione** deve essere fatta **nei confronti di tutte le parti** personalmente entro il **termine perentorio di sei mesi** dalla pubblicazione della sentenza nelle forme rispettivamente previste per i giudizi di primo e di secondo grado in quanto applicabili.

2. Se la riassunzione non avviene entro il termine di cui al comma precedente o si avvera successivamente ad essa una causa di estinzione del giudizio di rinvio l'intero processo si estingue.

3. In sede di rinvio si osservano le norme stabilite per il procedimento davanti alla corte di giustizia tributaria di primo e secondo grado a cui il processo è stato rinviato. In ogni caso, a pena d'inammissibilità, deve essere prodotta copia autentica della sentenza di cassazione.

4. Le parti conservano la stessa posizione processuale che avevano nel procedimento in cui è stata pronunciata la sentenza cassata e non possono formulare richieste diverse da quelle prese in tale procedimento, salvi gli adeguamenti imposti dalla sentenza di cassazione.

5. Subito dopo il deposito dell'atto di riassunzione, la segreteria della commissione adita richiede alla cancelleria della Corte di cassazione la trasmissione del fascicolo del processo.

SEZIONE IV
LA REVOCAZIONE

Art. 64. Sentenze revocabili e motivi di revocazione. – 1. Le sentenze pronunciate in grado d'appello o in unico grado dalle corti di giustizia tributaria di primo e secondo grado possono essere impugnate ai sensi dell'art. 395 del codice di procedura civile.

2. **Le sentenze per le quali è scaduto il termine per l'appello possono essere impugnate** per i **motivi di cui ai numeri 1, 2, 3 e 6 dell'art. 395 del codice di**

procedura civile purché la scoperta del dolo o della falsità dichiarata o il recupero del documento o il passaggio in giudicato della sentenza di cui al numero 6 dell'art. 395 del codice di procedura civile siano posteriori alla scadenza del termine suddetto.

3. Se i fatti menzionati nel comma precedente avvengono durante il termine per l'appello il termine stesso è prorogato dal giorno dell'avvenimento in modo da raggiungere i sessanta giorni da esso.

Art. 65. Proposizione della impugnazione. – 1. **Competente per la revocazione è la stessa corte di giustizia tributaria di primo e secondo grado** che ha pronunciato la sentenza impugnata.

2. A pena di inammissibilità il ricorso deve contenere gli elementi previsti dall'art. 53, comma 1, e la specifica indicazione del motivo di revocazione e della prova dei fatti di cui ai numeri 1, 2, 3 e 6 dell'art. 395 del codice di procedura civile nonché del giorno della scoperta o della falsità dichiarata o del recupero del documento. La prova della sentenza passata in giudicato che accerta il dolo del giudice deve essere data mediante la sua produzione in copia autentica.

3. **Il ricorso per revocazione è proposto e depositato a norma dell'art. 53, comma 2.**

3-*bis*. **Le parti possono proporre istanze cautelari** ai sensi delle disposizioni di cui all'art. 52, in quanto compatibili.

Art. 66. Procedimento. – 1. **Davanti alla corte di giustizia tributaria di primo e secondo grado adita per la revocazione** si osservano **le norme stabilite per il procedimento davanti ad essa** in quanto non derogate da quelle della presente sezione.

Art. 67. Decisione. – 1. Ove ricorrano i motivi di cui all'art. 395 del codice di procedura civile la corte di giustizia tributaria di primo e secondo grado decide il merito della causa e detta ogni altro provvedimento conseguenziale.

2. Contro la sentenza che decide il giudizio di revocazione sono ammessi i mezzi d'impugnazione ai quali era originariamente soggetta la sentenza impugnata per revocazione.

Art. 67-*bis*. Esecuzione provvisoria. – 1. Le sentenze emesse dalle corti di giustizia tributaria di primo e secondo grado sono esecutive secondo quanto previsto dal presente capo.

Capo IV
L'esecuzione delle sentenze delle Commissioni tributarie

Art. 68. Pagamento del tributo in pendenza del processo. – 1. Anche in deroga a quanto previsto nelle singole leggi d'imposta, nei casi in cui è prevista la **riscossione frazionata del tributo** oggetto di giudizio davanti alle commissioni, **il tributo**, con i relativi **interessi** previsti dalle leggi fiscali, **deve essere pagato**:

a) **per i due terzi, dopo la sentenza** della corte di giustizia tributaria di primo grado **che respinge il ricorso**;

b) per l'ammontare risultante dalla **sentenza della corte di giustizia tributaria di primo grado**, e comunque **non oltre i due terzi**, se la stessa **accoglie parzialmente il ricorso**;

c) per **il residuo ammontare** determinato nella **sentenza della corte di giustizia tributaria di secondo grado**;

c-*bis*) **per l'ammontare dovuto nella pendenza del giudizio di primo grado dopo la sentenza della Corte di cassazione di annullamento con rinvio e per l'intero importo indicato nell'atto in caso di mancata riassunzione.**

Per le ipotesi indicate nelle precedenti lettere gli importi da versare vanno in ogni caso diminuiti di quanto già corrisposto.

2. **Se il ricorso viene accolto, il tributo** corrisposto **in eccedenza** rispetto a quanto statuito dalla sentenza della corte di giustizia tributaria di primo grado, con i relativi interessi previsti dalle leggi fiscali, **deve essere rimborsato d'ufficio entro novanta giorni dalla notificazione della sentenza. In caso di mancata esecuzione del rimborso il contribuente può richiedere l'ottemperanza** a norma dell'art. 70 alla corte di giustizia tributaria di primo grado ovvero, se il giudizio è pendente nei gradi successivi, alla corte di giustizia tributaria di secondo grado.

3. Le imposte suppletive debbono essere corrisposte dopo l'ultima sentenza non impugnata o impugnabile solo con ricorso in cassazione.

3-*bis*. Il pagamento, in pendenza di processo, delle risorse proprie tradizionali di cui all'art. 2, paragrafo 1, lettera a), della Decisione 2007/436/CE, Euratom del Consiglio, del 7 giugno 2007, e dell'imposta sul valore aggiunto riscossa all'importazione resta disciplinato dal regolamento (CEE) n. 2913/92 del Consiglio, del 12 ottobre 1992, come riformato dal regolamento (UE) n. 952/2013 del Parlamento europeo e del Consiglio, del 9 ottobre 2013, e dalle altre disposizioni dell'Unione europea in materia.

Art. 69. Esecuzione delle sentenze di condanna in favore del contribuente. – 1. **Le sentenze di condanna al pagamento di somme in favore del contribuente** e quelle emesse su ricorso avverso gli atti relativi alle operazioni catastali indicate nell'art. 2, comma 2, sono **immediatamente esecutive**. Tuttavia **il pagamento di somme dell'importo superiore a diecimila euro**, diverse dalle spese di lite, **può essere subordinato dal giudice**, anche tenuto conto delle condizioni di solvibilità dell'istante, alla prestazione di idonea garanzia.

2. Con decreto del Ministro dell'economia e delle finanze emesso ai sensi dell'art. 17, comma 3, della legge 23 agosto 1988, n. 400, sono disciplinati il contenuto della garanzia sulla base di quanto previsto dall'art. 38-*bis*, comma 5, del decreto del Presidente della Repubblica 26 ottobre 1972, n. 633, la sua durata nonché il termine entro il quale può essere escussa, a seguito dell'inerzia del contribuente in ordine alla restituzione delle somme garantite protrattasi per un periodo di tre mesi.

3. I costi della garanzia, anticipati dal contribuente, sono a carico della parte soccombente all'esito definitivo del giudizio.

4. Il pagamento delle somme dovute a seguito della sentenza deve essere eseguito entro novanta giorni dalla sua notificazione ovvero dalla presentazione della garanzia di cui al comma 2, se dovuta.

5. In caso di mancata esecuzione della sentenza il contribuente può richiedere l'ottemperanza a norma dell'art. 70 alla corte di giustizia tributaria di primo grado ovvero, se il giudizio è pendente nei gradi successivi, alla corte di giustizia tributaria di secondo grado.

Art. 69-*bis*. Articolo abrogato.

Art. 70. Giudizio di ottemperanza. – 1. La **parte che vi ha interesse, può richiedere l'ottemperanza agli obblighi derivanti dalla sentenza** della corte di giustizia tributaria di primo e secondo grado passata in giudicato mediante ricorso da depositare in doppio originale alla segreteria della corte di giustizia tributaria di primo grado, **qualora la sentenza passata in giudicato sia stata da essa pronunciata**, e in ogni altro caso alla segreteria della corte di giustizia tributaria di secondo grado.

2. **Il ricorso è proponibile solo dopo la scadenza del termine entro il quale è prescritto dalla legge l'adempimento a carico dell'ente impositore, dell'agente della riscossione** o del soggetto iscritto nell'albo di cui all'art. 53 del decreto legislativo 15 dicembre 1997, n. 446, degli

obblighi derivanti dalla sentenza o, in mancanza di tale termine, **dopo trenta giorni dalla loro messa in mora a mezzo di ufficiale giudiziario e fino a quando l'obbligo non sia estinto.**

3. **Il ricorso** indirizzato **al presidente della commissione deve contenere la sommaria esposizione dei fatti** che ne giustificano la proposizione con la precisa indicazione, a **pena di inammissibilità**, della **sentenza passata in giudicato** di cui si chiede l'ottemperanza, che deve essere prodotta in copia unitamente all'originale o copia autentica dell'atto di messa in mora notificato a norma del comma precedente, se necessario.

4. Uno dei due originali del ricorso è comunicato a cura della segreteria della commissione ai soggetti di cui al comma 2 obbligati a provvedere.

5. **Entro venti giorni dalla comunicazione l'ufficio** può **trasmettere le proprie osservazioni** alla corte di giustizia tributaria di primo e secondo grado, allegando la documentazione dell'eventuale adempimento.

6. Il presidente della corte di giustizia tributaria di primo e secondo grado scaduto il termine di cui al comma precedente, assegna il ricorso alla sezione che ha pronunciato la sentenza. Il presidente della sezione fissa il giorno per la trattazione del ricorso in camera di consiglio non oltre novanta giorni dal deposito del ricorso e ne viene data comunicazione alle parti almeno dieci giorni liberi prima a cura della segreteria.

7. **Il collegio**, sentite le parti in contraddittorio ed **acquisita la documentazione necessaria, adotta con sentenza i provvedimenti indispensabili per l'ottemperanza** in luogo dell'ufficio che li ha omessi e nelle forme amministrative per essi prescritti dalla legge, attenendosi agli obblighi risultanti espressamente dal dispositivo della sentenza e tenuto conto della relativa motivazione. Il collegio, se lo ritiene opportuno, può delegare un proprio componente o nominare un commissario al quale fissa un termine congruo per i necessari provvedimenti attuativi e determina il compenso a lui spettante secondo le disposizioni del Titolo VII del Capo IV del Testo unico delle disposizioni legislative e regolamentari in materia di spese di giustizia approvato con decreto del Presidente della Repubblica 30 maggio 2002, n. 115.

8. **Il collegio**, eseguiti i provvedimenti di cui al comma precedente e preso atto di quelli emanati ed eseguiti dal componente delegato o dal commissario nominato, **dichiara chiuso il procedimento con ordinanza.**

9. **Tutti i provvedimenti** di cui al **presente articolo** sono **immediatamente esecutivi**.

10. **Contro la sentenza** di cui al **comma 7** è ammesso **soltanto ricorso in cassazione** per **inosservanza** delle **norme sul procedimento**.

10-*bis*. **Per il pagamento di somme dell'importo fino a ventimila euro e comunque per il pagamento delle spese di giudizio, il ricorso è deciso dalla Commissione in composizione monocratica.**

TITOLO III
DISPOSIZIONI FINALI E TRANSITORIE

Art. 71. Norme abrogate. – 1. Sono abrogati l'art. 288 del Testo Unico per la finanza locale 14 settembre 1931, n. 1175, l'art. 1 e gli artt. da 15 a 45 del decreto del Presidente della Repubblica 26 ottobre 1972, n. 636 e successive modificazioni e integrazioni, l'art. 19, commi 4 e 5, e l'art. 20 del decreto del Presidente della Repubblica 26 ottobre 1972, n. 638, l'art. 24 del decreto del Presidente della Repubblica 26 ottobre 1972, n. 639, gli artt. 63, comma 5, e 68, comma 3, del decreto del Presidente della Repubblica 28 gennaio 1988, n. 43, l'art. 4, comma 8, del decreto-legge 2 marzo 1989, n. 66, convertito nella legge 24 aprile 1989, n. 144.

2. È inoltre abrogata ogni altra norma

di legge non compatibile con le disposizioni del presente decreto.

Art. 72. Controversie pendenti davanti alle corti di giustizia tributaria di primo e secondo grado. – 1. Le controversie pendenti dinanzi alle corti di giustizia tributaria di primo e secondo grado previste dal decreto del Presidente della Repubblica 26 ottobre 1972, n. 636, **alla data d'insediamento delle commissioni tributarie provinciali e regionali, sono ad esse rispettivamente attribuite**, tenuto conto, quanto alla competenza territoriale, delle rispettive sedi. La segreteria della corte di giustizia tributaria di primo grado o secondo grado dà comunicazione alle parti della data di trattazione almeno trenta giorni liberi prima. La consegna o spedizione del ricorso o dell'atto di appello, ai sensi degli artt. 17, comma primo, e 22, comma secondo, del decreto del Presidente della Repubblica 26 ottobre 1972, n. 636, equivale a costituzione in giudizio del ricorrente ai sensi degli artt. 22 e 53, comma 2. La parte resistente può effettuare la costituzione in giudizio entro il termine di cui all'art. 32, comma 1.

1-*bis*. In deroga alle disposizioni del presente decreto, le controversie previste dal comma 1, pendenti alla data ivi indicata dinanzi alle corti di giustizia tributaria di primo e secondo grado ed il cui valore, determinato ai sensi dell'art. 12, comma 5, sia inferiore a euro 2.582,28, sono trattate e decise in pubblica udienza da un giudice singolo, nominato per ciascun ricorso, ai sensi dell'art. 30, comma 1, dal presidente della sezione alla quale il ricorso medesimo è stato assegnato. Il presidente, se non intende designare sé stesso, può nominare giudice unico il vicepresidente od un componente della sezione appartenente ad una delle categorie di cui all'art. 4, comma 1, lettera a), del decreto legislativo 31 dicembre 1992, n. 545, ovvero che sia in possesso di diploma di laurea in giurisprudenza o in economia e commercio ed abbia un'anzianità di servizio presso le corti di giustizia tributaria di primo e secondo grado di almeno dieci anni. Per la trattazione della controversia si applicano, in quanto compatibili, le disposizioni delle sezioni III e IV del Capo I del Titolo II del presente decreto, ad eccezione dell'art. 33, intendendosi sostituito in ogni caso il giudice singolo al relatore e al collegio. Restano ferme tutte le altre disposizioni del presente decreto, comprese, con la medesima sostituzione, quelle del Capo II del Titolo II. Il tentativo di conciliazione di cui all'art. 48, comma 2, è obbligatorio se all'udienza sono presenti entrambe le parti. Le controversie di cui al presente comma sono trattate dal giudice singolo in udienze distinte da quelle collegiali.

2. Se alla data indicata al comma 1 pendono termini per la proposizione di ricorsi secondo le norme previgenti, detti ricorsi sono proposti alle corti di giustizia tributaria di primo grado entro i termini previsti dal presente decreto, che decorrono dalla suddetta data. Se alla data indicata al comma 1 pendono termini per impugnare decisioni delle corti di giustizia tributaria di primo e secondo grado, dette impugnazioni sono proposte secondo le modalità e i termini previsti dal presente decreto, che decorrono dalla suddetta data.

3. Se i termini per il compimento di atti processuali diversi dai ricorsi secondo le norme vigenti, alla data di cui ai commi 1 e 2, sono ancora pendenti, tali atti possono essere compiuti nei termini previsti dal presente decreto, che decorrono dalla suddetta data.

4. Le segreterie delle corti di giustizia tributaria di primo e secondo grado indicate nel comma 1 provvedono a trasmettere i fascicoli relativi alle controversie pendenti alle segreterie delle commissioni provinciale o regionale rispettivamente competenti.

5. Le segreterie delle corti di giustizia tributaria di primo e secondo grado indicate nel comma 1 continuano a funzionare, solo per gli adempimenti di cui al comma 4, anche oltre la data indicata nel comma 1.

Art. 73. Istanza di trattazione. – Articolo abrogato.

Art. 74. Controversie pendenti davanti alla corte di appello. – 1. Alle controversie, che alla data di cui all'art. 72 pendono davanti alla corte di appello o per le quali pende il termine per l'impugnativa davanti allo stesso organo, continuano ad applicarsi le disposizioni contenute nel decreto del Presidente della Repubblica 26 ottobre 1972, n. 636, e successive modificazioni e integrazioni.

Art. 75. Controversie pendenti davanti alla Commissione tributaria centrale. – 1. Alle controversie che alla data di cui all'art. 72 pendono davanti alla commissione tributaria centrale o per le quali pende il termine per l'impugnativa davanti allo stesso organo, nonché alle controversie pendenti dinanzi alle corti di giustizia tributaria di secondo grado per le quali, alla predetta data, è stato depositato il solo dispositivo della decisione, continuano ad applicarsi le disposizioni contenute nel decreto del Presidente della Repubblica 26 ottobre 1972, n. 636 e successive modificazioni e integrazioni.

2. Relativamente alle **controversie pendenti** o per le quali pende il termine alla data di entrata in vigore del presente decreto legislativo, **il ricorrente e qualsiasi altra parte sono tenuti, entro sei mesi** dalla predetta data, a proporre alla segreteria della commissione tributaria centrale **apposita istanza di trattazione** contenente gli **estremi della controversia e del procedimento**. L'istanza potrà essere sottoscritta dalla parte o dal suo precedente difensore, se nominato, e deve essere **notificata o spedita o consegnata alla segreteria della commissione tributaria centrale** nei modi previsti dall'art. 20; in difetto, il giudizio davanti alla corte di giustizia tributaria di primo e secondo grado si estingue. L'estinzione è dichiarata dal presidente della sezione, dopo aver verificato che non sia stata depositata in segreteria l'istanza di trasmissione del fascicolo alla cancelleria della corte di cassazione a seguito della richiesta di esame a norma del comma seguente. Contro il decreto del Presidente, di cui viene data comunicazione alle parti, è ammesso reclamo al collegio nei modi e nei termini previsti dall'art. 28.

3. Le parti che hanno proposto **ricorso alla Commissione centrale**, anziché presentare l'istanza di trattazione di cui al comma precedente, possono chiedere **nello stesso termine l'esame da parte della Corte di cassazione ai sensi dell'art. 360 del codice di procedura civile** convertendo il ricorso alla Commissione tributaria centrale in ricorso per cassazione contro la decisione impugnata, osservate per il resto tutte le norme del codice di procedura civile per il procedimento davanti alla Corte di cassazione.

4. Se non è stato richiesto l'esame da parte della Corte di cassazione e l'istanza di trattazione è presentata nei termini, il procedimento prosegue davanti alla Commissione tributaria centrale, che provvede alla sua definizione mediante deposito della decisione entro i termini di cui all'art. 42, comma 3, del decreto legislativo 31 dicembre 1992, n. 545 applicando le disposizioni vigenti anteriormente alla data di entrata in vigore del presente decreto. Le stesse disposizioni si applicano per i ricorsi presentati alla Commissione tributaria centrale successivamente alla data di entrata in vigore del presente decreto.

5. Comma abrogato.

6. La segreteria della Commissione

tributaria centrale continua a funzionare anche oltre il termine di cui al comma 4 per trasmettere i fascicoli dei processi alla cancelleria della Corte di cassazione o alle commissioni tributarie regionale o provinciale.

Art. 76. Controversie in sede di rinvio. – 1. **Se** alla data prevista dall'art. 72, a seguito di sentenza della Corte di cassazione o di corte d'appello o a seguito di decisione della Commissione tributaria centrale **pendono i termini per la riassunzione del procedimento di rinvio** davanti alle corti di giustizia tributaria di primo e secondo grado, detti termini decorrono da tale data e **la riassunzione va fatta davanti alla corte di giustizia tributaria di primo o di secondo grado competente.**

2. Il termine per la riassunzione davanti alla corte d'appello non subisce modifiche.

3. Se alla data prevista all'art. 72, a seguito di rinvio disposto dalla Corte di cassazione, pende il termine per la riassunzione davanti alla Commissione tributaria centrale, detto termine decorre da tale data e la riassunzione va fatta davanti alla corte di giustizia tributaria di secondo grado competente.

4. Se la riassunzione non avviene nei termini, o si avvera successivamente ad essa una causa di estinzione del giudizio di rinvio, l'intero processo si estingue.

5. Se alla data indicata nei commi precedenti pendono i giudizi di rinvio davanti alla corte di giustizia tributaria di primo o secondo grado si applicano le disposizioni di cui all'art. 72, comma 4.

Art. 77. Procedimento contenzioso amministrativo davanti all'intendenza di finanza o al Ministero delle finanze. – 1. Le **controversie relative ai tributi comunali e locali** indicati nell'art. 2, lettera h), per le quali era previsto il ricorso all'intendente di finanza o al Ministro delle finanze, **se non ancora definite** alla data di insediamento delle nuove commissioni, **continuano ad essere decise in sede amministrativa** dai suddetti organi secondo le relative disposizioni, ancorché abrogate ai sensi dell'art. 71.

Art. 78. Controversie già di competenza delle commissioni comunali per i tributi locali. – 1. Le **controversie già di competenza in primo grado delle commissioni comunali** per i tributi locali, se alla data d'insediamento delle nuove commissioni pendono **davanti all'autorità giudiziaria ordinaria**, i relativi giudizi proseguono in questa sede.

2. Le controversie di cui al comma 1, che alla data indicata non pendono davanti all'autorità giudiziaria ordinaria e non sono già state definite, qualunque sia il grado in cui si trovavano al momento della sentenza della Corte costituzionale 27 luglio 1989, n. 451, debbono essere riattivate da parte degli enti impositori interessati mediante trasmissione dei relativi atti e documenti alla corte di giustizia tributaria di primo grado competente entro il termine di mesi sei dalla data anzidetta; altrimenti ogni pretesa dell'ente impositore s'intende definitivamente abbandonata.

Art. 79. Norme transitorie. – 1. Le disposizioni di cui agli artt. 57, comma 2, e 58, comma 1, non si applicano ai giudizi già pendenti in grado d'appello davanti alla corte di giustizia tributaria di primo e secondo grado e a quelli iniziati davanti alla corte di giustizia tributaria di secondo grado se il primo grado si è svolto sotto la disciplina della legge anteriore.

2. Nei giudizi davanti alla corte di giustizia tributaria di primo o di secondo grado riguardanti controversie già pendenti davanti ad altri organi giurisdizionali o amministrativi la regolarizzazione della costituzione delle parti secondo le nuove norme sulla assistenza tecnica è disposta, ove necessario, secondo le

modalità e nel termine perentorio fissato dal presidente della sezione o dal collegio rispettivamente con decreto o con ordinanza da comunicare alle parti a cura della segreteria.

Art. 80. Entrata in vigore. – 1. Il presente decreto entra in vigore il 15 gennaio 1993.

2. Le disposizioni del presente decreto hanno effetto dalla data di insediamento delle corti di giustizia tributaria di primo e di secondo grado.

INDICE ANALITICO

ACCERTAMENTO

D.P.R. 29 settembre 1973, n. 600

COOPERAZIONE AMMINISTRATIVA
Attuazione della direttiva 2011/16/UE
D.Lgs. 4 marzo 2014 n. 29

COSTITUZIONE

IMPOSTA DI REGISTRO
D.P.R. 26 aprile 1986, n. 131

IMPOSTA REGIONALE SULLE ATTIVITÀ PRODUTTIVE (IRAP)

D.Lgs. 15 dicembre 1997, n. 446

IMPOSTA SULLE SUCCESSIONI E DONAZIONI

D.Lgs. 31 ottobre 1990 n. 346

IMPOSTA SUL VALORE AGGIUNTO (IVA)

D.P.R. 26 ottobre 1972, n. 633

MODELLO DI CONVENZIONE OCSE CONTRO LE DOPPIE IMPOSIZIONI

PROCESSO TRIBUTARIO
D.Lgs. 31 dicembre 1992, n. 546

RISCOSSIONE
D.P.R. 29 settembre 1973, n. 602

SANZIONI AMMINISTRATIVE

SANZIONI PENALI

D.Lgs. 10 marzo 2000, n. 74

STATUTO DEI DIRITTI
DEL CONTRIBUENTE
L. 27 luglio 2000, n. 212

TESTO UNICO IMPOSTE SUI REDDITI
D.P.R. 22 dicembre 1986

TESTO UNICO DELLE DISPOSIZIONI CONCERNENTI LE IMPOSTE IPOTECARIA E CATASTALE

D.Lgs. 31 ottobre 1990 n. 347

TRATTATO SUL FUNZIONAMENTO DELL'UNIONE EUROPEA

Finito di stampare nel mese di ottobre 2023
nella Rotolito S.p.A. – Via Sondrio, 3
20096 Pioltello (MI)